U0140589

轰炸战

THE BOMBING WAR

欧洲，1939—1945

Europe, 1939-1945

RICHARD OVERY

［英］理查德·奥弗里 著

刘亚飞 译

九州出版社

JIUZHOUPRESS

目　录

第二部分　“最伟大的战斗”：盟军轰炸欧洲

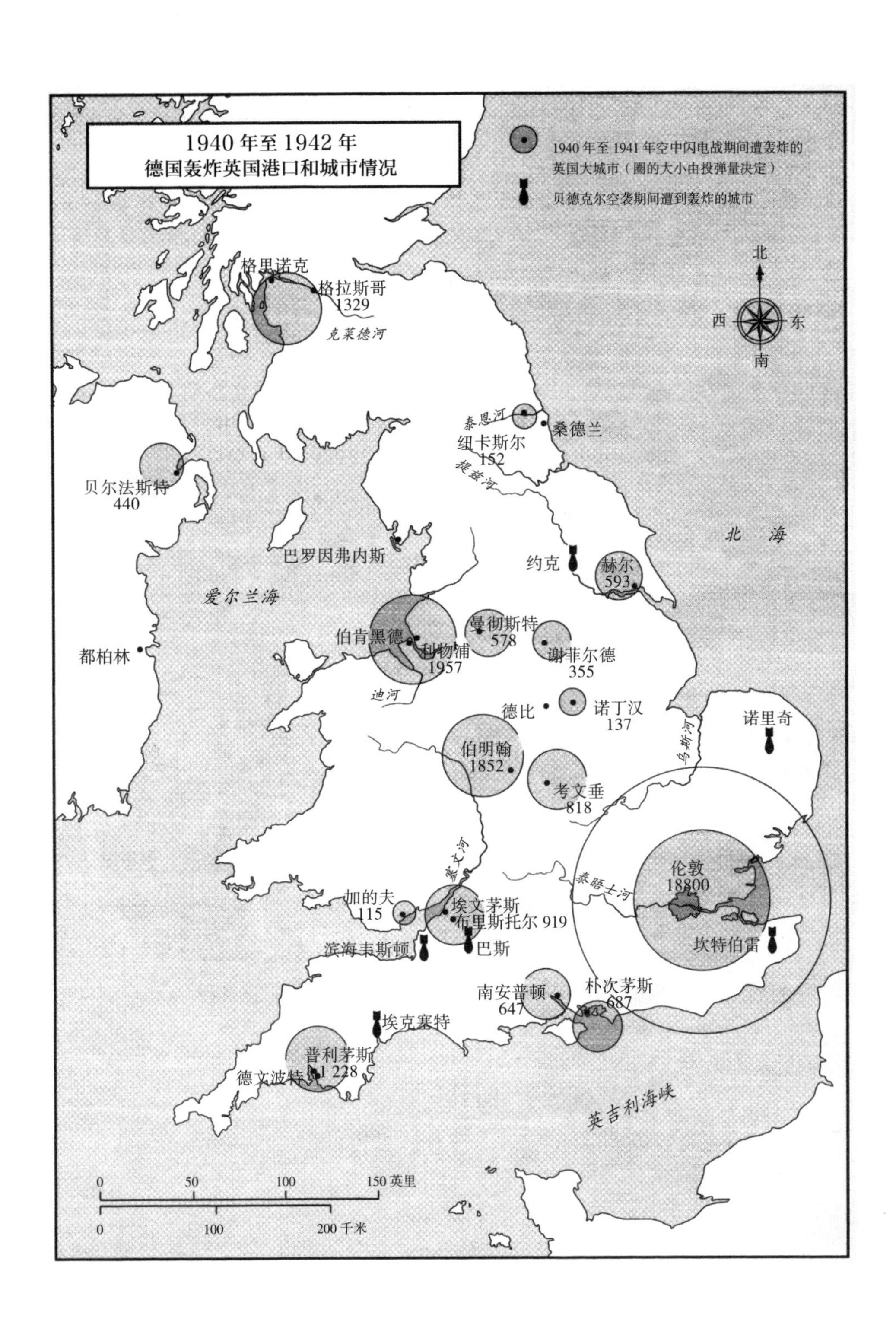

1940 年至 1942 年
德国轰炸英国港口和城市情况
1940 年至 1941 年空中闪电战期间遭轰炸的英国大城市（圈的大小由投弹量决定）
贝德克尔空袭期间遭到轰炸的城市
北
西
东
南
格里诺克
格拉斯哥
1329
克莱德河
泰恩河
桑德兰
纽卡斯尔
152
提兹河
贝尔法斯特
440
巴罗因弗内斯
北 海
约克
赫尔
593
爱尔兰海
曼彻斯特
578
伯肯黑德
利物浦
1957
谢菲尔德
355
都柏林
迪河
德比
诺丁汉
137
诺里奇
乌斯河
伯明翰
1852
考文垂
818
塞文河
泰晤士河
伦敦
18800
加的夫
115
埃文茅斯
布里斯托尔 919
坎特伯雷
滨海韦斯顿
巴斯
南安普顿
647
朴次茅斯
687
埃克塞特
普利茅斯
1 228
德文波特
英吉利海峡
0
50
100
150 英里
0
100
200 千米

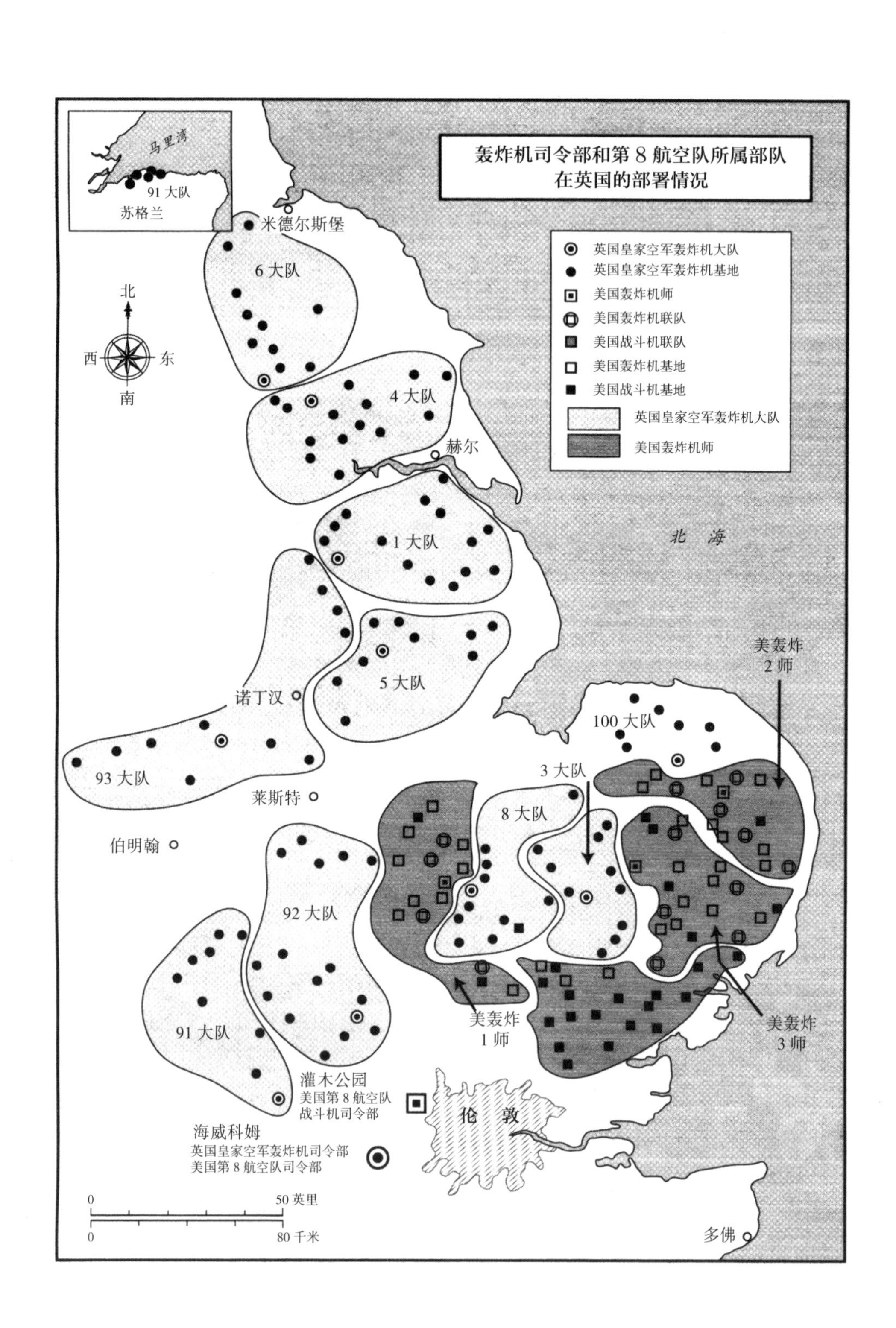

轰炸机司令部和第 8 航空队所属部队
在英国的部署情况
英国皇家空军轰炸机大队
英国皇家空军轰炸机基地
美国轰炸机师
美国轰炸机联队
美国战斗机联队
美国轰炸机基地
美国战斗机基地
英国皇家空军轰炸机大队
美国轰炸机师
马里湾
91 大队
苏格兰
米德尔斯堡
6 大队
北
西
东
南
4 大队
赫尔
1 大队
北 海
5 大队
诺丁汉
93 大队
莱斯特
伯明翰
100 大队
3 大队
8 大队
美轰炸
2 师
92 大队
91 大队
美轰炸
1 师
美轰炸
3 师
灌木公园
美国第 8 航空队
战斗机司令部
海威科姆
英国皇家空军轰炸机司令部
美国第 8 航空队司令部
伦 敦
0
50 英里
0
80 千米
多佛

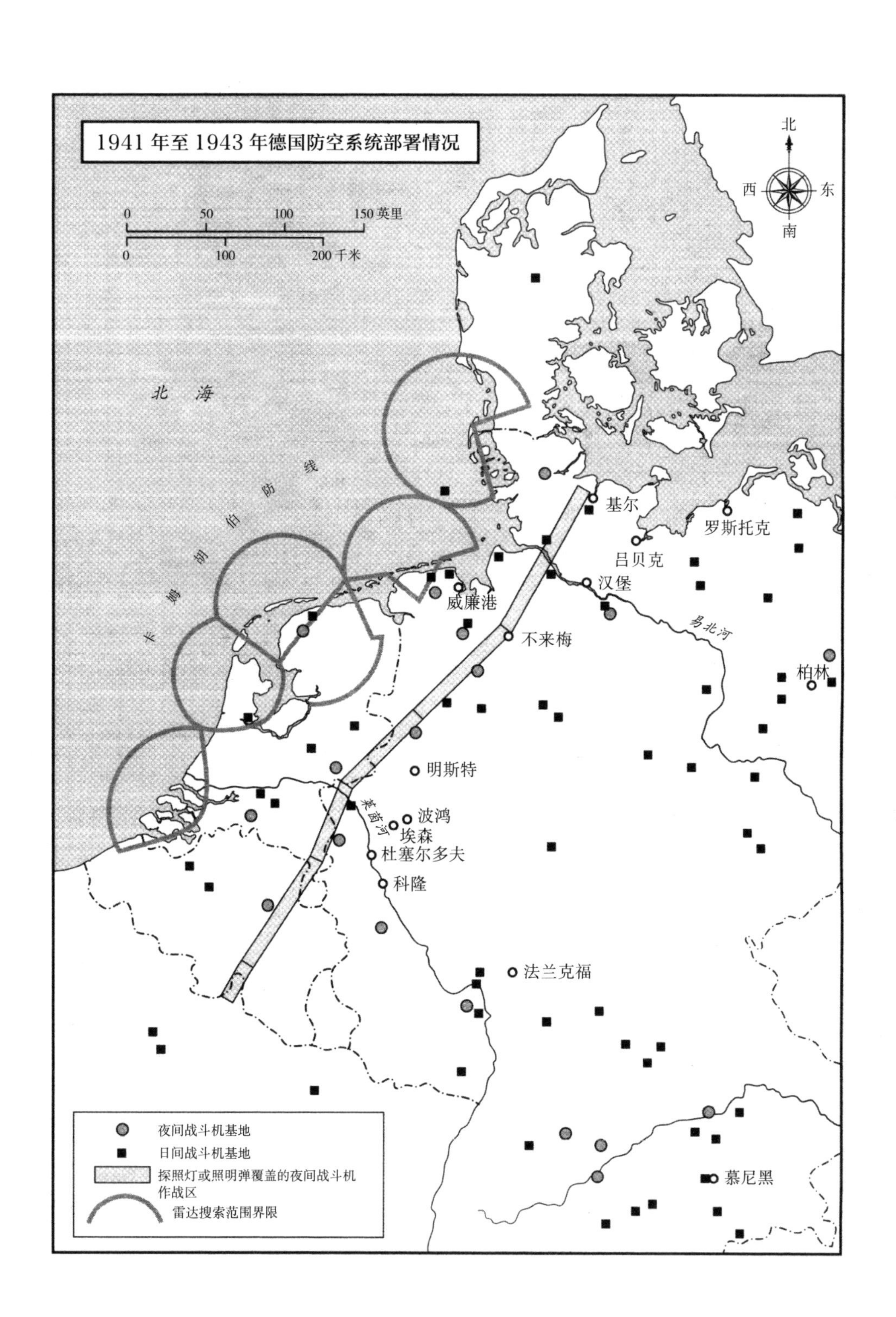
1941 年至 1943 年德国防空系统部署情况
北
西
东
南
0
50
100
150 英里
0
100
200 千米
北 海
卡 姆 胡 伯 防 线
基尔
罗斯托克
吕贝克
汉堡
威廉港
易北河
不来梅
柏林
明斯特
莱茵河
波鸿
埃森
杜塞尔多夫
科隆
法兰克福
慕尼黑
夜间战斗机基地
日间战斗机基地
探照灯或照明弹覆盖的夜间战斗机作战区
雷达搜索范围界限

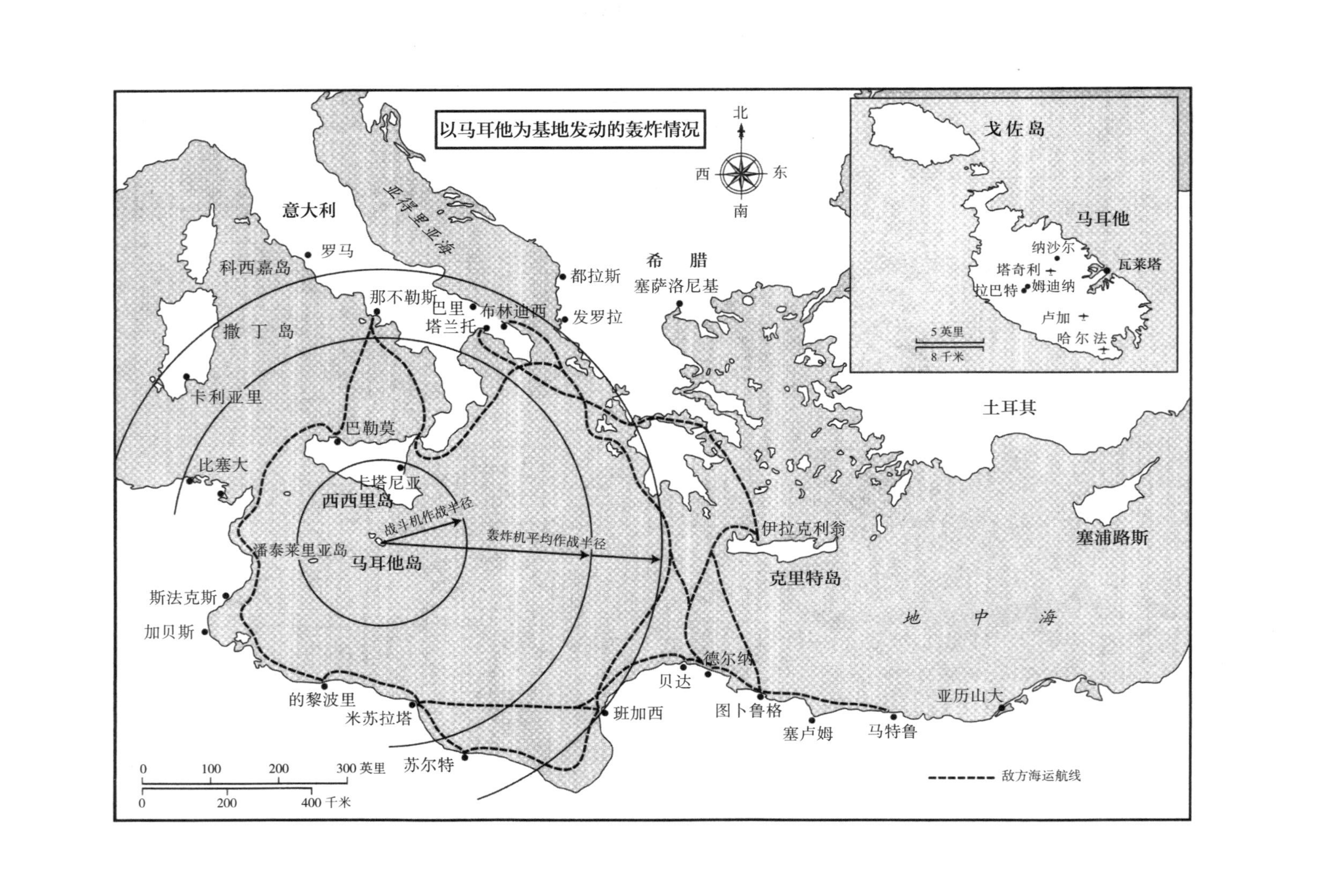
以马耳他为基地发动的轰炸情况
北
西
东
南
意大利
罗马
科西嘉岛
撒丁岛
卡利亚里
比塞大
亚得里亚海
那不勒斯
巴里
布林迪西
塔兰托
都拉斯
发罗拉
希腊
塞萨洛尼基
巴勒莫
卡塔尼亚
西西里岛
战斗机作战半径
轰炸机平均作战半径
潘泰莱里亚岛
马耳他岛
斯法克斯
加贝斯
的黎波里
米苏拉塔
苏尔特
班加西
贝达
德尔纳
图卜鲁格
塞卢姆
马特鲁
亚历山大
伊拉克利翁
克里特岛
地中海
土耳其
塞浦路斯
戈佐岛
马耳他
纳沙尔
塔奇利
拉巴特
姆迪纳
瓦莱塔
卢加
哈尔法
5英里
8千米
0
100
200
300英里
0
200
400千米
敌方海运航线

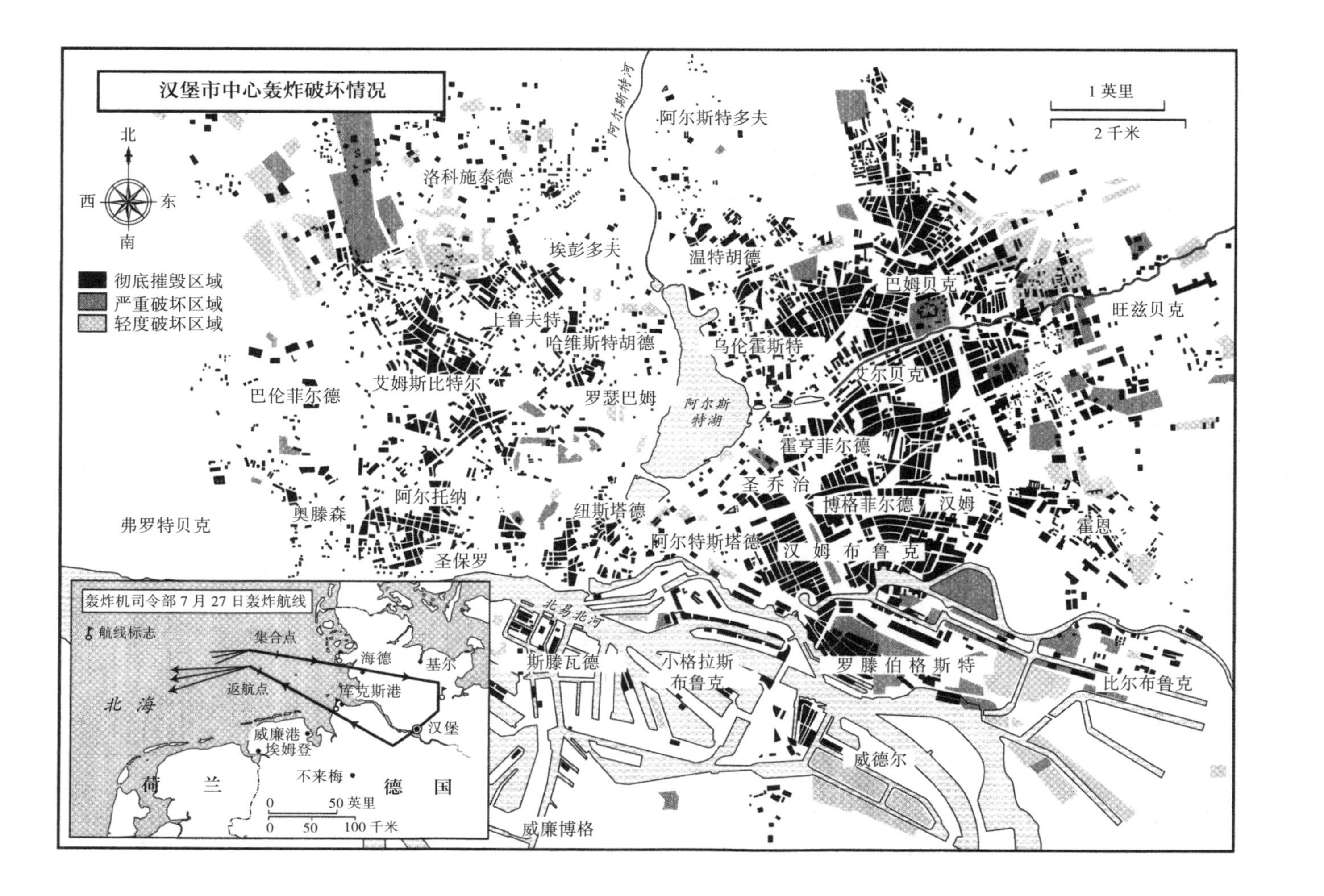
汉堡市中心轰炸破坏情况
北
西
东
南
彻底摧毁区域
严重破坏区域
轻度破坏区域
1 英里
2 千米
阿尔斯特河
阿尔斯特多夫
洛科施泰德
埃彭多夫
温特胡德
巴姆贝克
旺兹贝克
上鲁夫特
哈维斯特胡德
乌伦霍斯特
艾尔贝克
巴伦菲尔德
艾姆斯比特尔
罗瑟巴姆
阿尔斯特湖
霍亨菲尔德
圣乔治
博格菲尔德
汉姆
霍恩
阿尔托纳
奥滕森
弗罗特贝克
纽斯塔德
阿尔特斯塔德
汉姆布鲁克
圣保罗
北易北河
斯滕瓦德
小格拉斯布鲁克
罗滕伯格斯特
比尔布鲁克
威德尔
威廉博格
轰炸机司令部7月27日轰炸航线
航线标志
集合点
海德
基尔
返航点
库克斯港
北海
威廉港
埃姆登
汉堡
荷兰
不来梅
德国
0 50 英里
0 50 100 千米

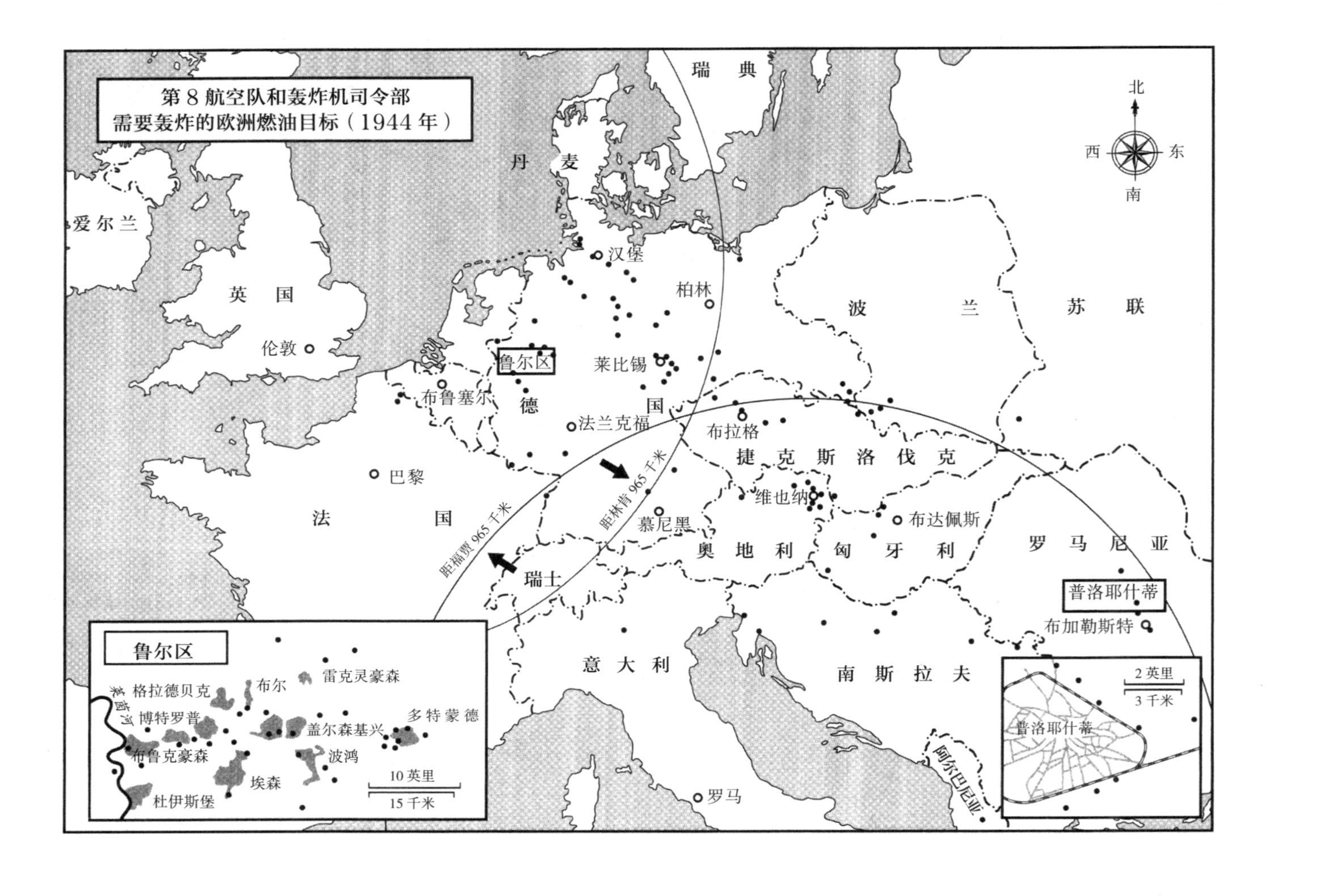
第8航空队和轰炸机司令部
需要轰炸的欧洲燃油目标（1944年）
瑞典
北
西
东
南
丹麦
爱尔兰
汉堡
英国
柏林
波兰
苏联
伦敦
鲁尔区
莱比锡
布鲁塞尔
德国
法兰克福
布拉格
捷克斯洛伐克
巴黎
距林肯965千米
维也纳
布达佩斯
法国
慕尼黑
距福贾965千米
奥地利
匈牙利
罗马尼亚
瑞士
普洛耶什蒂
布加勒斯特
意大利
南斯拉夫
阿尔巴尼亚
罗马
鲁尔区
格拉德贝克
布尔
雷克灵豪森
莱茵河
博特罗普
盖尔森基兴
多特蒙德
布鲁克豪森
波鸿
埃森
杜伊斯堡
10英里
15千米
2英里
3千米
普洛耶什蒂

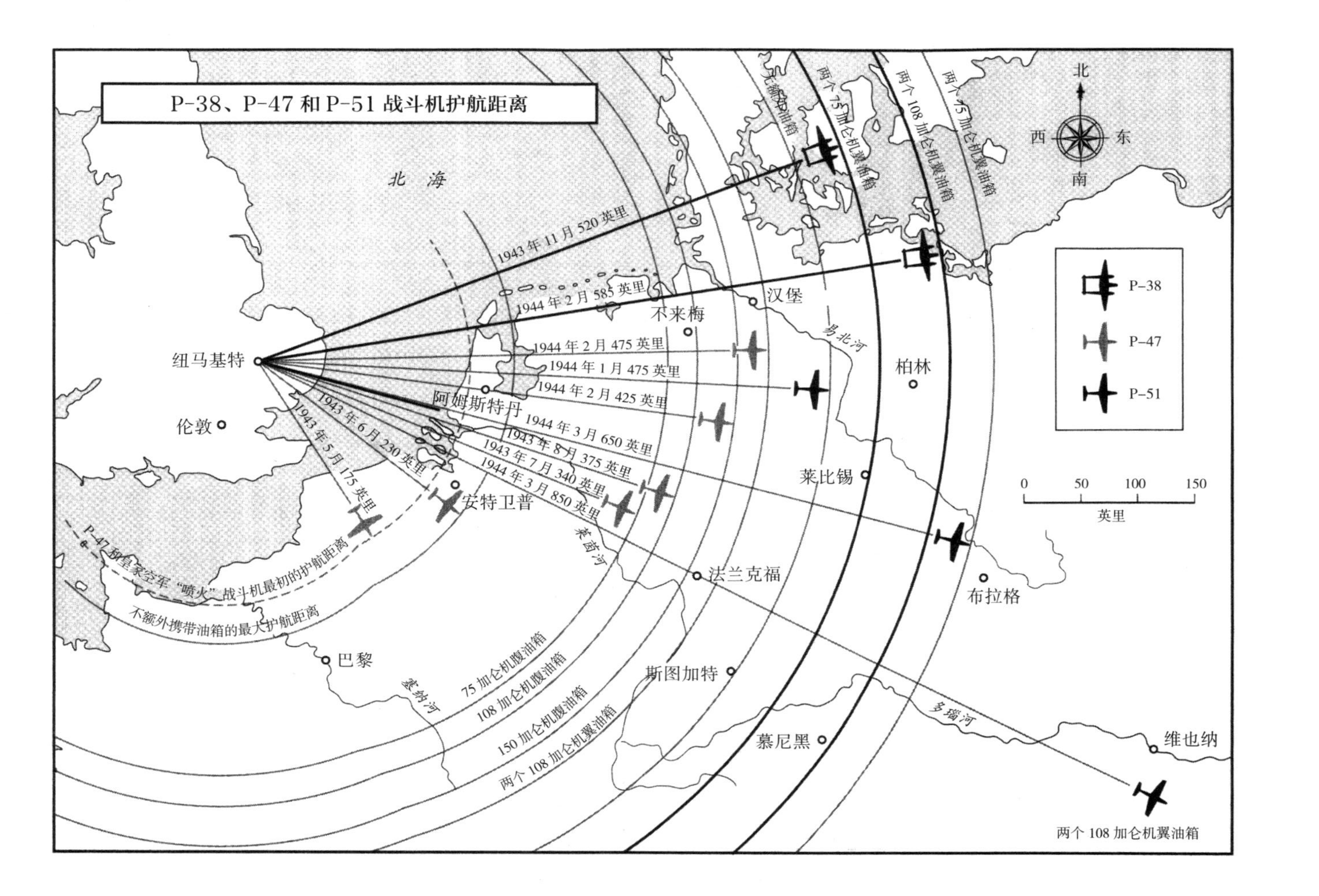

P-38、P-47和P-51战斗机护航距离
北海
北
南
西
东
P-38
P-47
P-51
0
50
100
150
英里
纽马基特
伦敦
阿姆斯特丹
安特卫普
巴黎
不来梅
汉堡
柏林
莱比锡
法兰克福
布拉格
斯图加特
慕尼黑
维也纳
易北河
莱茵河
塞纳河
多瑙河
1943年11月520英里
1944年2月585英里
1944年2月475英里
1944年1月475英里
1944年2月425英里
1944年3月650英里
1943年8月375英里
1943年7月340英里
1944年3月850英里
1943年6月230英里
1943年5月175英里
P-47和皇家空军“喷火”战斗机最初的护航距离
不额外携带油箱的最大护航距离
75加仑机腹油箱
108加仑机腹油箱
150加仑机腹油箱
两个108加仑机翼油箱
两个75加仑机翼油箱
两个108加仑机翼油箱
两个75加仑机翼油箱
两个108加仑机翼油箱

序 言

1939 年至 1945 年间，欧洲有上百座城市、上千座小城镇和村庄成为空军轰炸的目标。据估计，整个战争期间，在欧洲，轰炸造成的平民死亡人数达到惊人的约 60 万之巨，另有 100 多万人受了重伤，有些人甚至留下了终生的生理或心理创伤。战后，欧洲大地暂时性地沦为一片废墟，其悲惨程度，完全可以与曾经兴旺一时的罗马帝国留下的残垣断壁相比肩。任何人，只要经过战后破败的城市废墟，他首先想到的问题将是"该如何接受这样的现状？"然后将会有另一个问题进入脑海："欧洲该如何在战争后复原？"

当然，这些问题并不是用来追问轰炸战的。其实，早在 20 世纪 30 年代末，大多数欧洲人就已经理所当然地认为，轰炸将会是未来战争不可或缺的组成部分；政府如果放弃这种在全面战争爆发后最应该使用的武器，那才是让人感到不可思议的。战争形态是由科学技术决定的，在这一点上，第二次世界大战远超大多数其他战争。轰炸一旦发动，其潜在威力是不可估量的。1945 年欧洲土地上的废墟，正是轰炸无情的破坏力和轰炸战必然逐步升级的无声证明。然而，最引人注目的是，欧洲的城市只用了 10 年时间就得以恢复，然后成为由战后经济奇迹催生的商业发达的繁荣中心。如今，当人们漫步在德国、意大利和英国等国的大城市宽阔的马路上或者商业区的时候，真正让人感到不可思议的是，70 年前这里还是猛烈空袭的目标。在欧洲，只有 1999 年北约空军空袭贝尔格莱德这一事件还在提醒人们，对西方国家来说，轰炸仍然被视为一种战略选择。

大部分记述欧洲轰炸的历史作品，通常集中在两个问题上：一是轰炸的战略效果如何？二是轰炸是否在道义上站得住脚？近来，将这两个问题合并在一起讨论的作品更多了，之所以出现这种趋势是因为这些作品都基于这样的假设，即：如果某些做法在战略上不合理，那么其在伦理上也是存疑的，反之亦然。这些争论有愈演愈烈的趋势，但值得注意的是，他们的争论都基于肤浅的证据，这些证据大部分是从官方历史和战后关于轰炸战的调查中筛选的，并且，研究重点完全放在对德国和英国的轰炸上。不过，也有一些关于轰炸战的优秀研究成果，这些研究突破了传统的研究内容（虽然仍仅限于盟军轰炸德国），但文章中却充斥了对轰炸战的讹传和歪曲，同时，在哲学的视角下去研究轰炸战是否合乎法律和道义，得出的结论只会与史实渐行渐远。

我当前研究的目的，就是编写一本能够第一次全面记述欧洲轰炸战的作品。尽管战后经过 70 多年的审慎研究，但是关于这一课题的相关资料仍显不足。本书与传统轰炸战历史研究的区别，体现在以下三个方面。

第一，本书内容涵盖了整个欧洲的轰炸战。1939 年至 1945 年间，不管是出于有意还是意外，几乎每个欧洲国家（包括中立国）都遭受过轰炸，这种战场的广泛性，是由 1938 至 1941 年间确立的“德意志新秩序”决定的，其后果就是使得欧洲大陆大部分领土被迫变成了战场。对法国和意大利的轰炸（轰炸对这两国造成的损失都与对英国的空中闪电战相当）在现存的战争史著作中鲜有提及，所幸，最近克劳迪娅·巴尔多利（Claudia Baldoli）和安德鲁·纳普（Andrew Knapp）的研究成果终于将这段历史公之于众。在关于二战的书籍中，几乎没有提及盟军对斯堪的纳维亚半岛、比利时、荷兰、罗马尼亚和保加利亚的轰炸行动。本书在后续章节对上述轰炸战的主要内容进行了介绍。

第二，总有人认为，可以用某种方式，将轰炸战从同时进行的其他战事中分离出来。正如本书将要介绍的那样，轰炸战一直是大战略的一部分，而且它在其中的重要性要比空军统帅们所认为的更低。选择实施轰炸往往只是因为没有更好的选择，并且战时领导层在政治和军事上更优先的考量也总会影响轰炸作战，此外，军种之间的利益角逐，也同样限制了空军的雄心壮志。应当对二战中的空军做出客观公正的评价。轰炸在欧洲并不是足以赢得战争的战略，当时其他军兵种都知道这一点。

第三，大多数前人对轰炸战的研究或把执行轰炸任务的人员作为重点，或把遭受空袭的人民作为重点。尽管有些作品中还会阐述二者之间的关系，但是研究者一直把轰炸战的历史与轰炸给受害者带来的政治、社会、文化上的影响割裂开来。也就是说，研究者研究的是战争史而不是战争中社会的历史。本书的后续内容从两个方面对轰炸战进行了叙述：一是制定轰炸战的计划想达成什么目标，二是轰炸到底给遭受轰炸的人带来了什么影响。通过从这两个方面进行叙述，读者可以重新评估轰炸战的有效性问题和轰炸战在伦理上的争议。

无疑，本书的写作，无论从涉及地域范围上说，还是从叙述广度上说，都是一项浩大的工程。但这也不意味着每件事都能得到应有的关注。毕竟，本书不是战后关于轰炸战的回忆录，虽然现在这样的文学作品越来越多，并且从创意到概念都已经十分成熟。本书也不会用隐晦的方式探讨战后 10 年欧洲重建的问题。再次在这里说明，本书具有丰富、广博的史实，此外还辅以与城市地理、社区重建相关的内容。本书的史实仅限于 1939 年至 1945 年欧洲发生的轰炸战。本书的宗旨就是去研究现有作品中鲜有提及的领域，或者去重新审视现有研究，核实现存档案记录是否能完全支撑现有的研究。我有幸从苏联曾经的档案中获得了两种新资料。包括德国空军在闪电战期间的文档，这方面的资料，在德国方面现存记录里通常语焉不详。此外，我还获得了有关苏联防空体系和民防组织的大量资料，以及德军对苏轰炸造成的人员伤亡和物资损失的统计材料。我是从莫斯科的俄罗斯国家军事档案馆和波多利斯克市（Podolsk）的俄罗斯联邦国防部中央档案馆获得的。这里我要特别感谢莫斯科德意志历史学会的马蒂亚斯·乌尔（Matthias Uhl）博士帮我搜集这些资料，使我能够在作品中重现轰炸战中两个十分重要但又被忽视的方面。我也有幸从帝国战争博物馆位于达克斯福德（Duxford）的档案馆中，搜集到很多来自意大利空军部的意大利文原始资料，内容主要包括意大利的防空作战和意大利空军对马耳他实施的轰炸行动，1941 年至 1942 年间，马耳他是欧洲遭受轰炸最严重的地方。在这里也向斯蒂芬·沃尔顿（Stephen Walton）先生致以诚挚的谢意，在他的帮助下，我轻松地得到了这些资料。

我研究的第二个目的是，通过阅读英美两国的档案文件，重新核实已经形成的那些有关轰炸战的记录，主要是英美两国的记录。很长时期以来，官修历史为轰炸战有关的各种记载定下了基调。1961年查尔斯·韦伯斯特（Charles Webster）和诺布尔·弗兰克兰（Noble Frankland）合作出版关于轰炸战的历史著作，可以称为英国官方二战史最优秀的作品之一（虽然后来，哈里斯空军元帅称这部作品为“小学生作文”）。这部四卷的作品，引用的是国家档案馆的官方记录，写作内容仅局限于对德国的轰炸，没有研究整个欧洲的轰炸战。韦斯利·克雷文（Wesley Craven）和詹姆斯·凯特（James Cate）编写的七卷本的美国官方历史，主要记录了美国空军在二战中的战史，轰炸战只是其中的一部分。这部七卷本的著作完成于20世纪50年代，主要基于官方记录，这些官方文件现存于马里兰州克里奇帕克市的国家第二档案馆和亚拉巴马州马克斯韦尔空军基地的空军历史研究所。然而，要想完全理解轰炸战的历史和围绕轰炸战的政治斗争，就需要研究下面两个方面的内容：一是，私人和组织机构的私有文件和档案；二是，官方记录中与轰炸战没有直接关系的部分，或者官方记录中一直不向公众开放的内容，因为这种记录会引起官方的难堪。比如，20世纪50年代，官方绝对不会谈论为毒气战和细菌战进行的各种准备工作（与此有关的很多文件处于保密状态的时间，比法律许可的最短解密期要长得多），情报部门同样是不能被谈论的，事实上，他们的秘密在过去30年里已经逐渐被挖掘出来。

关于被轰炸的经历，总是缺少官方的声音。只有英国的官方二战史中关于民众事务的部分涵盖了民防、生产和社会政策方面的内容。这些记录仍然是有用的资源，但那些详细、审慎的历史著作，在很多方面都超过了他们。我也使用了那些更不起眼的地方志来充实本人研究的核心材料。其中用处很大的是赫尔（Hull）历史中心保存的与民防有关的记录，这些记录讲述了这座城市从1940年夏天开始，直至1945年3月最后一次遭受轰炸的全部历史。而记载了英格兰东北地区轰炸情况的文件，则保存在泰恩河畔纽卡斯尔（Newcastle-upon-Tyne）的探索博物馆。其他欧洲国家都没有关于轰炸战的官方历史（不过半官方性质的波茨坦军事历史研究所中关于后方民众的材料，包含了相关内容）。但是，在每一座遭受轰炸的欧洲城市，地方性的研究却很多。这些研究成果在了解地方状况、群众反映、民防部队表现和伤亡方面是十分有价值的资料。如果没有这些资料，我根本不可能重现法国、意大利、低地国家和德国遭受轰炸的历史。保存在柏林、布赖斯高地区弗赖堡（Freiburg im Breisgau）、罗马、巴黎和马耳他（距离美丽的马耳他海滨不远处，有一座给了我很大帮助的民防档案馆）的国家档案，也为上述资料做了补充。

这里有必要对全书使用的统计数据进行一下说明。众所周知，战时的统计数据总会因为这样那样的原因而存在缺陷，尤其是那些来源于战时普遍看法的伤亡数字。本书中的统计数字，都来自官方的档案记录，当然有些数据在可靠性和完整性上还存在疑问。我在写作时，尽量把错误控制在可接受的范围之内，然而，本书中的统计表与许多权威统计数字存在较大的差异，尤其是德国和苏联给出的数据。大多数时候，轰炸造成的伤亡人数被高估了，需要进行削减。我这样做，绝不是想人为改变空袭导致成千上万的欧洲人民丧生、受伤这样一个千真万确的事实。寻找那些从历史角度看更加可信的统计数据，并不会使轰炸平民这样的行径更加合理；我这样做的唯一目的，就是在记录历史的时候让内容更加可靠。

在一部这样规模的作品中，对战争中的人进行全面记录是相当困难的，不论是执行轰炸任务的飞行员还是在地面遭受轰炸的平民。尽管如此，本书仍然是一部与人有关的历史，一部根植于20世纪人类暴力全景描述的历史。从书中涌现的一个个鲜活的个体，无论是与恶劣天气斗争的飞行员，还是他们那些承受了巨大生理和心理代价的对手，或者是地面上成为现代科技（这种技术尚不够精确，不能控制对平民和城市的破坏程度）牺牲品的平民百姓，都在用他们的经历向人们阐释一个让成千上万的人受到触动的问题。这个问题就是，总体战带来的可怕悖论之一：无论是执行轰炸任务的机组成员还是遭受轰炸的平民，都因为自己的经历而遭受了严重的心理创伤。70年后，回首这场轰炸战，我希望这个悖论，能够让各发达国家坚定一个信念，那就是不要让这样的悲剧重演。

理查德·奥弗里

2013年1月于伦敦

序　章

轰炸保加利亚

弹体修长、装有稳定翼、弹头装有引信的现代航空炸弹，是保加利亚人的发明。在1912年由保加利亚、希腊、塞尔维亚和黑山（巴尔干同盟）共同对土耳其发动的巴尔干战争中，一位名叫西蒙·彼得罗夫（Simeon Petrov）的保加利亚陆军上尉，对一些手榴弹进行了改造和加大，使其适合由飞机投掷。1912年10月16日，拉杜尔·米尔科夫（Radul Milkov）驾驶一架“信天翁”F.2型双翼飞机，用这些经过改造的炸弹轰炸了土耳其人的一个火车站。后来，彼得罗夫对炸弹进行了改进，加装了稳定尾翼和碰撞触发引信。至此，这种6千克的炸弹，变成了保加利亚陆军配发的标准装备，并一直使用到1918年。后来，在一战期间，这种被称为“Chataldzha”的炸弹传到了保加利亚的盟友德国手中。很快，采用这种设计或类似设计的炸弹，成了各国第一代空军部队的标准装备。

第二次世界大战期间，彼得罗夫的发明反过来成了保加利亚人的大麻烦。1943年11月14日，由美军91架B-25“米切尔”轰炸机组成的轰炸编队，在49架P-38“闪电”战斗机护航下，轰炸了保加利亚首都索非亚（Sofia）的铁路编组站。这次轰炸覆盖范围较广，附近的3座村庄也遭轰炸。这次空袭破坏了部分铁路系统，摧毁了弗拉耶蒂纳（Vrajedna）飞机场和另外187座建筑，伤亡人数达150人。10天以后，由B-24“解放者”轰炸机进行的第二次轰炸行动，则没有那么成功。当时保加利亚南部天气恶劣，仅有 17 架轰炸机飞抵他们认为的“索非亚”上空，隔着云层投下了炸弹，这次空袭，首都索非亚周围的 7 个村庄遭到轰炸。[1] 但是，这足够把恐慌传播到城市的各处了。因为索非亚缺少有效的防空和民防措施，成千上万的居民逃到了周边地区。尽管德国盟友给保加利亚皇家空军提供了 16 架梅塞施米特公司的 Me109G 战斗机，但是，在对抗空袭方面保加利亚人却显得无能为力。虽然空袭并非完全出乎意料，但当空袭发生时，对保加利亚人来说完全是一场奇袭。[2]

1943 年 11 月的轰炸虽然是最猛烈、破坏最严重的一次，但并不是保加利亚在战争中第一次遇到的空袭。1941 年 3 月，经过一段时间的犹豫后，保加利亚政府加入了《德意日三国同盟条约》，成为德国的盟友，该条约最早由轴心国主要成员国德、意、日三国在前一年 9 月共同签署。因为保加利亚的这个决定，它成了英国空袭的目标。[3] 1941 年春，德军准备以保加利亚为基地，进攻希腊和南斯拉夫。为了迟滞德军集结，英国皇家空军派出 6 架“威灵顿”轰炸机空袭了索非亚周围的铁路线。4 月 13 日，英国空军执行的一次夜间轰炸行动中，航空炸弹恰好击中了一列运送弹药的火车，引起了大火，造成大规模破坏。1941 年 7 月 23 日和 8 月 11 日，保加利亚又遭到两次小规模空袭，保加利亚政府认为这是苏联空军的行动。1941 年 6 月 22 日，轴心国军队入侵苏联的行动中，保加利亚尽管没有直接参与，但负责为德国提供补给，并允许德国船只使用瓦尔纳（Varna）和布尔加斯（Burgas）的港口。这两个港口停泊的德国船只装载着石油钻探设备，待德军占领高加索地区的油田后，就可以穿越黑海，把这些装备送到德国工程人员手中，重启石油生产。1942 年 9 月 13 日，苏联对布尔加斯进行了小规模的空袭。因为此时苏联并未对保加利亚宣战，因此它断然否认曾经在 1941 年和 1942 年轰炸过保加利亚。但事实证明，苏联确实应该对空袭负责，只是因为轰炸规模较小，所以，保加利亚政府并没有坚持索要赔偿。[4]

1941 年和 1942 年发生的几次定点空袭，让保加利亚政府开始担心，如果同盟国下定决心大规模轰炸本国的城市将会发生什么。在二次世界大战中，保加利亚扮演的角色比较模糊。保加利亚沙皇鲍里斯三世（Boris

Ⅲ）并不想主动卷入战争，毕竟，1919 年签署和平协定时，保加利亚因为在第一次世界大战中加入德国和奥匈帝国一方遭到了惩罚，丢失了大量领土，经济上遭受巨大损失。在德国的压力下，保加利亚首相波格丹·菲洛夫（Bogdan Filov）于 1941 年 12 月 13 日，极不情愿地向英国和美国宣战。保加利亚政府和沙皇认识到保加利亚的军事实力较弱，正如他们已经拒绝向苏联宣战一样，他们也不希望自己的国家与西方强国处于真正的战争状态。因此，规模有限的保加利亚部队没有承担与同盟国的交战任务。1941 年，纳粹德国击败了南斯拉夫和希腊以后，将马其顿（Macedonia）和色雷斯（Thrace）地区交给了保加利亚，让保军占领并驻守这两个地区。到 1943 年，保加利亚政府和人民已经清醒地认识到，这次他们又站错了队。保加利亚人中有不少是反纳粹的，其中有些人还支持苏联。1942 年，左翼的祖国阵线成立，该组织要求保加利亚退出战争，切断与德国的关系。到 1943 年，抵抗运动在保加利亚占领区和本土愈演愈烈，并在 8 月，进行了一次大规模人员招募活动。抵抗运动的成员主要是共产党员，他们斗争的目的，不只是让保加利亚退出战争，而且还希望建立新的社会秩序，拉近与苏联的关系。1943 年 5 月和 10 月，保加利亚首相菲洛夫两次授权政府官员与西方同盟国接触，寻求与西方国家达成协议的可能。但这位首相得到的答复是，同盟国能接受的条件只有保加利亚无条件投降并撤出其占领的领土。[5]

在这样的背景下，盟军对保加利亚的城市发动了一系列大规模空袭。鉴于保加利亚政府在国内面临重重危机，又要同时面对苏联获胜带来的威胁和它的德国盟友，盟军希望运用轰炸这个政治工具，得到最快的回报，迫使保加利亚退出战争。在两次世界大战期间，有人提出空军作战的核心思想应是，通过轰炸摧毁民众信心并造成政府危机，从而给敌人造成突然的决定性打击。对这一原则最著名的陈述，出自意大利将军朱里奥·杜黑（Giulio Douhet）1921 年出版的经典著作《制空权》（*The Command of the Air*）。英国首相温斯顿·丘吉尔（Winston Churchill）使用空军力量的核心原则与杜黑是一致的。此前，丘吉尔就已把这一原则运用到对德国和意大利的作战中。1943 年 10 月 19 日，在与英军各位参谋长开会时，丘吉尔提出保加利亚人“是个有罪的民族，要给他们严厉的教训”，这并非偶然。丘吉尔指出，尽管自己费尽心机想让保加利亚人看清楚形势，但他们又一次站到了德国人一边，这就是他们的错误之处。轰炸是为了松开把保加利亚和它的德国主子绑在一起的绳索。

给保加利亚的严厉教训，就是对其首都索非亚的大轰炸。丘吉尔在一次会议上从政治的角度评价这次行动时说：“经验表明，对国内存在多股对立力量的国家进行轰炸，不会把这些力量团结在一起，而是会使反战派变得更加愤怒。”[6] 在座的空军参谋长、空军上将查尔斯·波特尔爵士（Sir Charles Portal）和总参谋长艾伦·布鲁克（Alan Brooke）上将却对这种轰炸没那么热衷，并且坚持要求在轰炸的同时播撒传单，向保加利亚人解释：盟军希望保加利亚退出战争，投降并撤出其占领的地区（最终，传单还是撒了下去，只是标题略显怪异——《轰炸不是盟军的恐吓，而是因为保加利亚人的愚蠢》）。[7] 不过，“严厉的教训”这个理念迅速传开了。美军首脑们认为，索非亚军事价值不高，没有什么进行轰炸的正当理由。但是，他们都被“巨大的心理作用”[8] 这个说法所打动。英国和美国驻安卡拉的大使都力促军方进行这次轰炸，好中断土耳其和德国之间的铁路货运。[9] 10月24日，英美联合参谋部指示地中海驻军最高指挥官，德怀特·D. 艾森豪威尔（Dwight D. Eisenhower）将军，只要时机成熟，立刻执行这个“严厉的教训”。[10] 或许是希望能在战后从保加利亚的失败中分一杯羹，土耳其政府也不顾保持中立的态度，赞成这次行动。另外，因为保加利亚明显属于苏联的利益范围，所以，丘吉尔希望斯大林也赞成自己的意见。10月29日，正在莫斯科进行谈判的英国外交大臣，安东尼·艾登（Anthony Eden）传回了斯大林的意见，即应该轰炸索非亚，因为那里无异于“纳粹德国的一个省”。[11]

保加利亚政府已预料到可能会遭到轰炸。然而它此时国内存在反对势力，苏联陈兵其东部边境，而盟国则命令其无条件投降，它还不得不安抚德国，以防德国出兵占领保加利亚。1943年，在色雷斯占领区驱逐犹太人的计划已经完成。尽管遭到沙皇的反对，驻索非亚的德国官员还是成功说服了保加利亚政府驱逐本国的犹太人。第一步，是把这些犹太人迁往索非亚周围的20个小村庄。1943年5月，大约1.6万名犹太人，接到来自首都的命令，要求他们立刻出发，前往他们分布在8个不同省份的居住地。菲洛夫政府把犹太人政策和军事轰炸联系在一起。瑞士大使曾经出于人道主义的考虑，要求菲洛夫不要再把色雷斯的犹太人向奥斯威辛集中营遣送，但菲洛夫予以反驳，他认为现在讨论人道主义是不合时宜的，因为盟军正忙着从空中把欧洲的城市一座座抹掉。另外，1943年2月，菲洛夫也拒绝了英国要求把4500名犹太儿童从保加利亚送往巴勒斯坦的建议。因此，他担心保加利亚会遭到英国的报复性轰炸。[12] 索非亚的犹太人全部被驱逐到其他省份后，保加利亚人又开始担心，盟军会毫不迟疑地对索非亚进行轰炸，因为他们不用担心轰炸会伤害犹太人了。最后，保加利亚的犹太人不但逃脱了进入奥斯威辛集中营的命运，而且还避开了盟军的轰炸。在轰炸中，索非亚绝大多数犹太人聚居地都变成了一片废墟。

尽管很多保加利亚人都认为是对待犹太人的问题，导致了1943年11月盟军的轰炸，但事实绝非如此。第一次空袭看起来预示着空中惩罚的开始，整个城市陷入了短暂的慌乱。在11月进行了两次轰炸以后，12月，盟军又发动了两次规模有限的空袭，此后在这个月里就再没有发动任何轰炸行动。索非亚约有209名居民死于轰炸，轰炸还摧毁了247座建筑。这一“严厉的教训”在盟军看来，根本不够严厉，因为轰炸行动并没有促成保加利亚政府做出政治解决自身问题的决定；而从军事角度看，因为糟糕的轰炸精度和巴尔干阴郁的天气，轰炸效果也大打折扣。1943年圣诞节那天，丘吉尔在给艾登的信中写道，正在计划对索非亚进行“最大规模的空袭”，希望这次能够产生更加有效的“政治反应”。[13] 1944年1月4日，盟军派出了由108架B-17“空中堡垒”组成的大型轰炸机编队，执行对索非亚的轰炸任务。但是因为能见度不佳，编队向一座桥梁投下几颗炸弹以后，就不得不放弃了任务。最终，1944年1月10日至11日夜间，141架B-17轰炸机在英国皇家空军的44架“威灵顿”轰炸机的配合下，对索非亚进行了第一次大规模空袭。对索非亚来说这次空袭是毁灭性的，轰炸造成750人死亡，710人重伤，住宅区和公共建筑受损范围也很大。因为电力供应被切断，所以政府没能拉响防空警报。这次轰炸让居民彻底陷入了慌乱，引发了大规模的撤离行动。截至 1 月 16 日，已有 30 万索非亚居民逃离了首都。政府也放弃了职责转移到了乡间。直到两周后，公共服务才得到恢复。大多数逃离的居民担心再次遭到轰炸，彻底放弃了这座城市，再也没有回到索非亚。1 月 23 日，德国驻保加利亚大使在发往柏林的电报中写道，这次大轰炸彻底改变了“政治和心理形势”，暴露了保加利亚政府的无能，增加了保加利亚倒戈的风险。[14] 因为缺少电力，索非亚政府在空袭来临时，敲响教堂的钟，作为临时的空袭警报。[15]

1 月 10 日实施的第二次大轰炸，确实让同盟国获得了一些政治红利。菲洛夫没能说服来访的希特勒的作战处副处长，沃尔特·瓦利蒙特（Walter Warlimont）将军向中立的伊斯坦布尔发动报复性攻击（这一攻击的后果可能会更不利于保加利亚）。此时，大多数保加利亚领导人已经意识到，必须尽快切断与德国的关系，与同盟国达成协议。[16] 索非亚的大主教利用为空袭遇难者举行葬礼的机会，对政府发动了控诉，攻击政府与德国绑在一起，却不能救自己的人民于水火。也是在这个月，保加利亚政府请求苏联居中调停，让西方同盟国停止空袭的愿望也没有达成。相反，苏联政府向保加利亚施加了更大的压力，要求其放弃对轴心国的支持。[17] 2 月，通过中间人，保加利亚政府与西方同盟国的第一次非正式接触开始了，目的是为了讨论让双方都能接受的休战条款。虽然开始轰炸的主要目的就是为了促成谈判，但是，同盟国对保加利亚在第一次轰炸后的主动接触却意见不一。2 月 9 日，罗斯福在给丘吉尔的信中写道，如果保加利亚想谈判，那么就要暂时停止轰炸。事实上，在开罗总部的英国外交使团的外交官，也持有同样的意见。[18] 在这封信的空白处，丘吉尔潦草地写下“为什么？”他本人是反对停止轰炸的，因为英国联合情报委员会在最近发布的报告中称，在 1943 年 11 月的第一次轰炸并没有取得“决定性的政治效果”。事实上，丘吉尔已经批准对保加利亚港口瓦尔纳和布尔加斯实施轰炸，并且出于政治因素的考量，把这两座城市定为优先轰炸的目标。[19] 1944 年 1 月，在德国发动毒气攻击以后，英国战时内阁就开始考虑向德国及其盟友投掷毒气弹进行报复，其中就包括保加利亚。[20] 2 月 12 日，丘吉尔在回信中写道，在他看来，轰炸“得到了预期的效果”，希望罗斯福同意继续进行轰炸，直到保加利亚方面启动全面和正式的会谈："如果药物效果明显，那就要多吃点。"[21] 罗斯福完全赞同这个意见，立刻用电报回复丘吉尔："让这个工作继续下去吧。"[22]

从保加利亚获取的一些证据也证明丘吉尔的立场是正确的。英国人收到的情报，详细介绍了保加利亚国内共产党游击队和祖国阵线的活动都在迅速扩大的情况。游击队员通过英国在保加利亚的联络人与同盟国进行联络，敦促同盟国继续进行轰炸，加速亲德政权的崩溃，同时加强对抵抗组织的支援。索非亚中央行政区紧邻刚刚改名为阿道夫·希特勒大道的马路，游击队员把这里的详细信息汇报给同盟国，认为是合适的轰炸目标，同时，游击队的领导要求盟军不要轰炸工人聚居区，因为大部分游击队员的家都在那里。截至当年 3 月，游击队在保加利亚共产党的组织下，重组为民族革命解放军。[23] 鉴于保加利亚国内的状况和斯大林持续的秘密支持（苏联不希望保加利亚人认为苏联积极促成了轰炸），英国外交大臣艾登建议，通过"激化保加利亚国内的局势"，可能短期内就会促成国内发生政变或者敦促其政府采取措施谋求和平，同盟国接受了艾登的意见。[24] 3 月 10 日，空军上将查尔斯·波特尔爵士告诉丘吉尔，已经下令，要尽早对索非亚和其他的保加利亚城市进行大规模空袭。[25]

3 月 16 日、29 日和 30 日，盟军对索非亚进行了最具破坏性的轰炸。遭到轰炸的其他城市还包括布尔加斯、瓦尔纳和内陆城市普罗夫迪夫（Plovdiv），对这几座城市进行轰炸，是为了破坏土耳其与德国之间的铁路和海上交通。对索非亚轰炸的重点是市中心的行政区，为此，轰炸机总共携带了 4000 枚燃烧弹，因为此前对德国目标的轰炸已经证明燃烧弹是一种高效的武器。16 日轰炸引发的大火烧毁了皇宫。29 日和 30 日，367 架 B-17 和 B-24 轰炸机实施了轰炸，投下了 3 万枚燃烧弹，这次轰炸引发了大面积火灾，摧毁了保加利亚东正教会圣会议驻地、国家大剧院、几栋国家部委大楼和其他 3575 座建筑，然而，城市剩下的居民中仅有 139 人丧生。[26] 4 月 17 日，美国派出 350 架轰炸机执行了最后一次大规模空袭行动，摧毁了 750 座建筑物，铁路编组站也遭到严重破坏。整个 1944 年，索非亚有 1165 人因轰炸丧生，要不是此前很多居民逃离了这座城市，伤亡人数还会大幅增加。轰炸加速了保加利亚政权的瓦解，同时也相当于增加了对苏联的支援，此时，苏军部队距离保加利亚已经相当近了。在轰炸之后几个月，到 1944 年 6 月 20 日，伊万・巴格良诺夫（Ivan Bagryanov）开始与同盟国谈判，试图结束保加利亚的参战状态，但是，他同时又希望避免保加利亚遭到同盟国的占领，保持领土完整。[27] 此时，盟国已经对轰炸保加利亚没有兴趣了，保加利亚的目标从盟军重点轰炸目标的名单上大幅滑落。盟军轰炸机现在关注的重点是苏联红军进攻路线上的布达佩斯（Budapest）和布加勒斯特（Bucharest）。[28]

1944 年夏，保加利亚的政局已经很脆弱，这说明轰炸效果很明显，再加上盟军还有其他更多要关注的事情，因此，继续对保加利亚实施轰炸就显得多余了。然而，盟军对轰炸效果的最终评估结果却是相互矛盾的。7 月，美军参谋长联席会议提交了一份评估巴尔干轰炸的报告，认为心理攻势在很大程度上已经达成了目的。然而，敌方利用宣传战对轰炸造成的大规模平民伤亡进行大肆传播，严重破坏了美国和英国在保加利亚国民眼中的形象。因此，美军参谋长联席会议做出指示，以后在该地区进行的轰炸，要限制在"确定的重要军事目标"上，并且把平民的伤亡控制在最小。但是，英军参谋长们拒绝了美国人的建议，无视轰炸后果，坚持认为只有军事目标遭到了轰炸，只是轰炸导致了房屋倒塌和平民死亡。英国人关于轰炸行动报告的结论是，盟军轰炸应该继续按照这种模式进行，执行轰炸行动"不能因担心可能的意外伤亡，而对轰炸行动报以偏见"。[29] 这种观点与英国皇家空军自 1941 年开始故意对德国平民进行轰炸后坚持的主张和执行的政策是相符的。

历史学家对此的评判则要复杂得多。几乎可以肯定的是，轰炸确实有助于亲德思想的崩溃，也同时增强了祖国阵线内部中间偏左的温和派的影响力和激进抵抗运动的影响力。但是，轰炸最终并没有促成保加利亚政权的更迭。直到 1944 年 9 月 9 日，才由苏军扶持了一个由共产党员为主的祖国阵线执政的政权（这样一个政治结果，是丘吉尔和艾登都不想看到的）。[30] 另外，保加利亚人自己的算计中，也还有其他因素扮演了重要角色：如 1943 年 9 月意大利战败投降引发的政治危机；德军在苏联领土上的后撤；对盟军可能进攻巴尔干地区的顾虑；对土耳其可能插手本国事务的担忧。[31] 在丘吉尔看来，轰炸是引发政治危机的简单工具，从 1943 年 10 月到 1944 年 3 月期间，他始终坚持认为轰炸是让保加利亚退出战争的关键，而美国军事首脑们却更倾向于轰炸意大利和德国，并且不太相信一定能从轰炸中获取政治红利。对他们来说，轰炸行动的目的是通过破坏重要军事物资供应来损耗德军军事实力，以及迫使德军在即将到来的诺曼底登陆前分散力量。但是，轰炸也是有代价的。1944 年 9 月，保加利亚投降后，有 332 名被俘的美军飞行员乘飞机经伊斯坦布尔抵达开罗。他们有些人的飞机是在轰炸保加利亚时坠毁的，其他人的则是在空袭罗马尼亚的往返途中坠毁的。一份美国发布的报告显示，这些飞行员都遭到了虐待，而且有两名被俘飞行员被保加利亚警察杀害。据估计美军有 175 人在保加利亚领土上丧生，尽管最后只发现了 84 具遗骸。[32]

对保加利亚的轰炸在微观层面上衍生了很多问题，这些问题展示了整个二战期间的其他更大规模的轰炸存在的问题。这次轰炸行动也是后来名为“战略轰炸”的经典范例。战略轰炸的定义既不简洁也不精确。这个名称始于第一次世界大战，当时的协约国军官发明了这个名称，用来描述攻击敌人远离前线的后方目标的长程空中行动。这些行动是独立于地面战役进行的，尽管其目的是削弱敌人，为地面作战的胜利创造条件。英国和美国的空中力量使用“战略”这个词，将旨在破坏敌人大后方和经济建设的空袭与针对敌军部队直接实施的空袭区分开来。

这个词也用来区分空军独立执行的轰炸作战和直接支援陆军或海军的轰炸作战。这种划分有它的问题，因为地面部队和水面舰艇部队也会使用轰炸机为自己提供直接支援，而摧毁位于或者靠近前线的那些目标能够削弱敌军的抵抗，是个非常复杂的问题。在两次世界大战之间的几十年间，德国和法国认为“战略”空袭就是轰炸敌方距前线几百英里远的能够支援地面战斗的军事或政治目标。德法军事首脑认为对与当前地面作战没有关系的敌方遥远城市目标实施长途轰炸，是对战略资源的滥用。德国空军对华沙（Warsaw）、贝尔格莱德（Belgrade）、鹿特丹（Rotterdam）和许多苏联城市的轰炸，就是这种狭义上的战略轰炸。在二战期间，这种构想上较为受限的战略轰炸和远程、独立的战略轰炸之间的区别变得越来越模糊；轰炸机部队的任务可以在对敌军事、经济或一般性城市目标进行长途空袭，与给地面作战提供直接支援间互换。比如，1944 年 2 月，驻意大利的美国陆军航空队轰炸了卡西诺山修道院以突破德军防线，但同时也轰炸了罗马、佛罗伦萨（Florence）和远在意大利北部的一些城市，这样做是为了激化意大利国内政治危机，削弱轴心国经济潜力和破坏敌人的军事运输。德军 1940 年夏季和秋季对英国的轰炸，是在为当年 9 月入侵英国南部的计划做准备，因此这属于德国定义下的战略轰炸。但是，1940 年 9 月到 1941 年 6 月，德军对英国进行的空中闪电战就属于更名副其实的战略轰炸，因为此时的轰炸是为了弱化英国的作战意愿，削弱英国继续作战的实力，并且这种轰炸是空军在没有地面掩护的情况下独立进行的。对于不论是在意大利、英国，或是其他什么地方不幸遭到轰炸的平民来说，去研究他们遭遇的是不是战略轰炸毫无意义可言，因为无论轰炸的意图和目的如何，轰炸给地面造成的破坏都是没有区别的：大量人员伤亡，城市遭到大规模破坏，居民生活所需的基本服务减少，文化遗产遭受任意破坏。作为地面战役的一部分的轰炸，可能也会比独立的战略性空袭带来更严重的破坏，比如 1944 年 9 月法国港口城市勒阿弗尔（Le Havre）遭到的轰炸和同年 9 月、10 月德国的亚琛（Aachen）遭到的轰炸就是这样的。

在本书中并不会特意区分这些不同类型的战略空袭，本书关注的重点是任何独立于地面和水面作战的轰炸战役或轰炸行动。这些轰炸行动与用轰炸机和战斗轰炸机对稍纵即逝的战场目标、部队集结地、交通枢纽、油料储存库、军械修理站或货运航线进行的战术性攻击行动截然不同，上述这些袭击准确来说都属于战场空中支援。根据这一定义，可以将那些旨在加速地面部队推进、对距前线较远的敌人后方独立实施的空中打击归入战略轰炸，比如在意大利、苏联以及马耳他实施的此类空袭。然而，只有从那些以给敌人大后方造成重大损失为目的，甚至是为了促成敌方政权垮台而进行的重大独立轰炸行动中，才能找到轰炸战历史的中心内容。包括 1940 年至 1941 年间德国向英国发动的轰炸、1940 年至 1945 年英军和美军对德国和欧洲德占区进行的空袭以及英美对意大利的轰炸在内的各次大规模战略轰炸，都有一个默认的前提，即仅凭轰炸就能扰乱敌人的军事投入，挫败公众士气，甚至可能还会促成敌方政府投降，这样就无须实施规模庞大、危险度极高且可能代价高昂的两栖登陆作战了。这些对轰炸的政治预期，是轰炸战历史的重要组成部分。

对保加利亚的几次短暂轰炸，用事实证明了轰炸在政治上的重要性。然而还应分析轰炸战对敌国的军事实力和经济造成了或未造成哪些影响，如今我们所说的“政治红利”与这些严谨的军事分析相比，只能屈居第二位。在 1939 年至 1945 年的轰炸行动中，有很多战例不但达成了预期的军事结果，而且还实现了一个或多个政治目标。1940 年至 1941 年英国皇家空军对德国进行的早期轰炸，尽管从军事角度看效率不高，但是这次作战的目的是把战争重新带到德国民众头上，并在敌人大后方造成可能的社会和政治危机，这也是为了向德军占领下的欧洲国家展示，英国有将战争进行下去的决心，同时向美国舆论证明了民主势力的抵抗不但依然存在且状态良好。对英国皇家空军来说，轰炸是显示其独立于陆军和海军的主要方式，同时也奠定了其与众不同的战略角色。就英国公众而言，在法国战役失败后，轰炸是为数不多的可以攻击敌人的手段。英国中部地区的一位家庭主妇，在日记中写道：“我们优秀的皇家空军狠狠地轰炸了鲁尔区。”她接着又写道：“这也让人想起这些飞行员的家庭，这种行动，对他们的家庭意味着什么呢。”[33]

政治人物直接参与并做出轰炸的决定，在某种程度上体现了轰炸战的政治特征。轰炸保加利亚是丘吉尔的主意，有一种观点认为，“空袭”是迅速而又相对便宜的迫使敌国改换门庭的方法，丘吉尔始终是这个观点背后的推动者。1943 年 12 月，有一次盟军地中海部队的指挥官们因天气不佳推迟了轰炸，得知此事后，丘吉尔愤怒地在电报的末尾潦草地写道：“对于不利的天气状况，我感到很遗憾，但是政治机遇稍纵即逝。”3 个月以后，当保加利亚政府第一次尝试提议与盟国进行和平谈判被拒后，丘吉尔写道：“现在要进行高强度轰炸。”并在“现在”下面画了三道线，以示强调。[34] 巴尔干地区的轰炸，也显示了政治人物在决定行动时有多么随意，并且他们几乎从未从战略或作战角度对军事行动的效果进行过评判。当缺少其他直接向敌人施加军事压力的手段时，动用空军力量的诱惑力是难以抗拒的。轰炸的优点是灵活性较好，与其他军事手段相比，成本相对较低，并且拥有较高的公众关注度，在这一点上，有些类似于19世纪外交活动中炮舰的作用。整个战争期间，政治干预军事轰炸行动司空见惯，最终在1945年8月决定向日本的长崎和广岛投下原子弹时达到顶峰。这（几乎算是）最后一次轰炸，也引发了持续的争论，那就是如何平衡政治和军事考量，其实，这种争论同样适用于战时背景下的其他行动。在评估轰炸保加利亚和其他巴尔干国家造成的影响时，人们发现这些轰炸唯一共有的收益就是“让当地人民认识到盟军正把战火烧到他们家门口”。[35] 从这个意义上说，对空军力量的有效使用，最近在“震慑”（Shock and Awe）战略的运用中清楚无误地体现出来。把“震慑”作为战略目标的思想，最早由美国国防大学在20世纪90年代提出，在2003年成功地应用在对巴格达和伊拉克其他城市的空袭上，这种战略思想深深植根于第二次世界大战中的“政治性”轰炸模式。

当然，轰炸不仅仅是一套便利的政治性工具，本书后续用了很大篇幅描述了轰炸的组织工作、参与部队和促成轰炸战的技术。战略的组织方式与陆军和海军的军事行动截然不同，在当时的技术条件下难度很大。空军统帅们希望轰炸能达成政府领导层的目的，但带来的后果就是轰炸机部队在学会走路之前就要被迫奔跑。战争期间，为了克服固有的问题和局限性，空军的各个部门都有很多东西需要学习。轰炸机部队的主要兵力都被投送到远方的城市或工业设施上空执行任务，大多数情况下，这种空袭需要经过危险的长途飞行，遭受多变天气的影响和敌军防空部队的拦截，还要解决复杂的导航和瞄准问题。必须有距离目标足够近的固定基地才能确保轰炸成功。轰炸部队机组人员的伤亡率很高，但与其他前线部队的损失相比也不算异常。轰炸行动最特别的地方就是，轰炸机要穿越敌方领空，根据作战指令，摧毁对方国内的经济、军事力量，并给平民百姓造成损失。其他任何军种都不能这样投送兵力，所以，在默认情况下，轰炸机成为那个年代定义下发动“总体战”最重要的工具。现代工业化时代的战争是社会之间的全面战争，这种观点在一战以后成长起来的那一代人心中根深蒂固。在这样的全面战争中，双方都会各自动员全部的人力物力，组建现代化的大规模部队，让全民都投入到战斗或武器物资的生产中。空军部队通常都理解，为了进行威慑而轰炸敌方平民是与传统的交战规则相悖的，但杀伤生产武器的工人、轰炸码头设施甚至烧毁庄稼，都可以毫不费力地解释为对全面战争中合理目标的攻击。

在二战开始之前，那些考虑对敌人大后方施加军事打击的空军部队，必须选出一系列具有战略意义的目标。这些目标包括所有的军事设施、重工业工厂、能源供应设施、武器生产工厂和交通枢纽。德国对英国的轰炸，就基于一份 1939 年根据照相侦察和工业情报编写的详细的工业和军事目标索引。[36] 1941 年夏，美国陆军航空队制定了一份轰炸德国的计划，确定了 6 个主要系统和总共 154 个独立的工业目标，预测这些目标被摧毁将导致德国战争经济和支援能力的崩溃。[37] 然而，无论总体战的延展范围有多大，政治压力有多强，空军高层都不情愿批准那些没有明确军事或经济目的的行动。甚至在轰炸保加利亚的问题上，丘吉尔那简短的政治指令传到军方首脑手里的时候，也换上了缓和的语气，并对轰炸行动的军事意义进行了假惺惺的辩护："索非亚是交战国政府的行政中心，也是重要的铁路枢纽，那里有兵营、武器库和铁路编组站。"[38] 尽管丘吉尔坚持要求轰炸保加利亚，空军指挥官们并不太愿意执行，他们认为这种轰炸不太可能产生什么实际的效果，轰炸罗马尼亚的石油供应或维也纳（Vienna）的飞机制造厂无疑能带来更有意义的成果。针对保加利亚的短暂战役表明，政府和公众对轰炸可能给敌人造成的政治与心理影响的过高期待，与轰炸在军事和经济方面的真实价值存在冲突。这种不确定性，是政府领导人、空军和军方领导层在战时的许多争论的源头，各方当时就何种形式的轰炸能或不能实施存在尖锐分歧，而这也解释了所有轰炸战都有的一个特点：目标遭到无差别破坏的程度是在逐渐升级的。

轰炸保加利亚的模式，从 1943 年 11 月对铁路设施和弗拉耶蒂纳飞机场小规模空袭，最终升级到 1944 年 3 月和 4 月大量使用燃烧弹轰炸城市并造成了重大破坏，这绝非出于偶然。在欧洲的所有重要战役中（包括东亚发生的重要战役），都出现了一个越来越明显的现象，即轰炸战持续的时间越长，轰炸造成的结果越难以预料。而为了应对来自其他军种带有敌意的批评，和政府领导人逐渐失去的耐心，空军的指挥官们也急于证明空军作战的军事价值。德军对英国城市的轰炸、1940 年至 1942 年英军对德国的轰炸以及 1943 年至 1945 年的联合轰炸都是这样的。英国空军西线计划的转变或许就是最好的例子：1939 年的计划仅要求对鲁尔工业区进行有限的空袭，而到了 1941 年，空军就决定大规模使用燃烧弹轰炸德国中部地区的工业城市，摧毁工人阶级的住房并杀害工人。轰炸行动的升级，解释了所有遭受轰炸的国家中平民过高的伤亡比例，而轰炸升级的原因在不同情况下并不相同。这意味着这个过程受到多种因素的影响，包括对投弹精度不佳、导航不准、战损率高这些技术问题的不满，以及对缺乏明确成果的政治上的不满，而空军也担心失败会影响其在资源分配上的话语权，最后，也是最重要的因素是，参战人员在军事行动中有意控制平民伤亡的道德约束，随着战争的进程逐步受到了侵蚀。在与轰炸战中的军事行动相关的各类问题中，这种升级及其产生的相应后果仍然是最重要的。这个问题对于 21 世纪参加作战的空军部队，仍然具有重要的意义。

对于在战争中遭受轰炸的人来说，最重要的事实只有一个，那就是“轰炸机总是会从头上飞过”。这句名言是 1932 年 11 月英国副首相斯坦利·鲍德温（Stanley Baldwin）在参加日内瓦裁军谈判的前夜说的，意为普通人应该明白，地球上没有任何力量能让他们免遭轰炸，当时的人普遍认为这个说法是故意夸大其词，以恐吓参加日内瓦会议的代表，让他们批准禁止使用轰炸机的条款。然而，以二战的情况而论，鲍德温的话并没有错。尽管在战争期间，用雷达侦测飞机成为可能，越来越多的飞机遭到拦截（先是在白天，之后夜间拦截也越来越多），出击的空军部队的损失率越来越高，但是大部分轰炸机能够飞抵接近目标的区域，尽管精度有限，但仍会向地面目标投下炸弹，将居民区变成事实上的前线。早在 20 世纪 30 年代，各大国的民众就已预料到了这样的战争场景，他们把遭受轰炸当成听天由命的事，认为轰炸会重新定义未来的战争。1934 年 7 月，英国空军大臣伦敦德里（Londonderry）勋爵在给鲍德温的信中写道：“若是有人幻想在任何战争中都不会有平民遭遇危险的话，那可真是愚蠢透顶。”[39] 从小就整天面对危言耸听的故事和电影，经历过 30 年代定期组织的逃生训练和对空袭逃生和预防的宣传，平民理所当然地认为自己会成为轰炸目标，如果社会大众全部动员参战，那么轰炸在某种程度上甚至还有政治合理性。在 1940 年德国对英国的空中闪电战最疯狂的时候，英国和平主义者贝拉·布里顿（Vera Brittain）写道，在第一次世界大战中，西线战场的士兵和英国本土的平民有着“截然不同的体验”，而在当前的战争中：“前线和后方的人都遭受着折磨，在英国本土，焦虑是普遍现象……男人和女人、父母和子女、老年人和年轻人，都有着近似的体验，因为每一个人都受到战争的影响，不论年龄和性别。”[40]

平民社会（尤其是城市社会）将成为一条新的战线，这是现代社会中的一个新现象，甚至是它独有的现象。这一现象使战略轰炸获得了额外的政治空间，因为这牵扯到面对大后方遭受直接的猛烈攻击时，国家维持社会凝聚力和人民政治忠诚的问题。对于政府来说，如果人民遭到攻击，那么保持人民积极的士气，就成为政府最关心的事情。在当时，士气没有什么明确的定义，也很难用有效的方法衡量，除了轰炸之外，很多其他方面的压力也会影响士气。1941 年秋，英国空军部的一份报告承认：“士气高低是一个见仁见智的问题，而不是一个事实，因此即便是专家也不可能在士气问题上达成一致。”[41] 然而，各国的领导层普遍相信并认定，轰炸战会对人民的参战意愿和心理状态产生深远影响，因此关于公众情绪状况的报告，经常出现在英国、德国、意大利和日本的国内情报汇总中。对于实施轰炸的一方来说，对民众情绪进行评估同样十分困难。官方曾尝试精确计量空军轰炸对轰炸受害者的心理状态产生的影响，但取得的答案不仅互相矛盾，而且还令人困惑。1944 年 1 月，英国联合情报委员会就轰炸保加利亚撰写的报告中特别强调，轰炸取得了与其较小的规模“不相称”的显著社会影响，但仍得出结论，认为轰炸的政治成果是微不足道的。

毫无疑问，轰炸会严重打击空袭幸存者的士气，尽管空袭也可能会激发一时的兴奋，或让人陷入麻木，但是，要在轰炸和民众的反应之间建立因果关系，的确是十分困难的。因为人们对轰炸的反应各不相同，这没有规律且无法预测，就像人们生存的社会一样多样化。人们常常认为公众对轰炸的反应是统一的，但不同国家的人会有截然不同的反应，甚至在社会内部也会有所差别。执行轰炸行动的人员很少能理解这个事实，对于他们来说，“德国人”“意大利人”甚至“保加利亚人”仅仅是对目标人群的总体描述。关于轰炸战，时至今日仍然在争论的关键问题之一就是：为什么遭受空袭的社会没有像1939年前传统观点宣扬的那样，在轰炸的影响下立即崩溃。这是一个过于简单的认识。轰炸确实给当地社区增加了很大的压力，某些社区确实因此经历过暂时的或渐进性的崩溃，但是从局部的社会危机到整体战争资源的崩溃还有很长的一段距离。要理解英国或德国的“士气”为什么在某种程度的政治动荡下，仍然没有崩溃，我们就要直面社会凝聚力这个复杂的问题，而社会凝聚力是受到几个方面影响的，包括：地区差别、遭受轰炸强度的不同、国家和地方政府的性质、当地社区的特有结构和官方宣传造成的文化影响。任何对轰炸战的叙述，都需要解释心理的、社会的和文化上对轰炸的反应，再加上传统的军事现实：下层的视角与上层的视角同样重要。这种双重视角的方法，在现有的与轰炸战有关的历史著作中使用不多。但是，在评估轰炸对社会产生的影响，以及思考未来战争中轰炸的影响时，这是一种可靠的方法。

轰炸战中的平民战线，是一个汇聚了大量损失的故事：大约60万人丧生，同样多的人身受重伤，轻伤者多达数百万人，还有数百万人无家可归。德国城市50%至60%的面积遭到了彻底毁灭，不计其数的文化古迹和艺术品遭到毁坏。只有将这些代价汇总起来，轰炸战的独特性才能得到正确的理解。轰炸中丧生的平民不是偶然的旁观者，而是技术的牺牲品，这种技术不可能识别和命中单独的小型具体目标，而交战各方对这一点都心知肚明。这也就引起了有关轰炸战的另外一些问题：既然平民遭受的代价如此之大，为什么各参战国不去限制轰炸行动呢？尤其是自诩占据道德制高点的英国和美国这两个自由民主国家，两国在1939年前都曾强烈谴责轰炸战，但最终却在欧洲和亚洲组织了导致约100万人死亡的战略轰炸行动。这些问题在70年后看似乎是显而易见的，但只有理解那个年代人们对战争中的道德责任的看法，才能准确回答这些问题。对平民实施空袭，标志着战争行为准则的改变，就连受害者也接受了这一点，

1939年时在法律和道德上不可接受的行为，最终因生存或失败的战争伦理而被承认。[42]

不用费什么力气就可以谴责轰炸造成的损失，并指责这一战略是不道德的，甚至是非法的（最近很多关于轰炸的文章，都是这样做的），但当前伦理上的关切并没有更深入地理解轰炸为何会发生，为何当时甚至还有人为此喝彩，以及战争期间反对将后方作为合法轰炸目标的声音为何如此之少。[43] 当代伦理对于轰炸战的看法远非直截了当的，有时候还自相矛盾。比如，一个令人震惊的事实是，那些遭受轰炸的民众对于敌人几乎没有明确或持久的仇恨，在他们的意识里，“战争”特别是“现代战争”要为他们的苦难负责，好像这与造成破坏的轰炸机群没有任何关系一样。甚至有人认为轰炸是必要的，这是为了净化那些首先在世界上使用暴力的势力，这既是祝福也是诅咒。1945年，一名在意大利被俘的年轻德国士兵对囚禁他的人说：“从长远看，你们的轰炸对德国可能是有好处的。因为，轰炸让德国品尝到了战争真正的滋味，尽管这个味道有些苦涩。”[44] 人们在道德层面上，对轰炸与被轰炸的反应带有历史的复杂性，有时候甚至令人惊讶。战前和今天非黑即白的问题，在战争过程中却染上了斑驳的灰色。尽管如此，轰炸造成的伤亡和破坏确实是令人震惊的，这与二战中其他造成平民大规模丧生的事件没有区别。轰炸战的可怕后果在现代和20世纪30年代都无疑会招致历史学家和国际法律师的强烈谴责。[45] 探究在1940年至1945年这短暂的全面战争时期中，这等规模的破坏是如何变得可以接受的，构成了本书的第四个要素，这或许也是最重要的要素。同时要研究的问题还包括决定空战发展的政治背景，定义了轰炸战的确切特点与范围的那些军事行动，以及决定轰炸实际限度的行政、社会和文化反应。

第一章

1940 年前的轰炸战

虚构的与真实的

美国评论家刘易斯·芒福德（Lewis Mumford），因对现代特大型城市直言不讳的态度而闻名于世，他在 1938 年出版的著作《城市文化》（*Culture of Cities*）中分析了那些被他称为“大都市”的城市的兴亡。他将大都市称为“充满着粗俗的虚伪和权力的大脓包”，这些都市中的现代文明在一年年变得脆弱、失去保护，直到有一天，防空警报在城市上空响起：“坦率地说，在破坏性和对意志的削弱上，这比远古丛林或穴居时代任何已知的东西重新进入现代都市都要可怕得多。大都市的居民将气喘吁吁、感到窒息、语无伦次、畏畏缩缩、充满怨恨，就这样走向死亡，可以想见，会有成千上万的人死去。”芒福德认为在现代战争的大轰炸后，人类文明社会将不复存在，只留下“亡者之城（Nekropolis）…… 垂死者的陵墓……血肉在其中化为灰烬”。[1]

有上百位欧美作家，在现代轰炸还未成为现实或可能之前，就用具有超凡想象力的作品阐明了现代轰炸战将会是怎样的，而芒福德就是其中之一。这些作家中，最为著名的就是英国小说家 H. G. 威尔斯（H. G. Wells），在 1908 年出版的科幻小说《大空战》（*The War in the Air*）中，他为后世所有表现空军轰炸的文学作品（包括虚构作品与非虚构作品）定下了范式。在这本小说中，一队杀气腾腾的德国飞艇只花了几个小时就彻底摧毁了纽约，“城市化为猩红的熔炉，没有谁能逃出生天”。席卷全球的战争迅速吞噬着人类文明，在战争中，人类文明中错位的安全感和不正常的发展观被抹去的速度，比之前历史上任何文明秩序消亡的速度都要快得多："欧洲文明将不会像史上其他文明那样慢慢腐朽、逐渐崩溃，现代欧洲文明将会在大爆炸中灰飞烟灭。"[2] 威尔斯在书中强调了一个主题，这个主题他在第二次世界大战爆发前的几十年里曾多次提起：将现代科学应用到战争中充满了危险。在书中，他还写道，纽约市的毁灭是"战争与科学之间不幸的联姻"造成的"符合逻辑的结果"。《大空战》还有一部没那么知名的续集——《获得自由的世界》(*The World Set Free*)，写于 5 年后的 1913 年，在该书中，威尔斯预测了原子时代的到来，在书中，200 多座著名的大城市在"原子弹爆炸升起的红色火焰中"被彻底摧毁。[3] 与芒福德一样，威尔斯认为城市生活影响了现代社会（"大都市铺得越来越大"），而反过来，孕育了城市生活的现代科技，又极有可能将其从地球上抹去。[4]

在 1914 年 8 月爆发的那次世界大战中，对现代城市脆弱性和文明消亡的预测都没有实现，但在从威尔斯的预言到 1940 年后大规模的对城市轰炸之间的 30 年中，这种预测仍是占据主导地位的意象。一战期间，飞机仍处于技术发展的婴儿期。虽然后来所说的"战略轰炸"确实起源于这场战争，但这种轰炸的规模极小，对参战国造成的直接影响可以忽略不计。与威尔斯小说里的情节一样，第一次重大空袭是由飞艇完成的。德国海军批准使用齐柏林飞艇对英国的多个港口城市发动空袭，后来，伦敦的部分目标也成为空袭对象。一共进行了 52 次空袭，首次攻击发生在 1915 年 1 月 20 日至 21 日夜。整个战争期间，德军飞艇投下了 162 吨炸弹，其中大部分炸弹都是随意投下的，轰炸共造成 557 人死亡。[5] 1914 年 9 月 22 日，英国也开始对敌人后方进行空袭，按时任第一海军大臣温斯顿·丘吉尔的命令，英国皇家海军航空队的几架飞机袭击了德国位于科隆和杜塞尔多夫的齐柏林飞艇基地，并于 11 月 23 日攻击了位于腓特烈港的飞艇制造厂。作为报复，德军在 12 月 24 日首次出动飞机轰炸英国。此后两年间，德军、法军和英军都曾发动过一些小规模的空袭，但几乎没有什么战果。直到 1916 年下半年，德国空军成立了"英格兰中队"，事情才发生了变化。这支部队在队长恩斯特·勃兰登堡（Ernst Brandenburg）上尉的领导下，对英国的港口实施了一系列日间和夜间空袭，其中包括对伦敦的 18 次轰炸。这支部队首次发动攻击的时间是 1917 年 5 月 25 日，目标是英格兰的福克斯顿市。最后一次空袭是一年以后的 5 月 19 日至 20 日的夜间，目标是伦敦。由哥达 –IV 型和齐柏林 – 斯塔克型多引擎轰炸机组成的编队在 52 次轰炸行动中，共投下了 110 吨炸弹，造成 836 人死亡，1982 人受伤。空袭的最初目标是摧毁“英国人的士气”，以迫使英国政府考虑退出战争。但是，这种水平的空袭并没能达到预期效果，这个战略充其量也只能算是投机行动。德军还对法国巴黎的工业目标进行了小规模空袭，这造成了 267 名巴黎人死亡，但收效甚微。1918 年春天以后，随着德国空军飞机的损失，空袭逐渐停止了。[6] 这种空袭的主要成果，就是激起了英国的报复。

虽然德军的空袭频率不高且造成的破坏有限，但它不仅催生了一个综合防空体系，还促成了第一次真正的战略轰炸。1915 年春，英国在英格兰东南部地区布置了第一批高射炮。这支防空部队后来正式命名为大不列颠防空部队。整套防空体系的核心，是 1917 年 7 月由爱德华·阿什莫尔（Edward Ashmore）少将领导建立的伦敦防空区。到 1918 年夏季，防空系部队已经拥有 250 门高射炮（根据西线使用的类似火炮研发），323 台探照灯，负责执行昼间和夜间拦截任务的 8 个战斗机中队，总兵力达 1.7 万人。为了跟踪来袭敌机，在易受攻击地区的 50 英里 * 以外就设立了由观察所构成的警戒线，有士兵和警察值守。[7] 1917 年，那些受到德军轰炸威胁的城市建立了一套原始的民防系统，修建了简易防空洞，给防空监督员和警察配发了哨子，好随时发出空袭警报。在一战的最后两年里，英国几乎没用上这个防空系统，自 1918 年遭到最后一次空袭以后，这个系统对英国就彻底没有用了。但到了 20 世纪 30 年代，当英国认为需要根据一战的教训筹划空袭预警系统时，这个系统成为可效法的先例，并得到重新启用。轰炸给那些遭受空袭的城镇带来了恐慌，比如，英格兰东部沿海的赫尔市很容易遭受齐柏林飞艇的空袭，因此城里的部分居民不得不搬到周围

---

* 1 英里约等于 1.61 千米。

的乡村居住，就像他们在下一场大战中的做法一样。而在伦敦市，据估计寻求地下防空洞的居民约有 10 万到 30 万。[8]

德国对英国的空袭被认为是针对无辜平民的充满罪恶的懦夫行为，受到了广泛的谴责。齐柏林飞艇和轰炸机最终造成 1239 人丧生，其中包括 366 名妇女和 252 名儿童。根据当时《泰晤士报》的文章，轰炸意味着“退回了野蛮人时代”，这种言辞在此后的 25 年里经常出现在对轰炸的报道中。[9] 英国国内要求进行报复的呼声很高，此时为军事报复进行道德辩护的言辞，日后在遭受空中闪电战时又再次出现，随后英国进行了一系列蓄意的报复性空袭。然而，英国政府希望进行更系统性的反击。因此在 1916 年，它任命了一个空军委员会计划建立一支独立的空军力量，这支部队要在政府的批准下，对现有轰炸机航程之内的德国军事和经济目标进行系统性远程轰炸。1917 年 7 月，应英国首相戴维·劳合·乔治（David Lloyd George）的邀请，正在伦敦参加帝国会议的驻守南非的简·斯迈兹（Jan Smuts）元帅，就组建英国的空军部队提出了一些建议。斯迈兹认为应该成立独立的空军部和空军，并且支持对敌人的后方进行长途轰炸。[10] 英国政府接受了他的建议，新出任空军参谋长的弗雷德里克·赛克斯（Frederick Sykes）爵士，命令皇家陆军航空队高级参谋蒂弗顿（Tiverton）勋爵起草了对德轰炸行动的初步计划。计划重点是对德国工业目标进行轰炸：钢铁厂、化工厂、飞机发动机制造厂、永磁发电机制造厂等。从 1917 年 10 月起，皇家陆军航空队第 8 旅在西里尔·纽沃尔（Cyril Newall，30 年代后期担任英国空军参谋长）中校的指挥下，开始对这些工厂所在的城市进行有限的轰炸。[11]

这支主要由德哈维兰 DH-9 轻型轰炸机组成的部队，取得的战果并不大。轰炸机飞行员平均只有 17 小时的飞行经验，几乎没有接受过精确导航和目标搜寻方面的训练。另外，事后证明，飞机携带的 250 磅* 和 500 磅炸弹，给地面造成的破坏也很有限。新成立的空军政策委员会给部队提出的建议是，如果找不到目标，就对德国“重要城镇进行系统性轰炸”，造

---

* 1 磅约等于 0.45 千克。

成大范围的混乱，打击其劳动人口的士气。[12] 英国空军的轰炸，也遭到了德国防空系统高效的反击。与英国防空系统一样，德国防空系统也是在1915年成立的，其设立目的在于对抗协约国的袭击。同年，还成立了由监视机和地面监视所构成的空袭预警系统。到1917年大规模空袭开始的时候，这个由截击机、400台探照灯和1200门各种口径的高射炮组成的防空网就派上用场了。为了减少夜间轰炸造成的损失，德国西部普遍开始实行灯火管制，同时，又用灯光制造了一些虚假的地面目标。与英国一样，德国也采取了民防措施减少平民损失。最后轰炸给德国造成的损失与英国差不多，有746人丧生，1843人受伤，德国宣传机器把轰炸称为针对手无寸铁的平民的“骇人听闻的”行为。[13]

为了对德国实施大规模轰炸以间接支援地面作战，最终于1918年4月将皇家陆军航空队和皇家海军航空队合并为英国皇家空军。英国内阁1918年5月13日发布的命令明确指出，这支部队的独立性与“对德国进行大规模轰炸”有直接关系。为了响应这一要求，新成立的皇家空军于6月5日组建了一支功能完备的“独立空军”（这样命名是为了与皇家空军中仍然承担地面支援任务的部队区分开来），由将军休·特伦查德（Hugh Trenchard）爵士（后来升为空军元帅）指挥。[14] 两周后，皇家空军参谋部向战时内阁提交了一份英国空中战略的详细评估报告，这份报告中列出了后续空袭需要遵循的原则。报告指出，在打击敌人的“基础工业”和“国民士气”方面，使用空军是最合适也是最高效的方法。根据蒂弗顿最初的计划，皇家空军提交了一份清单，详细地列出了鲁尔－莱茵兰工业区的轰炸目标，并且提出，如果不能对这些目标进行轰炸，那么空军就应轰炸“人口稠密的工业中心”，以“摧毁技术工人的士气”。[15]

但是，轰炸机部队并未得到展示自身作战能力的机会。6月，独立空军向德国本土仅投下了70吨炸弹；8月，仅投弹100吨；在战争的最后几周，又投下了370吨炸弹。大部分炸弹都落到了战术目标上，不是敌人的机场，就是为前线服务的交通枢纽。比如，奥芬堡市（Offenburg）的巴登镇（Baden）是轰炸机轻易就能抵达的目标，在1918年英国空军对该镇进行了13次轰炸，轰炸目标都集中在火车站和铁路线上。[16] 整个战争期间，这支战略性部队投下的炸弹总吨位，仅占英国空军投弹总量的8%。它实施的650次空袭（主要是小规模的），其中仅有172次的目标在德国本土，同时它自身战损也很大，损失飞机达458架。[17] 法军最高司令部对远程轰炸并不热心，本应在1918年10月加入盟军独立空军的美国和意大利轰炸机部队，也并未赶上实实在在的轰炸行动。[18] 正如威尔斯的科幻小说一样，独立的轰炸攻势在此时更像是想象而非现实。

战后，1919年英国轰炸委员会和美国轰炸调查组的评估显示，轰炸给敌人造成的损失并不明显。但是，对于轰炸给敌人国内士气的影响方面，人们却给予了过高的期望。特伦查德对此曾发表著名评论，即轰炸对于敌人斗志或者说心理的影响，比破坏本身造成的影响大20倍。然而能支持这种论点的，只有英、法、德等国城市发生的暂时慌乱，和坚持此观点者的阶级偏见。[19] 1923年（此时特伦查德已经是空军参谋长）的皇家空军年度演习报告特别提出，现代战争就是“士气的对决”，在这种战争中狂热的城市居民“更容易崩溃”。[20] 意大利将军朱里奥·杜黑也提出了类似的观点，他撰写的《制空权》一书，已经成为空战理论的经典著作。他指出，飞机的出现已经不可逆地改变了作战的本质，同时也损害了陆军和海军的地位。他还认为未来的战争将建立在迅速摧毁敌人空军的基础上，这是为了尽可能迅速而无情地打击敌人的民用经济和人口。暂时的野蛮行径（杜黑支持使用毒气和细菌武器）可以缩短战争的时间，迅速锁定战局，这也就意味着降低了人员损失，而不会像欧洲刚刚经历的那场战争一样陷入长期的消耗战。杜黑指出：“当今，在所有战斗中，为生与死奋斗的人，也有自己的权利，可以用任何方式捍卫自己的生命。”[21] 杜黑对未来战争的看法受到了威尔斯的影响（“我为你描述的是一种黑暗、血腥的场景”），但这是对即将出现的“总体战”的最初与最重要的描述。[22]

尽管现在特伦查德和杜黑都被认为是制空权理论的先驱，但他们的结论过于富有想象力，且缺乏科学性。对于20世纪20年代的军事机构来说，这无异于怂恿他们进行不道德且违背战争法的行为。尽管二人享有较高的地位，但是，在整个20年代，他们相对来说还是局外人。1922年，杜黑在墨索里尼第一次组阁时曾短暂担任空军部部长，但是不久就退役了，并被解除了部长的职务，他开始到处宣传自己的空战理论。特伦查德则长期担任参谋长，他在任期内，一直在为保持空军的独立性，打造空军独特的战略地位而努力。尽管杜黑的著作在 20 世纪 30 年代逐渐变得广为人知，但是在 20 年代，这两人都不是家喻户晓般的人物。在 20 年代（甚至 30 年代也是如此），没有一支空军为了迅速、无情地消灭敌人，而刻意去建立一支战略轰炸部队，试图通过打击敌方人民的斗志来消灭敌人，这种战略在两次世界大战之间被简单地称为“致命一击”。杜黑、特伦查德以及一战后一大批军事思想家的重要性，体现在对未来战争的推测上，他们认为未来的战争是全社会参战的战争，不论是军人还是工人，不论是火车司机还是耕田的农夫，不论男性还是女性，都会卷入战争。这个假设，将工厂、城市和工人变成了与军人一样的作战对象，并使战前虚构的那些战争对文明的威胁变得更加显眼。

20 世纪 20 年代，在看待第一次世界大战中程度有限的轰炸这个问题上，欧洲民众比那些军事机构要严格得多。战争带来的重大变化是，欧洲民众普遍认识到，在未来的任何战争中，平民都难免受到波及。一战中，轰炸起到的作用不大，但轰炸是一种象征，意味着战争已经突破了一个重要的门槛，这个门槛就是战争中动用的科技颠覆了传统的战争形态，可以蓄意攻击平民社会。1923 年，有人声称敌人的飞机在 3 小时以内，就能让整个伦敦的人中毒，英国历史学家戈兹沃西·洛斯·狄金逊（Goldsworthy Lowes Dickinson）在对此进行评论时写道：“现在，战争意味着灭绝，不仅是士兵，还包括平民和整个文明的灭绝。”[23] 洛斯·狄金逊不是军事专家，但两次大战之间那些言语夸张、耸人听闻的文学作品比战前的作品更加令人不寒而栗，因为这些作品的作者大部分是现役或退伍军人，或者是科学家和工程师，他们向公众展示自己的专业知识，以增加作品结论的可信度。霍尔斯伯里伯爵在 1926 年撰写了小说《1944》，讲述了未来的一场毒气攻击毁灭了伦敦的故事。霍尔斯伯里伯爵就是本书先前提到的蒂弗顿勋爵（此时已经获得了更高的贵族头衔），他在 1917 年制定了对德国的轰炸计划。在这本书的前言中，作者称书中对毒气袭击的描写没有什么奇妙之处，他所写的内容都是基于自己的专业领域和对化学武器可能造成后果的了解。1927 年，他又在一份发行量很广的报纸上，就自己的小说给读者上了一课："现代战争必要的核心组织工作都是在'开放的城镇'中进行的，并且大部分是由平民完成的。由此得出的第一结论就是，平民一定会遭到攻击。"[24] 他的这些看法与杜黑是一致的，并且由法国军事专家撰写的一大批与空战有关的小说，也持有相同的观点。1930 年，法国中校阿尔塞纳·沃捷（Arsène Vauthier）在《空中威胁和国家的未来》（*Aerial Threat and the Future of the Country*）中做出了警告，他说，下一场战争中，法国城市将会被毒气和炸弹笼罩："整个国家的未来命悬一线，所有平民都会突然被置于前线。"[25]

从两次大战之间的这种关于战争危言耸听的文学作品中，可以概括出两个主流观点：第一，战争破坏的目标是大城市；第二，破坏将会是迅速的，破坏程度是毁灭性的。在大部分对轰炸进行幻想的描述中，都会使用标准化的语言对其突然性、速度和范围进行描述。1930 年 3 月，在杜黑去世后不久，意大利一本著名的航空类期刊发表了他撰写的名为《20 世纪某年的战争》的文章，文章讲述的是法国和德国发生了一场战争，在战争中，德军派飞机向 4 座法国城市投下了足够彻底摧毁这些城市的 500 吨燃烧弹和毒气弹。空袭持续了约一小时的时间，这 4 座城市全部沦为焦土。[26] 弗兰克·莫里森（Frank Morison）在《大城市中的战争》（*War on Great Cities*）里写道，在毒气袭击中，伦敦市的死亡人数达 100 万，而此后英国对巴黎、罗马或柏林的报复性轰炸，则造成了数百万人丧生，这本书在 1938 年第二次世界大战爆发前的几个月出版。他还指出，一枚 5000 磅的炸弹，就足够摧毁以白厅为中心的政府办公区。与其他撰写轰炸战的专家一样，他还向读者保证，这种描述"绝对不是出于幻想"，而是对事实的冷酷陈述。[27] 汤姆·温特林厄姆（Tom Wintringham）是一名退伍士兵，他在西班牙内战期间于英国国际旅中担任军官。1935 年他用同样的笔触描述了未来战争中欧洲主要城市的景象：伦敦、巴黎和柏林因毒气、高爆炸弹、寒冷、疾病和饥荒造成的死亡人数达五六百万之巨。[28] 所有这些描述都提到了人们缺乏抵御轰炸的手段，尤其无力对抗投下的毒气弹和细菌武器，杜黑特别强调了这点。

这些关于轰炸战的悲观的描写，事实上大部分都是幻想性的叙述，和真实的科学和技术毫无关系。其共同之处在于对现代化城市在“致命一击”下的脆弱性的理解。这种脆弱性得到了广泛的讨论和认可，因此在这里有必要解释。截至 20 世纪 20 年代，大部分欧洲的城区都是相对较新的建筑，城市中挤满了来自乡村和外国的移民。这些大量的新增人口居住在迅速修建起来的人满为患的联排楼房和廉租公寓里。他们就在欧洲迅速发展的贸易和工业生产中诞生的大量码头和工厂中工作。在很多社会评论家（和大部分保守的欧洲精英）眼中，这些新城市组织结构混乱，远离主流文化，而且社区环境不发达，生活水平低，价值观不稳定。在战前和战后，这些新城市都孕育着政治激进主义，并催生了俄国革命。这些新城市还普遍被与犯罪、卖淫和基因缺陷联系在一起。这些对城市生活的看法，反映了深刻的阶级和区域偏见；这些偏见时常出现在对未来轰炸战的叙述中，因为城市中漂泊的居民更容易受到恐慌的影响。[29] 古斯塔夫·勒庞（Gustave Le Bon）1895 年出版的描述群体心理的著作，与 1916 年威廉·特罗特（William Trotter）发布的关于群体本能的研究成果，都使得大众认为现代城市生活的特质，会让个人在危机时刻聚集成不可控制的暴民。1937 年，英国空军部的一名官员回忆了 1917 年德军轰炸伦敦时“外国人”和“贫民区”的不安分行为，他这样总结道：“首都构成了群众的神经中枢，这里是最危险的。”[30]

为都市生活提供支撑的现代化基础设施的复杂与互联，导致了城市的脆弱性。这个相互关联整体中任何一环因为轰炸破坏而突然缺失，都将会导致整个系统分崩离析，从而引发社会性的灾难。1937 年，英国哲学家西里尔·乔德（Cyril Joad）在一篇文章中对这一过程进行了阐释：

> 有理由相信，在下一场战争爆发后的几天之内，煤气和供电照明系统将停止运行，地铁隧道的通风系统也会失灵，污水排放系统将停止工作，然后污水会漫上大街小巷，伦敦大部分城区会陷入一片火海，街道也被毒气沾染，成群结队的难民逃离城市，汽车没有燃料，人们腹中没有食物，难民像蝗虫一样遍布乡村，希望躲避来

自空中的恐怖。[31]

军事思想家 J. F. C. 富勒（J. F. C. Fuller）指出，伦敦遭到大轰炸以后几小时内，这座城市就会变成“巨大的疯人院”：“交通会中断，无家可归者将会尖声大叫，寻求帮助；整个城市将会一片混乱。”随着城市生活崩溃，富勒写道，在“巨大的恐惧”之下，政府将会彻底垮掉。[32]

这种焦虑反映出，人们对于现代“文明”模糊不清的本质，怀有极大的恐惧；同时也显示了人类陷入 1914 年至 1918 年的大规模工业化战争后，对于自身生存能力的更深层次的担忧。由此带来的结果却是一个完完全全的悖论。在两次大战之间的年代，整个欧洲和美国都对飞机出现的意义抱有一种真挚而热切的幻想。对于欧洲的左翼或右翼独裁政权，飞机是用来宣扬新兴政治运动充满活力的现代性和技术上的先进性的一种表达方式。[33] 飞机在法国、英国和美国是现代消费时代的重要产品，它能够改变生活方式，让现代交通更便捷，甚至为有组织的休闲活动提供了振奋人心的机会。这是科学真正为人类服务的范例。从另一方面来说，军用飞机不仅被视为现代科技的有力展示，同时，也被认为是现代社会崩溃的预兆。大多数描述轰炸将带来世界末日的言辞，与其说是针对来自空中的威胁，倒不如说是指出了造就能够消灭现代城市的技术的这种文明的自我毁灭本质。1928 年，霍尔斯伯里伯爵对上议院成员说：“这是一种可怜的安慰，我们能对半数文明遭到毁灭做出的回应，仅是我们有能力摧毁剩下的那一半。”[34]

至于那些认为轰炸是世界末日的人，如技术专家、小说作者和电影制片人等，他们持有这种意见是有着复杂的动机的。有些希望轰炸带来的恐惧，能够催生和平主义，并用未来战争荒凉凄冷的景象，促成国际协定的签署。有些人的希望则正好相反，他们希望利用人们对轰炸的恐惧，督促国家增加国防开支。比如，温斯顿·丘吉尔在 1934 年曾谈到空中威胁“准备……摧毁……剩下的文明”，但他真实的目的却是鼓励政府加快重新武装的速度。[35] 军事专家、科学家、建筑师则希望民防的准备应该更加认真一些。文学界将轰炸视为一种通俗易懂的隐喻，希望能借此让小说销量大增。然而，对轰炸战的恐惧是实实在在的，它已经深深地扎根于公众对未来全面战争的看法之中。精神病学专家预计轰炸将引发广泛的精神障碍。从轰炸一开始，英国心理学家就发现了一种被称为“空袭恐惧症”的特定心理状态。[36] 从天而降的毁灭很容易吓到民众，但这种恐惧——或者说多种恐惧的结合——是由未来的不确定性和对威胁的本质一无所知引发的。[37] 人们对于科学的普遍态度增强了这种恐惧，因为在第一次世界大战中，科学已经创造出了很多令人难以接受的意外。科学家们自己可能也对军事科技到底会带来什么感到迷惑。剑桥大学的遗传学家李约瑟（Joseph Needham），于 1936 年在准备一场名为“科学能够拯救文明吗?”的讲座时，于讲稿中写下了这样的结论：如果科学能够“使用空战破坏文明”，那么文明恐怕难以得救。[38]

未来空战是灾难性的，这种观点造成了广泛影响。政界人士自己也对此感到恐惧，但对其可能性的真实状况同样一无所知，而且他们意识到了自己负有尽量降低平民遭受轰炸的风险的责任。1936 年，英国首相斯坦利·鲍德温指出，在被毒气弹和炸弹轰炸后，“各国愤怒的人民，在激情、苦难和恐怖的折磨下，最终将会推翻欧洲每一个国家的政府”。[39] 有一个合适的例子可以说明这一点：英国政治家承认，在 1938 年慕尼黑危机时，他们因担心英国城市遭到轰炸，而接受了对捷克斯洛伐克的肢解计划。[40] 因为轰炸总被认为是针对城市和平民的直接攻击，因此在间战时期，寻求减少或避免对平民的轰炸的方法，就变成了一项政治问题，而不是严格意义上的军事问题，尤其是因为“总体战”意味着需要依靠民用工业和工人才能取得胜利。起初，各国政府试图宣布禁止轰炸非军事目标，甚至禁止使用军用飞机。当这种办法在 30 年代破产以后，欧洲各国政府就开始启动全国性的民防计划，试图用这种方法减少轰炸可能造成的灾难性的社会和政治影响。

寻求解决轰炸威胁的国际协议的艰难程度，不亚于自 1874 年布鲁塞尔大会以来的半个世纪中人们寻求关于战争法的国际共识的历程。1899 年和 1907 年的《海牙公约》明确规定不得使用空中轰炸。1907 年的《海牙第四公约》规定不得利用空袭攻击平民和民用目标。尽管这些协定具有国际法的效力，但并非每个出席海牙会议的国家都批准了协定的条款，包括德国和法国。[41] 一战期间，参战双方的轰炸经常违背这些条款。1922 年的华盛顿裁军会议成功地限制了海军武备，会议同意成立一个由国际法学家组成的委员会，为空战制定详细的交战规则。委员会于 1922 年 12 月至 1923 年 2 月在海牙召开会议，起草了后来为人所熟知的《海牙空战规则》。虽然没有国家批准这些条款，但人们普遍认为这些条款定义了未来空战中可允许的行为，并在讨论针对平民的轰炸的法律影响时可以作为参考。轰炸主要受到两个条款的限制：第 22 条规定，蓄意轰炸、毁坏平民财产以及杀伤非战斗人员都是非法的；第 24 条规定，只允许对已知的和可辨识的军事目标进行轰炸，最重要的是，只允许轰炸那些“紧邻地面作战部队”的军事目标。在这种情况下，即使那些军事目标十分靠近居民的住所，轰炸也是合法的。[42]

海牙空战规则起草后的十年间，国际社会仍在继续限制空中威胁。1925 年 6 月，在日内瓦召开的会议上，各国达成协定，宣布使用（不包括拥有）有毒化学武器和生物武器是违法行为。这份文件于 1928 年生效，但是这份协议获得各参会国政府批准的过程却相当缓慢：1929 年 4 月，德国宣布加入该协议，1930 年 4 月英国批准了协议，而美国直到 1975 年才批准该协议。这个协议没有减轻人民对于化学战的焦虑，因为，早在一战期间，很多人就在堑壕里尝到了它的滋味。人们对于各国不进行化学战和细菌战的宣传，大多持不信任的态度，这也点明了在划定轰炸战非法的法律框架时存在的一个关键问题，在随后发生的世界大战中，是交战双方互相的威慑力量而非法律限制了化学和生物武器的使用。在限制部署军用飞机方面，最重要的动议是 1932 年 2 月在日内瓦召开的裁军会议上提出的。当时参加会议的主要大国提出了各种不同方案，包括在国际领域对民用航空进行限制，废止轰炸机的使用，以及组建一支国际空中警察部队。法国提出的“塔迪厄方案”是最详细的方案，该方案的修改稿于 1932 年 11 月提交会议，此时，这个方案已经包含了三个方面的内容：由欧洲空中交通联盟监督民用航空运输；彻底废止所有轰炸机的使用；由国际联盟组建“有组织的国际空军部队”，确保“立即介入”条款的实施。[43]

但是这个方案和其他方案都没能促成制定任何限制空中威胁的协定。法国和英国空军反对任何废止进攻性军用飞机的提案，组建国际空中警察部队意味着国家主权的丧失，而这一点和对国家安全的担忧是不可调和的矛盾。支持废止所有军用飞机的仅有西班牙代表团，而唯一赞同彻底废止空中轰炸的是荷兰代表团。[44] 1932 年 7 月，捷克斯洛伐克外长爱德华·贝奈斯（Edouard Beneš）提出的“必须绝对禁止任何针对平民的空袭”的决议得到了通过，但是由于没能达成任何限制轰炸机的决议，这条决议并没有什么重大意义。1933 年 3 月，英国代表团提出了一条新提议，即轰炸是非法行为，另外各大国要采用逐年减少的办法，把军用飞机数量从现在的 500 架（这一条并不针对德国，因为德国仍处于《凡尔赛和约》裁军条款的制约之下），降到 25 架，与葡萄牙和芬兰处于同一水平。[45] 这项建议还有一个重要的附件，规定“在边远地区出于维护治安的目的”可以进行轰炸。罗马尼亚、捷克斯洛伐克和南斯拉夫立即提出了一项修正案，增加了“在欧洲以外”这一限制，因为，这些国家担心自己可能会被视为偏远地区。但是，这个附件其实是参照了英国自己的政策，因为英国就把轰炸视为一种在大英帝国内部低价高效地维护治安的手段。并且英国向其他代表团宣称，该条款仅对英国有效，其他的条款才对剩下的国家有效。最终，这项提议也失败了，并且在大会短暂的会期内，再也没有提起。[46]

尽管存在各种各样明显的矛盾，但是对航空业实行国际共管、组建国际空军、宣布轰炸非法，这些建议在 1933 年时并没有消失。此后的 5 年，各国政要和民间更广泛的支持者，都在呼吁签署协定，限制来自空中的威胁。英国的工党政治家菲利普·诺埃尔-贝克（Philip Noel-Baker）和英国自由党上院议员大卫·戴维斯（David Davies）勋爵发动了大规模的政治活动，倡议建立空中警察部队。（H. G. 威尔斯 1933 年的科幻小说《未来的发展方向》[*The Shape of Things to Come*]，以实现了一个良性的“空中独裁”世界作为结尾，这部小说出人意料地以伊拉克城市巴士拉为背景。）诺埃尔-贝克宣称，为了维护和平需要成立一支由国际联盟管理的空军，但最终却提出了一个自相矛盾的观点：如果有国家发动空袭，那么国际联盟就应该使用毒气弹和高爆炸弹“轰炸这个国家的城市，直到其停止轰炸行动”。[47] 这个自相矛盾的说法显示，在没有安全保证的情况下，尝试对空中力量实行国际共管或是管制轰炸，都会牵扯到一个核心问题，那就是信任和服从。在日内瓦会议失败以后，当时的所有大国都没有再把限制轰炸当成要优先考虑的政治问题，除了希特勒，他曾呼吁英国和法国考虑禁止轰炸。希特勒在将莱茵兰（Rhineland）重新军事化前两周的1936年3月31日，把这个建议写入了一个更加复杂的“和平计划”，递交给这两个国家。

在希特勒提交的32项条款中，第26条建议召开一次会议，迅速将空战纳入“《日内瓦公约》对非战斗人员或伤者提供必要的保护的道德和人道主义考虑”之中。希特勒提议，首先应该通过签署协议的方式禁止使用毒气弹、毒剂弹和燃烧弹，并禁止对距前线远于中重型火炮射程的区域实施任何形式的空中轰炸。[48] 难以判断希特勒限制轰炸造成破坏的建议中，有几分是真心的，尽管他曾多次谈到这个话题。在签署《慕尼黑协定》后不久，1936年9月30日，希特勒在自己的寓所与内维尔·张伯伦（Neville Chamberlain）会面时重申，他个人认为，对妇女和儿童进行轰炸是令人厌恶的行为。但由于他在1936年3月提交和平计划时，德国已在一年前正式宣布重整军备，而距德军重新进入莱茵兰地区也仅仅过去了几周，西方大国认为他的这些做法仅是一种姿态，没有对此进行回应。然而对德国没有丝毫信任的英国外交部，却发出了一份照会，询问在希特勒列出的条款中，为什么不包括细菌战。[49] 国际社会最后一次尝试制定限制轰炸的规则是在1938年9月30日，张伯伦在慕尼黑会见希特勒的那一天，日内瓦国际联盟大会在这天一致通过了英国的决议，重申了15年前制定的《海牙空战规则》的主要条款。[50] 尽管这个决议没有法律约束意义，但被认为代表了法律界的集体意见。

在缓和民众中普遍存在的对轰炸战和下一场战争的焦虑方面，国际社会的各种倡议几乎没有什么效果。1934年，英国的国际联盟协会，就和平与安全问题组织了一次全国性投票，问卷中的第三个问题——废止军用飞机——获得了900万张赞成票，这反映了广大民众已经了解了轰炸威胁的普遍性。[51] 20世纪30年代关于轰炸暴行的新闻，助长了人们对轰炸的恐惧。第一场暴行发生在中国，1931至1932年日军对华进行了轰炸；第二场发生在意大利和埃塞俄比亚之间的战争中，意大利空军公然违背1925年的日内瓦协定，向埃塞俄比亚的部队和平民投掷毒气弹。意大利的这个例子，和英法定期以空袭部落飞地和村庄的方式镇压殖民地暴动不同（这些行动从未得到同等程度的报道），因为意大利侵略了一个独立主权国家，而且受害者还是国际联盟成员。正如一位记者写的，这是“白人大国”第一次无视国际法进行毒气弹轰炸。[52] 意大利已于1928年批准了《日内瓦议定书》，埃塞俄比亚也在1935年10月批准了这一协定。1935年10月27日，墨索里尼发电报通知意大利军队指挥官鲁道福·格拉齐亚尼（Rodolfo Graziani）元帅，他个人同意使用毒气弹，1935年12月，意大利军队开始空投芥子气炸弹。在1935年12月22日至1936年3月29日期间，在埃塞俄比亚投降前不久，意大利军队共使用芥子气和光气进行了103次攻击。意大利在东非储存了大量的毒气弹，并在1936年到1937年间对殖民地的镇压行动中经常使用毒气弹。[53]

巧合的是，把意大利在轰炸中使用毒气弹的消息发往英国的记者之一，南非记者乔治·斯蒂尔（George Steer），也是把二战前最恶劣的轰炸曝光在英国人民面前的人，这场暴行就是1937年德意联军对巴斯克（Basque）地区的格尔尼卡城（Guernica）的轰炸。此前的所有军事行动都未能像这次轰炸一样，在如此大的范围内向欧洲公众证实，对城市和平民的轰炸已经成为现代战争固有的一部分。1936年7月的一场失败的军事政变，使西班牙陷入了内战，弗朗西斯科·佛朗哥（Francisco Franco）指挥的国民军向西班牙第二共和国东北部挺进时，发生了这次轰炸。当然，格尔尼卡并不是西班牙内战期间第一个遭到轰炸的城镇，对巴塞罗那（Barcelona）和马德里（Madrid）的轰炸，也引起了国际社会的关注。得到德国和意大利空军支援的国民军，也不是唯一发动轰炸的一方。这次轰炸的背景尚不明确。德国空军提供支援的部队由沃尔弗拉姆·冯·里希特霍芬（Wolfram von Richthofen）指挥，他收到的命令是，轰炸敌军的交通系统和作战部队。佛朗哥的宣传机器断言，是共产党纵火焚毁了格尔尼卡，然后栽赃给他们。[54] 殖民地和遥远中国遭受的轰炸没有引起民众的关注，而对格尔尼卡的轰炸，引爆了欧洲民众心中日积月累的焦虑。

轰炸发生时，正好有一名路透社记者和斯蒂尔在不远的毕尔巴鄂市（Bilbao），幸亏有他在，在轰炸发生的第二天，巴黎和曼彻斯特的报纸就发布了这条消息。也就是这条最早的报道，促使巴勃罗·毕加索（Pablo Picasso）创作了《格尔尼卡》这幅作品，并将其捐赠给1937年巴黎世界博览会的西班牙馆。但斯蒂尔这篇内容详细且语气悲伤的报道，引起了最为广泛的关注，《泰晤士报》经过一番犹豫后，于4月28日刊载了这篇报道（《纽约时报》转载时就没那么犹豫了）。[55] 在文章中，斯蒂尔着重报道了格尔尼卡的无辜和遇难者的惨状，各民主国家的反佛朗哥（和反法西斯）游说团体随后的宣传，都强调了这个遭到破坏的小城的普通。一部英国拍摄的新闻电影配上了这样的画外音："这些（建筑）和你的家是一样的。"一本关于国民军之前的轰炸行动的小册子也使用了这样的标题："就像我们的孩子一样！就像我们的母亲一样！就像我们的妻子一样！"[56] 几周前，斯蒂尔就曾目睹巴斯克地区一个名叫杜兰戈（Durango）的城镇遭到轰炸的景象（他认为这是"世界历史上对人类最可怕的轰炸"），他选择突出格尔尼卡是因为这里是巴斯克地区古时的首府。在城市的中央广场上有一株著名的橡树，按照古老的习俗，巴斯克人的代表会围绕橡树开会，用这种民主的方式，表达对总督的支持。据报道，这次轰炸造成全城6000人中的约1400人丧生，然而，现在普遍认为真实的数字应该是约240人。[57] 1937年5月29日，对轰炸的广泛的抗议，促使国际联盟公开谴责了这次发生在西班牙内战中的军事行动，并要求非西班牙本国的部队停止介入双方的冲突。最终，1938年3月，张伯伦接受建议，在英国议会的下议院发表了讲话，公开谴责这种行为，他宣布在西班牙发生的"对非战斗人员直接的、有意而为之的轰炸"是非法行为。[58]

因为未能签署国际协定，再加上民众对轰炸持续而又普遍的担忧，欧洲各国政府确信，需要寻找其他的办法去保护自己的人民免遭轰炸。所有叙述未来战争的文章都充斥着关于社会崩溃和政府垮台的内容，这显然会提高政府对保护平民的兴趣。1932年11月10日，英国副首相斯坦利·鲍德温在下议院发言时就警告道，任何在飞机所能到达范围之内的城市，都会在开战 5 分钟内遭到轰炸：“问题在于，哪一方的斗志会最先因轰炸崩溃。”他接下来的话更加令人印象深刻：“轰炸机无论怎样都会突破防线。”但鲍德温关注的重点是再次找到某种办法，让平民“免遭战争中最大的风险”。[59] 这就意味着要找到一种有效的民防措施。自 20 世纪 20 年代起，各大国就已经开始考虑各自的民防计划。早在 1924 年 5 月，英国政府就成立了空袭预防委员会，该委员会由内政部常务次官约翰·安德森（John Anderson）爵士担任主席（后来任政府战时民防机构的首脑）。该委员会很早就得出结论，空中威胁过于强大，保护措施仅能算是“权宜之计”。安德森本人接受了这样的现实：在未来的全面战争中，“作战人员和非战斗人员的区别将在很大程度上消失”。[60] 在 1939 年二战爆发之前很多年，英国和其他国家，那些筹划民防工作的人都有这样一个共同的假设，那就是这场战争将不可避免地成为针对平民的战争。

然而，最积极的民防准备是从裁军谈判破裂和世界经济危机引发的一系列后遗症开始的，经济危机导致了国际关系陷入紧张状态，日本入侵了中国，德国要求修改条约，而美国采取了孤立主义政策。欧洲各国没能保持任何形式的集体安全，使得整个欧洲都被战争的阴云笼罩。因为在战争开始时就用飞机迅速而无情地击败敌人已经成了对战争的普遍印象，所以到了 30 年代中期，民防计划已经变成了当务之急。德国防空法颁布于 1935 年；1930 年，意大利针对民防事务，成立了部际委员会，并于 1932 年和 1933 年制定了民防法；英国内政部于 1935 年组建了空袭警报部，并于 1937 年 12 月颁布了内容全面的空袭预警法；法国的主要民防法律可以追溯到 1935 年 4 月，波兰的是 1934 年 9 月，瑞士的是 1934 年 8 月（同时成立了“紫十字”组织，负责监督民防计划和事务），匈牙利的则是 1935 年 7 月。[61]

本书在后续章节中，对主要国家的民防组织的具体情况及其执行的政策都进行了详细介绍。需要注意的是，各国的民防组织在规模和工作重点上都不尽相同，在二战爆发前这几年短暂的和平期，甚至仅为平民提供哪怕部分保护这样的目标，这些组织的完成度也是不一样的。因为战争爆发，大部分政府没能达成目标。民防技术手段需要的大量资金，是限制民防组织发展的因素之一。大部分所需资金都是在国家中央政府的督促下，由地方政府拨付的，毕竟地方政府是受到威胁的广大民众更直接的代表，因而应当承担大部分的资金。但是，这也导致了城市与城市之间资金分配不均的问题。如，在英国，这样一个高度城市化的国家，据估算，为整个城市的居民区修建地下防空洞（因此防护效果更好）所需的资金，将在3亿英镑至4亿英镑之间，这个数字超过了英国1938年的年度军费预算，也超过了英国政府为这个项目准备的资金。[62] 在同样高度城市化的德国，政府仅同意为几个被划分为一级防空战备的大城市提供资金支持，这些城市主要位于德国西部的几个工业省。意大利在支付了军队在埃塞俄比亚和西班牙的军费后，政府就无力承担民防组织的建设资金了，截至1939年，意大利境内的防空洞仅能为7.2万人提供保护，而意大利全国有4400万人。法国政府估算，仅修建巴黎一地的地下防空洞，就需要花费460亿法郎，相当于1939年全年军费的一半，但事实上，1939年法国政府为民防工作提供的资金仅相当于国防预算的0.9%。[63]

因为负担不起民防工程所需的全部资金，各国政府不得不选择各自的策略，试图尽量将轰炸对社会造成的破坏降到最小。疏散是保证大部分城市社区在轰炸中能够幸存的一种方法。在两次大战之间的年代里，法国政府对于人口增长率急剧下降导致的国家安全问题十分忧虑，在法国政府计划中，战争开始以后，就需要立刻将妇女和儿童有组织地尽早从城市迁走，因为，他们是国家未来的资本。20世纪30年代后期，法国政府为疏散人口做了详尽的准备，在德国进攻波兰以后，法国政府甚至推迟了向柏林发出最后通牒，就为了将妇女、儿童从巴黎疏散出去，防止因突然而又毁灭性的轰炸造成人员损失。[64] 德国对鼓励生育政策同样重视，但没有进行大规模疏散，希特勒政府首先选择了组织严密的民防训练，并鼓励修建私人防空洞或者将地下室改建成防空洞，其次则是依靠广泛的军事防空，布置了大量高射炮、探照灯和雷达。德国希望使用将人民留在原地的办法，将战时经济受到的影响减少到最小。同时，这个策略也满足了意识形态的需要，展示了家庭和社区面对空袭时的团结。[65] 英国在20世纪30年代末，组织了小规模的人口疏散，但将更多的注意力放在对毒气战的准备上，因为二战前英国人民最恐惧的还是毒气弹轰炸。防毒面具是按照给全国人民配备的规模进行生产，并且很早就组织了很多防化洗消分队，他们接受的训练比其他民防队员的训练更彻底全面。而在德国，防毒面具仅发放给最有可能遭到毒气弹威胁的那一部分人。法国给人民配发防毒面具相对较晚，而且数量也不够。意大利则需要花费大价钱购买防毒面具，而且分发的范围有限。在苏联，防毒面具是全国性防空组织的象征，但其供应量却从没有超过总人口的10%。[66]

20世纪30年代后期，各地的民防制度都依靠民众在某种程度上的参与才能实现。由轰炸机发起的全面战争意味着，不管是否愿意，全国民众都要成为对抗空袭的部队。但是并非每一个人都自愿成为这支队伍中的一员，因此，国与国之间，民众的参与程度是不一样的。在德国和苏联，国内组建了大规模的民防组织。1932年，德国成立了一支由1300万人组成的防空联盟，苏联1927年成立的防空组织则有1500万人。这两个组织都不是正式的民防机构，但它们却承担了对居民、学生和工人进行宣传和培训的任务。在这两个国家，加入这样的组织有着很强的意识形态要求。在苏联，这是为了捍卫新生的革命政权，而在德国，这是为了保卫国家社会主义宣扬的“人民的共同体”。在其他国家，则很大程度上依靠民众的自愿参与，来维持常规的民防、医疗救护和社会保障工作，到20世纪30年代末，这些志愿者达数百万人。据保守估计，到1939年，欧洲某种程度上参与了民防服务的人在3000万至3200万之间，其中大部分是德国人和苏联人。民众加入民防组织的动机显然各不相同。有些人加入民防组织是出于对空袭可能造成的后果的担心，这些选择成为全职或兼职民防队员的人，可能更倾向于相信轰炸造成的心理和社会影响是可以被减轻的，而非认为其本质上就无药可救。几乎可以肯定的是，有部分人是为了保护自己的社区，当然也有些例外，如英国小说家亨利·格林（Henry Green），他加入民防组织是为了逃避兵役。[67] 大部分人会加入民防组织，只是因为自己在这里生活和工作。

认为城市居民区可能会卷入战争这种看法，增强了这样的论点，即在下一场战争中，整个社会都将处在交战的前线。这个论点显然无益于缓和对空袭的焦虑和担忧。民防组织进行的准备，可以看作是对威胁的理性反应，但也可以看作是轰炸和毒气袭击必将发生的信号。20 世纪 30 年代末，德国民防机构发现，在民防组织宣扬自己义务的同时，民众对要面对的危险和现有的准备不充分仍一直存在焦虑与怀疑。[68] 在英国，民防活动的日渐增多，激起了各反战和平团体的敌意，他们认为这样的空袭预防活动是在走向国家军事化，也是政府正在备战的证据。“不再战运动”鼓励其成员进行公民不服从行动，拒绝民防组织的要求，因为这代表着“为重整军备进行心理上的准备”。1937 年 12 月，全国和平理事会成立，这是一个和平主义者和反战组织的联合组织，该组织同意对每个城市的空袭预警委员会进行调查，以此挑战民防手段隐含的军国主义趋势，并声称和平才是通向安全的可靠道路。这导致那些由左翼人士领导的地方政府，拒绝在其辖区内执行民防措施，直到二战开始的几个月后，才被迫这样做。[69]

至于认为政府有意不提供哪怕最低限度的防空洞和安全保护这一问题，公众也表达了广泛的批评。[70] 科学家和建筑师经常会针对空袭的威胁提出一些激进而又理想主义的建议。1938 年，《建筑设计和建设》的编辑弗雷德里克·汤德罗（Frederick Towndrow），在一篇名为《最大的恐惧——及其以后》的文章中提出，要制订系统性的计划，让城区去中心化，制订建筑防轰炸计划，并在每座城市的地下修建地下掩体和地下主干道。[71] 1937 年发布的另外一份建议指出，要修建 100 座小城镇，这些小城镇在设计上就要为限制轰炸的影响服务，比如修建宽阔的大道，宽广的娱乐用空地（可以有效隔离“城镇被炸弹引燃的部分”），住宅围绕着正方形空间修建，这样可以避免毒气的传播，并且居民也能更容易地逃到马路上。[72] 20 世纪 30 年代后期，德国所有新修建的住宅，都设计了防空洞，同时，德国政府还制订了详尽的计划，把城市的人口分散到约 2 万人的小城镇，甚至是 4 英亩 * 大的独立定居点。[73] 法国针对空中威胁制订的计划则很有想象力，计划里包括了一座有埃菲尔铁塔 5 倍高的摩天大楼，楼中有多个配备了高射炮、观察哨和战斗机的平台。除了大楼，计划中还有一座

* 1 英亩约等于 4046.86 平方米。

未来的地下城市，城市的地下结构覆盖在土壤下，人们可以在地下街道的上方耕种。[74] 将民防措施纳入城镇设计和建造的考量之中，进一步说明了人们对未来空战的预期，已深深植根于 20 世纪 30 年代末的欧洲流行文化中。

事实上，有几种可能的方式，可以用来解读大众和政治界对轰炸威胁的反应，有些人的反应是事先深思熟虑的结果，有些人的反应是出于对轰炸后果过度焦虑的幻想，有的则是对现代战争不可避免的后果无可奈何的接受。当然，担忧并不全是因为想象，毕竟在一战期间，人们已经经历过一些较小规模的轰炸，但是那种经历会因过火的外推而被扭曲。20 世纪 30 年代的欧洲，公众和政治界对轰炸威胁有一个共识，那就是轰炸将会是未来战争的特征之一，它必将引发对平民的攻击和对日常生活的破坏，城市必将是轰炸的主要目标，而轰炸造成的影响将引发社会动荡。与大部分只在军事领域内部出现变革的军事革命不同，轰炸战首先在民众的想象中确立了自己的形象，并随着民众对轰炸的忧虑生长壮大，这远在大多数国家的空军具备对敌国的核心地带进行战略轰炸的能力之前。公众对未来战争形式的讨论，必将会对空军产生影响，因为在针对下一场战争灾难性后果的预测中，空军力量总是居于中心地位。针对空军的关注，使仍处于婴儿期的空军感到洋洋自得，助长了其对组织上的自主权的渴望，同时也夸大了空军同其他两个军种在战略地位上的区别。然而，人们普遍想象中的空战与空军本身不断演变的战略前景之间仍存在巨大差距。

轰炸战略的发展受到很多因素的制约。在两次大战之间的年代里，为了修建运用空中力量所必要的基础设施，并且紧跟迅速的技术变革，空军要努力保证自己拥有足够的资金。同时，要求空军裁军甚至彻底废止所有军用飞机的呼声一直存在，这迫使空军领导人仅为保存现有的作战能力就付出了大量时间和精力。空军还要在政治上对抗陆海军，它们企图遏制空军成为独立军种的愿望，并迫使其以支援海陆部队为首要目的。一名德国军事评论员在谈到西班牙内战中空军的经验时写道：“在战争中，决定权要交给地面部队，就是那些在地面参加作战的部队，而不是那些在天空作战或者从空中攻击地面的部队。”[75] 美国陆军对于空军独立和成立战略性轰炸部队的呼声，一直持敌视态度。1935 年，美国陆军副参谋长斯坦利·恩比克（Stanley Embick）在评论意大利在埃塞俄比亚的作战时，认为空军是次要的军种："意大利的战果，是依靠地面部队，每天一点点在烂泥中推进实现的……从本质上来说，空军注定只能起到辅助作用。"在恩比克看来，支持空军的呼声，显得言过其实且脱离现实："它们（飞机）相当脆弱，最小的枪弹都能对飞机造成威胁，飞机不能在恶劣天气出战，而且成本也太高。"[76] 在法国，空军一直附属于陆军，甚至在 1933 年空军在组织上取得独立后，情况依然如此。大约 86% 的法军作战飞机，归属于各个陆军作战部队所有，接受这些部队指挥官的命令。[77]

1919 年后，空战武器不稳定而又快速的发展，是飞行员要面对的最困难的问题。1918 年装备的双翼或三翼飞机，都是由木头和钢丝制成的，飞行速度慢、不灵活、容易损坏，而 1939 年的飞机则都是金属框架结构的单翼飞机，其速度更快，火力也十分强大，显然技术已有了巨大飞跃。鉴于有限的预算和不多的实战经验，在空军现代化时做出正确的选择至关重要。因为科学技术每年都在变化，过度依赖某种特定型号的飞机或特定战略，代价可能是高昂的；这种技术上潜在的不稳定性，导致技术有极高的淘汰风险，谁也无法担保。关于这个现象，空军进攻和防守之间力量平衡的转变是最清楚不过的例子。20 世纪 20 年代末，轻型轰炸机和对其执行截击任务的双翼战斗机几乎一样快，甚至可能更快；到 30 年代末期，高性能单翼飞机的时速已经比与其对战的轻型和中型轰炸机的时速快 100 多英里了，机动性更是强得多，并且拥有强大的火力。欧洲的大国或者已经开始使用雷达侦测来袭的敌机，或者正处于研发阶段。随着战力的天平向防守方倾斜，空军就需要仔细选择准备投资研发的轰炸机。这或许就解释了 1938 年，英国皇家空军在选择重型轰炸机（B19/38 规格）时，为什么使用"理想轰炸机"这个代号了。皇家空军要求轰炸机拥有大航程、高载弹量，而且要飞得够高够快，这样可以尽量减少敌方战斗机的骚扰。[78] 最终，这个计划只是一场空想，皇家空军在二战初期的进攻中，仍要用双引擎轰炸机执行本应由多引擎重型轰炸机承担的任务。

两次世界大战之间，大部分国家的空军都倾向于研发轻型和中型前线轰炸机，辅以对地攻击的战斗轰炸机，并没有遵循实施“致命一击”的战略目标。即使在杜黑的祖国意大利，情况同样如此。意大利空军没有组建大规模的轰炸机群，更偏爱能支援地面军事行动的各类攻击机。[79] 这一选择，在某种程度上取决于陆军在整个军事建设计划中的主导地位，也是因为陆军认为在战略上空军最高效的使用方法，就是把空军投入某种形式的多兵种协同作战模式中。法国、德国和苏联空军的核心人员，倾向于成立一支基于轰炸作战的独立战略空军部队，但是这些人的威望和影响力还不足以压制陆军倾向于把空军当作地面作战的辅助力量使用的意见，另外，他们也不能克服来自部分飞行员的阻力，这些飞行员认为空军的有限资源应用于空中防御和对空作战任务。

法军受一战经验的影响很大，他们认为，在作战前线和前线附近保持压倒性优势的空军力量，比对敌人的大后方进行投机性远程轰炸更具战略决定性意义。法国空军的轰炸理论是轰炸机部队的卡米耶·鲁热龙（Camille Rougeron）提出的，他认为，最好的轰炸机设计应该从战斗机的设计派生而来，既可以轰炸敌方目标，也可以赢得战场上的空中优势。[80] 按照 1921 年法国部队条令规定的原则，空军力量应该用来执行前线支援作战任务。1936 年，来自人民阵线的空军部部长，激进左翼政治家皮埃尔·科特（Pierre Cot），修改了训令，允许空军组建独立执行作战任务的战略预备队。但这支预备队是为了在战斗中对敌方关键点进行大规模攻击而组建的，它的任务是扰乱敌方的补给和增援，以及对地面部队突破敌方防线进行支援。科特于 1938 年离任以后，这支战略预备队就解散了，并被分配到防御法国东部边境的各支部队中。[81] 法军很不信任科特，而且科特提出的对空军的“战略”使用，仅仅是把空军当作主要作战的延伸，而不是对其创新性的使用。

20 世纪 30 年代，苏联航空力量在实践上更加贴近法国的模式。20 世纪 20 年代末，当苏联红军开始认真考虑未来的战略时，组建一支战略机动空军的想法得到了普遍接受，它可以在关键时刻投入战斗，也可以为地面部队打开突破口。在 A. N. 拉普钦斯基（A. N. Lapchinskii）和瓦西里·赫里平（Vasily Khripin）这两位苏联军事理论家的影响下，空军开始筹划组建独立的轰炸机部队。1935 年，苏联组建了一支战略预备队，特别任务航空队（aviatsya osobovo naznachenya），但它与科特的方案一样，仅是准备在地面作战的关键时刻使用这支部队。部队也曾设想过在战争期间，对德国和日本的目标进行长途轰炸的可能性，但是这一点并没有写入作战条令。1937 年，斯大林下令终止了正在进行的重型轰炸机计划，做出这个决定的次要原因是这种飞机糟糕的安全记录，而主要原因则是 1937 年的军事清洗，空军和陆军中的那些支持建立独立战略空军的高级将领遭到了严重打击。此后，执行对地攻击任务的攻击机和为地面部队提供直接支援的中型轰炸机得到了优先考虑。1940 年，特别任务航空队被解散了，与法国轰炸机部队的命运一样，其中的轰炸机被分配到一线作战部队。[82]

德国的情况也类似，只是 1919 年《凡尔赛和约》强制裁撤了德国空军，直到 1933 年希特勒担任总理后，德国空军才得以恢复和发展。在没有空军的情况下，德国国防部在 20 世纪 20 年代初，组织了 40 多个研究小组，对一战中的空军作战的教训进行评估，但只有 4 个小组是研究轰炸战的。这些研究小组的结论，对德国空军后来的战略产生了很大的影响。飞机被认为是主要的进攻性武器，而空中进攻的首要目标是在前线保持空中优势。[83] 他们认为对敌人后方进行远程轰炸在战略上是不值得的，一方面是防空部队能够破坏空中进攻，另一方面则是因为执行战略轰炸这样一种单兵种行动，会妨碍多兵种协同进攻。在战争部工作的前空军军官当中，有少部分人员希望未来空军更多地扮演战略性角色，这些人当中包括赫尔穆特·费尔米（Hellmuth Felmy）中校和 1935 年担任空军参谋长的沃尔特·威弗尔（Walter Wever）上校。即使有了他们的影响，1935 年颁布的空军作战条令《空战指导》仍然强调，空军的主要目标是支援地面部队作战，消灭敌人的空军力量，其次才是在必要情况下以打击敌人军工生产的方式，打破前线僵局：“武装力量是国家意志最大化的体现。因此，在战争中，敌人的部队就是首要目标。”[84]

这一直是德国空军学说的核心原则，之所以会这样，是因为几乎所有负责制定空军战略的高级军官，包括曾经的普鲁士军官候补生，空军总司令赫尔曼·戈林，都来自传统的陆军部队，他们认为只有将全部力量集中在战场上才具有决定性意义。就连威弗尔也附和了 1935 年条令的原则："在未来的战争中，摧毁敌方的武装力量将是最重要的作战目标。"[85] 1936 年颁布的德国空军手册删除了派出飞机对城市执行恐吓性空袭的内容，增加了轰炸敌人后方的仓库、交通枢纽和部队集结地的内容。[86] 德国空军确信，由质量优良的高射炮和探照灯组成的防空网络，在截击机和高效通信系统的支持下，不管是在战区还是在大后方，都可以阻止轰炸机对德国的战争资源造成严重破坏。[87] 德国秃鹰军团在西班牙内战中的经验（这 3 年的实战经验，正适用于完善近距离支援战术）证实了空军的观点：前线空中支援才是最具有战略价值的，而对士气这样无形目标的打击，有可能会适得其反，导致敌人的抵抗更加顽强。[88] 与英国皇家空军不同，德国飞行员从第一次世界大战的经验教训中得出的结论，是空军应与敌方空军交战，以保护己方地面作战部队，这比浪费人力物力进行远程轰炸更有战略意义。所谓的"致命一击"应该发生在战场上，德军在 1939 年对波战争和 1941 年对苏战争中都出色地实现了这一点。

在两次世界大战之间，以独立的战略空袭为破坏敌人战争资源的决定性手段，这种作战理念仅被英美两国接受。即使是在英国，这个思想也受了一些限制，不仅是因为向大后方的平民发动大规模进攻的合法性值得怀疑，而且还因为陆军和海军施加了压力，要让空军服从于在战场上击败敌人陆海军的总目标。空军部队在美国仍然是陆军的一部分，要遵守陆军的条令。1926 年，战争部发布的《航空兵基本运用原则》中规定，航空兵的组织和训练，都建立在"以协助地面部队取得决定性胜利为其使命这个基本原则"的基础之上。[89] 1934 年，一个专门委员会成立，来对这支更名为"美国陆军航空兵"的部队的地位进行再评估，陆军副参谋长休·德拉姆（Hugh Drum）少将告诉这个委员会，陆军认为航空兵不应单独发起任何作战行动，因为这对地面部队的胜利不会有什么直接贡献。"战斗是战争中具有决定性意义的组成部分"，德拉姆继续说道，空军的独立作战行动"很大程度上是一种浪费"。[90] 1935 年，陆军同意建立一个航空兵总司令部，这是陆军航空兵内的一个独立组成部分，但是其任务接近苏联的特别任务航空队，它将作为一支后备航空力量，在关键时刻应对意料之外的敌人的进攻，而不会用于在远离战场的地方进行战略轰炸。[91] 由于缺少真正的威胁，财政部也不愿拨款，陆军航空兵只组织了一支规模很小的部队。到 1932 年，这支部队仅有 92 架轻型轰炸机。[92]

在这种情况下，美国航空部队发现，自己在保证向陆军提供支援的同时，还得拟定一套非官方的战略轰炸理论。那些曾经目睹过 1917 至 1918 年伦敦大轰炸的美军飞行员对轰炸的印象，比他们的德国同行深刻得多。20 世纪 20 年代初，航空兵总负责人梅森 · 帕特里克（Mason Patrick）少将，就公开支持“从空中向敌军后方实施决定性打击”能够结束战争的观点，尽管他本人也承认他的部队的主要任务是为陆军提供直接支援。[93] 他的副手，威廉（“比利”）· 米切尔（William ['Billy'] Mitchell）准将，则更加直言不讳，主张把空军力量看作一种新的作战形式。他对组建独立性空军的热情，源于他确信使用高爆炸弹、燃烧弹和毒气弹对敌人的“交通和工业中心”进行攻击，对胜利会起到决定性作用。米切尔针对敌人的民用作战资源，提出了“关键中枢”这个概念，从空中摧毁敌人的“关键中枢”，将会使陆军和海军的作战成为多余行动。[94] 1925 年，米切尔因为直言要求建立独立空军上了军事法庭。他坚持的那些观点没有进入作战条令，但仍存在于航空兵的圈子之中，不言而喻，未来在现代化、高度城市化的工业化国家间发生战争时，空军能够用无与伦比的方式，摧毁维系敌人复杂社会生存网络的关键目标。

关于摧毁关键中枢的思想日后成为二战期间美国制定轰炸战略的基础。1935 年，航空兵总司令部新上任的司令弗兰克 · 安德鲁斯（Frank Andrews）少将，私下支持这样的观点：使用轰炸机最有效的方式，就是发动独立轰炸任务，攻击敌人的工厂、炼油厂、发电厂、公共设施和居民集中区。20 世纪 30 年代，陆军航空兵战术学校的一些军官对这种作战思想进行了详细阐述，将其传授给了学员。这些教官后来成了美国 20 世纪 40 年代轰炸战的重要组织者。与欧洲的空军部队不同，美国航空兵认为对更加脆弱的敌人大后方进行攻击，会更有战略意义。1935 年的一堂课上讲到了这样的内容：“现代文明使一个国家的经济和社会生活，在空袭下变得更加脆弱，合理的战略就是要针对敌人最脆弱的地方，发动重点攻击。”这种观点认为，只有对敌人的“社会主体”发动进攻，才能摧毁敌方民众的意志。“社会主体”指的是服务、物资供应、生活设施等支撑现代化城市生活的基本元素构成的网络。在国家维持战争所需的一系列因素中，军队只排在第四位，排在“社会、经济和政治体系”之后，因为这三者供养着军事行动。[95] 后来在二战中负责草拟轰炸德国计划的哈罗德·乔治（Harold George）少校指出，轰炸不但能够破坏由现代工业创造的“经济网络”，而且还能通过“打破这张紧密的网络”摧毁敌方人民的斗志，这样就有可能让战争自行结束。[96] 为了证实这个猜想，航空兵战术学校的校长缪尔·费尔柴尔德（Muir Fairchild）少校，在 1939 年 4 月组织了一次精心设计的演习，测试纽约市和周围地区有多脆弱，纽约可以被视为全国其他城市的代表，这些大城市是这个现代化国家“最重要、最脆弱的一部分”。演习得出的结论是，如果投弹准确率是 100%，两个轰炸机中队就可以完全摧毁纽约的电力供应系统，一举让整个城市陷入瘫痪。[97]

20 世纪 30 年代的陆军航空兵处于真空期，缺少作战条令许可和必要的飞机，无法证明战略轰炸理念的正确性。1933 年，陆军航空兵获准研发一种四引擎轰炸机，以确保军用航空技术能追上不断发展的民用航空技术。波音飞机公司赢得了这份研发合同，到 1935 年，它生产出了一种代号 XB–17 的原型机，这就是 B–17“空中堡垒”的前身。该机航程达 1800 英里，载弹量 4000 磅。[98] 陆军只把这个设计方案看成一种执行远程任务的防御性飞机，它可以给巴拿马、阿拉斯加和夏威夷提供支援。但是，1936 年陆军又改变了主意，下令取消生产计划。这是因为陆军对西班牙内战中飞机的前线支援作战印象深刻，据此认为中程轰炸机会具备“更高的作战效能、更简单的武器系统和更低成本”。[99] B–17 的研发陷入了绝境。然而，一次突然的政策转变拯救了这个研发计划。1938 年末，罗斯福总统授权大幅度提高美国的军费，其中就包括批准空军部队扩编（一定程度上是为了应对欧洲正在升级的危机，确保能向法国和英国提供足够的作战飞机）。1939 年 3 月成立的空军委员会强烈支持发展重型轰炸机，这使得 B–17 从一种开发中的原型机，一夜之间成为美国空中战略的核心。根据计划，到

1941年要生产498架B-17，到1942年底则要有1520架。这是四引擎重型轰炸机第一次列装部队。[100]

联合飞机公司是众多得到B-17生产订单的企业之一，这家公司在1939年自己设计了另一种型号的轰炸机，载弹量为8000磅，航程超过2000英里，且速度更快。经过试飞和改进之后，陆军航空兵于1940年接受了这种飞机，命名为B-24轰炸机。1941年，英国皇家空军开始接收这种飞机时，给它起了一个绰号叫“解放者”。最后，B-24成为美军制式轰炸机，截至1945年，共生产了18 400架。这种轰炸机装备了革命性的M-4诺顿稳定轰炸瞄准器，这种瞄准器最初是由美籍荷裔工程师卡尔·诺顿（Carl Norden）于20世纪20年代末为美国海军设计的。这种新型轰炸机和瞄准器，使得美国在20世纪40年代初比任何潜在的对手都有着更强的战略轰炸能力。1939年，美国开始研发一种航程可达欧洲的“超级轰炸机”。航空兵的实力已大大增强，它如今仍缺少的，是进行战略轰炸的作战计划和条令，只要有了这些，它就能执行空军军人眼中的首要职能：轰炸敌人的“社会主体”。

在英国，从1919年未遂的对德轰炸到1939年第二次世界大战之间的20年里，空军一直保持着进行某种程度的独立轰炸的能力。即便在这种情况下，英国皇家空军也并不能毫无阻碍地编写支持空中进攻的作战条令，或是研发可以支持这种攻势的技术。在整个20世纪20年代，人们对于空袭性质的思考，基本限于特伦查德的观点，他认为在未来的一切战争中，平民的士气都易受打击。20年代末期，英国空军部设想了法国违反1925年《洛迦诺公约》，对德发动入侵的情况，研究了帮助德国、对法国进行所谓“洛迦诺战争”的预案，在这份预案中，空军部认为，哪怕是法国轰炸伦敦，“我们也可以保证，英国依靠其更强的斗志和打击力量，能让法国人先惨叫出来”。[101] 1928年，参谋长联席会议坚持要求皇家空军对“空军作战对象”进行准确描述。在此后召开的会议中，海军和陆军的参谋长明确提出，在他们看来，空军提出打击敌人的经济和民众这种模糊的承诺，不仅违背国际法，而且也远远背离了传统作战原则，因为在传统作战中，主要的战斗力量应该放到在战场上击败敌人这个目标上。最终，在空军与其他军种之间出现了一种令人不安的休战状态。这种休战基于这样的共识，空军“与海军和陆军是一致的”，存在目的都是摧毁敌人的抵抗，为此需要“对合适的目标进行攻击”。这给特伦查德和皇家空军留了相当大的回旋余地，让其能够自行决定把什么视为作战目标和如何打击这些目标。[102]

尽管其他军种希望皇家空军发展成为一支平衡的部队，既能够为他们提供支援，又能够保卫国家免受空中攻击；但是，空军内部占主导地位的思想是，轰炸奠定了空军作为一支现代化部队的地位，并且能够彻底改变作战形态。二战结束以后，在一份关于皇家空军发展的报告中，轰炸机司令部的副司令罗伯特·桑德比（Robert Saundby）指出，早在20世纪20年代，空军参谋部“就已明确认识到，炸弹是空军的进攻性武器”；并且，1935年颁布的皇家空军第一版作战手册中，明确规定“炸弹是空军的主要武器，也是其达成作战目标的主要手段”。[103]当思考炸弹或者轰炸的用途时，皇家空军的领导层仍会继续基于敌方社会脆弱性这类无法核实的假设。1928年，在参谋长委员会组织的一次讨论会上，特伦查德表达了与美国空军一样的观点，他建议运用空军力量打击敌人的“关键中枢”，因为那里是“敌人最虚弱的地方”，但是，他却几乎没有定义关键中枢指的是什么。[104]在此后10年中的大部分时间里，那些遵循“特伦查德学说”的空军人员，和他们的美国同行一样，采用了一种平平无奇的比喻方式，用解剖学词汇来刻意抽象地描述轰炸的真实目标。[105]皇家空军作战手册中说，所有的现代化国家“都有神经中枢、主动脉、心脏和大脑”。通过打击这些目标，空军就能够在某种程度上迟滞、干扰、打乱其关键中枢，这样敌人“国家的决心”就会遭到破坏，这种破坏不只是因为社会结构的崩溃，还因为其集体意识受到了影响，手册对此是这样解释的：

> 士气影响——尽管对合适的目标进行轰炸，会造成巨大的物质破坏和损失，但轰炸最重要和深远的影响是它对敌方士气造成的影响……轰炸造成的士气影响总是十分严重的，通常还有累加效果。持续进行轰炸，特别是轰炸敌人的关键中枢，对敌人士气的影响会持

续性地成比例地增加。[106]

正如轰炸在公众对全面战争的忧虑中占统治地位一样，轰炸会导致敌国物质和精神双重崩溃的思想，在英国空军理论中同样占据了统治地位。

英国皇家空军坚持认为，轰炸机强大的攻击力，会成为开发空军潜在实力的最有效方式，这种观点来源于两次世界大战之间英国飞行员的作战经历的特点。英国皇家空军没有像其他国家的空军那样，通过西班牙内战的经验教训认识到近距离空中支援和空中优势的优点。空军在其殖民地和阿富汗执行的所谓“空中镇压”，为皇家空军的条例提供了很多参考信息。[107] 使用飞机镇压敢于反抗的部落和部落民（在手册中，这种任务被定义为与“半开化的人”作战）以确保英国对当地的控制，这样的行动被看作一种范例，用来解释文明国家遭受更大规模空袭将带来的后果。这种观点认为，即使是部落社会，也存在管理他们的“关键中枢”；根据对轰炸目标的侦察，只要分派那些小巧的轻型轰炸机去执行这种轰炸任务，就能迫使那些难以驾驭的部落及其成员采取服从的姿态。20 世纪 30 年代末，空军部计划处处长约翰·斯莱瑟（John Slessor），根据自己的记忆，残酷而直白地说明了空中镇压的工作原理：“那些不听话的家伙，不管是印度边境的部落成员，北部荒原的阿拉伯游牧部落的牧民，还是肯尼亚边境的莫雷利奴隶，甚至是南苏丹沼泽里的长着宽大脚掌的野人，都有不可或缺的维生之物。”[108] 以皇家空军 1938 年在非洲南部奥万博兰（Ovamboland）进行的一次轰炸为例，在这次轰炸中，3 架飞机对反叛的乌宽比（Ukuambi）部落酋长伊普布（Ipumbu）的营地发动了攻击。在他的营帐被炸毁、畜群遭驱散后，酋长被迫表示屈服。这一案例和其他类似行动，强调了强制性轰炸的“士气打击效果”和物质上的影响。[109] 后来在二战期间手握皇家空军大权的高官们，全都参与过将轰炸机作为“战略”工具的空中镇压行动：战时皇家空军总参谋长查尔斯·波特尔、轰炸机司令部司令亚瑟·哈里斯、前任司令理查德·皮尔斯（Richard Peirse），以及波特尔的副手诺曼·波特姆利（Norman Bottomley）。后来，在 1941

年9月，波特尔用这种类推向丘吉尔解释了对德国“社区一般活动”的攻击的性质：“简而言之，这是空中镇压政策的变种，尽管其规模被大大放大了。近年来，在空军持续参与的小型战争中，空中镇压政策都大获成功。”[110]

对轰炸的这种认识，解释了间战时期皇家空军的核心战略想象与其现实轰炸能力和防守战略之间为何存在如此巨大的差异。在殖民地执行空中镇压任务，通常是在能见度较好、对方缺乏防空手段的情况下进行的，而且空军只需进行低强度轰炸，当空军在欧洲执行轰炸任务时，所有这些有利条件都不复存在。因此，英军领导层并没有因为空军在各殖民地的良好表现，而把所有的希望都寄托在轰炸机上。事实上，他们对轰炸充满畏惧，特别是在20世纪30年代中期，希特勒德国被认定为英国最可能的潜在敌人之后，这推动了英国皇家空军首要的空中作战任务出现了迅速改变，它成为一支更适合防御的部队。1934年，英军联合计划委员会应邀对德国空军针对英国“致命一击”可能造成的影响进行估计，其研究结果认为，一周的轰炸会造成15万人伤亡，上百万人无家可归。后来，参谋长委员会进行的评估也继续假设上述统计数字是可靠的——这毕竟比同时代那些危言耸听的小说更现实。[111] 1937年，新上任的国防协调大臣托马斯·英斯基普（Thomas Inskip）爵士告诉皇家空军，空军的任务并不是对敌人实施致命一击（它事实上不具备这样的作战能力），而是“阻止德国将我们击溃”。[112] 帝国国防委员会明确提出了空军在战略上的指导方针，那就是空军应该向陆军和海军提供支援，保护英国本土免受空中威胁，同时从空中对敌人的进攻部队进行打击。空军也接到指令，要为空袭德国鲁尔工业区做好准备，但只有在空军完成了其他任务并得到政府的许可后，它才能进行轰炸。尽管主流文化认为空军应该执行轰炸任务，但国防部高官并不希望空军拥有大量的轰炸机，去执行轰炸敌人战争资源的任务，相反，他们坚持把空军建设成一支平衡性的部队，这种意见也得到了很多空军高级官员的认可。在这种思想影响下，1937年到战争爆发时，战斗机司令部、防空网和民防组织得到了大量资源。因此，皇家空军的战略显得更加自相矛盾了：一半人在强调轰炸的战略价值，另一半人则在为成功对抗轰炸做准备。

尽管整个空军系统都强调空中打击力量的价值，但发动进攻所需的技术准备却几乎不存在。空军没有能实施大规模轰炸的密集机群，它事实上仅拥有为数不多的轻型和中型轰炸机，其中大部分轰炸机的航程只够将将抵达德国西部边境线。更严重的问题是，空军对导航、轰炸训练、轰炸瞄准器和轰炸准确性等方面存在的问题缺少思考，这反映了空军存在一种淡化技术和战术重要性的军队文化。[113] 在皇家空军，高级参谋被要求成为通用型人才，他们的岗位定期在基层部队和空军部机关之间轮换，这种做法影响了技术型军官团队的发展，使他们根本无法与德国空军技术部门竞争。1938 年英国成立了一个负责向皇家空军提供科学咨询的委员会，英国科学家亨利·蒂泽德（Henry Tizard）爵士担任该委员会主席，但是他发现，皇家空军的高级领导对于与科学部门合作根本不热心。

英国于 1938 年终于成立了空军部轰炸政策委员会，其职责是解决如何抵达、发现和打击轰炸目标的问题，但广为人知的是，如果要解决这些问题，需要先解决很多其他问题。那时，空军使用的轰炸瞄准器和第一次世界大战时使用的几乎没有什么区别，而飞机的导航在白天依靠可视地标导航，夜间依靠星象导航。委员会在其第一次会议上得出了一个悲观的结论，那就是新配发的技术装备在导航和轰炸精度方面，几乎没有什么明显的进步。部队在夜间进行精确轰炸的机会将“非常罕见”。[114] 轰炸实验显示，在最受欢迎的日间高空轰炸中，仅有 3% 的炸弹能够命中目标，如果进行小角度俯冲轰炸，命中率则是 9%。[115] 到 1939 年 3 月，空军部计划部门哀叹未能整合国内的科技资源来生产更好的轰炸瞄准器，同时他们还建议向美国政府施加政治压力，要求其提供诺顿陀螺仪的样品，但这些问题很大程度上是计划部自己造成的。[116] 1938 年 9 月末的“慕尼黑危机”的一个月前，轰炸机司令部总司令，空军上将埃德加·勒德洛－休伊特（Edgar Ludlow-Hewitt）告诉空军部，在现有条件下，如果和德国开战，最好是依靠北海和防空体系来进行防御。轰炸德国的企图“可能会以灾难性的结局收场”。[117]

作为一支曾经承诺将轰炸作为主要作战原则的部队，到头来却没有能力执行这种任务，这不得不说是莫大的讽刺。而美国既有工业基础又有技术资源，却没有执行这种任务的意愿。当然，最终两国空军都执行了大规模的复杂轰炸任务。因此，值得反思的是，英、美这两个在20世纪30年代致力于维护世界和平的自由国家，其国内公众对于在埃塞俄比亚、中国和西班牙的针对平民的轰炸都曾广泛谴责，它们为何最后却最彻底地执行了摧毁“关键中枢”或“社会主体”的思想。部分原因在于两国当时面对的地缘政治和军事现实。英美两国从未进行过大规模的兵力投送，即便在一战以后，两国军队仍然是其国防体系的一个组成部分，而不是像法国、德国或者苏联那样，军队成为国防体系的驱动力。配合着国土安全所仰仗的大规模海军，空军力量可以比海外远征军更灵活地投放到海外，并具有比其更强大的潜在打击力量。对于英国而言，它要保卫大英帝国的殖民地，这意味着德国不是唯一潜在的敌人。20世纪30年代中期，当英国就发展“理想轰炸机”进行讨论的时候，曾要求轰炸机航程可以覆盖日本或苏联（以防共产党威胁印度）的目标，并能为如加拿大或塞拉利昂这样遥远的帝国领地提供支援。苏联远程轰炸机的威胁——这预见了日后冷战的情况——会影响到英国在中东的利益和其国内城市的安全。而英国唯一能做出的反应，就是使用空军对苏联的城市进行攻击。[118] 而在美国，陆军航空兵对于重型轰炸机计划的支持基于这样一种思想，也就是空军力量要有跨越大洋抵达美国在太平洋的殖民地的能力，或许还要能从美国空军基地起飞，对欧洲的目标进行轰炸。

与一战中的那种令人饱受折磨、代价高昂的地面战相比，空战是一种更加现代化而高效的作战形式，因此其对英国和美国极具吸引力。这两国都是民主国家，政治精英对公众的焦虑和期望更加敏感，而空中力量能够减少地面作战中的人员损失。亚瑟·哈里斯曾为此做出过广为人知的评论：陆军在下一场战争中将找不到“那么多愿意在佛兰德的泥浆里牺牲自己生命的傻瓜”。但是，对于德国、法国和苏联来说，陆军和有效的地面防御，仍然是其国防安全计划中的基本要素。[119] 在美国人眼中，轰炸战潜力的核心是：以现代科技为基础的武器装备，增强了部队作战效能。在陆军航空兵战术学校，飞行教员强调空中力量是“一种新的作战形式”，它能够“以最少的生命、时间、资金和物质代价，用最高效的行动，给我们带来胜利”。[120] 空中力量的吸引力还在于，它能够在将人员伤亡最小化的同时，充分利用这两个国家的技术优势和工业实力。美国早在 20 世纪 20 年代就开始筹划，如何动员可能的工业资源来支持大规模空中作战；到了 30 年代初，美国为每年生产 2.4 万架飞机制订了详细的动员计划。英国的工业动员计划则是在 20 世纪 30 年代中期开始的，该计划要求发展所谓的“影子工厂”，它可以在战争爆发后随时转变成军工厂。对这两国而言，大规模的工业生产能力和先进的技术，都被视为在未来战争中起决定性作用的因素，在空战中尤其如此。[121] 其他国家也很重视空军的现代性，这样做既是出于宣传的目的，也是出于军事目的，但这些国家的空军缺乏足够的自主权去实施比传统地面战更为高效而廉价的新战略。

将空中力量等同于现代性，带来了一个重要的后果，那就是英国和美国空军人员自愿接受了现代的总体战带有一种变相的民主化性质，战争不仅是军队间的战争，它还是各国人民间的战争。在一个现代工业、群众政治动员、科学进步的时代，战争不可能局限于前线的战斗。虽然“总体战”这个概念是因在 1916 年至 1918 年负责统筹德国大部分战争资源的埃里希·鲁登道夫（Erich Ludendorff）将军而广为人知的，但英美更全面地使用此概念来描述全社会参与的战争状态。1936 年，英国航空记者奥利弗·斯图尔特（Oliver Stewart）这样写道：“毫无疑问，在任何现代工业国家中，城镇都是军事攻击的目标，因为它能够为战争提供资源，也为指挥战争的人提供住所。它是交通枢纽，是宣传工作的中心，同时也是政府所在地。”[122] 因此，他继续写道：“对一座城市实施盲目轰炸，在逻辑上也是站得住脚的。”1936 年，英国空军少将亚瑟·巴雷特（Arthur Barrett）在海军参谋学院举行讲座时，要求在场的听众必须认识到，从今往后“战斗人员和非战斗人员之间明显的分割线”将再也不存在了。他指出，这就是“民主的力量”的结果，政府从其统治的人民中获得的支持越多，那么人民的斗志和资源就越能够成为合法的攻击目标。[123] 美国航空部队倾向于使用进攻型空军的理由，也是基于对现代民主社会本质的认识：

> 抵抗的意志都集中在哪里？这种意志是怎样表达出来的？其实，这种意志以广大群众为中心，通过政府表达出来。抵抗的精神，战斗的精神，前进的精神，最终，都是集中在广大人民（公民群体）身上，街上的行人身上……因此，军事行动的终极目标就是去摧毁那些后方群众的意志……空军具备立即对终极目标进行攻击的能力，这个终极目标就是国民的抵抗意志。[124]

英美两国民众可能更加强烈而公开地表达了其对空中战争的恐惧，因为在飞机出现之前，这两国都因其地理位置远离战争的破坏，因此，流行的轰炸恐惧症使得军方猜测轰炸大后方将会产生直接的结果。但不管这种看法的来源是什么，它都支配着空军对如何进行下一场战争的思考。

那么这是否就使得二战中的轰炸变得不可避免了？当然，1939 年的时候，没有任何一支部队准备好了出动几千架轰炸机组成的机群，动用任何可能使用的武器，去执行杜黑设想的那种毁灭性的、能够决定战争胜负的“致命一击”，去在几天之内摧毁敌人的普遍战争意愿。英国皇家空军是唯一一支对这种任务的可能性进行过思考的空军，但它仍受到各方面的限制，如技术准备不足、飞机短缺、政治和法律上对轰炸平民的限制等。其他国家的空军因为主流文化不同，在战略选择上出现了大相径庭的结果。然而，对于坚持要求在组织上保持独立的空军来说，独立执行能够决定战争胜负的空中进攻是难以拒绝的诱惑（最终发动大规模空袭的那三支空军正是如此），并且它渴望在科学、工业、研究对空军采购的广泛投入中获取利益。每支空军都清楚地意识到了“现代”战争强加给它们的紧迫性，这不仅包括总体战表现出的作战“全民化”，而且还包括空军需要与技术发展的脚步齐头并进（比如核武器、喷气式飞机、火箭、雷达），这些技术能够使作战的本质发生变化，并且不可避免地扩大战争的规模。

此外，人们头脑中都充斥着未来战争的景象。尽管存在着世界末日般的描述和荒诞的幻想，但毫无疑问，不间断地对轰炸战进行虚构，使得人们对这种战争是如何发动的以及是否一定要发动战争防止一方或者另一方获得压倒性优势，有了一种普遍的预期。1939 年 9 月 1 日，德国入侵波兰。当天刚刚入夜，空袭警报就在实行灯火管制的柏林上空响起。惊慌失措的柏林居民抓起防毒面具冲向防空洞，以防波兰轰炸机突破防线飞临首都。美国记者威廉·夏勒（William Shirer）这样写道："凄厉刺耳的警报，漆黑一片的夜晚，长此以往，人类的神经怎么能受得住？"[125] 9月3日，英国向德国宣战，当天晚上，防空警报响彻整个英格兰南部。全国人民都为大规模空袭和毒气袭击做好了准备。第二天早晨，在恐惧中坐了一晚上以后，一位英国人这样在日记中写道："现在几乎每个人都随身带着防毒面具，真是对我们这个文明的反映啊！"[126] 英国、德国的这两次空袭警报，后来都证明是虚惊一场，并且后续的日子里，这样的虚假警报出现了许多次。不过，还有一种合理的，又无法证实的假设，那就是如此强烈又普遍的对恐惧的了解，促使空军在最终发动轰炸攻势时做得更加极端。在这种情况下，想象和现实，命中注定般地交织在了一起。

第一部分

德军的轰炸战

第二章

第一次空中战略进攻

1940 年 9 月至 1941 年 6 月

1939 年 4 月，阿道夫·希特勒在他柏林的帝国总理府的私人寓所中，接见了罗马尼亚外交官格里戈雷·加芬库（Grigore Gafencu）。希特勒在这次谈话中，就英国政府蓄意阻挠德国发展的政策和两国间毫无意义的竞争大加抱怨。他怒气冲冲地对加芬库说，如果英国想要战争，“那就来一场战争”。这场战争与 1914 年的那场不同，这次德国会使用令人畏惧的新型武器，这些都是德国技术人才的成就。“我们的空军世界领先，”希特勒喊道，“所到之处，任何敌人的城镇都将被夷为平地。”加芬库只能安静地听着希特勒的指责，他的语气逐渐变得冷静、严肃。“但是，”希特勒继续说道，“为什么要制造这种不可想象的屠杀呢？毕竟，最后不管赢家还是输家，都会埋葬在同样的废墟里。”思索片刻，希特勒接着说，只有斯大林会从这种毁灭性的空战中获益。[1]

从他们的对话中，可以轻易得出这样的结论，1940 年秋天，当德国派出轰炸机群轰炸英国城市的时候，希特勒是在用这种令人恐惧的轰炸去履行自己的诺言，消灭导致自己战略失败的源头。1940 年 9 月 4 日，希特勒在“冬季救助组织”的组织者集会上的发言中，显然是在发泄首都遭到了几次小规模轰炸而带来的沮丧。他向听众许诺，德国轰炸机会对英国的所作所为施以 10 倍的报复，“将他们的城市夷为平地”。在场的美国记者威廉·夏勒，观察到希特勒的演讲对女性占多数的听众有多么大的影响，在集会最后，所有的与会者都站了起来，愤怒地大喊要报复英国。[2] 负责公众舆论监控的党卫队帝国保安部发现，希特勒的演讲经过媒体报道以后，在公众中产生了深刻的影响，但反响最大的部分是威胁摧毁英国城市的那部分内容。[3] 然而，不管是希特勒向加芬库做出的预测，还是他向德国公众做出的许诺，都不能仅看表面。因为，二者都是为达到特定的政治效果和口头威胁故意设计的。在自己大本营的时候，希特勒对空中力量一直保持着更加谨慎的态度，并且，在空军部队的发展上，希特勒能够影响的程度有限。1940 年与英国开战时，德国空军还不是为执行远程“战略”轰炸而建立的部队，那年秋天接到远程轰炸命令的时候，空军也没有收到进行毁灭性轰炸的指令，尽管其后来的受害者根据其轰炸的影响如此指称。尽管西方公众一直认为德国进行的轰炸是“恐怖轰炸”，其行为几乎已经被这么定义了，然而希特勒曾一度有所保留。战争的前几年，在英国的区域轰炸导致德国方面呼吁进行报复之前，希特勒一直拒绝批准实行“恐怖轰炸”，并多次拒绝了空军参谋部要求发动此类轰炸的请求。直到 1944 年 6 月德国开始使用 V 系列武器攻击英国时，希特勒才批准彻底对英国的目标实施无差别攻击。[4]

从华沙到巴黎

二战的第一年，德国空军执行的是“战术空战”，这是德国空军发展初期制定的一种战术，在 1935 年编写的《空战实施指导》(*Guidelines for the Conduct of Air Warfare*) 和 1940 年出版的修订版中，都对这种战术进行了介绍。尽管空军希望借助自己在机动性、灵活性和攻击力方面的优势，将空军战略与陆军和海军的战略区分开，但是在实际操作中，德国空军战略是与陆军作战紧密相连的。德国空军需要承担的任务包括：击败敌方空军，摧毁敌方供给和指挥中心；为陆军和海军提供直接的战场支援，打击敌方陆海军部队；攻击敌方位于前线后几百英里能为敌方空中作战提供支援的目标。这些目标包括了敌人的能源供应、军工生产、食品供给、进口渠道、交通网络、军事基地以及政府和行政部门的中心。但它的任务不包括对敌人的士气和密集居民区进行打击，因为在德国空军看来，这是对战略资源的浪费，但德国空军同样规定，如果敌人轰炸了德国平民，它也要轰炸这些目标作为报复。除了最后的这种行动外，其他的空战行动都是为了摧毁敌军部队在前线的抵抗。战术空战的核心目的是迫使敌军部队放弃作战。[5]

受限于技术水平，当时德国空军的重型多引擎轰炸机尚在研发中，因此，这就意味着，空军被视为用来扰乱敌人前线的有力武器，空军需要出动战斗机消灭敌人的空军，用双引擎的中型轰炸机、重型战斗机和俯冲轰炸机攻击敌人的前线作战部队和远离前线的经济和军事目标。1939 年 7 月发布的《陆军空中支援指南》中提出，空军可以通过破坏敌人的物资供应和工业生产、降低敌国的战争意愿的方式，为陆军提供间接支援。但指南强调，为了帮助地面部队提高向前推进的速度，空军要对位于前线和前线附近的分布在德军进攻路线上的固定或移动目标进行重点打击。[6] 德军还建立了多支合成航空队，其包含有各自的轰炸机部队、战斗机部队、俯冲轰炸机部队和侦察机部队，每一支这样的航空队，都会被配属给一个集团军群，这个决定增强了空军作战的灵活性和多任务性，但也把空军和陆军作战捆绑在了一起。地面和空中部队的高效沟通，是陆空协同作战最关键的部分，1939 年和 1940 年的《空军作战条令》中，对使用无线电、信号和联络官进行陆空精确通信的方式，几乎已经到了迷恋的程度。[7]

这种陆空协同作战是后来所谓“闪电战”的核心内容，在二战的前两年间，德军的这种战术在地面作战中起到了压倒性的效果（如果德军能在 1940 年秋登陆英格兰南部，这个战术也一定会在那里得到应用）。然而，很难将德国空军灵活但坚定地与地面战役捆绑在一起的理念，与人们对德国 1939 年 9 月轰炸华沙和 8 个月后轰炸鹿特丹的普遍记忆调和起来。尽管纳粹空军为陆军提供了值得大肆夸耀的支援，但早在针对英国的空中闪电战开始之前，西方世界就已经认为德国空军始终是执行空中恐怖的工具，而它在西班牙内战中于 1937 年 4 月轰炸格尔尼卡时正是这样做的。英国发表的战时宣传中，声称德国在战争初期进行的轰炸，“以基督教历史上从未有过的规模屠杀平民……作为丑恶行为的突出例证”将在历史上遗臭万年。[8]这种关于德国轰炸暴行的传统观点影响十分深远（这种观点也有助于证明在战争后期轰炸德国城市是合理的），因此有必要更详细地探讨德国在 1940 年 9 月进攻英国前的城市轰炸的问题。

1939 年 9 月 1 日，德国开始入侵波兰，这次行动可以看作空军力量应用于现代化战场的范例。当时，波兰空军共有 397 架飞机，包括 154 架型号大多比较老旧的轰炸机与 159 架战斗机。这些飞机要在进攻当日面对德军阿尔贝特・凯塞林（Albert Kesselring）上将指挥的德国空军第 1 航空队，和亚历山大・勒尔（Alexander Löhr）中将指挥的第 4 航空队发起的攻势，这两个航空队共有 1581 架飞机，包括 897 架轰炸机和 439 架战斗机和战斗轰炸机。波兰空军的飞机只有对方的四分之一。在战役的前三天，德国空军出动多个波次的轰炸机、俯冲轰炸机，攻击了波兰的机场、铁路枢纽、军用仓库和电台。波兰空军很快被击溃，抵抗几乎全部消失了，波兰空军在作战中损失了一半的飞机，9 月 17 日，剩下的飞机担心被俘或遭到破坏，向罗马尼亚的空军基地飞去。从 9 月 4 日起，为了迟滞波兰军队在境内的重新集结，德国空军开始集中攻击他们的交通系统。9 月 6 日至 13 日期间，空军部队的攻击继续向东推进，向维斯瓦河（Vistula）方向和华沙位于维斯瓦河沿岸的普拉加区（Praga）发动进攻。虽然德国空军遇到的抵抗很少，但是在烟雾笼罩下，德军飞机难以发现攻击目标，因而在最初的轰炸中目标受损不重。随着德军完成了对华沙和邻近莫德林（Modlin）地区要塞的合围，德军飞机受命对该市内外集结的波兰军队进行轰炸，但被要求不能攻击“鱼贯而出的难民队伍”，他们正在撤离波兰首都。9 月 16 日，被围困在华沙的波兰守军指挥官，接到了限期 6 小时投降的通知。[9]波兰军队拒绝投降，声称其首都将成为一个“特殊的军事区”，于是，德军飞机抛撒传单，要求城里的居民撤离。因为华沙是一座设防的城市，所以德国空军配合陆军的攻城炮火进行轰炸是合法的。9 月 22 日，希特勒下令对华沙的波兰守军实施最后的清剿，同时命令空军攻击重要的军事、经济目标，以及军方和政治机构的办公楼。[10]德国外交部特别要求空军尽一切可能，避免破坏贝尔韦德宫（Belvedere Palace）；9 月 17 日苏联入侵波兰东部以后，希特勒还下令要求空军特别注意，不要误伤正在撤离华沙的苏联外交官。[11] 9月25日，德国空军用燃烧弹对华沙市中心进行了大规模轰炸，投下了632吨炸弹，这是截至那时规模最大的轰炸。轰炸中，德军飞机误炸了已被己方地面部队占领的地区，因而给第3集团军造成了一定的人员损失。9月26日，轰炸停止。第二天早晨，华沙投降。[12]

对华沙进行空袭，是为了督促守军早些投降，但结果不止于此。曾参与过格尔尼卡轰炸的沃尔弗拉姆·冯·里希特霍芬上校，在入侵波兰时被任命为“空军特别任务指挥官”，接受任命后，他要求对华沙城区实施毁灭性轰炸，但空军参谋长汉斯·耶顺内克（Hans Jeschonnek）一级上将拒绝了他的请求。[13] 然而，对于那些不幸经历过轰炸的波兰百姓和居住在华沙的外国人来说，他们印象中的轰炸就是无目标地随意攻击。一位名叫齐格蒙特·克鲁考夫斯基（Zygmunt Klukowski）的波兰医生，9月4日，开车穿过卢布林（Lublin）城区时，第一次亲眼看到了轰炸留下的证据，他在日记中这样写道：“有3座公寓大楼被彻底摧毁。还有很多楼房的窗户全部破碎，房顶坍塌。”5天以后，这位医生在一天里经历了5次轰炸，但得以幸存。他接着在日记中写道：“事实上，每一个人都在祈祷……有些居民甚至吓得浑身发抖。”根据克鲁考夫斯基的观察，在第一次世界大战中，他从来没有过这样的经历。[14] 另一位叫钱姆·卡普兰（Chaim Kaplan）的人，在日记中是这样描述华沙地狱般的景象的：“比但丁笔下的地狱还要恐怖”，人们都跑进“黑漆漆的洞口”（防空洞）躲避轰炸，里面藏满了惊恐万状的妇女。[15] 9月2日，甚至连美国大使在华沙郊外的住所都不幸遭到了轰炸。[16] 德国空军的命令，明确了轰炸目标是特定的经济、军事和政府部门，但轰炸后地面的实际情况却完全不同，这两者之间的差异反映出德国空军具有压倒性的战斗力，但最重要的是，即便采用低空俯冲轰炸，也存在精确度不足的问题，这是二战期间几乎所有轰炸行动共有的特点。德军在轰炸行动结束后的调查显示，根据对梅莱茨（Mielec）和卢布林的飞机制造厂实施轰炸的飞行员的报告，这两座工厂已经遭到摧毁，但这两座工厂事实上完好无损。在飞行员报告中被破坏的火车，不久以后被发现仍然在铁轨上奔驰。[17] 11月，汉斯·斯派达尔（Hans Speidel）

将军在战后总结中，强调了摧毁能源（电力、煤气）的重要性，但是，由于这些设施有不少都位于居民区附近，因此空袭不可避免地会造成平民的伤亡。[18] 华沙轰炸死亡人数的最终数字，到现在为止也没有一个确切的统计。因为有的平民死于炮火而不是轰炸。钱姆·卡普兰认为，对平民生命威胁最大的是战争期间的炮击。[19] 对于死亡人数达 2 万至 4 万之间的说法，确实有些过于夸大其词了，如果伤亡人数达到这个程度，那么，轰炸的剧烈程度，必须达到盟军 1943 年轰炸汉堡（Hamburg）和 1945 年轰炸德累斯顿（Dresden）的程度。一方面，我们没有证据显示，德军进行了这种程度的轰炸，另一方面，德国空军在那个时候并不具备实施如此规模轰炸的能力。现在估计的死亡人数是 7000 人左右，这个数字是按照德累斯顿轰炸中死亡人员与炸弹吨位比推测出来的，但如果按照德国对伦敦进行的空中闪电战中的比例计算，那么德军有限吨位的炸弹造成的死亡人数将在 2500 人左右。[20]

德国空军在波兰战役中为胜利做出了巨大贡献，同时形成了一个神话：华沙是被从空中摧毁的。德国宣传部门制作了一部名为《战火的洗礼》（*Baptism of Fire*）的电影，制作这部纪录片的目的，就是刻意向德国民众和外国观众展示德军强大的空军对波兰人施加的影响。1939 年 11 月，新上任的波兰总督汉斯·弗兰克（Hans Frank）在曾经的首都华沙举行了一次招待会，招待了那些在战前就被派驻到华沙的中立国外交官和武官。在发言时，汉斯要求这些外交官仔细检查轰炸给华沙造成的普遍性破坏（据说，在华沙的 17 000 座建筑中，仅有 300 座未受战火波及）；然后，他建议外交官们根据观察的结果“建议各自的政府为和平进行斡旋”。[21] 1940 年 2 月，墨索里尼在公开讲话中说，在华沙的废墟中，有 4 万人丧生。尽管整个华沙只有 12% 的区域受到破坏或严重破坏，并且这些破坏也不全是轰炸造成的。[22] 正如德国空军和陆军乐于利用这次战役，为自己争取政治筹码和战略地位一样，希特勒政权也乐于利用轰炸获取政治资本。但是，有一个事实不容忽视，那就是发生在波兰的空战，是 1939 年以前德国周密计划的战术空战的范例，在这次战斗中，空军通过摧毁军事、工业和基础设施等目标，削弱波兰军队的抵抗，为地面作战提供紧密支援——而不是杜黑宣扬的那种惨无人道的轰炸战的范例。

二战中第二次大规模城市空袭，发生在德国进攻低地国家和法国的战役的早期阶段，这场战役于 1940 年 5 月 10 日开始。计划的一部分是，利用伞兵突袭、空袭军事目标和地面攻势相结合的方式，让 B 集团军群的右翼长驱直入，突破荷兰防线。作战任务的重点是占领荷兰的机场和重点交通枢纽，德军在付出了较高的代价之后，在很大程度上达成了这个目标。截至 5 月 13 日，德军已经占领了鹿特丹城区的南部。但在贯穿市中心的马斯河（Maas）上的桥梁附近，德军遭遇了顽强的抵抗。德军第 18 集团军向第 39 军军长施密特（Schmidt）将军下达命令，要他采用一切可能的手段，粉碎荷兰人在城市里的抵抗，因为推进速度对于剩下的战斗计划至关重要。5 月 14 日，德国空军受命对部队正前方的敌军目标进行空袭。14 日早晨，在德军发出摧毁鹿特丹的威胁之后，荷兰政府不得不开始就投降事宜与德军进行谈判。当天中午过后不久，施密特将军命令空军部队取消空袭任务："因为投降谈判，推迟轰炸鹿特丹的计划。"[23]

谈判进行期间，大批亨克尔 He-111 中型轰炸机出现在空中，组成两个编队向市中心飞去。施密特急忙命令手下发射红色信号弹。"上帝啊"他喊道，"灾难要降临了。"城市上空的 100 架轰炸机中，有一半看到了信号弹，于是折返飞离了城市上空。但是，有 57 架轰炸机向驻守在马斯河北岸城市三角地带的荷兰部队投下了炸弹，摧毁了 2.8 平方英里 * 的荷兰防区，根据现在最新的估计，造成的死亡人数达 850 人。[24] 储油设施泄露引起的火灾，是造成伤亡的主要原因。当天下午 3 点 30 分，鹿特丹市政府正式投降，为了避免进一步的破坏和平民伤亡，荷兰军队于第二天投降。时任第 2 航空队司令的阿尔贝特 · 凯塞林在回忆录中宣称，那天中午鹿特丹地区德军的无线电通信中断了，取消轰炸的命令没有传达到部队。但是，参与任务的轰炸机中队的指挥官后来做证时指出，部队知道正在进行投降谈判，如果看到马斯河小岛上的德军发射红色信号，就意味着谈判仍在进行，轰炸行动取消。行动中，有一个机群看到了信号弹，但是地面

---

* 1 平方英里约等于 2.59 平方千米。

上的浓烟遮蔽了另一个机群的视线，因而他们没能看到信号弹。[25]但毫无疑问，是鹿特丹城南的德军在夺取桥梁时遭遇的困难，促成了对这座城市的轰炸行动。和华沙情况类似，荷兰守军选择保卫这座城市，而不是宣布城市“不设防”或者选择投降，导致鹿特丹遭到轰炸，造成了平民大量伤亡。战斗中的炮火是华沙和鹿特丹遭遇严重破坏和大量伤亡的另一原因。现在并不知道，戈林是否有兴趣再次展示德军空军力量的不可战胜和冷酷无情，这个说法时常被提到但从未得到充分证明，而对鹿特丹的轰炸确实像对华沙的轰炸一样，引起了过分的关注。1944 年 3 月英国皇家空军出版的一本训练手册里，把这次轰炸描述为史无前例的暴行，声称它在 30 分钟内造成 3 万人死亡。[26]

如果当年法国政府坚持保卫自己的首都直至最后一刻，那么巴黎同样会遭遇和鹿特丹一样的命运。在这场战役进入尾声时，6 月 3 日，巴黎周围的部分军事目标遭到德军轰炸，但是 6 月 11 日，法军总司令马克西姆·魏刚（Maxime Weygand）宣布巴黎为“不设防城市”，并由法国政府和法军司令部组织了疏散。[27]从 5 月 10 日至 6 月 17 日法国投降期间进行的轰炸行动，几乎都是战术轰炸，目的是支援德军进攻，以及在 5 月下旬到 6 月上半月阻止盟军（主要是英军）撤退，还有就是摧毁法国空军及其物资供应。在这个过程中，处于德军进攻路线上的城镇及其居民都遭受了战火的严重摧残。其他城市则为了避免遭受第一次世界大战那样的破坏，纷纷宣布为“不设防城市”，其中包括因教堂而闻名的兰斯（Rheims）。在消灭了敦刻尔克地区剩余的盟军后，德军开始向南转向，向巴黎开进，计划彻底击溃法军。此时，德国空军已经可以在法国领空随意飞行，他们接到的命令是攻击铁路交通、飞机和航空发动机工厂以及燃油储存设施。6 月 1 日至 6 月 3 日进行的远程空袭，摧毁了巴黎和法国其他大部分地区之间的铁路。6 月的前 4 天，德军还向马赛（Marseilles）（这里有油料储存设施）、勒阿弗尔和罗讷河（Rhône）河口的码头发动了攻击。6 月 3 日，德军轰炸机轰炸了巴黎周边地区，位于维拉古布莱市（Villacoublay）和莱米罗市（Les Mureaux）的 9 处机场、飞机制造厂、雪铁龙汽车制造厂遭到轰炸，造成 254 人死亡，其中 195 人为平民。[28]德军轰炸造成的恐慌，加速了从首都撤离的工作，6月8日和6月9日，政府各部的人员先后从巴黎撤离。但是，德军没有再进行别的轰炸，同时，巴黎作为“不设防城市”的地位也受到了尊重，但德军为什么这样做，原因至今不明。[29] 此时，德国空军把注意力放在为与残存法国陆军作战提供直接支援和对抗英法空军上。德国空军结束了自己在波兰开创的迅速征服敌人的时代，它曾为陆军的前进开辟了通路，助其锁定最终胜局。

“来自英国的麻烦”

德国空军在1939年9月至1940年6月的表现，反映了一种特别的“战略”空战概念，即胜利是依靠空军和陆军协同配合实现的。即便德军轰炸了距离前线较远的目标，但这本质上还是一种战术轰炸。虽然德国有些空军将领认为，这种军事力量的投送意味着一个崭新的独立空战时代的到来，同时他们还特别沉溺于这种作战带来的新鲜感和强大效果，但事实上，空军为地面部队的重要攻势提供支援而发动的作战，和空军完全独立进行的作战是有很大区别的。1940年6月，如果德国空军奉命来攻击英国，那将开创一个空军真正独立执行轰炸战的先例，但这根本不可能发生。1940年夏天，德国并没有向英国发动一场持续一年的空袭的计划，尽管后来这样的空袭的确发生了。

1940年6月，对于德国轰炸机部队来说，其首要任务是在西线战役后对部队进行恢复和重组。在开始入侵法国和低地国家时，德国空军轰炸机部队拥有1711架飞机，其中1084架可以投入作战；到7月初，重组的轰炸机部队拥有1437架飞机，其中具备作战条件的有993架。从战役开始的5月10日到6月29日，德国空军损失了1241架作战飞机，其中51%是轰炸机。同期，轰炸机的机组损失了三分之一，即1325个机组中损失了446个。[30] 6月和7月，不断有新飞机和增补的机组人员，加入派驻在法国北部和低地国家的两个航空队：刚晋升为元帅的凯塞林指挥第2航空队，其防区包括了法国北部到法国海峡沿岸勒阿弗尔的地区；第3航空队的司令则是胡戈·施佩勒（Hugo Sperrle）元帅（击败法国后，希特勒直接点名提拔的另一位幸运儿），这个航空队驻守的地区从德国西南部，跨过占领的法国，直到大西洋沿岸和诺曼底半岛。这两支航空队的飞机大部分驻扎在朝向英国的海岸线附近的基地里。专门执行反舰任务的第4航空军，从凯塞林麾下转隶到施佩勒的第3航空队，这样就可以对从大西洋方向靠近英国海岸的船只进行打击。规模较小的第5航空队，由汉斯·施通普夫（Hans Stumpff）一级上将统领，驻守在挪威，专门负责攻击北海的航运和苏格兰以及英格兰东北部的目标，但复杂的飞行条件，限制了这支部队在1940年秋开始的长期空中围困战中做出的贡献。

截至6月底，德国在欧洲大陆已经正式确立了霸主地位，但是下一步的战略进攻方向还不明确。希特勒和大部分的德国领导层与民众都认为，西线的作战已经结束，英国之后会想办法从这场必败的交战中脱身。6月末，希特勒回到了黑森林附近克尼比斯（Kniebis）的指挥部，根据希特勒的空军副官尼古拉斯·冯·贝洛（Nicolaus von Below）回忆，“他（希特勒）坐在那里，沉思着自己的敌人”。[31] 其实希特勒已经设想了一个可能，那就是给英国一个结束战争的选择，但他还不确定丘吉尔领导下的英国会不会同意谈判。[32] 另外一个选择就是进攻英国南部，占领伦敦，然后强迫英国签订条约。德国海军总司令、海军元帅埃里希·雷德尔（Erich Raeder）在5月21日和6月20日同希特勒会谈时，也曾经提出过登陆入侵英国的可能性，部分原因是他想确保海军在下一场战役（如果有的话）中得到更多的重视。但是，雷德尔也多次提醒希特勒注意，跨英吉利海峡的攻击将会是十分危险的。他个人更倾向于使用另一种方法，那就是对英国的海上商路实施严密的封锁，这种封锁将由飞机、潜艇和水面舰艇共同实施，通过封锁，把英国的商品进口和国内储备的资源压制到其无法承受的水平。[33] 这个战略选择，很大程度上从1917年德国海军执行的无限制潜艇战得到启发，当时德国宣布每月将击沉足够数量的船只，迫使英国退出战争。封锁也是一种需要得到空军大力支援的战略。1939年11月，德国空军参谋部就已经列出了对英国空袭的详细目标，包括英国的航运、港口、食品储备仓库。德国空军情报处的约瑟夫·“贝波”·施密德（Joseph ‘Beppo’ Schmid）上校，在一份名为“对英空战建议书”的文件中指出，对于执行这场封锁战，很有说服力的一条理由就是，英国在封锁面前会特别脆弱。“关键就是瘫痪英国的贸易”，他写道，要对封锁德国的英国进行反封锁。[34]

最终，希特勒选择接受上述全部三种建议，但是这些建议都没有取得理想的成果。事实上，对英国的海空封锁已经在进行中，早在1939年11月29日，希特勒大本营发布的一份作战命令提出，德国需要对英国的沿岸水域和河流入海口用空投水雷的方式进行封锁。[35]7月初，希特勒最终决定在7月19日召开的德国议会全体大会上向英国提出和谈建议，并命令外交部部长约阿希姆·冯·里宾特洛甫（Joachim von Ribbentrop）起草一份合适的发言稿。但是，就在同时，7月2日，德军接到命令，要求对入侵英国的可能性进行研判，5天后，德军接到了制订作战计划的正式命令，准备“向英国开战”。同一天，即7月7日，希特勒通知正在访问柏林的意大利外交部部长加利亚佐·齐亚诺（Galeazzo Ciano）伯爵，他准备用“愤怒和钢铁的风暴”打击胆敢反抗的英国，但是还没有最终下定决心。齐亚诺注意到希特勒“冷静而内敛，作为一名刚取得了胜利的德国人，他显得过于内敛了”。[36]7月16日，希特勒最终下令，把入侵英国作为优先考虑的选择。这个代号为“海狮行动”的作战计划提出，要想在英格兰东南部肯特郡的拉姆斯盖特（Ramsgate）海滩和怀特岛（Isle of Wight）之间这片区域登陆，就需要在精神和物质上击溃英国空军，保证“英国空军再也没有攻击德军渡海的能力”。[37]但是，计划中没有指明具体的进攻时间，这要等到英国已经确定不愿和谈时才能定下来。

7月19日傍晚，国会召开了一次会议，会场挤满了人，气氛异常严肃，在会上，希特勒按照既定的计划发表讲话，向英国提出了和平谈判的条件。在这次会议上，同样能感受到战争气氛。在地面作战中阵亡的6名议员的座位上，摆放着月桂花环，会场二楼的前几排坐满了军方的高级将领，他们身披绶带，胸前的勋章闪闪发亮。希特勒发言的大部分内容是对德军作战胜利的回顾，他把战争的发生归罪于跨国犹太人集团；他向英国提出的“价码”只会让英国人看清现实。[38]正如希特勒猜测的那样，他的提议得到了伦敦方面的断然拒绝。不必说，此时侵略英国变成了下一个选择。向英国提出建议后的几天，希特勒在同军方高级将领的会谈中了解了对英国的作战难度有多大。海军总司令强调了空军在为登陆场提供空中支援和遏制皇家海军方面的重要作用，但他和希特勒一样，对此缺乏信心。希特勒的作战部部长阿尔弗雷德·约德尔（Alfred Jodl）上校提出了另外一个重要问题，意大利应该完全加入针对英国的作战，应把意大利的潜艇布置到大西洋，将其空军的飞机调往法国北部，参加轰炸英国的行动，这样胜利的可能性更大。8月份，虽然希特勒批准了约德尔的建议，但是德国军方高层对此却并不热心。（最终，1940年10月至1941年1月间，为数不多的几个意大利战斗机和轰炸机中队，从比利时的基地起飞，对东英格兰的几座港口进行了几次漫无章法的空袭，投下了54吨炸弹。）[39] 对于入侵英国的不确定性，成为希特勒在1940年夏季对苏联日益担忧的原因之一。最初，希特勒希望英国能够放弃作战，这样他就可以避免两线作战，腾出手来进行更重要的与共产主义的战争。[40] 在明确了英国方面将不会停止敌对行动以后，希特勒的想法发生了完全的转变。在1940年7月31日与军队司令们召开的一次会议上，希特勒指出，苏联是英国在欧洲最后的希望，并下令开始准备在1941年夏天对苏联的军队实施大规模打击。同一天和雷德尔召开的会议上，希特勒坚持要为海狮行动制定最后的时间表。按照原定计划，行动将在9月15日前准备就绪，并在此后10天内发动对英攻势，但需要保证空中优势和凑齐充足的船只。[41]

关于1940年7月德国战略的各种争论中，有一点是一致的，那就是德国空军是争取击败英国的关键因素。这个现实让德国空军有些沾沾自喜起来。在日后空军历史办公室的一份关于1940年夏天的报告中，强调了空军的全新处境，它现在终于可以实施“战略进攻任务了……并且是独立于其他军种独自执行这种任务”。[42] 7月，第1航空军司令提交的一份报告中，开头用蔑视的语气写道，从根本上说，德国是“空中强国”，正如英国是海上强国一样：“德国进攻英国的主要武器是空军，然后是海军，再往后才是登陆部队和陆军。”[43] 早在战争爆发前，德国空军就已经针对英国目标广泛地搜集情报，以备战争之需。1939年6月1日，德国空军部出版了一本关于英国空军详细情况的图书，内容包括英国空军部队、防空、战时攻击的经济目标和英国的飞行条件等内容。这本《大不列颠情况汇编》（*Orientation Book Great Britain*）在地图上详细地标示出了英国的空军基地、场站、防空阵地的位置。在其中标示重要经济目标的地图上，则列出了谷仓、储油罐、飞机制造厂、兵工厂、原料加工厂、铁矿场、钢铁厂和铝材加工厂的位置。云层覆盖频率图表显示，英国上空云层的覆盖率从南部克罗伊登（Croydon）年均40%～50%到北部的泰恩茅斯（Tynemouth）年均65%～85%，变化不一。[44] 1938年德国还出版了第二本介绍不列颠群岛经济地理情况和气象情况的书籍，这本书在1940年再版。在100页内容中，详细地介绍了英国每一个重要城市和港口的情况，并且还包括这些地区码头的照片，列出了平均风速和一年中典型的风向。但是，英国的气象状况却给可能发生的战略性空战蒙上了一层阴影。"总而言之，"这本资料总结道，"显然，在不列颠群岛经常发生风暴、浓雾，天上浓云密布，特别是在冬天，这种天气尤其会频繁出现，对于飞行来说，这是非常困难的气象环境。毫无疑问，在所有可以被称为文明国家的国家中，英国的气候环境属于最糟糕的一种。"[45]

在希特勒大本营还没有做出任何决定之前，空军已经开始命令部队在英格兰南部目标上空进行作战训练，这种训练使用的飞机很少，有时仅出动一架飞机。在德军的术语里，这种意义重大的作战飞行训练被称作"干扰性空袭"，通常在白天和夜间都会进行这种训练，以训练轰炸机飞行员在白天和夜间执行任务的能力。有些训练飞行，还包括在英国海岸实施布雷作业。而所谓的"教学飞行"则是让机组成员熟悉目标区域、敌人防空的模式和轰炸某个特定目标可能选用的各种航向，这样，在真正的攻击命令下达之后，部队取胜的可能性将大大提高。受命去执行这些空袭的机组，也按照要求不停地改变着时间间隔，这样就可以迷惑防空部队。[46] 英国人难以确定德国人入侵的目标到底是什么，因为炸弹都被投在范围很广的区域里，且都是些无关紧要的目标。在一次夜间轰炸训练中，炸弹直接投到了康沃尔郡（Cornwall）、德文郡（Devon）、萨默塞特郡（Somerset）、格洛斯特郡（Gloucestershire）、什罗普郡（Shropshire）和南威尔士（South Wales）空旷的田野里，还碰巧轰炸了蒙茅斯郡（Monmouth）的火车站。[47] 最后，皇家空军猜测这些攻击都是作战训练，是在发动大规模战役之前试水，事实的确如他们所料。

德国空军从这些“教学飞行”中学到了很多东西，特别是关于夜间轰炸的经验，与传统上对德军空袭英国的认识不同的是，德军在这次战役中更多地使用了夜间轰炸，即便在 7 月和 8 月也是如此。以伦敦巴勒姆区为例，8 月最后一周中，这个地区遭到了 8 次空袭，其中 2 次发生在白天，6 次发生在夜间。9 月的第一周，在对伦敦实施大规模轰炸之前，这个地区遭受了 10 次轰炸，其中 7 次是夜间轰炸。德国空军希望通过这种作战，训练机组成员执行难度更大的夜间导航任务。[48] 德军发现，飞机携带的弹重合适的炸弹数量太少，不足以成功命中目标；轰炸机部队被告知，应携带大量的小型炸弹以确保能命中目标，而不应只携带少量重型高爆弹。对于燃烧弹的使用，德军同样学到了一些经验。德军认识到，要用大量的燃烧弹覆盖一个区域，才能确保引燃难以扑灭的熊熊大火。这些变化都影响了后续战役中德军的战术。[49]

就在空军积极地为自己第一次独立组织的作战进行准备的时候，希特勒大本营中的计划制订者却正打算捆住空军的翅膀。他们在 7 月制定完成的作战指令，都是根据德军在波兰和西线的作战经验拟定的。空袭英国与以往的不同之处仅在于这次不是空中、地面同时行动，而是由空军首先发动进攻，陆军随后出动。尽管英国的地理条件给这次作战带来不同的挑战，但是，总部制订的计划和战争第一年取得胜利的那个空地协同作战计划，没有什么大的区别。根据总部制订的计划，空军需要为入侵英国的部队提供空中掩护，并在部队登陆时提供火力掩护。整个空军在这次战役中的作用就是协助地面和水面作战部队，减轻他们作战的困难，这根本就不是实施独立的作战。[50] 7 月 21 日，戈林和 3 个航空队的司令一起召开了会议，讨论制订作战计划的问题，3 天后，关于空军战术优先选择的如下“作战任务和目标”被下发各空军单位：

（1）为夺取制空权而战，也就是说，击溃敌人空军及其作战资源，特别是飞机发动机制造厂。

（2）通过以下方式保护陆军跨海作战，掩护伞兵进入内陆作战：

a）袭击敌方舰队

b）打击来袭的敌方空军

c）为陆军提供直接支援

（3）通过瘫痪其港口设施来削弱英国。摧毁储备物资，阻止英国的进口。[51]

首先需要出动战斗机部队，在敌人的战斗机还没有给德军轰炸机造成损失之前，消灭它们。德军战斗机的护航范围最远也仅能覆盖伦敦及其周边地区，而只要取得空中优势，德军轰炸机就可以自由轰炸德军战斗机航程不能覆盖的地区，同时还可以不分昼夜随时进行轰炸。作战目标是一步一步向前推进，跨越整个英格兰南部，推进到金斯林（King's Lynn）至莱斯特（Leicester）一线，系统性地摧毁敌人的航空、军事和经济目标。[52]

德军机组成员在欧洲北部的各个机场上焦急等待着，对他们来说最关键的问题就是，进攻到底何时开始。1940 年 7 月 17 日，德军就发布了部队保持最高戒备状态待命的命令，但是，进攻日期还没有确定。对于这次作战是否会开始，部队的各级人员有一种不确定的态度，有些迟疑。秘密警察关于群众情绪的报告指出，群众对推迟“对英国最大规模的攻击”变得越来越不耐烦了，随着皇家空军每天晚上袭击德国西北部的目标，迫使成千上万的平民躲进防空洞和地窖，群众中的这种情绪更加严重了。[53] 希特勒的空军副官冯·贝洛注意到，就连戈林都不确定是否真的需要发动空袭。“我们不知道要做什么计划，”6 年后，戈林在纽伦堡（Nuremberg）向审讯者这样抱怨道，“我根本不知道会不会进攻英国，或者要发动什么样的战争。”[54] 最终，7 月末，戈林接到命令，让他的部队保持战备状态，要保证在希特勒下令进攻时，空军部队能在 12 小时内做好进攻准备，但进攻的确切日期仍然没有确定下来。[55] 一直到 8 月 1 日，希特勒大本营才最终将作战计划以行动指令的形式确定下来，这反映出，希特勒本人对于这次进攻的决定同样十分犹豫，而对苏联则越来越重视了。

如果英国的恶劣天气允许的话，空袭将在8月5日开始，这一天代号为“鹰日”。另一份来自最高统帅部的消息则表明，希特勒将在空袭开始后的8至15天内，决定是否要开始执行海狮行动。空军行动是否成功将决定他的抉择。[56]对天气的担忧并非多虑。在后续的整个战役中，气象条件都扮演了关键的角色，限制了德国人的军事行动。8月6日，戈林把航空队司令召集到自己的乡间别墅“卡琳宫”（Carinhall）开会，最终决定用4天时间，摧毁皇家空军包括战斗机和轰炸机部队在内的作战力量，就像在波兰和法国做的那样。“鹰日”也推迟到了8月10日，此后又推迟了3天。在柏林，人们可以看到工人们正在勃兰登堡门旁边修建看台，其上装饰着巨型雄鹰标志和铁十字形状的纪念碑，于是谣言四起，人们认为这是为庆祝对英国作战胜利而举办的游行准备的。[57]

“英格兰攻势”

这场1940年8月正式拉开序幕的空战，在英国方面的记录中总是被分成两个部分：1940年7月至10月的不列颠之战，和1940年9月至1941年5月的空中闪电战。做出这样的区分，某种程度上是因为这两场战斗是由不同的部队参与的。不列颠之战主要的参与者是英国皇家空军战斗机司令部，而空中闪电战的参与者主要是民防部队、防空部队和数量不多的皇家空军夜间战斗机。另外，两者的地理覆盖范围也有区别，不列颠之战的战场主要是英格兰南部，而闪电战的范围则跨越整个不列颠群岛。但是，德国视角下的这场战役，则是完全另一个样子。德国空军参加了一场几乎为期一年的战役，从1940年7月至1941年6月。德国这边总是把这场战役称作“英格兰战争”或“英格兰攻势”，并且把这场战役看作是一体的，因为在德国人看来，这是同一支空军部队参加的战争，不管白天黑夜（虽然夜战越来越多），都是来自同一个基地的飞机参加空中作战。同时作战目标也是一样的，都是为了削弱英国的抵抗，如果可能，这将会是决定性地削弱英国的抵抗。德国空军历史办公室1943年和1944年的记录，把这场战役描述为一次10至11个月的轰炸战。德国飞行员尽管对“不列颠之战”这个说法很熟悉，但他们对此却十分不屑。整个战争期间，他们都倾向于使用“英格兰”，因为这个词在德国有着独特的文化共鸣。[58] 当官方的通告中提到“英国轰炸”的时候，常常谈到那些批准实施空袭的英国“绅士”，也就是那些礼貌、虚伪、无情的人。

1940 年 8 月开始进行对决的这两支部队，其组织、装备和领导模式都大相径庭。8 月 3 日，德军空军拥有 1438 架轰炸机，其中 949 架具备作战能力，这个数字已经比 5 月的少了很多；在针对英国皇家空军的作战中，战斗机部队有 1065 架梅塞施米特 Me109E/F 单发战斗机，其中 878 架可以出动，还有 414 架梅塞施米特 Me110C 双发战斗机，其中的 320 架有作战能力。[59] 先前在对地支援行动中表现出色的 Ju87B 俯冲轰炸机，在“英格兰攻势”开始的几天后便撤出了战斗，因为这种飞机在俯冲攻击时速度较慢，使其在英国速度较快的战斗机截击下显得异常脆弱。德军上述作战飞机，分别来自 3 个航空队，其中属于第 2 航空队的有 44 个中队（19 个轰炸机中队），来自第 3 航空队的有 33 个中队（14 个轰炸机中队），此外还有隶属于第 5 航空队的 6 个中队（4 个轰炸机中队）。[60] 与英国空军和美国空军组织体系不同，德国空军是按地域而非功能来组织的。轰炸机、战斗机、战斗轰炸机和侦察机都隶属于负责特定地区某一航空队。第 2 航空队司令是待人和善的前骑兵军官阿尔贝特·凯塞林（曾担任第 1 航空队司令），他 1934 年进入空军，20 世纪 30 年代中期曾短暂担任空军参谋长，最后晋升为轴心国部队地中海战区总司令，在此任职期间，他批准过残酷的报复行动，因而在战争结束后，于 1945 年被定为战犯。凯塞林在第 3 航空队的同僚胡戈·施佩勒和他一样，也是巴伐利亚出身的前陆军军官，此人身材魁梧，即使是臃肿的戈林在他面前也相形见绌。汉斯·施通普夫将军指挥的第 5 航空队驻防在挪威，堪称空军中的灰姑娘。这支部队飞机短缺，作战飞机要长途跋涉穿越北海才能抵达战场，因此施通普夫的部队在这场战役中扮演着边缘性的角色。

位居三人之上的是赫尔曼·戈林，他身兼帝国空军部部长和空军总司令两个重要职务，1940 年 7 月晋升为帝国元帅，这是德国军队的最高军衔。空军参谋部向戈林负责，参谋部在元首大本营派驻了联络官，由联络官负责总参谋部与大本营二者间经常性的联系。空军部队的大部分日常工作，是由空军参谋部和帝国空军部的官员承担的。帝国空军部副部长，是曾担任汉莎航空公司总经理的艾尔哈德·米尔希（Erhard Milch），他也在最近晋升为元帅。这些官员都在戈林的领导之下，戈林在帝国拥有特别的政治地位，他是帝国国会主席，也是希特勒点名的元首继承人，这使得戈林可以从一个更加强势的位置支持空军事务，不过，这也意味着他有限的时间和精力要分配到更多的工作上。[61] 戈林是一位有野心的统帅，嫉妒心也很强，对空军有着近乎孩子般的狂热，但是，在关于他领导能力的评价中，独断专行、不按常理办事、业务知识不多却又喜欢到处插手这样的评价经常出现。1945 年，第一位受命对他进行审讯的美国人，从自己读过的大量询问记录中，这样总结了戈林的下属对他的评价："懒惰、浮夸、虚荣，除此之外他还是个享乐主义者。"[62] 事实上，戈林的表现远比这一评价更加勤勉、敏锐，但他确实也操纵德国空军，为增强自己的政治地位服务。对于空军在战略轰炸英国中所扮演的角色，戈林的判断显然起到了更大的作用，因为戈林认为，空军能够取得别的军种不能取得的成绩。因此，空军和空军统帅从胜利中攫取的政治价值，是发动这场战略轰炸的重要驱动因素。

即将参加这场为期 11 个月空战的轰炸机部队，主要装备有 3 种作战飞机，其中的道尼尔 Do17Z 和亨克尔 He111H/P 是在 1934 年至 1935 年间研发的，现在已经快要被淘汰了。它们的时速相对较慢，载弹能力不强，如果飞机需要达到对英作战航程，则只能携带 2200 磅至 4000 磅航空炸弹。最近开发的容克 Ju88A 在 1940 年 8 月开始大规模服役，并随着 Do17 和 He111 的逐渐退役，迅速成为主力战机。在 20 世纪 30 年代末期，Ju88 作为一种多功能且作战高效的飞机广受好评，这种飞机还可以当侦察机和夜间战斗机使用。但这种飞机一直存在产能不足的问题，直到 1940 年秋天，产量才逐渐提高。[63] 但容克轰炸机并不具备其曾经宣传的速度和更强的攻击力，相反，它和正在被淘汰的那些轰炸机一样，仅装备着简单的自卫武器，时速约为 280 英里，4000 磅的载弹量也未比现有飞机多，如果需要增加航程，其载弹量还会进一步减少。[64] 空军之所以确信 Ju88 能够胜任目前所有急需的作战要求，是因为1940年的德军并没有堪用的重型轰炸机，此时，空军的重型轰炸机尚在研发中。1938年研发的亨克尔He177是一种多引擎远程轰炸机，但这种飞机此时尚未批量生产，这样，空军就只剩下速度较慢的福克－沃尔夫Fw-200“兀鹰”轰炸机可用。这种飞机是从民航客机改造而成的，战争早期在打击敌方海上航运方面效果突出，但是这种飞机却太脆弱不适合深入内陆冒险。德军的小型轰炸机携带的炸弹通常也相对较小，主要是具有高装药比的50千克或250千克破片弹，此外还有1000千克水雷和通常每36枚装在一起的1千克燃烧弹。这种燃烧弹内装填了铝热剂（氧化铁粉末和铝粉的混合物），外壳则是镁合金，其内核可以燃烧约1分钟，外壳部分可以持续燃烧15分钟左右。[65]

轰炸机使用的是20世纪30年代德国研发的先进电子导航系统。这种名为“拐腿”的导航系统，是德国德律风根公司最先研究出来的，原理是使用从两个独立发射机发出的无线电波束，一个发射机的信号代表莫尔斯电码中的“划”，另一个则代表“点”。当这两个信号重合，就说明飞机已抵达目标上空，可以投弹了。这种依靠无线电波束导航的方法，是20世纪30年代根据用来引导飞机在夜间或者恶劣气候条件下返回机场的“洛伦茨”盲降设备研发的。第二套导航系统叫“X装置”，其工作原理更为复杂。导航时需要6束洛伦茨波束，3道波束指向目标，3道波束按照一定间隔穿过前面3道波束，第一次是在目标前方50千米，第二次5千米，第三次在即将抵达目标的地方。此时，飞机上的计时器激活，当飞机抵达事先计算好的目标上空时，就自动投下炸弹。到1940年，“Y装置”投入使用，这种设备只使用一条无线电波束导航，该波束依靠轰炸机发回的信号计算其距离。当地面的导航站确信飞机已经抵达目标上空，就会发投弹信号。[66]“拐腿”在任何装有盲降设备的轰炸机上都能使用，但是“X装置”和“Y装置”则需要对飞机进行改装。德国空军对新装备的实验性训练从1938年就已经开始，到1939年下半年，入侵波兰之前，正式成立了第100轰炸大队，这个大队由戈林直接控制。[67]事实也证明，在合适的条件下，这两种系统都能够实现精确导航，这与英国皇家空军糟糕的导航系统形成鲜明对比。大约有30至40架亨克尔He111轰炸机安装了新设备，这些飞机专门用来承担定点轰炸任务，或者在大规模轰炸中担任尖兵，负责在目标上空投下照明弹和燃烧弹引导后续机群。1941 年春，德军组建了第二支这样的部队，第 26 轰炸大队，这支部队专门使用“Y 装置”。到 1941 年夏，德军已经从挪威的斯塔万格（Stavanger）到法国西部的瑟堡（Cherbourg）修建了 7 座专用的信号发射站。[68]

对抗德军轰炸机进攻的英国部队按照作战任务不同，组成了各个司令部，各司令部的司令则向伦敦空军部的空军参谋部负责。抵御德国进攻的主要是战斗机司令部，它管理着日间和夜间战斗机。1940 年 8 月初，英国有 60 个能够作战的战斗机中队，1112 架战斗机中有 715 架可参战，这个数字与德国相比，差距并不大。其中 19 个中队装备的是超级马林公司的“喷火”Mark IA 和“喷火”Mark II 战斗机，这些战斗机从 1940 年初开始装备部队，29 个中队装备的是霍克公司的“飓风”Mark I 和“飓风”Mark IIA 战斗机。[69] 战斗机司令部几乎动用了所有的资源，抵抗德军白天对英格兰南部和中部的进攻。截至 1940 年 9 月 7 日，英国仅有 7 个夜间战斗机中队，其中大多装备了布里斯托尔公司的“布伦海姆”轻型轰炸机改造成的战斗机，还有一个中队使用的是博尔顿 - 保罗公司的“无畏”战斗机。这两种飞机都不太适合白天作战，后来证明，这两种飞机夜战的表现也好不到哪里去。固定对空防御任务由防空司令部和防空气球司令部承担，这两个部门于 1939 年转隶到位于斯坦摩尔（Stanmore）的战斗机司令部指挥之下。这两个司令部组建的防线在德军轰炸机面前显得千疮百孔。德国开始进攻时，英国只有 52 个防空气球中队，1865 只防空气球。防空气球充满了气，一行行地飘浮在城市上空，阻拦来袭飞机，气球下面连接到地面的粗壮缆绳，是用来影响飞行高度较低的飞机的。防空司令部在 20 世纪 30 年代后期陷入了缺乏作战装备的窘境，到 1940 年，防空司令部却要被迫在一年内，迅速提高作战能力。但最后，还是没有达到计划中的作战水平。到 1940 年底，计划中的 3744 门高射炮，司令部只获得了 1442 门，而作战效果更好的博福斯轻型高射炮就更为短缺了，司令部只获得了计划 4410 门中的 776 门。早在 1923 年建立的伦敦内城高炮防空区，计划配备 92 门重型高射炮，但直到战争爆发前，仅配备了三分之一。[70] 战斗机司令部司令，空军上将休·道丁（Hugh Dowding）后来承认，在不列颠之战期间，高射炮“数量不够，不能防御国内所有的脆弱目标”，而且没有先进的瞄准装备和雷达，除了让来袭的敌人在作战时谨慎一些、给受到威胁的平民增加一些安全感之外，高射炮的真正作用十分有限。[71]

战斗机司令部的一个优势，就是拥有集成的通信和情报搜集系统，整个司令部的运转都依赖这一点。这个系统的成功，很大程度上要归功于道丁司令本人，他对技术问题的理解，他出色的组织技巧和对部队的坚决维护，都使他成为一位模范指挥官。在社会交往上，道丁却显得很笨拙，有时候滔滔不绝，有时候却一言不发（这个特点也为他赢得了“老古板”的绰号）。1940 年，他个人的职业生涯已经进入尾声，在与德军作战的同时，经常受到强制退休的威胁。与德国空军不同，道丁从皇家空军参谋部和空军部那里获得了相当大的独立性。1940 年上任的空军部部长阿奇博尔德·辛克莱（Archibald Sinclair）爵士是一位自由党人，他的角色就是在国会、丘吉尔和皇家空军之间充当联络人。道丁将部队布置得很集中。到 20 世纪 30 年代末期，在英国海岸修建的一连串的雷达站，使得皇家空军第一次能够预先获得敌机接近的情报。到了 1940 年初，还有些雷达站没有完工，但是，到当年秋天，围绕英国海岸的雷达网终于修建完成，从南部的康沃尔到远在北方的苏格兰，一共修建了 30 座雷达站，其中几乎有一半的雷达站修建在英国南部和东部面向德国的那一侧。为了避免雷达站遭到敌人轰炸，11 座最重要的雷达站附近几英里的地方，都修建了作为诱饵的假雷达站。此外，还修建了 31 座低空雷达站，任务是侦测飞行高度低于 1000 英尺 * 的飞机。[72] 这个雷达网还远远算不上完美（估计飞机的飞行高度很难，更重要的是，雷达操作员接受的训练时间太短），但遍及全国的对空观察团弥补了它的不足，这个团体负责监视飞过海岸进入内陆的敌机。整个系统通过电话通信联系在一起。雷达侦测到的敌机来袭信息，将会提供给战斗机司令部的中央作战室，然后再传递给战斗机司令部的飞行大队和下属基地；对空观察团获得的信息，则从观察中心直接发往

---

* 1 英尺约等于 30.48 厘米。

飞行大队。整个过程花费的时间也就是 4 分钟左右，这样就给大多数实施截击的战斗机留出了足够的升空时间。起飞以后，战斗机之间可以使用无线电相互联系。

皇家空军中央控制的战斗机防御系统和雷达发挥的特别作用，是导致德国空军在最终发动空袭时产生误判的诸多因素之一。德国人认定英国的雷达相对简单，所以，和英国人担心的不同，德国人并没有把雷达站作为轰炸的重点。德国人还相信，英国飞机高度依赖其所在的基地缺少灵活性和情报，而英国防空系统恰恰在实战中给飞行员提供了足够的灵活性和情报。除了这些误判，德国人还一直低估了英国战斗机司令部的规模，低估了英国人的人员和飞机补充能力。直到 1941 年，德国人仍相信皇家空军损失的飞机不可能完全得到补充，来自英国人的威胁会逐渐降低，尽管德国空军在 1940 年 8 月和 9 月遭受重大损失的事实已证明他们大错特错。[73]

英国人的问题却正好相反，他们一直高估了德军前线空军的部队规模、作战距离、飞行员数量和飞机的产量。英国的空中侦察显示，德国 1940 年飞机产量是 24 400 架（但真实数字是 10 247 架），8 月初其前线部队有 5800 架飞机，其中包括 2550 架轰炸机，而实际上，德军具备作战条件的轰炸机只有情报中的 37%。在“鹰日”之前，参加战斗的 3 个航空队一共只有 2445 架能够升空作战的各种型号飞机。英国方面战争初期的评估报告还错误估计了德军轰炸机和远程战斗机的航程，报告认为从法国基地出动的德军飞机的航程能完全覆盖不列颠群岛，即便是短程战斗机，其航程最远也能达到赫尔一线（燃油只够这种飞机在伦敦上空进行短暂的战斗）。皇家空军还相信，德国拥有大量飞行员，可以对损失的飞行员和飞机进行充分的补充，甚至在战争中也能扩大空军的规模，但事实并非如此。[74] 这些认知上的反差对双方对冲突的态度形成了重要的影响。德国空军认为不分白天黑夜执行的这些任务，会给本来已经有些虚弱的皇家空军造成严重破坏。而另一方面，皇家空军却在加紧扩张军力，英勇抵抗在他们眼中强大而危险的敌人的进攻。

德国在“鹰日”发动对英国的全面空袭的决心，因阴沉的天空和大范围降雨而受挫。自 8 月 8 日以来，德军已对英国发动了大规模空袭，4 天以后对雷达站和皇家空军战斗机基地进行了第一次轰炸，这次空袭给怀特岛上的文特诺雷达站造成严重破坏，肯特郡的曼斯顿机场和霍金奇机场也遭到严重破坏。但这还不是真正的战斗。德国空军最终接到的命令是准备 8 月 13 日的“鹰日行动”，但因为天气依旧糟糕如故，德国人对发动攻击也并不热心。部队接到了停飞的命令，但并非所有的部队都收到了这个命令。战机从早上开始出动，一直持续到晚上。有些轰炸机抵达会合点，却找不到护航机，有的护航机抵达会合点，却看不到轰炸机，这一天，英军以损失 13 架战斗机的代价，击落了德军 45 架飞机。而且，战斗机司令部下属的机场全部都没有遭到轰炸。对德国人来说，这是一个显而易见的错误，但是这个错误绝对不能代表德国在 8 月的战略，在德军的战略中，直接攻击皇家空军只是战斗的一部分。每天在英格兰南部天空上演的战斗机之间的空中格斗，象征着英国民众在为过去和现在斗争，但这只是德国空军攻势的一部分。

从 8 月到 9 月，一直到冬季的几个月里，为了吸引英军进行战斗，摧毁独立的军事、经济目标，惊扰英国的空袭警报系统，加剧英国民众对战争的厌倦和失望情绪，德国空军不分白天夜间发动了许多次小规模空袭，“干扰性空袭”成为日常工作。1940 年 8 月，德军发动了 4 次大规模空袭，出动了几百架轰炸机，此外还有 1062 次小规模空袭，目标遍及英国各地，这也是整个战争期间轰炸最多的一个月。[75] 如，赫尔市在 6 月 20 日至 9 月 6 日间，遭到了 6 次小规模空袭，只有 17 座房子被摧毁，47 处建筑物严重受损，但却使当地民众一直处于担惊受怕的状态。[76] 这种小规模空袭很少遭到战斗机司令部的抵抗，在夜间则几乎完全没有抵抗。此外，德国空军还出动大量重型战斗机或俯冲轰炸机甚至武装侦察机，针对英军重点军事装备、码头设施实施了“歼击机攻击”。对于海上的战斗，德军派出了专门的部队，对近海和河口进行空中布雷。1940 年 8 月，德军仅布设了 328 颗水雷，但是在后续的 3 个月，布雷总数达 2766 颗。[77] 德军还计划在取得空中优势后，对伦敦北部的轰炸机基地实施空袭，行动代号“空中游行”，但是与战斗机司令部争夺制空权的战斗迟迟没有结果导致行动推迟。

只有约克郡的德里菲尔德机场，遭到了来自挪威的第5航空队的空袭，破坏严重。遥远的距离和复杂的攻击类别让德国空军部队感到筋疲力尽，而战斗机司令部带给德军的麻烦同样让德军感到头疼，这导致截至9月初，德国空军就已出现部队持续减员而飞行员的心理压力不断增加的情况。在战争末期，德军在对战役的评估中提出了一种难以反驳的观点：空军受命执行的作战任务过多。凯塞林在回忆录中斥责这是“糊里糊涂的战略”。

1940年8月的最后两周，德军的首要任务仍然是对战斗机司令部发动系统性攻击，绝大多数德军战机都被分配到这项任务中。德军在这场空中对抗战中复制了在波兰和西线作战的战略。轰炸机和俯冲轰炸机一波波出动，对重点机场、相关设施和仓库实施轰炸，与此同时，战斗机负责挫败敌方战斗机的反击。8月12日至9月6日期间，针对英国皇家空军的目标，德军共进行了53次大规模空袭，规模最大的空袭发生在8月24日至9月6日之间。德国空军最高统帅部认为，这次战役的成果也将遵循先前成功的模式，初期战斗报告表明，没有理由不这样认为。德国人认为英国皇家空军获得的补给数量正在下降，飞行员人数正在减少，英国空军对局部空中管制的依靠过于简单低效，所有这些都在德军内部引发了普遍的乐观情绪。8月18日对肯特郡比金山（Biggin Hill）的战斗机指挥站进行的大规模空袭，被誉为德国的胜利象征。空军出于宣传的目的，还邀请飞行员讲述他们空袭的事迹。对他们中的许多人来说，这次空袭是他们对英国目标进行的第一次大规模空袭，返航的飞行员都在自鸣得意地谈论着英国脆弱的防御：

> 当飞机经历了3个小时的飞行后返航降落时，我看到所有地勤人员站在跑道上。他们都在担心着我们，只想知道“铁鸟”们是否都安全回来了。我们爬出机舱，朝他们走去，和他们握手。“年轻人，这根本不算什么，和我们想象中的防御完全不同。”这就是英格兰的全力吗？还是英国空军已经被削弱到如此地步了？[78]

另一则报道证实，地面防空火力和敌方战斗机好像隐身了一样，完全见不到，遭到轰炸的机场上一片火海，建筑物倒塌，跑道损毁。“德国飞行员摇了摇头，”报道如此结尾，“战争这么快就结束了？英格兰难道已经完蛋了？”第三则报道则说轰炸将比金山机场“完全摧毁……全都不复存在了”。[79] 但实际上，比金山机场几乎在战争中每一天都在正常运转，工作人员和飞行员都疏散到附近的村庄，并在当地的一家商店里建立了应急作战室，而机场的飞机都进行了精心伪装。

压倒性的空中优势、准确的攻击和空袭造成的巨大破坏，这些错误印象让德国空军高层在1940年8月的最后两周开始相信，英国皇家空军距离崩溃已经不远了。8月20日，戈林指示他的部队实施为期4天的“不停顿空袭”，对那些皇家空军的必救之地进行打击，如飞机发动机制造厂、铝加工厂，以此来彻底消灭战斗机司令部。[80] 根据德国空军情报部8月底的总结，英国有18座战斗机指挥所已被永久摧毁，其他的也丧失了工作能力（事实上，没有一座指挥所出现多天不能工作的情况）；战斗机司令部所属的战机，估计减少到约300架，包括后备战机和每月生产的280架（战斗机司令部在9月6日还拥有738架可用飞机，而英国8月的战斗机总产量超过450架）。8月12日至19日间，根据德国飞行员的目击者报告，德军共击毁624架英国飞机，而己方损失仅有174架。希特勒大本营9月1日的记录如此写道：“英国战斗机的防御能力受到了严重影响……问题是英格兰能继续斗争吗？”[81]

这种认识正好解释了，8月最后一周德军为什么开始转向攻击其他各种目标，其中很多目标遭到小型机群的攻击，但所有这些攻击都是为了加速英国作战能力的下降，从而为成功跨越英吉利海峡创造条件。在8月19日至20日夜，不列颠群岛共遭到60多次空袭，目标包括飞机制造厂和港口设施。德军根据命令，对朴次茅斯（Portsmouth）、利物浦（Liverpool）、布里斯托尔（Bristol）和伯明翰（Birmingham）进行了大规模轰炸，这些轰炸几乎全部发生在夜间，不过戈林将伦敦排除在轰炸名单之外。希特勒大本营在8月24日发布了明确指示，明确指出：只有希特勒可以批准轰炸敌人的首都，但对伦敦来说轰炸已近在咫尺。[82] 8月18日至19日夜，伦敦郊区的克罗伊登、温布尔登和梅尔登地区第一次遭到空袭。4天以后，因德军的错误，伦敦市中心落下了第一枚航空炸弹。而伦敦遭到的下一次空袭，就并非疏忽了。8月24日至25日晚，伦敦市部分地区遭到了轰炸，包括克罗伊登、班斯特德、刘易舍姆、乌克斯桥、哈罗和海耶斯。在8月28日至29日的夜晚，伦敦处于红色警戒状态达7小时，据报告，芬奇利、圣潘克拉斯、温布利、伍德格林、索思盖特、旧肯特路、米尔山、伊尔福德、奇格威尔和亨登都遭到了德军轰炸。[83] 尽管通常认为对伦敦的轰炸（也就是空中闪电战的正式开始）始于1940年9月7日的大规模日间轰炸，但伦敦郊区的工厂和军事目标在3周以来一直在遭受轰炸，这是在为最后的轰炸铺平道路，这波轰炸定在海狮行动开始之前不久进行。8月31日，希特勒下令准备对伦敦进行大规模空袭。戈林于9月2日提交了一项作战指令，3天后希特勒批准了这个作战指令。[84]

开始对伦敦进行系统性空袭的决定，从英国人的角度来说，相当于德军出于怜悯，向一直被动挨打的战斗机司令部下达了缓刑的命令。有人认为，德军转而轰炸伦敦拯救了英国皇家空军，并且德国轰炸机部队试图在白天用大型编队执行轰炸，也使部队遭受了巨大损失。关于轰炸伦敦的动机有一种通常的解释，即这是希特勒对柏林8月25日至26日夜和29日至30日夜遭到两次小型轰炸的愤怒回应。这些轰炸造成的损失很小，但对德国首都民众的精神产生了重大影响，因为政府反复告诉他们，德国防空系统将阻止英国轰炸机接近柏林。“柏林人都惊呆了，”威廉·夏勒在目睹了德国防空炮兵和探照灯的激烈抵抗后，他写道，“这是一个壮观，可怕的景象。”[85] 在8月29日的第二次空袭中，柏林有10人丧生，21人重伤。希特勒非常震惊，立即从大本营返回首都。第一次轰炸后，帝国宣传部只发布了一份6行字的简短公报；在第二次袭击后，戈培尔（Goebbels）命令报纸登载通栏标题谴责英国的空袭。他在日记中写道：“柏林现在正处于战场……事情变成这样是好事。”[86] 空袭给了希特勒一个机会，他可以向德国民众展示计划已久的轰炸伦敦行动，作为对英国的报复。第一次大规模日间轰炸命名为“复仇攻击”。希特勒于9月4日发表了谴责英国对柏林的轰炸的讲话，得到了广泛的报道，而9月7日德国实施的“复仇攻击”也受到媒体的热烈欢迎，报纸这样写道：“今晚，大片浓烟从伦敦市中心一直伸展到泰晤士河口。”[87]

对空袭柏林进行报复，在某种程度上解释了，为什么德国在这个时间发动针对伦敦的作战，但原因远不止如此。攻击伦敦的决定是在德国城市遭到英国空袭这个大背景下做出的。英国第一次空袭发生在5月11日，目标是鲁尔区的门兴格拉德巴赫。从5月中旬到柏林这次遭到轰炸的103天里，英国轰炸机一直在进行空袭，轰炸的目标主要集中在北海沿岸和鲁尔－莱茵兰地区。空袭通常规模不大，伤亡人数相对较少，但却迫使大片没有受到轰炸直接影响地区的居民在防空洞里躲了好几个小时。在8月的大部分时间里，英国皇家空军在夜间进入德国领土的架次，几乎是德国空军在英国上空的两倍。[88]英国空军的轰炸极不准确，导致德国官方难以推测其背后的真实目的。第一波袭击后，德国地方民防部门收到警告，只要警报一响，就让每个人都进入防空洞，因为敌人的轰炸机“投炸弹毫无计划性，到处乱扔”。[89]截至7月，这种无目标的轰炸，甚至发展到以小村庄和农庄为目标，迫使民防部门不得不在偏远的农村发布空袭警报。民防部门根据英国轰炸机经常轰炸居民区得出了结论，认为英国飞行员“投下炸弹就是为了杀伤平民”。[90]英国对德国西部平民目标进行的经常性轰炸，造成了德国公众普遍忧虑，并引起了要求实施报复的呼声，随着英国轰炸规模的扩大，民众的呼声也愈演愈烈。帝国保安部9月2日的报告中，在总结民众越来越不耐烦的情况时这样写道：“现在是时候针对这几个月受到的威胁，采取严肃措施了。”[91]

德国空军有一条作战指导思想：为应对敌人的攻击，应保留对敌方城市进行报复性攻击的可能。这在7月份发布的作战指示中已反复提到，只待希特勒本人批准。暂时不把伦敦作为目标，或许是为了在发动最终轰炸时，最大限度地对民众造成影响，同时也是为了防止柏林遭受可能的报复。但在英国对德国城乡目标进行了4个月的轰炸后，考虑到民意舆论压力，再加上德国防空体系未能成功保护首都，希特勒不得不做出迎合公众期望的姿态。对柏林的轰炸似乎给希特勒造成的影响特别大。根据希特勒空军副官冯·贝洛的回忆，希特勒认为“这是一次算计好的羞辱”，应该进行同等的反击。[92]对英国城市进行空袭，不会有任何道德上的不安和法律上的谴责，因为皇家空军的空袭已经证明他们无视对平民造成的伤亡。这不仅仅是诡辩。英国人冷酷无情的态度又让人想起一战时的海军封锁，这些记忆深深埋在现在掌握着德国战争资源的这一代人心中。“英国人是现实主义者，”战争开始后，希特勒在一次聚餐中向同桌人这样说，“没有任何顾忌，像冰一样冷酷。”[93] 在战争爆发的那一天，英国再次宣布实施经济封锁。空军早期的战时计划，曾假设英国可能会采取针对德国城市的“恐怖措施”。在法国战败后，德军发现了英法计划联合轰炸苏联油田以切断德国石油供应的文件，这些文件被德国人拿来证明英国人有多么地肆无忌惮。[94] 从这个更宽泛的意义上来说，9 月 7 日进行的轰炸，是一次“复仇攻击”，旨在通过猛烈的轰炸满足德国国内的舆论，同时震慑伦敦的居民，让他们从对战争的狂热中清醒过来，最后或许还能够迫使英国皇家空军停止轰炸行动。

然而，“复仇攻击”绝不是为了实施随心所欲的报复。对伦敦实施空袭，符合战役计划中的模式架构，这场战役仍然以计划在 9 月发动的跨海作战为中心。在对英国皇家空军的短暂打击之后，德军计划将攻击目标继续向英国内陆的其他城市延伸，针对这些目标，主要使用在夜间出动“歼击机”攻击的办法，然后，在海狮行动之前对伦敦进行一次最后的重大打击，给英国造成严重的难民问题。[95] 在希特勒发表演讲前几周，德军已经开始对伦敦地区的目标进行轰炸，并且有针对首都的详细轰炸计划，德国根据“伦敦地区”的德语缩写，将行动命名为“Loge”。轰炸计划中的目标包括码头区、交通设施、发电站和军工厂。这个计划已于 7 月份下发给参战的航空军。此次袭击的目的是削弱伦敦作为英国主要港口的功能，破坏战时经济所需的基础设施，恐吓民众。德国人意图通过轰炸间接影响英国人的士气，而不是故意实施无差别轰炸或者恐怖轰炸。对拥挤的港口区域进行轰炸必然会破坏居民住宅、给平民造成伤亡，但这个理由不能让德军放弃攻击港口。[96] 根据战役后期的战时报告，把对军事和经济目标的直接打击和对敌人士气的间接打击相结合，“是最重要和最有效的作战方式”。[97]

攻击部队接到命令，要求准确识别并集中轰炸战略目标。如果做不到，那就找一个能够替代的目标。在极端情况下，他们被要求带着炸弹返航，并且如果条件允许的话，他们应在接近基地时，在距离地面 30 米的高度抛下炸弹，这个高度足以避免激活炸弹里的雷管，这样就可以再次使用这些炸弹。[98] 坚持精确识别和打击战略目标，无疑在某种程度上是为了突出英国和德国在作战方式上的区别，但这也具有军事意义，因为这样做，可以使炸弹给敌人战争资源带来的影响最大化。1940 年秋季向德国飞行员发布的战术指导专门强调，要对特定目标实施高度集中轰炸的重点打击战略。9 月中旬，当空军参谋长询问希特勒是否批准对住宅区实施轰炸时，希特勒拒绝了。元首大本营的作战日志记录了他当时说的话："单纯针对住宅区的恐怖轰炸将是最后的手段，目前不会使用。"优先考虑的轰炸目标，是伦敦维持作战的必要目标，包括机场。只有英国空军发动针对德国城镇的类似袭击后，德国才会实施恐怖轰炸。[99]

"鹰日"的行动失利后，德国空军将 1940 年 9 月 7 日对伦敦的轰炸看成一个夺取胜利、大力宣传战果的机会。9 月 4 日轰炸机群就已经接到作战指示。根据作战指示，伦敦地区被划分为多个目标区域，每个目标区都有指定的轰炸机群实施轰炸。空袭计划包括三个波次，第一个波次主要负责吸引英军的战斗机，随后两个波次将趁着英军战斗机燃油耗尽，返回机场加油时，执行轰炸任务。根据作战指示，轰炸机装载的航空炸弹中，20% 是"火焰弹"（Flammenbombe）C250，这是一种装有燃油的大型炸弹，主要用来点燃伦敦码头区的易燃物；此外，还有 30% 的延时引爆炸弹，用来阻止民防人员扑灭火灾。作战指示还要求轰炸时采用密集编队，集中轰炸的策略。[100] 这次轰炸行动是相当成功的，因为英国战斗机司令部预判德军会继续攻击战斗机基地，而不是对伦敦实施大规模轰炸。德军 348 架轰炸机组成的大型编队，在合计 617 架 Me109 和 Me110 战斗机的护航下，突破到伦敦码头区和伍尔维奇的皇家兵工厂上空，并在下午 5 点投下约 300 吨炸弹。第二波轰炸在晚上 8 点开始，又投下了 330 吨航弹，德军轰炸机在伦敦的活动一直持续到 9 月 8 日凌晨。轰炸在整个码头和港口区域燃起大火，导致 436 名伦敦人遇难。德国空军损失了 40 架飞机，英国皇家空军损失 28 架。护航的德军战斗机的庞大数量，使英军战斗机难以接近其轰炸机编队，集中轰炸的目的确实达到了。

选择这一天进行空袭，就像选择 8 月 18 日对比金山进行空袭一样，是为从飞行员和机组成员那里获取大量的关于第一次大规模“复仇攻击”的报告。虽然这些报告最后送往帝国宣传部，但确实也反映了机组人员的态度，即 9 月 7 日的空袭，使他们在经历了数周的小规模、代价高昂的战斗后，重新获得了使命感。此前，空军医务人员已经注意到，许多一个月内几乎没怎么得到休息的飞行员，已经出现了神经衰弱和“厌恶飞行”的迹象。[101]“最后，我们又有了一个好目标！”其中一名飞行员这样说。对机组人员讲话已经强调过，轰炸伦敦是对德国城镇遭到破坏、德国人丧生的报复，这一观点再次出现在一些报告中。“每个人都知道，最近针对德国城市实施的近乎懦夫行为的轰炸，”一份报告这样写道，“想到了遭到空袭的所有妻子、母亲和孩子。然后脑海中出现了‘复仇！’这个词。”这些报告还再次将德国的成功与英国的失败进行了对比：

> 我们驾机从伦敦南部接近城区，在距离英国首都还有50到60千米的时候，浓密的黑色烟雾就已经映入我们的眼帘，这些烟雾从地面拔地而起，就像是巨型蘑菇。这绝对是谁都不会看错的目标！眼前一条火焰构成的闪光的带子，把这座有着上百万人口的城市包围起来！几分钟后，我们飞临投弹点上空。那么现在，英格兰引以为傲的战斗机到哪里去了？看不到“喷火”，也没有“飓风”。结束了，英国拥有空中优势的日子已经彻底结束了。此时出现在我们面前的是城东泰晤士河的河弯，我们的目标就在那里：一座发电厂，电厂周围环绕着巨大的煤气厂和码头。我们下方是火焰和烟雾……[102]

另一位德国飞行员回想起，在飞向伦敦途中，看到一座机场的废墟，废墟上除了燃烧着的一片漆黑的地基，什么都没剩下。在空中得到的印象是目标遭到了系统性摧毁，而德国空军情报部门很大程度上采信了这种说法。

德国空军确信自己正在赢得这场战斗，这解释了戈林为何会在 9 月 7

日空袭的一周后再次断然宣称，英国皇家空军已经到了崩溃的节点，入侵英国已经成为可能。9月9日、11日和14日，伦敦再次遭到空袭，皇家空军遭到重创，但是，给德军造成的损失却比平时少。即便是在被英国定为“不列颠空战日”的9月15日，皇家空军战术的改变给德国空军造成了重大损失后，德国的信心也没有受到打击。英国方面认为这一天击落了185架德军战机，但德军实际只损失了30架轰炸机和26架战斗机，另有20架轰炸机遭到重创。对于进攻一方来说，这已经是很高的数字了，这也加速了德军向实施大规模夜间空袭转变。此前德军只是间歇性地执行夜间空袭。但在9月7日到15日的这一周，英军战斗机司令部损失120架飞机，同期德军损失了99架。这是一个英国坚持不了多久的战损比。德军认为，8月一直争夺不到的制空权，现在已经完全在自己的掌握之中了。9月4日，戈林告诉戈培尔，西线的战争将会在3周之内结束。戈培尔则对在伦敦的中立国记者的报道感到欣喜，按照他们的说法，轰炸让人想到“世界末日的景象真的出现了”。[103]

但所有这些最终还不足以让希特勒相信，冒险开始海狮行动是值得的。事实上，他在7月已经表示对是否可能击败英国持保留意见。当陆军与海军还在为要向多宽的滩头阵地提供掩护而进行争论的时候，希特勒则在拭目以待，希望看到空战有何进展。9月3日，进攻日期定在9月20日至21日，但截至9月中旬，英国皇家空军轰炸机司令部还在持续轰炸德国集结的船只和为进攻储备的资源，这证明敌方空军还远未被击溃。海军上将雷德尔和陆军高层开始探讨间接的作战战略——通过占领直布罗陀、马耳他和苏伊士运河地区切断英国和地中海的联系，并对英国加强封锁。但希特勒仍然迟疑不决，也许是希望对伦敦的新一轮轰炸能迫使英国领导层进行谈判。9月14日，在与三个军种的总司令进行讨论以后，希特勒重申了他的观点，即结束战争的最快方式就是登陆英国，但他得出的结论是，尽管空军已经看似胜利在望，但还没有掌握制空权。[104]持续不断的恶劣天气再加上英国海军部队的威胁，使海狮行动的前景越来越不乐观。希特勒于9月17日再次审查了当时的情况，但并未看到什么变化；两天后，海狮行动被无限期推迟。最终空军的表现也没能打动希特勒。在9月份，希特勒对皇家空军军事实力的估计已经不像戈林那么乐观了。各种事实表明，英国皇家空军部队仍然有至少600架战斗机。海狮行动推迟一周以后，对德国王牌飞行员阿道夫·加兰（Adolf Galland）和维尔纳·莫尔德斯（Werner Mölders）的询问证实，空战的实际情况远非戈林和空军宣传所暗示的那样一边倒，而是一场不分上下的战斗。加兰后来回忆说，对于他坦率地承认皇家空军还远未失败的说法，希特勒也点头表示赞同。[105]

至今从未有人搞清楚，一旦海狮行动未能实现，希特勒希望空军去执行什么任务。空军的失败只是相对的，因为德国空军在8月和9月已经给英国造成了很大的破坏，但是空军的作战还不足以在英格兰南部夺取哪怕是短时间的空中优势。对这种失败的解释是众所周知的，但是确实值得再叙述一遍。对敌人状况的情报评估一直影响着德军战斗方案的决策。德国人在9月中旬对英国空军状态的估计错得离谱。英国皇家空军在9月19日有656架可以作战的战斗机，而不是德国人估计的300架，此外，英国还有不少于202架可以立即参战的储备战斗机，和226架正准备移交部队的战斗机；9月下半月，英国有超过1500名可参战的飞行员。相比之下，德国战斗机部队在9月初的飞行员数量只有原来的74%（约700至800人），整个9月又损失了23.1%的飞行员；可用的战斗机数量在500左右徘徊。德军机组人员在英国上空的损失是永久性的，638人确认丧生，967人被俘。这从来就不是少数与多数的对抗。从7月10日到10月31日，德军共损失1733架飞机，同期，英国皇家空军损失了915架战斗机，德国的飞机生产根本没有办法弥补这么大的损失。1940年6月至10月期间，德国飞机厂共生产了988架单发战斗机，但英国飞机厂生产了2091架“飓风”和“喷火”战斗机。德国飞机生产的规划和组织存在问题（本书稍后将进行探讨），但德国空军在白天战斗中面临的核心问题是，对英国这种集中指挥的战斗机防御战术准备不足。英国战斗机司令部始终保持着战斗力，迫使德国战斗机更加紧密地为轰炸机护航，这也使战斗机自身面临着更大的风险，战损数量增加，并使其最终无法维持昼间作战。[106]

第一次战略进攻

到1940年秋，德国空军作为一个整体，仍然是一件强大的武器。但在取消海狮行动之后，就必须重新评估空军继续打击英国的理由了。希特勒很快失去了对空袭的兴趣，并且在接下来的10个月中，除了重申封锁战略，没有针对空战发布新的指令。冯·贝洛称，希特勒是第一批认识到这场空袭“既没有达到目标，也不可能达到目标”的德国领导人之一。[107] 历史学家对德国战略轰炸行动的兴趣也不大，因为在不列颠空战和巴巴罗萨行动之间，德军战略轰炸就显得黯然失色了。从战略角度来看，一般认为这次轰炸行动是失败的。然而，正是在1940年10月至1941年6月期间，发生了人类历史上第一次独立战略轰炸行动。9月中旬之前，空军一直在被迫执行军种间战略协同作战，它现在已经没有义务继续这样做了，终于可以实现其独立作战的野心。9月16日，鉴于空军已不再需要考虑海狮行动的问题，戈林下令在不列颠群岛的空袭行动进入新的阶段，空袭行动要在敌人的纵深展开。[108]

希特勒此时可能仍然希望，英国会选择休战，因为轰炸会造成精神上的伤害和财产上的损失，另一方面，维持这场战役可能会获得一些政治红利。毫无疑问，德国人普遍期望轰炸能让他们在战争的第二个冬天缓一口气。在看了更多的有关英国城市遭到毁灭性轰炸的消息后，戈培尔1940年11月底在日记中问道:“丘吉尔什么时候投降呢?”[109] 然而，现存证据表明，希特勒仍然对空军部队能否达成其目标持怀疑态度，并将注意力集中到了与苏联的战争上，如果这场战争取得胜利，将会为一年以后解决英国问题创造条件。尽管如此，他还是陷入了自己制造的问题中。他无法下令终止这场战役，因为这就意味着承认失败，并让英国的抵抗在德国和全世界眼中赢得了荣耀。同时，他也不能忽略斯大林对终止轰炸英国的看法。空战必须继续进行，因为它会让斯大林相信，英国仍然是德国的主要战略目标，以掩盖德军将战略重点转向东方的事实。政治考量使得这场战略目标不再那么明确的战役得以继续维持。

这场轰炸行动可以被理解为某种形式的经济战。在战后的纽伦堡审判中，希特勒最高统帅部的参谋长威廉·凯特尔（Wilhelm Keitel）元帅解释说，1940年至1941年的轰炸有两个重要的经济目的：一是继承一战的路线，空军和潜艇配合进一步加强食物封锁战略；二是破坏敌人的重要军事经济目标。[110] 主要做法是，实施大规模的夜间轰炸、海上布雷和出动少量能够进行高空飞行的战斗机实施日间空袭，这些参加空袭的战斗机经过改装，可以携带一枚250千克的航空炸弹。这些日间空袭计划是在9月底和10月实施的，旨在吸引英国皇家空军进行战斗，并且尽可能精确地攻击合适的军事或经济目标。随着天气逐渐恶化，这种攻击变得不那么频繁，最终逐渐取消了。虽然这些日间的干扰性空袭给英国皇家空军的战斗机造成了严重的损失，但是想要精确地投下这唯一一颗炸弹难度却很大，有时飞行员不得不扔掉炸弹，让飞机恢复战斗机的作战性能，实施自卫作战。[111] 表2.1列出了德国在英格兰战役期间的轰炸行动模式。德国轰炸的最高峰出现在1940年10月和11月，而12月至来年2月的恶劣天气，使得德军持续进行的轰炸行动困难重重且代价高昂。封锁战是根据1940年7月关于实施贸易战指令实施的。这种作战需要德国空军与海军进行更密切的合作，而德国海军有限的海军航空兵力量和规模尚小的潜艇部队，确实需要具备海上作战经验的空军轰炸机和俯冲轰炸机的支援。但这种合作使空军只依靠自己的力量取得胜利的打算受到了威胁。

表2.1　1940年8月至1941年6月德国空军对英战斗统计表

日期	大规模空袭（次）	干扰性空袭（次）	布雷（次）
1940年8月	4	1062	328
1940年9月	24（伦敦22）	420	669
1940年10月	27（全部以伦敦为目标）	21	562
1940年11月	21	840	1215
1940年12月	18	369	557
1941年1月	15	103	144
1941年2月	6	151	376
1941年3月	19	234	410

（续表）

日期	大规模空袭（次）	干扰性空袭（次）	布雷（次）
1941 年 4 月	21	412	433
1941 年 5 月	10	440	363
1941 年 6 月	6	221	647
合计	171	5173*	5704

资料来源：Calculated from BA–MA, RL2. IV/33, ‘Angriffe auf England: Material-sammlung 1940–41’, monthly reports from Luftflotten 2, 3, 5。

海军最高统帅部对每月至少摧毁 75 万吨位船只的计划抱以厚望，因为根据计算，在一年内将英国 2200 万吨船舶减少 40%，就能迫使英国退出战争。[112] 空军最高统帅部倾向于将这次轰炸作为一种单一的战斗来进行，最终，只投入了有限的资源帮助海军部队执行破交战。1941 年 3 月，面对海军的敌意，戈林仍成功地将对海飞机的指挥权统一于大西洋空军司令部。该司令部位于法国港口城市洛里昂（Lorient），仅拥有 58 架能够出动的飞机。其中包括 6 架福克 – 沃尔夫 Fw200“兀鹰”飞机，这种飞机曾取得过重大成果，但抵挡不了英国人改进过的空中截击战术。[113] 在 1940 年 7 月至 12 月间，德军飞机击沉了 50 艘商船，总吨位为 149 414 吨。在接下来的 6 个月中，又击沉了 68 艘船，共计 195 894 吨，全年平均每月仅为 28 775 吨，仅为计划击沉数量的 4%。[114] 海上布雷活动同样受到飞机短缺的影响，1940 年 10 月，空军组建了专门负责海上布雷的第 9 航空军，这支部队仅有 88 架飞机，却要负责不列颠群岛周边水域的全部布雷任务。此外，在 1940 年 4 月至 1941 年 4 月期间从空中投下的 11 167 枚水雷中，还有 3984 枚水雷落在了地面目标上，超过了总数的三分之一。[115] 水雷仅击沉了少数的船只，但德国空军却断言，从 1940 年到 1943 年的整场战役中，他们的水雷击沉了多到无法核实的船只吨位，虽然这些水雷中还有许多是由海军舰艇和潜艇布设的。

德国空军认为执行封锁战略最好的办法不是击沉海上航行的船只，

---

* 此处原书计算有误，应为 4273。

而是摧毁港口设施和仓库，并将轰炸重点放在城市目标上。从这场为期10个月的战役中大规模空袭（和多次小规模空袭）的攻击模式中，可以看出德军将封锁视为优先目标。1940年8月至1941年6月间，德军共进行了171次大规模空袭，其中141次是直接针对港口的（包括伦敦）。夜间实施的港口轰炸共使用了2667吨燃烧弹，占使用燃烧弹总数3116吨的86%。此外，还投了下24 535吨高爆炸弹，占消耗高爆弹总数28 736吨的85%。[116] 尽管有些投向曼彻斯特和伦敦的炸弹袭击的不是港口目标，但优先攻击的仍是码头、仓库、粮仓、石油储存库和船只。这场经济战主要被视为切断美国对英国援助的一种手段，事实上，甚至在美国1941年3月执行《租借法案》之前，希特勒就认为美国对英国的援助是英国维持战争所需资源的重要来源。[117] 实际上，美国的援助更像是一条溪流，而不是汹涌的洪水，但德国人对美国援助加强英国维持战争的能力感到恐惧，这在某种程度上解释了，在空袭困难重重的冬季，德军为何还要坚持轰炸。1941年1月，德国空军作战部对英国皇家空军进行的评估认为，切断美国对英国的飞机和装备援助，一定会影响英国空军的实力和作战效果。[118]

轰炸战的前几个月中，德军主要目标是伦敦，连续57天对伦敦进行夜间轰炸，白天偶尔也会进行干扰性空袭。9月7日至10月31日间，德军向英国首都投下了13 685吨高爆炸弹和火焰弹以及13 000枚燃烧弹。[119] 与英国和美国实施轰炸战初期的计划不同，德国空军没有针对那些易于轰炸的工厂开列清单，而是更多地以英国经济的规划和分布来确定轰炸重点，这也从一个侧面解释了为什么德国空军对伦敦这么关注。唯一的例外是航空工业，特别是航空发动机工厂，它们被列为优先轰炸目标，破坏了这些目标，会极大地影响英国皇家空军的军力扩张和作战能力。1940年11月7日，戈林发布了一项新的指令，要求将伦敦作为主要目标进行轰炸，但指示各航空队对英格兰中部地区（Midlands）和默西赛德郡（Merseyside）的工业区进行轰炸，摧毁英国飞机制造业。该指令明确对考文垂（Coventry，行动代号“月光奏鸣曲”）、伯明翰（Birmingham，行动代号“雨伞”，得名于出生于伯明翰的前首相张伯伦的著名装束）和伍尔弗汉普顿（Wolverhampton，行动代号为“统一售价”，得名于发音相近的伍尔沃斯商场的广告语）进行轰炸。[120] 德军于 11 月 14 日至 15 日夜间空袭了考文垂，11 月 19 日至 20 日连续三个晚上对伯明翰进行了空袭。但德军没有尝试空袭伍尔弗汉普顿。对考文垂的轰炸中，德军投下了 503 吨炸弹，其中包括 139 枚 1000 千克的水雷，这是德军最重的炸弹，此外还有 881 枚燃烧弹。轰炸目标是由 30 家飞机发动机厂和零配件厂组成的目标群，其中包括戴姆勒（Daimler）和阿尔维斯（Alvis）这两家工厂。因为浓密的云层和轰炸造成的烟雾，德军很难评估空袭的具体效果，但至少确定有 12 家工厂遭到严重破坏，另怀疑有 8 家工厂遭到了相同程度的破坏。根据德国空袭报告，因为工人住宅区与这 30 家工厂十分接近，轰炸“给住宅区造成相当严重的破坏”，但这不是空袭的主要目标。对伯明翰的轰炸共计投下了 762 吨炸弹，其中包括 166 枚 1000 千克的水雷和 1563 枚燃烧弹。空袭后的侦察照片显示，火灾已经摧毁了大部分住宅集中区，少数可见的工厂，特别是罗孚（Rover）汽车厂，都遭受了严重破坏。德军估计，轰炸破坏了伯明翰地区军工生产的 60%。对英格兰中部工业区实施空袭的总结报告，给德军的成功描绘了一个乐观的景象：“现在可以确定，英国飞机制造业最重要的基础，已经被严重地动摇了。”[121]

11 月进行的轰炸预示着德军对内陆目标空袭的升级。对住宅区的轰炸造成了大量的平民伤亡，这和伦敦发生的没什么两样。在 1940 年 9 月至 11 月间，德军的空袭造成 18 261 人丧生。[122] 根据空中侦察照片，德国估计伦敦市码头区北面约 50% 的住宅区（报告中使用了英文单词“贫民窟”）已经无法居住。由于轰炸不再局限于严格意义上的军事目标，按照报告的描述，英国人的士气遭到了“严重打击”。[123] 虽然这样的住房并不是特定的目标，德军也没打算实行恐怖轰炸，但是在轰炸中出现的所有战术变化——使用重型高爆炸弹，向地面目标投下水雷，把燃烧弹的比例增加到大约炸弹总量的一半，定期进行干扰性空袭以最大限度地延长空袭警报时间并引发对方焦虑和疲劳——都是为了造成平民的混乱和伤亡。但德国人这样做的原因主要是，在夜间困难的条件下，再加上经常出现的恶劣天气，轰炸机部队的投弹准确率一直在下降。英国气象局发布的一份关于定向轰炸的报告指出，平均来说，在英国每年仅有四分之一的天气适合执行精确轰炸；在2万英尺高度，一年中只有五分之一的时间能够获得良好能见度。[124]

德国空军高层对于部队在这种气象条件下轰炸的准确程度一直保持着一种过高的信任。发给轰炸机机组人员的地图上，用内部画有交叉线的蓝色矩形或菱形非常精确地标示着目标区域，一个小的实心圆表示需要精确轰炸的目标（如储气库、发电站），而空心红色圆圈则表示引诱飞机投弹的虚假目标。[125] 德国空军希望飞行员能发现这些目标，而不是浪费炸弹。1941年1月向机组成员下发的指示明确指出，投弹不准确是部队面临的主要问题："落在远离目标区域的开阔地上的炸弹过多。"[126] 根据英国皇家空军的计算，只有10%到30%的飞机真正找到了它们的目标（在轰炸考文垂的那个月光明亮的夜晚，估计有47%的飞机找到了考文垂）。[127] 对于这个问题，存在许多解释。相比那些在战斗中或事故中损失的机组成员，1940年至1941年冬天补充到轰炸机基地的人员经验要少得多。在训练学校，轰炸机飞行员接受了使用电子辅助设备训练，能确保导航准确性的偏差范围在1度以内，但到了9月，英国人知道了德国人使用无线电波辅助导航的秘密，这种导航系统从未完美地工作过，而英国人开始采取对策来干扰信号以迷惑飞行员。[128] 虽然这通常不会阻止德国轰炸机找到一个目标城市，但有时却会让德军飞机找到错误的目标城市。如1941年5月德军计划对德比市（Derby）的劳斯莱斯工厂实施轰炸，最终却轰炸了附近的诺丁汉市（Nottingham）。[129]

仍处于萌芽期的英国科技情报部门已完全掌握德军利用无线电波束导航的技术并采取对抗措施是毫不意外的。英国皇家空军自20世纪30年代以来，一直在使用德国的洛伦茨盲降系统，并且熟悉其基本原理。1940年春天对被俘人员的审讯，提醒了英国人存在这样一种盲炸技术。6月，丘吉尔的科学顾问弗雷德里克·林德曼（Frederick Lindemann）根据牛津大学的科学家R. V. 琼斯（R. V. Jones）对无线电波束的研究，确定了这种技术潜在的威胁，此时，R. V. 琼斯已成为英国空军部的一名科学情报专家。丘吉尔本人坚持采取行动。皇家空军为此组建了第80联队，专门研究无线电导航反制策略，并于1940年6月21日最终探测到了这种导航无线电频率。此时，英国启动了一项代号为“头痛”的高级别研究计划，开始确定德军无线电波束的来源，并找到干扰信号的方法。英国人在英格兰南部和中部设置了无线电发射器，尽管无法完全消除“拐腿”导航系统的信号，但可以对其进行干扰。修建干扰站的计划代号为“阿司匹林”（可以治疗头痛），到10月，已经建立了15座无线电干扰站，到1941年夏天时已经建成58座干扰站，年底则达到了68座。[130] 为了干扰“X装置”和“Y装置”的信号，还建立了另外的干扰站，1941年春天已经证明这些措施能够完全误导敌人的目标导引部队。到5月份，只有四分之一的德国飞机能接收到投弹信号。[131]

发现导航信号遭到干扰或中断后，德国飞行员得到的建议是不要完全依靠“拐腿”系统进行导航，而是借助可见的标志，包括树林、铁路、水域地标（河口、河流、海岸线），但不能使用道路作为地标，因为地图已经过时了。[132] 空军部队还鼓励飞行员模仿英国空军使用的“推算导航法”，这是一种将电子设备和视觉方法结合起来的确定航线和目标的方法。空军还要求所有的部队都要挑选最有经验的飞行员担任“领航员”，他们负责引导经验不足的飞行员，并帮助他们避开英国人为引诱他们投弹在地面点燃的火堆，到1940年底，整个英国的乡村地区都有这种诱饵火堆。[133] 在后续的几个月，轰炸机部队对电子导航和第100轰炸大队提供的目标引导的依赖减少了，机组成员不得不谨慎地依靠图上作业和目视观察来导航。这是一项艰巨的任务，正如英国空军飞行员在德国上空遇到的问题一样，作为一个整体的德国轰炸机部队，比开战之初变得更加迟钝了。夜间，德军飞机可以在目标区域集中投弹，但不能把炸弹投到需要精确轰炸的目标上。被击落的德国飞行员会被送往位于伦敦北部特伦特公园的审讯中心，在那里，隐藏的麦克风偷听到的飞行员的交谈中，飞行员都抱怨导航无线电波不值得信赖。[134] 战俘之间相互抱怨，准确轰炸实在难以实现，需要高超的能力。下面这段德国空军少校和中尉之间的谈话记录，很好地说明了期望与现实之间的紧张关系：

少校：（“拐腿”）在夜间轰炸时是很准确的，它能保证我在正确的时候投下炸弹。

中尉：但是如果你在那时投下炸弹，假设你在6千米的高度，那么炸弹的落点将会是目标前方1.5千米的地方，不是吗？炸弹可不是垂直掉落的。

少校：对于这些目标来说，这没有什么区别。

中尉：好吧，但是精确度可没那么高。

少校：不，老天，就像我刚才说的，飞机很难准确飞临交会点……

中尉：是这样，但是你投下的炸弹为什么没能准确落下呢？

少校：……你们接到的命令只是去轰炸市中心，那么你们每个人就必须自己找到自己的目标。[135]

德国飞行员知道部队要求的精确度超出了他们的能力，他们越来越多地袭击目标城市中可以看到火灾的地方。甚至有可能一时粗心而错过像伦敦这样的大目标。“应该告诉戈林，我们无法击中目标，”另一次窃听中，一名德国上尉抱怨道，“必须告诉他我们忍受的一切……”[136]

这只是德国轰炸行动中面临的众多问题之一，不过这些问题大部分不是由英国人造成的，事实上，在德国实施空袭的大部分时间里，英国人在夜间对敌机造成的破坏仍然微乎其微。长时间夜航和恶劣气象条件导致的事故，使德国轰炸机的机组成员遭受了巨大损失，特别是天气可能在行动过程中突然变化。8月初，德军能够参加作战的轰炸机数量接近1000架，但到了11月底这个数字已降到706架。就在这个月，凯塞林本人还目睹了两架Ju88相撞坠毁，他指责机组成员“粗心大意”，坠毁的两架飞机中还有一架是新飞机。1941年1月至3月这一段天气状况十分不好，同期的统计数据显示，216架坠毁和190架受伤的轰炸机中，有282架是由飞行事故造成的。[137]法国和低地国家的机场环境往往比较差，有时甚至缺乏坚固的混凝土跑道，这就使得着陆和起飞特别危险。在冬天的几个月里，德国飞机制造业经历了一段危机，使得补充坠毁或损坏的飞机和保持炸弹、水雷的供应变得更加困难。整个战役期间轰炸机的计划产量仅比

1939年略高，为平均每月240架。实际产量甚至更低，1月份仅达到130架。[138]老旧的He111和Do17轰炸机正在逐步淘汰，但新一代高性能飞机仍处于研发阶段，面临着逐渐增多的技术难题，1942年4月，德军最终取消了时运不济的梅塞施米特Me210轰炸机的开发计划。1940年，一种更适合扮演战略轰炸机角色的快速高空轰炸机“B型轰炸机”的研发计划，仍然停留在纸面上。航空炸弹也是一个问题。1941年3月，空军部技术办公室就警告空军参谋部，炸药不够装满所有需要的炸弹和水雷，许多空空如也的炸弹壳堆积在仓库里。有人建议少生产一些需要更多的炸药的水雷，这样就能多制造一些常规航弹。[139]

高事故率、对准确轰炸的严格要求、严禁浪费炸弹，以及为了一个看不到终点的战略在持续恶化的气象条件下日以继夜地轰炸那些分散在各处的目标，所有这些都给飞行员造成了巨大的压力。发给轰炸机部队的指示明确提出，在3天的战斗之后，必须给飞行员提供两天良好的休息。1940年11月下旬发布的一份飞行员医疗状况的长篇报告指出，持续战斗带来的压力对心理和身体有强烈影响，并警告说，战役持续的时间越长，正常作战的飞行员就越容易崩溃。医生建议让飞行员在巴黎或布鲁塞尔休息一段时间作为消遣，他们每6个月中至少要能回家休两周的假，所有参加飞行的人员都应在冬季运动水疗中心放松3周时间，期间享用充足的美食和最好的住宿。[140]德军还在布列塔尼海滨小镇纳瓦罗港的鲍里斯酒店设立了精神损伤康复所。为了给机组人员一些使命感，每个中队都收到了作战报告，上面是根据该中队的作战任务估算的战果。11月初，下发了一名美国人关于伦敦印象的报道：“伦敦仍在运转，但规模大大缩小……让伦敦继续前行的各种组织机构现在面临着巨大的压力……过去6周遭受的损失难以在两年内恢复过来。”[141]对考文垂和伯明翰进行轰炸后，德军分发了有关英国钢铁和工程行业危机、英国劳工意志崩溃以及引发普遍健康危机的新闻，据称造成这种健康危机的原因，竟然是窗户没有玻璃再加上天气潮湿，这并不完全令人难以置信。11月23日，戈林发出一份公报，向前线各中队表示慰问，尽管他们面对敌人防御时，要面对各种困难，承担劳累的工作，克服恶劣的天气，最重要的是还无法有效衡量作战成果，但对考文垂的成功空袭，证明他们正在为一场历史性的胜利而努力。[142] 然后，戈林自己就去休假了，直到 1 月中旬才回来。

然而德国空军在 1940 年的秋冬季面临的问题，与他们的敌人所面临的问题相比实在算不了什么。9 月份英国成功抵抗了德军日间轰炸，这加速了德国空军向夜间轰炸转变。在 1940 年秋天，英国几乎没有什么对抗夜间空袭的有效方法。轰炸机只要在防空火力和探照灯所能及的高度以上飞行，或是选择地面防空能力较差的航线，它就能成功飞临目标上空。唯一能够限制轰炸效果的因素就是，它难以让炸弹充分集中落到所选定的目标上。在战争爆发后，英国已经充分认识到了防御夜间空袭的问题，并于 1940 年 3 月成立了一个委员会来研究其影响，但是在 1940 年的前 9 个月中，来自日间空袭的压力使夜间防空显得没那么重要。1940 年 9 月，德军开始执行普遍性的夜间轰炸，这给英国人带来了一场迫在眉睫的危机。英国当时还没有多少专门执行夜间作战的中队，另外，日间空袭的证据也显示，即使在白天，防空炮火也没有击落过多少飞机。1940 年 10 月 18 日在空军部的一次会议上，当道丁被迫为夜间防御状况不佳做出解释时，他证实，部队在过去一年里，一直尝试在夜间拦截敌机，但“收效甚微”。[143]

这种问题的一个解决办法是加强固定防空系统。扩大由拦阻气球构成的障碍区，并把气球漆成黑色。英国人还计划将爆炸装置安装在拦截气球的固定缆上，但爆炸装置生产很缓慢，且成功与否无法预测。[144] 9 月，高射炮兵部队重组为三个区域司令部（南部、中部和北部），以获得更大的灵活性，但高射炮的供应仍然远远不足以保卫三个地区的所有重要目标。在指定需要优先保卫的 100 个区域中，只有 60 个得到了保护，其中一些区域仅配备了少量高射炮。[145] 虽然使用雷达控制高射炮瞄准的重要性得到了认可，但在这场轰炸战期间大量生产以装备部队的 GL MkI 型炮瞄雷达，并不能准确测量飞机的高度，事实证明它难以使用。到 1941 年 2 月，这种雷达也仅装备了所需数量的 10%。探照灯阵地也没有像战争后期那样装备高效的雷达设备，甚至到了德军轰炸即将结束的 1941 年 6 月，防空司令部总司令弗雷德里克·派尔（Frederick Pile）爵士也只获得了 54

部探照灯控制器（名为“埃尔茜”），而原来计划要给部队提供 2000 部这种控制装置。[146] 更复杂的 GL MkII 型炮瞄雷达从 1 月份开始少量装备部队，但只有技术娴熟的人员才能顺利操作它。这种炮瞄雷达到 1942 年才开始大量装备。许多高射炮阵地使用不便，在 1940 年，不少阵地只是相当于在地上挖的一个掩体，容易被洪水淹没，也没有帮炮兵对抗震耳欲聋的炮声的措施。在英国担心德军入侵的那段时期，防空部队一直被看作是重要性不高的部队，许多操作高射炮对抗德军空袭的炮手，都是刚刚结束训练的新手。因为高射炮部队缺编十分严重，1941 年派尔坚持要求招募妇女到炮兵阵地工作，但直到轰炸结束后的 1941 年 8 月才正式开始招收女性。派尔还向丘吉尔保证，招募的妇女都是接受过教育的，并且“最好是高尔夫和网球运动员”。[147]

在 1940 年 7 月至 1941 年 6 月的轰炸过程中，相对来说高射炮的作战效果很差。据称，在整个战役过程中，高射炮在夜间击落了 170 架飞机，可能还击伤了 118 架飞机，但是难以验证这些数字的准确性，并且在紧张而嘈杂的战斗中，声称取得战果的诱惑是谁都难以抗拒的。后来证明，为了取得这样的战果，需要发射大量的弹药。那些被空军部请来提供建议的科学家发现，1940 年秋天，按照声称的敌机击落数量，部队平均每击落一架飞机需要发射 6000 多发炮弹，甚至到 1941 年 4 月，这一数字也只是减少到了 3195 发。部队认为“弹幕射击”是一种错误的做法，因为只有“瞄准火力”才有成功的机会，这就和所有其他炮兵一样。[148] 然而，为了应对第一次伦敦大轰炸时防空火力太少的批评，1940 年 9 月 7 日，派尔司令命令在 48 小时内将伦敦内层高炮防空区内的高射炮数量从 92 门增加到 203 门，并要求每个部队尽其所能地开火，不用关心结果。9 月，高射炮部队发射了 26 万枚炮弹。虽然这种声势浩大的作战提高了平民的士气，但也使他们暴露在如雨点般落下的弹片和未爆弹的危险之中，而且炮管的磨损速度超过了工厂的生产速度。11 月，高射炮从伦敦转移到中部地区，以满足工业区获得更有效的保护的要求，但是这种“听音乐，抢椅子”的游戏只是暴露了防空炮兵部队不敷使用的事实。由于防空炮火和和探照灯太少，敌方飞行员很容易将目标区域和防守部队所在的区域区分开来，但防空司令部还是命令部队减少开火并熄灭探照灯，尽管这个做法遭到了民众的抗议。事实证明，灯火管制比探照灯有效，更容易使袭击者迷惑，但都无法替代雷达引导的探照灯和高射炮在国内构成的一道道防线。正如派尔后来在回忆录中坦承的那样，在缺乏有效的雷达的情况下，固定的防空系统是有缺陷的。

英国防空开始更多地依靠地面的诱饵目标，一般将其称为“特殊火焰”或“海星”（它们的英文缩写都是“SF”），这些虚假目标是在1940年的最后几个月，在重点目标周边的农村修建的。截至11月，已建成27个假目标，另有5个正在筹备中。为了安抚农村居民，政府专门规定，在有人居住的建筑物500码*以内，或者距离村庄800码以内不会修建诱饵目标，但实际上这些距离提供的保护根本不够。[149]装满杂酚油、柴油或煤油混合物的油箱，周围围绕着装满稻草的水槽，排列成五角星的形状。当水槽灌满油并点燃时，燃烧的景象就和燃烧弹爆炸后产生的白色和黄色火焰一样。例如，布里斯托尔周围有12个诱饵目标，其中一些距离布里斯托尔大约20英里。1940年11月下旬，第一个具备作战能力的诱饵目标在门迪普山（Mendip Hills）的布莱克当（Black Down）投入使用，它在一周之后吸引了第一批炸弹。1月，有1000多枚燃烧弹投在了这个假目标上。位于滨海韦斯顿（Weston-super-Mare）郊外的阿普希尔村（Uphill）附近的一个诱饵机场，在同一个月也遭到了猛烈轰炸，先前由于电控开关在大雨中失效了，人们用火柴和一瓶汽油点燃了这个诱饵目标。对其空袭期间，德军投下了约42枚高爆炸弹和1500枚燃烧弹。附近的一位农民发现他的奶牛也遭了殃，有的被炸死，有的甚至被炸得四分五裂，还有的奶牛腿都被炸断了，但还挣扎着想爬起来。[150]在1941年剩下的时间里，“海星”被点燃了70次，结果好坏参半；在某些情况下，会有四分之三的炸弹落在诱饵目标上，有些时候则一枚炸弹也没有。[151]

伪装是隐藏目标的另一种方式，但1939年成立的伪装顾问小组和1940年3月组建的伪装政策委员会都得出结论，伪装很难得到有效的应用，并且只在应对敌人日间空袭时效果最好。人们进行了一些尝试，比如

---

* 1码约等于91.44厘米。

用金属网来遮蔽大型建筑物的阴影，在机库和仓库上绘制树木和灌木，但最后的结论是，重工业产生的雾霾、连绵不绝的雾气和有效的灯火管制与这些伪装措施起到的作用大致相同。委员会提出将铁轨用油漆刷成深绿色，让铁轨和周围的田地融合在一起，这个建议遭到了否决，因为飞行员绝不会被这个方法愚弄，而在重点建筑物上大量涂抹油漆，也让人们开始担心，德国特工会以某种方式在建筑物上刷一块特殊化学增强涂料涂层，这样德国红外设备就容易发现这种目标了。[152] 委员会对浅色混凝土道路和跑道给予了更多关注，建议用柏油碎块和彩色碎石覆盖在上面，遮挡表面的反光，但是由于成本原因，在地方议会申请路面伪装的经费时，遭到了上级的拒绝。[153] 1940 年夏天起，伪装委员会停止了运作，再也没开过会。

这些科学家向空军和政府提出的建议中，有些是同样完全脱离实际的。比如，其中一个建议是，在轰炸机来袭的空域设置雷区，其原理与海上设置雷区相同。做法是给一块一磅重的炸药装上自动引爆装置，然后连接到一根长长的钢琴弦上，在另一端连接一个降落伞。这些空雷会以与敌机前进方向成直角布设，当其以精确校准的速度从高空坠落时，它们应该能落在飞机的机翼上，然后爆炸。道丁勉强同意在 1940 年夏天对这个装置进行测试，不出意料，作战效果不佳。[154] 1940 年 10 月的某日，丘吉尔的私人科学顾问弗雷德里克・林德曼忽然对这种空雷的理念产生了浓厚的兴趣，并说服首相支持这个计划。最后，政府订购了 100 万枚空雷和 24 架空中布雷飞机，但这个计划太过雄心勃勃了，因为布雷需要精确掌握敌机的飞行航线和时机。后来发现，第一批交付的 1000 枚空雷的引爆装置都存在缺陷。1941 年 6 月进行了第一次布设空中雷场的实验，只做了三次尝试，但是没有看到任何有效的战果。于是，这个计划被悄悄地扔进了垃圾箱。[155] 第二个异想天开的主意也和林德曼有关。1939 年 11 月，他建议尝试使用煤溶胶（经过精细研磨和处理的煤尘）来覆盖河流、运河和港口，在水面形成不反光的薄膜，以阻止敌人在月夜利用河流反光进行导航。对这个项目的实验，在整个德国轰炸战期间一直在进行，但后来发现风向和潮水会将漂浮的煤粉推向岸边，反而使得河口或运河在月光下更加显眼了。经过两年的实验后，1942 年 2 月在泰晤士河威斯敏斯特桥和沃克斯豪尔桥之间的河段上进行了一次公共演练。成吨的煤粉从改装的驳船上喷出，落到河面上，然后逐渐聚集到河边，两个小时后全部沉了下去。[156]

人们普遍认为，摧毁敌方轰炸机唯一的有效方法就是使用专用的夜间战斗机实施夜间截击，但事实证明，这个思路已经超出了当时皇家空军所拥有的作战能力，在几乎整场德军轰炸战役期间，英国空军都没有能力达成这一作战目标。夜间战斗机这个问题得到了高度重视，1940年9月14日，在退役空军上将约翰·萨尔蒙德（John Salmond）爵士的领导下成立了一个委员会来评估夜间战斗机的问题。3天后，委员会提交了讨论结果，建议训练一支特殊的夜间战斗机飞行员队伍，成立一个飞机夜间作战训练部队，将夜间战斗机的指挥分散化，以提高响应速度和灵活性，并引入有效的雷达等辅助手段。人们对这些单引擎战斗机中队在晴朗的月夜拦截敌机的能力寄予厚望。[157]而战斗机司令部的司令道丁，反对几乎所有这些建议，并几乎为此赔上了自己的职务。10月1日，在萨尔蒙德委员会的一次会议上，道丁解释说，如果没有高效的机载雷达对空中拦截进行辅助引导，即便将他的部队进行改编也是毫无用处的，机载雷达是唯一的成功希望。一周后，他面见了丘吉尔并重申了这个观点，即委员会提议进行的改编，将不会取得什么结果。[158]最后，道丁极不情愿地接受了部队改编的建议，并于10月9日下令组建9个夜间战斗机中队，其中6个中队归属11航空大队，部署在英格兰东南部，装备了一些改装过的"飓风"战斗机。11月4日，上级命令道丁批准将更多的"飓风"战斗机进行改编，以尝试遏制德军轰炸重心向着中部地区发展的新趋势，但他告诉空军部，如果没有机载雷达，这些努力将一事无成，只不过是"一厢情愿的飞行"。[159]

有人认为，早在1940年10月关于夜间作战的危机爆发之前，就已经有人准备拿道丁开刀了。9月，一份内部传播的秘密备忘录认为道丁有各种问题，而且"头脑迟钝"，这份备忘录最后落到了丘吉尔的亲信布伦丹·布拉肯（Brendan Bracken）手中。[160]道丁确实不是很受欢迎，但他得到了丘吉尔和空军参谋长西里尔·纽沃尔爵士的支持，纽沃尔在20世纪30年代就曾与道丁密切合作，建立了英国的防空系统。道丁坚持认为，在技术准备就绪之前，他没法执行有效的夜间拦截，而这成了他被攻击的理由。特别是丘吉尔的朋友比弗布鲁克（Beaverbrook）勋爵，他于1940年5月被任命为飞机生产部部长，比弗布鲁克愤怒地称飞机生产正因敌人轰炸面临着灾难，这在逼迫道丁退休的过程中发挥了重要作用。后来，比弗布鲁克要求战斗机中队驻扎在飞机制造厂附近，以免工厂受到敌人的夜袭，但遭到了道丁的拒绝。道丁在工厂附近部署了更多的高射炮，但是截至1940年10月，保护从苏格兰到英格兰南部的各个飞机制造厂的，也一共只有158门高射炮。[161] 当时空军部的意见对道丁本人不利。10月2日，道丁最坚定的盟友，空军上将纽沃尔被迫退休，他的职务由空军中将查尔斯·波特尔接任，后者担任空军参谋长直到战争结束。[162] 几天后，萨尔蒙德写信给丘吉尔，坚持要求道丁立刻下台，并且空军的所有高层领导都同意这个决定。[163] 道丁10月份关于扩大夜间防御的过激反应也让丘吉尔确信，现在是时候让他离开了。11月13日，道丁接到通知，他的职务将由空军少将肖尔托·道格拉斯（Sholto Douglas）接替，后者是空军部内他的众多批评者之一。于是，道丁成了英国在轰炸中倒下的级别最高的人员。

肖尔托·道格拉斯上任后，立即开始行动，试图证明他比前任更愿意找到挑战德国夜间轰炸的方法，但他很快发现道丁对此持保留态度是正确的。道格拉斯要求至少要组建20个夜间战斗机中队，包括8个“飓风”中队，但到1941年3月，他手里仍然只有5个中队。而且列装“英俊战士”MarkII型夜间战斗机（现在被指定为主力夜间战斗机）和机载截击雷达（AI-Mark IV型）所需的时间比计划中的长得多。1940年12月，波特尔拒绝了道格拉斯关于进一步扩大夜间战斗机部队的要求，理由是没有一个机组能够经常性地击落敌人的夜间轰炸机，并且把新生产的“英俊战士”战斗机，都调去执行海上作战任务。[164] 夜间战斗机拦截的数据表明，波特尔和道丁的观点是正确的。在1940年11月中旬对伯明翰的轰炸中，英国出动了100架飞机，德军只损失了一架，还是事故造成的。到了战役几近结束的1941年3月，更先进的AI-Mark IV型机载雷达才列装，在这之前，英国人击落的德军轰炸机寥寥无几。1941年1月，英国皇家空军平均需要出动198架次，才能击落一架德军飞机，但到3月，这一数字急剧下降到 47 架次。整个 1941 年，夜间防空部队声称共计击落 435 架德国飞机，其中 357 架飞机是在 4 月及以后击落的。[165] 1941 年 1 月，6 座内陆地面控制拦截（GCI）雷达开始运行，这种雷达可以为单架战斗机追踪来袭的一架轰炸机，但它们初期经常发生故障，直到夏季才开始按计划投入运行，此时，计划中的 150 个移动和固定雷达站只建好了 17 个。[166] 这些雷达就和英国许多其他应对轰炸的措施一样，直到轰炸接近尾声时，其作战效率和科技水平才提高到了预想中的水平。

到 1941 年春天，德国轰炸机部队的战术指令才开始认真对待英国夜间战斗机造成的威胁。英国战斗机会试图利用德国人的导航无线电波束，来引导自己接近德国轰炸机，德军战术指令要求轰炸机进行不规则之字形飞行，以迷惑英国战机，轰炸机还要排成正面很宽的编队，而非像以前那样聚在一起，以及轰炸机的飞行高度也要降低，或是有时让单独一架飞机在 200 米至 300 米的超低空飞行。[167] 1941 年 7 月，德军终于不得不承认需要改变战术，因为越来越多的证据表明，皇家空军的夜间战斗机可以跟踪来袭的德军轰炸机，并在目标上空找到这些轰炸机。对此，德军轰炸机部队的应对方法是，使用载弹量小的轰炸机编队作为诱饵，飞向更远的其他目标，掩护主攻部队的真实进攻意图（很快英国轰炸机在轰炸德国时也开始采用同样的策略）。德军还命令主攻部队在更宽广的战线上发动轰炸，从多个不同的方向飞向重点轰炸目标，在晴朗的月夜，更需要采取这种方法，然而这些战术变化只是进一步分散了德军的轰炸，减少了集中打击。[168]

缺乏有效防空的城市和工厂暴露在德军大规模轰炸之下，引起了白厅的普遍忧虑。在这场轰炸战的大部分时间中，德军的规模被继续夸大。根据空中侦察情报估计，1940 年 11 月 1 日，德国空军拥有 1800 架轰炸机和 1900 架单引擎和双引擎战斗机，但是实际上，10 月下旬德军能够用于作战的飞机只有 833 架轰炸机和 829 架战斗机，当然，伦敦方面对这个数字一无所知。[169] 12 月，丘吉尔获悉，德国空军的规模是皇家空军的 2.5 倍，对此，他专门下令要求对这个数据进行核查。因为，丘吉尔认为，掌握德国军队的规模“对这场战争未来的前景具有重要意义”。[170] 林德曼发现，空军情报一直假设每个德国空军中队拥有 12 架飞机，外加备勤飞机若干。但是根据截获的情报显示，德军每个中队只有9架飞机，备勤飞机3架。1941年1月，林德曼已经能够证明德国轰炸机部队拥有1200架飞机，这个数字比之前的任何估计都更接近现实，也能更好地反映德军轰炸造成的真实影响。[171]

尽管如此，德国人的意图仍让丘吉尔感到焦虑不安。他预计德国空军将在1941年春季和初夏进行一次“更为认真的尝试”，从空中击溃英国。来自瑞士的情报显示，德国已经储备了上千架飞机，准备进行一次超级攻击，或者说“空中盛宴”，这次真正的致命一击预计将在春季开始。尽管可能性并不太大，丘吉尔曾询问过空军参谋部，如果出动每一架能够作战的飞机去对抗德军的“空中盛宴”，英国可以出动多少架飞机。1941年春，对此持怀疑态度的波特尔告诉丘吉尔，德国可能会派出1.4万架飞机，但英国皇家空军能执行反击的飞机只有可怜的6500架，其中包括2000架教练机和3000架预备机。[172] 丘吉尔还担心，占据了压倒性优势的德国空军有使用毒气来迅速结束战争的可能。1940年11月，他曾要求事实上的副手、工党领袖克莱门特·艾德礼（Clement Attlee）确保英国至少储存有足够生产2000吨毒气的化工原料；空军参谋部告诉丘吉尔，现有储备的毒气，如果用来对德国城市实施集中毒气攻击，可以维持四五天的攻势，如果毒气弹和高爆炸弹一起使用，就能够使用两周。[173] 1940年夏天，当储存毒气的容器短缺时，就已经引起了英国人对毒气弹供应的担忧。当时，比弗布鲁克得到了加速生产芥子气炸弹和喷雾罐的命令，正如辛克莱说的，“此时毒气战开始了”，到10月，比弗布鲁克已经能够满足空军参谋部提出的拥有至少20万枚毒气弹的要求。到1941年春天，由于预计德国人可能会在1941年冬到1942年春发动规模更大和破坏更严重的轰炸战，英国皇家空军已经准备好对德国本土实施毒气战。[174]

事实上，德国空军既没有所谓的“空中盛宴”计划，也没有进行毒气战的打算。相反，德军参谋人员对1940年底所取得的成绩进行了评估，并制定了春季攻击计划，该计划旨在成为向苏联开战之前的战役“高潮”。[175] 1941年1月中旬，德国空军列出了一系列优先轰炸目标，将封锁战略与压制英国飞机生产的行动结合起来（见表2.2）。这些就是战役最后的6个月

（1941 年 1 月至 6 月）中德军的主要攻击目标，并在 2 月 6 日希特勒大本营下发的作战指令中得到了批准，该指令再次强调了攻击英国作战相关目标而非居民区在军事上的重要性。[176] 1 月，各航空队都收到了标有港口、码头、主要海军设施和飞机厂等目标的新地图。对航空工业的攻击被分成了两种：针对军工生产集中区域（考文垂、伯明翰、谢菲尔德）的轰炸和在晴朗夜晚出动少量飞机对个别目标进行的轰炸。[177] 德军对船只和港口设施给予了特别的关注，因为他们发现 1940 年对英国的轰炸所造成的损失比预想的小。对伦敦空中侦察情报的分析中，德军开始时估计伦敦主要码头的吞吐能力下降了 80%。到 1 月，获取的情报显示，尽管经历了数月的大规模轰炸，伦敦港仍以原来四分之三的吞吐量在运行，这是一个确实能够反映现实的数字。[178] 为了保证食物封锁更加有效，轰炸机部队奉命轰炸储存谷物的筒仓、糖厂和食用油加工厂。

表 2.2　1941 年春德军主要轰炸目标统计表

1 类港口目标	2 类港口目标 / 海军仓库	飞机制造厂	飞机制造厂
		1 级目标	2 级目标
默西赛德	南安普顿	曼彻斯特	普雷斯顿
伦敦	巴罗因弗内斯	伯明翰	格洛斯特
克莱德赛德	托尔伯特港	考文垂	切尔滕纳姆
亨伯港	大雅茅斯	格拉斯哥	牛津
贝尔法斯特	朴次茅斯	贝尔法斯特	切姆斯福德
布里斯托尔	普利茅斯	布里斯托尔	斯劳
泰恩港	查塔姆	谢菲尔德	雷丁
蒂斯港	罗赛斯	德比	约维尔
斯旺西	利物浦 *	卢顿	
加的夫			
利斯			

* 利物浦是接受美国航空产品的主要港口，因此遭到了大范围攻击。
资料来源：TsAMO, Fond 500/725168/110, Operations Staff, report on British targets and air strength, 14 Jan 1941。

1941年，德国人的轰炸行动严格按照计划进行。在1月至5月期间，德国空军对港口进行了61次大规模空袭，对军工生产中心进行了9次大规模袭击，并针对一些工业或海军目标实施了多次规模较小的“干扰性空袭”。大规模空袭包括3月13日、3月14日、4月7日和5月5日对格拉斯哥-克莱德赛德（Glasgow-Clydeside）的大轰炸，3月12日、13日和5月的前4个夜晚对默西赛德郡的轰炸，3月18日和5月7日、8日对赫尔的轰炸。北爱尔兰首府贝尔法斯特（Belfast）于4月15日遭到大轰炸（造成700人丧生），而中立国爱尔兰的首都都柏林（Dublin），于1月2日和3日遭遇意外轰炸，并于5月31日又遭到轰炸（造成34人死亡）。[179] 考文垂于4月8日晚再次遭遇空袭，规模与11月那次轰炸几乎相当。然而，最大的轰炸是给伦敦准备的。4月16日，681架轰炸机在伦敦上空投下了886吨炸弹，3天后的夜间轰炸中，712架轰炸机投下了1026吨航空炸弹和4252枚燃烧弹。这次轰炸是整场战役中规模最大的一次空袭行动。德国人声称这些空袭是“复仇攻击”，是为了报复4月10日英国皇家空军对柏林中心城区的轰炸，在那次空袭中，国家歌剧院被彻底摧毁，洪堡大学和国立图书馆遭到破坏。按计划，一家意大利最著名的歌剧团将在一周后于国家歌剧院举行演出，这也许能很好地解释，希特勒为何在空袭后愤怒地朝着戈林滔滔不绝发表长篇大论。[180] 5月10日，伦敦经受了最后一次大规模的“复仇”空袭。这次空袭中，505架飞机投下了718吨高爆炸弹，议会大厦遭到损坏，但在此之后，德国人就很少组织夜间轰炸行动了。

在德军1941年轰炸携带的炸弹中有较多的燃烧弹，因此，轰炸常会引发大规模火灾。空中照相侦察证实，燃烧弹对港口区和仓库造成的破坏比高爆炸弹严重得多，因此携带的燃烧弹和高爆炸弹的比例达到了1∶1。[181] 在这次战役的最后几周，德国轰炸机进行了各种各样的作战。4月，德军的3支航空队共出动飞机5448架次；其中3681架次承担大型轰炸行动，1292架次负责“干扰性空袭”，对海上船只实施了263次攻击，进行了212次海上布雷。德军持续不断的军事行动，也给自身带来了不小的损失。1941年1月至6月间，德军共损失了572架轰炸机，另有496架受损，战斗机则损失了299架，300架受损。[182] 截至5月17日，轰炸机部队拥有1413架轰炸机，其中可出动的轰炸机有769架，这些飞机分布在从北欧到地中海的各个战场上。这比法国战役开始时德军拥有的轰炸机总数少了30%，并且对即将开始的针对苏联的军事行动造成了严重影响。在战争剩余的时间里，轰炸机部队再也没有恢复1940年5月10日时的规模。

对于德国机组人员来说，这场战役的最后几个月是最难熬的。为这样一场没有明确结果、胜负难料的战役，已有数千人伤亡。此外，从1941年3月起，西线的空军部队就知道，主力部队将转移，参加东线的战争；一些部队已经被派遣至地中海地区作战，而4月之后，又有部队被派往巴尔干地区对付希腊和南斯拉夫。而那些留下来继续攻击英国的飞行员，被要求用更加集中和准确的方式进行轰炸，以弥补轰炸机数量的减少。3月16日，3个航空队收到作战指令，指令解释说，在巴巴罗萨行动期间，第3航空队的一部分将留在法国，而剩下的部队，则向东方部署。留下来的轰炸机部队，包括驻守挪威的飞机较少的第5航空队，受命继续攻击英国人港口内和海上航行的船只，并择机轰炸飞机制造厂，以保持对英国物资供应的压力。只有空军最高统帅部下达命令，才能对伦敦进行"复仇"轰炸。[183] 5月22日，第2航空队向东转移的第一阶段开始了，部队的指挥和行政部门首先迁往波兰的波森（Posen）。6月8日，各飞行大队开始了为期两周的向东转移行动，44个轰炸机大队中仅留下了8个。在6月25日，第3航空队在整个法国北部完成了重组。空袭行动立竿见影地减少了。6月，德军只进行了6次大规模空袭和221次"干扰性空袭"，而4月和5月则进行了31次大规模空袭和852次小型空袭。[184] 总之，在法国和低地国家，德国飞机的呼啸声和几千名机组人员带来的喧嚣突然消失了。伦敦人终于有一个月可以睡个好觉，不用担心被打扰了。

这场长达11个月的轰炸行动取得了什么战果呢？虽然希特勒直到要向苏联发动进攻时，才停止轰炸，但他的一些言论显示，他本人一直对仅靠空中作战取得决定性成果持怀疑态度。1940年12月，他认为轰炸对英国工业的影响微乎其微。[185] 后来，戈林还声称他曾多次告诉希特勒，轰炸伦敦"永远不会迫使他们屈膝投降"。[186] 这场战役持续的时间越长，靠轰炸让英国政治崩溃的前景就变得越黯淡。1941年2月，当海军总司令与希特勒讨论轰炸行动时，他发现元首完全同意他的观点，即在炸弹轰炸之下，英国的士气仍然“毫不动摇”。[187] 希特勒对海上封锁和潜艇战持更加乐观的态度，轰炸只是为这些作战提供了间接支援。2月6日，在作战指示中，希特勒强调了攻击航运和港口的重要性，但他最后的结论是，轰炸战最不成功的一个方面就是对英国人战斗意愿的影响。[188] 1941年春，他认为可以在击败苏联后，在1942年夏天通过轰炸和登陆对付英国。“我们将在稍后处理他们，”他对半信半疑的戈林说，“如果顽固的丘吉尔还是不明事理的话。”[189]

然而，这场战役还是带来了战略上的收获，希特勒也看到了这一点。轰炸给英国的战争资源带来了持续不断的压力，并且始终有希望让英国人的作战意愿下降到会放弃战争的程度。轰炸也可以视为一种对美国人的警告，即不要帮助英国或者介入英德之间的战争。美国的罗斯福总统能定期收到有关空战进程的报告，他本人和美国军方高层花了好几个月才真正确信，英国能在这场战争中幸存下来，向英国提供的援助不会落入德国人的手中。[190] 这场轰炸也为德军在欧洲其他地区的战略提供了支援。1940年下半年，希特勒对地中海战场和巴尔干战场愈加关注，这不仅仅是因为意大利军在北非战场与英联邦军交战时遇到了麻烦以及1940年10月28日意大利对希腊的入侵，而且还因为希特勒担心英国可能会军事干预巴尔干战场，从而开辟第三条战线，就像第一次世界大战曾经发生的那样。[191] 轰炸可以迫使英国把大量的作战资源留在英国本土，而不能分散到其他战场，这削弱了英军在地中海、中东和东南亚的作战能力，那里的英军配备的飞机型号老旧，数量不多，根本不是德军以及后来的日军的对手。1941年春，因为不能对抗德军的空中优势，英军被迫从希腊和克里特岛（Crete）撤军，这样，希特勒继续向东进攻的大门彻底打开了。

最重要的是，这场轰炸战与1941年入侵苏联的决定密切相关。希特勒轰炸战略中的两个方面，通常看起来是相互分离的，但事实上，它们是互补的，一来轰炸可以让苏联相信，希特勒把西线战场视为首要目标，二来，当入侵苏联的巴巴罗萨行动开始以后，轰炸能够限制英国向苏联提供援助。另外，德国对英国的空袭也会让斯大林确信，德国打算首先收拾英国，在某种程度上，也会使德国不会在1941年入侵苏联这个说法更有说服力。苏联驻伦敦大使伊万·麦斯基（Ivan Maisky），在自己的回忆录中证实，当时苏联政府对轰炸的看法是，轰炸不只是对英国施压，促使其谈和的筹码，而且也是德国入侵英国的前奏。[192] 因此，在巴巴罗萨行动开始前的几周中，德国空军对英国的大规模轰炸，绝非出于偶然。如果在德军主力集中于东线时放任英国增强军备，积极准备军事干预行动或增加对德国的轰炸，那就会给对苏战争带来巨大的危险因素，正如一份关于这次轰炸的德国战时分析指出的那样：

> 总的来说，这次对不列颠群岛长达10个月的持续轰炸在后续事态发展中具有相当显著的意义。虽然这种战略轰炸没有迫使英国政府妥协，但给英国的物资和经济造成了巨大的破坏……而英国皇家空军只有在两年之后才能对这种轰炸实施有效反击。也就是说，帝国遭受大规模空袭的时间被延后了。我们的飞行员保证了对苏联的攻势不会受到来自后方的破坏。[193]

德军在1941年6月下旬开始进攻苏联时，戈培尔在日记中写道，英国皇家空军除了实施了几次不成功的轰炸以外，“总的来说没有利用当时的局势”。德国的轰炸让英国人在战略上的关键时刻只能采取守势。[194]

德国缺乏有效的手段，去评估轰炸给英国人的食物供给或飞机生产，到底造成了什么程度的破坏。与二战结束时的英美不同，德国从未拥有进行这种评估的能力。总的来说，德军对于破坏的程度过于乐观。这场史无前例的战略轰炸的总体情况，向德国人展现了有效削弱对手的可能性（大规模夜间空袭中轰炸地点和投弹量的具体情况，请参照表2.3）。然而德国空军评估轰炸破坏效果的资料仅是飞行员的报告、照相侦察，和偶尔得到的外国媒体报道以及中立观察者的陈述。正如英美专业评估人员在战争后期发现的那样，这些情报大多含糊不清。1940年11月，对考文垂和伯明翰实施大轰炸以后，侦察照片显示，主要目标上空都飘满了浓密的烟雾，因此对轰炸效果的评估只能通过可见区域的情况来推测。[195] 中立者的观察，也可以从好几个角度进行解读。在一位美国记者撰写的有关伦敦基础设施遭到长期轰炸的报道中，也包含了自己的态度，他写道，首都各阶层的人都展现出“无与伦比的勇气，镇定自若，甚至带有一丝‘我们死后，哪怕洪水滔天（Après nous, le déluge）’的气概”。因此，他接着写道：“大多数伦敦人都坚信，无论有什么困难，最后的胜利都属于英格兰。”[196]

表 2.3　大规模夜间轰炸投弹量（吨）1940.8.12—1941.6.26

城市	高爆弹	燃烧弹	空袭次数
伦敦	14 754	1135	79
利物浦	2796	304	14
伯明翰	2057	225	11
布里斯托尔	1237	248	10
普利茅斯	1125	207	8
朴次茅斯	1091	180	5
南安普顿	971	88	7
考文垂	797	69	2
格拉斯哥	748	176	4
曼彻斯特	703	106	4
谢菲尔德	587	70	3
赫尔	474	57	3
斯旺西	363	103	4
加的夫	273	63	3
贝尔法斯特	180	25	2
其他	550	60	—
合计	28 706	3116	159

资料来源：BA-MA, RL2 IV/27, Bechtle lecture, appendix, ‘Grossangriffe bei Nacht gegen Lebenszentren Englands in der Zeit 12.8.1940 - 26.6.1941’。

德国空军对轰炸效果评估的结论，必然是以过分夸大的解读为基础的。就和战争中大多数其他轰炸作战一样，这次战役的成果也被空军大大高估了。机组人员在飞机上看到了下方熊熊燃烧的城市，侦察飞机又在轰炸的一两天后拍到了地面上一片片残垣断壁，他们就据此认为城市被完全摧毁了。所有轰炸机部队都认为，轰炸一座工厂就等于摧毁了一座工厂，但事实上遭到轰炸的工厂只是需要修缮或者疏散。飞行员声称击沉了船只，但他们看到的只是炸弹落下后激起的水花和甲板上腾起的火焰，而事实是遭袭的船只没有沉没，只是在几小时后带伤蹒跚返回港口。记录显示，德军飞行员上报的击落飞机数量约是实际击落数量的 4 倍。尽管英国皇家空军公布的战果与德国部队实际损失之间的差距本应让德国怀疑己方的战报是否有同样的问题，但是在大多数情况下，并没有什么办法去核实飞行员的报告。在空中闪电战期间，德国空军情报部门更多依靠关于英国飞机工厂破坏状况的证据，而不是飞行员的报告，来评估皇家空军的作战能力，尽管这很大程度上也是基于推测。据其估计，英国皇家空军的飞机生产能力，从 1940 年 7 月最高峰的每月 1100 架，减少到了 1941 年 8 月的每月 550 架。德国估计，英国 1941 年全年飞机产量为 7200 架。但事实上，英国仅 4 月的产量就有 1529 架，全年产量达到了 20 094 架。[197]

对于轰炸的其他后果，德国却保持沉默，闭口不谈。德国似乎并未统计人员的死亡数字和房屋受损面积。从 1940 年 6 月到 1941 年 6 月，轰炸共造成 43 384 人死亡，这个数字远远大于 1940 年英国轰炸德国时造成的平民死亡数量（975 人）。因为没有公开出版的统计数字，很可能德国方面从来就没有估算过，轰炸造成的人员死亡有多么严重。尽管人口并非是指定的轰炸目标，但轰炸总会造成平民丧生。会有这么高的伤亡，不仅因为前面提到的德国人的轰炸越来越不精确，还因为遭到轰炸的主要港口附近就是密集的工人居住区，再加上城市内部的防空洞和避难所质量低劣。德国最高统帅部更感兴趣的是轰炸对英国的战争资源的破坏程度，在他们眼中，这决定了要为轰炸制定的目标。整场战役期间，德国都在强调，要让英国在军工生产和人员补充方面承受多么巨大的代价。1941 年 5 月，按惯例在每天向空军高层进行的战况简报中，戈林向同僚强调，英国的军工生产在德军的空袭之下，“遭到了巨大的破坏，已经到了彻底毁灭的地步”。1944 年 7 月，空军历史研究处编写的轰炸战的总结中，仍然坚称“英格兰有很多兵工厂和港口遭到破坏，而后续的空袭又延迟了这些设施的修复”。这些内容全部都是猜测。

对历史学家来说幸运的是，英国官方自己对德国轰炸的后果进行了统计和调查。从 1940 年 10 月起，英国认真记录了轰炸造成的人员伤亡和对房屋与工厂的破坏情况。英国还从遭空袭城市电力供应的波动，来推测轰炸对工业生产的影响。截至 12 月，根据综合统计，在伦敦遭受的轰炸中，平均每吨德国炸弹造成的损失包括：6 人死亡，25 人受伤，35 人无家可归，80 人暂时性失去住所，10 座房子被彻底摧毁，25 座房子暂时不能居住，80 座房子轻微损坏。[198] 事实证明，这些数字只是早期猛烈轰炸造成的特例。根据英国政府科学顾问帕特里克·布莱克特（Patrick Blackett）的计算，在整个轰炸期间，德国的每吨炸弹平均造成了 0.8 人丧生（是 1941 年英国皇家空军对德轰炸杀伤率的 4 倍）。1940 年和 1941 年两年内，共有 44 652 人死于轰炸，52 730 人重伤。房屋受损总数超过 200 万座，当然，其中大部分房屋很快就修好了。[199]

轰炸对英国的经济影响并不是特别大。官方估计当时的生产仅减少了 5%。专家通过研究电力消耗的变化，分析了轰炸对城市工业生产的影响，得出的结果表明，除了考文垂在 1940 年 11 月的轰炸后花费了 6 周时间恢复以外，大部分城市的工业生产能力仅暂时减少了 10%、15% 或 25%，并且这些城市以平均每天 3% 的速度恢复生产，也就是说 3 到 8 天就能恢复如初。[200] 据观察，铁路在轰炸期间“大体保持正常运营”。有时候，临时性的维修和线路重新规划，可能会导致不到一天的延误。1941 年间，供水中断的最长时间是 24 小时。电力网络和煤气供应的状况，意味着对能源供应实施零星轰炸的效果并不明显。而油料库存也仅因空袭损失了 0.5%。[201] 对食物的封锁同样效果不好。据英国国内安全部估算，轰炸破坏了英国 5% 的面粉生产，4% 的人造奶油生产，导致油籽产量减少了 1.6%，破坏了 1.5% 的冷藏库。伦敦码头的外港一直能维持运转，轰炸对首都的食物供应“没有显著影响”。[202] 评估群众的战斗意志是一个更具有挑战性的工作。空军情报部 1941 年 8 月进行的一项关于空中闪电战的大规模调查显示，“英国没有一座城市出现斗志崩溃的现象”，调查也承认，不知道人民的士气会在轰炸达到什么程度时悄然崩溃。[203] 通过对德军轰炸的评估，英国方面得出的一个综合结论是，轰炸造成了平民大量死亡、损毁了大量房屋，但是在国内经济、空军战斗力、食品供应和民众斗志这些方面，轰炸的影响都是有限和暂时的。

英国的这些评估并未充分考虑维持大规模的防空、民防队伍和应急工作人员占用的战争资源，这与战争后期评估轰炸德国对其造成的影响并不一样。德军轰炸在战略上对英国最显著的影响是，英国将大量的军事和民间力量分配到了防空部队和民间的空袭预警队伍中。这两支队伍占用了大量人力，并在整个战争期间都维持着这种状态。1941 年夏，英国防空司令部就已有 33 万男性人员，并且另外从本土辅助防卫队中招募了 7.4 万妇女。[204] 民防部门在 1941 年 6 月雇用了 21.6 万名全职人员和 123.38 万名兼职人员（空袭预警队、伤员救护队、辅警）。[205] 1940 年底，消防部门雇用了 85 821 名全职工作人员和 13.93 万名兼职人员，此外，消防队还可以得到战时消防辅助服务队的援助，这支队伍有 67 024 名全职队员和 125 973 名兼职队员。[206] 包括女性在内，一共有约 70 万名全职和 150 万名兼职工作人员，他们本应可以参加战时的各种其他工作。维持这种“民防经济”——制服、装备、伙食、福利、棺材、防空洞——是国家和地方政府的一项主要支出。

轰炸也导致英军调用了大量军事资源。在英国本土，战斗机司令部把日间和夜间战斗机中队从 1940 年 7 月的 58 个，扩充到了 1941 年 1 月的 75 个，到 1941 年 9 月，则达到了 99 个中队。因此，英国几乎不可能把大量先进的战机派往海外增援那里的部队。中东和远东战场得到的增援，大部分是美国和英国在技术上已经落后的飞机，或是老旧的飞机。[207] 高射炮、弹药和相关装备，以及正在建设的雷达网络，占用了大量可以分配给进攻性装备的资源。因为加强英国的防御是重中之重。德国轰炸致使英国对军事动员能力的要求越来越高，这也就意味着，不管德国造成的破坏是否真的有什么影响，英国需要对资源进行大规模的分配。从这个意义上来说，德国所声称的是正确的：即由于 1940 年和 1941 年进行的轰炸战和再次发生轰炸战的可能性，使英国的进攻能力受到了很大限制。

“轰炸机学校”：德国在 1941 年至 1945 年的轰炸行动

1944 年 2 月 14 日，德国空军学院的一位讲师，对 1941 年以来德国对英国的轰炸的各个阶段进行了仔细的分析。他告诉听众，德军已有 18 个月没有对英国内陆地区实施大规模轰炸了。由于稳固和高效的防守，驻守在法国的德国轰炸机和战斗轰炸机，只能对英格兰南部沿岸地区使用打了就走的战术实施一些小规模的轰炸。而且，即使是这样的攻击也逐渐减少，1942 年平均每月还有 15 次，到 1943 年末，已减少到平均每月 5 到 6 次。这位讲师继续说，飞行员遭遇的危险是巨大的。对英国实施轰炸就像是去上“轰炸机学校”，飞行员如果不能学到些什么，就只有死路一条。平均来说，德军机组成员只能活着执行 16 至 18 次任务。最后，他这样总结自己的发言：“很明显，采用这种方式，不可能对英国的战时经济和民众的斗志发动什么有决定性意义的打击。”[208]

1941 年夏，交战双方眼中的前景和战争未来实际的走向有着天壤之别。正如前面提到的，德国打算先通过一场 6 个月的战争击败苏联，然后再转过头来收拾英国。希特勒对此信心十足，1941 年 7 月，他甚至下令大规模提高飞机和海军装备的产量，准备在 1942 年重新与英国对决。戈林设法让希特勒通过了一个特殊的优先生产计划（称为“戈林生产计划”），要将飞机产量提高为原来的 4 倍，其中包括在 1942 年生产大约 400 架四引擎轰炸机（主要是亨克尔 He177），并在 1943 年将其补充到 1000 架。[209] 对于外号“美国轰炸机”的超远程轰炸机的研发，此时正在从幻想走向现实。梅赛施密特公司已经开始研发 Me264 轰炸机，这种最大航程超过 9000 英里的轰炸机可以飞到美国然后再返回欧洲。早在 1940 年，希特勒大本营就在考虑占领亚速尔群岛（Azores）作为预备基地，如果美国参战就可以从那里空袭美国。[210] 1941 年至 1942 年间，施佩勒领导的第 3 航空队的作战任务是，保持西线的现状，直到德国空军主力回师与西方列强作战。英国领导层也预料到了这种严酷的前景。丘吉尔反复要求空军部加强夜间防空工作，为秋天到来的下一个“夜间轰炸季”做好充分准备。接替道丁指挥战斗机司令部的肖尔托·道格拉斯，希望在年底前把夜间战斗机部队从当时的16个中队扩编到至少30个中队。他这样做，是为了预防苏联战场在冬季陷入休战以后，德军把轰炸机部队向西线部署，由此给英国城市带来的“大规模、时间更长的夜间轰炸”。[211] 不久，事实就证明，德军在对苏战役中遇到的困难，使它不可能持续对英国实施大规模空袭。

1941年下半年，尽管兵力有限，德国第3航空队还是想尽办法，让自己的行动具有某种战略意义。起初，德国人继续对遥远的城市目标实施夜间空袭。1941年7月，伯明翰遭到了3次空袭，赫尔遭到两次空袭。8月份天气状况十分糟糕，以至于这个月有25天都不适合实施轰炸。9月份部队主要以执行海上布雷任务为主。12月份，德军对纽卡斯尔、普利茅斯和赫尔实施了小规模轰炸。德国人的情绪高涨，这主要是因为他们大大夸大了敌方的损失。德军宣称，7月到12月，他们以236架飞机为代价，消灭了英国皇家空军的1223架飞机。[212] 由于其他战场的紧急需要，很多飞机被调走了，1941年到1942年冬天，施佩勒手里只有两个轰炸机大队。因此，这支兵力大减的部队，最适合的工作就是帮助海军对英国的航运进行打击。1942年4月7日，第3航空队接管了大西洋航空司令部的海上和空中部队，并且在针对英国南部港口的封锁战中，扮演了更加有效的角色。[213] 德军的夜间战斗机，偶尔也会对英国皇家空军轰炸机的基地实施低空空袭，但是到1942年这种袭击也逐渐消失了。

这段时间中，英国的防御力量得到了增强，而他们的技术设备也发生了改变。到1943年，英国已经建成由53座内陆雷达站构成的雷达网，覆盖了从锡利群岛（Scilly Isles）到奥克尼群岛（Orkney Islands）的整个地区。夜间战斗机都安装了AI Mark IV型截击雷达，可以引导飞机拦截来袭的德军飞机。[214] 德国第3航空队因此损失了10%的飞机，对于这样一支规模不大且缺少补充的部队来说，这是相当大的损失。到1941年底，皇家空军夜间战斗机中队的主力是英俊战士战斗机，此时这种战机已经完成了夜间作战改装，这种飞机的参战，使德军夜间执行小规模、零星轰炸任务时，飞机损失率上升到了18%。[215] 1942年春，防空司令部已经列装了安装有雷达探测系统的新型探照灯，并且有了一种在战区集中使用探照灯的更有效的光诱引系统，以配合装有雷达的高射炮和夜间战斗机。改进的高射炮瞄准装置，使击落敌机平均发射的弹药数达到了开战以来的最低程度，即平均每 1830 发炮弹就能击落一架敌机。[216] 1943 年 3 月，一名德国轰炸机大队的指挥官告诉负责评估第 3 航空队的调查组：在目前的防空条件下，任何深入英国内陆的轰炸都只是“一场灾难”。[217]

尽管如此，在 1942 年春末和 1944 年初春，德国空军还是进行了最后两波轰炸，由于英国对德国城市的轰炸力度大大增加，德国人一再想要施加报复，才有了这两次行动。被称为“贝德克尔空袭”的第一波轰炸发生在 1942 年 4 月和 5 月。“贝德克尔”这个名字，来自贝德克尔公司出版的著名旅行指南，德国外交部新闻司副司长布劳恩·冯·施图姆（Braun von Stumm）首先使用这个词来宣传德国的轰炸将会“摧毁有文化价值的建筑”，尽管戈培尔本人反对公开使用这种说法，但它还是保留了下来。[218] 这些轰炸通常被解释为对英国轰炸德国古老港口城市罗斯托克（Rostock）和吕贝克（Lübeck）的报复，英军的轰炸摧毁了两座古城建于中世纪的市中心。但是，英国对罗斯托克的大规模轰炸开始在“贝德克尔空袭”之后。其实，德军重新开始实施轰炸，是因为英国皇家空军在 1942 年 3 月初对巴黎的一次空袭。对于巴黎在 1940 年德国空袭后幸存的艺术品和名胜古迹遭到轰炸的威胁，希特勒愤怒异常。为此，他要求第 3 航空队组织一次针对伦敦的报复性空袭。戈林在西线空军行动长期陷入沉寂后急于发动轰炸，他立刻给德国空军参谋长耶顺内克下令，命令他通知第 3 航空队开始轰炸英国的工业区。[219] 3 月 28 日和 29 日吕贝克遭到了空袭，历史悠久的港口建筑中有三分之二遭到破坏，希特勒也随之改变了自己的命令，取消针对伦敦的报复性轰炸，转而对部分英国历史文化名城实施空袭。这一次，轰炸机大队被允许对平民实行恐怖空袭，作为对英国皇家空军的报复，但是戈林也告诉轰炸机部队，仅仅轰炸居民区没什么好处，他命令部队寻找一些有用的军事或经济目标实施轰炸。[220]

执行这些轰炸任务的是由 40 至 70 架轰炸机组成的小型编队。德军首先在 4 月 23 至 24 日轰炸了埃克塞特（Exeter），随后在 4 月 25 至 26 日轰炸了巴斯（Bath），4 月 27 日和 29 日轰炸了诺里奇（Norwich），4 月

28 日轰炸了约克（York）。5 月 16 日，戈林下令对坎特伯雷（Canterbury）实施轰炸，于是这座城市在 5 月 31 日和 6 月 2 日两次遭到轰炸。德军历史办公室后来将 6 月下旬德军对度假胜地滨海韦斯顿的两次空袭也算作贝德克尔空袭的一部分，尽管这座城市的文化价值并不突出（根据 1927 年版的贝德克尔英国旅游指南，这座城市有着“受欢迎的海水浴场”）。[221] 在夏季这几个月，德军共发动了约 30 次空袭，向目标投下了 439 吨炸弹。但是，到 8 月，英国严密的防空能力和德军飞机数量的减少，迫使轰炸陷入停顿。这次短暂的轰炸战除了激起英国人更加高涨的防空意识和促进英国防空技术进步以外，几乎没有起到任何战略性作用。1943 年的前 3 个月，德军仅向目标投下了 67 吨炸弹，大部分投弹区域都位于英国南部海岸一线。德军飞机为了躲避英国雷达的跟踪，被迫降低飞行高度，还要经常改变航向。德军无法依赖自己的无线电导航设备，按一线指挥官的说法，在视线不佳的夜间实施的轰炸任务“毫无用处”。[222]

1943 年秋爆发的“柏林战斗”中，德国首都柏林遭到多次大规模轰炸。随后，1944 年春，德军发动了第二次短暂的轰炸战，代号为“摩羯星座行动”。德军发动这次攻势，是因为 1943 年春，希特勒为了对抗英美联合轰炸造成的无情破坏，并满足德国人民心中日益增长的报复心理，在震怒中严令空军采取行动，加强对英国本土的空中打击。[223] 希特勒还对导弹寄以厚望，认为这种秘密武器能够对战争胜负起决定性作用，但此时导弹的研发还在进行中，距离形成战斗力还需要一年多的时间。3 月中旬，戈林的副手，艾尔哈德·米尔希元帅召集了一次会议，议题是讨论重组对英进行空袭的空军部队。会议讨论出的方法之一就是对现有技术进行改进。会议同意给第 3 航空队列装更多的新型快速中型轰炸机，包括梅塞施米特 Me410、容克 Ju188S 改进型和装备了可抛弃副油箱的战轰型福克 – 沃尔夫 Fw190；还要配发一种威力更大的燃烧弹和改进型雷达系统（“利希滕施泰因 –R”型和“海王星 –R”型雷达），德军希望这些装备能够提高空军作战效能。[224] 会议还同意给第 3 航空队配备更多的飞机。虽然 1943 年，要求优先生产战斗机的压力越来越大，空军还是制定了多项扩大轰炸机生产的计划。到 1943 年 12 月，戈林还号召把轰炸机的产量从 10

月的 410 架提高到每月 900 架。不过，他的雄心壮志最终也只能是一场白日梦，而这也表明这位空军统帅的政治影响力在逐渐下降。[225]

1943 年 4 月 1 日，迪特里希·佩莱兹（Dietrich Peltz）上校开始担任对英空袭指挥官，他接到的命令是想办法扭转已现颓势的轰炸战。佩莱兹是一名成功的指挥官，拥有 1940 年至 1941 年间轰炸战的作战经验。接受任命后不久，他就晋升为少将，年仅 29 岁。但是，佩莱兹也被自己的声望所累。同年 5 月份，他被任命为轰炸机兵种总监。6 月份，为了应付地中海地区部队的紧急公务，佩莱兹不得不调离了业已恢复的对英轰炸，而此时，轰炸还没有取得什么战果。在佩莱兹缺席期间，空军承担反航运任务的军官试图将承诺配发的新装备调为己用，而非去执行地面封锁作战，因为地面轰炸未曾证明自己的价值。德军宣称，随着新型潜艇和新型远程战机的使用，每月将能击沉船只 150 万吨，这足以破坏英美联军的入侵计划。[226] 但德国空军掌管对海攻击行动的军官们却没有什么信心。1943 年 9 月初，大西洋空军司令部的乌尔里希·凯斯勒（Ulrich Kessler）中将在写给汉斯·耶顺内克的信中，用略带幽默的口吻写道：“举个例子来说，假如我们向正在开舞会的英国乡间别墅扔炸弹，那么杀死任何重要人物的可能性微乎其微，因为丘吉尔根本不跳舞……”他接着写道：“投到船上的炸弹，才能决定这场战争的胜负。”[227] 但当这封信送到时，耶顺内克已经自杀了，8 月盟军对佩内明德（Peenemünde）的空军研究中心实施的轰炸之后，空军接连遭遇失败带来的压力使他难以承受。

佩莱兹没能说服希特勒和戈林同意改变战略，让空军再次执行海空封锁任务。他重新回到了对英空袭指挥官的岗位上，为重启对英轰炸，佩莱兹到各处搜集了总计 524 架轰炸机和战斗轰炸机，其中 462 架飞机具备作战能力。这些战机主要是老旧的容克 Ju88、道尼尔 Do217 和数量不多的亨克尔 He177 重型轰炸机。承诺中的那些新装备根本就看不到影子。众所周知，德军为实施远程轰炸进行的训练和准备都不充分，战机出勤率也不高。佩莱兹仰仗的主要是第 66 轰炸机大队，这支部队拥有丰富的城市轰炸作战经验，但有时仍会被英国人的防御手段误导。为了增加毁伤力，德军轰炸机携带的炸弹中燃烧弹占到 70%，这个做法与英国空军轰炸机相同。[228] 12 月 1 日，希特勒批准重新启动对英国进行长途轰炸。戈林把这次作战当作展示空军战斗力的一次机会。“如果我们能成功地进行最大限度的报复”他说道，“这将会极大地激化英国人的厌战情绪，盖过他们的其他想法。”[229]

1944 年 1 月 21 日，摩羯星座行动开始，第一个空袭目标是伦敦。当夜轰炸行动中，德军损失的飞机中有一架 He177，这是盟军第一次目睹德军重型轰炸机飞临伦敦。这次行动携带的 500 吨炸弹中，只有 30 吨投在了目标上。在 1 月至 4 月间，伦敦遭到了 14 次空袭，其中只有 4 次把计划投弹量的一半投在了正确的地方。比如，2 月 13 日 13 架 He177 重型轰炸机就经历了一次典型的失败。当天，1 架飞机起飞时轮胎爆裂，8 架因为发动机故障返航，1 架迷航飞到了诺里奇市，把携带的炸弹扔到了须德海（Zuyder Zee）里，只有 3 架飞临伦敦上空，其中还有 1 架被击落。轰炸布里斯托尔和赫尔的行动也以失败告终，因为飞机根本就找不到目标。后来，有几次行动中，轰炸导引飞机可以准确地飞到目标上空，轰炸机顺利执行了集中轰炸任务。这几次轰炸，伦敦有 890 人遇难，这也是 1941 年 5 月以来最大的伤亡。[230] 2 月开始，德军轰炸机第一次投放了大量代号为“杜培尔”的金属箔条（这种箔条是英国人在 1943 年 7 月轰炸汉堡时首次使用的，当时的代号是“窗户”）。德军投放金属箔条是为了干扰英国的防空雷达，但这种手段并不能阻止英国人的夜间战斗机和防空炮火给德军造成了巨大损失。[231] 德军每次行动的损失率都达到 5% 至 8%，而且一直得不到补充，这场重新开始的行动在几周后就难以为继了。德军的最后一次空袭发生在 5 月 29 日，目标是康沃尔郡的法尔茅斯（Falmouth）。至此，佩莱兹手里只剩下 107 架飞机，远不足以威胁到一周后即将登陆法国的盟军。

此时，希特勒希望出动期待已久的秘密武器，执行真正的复仇攻击。第一种秘密武器是菲泽勒 FZG-76 巡航导弹（通常被称为“飞行炸弹”）。这种导弹是由空军工程师在波罗的海佩内蒙德的研究中心研制的，1942 年 12 月第一次试射，最大射程为 150 英里。第二种武器是韦纳 · 冯 · 布劳恩（Wernher von Braun）带领的团队为德国陆军研制的 A4 火箭，它于

1942年6月成功进行了发射，是世界上第一种弹道导弹，射程达220英里。1944年6月，德国向伦敦发射了第一枚飞行炸弹，同年9月，向伦敦发射了第一枚A4导弹。发射这两种导弹都是为了报复英国对德国城市的轰炸——它们因此称为"复仇武器（Vergeltungswaffen）"，分别得名V-1和V-2——和鼓舞国内的士气，与此前多次针对英国轰炸的目的是一样的，但严格来说这不算战略空袭。[232] 这两种导弹都是针对英国目标随意发射的，在它们投入使用的前几个月大大提高了平民死亡率，但是在大的战略背景下，几乎没有什么作用。向伦敦、巴黎和安特卫普（Antwerp）发射的全部导弹的装药量，也只是等于英国皇家空军一次大规模空袭的装药量。[233] 仅有517枚导弹击中伦敦，598枚中途坠落或者掉到海里。飞行炸弹的危险性更大，但是也仅在最初的几个月里给英国大后方造成了威胁。此后，来袭的导弹和人员伤亡数量双双下降，一方面是因为德军的发射场地被占领或破坏，另一方面是因为英军找到了防御导弹的方法。皇家空军的涡轮喷气式格洛斯特"流星"战斗机能够用翼尖撞击导弹翼尖，使导弹偏离航向，而高射炮则通过使用近炸引信炮弹，击落了越来越多的导弹。在飞向伦敦的10 492枚导弹中，只有2491枚飞到了目的地（还有约2600枚导弹坠落在肯特郡、苏塞克斯、萨里郡，这要归功于向德国提供的导弹的落点过于靠北的虚假情报）。坠落在比利时境内的飞行炸弹比坠落在英国境内的还要多。[234] 然而，对于受害者而言，导弹袭击和空袭是一样的，后续章节中会对V系列武器的影响进行详细讨论。

摩羯星座行动失败，再加上盟军大规模轰炸使德国国内的情况每况愈下，每一架战斗机都要用于保护幸存的战争经济，这就决定了德国轰炸机部队的命运。因为要优先生产战斗机和战斗轰炸机（包括世界上第一种涡轮喷气式战斗机梅塞施米特Me262），每月轰炸机的产量已减少到仅占飞机总产量的16%。1944年5月，希特勒坚决要求Me262不再执行对盟军轰炸机威胁很大的空中截击任务，转而承担它不太擅长的战斗轰炸任务。尽管希特勒希望由轰炸机部队的军官管理这些喷气式飞机，但目的还是要这些飞机针对推进中的盟国陆军和空军执行骚扰任务，而不是去进行长途作战。[235] 6月，希特勒命令要绝对优先考虑能保卫帝国的飞机，并彻底抛弃了重型轰炸机。各轰炸机中队都接到命令，要求他们将所属飞行员和培训人员，转隶到战斗机部队。7月初最新制定的生产计划，彻底取消了包括亨克尔 He177、容克 Ju288、容克 Ju290、容克 Ju390 和亨克尔 He111 这几种仅存的轰炸机的生产，同时还取消了研发先进原型机的计划。7月 8 日，希特勒正式批准终止轰炸机计划。一周以后，戈林命令参与轰炸机计划的研究人员、工程师和工人，全部转岗，参加新的更优先的工作。虽然有这些命令，戴姆勒-奔驰公司还是在 1945 年 1 月，向军方推荐了一种洲际“超高速轰炸机”方案：用一架安装有 6 台发动机的运输机携带一架较小的轰炸机，在接近美国目标城市时，在海面上释放轰炸机。[236] 在战争进入尾声的时候，德国航空技术却进入了科幻小说的世界。在战争最后几个月，德军轰炸机部队规模越来越小，而每个月宣称的投弹量却越来越多，甚至一个月的投弹量就超过了 1940 年至 1941 年整场轰炸攻势的总和。1944 年 12 月，德国仅仅生产了 37 架轰炸机。

英国政府一直担心，希特勒会在他的帝国崩溃之前的某个时刻，对英国发动一次毁灭性的空袭。1943 年，丘吉尔就曾担心，盟军轰炸德国的鲁尔水坝，可能导致德国人对英国的水利系统实施报复性打击。[237] 在发现德国拥有 V 系列武器后，英国人更加确信，德国人充满了新奇科技武器的武器库中还有其他存货。秘密情报显示，德国人正在研发一种战斗部重达 20 吨的火箭，以及某种新型化学液体，这种液体从飞机上投下并点燃后，会耗尽附近的氧气，导致人群大规模窒息。[238] 1945 年 3 月，波特尔不得不向丘吉尔保证，德国不大可能对议会大厦实施空袭。3 月 29 日，参谋长委员会也讨论了德国会出动剩余的飞机，对英国实施一次孤注一掷的自杀性轰炸的可能性，但认为这种空袭不太可能发生，因为当时几乎没有德国飞机可以从德国控制区抵达伦敦。1945 年 4 月 5 日，军方高层又一次向丘吉尔保证，虽然不能完全排除这个可能性，但希特勒不太可能用细菌炸弹或者化学炸弹进行最后一搏。[239] 历史学家也曾怀疑在 1944 至 1945 年间，德国人已经拥有“脏弹”，其原料来自于德国人失败的核试验。有些证据表明，在诺德豪森（Nordhausen）的生产 A4 火箭的米特堡-朵拉（Mittelbau-Dora）工厂，确实储存了一些装有放射性废物的小型球体炸弹，但目前还缺少进一步的证据。现在也有观点认为德国科学家在战争即将结束的时候，确实成功进行了核反应实验，但即使真是如此，德国人距离将核武器投入实战也还有很长的路要走。[240] 到 1944 年底，德国空军已几乎不具备对英国进行重要轰炸的能力了。

1941 年夏天过去以后，德国空军没能重新开始战略轰炸，这不是因为他们不愿意承担独立的战略任务，而是因为德军在此后 3 年里在各个战线上对空军都有很大的需求。参加空地协同作战变成了空军的主要作战任务。虽然希特勒对独立轰炸的战略意义持保留态度，但是，如果德军能按照希特勒预想的那样在 1941 年击败苏联，那么，空军重新开始空中攻势几乎是板上钉钉的。他在 1942 年对戈培尔说：

> 军工生产……并未被空袭有效干扰。我们在 1940 年秋针对英国军工中心的轰炸中吸取了这个教训……空袭时，通常无法命中预定的目标，飞行员经常把炸弹扔到田野里的假目标上。[241]

空军若是重新发动大规模空袭，就需要增加轰炸机的产量，研发更先进的飞机、炸弹和导航系统。令人吃惊的是，尽管 1941 年至 1944 年，德国人在轰炸机的升级和现代化改造上花费了很大的功夫，但在这期间诞生的那些被大肆吹嘘的新一代飞机却没有一架能够证明自己的实战价值。飞机生产在 1941 年和 1942 年停滞不前，尤其是轰炸机。正如凯特尔元帅在战后受审时说的那样，航空创新“出现了一个真空地带”。[242] 无法确定新一轮轰炸攻势是否会有 1940 年那样的技术优势和庞大规模。

事实上，战略轰炸在德军整个战略规划中，仍然是相对不算重要的一部分。1940 年至 1941 年间执行的海空封锁任务，其实质影响也是令人失望的，除此以外，在西线战场，轰炸主要局限于战术支援任务或小规模的袭扰攻击。希特勒没有丘吉尔和罗斯福的那种对空军的狂热，除了向德国大众宣扬“复仇”以外，希特勒也没能完全领会轰炸带来的政治性作用。但是，戈林却认识到空军正在改变战争的本质。1945 年，戈林的一名副官，这样对审讯者说：“他把陆军看作是差劲，又落后的一个军种。

而舰队在他眼中也已经被取代了。”[243] 然而，戈林没能说服希特勒改变德国当时的战略，更加有效地使用空军。他也没有去监督那些有用的、高质量技术的发展，在战争期间，德国绝对有能力对这些技术进行发展并投入生产。最后，戈林自己也没有认识到，空军部队本身就是起决定性作用的力量。被捕后不久，他曾经对审讯者说“空军只有干扰、破坏和摧毁的作用”，对于具有决定性的地面作战而言，只是一种重要的附属力量。[244]

德国人的作战经历显示了在当时的条件下战略轰炸的真正局限性。在第一次战略轰炸中，尽管敌人的防御有限且混乱，但德军的武器装备水平决定了他们不可能达成作战目标。轰炸机的航程有限，载弹量小，使用的导航系统不可靠且容易被干扰，最重要的是，要去分散轰炸多个不同的目标，因此，没有几个目标遭受了足够频繁或是彻底的打击，它们仍能继续运作。德国空军的轰炸可以说是战略超越时代的典型案例。

第三章

坚持?

英国社会和空中闪电战

1940年9月中旬，一位居住在伦敦东区的和平主义者在给贵格会活动家鲁斯·弗莱（Ruth Fry）的信中，婉拒了她安排自己搬到郊区居住躲避空袭的好意，表示自己会在城里等待，如果命运安排自己死亡，那就等着死亡的降临。这是人们对于危机坦率而又确定的偏见，信中这样写道："是的，人们还能保持冷静，但他们快乐吗？肯定不是。"然后接着写道："没有煤气，茶馆也关门了，就算来了一点煤气，也要花两个小时才能烧开一壶水。成千上万的人在搬到地下室睡觉……但丘吉尔仍然是一位伟人，'受命运眷顾的人'，下院只是偶尔开会听取经过仔细修改的演讲。我们究竟沦落到了什么地步？"这封信的作者甚至认为丘吉尔可能会出卖英国的利益，和希特勒达成一种秘密协议。"有些人可能会认为，我们应该遭到轰炸，"作者思索道，"但是正直的人是不会受到伤害的。他们会度过一个美好的冬季。"[1]

这封信从每一个方面——除了冷静这一点以外——颠覆了空中闪电战威胁下的英国社会的传统形象，也颠覆了英国最著名的首相享有的偶像地位。这封信说明，在轰炸面前，历史的真相不止一个，而是多种多样的。普通人对突然而至的灾难有着各自独特的反应，如果有些人的表现像传统宣传中的那样坚韧刚毅，那么肯定有些人，比如像这封信的作者，则会注意到高层存在不公和欺诈。在"我们可以坚持下去"这句话的背后，民众对德军轰炸的反应是复杂且相互割裂的。

英国人民是第一批体验长期、大规模独立轰炸战的人。英国社会也是第一个经受这种考验的社会，它的表现验证了战前空战文化中暗示的社会分崩离析的幻想场景是否会真的发生。此外，英国民众已经好几个世纪没有体会到遭受侵略、占领、内战的恐惧了，而这些在欧洲大陆的历史上却时有发生。德军进行的这场近一年的轰炸战，是对英国国内生活史无前例的粗暴侵犯，有4.3万人惨遭杀害。叙述轰炸对生活上的影响，显然和对轰炸行动本身的记录大相径庭，所有轰炸都是如此。一场空袭最多区区几个小时，而在目标上空投掷炸弹的过程不过花费几秒钟。机组成员和其他军种的士兵不同，他们不会被迫待在遍布尸体的前线，看着炸弹、炮弹造成的破败不堪的景象。机组成员返航回到基地后所处的环境，要相对平静许多。然而，对遭到轰炸的公众来说，炸弹的攻击仅仅是个开始。炸弹造成的物质损失、社会破坏和心理冲击将会持续好几个月，有时甚至长达几年。对于轰炸机的机组成员来说，轰炸行动即使有危险，那也是暂时的，但对于那些长期生活在轰炸后果中的幸存者来说，这是一个沉重的社会现实。

20世纪30年代末，英国政府也非常清楚，如果出现大规模的轰炸行动，可能会对国家的基本结构和人民的决心提出非同寻常的要求。尽管英国从30年代中期就开始在全国范围内开展应对空中威胁的准备工作，但能做的事情在本质上是有限的。1939年1月，一份关于疏散计划的报告直截了当地说："一个像英国这样大小的国家，在现代战争中没有绝对安全的地方。"[2] 可以这样理解，安全只是相对的，而大规模伤亡和破坏肯定是不可避免的。防空洞能够有效保护平民，但中央政府和地方当局都认为这是一个纸上谈兵的建议。官方1939年制作了一份传单，敦促公众厘清对"防空洞"这个概念的误解。传单解释说："从字面上看，这（防空洞）是一个避难所，可以让大轰炸中投在你头上的炸弹不会对你产生任何影响……但设计一个能提供这种防护的建筑是不现实的。"[3] 对越来越迫近的轰炸战，英国官方的反应一直是试图控制损失，而不是完全避免遭到破坏。

构筑新前线：1939 年至 1940 年

有一种观点认为，现代战争中的平民社会无论是否情愿，它都处于火线之上，这种观点使得后方也成了一条战线。这是所有受到轰炸威胁的社会的普遍反应，在所有描述民防事务的文字中都体现了这种观点。1940 年 9 月，《新政治家》的编辑金斯利·马丁（Kingsley Martin），在德军大轰炸后不久采访了伦敦东区，他写道："在最精确和最直白的意义上，（这里）是一场大战的前线。"[4] 当地的民防组织把自己的任务分成两部分，其中一部分被他们称为"作战"，这部分工作在敌人投弹的时候仍要进行；另一部分叫"善后"，主要是处理遇难者和恢复公共服务。[5] 随着战事的进行，参与到民防事务各部门中的工作人员，都开始把自己视为陆军、海军和空军以外的第四个军种。

平民前线的理念带来了一系列问题，即怎样在公民政府的组织下让一个主要由城市人口组成的社会变得能够承受和应对大规模轰炸。地方志显示，德国人的空中闪电战如果提前一年，在 1939 年 9 月 3 日开始，那么轰炸造成的后果将要严重得多。战争爆发和德军发动轰炸战之间较长的时间间隔，使英国的中央和地方政府有时间为这条前线进行准备，并鼓励大量平民进行军事化训练。在战争开始前，民防人员的招募速度缓慢，战事的爆发改变了这一切。在 1939 年到 1940 年间，一支由正规军和志愿者组成的大军在为这条前线忙碌，而剩下的人则开始适应灯火管制规定、参加防毒面具使用训练、学习防空警报的含义、参加疏散演习，这使得每个人都处于一种特殊的战时行为模式，而这种景象一直持续到战争结束。部分规定代表着朴素的利己主义，但是一直存在，哪怕是 1941 年以后，德军轰炸规模变小，变得断断续续，这些规定仍然存在。民防意识的发展，部分源于总体战的民主本质，因为这意味着全体公民在战争中都有自己的任务，并鼓励将战时身份与公民战士的新理念结合起来的视角。[6] 当政府考虑让工人在空袭警报响起后继续工作的想法时，有人认为所有从事重要战时工作的人都是"一线部队"，并据此认为让工人冒这种险是应该的。[7] 1945 年，在空中闪电战的绝大部分时间中担任国内安全大臣的赫伯特·莫里森（Herbert Morrison）将他组织起来的民防部队总结为一支由不分性别的“普通战士”组成的“公民部队”。[8]

事实上这些平民并非军人。这个在20世纪30年代末建立的民防体系不得不使用的那些平民，既没有武器，也不穿制服，更不习惯那些正规的准军事化纪律。1937年《空袭防范法案》通过以后，地方政府必须组建地方民防组织，并需要经过英国内政部空袭预防司审核，空袭预防司成立于1935年，司长是约翰·霍德索尔（John Hodsoll）爵士。根据内政部的审核情况，中央政府会为地方民防机构提供所需资金的65%到75%。地方政府需要任命一名负责协调民防事务的防空总指挥。在那些受到空袭威胁的城区，这一职务通常需要由当地掌管地方行政事务的镇书记担任。防空总指挥对当地紧急委员会或战争执行委员会负责，这两个委员会都是由选举产生的地方议员和部分市政府官员组成的，这些官员中最重要的是该市的总工程师、地方医疗官、空袭主管和警察局局长（在有些地区，警察局局长也兼任空袭主管）。[9] 政府决定，将民防组织并入现有的地方行政机构，这意味着地方官员的担子又加重了，因为他们不知道怎么组织被动性防空工作，也不懂怎么通过规定让群众服从管理，配合防空工作。这种状况在联合工作组成立后才有所改善，联合工作组将地方政府组合起来，使得它们可以共用资源、分享工作经验。[10]

为了解决地方政府遇到的各种困难，1939年3月又建立了一个地区专员体系，尽管他们的行政责任并不清晰，但战争一旦爆发，他们将会是负责民防或紧急事务的政府部委和地方空袭预防部门之间重要的纽带。最后，全国共设立了12个防空地区，每个防空地区都会在指定城市设立总部，使用大量工作人员协调福利保障和应急事务。伦敦因为其重要性，设立了5名地区专员。[11] 这套体系由英国内政大臣掌管，内政大臣在战时还要同时掌管新设立的国内安全部。约翰·安德森爵士最终被选定担任这一双重职务，他是一位受人尊敬的公务员，一丝不苟，头脑敏锐，原则性很强，但是和自己管理的那些城市居民还有很明显的距离感。1939年9月4日，国内安全部正式开始运作。[12] 英国战时体制的力量就在于这些连接着地方和中央政府的纽带，而且在这个过程中不存在重复劳动，但它的成果还在很大程度上取决于地方官员对战争有关繁重事务的处理能力，这一点绝不应该认为是理所应当的。

地方政府在组建各自民防机构的时候，没有标准的模式，也没有共同的时间表。事实证明，那些民防工作受到和平反战团体广泛政治抵制（他们认为民防工作是军国主义和准备发动战争的表现）的城市，直到战争临近时都未能建立有效的组织。而在其他有些地方，准备工作在它成为法定义务的好几年前就开始了。1938 年初，赫尔市的城市工程师曾给各地发出公函，询问各地在组建民防组织方面都采取了什么措施。他发现有些地方已经制定了相关计划，如沃尔萨尔（Walsall）、唐卡斯特（Doncaster）、考文垂、伊灵（Ealing）、斯托克纽因顿（Stoke Newington）、曼彻斯特、利兹（Leeds）、纽卡斯尔和伯明翰；但是根本就没有制定工作计划的也不少，包括桑德兰（Sunderland）、布拉德福德（Bradford）、约克（York）、罗瑟勒姆（Rotherham）、谢菲尔德（Sheffield）、米德尔斯伯勒（Middlesborough）和其他 6 座工业城市。考文垂和纽卡斯尔早在 1935 年就制定了最全面的计划，涵盖了应急工作、培训和公众教育的各个方面；而利兹和曼彻斯特的计划，在 1936 年秋天也已制定完毕。到 1938 年 9 月末签署《慕尼黑协定》时，绝大多数城市都已经完成了计划的制定。[13]

为了应对新的要求，后来各地的地方政府都任命了一名专职防空总指挥，但大部分工作还是由那些同时承担了民防事务和其他工作的工作人员（通常是男性，有时也会是女性）完成的。防空指挥室是地方民防的关键机构，通常设在市政厅能够躲避轰炸的地下室里，通过电话与其他应急中心相连，或是由一队从青年组织中招募的身着制服的年轻信使承担传令工作。战争爆发时，在组建能够发挥作用的地方民防机构方面，各地进度各不相同，地方记录显示大部分地区的进度都不理想。据报道，伦敦的汉普斯特德区的空袭预警机构已经在 1939 年 7 月具备了工作能力，并且防毒面具已经全部下发给了当地居民。从 8 月 31 日起，防空指挥室和各个急救点全天 24 小时有人值守，但是计划中的 1100 名空袭守卫只有 220 人到位，45 名通信员中，也仅有 3 人到位。[14] 在约克，这里受到空袭的威胁显然比伦敦要小些，地方民防机构的组建速度就更加缓慢了。截至当年10月，城市的紧急事务委员会还没有竖起指明在哪里可以找到空袭主管和防空洞的标志，一个主要家庭避难所项目也才刚刚开始，适合婴儿和孩子使用的防毒面具还没有完全发放，更没有任命专职的防空总指挥。1700名担任空袭守卫的志愿者中，只有964人真正到位，其中还有500人在战争爆发后不见踪影。[15]

地方政府最大的困难是没有足够的志愿者来维持民防和应急工作的运转。这些工作中有一部分是全职的，且多数情况下收入很好，对于那些仍然遭受高失业率煎熬的民众仍然很有吸引力。根据汉普斯特德发布的广告，空袭预防部门高级助理的工资是每年450英镑，这个数字吸引了251名应聘者（当时一名熟练工一年的工资是约250英镑）。责任较小的岗位薪水也有每年250英镑至300英镑。[16]但是，让这些全职和兼职的志愿者长期任职，是更加困难的工作。尽管很大一部分人，在战争威胁的激励下留了下来，但是，大部分民防队伍一直处于人员不足的状态。1940年夏末，轰炸战真正开始的时候，很多民防机构发现，他们不得不开始接受志愿者组织的帮助，而原本组建民防机构的计划里并不包括这些组织。也就是从这里开始，英国传统的志愿者服务开始出现分歧，一部分志愿者组织鼓励男女志愿者担任空袭守卫、护士、消防员和搜救人员，而同时，另一部分志愿者组织则对于把志愿者活动转变为受纪律约束和国家管理的力量特别反感。尽管如此，到1940年夏，各个民防机构需要的803 963人中，已经有626 149人到位，其中五分之一是全职人员，其余是兼职人员。此外，还有353 740名可以随时参与紧急工作的志愿者，但这些志愿者不是正式在册人员，这其中也包括被工厂和商业机构雇佣的，随时参加紧急空袭防御工作的工人。[17]

这些数字并不包括在那年晚些时候成为紧急服务部门重要组成部分的两个组织：消防队和妇女志愿服务队。即便在大城市，正规消防队也要依靠来自各处的志愿者和兼职人员。1937年，英国一共约有5000名全职消防员，这些消防员根本不能应付大轰炸带来的火灾。因此，1938年，英国政府命令各地方当局组建辅助消防队，以应对轰炸可能带来的威胁，到战争爆发时，消防员队伍已经达到惊人的7.5万名，其中85%属于辅助消防队成员。[18] 1940年末，消防员队伍中，有85 821名全职消防员和139 300名兼职消防员，这其中包含有辅助消防队的67 024名全职人员和125 973名兼职人员。[19] 消防队和辅助消防队之间的关系搞得很差，因为参加辅助消防队的主要是技术人员或者文员，而正规消防队的成员绝大多数是退役军人和警察。作家亨利·格林（Henry Green）是一名战前加入消防工作的新人，他在撰写的以战争为背景的小说《着火》（*Caught*）中，回忆了自己在辅助消防队遭遇的敌意："对你们存在着一些偏见，"消防队长这样告诉他，"你最好知道这点。"[20] 后来，这种偏见扩展到了1940年底大批加入消防工作的妇女与和平主义者头上，这些和平主义者因个人理念拒绝服兵役，法院裁决他们应参加战时非战斗工作。1940年6月，伦敦消防队拒绝和平主义者加入，认为他们会被正规消防员里有退伍军人背景的人仇视。伦敦救护服务队也被指示拒绝接受和平主义者的申请，并且要把他们中有和平主义倾向的人也剔除出去。同月伦敦郡议会正式禁止依良心拒服兵役者申请加入任何民防机构；英格兰的其他51个地方当局也通过了同样禁令。[21]

与辅助消防队类似，妇女空袭预警志愿服务队（通常简称为妇女志愿服务队）的建立，也是为了应对1938年日益严峻的国际局势和迫近的战争威胁。在内维尔·张伯伦的倡议下，雷丁侯爵的遗孀在1938年6月8日发起成立了该组织，到当年的年底，已经有来自全国各地的3.2万名志愿者加入，最终该组织的人员达到近100万人。[22] 虽然妇女志愿服务队不是严格意义上的公立组织，但得到了政府的资金援助和其他方面的支持。该组织最初的目标是招募女性空袭应急服务人员，但是随着这支队伍的快速发展，其工作范围迅速扩展到在全国范围内提供广泛的救济和救援服务，并且，组织的运作全部依靠志愿者完成。妇女志愿服务队和正规民防组织的区别体现在其与众不同的绿色制服和软毡帽。该组织在大部分城市都成立了妇女志愿者中心，负责妇女的招募和训练工作，还设立了空袭预防的培训讲座，不过妇女志愿者们不会被要求参加灭火和急救等工作，给她们指派的工作主要是提供建议、设立和运营休息中心、为无家可归者和迷失方向的轰炸受害者提供食物。服务队还组织了“街头烹饪”的示范活动，旨在向公众展示，在空袭以后，通过简单的烧烤也能提供上百份有益健康的餐食。[23] 它还在各地组织了“主妇会议”，放映电影和表演短剧，宣传家庭主妇的志愿者行动，以此扩大组织的影响力。在许多地区，那些不愿意或不能成为全职志愿者的妇女设立了邻里互助网络。在赫尔市，1940 年初成立了一个名为“好邻居联盟”的组织，该组织的主要工作是为地方的空袭守卫提供帮助：提供紧急避弹所、在自己家门口放一桶灭火用的水、提供毯子和大量热饮。在赫尔市，有上千个家庭的窗户上贴着印有“好邻居”几个字的明黄色海报。[24]

招录的女性主要从事妇女传统上应该参与的工作，如制作餐食、照顾伤员、为居家生活提供建议和相关用品等。然而，民防部门明显从一开始就招不到足够的健康男性，不得不把女性也纳入招录范围。而这涉及到对妇女完成民防工作的能力进行判断。约克在招募女性空袭守卫的时候，就提出候选人需要“诚实可靠、值得托付这样的工作”，而且入选者只能在郊区工作。[25] 在赫尔，约五分之一的空袭守卫是女性，她们的工作职责与男性有所不同：登记被轰炸区域所有女性居民的信息、帮助孕妇和残疾人、在休息中心服务、传授儿童和幼儿防毒面具的使用方式，以及在不太可能发生轰炸的白天替男性空袭守卫值班。[26] 在纽卡斯尔，对于女性空袭守卫的招录和使用是按照 3 名女性空袭主管等于 2 名同等职务的男性、7 名女性等于 5 名男性这样的比例进行的。另外女性民防队员的工资是同样岗位男性工资的 70%，受伤后的补贴也少一些。[27] 尽管如此，招录女性参加民防工作是很有必要的。截至 1940 年 6 月，空袭预警部门内的全职和兼职女性人员已经达到 15.1 万人，在救护车和急救站的工作人员中，全职、兼职女性达 15.8 万人，超过其总人数的 72%。[28] 英国关于空中闪电战的记载中，充满了表现女性英雄主义和坚定决心的事例。英国社会党政客约翰·斯特雷奇（John Strachey）曾在切尔西（Chelsea）当过临时空袭守卫，他根据这一经历写了《D 号防空站》（*Post D*），文中的一位女性空袭守卫曾独自一人扑灭了切尔西医院周围的 11 枚燃烧弹。[29] 在斯特雷奇的笔下，那些在他的防空站工作的女性才是真正的英雄。1941 年秋天，空军部进行的一次关于空中闪电战的大规模调查表明，通常来说，女性空袭守卫在对待死亡和因伤截肢这种问题上，比男性更加理智。在工作中，女性空袭守卫也遭受了伤亡。在民防系统，整个战争期间有 618 名女性丧生或重伤，102 名妇女志愿服务队成员在空中闪电战期间牺牲。[30]

所有这些不同的民间力量，都必须打造成一支具备高度纪律性和专业装备的后方准军事化部队。民防组织的管理人员和普通成员里，有不少人在一战中服过兵役，或者曾经当过职业军人，这无疑降低了将其军事化的难度。比如，1940 年 7 月在赫尔牺牲的第一批空袭守卫中，就有一名一战老兵，他在 1914 年 8 月加入了英国远征军，经历了整场一战。[31] 在地区专员及其助手中，有 8 名陆军将军、1 名海军将军和许多陆海军高级军官。约克的防空总指挥是一名陆军中将，1940 年 4 月，一位国家训练巡视员和一位地区训练专员对约克的民防工作进行了检查，前者是陆军上尉，后者是海军上将。[32] 1939 年 9 月，有些地方政府曾经请求国内安全部建立一支拥有军官和士官的真正准军事化部队，但是这种请求没有得到批准。[33] 但至少各级民防部门都热衷于穿上制服，以此来展示自己的地位，同时也为了打造自己独特的身份。伦敦民防区的一份宣传材料这样写道："制服有其自身的价值……因为，穿着制服就不用考虑穿衣人的体格和个性。"[34] 各地纷纷要求让各级服务队身着制服，而中央政府对此的反应相当迟缓，部分是因为资金问题，但当轰炸战开始后，这些先前只配发了钢盔和臂章的组织就领到了更加精致的制服。男性的服装是蓝色工装连衣裤、军装式衬衫和裤子、大衣、皮靴和贝雷帽。女性的服装包括大衣、毛哔叽上衣和长裙、结实的鞋子、毡帽、雨衣、羊毛衣和鸭舌帽。[35] 可以这样说，在民防队员奢侈的装备表里，现在缺少的只有武器了。到 1940 年夏天，民防队员也允许参加地方组织的阅兵式，以展示自己一直在争取的第四军种的形象。

民防队伍的准军事性质还体现在 20 世纪 30 年代开始的训练方案，而民防人员在轰炸战开始之前，都要求参加联合演练。这些训练包括两个层次，一是地方各自组织的训练，二是战争开始前，在内政部设立的训练中心进行训练。在战争期间，两所国内安全学校还讲授高级课程，这两所学校分别位于格洛斯特郡的法菲尔德（Falfield）和约克郡的伊辛沃尔德（Easingwold）。此外，作为补充，每个民防区都建立了类似的学校。初期的培训课程集中在怎样对抗毒气袭击上，直到1940年，毒气仍然被当作是最具威胁的武器。针对空袭预警人员设立的课程中，防毒课程的数量远远超过了如何处置高爆炸弹和燃烧弹的课程。伦敦北部的斯托克纽因顿的培训学校中，针对新征召的空袭预警队员的9门培训课程中，有8门课与防毒有关（如糜烂性毒剂的本质和性质、双眼和肺部防毒、建筑物防毒等）。训练装备包括模拟毒气弹、毒气气味样本，还有用来替代真品的芥子气和路易斯气外罐。[36] 1939年夏天，赫尔的空袭预警队定期在公园里组织训练，展示炸弹及其爆炸效果。通常在引爆一枚声音巨大的小型模拟炸弹以后，训练的重点就会集中在毒气弹上。队员要学会通过嗅觉鉴别持续性毒气（如芥子气和路易斯毒气）；对于非持续性毒气则进行少量释放，由站在上风处的队员观察其扩散。[37] 内政部还专门提供了“移动毒气室”供队员进行训练，所谓的移动毒气室就是面包车改装的毒气训练设施。同时，地方政府还设立了不少“毒气室”，公众可以在里面检验自己的防毒面具是否能够正常工作。[38]

大约在空中闪电战开始之前的这一年，民防人员已经从初期培训阶段转向训练阶段。从执行灯火管制到人员疏散等各种项目都进行了定期训练。因为大部分训练项目都需要人员相互协作，因此，这些训练也是在检验这个大型民间团体的纪律性。这些训练的成果有好有坏。如1939年8月26日组织了一次人员疏散演习，让学生和他们的父母演练疏散过程，但是来参加演练的人员却很少，因为学校还在放假。[39] 灯火管制的演练始于20世纪30年代中期。这些演练通常是在人们熟睡的半夜三更进行的，在当时被认为大体取得了成功。莱斯特（Leicester）在1938年1月组织了一次大规模灯火管制演习，演习中还动用了毒气洗消分队和消防员，然而蒙蒙细雨导致难以通过空中观测评判演习的效果。曼彻斯特在1939年春天组织的一次大规模演练，具有很高的仿真度，因为索尔福德空袭预警队当时决定使用烟花和人工控制的爆炸来模拟空袭，演练中还炸毁了一座老房子来模拟轰炸的破坏。[40] 随着战争的爆发，各个应急部门（消防、空袭预警、急救、搜救和爆破等部门）共同参加的综合协同演练开始定期举行。约克市仅在 1939 年 11 月，就组织了 11 次演练。而伦敦在静坐战争期间，一直在进行大规模演习，这些演习中都下达了详细的作战命令，完全模仿真实的军事行动。和军事演习一样，民防机构的演习也有裁判参与，他们负责给成功者打分，并查找存在的问题。[41] 这些演练是否真的让大后方做好了准备，我们现在不得而知。“至少，我们来到这里就是准备赴死的，”亨利·格林的自传体小说中，主人公这样抱怨道，“我们因没有藏到床底下，而陷入了困境。”格林本人觉得，战争之前无所事事的那几个月比真正的战争还要难熬。他接着写道：“现在终于发生在我们身上了，但至少还不像我们想象的那样糟。”[42]

从战争开始到城市遭到大规模轰炸间的这近一年里，在保护城市人口免遭空袭带来的恐怖方面暴露出了许多问题。尽管 1940 年夏末，绝大部分民防组织已经到位，而且都定期进行演习，但是更大范围内的居民却是一个很大的变数，因为他们只需要遵守灯火管制规定，而不用关注其他的空袭预警守则。战争刚开始的时候，随身携带防毒面具是很普遍的事情，但是这股风潮消失得也很快。到 1940 年 3 月，只有 1% 的伦敦人还随身携带防毒面具。即使是在空中闪电战开始以后，工厂检查员发现很多工人都违背了必须携带防毒面具上班的规定，为此，劳工部不得不提醒工厂企业注意，各单位每周必须至少进行一次防毒面具使用演练，并建议最佳的演练时机是在晚饭之前。[43]

1939 年到 1940 年，随着想家心切的母亲和孩子们返回自己的家庭和住宅，大众对人员疏散政策的遵从也在减弱。1939 年 9 月 1 日，1 473 500 名居民被从受到战争威胁的城市疏散到了乡村和郊区，疏散的居民主要是无人照料的儿童、带婴儿的母亲、学龄前儿童、残疾人、盲人和孕妇。[44] 在官方组织疏散的同时，那些不被视为战争资源的人中也有人自愿从城市撤离（通常是富人）。每名儿童需要每周向寄养家庭支付 10 先令 6 便士（如果一家寄养了两名儿童的话，则是每人 8 先令 6 便士）；年龄在 16 岁及以上的需要每人每周支付 15 先令，但他们中的很多人都被安排在农场或者其他小型单位打工，以支付自己的开支。后来，有大量疏散出去的人员选择了回家，到1940年1月，回家的人数达90万人。很多人在1939年9月并未被疏散。比如，1939年的伦敦，具备疏散资格的学童中，只有34%真正离开了城市，在伯明翰，这个比例仅有14%。截至1940年5月，整个英国有25.4万名学童仍然处于疏散中。组织不力、缺少有效的福利设施、未能对儿童进行充分的健康检查，所有这些都影响了疏散计划。此后，政府又计划对所有城市儿童进行登记，在轰炸真正开始以后再度进行疏散，许多城市居民对重复这种经历抱有强烈敌意，有超过一百万的父母在被问及时表示拒绝登记或是不做任何回应。因此，将城市中最脆弱的群体疏散到相对安全地区的努力失败了。[45]

英国各地防空设施分布不均，也从一个方面体现出民众和空袭预警队的合作并不太好。据估计，截至1940年3月，公共和家庭防空洞或避弹所能容纳的人口，仅占主要城市和港口中的2760万人的一半。在所有这些避难设施中，有39%是家庭防空洞或避弹所，主要包括3种类型：砖砌的避弹所，加固过的地下室（用钢材和木梁支撑），和所谓的“安德森防空洞”。安德森防空洞是在普通家庭后花园挖一个坑，再用波纹钢板搭建顶棚和侧壁，然后在上面盖上半米厚的泥土，其名取自设计者工程师大卫·安德森（David Anderson）。[46]所有这些私人防空洞都不能抵御空袭。大多数公共避难所也是如此，如公共建筑的地下室、公用坑道（有些覆盖了适当的遮蔽物，有些则没有）和更大的专门修建的防空洞。1940年，政府仍然坚持认为，把居民分散在家庭为主的小型防空洞中，比在大型公共掩体中效果要好得多，因为公共掩体存在更大的健康风险和公共秩序问题。整个公共掩体可以为城市中受轰炸威胁群体的10%提供防护，而家庭掩体在这个问题上可以达到40%。[47]这并未考虑在1940年无法安全进入防空洞的大部分人，更未考虑到那些根本不打算去防空洞的人。1940年7月进行的一次民意调查显示，45%的调查对象没有家庭防空洞，只能依靠数量较少的公共防空洞。调查还显示，有三分之二的受访者，抱怨政府没有修建更多的防空袭设施。[48]后来，英国政府的科学顾问索利·朱克曼（Solly Zuckerman）进行的一项调查表明，那些没有家庭防空洞的人（45%的家庭有子女，55%的家庭无子女），各自仅有9%和17%的人声称将去公共防空洞躲避空袭。调查还发现，那些没有疏散的家庭中，有超过一半的家庭声称在空袭期间没有防空洞可用。[49] 这为空中闪电战中的高伤亡率埋下了伏笔。

空中闪电战爆发前修建的防空洞在地形学和社会地理学上也显示了较大的差异。比如在城区地理环境不适合或者地势低洼容易积水的地区，修建的地窖或地下室就相对较少，地方政府只能在地表修建大量的砖石结构的避难所，很显然这种防空洞在轰炸面前会显得比较脆弱，因而并不受公众欢迎。在赫尔市，当地政府下令修建了1.5万座地面防空洞，因为工人住宅区的住所大部分缺少后花园，不能修建安德森防空洞。即使是这些建在地面的防空洞，也经常会受到洪水的侵袭。在与纽卡斯尔隔泰恩河相望的盖茨黑德（Gateshead）于1939年进行的一次调查显示，在3.1万户接受调查的家庭中，2.4万户不适合修建安德森防空洞或者地下室避弹所，“原因是后院条件所限”，因此，不得不为6万人修建地面避难所。[50] 伦敦的西汉姆地势过低，不宜建造家庭避难所，无论是是安德森防空洞还是地面避难所都难以建造，甚至连壕沟都不行；而且工人住宅区大部分没有花园，因此也不具备修建花园防空洞的条件。战时的分析调研也显示，闪电战期间那种建在花园里的防空洞，在西汉姆地区并不受人欢迎，因为这种防空洞使家庭与周围社区分割开来。因此，在这里公共防空洞因为其社交功能和实用性更受到欢迎。[51] 也有很多人拒绝提供防空洞，或是不同意将自己的地下室和地窖作为防空洞。赫尔逐街调查了防空洞的情况，得到的结果五花八门。对一条有26户人家的街道的调查显示，5户要求修建防空洞，9户拒绝，3户没有足够的空间，2户是商店，7户没有回复。即使对整个城市的调查结束以后，又有1279户取消了原先的申请。[52] 约克的民防机构也得到了同样的回复，约克的空袭预警委员会要求拒绝防空洞的居民必须说明原因。那些取消申请的家庭，此后将再也不能申请防空洞。还有约10%的申请者拒收了下发的安德森防空洞建材。[53]

在最脆弱的市中心修建防空洞遭遇的诸多问题——街道密集、后院狭小、人行道狭窄和劳工阶层对调查官员的不信任——体现了轰炸威胁导致的国家和人民之间的复杂关系。关于防空洞和急救问题本应有一个简单明了的共识，却不得不进行政治谈判和公共疏导。无论是国家还是社区都没有推动这一工作的经验，尽管它们在防备空袭方面有共同的利益，但在没有炸弹威胁的情况下，政府难以强制执行相关规定，社区也不情愿参与这种工作。这也从一个侧面解释了，为什么防空洞数量不足。很多防空洞修建的质量也不理想，这主要是因为缺少建筑材料，特别是水泥造成的，此外，地方承包商的工作也不可靠，许多防空洞的质量和成本差别很大。人们似乎没考虑过防空洞里该安装什么东西，几乎所有的防空洞都缺少床铺，而且大部分防空洞都没有厕所、供热系统和足够的照明设施。但即便是这种水平的防空洞，其建筑成本也是相当巨大的。地方志显示，民防机构的支出在 1939 年至 1940 年间急剧增加。1938 年至 1939 年，赫尔市的支出是 18 200 英镑，但到了 1939 年至 1940 年度，这个数字达到 69 400 英镑。纽卡斯尔 1938 年至 1939 年花费了 18 600 英镑，但是，1939 年至 1940 年花费了 244 000 英镑，1940 年至 1941 年，更是增加到 450 800 英镑。[54] 这些支出对地方经济的影响是显而易见的，而地方政府一方面不得不努力克服资金不足的问题，另一方面，又需要等上好几个月甚至更长的时间，才能等到国家供应的民防设备发放下来。这种可以称之为“民防经济”的需求，被迫与越来越紧迫的军事补给供应开展竞争。1940 年夏，为了修建防空洞，国内安全部要求分配全国水泥总产量的三分之一，但是仅仅分配了 12%。丘吉尔为了达成自己许下的“让国民尽可能安全地入睡”这个诺言，也希望把修建防空洞作为当务之急。虽然如此，他也不得不把军工生产和国防部的需求放到最优先的位置上，因为这些需求是保卫国家免遭入侵所必需的。[55]

空袭警报和灯火管制也给国家和人民的关系带来了严峻考验。空袭警报系统是由英国皇家空军管理和运作的，皇家空军有根据雷达和观测大队获取的敌机来袭的预先情报启动空袭警报的权力。在战争之初，这个系统是相当复杂的。整个英国划分为 111 个警报区，敌机来袭时，那些敌机前进方向上的地区会首先收到有限警报（黄色），接着会收到触发报警器的完全警报（红色），然后会得到“敌机已飞离”的信号（绿色），最后在警报状态解除时收到“警告解除”信号（白色）。[56] 这个警报系统带来了很多困难。德军的空袭通常规模不大并且比较分散，因此难以决定在何时何地启动空袭警报。总的来说要避免少量敌机激活警报系统，但这也就意味着有时会发生空袭而没有拉响警报，这显然会激起公众的愤怒。1940年7月，南威尔士的兰达希国有炼油厂的经理就曾抱怨过，他的工厂被轰炸了3次，但是连黄色警报都没接到过。同年8月，在利物浦，警报解除信号发出以后，德军又向默西赛德郡的其他地方投下了炸弹，最后结果就是，在发布了绿色信号以后，工人们仍然不想从防空洞出来。利物浦的警察局长这样写道："公众普遍认为空袭警报不可靠。"[57] 而从另一方面来看，也有不加区别地发布红色信号导致日夜停工，严重影响战争工业生产的情况。由于很多发布了红色信号的地区并没有遭受轰炸，人们开始忽视这些警报。1940年7月，空袭警报系统经历了一次改进。红色信号变成了一种"警示"，意思是敌方轰炸机正在附近，但是还没有造成直接威胁。真正的空袭警报只有到敌机来袭前几分钟才会响起。因此，收到这种警示信息的时候，工人还应在工厂里继续工作，只有屋顶上的瞭望员观测到飞机，或者听到附近有高射炮开炮的时候，工人才开始撤退。空袭警报的减少大受欢迎，尽管这仍然意味着可能在没有收到空袭警报的情况下遭到轰炸，而担任屋顶瞭望员的工人往往怀着复杂的心情[58]

总的来说，灯火管制是更成功的防空措施，尽管它给英国带来了近6年的特别体验。限制路灯和车辆照明的详细规定，在路沿和其他障碍物上刷上白线，严格检查窗户是否遮蔽，所有这些都是为了创造一个黑暗但又可以通行的环境。从战争的第一天开始，空袭守卫就在街上巡逻，寻找任何漏出光线的窗户，因为这是违法的，这和违反一般民防规定不同，屡教不改的人要被罚款。[59] 甚至连政府部门都经常被指责没能为广大居民树立好的榜样。政府官员试图声称自己有"皇家豁免"，但是每次有人违反规定，警察都会坚持起诉。后来每座政府办公楼都会指定一名高级官员，专门去法庭应对这种起诉；同时也同意，后续任何相关罚款，都由政府承担。[60] 从许多方面来讲，灯火管制都是民防措施中最引人注意的，因为每天人们都要完全遵守这个规定。沃里克郡（Warwickshire）一位叫克莱拉·米尔本（Clara Milburn）家庭主妇，曾在战争期间的日记中抱怨："天气炎热的时候，在室内感到闷得要死。但是，当绝对需要灯火管制的时候，人们是如何做到严格遵守这些规定的呢，想想真是很奇妙。”[61]严格执行灯火管制，不可避免地导致民众和空袭守卫之间产生了矛盾。除了那些本来就是巡警或者辅警的人外，一般的民防人员没有逮捕权。因为灯火管制和防空洞分配引起的争吵在各处都有发生。1940年秋天，卫生部的一位官员这样写道：“现在，不管什么人都可以攻击空袭守卫。”而受到袭击的空袭守卫只能以个人身份提起诉讼。[62]

等待德军轰炸正式开始的那好几个月里，是这种紧张关系的最高点。一方面，有些民众认为，民防队员都是逃兵，他们应该在部队中服役（对于那些反对民防组织雇用依良心拒服兵役者的人来说，这是一种讽刺）。信息部很关心民众对民防部门的意见，为此，政务次官哈罗德·尼科尔森（Harold Nicolson）在6月建议进行一次多部门合作的宣传行动，以恢复民众对空袭预警队的信心，使民众能够“完全服从空袭守卫”。[63]而另一方面，因为在近一年的时间内无所事事，民防队员大多有些焦躁不安、大失所望。据报道，1939年11月，长时间的无偿工作和糟糕的工作环境，导致汉普斯特德地区的志愿者们早已失去了热情。空袭守卫的辞职率达到了每天8人。[64]北部地区的地区专员后来承认，几个月以来单调的待命状态，“是需要打败的第一个敌人”。[65]6月末，当第一批炸弹落地的时候，民防队员开始处于全体动员状态，国内安全部向全国发布的通告宣布，现在作为第四军种的民防部队，可以和陆军、海军、空军一起投入作战了。“让你们久等了，”广播通告这样说道，“有时候，你们的决心会遭到别人的误会。”[66]然而，迎接这场轰炸战的准备工作进度不一：有限疏散受到不少人的反对；防空洞环境很差，缺乏生活设施；防空警报系统得不到信任；应急服务也没有经过战火考验。

救援和防空洞

1940年8月德军空袭正式开始，但轰炸给英国各地造成的影响并不相同。纵览整个英国，各地的轰炸经历因德军的战略而有所不同。大多数人都体验过空袭警报和睡眠障碍，但有超过一半的人没有经历过轰炸，而不少市镇成为轰炸的受害者，只是因为德国轰炸机偶尔的迷航，或者是其抛弃了装载的炸弹。对于乡村来说，轰炸只是偶发事件。比如，在北德文郡（North Devon），有少量炸弹落在几个村庄里，只是因为这几座村庄恰好位于德国空军飞往南威尔士的航道上，北德文最大的城市巴恩斯特珀尔（Barnstaple）也曾经挨过一枚炸弹，它在马路上留下了一个弹坑。村民们通常会在远处遥望普利茅斯大火熊熊的码头，或进城去查看当地城镇的损毁情况。该地区因战争死亡的仅有 3 人，都是皇家空军飞机坠毁造成的。[67]

德国空军优先打击的港口和城市则遭受了多次猛烈轰炸。只要是处在德军航线上的，哪怕是海边小镇也不能幸免。比如，肯特郡海边的拉姆斯盖特被丘吉尔称为“毫无防御的海水浴场”，而它在 1940 至 1942 年间遭受了 62 次空袭。许多空袭只由一两架飞机实施，有时还有些炸弹落到了海里或高尔夫球场上。1940 年 8 月 25 日，德军专门对这里进行了一次大规模轰炸。战争期间，这个小城有 76 人丧生。[68] 与此形成鲜明对比的是，德军专门针对港口城市赫尔进行了 84 次空袭，1940 年进行了 20 次小规模轰炸，1941 年，德军实施了 10 次大轰炸，甚至到 1945 年 3 月，德军还针对这里进行“打了就跑”的骚扰式袭击，所有这些空袭共造成 1104 人丧生。[69] 普利茅斯在 1940 年 7 月至 1944 年 4 月间遭到 59 次轰炸，启动了 602 次空袭警报，死亡 1172 人，据称是“空中闪电战中损失最重的城市”。轰炸中损毁的房屋数量，超过了战争之前该市房屋的总数，因为很多在轰炸后修缮的房屋又遭到了轰炸，有的竟然反复被轰炸了两三次。[70] 而各大城市圈遭到轰炸的情况也大相径庭。在北部地区，1940 年遭到 118 次轰炸，1941 年 131 次，但在这之后仅有 49 次小规模空袭。在纽卡斯尔轰炸造成 131 人死亡，桑德兰 273 人死亡，与纽卡斯尔隔河相望的盖茨黑德却只有 5 人死亡。位于附近煤矿区中心的达勒姆（Durham）和达灵顿（Darlington），则没有人员死亡。[71] 从整体上看，德军对英国的轰炸是凌乱、不均衡的，这不仅表现在地理分布上，在时间分布上也是如此。

在这段后来被称为空中闪电战的时期，最优先的工作是降低伤亡，这依赖于暂时或者长期疏散遭受轰炸地区的居民，还要依靠防空洞和紧急救援。在德军轰炸开始以后，保证妇女和儿童得到疏散的工作又重新开始了，但人员转移工作在广大民众当中存在较大阻力。一项针对伦敦 10 个行政区的研究发现，市中心遭受轰炸最严重的地区中，疏散人员的比例从西汉姆的 20% 到伊斯灵顿的 11% 各不相同。在郊区的巴恩斯，其疏散比例仅有 8%。[72] 当时整个伦敦市每天都会遭到轰炸，但是 9 月仅有 20 500 名儿童得到疏散，而到了 12 月仅有 760 名儿童得到疏散。截至 1941 年 9 月，在伦敦的 700 万人中，仅有 6 万名儿童与家长分离，被疏散到乡下。1940 年 12 月，卫生大臣马尔科姆·麦克唐纳（Malcolm MacDonald）在写给民防执行委员会的报告中得出结论，没有必要强迫孩子们离开首都，他写道："总的来说，伦敦的孩子们身体健康，轰炸给他们造成的影响，比成人小得多。"[73] 截至 1941 年春，全国有超过 136.8 万人被疏散，包括了儿童、婴儿和母亲、教师、残疾人和盲人，这个数字比 1939 年要少；这些人中，有些在 1939 年起就在接收地居住，其他人则是在冬季参与了所谓的"缓慢疏散"，其中很多人来自伦敦以外的城市。非官方的疏散或个人自行疏散的人数现在已难以估计了，但其数字肯定比官方疏散的数字大得多。截至 1941 年，大伦敦地区的人口减少了五分之一。有不少富裕家庭选择了自行疏散，他们能够承受在乡村或者宾馆长期居住的花销。9 月，国内情报部的报告显示，在伦敦周围 70 英里范围内的宾馆里，订不到一间空房。[74]

空袭后的临时疏散，是对大规模轰炸正常、合理的反应，但是政府却不赞成这种临时疏散。因为这种被称作"远足"的疏散，在政府眼中是对社会的威胁，同时也影响战时的工业生产。那些不能或者不愿被正式疏散的民众，他们得到的建议是待在原处。1941 年 3 月，国内安全部的一份报告这样写道："大量的居民在夜间到处游荡不是好事情。"[75] 然而，德军空中闪电战开始以后，城市居民就开始用脚投票。第一次大轰炸以后，伦敦码头区的工人就开始想办法去安全地带过夜。国内情报部曾经这样警告："长期受到轰炸的影响可能造成精神崩溃。"遭受了第一次空袭以后，普利茅斯和南安普顿的很多人就开始在乡村或者帐篷里睡觉。到春天的时候，南安普顿还有 1 万人在市长的带领下，跑到城外过夜，在普利茅斯也有 6000 至 7000 人坚持这样做。在利物浦遭到大轰炸以后，这里的 5 万名码头工人开始坚持乘坐公交车在城市内外之间往返。1941 年春天，克莱德班克（Clydebank）遭到轰炸以后，每天晚上有好几千人去格里诺克（Greenock）的铁路隧道过夜，还有 2000 多人就在山坡空地上露天过夜。最终，总共有约 4 万人从城市中撤离。[76] 受轰炸模式影响，这些疏散在很多情况下都是短期的或是临时的，但是这些疏散确实造成了缺乏临时住所和食物的问题。政府很不情愿地在轰炸最严重的几座城市周围设立了一些"缓冲区"，并提供临时住所、休息中心和食堂。

最严重的案例发生在东部的赫尔港，当时大轰炸给港口附近的居民区造成了严重破坏，于是大批居民离开家，搬到好几所学校和城市北边的临时公寓里居住。因为飞越北海以后，这个地方是很容易发现的目标，所以，1941 年夏天德军一直在对这个地区实施轰炸。结果使当地组织的临时"远足"的避难活动，变成了每天晚上都要坚持的长期疏散行动，参加这种疏散的有 7000 到 9000 人。他们有些在谷仓、猪圈睡觉，还有的在各处的学校、教堂和电影院过夜。政府曾想控制这种行动，但最终也接受了这样的局面，因为码头工人仍能保持工作纪律，每天坚持回到码头参加工作，对政府来说，真正的问题是怎样处理无家可归的人。最后，政府建立了一个能够容纳 3.5 万人的缓冲区，并提供了充足的生活设施。甚至到了 1943 年，每天晚上还有 1600 人要出城，到城外过夜。[77] 政府担心工人的数量可能会减少，但是调查显示，那些因为大轰炸逃跑的工人，很快又回来了。1941 年，利物浦在大轰炸后的调查表明，码头工作延误的原因中，劳动力的短缺仅占 5%。在克莱德班克，空中闪电战发生几天后，5 家大企业报告称，因为大轰炸逃跑的 12 300 名工人中，有三分之二回来工作了。死亡、受伤和逃跑这几个原因，仅减少了 6% 的工人。[78] 当地组织的调查也显示，那些轰炸后逃离的居民，很快就返回了自己损坏的住宅，因为相比陌生的临时住所，他们更喜欢自己的家。

遭受轰炸之后，民众就匆忙疏散，凸显了防空洞不足的问题，特别是在最容易遭受轰炸的工人集中居住的市中心，这个问题尤其突出，一方面许多工人家庭没有家庭防空洞，另一方面他们也难以挤进附近的防空洞。被政府视为优先事项的疏散计划，仅在防空洞充足的地方才能真正产生效果。对于那些壕沟和由砖块砌成的地面避难所，民众并没有多少信心。地面避难所附近有炸弹爆炸的话，就可能导致躲在里面的民众死亡或重伤，而如果它被炸弹直接命中，那里面的人就死定了；当它脆弱的砖墙倒塌时，沉重的混凝土屋顶就会把人压在底下。壕沟则容易积水，有些壕沟的侧面没有加固，冲击波可能将其摧毁，杀死所有躲藏在里面的人员。仅仅几次轰炸后，人们就认识到，需要抵制那些只会成为葬身之地的避难所。当时，伦敦组织的一项调查显示，有 1400 座地面避难所被民众认为是不安全的。[79] 在纽卡斯尔，受到伦敦人放弃地面避难所的影响，政府在全市进行了全面的普查，然后废除了 560 座防空洞。有时候不用炸弹攻击，一场大雨就能让防空洞彻底坍塌。避难所量少质劣，导致在伦敦市中心仅有 3% 的民众使用公共避难所，而在郊区，这个数字仅有 1%。1941 年春天进行的一次防空洞普查表明，仅有 7% 的壕沟和 8% 的砖砌地面避难所真正得到使用。旨在表明壕沟和地面避难所足够安全的宣传，几乎完全没人相信。[80] 甚至是家庭修建的安德森防空洞也没有得到充分使用，因为这种防空洞也容易被附近爆炸的炸弹毁坏。地下室只有能够承受上方建筑物倒塌的重压，才是安全的。在泰恩茅斯（Tynemouth），一所公共地下防空洞的房顶被炸塌，在里面避难的民众全部被掩埋在废墟中，这次事件造成 102 人死亡。1940 年 10 月，在伦敦市区北部的斯托克纽因顿地区，有一座地下防空洞倒塌，并导致供水管线断裂，造成 154 人死亡或残疾。[81]

这种避难所危机或许很好地解释了轰炸战初期民众死亡率为何如此之高。9 月是空中闪电战期间死亡和受伤人数最高的一个月，有 6968 人死亡，9488 人受伤。但很明显的是，从轰炸开始起，就有很多人故意不去防空洞，也不采用最基本、最简单的防护措施。1940 年夏末和秋天，广大居民对于进防空洞避难的态度十分消极，这让民众观察员感到十分吃惊。[82] 后来，1941 年，政府的科学顾问索利·朱克曼试图搞明白，为什么那么多人愿意冒险不进防空洞。通过采访在闪电战期间坚持工作的民防队员，他列出了一系列可能的原因：“是否有的人有宿命论的态度，选择‘由炸弹决定我的命运’”，“是否对生命冷漠或漠不关心”。[83] 可以肯定的是，这些问题没有单一或明显的解释，但有真实的证据证明，在伦敦和其他城市中，很多因轰炸丧生的人都死在露天空地、自己的床上，或是没有任何防护的房间里。正如本章开始引用的那位和平主义者的信一样，公众对轰炸普遍存在一种宿命论的态度，或者说，心甘情愿去冒险，又或者只是一种固执己见的态度，不愿意成为敌人期望的那种藏在地下的难民。第一场轰炸后，作家 F. 坦尼森 · 杰西（F. Tennyson Jesse）在写给一位美国朋友的信中这样写道：“不管什么事，英国人都会很快感到厌倦，没有人再去躲避炸弹了。”[84]

这当然不能视为理性的反应，但也不能用通常的心理学理论进行解释。大环境显然起了一部分作用。克莱拉 · 米尔本女士的一个邻居没有花园防空洞，其在轰炸到来时仅是坐在装饰着英国国旗的楼梯下面。轰炸来袭时，很多民防队员被迫守在自己的岗位上，这些地方一般都没有什么防护。在 D 号防空站执勤的约翰 · 斯特雷奇曾向地方议会投诉，但等了好几个月以后，空袭守卫所在的房间才进行了横梁和支撑柱的加固。[85] 尽管拒绝前往避难所的人通常是出于一时冲动，但也有人蓄意这样做。美国女记者弗吉尼亚 · 考尔斯（Virginia Cowles）在伦敦市看到了很多主动拒绝进入防空洞的例子：看门人和自己的妻子在公寓里吃晚饭，根本不在意头顶的空袭；一名士兵和妻子为了是否要冒着轰炸开车回家而争吵；考尔斯本人也选择在轰炸来袭的时候睡在床上，因为在她看来，避难所“在直接命中的炸弹面前，并不比家里安全多少”。[86] 还有些人是故意逞能。薇拉 · 布里顿（Vera Brittain）曾经报道过一种当时社会上流行的名叫“无人地带”的游戏：年轻人故意在轰炸发生时从一个聚会地点跑到另一个聚会地点，在途中躲闪敌人扔下的炸弹。尽管性格比别人冷静，但是，就连布里顿自己也因为感到太过劳累，在夜间轰炸来袭时，宁愿躺在床上不去防空洞。布里顿发现伦敦人那“冷静、具有逆来顺受的耐性”的性格，使得他们甘愿冒险。一名空袭预警队员告诉布里顿：“这些人根本不在意到底会发生什么。”[87]

大量的伤亡和避难所的糟糕情况，迫使伦敦人自己采取应对空袭的措施。人们会待在自己认为很安全的建筑里面，比如铁路桥下面，人们把那里当作防空洞，根本不在意那种地方被炸弹直接击中后会和其他地方一样脆弱。肯特郡的奇斯尔赫斯特洞穴（Chislehurst Caves）被来自伦敦东区的居民占据。在西汉姆，3 家大型地下商场被迫打开大门让当地人避难，尽管其中 1 家没有通风设备和厕所，地面也不适合睡觉。1940 年 9 月 14 日，伦敦斯特普尼（Stepney）的共产主义者菲尔·皮雷廷（Phil Piratin）带着 70 名抗议者，占领了萨伏伊酒店的豪华地下避难所，这座酒店位于伦敦繁华的西区中心的滨河大道。他们发现地下室里被划分成不同的隔间，分别刷上了粉色、蓝色和绿色油漆，里面放置了卧具、毛巾。狭长的地下休息室里面，还放着一整排沙发和折叠躺椅。这些人坐在椅子上，即便警察来了也拒绝离开，同情他们的服务员用银托盘给抗议者们端来了面包、黄油和茶水。那天的轰炸结束以后，皮雷廷就带着所有抗议者离开了。[88]

这起事件某种程度上反映了民众自发但普遍的诉求，他们需要深层防空洞，这不无道理地被视为唯一可靠的安全保障。罗伊·哈罗德（Roy Harrod）是当时在政府统计部门工作的经济学家之一，他在给丘吉尔的高级科学顾问弗雷德里克·林德曼的信中，指出虽然官方反对提供深层防空洞，但现在已经到了不得不这么做的时候了：

> 现在民众的怨气正在沸腾。从社会各个层面，都能听到同一种意见。人们并不介意在白天冒险，但是他们要求有个安全、宁静的地方过夜。现在的防空洞不但不隔音而且还危险，民众在里面睡不着觉，这就影响了人们的工作效率。不但如此，这样的防空洞还影响民众的斗志和忠诚。人们都知道，西班牙就给民众提供过深入地下的防空洞。不少人认为，政府在这个问题上麻木不仁、头脑僵化。[89]

丘吉尔和他的内阁同僚没有被说服，仍将疏散视为第一要务。当地方政府申请修建深层防空洞时，国内安全部要么拒绝，要么将其列为次要事项。因为担心住在码头附近的低收入居民在遭到大轰炸后难以管控，纽卡斯尔的防空总指挥申请改建当地的隧道供他们使用。国内安全部仅允许当地开始勘测，但并未将其列入优先考虑。伦敦伊斯灵顿区政府，在民众要求放弃质量不佳的壕沟避难所的压力下，提出要修建至少深入地下 100 英尺的防空洞，但这个要求被英国政府拒绝了。西汉姆的抗议者还修建了深层防空洞的样板，以此来展示这种防空洞的生存能力和相对成本（据称成本低于给每个人举办葬礼），但是，这次请愿也失败了。[90]

深层防空洞的问题在战争之前就是一个政治问题，1937 年，共产主义科学家 J. B. S. 霍尔丹（J. B. S. Haldane）发起了一场运动，要求给城里的工人阶级提供足够的防空洞。[91] 战争爆发以后，英国极左翼，尤其是共产党，反对这场被莫斯科方面称为“帝国主义战争”的战争，这给他们带来了麻烦。工党了驱逐党内主要的马克思主义者，包括激进律师丹尼斯·普利特（Denis Pritt）。内政部和信息部也开始严密监视左翼活动。对于激进左翼来说，聚焦避难所问题可以避免“不爱国”的指责，扭转不利局面，将问题抛还给政府。1940 年夏末，普利特和其他共产主义者发起了“民众警戒”运动，这个运动的宣言之一就是呼吁“在空袭中给人民充分的保护”。[92] 1941 年 1 月，共产主义刊物《工人日报》被政府明令停刊，也就是在这个月，“民众警戒”运动发起了“人民大会”，试图动员民众，要求政府负起更多的责任、修建后来被称为“霍尔丹避难所”的民防工程，以及为受到轰炸威胁的城市居民提供经济补偿。到 1941 年夏天，这场运动逐渐降温；使这场政治运动难以为继的不仅是持续不断的轰炸，还包括官方为了维持 1940 年各主要政党达成的政治休战协议而施加的压力；而等到德军入侵苏联时，共产党人在一夜之间就成了战争动员的狂热拥护者。[93]

最终，伦敦在 9 月遭受的大规模持续空袭，迫使英国政府决定采取措施。9 月 7 日这天，伦敦遭遇了第一次白天黑夜不间断的空袭，上千名伦敦市民购买了地铁票，躲进地铁站和隧道里。后续的几周，地铁中的避难人员持续增加，人数多到了警方和伦敦交通管理部门控制不住的水平。开始，管理机构批评来避难的是“野蛮人、外国人和犹太人”，但很快事情就清楚了，这些人中的大部分是后来警方报告里所谓的“雅利安人”。[94] 早在战争开始之前，官方就已摆明立场，不会将地铁系统开放为避难所，因为保证首都的交通是第一要务。9月21日，丘吉尔专门就此询问了安德森，为什么要撤销禁止使用地铁站避难的禁令，得到的回答是，目前除了动用军队，没有任何阻止民众进入地铁的办法，而且他已经允许民众可以在站台上过夜。并非每座车站都可以随意使用，但是随着这个决定，每天晚上有大量的伦敦市民涌入地铁站，不顾恶劣的条件，睡在车站地板、扶梯和站台上。9月有超过12万人开始使用这种深入地下的避难所，随着冬季来临，轰炸逐渐减少，仍有大约6.5万人来此过夜。[95] 这在需要防空洞的人口中，只占很小的一部分，但占领地铁的行动，反映了民众对安全感缺失的焦虑，同时也显示了工人社区的恶劣条件和福利匮乏。政府开始在地铁站进行调查，监测这里的舒适程度和卫生状况。调查发现，南肯辛顿站的底层站台上约有1500人，大部分是挤在一起的妇女，站台上没有床，只有些肮脏的床单和杂物，站台通风不良，没有冷热水供应，更没有食物和急救的设施。[96] 被调查的其他车站也一样条件简陋、卫生不良。

德军轰炸再次开始以后，所有的公共防空洞都暴露出舒适度不佳，卫生条件不良的问题。情况最糟糕的防空洞是东伦敦斯特普尼的“蒂尔伯里”防空洞，这座防空洞位于利物浦街火车站附近，是仓库和地窖集中区。这座防空洞的建筑仅有一部分是正式的公共防空洞，剩下的则不算是防空洞，德军轰炸期间会有1.4万至1.6万人拥挤在这里避难。卫生大臣马尔科姆·麦克唐纳在10月初巡视这里以后，向丘吉尔报告这里的卫生设施的情况糟糕到了极点。丘吉尔回复了他一张令人绝望的字条：“如果我们连这种问题都没法应付，那我们肯定没法打败德国佬。”[97] 其他公众人物也参观了公共防空洞，并将看到的情况汇报给政府。《新政治家》的编辑金斯利·马丁在9月把自己对公共防空洞的记录发给了麦克唐纳，麦克唐纳又转交给丘吉尔。在马丁的记录中，防空洞散发着不可描述的恶臭。在阿尔德盖特（Aldgate）防空洞，所有人都只能用男厕所旁的一个水龙头；地板十分肮脏，随处都能见到避孕套；防空洞里各个种族的人挤在一起，很容易引发冲突。最苛刻的批评来自首相夫人克莱门汀·丘吉尔（Clementine Churchill），她在参观了东区的防空洞以后，指出人们一直住在“寒冷、潮湿、肮脏、恶臭”的环境中。首相夫人注意到一些急救站过于拥挤，厕所紧挨着床铺，没有热水，没有什么盥洗设施，灯光不足，通风不良。她不是唯一向政府提出意见的人，但她可以直接与自己那著名的丈夫联系，从二人来往书信看，她显然充分利用了这一点。[98]

防空洞缺乏生活设施并不是因为政府没有计划或准备。没有将公共或者家庭避难所建设成宿舍，是因为当时认为轰炸大多发生在白天。过分强调敌人可能实施毒气战，也使轰炸之前的训练偏离了方向。为了防备敌人的大规模毒气攻击，政府建立了数以千计的防化洗消小队和洗消室，还有经过严格训练的民防队员和护理人员，可以处理任何形式的毒气攻击。这使得大量资源闲置，英国人只能在缺少足够的预先考虑和处理经验的情况下面对炸弹和燃烧弹的袭击。此外，政府对人员伤亡的原因也没有进行足够的统计。索利·朱克曼在林德曼的支持下，10月份说服卫生部由他主持进行了一次“伤亡情况调查”，主要是通过调查轰炸的生理影响，以了解如何更好地保护民众、减少伤亡。炸弹的冲击波是一个特别令人担忧的问题，因为它能够在不留下外伤的情况下杀死受害者。同时，冲击波也会造成破坏性损伤；眼部受伤是最典型的情况，冲击波会将眼镜的镜片击碎，破碎的玻璃直接射进其主人的眼球。[99]对于冲击波对防空洞的影响，政府的了解也不够。1939年，政府成立了建筑研究实验室，对冲击波的物理损伤效果进行研究，但很多研究是在轰炸开始后、许多避难所已被摧毁时才着手的。[100]直到德军的主要轰炸行动偃旗息鼓后，朱克曼的调查结论和实验室的报告才最终完成。

面对突然来袭的空袭带来的冲击，民防机构仍能够有组织地运作，但它对轰炸后的灾民需要什么所知甚少。各地的休息中心普遍床位不足，也无法向无家可归的难民和不知所措的居民提供有效的信息，休息中心提供的茶水、饼干和咸牛肉不足以把人喂饱。不过，缺少床铺是最严重的问题。在伦敦南部的斯特里汉姆（Streatham）和旺兹沃思（Wandsworth），当地政府为群众分发了吊床，丘吉尔自己都很喜欢的吊床，但吊床并不受民众欢迎（一篇新闻称“肥胖的妇女不喜欢吊床，大腹便便的男士同样不喜欢”），最后国内安全部也放弃了分发吊床的打算。[101] 同时救援人员和难民还缺少食堂，这一问题在遭受轰炸最为严重的伦敦东区尤为突出。1940年9月，西汉姆没有为任何一家避难所食堂、移动食堂或公共就餐点。当地的一名馅饼师傅，在住所周围的废墟和自己的店里继续工作，将2700份餐食卖给了大轰炸后无家可归的难民。在地区专员的坚持下，当地最终撤换了不称职的防空总指挥。[102] 伦敦东区也是最缺乏急救点和医疗物资的地区。1940年9月底，人们甚至开始担心，伦敦部分地区的民防组织可能会崩溃。

各地对轰炸的反应不尽相同，但很明显，在轰炸开始的那几周里，民防组织根本不能满足民众的全部需要。伦敦之外的小城市在某些方面的问题更加严重，因为在那些地方，猛烈的轰炸可能将很大程度上摧毁民防组织，让更多人陷入慌乱。南安普顿在1940年11月30日和12月1日遭受的大轰炸，暴露出当地在应对突发灾难时存在许多问题，即便这样的空袭早在预料之中。比如，德军轰炸破坏了电话线路，使通信变得异常困难。位于市民中心大楼内的防空指挥室被轰炸摧毁，但南安普顿没有按照民防规定，提前准备备用的指挥室。供水管线也遭到严重破坏，造成城内用水严重短缺。食物储备尚足，但是分发效率很低。疏散到乡村的几千名居民，也没有得到适当的生活用品和管理。还有好几名全职急救人员冒着遭到起诉的风险，当了逃兵。政府派来救灾的近3000名士兵和工人也没有得到合适的饮食和住所。地区专员在写给政府的报告中承认：“在严重的灾难面前，民防管理机构已经不知所措了。”[103] 大轰炸后，粮食部的一名官员受命前往南安普顿，这名官员观察到当地剩下的居民“茫然、困惑、无事可做，也没人教他们去做什么”。在遭到轰炸的区域，民众就待在家里，没有食物和清洁的饮水。通信系统完全中断，因而休息中心和食堂的位置也没有办法传达出去。他参观的5座移动食堂都只有几名顾客，食堂也仅能提供茶水和三明治；其中一座食堂是两名女性从伦敦开来的，它只能供应茶、糖和汤。当地官员根本找不到让公民进餐的地方。这位官员在报告中写道：“首先必须严厉谴责当地政府，他们的一切工作都是低效的。这些人自私、迟钝、优柔寡断。”只有少数几处“运转良好”，他发现绝大部分地方都在偷工减料、临时凑数，在他看来，这“会逐渐把每一座英国城市的斗志消耗殆尽”。[104]

因为政府给遭到轰炸的居民提供防空洞和救援方面工作不力，最终在 1940 年 9 月，在全体民众中引发了一场危机。这场危机和皇家空军面对夜间轰炸时的危机同样严重。丘吉尔向安德森施加压力，要求他采取紧急措施，解决防空洞危机，并恢复人们对空袭预警部门的信心。但在安德森公认的能力中，并不包括成为一名鼓舞人心的大后方司令官的能力。比弗布鲁克在 10 月初建议丘吉尔，需要进行顶层人事调整。于是，安德森改任枢密院议长，负责大后方人员动员和资源整合。10 月 3 日，前伦敦郡议会的工党主席赫伯特·莫里森，接替了安德森的职务。莫里森是一位受到民众欢迎的政治人物，他早年曾在兰贝斯当过街头小贩，在一战时因良心拒服兵役，两次大战期间，他致力于改善伦敦低收入群体的福利。他是位直率、机敏、嗅觉敏锐的政治家，比安德森更适合处理公众关心的事务，并展示政府希望有所作为的意愿。莫里森选择工党在贾罗（Jarrow）的国会议员埃伦·威尔金森（Ellen Wilkinson）担任他的副手，负责防空洞工作。威尔金森在议会同僚中有个“活泼小姐”的绰号，她充沛的精力和率直的个性恰好适合处理这项 1940 年冬天最困难的工作。[105]

政府的第一要务就是进行改革，增加防空洞和福利设施的供应。安德森早已开始执行改进计划，尽管计划的很大部分仍取决于地方政府的主动性和智慧。9 月中旬，英国医学会主席霍德（Horder）勋爵奉命从潜在的传染病威胁和社会秩序混乱的角度，对防空洞的现状进行汇报。霍德提出了一系列建议，包括在防空洞中设置足够的铺位和适当的公共卫生设施，在墙壁上喷涂消毒剂，消灭寝具（和床铺）上的虱子，为防空洞安排警卫，地方卫生部门的官员应定期对防空洞进行检查。[106] 莫里森会同卫生大臣马尔科姆·麦克唐纳，开始具体实施这些建议。9 月末，当局草拟了一套关于防空洞内规范人员言行举止的规章制度，并最终在 12 月 4 日以枢密院令的形式对外发布。这套制度禁止在防空洞内吸烟、饲养动物、做饭、故意制造噪音、演奏乐器，严禁醉酒的人进入防空洞，衣着或个人身体过于肮脏者也禁止入内，严禁在防空洞内吐痰、便溺。[107] 这些新的规定助长了社会歧视。流浪汉和醉汉不得进入防空洞，在伦敦，威斯敏斯特的一个和平主义志愿者组织会在空袭期间收容他们。空袭守卫也接到命令，只要他们确信有妇女在卖淫，就应“严格且谨慎地”制止她们。大轰炸初期，伦敦东区的犹太人因据称整天坐在避难所里而成为一些抗议活动的靶子，后来，专门设立了分隔的犹太人休息和餐饮中心，这种情绪才得到缓和。这些犹太人专用设施都会提供符合犹太教规的食物并配备有讲意第绪语的人员。[108]

然而，防空洞需要的不仅仅是把人拒之门外的法规和严格的纪律。政府已经开始在所有的公共避难所和部分家庭避难所中安装数千张双层床或三层床。莫里森还使用票务系统来控制进入防空洞的人员数量。地面避难所缺少的取暖和照明设施，也在慢慢安装中；为遭水淹的安德森和砖砌避难所排水、修建防空洞顶盖的工程也同时展开了。鉴于缺少劳动力和建筑材料，全国被分成 A、B、C 三种地区，A 区主要是城区，这里需要优先对避难所进行改建。全国的 12 个民防地区都被要求任命一名地区避难所官员，负责协调这项工作。[109] 莫里森还开始推荐使用一种新型便携式避难所，这种以他的名字命名的防空洞，可以为那些选择待在家中而不使用花园或公共防空洞的人提供庇护。这种防空洞是国内安全部的研究和试验部门的工程师在 1940 年末研发出来的，1941 年新年，在丘吉尔面前进行了演示之后，这种防空洞获得批准。这种防空洞就像一个大桌子，上表面平坦，四周是钢铁框架和铁丝网，能够经受坠落碎石的冲击。这种防空洞的生产完全取决于钢铁的数量，第一批这种便携式防空洞直到 1941 年 3 月才生产完毕，而此时德军的空中闪电战已经快要接近尾声。截至当年 8 月，交付了 29.8 万个便携防空洞。[110] 而地铁站、公共防空洞、地下室和安德森防空洞中也已经安装了 133 万个铺位，而此时厂家的订单中，还有 300 万个待生产；另外，超过一半的（60%）安德森防空洞的地面得到了水泥硬化。到 1941 年 5 月，伦敦有 46.1 万人可以睡在床铺上，公共和私人防空洞已可容纳伦敦 86% 的人口，然而其中的大部分还未使用过。[111]

无家可归者和临时在防空洞避险人员的医疗和福利状况，也经历了彻底改变。1940 年 12 月，政府决定，民众避险和人员营救全部交给卫生部负责。事实上从 9 月开始，在有效组织福利保障方面就遇到不少问题，其中之一就是政府各部门职能没有得到清楚的划分。12 月 31 日，国内安全部开始承担防空洞数量规划、修建场所选择和建设方面的工作。同时，卫生部接手了防空洞内部事务的管理工作，如卫生、福利、公共秩序、食物供应和娱乐。但是，即使是这种做法也导致了政府职能的某种重叠，因为莫里森仍然负责管理防空洞外由地方民防机构提供的福利事务，不过，这样也减轻了从轰炸战开始时就存在的职能上的混乱。[112]

新秩序的第一个成果就是设立了防空洞委员会和防空洞管理员制度，与空袭预警队的职能不同，这个机构只负责维持公共秩序，关注违规行为和组织防空洞里的活动。卫生部建议参与防空洞管理工作的人员要具有坚定的个性，礼貌待人，不会恃强凌弱也没有支配别人的习惯，并鼓励选择那些“家庭母亲”参加这种工作，“家庭母亲”通常是那些能够在大型防空洞里解决纠纷，缓解狭小幽闭群体中产生的焦虑而名声在外的人。[113] 1941 年 1 月，卫生部任命一名福利主任专门负责防空洞内民众的福利工作，5 月份各个地方政府也遵照要求任命了一名福利官负责这项新事务。这些福利活动具体包括教育、娱乐、游戏和组织人员出游。暂居防空洞的民众，在黑暗中经过几周的无所事事以后，有着“惊人的接受能力”。防空洞内的教学主要安排了一些实用性的主题，如怎样用布料装饰家具，怎样健身，还有推荐人们学习的“国民储蓄”知识——携带或者隐藏大量现金的危险性。对于 5 至 14 岁的孩子来说，男孩和女孩的教学是分开的，主要是为了在内容上体现他们的性别差异，对于男孩来说，讲授的内容有“职业”“部队中的生活”“农夫的工作”“制造飞机”。女孩子要学习的则包括“服装制作”“厨艺和家政”“成为职业护士”“急救基本知识”。此外，还为防空洞委员会成立了一个中央电影馆，为他们选择有教育意义的电影。入选的电影包括《毒气制造》（第一个入选的电影，也是最不合适的电影）、《蝌蚪的一生》和《灭鼠行动》等，最后的这部电影对人们来说是个很好的示范。各个防空洞里的民众，还组织了合唱团，相互进行合唱比赛。有些防空洞委员会还在白天组织民众外出活动，去音乐会、剧院和伦敦动物园等。[114] 但是，鉴于当时处理工人阶级社区事务高级官员的社会背景，他们在努力改进防空洞生活状况的时候，阶级偏见仍然无可避免。比如，1941 年给伦敦东区哈克尼地区居民推荐的晚间课程是《英语朗诵》，而给外国人混居的苏豪地区推荐的课程则是《外国人学英语》。[115]

从 1940 年 9 月起，最让人担心的就是卫生条件不良和大量人员密切接触，可能会引发传染病。根据卫生部的部署，急救中心正在加紧建立中。截至 1941 年 1 月，大部分地铁站和能够容纳 500 人以上的防空洞都已经设立了急救点。2 月，政府已经开始下发口罩了，然而似乎没有什么人用。加强教育也是政府计划的一部分，一部名为《阿嚏！》的科教片也在这个月开始在电影院放映，目的是督促人们使用手绢。医务人员和防空洞管理员之间的紧密关系，最终形成了被地方政府称为“小型社会保障”的组织形式。人们的满意程度回升得很慢（3 月在诺里奇人们仍然在大街上便溺，因为防空洞没有厕所），但是到当年夏初，卫生问题和人员健康问题都已经得到控制。分发给医疗点的装备数量充足，把医疗点变成了装备完善的诊所，也就在这个时候，德军的大轰炸也逐渐停止了。[116] 同时，休息中心和餐饮问题也得到了解决。大多数地方政府都扩大了休息中心的规模，提供的膳食也得到改善。纽卡斯尔休息中心在 1940 年 8 月时的接待能力为 2400 张床位，一年以后，已经增加到 12 200 张床位，由 3300 名志愿者协助休息中心的运作。22 座应急餐饮中心提供传统英式食物，种类有限但有益健康。政府还负责提供应急使用的储备食物，到 1941 年秋天，储存的“空中闪电战专用食品”足够 1000 万人 3 天的食用，应急食物供应队也能够为全国 147 座最脆弱的城市的 10% 人口提供餐食。[117] 妇女志愿服务队和其他志愿者组织，把休息中心当作为无家可归人员或轰炸受害者提供信息的地方，通过这些信息，上述人员就会知道去哪里寻求官方的援助。在空中闪电战结束的时候，全国有 78 座信息中心，此外还有战争之前就已经设立的公民咨询局，它最初在全国仅有 200 个办事处，到 1942 年，已经有超过 1000 个办事处了。[118]

从 1940 年末，政府开始注意从轰炸战初期的经验教训中进行学习，并且确保这些经验教训都传达到负责民防事务的各个机构。1940 年 11 月，考文垂遭到轰炸后，政府专门为地方的防空总指挥举行了几次“考文垂会议”，对轰炸中的问题进行研讨，并听取相关建议。会上单独提出的问题包括：为应付紧急情况，需要设立移动食堂，并建立临时信息中心，组织宣传车，告诉民众可以在哪里找到食堂，以及有效利用外部援助进行紧急灭火和维修工作。[119] 后来空袭预警部门在空袭中的表现，证明这些学习是成功的。1941 年 3 月和 4 月遭到一系列小规模轰炸后，5 月 7 至 8 日和 8 至 9 日，赫尔市又遭到两次大轰炸，相关部门的表现说明，他们已经通过考文垂会议中指出的考文垂和南安普顿的教训学到了经验。比如，虽然当时市政厅被炸弹击中，建筑周围燃起大火，但是地下的指挥室仍然坚持运作，当电话线遭到破坏以后，民防机构派出通信员保持相互的信息交流。尽管有 24 座接待中心遭到轰炸的破坏，妇女志愿服务队的成员仍然坚持在没有钢盔的情况下继续工作。空袭的第一天晚上，有 42 座接待中心仍然坚持开门，第二天晚上开门的达到 46 座，总共为 1.3 万人提供了服务。为群众提供服装、茶水和饼干，分发了 1.3 万件衣服。接待中心有来自主要福利机构的代表，他们负责回答群众的问题。志愿者还得到通知，不管接待大厅多么拥挤，都不要把群众赶出去。轰炸后的第二天，地方政府就在遭到破坏的地区设立了地区办公室，专门为无家可归者提供服务，解决他们的要求，提供帮助。官员在长长的队伍面前加紧工作，并及时把群众分流到已经空出来的办公室。轰炸后的一周，工作人员接待了 3.6 万名民众。轰炸后最初几天，移动食堂和应急餐饮中心为 36.7 万人提供了餐食，其中大部分是中午的正餐。城市中运作的 30 座移动食堂中，有 29 座来自外地。前 4 天，提供的餐食是免费的。政府还批准向空袭受害者分发了 4000 箱橙子。所有这些得到的结果和南安普顿的教训截然不同。[120]

这个国家在空中闪电战开始以后已经学会了很多东西，但是仍然有很多东西需要学习。1941 年春天，轰炸的伤亡数字仍然很高，因为德军的轰炸已经延伸到那些准备不太充分的地区，而这些地区本就不太充足的资源，还要分拨出来支援伦敦。1941 年 3 月末，丘吉尔在写给莫里森和麦克唐纳的信中，督促他们加速工作进程，为下半年可能更加严重的空中闪电战做准备。1940 年 9 月危机状态暂时得到了缓解。可能的原因之一是政府对猛烈轰炸的现实暴露出的避难所和福利供应方面的不足进行了有效的应对。另外一个原因就是限制轰炸造成的破坏带来的影响。

把轰炸的破坏减到最小

即使再有效的灯火管制、伪装或防空火力，都不能防止地面上的工业、商业建筑和住宅遭到破坏。民众可以去防空洞躲避空袭，或者选择留在原处遭受轰炸，但是实物资产通常难以转移，除了食物和机床。政府和军方需要确保工厂有尽可能多的时间投入生产，保证战时经济持续运行。他们还需要通过保护物资和维持码头运转，确保为民众提供持续不断的食品供应。最后，在民众工作的城市遭到轰炸以后，还需要为他们提供住所，确保他们能继续进行生产。这些战争资源正是德军飞行员受命去破坏的，因此尽量降低轰炸造成的破坏，对于英国的生死存亡至关重要。

英国工商业设施很容易成为轰炸的目标。工业和商业大部分聚集在英国中部、西北部和东北部的主要工业区，以及从南部的伦敦到北部的格拉斯哥等一系列大型港口城市。而德国空军一旦占领了法国和比利时的空军基地，就打开了轰炸英国的大门。英国是个城市化率极高的国家，绝大多数人口都集中在城镇，19 世纪和 20 世纪初修建的低层劣质联排住房和出租公寓容纳了大量工商业劳动力。当时在修建房屋的时候，从来没有预料到会发生大轰炸，且城市在杂乱无序地扩张，而工人阶级主要居住在以他们工作的码头和工厂为中心的区域，那些高收入阶层人士，则搬到郊区那些修建得更结实、更加宽敞的大房子里。这种发展模式，使德军难以找到某个具体的工厂和码头，却增加了城市基础设施和住房遭到轰炸破坏的可能。唯一例外的是两次世界大战之间在英国南部和伦敦修建的新技术工厂，如飞机厂、无线电厂、电子厂和科学仪器厂。这些新工厂通常位于城镇的郊区，因此，与那些位于拥挤城区中的工厂相比，这些工厂从空中很容易发现，不过，它们的分布也更为分散。

对工厂和工人的保护是按照标准的民防规定进行的。许多工商业企业都修建了防空洞（尽管这在码头区效率较低）；除了那些关灯以后不能生产的工厂，灯火管制得到了严格执行；很多公司组建了自己的空袭预警队，重要设备和机械都用沙袋和防爆墙保护起来。[121] 这些措施在空袭中提供了一定的保护，但在空袭初期，这些措施没能保护工人不受房顶和窗户坠落玻璃的伤害，在飞机制造业中，因玻璃导致的伤亡人数占总伤亡数的80%。于是，玻璃被其他结实的材料取代，这些材料遮蔽了阳光，工人无论白天黑夜都只能借助人造光工作。[122] 为了确保生产时间尽量长一点，甚至为了保证收到红色警报以后工人还能坚持工作，1940 年秋天，工厂开始任命房顶瞭望员，他们的工作就是观察周围的防空炮火和天上的敌机，决定什么时候让工人进防空洞。空袭刚开始的时候，因为工人钻进防空洞躲避空袭，工业生产损失了很多工作时间。一家钢铁企业经过计算，指出截至 8 月底，轰炸给工厂造成的直接损失达到 1000 吨钢材，但空袭警报给工厂造成的损失是 14.7 万吨钢材。这个数字比 12 月工厂遭遇大轰炸时的损失还要大。[123] 9 月，房顶观察员的使用，得到了战时内阁的批准。使用观察员这个方法，最早是在不列颠之战时，飞机制造厂为了不计一切代价保证飞机生产想出的办法。当时，加强飞机生产是首任飞机生产大臣比弗布鲁克勋爵负责的事务。比弗布鲁克喜欢把工人固定在自己的岗位上，“像士兵和水手那样，服从指挥官下达的命令”，但是，经过资方和工会的谈判以后，还是决定开始采用屋顶瞭望员预警的方式。[124]

使用瞭望员预警的模式，在达成协议的那一天就显示了必要性。1940 年 9 月 3 日，几架德军俯冲轰炸机对伦敦南部韦布里奇（Weybridge）的维克斯飞机制造厂发动了奇袭，造成 89 名工人丧生，3000 人因为害怕辞职，工厂的产量减少了三分之二。[125] 相比依靠官方的防空警报，屋顶瞭望的好处是对即将发生的轰炸可以提供准确信息，同时工人只有在需要的时候才进入防空洞，这样就减少了工作时间的无意义占用。1940 年 11 月初，劳工大臣欧内斯特·贝文（Ernest Bevin）向丘吉尔提交了一家工厂的统计数据，以此向丘吉尔证明瞭望员制度的成效。统计显示，在 8 月

24 日至 10 月 19 日，官方一共发布 124 次空袭警报，在防空洞中避难时间长达 233 小时，相当于减少了 10 个工作日，而使用屋顶瞭望员的工厂，仅仅减少了 1 小时 20 分钟的工作时间。[126] 战争期间，工业区进行的计算显示，使用屋顶瞭望员后，当空袭警报响起，工人仍然能够保持坚持工作，这样就保住了 60% 至 70% 的工作时间。最终的统计数字是，一共少损失了 1100 万个工时。

然而屋顶瞭望工作给那些派去在屋顶值班的工人增加了额外的压力，不管什么天气，他们都要在屋顶上值好几个小时的班，尽管大部分时间里并没有来自空中的威胁，而 1941 年以后，这种威胁更是几乎不存在了。第一批瞭望员是由皇家空军培训的，然后，他们回到自己的单位，负责培训更多的瞭望员，每周培训的人员在 4000 名左右。瞭望员制度并没有法律效力，因此，很多企业开始就应对空袭的同时避免影响生产的问题和工会进行谈判。最后制定出了工人进防空洞躲避空袭的补偿方案：每周最多支付全薪 8 小时，之后支付一半工资。[127] 因轰炸而暂时性失业或受伤的工人，可以向当地的援助委员会申请补助，在德军的空中闪电战期间，援助委员会除了向因轰炸无家可归的工人下发临时性的工资和服装配给券外，还向受伤的工人发放了 10 万份补助。很多签订了军工订单的企业，通过地方生产防空委员会共享瞭望员发布的信息，并且向当地的工人提供足够的防空洞。1941 年 3 月伯明翰成立的生产防空委员会，最后具备向 80 万工人提供防空设施的能力。为了控制修复受损建筑浪费的工作时间，在政府的坚持下，各地的企业、民防机构和工会联合成立了重建小组和紧急修缮委员会。截至 1941 年夏天，已经组建了 120 个小组并开始工作，组织修缮了大约 4000 座受损的工厂。[128]

控制轰炸破坏最简单的方法就是，把生产分散到大量的小型工厂中，或者让重要产品在两个或更多的地方生产。不少武器装备的生产都适合零部件分开进行生产，特别是飞机制造领域，因此，在战争爆发的时候，飞机制造已经在某种程度实现了分散式生产。此外，好几千家小型工厂和生产企业，也可以动员起来应对可能出现的生产危机。在轰炸开始的几个月前，将飞机制造业进行分散布置就已经是一项既定政策，在空中闪电战期间这个政策执行的范围更广。[129] 目标是将重要飞机的生产分散进行，这样至少有两条或者更多的生产线生产同一种零件和飞机。小型零件生产或次级组装工作，都有应急的预备生产线，以应对空袭的破坏。小型机库修建在距离工厂车间有相当距离的地方，这样完工的飞机在交付前就不会被轰炸破坏。[130] 绝大部分工厂都成功地使用了这种模式。生产“喷火”战斗机的伯明翰的布罗米奇堡制造厂被分散到 8 座城镇的 23 座建筑中，每个零件至少有 3 个地点生产。位于韦布里奇的维克斯飞机制造厂曾在 9 月遭到轰炸，这家工厂分散到了半径 20 英里内的 42 处不同的地点，工厂雇用了 1 万名工人，但是每个生产点的人数不超过 500 人。在有些地方，工厂还和别的单位共用一处建筑，如，“威灵顿”轰炸机的机翼是在一座电影制片厂进行的，但是，电影制片厂的拍摄工作仍在继续进行。一位棺材铺老板，预料到轰炸会带来巨大的商机，因此拒绝从加工棺材的车间撤离，直到接到强迫搬迁的命令才从车间退出，还把自己的工具全都留给了维克斯飞机厂使用。布里斯托尔飞机公司，将飞机引擎生产线分别安排到当地的电力部门、公共汽车修理厂和一家卷烟厂。[131] 将工人分散开，去各处进行生产是一个更加巨大的问题。政府计划在各处为参加战时生产的 20 万名工人修建宿舍，但是这个做法对于那些在轰炸后分散在各处的工人用处不大。人们发现，就近寻找分散地点有不少好处，这样做一是工厂能够避开轰炸，二是仍然可以把自己的工人聚拢在一起。布里斯托尔公司就遵守着这种规则，即寻找那些“不要太近，也不要太远”的地方进行分散生产。[132]

为减少轰炸对军工生产造成的影响而做出的种种努力，带来的结果喜忧参半。9 月 7 日对伍尔维奇兵工厂的大轰炸，暂时给军火生产造成了严重的影响（具有讽刺意味的是，受到影响最小的是航空炸弹，仅仅减少了 2%）。对南安普顿的轰炸，使当地飞机制造厂“喷火”战斗机的生产减少了 30%。[133] 但是，这些数字通常是暂时性的。一般来说，遭到轰炸后，工厂会继续分散到其他地方，或是经过几天的简单维修，顶棚盖上油毡，开足马力继续生产。尽管人们对英国的战时生产忧心忡忡，但调查发现，在那些烟雾和废墟之中，轰炸造成的破坏比最初预料的要小得多。在上报给丘吉尔的英国中部地区飞机制造厂 1940 年 11 月和 12 月轰炸破坏报告中，比弗布鲁克发现在全部 12 万台机床中，仅有 700 台遭到彻底破坏，5000 台受损。对伯明翰市中心的 200 家工厂的调研发现，在 5 次猛烈轰炸后，有 15% 的机床需要进行维修，22% 的机床严重受损，但是大部分机床完好无缺。12 月对默西赛德郡实施的大轰炸，给布特尔（Bootle）的工厂造成的损失"无足轻重"，而曼彻斯特飞机制造厂的机器同样完好无损。当地的地区专员在报告中这样写道："（轰炸）造成的永久性破坏很小。"[134] 1941 年的轰炸同样如此。根据国内安全部的计算，在全国 6699 个经济要害（工厂、公用事业、食品仓库、油料仓库）中，仅仅有 884 个遭到轰炸；遭到轰炸的 558 座工厂中，仅有 8 座工厂因损毁过于严重，无法修复。每周上报的钢铁产量显示，空中闪击战期间，每个月的产量都高于 1940 年 9 月。在轰炸战结束的时候，每月的飞机产量比轰炸战开始时高了四分之一。报告中的结论显示，1941 年 4 月份复活节假期对军工生产指数的影响，比德军轰炸还严重。正如曼彻斯特市的报告中指出的，德军想要造成更加严重的破坏，就需要更多的飞机，更多的炸弹，更多次的轰炸，和一些偶然的运气。[135]

保护食品仓储、保证食物供应是很严峻的挑战，因为食物仅能从少数几个大型港口进口，且易变质的食物大都储存在码头区附近或者码头内的仓库里。对于食品仓库的保护，政府一直极其关切，在 1940 年便开始在负责卸载来自西非和南亚的食品的码头实施空袭警戒。[136] 国外食品的进口取决于英国主要港口的正常运转，因此德军飞机会定期对这些地方实施轰炸。尽管港口不能像工厂那样分散到各处，但航运可以分流到更小更不易遭受空袭的港口城市。虽然轰炸一直能给港口造成破坏，但是没能让整个港口关闭。比如，在利物浦，根据空中闪电战后的认真调查，得出的结论的是，只有 1941 年 5 月的轰炸，严重影响了码头区的运作，造成的延误约等于 3 个工作日。在轰炸前 5 周，平均每周卸载的货物为 9.1 万吨，在遭受轰炸的那一周，这个数字下降到 3.5 万吨，但是一周以后，又回升到 8.6 万吨。同期平均每周上工的装卸工人为 51 万人，在遭到轰炸的那一周，人数下降到 29.9 万人，但是，到 5 月的第 3 周，工人人数就回升到51.8万人。事实上，德军轰炸的破坏是很广泛的，144个泊位中有69个遭到破坏，但在码头维修期间，货轮可以在港外卸货。[137] 尽管码头工人依靠地方政府分发的食物、临时住所和提供的交通工具上班，但是大多数情况下，在轰炸后，码头的吞度量仍会出现暂时的下降。

对储存食品造成的破坏，主要是由轰炸引发的大火造成的。大部分食品和牲畜饲料都储存在码头附近的用木头修建的仓库中。因为德军轰炸，仅利物浦就有100座仓库遭到破坏，损失了3.15万吨食品。食品损失的统计数字会每周汇总，并详细上报给政府内阁。截至1940年12月末，已损失了14.1万吨食品，其中包括2.7万吨小麦和2.5万吨糖。[138] 接下来的一周中，轰炸破坏了曼彻斯特运河附近一座储藏了3万吨谷物的仓库，但其中大部分泄露的谷物都被抢救回来了。在1941年1月至5月，另外27.1吨储存的食品遭到轰炸波及，但是据估算，只有7.05万吨食品遭到彻底破坏。政府的粮食部于1941年1月组建了救助部门，挽救了16.2吨可供人消费的食品和3.9万吨可用于农业的粮食。粮食部逐渐将食品从那些容易遭到空袭的地区转移到别的地方，到1945年底，只有45%的食品还储存在码头附近。[139] 食品的转移是一个缓慢的过程，赫尔市1941年5月出现的食品危机，最终促使政府放弃把食品储存在码头附近的做法。1941年9月，纽卡斯尔码头附近的仓库被一枚炸弹击中，泄漏的面粉、食用油和蔗糖首先混合然后又凝结在一起，这种富含养料的凝结物养育了大量的苍蝇，以至于当地人喝茶的时候，需要给茶杯盖上盖子，然后用吸管喝茶，不然茶水就被苍蝇污染了。[140] 虽然如此，到1941年秋天，食品供应的状况与空中闪电战期间最糟糕的日子相比已经大为改善了。大部分集中储存的食品，被分散储存到遍及全国的104个食品储存区，储存的食物足够全国人民食用两个星期，这个数量是战争之前的3倍。[141]

战争中，对千百万普通民众来说，最重要的生存要素中，除了食品供应以外，就是安全的住所了。随着德军将空袭重点转向夜间轰炸，投弹精度变得更低了，因此，轰炸破坏的城市住宅逐渐增多了。一片片联排住宅在轰炸中被摧毁，一群群蜷缩在残垣断壁中无家可归、无依无靠的难民，是空中闪电战中最悲惨的景象。1940年10月，坦尼森·杰西在写给美国朋友的信中这样写道："之前，我从来没有见过房子能够变成这样厚实的粉末。" 约翰·斯特雷奇这样回忆各处的房子被炸弹破坏的普遍景象："这是一种针对家庭的战争，灾难因熟悉而非陌生而显得尤为可怕。"[142]

尽管如此，空中闪电战给住房造成的损害程度和无家可归的范围，还是有可能被夸大。无家可归对于绝大多数空袭受害者来说，都是暂时的。地方政府采取了一切可能的措施加紧轰炸损坏住宅的维修，尽快让难民回到家中。对于那些住宅彻底摧毁的难民，政府则将他们安置到兵营里临时居住，或者安置到新住房中。遭到轰炸以后，仅伯明翰一地就有 6.7 万人登记为无家可归，但是，人们还是返回了轰炸区域内遭到破坏的住宅里，或者搬到附近空置的住宅中。平均每 300 户无家可归的家庭中，有 280 户返回了自己的住宅。人们还注意到，在那些住宅遭到彻底破坏的家庭中，存在一种"强烈的倾向，那就是希望搬到距离原来的住宅很近的房子里"。为了缓解住房拥挤，卫生部取消了危旧住房清空政策，允许无家可归者在里面临时居住，前提是房子事先得到清扫和修缮。[143] 不适宜居住的住房数量也没有原先想象的多。一旦烟雾消散，残垣断壁得到清理，大多数房屋都可以很快修复，原住户在几周之内就能回到家中居住了。到 1941 年 1 月，伦敦遭轰炸破坏的 50 万所房子中的 80% 得到了修复，伯明翰受损的 7 万所房子中，70% 得到修缮。空中闪电战结束的时候，160 万所房子经过修理后，已经重新投入使用，还有 27.1 万所房子正在修理。[144]

只要空袭结束，恢复重建和救援工作就会立即展开。各地政府制定了互相帮助的协议，这样每次轰炸结束之后，装载着工人、工匠和装备的卡车就会从附近的城镇向受到空袭的城镇开过来。在北部民防地区的 7 座城市，有 44 台车辆和 1150 名工人可以随时参与互助救援行动。参与工作的工人都随身携带着镐头、铁锹和食物，每 5 个人一组，配备着撬棍和手推车。紧随第一批工人之后到达的是重型机械——液压千斤顶、压路机、推土机、挖掘机、混凝土搅拌机和吊车。[145] 有时候未爆炸的炸弹、延时引爆炸弹或者建筑物塌方会使救援工作暂停，但是临时性的维修工作可以迅速开始。1941 年 5 月利物浦遭到大轰炸以后的第二天，当地雇用了7000名工人参与破坏现场的清理和维修工作。有时候，参与互助救援的队员还没有来得及返回自己的城市，就会遭遇空袭，成为轰炸的受害者。如12月末曼彻斯特向利物浦派出了24个救援队，但是又不得不要求伯里（Bury）、奥尔德姆（Oldham）、博尔顿（Bolton）、哈德斯菲尔德（Huddersfield）、诺丁汉（Nottingham）派来人员对曼彻斯特提供支援。在此之前一个月，曼彻斯特还派出12支救援队和临近的中部地区其他城市的52支救援队一起，参加了对考文垂的救援行动。[146]整个救援行动中，工作环境困难，有时候连食物供应和舒适的住宿条件都不具备，但是救援人员还是用不长的时间，恢复了当地的住房、公路交通和公用事业服务。空袭后，考文垂的电力供应在两天后得到恢复，一周以后，三分之二的自来水供应、一半的私人电话得到恢复，4天后，除了一条铁路线以外，其他的铁路都得到了修复，同时全部道路也完全得到修复。6周以后，2.2万所住宅修复完成，达到居住条件。克莱拉·米尔本和同村居住的邻居，收容了好几位因轰炸无家可归的考文垂市民，但四五天后，这些人就急忙回到自己被炸弹损坏的住宅中去了，其中包括一位妇女，她带着女儿和从不离身的手风琴回到了仅剩一个房间的家里。[147]

在房子没有被完全摧毁的情况下，居民迫切希望回家的愿望并不难解释。首先是住户想尽可能多地从遭到破坏的房子里救出些东西，或者是想知道在他们不在的时候，家里的摆设临时搬到哪里去了。1940年8月，国内安全部颁布了救援的详细规定，明确指出，拯救和保护那些“可移动的财物”的主要责任在于房主本人。随着德军轰炸的加剧，这一责任不得不由民防机构分担，特别是在房主失踪的情况下。[148]住宅里财物的运输和储存都是免费的，民防机构可以在各处征用临时储存仓库，于是，大量火灾损坏的、潮湿的、满是灰尘的私人物品开始堆放在各处教堂的大厅、仓库、剧院和设备储存点里，但是储存在这些地方的物品都有丢失的危险。拆迁工人会偷走任何他们觉得有用、便于携带的东西。群众监督报告表明，如果附近有资产阶级别墅集中的街道，工人就不会从穷人家中偷东西。[149]在空中闪电战期间，报案的抢劫犯罪有8000起，其中只有四分之一的案件中的罪犯得到逮捕。罪犯实施盗窃的机会很多，但是在战争期间，对盗窃处罚和战争之前是没有什么差别的，然而抢劫得到的处罚比以前严重得多，因为这种犯罪在战争期间是对社会价值观的挑衅。[150]

尽管遭到轰炸破坏，但还是有越来越多的人返回原来的住所，生活在熟悉的环境，使用熟悉的东西。对房屋的紧急修缮工作由卫生部负责，这或许可以解释，为什么这种修复会被称为“急救”。很多房屋的玻璃全部破碎，屋顶的石板瓦也被掀飞了。需要的材料之前早有库存，可随时使用；希望参加这种维修工作的承包商事前就得到通知，因此维修工作一开始，他们就立刻动员起来。根据政府的维修指导开始工作，窗户除了留出通风的空间，其他部分用油毡布、纸板或石膏板覆盖，起居室的窗户有三分之一或二分之一要盖上透光的布料，这样还能有些许阳光照进房中。把纸板钉在固定天花板的框架上，就算是对天花板的修理。房顶上盖上油毡，等人手充足的时候，再重新铺上瓦片。[151] 这样维修的房屋既不美观又不舒适，但只要不再被轰炸，房子肯定是能够居住的。

丘吉尔则关注于那些遭受轰炸的城市中被认为难以修复的部分。1940 年 12 月，丘吉尔敦促工程大臣抓紧组建房屋修理队，维修那一排排已经没有窗户的“没人关心、废弃的”住宅。事实上，工程部早已经开始执行对工厂和严重破坏住宅的紧急维修计划。鉴于此时陆军没有什么作战任务，于是曾经当过建筑工人的士兵就临时抽调出来，参与大规模的房屋重建工作。并未彻底损毁但又需要大修的房屋在受损房屋中所占的比例并不高。1941 年 5 月 8 日，赫尔遭到大轰炸后，有 561 座房子遭到严重破坏，无法修复；1345 座房子受损严重，需要彻底大修；8352 座房子还可以使用，只需要稍加维修即可。[152] 政府的“急救”维修计划，就是针对这为数众多的受损不重的房屋的。统计显示，维修工作几乎是和德军 1941 年重新开始轰炸作战同步进行的。截至 1941 年 3 月，伦敦总共 71.9 万座需要修缮的房屋中，仅有 5100 座尚待维修，而在其他地区总共 33.5 万座需要维修的房屋中，也仅有 5.08 万座需要修缮。到当年 11 月，轰炸几乎停止的时候，已经有 200 万座房屋维修完毕。在那些严重破坏的房屋中，到 1942 年已经有三分之一得到修缮并可以重新使用。[153] 被大火烧光的大片土地，支离破碎的城区，在受损房屋和公寓中将就着生活的场景，所有这些在统计数字面前都失去了说服力，而统计数字确实表明，对于那些准备不足、经济贫困的地区，全国范围的修复和重建方案都确实减少了轰炸可能对这些居民区破坏。

造成破坏的一个重要原因是火灾，而德军如此大规模使用燃烧弹进行轰炸，是英国所未曾预料的，对此准备不足。在空中闪电战结束后，各地的消防队长按照命令对各自地区因火灾造成的破坏情况进行评估，根据他们的报告，因火灾造成的破坏占比从 80% 至 98% 各不相同，伦敦、普利茅斯、南安普顿和朴次茅斯 90% 的损失是由大型集束燃烧弹引发的火灾造成的。[154] 战时的灭火工作与和平时期是完全不同的，不只是高爆炸弹和装有杀伤人员的高爆战斗部的延时燃烧弹带来的危险，而且还因为当窗户全部破碎以后，房屋变得完全通风，这样火势在风力作用下迅速蔓延，最后造成消防队长常说的“火区”。供水中断时，消防员不得不使用水泵从河流和水渠中取水灭火，通常，河流和水渠距离火场都很远。英国城市相比还是幸运的，因为德军的轰炸从没达到盟军轰炸汉堡和德累斯顿那种引发“火灾风暴”的程度。

现有的消防队，尽管人员一直在扩编，但是仍不足以应对火灾带来的破坏。英国消防工作由分布在各地的 1600 多个消防机构负责，这些机构在名义上都是独立的。有些消防机构拥有现代化装备，核心人员是一群有经验的消防队员，辅以新增的起辅助作用的志愿者。但是有些大城市仍然保留着“警察消防队”，即当地没有经过多少专业消防训练的警察组成的消防队。普利茅斯、利物浦、南安普顿和曼彻斯特灭火工作不力，就是因为这些城市主要依靠当地警察组成的消防队灭火的缘故。[155] 因为消防水管和消火栓相互不兼容，因此很多消防队也难以为附近的城镇提供全力援助。消防队还缺少现代化的供水车和自动装备。从 1939 年起，辅助消防队每年都会接受全面训练，但有些时候它会被迫在没有专业消防队的情况下独立灭火。战争中，亨利·格林热切希望参加伦敦的灭火行动。1940 年 9 月 7 日，他和辅助消防队的队友按照命令乘坐出租车，拖着一台水泵去扑灭码头锯木厂火灾的时候，面前的景象让格林彻底不知所措：“最后我们坐车穿过码头……没有任何上级在场，我们不知道找谁报到，也没有人下达命令，只能沿着公路坐车继续前进，在貌似属于我们负责的火场前面停下来。”找到正在燃烧的锯木厂后，格林发现自己“陷入一片混乱……做的工作一点用处也没有……仍然没有人下命令”。当看到全身起火的鸽子在空中飞行的景象，格林彻底呆住了。[156] 虽然格林的叙述有些文学性夸张，但是，他的经历也说明消防人员短缺的问题。1940 年秋天，内政部消防主管艾尔默·费尔布雷斯（Aylmer Firebrace）爵士在报告中写道，消防队现在已经“尽到最大的努力了”。[157]

毫无疑问，消防队能够迅速反应、勇敢面对任何挑战，他们还为挽回轰炸的破坏做了不少工作。总共约有 700 名男性消防员和 20 名女性消防员献出了自己的生命，另有 6000 多名消防员受重伤。灭火工作相当繁重，而在伦敦地区，消防员整整忙碌了两个月，扑灭了 1.3 万场火灾，这些消防员需要连续值 48 小时的班，才能休息 24 小时。地方的消防队也采取了与民防组织类似的做法，结成互助关系，分享灭火经验，共享灭火设备和人员。考文垂得到了来自其他地方援助的 150 台水泵，轰炸两天后，在其他地区消防队的协助下，200 处大火除了 5 处以外，全都得到控制。[158] 大城市普遍对可能发生的火灾进行了预先准备。在容易发生火灾的地方，事先放置了容量达 50 万至 100 万加仑的大型水箱。政府还鼓励住户在自己家的浴缸和水桶里储存灭火用的水。专门用来扑灭码头和船只火灾的消防船，从 5 艘增加到了 250 艘。沿着市中心的主干道，消防队铺设了长 1200 英里、直径 6 英寸 * 的消防水管，在紧急状况发生时，消防水龙可以直接连接在这些水管上。[159] 1940 年 9 月通过颁布《火灾巡视员令》，政府第一次将灭火的责任扩大到更广泛的民众当中，这个法令要求企业必须安排专门的火灾巡视员，寻找燃烧弹引发的火灾，对于这些火灾，商家可以自行组织灭火，也可以寻求帮助。同年 10 月颁布的《私人住宅进入令》最终赋予民防队员合法进入私人住宅，扑灭燃烧弹引燃的火灾的权利。[160]

然而对于 1940 年 11 月以后燃烧弹破坏力的逐渐升级，这些改进并

---

* 1 英寸约等于 2.54 厘米。

未取得什么特别好的效果。那些启动火灾巡视的企业，有时候在夜间和周末实际上处于无人值守状态，毕竟轰炸不一定每天都有。有的时候，当值的火灾巡视员会迟到，或者干脆喝醉了，因为他们认为火警值班是强加的额外工作。[161] 应对燃烧弹的首先是普通住户，运气好的人还能得到手摇灭火泵或沙桶等灭火设备，此外，空袭守卫和专业消防员还会给他们提供帮助。通常情况下，当住宅已经燃起大火以后，消防队才能赶到。国内安全部 12 月发布的一份报告中，阐明了近期轰炸的破坏性作用，提出建立一支由志愿者、民防人员和消防队共同参与的合作性消防机构。[162] 12 月末，曼彻斯特的大轰炸让这个提议看到了希望，在这次轰炸前几周，飞机生产部在曼彻斯特的官员向比弗布鲁克提出一些意见，指出曼彻斯特灭火准备不足，并且建议比弗布鲁克想办法组建一支负责消防的队伍。12 月 20 日至 24 日的大火使默西赛德郡大部分地区遭到破坏，这被当局归咎于地方的企业没有足够的火灾预防准备。《曼彻斯特卫报》的总经理在报道中指出，当消防员抵达火场以后，他们根本控制不住火势，也不愿意进入危险的住宅救火或是扑灭正在蔓延的大火。[163]

12 月末，赫伯特·莫里森向内阁提出了强制性的火灾巡视计划。这个计划是为广泛增加民防人员做出的众多努力之一，因为前几个月的轰炸已经暴露出民防组织在人员上的缺口。英国开始强制征召民防人员，在新年夜的广播中，莫里森呼吁人民履行自己的职责：“最近你们中的一些人，在不止一个城市，让你们的祖国失望了，这种事情绝对不能再次发生。”[164] 莫里森希望在每条街道和每家企业都组建一支火灾巡视队，并授权地方政府，在没有足够志愿者时，可以采取强制措施。1941 年 4 月 10 日通过的《国家服务法案》，让这种强制性服务得到进一步加强。这个法案允许政府强制征召更多的民防人员，同时将民防队伍中的关键岗位列为“后备岗位”（这些岗位上的人员不会被强制征入军队），允许地方政府强制征召和平主义者和依良心拒绝服兵役者进入民防机构和消防队。[165] 通过这一举措，各地招募到了更多的志愿者和火灾巡视员；街道消防队不但获得了头盔、水泵、梯子、铁锹等装备，也得到了必要训练，并与当地消防队建立了密切联系。最终，有 600 万人登记参加了消防任务。然而，这种强制性征召影响到了在虚假战争期间对社会军事化持消极态度的人。一些志愿参加了火灾巡视工作的和平主义者拒绝被征召从事同样的工作。截至4月，已经有24起相关案件在法院审理，结果是除了两起案件外，其他案件的当事人都被判短期监禁。[166] 在纽卡斯尔，强制注册参加消防工作的57 444人中，有44 785人请求免除承担这项工作，原因主要是个人身体健康问题、家庭事务或者是自己要在工厂参加重要的战时生产。到1943年，纽卡斯尔已有5.7万人加入了消防警卫，但他们全部都是志愿者。[167]

几乎可以肯定的是，新制定的消防政策出台得太晚了，对降低空中闪电战造成的损失几乎没有什么作用。此外，在新组建的火灾巡视队所需的补偿和工作条件这两个问题上，莫里森遭到了工会的对抗。而新组建的火灾巡视队和消防部门之间的关系，也没有明确的规定。1941年春天，伦敦、普利茅斯、赫尔和默西赛德的大火证明了这次改革存在的局限性。5月8日，战时内阁批准组建国家消防局，两周后，莫里森迅速让将这项决议得到议会批准，使其成为一项法令。1941年8月，国家消防局正式开始工作，这个部门有11个地区下属分局，在苏格兰成立了单独的消防局，全国共有143个地区性消防队。火灾巡视员改名为消防警卫，佩戴白色钢盔，装备也更加精良，在埃伦·威尔金森的直接领导之下。而由警察组成的临时消防队和规模更小的消防队，全部取消了。这次改革，建成了一个标准的指挥体系，这样只要一名官员就能够在轰炸后，管理所有的消防事务。同时，这项改革促进了消防队装备的标准化和消防技术的一致性。按计划，还在布莱顿（Brighton）城外的一座宾馆，成立了国立消防学院；组织出版了六卷本的《消防手册》。[168] 到1943年，一个组织完善，装备精良的火灾预防和消防体系终于建立起来，然而在面对大规模火灾时仍有很多困难，他们在后来的“贝德克尔空袭”中的表现，就表明了这个问题。这个体系是否能经得住1940至1941年间那种规模的轰炸，还没有经过检验。新组建的消防队也仅仅扑灭了1万多场火灾，而经历过空中闪电战的消防员，扑灭了5万多场火灾。[169] 改进消防制度，与那些针对防空洞、救援和福利等方面采取的措施一样，都属于亡羊补牢的措施。

“赫尔人民情绪稳定”：空中闪电战期间的士气问题

1941 年 11 月，国内安全部负责研究轰炸影响的部门，在索利·朱克曼的主持下针对轰炸对人们心理的影响进行了一次调查。在经历了 1941 年春夏两季的一系列毁灭性轰炸后，一组心理学家被派往赫尔对当地居民的情绪稳定性进行调查。研究的目的是分析出那些能够导致一座城市在轰炸中崩溃的因素。选择赫尔进行调查主要是因为，在大轰炸停止以后，这里仍有很多人每天晚上离开城区到郊外过夜。白厅流行的观点是，赫尔的居民比其他地方的人士气更低落。朱克曼率领的研究队伍，就是为了尽可能科学地检测出轰炸达到什么程度，就会导致居民心理崩溃。[170]

这项研究并不仅仅是为了满足科学上的求知欲。早在 1939 年以前，就有一种广为流传的普遍假设，认为城市居民将无法忍受轰炸的影响，轰炸引起的恐慌会导致某种形式的社会崩溃。“士气”是一个广泛使用的词，从军事概念角度来看，在战场上这个词的含义很容易就能得到明确，这要比在更广阔的平民社会中确定这个词的含义容易得多。因此，士气并不容易测量、识别。朱克曼的团队首先花了好几周的时间，专门研究该向 900 名男女居民组成的调查样本问什么问题，才能判断正常和非正常心理状态。这些调查样本的选择并不是随机的，其中很多是那些在郊外过夜的人，对于这些人，主要根据各种职业、城市中的居住地和性别进行挑选。医生们原来估计能够发现样本表现出歇斯底里、焦虑、消沉这些某种程度上被认为是神经官能症的症状，医生们还事先对焦虑和消沉并存的程度进行界定，因为医生们认为，这个指标可以反映人们面对死亡、财产损失和无家可归时的心理状态。在调查中，医生们没有发现最严重的心理状态——“歇斯底里”——的迹象，因此，在以后的调查中取消了这个指标。心理学家在轰炸受害者中发现，4.2% 的男性在轰炸以后 6 个月，仍然有严重的神经官能症，对女性来说，这个数字是 13.7%。另外 20% 的男性有中度或轻度的神经官能症，而女性是 53%，但是在最后评估的 706 人中，374 人在检查中并没有表现出任何症状。[171]

基于上述数据，心理学家认为对赫尔市民心理状态的担忧过于夸大了，而且对轰炸受害者进行的心理疏导也太多了，到了弊大于利的地步。他们建议，对于民众的心理状态，更多的要依靠一般性的方法和充足的食物供应："人民稳定健康的心理状态更多地取决于个人的营养状况。"[172] 朱克曼和他的同事物理学家 J. D. 伯纳尔（J. D. Bernal）以这些发现为基础，向政府提交了研究报告。他们的结论指出，没有证据表明赫尔市民存在士气方面的问题，也不存在恐慌和过度的神经官能症。在报告最后这样写道："今天的赫尔看上去是一座遭到空中闪电战破坏的城市，但赫尔市民绝对不会给外来的访客留下任何怪异的印象。"[173] 赫尔市神经官能症的数据如此有说服性，主要是因为朱克曼对于数据统计的分析情有独钟。虽然其他地区对于士气状况的判定，主要是依靠研究人员主观判断，但结果通常都能印证赫尔市的发现，即使是考文垂，因为最初的恐惧导致许多人出现歇斯底里的症状，也符合赫尔市的发现。[174] 1940 年至 1941 年间，心理学报刊也会经常刊发一些文章，证实在空中闪电战期间，很多病人减少了接受心理医生治疗的次数，而那些因为轰炸产生精神疾患的病人，其实在战争开始前，就已经是精神病人了。[175] 在轰炸的最初 3 个月里，伦敦市内平均每家医院每周只有两位精神病患者。[176]

然而，赫尔市的统计数字，掩盖了轰炸战受害者需要面对的糟糕的社会现实和心理状况。精神科医生的病历中记录了赫尔市每名受访者在空中闪电战中的经历，他们在此之前的心理和生理状况，以及当时的身体状况。有很大比例的受访者没有表现出任何症状，身体一切正常。有不少女性承认，她们变得容易昏厥，听到空袭警报声会哭泣或呕吐。男性受访者承认他们出现了忧郁、失眠、过度紧张和严重的消化不良。第 17 号病人是一位家庭主妇，医生对她的诊断是"心理状态相当稳定，但是表现得过于胆小"。她本人也承认，在轰炸发生时和轰炸结束以后好几个小时，她都会一直不受控地打哆嗦，就像个"电动闹钟"。第 20 号病人是一位"略显冷漠，性格孤僻"的家庭主妇，在防空洞里尿了裤子，晚上睡觉时拒绝脱衣，梦到过德国人从飞机上跳下来。第 7 号病人是一位码头工人，他看到自己的哥哥和嫂子在家里死于轰炸后，完全不是原来的那个开朗乐天的人了，现在他一晚上要喝掉 8 品脱啤酒，每天要抽 30 至 40 支香烟，只有这样才能让自己的神经冷静下来。还有一位码头工人，他的母亲和 4 位侄女都死在防空洞里，他挖出了在废墟下困了 4 天的哥哥和嫂子，并目睹了一个容纳了 20 人的防空洞在炸弹的冲击下轰然崩塌的景象。这名码头工人告诉心理学家，他觉得生活“不值得继续下去”。[177]

在最严重的情况下，受害者的精神没有崩溃就已经很了不起了。这里选取两个病人的经历，展示一下当时他们遭遇了怎样的危险，这样的事通常他们都经历了两三次。

> 1号病人：男性工人，已婚，有4个孩子。
>
> “他听到水雷落下来的声音，然后和妻子冲进衣帽间。他感到爆炸的冲击波击中了他的腹部，有那么两三分钟，他感到几乎没法呼吸……当他缓过来以后，看到除了自己所在的这间屋子的墙壁还保持完整外，整个房子已经是一片废墟。他听到呻吟声，赶紧爬起来在废墟中挖自己的孩子——这是最痛苦的体验，他感到自己“内心狂乱”……而他的妻子此时茫然地坐在一边。他想办法叫来了救护车，然后晕了过去——当他再次醒来的时候，已经是在医院里了。这次空袭夺走了家里两条生命……”
>
> 第37号病人：C夫人，家庭主妇，个性很好，已婚，有4个孩子。
>
> “5月的空中闪电战中，她居住的房子被彻底摧毁，她本人也在废墟下埋了40多分钟，后来被空袭守卫救了出来。事实上，她在这所房子中仅仅待了几个小时，因为前一天晚上她原来的住处被空袭摧毁了，她被临时安排在这里居住。3月，因为住处接连被摧毁，她搬了3次家。她的姐妹和其5个孩子已经在空袭中丧生……睡觉时她经常梦到轰炸，有时候夜不能寐，脑子里想的还是轰炸的恐怖。她难以忘记自己姐妹和其孩子的死，经常一哭就是一整天。她还表现出头疼和眩晕的症状，极度害怕空袭警报的声音。”[178]

这些经历肯定给受害者造成了严重的心理创伤，尽管现在描述这些症状的语言和针对这些症状的疗法都是战后的发明。他们当中没有多少人声称自己去看过医生，轰炸过后几天或几周，他们就回去工作了。这些精神科医生也注意到，所有这些受害者都愿意，甚至迫切希望和医生谈一谈。其实，并不是只有赫尔的受害者才表现出这样的身体的状态，在整个欧洲遭到的每次轰炸中，都是这样。受害者们被看作是潜在的危机，但是被政府冷漠的结论掩盖了，毕竟按照政府的说法，赫尔的居民“情绪稳定”。

政府并不关注这种潜在的危险。政府各部门和军方关心的是人民中的失败主义情绪、第五纵队、政治激进主义、和平主义和各类谣言。信息部国内情报司、国内安全部、陆海空军各自的情报部门、粮食部调查司和负责国内安全的军情五处都在对民众进行监控，寻找对国家不满或社会崩溃的证据。在这个过程中，民众对轰炸战的反应只是众多导致不满和失望的多种潜在因素之一。即使是在轰炸最激烈的 1941 年 3 月，民意调查显示，仅有 8% 的受访者认为空袭是战争中最重要的问题；4 月份的民意调查表明，62% 的民众声称空袭并没有使他们比之前更焦虑。[179] 信息部的国内情报报告也表明，在闪电战进行的那几个月里，人们对轰炸的关注程度波动很大。然而，有这样一种假设，那就是相比其他因素，轰炸一定会更严重地影响“士气”，因为每天轰炸都会粗暴地打断人们的正常生活，并且敌人蓄意将轰炸目标集中在工人居住区。而在对工人居住区进行监控的大部分专业技术人员和受过教育的阶层看来，工人的意志更容易被空袭削弱。

在国内士气紧急委员会发布了第一份报告以后，信息部从 1940 年 5 月就开始认真考虑，应该采取什么措施影响民众对空袭的看法。委员会建议让演员在防空洞里表演节目，以此来保证民众在防空洞里也有良好的心情，或者给防空洞里的民众分发歌本，这成了政府一系列不切实际的解决方案的开始。到 6 月，委员会又认为“孤独的女性”是民众中最脆弱的一环，并建议努力创造一种社群和邻里友好的氛围来帮助这些女性。这个委员会还担心空袭会加剧阶级对立，为此它建议英国广播公司的播音员使用方言进行播音，并把一部分播音时间留给左翼人士。[180] 7 月，财政部拨款 10 万英镑专门用于维持民众士气的工作。信息部用部分资金，在全国各地举办了许多公众集会和讲座，让公众更清楚地了解他们为什么而战，以及他们现在可以在全面战争中发挥什么作用。讲座主要是以“民众在国内防御中的作用”“家园前线”这样的内容为主，中间还夹杂着诸如“被德国占领意味着什么”和“纳粹暴行录”等内容。截至1940年7月，已经举行了5000次集会，吸引超过50万民众参加。就在同一个月，借调到信息部任职的艺术史学家，肯尼斯·克拉克（Kenneth Clark）在建立“无声纵队”的口号下，发动了一场“反谣言”运动。这场运动立刻在民众中引起强烈反弹而变成一场灾难，一名民众称这种做法是“盖世太保来英国了”。[181]

然而，有一个制造谣言的部门在空中闪电战期间一直在运作，希望用谣言抵消更加怪异的流言蜚语，对抗那些夸大的口头传播的死亡数字。对于空袭破坏程度官方的立场是相关信息泄露得越少越好，更不会泄露人员死亡数字和财产损失情况。在轰炸引起的民众广为关心的问题中，这个问题是能够引起最强烈影响的。为了广泛发布信息，信息部最后同意向各地区的信息部提供有关轰炸情况的部分信息，但是莫里森阻止了这种做法。1940年11月，考文垂遭到轰炸后，到处充斥着有上千人在轰炸中死亡，或官方直接封闭防空洞而置遇难者遗体于不顾这样的报道。在外界压力之下，信息部不得不开始尝试更加灵活的政策，并最终在12月采取了一些妥协措施：如果地方政府觉得公布伤亡人数可以缓解轰炸对民众士气的破坏，那么就允许遭到轰炸的地区酌情公布这些数字；有必要的话，地方政府每月在市政厅张贴每月死亡人数公报，但考文垂的情况是个特例。[182] 当达夫·库珀（Duff Cooper）在外界压力下准备公布真实数字，以对抗外界关于政府“掩盖事实”的指控时，接到了丘吉尔明令他严禁泄露信息的信。丘吉尔在信中写道：“我没有看到对民众的士气产生任何‘消极影响’，事实上，我觉得民众恢复得挺好，他们都回去工作了。”[183]

丘吉尔就是他在空中闪电战期间提出的口号“我们（有时指伦敦，有时指英国）能坚持下去”的缩影，这句口号是为了提振民众的情绪。选择这句标语是很聪明的做法，因为标语包含了集体意义上对敌人的蔑视，并且也没给持不同意见的人多少空间（尽管激起了这些人的怨恨）。记者和评论家发表的大量描述轰炸下的英国城市的作品，增强了宣传作用。弗吉尼亚·考尔斯在1941年6月出版的一本书中这样写道："这里和法国的情况不一样，整座大坝没有裂痕，即使是最薄弱的环节都很可靠。从最高贵的人，到最普通的人，他们每一个人都在扮演着自己的角色。"[184] 薇拉·布里顿尽管哀悼战争中必要的牺牲，但她1940年在伦敦于轰炸间隙撰写的小说《英格兰时刻》（*England's Hour*）中，还是描写了英国人无畏的英雄气概："我想，这个国家民众的勇气聚在一起，从没有像今天这样伟大……每一天，那些在办公室、工厂，或自己家里工作的男男女女，勇敢地用乐观的冷漠对抗自己的恐惧。"[185]

信息部发现，与预测相反，"悲观的忧虑"主要出现在中产阶级中，在工人当中反而是最不明显的。警方先前担心"低收入阶层"更经受不住轰炸的考验，也被证明是错误的。伦敦各个警察分局早期的报告证实，贫民区并没有表现出惊恐和慌乱的迹象。位于伦敦南部的图厅地区提交的报告中这样写道，"在这些贫民区，民众斗志特别高昂"，而另一方面，在防空洞里避难的中产阶级忧郁冷漠的样子，使他们很容易与防空洞中的其他人区分。[186] 政府还发现，一旦空袭开始以后，那些没有遭到轰炸的社区比遭到了轰炸的社区更容易出现"自怜自艾和反应过度"的表现。在伦敦遭受空袭最严重的时候，民众的士气还是相当高的，1940年11月组织的一次民意调查表明，有80%的受访者相信，英国一定会获胜。[187] 轰炸过后，各地提交的报告也显示，经过最初的震惊和迷惑以后，人们的慌乱逐渐消失了。下发给地方驻军司令部的行动指南是这样写的："人们的士气暂时会受到冲击，也可能会有些松弛，但绝对不会彻底消沉。"国内安全部在1月关于轰炸战经验教训总结的报告中写道，"高强度的空袭"证明民防组织"经受住了严峻的考验"。[188]

政府塑造的这种坚韧形象，就是为了给民众以压力，督促他们参与民防、邻里互助会、妇女志愿组织和火灾巡视工作。英国政府委托汉弗莱·詹宁斯（Humphrey Jennings）和哈利·瓦特（Harry Watt）制作了一部名为《伦敦能挺得住！》的纪录片，并由一位美国记者担任撰稿人和配音。这部纪录片主要面向美国市场，由华纳兄弟影片公司负责发行，在全美1.5万家电影院放映。[189] 这部片长10分钟的纪录片，主要对比了伦敦夜间轰炸的噪声、烟雾和第二天清晨伦敦居民平静地去上班这样两种场景。解说词把遭到轰炸的居民描述为“世界上最伟大的平民军队”。1940年10月，当这部纪录片在英国上映的时候，名字被小心翼翼地改成《英国能挺得住！》，而解说词也进行了改写，宣称每一座英国城市都“完全像伦敦一样英勇”。影片广受好评（尽管在闪电战最严重的1940年，伦敦电影院的上座率仅仅是战争之前的46%）。[190] 到1942年末，民众勇敢面对德国空军的形象，已经固化在《前线》这本书中，该书主要是官方记述的1940至1941年民众遭受战火侵袭的情况。与电影类似，《前线》同样强调了普通民众的贡献，称在残忍的暴行面前这是“大多数人的成就”。截至1943年1月，这本书已经销售了130万册。[191] 当公众想用明确的形象和共同的语言表达自己遭受的苦难时，他们总会借用英国人蔑视敌人、坚强忍耐的形象。美国记者弗吉尼亚·考尔斯曾采访过两位年轻姑娘，问她们是不是还在危险中，当时这两位姑娘正背着铺盖赶往伦敦东区的防空洞，而这两位姑娘的回答是：“当然，每天晚上都是危险的，难道你不知道我们现在还在前线吗？”[192]

然而信息部也认识到，这场群众运动是有其极限的。“坚持住”是一句口号，也是对现实的描述，而这句口号也引起了那些轰炸亲历者的反感。1941年2月，在威尔士的港口斯旺西遭到大轰炸以后，英国广播公司的记者播放了一名兴奋的旁观者对自己见闻的叙述：

> 人们仍然面带笑容；即使是那些失去亲戚和朋友的人，也并非是那么悲伤……我看到一些上了年纪的男女拎着箱子、包裹从街上匆匆跑过……他们中的很多人还举起手来向我们打招呼……这里每个人的态度都相当好。

但是，这次广播引起了斯旺西政府和居民的批评，信息部建议英国广播公司的官员在节目播出之前，对节目进行检查，以免引起地方的批评。但是，一个月以后，在3月播出的节目中又声称轰炸只对加的夫造成了不太严重的破坏。当地的一位妇女在给丘吉尔的信中进行抗议，指出城市完全是“人间炼狱”，并要求丘吉尔在晚间新闻中明确说明什么时候能让城市免于轰炸。[193] 当丘吉尔在4月向全国广播讲话时，他强调在那些轰炸最严重的城市，人民的斗志是最坚强的，而一位在苏格兰住院的名叫爱德华·斯特宾（Edward Stebbing）的年轻应征士兵，听到另一位伤员大声喊道：“你这大骗子！”就在几周以前，斯特宾还听到了他所在的部队被迫执行火灾巡视工作时的抱怨。他在日记中这样写道：“要是人们知道隐藏在团结背后的不满就好了。”[194] 那些希望把口号变成“我们能发动进攻”的人，也对信息部提出了批评。因为，他们认为英国进行战争动员，不应该是为了承受战争、忍受惩罚。1940年10月初，地方政府在各地的“耳目”注意到，各处都在讨论向德国城市实施报复性轰炸的流言。12月，有记者建议，应该取消“英国能坚持下去！”这个口号，因为，公众更关心的是“进攻”。不久，政府取消了对“前线意识”的宣传，1941年4月，国内士气政策委员会建议放弃“英国能坚持下去！”，采用更积极的口号。[195]

所谓的“空中闪电战迷思”，是关于公民的忍耐力和勇气的公共话语塑造而成的，尽管历史学家已对其中一些核心主张提出了明智的批评，但它并不完全是一种误解。[196] 无可争辩的是，在必须忍受那些无法想象的情况时，成千上万的普通公民确实表现出了非凡的勇气、良好的理智和自我牺牲的精神。一位名叫詹姆斯·多尔蒂（James Doherty）的贝尔法斯特空袭守卫在回忆录中这样写道：“战争对人的性格有所影响，能够让一个少言寡语的家伙成为英雄。”成为英雄，并没有性别之分。[197] 在1946年，艾尔默·费尔布雷斯爵士在研究了消防部队所有的英勇事迹后，这样写道：“勇气和持久力不是某一个性别独有的。”[198] 空中闪电战是检验民防队员的一种极端方式，芭芭拉·尼克松（Barbara Nixon）是伦敦东伦敦的一名志愿空袭守卫，她在日记中承认她不知道自己是否能经受得住轰炸的考验。一次一枚炸弹在她附近爆炸，气浪把她从自行车上推下来。她马上爬起来，跑向其他幸存者。她第一眼看到的是一名死于爆炸的婴儿，把婴儿用窗帘包好后，她继续在街道上帮着掩埋了六七具已经炸得支离破碎的尸体。对于她和很多人来说，“控制住自己的神经”这种愿望，都是难以克服的困难。她认为，民防队员就像士兵一样，焦急地等待着初尝一下敌人的炮火。在最初经历过几次“完全忘记自己手头的工作”以后，人们开始用一种“顽强的平静”继续工作。[199] 然而，轰炸使熟悉的街区陷入灭顶之灾，受害者中不乏朋友与熟人，这与军人的经历完全不同。尼克松在自己管理的区域也曾遇到过一些休假的皇家空军飞行员，发现这些军人比她更害怕轰炸。

然而，关于空中闪电战的迷思只讲述了人们对轰炸行动的反应以及他们如何应对其后果的故事的一部分。社会和心理的反应并没有简单的线性模式——非凡的勇气、阶级团结、无动于衷的坚韧——而是一种由多样化的环境和性格因素决定的杂糅的反应。意料之中的是，根据在赫尔的研究，在应对灾难带来的心理压力方面，个体间存在着巨大差异。压力的表现还存在地域差异，这种差异不只存在于那些仅仅遭到一次轰炸的小型城镇和遭到 50 次大轰炸的大城市之间，差异还存在于那些只有一个市中心的小型城市和拥有卫星城的大城市之间，通常轰炸对前者的影响十分巨大，而大城市在承受灾难、为无家可归者提供住所和其他的便利设施方面拥有更强的能力。财富和机会的对比决定了在应对轰炸的压力时存在明显的社会地位差异。较富裕或受教育程度较高的家庭有更强的抗灾能力，比如驱车离开遭到轰炸的城市，与朋友一起住进足以容纳额外成员的大房子里，更换丢失或损坏的财产，并能有效地面对轰炸后政府复杂的行政管理系统。而工人阶级在大多数情况下没有这些选择，他们缺乏社会技能、优厚的物质条件和时间，因此，他们不成比例地遭遇了更多轰炸带来的后果。最后，空袭的影响也体现在遭受轰炸的次数上。据观察，反复多次遭到轰炸的居民，对轰炸的反应上和那些第一次遭到轰炸的居民截然不同。1940 年 10 月，国内情报部记录了在伦敦发现这样一个有趣的事实，人们认为“一旦你习惯了轰炸”，轰炸就没有那么可怕了。空军部在闪电战后对士气的分析中指出，在帮助民众克服轰炸影响的各种因素中，“环境”占据重要位置。一项调查显示，从 9 月 7 日伦敦第一次遭到轰炸到 9 月底，声称晚上睡不着觉的人数从31%下降到3%，有三分之二的人说，尽管外面还有轰炸，但是他们至少能睡上4个小时。[200]

鉴于这些鲜明的对比，很难对空中闪电战期间大众的行为和精神风貌做出一个不扭曲这种多样性的综合描述。然而，一些更广泛的结论表明了这一点。几乎所有当代关于轰炸的报道都表明，被轰炸的民众（包括一些民防人员和医务人员）的直接反应是震惊、迷失方向、恐惧和焦虑。经历轰炸是一种极端的生理和心理挑战。一位经历了伦敦第一次空袭（拒绝避难）的妇女一周后在信中试图这样描述这段经历：

> 我们非常害怕……周日晚上已经是极限。根本不可能睡觉，碎裂声从四面八方传来，然后突然发出最后崩塌的咆哮……我无法向你描述炸弹到底能发出多么奇怪的音调……我还应付得了炸弹的呼啸声，这种声音不像巨大的爆炸声那样可怕。[201]

在空袭发生之时，在大部分民众中显然存在着极端的恐惧和惊慌，如果那些没有受到专门训练或保护不足的居民能有不同的反应，那将是非常了不起的，尽管这种现象远远算不上普遍。这位写信的女士有3位女仆，据说她们每天早晨从防空洞出来，都带着“无与伦比的勇气和处乱不惊的神情”。在赫尔市，对349名经历过轰炸的家庭主妇的调查中，在问到除了给她们带来长期的创伤以外，她们认为空袭哪一方面最可怕时，286人指出，遭到空袭的那一刻是最可怕的——炸弹落下的呼啸声，头顶飞机引擎的轰鸣声，炸弹的爆炸声。对于这个问题，仅有20人认为对家人的担心是最可怕的经历，另有17人认为燃烧的废墟和轰炸后破败的景象是最可怕的。[202]几乎所有的官方记载都承认，人们对空袭的最初反应是“丧失勇气”“消沉”或者是“不知所措”，但是实际经验显示，虽然心理创伤可能时间会长一些，但是士气消沉和勇气丧失只是暂时现象。虽然炸弹的冲击波能够扩散到周围区域，但是对人的震慑也是局部性的。官方的科学家帕特里克·布莱克特1941年8月在对士气的研究中，得出了这样的结论：“那些没有遭到轰炸的人，并不太关心遭到了轰炸的人。”[203]

对于轰炸，民众还有很多其他与恐惧和失去勇气共同存在的反应，有些甚至超过了这两种反应。鉴于存在各种关于人们表现出逞强、兴奋、好奇、愤怒、冷漠的记述，因此，想简单化地把轰炸的受害者分为几种类型显然是行不通的。信息大臣达夫·库珀的副手，哈罗德·尼科尔森，于1940年11月在伦敦大学议事大楼的办公室遭到轰炸后在日记中这样写道："这很有趣，我喜欢这样。我可不是故作姿态，我真的很兴奋，对于遭到轰炸，我还挺好奇的。我对这种事一点也不紧张。"[204] 在空中闪电战期间，报纸刊登了一位伦敦的空袭守卫的来信，在信中，他回忆了自己在轰炸期间的各种情绪，他当时并不恐惧："对于我来说，已经具备了一种哲理上的超脱，这是一种理智带给我的勇气，开始能够忍受任何危险……我登上市区最高的建筑顶层，兴奋地等待着战斗来临。"[205] 轰炸还有一个后果，那就是很多人像观光客一样，专门过来观看轰炸造成的破坏情况，那些遭到空袭较少的小城市的居民更是如此。考文垂遭到轰炸后，警方不得不于11月14至15日两天，在考文垂外围的街道设立路障，以阻止"游客"进入城市。在诺森伯兰（Northumberland）的惠特利湾（Whitley Bay）有一座小型港口，1941年至1942年间，这座港口也遭到了零星轰炸，大量游客被空袭吸引过来，致使救援工作被迫中断，警方和民防人员不得不腾出手来管理这些游客。[206]

空袭也立刻激起了文化上的反响。画家、摄影师、作家、诗人和评论家不顾恐惧，热烈拥抱了轰炸及其空袭后的断壁残垣。这种做法也得到了官方的认可。约翰·派珀（John Piper，在考文垂遭到轰炸后，他立即就赶到这座城市，记录遭到破坏的情况）或爱德华·阿迪宗（Edward Ardizzone）的绘画作品是政府战时艺术家计划的一部分。亨利·摩尔（Henry Moore）对于地下防空洞的绘画，保留了空中闪电战中最令人难忘的画面（尽管当时有报道称，因为他作品的现代主义风格，伦敦人都觉得"不可理解、受到了侮辱"）。[207] 作家和诗人在遭到轰炸的城市中找到了丰富的灵感来源，诗人默文·匹克（Mervyn Peake）这样写道："一半是砖石，一半是痛苦。"其中还有些诗人成为民防工作人员，其中包括亨利·格林（Henry Green）、斯蒂芬·史班德（Stephen Spender）、格雷厄姆·格林（Graham Greene）、罗斯·麦考利（Rose Macaulay），并且他们都用文学化的语言表述了自己的体验，就像一位有文学工作背景的空袭守卫写的那样“这是壮丽的暴力”。[208] 诗人路易斯·麦克尼斯（Louis MacNeice）在回顾空袭的余波时，情不自禁地“认为这是一场奇观”，烟雾、火焰、水流的颜色和质感就像“印象派画作一样精妙”。[209] 文化上的窥视是对这场后方战争的民主性的致敬，因为作品表现的是普通人的形象和他们的日常生活，虽然大多数遭受轰炸的人，不太可能有机会看到那些生动捕捉了他们痛苦经历的画作或小说。

对德国人的态度是对轰炸的众多矛盾反应之一。遭到轰炸的民众，一定会想着对敌人进行报复，这一点是不言自明的，但是，轰炸也在民众中引起了更加复杂的反应。首先，民众中的愤怒是肯定存在的。[210] 1940年11月，国家铁路工人联盟的秘书长，在《铁路评论》上发表文章，呼吁对德国进行报复性轰炸，让德国人“尝尝我们经历的恐怖……我们要不分白天黑夜，用我们的炸弹回应敌人的炸弹，用我们的打击回应敌人的打击”。[211] 昆伯勒（Queensborough）勋爵在报纸上发表了一封公开信，哀悼了死亡的德国妇孺，希尔达·威特汉（Hilda Wittenham）夫人对其进行了直截了当的回击：

> 我们希望让德国人接受的教训是这样的。让他们的妇女从家里逃出来，躲到防空洞里，然后将她们的家夷为平地……就要用这样的方法让全德国的妇女接受教训，不让德国有一座房子幸存。这样，德国人就会明白，以前残忍的行为给我们造成了什么后果。[212]

民众的日记和回忆录也反映出人们对德国人浓浓的恨意。克莱拉·米尔本（Clara Milburn）在附近的考文垂遭到轰炸以后这样写道：“敌人的邪恶简直难以用语言形容。”而一位曾在1940年10月到伦敦休假的老兵对爱德华·斯特宾说，如果他遇到一个德国人，即使是在战后，“他也会想杀掉这个人”。南安普顿遭到空袭以后，信息部接到一封目睹了轰炸的群众写的信，他在信中指出，只有让民众知道英国会进行反击，才能恢复民众的斗志：“要让德国佬尝尝自己种下的恶果，让德国娘们和小鬼下地狱吧。”信息部没有对这封信进行回复，理由是信件的作者过于激动，而不能进行正常的表达。[213]

更加令人惊讶的是，大量证据表明，英国公众并不同意对德国人实施单纯的复仇。按照丘吉尔的指示，信息部的政策是尽量淡化复仇诉求。关于国内情报的报告显示，到晚秋的时候，民众关于进行复仇的兴趣大幅度回落。皇家空军的两所训练中心曾组织了主题为“我们应该轰炸德国吗？”的辩论，但是，两所训练中心绝大多数人都表示反对这个建议。[214] 在空中闪电战期间进行的民意调查表明，即使是那些遭到轰炸的地区，主流意见也不要求对德国进行报复。1940 年 10 月，英国公众舆论协会（盖洛普民调）询问受访者对于皇家空军对平民实施轰炸是赞同还是反对时，得到的是势均力敌的回答，受访者中，对此问题持赞成和否定意见的各占 46%。轰炸持续了 6 个月以后，在 1941 年 4 月，对同样的问题进行调查时，有 55% 的受访者同意轰炸平民，38% 表示反对。但是，将回答根据受访者所在地区进行分类后，得到的结果显示，在伦敦反对轰炸平民的比例高于赞同的比例（分别是 47% 和 45%），而在那些没有遭到空袭的地区，赞成的比例最高，反对的比例最低（分别是 55% 和 36%）。[215] 1940 年 12 月，伦敦逐渐兴起了一场反对皇家空军对德夜间轰炸的运动，这场运动促成了 1941 年 8 月“取消夜间轰炸委员会”的成立，这个组织的主要成员包括经济学家斯坦利·杰文思（Stanley Jevons），作家维拉·布里顿和贵格会教徒科德·卡奇普尔（Corder Catchpool）。这场运动的支持者不仅包括组织过反对军事报复宣传的反战组织，而且还包括非反战组织的公众人物，他们担着遭到群众敌视的风险，坚持反对所谓英国的利益只有通过对德国进行无差别轰炸才能得到保障的观点。[216] 1941 年 4 月，奇切斯特（Chichester）教区大主教乔治·贝尔（George Bell）在《泰晤士报》上发表了谴责夜间轰炸的文章，随后，剧作家萧伯纳（George Bernard Shaw）和古典学家吉尔伯特·默里（Gilbert Murray）都在报纸上发表了同样的文章。这些抗议并没有让皇家空军改变自己的作战模式，但是却引起了关于轰炸德国这种行动正当性和目的性的辩论，同时也表明，轰炸未必会助长复仇的欲望。

这些各种各样的反应，并没有将大轰炸那几年中的英国推到危机爆发的边缘。尽管有很多关于空中闪电战期间阴暗面的记述，但是，社会崩溃或强烈抗议却很少，这种情况仅仅限于特定的领域，且时间短暂。当局事先不能确定这一点，因此出现了一个持续不断的监测、调整、谈判和改革的过程，以应对轰炸及其直接后果。在这种意义上，“士气”并不是空军部眼中的那种静态的、“易于量化”的东西，它反映的是各种各样的舆论和情绪，其中有些是积极的，有些是消极的。[217] 这在多大程度上反映了空战的影响，却是一个值得商榷的问题。显然，国内大后方和交战前线上的许多其他问题也引起了广大公众的关注。1940 年 8 月进行的一项民众监测调查表明，有四分之三的受调查者说不出哪怕一个英国空军元帅的名字，收到的回答中还赫然出现了“赫尔曼·戈林”。第二次民众监测调查中，关于拆迁工人态度的报告显示，工人们几乎不谈论轰炸的事情，他们把大量时间用在谈论两性关系、赛马和顺手牵羊上，只会偶尔谈论一下在国外发生的战争。[218] 在轰炸开始时，日记和个人信件中充斥着轰炸的内容，但是，在第一个月以后，轰炸相关记录出现的频率和详细程度都大大减少了。在非洲战场与意军的战斗得到了相当多的报道；英国和自由法国联军在达喀尔（Dakar）被维希军队击败这样的耻辱，在民众心中挥之不去；1940 年 11 月和 1941 年 3 月，关于战争问题的民意调查中，得票最多的是大西洋战役和粮食供应问题，其中第一次得到 20% 的票数，第二次则是 44%；夜间轰炸问题，在 11 月得到了 12% 的票数，但在 4 个月后仅得到了 8%。[219]

当然，遭受轰炸地区的社会和民众心理的恢复并不是自动完成的。在解释英国社会如何应对空中闪电战时，有两个因素至关重要。中央和地方政府在应对轰炸时的作用，是英国能否从空袭中生存下来的重要考验。民防部门和应急服务部门在计划允许范围内充分利用可用的资源，而且，所属各部门的工作能力在空中闪电战期间持续改善。相当一部分民众支持“前线平民”的公开讨论，并希望在民主战争中发挥作用，无论作用多么有限，他们的行动都加强了官方机构应对轰炸的工作。在这样做的过程中，他们既是官方的代理人，又是非正式的社区监督员，这样做加强了共识，扩大了参与领域。有一个例子可以说明这一过程。诺森伯兰郡的北希尔兹镇，在两条街道上居住的居民组织了一个正式的委员会，管理自己的消防小组，委员会定期开会，还有正式的会议记录本。委员会的成员是由85%的房主投票选出的，每个家庭向委员会出5先令，以支付梯子、水泵和水桶的费用。男性组成的4个消防小组轮流值班，每晚6小时，每组除组长外还有5名组员。妇女则在白天和两名男组员一起值班。消防组成员对拒绝加入小组的少数几户人家进行了家访，鼓励他们参加这项工作。消防小组的轮值工作一直坚持到1944年燃烧弹的威胁完全消失以后才停止。[220]这个居民区和其他几百个这样的小居民区承担的这些工作，或许对此最好的解释就是，战争动员得到了广大民众普遍认可，由此在民众中产生的一种强烈的冲动促进了这些工作。轰炸的威胁恰恰可以动员民众参与这些普遍性的防空事务，同时限制了不服从的空间。

政府必须将民众动员和在炸弹袭击后提供民众所需物资的能力结合起来。遭到轰炸的民众把官方视为获取可能援助的唯一途径，这一点与和平时期完全不同。官方在1941年末通过对闪电战的分析得出了这样的结论，那就是，在空袭之后，最关键的问题就是要用最快的速度提供水泥、物资援助等。这就意味着轰炸后，政府需要立即向民众提供去哪里能得到援助、食物和住所的准确信息。南安普顿和考文垂出现问题，最初就是因为通信不畅。在考文垂，最后政府动用宣传车把民众聚在一起，让民众就关心的问题提问，并由官员记录下来："在哪里可以吃上饭？""在哪里可以领到煤炭？""怎样才能得到疏散？""轰炸后的景象多快就可以恢复如初？"此外，还有很多关于房屋维修和食物供应的问题。[221]南安普顿遭到轰炸后，地区专员接到的指示中强调了"情况需要立即得到控制，核心是加速重建有效的城市管理机制"。[222]通过对各地的观察，政府发现民众的士气更多地依赖于"与其生命密切相关的物质因素，而不是战事的起伏"。[223]地区专员给各地方政府的命令是，在空袭之后，要把一切注意力放在"积极行动"上，立刻解决人员福利、食物供应、通信沟通、房屋维修和人员救援等问题。在所有这些因素中，食物（尤其是热饭）和能够安全过夜的地方，是重中之重。空军部提交的关于闪电战的报告，提出了这样的结论，即：只要向民众保证“能够向他们和家庭成员提供安全的栖身之处”，民众就可以承受连续的夜间空袭。[224] 遭到轰炸地区的记录详略不均，还需要一些时间继续研究，但是只要能够提供食品、防空洞、住处，并鼓励遭空袭的居民依靠国家的援助，社会就绝对不会崩溃，即便在遭受轰炸最为严重的市中心也是如此。

第二个因素是普通人有能力通过恢复一定程度的生活秩序或形成心理应对机制，来找到在轰炸下使日常生活“正常化”的方法。政府同样高度重视尽快恢复“地方政府的正常运转和人民的正常生活”。[225] 轰炸后，很多人的生活都处于不正常的状态，但是许多真实发生的事实也说明，形成新的生活规律，部分或者全部恢复轰炸前的生活习惯，是应对灾难必不可少的手段。薇拉·布里顿在文章中写道：“秩序从潜在的混乱中恢复得越好，不只是对抗纳粹的轰炸会更有效，对抗这场战争同样如此。”[226] 有时候令旁观者奇怪的是，尽管轰炸还在继续，但是生活仍照常进行。克莱拉·米尔本被考文垂的大轰炸吓坏了，几周以后，当她开车进城给汽车买新电瓶的时候，发现汽车商还在正常营业，只是几个门损坏了，围墙倒了几处。[227] 那些失去了家园、在防空洞和休息中心里避难的居民，也会把那里当作临时的家。1941 年在伦敦市东南地区进行的调查显示，去防空洞避难的民众，可能会在轰炸期间辗转四五个防空洞，就是为了回到他们初次避难的那个防空洞。有些质量较差的防空洞，会暂时封闭，进行维修，但是民众会拆除防空洞门口的障碍，进到自己熟悉的防空洞躲避轰炸，他们宁愿在这些防空洞躲避轰炸，也不愿意去那些更为舒适的防空洞。地方政府还提供了油漆，对防空洞进行装饰，其他的比如窗帘、灯罩、绘画等也是常用的装饰物。调查报告指出：“这些不起眼的措施加在一起，肯定有助于对抗恐惧，有利于让民众处于正常的气氛中。”[228] 这也解释了，为什么很多无家可归的人宁愿回到遭到破坏的住所，也不愿意住在自己不熟悉的地方。

应对机制有多种形式：对占星术和预测的兴趣增加；宗教信仰的回归（在被轰炸地区的许多牧师提供的特殊实际援助的推动下）；逞强地表

现出听天由命。报告证明，当时的伦敦人确实说过，他们感到自己很安全，除非落下来的炸弹写着自己的名字。在那些长期遭到轰炸的地方，当地民众会逐渐采取对其他人遭受的痛苦视而不见的态度，以此来保护自己内心的稳定状态。伦敦一位在空袭预警队工作的妇女写道："我们已经调整了心态，承认灾难一定会发生……谢天谢地，好在人类意识的适应性很强。"[229] 这种对死亡的看法得到了当局的鼓励，尸体的数量和状况往往使得政府被迫选择实行群葬，他们希望控制这种情况，来限制可用于表达悲痛的情感空间。对于把遇难者草草埋葬在集体墓穴的做法，民众普遍持否定态度，认为这是一种耻辱，直到政府给葬礼增加了军事化的仪式以后，群众的态度才有所缓和。[230] 在轰炸期间民众希望表达自己的悲痛和内心压力是再正常不过的要求，但是防空洞管理员接到的命令是，要对那些情绪过于激动的避难者实施隔离措施，有这种表现的人并不像人们想象的那样都是妇女。英国人在情感上保守和冷静的习惯已经成为一种文化典型，普通人如果有可能，都尽可能表现出这个样子。弗吉尼亚·考尔斯有次听到炸弹爆炸的巨大噪音从远处传来，窗框也因为震动而咯咯作响，而她的房屋管理员及其妻子正冷静地坐在厨房里吃晚饭。"我问他们是不是很担心，而 K 太太说：'哦，不，如果我担惊受怕，对我们又有什么好处呢？'"考尔斯认为既然他们能够承受，那么自己也一样，于是就上床睡觉了，此时她心里还盘算着："如果真的要死，希望给我个痛快的。"[231] 尽管现实往往可能完全不同，但这些沉着冷静的画面的不断重复，确实有助于加强和印证这种沉着冷静的行为。

1941 年 6 月，空中闪电战的强度逐渐下降以后，为了研究英国社会为什么没有在空袭下崩溃，政府专门组织了几次调查。对于这个问题更多地是取决于人们的看法，即便历史学家指出是什么东西导致社会崩溃，哪怕仅仅是一座城市的社会崩溃，也仅仅是出于推测。最后空袭导致的死亡率是 0.1%，而伤者的比例是 0.15%，这个伤亡率高了一些，如果防空洞的质量和防空洞的使用纪律再严格一些伤亡率还会降低。遭到破坏的住房，在几周或一个月之内就能得到修复可以居住。食品的供应一直得到有效的维持，并且食品储备始终在增加。根据空中侦察情报测算，如果德国空军把出动的力量翻倍，可能就会使英国人民达到“崩溃点”，对于这种说法，并没有任何可以提供支撑的证据。官方科学家进行的研究得出了这样的结论：像伯明翰这种规模的城市，空袭投弹量需要达到现在的4倍，才能彻底摧毁城市的防御。1942年5月研究的最终结论指出，要想达成真正的作战成果，进攻一方需要的规模需要至少是现在的5倍。即使在这个时候，也没有人尝试去明确一座城市“崩溃”或者人民丧失斗志的标准是什么。[232]

继续坚持：1941年至1945年的轰炸

1940年12月，国内安全部常务次官乔治·盖特（George Gater）爵士主持了一次议题为“密集空袭”的会议，与会人员一致认为在空中闪电战期间遭受的攻击“与事先的预判完全相符”。[233] 然而，这个说法远远背离了事实。官方预测轰炸将发生在日间，并因此没有准备带宿舍的防空洞；官方预测的轰炸是比较短暂的，而不是现实中持续了6到8小时的轰炸；官方也没有为敌人投下的大比例的燃烧弹做准备；最后，官方投入大量多余的力量去应对预测中的各种类型的毒气攻击。在空中闪电战后的4年战争期间，上述大部分错误都得到了纠正。1944年的民防部门与1940年时相比，应对轰炸能力得到了明显加强。

1941年夏天，英国政府还不能确认，德国入侵苏联的战役会不会在几个月内结束，导致为此中断的轰炸会以更猛烈的形式袭来。1941年8月国内安全部发布的报告中提出：“我们必须为超出预计的猛烈轰炸做好准备。”就在同一个月进行的一次民意调查表明，尽管人人都欢迎现在突然出现的短暂缓和，但有四分之三的受访者预料德军将会展开更大规模的轰炸。民众观察组织发现，仅在几周之内，伦敦人就好像忘记了每天响起的空袭警报和防空洞，尽情地享受“短暂的和平”。[234] 大轰炸突然停止，直接的反映就是每月伤亡率的急剧下降，并且这个数字在1942和1943年也保持着同样的水平。此时德军轰炸的中心已经转移到英国南部和东部的海岸城镇。在空中闪电战期间，英国东海岸的桑德兰地区几乎没有遭到轰炸，但是在1942年和1943年此地却遭到8次小规模空袭，造成191人丧生，超过500座房屋倒塌。[235]

然而，此时还缺少有力的证据，能够证明未来轰炸不会再次出现，因此民防部门和急救机构仍然在继续升级装备，训练人员使其更加专业，同时继续扩大福利供应的范围。到1941年秋天，已有25万张为轰炸受伤人员服务的病床投入使用，1000座毒气洗消中心在建或已建成。[236]民防队员和急救人员最终也全部得到了下发的钢盔、制服和标准化装备，这使得他们从着装上更容易辨认。民防队伍的力量在1943年12月达到顶峰，达186万人。因为军队招募了很多男性参军，因此民防机构为了应对男性工作人员短缺，不得不合理使用现有的男性民防队员，并招募更多的女性，到1942年4月，民防部门开始强制征召女性。到1943年，民防队伍中的全职人员减少了，但兼职人员增加了3.3万人，这其中大部分是女性。[237]伦敦市的救护能力也得到了大力强化，救护车的数量从1941年的540辆，增加到1942年末的1344辆。医疗中心也从原来的350座增加到451座。而救援队的数量也增加了3倍，从350支队伍增加到1367支救援队。[238]这个数字从1944年起才开始逐渐回落。尽管敌人活动强度不高，但是直到战争结束，英国一直保留着一支近200万人的民防队伍。

表3.1 月度轰炸伤亡明细表（1940年8月—1941年12月）

月份	死亡人数					重伤人数			
	男性	女性	儿童	身份不明	合计	男性	女性	儿童	合计
1940年8月	649	368	126	6	1149	871	531	128	1530
1940年9月	3023	3013	920	12	6968	4543	4164	781	9488
1940年10月	2767	2910	629	7	6313	3853	3433	663	7949
1940年11月	2329	2066	604	5	5004	3244	2463	538	6245
1940年12月	1813	1561	580	34	3988	2686	1816	362	4864
1941年1月	801	630	216	1	1648	1195	663	179	2037
1941年2月	448	310	98	3	859	598	354	102	1054
1941年3月	2222	1683	602	106	4613	2743	1876	404	5023

（续表）

月份	死亡人数					重伤人数			
	男性	女性	儿童	身份不明	合计	男性	女性	儿童	合计
1941 年 4 月	3048	2487	744	196	6475	3572	2603	494	6669
1941 年 5 月	2617	2095	791	109	5612	2904	1819	416	5139
1941 年 6 月	185	163	62	—	410	232	176	44	452
1941 年 7 月	201	194	81	3	479	225	193	73	491
1941 年 8 月	52	79	31	—	162	77	58	19	154
1941 年 9 月	109	82	48	—	239	125	97	31	253
1941 年 10 月	134	93	35	—	262	181	127	45	353
1941 年 11 月	39	37	13	—	89	78	68	17	163
1941 年 12 月	17	14	6	—	37	19	27	7	53

资料来源：TNA, HO 191/11, MHS, ‘Statement of Civilian Casualties in the United Kingdom from the Outbreak of War to 31 May 1945’, 31 July 1945。

人们尽了最大努力去改善防空洞的条件和社会福利供应，以避免 1940 年至 1941 年的错误重现，但是在战时经济的压力下，这仍非最优先的事项。幸运的是，德军轰炸的减少，使这项工作不是那么紧急了。1941 年底，伦敦的防空洞足够 550 万人使用。其中，公共防空洞能为 100 万人提供庇护，但是在 1941 年 12 月，仅仅有 4.7 万人使用这些防空洞，占伦敦人口的 0.8%。[239] 地面掩体和壕沟式防空洞也全部进行了大修，但是不像以前那样受欢迎了，多层床也开始逐步下发到各地，因为此时钢铁的供应已经恢复。房屋重建和修复工程随着防空洞维修工程一起展开。1942 年春天，赫尔市动员了 2000 多名建筑工人，参与修缮在 1941 年大轰炸中遭破坏的房子。同时，当地的 2000 多座防空洞也用钢材进行了加固，或者用砖瓦和钢筋混凝土在防空洞顶上修建了额外的防护层。[240]

社会福利和食品供应也经历了巨大改善。在 1941 年秋天的时候，全国有 1.4 万座休息中心，能够容纳全国 5% 的人口，此时政府的扩建计划是把这个数字扩大到 8%，并建造能够容纳 20 万人的永久性收容所。粮食部负责为每个容纳超过 200 人的防空洞分发食物，并为防空洞里的食堂制定了详细的规定：开放时间截至夜间10点30分，仅提供可以手持的热食，以免聚集人员过多。对于那些位于穷人居住区的防空洞，政府通常会提供廉价的茶水、派和小圆面包，而对于“富人区”的防空洞，则提供价格略高的咖啡和茶水，但是没有小圆面包。每座城市都制定了应急食物供应方案，并备有厨师和帮厨人员，通常在特别食品中心为灾民提供大量紧急食物供应。拿莱斯特市来说，这里设置了城市食物供应专员和餐食专员，在紧急情况下，他们的工作还能得到妇女志愿服务队的援助。在接到“准备供餐”的命令之后，6座机动食堂和应急食品供应中心就会立刻开始工作。每一座典型的应急食品供应中心，都拥有一座存满了食物的仓库，包括224磅糖、2900磅饼干、200磅茶叶、50箱猪肉黄豆罐头、23箱土豆牛肉罐头等等。[241] 政府在全国的储备仓库中储存了大量食物，直到1944年秋天，粮食部命令各地政府交出储备的食物，以救济欧洲的难民。

这个覆盖范围广大而又耗资甚巨的体系，在1941年到1944年间并没有派上什么用场。这期间，最大规模的轰炸发生在1942年春天和夏初的贝德克尔空袭期间。埃克塞特和巴斯因轰炸引发的大火，花费了一些时间才得以扑灭。6月末，位于英国西南部的海滨度假胜地，滨海韦斯顿遭到了两次空袭，93人丧生，5000多所房屋损坏，但是轰炸引起的火灾却在短时间内得到控制，这主要是得益于“邻里紧急灭火队”的迅速响应和对从前轰炸经验教训的总结。尽管这里住满了来度假的人，但是这座城市人民的士气高昂，在轰炸后第二天，孩子们就开始在海滩上的弹坑里面玩耍了。[242] 在德军的贝德克尔空袭中，相比别的地方，诺里奇遭到的轰炸更多，1942年4月末就遭到了4次空袭。第一次空袭完全出人意料，尽管当时响起了空袭警报，但是有很多人没来得及去防空洞，这次轰炸造成158人丧生。第二次轰炸又造成67人丧生，第三次没有人员死亡，第四次空袭的时候，仅有一枚炸弹落到城市里。城市防空总指挥总结说，预警中心的工作效率之所以这么高，在很大程度上要归功于之前代号为“烧焦”的重要民防演习。东部地区的互助组织派出了81个救援小组、24辆救护车和45个医疗急救小组。轰炸之后几天，2000名建筑工人就开始对损坏的住宅进行紧急维修了。但是，在战争期间，那些志愿消防员的表现却很不好，他们中有很多人在夜间到城外过夜。[243] 轰炸后不久，一位曾监测过赫尔市居民心理状况的精神科医生来到了诺里奇，他再次发现，遭轰炸后的居民除了“轻度烦躁”之外，几乎没有什么严重精神障碍。对 4 座遭受贝德克尔空袭的城市（诺里奇、埃克塞特、坎特伯雷、约克）进行的调查显示，除了约克因为遭到的轰炸相对不太集中以外，其他城市的居民在轰炸期间都处于高度焦虑状态，有大批人员缺勤，逃离城市。埃克塞特全市损失了相当于 3.1 个工作日，坎特伯雷是 2.2 个工作日，约克是 0.6 个工作日。但是，在轰炸结束以后，工人们很快就返回岗位开始工作，诺里奇仅有 4% 的工人仍然处于缺勤状态，约克是 1%（这个数字比正常情况下的缺勤率还要低），这个数字在坎特伯雷是 10%，埃克塞特也是 10%。[244] 在轰炸最初的两周以后，随着威胁降低，夜间去城外过夜的人和逃离城市的人急剧减少。居民在其他方面的表现和空中闪电战期间没有什么不同。

1942 年和 1943 年期间，德军对于英国其他地方进行的有限的几次轰炸只是起到了骚扰作用。但是民防系统却担心德军会重新实施大规模轰炸，从没有一天松懈。1942 年秋天，伦敦郡议会还专门询问了皇家空军，德国空军是否有能力或有可能，使用英国轰炸机司令部执行的那种大规模战略轰炸（当时称为“崩溃性空袭”）对英国进行报复。空军部的答复是，如果德军拥有足够的飞机，那么德国既有这种能力，也有可能发动空袭。“崩溃性空袭”与以前空袭的不同之处，就在于其投弹量巨大，其中还有比例很高的燃烧弹，而且投弹持续时间短，炸弹落点相对集中。出于对德国报复的担心，民防部门不得不根据英国皇家空军夜间对德国城市的空袭制定计划。他们得出的结论是，这种规模的轰炸能够破坏城市的集中控制能力，并导致通信中断；英国各城市现在组织了去中心化的小区域应急部门，并建立了可以从一个地区调动到另一个地区的机动应急纵队，这些做法几乎和德国民防部门采用的策略完全相同。[245] 1943 年夏天，在对德国的水坝进行了代号为“水坝破坏者”的轰炸行动之后，英国也发布了德国可能会对英国的水利系统进行空袭的警告。1943 年 7 月，在汉堡经历了“火灾风暴”以后，英国政府开始保持最高戒备状态，迎接可能发生的大规模轰炸。[246] 后来，所有这些担心都证明与事实不一致。1944 年德军重新开始空袭时，人们发现这不过是原先轰炸的翻版。

对“崩溃性轰炸”和大规模轰炸的讨论有一个好处，那就是让民防组织在长期执行被动防御和无聊的日常事务期间，能够始终保持戒备状态。民防队伍发现自己身处一个仍在战争中的国家，但对于他们来说，大部分战斗都已经过去了。这样就给民防组织中的专职工作人员和数百万志愿人员带来了越来越大的压力。1943 年，某地方政府要求重组消防部队，并抱怨道，经过 4 年的战争，“公众对进一步的重组已经漠不关心了”。[247] 国内安全部建议高级空袭管理人员去内政部的学校进修，这些课程直到 1944 年末，一直对相关人员开放。1944 年初，政府决定向地方政府下发芥子气，以增加各地进行毒气洗消训练的难度。（气体识别官员按照规定，将小型灰色气瓶放在阴凉干燥的地方，直到上课需要时才动用；按要求，他们需小心谨慎地进行演示，站在上风口，保持气瓶靠近地面，时刻小心，不摇晃气瓶。）[248] 民防工作人员努力克服自己无所作为的现状，在共同分担的责任和义务之外，努力促进集体认同感。他们组织编写报纸和杂志，为民防展览制作艺术品，建立合唱团和戏剧协会，组建体育俱乐部。泰恩茅斯的民防机构在 1943 年圣诞节，表演了亨德尔（Handel）的《弥赛亚》（*Messiah*），并为斯大林格勒基金会组织了音乐会。[249] 在贝尔法斯特，空袭守卫们全部在竞争海耶斯杯，这是一个关于这份职务各方面业务的年度比赛。最后，詹姆斯·多尔蒂（James Doherty）赢得了这座奖杯。他回忆说，各种智力测验和体育比赛帮他们填补了“漫长而单调的战争年代”里的闲暇时间。[250] 制服、定期阅兵和准军事化训练，激发了民防队员共同的身份认同感。甚至一些参与民防工作的和平主义者，也穿上了包括作战服、贝雷帽和肩章在内的具有民防队特色的制服，这也在某种程度上削弱了他们对国家军事化的敌意。

1944 年 1 月至 1945 年 3 月期间主要针对英格兰东南部的炸弹和导弹，是战争最后几年面临的最严重威胁。德军摩羯星座行动（1944 年春天的小型空中闪电战）的第一波空袭，打了英国军民一个措手不及。伦敦和几座港口城市有 1300 人丧生，死亡主要发生在空袭开始的几周里，此时新一波的居民疏散还没有开始，在居民重新重视防空洞以后，人员伤亡就开始减少了。战争进行到这个阶段，英国全国的防空洞已可以为 2800 万人提供防护，公用宿舍里预备了 680 万张床位，但是，在最初的几次轰炸以后，伦敦居民又开始呼吁开放地铁系统让他们躲避空袭。在伦敦市的奥瓦地铁站，民众冲破了警察的警戒线，有 200 人涌进车站。地区专员和伦敦交通局最后同意在 2 月 23 日开放地铁系统，到 3 月初，每天晚上去地铁站躲避空袭的人数就达到了 15 万人，其中 6.3 万人在地铁站里过夜。1941 年，深入地下的防空洞就已经开工建设，虽然此时很多这样的防空洞已经完工，但出于军事目的，并没有向公众开放。尽管民众提出了开放要求，但是，内阁还是在 2 月 29 日决定，让这些防空洞继续处于封闭状态。[251] 卫生部官员也注意到，正在使用的防空洞照明良好，清洁卫生，并能为里面的民众提供饮料和食物。[252] 民防组织接受了两年来的首次重大考核，结果证明它能够有效应对轰炸，工作效率足以应付中等强度的轰炸。德军现在执行轰炸时，炸弹散布的面积很广，因此引发了大量的小型火灾，但是，志愿火警巡视员成功地扑灭了其中 75% 的火灾。伦敦民防部门的指示说："敌人的炸弹是随意扔下的，这当然不是好事情，但是都有办法对付。"[253]

经过最初的震惊以后，德军第二次闪电战给民众造成的影响很有限。后来公开的这个时期的日记显示，民众没有因轰炸感到多少压力，也没有对此表现出很大的兴趣，与之成对比的是，民众十分关心什么时候、在哪里开辟北欧的第二战场。[254] 但对于从 1944 年开始一直延续到战争结束的火箭攻击，民众的态度却大相径庭。早在 1943 年 4 月，英国方面就首次确认，德国可能使用秘密武器。丘吉尔的女婿邓肯·桑迪斯（Duncan Sandys）组建了一个委员会，评估这种威胁的性质和严重程度。来自情报系统的消息证实，德军可能拥有两种新型武器，飞行炸弹和远程火箭。本土防御委员会负责协调各方面的力量，防御这些新武器的进攻，该委员会相当于军方的民防机构。对于火箭技术的有效性，英国科学家的意见还存在分歧。有些科学家预言，火箭可以达到 10 吨级，空袭的第一个月就能够导致 10 万人丧生，并在 6 个月内让伦敦成为一片废墟。[255] 1944 年初，火箭的威胁在情报评估中逐渐减小，本来就对此持怀疑态度的丘吉尔告诫他的内阁同僚不要成为“恐惧的奴隶”。研判显示，无论新的空中攻势规模如何，民防部门都可以应对这些新出现的紧急情况，后续事实表明，这个研判是正确的。[256] 6月12至13日夜间，第一批4枚飞行炸弹（英国皇家空军给这种武器起的外号是“蚁狮”）飞临英国，其中一枚在伦敦的贝思纳尔格林地区爆炸，造成6人死亡。15至16日，又有40枚火箭袭击了伦敦，此后几周，火箭的攻击一直处于高发状态，后来随着防空炮火、战斗机截击和盟军地面部队向火箭发射场推进，火箭攻击的威胁才开始降低。[257]

和第二次空中闪电战不同，飞行炸弹在英国引起了众多反响。根据作家乔治·斯托尼尔（George Stonier）的说法，人们到处都在谈论着这种发出“高音调嗡嗡声”的新式武器。爱德华·斯特宾发现，人们对这种武器的谈论根本停不下来，并对此十分恐惧：“必须承认，比起普通的空袭，这些武器使我的神经更加紧张。我猜，这与它们的新奇和敌人魔鬼般的智慧有关。”[258] 盟军在法国成功登陆的时候，却出现了这种新威胁，使得这个本该让民众信心增强的时期中，人们的士气备受打击。官方在第一批报告中就指出，因为新武器威胁随机性特征变得逐渐明显，伦敦民众的情绪已经从迷惑转变为惊慌。报告继续写道：“这种新武器杀伤人员不多，对民众士气的影响却大得与此不成比例。”[259] 伦敦当地的企业也在提交的报告中指出，工人缺勤的人数明显增加，人员也表现出疲劳的迹象，报告写道“这是对诺曼底登陆激励作用的破坏”。在遭到火箭攻击的伦敦巴特西地区的一家企业中，工作人员的士气达到了“战争期间的最低点”，产量下降了50%。[260] 民意调查显示，有一半的受访者认为，新型炸弹的攻击比空中闪电战还要难以忍受。一位伦敦市民这样抱怨道：“与以前的空中闪电战不一样，现在人们只是感到忧郁和沮丧。”[261]

截至1944年3月，英国全国接受疏散的总人口已经下降到了34.3万人，而后到当年7月，伦敦已经疏散了307 600人。同时，全国其他地方也开始要求民防部门在资源上提供帮助。[262] 为了响应这些要求，民防部门修建了上千座安德森防空洞和莫里森防空洞，还额外增派了7000名空袭守卫。此外，还组建了特别“飞行中队”，这样可以迅速把人员派往出事地点。[263] 最后，应急服务部门发现，相比传统的炸弹，飞行炸弹更容易应对，主要因为这些炸弹都是独立飞行的，利于迅速定位，且对地面以下几乎不造成什么破坏。国内安全部在应对飞行炸弹的报告中写道："（防御）几乎可以像时钟一样准确。"[264] 大部分爆炸现场，可以在一小时以内得到清理；爆炸也很少引起火灾，除非炸弹正中容易起火的位置。然而，民众伤亡还是很高的，因为这些炸弹的袭击不分白天黑夜，预警时间也很短。据估算，每一颗在城区爆炸的飞行炸弹，平均能够造成 20 人丧生，相比之下，德军投下的每颗水雷平均造成了 16 人丧生，每吨炸弹平均造成 14 人丧生。[265] 人员最严重的伤害来自住宅玻璃破碎后四处飞散的碎片，这些玻璃是空中闪电战后新换上的。研究显示，那些只能使用公共防空洞的人仍然缺乏防空设施，这种情况主要出现在较为贫穷的社区。而去地铁系统避难的人数还在迅速增加，在 7 月末达到了最高峰的 81 240 人，而 3 个预备深层防空洞也最终投入使用。在 6 月到 8 月间，共有 5482 人丧生，15 900 人受伤，这是自 1941 年 5 月以来的最大伤亡。[266] 炸弹爆炸的冲击波再次导致大量房屋受损，但是在遭到破坏的 100 万所住宅中，仅有 2.7 万座需要在 9 月之前进行紧急修缮，其他的住宅仍然可以居住。

总的来说，火箭是一种更令人畏惧的武器，但是其射程不稳定，技术不完善，不能打击精确目标，因此，民防部门可以像应对飞行炸弹一样有效应对火箭攻击，这比预想的要容易。英国对这种新武器的准确性能仍然不确定，直到两枚火箭在 1944 年 9 月 8 日袭击了伦敦郊区的奇斯威克和埃平前不久，英国才得到了它的最新情报。鉴于这种不确定性的存在，莫里森说服内阁，在 7 月底成立了火箭应对委员会，委员会负责组织紧急的措施，应对想象中规模尚不确定的威胁。政府制定了新的疏散计划，并调动了包括军队在内的 12 万人，他们的任务是协助恢复遭到破坏的社会服务和公共设施。但是，到 8 月中旬，空军情报部的报告准确无误地指出，这种新式武器是小型火箭，战斗部只有 1 吨。因此，政府提出的紧急措施都开始削减，最后在 9 月 1 日完全终止。

事实证明，火箭的破坏力远没有科幻小说中想象的那么严重。在 9 月，英国遭到 15 枚火箭的攻击，10 月，这个数字是 25 枚。尽管高速飞行的火箭撞击目标时还能造成非同寻常的物理破坏，但在秋季的这几个月，这种事每天也不过发生 2 至 6 起。此时，民防部门已经能够像应对飞行炸弹那样高效应对火箭的攻击。民众对火箭攻击并没有产生太多的焦虑，部分原因在于就算去了防空洞也并不安全，另外则是因为火箭攻击的次数相对较少。民众观察机构发现群众中弥漫着普遍的宿命论观点：“如果它要来炸你，那你可能就会死去，而关于这一点，你毫无办法。”[267] 火箭攻击甚至每天吸引了大量看热闹的人，这些好奇的人并不对此感到恐惧。民意调查显示，有 61% 的人认为，火箭攻击没给他们造成多大的影响，而因火箭弹袭击而使用公共避难所的人数记录为零。[268] 截至 8 月，进入地下掩体躲避空袭的人一直在增加，但是，在火箭攻击的前两个月，掩体里的避难者减少到每晚只有 1.8 万人左右。人口疏散又一次出现了转折，因为居民发现火箭攻击的威胁较小且危险他们也可接受。从 10 月到 12 月间，有 73.4 万名已经疏散到外地的居民返回了伦敦。到 1945 年 3 月，仍有 454 200 人没有回家。[269] 导弹攻击仍在继续，到 1945 年 1 月和 2 月还达到了一个高潮期，导致了异乎寻常的死亡人数，这些丧生的平民在大后方的角色已经搁置多年，此时正焦急地等待着欧洲战事的结束。火箭攻击总共造成 2618 人丧生，5661 人受伤，平均每枚火箭导致 5 人死亡。最后一枚来袭的火箭于 3 月 27 日出现，而最后一次飞行炸弹攻击则发生在两天以后。德军的最后一次轰炸是 3 月 17 日，目标是赫尔市，损坏了 64 座房子。整个战争期间，所有形式的空袭共造成 60 595 人死亡，另有 86 182 人受伤。[270]

新武器的威胁，使民防系统缩减规模的速度慢了下来。在第一次飞行炸弹攻击以后，各地政府就收到指示，没有地方可以免除新武器的袭击，各地需要让防空洞保持良好状态，确保照明充足，并上好锁，以免遭到破坏。最后，在 8 月和 9 月，政府还是下达了裁减民防人员的命令，因为，政府认识到，新武器的威胁尚在可控范围之内。同时，灯火管制禁令已经开始松动，出现了被人们称作“微光”的状态，也就是把灯光调暗，但不是以前那样一片漆黑。经过了 5 年的严格遵守之后，人们对于这种照明突然恢复的情况仍然十分谨慎。一名民众观察员这样写道：“若是晚上让窗户透出亮光，我的第一感觉会认为房间是裸露在外的，感到不舒服，好像房间缺少了东西。”总的来说，伦敦人还是坚持谨慎行事，夜间没有几个窗户透出灯光，这种状况直到战争结束才得以改变。[271] 很多处于威胁地区之外的地方政府，已经开始裁减民防机构，并着手准备拆除防护和生活福利设施。有些拆除工作是当地人非法完成的。1944 年 7 月，根据纽卡斯尔的报告，成群的年轻人偷走了防空洞的门、床，把它们当柴火卖掉。在伦敦，所谓的“掠夺者”们已经开始盗窃门、钢管、水龙头和栅栏。而妓女也公然开始把防空洞当成营业场所。住家也开始拆除金属制的安德森防空洞和床铺，改作他用，有的家庭把花园里修建的防空洞改建成工作室或者煤窖。各地政府还在继续拆除修建在地表的避难所，收集安德森防空洞的建材和被当成桌子使用的莫里森防空洞，而拍卖民防机构的汽车要一直持续到 1946 和 1947 年。[272] 1945 年 7 月大选中，一名候选人获准租用若干地面避难所作为竞选委员会的会议室，并且所有党派都可以租用避难所。[273] 火箭攻击期间，伦敦地下防空洞中的避难者一直在减少。到 1945 年 1 月，人数减少到 1.6 万人，4 月，人数约为 1 万人。5 月 4 日，政府发布了撤出防空洞的通知，但是到了 5 月 6 日，仍有 334 名勇敢的人在这里过夜。5 月 7 日，德国无条件投降的这一天，防空洞里终于一个人也没有了。[274]

1939 年为应对紧急情况成立的国内安全部，在 1945 年 5 月 30 日被果断撤销，其权力移交回内政部。过去 5 年，这个部门身先士卒在大后方带领英国社会为总体战做准备，同时，这个部门还发动了各种平民运动，这种行为可以看作是代表国家，对英国城市居民日常生活进行的一次特殊干预。它的工作带来了显而易见的摩擦和社会紧张，而且时有违法行为。国家提供了一个相对健全的组织，但最初较差的设施和有限的资源造成了大量平民伤亡和社会混乱。幸运的是，英国的战争经济只经历了有限和暂时的生产中断。在战争的过程中，民防系统成为一支庞大的、拥有昂贵装备的制服部队，其最终的作战能力和潜在效率明显高于英国遭受大规模轰炸时期。

与德国本土不同，在长达 5 年的战争期间，英国社会没有面临逐步升级的破坏性的攻击。然而英国一直受到轰炸的威胁，包括最后阶段德军的导弹攻击，这迫使英国政府将大量资源用于本土防卫，这些资源本可投入到效益更高的方面。对英国来说，无论从攻击的强度还是从伤亡的数量上看，或许只有 1940 年 9 月和 1941 年 5 月的空袭可能会导致严重的社会或政治危机，但即便在这两个月中，政府仍没有降低在战争方面的投入。从遭受轰炸的经验中可以清楚地看到，在试图评估被击败的德国和日本的“士气”时，很难将轰炸的影响与公众关注的其他许多事情区分开来。轰炸本身只在明确的时间内对一定的地区造成破坏。科学家帕特里克・布莱克特在一篇 1941 年 8 月的关于士气的文章中，指出了一个简单的事实，那就是没有一支空军部队“能够强大到时时刻刻轰炸全部目标”。[275]

第四章

不为人知的章节

对苏联城市的轰炸

1941 年 9 月末，英国空军部常务次官哈罗德・巴尔弗（Harold Balfour），跟随比弗布鲁克勋爵和美国外交官埃弗里尔・哈里曼（Averell Harriman）率领的外交使团访问了莫斯科，商谈对苏联援助的问题。在伦敦经历了长达 9 个月的空中闪电战的巴尔弗，发现自己到达莫斯科后再次处在面对德国轰炸机的前线。在他眼中，这里的灯火管制可以作为其他地方的榜样，“见不到一丝光亮”，汽车惊险地在莫斯科伸手不见五指的街道上奔驰。整座城市被密布的防空气球包围着。10 月 2 日，就在双方要签署对苏援助时间表的时候，空袭警报响了起来。比弗布鲁克和哈里曼在众人引导下，进入了莫斯科的地铁躲避轰炸，他们在里面用餐，并一起打扑克消磨时光。巴尔弗没有遵守苏联方面让他在地铁站躲避空袭的要求，登上了英国大使馆的房顶，在那里，他看到了自己迄今为止见到的最密集的防空炮火。在他看来，对于一个迫切需要西方物资援助的国家来说，如此使用防空炮火确实有点过于挥霍了，但这显然很有效。尽管几乎每天都有空袭，但是巴尔弗也几乎没有看到什么地方遭到破坏。[1]

1941 年 7 月和 8 月初，是莫斯科遭到轰炸最严重的时候，一位叫亚历山大・沃思（Alexander Werth）的记者这期间正好在莫斯科，他想要知道，莫斯科的民众是不是也像伦敦人一样，能坚强地挺过这一段时期。经过一段时间观察，他发现强制性长时间执行消防警戒任务后，莫斯科市民都表现出沮丧、疲惫的神情。有一次，沃思躲在英国大使馆附近的堑壕里，目睹了一场大规模轰炸，这次，一枚炸弹也没有击中市中心。当时，周围都是防空炮火的炮声，沃思盯着天空，看到天空中“充满了高射炮弹的弹片、曳光弹的闪光和各种各样的火焰”。[2] 那年秋天拜访莫斯科的人们会发现，莫斯科的情况和遭到战争破坏的伦敦大不相同。沃尔特·西特林（Walter Citrine）爵士率领英国工会联盟代表团访问了苏联，他们抵达莫斯科后不久，莫斯科于 1941 年 10 月开始进行大规模的人员疏散，当地的外国人还告诉西特林，德军飞机很少飞到市中心上空。西特林也发现莫斯科的灯火管制是“无懈可击”的，防空洞里面也很舒适（但是都留给妇女和儿童使用），人民表现得很从容。最后，他得出了这样的结论：“空袭给英国大部分城市带来的破坏，比莫斯科都要严重得多。”[3] 事实上，德军对莫斯科的空袭是 1940 年空袭英格兰行动的缩小版。德军第一次也是最严重的一次空袭，发生在 1941 年 7 月 21 日，即便最严重的一次，德军也仅仅派出了 195 架飞机，其中只有 127 架飞临目标上空，与 1940 年轰炸伦敦的飞机数量相比，这些只算是一小部分。在此后的一个月，德军又进行了 19 次空袭，但是大多数空袭只是出动不多的几架飞机，这些空袭破坏了几座工厂和住宅楼，造成 569 名莫斯科市民死亡。[4] 到 12 月份，德军开始对莫斯科执行骚扰式空袭，造成 69 人死亡，少数建筑物损毁。1942 年 4 月以后，德军对苏联首都的轰炸逐渐停止了。[5]

在对英国城市进行了一年的远程轰炸以后，德国空军的定位又开始回到执行战术支援任务上。苏联也早已针对德军进行的闪电战进行了充分的准备，这也就解释了哈罗德·巴尔弗听到的震耳欲聋的防空炮声，和亚历山大·沃思看到的令人眼花缭乱的炮火。在为期 4 年的苏德战争期间，德军一直对深入苏联后方的目标进行持续性的小规模空袭。苏联后来在报告中声称空袭造成约 50 万人死亡，而实际数字是约 5.1 万人死亡，13.6 万人重伤。轰炸也给苏联的建筑、工厂和运输造成了破坏，但这些破坏并不是系统性破坏，且造成的后果也比较有限。不过，苏联空军和民防部门与德国空军的对决，仍然是欧洲轰炸战中研究最少的领域。

“名副其实的战争”：东线的空军

在德国进攻苏联之前，德国空军参谋长汉斯·耶顺内克曾说过这样一句话：“终于，一场名副其实的战争要开始了。”[6] 在针对英国进行了好几个月战略目的并不明确的作战之后，德国空军重新承担起原来需要承担的角色，那就是在部队进攻敌方部队时提供空中支援。在 1940 年 12 月 18 日发布的巴巴罗萨行动指令，要求德国空军集中全部力量“打击敌方空军，为部队提供直接支援”。在计划中，要等到机动进攻结束，乌拉尔工业区进入德军轰炸机航程后，空军才会开始轰炸苏联的军事工业，而这一点很难达成。[7]

有意不让空军对苏联工业目标进行长途空袭，表明希特勒对战略轰炸的效果仍持怀疑态度，并且对德军能在夏季攻势中击溃苏联过于自信，他相信苏联的工业设施会在几周之内落入德国之手。另外，还有地理方面的问题。对苏联进行空袭，与针对英国的港口和城市进行的空袭完全不同，英国是一个地域狭小、目标集中的岛国，德军距离主要目标的飞行距离不算太远。苏联是世界上陆地面积最大的国家，大部分苏联的现代化工厂与德国空军基地间的最短距离有几百甚至几千英里。战后，戈林在第一次受审时，称即便是在侵苏战役中，他也“始终相信空军力量的战略性用途”，但问题是缺少“集中的目标”。[8] 另外，对苏作战规模庞大，战线长达一千多英里，这样就分散了德国的空军力量。德国空军在对苏战争中动用的轰炸机甚至比 1940 年入侵法国时还少了 200 架，主要就是因为 1941 年上半年对英国空袭陷入长期消耗的局面。在侵苏战役的前 3 个月，德国空军就损失了 1499 架飞机，这使德军空军力量的分布更加稀薄，因此完全不可能独立执行大规模轰炸任务。[9]

与德国空军一样，苏联空军的作战重心也是对前线部队的近距离支援，并对敌人后方的战术目标进行短途轰炸。这样的选择既有军事原因也有政治原因。20 世纪 30 年代初期，苏联空军就已具备执行大规模轰炸的能力，并且鼓励设计师开发多引擎轰炸机。到 1935 年，苏联空军接近三分之二的作战部队是轰炸机部队。在西班牙内战期间，苏联空军的前线支援作战效果明显，促使空军将注意力更多地放在前线作战飞机和中型、轻型轰炸机上，后两种轰炸机是用来空袭靠近前线的敌军后方的。但 1937 年苏联大清洗造成了苏联空军作战重心的改变。在大清洗中，与结局悲惨的图哈切夫斯基（Tukhachevsky）元帅关系亲近的空军高级将领被悉数逮捕、处决。空军将领以前都倾向于使用大型轰炸机、实施独立作战，但实际作战经验和政治因素迫使苏联转向德军的作战理念，对敌军武装人员进行战术攻击。独立轰炸理念则被认为是“重视武器，轻视人”的资产阶级路线。[10] 著名的飞机设计师安德烈·图波列夫（Andrei Tupolev）也是大清洗的众多受害者之一，他在 1937 年 10 月遭到逮捕，罗织的罪名更是令人难以置信，竟然指控他将飞机设计蓝图送给德国人，帮助德国人设计 Me110 重型战斗机。这位重型轰炸机设计师的先驱，被关押在莫斯科无线电大街的一座监狱里。在这座监狱里，图波列夫和一个在押的工程师团队一起，继续设计飞机。[11] 这个由 150 名犯人组成的设计小组最大的贡献，就是设计了 Pe-2 和 Tu-2 这两种中型轰炸机，这些飞机在前线作战中起到了重要作用。

1940 年苏联红空军组建了一支独立远程航空部队，但他们使用的 DB-3 和 TB-3 型轰炸机却与德国和英国空军使用的一样，都是双引擎短程轰炸机，这种飞机通常是用来执行战场支援任务的。1941 年 5 月，就在德国进攻前不久，苏军将轰炸机和运输机部队重组为远程航空部队，但它的主要任务仍是攻击敌人的武装部队和运输线，只是航程比短程战斗机和战斗轰炸机远罢了。到 1941 年夏天，远程航空部队已拥有 1332 架轰炸机，而整个苏联空军共有 8465 架飞机。早在 1932 年，苏联就成立了另一支被称为国土防空兵的独立空军部队，其主要任务是保卫苏联的城市。这支部队拥有战斗机、高射炮、探照灯和空袭警报系统，根据军区被分为 13 个国土防空区。尽管国土防空兵与空军部队坚持协同作战，但是，在整个战争期间国土防空兵在组织和地位上始终是一支独立的部队。[12]

在战争爆发前，国土防空兵总共约有 1500 架战斗机，其中大部分是老旧的型号。但是到 1941 年夏天，新一代的战斗机，如米格 -3、雅克 -1 和拉格 -3 等已逐渐加入国土防空兵战斗机中队。[13] 国土防空兵的部队员额达到了18.2万人，大部分归属于58个高射炮团和120个防空队。围绕大城市的外围，国土防空兵建立了高射炮阵地和探照灯阵地，城市内层防空主要是使用机枪和轻型高射炮。苏联全境共部署了3659门重型高射炮（包括火力强大的85mm高射炮）、330门轻型高射炮和650挺高射机枪，另有1579台探照灯辅助这些枪炮。防空部队的主要防御阵地大都集中布置在距离德军威胁较近的城市，距离德军较远的城市周围并没有配备太多的防空部队。截至1941年夏天，面向轴心国进攻的地区，得到防空部队保护的比例在86%到100%之间，莫斯科有89%的区域得到了防空部队保护，但是距离前线较远的哈尔科夫（Kharkov）仅有15%的地区得到保护。[14] 这个防空系统都得到了空中观察预警和通信系统的支援，该系统可以提前发布敌机来袭的警报。观测站之间相距约10至12千米，从白海至黑海沿着整个西部前线设立。第一道警戒线以东还有第二道警戒线，后者由战时动员人员管理。尽管在1941年，雷达已经开始逐渐进入部队，但是，观察系统更多还是依靠目视观察、声音侦听器进行侦察，使用电话上报消息。[15]

1941年6月22日，德国、匈牙利、芬兰、罗马尼亚和斯洛伐克军队在北至北极、南至黑海的整条前线上发起了巴巴罗萨行动，在行动最初的几周，交战双方的飞机全部都用于战术支援任务。在轴心国进攻路线上的城市，遭到了猛烈轰炸，特别是针对白俄罗斯首府明斯克（Minsk）的轰炸尤为严重，但是，德军轰炸的主要目标是军事基地、铁路枢纽和军事设施。据苏联方面的统计，这期间，德军共进行了627次日间轰炸和212次夜间轰炸。和1939年波兰遭遇的轰炸一样，苏联的居民区和非军事设施也遭到了破坏，但这次轴心国军并非故意为之。对明斯克的21次空袭，彻底焚毁了这座城市的绝大多数木质建筑。斯摩棱斯克（Smolensk）共遭到15次空袭，轰炸给城市和铁路网络造成了巨大破坏。对基辅（Kiev）的15次空袭，使这座城市的许多区域化为废墟。据初步估计，轰炸造成1715人死亡，4864人受伤。[16]

在开战后最初的几周，苏联政府下令受到威胁的工厂紧急撤退到远离德军进攻的地方，在此期间，德军有很多能够对苏联军事资源实施重大打击的机会。6 月 24 日，在轴心国进攻开始后 2 天，苏联政府组建了疏散委员会。几周之内，第一批需要疏散的工厂就已经拆解完毕，用卡车和火车运往远东地区，这其中就包括至关重要的飞机制造厂。在从 6 月至 12 月的 6 个月里，共有 2593 座工厂、2500 万名工人和他们的家属完成了转移。乌拉尔工业区的劳动力增加了 36%，西伯利亚西部的劳动力增加了 15%。[17] 工厂的疏散是在极其困难的情况下进行的，期间德国人不停顿的空袭使情况更加雪上加霜。虽然苏联的飞机生产因为疏散受到一些影响，但苏联在 6 月至 12 月仍然生产了 5173 架新式战斗机，同期德国的产量只有 1619 架。第二年，苏联飞机的产量是 9918 架，并且全部都是性能优良的最新型号，而同期德国的产量是 4542 架战斗机。[18]

但是，苏德战争中的第一次长途轰炸并不是由德国空军实施的，而是由一直处于守势的苏联空军发动的，轰炸目标是德国的首都柏林。苏联发动这次轰炸更多地是出于政治原因，因为小规模低投弹量的空袭并不能给德国人造成什么大的麻烦。第一批飞机携带的是斯大林 1941 年 6 月 3 日讲话的德文版传单，在讲话中，斯大林号召全国人民与侵略者战斗到底。8 月 7 日，苏联实施了第一次轰炸，任务由隶属于苏联波罗的海舰队的 15 架 DB-3 型轰炸机承担，飞机从位于卡胡尔（Kagul）的萨雷马岛（Ösel）海军基地起飞。最后，只有 5 架飞机飞临柏林市中心，投下了传单和 30 枚炸弹。在 9 月初，苏军又发动了 7 次空袭，其中有两次没能抵达柏林，轰炸并未造成太大破坏。[19] 在这个期间，英国皇家空军也组织了两次更大规模的空袭，这是这两个盟国唯一一次联手进行轰炸。第一次空袭的时候，苏联飞机数量不多，再加上为了躲避侦测，故意提高了飞行高度，因此，在轰炸当晚，苏联的炸弹投下 23 分钟以后，德国人的空袭警报就解除了。第二天的德国报纸上，仅仅提到是“敌人的飞机”，而没有明确说明是苏联空军执行了这次规模不大的空袭。[20]

苏联还对德占波兰和东普鲁士（East Prussia）发动了小规模空袭，但前线支援的需求限制了红空军对敌人后方的进一步空袭。在整个战争期间，红空军对远程目标仅发动了 549 次空袭，其中包括对罗马尼亚普罗耶什蒂（Ploeşti）产油区（空袭发生在 6 月 22 日至 26 日，之后的 7 月 14

日又有 6 架轰炸机进行了轰炸）和保加利亚部分港口的空袭。[21] 德军实施的远程空袭主要集中在莫斯科地区，部分原因是根据希特勒的指示，要对苏军轰炸赫尔辛基（Helsinki）和布加勒斯特展开报复——这是一年前为报复英国皇家空军首次突袭柏林而决定袭击伦敦的重演。[22] 毫无疑问，与斯大林一样，希特勒也想通过轰炸敌人的首都做出某种政治姿态，不过一旦有可能，他也有决心彻底摧毁敌人的首都。尽管在 1941 年夏末，德国空军还没有将莫斯科和苏联的第二大城市列宁格勒从地图上彻底抹去的能力，但是可以把这种轰炸行动解读为摧毁这些城市的开始。尽管德国人的轰炸主要集中在具有重要军事和经济价值的目标上，但有时也会用燃烧弹袭击苏联政府核心克里姆林宫。但是由于德军要分派轰炸机去执行战场支援任务，因此德军的轰炸一直受到限制。在希特勒大本营，也逐渐出现了一种看法，那就是认为苏联首都会在下一波攻势中被德军轻易占领，因而，轰炸莫斯科就不是那么紧急的任务了。1941 年 8 月中旬德军发布的命令也反映了这种态度："在冬季来临之前解决敌人，占领莫斯科周围的政府机构、兵工厂和交通枢纽。"[23] 1941 年 9 月，希特勒曾这样告诉自己的副官奥托·京舍（Otto Günsche），一旦这些任务完成了，他就会用自己强大的空军粉碎苏联在乌拉尔以东的任何重建行动。在京舍的回忆中，希特勒当时表现得十分自信："莫斯科将在空袭之下陷落，然后我们就会赢得这场战争。"[24]

针对莫斯科的空袭，对于即将开始的地面进攻并没有多少帮助。在 7 月 21 日至 8 月 22 日之间，德军发动了 19 次空袭，其中大规模空袭不多。根据苏联方面的记录，这些空袭一共造成 569 人丧生，1030 人重伤，18 座工厂遭到严重破坏，另有 220 座工厂遭受部分损失，153 座住宅楼被空袭摧毁。[25] 按照防御计划，德军飞机本应被苏联国土防空兵的第 6 防空军拦截，并被围绕城市布置的防空炮火阻击。以莫斯科为中心，在距离市中心 75 英里的地方，苏联方面呈弧形布置了 800 门高射炮和 600 台探照灯。战斗机部队的指挥官，I. D. 克里莫夫（I. D. Klimov）上校手上有 420 架战斗机，但是在 494 名飞行员中，只有 8 人接受过夜间飞行训练。尽管根据记录，莫斯科的防空部队在 7 月 21 日至 22 日发射了 2.9 万枚炮弹，但是从德国方面的记录来看，第一次空袭中，德国仅损失了一架飞机。[26] 当时，苏联空军部队在训练上与德军存在较大的差距，无线电导航技术还没有得到有效应用，另外苏联空军也缺少英国或德国正在使用的专门雷达网络。有些苏军飞行员面对德国飞机的时候，甚至会采取直接撞击对方飞机的战术。苏联国土防空兵使用侦听设备来侦测来袭的轰炸机，开始使用的是 SP-2 型，后来使用的是 ST-4 型侦听设备。SP-2 由四个硕大的圆锥形听筒构成，这些听筒固定在金属框架上，由卡车运输，三个听筒朝向一个方向，一个听筒朝向另外的方向，每台设备配备两名侦听员。SP-2 型侦听设备，能够侦听五六千米外的飞机，大型的 ST-4 型（使用方形喇叭而不是圆锥形喇叭）侦听距离达到 12 千米。人们还想尽各种办法减少风噪的影响，但很难想象这种设备在空袭预警中能派上多大用场。为了缩短被苏军侦听到的距离，德军飞机被建议降低发动机出力。[27]

针对莫斯科的空袭很快就停止了。在 1941 年 7 月至 1942 年 4 月间的 75 次空袭中，有 59 次空袭德军仅派出了不到 10 架轰炸机，只有 9 次空袭中轰炸机的数量超过 50 架。这些轰炸仅投下了 1000 吨炸弹，而伦敦却遭到了 1.6 万吨炸弹的轰炸。[28] 德军于 1942 年 4 月 5 日至 6 日夜间，发动了针对莫斯科的最后一次空袭，仅造成 5 人死亡，10 人受伤。[29] 从 1941 年 9 月开始，德军轰炸的重心转向了列宁格勒，执行任务的是隶属于北方集团军群的轰炸机，此时，北方集团军群已经完成了对列宁格勒的合围。8 月，沃尔弗拉姆·冯·里希特霍芬指挥的第 8 航空军已将 262 架飞机调往北方，加入阿尔弗雷德·凯勒（Alfred Keller）指挥的第 1 航空队，为列宁格勒战役提供支援。糟糕的机场条件造成的飞机日常损耗、高事故率和缓慢的维修进度，导致德军能够作战的飞机仅占全部飞机的 50% 到 60%。起初，德国空军的作战重点是切断苏联的运输线，确保列宁格勒再也不能获得必要的物资供应，而不是对城市实施轰炸。在德军空袭正式开始的时候，空袭被看作是军事围困的延伸，而不是独立的作战行动，在 1941 年至 1942 年的这个冬天，空袭配合着大规模炮击以切断列宁格勒的物资供应，这造成的人员死亡和财产损失要远高于直接轰炸。希特勒计划通过饥饿和不断的死亡威胁，削弱列宁格勒的抵抗，但飞机数量有限，气候条件不利，意味着陆军仍然需要扮演更重要的角色。直到 9 月 8 日城市最终被封锁和包围后，德国空军才开始对主城区进行系统性轰炸，但苏军解围的努力，使得它必须为列宁格勒周围的地面战斗提供空中支援，这削弱了空袭的效果。由于要参加对地支援作战，所以德国空军抽调不出多少飞机去执行希特勒 9 月 22 日发布的最新命令，即通过不断的炮击和空袭，将列宁格勒从“地球上抹去”。[30]

列宁格勒被分成了 4 个防空区，部署的是国土防空兵的第 2 航空军和空军的第 7 战斗机航空军。在这里，防空区和前线是一致的，因此，防空系统也成为列宁格勒前线的一部分，这样作战资源就可以得到更有效的使用。列宁格勒防空系统的指挥官是一名年轻的上校，名叫亚历山大·诺维科夫（Alexander Novikov），他的出色表现使他迅速晋升，最终在 1942 年 4 月被提拔为空军总司令。在列宁格勒前线，苏联配属了 800 架作战飞机，分配在 160 个高射炮阵地上的 600 门高射炮，外加 300 个飘浮在城市上空的巨型拦阻气球。[31] 德国部署在北部前线的第 1 航空队在战役开始时，估计拥有约 1200 架飞机。德军的轰炸主要集中在关键目标上，而对于围困在城内的居民来说，最重要的物资是粮食。9 月 8 日，一群德军轰炸机对木制库房为主的巴杰耶夫仓库进行了轰炸，轰炸引发的大火将库区烧成一片白地，燃烧的肉和糖蹿起了 3 英里高的刺鼻浓烟。据一位目击此事的苏联人事后回忆，这是一种“壮观的，令人震惊的美”。[32] 在 9 月，德军又发动了 23 次空袭，其中有几次是可以与轰炸莫斯科并称的大规模轰炸行动。11 月，德军一共进行了 35 次空袭，进入 12 月，随着气象条件恶化，德军只发动了 8 次空袭。1942 年的 1 月、2 月和 3 月，德军没有发动空袭。进入 4 月，轰炸重新开始，德军派出的飞机也比以前多，但在 5 月，德军没有发动轰炸，6 月仅仅进行了两次空袭。苏联在统计人员伤亡时，死于轰炸和炮击的人数是合并统计的，截至 1942 年 4 月，轰炸和炮击共造成 10 218 人伤亡。死于炮击的人数比死于轰炸的要多，因为炮击更加不可预料，造成的影响也更加致命。1942 年 6 月的两次空袭，共造成 43 人丧生，而死于日常炮击的有 258 人。[33]

轰炸并没有给德军带来多少战略上的收获，这些组织混乱的小规模轰炸，没能给苏联方面造成严重的破坏。尽管如此，德军还是努力去重点破坏工业中心、铁路线、铁路枢纽和港口码头，主要目的是为了削弱列宁格勒的工业生产，因为此时的列宁格勒，虽然已经出现饥荒，但仍然在为前线生产武器和装备。从1941年6月22日入侵苏联，到12月在莫斯科城下止步不前，德国空军在这期间对苏联西部的战时经济目标发动了轰炸，重点是铁路和火车编组站，通常这些目标都是位于后方，距离前线有相当遥远的距离。德军发动的这些空袭主要是骚扰性攻击，大部分在白天进行，与空中闪电战之前对英国实施的空袭类似，这些空袭的主要目的，是在干扰交通运输、军事通信网的同时收集情报。根据苏联官方的记录，在战争开始的第一个月，在德军发动的全部839次空袭中，有640次出动的飞机少于12架。[34] 德军后来的空袭远至斯大林格勒，11月1日，由3架亨克尔He111轰炸机组成的编队，摧毁了3座建筑物和一座锯木厂的一部分，造成36人丧生。此后，德军陆续对进出城市的铁路线进行了轰炸，摧毁了15台火车头、359节车厢和5米长的铁轨。苏联方面对这些空袭毫无防备，也没有建立民防系统，空袭造成330人丧生，522人受伤。德军还对其他位于苏联腹地的目标进行了空袭：古比雪夫（Kuibyshev），1941年10月，随着德军向莫斯科集结，那里的大部分政府机构已疏散到了安全地区；日后因德军在此大败而闻名的库尔斯克（Kursk），3架轰炸机对当地的火车站投下了5枚炸弹；黑海沿岸的新罗西斯克（Novorossiisk），德军在这里投下了大量燃烧弹，试图烧毁苏联黑海舰队的补给站。[35]

德军的长途空袭，暴露了那些被认为不太可能遭到空袭地区的防空系统存在的问题。1941年8月24日，德军一架飞机对顿河畔罗斯托夫（Rostov-on-Don）进行空袭时，因为通信不畅，防空警报没有启动。这显然是驻守此地的国土防空兵指挥官的失误，但是这位指挥官却威胁罗斯托夫的民防官员说，如果有一枚炸弹击中住宅楼“你就要付出生命的代价”。很多城市都没有配备拆弹队，当地士兵明智地拒绝了在缺少合适装备的情况下拆除未引爆航弹的命令。[36] 在雅罗斯拉夫尔（Yaroslav）地区，德军可以用单机或者小型编队在低空对铁路线实施攻击，几乎完全无视当地的国土防空兵部队，而守卫整个地区的国土防空兵仅有 6 架战斗机和 20 门高射炮，人员也仅有实际应部署人员的一半。[37] 虽然在战争来临之前，苏联方面对国土防空兵进行了扩编，但是这支部队 40% 的防空炮和飞机都被用来保卫莫斯科、列宁格勒和位于南方的石油城市巴库（Baku）了。整个组织中，战机的缺口为 40%，高射炮缺少三分之一，拦阻气球缺少一半。这支部队分散驻守的特点，也使不同地区间部队相互协作变得愈加困难，1941 年 11 月 9 日，国防委员会（该委员会由斯大林领导，成立于 1941 年 7 月）任命 M. S. 格罗马金（M. S. Gromadin）少将在莫斯科统一指挥国土防空兵。在新的国土防空兵体制下，部队的防空装备逐渐得到了扩充，截至 1942 年 5 月，国土防空兵部队已经拥有 4567 门高射炮，到 1943 年 9 月，这个数字达到 9134 门，其中用于保卫铁路的高射炮增加到了原来的 3 倍。[38] 即使是在这个时候，由于没有雷达辅助瞄准设备和近炸引信，高射炮的防空能力仍然有限。这些大量部署的高射炮主要还是依靠原始的弹幕拦截射击对抗空袭，想击落敌机主要靠运气。

德军大部分攻击是以铁路线和桥梁为目标的。不仅因为这种攻击能在军事意义上阻碍苏联红军的调动，而且还因为这些小目标的防空工作很不完善。苏联方面的记录显示，在很多时候，投向铁路这些小目标的炸弹远多于空袭城市的炸弹。从 1941 年 7 月至 12 月，德军一共对交通系统进行了 8752 次袭击，1942 年 1 月至 6 月则有 1304 次；在第一个阶段，有 533 台火车头和 7819 节车厢被毁，在第二个阶段，则损失了 428 台火车头和 6693 节车厢。因为德军主要把车站和铁路编组站作为轰炸目标，因此苏联的人员伤亡很大。1942 年 1 月至 6 月，有 3080 人死于德军对铁路的轰炸，另有 5675 人受伤。[39] 很快，德国空军就确定了最合适的目标，建议出击的部队轰炸火车头，不论是正在运行的还是停止的都可以攻击，轰炸重点还包括有维修设施和补给中心的主要铁路枢纽。德国人发现，轰炸一小段铁路效果并不理想，特别是地面封冻以后，炸弹更加难以造成有效的破坏。“大部分炸弹落地后都弹到一边去了，在铁轨边爆炸根本不会造成什么破坏。”降雪增加了空中作战的难度，能见度会降低，在积雪覆盖的跑道上起降会更困难，而且雪会让目标变得更加难以分辨。[40]

对铁路线实施的攻击并没有什么效果，这从铁路在轰炸后得到紧急维修队的修复，迅速恢复运输就可以看出。维修队修理时使用的材料就储存在主要铁路线附近。正常情况下，修复不长的一段铁路需要花费 2 到 4 小时，但是紧急维修队赶到现场可能却需要好几个小时。对于较深的弹坑，维修的时候会绕过弹坑铺设新的铁轨。苏联铁路运输长时间中断是很罕见的事，以至于战时交通办公室提交的报告中会专门提到。在莫斯科以北的加里宁（Kalinin）前线附近，有一座名为舒瓦耶夫 – 朱库帕的火车站，这里的铁路运行曾中断过 43 小时；从格瑞斯塔（Goritsa）到茹科帕（Zhukopa）的铁路在轰炸后 79 小时才得到修复。空袭的累加性效果可能会使轰炸造成的破坏更加严重。比如，通向加里宁的铁路在 1942 年 3 月至 6 月期间，遭到的空袭是最严重的，在 4 个月期间，总共减少了 1988 小时的运输时间。从平均修复时间来看，桥梁的修复时间更多一些，一般在轰炸后 8 至 36 小时，桥梁就能够恢复使用。通过对铁路系统空袭的评估，苏联方面得出了这样的结论，那就是从战略效果来看，频繁地针对少数目标实施轰炸，比针对大量目标发动不太频繁的轰炸效果要好得多，而德国空军采取的就是第二种模式。1942 年夏天，苏联对德军空袭的整体结论是：尽管各地的车站和编组站经常因为轰炸而停止运行，但是铁路交通“从来没有完全停止过”。[41]

1942 年夏天，德国突然增加了对战场南部铁路运输系统的空袭，可以把这个转变看成是一场前奏，预示着轴心国部队战略重心的转变，开始主攻伏尔加河和高加索地区（即所谓的“蓝色行动”）。在 5 月和 6 月，德军空袭的重点是乌克兰南部黑海沿岸的以沃罗涅什（Voronezh）和克拉斯诺达尔（Krasnodar）两座城市为中心的地区，这里是通向高加索的要冲，针对这两个地区出动的空军力量，占德军出动飞机总架次的 59%。到 6 月 28 日，德军正式开始执行蓝色行动时，空军已经给上述基地造成了相当严重的破坏，造成 1400 人丧生。在这些空袭中，有两次空袭造成了特别严重的后果，在高加索斯卡亚市（Kavkazskaia）火车站，空袭引发的大火烧死了 415 人，在科切特科娃（Kochetkova）铁路中心，轰炸造成 466 人死亡，这些死者大部分是疏散人员。[42] 进入 7 月，德军对距前线

100 千米以外的铁路线的空袭逐渐增加，几乎占全部空袭的三分之二。其中还包括对斯大林格勒和城市周围地区的试探性攻击，因为德军认为战局已经很明显，随着节节胜利，这座城市很快就会成为南方集团军群的囊中之物。这期间对斯大林格勒地区的空袭有 59 次，其中 4 次直接对城市进行了空袭，但是造成的破坏不大，有 99 人死于空袭。进入 8 月，德军在东线的所有空袭中，有三分之一是针对斯大林格勒地区的，17% 空袭发生在高加索地区。[43]

指挥德军第 4 飞行队对斯大林格勒作战的是沃尔弗拉姆·冯·里希特霍芬，他曾经指挥过 1937 年对格尔尼卡的空袭和 1939 年对华沙的空袭，并在 1942 年 6 月领导了对克里米亚城市塞瓦斯托波尔（Sebastopol）的残酷轰炸。在针对塞瓦斯托波尔长达一个月的空袭中，通过反复对城区进行轰炸，加上 2000 门火炮对城市防线的炮击，使这座要塞城市的防御设施遭到严重破坏。里希特霍芬麾下的 390 架轰炸机和俯冲轰炸机几乎彻底将这座城市变为废墟，最后全城只剩下 11 座没有受到破坏的建筑。轰炸机有时候还会向地面的守军投下废金属，如废旧的发动机、犁、铁轨。有时候，还会向地面投下写着“Wie geht es ?”（情况如何？）的传单。成千上万的居民通过黑海疏散到外地，途中经常遭到德军的空袭。而那些选择留下来或者按照命令留下来的人，则过上了地下生活，克里米亚半岛多岩石的地形为人们提供了天然庇护所，人们都躲到了地洞、隧道和地下仓库中。在最初几天的轰炸后，根据当地政府的统计有 173 人死于轰炸，而更多的人死于猛烈的炮击。地下掩体里空气污浊，让人难以呼吸，里面还堆满了乱七八糟的货物和个人行李。苏联记者鲍里斯·弗耶特科夫（Boris Voyetckhov），在最大的地洞中观察到下面的景象：机器源源不断地生产着手榴弹，有的人在给报纸排版、印刷，当地的苏共官员正在忙着写报告，而艺术家们则忙着绘制那些激励人们斗志的海报。[44] 在地下邮局，对于那些收件人地址已经变成一片瓦砾的信件，邮递员在信封上写着“战争结束后再寻找（收件人）”。7 月 1 日，塞瓦斯托波尔最终还是陷落了。

令他不情愿的是，就在塞瓦斯托波尔的战事将要结束的时候，里希特霍芬又受命调往他处，为另一场作战建立指挥部，在这即将到来的战斗中，他将扮演主要角色。[45] 为了执行蓝色行动，德国空军将半数以上的飞机部署到了东线，共 1155 架。但是里希特霍芬手中，能够参加将于 7 月中旬启动的针对伏尔加河和高加索地区作战的飞机只有 750 架左右，这些飞机主要来自第 8 和第 4 航空军，第 8 航空军要跨越顿河平原参与攻击斯大林格勒，第 4 航空军则要支援南部德军对高加索的进攻。[46] 空军作战任务主要是为地面部队提供直接支援，并与红空军作战，而红空军尽管通过夜间空袭给德军基地造成了一定的破坏，但它无力从德军手中夺取制空权。B 集团军群中弗里德里希·保卢斯（Friedrich Paulus）将军指挥的部队快速穿过草原，向斯大林格勒方向突进，这为空袭斯大林格勒铺平了道路。根据文献记载，对斯大林格勒的轰炸不仅是东线作战中最致命的轰炸，而且是广岛空袭前单日伤亡最大的轰炸。

无论是当时还是之后，人们都普遍认为斯大林格勒的战局有着极端重大的历史意义，而且这场渐入高潮的大戏的意义在德军大举进攻时就已昭然若揭了。保卢斯指挥的第 6 集团军和霍特（Hoth）指挥的第 4 装甲集团军的推进，迫使处境艰难的苏联第 62 和第 64 集团军退守至斯大林格勒城下的狭长地带，并在 9 月将守军全部逼入城内。战役开始时，守卫此地的苏联第 8 空军集团军仅仅拥有 454 架飞机，其中只有 172 架是战斗机，该集团军由 T. 赫留金（T. Khriukin）将军指挥。因为苏联方面并不认为德军会把斯大林格勒当作主要轰炸目标，所以城里的重型高射炮配备不足。此时，空中作战力量的天平偏向德军一边。8 月 21 日，德军跨过了顿河，向这座城市推进，并于 23 日抵达伏尔加河岸边。在同一天，里希特霍芬显然收到了来自希特勒大本营的命令，指示他尽可能收拢分散的部队，对城市进行一次大规模空袭。此时，他的部队有 400 架容克 Ju88 轰炸机和 He111 轰炸机。希特勒在最高统帅部中关注着这场战役，但那天的作战日志里，并没有下达轰炸斯大林格勒的命令的记录，但是，空军的记录显示，出动了 1600 架次的轰炸机对斯大林格勒实施轰炸，投下了约 1000 吨炸弹，不过这有可能是发生在 6 天内，而不是 8 月 23 日当天。由于城市防空能力薄弱，因此，德军飞机可以在 2000 至 3000 米的高度投下炸弹。苏联方面的记录显示，德军每个攻击波次的飞机约有 70 至 90 架，有时候编队的规模更小一些。[47]

德军空袭的目标不是摧毁这座城市，毕竟这种战术不太可能在几天之内攻陷斯大林格勒，而是重要的军事、行政和经济目标，包括伏尔加河岸边的大型油料储存设施。德军通过空中侦察，绘制了斯大林格勒和其他城市的详细地图，地图上标明了重要的工业和军事设施。其中包括规模巨大的捷尔任斯基拖拉机厂和红十月金属厂，此外还有一座炼油厂。[48] 从8月初开始，苏联的报告就提到了各处仓库、码头和工厂遭到德军空袭。8月23日的空袭给重点工厂和交通系统造成了巨大破坏。燃烧的油料腾起大片的黑色烟雾让人认为轰炸给城市造成了严重破坏，但事实上，德军在第二天对市中心的轰炸，才真正给城市造成了巨大破坏。因为中央供水系统遭到摧毁，在市中心一处建筑起火的关键时刻，消防队的消防用水中断了，导致火势蔓延，最后大火烧毁了城市中心区95%的建筑。[49] 关于留在城里的苏联居民的死亡人数，权威的统计数字是4万人，因此，1942年8月23日也成为在原子弹攻击之前，轰炸杀人最多的一天。[50]

毫无疑问，与鹿特丹死亡人数被过分夸大一样，这个数字同样经不起检验。在9月中旬的时候，斯大林格勒被重重包围，遭到重炮和坦克的猛烈炮击，天上的轰炸机和俯冲轰炸机针对抵抗的部队实施空袭，没有人会怀疑这座城市遭到了重创。后来，当丘吉尔的翻译阿瑟·比尔塞（Arthur Birse）应邀于1943年访问斯大林格勒时，他发现这是一片令人难以置信的景象："到处是残垣断壁……而我所能分辨出的那些街道完全是瓦砾堆。那里的居民就住在防空洞和地窖里面。"[51] 但是，空袭（而不是火炮和坦克）给斯大林格勒造成的破坏，在苏联方面的记录中却是另一个样子。在当时的报告中，并没有对8月23日的轰炸进行特别详细的记录，记录更多地是集中在8月23日至29日期间德国空军实施的常规轰炸，这期间的轰炸造成了逐步累加的破坏效果。几乎可以肯定的是，轰炸造成4万人死亡这样的灾难是没有先例的，只有像1943年7月在汉堡发生的那种火灾风暴才能造成这样的伤亡。而地方防空机构在8月的记录中仅仅写道"从8月中旬开始，城市遭到了大群敌机不间断轰炸"。根据对这次为期6天的大轰炸造成的伤亡人数的估计，有超过1815人丧生，2698人重伤，其中大部分伤亡发生在伏尔加河渡口附近。[52] 进入9月，德军空袭从100次减少到69次，大部分空袭目标集中在城内，经过这个月的轰炸，城内很多仍然屹立的建筑物也坍塌了。这个月的轰炸造成1500人死亡，这个数字还不包括死于持续炮击的人数，不过关于伤亡的统计并不全面，毕竟在这种情况下难以准确统计伤亡人数并不奇怪。同样，10月份的伤亡数字也不准确，这个月记录的死者仅有380人。从1942年7月到10月，当地民防机构统计的死亡人数是3931人，这个数字与空袭的规模和投弹量更加吻合。[53]

毫无疑问，考虑到当时通信和急救状况不佳，这些数字都低估了轰炸造成的真正死亡人数，但是即便如此，误差幅度也不可能使死亡人数达到4万人。还有一些其他因素能证明真实数字要比4万来得小：斯大林格勒拥有44万人口，其中很大一部分在德军部队推进期间，已经通过伏尔加河疏散到了外地；任何原子弹出现之前的轰炸，都不可能在一天之内造成一座城市10%的人口丧生。德军的轰炸机部队，从规模上来说，比后来盟军的轰炸机部队小得多，而只有盟军那种规模的轰炸机部队才能够在条件合适的时候，摧毁半座城市。当时德军仅有400架飞机，大部分是中型轰炸机，最终投弹量是1000吨，而伦敦也曾在一夜间遭到同样多炸弹的空袭，结果造成的死亡人数也不过1000至2000人。斯大林格勒是一座现代化城市，有宽阔的道路、公园和比不那么现代化的苏联城市多得多的石头和混凝土建筑。因此，和其他现代化城市一样，这里很难出现吞噬4万条生命的火灾风暴。按照记录，8月和9月分别有超过1800人和1500人丧生，这是整个战争期间苏联死于轰炸人数的最高记录。最后，轰炸造成4万人死亡的说法，和鹿特丹因轰炸有2万人丧生的说法一样，都迎合了德军惨无人道的流行观点，但这些伤亡数字并非事实。

1942年8月以后，冯·里希特霍芬的第4航空队的作战能力直线下降，因恶劣天气和补给困难而不断减员，并受到了重整旗鼓的红空军的打击。截至9月20日，里希特霍芬只有129架能够执行作战任务的轰炸机，10月10日，德军又派出其中部分轰炸机去攻击格罗兹尼（Grozny）的原油生产。与此同时，苏联国土防空兵在斯大林格勒地区的防御得到了极大加强。到11月，苏联在斯大林格勒前线已经部署了1400架飞机，而且还有更多的预备机。4月，诺维科夫升任空军总司令以后，对部队的指挥进行了改革，国土防空兵的航空兵部队开始采用集中指挥模式，飞机安装了无线电通信设备，整体上更加适合作战。当保卢斯在斯大林格勒地区遭到包围，与他所在的集团军群的联系被切断后，戈林许诺用所有的运输机和轰炸机向部队空投补给。最后结果是，德军不但损失了495架运输机和轰炸机，而且还损失了很多从德国本土赶来的经验丰富的飞行教官，他们是奉命前来支援人数下滑的前线飞行员的。这其中，德军损失了一架亨克尔He177轰炸机，这是首批派往苏联南部进行试验的20架该型飞机之一。这其中只有7架飞机能够作战，而这个大队的大队长在第一次执行任务的时候，座机就被击落了。[54] 德军未能完成给第6集团军提供后勤保障的任务，这一事件导致希特勒和戈林两人之间的关系逐渐趋于冷淡，也是德国空军作战能力逐渐下滑的转折点。战后第一次接受审问时，戈林对苏联战役导致德国轰炸机部队出现危机大加抱怨（然而这没什么道理）："我把德国空军建成为最好的轰炸机部队，结果只是看到这支部队浪费在斯大林格勒。我那些神气的轰炸机在运输武器弹药和后勤保障物资的过程中消耗殆尽……我一直反对发动对苏战争。"[55]

对苏的"空中闪电战"

德国对苏联的轰炸无论从强度还是规模上，都和英国或德国遭到的轰炸截然不同。德国在苏联实施的轰炸，有很大一部分是支援地面作战的行动。对远程目标实施的轰炸通常是断断续续的，规模也不大。空袭目标不仅有城市和铁路运输系统，有时还包括农村地区。德军的机组成员在执行轰炸苏军空军基地任务的时候，还被要求摧毁当地的村庄，因为德国人怀疑这些村庄中可能隐藏了苏联的工人和飞行员。[56] 对苏联后方的民众而言，构建"前线"心态是不必要的，因为他们几乎不会遭到轰炸；而对于苏联西部和南部的居民来说，前线是真实而又危险的，交战前线带着不可阻挡的势头，粗暴地从他们的所在地横扫而过。在列宁格勒、塞瓦斯托波尔或者是斯大林格勒，轰炸是地面作战的一部分，城市各处都遭到了空袭。苏联的工厂也避免不了同样的命运。对工厂实施分散搬迁并非是因为轰炸的威胁，而是由于轴心国部队迅速推进而产生的可怕后果。从这个角度看，对于战斗中的苏联人民来说，轰炸是最不需要关注的问题之一。

尽管如此，苏联政府花费了很多年努力让民众对民防工作产生认同，并且早在 1932 年，就已经把民防机构正式列为军事系统的一部分。1917 年以后，航空业是布尔什维克现代化计划的重要组成部分，这样做，既是出于军事的需要，也是为了通过尖端的航空技术、创造飞行纪录和引人瞩目的飞行探索展示新生的革命政权的成功。20 世纪 20 年代末期，苏联就成立了促进民众航空意识的公众组织，第一个这样的组织名为航空和化学工业之友协会，1927 年该协会和国防协助协会合并，成立了名为“协助苏联国防和航空-化学建设协会联盟”的新组织。这个新组织不仅成为推进民众参加军事训练的机构，而且还是为可能的轰炸和化学袭击进行民防准备的组织。到 1933 年，这个组织已经拥有 1300 万成员，其中有 300 万是女性。苏联政权把这个组织当作集体动员民众、对抗一切反革命威胁的工具。[57] 1932 年，苏联正式成立了地方防空总局，该组织是按照准军事组织的标准组建的，但是却归属于内务人民委员会管理。新组织的职责包括民防工作的方方面面，包括人员训练、分发防毒面具、帮助民众把地窖改建为防空洞，并最终创建了一场群众性的“自卫团体”运动，其目的是动员苏联城市社会的很大一部分人通过他们自己的集体努力保卫新的城市和工厂。

在 40 年代初的时候，尽管地方防空总局规模较大，办事机构分布广泛，但是对于即将开始的轰炸战的准备却并不平衡。与承担防空任务的现役国土防空兵类似，地方防空局也将防空的重点放在最有可能遭到轰炸的区域附近。这种工作中，该组织和苏联其他体系的组织架构一样，首先把责任下放到加盟共和国这一级，然后是州、区和市。各地所属地方防空总局的办事机构，归属于国家的内务人民委员会的组织架构，地方机构的官员最终向内务人民委员负责。在 1938 年至 1945 年间，担任内务人民委员的是斯大林的格鲁吉亚老乡兼盟友，拉夫连季·贝利亚（Lavrentii

Beria)。工业和运输业的地方防空总局的组织是一个例外，直到 1940 年 10 月 7 日，防空总局的所有工作才都集中到内务人民委员会。[58] 到 1941 年战争爆发前，苏联国内有 2780 个指定的民防点位，他们大多分布在苏联的中部和西部，在 121 座指定城市的地方防空分局的监督之下。这些民防点位的工作由当地全职工作人员承担，到 1941 年，工作人员为 3838 人。另外约有 50 万工人提供协助，这些工人将民防工作与自己的日常工作结合在了一起。在莫斯科、列宁格勒和巴库，民防人员组成了民防师，而明斯克、扎波罗热（Zaporozhie）、利沃夫（L'vov）和基辅则组建了民防营。这些民防队伍的组织者都没有经过良好的训练，其中三分之二没有相关的工作经验或经过正式培训，仅有 9% 的组织者参加过为期一两个月的培训课程。这些民防部队都定期组织训练，但是人员很少。大部分干部都要依靠每周两三个小时的实际训练增加经验。工业生产和物资运输部门也组建了 680 支消防队，但在 1941 年 5 月，他们连一辆消防车都没有。[59]

尽管强调将集体的力量用于民防工作，但是“协助苏联国防和航空－化学建设协会联盟”一直没有融合到地方防空总局的体系里。至于在战争爆发的时候，到底有多少群众参加了基本的防毒气、急救训练也是个未知数。此时自卫小组依然存在，但是这些小组的动员完全取决于当地的地方防空总局的组织状态。比如，在库尔斯克，在战争开始的时候，自卫小组对目标的伪装工作令人很满意，但是小组成员却没经过什么训练，也没有投入力量为保护群众制定什么计划。另外，地下室改建的防空洞很不完善，内部也很不卫生，消防队缺乏消防水龙和供水车，应急救援队也没有千斤顶、钢索等清理残垣断壁的装备。最后，地区防空总局所属各消防队都没有机械化交通工具。[60] 整个苏联境内，都没有对可能的毒气攻击进行多少准备。当时，苏联仅能向民众提供 1 万具老式防毒面具，防毒气庇护所也很少。毒气洗消队缺少必要的装备，而且只有莫斯科、列宁格勒和基辅这样的大城市才有应对毒气袭击的化学实验室。战争爆发以后，少数经过毒气洗消训练的人员和地区防空总局其余人员中的约 35% 被一起动员加入了部队。[61] 在那些距离前线较远的城市，人们普遍认为距离可以阻止敌人的攻击，因此并没有对民众进行训练，也没有做什么准备。在被誉为“坦克城”的车里雅宾斯克（Cheliabinsk），直到1942年5月，苏联政府才开始第一次检查当地的防空洞情况，发现当地政府此时还没有向民众宣传遇到空袭时应该怎样做，而此时，德军的飞机已经距此不远了。[62]

苏联方面的实际准备如此不堪，某种程度上是因为苏联在1939年8月23日与德国签署条约后对战争的紧迫感不足，当时这个条约让这两个国家成为暂时的盟友，苏联认为只要德国还没击败英国，双方就不会发生战争。就在巴巴罗萨计划开始前几周，德军仍在对英国进行轰炸，看起来绝不可能在短期内向东方发动进攻。苏联作战准备上的失误，也可以理解为政府还有更多需要关注的大量紧急国防任务，包括军工生产和前线构筑等，并且政府还存在一种看法，认为苏联距离德军基地很远，苏军的作战计划是在战争开始后迅速机动，向前推进，迫使敌人在敌人自己的领土上与苏军交战，基于这两点考虑，苏联政府认为国家受到轰炸的威胁较小。在20世纪40年代初，苏联的城市仍然处在适应大量人口涌入和城市迅速建设的阵痛期，所以城市里固定居民区还不多，而居民对城市的认同感也不强，这样就增加了正常组建民防组织的难度。轴心国1941年6月22日的攻势，彻底推翻了苏联方面的假设，迫使苏联人民加快了民防工作的准备。假如德国空军在战争一开始就实施战略轰炸，那么从战争的第一年起，苏联的工业生产就会处在脆弱的状态。

7月2日苏联政府发布了“全国人民强制进行防空、防毒准备”的决议。地方防空总局迅速扩招了人手，补充那些应征入伍者留下的空缺。但是轴心国军的快速推进，占领了94座设有地区防空总局站点的城市，迫使防空总局将工作重心向国土东部转移，在包括斯大林格勒在内的102座城市设立站点，因为空袭的威胁突然变得真实起来。[63] 在苏联剩余的国土上，地区防空总局的人数迅速增加。到1944年，地区防空总局已经有8.5万名人员（包括9621名军官），此外，还有13.5万人在民间组织中支持其工作。此时，民防小组的成员总数已经达到52.7万人，这些人员被分派承担不同的专业性工作，如防化洗消、救援、灾后重建等。为了应对轰炸的后果，城市里也组建了“自卫”部队，总人数达299万人。

苏联剩余人口的半数以上（7100万人）接受了基础的防毒气和防空训练，仅在战争的第一年，就有4000万人接受了训练，1943年和1944年，在得到解放的国土上，又有1500万人接受了训练，而此时德军轰炸的威胁已经差不多消失了。在收复的领土上，有75座城市恢复了地区防空局分局的建制。[64]

苏联在战争开始后推行了一项全面的民防保护方案。统计数字显示，这是一项成就非凡的方案，即便在防空洞的数量和质量、人员真实训练水平和重建速度等几个方面有所夸大。这个体系只在列宁格勒和斯大林格勒经过了严格的检验，因此很难判断该体系能否承受得住持续不断的空中袭击。尽管如此，苏联政权还是相当重视保护人民，并鼓励民众参与到保护自己的工作中去。1941年下半年，地区防空总局的支出达1.82亿卢布，在1942年，这个数字是4.68亿卢布，1943年是4.74亿卢布。包括所有的民防支出和重建费用在内，地区防空总局的战时总支出为32.2亿卢布。[65]这些经费都用在了各种必要的民防工程和事务上。战争期间，建立了6699座急救中心，救治了13.5万名空袭伤员，其中约有10.8万人重返工作岗位。和其他遭到空袭的国家一样，苏联国内的消防队也得到了迅速扩编，消防队从1941年夏天的680支，增加到1945年的12 149支，而消防员也从18 269人增加到170 786人。消防车也从无到有，最后消防队一共拥有了469台消防车。防毒气工作在1941年就开始筹备，最后扩展到了所有可能遭到毒气袭击的地区。鉴于苏联丢失西部领土造成的影响，防毒面具的生产一直到1942年末才重新开始。两种新型民用防毒面具（GP-1型和GP-2型）的生产数量不多，其中1010万套用于给未被占领的土地上的1.2亿居民提供防护，另外的360万套则用于武装部队。防毒气实验室的数量在战争期间增加了3倍，到1945年实验室的数量达到顶峰，达1194座，此外，到1942年末，295支防化洗消队也做好了准备。和英国的情况类似，苏联同样担心德军会使用化学武器，因此让民防机构做好了准备，但这后来证明是多余的。[66]

在那些受到空袭威胁的城区中，修建足够的防空洞是一项重要工作。这项工作面临了很多实际困难。苏联的许多房子是用木材修建的，没有便于改建成防空洞的地窖或地下室。莫斯科 70% 的住宅是木质的。新建建筑按规定都需要修建能够提供保护的地下室，但是这个规定并没有得到广泛执行。在战争爆发时，苏联首都有 400 万人口，防空洞能够容纳 40 万人，但大部分防空洞位于新修建的莫斯科地铁中，斯大林也在地铁靠近克里姆林宫的地方设置了自己的地下指挥部。莫斯科地铁在建设的时候，就计划作为防空洞使用，因此，空袭开始后，地区防空总局的工作人员在各个车站设立了急救站、供水点和扩音器。人们把木板放在地铁隧道里的铁轨上，就在这样的临时床铺上过夜。晚上，地铁站里还有讲座、音乐会和电影。[67] 对于那些住在远离市中心低矮木头房子里的居民，防空局为他们修建了躲避空袭的堑壕和散兵坑。全国性的防空洞修建计划，给建设资金和材料消耗带来了严重的困难，因此，大部分防空洞都是由现有的地窖或地下室改建，或者利用战壕或者掩体。专门修建的防空洞（一类防空洞）都是深入地下的，并且在需要的地方，用钢筋混凝土进行了加固。截至 1942 年，据估计需要能容纳 1500 万人的防空洞，而一类防空洞仅能容纳 34.95 万人（约 2.3%）。二类防空洞是由建筑物下面的地下室改建的，到 1942 年，这种防空洞一共可以容纳 238.8 万人。每座地下室都有厚度达 15 厘米的双面金属加固木门，防空洞里有应急照明设施，浴缸储存有水或沙子，还有原木制成的长凳和床铺。防毒气攻击的避难所也在逐渐修建完成，到 1942 年夏天，已经能够为 74.5 万人提供保护，而到 1945 年，修建的避难所已经能为 190 万人提供保护。对于国内剩下的 60% 处在轰炸威胁下的民众来说，他们只能依靠在地上临时挖掘的防空洞，换句话说，根本没有固定的防空洞可用。[68]

德军对莫斯科和列宁格勒的轰炸持续时间是最长的，而这两座城市在战前做的民防准备也比其他地方都多。战争爆发后，莫斯科市立刻就开始执行灯火管制，街上路灯的电源也转变为集中控制模式，这样，全市的路灯就能够同时熄灭。灯火管制的管理是由地方的自卫队、地区防空总局的官员和警察共同负责的。灯火管制期间，汽车不许开启大灯，需要低速行驶；在室外不能划火柴或使用手电筒。苏联人民极度严格地遵守灯火管制。一次，有位美国记者和其他群众一起躲在一处由地下室改建的防空洞中，这座黑暗防空洞没有窗户，尽管如此，坐在记者旁边的几位妇女仍然要求记者遮住手表发光的表盘。[69] 莫斯科的每一个区，都部署有隶属于该地区防空总局的工作队，这些人员是从城区的工人和当地志愿者中招募的。而在居民区这个层面上，防空工作则由自卫小组承担，他们的主要职责是确保防空洞清洁整齐、秩序井然，同时也参加空袭后的救援和救援物资分发工作。队员们戴着红袖标作为标志，袖标上绣着“地区防空总局”的缩写“MPVO”。[70] 每座多层建筑都指派了火灾巡视员，他们的工作不仅是在敌人投下燃烧弹时发出警报，而且还包括处理所有落在房顶上的未爆炸的炸弹。巡视员配备有石棉手套、长柄钳子和几箱沙子，根据命令，他们应将炸弹浸入水桶，或是把炸弹扔到街道上。在轰炸期间，他们是不能去防空洞避险的。1941 年 9 月，哈罗德·巴尔弗听说，这个系统靠一种简单的方式保证有效性，即一旦发生火灾，就枪毙负责火灾巡视员，与其他国家的类似传说相比，苏联的这个说法的可信度或许略高一些。[71] 亚历山大·沃思曾遇到过几位共产主义青年团的姑娘，这些女孩们都曾志愿承担过火灾巡视的职责。其中一位姑娘说，党的方针就是“不允许法西斯分子对房屋造成哪怕一点点破坏”，但另一位姑娘却面颊泛起红晕，结结巴巴地谈起了自己站在被高爆炸弹巨响包围的屋顶上时战战兢兢的样子。[72]

对莫斯科空袭开始后最初的几周，造成的破坏影响很大，但人们付出了很大的努力，迅速修复了破坏的建筑，那些不能修复的建筑则用木板封上并掩蔽起来。从 1941 年 9 月开始，德国的轰炸就变成了后来被英国空军部戏称为“骚扰袭击”的模式。[73] 进入 12 月，德军只进行了 20 次空袭，其中 8 次是侦察飞行。12 月 1 日的轰炸，德军只投下了 8 枚炸弹，12 月 4 日投下了 23 枚炸弹，而 12 月 6 日的空袭则投下了 3 枚炸弹。1942 年 1 月，整座城市，仅仅落下了 3 枚燃烧弹。最后一次空袭，发生在 4 月，这次空袭造成 5 人丧生，10 人受伤，摧毁了一座木制房屋和其他两座建筑，破坏了一条输水管线。[74] 对莫斯科人来说，与因德军入侵而需要面对的其他问题相比，轰炸只能算是次要的问题。到晚秋时节，地区防空总局派驻在莫斯科的队伍已开始执行作战任务。他们在通往城市的要道上布设了2.5万枚反坦克或反步兵地雷，他们还承担着为27座桥梁安装炸药的任务，这样做是为了在德军靠近的时候，炸毁桥梁。[75] 10月份，德军突破到了莫斯科外围地带，给居民带来了极大的恐慌，首都陷落的可能性在某种程度上是存在的，在这种情况下，苏联政府突然开始疏散城里的居民，但这次疏散，绝对不是由轰炸引起的。10月中旬的时候，沃尔特·西特林注意到一辆辆坐满了妇女和儿童的卡车向城外驶去，路上还有长长的队伍正在从城市中撤离，其中大部分是妇女，手中都紧紧地抓着能从家里带出的一切财物。他写道："撤退的队伍在公路一侧行进，公路的另一侧是正向城市源源不断开进的部队，包括坦克、反坦克炮、迫击炮和机械化步兵。"[76]

在列宁格勒也是如此，轰炸只是人民需要面对的众多问题之一，因为敌军的包围圈正在逐渐缩紧，南方和西南方的是德国军队，北方的则是芬兰军队。芬兰发动了所谓的"继续战争"，试图夺回在长达4个月的苏芬战争后于1940年3月割让的领土。列宁格勒的地区防空总局有1335名官兵，辅以分为3500个小组的12.4万名民防人员。和莫斯科的情况一样，随着德军的推进，民防队员发现自己逐渐参与到地面作战中，他们埋设了2600枚地雷，并为4座桥梁做好了爆破准备，还协助修建了城市附近的防御工事，这些防御工事属于地区防空总局在战争期间修建的900座工事的一部分。[77] 民防队员还协助清理建筑物剩下的残垣断壁，对有倒塌危险的建筑物实施爆破。在国家银行的废墟下，他们还发现并上缴了约1350万卢布的现金。1942年9月，德军发动了23次空袭，其中许多空袭的目标是列宁格勒的军事目标，空袭共造成4409人死伤。这是轰炸最严重的时期。此后的两年，德军主要对列宁格勒实施断断续续的骚扰性空袭。与之成对比的是，从1941年9月到12月，德军的重炮群一共组织了272次炮击，造成大量建筑倒塌，引发大火，大量军民死亡或受伤截肢，这与轰炸造成的破坏没有区别。最后，地区防空总局下令，对于炮击和轰炸，都需要拉响警报。[78]

大部分关于列宁格勒围城战的回忆录和日记都表明，绝大多数居民都对轰炸持漠不关心的态度。一位叫斯维特拉娜·玛格耶娃（Svetlana

Magaieva）的女孩亲历了这次围城，在列宁格勒遭到围困期间，她的家在一座没有防空洞的公寓楼里。在空袭的时候，她的母亲和邻居就待在家里玩游戏打发时间。当炸弹在附近爆炸的时候，家里的瓷器会掉落在地板上，摔个粉碎，而木制家具会在房间里面移动，就像发生了地震一样。女孩回忆，她周围的许多人，都没有去地下室或是堑壕躲避空袭，在他们看来，那些地方并不比家里安全多少。[79] 要求民众去防空洞躲避的命令，在列宁格勒并没有得到严格执行，在其他地区也相当松懈。警察应该在空袭发生时用哨声通知民众，因为理论上要强制要求民众在空袭时进入防空洞，但是人们却勇敢面对空袭，根本不管这些命令。1942 年 4 月，地区防空总局的报告指出，在空袭期间，民众一直存在“不守纪律”的行为，他们都选择待在家里，不去防空洞。当时，当局将这种错误归咎于政治教育的水平不够。士兵则更不遵守这些纪律，他们对轰炸采取了漠视的态度。1942 年 5 月的报告指出，在莫斯科北部的加里宁州因轰炸造成的伤亡中，有四分之三是军人，他们对空袭的纪律都持一种“漫不经心的态度”。[80]

对列宁格勒的人民来说，最重要的问题是饥饿，然后发展成饥荒。1941 年 9 月 8 日，巴杰耶夫仓库遭到破坏以后，少量的存粮逐渐消耗，根本不够近百万列宁格勒人维持生命，这就意味着那个漫长冬天里的可怕饥荒开始了。到 12 月，斯维特拉娜·玛格耶娃因为身体虚弱，需要整天躺在床上，根本不能走路，她在床上听着炮声和炸弹爆炸的声音，“这些不能让我感到一丝害怕”，她回忆道。[81] 叶夫根·莫纽什科（Evgenii Moniushko）是一位年轻的火灾巡视员，他发现自己在爬梯子登上自己的瞭望岗位，或是把他消瘦的身体从天窗抬到屋顶上的时候，越来越力不从心了。[82] 工厂里面的工人继续坚持生产，主要是为列宁格勒前线制造武器和弹药，这种工作一直坚持到原料耗尽，下班以后，工人们继续待在工厂里，不上工的工人轮流参加火灾巡视和灭火工作。地区防空总局在救援遭到轰炸的群众时，也承担因炮击受伤群众的救援和急救工作，防空总局也得到指示，为自己保护的公民寻找口粮。1942 年 4 月，德军开始加强轰炸，这个月发动了 6 次空袭，出动了约 350 架飞机，造成 192 人丧生，而同一个月中，在地区防空总局的协助下，从医院、临时殡仪馆运出了

104 880 具开始腐烂的尸体，进行集体安葬。[83] 在这种情况下，就像在莫斯科的情况一样，战争造成的大范围危机，对人民的士气构成了极大的挑战。在 1942 年 4 月以后，德军的轰炸一直呈减少的态势（5 月至 8 月德军只进行了 3 次空袭），直到当年 9 月，德军对列宁格勒前线的轰炸又开始加剧，这个月德军对这座围困中的城市和周围地区发动了 60 次小规模空袭。1942 年和 1943 年间，大部分伤亡都是由于炮击造成的，德军的炮击直到 1944 年 1 月苏联反攻取得胜利才停止。

除列宁格勒和莫斯科外，遭到德军持续轰炸的苏联大城市就只有斯大林格勒了，前文已经对其遭受轰炸的情况进行了介绍。与莫斯科和列宁格勒的情况不同，苏联认为斯大林格勒距离德军轰炸威胁较远，不用提供和那两座城市同等水平的防空保护。这里的地区防空总局分部，直到 1942 年才开始运作，一直到敌军开始空袭城市的时候，所属人员的训练水平还不足以应对当时德军如此规模的轰炸。然而，斯大林格勒对德军在夏季发动的第一次小型空袭，处置得却相当成功，这主要是因为当地已经组建了“自卫小组”，同时严格的灯火管制也发挥了作用。进入 7 月，德军的轰炸进一步加强，但是出动的飞机仍然不多，造成的破坏也在可控范围之内。[84] 只有 8 月的最后 10 天里，轰炸的强度暂时超出了民防人员可以应对的范围。8 月 20 日工人居住区的多座住宅楼被摧毁以后，斯大林格勒的居民开始渡河，疏散到伏尔加河对岸相对安全的地区。地区防空总局在斯大林格勒的分部设法控制住了轰炸造成的第一波火灾，但是 8 月 24 日的大轰炸破坏了供水系统，使民防队员们也陷入了慌乱之中。斯大林格勒地区防空总局的指挥官这样写道：“市中心到处是建筑物的废墟和烟尘，轰炸造成的破坏十分严重。街上的残垣断壁阻断了正常交通。”[85] 他估计，自己手下有一半人已经逃到了河对岸，只有 500 多名工人志愿者还在临时充当应急救援队，他们此时还在防空总局的领导之下。不过，如果防空总局的报告是可信的，那么在敌人轰炸停止以后，应急部门很快就修复了受损的基础设施。8 月 30 日，用水和高压电供应得到重新恢复，与幸存的工厂保持供应畅通。截至 8 月 29 日，3 个区的电话线路得到恢复，第二天其他 5 个区的电话线路也得到恢复。重要道路的重建和建筑残骸的清理也同期完成。[86] 当地防空部门取得了有限的胜利（尽管这又一次证明了轰炸的局限性），但到了9月，斯大林格勒已经失去了作为一座城市应有的功能，完全变成了战场。

德军初期的轰炸结束以后，不断扩大的地区防空总局的价值就降低了。与英国的民防组织类似，在德军大轰炸结束以后，此时的地区防空总局为迎接轰炸所做的准备工作和工作效率都达到了状态最好的时候。截至1944年7月，在1800万城市居民中，那一半应该得到防空洞保护的人，都能享受防空洞的保护了。1943年至1944年，当局生产了约650万副防毒面具，而此时对防毒面具的需要已经不那么迫切。截至1943年1月，地区防空总局已经建成3742座民用避弹所，而此时苏联领土比1941年夏天小了许多。[87] 但这个组织绝对不是多余的。1943年至1944年间，德军一直在进行小规模空袭，很多时候德军出动单机进行轰炸，而轰炸的重点是铁路，大约占所有轰炸行动的60%至70%。德军有四分之三的行动是在夜间实施的，其中还有一部分是空中侦察而不是轰炸。根据苏联方面的记录，从1943年3月到1944年3月，德军的空袭共有4930次，累计造成9416人丧生。进入1944年，德军飞机攻击的重点集中在与前线有一定距离的铁路线上，在这一年造成的伤亡人数达16 632人，其中87%的伤亡发生在铁路或铁路周边的目标上。据记载，在1945年，就在苏联红军即将开始对德国本土发动进攻前夕，德军仅仅实施了两次短暂的轰炸。一次是1月16日对爱沙尼亚的空袭，另一次是在2月16日对立陶宛的空袭，这次空袭德军只出动了一架轰炸机。[88]

德军空中行动模式的改变，再加上地区防空总局拥有的大量人力和物力资源，促使地区防空总局对自己的组织结构进行了重组。1943年6月10日，国防委员会发布了N3592号决议，专门为工业和交通运输组建了独立的地区防空总局，帮助他们应对德军对铁路网的持续威胁。实战经验显示，地区防空总局派驻在各地的应急维修队规模太小，难以应对空袭造成的破坏。1943年6月后，44个城市组建了规模更大的应急维修队，每队人员在100至500人之间，维修队的职责是修复轰炸给铁路交通造成的破坏和偶尔受到攻击的工厂。派驻在铁路网周边的地区防空总局的工作人员，从原来的7.6万人，倍增到了14.9万人。负责工业部门防空的维修队，也要负责对工厂和交通运输车辆进行伪装，这个工作是在苏联国家建筑院和科学院的帮助下完成的。[89] 鉴于作战前线随着轴心国部队的后撤，逐渐向西方推进，地区防空总局也逐渐在得到解放的领土上恢复组织机构，这样所属人员就可以承担重建和维修工作，作为对红军作战的直接支援。

地区防空总局扮演的新角色，在1941年至1945年一系列对苏军作战做出贡献的行动中得到了体现。这些行动包括重建了273座桥梁（其中最重要的是横跨第聂伯河的桥梁，通过这座桥梁，收复乌克兰的苏联红军可以得到补给）；修复了1014千米的铁路、有轨电车的铁轨，修复了412千米的公路，维修或重建了11 309座公寓楼、工业设施和民用建筑。[90] 在列宁格勒，尽管炮击一直未曾停止，但是截至1944年，应急维修队还是修复了86万平方米的屋顶，维修了300万平方米的窗户，给每个窗口都钉上胶合板并嵌上小块的玻璃，这样阳光就能够射进来。[91] 地区防空总局变得相当于军队中的技术部队，他们修复了基辅、哈尔科夫、克里沃伊罗格（Krivoi Rog）和斯摩棱斯克的供水系统；修复了哈尔科夫、利沃夫、斯摩棱斯克和其他六七座德军实施焦土政策城市的电力供应系统。地区防空总局总共花费了800万工日的工作量来完成这些重建和修复工作，其中1944年就动用了500万工日的工作量。[92] 传统意义上的民防工作开始逐渐减少。到1944年，防空袭壕沟和临时掩蔽部都已经拆毁或填埋完成。而在斯大林格勒，重建工作已经开始了。

至于德军轰炸对苏联人民到底造成了怎样的影响，却难以获得准确的答案。因为在大多数情况下，空袭与破坏性巨大的地面作战是同步进行的，轰炸造成的影响和敌人占领或被迫疏散造成的破坏与混乱完全混杂在一起，难以区分。在列宁格勒，炮击被认为比轰炸更具有威胁，而严重的饥荒带走的生命则远超这二者。根据大部分目击者的陈述，当时苏联人民普遍能够保持冷静和镇定。列宁格勒卫生部门的领导告诉美国记者亚历山大・沃思，对他来说，最不寻常的事就是没有出现“精神病或由轰炸和炮击造成的任何神经性疾病”。[93] 普提洛夫（Putilov）兵工厂的一位工人回忆说，轰炸确实让自己和同志们感到害怕，但同时也感到愤怒。一天晚上，德军向工厂投下了300枚燃烧弹，这名工人说道："我们都在奋力灭火，心中充满了愤怒，工人们像四下奔跑的松鼠一样，忙着扑救火灾。此时，工人们都意识到，他们就在前线——事情就是这样。不会再进防空洞了。"[94] 列宁格勒的孩子们用捡到的高射炮弹弹片玩游戏。斯维特拉娜·玛格耶娃和她的伙伴们甚至在弹片落下的时候仍然待在室外，她们约定掉落的弹片距离谁最近，弹片就归谁。[95] 还有些证据表明，轰炸被当作表达政治观点的机会，而这种政治观点在正常环境下是不可能传播的。比如，列宁格勒的街头曾出现这样的传单，要求城市像1940年的巴黎那样，宣布为不设防的城市。另外，随着德军占领这座城市可能性不断加大，城内多处墙上被人画上了纳粹的符号，有时候还能够听到亲希特勒的言论。饥荒期间，在得知党内精英仍然能够享受其他民众已经享受不到的食品配给的时候，在人民中不可避免地出现了怨恨。[96] 对于列宁格勒外围的大部分地区，轰炸仅仅是短暂的袭扰，德军小规模空袭是为了造成更多伤亡，受害者主要集中在住所离交通线较近的居民，但是这些空袭，无论从积极还是消极方面，都没有改变人们对战争的看法。塞瓦斯托波尔与斯大林格勒这两座城市的情况则有所不同，苏军死守着这两座城市，城里陷入包围的居民被炮弹、炸弹和子弹组成的风暴笼罩着。

与德军轰炸英国造成的影响类似，轰炸对苏联造成的战略和经济影响也是非常复杂的。苏联被迫长期维持一支大规模的现役防空部队，并徒劳地消耗了大量弹药，但在敌人对城市的威胁停止以后，防空部队的战斗机和高射炮可以用来补充前线部队。人员最多的时候，地区防空总局有74.7万全职工作人员和290万人的民防队伍，在这种情况下，他们中的许多人直接参与到苏军向德国领土推进的战役中去，而非继续在后方进行多余的民防工作。从经济角度看，德军有限的轰炸造成的影响并不大。苏联工业生产因西部领土沦陷而受到了巨大影响，但是成功的疏散计划和根据《租借法案》从英、美得到的援助，使苏联的工业生产得以维持。在严酷的天气和密集的地面防御面前，德军通过轰炸摩尔曼斯克（Murmansk）的港口以阻断苏联接收援助的计划失败了。苏联工业在整体上遭受的损失比较轻微。根据地区防空总局的计算，在轰炸造成的破坏中，工业设施仅占 5.7%，运输系统约占 38%，而住宅和公共建筑占 48%。[97] 尽管对铁路的空袭造成的运输时间损失有一定累加性影响，但是铁路线不会被永久切断，这在 1940 年至 1941 年间的英国得到了证明。

当然，空袭确实一直在造成人员伤亡。轰炸在居民点造成的伤亡数字，由当地的地区防空总局负责收集，然后上报给莫斯科的总部。整个战争期间的伤亡数字，请参见表 4.1。考虑到难以区分到底是轰炸还是炮击造成的死亡，因此表格中的数字肯定不完全准确。在发现新的伤亡人员以后，各地的地区防空总局还会对以前上报的具体数字进行修正，这就意味着，需要投入相当大的力量，在战争环境中尽最大努力，确保伤亡统计的精确。1942 年居高不下的死亡率，也从一个侧面说明了列宁格勒、哈尔科夫、克里米亚和斯大林格勒遭到破坏的程度差不多，后来苏联在出版物中声称轰炸造成 50 万人丧生，显然是夸张的统计，这是为了展示苏联人民牺牲的程度和德国人的凶残，这个数据和战时详细的文件证据毫无关系。数字上的夸大或许是一种有效的工具，能够证明苏联在德国轰炸中的损失超过了其昔日盟友英国遭受德国轰炸的损失。51 626 人丧生，这个数字更加符合德军轰炸的实力和轰炸能力逐渐下降的情况，因为德国空军需要在作战资源逐渐消耗的情况下努力维持对地面作战的支援。

表 4.1　1941 年至 1945 年苏联平民轰炸伤亡人数统计

时间	死亡	受伤	合计
1941 年 6 月 22 日—1942 年 1 月 1 日	5979	11 957	17 936
1942 年 1 月 1 日—1942 年 7 月 1 日	22 745	87 103	109 848
1942 年 7 月 1 日—1943 年 1 月 1 日	7846	11 976	19 822
1943 年 1 月 1 日—1943 年 7 月 1 日	5272	10 556	15 828
1943 年 7 月 1 日—1944 年 1 月 1 日	2527	3757	6284
1944 年 1 月 1 日—1944 年 7 月 1 日	5470	8017	13 487
1944 年 7 月 1 日—1945 年 1 月 1 日	1687	3059	4746

（续表）

时间	死亡	受伤	合计
1945年1月1日—1945年5月9日	0	0	0
合计	51 526	136 425	187 951

资料来源：RGVA, Fond 500, 37878-1/722, Medical Dept, HQ MPVO, 'Losses as a result of bombing by the enemy aviation of the population centres of the USSR', 20 June 1945。

"乌拉尔轰炸机"的命运：1943年至1944年

1943年5月，希特勒召集德国航空工业主开会。参会的恩斯特·亨克尔（Ernst Heinkel）回忆道，元首在发言中表示迫切需要一种高性能轰炸机："为了等待远程轰炸机，我已经用了3年的时间。到现在我还没办法轰炸北海的运输船队，也不能轰炸乌拉尔地区。"[98] 就在几个月之前，希特勒告诉空军总参谋长，最紧要的事情，就是给东线配备一种远程轰炸机，实施夜间轰炸，"要想轰炸那些在敌人一侧远离前线的目标，目前一般轰炸机的航程是不够的"。[99] 希特勒认为，在发展新飞机方面，空军提出了许多技术要求，导致能满足前线战略需求的飞机生产一拖再拖，而他的这个观点几乎完全正确。[100] 在1941年12月下发的巴巴罗萨行动指令中，德军预计在机动作战结束以后，发起一场针对苏联军工生产的作战行动，但当时没能发动这样的行动，也没有重型轰炸机。如果能有一型有效的轰炸机更早、更充足地投入使用，那么德国空军对苏联作战的历史将会完全不同。

所谓的"乌拉尔轰炸机"的故事说来话长。1943年，当时的德国空军参谋长沃尔特·威弗尔上校，深信未来的任何战争中都需要动用多引擎轰炸机。安德烈亚斯·尼尔森（Andreas Nielsen）是一名德国空军军官，他战后受美国空军招揽，参与研究第二次世界大战史，根据他的观点，威弗尔确信重要的目标区"是苏联的工厂和距离苏联欧洲部分最远的地方"，甚至是乌拉尔山以东的西伯利亚。[101] 容克和道尼尔这两家企业受命为这个目标研发新型轰炸机，这些飞机很快就有了"乌拉尔轰炸机"这个外号；这个项目诞生了Do19和Ju89两种型号，它们都在1936年进行了首飞。

后来，威弗尔的过早离世弱化了远程轰炸机拥趸们在空军部的影响力。威弗尔的继任者是陆军调入空军的阿尔贝特·凯塞林，他进一步推动了空地协同作战的发展，到 1937 年 4 月 29 日，乌拉尔轰炸机计划正式停止。未来的空军参谋长汉斯·耶顺内克领导的一个特别团队对轰炸进行的研究，证实了空军的一种偏见，即由训练有素的机组人员驾驶俯冲轰炸机进行精确轰炸，比使用水平飞行的重型飞机进行大规模轰炸更可取。[102] 空军技术发展工作由当过战斗机飞行员的恩斯特·乌德特（Ernst Udet）负责，他了解俯冲轰炸的优点，但是对于重型轰炸机却没有什么兴趣。在乌德特领导下研发的容克 Ju88 轰炸机，载弹量平平，但是可以靠俯冲轰炸增强炸弹对地面可见目标的破坏力。在他看来，所有的轰炸机都应该具备俯冲轰炸功能，无论大小。

与通论不同，这并不是德国重型轰炸机发展的结束，而只是暂时性的停顿。德军知道自己在 20 世纪 40 年代一定会需要新一代的高性能飞机，而这其中至少应该包括一种现代化的大型轰炸机，用来取代部队当前使用的过时的 Do17 和 He111 轰炸机。1937 年 6 月 2 日，就在“乌拉尔轰炸机”计划取消几周后，恩斯特·亨克尔工厂得到了研发多引擎远程轰炸机的合同，代号 1041 计划。新飞机的代号定为 He177，其原型机于 1939 年 11 月 20 日首飞。那时，这种飞机作为已经老旧的中程轰炸机的接班人，已经纳入了从 1942 年起开始生产的远期计划。按计划，1942 年，这种飞机将生产 350 至 450 架，到 1943 年产量提升到 900 架，到 1944 年超过 1500 架。[103] 这种新型轰炸机的性能远不如当时英国和美国的新一代轰炸机，如“兰开斯特”轰炸机和正在研发的 B-29“超级堡垒”相比，性能相当有限。He177 的最高载弹量为 6000 磅，作战半径仅有 745 英里，这意味着这种飞机不可能飞到乌拉尔山然后返航。研发新型远程轰炸机的最大障碍是，尽管其机身和重量都较大，但仍要求飞机能够进行俯冲轰炸，事实上这个要求和这种飞机的规格以及战略定位存在冲突。为了解决这个问题，亨克尔将两台戴姆勒奔驰 DB-606 发动机并联耦合在一起，这样飞机就有 4 台发动机，但只占用两个发动机舱，当飞机俯冲时，可以减少阻力。发动机的规格并不是这种飞机面临的唯一问题（在亨克尔的办公室里，有56份关于He177改进和技术问题的文件），但的确是最重要一个。[104] 因为这种飞机很容易发生发动机故障或发动机起火，飞行员们甚至给这种飞机起了一个“空中打火机”的外号，而且不愿意驾驶这种飞机。

He177研发速度较慢是由于设计引起的，但是，在战争初期这个问题并不重要，因为在那时，德军的主流技术装备就能够确保取得胜利。德国空军希望新轰炸机能够成为换代机型，到1942年，随着对苏战争第一阶段的快速推进作战的结束，对大载弹量、高航程轰炸机的需求就变得更加迫切了。由于陆军坚持要求空军实施近距离支援，再加上东线战场较低的勤务和保障水平，使空军因轰炸机问题造成的战略空缺更加严重。1943年末撰写的空军研究报告指出，最早从1941年秋天开始，空军将领就想要轰炸苏联的工厂，但是他们发现陆军的要求使空军部队在整个战役期间“完全投入到近距离支援作战中”。[105] 尽管希特勒对于重型轰炸机的缺席大加斥责，但是他本人在1941年12月就任陆军总司令后，在危机面前，也倾向于把空中对地面作战的支援放在首要位置。然而，最主要的问题是，He177轰炸机的性能并不能满足最初的设计指标。

He177的悲剧故事反映了德军在空军技术发展上，存在相当严重的问题。空军对于战争的进程把握不准，对飞机的可靠性也缺少信心，使飞机研发计划两度取消，然后又在几个月以后重新开始。在技术层面的决策上，又受到了乌德特和戈林的影响，但是这两人对于技术规划的本质却完全是外行，他们也不理解工业竞争在多大程度上，会让亨克尔因担心轰炸机生产落入其他公司手中，而刻意掩盖飞机的致命设计问题。[106] 1942年8月，空军发展和试验办公室主任向戈林提交的一份报告中，列举了通过详细检查得出的He177存在的全部问题，报告的结论认为，这种飞机最早也只能在1944年3月投入实战。戈林的副手，艾尔哈德·米尔希是这样回忆的，对于空军唯一的一种战略轰炸机的失败，这是一个“令人为之哭泣的结果”。[107] 希特勒最后在1943年5月听取汇报时，得知了耦合发动机是导致He177不能投入战斗的原因：“这太疯狂了吧……怎么可能有那么多的笨蛋？”[108] 空军技术部已经得出了同样的结论，而其他型号的轰炸机正在研发中，距离大规模生产还需要好几年。亨克尔得到命令，把飞机修改成四引擎的形式，并使用不同的引擎（DB-610型发动机），飞机的型号也更改为He277。新型号直到1944年7月，才具备试飞条件，而这个时候，为了战斗机的生产，轰炸机计划已经停止。而在此之前，命运不济的He177一直以每月100架的速度生产。

德国地面部队从斯大林格勒战役开始出现的危机，促使空军要求更多的作战独立性，这样在苏联各种武器和飞机源源不断到达前线之前，空军就可以想办法阻止他们的到来。1943年夏天，德军开始认真研究哪些目标可以看作是苏联工业体系中的关键性目标。这项研究计划背后的推手是驻扎在苏联中部的第6航空队的司令，罗伯特·里特尔·冯·格莱姆（Robert Ritter von Greim）上将（1945年4月末，德国投降前，他取代戈林短暂地担任了几天德国空军司令）。1943年6月，他的参谋制定了详细的“针对苏联的军事经济目标”备用轰炸计划，计划中特别强调了对飞机发动机厂、航空燃油厂、火车头制造工厂、坦克制造厂和汽车制造厂的轰炸。[109]后来，在装备和战争生产部部长阿尔贝特·施佩尔（Albert Speer）的推荐下，两名非军方背景的科学家，海因里希·斯坦曼（Heinrich Steinmann）教授和鲁道夫·卡尔（Rudolf Carl）博士开始就应该轰炸何种目标进行研究。阿尔贝特·施佩尔从盟军轰炸德国工业设施的经验中体会到，系统性地摧毁莫斯科/伏尔加河地区的发电厂，可能会起到决定性的作用。根据鲁道夫·卡尔博士领导的“经济目标空中打击”研究组的建议，摧毁上述地区的56座发电站，是阻止苏联军工生产最快的办法。委员会制作了发电厂的模型，并展示给希特勒。在施佩尔的坚持下，希特勒终于在1943年12月批准了代号“俄罗斯行动”的计划，对苏联的能源体系发动一次奇袭。[110]

事实上这个计划的大部分都属于妄想。当时的空军参谋部由金特·科滕（Günther Korten）将军（1943年8月，耶顺内克自杀后的继任者）领导，卡尔·科勒（Karl Koller）担任作战参谋长，他们都迫切希望对选定的苏联目标实施战略空袭，但是还要克服很多障碍才能完成这个目标。1943年11月，科勒提交了一份关于“攻击苏联军工生产”的备忘录，这份备忘录最终获得了陆军的认可，比起在战场上击败苏军，从源头打击其武器生产才是更可靠的办法。[111] 但是，陆军更倾向于空袭苏联的兵工厂，而不是能源设施，并且很快就要求空军出动每一架轰炸机遏制苏军在基辅周围的推进。为了训练参加夜间远程轰炸的机组人员，空军专门成立了飞行专家训练队，毕竟这种空袭在对英国实施闪电战结束以后就已经终止了。但是，鉴于缺少 He177 轰炸机，飞行员的训练不得不依靠航程有限的 He111 和 Ju88 这两种中型轰炸机。为了获得最大的攻击效果，飞行员需要花费一些时间学会使用新型、更加精确的 Lotfe 7D 轰炸瞄准器和弗里茨 X 制导炸弹。德军此时的导航技术与盟军相比已经落后。为此，在执行轰炸任务时，空军需要派出一架“指挥机”围绕目标区域飞行，通过无线电指挥轰炸机进行最优化的空袭。事实上，这个办法在轰炸战术目标时，已经取得了相当的成功。[112] 德军难以找到适合承担空袭任务的空军基地，同时他们的作战意图也难以掩饰。随着苏军向前推进，原来确定的部分目标已经超过飞机航程了。1944 年 1 月，空军专家的研究结论指出，数目有限的几个目标仍然不算远，可以执行空袭，“但是不会起到决定性的作用”。[113] 此时，德军每月损失的轰炸机数量已经超过了每月生产的数量。从 1943 年 10 月至 1944 年 3 月，德国空军在各个战线上总共损失了 2623 架轰炸机，而德国轰炸机同期的产量是 2109 架。[114] 进入 2 月，德军彻底放弃了“俄罗斯行动”。

原来集中在东部前线准备进行远程作战的 350 架轰炸机，被分派执行了为期 3 个月的铁路轰炸作战，这种作战不仅无法对苏联的机动性造成任何实质性的影响，而且还暴露出利用空袭破坏苏联工业的设想有多么一厢情愿。1944 年 1 月至 5 月间，德国轰炸机发动了 100 多次空袭，总共摧毁了不到 34 千米长的铁路、15 座铁路桥和 41 台火车头。在整个 1944 年，苏联方面被摧毁火车头有 166 台，另外有 441 台火车头被击伤，同期，德军轰炸只炸毁了 11 座工厂，外加 85 座仓库和车间。[115] 1944 年 5 月，科勒想再次推动在东部战场发动先发制人的空袭，但是没有成功，因为此时德国的战略状况正在继续恶化。轰炸苏联工厂的想法，已经超出了德军实际作战能力。在 1944 年末，施佩尔、冯·格莱姆和科勒坚持要求，对苏联的经济目标实施远程轰炸。1944 年 7 月，金特·科滕在希特勒大本营的炸弹爆炸事件中去世。1945 年 4 月，继任参谋长科勒最后一次提出远程轰炸苏联的想法。希特勒同意了他的建议，但是仅仅几天以后，计划又被取消了，因为每一架准备参加行动的轰炸机，都需要出动迟滞正在向柏林突破的苏军。直到战争最后阶段，德国空军的野心和作战手段之间仍然存在巨大的空缺，而这种状况可以追溯到其幻想空中闪电战将对英国战争能力造成巨大破坏的时候。尽管很多空军将领都希望得到批准，建立一支更加具有战略意义的空中力量，但是，德国空军在战争结束时仍在伴随地面部队进行作战，这和开战时如出一辙。[116]

德国空军在东线没能执行战略轰炸，主要有以下这些原因：一是相对于作战需求，飞机的数量不足；二是德军飞机难以维持较高的出勤率，再加上恶劣气候的影响；三是寄希望于研发一种能够完成作战任务的重型轰炸机，且这种轰炸机的研发颇为混乱；四是对英作战在事实上失败以后，德军对于轰炸到底能够达成什么目的，不能达成什么目的，缺少战略性的判断；五是到 1943 年，德军需要动用远程作战飞机去支援“大西洋战役”，并重启对英国的轰炸。考虑到苏联的体制强大的抗压能力和适应性，以及其高压的劳工政策，的确难以断言轰炸战是否能够成功破坏苏联的工业生产能力。对斯大林格勒工厂的空袭证明了，苏联的工业设施在密集燃烧弹的攻击下也是脆弱不堪的，但其工业体量巨大，并且大部分远离德军基地。另一方面，苏联空军领会了这场战役的本质，集中精力对前线进行近距离支援，而把远程轰炸的任务留给了西方盟国。在苏军战机的生产中，轰炸机生产只占一小部分，在 1943 年至 1945 年间仅占 15%。[117] 苏联针对欧洲的目标发动了几次小规模空袭，且大部分是出于政治目的。1942 年 8 月 26 日至 27 日、28 日至 29 日和 9 月 9 日至 10 日这三个晚上，苏联对柏林进行了三次空袭，苏联执行这样的行动，部分是希望英国皇家空军也会在同时实施空袭，毕竟这是 8 月丘吉尔访问苏联时向斯大林做出的承诺，但是最终，英国并没有兑现这个承诺。苏军还同时对布达佩斯、布加勒斯特和赫尔辛基发动了小规模空袭，但是在这之后，远程空袭暂时停止，直到 1944 年春天再次轰炸芬兰首都时才重新恢复。这时进行轰炸，是为了迫使芬兰单独与苏联和谈。[118]

对芬兰实施短暂轰炸，是苏联唯一的一次为了达成战略目的，独立出动空军执行的轰炸任务。在1939至1940年的“冬季战争”中，赫尔辛基曾经遭到过轰炸，但执行任务的是波罗的海舰队的空军，当时他们还违背了不得攻击城市的命令。[119] 1944年苏联对赫尔辛基的3次空袭，与盟军在地中海地区对保加利亚的目标发动的短暂空袭在时间上是重合的，对于盟军的这次作战，斯大林明确拒绝提供支援。苏军的大规模轰炸机编队，在1944年2月6日至7日夜间、16日至17日夜间和26日至27日夜间，进行了大规模空袭。第一次夜间空袭，就出动了785架轰炸机，第二次和第三次分别出动了406架和929架轰炸机。这些轰炸机共携带了2600吨炸弹，但是空袭行动却以彻彻底底的失败告终。尽管此后苏联的历史记录一直宣称轰炸成功击中了工厂、行政中心和军事目标，但是芬兰方面的资料显示，约有95%的炸弹没能击中面积为48平方千米的城市区域，大部分都落入海中。地面防空炮火和飞行事故，使苏联损失了30架飞机。[120] 苏联的空袭行动并未促使芬兰接受停战。然而在当年9月，当战况已经很明显地预示着芬兰即将失败时，他们接受了停战协定。

苏联和英美空军战略轰炸德国行动协作最紧密的时期是1944年夏季。在此之前，苏联和美国达成了协议，允许美军轰炸机使用苏联空军基地，对德国东部和德国欧洲占领区的目标进行穿梭轰炸。鉴于1942年底的时候，西方提出在高加索地区向苏联提供空军援助时，苏联表现出的敌意和戒心，此时这样的决定确实令人惊讶。[121] 在1943年11月末举行的德黑兰会议上，罗斯福向斯大林提出了穿梭轰炸的问题，此时驻扎在英国的美国空军正在探索一种不用战斗机护航、损失较少的方法去轰炸德国的工厂。美国空军希望可以和苏联形成一种沟通的渠道，谈判利用苏联远东空军基地轰炸日本，西方希望通过军事协作，可以增进东西方盟国之间的政治关系。最终，在12月末，斯大林因某些原因同意了这个要求，而在此后的几个月里，双方的谈判仍时常气氛紧张。向正在推进中的部队提供前线作战支援，仍然是苏联空军的作战重点，而穿梭轰炸对此并没有什么帮助。[122]

美国派出了由约翰·格里菲思（John Griffith）上校率领的代表团和

苏联谈判。格里菲思曾参与过美国的反布尔什维克干涉军在1918年与苏俄政权的战斗。最终，谈判决定，美国可以使用乌克兰解放区上的三个地点：波尔塔瓦（Poltava）、皮里亚京（Piryatin）、米尔哥罗德（Mirgorod）。接着，美国成立了东方司令部，由阿尔弗雷德·凯斯勒（Alfred Kessler）担任司令。让凯斯勒取代格里菲思出任这一职务，是因为后者很难掩饰自己的反苏态度。经过几个月的筹划，1944年6月2日，名为“狂暴行动”的作战正式开始，而此时，由于美军开始使用P-38和P-51战斗机，已经没必要以穿梭轰炸的形式进行空袭了。第一次行动由驻守意大利的美军第15航空队承担，攻击的是德国南部的目标。为突出作战的政治意义，地中海战区空军司令伊拉·埃克（Ira Eaker）参加了第一次战斗飞行，抵达乌克兰后，他受到苏联方面的正式宴请。盟军于6月21日执行了第二次轰炸，这次由驻英第8航空队承担的任务，却变成了一场灾难。在美军B-17“空中堡垒”降落在波尔塔瓦机场几小时之后，机场遭到了德国轰炸机毁灭性的空袭，这些飞机低空飞行，对防空火力毫不在意。美军编队的指挥官阿奇·奥德（Archie Old）上校在递交给第8航空队司令的报告中是这样描述这场空袭的：

> 在第一枚照明弹投下10分钟以后，敌人的炸弹落了下来，就这样轰炸了差不多两个小时，该死的敌人把我们的机场炸了个稀巴烂，B-17轰炸机停放的那片区域尤其严重。作为编队指挥官，这是我听说或者目睹过的最精确的轰炸，敌人投下的大多数炸弹，约有95%落在了飞机场上……全部73架B-17要么炸毁要么受损。[123]

就在轰炸还在进行的时候，苏军人员就在他们指挥官的强迫下，去对抗轰炸造成的影响。轰炸结束后，苏军士兵徒手捡起那些专门杀伤人员的不稳定的“蝴蝶”炸弹，或者向这些炸弹开枪，将其引爆。大约有30至40名士兵丧生，美国人也死了2人。执行这次行动的德军指挥官是鲁道夫·迈斯特（Rudolf Meister）中将，1943年，他曾接受命令执行了对苏联发电站的精确轰炸。[124] 此后，东方司令部仅执行了不多的几次任务，其中包括 1944 年 8 月 1 日波兰地下军发动针对德军占领军的起义之后，对其提供补给的行动。美国人的这种做法让苏联感到难以忍受，8 月末，苏联外交部部长维亚切斯拉夫·莫洛托夫（Vyacheslav Molotov），告诉美国人现在苏联空军需要使用这些飞机场了。10 月 4 日，狂暴行动彻底终止，但最后一批美国人直到 1945 年 6 月才最终撤离苏联基地。

东线的空军作战几乎始终都是战术性质的。苏军仅有 5% 的架次是攻击远程目标的，德国空军执行远程作战任务的飞机架次要更多一些，包括空中侦察、偶尔执行轰炸任务和在地面作战的途中对经过的城市进行轰炸。但是没有对军事和经济目标发动独立轰炸作战，尽管希特勒和空军高层对于执行这种任务的压力一直在增加。不过，苏联空军并非完全反对在将来发展战略空军力量。安德烈·图波列夫也得到许可，可以重启重型四引擎轰炸机的研制工作，这带来了 Pe-8/TB7 轰炸机，这是苏联空军第一种现代化重型轰炸机，但是因为当时急需前线作战飞机，这种飞机最终只生产了 91 架，但是其中几架飞机参加了 1944 年轰炸赫尔辛基的作战。[125]

图波列夫也获得了研究波音 B-29“超级堡垒”的机会，1945 年夏，3 架 B-29 在轰炸日本以后，降落在苏联领土被苏联扣押。这成为苏联研发新一代超级轰炸机——Tu-4 的基础，随着 Tu-4 的诞生，苏联也进入了战略空军时代。[126] 在思考应该从战争中的民防工作中学到什么的时候，地区防空总局的领导层认为，应该保留深入地下的防空洞，因为未来可能出现吨位和威力更大的炸弹，所以苏联人民需要更加坚固、更加完善的防空洞。[127] 就在图波列夫为苏联的新型超级轰炸机忙碌的时候，苏联内务部部长拉夫连季·贝利亚领导了苏联原子弹的研发计划。1949 年 8 月 29 日，当原子弹在遥远的中亚某地引爆的时候，标志着苏联进入了原子时代。50 年代出现的重型轰炸机、导弹和核武器，彻底颠覆了苏联一直秉持的以近距离支援作战为空军主要用途的指导思想。同时，这些武器也给处在冷战前线的德意志联邦共和国，带来了 10 年前东线轰炸战中体会不到的战略威胁。

第二部分

“最伟大的战斗”：盟军轰炸欧洲

第五章

魔法师的学徒

1939 年至 1942 年的轰炸机司令部

1939 年 9 月，罗斯福总统向卷入波兰危机的各欧洲大国发出了一项倡议，希望各国公开承诺不对平民和不设防城市实施空袭。就在同一天，希特勒告诉美国驻柏林的临时代办，这项倡议也是他本人一直希望的，并向罗斯福保证，德国飞机将只会攻击军事目标。英国首相内维尔·张伯伦也在同一天做出了同样的保证。9 月 3 日，英法两国联合发表声明，宣布仅在敌人没有遵守这个限制时，保留他们采取适当行动的权利。[1] 虽然已经陷入战火，但是波兰驻华盛顿的大使仍然同意，他们会向波兰飞行员下命令，不去轰炸不设防的城市，前提是敌人也执行同样的政策。[2] 所有这些善意姿态都不受国际法的约束。

英国还在 1938 年 7 月成立了一个委员会，以探讨实现“人性化”的轰炸战的方式，它有一个极其冗长的名字:“限制军备委员会下属空战人性化小组委员会”。这个委员会的主席是威廉·马尔金（William Malkin）爵士，委员会就这个问题的讨论进行了一轮又一轮。提出将轰炸限制在军事目标上的条款，这个可能在国际上获得承认的条款，面对的不仅是可行性上的困难，因为这样的条款在真正的战争中难以执行，而且，还要面对如何界定什么是军事目标这样的难题。最后，事实证明，这个委员会最终并未找到外交解决方案，反而让空军部能够将轰炸兵工厂和工人视为与执行海上封锁一样的合法行为。[3] 因为没有相关的国际协定，英国皇家空军得到的命令是遵守关于空战的海牙规则，这个规则起草于 1923 年，不过未获批准，皇家空军遵守这个规则的前提是敌人同样遵守这个规则。这一规则以内阁决定的形式确定下来，并在战争爆发前经过了反复修改：蓄意轰炸平民是非法行为，只能从空中对可识别的军事目标进行攻击，任何此类攻击都必须在不对平民造成意外伤害的情况下进行。1939年 8 月空军部最后认定，对于那些透过云层或者是在夜间难以辨识的目标进行攻击，也是违法行为，同样，在任何作战行动中，将平民、医院、文化建筑或历史遗迹作为攻击目标，也是违法行为。也就是在同一个月，英国成立了一个政府各部相互协作的委员会，目的是为英国部队起草交战规则的详细说明，这个说明中明确指出："为了轰炸合法目标，而轰炸人口密集地区的做法，显然是违法的。"[4]

这些法律限制，反映了 1939 年春季英国和法国最高统帅部在军事参谋会谈中的决定，他们当时正在为可能爆发的战争做准备。4 月，双方的参谋人员已经同意，不论是在海上还是在前线，只对那些最严格意义上的军事目标进行打击。英国轰炸机的用途是协助地面作战，而不是用来轰炸远在德国境内的目标。法国方面坚持认为英国皇家空军不应该轰炸德国的城市，空中力量的平衡明显倾向于德国一边，且法国的工厂尚未得到充分的保护。[5] 就在战争爆发前几天，英国空军参谋长西里尔·纽沃尔爵士，专门提醒轰炸机司令埃德加·勒德洛-休伊特（Edgar Ludlow-Hewitt）空军上将，他的作战必然会因"政治原因"而受到限制，虽然勒德洛-休伊特知道轰炸机司令部规模太小，再加上作战本身的困难，进攻行动原本就很难实施。[6] 纽沃尔甚至还担心即便皇家空军轰炸了合法的目标，德国也会谴责英国空军杀害平民。当时存在相当大的政治压力，必须确保民主国家不首先打破轰炸禁令。1939 年 10 月，英国政府最后做出决定，只要德国人开始使用大规模空袭，也就是以所谓的"狂轰滥炸"的方式屠杀平民，那么皇家空军就会"大干一场"。[7]

一开始，双方都恪守承诺，不轰炸可能让平民面临危险的目标（尽管这并没有阻止德国空军在波兰战役中杀伤非战斗人员）。早在 9 月初，波兰就请求英国轰炸德国的城市，以此作为支持波兰的姿态，但是张伯伦却不愿意激怒德国人，让英国城市遭受德国的轰炸。[8] 虽然如此，在战争的头几个月，轰炸机司令部却急于执行已经准备多年的军事行动。英军和法国最高统帅部达成了一项双方都不太热心的协议，那就是如果德军的突袭威胁到比利时或者给英法联军造成事实上的威胁时，双方就要开始对鲁尔－莱茵兰工业区进行空袭——此地在英国的官方文件中通常简称“鲁尔”。但是，法国对于空袭德国一直很谨慎，担心惹来德国的报复，甚至到了 1940 年 5 月德国入侵时，法国仍保持着这种态度。[9] 最终，英国终止了 9 月达成的国际禁运协议。5 月 11 日至 12 日夜，也就是德国入侵西欧两天以后，英国派出 37 架中型和轻型轰炸机，对位于莱茵兰的慕尼黑格拉德巴赫市（München Gladbach，现名为门兴格拉德巴赫市）的工厂和交通线进行了空袭，造成 4 人死亡，包括一名不巧住在此地的英国妇女。英国在整个战争期间一直坚持实施轰炸，最后一次空袭发生在 1945 年 5 月 2 日至 3 日，目标是德国的港口城市基尔（Kiel），轰炸就发生在这座城市被盟军占领的 36 小时前。[10]

“大干一场”，1939 年至 1940 年

英国轰炸机司令部受到的政治和法律限制，与英国各界广泛持有的观点是一致的，即无差别轰炸是野蛮的标志，而自我克制是文明的特征。然而，正如法国人意识到的那样，从开战起就不进行轰炸作战，也有其有力而审慎的理由。1939 年秋天，轰炸机司令部还没有为发动大规模进攻作战做好准备。尽管所有人在 20 世纪 30 年代都在讨论英国要建设一支能够直击敌人腹地的“打击部队”，但在飞机、炸弹和导航设备技术方面的进展却艰难又缓慢。在 1939 年 8 月 25 日，战争爆发的前一周，张伯伦把希望寄托在了美国身上，他请求罗斯福总统把美国的诺顿瞄准器提供给英国。罗斯福拒绝了这个请求，这样做并不是因为这个决定会使他提出的让平民免于轰炸的呼吁受到影响，而是因为他担心这会显得美国在这场冲突中偏向英国。[11] 战争爆发时，勒德洛－休伊特对自己部队的不足之处心知肚明，因为早在 1938 年空军部考虑实施远程轰炸的可能性时，这个问题

就暴露得一清二楚。对于这样一支致力于执行战略轰炸任务的部队来说，理想与现实之间的差距是相当巨大的，这也反映出皇家空军大部分领导缺乏技术经验，另外作战条令对此的界定也不甚清晰。能够供重型轰炸机起降的飞机场数量不足，人员缺乏轰炸作战训练经验，缺少德国西北部的地图，且当时一共只有各类轰炸机 488 架，这还包含了 1939 年末派往法国的先遣空中打击部队中的轻型轰炸机。空军部发布的指示中这样写道："进行'无限制空战'不符合英国的利益。"[12]

英国皇家空军轰炸机司令部的历史可以追溯到 1936 年空军重组的时候。与德国空军不同，英国皇家空军的轰炸机全部在一位司令的指挥下，轰炸机司令部位于伦敦西北的海威科姆（High Wycombe）。这就严格限制了司令部的定位，其唯一作战职能就是轰炸。作为一支武装力量，轰炸机部队是进攻性的，其主要责任就是确定需要轰炸什么目标，研发能够摧毁这些目标的技术，训练人员完成这些作战任务。在这些功能性定位的影响下，轰炸机司令部着力去建立一套独立于陆军和海军的理论和作战力量，能够打击敌人潜在的最脆弱的地方。轰炸机司令部不愿意承担辅助地面部队作战的职能，而且几乎没有计划过进行与德国空军理论相仿的空地一体作战。在战争爆发之前，英国皇家空军一直认为轰炸机对前线的贡献无足轻重：对铁路和通信系统的攻击被认为是困难和无效的，而对行军纵队的空袭被认为是对轰炸资源的浪费。[13] 相反，空军部制定了被称为"西方空中计划"的一系列 16 个单独的计划，其中一些计划要求轰炸机部队协助海军部参与海上作战，但没有一项计划要求轰炸机部队在战场上协助陆军。这些计划中只有两项计划是得到认真准备的：一是"西方空中计划第四项"，该计划涉及为迟滞德军的推进步伐，对德国交通系统发动远程打击；二是"西方空中计划第五项"，这个计划是针对德国工业实施打击，特别是对鲁尔工业区和德国石油工业发起攻击。[14] 英国的工业情报中心列出了德国工业方面相对脆弱的目标，该中心于 1931 年，在日后出任丘吉尔情报顾问的德斯蒙德·莫顿（Desmond Morton）领导下成立。尽管以英国现有的飞机从国内基地起飞，很难攻击到其中大部分目标，但这造就了英国皇家空军恪守的作战思想的基础，即轰炸机最有效的使用方法是针对敌人的后方实施轰炸，而不是攻击其武装力量。[15] 然而，只要政府还坚持那些法规条文，轰炸机部队就不能攻击敌人后方脆弱的目标。

1939 年 9 月时，轰炸机部队包括 5 个大队，分布在英格兰中东部地带和东盎格利亚地区。每个大队包括 6 至 8 个中队，总共有 33 个轰炸机中队。尽管当时装备的部分飞机被称为重型轰炸机，但是和德国空军的情况类似，这些飞机只是双引擎的轻型或中型轰炸机。有 16 个中队装备着轻型轰炸机，其中 10 个中队使用的是费尔雷公司生产的“战斗”轰炸机，6 个中队装备的是布里斯托尔公司的“布伦海姆”IV 型轰炸机。“战斗”轰炸机是 1933 年根据空军对单引擎轰炸机的需求研制的，到 1939 年时已经落伍，不适合执行日间轰炸任务；其作战定位不明，打击能力相当有限。这种飞机作为远征军的一部分被派往法国，但德国战斗机可以轻而易举地击落这种飞机。1940 年 5 月 14 日，在阿登山脉（Ardennes）靠近比利时边界的色当（Sedan），这种轰炸机参加了一场可以称之为灾难的行动，英军出动的 71 架“战斗”轰炸机中，有 40 架被德军击落。“布伦海姆”轰炸机于 1935 年开始研发，设计目标是一种快速中型轰炸机。这种轰炸机载弹量有限，仅能携带 1000 磅的炸弹，航程约 700 英里，但是航速可以达到每小时 266 英里。鉴于其有限的航程和较弱的自卫能力，因此这种飞机并不适合承担战略轰炸的角色，在战争期间，这种轰炸机主要是在德军占领的欧洲北部海岸实施反舰作战。后来，随着战争进程的发展，轻型轰炸机逐渐退出了战争舞台。[16]

1939 年间，轰炸机司令部主要拥有三种远程轰炸机，分别是维克斯公司的“威灵顿”轰炸机、阿姆斯特朗·惠特沃思公司的“惠特利”轰炸机和汉德利·佩奇公司的“汉普顿”轰炸机。其中“汉普顿”轰炸机是 1932 年设计的，“惠特利”轰炸机是 1934 年设计的，因此，相比他们的德国对手，这两种轰炸机都属于老式飞机。“汉普顿”轰炸机的最高时速为 255 英里每小时，最高载弹量 4000 磅时最大航程为 600 英里。使用罗尔斯－罗伊斯公司梅林引擎的“惠特利”Mark V 型轰炸机，是轰炸机司令部在战争的第一年的骨干作战力量，这种轰炸机载弹量为 3000 磅，最大航程为 800 英里，最高时速为 222 英里。这些轰炸机的自卫武器都很薄弱，在白天没有护航的情况下出动执行任务时，会被敌人轻易击落。最成功的中型轰炸机是“威灵顿”Mk IC型（1941年被“威灵顿”MkII和MkIII型取代），截至1942年，这种飞机构成了轰炸机司令部战略作战力量的一半以上。这种飞机使用布里斯托尔“飞马”发动机，最高时速达235英里，最高载弹量为4500磅，最大航程600英里。这种飞机机身采用金属骨架蒙皮结构，因此比“汉普顿”和“惠特利”轰炸机更加结实，后来，“威灵顿”轰炸机在整场战争期间一直被部队使用。[17] 这些中型轰炸机缺少德国电子系统同等水平的高效导航设备，领航员和飞行员仍然需要学习天文导航。此外，这些轰炸机还缺少能够有效对抗敌人战斗机攻击的武器和破坏力巨大的炸弹。英军标准的250磅和500磅炸弹的装药重量比偏低（德军炸弹装药重量比是1.5，英国为1.25），而且炸药的破坏力也较差，炸弹里面没有额外添加铝粉（这是德军炸弹的标准配置），还容易成为哑弹。标配的燃烧弹是4磅的MkI镁燃烧弹，在战争期间，英国一直在生产这种炸弹，只是进行了部分小改进。在1939年至1940年间，英国还研制了大型的“火罐”炸弹，这种炸弹的设计目的是投弹时散布大量的燃烧弹，但是这种炸弹在设计上陷入了困难。直到战争后期，轰炸机司令部才拥有了一种重型油基燃烧弹。[18] 客气地说，轰炸机部队在1939年参加战争时的技术水平是相当基础的。

轰炸机部队在“静坐战”期间获得的早期经验表明，不直接发动轰炸攻势是很明智的选择。由于政治上的限制，英国皇家空军只能攻击德国海军以及北海上的叙尔特岛（Sylt）、黑尔戈兰岛（Heligoland）和德国威廉港（Wilhelmshaven）海岸沿线的海军目标。就是这种有限的作战，也给英国带来了难以忍受的伤亡率：9月4日对德国海岸进行的一次小规模空袭，英军竟然损失了23%的轰炸机，9月29日用汉普顿轰炸机对黑尔戈兰进行的空袭行动中，损失了出动飞机的一半。1939年10月，空军的“重型轰炸机”得到的命令是主要在夜间进行作战，而这也是空军部一直期望的状况。[19] 空军唯一允许在德国领空进行的军事行动就是执行宣传飞行，抛撒成千上万的传单。执行这种任务时，机组人员有时需要和严寒斗争，以至于那些装有传单的沉重麻袋经常在没有打开的情况下就被扔出了飞机，让它们成为一种比原本的使命更为致命的武器。1940 年 3 月，报告显示，经过长期危险的宣传战，轰炸机司令部所属空勤人员的斗志已经到了崩溃的边缘，而宣传战本身除了让机组成员暴露在过度的危险中以外，对赢得这场战争毫无用处。[20] 夜航给飞行员带来了各种各样的困难。对参加行动机组成员的随访表明，寒冷、漫长、危险的海上飞行和德国上空的困难交织在一起，让机组成员感到这片天空“异常黑暗”。在灯火管制营造的黑暗中，机组成员几乎不可能发现并攻击特定的目标。即便是飘洒的传单也不太可能落在预定区域。皇家空军的指挥官在几个月以前，用“夜间作战计划”把部队从日间轰炸调整到夜间作战时，就已经认识到在夜间想要击中目标“更多是运气问题”。[21] 3 月末，在挪威战役开始前不久，参谋长委员会断定轰炸机司令部的实力还是过于虚弱，同时作战准备也不足，在可以预见的将来不会有什么大的作为。[22] 这年 4 月，就在德国入侵低地国家和法国之前，空军元帅查尔斯·波特尔接替勒德洛－休伊特担任轰炸机司令。新上任的司令告诉空军参谋长，他手下只有 260 架能够作战的轰炸机和 384 名机组人员，据他估计，在作战的第一周，轰炸机部队可以投下 100 吨炸弹，但是到第三周，投弹量会降到 30 吨。由于预期损失率较高，在交战两周以后，轰炸机每天只能出动 36 架次。[23] 在德军进攻前夜，轰炸机部队的这种战斗力可以说微不足道。

在这种情况下，英国皇家空军会决定在 1940 年 5 月德军入侵低地国家后放手大干就更加令人惊讶了。允许英军轰炸机攻击德国领土上临近平民的军事和经济目标，绝不是希望轰炸机司令部像战争后来的几年那样对德国城市狂轰滥炸，尤其是考虑到轰炸机司令部当时并不具备这样做的能力。但这是一个需要小心跨越的门槛，因为从战争一开始，这支部队头上就压着众多政治限制。在 1939 年 8 月被认定为非法的行动，在 1940 年夏天的时候必须被重新论证为合法的。关于英国开始轰炸战的大部分解释，都认为这是英国为了报复德军 5 月 14 日对鹿特丹的轰炸，但是，英军对德国慕尼黑格拉德巴赫市的第一次轰炸，时间是鹿特丹遭到轰炸 3 天之前，而英国内阁在关于启动对德轰炸的讨论中根本未曾提到鹿特丹。英国做出这个决定主要是因为法国战役的危机，而不是因为德国空军的空袭。[24]英军开始发动空袭时的实际情况更加复杂。1940年5月10日，德军在西线发动进攻，同一天温斯顿·丘吉尔为首的新政府取代了张伯伦政府。张伯伦一直反对使用轰炸机空袭城市目标，而丘吉尔对此却没有那么小心翼翼，也不从法理上反对此事。这位1917年担任过军需大臣的首相，坚定支持组建一支独立的空军，对德国的工业目标实施长途空袭的想法。一战以后曾担任空军大臣的丘吉尔，为皇家空军在未来发展中保持独立地位起到了关键作用。丘吉尔认可轰炸能够产生重要战略效果的意见。显然，由丘吉尔主政的政府相较张伯伦政府，更有可能发动轰炸战。[25]

丘吉尔的战时内阁讨论的第一批问题之一就是，所谓的“无限制空战”到底能有什么好处。会议同意，英国皇家空军在发动轰炸方面，不应该再有任何道德和法律约束，丘吉尔宣称，德国在战争中的行动已经让盟军有“足够理由”复仇。从战争一开始，参谋长联席会议就认为，如果紧急军情使轰炸作战不可避免，那么执行轰炸行动时就不要受限于任何人道主义因素。5月13日，内阁就法国战役的危机是否已经到了可以执行轰炸行动的地步，再次进行了讨论。尽管有人以轰炸可能引起德国的报复为由反对轰炸，但是内阁最终还是初步同意在5月14日至15日对德国的石油和铁路目标实施空袭。5月15日，内阁最终批准对德国实施全面轰炸，这就意味着，空军将获准轰炸“合适的军事目标”，哪怕这可能导致平民伤亡。[26]内阁做出这个决定，副首相克莱门特·艾德礼在背后起了重要作用，他缺席了内阁最初的讨论，但他是轰炸德国的强烈支持者，并且在整场战争期间都保持这个态度。丘吉尔则担忧英国实施轰炸对美国舆论的影响，但是地面作战的险恶形势使他顾不得这么多了。英国期望这会导致德国轰炸机被迫对英国本土实施报复性轰炸，而德国战斗机会从战场上撤离，回师保卫德国本土，但这两种情况都没有出现。5月15至16日夜，轰炸机司令部派出99架中型轰炸机，对鲁尔区的各处目标发动了第一次大规模空袭。5月19日，为了避免轰炸机在法国支援地面作战时遭到更严重的损失，空军参谋部决定，中型轰炸机仅用于对德国本土实施空袭。到5月30日，随着法国前线的溃败，轰炸机司令部决定停止使用轰炸机执行任何直接支援地面作战的行动，把轰炸机集中用于轰炸德国工厂，这证明了，在德军先进的航空技术和高效的战机运用条例面前，英国轻型轰炸机在前线作战的表现是多么糟糕。[27]

鉴于作战模式发生了改变，因此1939年8月制定的关于空战的规则也需要进行修订，这一规则规定不得攻击可能因“疏忽”导致平民死亡的目标。1940年6月4日，空军部向轰炸机司令部下发了新的作战指导，取消了先前的作战规定。在新的指导中，有意杀害平民仍然是违反国际法的行为，但是允许部队对最广泛意义上的军事目标（工厂、船坞、交通枢纽、发电站、储油设施）实施攻击，并承认由此造成的平民死伤是不可避免的，但死伤数量应与目标的军事意义相称。[28]“给平民生命带来不当损失”的行为，仍然需要避免，这也就意味着，如果轰炸时不能确定目标，轰炸机就需要返回基地或者安全地抛弃装载的炸弹。[29]然而，随着对城市目标实施“无限制”轰炸的展开，在战争开始时设置的道德限制一步一步地遭到破坏。7月份，轰炸机司令部的作战命令得到了进一步修改，在主要目标被云层掩盖或者难以确定的时候，允许飞行员审慎地选择任何军事或军事经济相关的目标实施轰炸，在夜间如此轰炸必定会造成大量平民伤亡，正如波特尔提醒空军部时说的那样，将会有很大一部分炸弹“不可避免地错失真正的目标”。[30]尽管要求轰炸机司令部实施无差别轰炸的压力一直在增加，但是直到1940年9月和10月，德军首次对伦敦进行轰炸以后，针对轰炸作战的最终限制才终于全部解除。[31]9月，轰炸机部队已经不再执行将没有投下的炸弹带回基地的命令，改为用这些炸弹攻击任何能够找到的值得轰炸的目标，不过即便如此，轰炸机也不能随意投下炸弹。10月30日，轰炸机司令部接到命令，将轰炸的重心放到对敌人士气的打击上，通过给“大城市造成严重的破坏”，让德国民众尝尝轰炸真正的滋味。[32]这个决定意味着静坐战期间限制轰炸的政策和法律被彻底废除，这一过程的结束为皇家空军在1941和1942年间将轰炸升级为全面城市轰炸铺平了道路。

英国皇家空军在1940年6月开始实施轰炸战的原因，当然可以用英国政府的更迭或者德军在西线的突破和胜利来解释，但这两种说法都不能完全令人信服。事实上，从战争一开始，英国皇家空军就要求对德国实施无限制空战（尽管并非真的没有限制），不考虑可能造成的平民伤亡。另一方面，军事价值也是一个原因，对于皇家空军的领导层来说，当时已经拥有执行远程轰炸的部队，如果派这支部队执行其他任务，皇家空军将失去展示战略轰炸效果的机会。轰炸战的政策是以进攻作战为前提的，并受到了广泛存在于皇家空军领导层的总体战思想的影响，即如果总体战爆发，那么前方作战人员和后方工人之间将没有多少区别。[33] 在战争开始后的几个月，皇家空军的高层就曾经反复要求对德国的鲁尔工业区实施空袭，因为那里是德国的“阿喀琉斯之踵”。英国的政界和空军人士都知道，这种空袭将会给平民造成严重的伤亡，正如战时内阁 1939 年发布的报告中指出的：

> 德国最脆弱的地方就是鲁尔工业区，其核心区域的面积与大伦敦地区相当，德国维持战争所需的关键性工厂有60%聚集于此。此外，这个地区的人口可能将在密集轰炸之下崩溃。对这里实施空袭，将会给包括妇女和儿童在内的平民造成重大伤亡。[34]

1939 年 10 月，轰炸机司令部的一份作战计划书声称，如果允许实施轰炸，轰炸机部队将让鲁尔工业区的生产陷入“停滞”状态。几周以后，空军部制定了一份详细的飞机出动方案，计划在几周之内“打垮鲁尔工业区”。[35] 到 1940 年春天，人们纷纷要求将空袭鲁尔区的方案付诸实施。5 月初，轰炸游说团体中的资深人士特伦查德子爵，就轰炸仍未开始实施向波特尔表示遗憾：“那时候我和其他人都认为，如果早些进行轰炸作战，现在战争恐怕已经结束了。”在德军发动进攻两天前，波特尔本人亲自告诉空军参谋长纽沃尔，要求把轰炸机司令部所属部队留下来，实施对德国工厂的轰炸，而不是把他们浪费在对陆军地面作战的直接支援上。[36] 所有这些意见通过纽沃尔转达到参谋长委员会和战时内阁。当时存在一种广为流传但又无法证实的流言，认为轰炸必将取得某些有价值的成果，政府 5 月的决定显然受到了这种流言的影响。

轰炸游说团体的理由在许多方面明显过于夸大其词。他们口中的英军轰炸的准确性和威力，以及轰炸对德国作战资源和人员心理造成决定性伤害的能力，都与轰炸机司令部实际的作战实力、飞机航程和破坏能力完全不符。对鲁尔工业区的详细研究表明，想要彻底破坏该地区，要出动1000至4000架次轰炸机。根据计算，需要8枚炸弹击中目标才能摧毁一座发电站，64枚炸弹可以摧毁一座炼焦厂，12枚炸弹能够摧毁一条水渠。而投弹的平均误差是：低空投弹75码，高空投弹300码。不过这个数字从没有在作战条件下核实过（事实证明作战条件下也完全无法核实）。[37]正如研究结果宣称的那样，经过这样的轰炸，德国需要花费好几个月才能恢复生产。与其他计划不同的是，这个计划并未提到将面临的特殊行动与技术困难。

即便这些行动付诸实施后，其对德国战时经济和民众斗志的影响也被过分夸大了。在20世纪30年代末，对德国战争经济能力的情报评估几乎都强调了工业经济的脆弱性，认为德国工业过于紧凑，负担太重。空军部的计划制定者认为自己面对的敌人外强中干，“政治腐败、财政脆弱而且经济基础薄弱”，因此，轰炸很有可能对战局产生“决定性”作用。[38]尽管存在很多与此相反的证据，但是这种观点在战争的大部分时间中都处于主导地位。这导致1940年夏天，在英国皇家空军决定大干一场以后，空军对空袭影响的第一批报告都过于乐观。5月30日，外交部提交了一份由中立目击者编纂的报告，提到了轰炸对鲁尔区的“严重破坏”和德国后方普遍的士气危机。6月初，外交大臣哈利法克斯（Halifax）勋爵向丘吉尔呈报的第二份报告中指出，由于英国“猛烈而高效”的轰炸，德国国内出现了严重的萧条景象。[39]对空中侦察照片的研判也说明，整个德国境内的“铁路运输都出现了紊乱”。皇家空军制定作战计划的参谋们认为，前3周的轰炸造成了“相当有价值的结果”，这显然证明当初开始执行轰炸的决定是正确的。[40]

这里还存在道德方面的问题。放弃“从空中杀害平民是错误的”这一原则，要在很大程度上归功于英国人对德国敌人的看法。轰炸涉及的法律问题被两点依据解决了：一是德国已经开始了无限制轰炸，而且只要有机会，他们还会继续轰炸；二是希特勒的“第三帝国”对西方文明已经产生了严重的威胁，更重要的道德责任是使用任何可能的手段摧毁这个帝国。德国应该对首先轰炸平民负责的观点由来已久，可以一直追溯到一战时，德国人使用齐柏林飞艇和哥达轰炸机进行空袭的日子，皇家空军的指挥官们在 20 多年前就以年轻军官的身份经历过这一切。在 20 世纪 30 年代，人们对德国科学界和德国军方纵容制造致命大规模杀伤性武器的偏见重新抬头，这些武器将从空中释放到毫无戒心的对手头上。[41] 1937 年 4 月，德国秃鹰军团轰炸了巴斯克的格尔尼卡镇，这在西方被普遍认为是德国人再次放弃一切文明伪装的证据。人们对于发生在波兰的战争也进行了认真检视，以寻找德国使用轰炸机恐吓和杀害平民的证据。尽管证据模棱两可（调查显示，德国的空袭是作为空地协同的一部分，针对军事目标进行的），但英国皇家空军更倾向于假设德国人不分青红皂白进行了轰炸。1939 年 10 月，英国皇家空军战术委员会发表的一份报告中，引述了一名德国空军参谋就波兰战役发表的讲话，认为根据德国人自己承认的情况来看，他们的行动已违反了海牙空战规则。[42] 就在这个月，空军参谋长纽沃尔告诉身在法国的先遣空中打击部队指挥官，鉴于德国在波兰的行动："我们不再受海军和空军轰炸指导的约束……我们现在的行动完全以对我方有利为准。"[43] 后来，丘吉尔本人则以德国轰炸华沙和鹿特丹的行径，为对德国平民实施的轰炸进行道德上的辩护。

所有关于轰炸限制的讨论，都只有在假定敌人遵守同样的限制时才有效力，从这个意义上说，波兰战役在为英国的行动铺平道路方面发挥了重要作用。当然，此时德国轰炸机还没有轰炸英国的城市，所以，对德国发动空袭的理由只能是对敌人进行先发制人的打击。哪怕是在战争之前，皇家空军也理所当然地认为德国空军在发动攻击时一定不会有任何顾虑，将实施"残忍和不加区别的"进攻。[44] 1940 年 3 月，当德军空袭斯卡帕湾（Scapa Flow）皇家海军基地的时候，炸死了附近的一名村民（战争中英国第一位丧生的平民），丘吉尔痛斥空军部没有最大程度地宣传此事，认为这可能是"蓄意对平民的可怕袭击"的开始，德国人将为此承担责任。[45] 4 月，新组建的经济战争部的宣传部门，建议将德军的空中侦察任务描述为受到挫败的轰炸行动，"敌人还没来得及投弹就被赶了回去"，这样就能为英国人的报复行动进行辩护。[46] 1940年5月，关于轰炸德国的众多理由之一是，当轰炸符合德国战略利益时，德国首脑迟早也会做同样的事情。支持轰炸的英国皇家空军元帅约翰·萨尔蒙德写道：“（政府）有没有想到，希特勒既然可以不假思索地屠杀地面上成千上万的平民，摧毁那些和他并无过节的国家，那么他在屠杀我国民众时会畏缩吗？”[47] 5月15日的内阁讨论中，战斗机司令道丁爵士也支持抢先发动攻势，因为他相信德国空军迟早要进行无差别轰炸。[48] 然而，德国首先发动轰炸战的说法很快变成了标准版本，这个说法不只在当时的民众和皇家空军中流传，而且从此一直深深植根于英国民众的记忆中。

这些以德国的罪行或潜在罪行将英国的轰炸合法化的观点，在法律上是存疑的，因为这等于声称两个错误相加就是正确的，但它在道德上植根于这样一种信念，即德国的轰炸只是希特勒和国家社会主义运动对西方生存构成的深刻威胁的一种表现。1940年的这场战争很容易被描述为“光明对抗黑暗、文明对抗野蛮”的行动，公众不愿意把这场战争看成是1914年至1918年之间那场无意义屠杀的重演。占领道德制高点，是英国战略在伦理上的需要，只有这样才可以为其现行空军政策进行辩护，因为这种政策在20世纪30年代时被认为是道德上的污点，就像意大利轰炸埃塞俄比亚或日本轰炸中国一样。在尽一切努力根除欧洲政治毒害的根源这一点上，丘吉尔是最重要的支持者之一。1939年11月，丘吉尔在广播讲话中说：“全世界都反对希特勒，反对希特勒主义。每个地方，每个种族的人民都能感到，这个可怕的鬼魂站在民众和民众应得的、时机已经成熟的社会进步之间。”[49] 虽然丘吉尔有时会把“纳粹”和“德国人”区分开来，但他通常用贬义的“匈人”来形容敌人，这个词在第一次世界大战中是故意用来将德国人的野蛮行为与西方文明进行对比的。

还有一种观点也得到了广泛支持：希特勒的德国极度邪恶，因此在消灭这个国家时，可以使用任何方法，即使是那些在道德上有问题的方法。这种观点在各个政治阶层中普遍存在，甚至是那些在30年代发动和平运动的人士也不例外。曾经主张大规模抵制战争的查尔斯·特里维廉（Charles Trevelyan）爵士在一篇关于“纳粹主义与文明”的文章中，将这场战争定义为针对野蛮制度的必不可少的十字军东征，这种野蛮的制度已抛弃了“所有道德、国际法和公法”并轰炸妇女和儿童。[50] 20世纪30年代末国际和平运动的负责人菲利普·诺埃尔－贝克（Philip Noel-Baker）也赞同对德国实施轰炸，他在评论对德国的轰炸时说，“与集中营和希姆莱（Himmler）的恐怖罪行相比”，轰炸是相对文明的。就在空中闪电战爆发后，他在报纸上发表的一篇文章中指出，希特勒破坏了“战争法的每一项条款”，英国现在可以自由地采取任何措施“结束他的可怕侵略”。[51] 妇女争取和平自由联盟的一名主要成员在20世纪30年代曾公开谴责轰炸，但在1940年她放弃了和平主义，理由是“纳粹主义是邪恶、腐败和撒谎的化身，是所有邪恶势力的代表”，而只有用武力才能消灭纳粹主义。1940年，当支持和平主义的神职人员游说坎特伯雷大主教和约克大主教，请求他们谴责英国使用轰炸时，得到了以下答复：“……与使用备受谴责的作战方法这一严酷事实相比，盟国获得胜利的问题在道德上更加重要。”[52] 很多牧师、政界人士和知识分子可能曾在不同情况下谴责过轰炸，但现在都支持进行轰炸，认为这是必要之恶。一旦开始用粗糙的道德表达形容德国的威胁，那么下一步就简单多了：比起避免杀害德国平民，保证西方的持续自由才是更重大的道德义务。

英国政府和皇家空军的领导层意识到，有必要把自己的轰炸与德国的做法区分开来，以免被人指责英国和德国一样野蛮。1940年4月底，空军大臣塞缪尔·霍尔（Samuel Hoare）爵士在广播讲话中说，英国人绝不会模仿敌人的“卑鄙行为”：“我们不会轰炸不设防的城市。我们不会试图通过恐吓他们的妇女和儿童的方法来打败德国人。”[53] 5月15日最终决定开始轰炸时，丘吉尔建议信息部就德国在法国和低地国家空袭屠杀平民一事，发表一份言辞谨慎的新闻稿，但不要提到英国的报复行动。[54] 起初，飞行员接到的指示是，在轰炸特定目标之前，要确保能够识别和命中该目标。在随后关于皇家空军轰炸的每次讨论中，都强调了它只针对军事目标进行轰炸这一原则，尽管后来被列入军事目标范畴的经济和社会目标越来越多，以及1940年10月决定允许通过空袭城市来打击敌人的士气，这一原则已几乎毫无意义。[55] 在整个战争期间，议会和媒体对轰炸攻势的宣传，一直坚称皇家空军与敌人不同，它只会轰炸军事目标。1942 年 8 月，当针对“工业人口”的攻击被列入作战指令草案时，空军部坚持将该措辞改为“工业中心”，以避免给人留下蓄意攻击平民的印象，“这种表述违背了国际法的原则，尽管这是事实”。[56] 1943 年秋季，空军元帅哈里斯试图说服空军部对轰炸进行更真实的宣传，指明杀伤非武装的工人也是轰炸行动的明确目标，但是空军部却拒绝做出任何改变。空军部是这样答复的：“最好还是用尽可能不引起公众争议的方式来宣传轰炸攻势。”[57] 人们总是谨慎地将英国的轰炸描述为仅针对军事目标的行动，甚至那些目睹了轰炸真正的后果、看到整座城市被摧毁的机组人员也是如此。

轰炸机司令部 1940 年夏季的攻势，在事实上让是否要进行轰炸和轰炸什么目标的争论变成了空谈。先前乐观的情报报告被事实推翻了：轰炸机司令部凭借为数不多的飞机和有限的投弹量，并不能有什么大的作为。皇家空军想要放手大干，却缺少一双有力的拳头。5 月末，轰炸的重点放在石油（即西方空中计划中的第六项）和交通目标上，因为盟军认为，这些目标的摧毁对正在法国发生的战斗将会有直接影响。在法国战败后，石油仍是轰炸的重点，但 6 月 20 日新发布的作战命令将德国的飞机工厂列入了轰炸目标，并建议用轰炸引发德国发生森林火灾，给德国造成食品供应危机（这种观点认为，野生动物在森林火灾影响下，会逃出森林，吃掉附近农田里的庄稼）。7 月 30 日，轰炸机司令部还接到轰炸发电站的命令，发电站在夜间很容易定位。而整个夏季，轰炸机必须对可能发动入侵的港口里的目标进行空袭。[58] 6 月至 8 月，皇家空军分别在分布在法国北部、低地国家和德国北部的 8 个目标上，投下了有限的 2806 吨炸弹，这个投弹量略低于轰炸敌人机场时投弹量的四分之一。[59] 优先轰炸目标的不断变化，让轰炸机司令部难以将战力集中在某一个系统上。而且，大部分轰炸行动都是在不利的气象条件下进行的，在雾气、云层的掩盖和灯火管制的掩护下，部队难以发现主要目标。初期的空袭行动不规范、规模小、分散且难以评估，唯一的价值就是迫使大量德国西北部居民在夏夜中外出寻找防空洞，直到德国民防部门想出办法将空袭警报造成的时间损失降至最低为止。

大量的德国目标和作战力量部署的突然改变，需要英军采取能够进一步减少损失的战术手段。在大多数时候，对于每个目标地区，英国会派出二三十架飞机实施空袭，而每个特定的目标就只有几架飞机负责实施空袭，因为英国空军认为五六架飞机投下的炸弹就足以给目标造成有效的破坏。1940 年对汉堡的 89 次空袭中，有 58 次空袭，英军派出的飞机不到 10 架。[60] 空袭携带的炸弹大多数都是高爆弹，整个轰炸编队中的每架飞机都携带少量的燃烧弹，这种方法排除了用燃烧弹集中引发火灾的可能性。夏季的几个月里，能够出动执行轰炸任务的飞机数量有所下降，这是因为在法国战役中损失了一些飞机，另外，还需要将部分轰炸机分配到飞行员训练基地。6 月至 8 月间，英国总共出动了 8681 架次的飞机，出动的飞机架次中有五分之二是轻型轰炸机，超过 1000 架次飞机袭击的是法国境内和低地国家的目标。这一时期的总投弹量，仅是 1944 年同期轰炸机司令部投弹量的 0.9%。[61]

英国皇家空军投下的炸弹并不准确，这一问题很快就变得一清二楚。波特尔声称轰炸在本质上就是不准确的，在缺少电子导航和有效轰炸瞄准器的情况下，这个说法是完全合理的。1940 年 7 月轰炸德国的飞机制造厂以后，照相侦察照片显示，英军的 10 次轰炸，仅摧毁了几座飞机库，遭到轰炸的 31 座储油设施中仅有一座貌似遭到了破坏。[62] 一名美国目击者描述了英国皇家空军轰炸斯图加特的戴姆勒–奔驰工厂的场景，他的记录强调了英国飞行员为了确定目标所做的努力，当时他看到英国轰炸机绕着城市飞行了半个小时，但根据他的说法，投下的炸弹没有一枚击中工厂。[63] 轰炸机司令部的一名飞行员日后写道，1940 年轰炸中规定的准确性这一目标"毫无意义"，因为机组成员甚至找不到他们要轰炸的城市。[64] 皇家空军的炸弹大部分都被扔到了德国的乡村，但即使是在丘吉尔反复强调要烧毁德国森林后，那些在 1940 年 6 月到 8 月间故意投向德国森林的炸弹，也没能引起什么森林火灾。对森林或作物纵火的实验持续了一年多，最终人们承认，即使在理想的气候条件下，大多数燃烧弹也只能引燃落点附近几英寸的土地。[65]

英军轰炸遇到的困难基本上不是德国防空系统造成的。正如英国人在空中闪电战中发现的那样，遭遇轰炸的一方在夜间防空方面几乎没有什么准备。在夜间，尽管德军有强大的防空武器，但防空炮火只是迫使敌人的飞机飞得更高，击中敌机只是偶然现象。到 1940 年 6 月，在容易遭受空袭的工业区周边的防空区内，德国人一共部署了 3095 门重型高射炮，9815 门轻型高射炮，4035 架探照灯。随着法国战败，德国人从前线运回了更多的高射炮，进一步增强了国内的防空力量。即便如此，在 1940 年 1 月至 6 月，防空炮火仅仅击落了 2 架飞机，而 8 月和 9 月一架飞机也没有击落。德军防空炮火的主要效果是迫使来袭的轰炸机解散编队，加剧了皇家空军轰炸的分散状况。[66] 轰炸机司令部面对的大部分问题都是自身因素造成的。1946 年，英国轰炸调查小组的一名官员，在战后关于早期轰炸行动的讲座中指出，当时轰炸机部队的规模太小，其武器装备无法造成严重破坏，无法找到目标，而且在辅助作战上投入了太多的精力，他在讲稿中写道："对空军的伟大号召，使其致力于轰炸并摧毁超出其作战能力的目标。"[67]

在这种情况下，轰炸竟然还能继续下去，或许有些令人惊讶。轰炸攻势能够继续下去，在很大程度上归功于轰炸机司令部新任司令查尔斯·波特尔的信心，他相信轰炸最终将带来战略上的红利。波特尔是一名成功的职业飞行员，他在第一次世界大战中开始自己的飞行事业，也是第一批在德国领土上投掷炸弹的飞行员之一。20 世纪 30 年代末，他作为组织部门负责人，在建设皇家空军的过程中发挥了关键作用。1940 年 4 月，波特尔受命指挥轰炸战的时候，他主管的是皇家空军的训练工作。波特尔受到普遍的尊重，一位他以前的同事认为他"诚实又公正"，另一位同事认为他"从不说无用的废话"。波特尔还因为自己率直的性格和机敏的智慧受到美国人的喜爱。他性格腼腆，每天固定在伦敦的同一家俱乐部吃午餐，与自己的参谋也少有私交。当他在 1940 年 10 月被任命为空军参谋长时，波特尔确信轰炸是现代战争中更加有效的作战方式，并在此后一直是轰炸战坚强的辩护者。[68] 整个夏天，他坚持主张，即便存在作战上的困难，也应该允许轰炸机司令部去完成其既定的任务，在此后的许多年里，在外界的批评面前，他一直在为轰炸机司令部充当挡箭牌。

第二个因素是丘吉尔的坚定支持，在法国陷落后的几个月里，他对轰炸的兴趣与日俱增。他要求了解轰炸机司令部的作战行动情况，并对其活动的各个方面进行了干预，从轰炸机的供应到用炸弹烧毁森林的计划都不例外。丘吉尔对轰炸的热情，来自于1940年夏、秋两季英国所面临的紧急状况，当时英国部队不得不向美国和被占领的欧洲人民表明，英国仍然有一定的进攻能力，无论这种能力多么有限。同时，也要让英国公众相信，在5月底6月初从敦刻尔克撤退以后，英国并没有放弃对德国的军事行动。[69] 7月8日，丘吉尔给飞机生产大臣比弗布鲁克勋爵写了一封信，信中总结了他对轰炸在推翻希特勒的斗争中所起决定性作用的看法："但是有一件事能阻止他的野心并把他击败，那就是来自我们这个国家的重型轰炸机对纳粹本土的毁灭性攻击。"[70] 这封信的措辞不甚得体，而且丘吉尔的这番言论引发了近年关于轰炸行动从一开始是否就具有种族灭绝目的的辩论。[71] 丘吉尔很可能并没有这样的目的，因为他在空中闪电战爆发前几个月就写了这封信（空中闪电战确实促使他使用了暴力复仇的言辞）。后来，丘吉尔在自己撰写的战争史中也重复了这个故事，他在那时有时间思考要略去哪些部分，而且他确实故意忽略了英国实施轰炸的大部分内容以及他自己在其中所扮演的角色。[72] 但这封信确实表达了丘吉尔孤注一掷的希望，正如英国皇家空军领导层一再宣称的那样，他认为轰炸德国也许是迫使希特勒放弃入侵计划，甚至彻底摧毁德国战争能力的决定性手段。战后，哈里斯保存了这封给比弗布鲁克的信的复本。1979年，哈里斯在去世前不久，告诉传记作家安德鲁·波义耳（Andrew Boyle）："这封信是向英国皇家空军下达的正式命令。"[73]

从英国的战略上来看，同意实施轰炸作战是一个代价高昂的决定。轰炸机司令部对德国目标的轰炸，仅仅造成了无足轻重的结果，反而招致了德国的报复。在9月初，希特勒终于对英国的攻击做出了回应，允许对伦敦和其他城市发动空袭，这使任何可以作为报复的行动都相形见绌。空中闪电战可能会像英国空军领导层预期的那样，无论如何都会发动，但英国若没有发动轰炸作战，英国城市也可能会免于遭受1940年至1941年那个冬季的恐怖轰炸。

德国人的演示：1940 年至 1941 年

1940 年 9 月德国发动的大规模夜间轰炸，终于让皇家空军轰炸机司令部看到了一场真正的大规模轰炸。德军出动数百架轰炸机对一个目标进行集中轰炸，而牵制性或骚扰性轰炸是为了扰乱英国的防空系统，并造成更大面积的破坏。与英国人对高爆炸弹的偏爱形成鲜明对比的是，德国人大量使用了燃烧弹，并造成了相当广泛的破坏。起初，英国皇家空军认为德国的作战行动是有缺陷的，因为他们认为这些攻击只是为了恐吓民众。在伦敦遭到轰炸以后两周，英国进行了一项名为“从德国的错误里学到的教训”的调查，调查结论表明“对城市实施无差别轰炸是对作战资源的浪费”，这是一个德国空军领导层也会同意的观点。[74] 但英国很快就搞清楚了，其作战主要针对港口、食品供应和航空业，而德国轰炸机显然有能力随心所欲地实施攻击，并实现相对集中的轰炸，这使得英国皇家空军倾向于从德国人的正确做法中吸取教训。9 个月后，空军部认为，定期对德国城市进行“闪电战”式空袭，能够证明轰炸机司令部还是可以执行一些有利可图的军事行动的。[75] 1941 年和 1942 年英国的轰炸模式开始向“区域”轰炸转变，其原因并不是像通常所说的那样，是因为对特定目标的轰炸不准确，而是由于复制了德国人的作战模式。

从这个角度看，德军的空袭是一种很有价值的学习工具，因为难以准确地评估轰炸机司令部在德国取得了什么样的成果。从 1940 年 6 月以后，德国在军事上的胜利切断了英国与欧洲的联系。直到那年秋天，英国只能依靠一些流言和偶尔的新闻报道来了解英国轰炸造成的影响。英国可以根据德国持续的轰炸，通过更加科学的手段、更高效的技术和更加精确的统计，来评估一次空袭作战到底能够取得什么样的成果。英国人的这种评估几乎立刻就开始了。1940 年 9 月底，国内安全部下属的研究和实验司，对德国炸弹对不同目标造成的破坏进行了详细的研究，他们研究的对象包括储油设施、煤气厂、发电站、飞机制造厂等，这些研究得出的结论对轰炸机司令部的发展产生了深远影响。研究报告中写道：“火灾永远是彻底摧毁建筑物、工厂等的最佳因素，这是一个不言自明的公理。”研究和实验司建议，轰炸时应先使用高爆炸弹炸开建筑物创造“必要的通风条件”，然后投下大量的燃烧弹，最后再投下更多的高爆炸弹阻止敌人的紧急救援行动。[76] 集中使用燃烧弹是空袭大型工业中心最有效的形式，这一结论逐渐成为从空中闪电战中学到的关键内容。在接下来的一年里，战略轰炸的思想也从这个关键内容培育的种子里慢慢发芽。

在轰炸到底能取得什么效果的研究上，研究和实验司做出了相当重要的贡献。该部门成立于 1939 年春，由曾经担任过建筑研究中心主任的雷金纳德·斯特拉德林（Reginald Stradling）博士领导，成立这个机构是为了帮助内政部评估轰炸的效果。他挑选了部分科学家和统计学家担任该部门的研究员，其中包括动物学家索利·朱克曼和物理学家 J. D. 伯纳尔（曾经的和平主义者）。1941 年 11 月，伯纳尔主持成立了“研究和实验司第八处”，直接向空军部提供德国轰炸对英国城市和生产破坏程度的测算结果，以及英国轰炸可能对德国城市造成影响的估算结果。[77] 这项工作得到负责研究投弹重量和类型的空战分析科和道路研究实验室以及建筑研究实验室的协助，后面两个单位协助估算炸弹破坏的性质和德国建筑结构的脆弱程度。[78] 轰炸研究在空中闪电战期间还处于起步阶段，但英国在 20 世纪 30 年代招募资深科学家就空战某些方面进行研究积累的长期经验，也让这项研究受益颇多。[79] 虽然科学家和飞行员之间的关系从未正式确定，但空军部知道，轰炸需要科学投入，不仅要提供有效的技术（特别是雷达和导航辅助设备），而且要能够培养更好的作战意识。研究课题通常由空军参谋部提出，随后专家撰写的报告会分发给需要的人；但有时是专家主动提出一些研究项目的。生于德国的牛津大学物理学家弗雷德里克·林德曼（后来受封为彻威尔勋爵）就是一个典型的例子，他在 1939 年被丘吉尔招募到海军部的一个小型的统计部门工作，然后在 1940 年跟随丘吉尔进了唐宁街。林德曼对轰炸特别感兴趣，也许比任何人都更有责任让丘吉尔及时了解轰炸机司令部早年面临的许多问题。[80] 1940 年 9 月，他领导的统计科开始提供德国炸弹造成的破坏的准确数字，并将这些数字与各个城区的人口密度联系起来。然后，这些数据被应用到德国城市上，试图确定在哪些地区实施轰炸能够造成最大的人员伤亡和房屋破坏。[81] 至于林德曼为什么对于摧毁自己出生的国家如此执着，这个问题谁也不清楚，但他在研究德国的轰炸并将研究成果应用到轰炸德国方面发挥了重要作用。

从德国轰炸中吸取的各种教训中，最重要的就是城市的破坏。人们逐渐认识到，德国就是要通过对港口、工业城市的集中轰炸，破坏公共服务、生活设施、住房，并减少食品供应，以此来减少人们的工作意愿，摧毁英国人的士气。空军部负责计划工作的人员，把德国的轰炸描述为与英国轰炸截然相反的作战行为：德军空军不是去精确轰炸目标，而是对包含有几个目标的某一特定工业或商业区实施空袭；除了大范围的空中闪电战外，德国人的轰炸会集中在某个区域，但并不专注于单一目的。[82]对英国城市的研究也证实了，最严重的破坏是由德国人投下的大量燃烧弹造成的。研究的重点主要是遭到德军轰炸的伦敦、考文垂和利物浦，但是为了确定火灾和高爆炸弹能同时给人口和房屋密度不同的地区造成怎样的破坏，英国人也对赫尔和伯明翰的轰炸情况进行了研究。在拥挤不堪的工人居住区，轰炸造成的破坏最为严重，这表明这些地区是最佳的攻击目标。1941 年 6 月，空军部轰炸行动办公室发布的一份指令草案在很大程度上引用了这项关于德国空中闪电战的研究结果：“德国重工业的生产几乎完全取决于工人。在一段时期内，持续地和无情地轰炸这些工人及其公用设施，将会不可避免地打击他们的士气，杀死一些相关人员，从而显著减少他们的工业产量。”[83]

这些论述表明，对“士气”的解释方式发生了重大变化。包括丘吉尔在内的政界人士，通常从政治角度理解士气：认为轰炸带来的巨大压力将导致社会和政治崩溃，甚至可能引发一场革命。而德国人则从经济角度理解对士气的打击。经济战争部一直在监测轰炸机司令部对德国经济目标发动的“效果不佳”的精确轰炸，该部 1941 年 5 月发布了一份备忘录，建议皇家空军放弃对军事目标的攻击，转而集中对经济目标发动攻势，把空袭重点放在主要工业聚集区或“整个城市”上。这一想法源于德国轰炸对英国劳动力的影响：“英国的经验使我们相信，由工人住所、购物中心遭空袭引发的缺勤、混乱造成的生产损失……绝不亚于轰炸造成的直接损失。”[84]尽管从轰炸中获得政治红利的希望从未破灭，但空军部和丘吉尔（特别是他）已经开始将士气看成表示“生产能力”而非“政治前景”的晴雨表。“士气”这个词曾经用来代表上述两种含义，但是，到1941年7月，“士气”变成一种特定目标的时候，这个词就被用来描述“经济上的削弱”——即“工业封锁”的一种形式——也就是工业人口作为工业生产中的抽象因素遭到空袭，他们的死亡、伤残、逃离都会造成经济上的影响。[85]

1941年春，赞成模仿德国轰炸模式的意见，已经从不同的来源得到广泛传播。而人们在谈论这个新战略时，选择使用“空中闪电战”这个词语，明显说明这个策略受到了德国轰炸影响。1941年4月，一份对轰炸政策的审议报告建议，“对德国城镇工人阶级的中心区域，实施精心策划、集中和持续的‘空中闪电战’式攻击”。一个月后，空军部轰炸行动司就轰炸机部队用途的说明也强调“对人口稠密的工人居住区和工业区实施持续打击”。[86] 1941年末，在计算炸弹投弹量和可能致死的德国工人数量之间的比例时，英国人会使用“1考文垂”或“2考文垂”这样的说法。一次“4考文垂”的空袭，预期造成的德国工人死亡数量为22 515人。[87] 重要的是，我们要认识到，强调杀害德国工人和破坏他们的生活环境是英国有意为之的，而不是轰炸工厂的附带后果。1940年11月，一份几乎可以肯定是哈里斯执笔的关于轰炸政策的备忘录中，专门就现在是否是对“人民本身”发动全面空袭的时候这个问题进行了询问。1941年5月，空军情报局局长支持对“工人的岗位、住房、烹饪、取暖、照明和家庭生活”等各方面发动袭击，原因是在任何国家中，工人阶级——这部分人口最不具有流动性——在空袭之下都是最脆弱的群体。6月，参谋长委员会也终于同意发起旨在造成“死亡和破坏带来的恐惧”的士气攻势。[88] 此时，附带伤害的概念已经颠覆：即不再把工人死亡和住宅破坏视为工厂遭受空袭的副作用，而是把工厂遭到的破坏视为摧毁工人住宅区造成的附带伤害。

然而，以杀伤工人、扰乱平民生活为目的的针对人口稠密地区的蓄意袭击，再次引发了令人尴尬的道德问题。1941年5月由轰炸行动主任起草的另一份备忘录指出，自1940年10月以来，丘吉尔已经允许轰炸机司令部执行无差别轰炸，因此，现在“攻击工人”是容许的行动。他接着写道：“我们的意思并不是说，我们将永远坚持德国人的作战思想，即将恐怖主义当作一种有效的战争武器。”尽管如此，他仍然建议政府不要公开这个作战准则，而且也要把轰炸平民作战详情的传播控制在有限范围内，如果这些信息落入别有用心的人手里“就会出现各种各样虚假的、有误导性的推论”。[89] 1941年11月底，时任轰炸机司令理查德·皮尔斯爵士在“三十俱乐部（Thirty Club）”向一群富有同情心的听众解释说，近一年来，他的部队一直在故意攻击“人民本身”。“我提到这一点，”他继续说，“是因为很长一段时间以来，政府出于善意的理由，倾向于让全世界都认为我们仍然有些顾忌，只攻击人道主义者乐于称之为军事目标的目标……先生们，我可以向你们保证，我们现在不容许有任何顾忌。”[90]

英国还需要学习如何实施空中闪电战。空军参谋部一份关于战略轰炸的备忘录指出，“毕竟敌人在轰炸技术方面积累了大量经验，如果我们没能从敌人那里学到些什么”，那将会是很愚蠢的。[91] 英军学到的作战模式包括用目标指示飞机为其他飞机指示目标区域，然后在短时间内向目标投下大量高度密集的燃烧弹。据悉，德国轰炸机携带的燃烧弹占全部炸弹的30%至60%之间，这些燃烧弹集中分配给第一批进攻的机群，而英国皇家空军轰炸机携带的燃烧弹仅占全部炸弹的15%至30%，且平均分配给所有进攻部队。关键问题是要投下足够多的燃烧弹，引发无法控制的火灾，这就意味着需要用燃烧弹覆盖整个地区。1940年12月19日，德军对伦敦的空袭可以看作这种战法的范例。德军的这次空袭，一共引发了28处特大火灾，51处重大火灾，101处中型火灾和1286处小型火灾，这种规模的袭击足以让当地的应急服务部门崩溃。[92] 从英国其他城市遭受空中闪电战轰炸的经验来看，每吨燃烧弹的破坏力是每吨高爆炸弹破坏力的5倍。据空军情报部的建议，燃烧弹的最佳使用目标是街道狭窄且有木结构建筑的城市。德国那些老城的市中心是“大规模纵火的理想目标”，因为德国城区比英国城区建筑物更密集、高度更高。在20分钟内投下3万枚英国的4磅燃烧弹，是达到轰炸目的最小的投弹量，当然，后来英军发现有必要投下更多的燃烧弹。另外，空袭时还需要使用高爆炸弹破坏灭火供水系统，炸开建筑物使其通风便于燃烧。[93] 1941年夏天，空军部还发现，为了使燃烧弹攻击的破坏力最大化，还需要拥有优秀导航技能的英军版“第100轰炸大队”，这样通过他们执行纵火轰炸，而后续轰炸机依靠他们投弹引燃的大火作为导航标记。[94] 1941年8月，波特尔以德国的第100轰炸大队为例，建议政府科学顾问亨利·蒂泽德爵士尽早开始目标标定技术研究。[95]

这些教训最终都是一点一滴缓慢学到的。英国皇家空军和空军部的决策结构使其很难迅速改变，同时在如何最有效地使用轰炸机的问题上仍存在坦诚的意见分歧。在轰炸政策上的重要改变，需要得到参谋长委员会和丘吉尔领导的国防委员会的首肯。这些政策性改变在呈报给更高层领导之前，需要在认真构想以后，首先呈报给空军委员会和空军参谋部审阅。许多试图了解德国战略和战术的工作分散在不同的部门中，并且这些工作通常首先是由低级工作人员完成的。1940年9月，在当时的空军副总参谋长哈里斯空军元帅的推动下，约翰·贝克空军准将领导组建了轰炸行动理事会，此后这种情况才有所改善。虽然战略是由最高层决定的，但轰炸机司令部的作战行动主要由司令自行决定，他对于不赞同的空军参谋部的指示，可以选择修改或无视。轰炸作战的政策也受到了来自军队外部的影响。由工党大臣休·道尔顿（Hugh Dalton）掌管的经济战争部和1939年临时成立的杰弗里·劳埃德（Geoffrey Lloyd）领导的专门处理德国石油问题的劳埃德委员会，可以绕过皇家空军，直接向政府高层提出建议。[96] 空军的作战原则并非完全杂乱无章，但在战争的最初几年里，这些政策夹在夸大的希望和困难重重的现实之间，时断时续地发生着变化。

1940年10月，继波特尔后担任轰炸机司令部司令的是空军资深人士理查德·皮尔斯爵士，他在担任这个职务之前是空军副总参谋长。他是精确轰炸的支持者，但这种支持是出于现实考虑，而非他原则上反对战略轰炸。他坚持执行轰炸敌人油料储备、交通设施和飞机制造工业的命令，但是轰炸机部队规模还不大，且分散到不同目标上去了。轰炸机每月出动架次持续减少，轰炸机和机组人员补充速度缓慢，再加上天气状况恶化，最后使得英德双方的轰炸机在12月到1月的大部分时间里处于停飞状态。

1940 年 9 月，英军出动达 3597 架次，到 11 月下降到 2039 架次，1941 年 1 月则仅有 1131 架次。即使是到了 1941 年夏季，出动的飞机架次也没有比前一年同期增加多少，在这年 7 月，出动架次达最多，为 3989 架次。[97] 和德国空军一样，英国空军也遭受着高事故损失率的折磨。1940 年 10 月初，轰炸机司令部拥有 290 架可以作战的飞机，但是到 11 月底就仅剩下 212 架可用的飞机了。皮尔斯告诉波特尔，他每被击落一架飞机，就会因事故损失 6 架飞机。[98] 他将事故的原因归咎于机组人员驾驶技术下滑，有太多的飞行员刚从训练团毕业，直接就来到前线作战中队执行任务。加速推进允许士官驾驶飞机的决定，正如人们对这个决定的批评一样，出现了"懈怠和低效"的迹象。1941 年 7 月，第 7 飞行大队的报告中特别强调了来自训练团的新兵纪律涣散的问题："不守时，外出不请假……有些人甚至觉得自己可以想什么时候来就什么时候来。"[99] 在 1940 年到 1941 年的冬天，对于大部分飞行员来说，他们都要冒着恶劣天气，克服装备不足的困难，在德国领土上空进行长时间、危险的飞行，而他们返航时，还要降落在临时修建且照明不足的机场上，而且他们知道，自己携带的轰炸目标的照片，大部分根本不是在目标上空拍摄的。

轰炸机司令部作战表现不佳，这在很大程度上要归咎于 1940 年夏、秋季政府对本土防御的优先考虑。但由于轰炸是英国为数不多的进攻选项之一，它的缺陷很容易就变得人尽皆知。11 月初，丘吉尔向波特尔抱怨说，尽管已经投入了大量资金和材料，但投往德国的炸弹吨位"少得可怜"："我希望能说服你，让你认识到，定量交付是失败的。"1941 年 1 月，他再次来到司令部，对轰炸机司令部的"停滞状态"及其"令人遗憾"的作战表现进行了严厉批评。[100] 皮尔斯对这些指控相当敏感，继续坚持声称手下的部队是破坏德国战时经济的主要因素，并且声称要在 1941 年春天发动攻势，但是，他又自相矛盾地承认不良的气象条件和低劣的训练水平可能会影响部队的作战效果。[101] 丘吉尔的挫败感，促使轰炸机司令部慢慢地朝城市轰炸的策略转变。10 月，首相坚持要求轰炸机司令部轰炸柏林，但是没有成功。丘吉尔告诉皮尔斯，他本人希望司令部很快能够做到"每天晚上出动去轰炸德国鬼子的每个角落"。[102]

1940年11月末，战时内阁批准了挑选一座德国城市实施无差别轰炸的决定，这次轰炸是针对德国轰炸考文垂的报复行动。波特尔提出了一份包括汉诺威（Hanover）、曼海姆（Mannheim）、科隆（Cologne）和杜塞尔多夫（Düsseldorf）4个城市的名单。波特尔告诉皮尔斯，这次轰炸需要动员一切能够动员的轰炸机，甚至是训练学校的飞机也不例外。轰炸计划持续整个晚上，首先模仿德国人进行大规模燃烧弹轰炸，然后再投下高爆炸弹，最后再次投下燃烧弹。这次轰炸行动代号是“阿比盖尔·蕾切尔”，皮尔斯最后把曼海姆定为轰炸目标，这次部队根据“考文垂和布里斯托尔遭到轰炸得到的经验”，于12月16日至17日夜对曼海姆进行了轰炸。但是由于天气状况不佳，计划出动的235架飞机，仅有101架起飞执行任务。大部分飞机都声称击中了目标，但是，在编队前方起引导作用的“威灵顿”轰炸机编队没能用燃烧弹标定曼海姆市中心，导致后续的轰炸机大部分将炸弹投向了居民区。这次轰炸造成34人死亡，476座建筑损毁。后来，当皮尔斯询问丘吉尔是否要对汉诺威进行同样的轰炸时，丘吉尔没有表态。[103]

对城市的轰炸没有重复进行，不过这不是出于良心上的不安。空中闪电战消除了英国人对轰炸德国平民的道义困扰，毕竟德国空军在4个月内杀死了近3万名英国平民。12月中旬英国内阁获悉，针对德国炼油厂发动小规模轰炸就可能使德国燃油供应减少15%，在得到这条消息以后，对德国城市的轰炸就搁置了。但是，这个数字是对真实情况的一种严重扭曲，12月德国炼油厂轰炸后的侦察照片，已经清楚地证明了这一点，但波特尔抓住了这个消息，在战争初期众多关乎轰炸机司令部生存的关键时刻之一，他把这个消息当作拯救司令部的机会。根据空军参谋部的估算，现在英国有足够的轰炸机，能够摧毁17座德国炼油厂，并且这种空袭能够每4个月进行一次，确保这些炼油厂始终处于停产状态。[104] 1941年1月7日，参谋长委员会批准了这个行动，一周以后，战时内阁也同意了，但是内阁提出了一个附带条件，即在条件不利的情况下可能会实施区域轰炸。根据对德国轰炸的研究，这种将重点放在单一目标上的轰炸没有什么意义，几周以后，事实就证明这个计划失败了。1941年2月末，皮尔斯不得不向波特尔坦承，在1月和2月，仅有3个晚上对德国的炼油厂进行了轰炸，对德国的城镇进行了6次轰炸，轰炸机司令部的大部分精力都用来对德国海军和港口的目标进行空袭，因为这些目标更容易被发现和轰炸。[105] 考虑到当时的技术水平和轰炸机部队较低的投弹精确度，对燃油设施进行空袭只能算是一种幻想。但是，3月初，丘吉尔突然决定让轰炸机部队集中精力参加大西洋战役，突破德军舰艇和轰炸机实行的海上封锁，丘吉尔的这个决定，掩盖了轰炸机部队空袭燃油设施行动的失败。波特尔并没有戈林那样强大的政治影响力，难以阻挡轰炸机部队改变任务的决定。最终优先参加海战的决定占了上风，轰炸机司令部用了4个月的时间，针对德国潜艇基地和战舰进行了一场没有什么成果的作战。

当轰炸机司令部被允许重新将轰炸德国本土作为优先任务时，皇家空军内外已经达成了统一的意见，支持对工人住宅区进行空袭以打击敌方士气。1941年6月初，空军部提出了一份新的文件，否决了将石油设施作为首要打击目标的提议。文件提出的作战模式，是在精确轰炸和模仿德军的区域轰炸之间的一种妥协。根据经济战争部提供的资料，空军部筹划了对莱茵兰地区的铁路运输系统实施轰炸的计划。空军将会在城区确定需要精确轰炸的目标，然后用炸弹进行打击。然而，空军还是要在大多数夜晚轰炸鲁尔区的工业劳动力。[106] 根据德国的经验，水域上的目标和靠近水域的目标更容易轰炸，因为地面标志可以让更多的轰炸机找到目标。7月9日，在将“德国人民的士气”这一表述改为“士气”以后，新的作战指令下发给了轰炸机司令部。其中的一份铁路目标清单附有注意事项，即每月都有四分之三的时间，轰炸机将难以清晰地看到这些目标，无法执行精确轰炸；在这四分之三的时间里，轰炸机司令部需要对德国的工人和工业区实施“大规模、集中和持续性的轰炸”。[107] 谁也不知道这份作战指令的有效期是多长时间。皮尔斯向波特尔抱怨作战重点时常改变时说：“我感觉我没能完全跟上你的思路，我都不确定自己是在跟着你干还是在和你对着干。但是，要按照经常改变的计划开展工作，确实是太难了。”[108] 皮尔斯也接受了要赢得轰炸战，就需要“对德国平民进行轰炸”的观点。这一点在战争剩下的日子里，一直以这样或者那样的形式，保存在作战指令里。[109]

矛盾的是，皇家空军和英国政府从德国人的经验里学到的东西，却不包括战略轰炸并不能取得预期效果这一事实。德军的轰炸并没有给国民经济造成严重混乱，也没能削弱民众支援战争的热情，事实上空军部也清楚地注意到了这一点。既然英国人的士气在经历了9个月的无情攻击后还能保持稳定，那么也很难断言德国人的士气就会以某种方式崩溃。1941年8月，丘吉尔和罗斯福在阿真舍（Argentia）召开会议的时候，英国人曾向美军的参谋长们展示了新制定的轰炸指令，但美国人发现很难将“摧毁德国人士气的轰炸”和英国人民在德国轰炸下的“勇敢经历”调和在一起。[110] 皇家空军自然不能忽视这个自相矛盾之处。就此做出的解释是，德国人缺少英国人在战火中表现出的那种忍耐精神和勇气。英国空军高层对德国人存在一种普遍性的偏见，正如一份情报汇总中阐述的那样，他们认为“（德国人）连英国人遭受轰炸强度的四分之一都难以忍受”，当然对此并没有什么能够让人信服的有力证据。[111] 1941年7月，英国人在里斯本（Lisbon）与在德国工作的美国外交人员召开了一次会议，会后英方提交的一份报告指出德国普通工人“缺少坚强的意志”。[112] 1941年9月，空军参谋部发布的一份备忘录承认，轰炸事实上并未打击英国的士气，反而使其提高了，但随后又辩称，德军对轰炸的判断基础是其本国人民低落的士气。而英国人要坚韧得多，其士气不会因轰炸降低。报告最后得出了如下结论：“现在一切又回到了原点，有一点却变得越来越清楚，德国人装甲上最严重的缺口（之一）是其平民的士气。”[113] 最后，这份文件明确说明了当前英国轰炸攻势背后的目的。

> 轰炸城区的最终目的是摧毁城市居民的士气。为了达成这一目的，我们必须完成两个目标：一是必须让城镇不适宜居住；二是必须让居民意识到始终存在的个人危险。因此，当前面临着最紧急的双重任务，也就是：
>
> （1）造成破坏（2）引发死亡的恐惧

这些从德国学到的东西，最后还要用在德国身上。

危机中的轰炸机司令部：1941年至1942年

1941年7月的作战指令发布以后，这场战争的特点开始出现了改变。在6月初，德国人对英国城市的大型轰炸就已经停止了，6月22日，约400万名轴心国士兵越过苏联边界，发动了史上最大规模的侵略战争。就在同一天晚上，丘吉尔向全国人民发布了广播讲话，誓言英国一定会支援苏联，抵抗“那个嗜血的流浪汉”向另一个苦难民族发动的战争。他宣布，已经决定向斯大林提供所有可能的技术和经济援助，在提到军事问题时，丘吉尔许诺“将日以继夜地、越来越大规模地轰炸德国”，让德国人尝尝自己酿造的苦酒。[114] 7月7日，丘吉尔向斯大林发了一份电报，指出英国能提供的最好的直接军事援助就是轰炸，这将迫使德国把部分战斗机分配到西线，减轻苏联前线的压力。[115] 丘吉尔私下里希望这场新战役，会促使苏联轰炸机从东攻击德国：“德国不少军工厂都很脆弱，特别是当我们从另一边实施轰炸的时候。”斯大林在回电中表示，他更希望英国能够在法国北部或斯堪的纳维亚半岛上开辟第二战场。[116]

丘吉尔夸大了轰炸机司令部的作战能力，同时也误解了苏联的空军战略，苏联空军更偏向于支援地面作战而非远程轰炸。但是轰炸机司令部却把苏德战争当作提高自身已经降低的政治地位的机会。1941年7月12日，丘吉尔和艾德礼受邀去观看重型轰炸机的展示，按计划这些轰炸机将会在1942年开始大规模服役。一行人观看了5架四引擎轰炸机从低空飞过：“斯特林”“兰开斯特”“哈利法克斯”、美国的B-17“空中堡垒”与B-24“解放者”。后两种轰炸机将根据1941年3月生效的《租借法案》提供给英国。这些轰炸机的表现给来宾留下了良好印象，其中“兰开斯特”轰炸机表现尤其突出，但是皇家空军对美国轰炸机却持保留意见，因为这两种轰炸机载弹量相对有限。[117] 1941年夏天，对苏联提供援助在政治上的紧迫性，使得轰炸机司令部的地位大大提高，而这仅凭其糟糕的作战表现完全无法做到。丘吉尔需要用轰炸和斯大林做交易。在战争末期，空军少将理查德·派克（Richard Peck）在回顾英国轰炸的发言中提醒自己的听众，空军曾在1941年夏天接到了轰炸德国以支援苏联的命令，“但不是每一个人都知道，轰炸在多大程度上给苏联部队提供了帮助”。[118]

政治上的紧迫性掩盖了真实的作战成果。6月22日，德军入侵苏联的那天晚上，英国派出70架中型轰炸机空袭了德国北部不来梅（Bremen）的港口，目标上空覆盖着云雾，因此投下的炸弹散布在各处。第二天夜间，62架轰炸机袭击了科隆，只有几枚炸弹落在这座城市，但是并没有人员伤亡的报告；41架轰炸机空袭了杜塞尔多夫，但是战果不明；另有26架轰炸机空袭了基尔，同样没有什么战果，仅造成一人死亡。[119]这些轰炸的规模还不如留在法国北部的少量德国飞机发动的空袭规模大：德军同期对伯明翰的两次空袭分别出动了94和88架战机，对赫尔的3次空袭分别出动了78、64和118架，还有60架德军飞机空袭了伦敦。英军轰炸造成的破坏比德军的这些轰炸小得多。[120]英国皇家空军的大部分空袭还是针对法国海岸进行的。7月7日，丘吉尔曾向波特尔抱怨，希望波特尔停止轰炸大西洋战役的目标，集中精力轰炸德国城市，减轻苏联方面的压力。希特勒大本营这段时间的作战日志中，甚至根本没有提到英国对德国的空袭。[121]

1941年夏天的轰炸并不是第一次受政治因素影响而发动的空袭作战，然而英国担心德国击溃苏联以后，会转身动用欧亚大陆的全部资源对付英国，因此轰炸任务显得尤为紧迫。但这也使得轰炸机司令部作战能力的不足更加凸显出来。7月初，丘吉尔向林德曼、波特尔和空军大臣阿奇博尔德·辛克莱爵士抱怨说，虽然轰炸机部队现在被认为是“胜利不可缺少的”，但其规模并没有比去年大多少。[122]部队的高损失率和轰炸机生产进度的缓慢，确实影响了部队扩大的计划。而更糟糕的问题还在后头。1941年7月，林德曼曾询问轰炸机司令部是否可以通过分析轰炸行动中拍摄的照片来确定轰炸的准确性。自夏初以来，直到此时这个研究才得以展开。因为当战争爆发的时候，皇家空军只有日间使用的照相机，所有相机都不合适夜间拍照。部队首先用标准型的F.24照相机上进行试验，相机加装了快门控制装置，与之配合的是能够从轰炸机手动释放的大型照明弹。当照明弹的亮度达到最大时，轰炸机上的机组成员必须手动关闭快门。也就是说，机组成员需要在目标上空最危险的时刻，执行复杂的操作。英军对夜间自动拍照相机的研究也已经开始，但是产品直到 1942 年才完成。因此，1941 年，空军只能使用一部简化后没有快门的照相机，这部相机成像质量较差，但是对于部队的任务已经足够了。到 1940 年 12 月，空军也仅仅有 12 部相机可以使用，皮尔斯要求提供 500 部照相机，以供大部分轰炸机使用。到了 1941 年 3 月，部队拥有了 74 部相机，到当年 9 月，一共拥有 200 部相机。[123] 拍照时地面总是被浓烟遮盖，轰炸的闪光总是干扰拍摄，再加上防空炮火和探照灯的影响，因此拍摄有价值的照片总是很困难。按照拍摄的要求，拍摄期间飞机要保持水平飞行，而驾驶员们对这一点却很不满。尽管如此，空军还是在 1941 年 6 月以后获得了第一批照片，这些照片将由皇家空军梅德纳姆空军基地组建的一个特殊部门进行研究。现在，鉴于空军可以得到更加全面的轰炸照片，波特尔同意了林德曼的要求，但或许他自己都不知道这个决定能带来什么成果。[124]

在林德曼的指示下，统计科的一位名叫大卫·本苏增 – 巴特（David Bensusan-Butt）的年轻统计学家，检视了 1941 年 6 月 2 日至 7 月 25 日的 100 次空袭中拍摄的 650 张照片。照片的分析报告于 8 月 15 日撰写完成。对照片的分析显示，总的来说，执行轰炸任务的轰炸机中，只有五分之一的轰炸机飞抵目标 5 英里范围之内，而对于那些投下炸弹的轰炸机来说，这个比例在德国上空是四分之一，鲁尔工业区上空，这个比例是十分之一，而在没有月光或者雾气弥漫的夜间进行的轰炸任务，仅有十五分之一的飞机抵达目标 5 英里范围之内。[125] 研究报告披露出的信息让丘吉尔十分紧张，在给波特尔的信中，他这样写道："或许我们投下的炸弹有四分之三都不知道掉到哪里去了，这个问题想想都可怕。"[126] 不出所料，皇家空军进行了自我辩解。波特尔指出，整个 6 月和 7 月，德国上空的天气条件都很不好，而且巴特的报告仅分析了轰炸机司令部十分之一的行动，另外，经验不足的领航员可能在炸弹投下很长时间后才开始拍照（考虑到要一边操作相机一边观察在地面的爆炸的困难，几乎可以肯定这是事实），另外最重要的是，对德军轰炸英国的研究显示，德军也仅有 24% 的轰炸机抵达目标区域。就连林德曼也承认，在夏天的这几个月，气候条件确实不适合对轰炸进行照相分析。[127] 波特尔在反驳时指出巴特的报告在很大程度上受到了天气问题的影响，他提出这一点无疑是正确的，但是皇家空军自 1940 年以来在作战中搜集到的证据表明，在机组成员汇报的战果和实际轰炸效果之间存在较大的误差。考虑到轰炸机司令部一直坚持在同一天晚上向二至三个城市派出轰炸机，且出动的飞机数量较少，那么可以确定在这些轰炸行动中，能够真正对德国的特定目标实施轰炸的飞机只能是个位数。

现在人们普遍把巴特的报告当作英国轰炸的转折点，但其意义被夸大了。1940 年 12 月，皮尔斯曾要求空军部加快照相机的供应，这样就可以对轰炸的准确性和轰炸效果进行更加准确的评估。[128] 1941 年 4 月份，轰炸机司令部就已经对轰炸照片进行仔细研究，6 月又进行了一次这样的研究。每次的研究都显示，机组成员对战果的汇报过于乐观，而且投弹的误差也过大。对轰炸战果夸大其词的情况，在英德双方都存在，但是通常只有那些真正飞行的人对这个事实才有清醒的认识。罗伯特·基（Robert Kee）是一名轰炸机飞行员，后来成为历史学家，在翻看 1941 年末那一段时间自己日记中的内容时，他是这样说的：

> ……就成功的轰炸行动而言，日记读起来颇让人伤感……在一次轰炸不伦瑞克（Brunswick）的行动中，机舱外一片漆黑，令人感到毫无希望，后来在我们认为已经抵达汉诺威的上空，于是，我们投下了一些燃烧弹。对杜塞尔多夫的轰炸也毫无希望，在这里，我们针对探照灯集中的区域投下了炸弹。对基尔已经连续轰炸 3 次了，这次天气太糟糕，轰炸行动还是没有什么希望……曼海姆上空的云雾太多，只能轰炸探照灯。[129]

9 月，在皮尔斯的要求下，轰炸机司令部成立了由巴兹尔·狄更斯（Basil Dickens）博士领导的作战研究科，10 月份，研究科仔细研究了巴特报告发布以后 3 个月轰炸准确度的问题。研究发现，部队的平均表现比人们担心的还要糟糕：轰炸行动中，仅有15%的飞机在以目标区为中心5英里范围内投下炸弹。[130]

事实上，巴特报告只强调了轰炸机部队在1941年夏天面临的众多问题之一，尽管这个问题很重要。随着德军防空力量的加强，轰炸机部队的损失开始大量增加，因此机组成员的训练工作承受了巨大的压力，越来越多的机组成员对他们所需掌握的技能所知甚少。一名担任轰炸机的机尾机枪手的空勤人员是这样说的："整个训练体系的一处败笔就是，我们没有学到更多想学习的东西，我们更多地是在实战经验中学习。"皮尔斯告诉空军部，所有作战中队的工作中，必要的额外训练占40%，这也就使意外事故成为常态。大部分非战斗飞行都是在白天进行，这也使机组人员对夜航中出现的问题准备不足。[131] 8月，轰炸机司令部遭到彻底破坏和重伤的飞机有525架（损失率为13%，其中很多是由于事故造成的），但是仅得到106架补充的飞机。在此后的3个月里，轰炸机司令部又损失了578架飞机，其中很多也是在非作战飞行中损失的。出于政治目的对柏林实施的轰炸，使得出动的飞机损失了30%。[132] 从1941年7月至12月，轰炸机部队的作战能力直线下滑。（见表5.1）

对于轰炸机司令部当前面对的危机，存在多种的解释。比如只有在装备更好的前提下才能达成新的城市轰炸战略，但是作战指令却没有考虑到当时的技术限制。当时最紧迫的需求就是迫切需要一种载弹量更大、投弹更精确的飞机。这在当时是最明显的解决办法，同时还存在着来自其他方面的压力，比如增加轰炸机产量和改善导航技术等。但是，由于技术进步带来的一系列问题，7月向丘吉尔展示的重型轰炸机产量仍然很低。虽然战争已经进行了超过18个月，但是对导航系统的改进尚处在实验阶段。1941年2月和3月，"斯特林"和"哈利法克斯"轰炸机分别出动执行了第一次轰炸任务。"斯特林"MK I轰炸机是英国战争期间使用的唯一的一种从设计之初就按照四引擎布局设计的轰炸机。这种轰炸机于1936年开始设计，原型机于1939年12月成功首飞，1940年末第一架飞机进入部队服役。"斯特林"轰炸机装有4台布里斯托尔"大力神"发动机，最高时速为每小时270英里，最大载弹量1.4万磅时航程为590英里。这种轰

表 5.1　轰炸机司令部作战统计表　1941 年 7 月至 1942 年 2 月[133]

月份	投弹吨数	出动架次	飞机 / 机组（平均）	失踪飞机数量
1941 年 7 月	4384	3989	449	152
1941 年 8 月	4242	3988	486	156
1941 年 9 月	2889	3021	485	95
1941 年 10 月	2984	2715	517	86
1941 年 11 月	1907	1765	507	83
1941 年 12 月	1794	1582	530	47
1942 年 1 月	2292	2226	410	56
1942 年 2 月	1011	1506	374	41

（此处的飞机损失数量指在作战中损失的飞机数量。此外还有因事故受损或报废的飞机。统计数字包括所有重型、中型和轻型轰炸机的作战情况。）

资料来源：TNA, AIR 9/150, DBOps to DCAS, 11 Sept 1941; AIR 22/203, War Room Manual of Bomber Command Operations, 1939 - 1945, 20 - 21; AIR 41/41, RAF Narrative, 'The RAF in the Bombing Offensive Against Germany: Vol III', App C, E1。

炸机最大飞行高度有限，但是自我防卫能力很突出，它安装有 3 个电动炮塔。即便如此，这种轰炸机也面临着技术问题的困扰，直到 1941 年至 1942 年初技术问题才得到解决。同样按照 1936 年的技术规范设计的“哈利法克斯”轰炸机也遇到了类似的问题，这种轰炸机最初的设计目标是双引擎中型或重型轰炸机。1937 年设计上进行了改变，飞机安装了 4 台劳斯莱斯公司的“梅林”发动机，1939 年 10 月，原型机进行了首飞。“哈利法克斯”MK I 的研发速度较快，到 1940 年 11 月，开始进入部队服役。1941 年 3 月，这种轰炸机第一次执行作战任务，轰炸目标是法国的港口城市勒阿弗尔。“哈利法克斯”的升限是 1.8 万英尺，最高时速为每小时 265 英里，航程为 1260 英里，最大载弹量为 1.3 万磅。这种飞机对操纵反应迟缓，因此伤亡较大，这也是“哈利法克斯”轰炸机始终存在的固有的设计问题。尽管如此，这种轰炸机还是按照计划进行生产，因为干扰既定的生产计划并不容易，但是对于轰炸机部队的飞行员来说，这是一种并不受欢迎的飞机。[134]

第三种重型轰炸机“兰开斯特”的设计需求同样是在1936年确定的，但这种轰炸机是由双发动机的“曼彻斯特”轰炸机发展而来的。“曼彻斯特”轰炸机最初设计使用两台劳斯莱斯“秃鹫”发动机，但这种发动机成为飞机研发一再推迟的技术原因。原型机于1939年7月试飞，1940年11月，第一架飞机进入部队服役。1941年2月，第一次投入作战，参加空袭了法国港口城市布雷斯特（Brest）的轰炸行动。但是由于这种轰炸机的引擎频频发生故障，空军不得不取消了后续生产计划，最后，这种轰炸机一共生产了209架。1940年末，厂家生产了一架装有4台劳斯莱斯“梅林”发动机的“曼彻斯特”MKIII型轰炸机。这种飞机被重新命名为“兰开斯特”，对于轰炸机司令部来说，这种飞机完全是一个意外的惊喜。“兰开斯特”轰炸机的各项表现都更好，最高时速达每小时287英里，最高升限达2.5万英尺，最大载弹量2.2万磅时，航程为1000英里。通常情况下，这种轰炸机的载弹量在1.4万至1.8万磅之间，这样飞机的航程也会相应延长。与当时欧洲战场上使用的其他轰炸机相比，这种飞机的载弹量是最大的，其载弹量是德国标准中型轰炸机的四五倍。战争期间，英国一共生产了6750架“兰开斯特”，后来该机成为轰炸机部队的骨干机型。与“哈利法克斯”不同，“兰开斯特”的损失率相对较低（相较“哈利法克斯”5.75%的损失率，“兰开斯特”的损失率为3.92%）。这种轰炸机的生产占用的生产资源更少，平均载弹量是一般轰炸机的两倍，且这种飞机的保养也较为容易。[135] 但是，直到1942年才有少量“兰开斯特”轰炸机开始执行任务。1941年，数量不多的重型轰炸机仅仅投下了4000吨炸弹，而同期“威灵顿”中型轰炸机的总投弹量达31 500吨。[136]

重型轰炸机的出现，意味着皇家空军可以充分利用正在研制的新一代重型炸弹和迅速扩张的轰炸机生产能力带来的优势。增加总有效载荷，被看作是轰炸战的关键因素，但是这一点必须推迟到重型轰炸机可用的时候。1941年的时候，250磅和500磅的通用炸弹的使用仍然十分普遍。在空中闪电战期间研制的1000磅、2000磅和4000磅炸弹更适合重型轰炸机使用，但在实际作战中使用数量却不大。这些中型和重型炸弹都是具有高装药重量比的炸弹，弹体金属外壳较薄，爆炸后破坏作用很强。然而空军仍然缺少含铝炸药，这种炸药能够使炸弹的爆破作用提高3倍，直到战争后期，林德曼才成功说服皇家空军使用这种炸药。4磅燃烧弹仍然是标准装备，但空军已补充了30磅火焰弹，这种炸弹装有硫黄、橡胶和苯凝胶的混合物。1941年6月空军下达了生产40万枚火焰弹的订单，到战争结束时，火焰弹的使用量已达300万枚。[137] 事实上，所有这些炸弹的供应量都超出了轰炸机部队的使用量。1941年4月，空军为当年余下的空袭作战下达了1200万枚燃烧弹的订单，为1942年预订了3600万枚燃烧弹。但是由于镁短缺，1941年的9个月里，燃烧弹的产量仅有220万枚，1942年全年产量是1180万枚，但是对于这支还没有完全采用燃烧弹轰炸的部队来说，这个数字已经远远超出需要了。到1941年末，空军没有用掉的炸弹已经达到200万枚，而每月产量是消耗量的两倍。[138] 到1941年夏天，已经生产了1.1万吨高爆炸弹，并且每个月都能生产这么多。但是轰炸机司令部在当年1月至4月间，每月平均只能投下948吨炸弹，7月到12月的月平均投弹量是1884吨。1941年10月，轰炸机司令部还没有使用的高爆炸弹已经积攒了12.1万吨。[139] 英国皇家空军面临的问题和德国空军正好相反，德国人有飞机但炸弹数量不足，而皇家空军有炸弹，但缺乏可用的重型和中型轰炸机。

无论是新飞机还是新炸弹，进入轰炸机司令部服役的速度都非常缓慢。1940年仅仅生产了41架重型轰炸机，1941年也只有498架，而同期中型轰炸机的产量是4703架。[140] 按照1941年春定下的在1943年春建成一支有4000架重型轰炸机的部队的计划，这个产量显然太低。事实上，1940年的夏季和秋季，轰炸机的生产一直位居次席，因为此时为了对抗德国人的空袭，战斗机的生产一直占主导地位。后来，飞机生产大臣比弗布鲁克勋爵被空军斥为想要“扼杀大轰炸机计划”，但这忽视了要在几个月里让复杂的大型飞机进入部队服役所面临的严重技术问题。[141] 1941年5月，波特尔告诉比弗布鲁克的继任者约翰·摩尔-布拉巴宗（John Moore-Brabazon），在战争期间他不想看到再开发任何重型轰炸机了，因为飞机从设计到服役之间的时间太长了。[142]“4000机计划”肯定是不现实的。这个计划要求轰炸机的生产在两年内保持每月1000架的水平，这个数字是 1941 年和 1942 年生产的轰炸机总数的两倍多。早在 1941 年夏天，轰炸机的生产就明显地遇到了严重瓶颈。英国皇家空军把宝压在了美国身上。

早在 1941 年初春，英国寄希望于美国解决轰炸机危机的努力就已经开始了，那时正是《租借法案》最终得到批准的时候。当时皇家空军驻华盛顿代表有一项极具挑战性的工作，那就是说服美军的参谋长们同意从自己的扩军计划里，拨出相当数量的飞机移交英国使用，特别是重型轰炸机。当时皇家空军少将斯莱瑟负责与美国陆军航空兵司令“快乐的”亨利·阿诺德（Henry ‘Hap’ Arnold）将军就飞机供应的问题进行谈判。经过谈判美方提出的条件相当慷慨，后来被称为“斯莱瑟－阿诺德协议”，美国答应根据实际情况，按照“五五开”的原则向英国提供美国生产的所有飞机。[143] 然而，这个协议却没能得到执行，原因在于英国最缺少的是重型轰炸机，而美国重型轰炸机的生产能力尚处在婴儿期。1941 年 4 月，英国人告诉来访的阿诺德，英国重型轰炸机每月的需求是 1000 架，而产量只有不到 500 架，并请求美国帮忙填补这个缺口。阿诺德同意到 1942 年夏天，美国重型轰炸机产量的五分之四都可以提供给轰炸机司令部，但这一共不会超过 800 架。至此已经很明显的问题就是，美方将会违背原来的协议，因为此时美国和日本的关系已经越来越紧张。1941 年 8 月，在普拉森舍湾（Placentia Bay）举行的丘吉尔和罗斯福会面的阿真舍峰会上，阿诺德在会议讨论环节中拒绝就美国以前的承诺做出任何肯定的答复。阿诺德在日记中写道：“不能向英国人承诺他们想要的那些东西——天啊，这清单上列的都是什么。”[144] 9 月，情况已经很清楚，美国方面正在全面退出最初与斯莱瑟达成的协议。这些原本要供应英国的装有诺顿轰炸瞄准器的轰炸机，将不再提供给英国皇家空军，并且这种瞄准器仍对英国禁运。约定交付的 800 架飞机中，英国只收到了 238 架，并且美国也没有做出在 1942 年 7 月以后继续供应飞机的承诺。这标志着斯莱瑟协议的终止，也意味着“4000 机计划”的彻底结束。

轰炸机司令部最紧急的问题是急需电子导航设备，如果没有这种设备，即使有大量的轰炸机，其轰炸能力也将受到限制。1941 年夏，皇家空军不仅难以精确轰炸工厂、铁路等目标，而且在夜间、不良气象条件或德军防空干扰下，连目标所在城市都找不到。鉴于这些失误让轰炸机司令部的努力完全变成了徒劳，很难解释探索合适的战术和技术为什么会浪费那么多时间。事实上，这种导航技术本身并不是什么新东西，且英国在1940年至1941年的冬季对德军电子导航的干扰也说明，以英国当时的科学技术水平完全有能力模仿德国人的做法。英国的通信研究所早在1938年就已经研究出了使用无线电脉冲信号进行导航的设备，这种设备称作“G”设备，但是通常英国人把它称为“Gee”设备。这种设备的原理是由3座不同的地面站发射脉冲信号，而飞机上安装的阴极射线显像管可以接收这种信号，通过识别屏幕显示的坐标交会点，就可以在1英里和6英里之间估量飞机的位置。与德国人的导航系统一样，这种系统工作距离有限，而且距离地面站越远，精确度就越差。一般来说，它最远只能作用到德国西部一带。1940年10月，轰炸机司令部观看了这种设备的工作演示，1941年5月，这种设备开始在部队进行试用。该设备第一次实验性作战是由两架“威灵顿”轰炸机承担的，时间是1941年8月11日，但是实验中，一架飞机在德国领土坠毁。导致“Gee”设备延迟交付的原因是，设备需要的一种真空管的生产遭到了延误。但主要原因在于对“Gee”设备使用方式的争论。一方认为，可以少量使用这种设备，仅给那些寻找目标的飞机装备，这样他们就能够引领剩下的飞机。而另一方认为，这种设备应该进行普遍应用，让每一架飞机受益。因此在决定轰炸德国城市最佳战术的时候，这个问题成为最核心的问题，耽搁了英国发展更合适的作战体系。直到“Gee”设备能大量供应轰炸机司令部以后，这种导航设备才正式投入使用，在1942年3月8日，它第一次应用于实战。[145]

围绕引入“Gee”设备的讨论包括：达成轰炸机司令部新目标的最优秀战术是什么，以及如何应对德国防空部队带来的威胁。从1940年夏天开始，德军以防空炮火为核心，构筑了包括防空炮火、夜间战斗机、探照灯和雷达在内的复杂防空体系。德军早期防空系统的构建和英国一样，都以空中攻势在白天出现为前提。不久，德国人就意识到，难以对英国空军的轰炸模式进行预测。英国人白天发动的轰炸并不多，大部分轰炸都是小规模的夜间轰炸，这些小规模轰炸被认为和德军的骚扰性轰炸类似，以恐吓平民、扰乱工厂生产为目的。后来，1941 年春天，英国空军开始进行大规模轰炸，轰炸的目标同样是分散且难以预测的，但都是故意选择的。于是，德国方面相信，这些对“开放的城市和居民区”的轰炸就是恐怖袭击。[146] 如果防空炮火没有雷达的协助，那么在对抗夜间轰炸行动时，基本就是在漫无目的地乱射。皇家空军分散的轰炸模式，使德国很难知道到底该去保护什么。德国人在距离预测的目标区 15 至 20 千米的地方设置了防空观察哨，但是夜间的环境状况减少了获得精确信息的希望。当接近潜在的危险区时，英国人会通过减小轰炸机油门的方式抑制发动机噪音，这个策略使德国人大量使用的配合着探照灯的声音侦测设备的预警能力变得脆弱不堪。（英国的机组成员还相信，向地面抛下空牛奶瓶和啤酒瓶，可以迷惑敌人的侦测设备。这些“呼啸的瓶子”据说能够干扰声音定位，导致探照灯自动关机。）[147] 对德方来说，很难建立一个密切协同的防御体系，因为在轰炸由“防空据点”守卫的重要战争经济目标时，英国人的表现并不成功，英军主要对大范围内的各种分散目标进行轰炸。德军早在巴特的报告发布的几个月前就发现了这一点。[148]

为了应对英国的空袭，德国空军在 1941 年 3 月 3 日组建了新的指挥系统。胡贝特·魏泽（Hubert Weise）将军被任命为中央空军司令，负责在德国北部构筑一道高效的对空防线。他接管了德国北部、西部和中部空军军区的防空工作，将之集中管理。1941 年 5 月 1 日，他组建了第一支夜间战斗机部队，专门承担夜战任务，空军少将约瑟夫·卡姆胡伯（Josef Kammhuber）被任命为这支部队的战斗机指挥官。这支夜战部队和探照灯、高射炮部队合为一体，部署在德国北部和低地国家。卡姆胡伯建立的“卡姆胡伯防线”，德国人一般称之为“安睡之床”（Himmelbett），这条防线的起点是瑞士边境，穿过比利时城市列日（Liège），一直延伸到德国、丹麦边界，这片区域在地图上划分为连续的矩形格子代表一个个防空区，每个格子里驻守有少量的战斗机，这些战斗机都得到新改进雷达的引导，这种雷达的代号是“维尔茨堡”。[149] 这种雷达每次只能同时引导一架战斗机，但是一旦轰炸机被锁定位置，那么指挥战斗机进入作战位置就很容易了。德国夜间战斗机没有装备英国夜间战斗机有的那种 AI 雷达。但是这种雷达的德国版，一种代号“利希滕施泰因”的雷达正在研发中，最后于 1942 年安装到战斗机上。但这种雷达并不受飞行员欢迎，因为他们认为雷达体积巨大的天线会影响飞机的性能。德国人装备的探照灯数量充足，功能强大，但部署位置有问题。从 1941 年的年中开始，为了更好地锁定头顶的飞机，这些探照灯都按照至少间隔 3 英里的原则进行布设。高射炮开始逐渐配备“维尔茨堡”雷达，这里德国人遇到了和英国人一样的问题，那就是，装备防空雷达以后，那些培训不足的人员难以操作这种装备，并且也容易遇到技术问题。随着雷达引导高射炮的改进，部队发现给炮兵阵地供应雷达的速度太慢了。到 1942 年，只有三分之一的高射炮装备有新型的雷达。[150]

德军夜间战斗机主要使用两种战术。第一梯队使用地面雷达指挥战机飞向目标，这种战术被称作“黑暗”拦截；在夜间战斗机防区后面德国人会布设探照灯防线，这些探照灯也得到了雷达导引，这样第二梯队的夜间战斗机就可以对被探照灯光柱锁定的敌人进行“光亮”拦截。在英国人轰炸德国之前，德国并没有专门研制夜间战斗机。1940 年，德国人把容克 Ju88、梅塞施米特 Me110 和道尼尔 Do17（后期使用 Do217）改装为夜间战斗机，并且共同成为夜间战斗机部队的主力机型。到 1942 年初，夜间战斗机部队已扩编至 4 个大队，共计 265 架作战飞机，只占德国空军不大的一部分兵力。按照英国人的战术，轰炸机可以自行决定飞向目标的航线，这样，英国人的进攻编队就会在出现的区域和时间上出现过于分散的问题，而这恰恰更利于德国夜间战斗机在各自的防区内锁定、摧毁来袭的英国轰炸机。截至 1941 年 9 月，在探照灯的协助下，夜间战斗机已经击落了 325 架敌机，除此之外，“黑暗”拦截中还击落了 50 架飞机。[151] 如果德军的报告属实的话，在 1941 年 1 月至 9 月间，其高射炮共击落 439 架飞机，不过其中不少被击落的飞机应该属于皇家空军其他司令部的日间作战飞机。

轰炸机损失的持续增加，本应促使轰炸机司令部采用新战术。对德国的城区使用燃烧弹集中轰炸的决定，也应该能够督促轰炸机司令部改进战术，进行更大规模的集中空袭。这样做的好处很明显：卡姆胡伯防线上的一个个战斗机防区和探照灯防线会在密集的轰炸机编队面前，陷入应接不暇的状态；同时大部分轰炸机可以借机穿越防线，在遭遇德军内陆的高射炮防线之前，处于相对安全的状态。最重要的是，紧密编队和大规模机群构成的攻击机群，可以在短时间内投下全部炸弹，加强破坏力，减少轰炸机损失。[152] 但是，空军部和空军参谋部在这个问题上却存在分歧。皮尔斯倾向于保持松散且不集中的编队，鼓励机组自己寻找最优的进攻和返航路线。按照他的观点，密集编队将会增加飞行员的负担，也更容易让飞机成为卡姆胡伯防线上进行"黑暗"拦截的夜间战斗机的猎物。轰炸机司令部此时陷入了一种僵局，它夸大了德国的防空力量，而又不能创造性地应对新的战略需求。

皮尔斯表现平平的指挥工作，招致了各方面的普遍批评。轰炸行动委员会坚持要求轰炸机司令部认真准备对德国城市的大规模燃烧弹轰炸。空军情报部根据德军的轰炸评估了轰炸需要达到的集中程度。在伦敦威斯敏斯特城的大比例地图上，空军作战分析处验证了同时投下大量燃烧弹可能造成的破坏效果。研究认为，一次投下约 10 万枚燃烧弹足够引燃一场大火。英国人绘制了德国城市地图，标出了人口最密集的区域（1 类地区和 2a 类地区）、郊区（命名为 2b 类和 3 类地区）和外围的工业区（4 类地区），并建议将炸弹集中投向两类居住着大量工人的中心区，而不要去轰炸工业区。10 月份，皮尔斯接到了对德国城市发动实验性燃烧弹轰炸作战指令，指令很详细，包含具体的作战细节。后续 10 月 14 日至 15 日夜对纽伦堡的轰炸证明这是极其糟糕的开局：轰炸中大部分轰炸机把炸弹投到了纽伦堡城外的小镇上，只有一架"斯特林"轰炸机的炸弹击中了纽伦堡，造成 6 人受伤，但没有引起大规模火灾。[153]

对轰炸机司令部最危险的批评来自政府高层。波特尔在 1941 年 9 月末递交的报告中，提到了需要拥有 4000 架轰炸机的长期规划，丘吉尔对此做出回复时说道："在当前的战争中，轰炸本身是不是决定性因素还有争议。事实上，从战争开始以来，我们所了解到的一切都表明，轰炸的作用无论从破坏性来说还是从心理影响来说，都被过分夸大了。"[154] 波特尔对此进行反驳时指出，他没有看到有任何证据表明轰炸机是“重要性正在降低的武器”，同时还要求丘吉尔答复，当前皇家空军是否需要寻找新的战略理念。对此，丘吉尔在10月初做出了模棱两可的答复。一方面，丘吉尔向波特尔保证，轰炸仍然拥有战略优先权，而另一方面，他也降低了轰炸战略成果的预期：

> 无论如何，我不赞成对这种攻击模式寄予无限的信心，应有支撑其的数据……即便是德国所有的城市都变得无法居住，也不意味着德国的军事管制会被削弱，或者德国的军工生产会终止。空军参谋部错误地提出了过高要求。[155]

这意味着丘吉尔对轰炸成果的幻想，已经开始逐渐破灭了。丘吉尔最初对于轰炸的狂热，来源于他本人对轰炸机作战能力认识的局限。作为一名政治人物，他对轰炸可能引起德国的政治反应很感兴趣，但是断断续续获得的情报显示，在削弱德国人的战争意愿方面，轰炸几乎没有什么作用；而国内的现状则更加清楚地印证了，轰炸对英国的政治体系和社会结构没有什么影响。此时，在皇家空军眼中，打击士气不再是一种政治施压手段，而更多地被视为一场经济和社会消耗战，或是如波特尔所说，“对社会整体运行进行干扰”。但对于丘吉尔来说，他曾设想轰炸会带来更直接和重大的政治影响，对敌人进行长期和不可预测的消耗并不能令他满意。

皮尔斯最后又进行了一次努力，以挽回自己和部队的名誉。1941年11月7日至8日夜，他派出了当时最大规模的轰炸机编队向德国飞去，编队中包括392架飞机，其中重型轰炸机43架。虽然根据天气预报，气象条件不好，但是他仍然坚持执行这次行动。169架飞向柏林的飞机中，只有73架飞临目标上空投下炸弹，但是造成的破坏有限，仅仅摧毁了14座房子，造成9人死亡，32人受伤。其他飞机的目标是科隆和曼海姆，科隆的2座房子被毁，5人死亡，而曼海姆连一枚炸弹也没挨到。这次夜间空袭，英国损失了37架飞机，超过了出击部队的9%。而那支空袭柏林的编队，损失率为12.4%。某飞行中队的作战日志中写道，这次行动“实际上失败了”。[156] 此后，直到1943年1月，柏林再也没有遭到轰炸。第二天，丘吉尔召见了皮尔斯，要求他整个冬天暂停大型轰炸行动以保存其不断损失的部队，但也允许他在可能的时候，发动一些小规模空袭。这个决定的影响是，1941年夏天提出的用轰炸摧毁敌人士气的空袭行动事实上彻底终止，因为这种轰炸几乎没有取得什么战果。通过对柏林轰炸行动的调查，空军参谋部得出了结论，认为皮尔斯在派出部队时存在疏漏，根本没有考虑机组成员在航行途中将会遭遇的强风、暴风雨和结冰问题。12月，英国高层决定替换他，1942年1月初，丘吉尔审阅了柏林空袭情况报告后不久，皮尔斯最终被解除了职务。1942年1月8日，英军任命皮尔斯担任盟军在亚洲战区的空军司令，负责对日作战。轰炸机司令部第3大队的指挥官空军少将约翰·鲍德温（John Baldwin）暂时代理他的职务，直到新的司令上任。[157]

在1941年末的这几个月和1942年最初的两个月，轰炸机司令部的工作一直处于未定状态。部队的飞行员们非常清楚司令官遭遇的危机和部队作战的失败。在1941年整个轰炸机部队伤亡人数达3000多人。当年12月，轰炸行动委员会对轰炸机司令部所属各飞行大队的队长进行了询问，了解部队状态，结果表明在各作战部队中都感到“绝望和无能为力”，这主要是导航和目标定位上存在的困难造成的。询问报告继续写道，飞行员发现地面目标“主要靠运气而不是机组的判断”。[158] 大量证据表明英国的轰炸仍然是各处分散且效果低下的，这个结果导致轰炸机司令部开始接受参谋长委员会的直接调查。在皮尔斯调任后的空档期，人们主要在谈论终止轰炸攻势的可能性。在1942年初起草的名为《轰炸机部队的用途》的报告中，英国政府的科学家帕特里克·布莱克特甚至猜测，再经过几次不多的失败，海军和陆军恐怕会坚持要求“把空军拆分，取消这个军种”。[159] 1942年2月末，掌玺大臣斯塔福德·克里普斯（Stafford Cripps）爵士在结束下议院的一场关于当前战略态势的辩论时，告诉议员们轰炸战略是正在考虑的事项之一：“政府充分意识到我们的资源可以用于其他方面。”[160] 在他做出这个发言前一天，刚刚从轰炸机中队长晋升为轰炸行动委员会副主任兼飞行大队长，集中轰炸和目标指示的拥护者，西德尼·巴夫顿（Sydney Bufton）就轰炸机司令部当前面临的问题这样警告了自己的顶头上司：

> 当前对我们轰炸战略的批评不绝于耳。这种批评不只来自陆军、海军和议会，而且还有来自民众的普遍性批评。对于这些批评，我们不能用我们期望的将来会取得的战果来进行对抗，轰炸机部队过去取得的决定性战果也难以面对这些批评。因为到现在为止，这些战果还显得过于模糊、不稳定、不明确。[161]

就在西德尼·巴夫顿发表该言论之前一周，轰炸机司令部有了一位新司令官，他就是空军中将亚瑟·哈里斯。

哈里斯和美国人

1941 年 12 月 7 日，日本海军轰炸珍珠港的那天早上，哈里斯正在华盛顿。当年 7 月，他作为商谈美国向皇家空军交付飞机事务的代表团的一员来到美国。他发往伦敦的电报中透露出他的性格。9 月，哈里斯就已经放弃希望了拉美国参战的希望：“这些人（美国人）是不会去打仗的……他们没有什么可战斗的。”他还认为他们逐渐减少分配给英国的飞机是在“背离自己的盟友”。[162] 哈里斯向空军副参谋长威尔弗里德·弗里曼（Wilfrid Freeman）空军中将抱怨，和美国人打交道就像“向犹太人或罗马天主教徒传教一样难，这些人非常自以为是，对自己的能力和正确深信不疑”。他接着说，难处就在于美国人“相信他们自己的优越性和超高效率，认为我们的心理、生理和道德都已衰败了”。[163] 12 月 8 日上午，罗斯福政府的战争部部长亨利·史汀生（Henry Stimson）和主管陆军航空兵的副部长罗伯特·洛维特（Robert Lovett）召见了哈里斯，商讨日本进攻后对英国的供应问题。在给波特尔的信中，哈里斯写道：“他们大受震撼，史汀生自己几乎不能说话了。”会谈中，美国要求英国立刻把援助皇家空军的250架飞机还给美国，他们要用来保卫夏威夷。哈里斯向波特尔发电，要求给予“在局势不可挽回时该如何行动”的紧急指示。[164]两周后，波特尔抵达华盛顿参加罗斯福、丘吉尔和盟军统帅们在战争中举行的第一次重大会议。1942年的第一周，波特尔告诉哈里斯，他希望由哈里斯来代替皮尔斯。哈里斯表示同意，丘吉尔也批准了这一项任命，1942年2月22日，哈里斯从美国返回英国以后，英国正式公布了这项任命。[165]

日本的袭击比德国入侵苏联更能改变轰炸战，因为它将一个能够实现大规模军事投送的强国和一支已经致力于远程战略轰炸概念的空军卷入了冲突。然而，1941年12月22日至1942年1月14日召开的阿卡迪亚会议上，英美双方领导人在进攻方面达成的协议中，轰炸机攻势只是大战略中的一小部分。在赶赴会议的途中，丘吉尔用电报向罗斯福发送了一份关于盟国战略的备忘录，在关于轰炸的那个小段落中，要求美国派出至少20个轰炸机中队，帮助英国加强攻势。他补充道：“我们自己的轰炸机计划，辜负了我们的期望。”[166]会议期间，英美举行的12次会议中，轰炸机的问题只讨论了一次，当时美国方面坚持要求美国的轰炸机要由美国机组驾驶，并确认英国不再向美国要求其他重型轰炸机。[167]轰炸在重点军事战略名单中，根据贡献被排在“（d）”项：“通过轰炸、封锁、颠覆和宣传行动，消耗、削弱德国人的抵抗。”[168]因健康原因，1月7号丘吉尔在佛罗里达做短暂停留，在这里他简单总结了自己和罗斯福已经达成的共识。除了他担心德国人可能会重启空中闪电战外，会上几乎没有提到轰炸的事。丘吉尔认为，包括轰炸机在内的美国绝大多数空军力量，在未来的一年中将会把重点放在太平洋战场上。[169]总之，轰炸在盟军可以预期的战略中，只处于次要地位。

对于卷入欧洲的战事，美国人并非毫无准备。事实上，早在1935年，美国空军就开始考虑建造一种轰炸机，这种轰炸机可以飞越大西洋，向敌国进行远程军力投射。1939年，美国陆军航空兵司令阿诺德将军写道：“我们会遭到轰炸吗？”在结论部分，他认为答案是肯定的，他接着写道：“在轰炸面前我们相当脆弱。并且很可能会有轰炸。”[170]1940年5月10日，也就是德军在西线发动进攻的那一天，阿诺德提议研发一种作战半径达

4000英里，能够轰炸欧洲港口的轰炸机，这样美国就能“阻止针对西半球的远征军”。[171] 在1940年至1941年间，美国陆军航空兵按照阿诺德的指示，搜集了有关德国工业和经济目标的详细信息，其中大部分信息是由英国空军部提供的。与空军的想法一致，提供这些材料的目的就是支持这样一种观点，那就是攻击脆弱的工业网络会影响敌人发动战争的能力。1941年夏天，罗斯福要求美国军方起草一个名为“胜利计划”的方案，空军部队被要求制定计划，准备对德国进行战略轰炸所需的资源。1941年8月，哈罗德·乔治中校召集了一个工作组，忍受着闷热的天气，夜以继日工作，用了6天时间制定了一份想定性的进攻计划。这份名为空战计划司第1号指令的文件中，对德国分属电力、油料和交通三个领域的154个目标进行详细调查。根据研判，需要生产11 800架重型轰炸机，在白天执行精确轰炸任务，这样才足以完成轰炸任务，但事实是，空军部队只有几百架轰炸机。与从来没有考虑过实施对抗战略的英国皇家空军不同的是，美国空中力量的想法和1940年的德国空军有些相似：敌人的空军力量是一种中间目标，摧毁敌人空军力量，完成主要作战目标的可能性就会更大些。[172] 美国人从来没有把敌人的士气当作有用的作战目标，并且也没有包括在目标名单中。与皇家空军另一个不同之处是，美军的计划制定者们没有为轰炸城市目标或轰炸平民的合法性发生争论。[173] 德国的经济体系，及其重要的经济中心，在美国人眼中，都是一种抽象的存在。美国人还创造出了“社会主体”这种隐喻性的词语来表述上述内容，这样，就让空军的作战计划和轰炸作战与平民丧生的现实拉开了距离。

罗斯福对这个计划很满意。从1938年起，他就一直支持空军稳步提升实力，并于1941年春批准了一个生产计划，其中就包括每月生产500架四引擎重型轰炸机。[174] 尽管在1939年9月，罗斯福也呼吁要求不要轰炸平民，但是，他和丘吉尔一样，在德军的攻势面前，完全赞同把轰炸当成赢得战争的手段。长期以来，罗斯福就对德国和德国人抱有敌意，并且极其厌恶纳粹主义。德国入侵波兰以后，美国方面向华盛顿发回的报告，着重强调了两点，一是德国空军从空中对波兰城镇的无情打击，二是针对罗斯福的呼吁，希特勒的答复是多么的肤浅。[175] 事实证明，罗斯福和丘吉尔一样，面对不可靠情报描绘的对德国空中力量和科学创造力的过度恐惧，他们都会受到影响。慕尼黑危机发生时，罗斯福总统就曾经向内阁提出这样的意见，那就是欧洲各国应该联合起来轰炸德国，阻止德国的侵略，从那时候起，对于空军力量能够达成什么目标，罗斯福一直抱有一种奢望。根据罗斯福的特别顾问哈里·霍普金斯（Harry Hopkins）的回忆，1941 年 8 月时罗斯福确信，轰炸是“取得胜利的唯一方法”。[176] 就像在英国一样，在美国，空军成为高层政治支持的意外受益者，如果没有这种支持，空军就更加难以对抗其他军种的抱怨和花言巧语。

然而，1941 年 12 月与日本、德国和意大利突然爆发的战争暴露了美国迄今所做的准备是多么薄弱。当时美国没有战略轰炸机，需要从零开始研发建造。数量不多的 B–17“空中堡垒”轰炸机大部分部署在夏威夷和菲律宾，以防备日本人发动进攻。美国担心德国轰炸美国的东海岸，或是日本在太平洋的航空母舰会对美国进行空袭。当时，民防机构已经布置到位，美国的民防工作由 1941 年 5 月成立的民防办公室负责，战争爆发后，该机构就立刻开始运作。沿岸地区与军事有关的工厂都接到命令，要求进行厂区伪装，并用黑纸或者不透明的油漆遮蔽玻璃窗。所有的飞机制造厂都要求做好隐蔽和隐藏工作，即使工厂的位置暴露的危险不大，为此，美国化学战部队专门派出不少分队，在这些脆弱的目标周围施放覆盖范围达 5 英里的烟雾。[177] 空袭主管在华盛顿街头巡逻，检查灯火管制的执行情况。1942 年 6 月，官方决定沿岸地区的城市需要实行永久的灯火管制政策以应对空袭的威胁，为此汽车的大灯都进行了遮蔽，而街头的路灯也把亮度调低。[178]

为了对鸣响空袭警报期间的交通进行管制，政府发布了严格的民防工作指导，1942 年 8 月，联邦工程局编写了一部 173 页厚的空袭防护法规，内容涵盖了从个人在防空洞中的行为规范到强制性火灾巡视值班等内容。与英国的做法类似，美国也倾向于人们在躲避轰炸时分散化，规定一个防空洞内不能超过 50 人。但和欧洲的情况不同，美国人认为地下室和地窖是危险地带。修建防空洞时，对于那些有钢筋加固的高层建筑，防空洞需要建在较高的楼层上，当然，肯定不会是顶楼。至于具体修建在哪一层，需要计算出当上层破碎的瓦砾落到天花板上时，天花板的受力性质才能决定。美国的空袭预警系统与英国的很相似，也有志愿辅助消防人员、火灾巡视小队、志愿医疗急救队、化学洗消队和救援队。[179]

民防办公室于1942年开始运转，工作是负责组织志愿者和全职工作人员，这个办公室的主任是哈佛大学法律教授詹姆斯·兰迪斯（James Landis）。成千上万的美国人在战争期间，都要参加各种训练和演习，随着战事的推进，这些训练越来越没有意义了，但因为一直存在德国人发动空袭的可能性，所以民防力量仍得以存在。1943年5月，美国人普遍担心德国在突尼斯战败以后，希特勒会让德国轰炸机从潜艇上起飞，攻击美国东海岸的城市，发动宣传战。至于德国人要发动毒气战的威胁，更是给人们带来经常性的焦虑。1943年6月，罗斯福发表讲话称，轴心国只要敢用毒气，立刻就会招致覆盖“领土全境”的报复。[180] 和欧洲的情况一样，美国的民防工作也是旨在通过民众的民主参与，使其认同为这场战争付出的努力；由于美国的轰炸是以攻击敌人的社会和经济网络为前提的，美国人民现在可以被视为战争的积极组成部分。民防部门出版的期刊，也特意命名为《平民前线》（*Civilian Front*），以反映现代社会中战争的特别之处。兰迪斯在一篇社论中详细解释了其中的逻辑关系：

> 民防工作不只是在保护我们自己，这也是一种军事任务。现代战争不只关系到前线。这是一场一个民族用自己所有的武器、资源和工业，去对抗另一个民族的所有武器、资源和工业的斗争。远在前线作战部队交战地点3000英里外的一座食品仓库或者一座机械厂，和前线构筑的碉堡是一样，都是敌人攻击的合法目标。这就是我们的任务，这是一项明确的军事任务，就和一支军队被命令去占领和坚守敌人的阵地一样明确。[181]

正如战前的欧洲一样，塑造这些观点的是想象而非现实，但正是这些观点，使得美国民众会在1943年初美国开始轰炸德国城市目标时，将其视为合法行为。

美国花了很长时间，才真正开始进行轰炸作战。1942年1月28日，美国在佐治亚州的萨凡纳（Savannah）组建了第8航空队，最初由阿萨·邓肯（Asa Duncan）上校指挥。鉴于在阿卡迪亚会议上美国承诺来年加入欧洲或北非战场，第8航空队预计负责空中支援，并为从位于英格兰的机场起飞执行战略轰炸做好准备。阿诺德派伊拉·埃克（Ira Eaker）上校前往英国，与轰炸机司令部建立联系，并了解其行动情况。埃克和哈里斯在2月下旬两人离开华盛顿之前，就在华盛顿见了面，虽然两人性格不同（埃克自信不足但谨慎认真，哈里斯固执己见、做事生硬），但建立了坦诚、融洽的关系。2月21日，也就是哈里斯在海威科姆接手轰炸机司令部指挥权的前一天，埃克抵达了伦敦。埃克与哈里斯相处了一段时间，4月，在强制将海威科姆教堂女子学校的学生迁出以后，他在海威科姆附近的这所教会学校建立了美军司令部。这个代号为“松树”的地方，成为美国第8航空队轰炸机司令部所在地，暂由埃克担任部队主官，此时他已经晋升准将，但手下却一架飞机、一个兵都没有。[182] 从一开始就很清楚，这支美军不在英国皇家空军的指挥之下，尽管人们希望它能从英国的经验中学到很多东西。当年夏末，埃克在写给哈里斯的信中指出，他认为哈里斯是“我们这个‘公司’的高级员工——我们轰炸机队伍的老大哥”。[183] 后来，阿诺德任命美国资格最老的空军军官之一，卡尔·斯帕茨（Carl Spaatz）担任第8航空队的总司令，管理下辖的战斗机、侦察机和后勤保障部队。但是在部队人员建制的组织、训练计划制定、采购系统建立等工作期间，斯帕茨在美国待了5个月。1942年5月10日，他正式从邓肯手中接过指挥权。[184] 阿诺德选择埃克和斯帕茨是有原因的，首先他们两人在美国盛行孤立主义的年代里，和他共同为了组建美国空军而斗争，同时两人也赞成阿诺德关于独立空军战略重要性的意见。1940年7月至8月，斯帕茨曾经访问过英国，他对当时德国人进行的无差别夜间轰炸感觉印象平平，但是能够对抗战斗机攻击且准确性大幅度提高的日间密集编队轰炸，却给他留下了深刻印象。[185] 这些经验教训指导着1942年和1943年美国轰炸机部队的作战和战术发展。

美国空军第一梯队的人员于5月11日抵达英国，第二梯队则在一周后抵达。但是第一批 180 架飞机直到 7 月中旬才抵达英国，其中只有 40 架重型轰炸机。与英国的计划不同，美国从一开始就计划在 1942 年的某时发动首次攻势，因此开始阶段派来的飞机主要是轻型和中型轰炸机，牺牲了战略轰炸能力，以保障其对地支援行动。[186] 1942 年 7 月，丘吉尔和罗斯福不顾美国国内的强烈反对，决定在北非发动有限度的攻势（代号“火炬”），在此之前，美国的空军的作战计划必须以 10 月之前在法国登陆为基础。其结果是将美国飞机几乎完全变成支持地面部队的角色，这个变化彻底破坏了最初计划中的将第 8 航空队转变为主要战略部队的努力。因为进攻欧洲在即（代号“大锤”），1941 年春被任命为美国军事代表团（特别观察组）团长的詹姆斯・钱尼（James Chaney）少将，坚持要求埃克和斯帕茨与他的机构整合，而不是设置一个新的独立司令部。这次权力之争，最后以埃克拒绝在伦敦驻扎，避开钱尼的密切监督告终。此时，英国方面出于作战效率的考虑，坚持要求美国战斗机归属皇家空军的战斗机司令部指挥，而 400 架美国重型轰炸机需要全部移交给英国的轰炸机司令部，这样英国就可以立即将其投入作战，这些有关空中作战的争论影响到了美国和英国的关系。阿诺德于 1942 年 5 月下旬访问了伦敦，成功地将英国的需求暂时减少到 54 架飞机，但他无法保证美国人驾驶的轰炸机能够在秋季到来之前开始作战。[187] 阿诺德本人也注意到，此时的伦敦和上次在德国闪电战期间的伦敦有了很大的不同，他在日记中是这样写的：“男女老少的脸上已看不到恐惧的神情，现在全部是轻松愉快的面孔……人们又开始弹钢琴、吹口哨了。伦敦已经变了样子。”[188] 阿诺德返回了华盛顿，此时他已经有足够的把握，能够阻止第 8 航空队尚不完备的实力再次遭到削弱。

哈里斯在埃克之前不久抵达英国，他立刻前往海威科姆，接手因皮尔斯离任而工作陷入停顿的轰炸机司令部。战争期间，哈里斯是任期最长的轰炸机司令。1910 年，热爱冒险的年轻哈里斯移民到了罗得西亚，他在一战期间离开了那里，加入皇家飞行队，开始了自己的飞行生涯。哈里斯当上了少校，并在 1918 年结束了戏剧性的作战生涯，成为一名训练官。他留在刚刚成立的皇家空军，并在中东地区服役，通过使用轻型轰炸机恐吓伊拉克和巴勒斯坦顽强抵抗的民众，协助确立了“空中维稳”的模式。到 20 世纪 30 年代，哈里斯已经开始在空军部的高层任职，并且在规划所谓“理想轰炸机”（“兰开斯特”轰炸机是其后代）的计划中起到了关键作用。1939 年，他升任轰炸机司令部下属第 5 大队的指挥官，之后于1940年10月担任司令部的参谋长，成为波特尔的副手。从1941年6月起，哈里斯一直在华盛顿，缺席了有关空战战术和司令部影响力逐步减少的争论，当然他对这些问题并非一无所知。[189]

在大多数人看来，哈里斯是一名能干的军官，他敏锐的智慧，尖刻而不失机智的言辞，给和他见面的人留下了深刻印象。他与丘吉尔和美国空军领导人建立了工作关系，虽然这种关系并非总是一帆风顺。他给人的印象就是一个直来直去、不会客套的人，他敢于说出自己的想法，并且不会轻易改变主意。对于那些表现出任何弱点的同事或手下他并不会给予多少同情。跟随目标指示炸弹投弹的飞行员，被他称为“兔子”，对轰炸平民表示怀疑的飞行员，在他口中是“懦弱的修女”，而对轰炸平民提出批评的人，则被他叫成“第五纵队”，空军部里向他提出批评的低级别人员，在他看来就是“无礼之人”。[190] 无论批评者的地位有多高，哈里斯都同样直言不讳。1942 年 4 月，时任皇家空军副参谋长的威尔弗雷德·弗里曼在与哈里斯进行了一次典型的激烈交流后，告诉哈里斯，自己花了好几年才习惯他“好斗的风格、天马行空的发言和浮夸的语句”，但是仍然对哈里斯的言辞给别人造成的伤害程度表示惊讶。哈里斯的名声过于令人恐惧，以至于 1947 年初，空军部根据英国轰炸调查队的批评性报告准备召集一次关于战时轰炸战研讨会时，报告的作者克劳德·佩利（Claude Pelly）在给另一位作者索利·朱克曼的信中写道，如果哈里斯决定从退休后居住的南非返回英国，他们两人需要得到充分提前的预警，这样他们才有足够的时间“逃到天涯海角，比如冰岛或南太平洋。”[191]

哈里斯有两个严重的偏见，在他作为轰炸机总司令的整个职业生涯中，这两个偏见都在影响着他。首先，哈里斯对德国人怀有刻骨的敌意，这使得他不仅有可能发动一场造成大量平民伤亡的城市轰炸战役，而且还对他口中的“这场致命的战役”洋洋得意。哈里斯将第一次世界大战视为未竟的事业，他对左翼和右翼的极权主义制度都有着与生俱来的敌意。但或许这并不能充分解释，为什么他将德国平民的死亡视为理所应当之事。1942 年 4 月，他曾写下这样的名言："在战争取得胜利之前，我们需要杀掉很多德国佬。"[192] 1943 年和 1944 年，他希望空军部明确声明，杀德国人就是他的司令部的任务。日后他从未动摇过自己的信念，坚信在总体战中杀死敌方平民不存在道德问题，这在当时是普遍认同的观点，但他对遭受自己轰炸的德国人的命运完全无动于衷，即使对德累斯顿轰炸也是如此，这一点则让人难以理解。1979 年，当传记作者安德鲁·波义耳询问哈里斯"对德国人发动进攻的信条是什么"时，哈里斯没有做出回应。[193] 其次，他坚信，对城市地区的猛烈轰炸是当时轰炸技术的最佳用途。他经常激烈地驳斥任何将他指挥下的部队转为其他用途的企图，在被迫服从这种压力时，他也会努力让轰炸机部队尽快恢复到他认为是唯一正确的职能上。哈里斯坚持认为，摧毁城市会导致战争结束，这将"缩短战争时间，保护盟军士兵的生命"，尽管这种作战使他手下一半机组成员丧生。[194] 哈里斯顽固地拒绝接受任何其他可能更具战略意义且破坏更小的战略，这个做法使他成为第二次世界大战中的黑格*。哈里斯和黑格将军一样，此后一直是历史争议的焦点。

虽然哈里斯的上任无疑标志着轰炸战的转折点，但他并不像人们常说的那样，是区域轰炸的创始者。哈里斯是在轰炸机司令部的领导经过了一个短暂空缺以后上任的，空军部里那些推崇使用燃烧弹大规模轰炸居民区的官员在这个空档期，利用了司令官空缺的机会，执行他们推崇的战略。1942 年 2 月 14 日，轰炸机司令部代理司令空军少将约翰·鲍德温发布了一项新命令，修改了 1941 年 7 月的指令，取消了将交通系统作为主要目标的做法，把全部作战力量集中到对"敌方民众的士气特别是工人的士气的打击"上。而这次新的作战指令后面，附了一份城市名单，名单中指出了这些城市脆弱的中心区，以及摧毁这些区域推荐使用的投弹量。[195] 1942 年 2 月，负责制定新作战指令的轰炸行动委员会，对某些特

* 第一次世界大战中的英军指挥官，发动了令英军伤亡惨重的索姆河战役。

定城市面临大规模火灾时的脆弱程度进行了研究，选定汉堡（面对火灾的脆弱程度为“特别突出”），后来还选择了汉诺威、杜塞尔多夫、不来梅、多特蒙德（Dortmund）、埃森（Essen）作为目标。[196] 1941 年开始执行的城市分区制度现在开始应用在这些城市上，以此来显示“近距离攻击城市中心”（1 类地区）和攻击“修建完善的住宅区”（2a 类地区）这种目标的价值。对这些城市中心区的轰炸的效果，据估计是对外围工业区和郊区的轰炸效果的 20 倍。轰炸给大型工人居住区造成的破坏，可能造成工人缺勤或者死亡，从而影响多家工厂的生产，而对单个工厂目标的袭击只会影响到那个工厂。[197] 而这就是 1942 年 3 月 30 日，切维尔（Cherwell）勋爵提交给丘吉尔的那份著名备忘录的背景。当时根据他的计算，到 1943 年年中，1 万架皇家空军轰炸机投下的炸弹，足够让三分之一的德国城市居民无家可归。备忘录写道：“调查似乎可以证明，摧毁人们居住的住宅，对于瓦解士气是最有效的。”丘吉尔对此很满意，坚持要求在战时内阁成员中传阅这份备忘录。当时，这份备忘录引起了其他科学家热烈的争论，他们严厉批评其中的计算（帕特里克·布莱克特认为计算结果比事实夸张了 600%）。这份备忘录是历史学家们热议的议题之一，但优先轰炸目标的改变早已得到了高层认可，此时已准备就绪，它只是在进行宣传造势而已。[198]

哈里斯接管轰炸机司令部后确实扭转了局面，因为他是一个咄咄逼人、专心致志的部队捍卫者，反对一切让部队转移作战重心或改变其既有指令的做法。面对各界对司令部的普遍批评，哈里斯称批评者为“无知、没文化夸夸其谈的家伙”，因为如果经常有人告诉轰炸机机组人员他们的努力是“白费功夫”的话，会对士气造成破坏性影响。[199] 当然，哈里斯也明白，如果不扩大轰炸机部队的规模，不停止向其他战场分派轰炸机，轰炸的效果依然相当有限。当哈里斯上任的时候，手下只有几百架轰炸机可用，其中大部分是中型的“威灵顿”轰炸机。他深知这样的部队无法胜任上级提出的城市轰炸作战。哈里斯曾向空军副参谋长诺曼·博顿利抱怨，指出他需要的是一支至少有 2000 架轰炸机的部队；他说若有这样的部队，他不仅可以轰炸名单上的 20 座城市，还能“让德国退出战争”。[200]

尽管如此，哈里斯还是开始展示他有限的兵力可以达成何等成果。1942 年 3 月 8 日至 9 日夜，211 架装备了“Gee”导航设备的飞机（包括 37 架重型轰炸机），轰炸了埃森市和该市的克虏伯工厂群。但是因为工厂排放的浓烟遮蔽了城市，炸弹没有击中克虏伯工厂，只炸毁了几座房屋，造成 10 人死亡。两天以后，部队再次对埃森进行了轰炸，导致 5 人死亡。英军投下的炸弹散布到地面的 61 个不同的村庄和城镇中。[201] 3 月 13 日至 14 日夜对科隆进行了轰炸，虽然夜色昏暗，但是这次目标定位做得更好，因此作战效果比上次好。最成功的一次轰炸是 3 月 28 日至 29 日夜对波罗的海港口吕贝克的轰炸。尽管目标超出了“Gee”导航设备的范围，但是当时是满月，能见度很好。234 架轰炸机分成 3 个攻击波次，袭击了防守松散、建筑密集的“老城区”，部队携带的炸弹中有三分之二是燃烧弹。这次轰炸摧毁了城内约 60% 的建筑，造成 312 人死亡。这是迄今为止，德国遭受人员伤亡最大的一次轰炸。此后又分别在 4 月 23 日至 24 日夜、26 日至 27 日夜，对北部港口城市罗斯托克实施了 4 次轰炸，轰炸目标仍是主城区，摧毁了城里 60% 的建筑，但是由于当地民防机构效率较高，轰炸仅造成 216 人死亡。这几次轰炸是第一波按照 1941 年制定的，对市中心易燃目标实施燃烧弹攻击的方针进行的轰炸，并且这几次轰炸确实造成了严重的城市破坏。这些轰炸也是第一次引起德国当局严肃对待的轰炸。在罗斯托克遭到轰炸以后，德国开始启用“重大灾难”这个类别，来记录大规模轰炸和更严重的破坏。[202]

然而，空军部对第一波采用“Gee”导航设备的轰炸行动取得的成功并不满意。空军部轰炸作战主任约翰·贝克对哈里斯提出了批评，指责哈里斯误解了自己向他介绍的燃烧弹轰炸的本质，轰炸时携带了过多的高爆弹。哈里斯收到了一份备忘录，总结了英国各地消防队长对高爆弹和燃烧弹的相对使用效果的看法，该备忘录显示，在几乎所有情况下，损失的 90% 以上都是火灾造成的。贝克建议在轰炸的时候，至少要携带 20 万枚 4 磅燃烧弹，这样才能扩大破坏效果。[203] 5 月 8 日，在轰炸罗斯托克以后，贝克的副手，西德尼·巴夫顿在写给哈里斯的信中指出，3 月、4 月轰炸埃森后的侦察照片显示，投下的炸弹有 90% 落在了距离埃森既定弹着点 5

至 100 英里的范围内。1942 年 3 月至 6 月间，对埃森的 12 次轰炸中，有 7 次轰炸行动里只有不到 5% 的飞机飞抵目标区 3 英里范围内。位于岸边的罗斯托克较容易定位，但轰炸机投弹时自动拍摄的照片显示，有 78% 的炸弹不是在该城市上空投下的。[204] 在这之前的几周，即 4 月 14 日，参谋长们要求丘吉尔授权法官约翰·辛格尔顿（John Singleton）爵士重新对轰炸结果进行研究，看看在随后的 18 个月里，轰炸可能会带来什么结果。事实上，是切维尔勋爵的关于“炸毁工人住宅”的备忘录促成了这个决定，该备忘录指出，18 个月以后，轰炸将会造成非常重大的战果，因为那时将会有更多的轰炸机、轰炸准确性也会更高。[205] 5 月 20 日，辛格尔顿提交了调查报告，报告中所用的材料都是贝克和巴夫顿提供的，没有使用去年 8 月巴特报告中的统计数据。辛格尔顿报告的结论是，使用“Gee”导航设备的结果喜忧参半，但是总的来说，该设备在促进轰炸精确性上和集中投弹上是失败的。[206] 一周后，切维尔勋爵在写给丘吉尔的信中说，辛格尔顿“和其他任何外行一样，对我们不准确的轰炸感到失望”。[207]

总的来说，哈里斯并没能提高轰炸的准确性。关于建立一支功能等同于德军第 100 特种轰炸大队的目标定位部队的争论，早在 1941 年就开始了，但直到哈里斯接任司令的职务的时候，这场争论还没有结果。他本人反对以使用“Gee”设备为契机，组建一支专门用来搜索、定位和指示目标城市的部队。哈里斯认为组建一支精英部队，让那些表现平平的飞行员跟在后面飞行，将会削弱部队其他人员的士气，在这一点上，其他高级指挥官也持同样的意见。他更倾向于在每个轰炸机大队保留“尖子飞行员”，让他们去搜索、定位目标，但这种做法并没有产生集中轰炸的效果，而哈里斯对此置若罔闻。3 月中旬，在与各大队的队长、轰炸行动委员会共同召开的会议上，哈里斯明确指出，他本人反对组建目标指示部队的建议，他的意见得到所有 5 位轰炸机大队长的支持。[208] 这个事件凸显了个别司令官和他们的指挥员在多大程度上享有独立于空军部和空军参谋部的权力，以及在选择作战时有多少独立性。然而，哈里斯也难以忽视有关轰炸准确性仍然不高的证据，更难以忽视来自政界和军方要求改善轰炸准确性的压力。如果不能提高轰炸准确性，情况可能会像空军参谋部在 5 月的一份备忘录中写的那样，他将在“事实上和逻辑上”再也难以对抗将轰炸机部队挪作他用的企图了。[209] 3月，巴夫顿向轰炸机司令部所属中队和场站的领导发出了一份调查问卷，问卷的内容是他们是否赞同组建一支专门用来搜寻目标的部队。巴夫顿得到的调查结果是一致同意。一位驻守在剑桥市附近奥金顿（Oakington）的飞行中队长告诉巴夫顿，高级军官们那些一战时期的作战经验在新型战争中毫无价值可言，他说：“一定要彻底抛弃那些陈词滥调。”[210]

巴夫顿把调查结果转给哈里斯，但并没能改变什么。哈里斯找到了5名提出相反意见的中队长。哈里斯能够做出的最大让步，就是在现有基础上，让每个大队都有在轰炸行动中带队的飞机。6月，危机终于到来，此时威尔弗雷德·弗里曼是空军副参谋长，他代表着参谋长波特尔的意见，在和哈里斯就战术问题进行了几个星期毫无结果的争论以后，他终于掌握了主动权。弗里曼告诉哈里斯，他必须接受组建一支专业目标搜索部队的意见。哈里斯在面见波特尔时尽管进行了最后努力，但最后还是被迫同意，只是他坚持要将其称为“探路者”，而非空军参谋部所说的“目标搜寻部队”。即使如此，哈里斯仍设法阻挠这支新组建的部队的工作，另外这支部队仍然缺少性能优良的作战飞机和技术精湛的飞行员。1942年7月5日，来自澳大利亚的轰炸机大队长唐纳德·班尼特（Donald Bennett）接受任命，成为“探路者”部队的指挥官。部队于8月15日正式组建完成，并在3天后执行了第一次任务，轰炸目标是德国北部港口城市弗伦斯堡（Flensburg）。这支部队初次上阵的表现使人难堪。强风使探路者部队和后续主力部队偏离航向，原本轰炸德国的炸弹，却投向了两座丹麦城镇，造成4名丹麦人受伤。[211] 8月初，空军部的一份会议纪要指出，尽管已经就组建目标搜寻部队达成共识，但“高层对这项工作缺少热情和紧迫感的态度，已经弥漫了整个司令部，这样会不可避免地造成目标搜寻部队在一开始就会遭遇彻底失败”。[212]

哈里斯发现自己和自己的前任皮尔斯一样，需要和英国皇家空军内部和外部的批评斗争。5月，哈里斯一直在筹备一次能够起到轰动效应的轰炸行动，以此来平息公众的批评，并树立自己在司令部的威信。他获得了波特尔和丘吉尔的批准，计划派出 1000 架飞机对一座德国城市实施空袭。这是一项冒风险的行动，因为这次行动需要海岸司令部合作，派出其所属的轰炸机，同时还需要动用空军训练团的飞机。此时轰炸机司令部只有 400 架前线作战飞机。轰炸行动的目标是汉堡，因为这座城市和吕贝克及罗斯托克类似，都是靠近海岸的城市，便于轰炸机寻找。哈里斯在计划中写道，轰炸目标是在一两个晚上之内把这座城市彻底毁灭。目标城市较大、距离较近，并且“适合放火”。轰炸机需要携带所有可以使用的燃烧弹，用持续不断的饱和轰炸给城市引发一场“不可扑灭的大火”，这也是对空军部建议的战术的一种回应。[213] 这次轰炸行动的代号是“千年行动”，它与后续的其他行动一样，辜负了代号寄予的含义。到 5 月 23 日，计划制定完成，计划中详细说明了德国的防御和 3 条通往目标的航线。海岸司令部同意借出 250 架轰炸机，但是海军部却否决了这个决定。哈里斯不得不在最后一刻，征召了飞行教员和飞行学员，才凑成了这支 1000 架飞机的队伍。发动行动的那一周天气不好，后续的一周气象状况更加糟糕，司令部不得不在 5 月 26 日选定科隆作为备用轰炸目标。后来，彻底放弃把汉堡作为首选轰炸目标的计划，于是，这座城市要到下一年才会经历火灾风暴。

轰炸行动一波三折，首先批准，然后取消，后来轰炸行动又于 5 月 30 日得以恢复，哈里斯最后批准于当天夜间实施对科隆的轰炸。轰炸机司令部总共派出了 1047 架轰炸机，但只有 868 架声称轰炸了主要目标，一共投下了 1455 吨炸弹，其中三分之二是燃烧弹，只有 800 吨炸弹落到城市地区。集中进行的饱和轰炸，使得轰炸任务仅用了一个半小时就结束了。这或许解释了为什么科隆上报的报告中提到城市上空只有 50 至 100 架轰炸机。后来科隆的纳粹党地区领导提交的报告证实了轰炸的实际规模，他写道：“这是迄今为止，敌人进行的最成功的一次集中轰炸。”[214] 轰炸摧毁了约 3330 座建筑，破坏了 7908 座建筑，造成 486 人丧生，超过 5000 人受伤，有 59 100 名居民暂时无家可归。这个数字，意味着科隆损失了 5.2% 的建筑。轰炸尽管规模很大，但是却没有按照哈里斯希望的那样，把城市从地图上抹去。[215] 按照他的计划，只要有轰炸机协同作战，他就会继续这种大型轰炸。6月1日至2日夜，埃森也遭到了一次千机轰炸，但是这次行动远远算不上成功，仅有11座房子遭到摧毁，15人丧生。最后一次千机轰炸的行动代号是“千年二号”，目标是港口城市不来梅，时间是6月25至26日夜。在这次出动的960架轰炸机中，有696架声称投下的炸弹击中了城市。但是，这次行动一共只摧毁了572座建筑，造成85人死亡，这也就意味着，很多投下的炸弹偏离了目标区。[216]至此，千机轰炸行动彻底结束。尽管尝试使用集中的饱和轰炸摧毁“卡姆胡伯防线”，但轰炸机司令部还是遭受了开战以来最严重的损失，3次轰炸行动一共损失了123架轰炸机。这种损失已经威胁到了轰炸机司令部的训练体系，因此大规模轰炸终止了。训练教官的损失和新手人员被迫驾驶老旧飞机充数的情况，让某些训练团几乎到了哗变的边缘。[217]

轰炸机司令部的这些行动，确实帮助其挽回了不少声誉，特别是在英国民众对作战进展感到不耐烦的时候，但对轰炸行动的未来来说，轰炸机司令部和第8航空队在1942年夏天和初秋所面临的情况，比1941年的危机更危险。1942年夏天，盟军的作战形势陷入了低谷。太平洋和南亚落入了猖狂的日本人手中，尽管6月初的中途岛海战击退了日本，但盟军的反攻仍困难重重。在北非战场，英联邦军队已经放弃了利比亚的大部分地区，丢失了托布鲁克（Tobruk），后撤至埃及。德军统帅埃尔温·隆美尔（Erwin Rommel）看起来正准备夺取苏伊士运河。而大西洋战役此时也到了关键时刻，在东线的德军正在向着高加索油田和伏尔加河畔的斯大林格勒挺进。各个战场上出现的危机使盟军的战略陷入了迷茫，不知不觉中，轰炸战成为弥补轴心国胜利造成的战略空缺的牺牲品。此时，战时内阁成员，扬·史末资（Jan Smuts）元帅开始竭力鼓动丘吉尔把轰炸机司令部的飞机派到北非战场，他认为这能带来更大的战果。[218]为了对抗这些压力，哈里斯直接写信给丘吉尔，试图说服丘吉尔相信，轰炸机司令部和两年前一样，仍然是战争取得胜利的潜在工具，他写道：

> 我们现在正处在十字路口。如果我们愿意，我们可以自由使用我们正在迅速增强的空中力量。如果我们能以正确的方式使用我们的

空军力量，我们将在几个月内彻底击败德国人。如果我们选择了错误的道路，那么我们的空军现在和将来，都会不可避免地逐渐沦为旷日持久且不必要的陆战和海战中的辅助力量。[219]

哈里斯还随信附上了一份文件，文件中的数据显示，当时轰炸机司令部只有36个中队，584架飞机，只占皇家空军和舰队航空兵全部飞机的11%，这些飞机中还有一半被抽调去协助皇家海军作战。几周以后，哈里斯经过计算得出结论，他的部队已经大大减少，只有22个能够轰炸德国的中队了。[220]

1942年的最后几个月里，轰炸机司令部一直在等待最终的战略结果。哈里斯知道，正在酝酿中的一系列技术和战术革新，将会让司令部受益。正如他预测的那样，“Gee”设备没有使用多久。8月4日，这种设备第一次遭到德国人的干扰，德国人建设了规模更大的干扰站网络，以实现对“Gee”设备信号传输的经常化干扰。此时，英国的电信研究机构正在研发两种新的导航系统。第一种系统被称为“双簧管”（它发出的声音和这种乐器有些类似），依靠设立在多佛（Dover）和诺福克郡（Norfolk）克罗默镇的两座地面雷达发射的脉冲信号，信号被空中的飞机接收后，转发到地面的主信号站，由主站对飞机的位置进行修正。当飞机飞临瞄准点上空时，第二个信号站会向飞机发出投弹信号。这一套系统精确度很高，但是距离有限，信号最远只能深入德国境内270英里，几乎只能覆盖鲁尔区，而且这个系统一次只能为一架飞机服务。第二种技术革新则更加激进。利用英国发明的空腔磁控管技术，使用这个设备，雷达的波长可以更窄，以此为基础，英国人研制了H2S机载雷达，这种雷达通过记录地面住宅密集区更强的反射信号，来绘制地面地图。这个设备可以在远距离使用，也不会遭到信号干扰。到1943年初，这两种设备都具备了实战能力。此时新研发完成的双引擎轰炸机哈维兰德“蚊”，在无形中放大了这两种设备的潜在能力。这种飞机是1938由一家私人企业开始研发的，其独特之处在于其机身由木材制成，它由两台劳斯莱斯“梅林”引擎提供动力。这是一种轻型轰炸机，依靠高速飞行躲避敌人战斗机的拦截。在空军负责装备研发工作的弗里曼将军于 1939 年末见到这架飞机并下达生产原型机的命令前，空军部对这架飞机并没有什么兴趣。1940 年 11 月 25 日，飞机进行了首飞，并于一年后列入部队服役，主要用途是执行日间轰炸任务。飞机的航速能够达到每小时 400 英里，升限为 2.8 万英尺，其飞行速度已超过了不列颠之战中的不少战斗机。敌人很难拦截这种飞机，因而其损失比轰炸机司令部的其他飞机小得多。这种飞机独特的作战性能，使其自然而然地被选入新组建的“探路者”部队，但在 1943 年 1 月，只有 16 架“蚊”轰炸机成为目标标定飞机。

然而，在 1942 年 5 月下旬科隆轰炸行动之后，轰炸机司令部仍然无法证明自己配得上哈里斯在 6 月宣告的那种战略地位。美国第 8 航空队缓慢的组建速度，严重打击了依靠美军参战来快速增强轰炸效果的愿望。直到 7 月，第 8 航空队还不知道在为盟军穿越英吉利海峡的作战提供直接支援之前，是否有时间对德国的目标实施轰炸。飞机和人员的缓慢集结，将向德国发动重大轰炸的时间推迟到了 1943 年。表 5.2 展示了第 8 航空队 1942 年的发展情况，但是表格中列出的行动都没有轰炸德国本土。

表 5.2　1942 年 8 月—12 月第 8 航空队轰炸机司令部作战统计

月份	出动架次	投弹量（吨）	可作战轰炸机	可出动机组	损失
8	90	135	24	21	2
9	106	215	56	55	7
10	157	334	90	110	11
11	382	612	99	113	14
12	243	417	115	114	34

资料来源：AFHRA, Maxwell, AL, Eighth Air Force collection, 520.056 - 188, Statistical Summary of Eighth Air Force Operations, 17 August 1942 - 8 May 1945; Richard G. Davis, Carl A. Spaatz（Washington, DC: 1993）, App 17。

与德国空军和轰炸机司令部类似，让没有作战经验的飞行员去和德军经过改进的防空系统进行对抗，美军也需要经历同样的学习曲线。斯帕茨和埃克受到来自华盛顿的压力，国内的高层要求他们组织一次进攻作为军力的展示，以满足美国和英国民众的民意，阿诺德选定美国的独立日7月4日作为进行作战的日子。斯帕茨当时手下还没有自己的飞机，于是，他从皇家空军那里征用了6架道格拉斯A-20轻型轰炸机，向位于荷兰海岸的4座德国机场发动了自杀性的轰炸。7月4日早晨，6架飞机起飞向目标飞去，机身上的皇家空军标志已经被油漆抹掉了。最后，派出的飞机损失了三分之一，7名飞行员死亡，1人被俘。3周以后，还有一名幸存的机组人员自杀了。对于这次空袭行动，大西洋两岸的报纸都进行了大张旗鼓的报道，但是这仍然是一次失败的行动。[221]阿诺德积极督促手下的将领们加快组织真正的轰炸行动。美军终于在8月17日发动了轰炸行动，这次派出12架波音B-17“空中堡垒”轰炸机，空袭了法国北部鲁昂（Rouen）机场的飞机库。埃克也乘坐参加行动的轰炸机一起飞行，整个轰炸机编队得到了皇家空军战斗机的护航。对目标实施空袭以后，所有参加行动的轰炸机全部安全返航。此后，美军对德军占领的欧洲继续实施了3次轰炸行动，10天以后，埃克就轰炸的准确度向斯帕茨进行了汇报。投弹照片显示，投下的炸弹中有90%的炸弹落到以瞄准点为中心半径1英里的范围内，大约有一半炸弹落到了半径500码范围内。由此他得出结论，在白天使用诺顿瞄准器进行轰炸，其精确度比皇家空军的夜间轰炸提高了大约10倍。尽管作战经验还十分有限，但是，埃克和哈里斯都相信，盟军在白天和黑夜的轰炸将足以“彻底扰乱德国的工业生产和运输系统”。[222]但与英国和德国的学习曲线不同，早期的空袭行动让美国方面相信，在白天进行轰炸是可行的。

就在哈里斯等待丘吉尔就未来的轰炸行动进行答复的时候，这位首相于8月12日飞到了莫斯科与斯大林紧急会谈。会谈的目的是向斯大林解释，为什么西方盟国在7月取消了在1942年跨越英吉利海峡发动进攻的决定。这次会议因其强烈的火药味而名噪一时，斯大林反驳了丘吉尔提出的每一个解释，直到丘吉尔讲述了英美联合轰炸的计划。罗斯福的代表埃弗里尔·哈里曼在发给上司的电报中写道：“斯大林在这场争论中占了上风，并说房屋和工厂都应该被摧毁……他们二人很快就决定要摧毁德国大部分重要的工业城市。”[223]哈里斯和斯帕茨两人还是幸运的，因为

1942 年夏天的时候，未能如约开辟欧洲第二战场的盟军需要用轰炸作战来安抚苏联。尽管丘吉尔知道轰炸效果没有多大改善，但鉴于目前还不能发动跨越英吉利海峡的作战，所以还不能轻易放弃轰炸。8 月 17 日，丘吉尔要求波特尔和辛克莱制定一个针对柏林的作战计划，借此向斯大林显示自己说话算话。但是，哈里斯却告诉他，在仅有 300 架能够作战的轰炸机和飞行员大部分都没有作战经验的前提下，执行这种轰炸作战成本太高。尽管丘吉尔为了发动轰炸而大发雷霆，哈里斯还是告诉波特尔，这种行动会严重破坏轰炸机司令部的发展。8 月，在给波特尔的信中，哈里斯写道："正如我多次向你指出的，从需要承担的轰炸任务来看，现在轰炸机部队的规模还是太小。"[224]

因此，9 月 4 日，当哈里斯要求丘吉尔关于轰炸的未来做出一个"最终确定的决策"时，丘吉尔给了他一个谨慎的答复。丘吉尔还是希望哈里斯能轰炸德国，因为他不会轻易放弃英国这种重要的作战方式，但是，他也认识到，轰炸在 1943 年不会有决定性的效果，也不会结束这场战争，最后，丘吉尔总结道："至少比什么都不做要好。"[225] 事实上，这也是 1942 年秋天，军界和政界普遍的观点，对他们来说，第一要务是突破德军潜艇的封锁，为此必要的话可以动用轰炸机，同时还要支援计划中美国在北非和欧洲发动的地面作战。丘吉尔的阁僚利奥·艾默里（Leo Amery）认为哈里斯的备忘录"完全没有说服力"，他认为应该把轰炸机用在"与陆军和海军的战术合作上"。[226] 空战分析科的一名科学家曾向空军部提出警告，指出轰炸机司令部对德国工业的轰炸不足以造成决定性的破坏。利奥·艾默里继续写道："我知道，大部分深思熟虑的人对夜间轰炸都抱着这种态度。"[227] 1942 年 11 月，当参谋长委员会开始考虑轰炸行动的未来时，波特尔遭到了同事们充满敌意的盘问。英军总参谋长艾伦·布鲁克上将认为空军的作战缺少清晰的计划，低估了德国人的防空能力，夸大了可能的投弹量，同样过分夸大了盲目轰炸的破坏效果。他接着说，轰炸的唯一优势就是其政治价值，"把战争的恐惧带给德国人"。[228]

哈里斯把自己的挫折感发泄在别人身上。他指责加拿大轰炸机中队"躲在角落里缩成一团"，这支部队在轰炸机司令部中所占的比例越来越大，英国还要把本应给本国部队使用的“兰开斯特”轰炸机拨给他们。[229] 哈里斯也不顾英美友好合作的公众形象，对第 8 航空队大加批评，指责美国人从英国轰炸机中队手里抢走了位于东盎格利亚的机场，迫使英国飞机执行更加危险的返航路线飞向远在西部和北部的基地，而美国人在轰炸德国的行动中却连“最小的帮助”都没有。哈里斯还要求空军部对美军领导提出质询，要求他们明确回答“是否还愿意继续执行轰炸德国的军事行动”，如果愿意继续，就要明确什么时候开始行动。如果得不到满意的回答，哈里斯就建议把那些英国基地收回来，对此，空军部给予了有限度的支持。[230] 哈里斯还针对波特尔发表了一篇尖刻的讽刺文章，指责他将轰炸机部队用于轰炸那些所谓的“万金油”目标。他总结道：“总之，这就意味着我们对德国实际轰炸行动的结束。”在战争剩下的时间里，哈里斯一直在与那些他口中的“万金油贩子”和阻止他轰炸城市的“分散轰炸主义者”斗争。[231]

在秋天的这几个月里，轰炸机司令部并没能拿出像样的成果，以平复外界异口同声的批评。轰炸德国的证据显示，即使“探路者”部队已经投入使用，但是轰炸精确度仍然低得惊人。1942 年 12 月，官方的科学家向轰炸机司令部询问近几周对鲁尔区轰炸的作战情况，得到的回答是，在天气好的时候，三分之一的炸弹能够落到瞄准点为中心 3 英里范围内，但是在大多数轰炸行动中，仅有 15% 左右的炸弹能够落在这个范围之内，有时候甚至为零。[232] 对美因茨（Mainz）和慕尼黑轰炸行动的调查显示，轰炸慕尼黑的大部分燃烧弹都落到了乡村地区。巴夫顿对这些发现进行回应时，这样写道：“在当前的情况下，整个司令部缺乏对普遍战术原则的把握。”[233] 同时，当时也没有有效的手段，衡量轰炸给德国经济、军事和士气带来了怎样的影响。整个 1942 年间，轰炸机司令部在德国领土上投下了 37 192 吨炸弹，而 1941 年的投弹量是 22 996 吨，但这些轰炸不但没能把炸弹准确投在目标区域上，还因为作战或意外事故损失了 2716 架轰炸机。[234] 对大型轰炸的第一次科学分析在 1942 年 11 月由研究和实验司第八处完成，研究组使用英国遭受轰炸的案例，估算了 1000 架轰炸机在 7 个月前对科隆实施轰炸后，可能造成的无家可归人数、每月丧生人数和经济损失。直到 1943 年 1 月，才对被毁面积和高爆炸弹与燃烧弹破坏比率完成了第一次统计评估。[235] 在此之前，关于城市已经被轰炸摧毁的说法只是猜测。事实上，轰炸在 1942 年中给德国经济和社会造成的破坏仍然十分有限。在 1942 年春末进行的一系列大型轰炸行动，没有继续坚持下去，而德国的民防机构和负责修缮的部门，为应付这些轰炸造成的后果也没有费多少力气。轰炸没有给德国经济造成很大的影响，而这一年武器的生产还增加了 50%。战后美国的轰炸研究报告显示，英国的轰炸导致德国潜在总产量减少了 2.5%，大致上是德国空中闪电战对英国影响的一半。整个 1942 年间，4900 名德国人死于轰炸，平均每损失一架轰炸机造成两名德国人丧生。[236] 轰炸唯一确定的成就就是迫使德国人调动飞机、武器和弹药来对抗盟军轰炸，原本这些资源是可以用在北非或者苏联前线的。

1942 年 11 月 18 日参谋长委员会召开的会议上，丘吉尔提议对轰炸行动进行讨论，因为在那个时候，轰炸作战正在“逐渐衰退”。丘吉尔认为，不应继续实施不自量力的行动（暗指哈里斯），而应有一个更现实、更有可行性的计划。[237] 对于战争前 3 年轰炸作战效果不佳和难以维持轰炸攻势的问题，有着许多老生常谈的解释，比如经济实力对飞机生产的制约，其他战场对轰炸机的需求，训练人员和准备作战的长期性等，但所有这些都不足以说明，为什么没有早一些开始并坚持在战术、作战和技术上做出明显的改进，或者在这些方面制定明确的令人信服的计划（或者说为什么没有干脆放弃这个战略，以更高效的方式利用这些资源）。到 1942 年秋，英国和美国的空军除了摧毁工人住宅区和攻击德国西部数量有限的工业目标外，并没有其他轰炸计划，并且双方也没有下功夫评估这种简单的作战方案会有什么战略收获。最后，英国战时内阁要求联合计划参谋部在 1942 年 8 月末制定一个轰炸计划，但直到年底也没有批准任何轰炸作战计划。[238] 也是在 8 月，罗斯福命令阿诺德为未来的空战制定一个详细的计划，这个命令的结果就是空战计划司第 42 号指令的出炉，尽管该指令仍然不是明确的作战指令，但是明确罗列了应该怎样组织一次轰炸作战，应该选择什么样的目标等内容。几周以后，阿诺德向哈里·霍普金斯抱怨，目前仍然缺少“一个简单、明确、有明确日期的作战计划”。[239] 美国对缺少轰炸战略方向和第 8 航空队组建的缓慢感到失望，阿诺德决定将斯帕茨调到北非战场，和艾森豪威尔合作，以期望最终让他成为美国空军在欧洲战区的总司令。斯帕茨并不愿意失去第 8 航空队的指挥权，但还是将指挥权移交给埃克，随着非洲作战的开始，正如他担心的那样，一部分轰炸机部队被抽调去参加大西洋战役，进一步推迟了美国对德国的轰炸。[240]

英国轰炸作战最大的失败就是目标搜寻和标定技术的发展缓慢，高效电子设备、目标标记炸弹和投弹瞄准器的研发也十分迟缓，更无法将作战方式和最终目标联系起来将作战效果最大化，对付敌人的防空系统。在从 1939 年 9 月到 1942 年 9 月的漫长学习曲线中，轰炸机司令部损失了 1.4 万人。对这种现象的一个简单解释就是，空军部、空军参谋部和指挥官之间的关系不够明确。部队的大部分职责都委派给司令，然后司令又把这些职责分配给基层的飞行大队长。这导致空军部专业人员做出的必不可少的科学与战术评估，很难传达给一线组织作战的军官。经济战争部在写给空军大臣的信中指出，这一隔阂破坏了从作战经验中学习的可能，也杜绝了各部门共同商讨充分利用轰炸机部队方式的可能。经济战争部希望在轰炸作战中有更大的话语权，因此算不上一个中立的旁观者，但这种困境是真实存在的，而哈里斯用咄咄逼人的气势维护自己的独立性，则使得这个问题更加严重。[241] 同时，空军部官员为空军参谋部制定了作战指令，但是指令对基层指挥官在技术要求和作战可行性上，几乎没有什么指导意义，并且也没有给他们列出明确的战略，因为这根本就不是那些官员的工作。正如 1942 年 5 月的一份备忘录所显示的那样，结果是“双方都受到了相当大的批评和失去了信心”。[242] 飞行员们夹在这两个单位之间，去执行那些不可能的任务，伤亡惨重，但关于他们行动的目的又得不到更多的解释。巴夫顿，作为一名前飞行中队长，对这种挫败感进行了总结：“他们觉得自己可以做的事，能比他们正在做的更多；在某种程度上，他们在盲目地摸索，试图找出失败的根源。”[243]

第六章

联合轰炸

德国 1943 年至 1945 年

1943 年 1 月 18 日午餐时分，英国皇家空军副参谋长约翰·斯莱瑟少将坐在卡萨布兰卡的安发酒店屋顶的露台上，一边看着“大西洋滚滚而来的波浪拍在沙滩上”，一边草拟着美英两国参谋长关于未来盟军作战的折中协定。参谋长波特尔通读了协定全文，并提出了几处改动。在他笔记本上草草写下的战略承诺清单中，斯莱瑟写道：“从英国向德国发动最猛烈的轰炸。”[1] 这份匆忙写下的笔记，后来打印、分发给了当天下午参加联合参谋部会议的人员，并得到批准，在 3 天后作为盟军战略的基础得到罗斯福和丘吉尔的认可。斯莱瑟提议出动重型轰炸机的轰炸作战此时进入草案拟制阶段，初步计划完成后，于 1 月 21 日呈报联合参谋部审批，联合参谋部仅对部分措辞进行了修改。这一作战计划得到批准，两天后，这份关于对德国发动联合轰炸攻势的“卡萨布兰卡指示”作为联合参谋部第 166 号文件下发。[2]

卡萨布兰卡会议召开的时候，正处于盟军作战的关键时刻。斯大林因为忙于斯大林格勒战役，没有出席这次会议，因此，西方盟国未来的战略成为这次会议讨论的重点。这关系到扩大地中海战区和 1943 年或 1944 年在法国开设第二战线的计划之间的平衡。1942 年 11 月，火炬行动之后，美国加入了地中海战场。在扩大地中海战场的作战和 1943 年或 1944 年在法国开辟第二战场之间的平衡问题，成了此时的关键。对于轰炸机部队来说，此时正是成败关头。会议召开时，正是外界对轰炸机司令部和美国第8航空队的批评进入尾声的时候，这样就给了这两支部队一个机会，让它们可以为自己坚持的独立轰炸战略进行辩护。这就意味着需要进行一次公关活动，让那些潜在对轰炸持怀疑态度的人接受轰炸作战。阿诺德命令手下准备了详细的统计数据、地图、报告和彩色图表，由他带到卡萨布兰卡，光是目录就长达3页。[3]哈里斯也决定努力定期向美国媒体提供包括被摧毁城市的航拍照片在内的宣传材料。在此之前，1943年1月初，空军部在华盛顿组织了一次相关的展览，美国副总统亨利·华莱士（Henry Wallace）参观了这次展览，后来还把相关展品带到白宫向罗斯福进行了展示。据报道，华莱士通过参观展览"完全相信了轰炸德国的必要性"，并且迫切希望把自己的感受告诉总统。皇家空军驻美代表团甚至计划拍摄一部电影，来帮助阿诺德向美国公众展示轰炸作战。[4]在卡萨布兰卡，阿诺德派出了包括埃克和斯帕茨在内的整个团队，来讨论空军作战的问题。英国方面，波特尔选择了斯莱瑟参加讨论，因为斯莱瑟是一位有组织计划经验同时又有社交才能的军官，而哈里斯的直言不讳在这种微妙的讨论中显然是不合时宜的。

很难说这些宣传工作对于最终批准发动联合轰炸是否产生了影响。这两支轰炸机部队取得的成果也喜忧参半。正如英国皇家空军一名高级官员后来评论的那样，卡萨布兰卡指示是一份措辞松散的文件，是一系列充满希望的意向，而不是那种"像学生写的一样"的明确计划。[5]事实上，又过了好几个月，真正的作战计划才制定完毕。这项计划的内容需要符合其他军种的优先作战目标，同时还要符合政界领导的需求。在卡萨布兰卡会议上，轰炸被认为是在入侵德国前削弱德国实力的一种方式，而非独立的进攻，这与德国空军在海狮行动流产前扮演的角色是一样的。轰炸作为一种作战选择能够幸存下来，并非因为轰炸战是西方盟国战略前景的核心，而是因为它是辅助性的作战。

卡萨布兰卡指示

对于后来的历史学家来说，联合参谋部第166号文件的最终决定似乎是顺理成章的，然而这次会议反映了1942年最后几个月围绕轰炸行动的许多冲突和争论。两位战时领袖和他们的参谋长承诺将进行持续轰炸，这并不是必然的结果。自1942年8月以来，丘吉尔对轰炸机司令部越来越不耐烦，当时他在访问莫斯科时向斯大林保证，马上就会对柏林发动猛烈空袭。哈里斯拒绝在有足够的飞机之前空袭德国的首都，最终在会议进行中的1月17日，才发动了代号“坦能堡”的空袭，而此时斯大林早已失去了耐心。[6] 最后，丘吉尔给斯大林提交了一份1942年7月至9月16座遭到空袭的德国城市名单。直到1943年3月，斯大林收到了空袭柏林的消息，这距离丘吉尔的第一次承诺已经过去了6个月。[7] 伦敦和华盛顿都对第8航空队缓慢的组建速度有些不耐烦。丘吉尔认为，美军轰炸机需要配属到海上作战和火炬行动的登陆支援上，对德国日间轰炸的计划应该放弃。斯帕茨在12月警告埃克，第8航空队必须开始“进入德国领土作战”，不然就可能会被调到地中海战场。即便如此，直到1943年1月27日，卡萨布兰卡会议结束3天后，第8航空队才第一次发动对德国目标的空袭。这次行动，第8航空队派出59架轰炸机，空袭了威廉港的码头。[8] 阿诺德后来告诉自己的参谋长，在卡萨布兰卡会议上，英国和美国代表因为他“没有让美军重型轰炸机轰炸德国”而对他大加批评，让他在会上只能始终采取被动防守的姿势。[9]

在卡萨布兰卡会议上，英美空军不得不变成大失所望的旁听者，而且他们还必须尽快联合起来。尽管英国皇家空军和美国陆军航空队公开承诺要协同作战，但从1942年秋天开始双方之间的关系日趋紧张。双方都意识到，此时需要把轰炸以一种比其1942年大部分时间更加清晰易懂的战略选择呈现出来。1942年9月，波特尔和斯莱瑟起草了一份关于“未来战略”的文件，主张通过发动联合攻势，弱化德军的防御，甚至可能让意大利退出战争，以此为进攻欧洲大陆创造前提条件，但是文件中却没有明确提出空袭的目标和方式。[10] 阿诺德哀叹英国空军没有任何明确的计划，“在任何一个地方都没有力量取得决定性的胜利”。[11] 1942年9月19日，阿诺德的作战参谋在华盛顿制定了空战计划司第42号指令，这一计划和英国提出的在登陆欧洲前消耗德国实力的想法是一致的，但它明确说明了要如何实现这一目标。根据美军的计划，其轰炸机部队将会发动日间轰炸，目标是177个与德军军事实力关系密切的目标，计划投弹132 090吨，出动66 045架次。计划中选定的7类目标包括德国飞机生产、潜艇建造、运输、电力、油料、氧化铝和合成橡胶工业。计划中对德国战斗机部队的反制，被认为是关键的阶段性目标，完成这个目标，将会促成剩余计划的完成，但是，这个反制作战对英国皇家空军却没有什么吸引力。[12] 波特尔礼貌地告诉阿诺德，他"很感兴趣地"阅读了这份计划，但是除了轰炸作战对最终胜利至关重要这一点以外，这份计划并没有促成双方达成共识。在卡萨布兰卡，阿诺德向美军参谋长联席会议抱怨，指出英国人似乎不具备从全球战略的角度思考问题的能力，只能简单地考虑"下一次行动"；他并不认为英国方面"曾经制定过明确的轰炸计划"，在他的坚持下，盟军联合参谋部开始制定一项优先的轰炸计划，也就是这份计划，促成了几天后卡萨布兰卡指令的出炉。即使是这份指令，也是英国削弱敌人士气的总目标和美国人的优先轰炸目标之间的妥协。[13]

卡萨布兰卡会议上最难以处理的问题，就是关于日间轰炸的争论。整个1942年，伴随着第8航空队作战实力的增强，这一直是一个令人头疼的问题。丘吉尔对日间轰炸将会发挥作用的说法持强烈的怀疑态度。事实上，不管是皇家空军还是德国空军在空战效果更好的战斗机面前，都难以将日间轰炸作战维持下去，而且直到1943年1月，美国的第8航空队仅在防空能力较弱的法国上空执行过任务。从1942年秋天起，丘吉尔就已经准备进行一场持久战，他准备说服美国方面相信在德国领空实施日间轰炸过于冒险。他对波特尔说："只要美国人开始日间轰炸，他们一定会遭受重大损失。"[14] 丘吉尔认为，对于美国轰炸机部队和机组来说，更明智的做法是转换为夜间作战模式，并且和英国的轰炸机司令部整合起来。10月，丘吉尔专门询问了新上任的火炬行动最高指挥官艾森豪威尔，美国轰炸机是否能够转换为夜间作战。[15] 在波特尔和空军大臣阿奇博尔德·辛克莱爵士的建议下，丘吉尔控制住自己的情绪，没有对美国施加更多压力，以防美国领导层决定把轰炸的重点转向其他战场。皇家空军的领导层这时还在观望中，打算在坚持让美国空军接受夜间轰炸模式之前，看看美军的日间轰炸将会发生什么。[16] 参加卡萨布兰卡会议的美国空军代表知道，这是一场他们必须获胜的辩论。阿诺德在 1 月 13 日向艾森豪威尔讲明自己的请求以后，要求埃克乘飞机赶到卡萨布兰卡，帮助他解释美军如此进攻的理由。阿诺德还提醒埃克，丘吉尔已经向罗斯福提出建议，要求第 8 航空队转而执行夜间轰炸，并置于英国皇家空军的指挥之下。埃克还接到命令，要求他撰写一份提案，陈述“利于日间轰炸的理由”，埃克准备了一页纸的大纲，上面罗列了 7 条要展示给丘吉尔的主要原因，而这份大纲的完全版则交给了阿诺德，由他负责对联合参谋部施加影响。[17]

不过丘吉尔的愿望不太可能如愿以偿，因为要考虑到英、美舆论支持日间轰炸实验给军方的压力，另外还可能存在罗斯福忙于其他事物，而忽视这个问题的可能性。1 月 18 日，在一场与总统进行的高层会谈中，艾森豪威尔和斯帕茨敲定了一项协议，那就是英美双方的轰炸机部队都无权“改变另一方的作战技术和作战方法”。美国人担心哈里斯成为联合轰炸作战的总指挥，决定选择受美国人欢迎的波特尔担任整个轰炸作战名义上的总指挥，而排除了哈里斯。[18] 1 月 20 日，埃克获得了丘吉尔的短暂接见，这样他就有机会呈上自己的提案。身着一身英国皇家空军准将军服的丘吉尔和埃克寒暄几句，然后两人坐在长沙发上，开始交谈。丘吉尔大声朗读了那一页纸上罗列的需要执行日间轰炸原因。埃克后来回忆这个场景时说，当读到全天候不分昼夜轰炸时，丘吉尔“把这几个词反复读了好几遍，就好像在品尝珍馐美味一般”。[19] 就在那一天的晚些时候，有人听到丘吉尔说“埃克几乎说服了我”，但丘吉尔还是同意在德国上空对日间轰炸进行初步的尝试。当天晚间召开的会议上，罗斯福和陆军参谋长马歇尔（Marshall）将军也对日间轰炸表示支持，斯莱瑟在第二天就开始撰写执行日间和夜间轰炸的作战指令了，这也是在后续的联合作战中，能得到双方赞同的为数不多的作战模式。[20]

关于卡萨布兰卡会议的各种记录中，对于这些幕后的关于轰炸作战的讨论并没有给予多少关注。在美国参谋长联席会议的各种会议纪要中，关于轰炸战的内容只简要地出现了 3 次，而在全体会议期间，对于轰炸战的讨论只有两次，且记录同样并不详细。联合参谋部最终达成共识的各种重要事务中，有两个问题是最重要的，一是承诺在地中海战场发动对意大利本土的进攻，二是战争最后阶段欧洲西北部战场作战的问题，对于在欧洲西北部的作战而言，轰炸战将是大幅度提高英美联合作战获胜概率的必要前奏。丘吉尔把会议的结果电告在国内的战时内阁，但是没有提及轰炸的问题。[21] 参加卡萨布兰卡会议的陆海军高级将领，在自己的回忆录中也几乎没有提到有关轰炸战的争论。轰炸德国基本被视为是在 1943 年和 1944 年重新占领欧洲这一更广阔的战略的附属。卡萨布兰卡作战指令本身就是一套简要的作战指导，其目的是摧毁、扰乱德国的"军事、工业和经济体系"，并削弱德国人民的士气，最终使德国的抵抗受到"致命的削弱"。指令中对达成这些目的使用的是建议性而不是强制性的语气，而且其力量立即受到轰炸机部队需要执行的一系列其他任务的影响：轰炸德国位于法国的潜艇基地、为了取悦苏联去轰炸柏林、必要时对意大利的轰炸、攻击临时出现的重要目标（包括德国海军舰艇），以及在"盟军登上欧洲大陆"时进行全力支援。[22] 这个任务清单，继续分散着盟军轰炸机部队的作战力量。

1 月 26 日，埃克返回英国以后，下令第二天发动对德国的第一次空袭，当晚他与哈里斯共进晚餐，讨论现状。两天后，诺曼·波特姆利受命给轰炸机司令部送来了新的作战指令。在送来的文件中，原本还包括由波特尔负责轰炸战略方向的决定，但在波特尔看来，更谨慎的做法是暂时不要告诉自己这个脾气暴躁的下属出现了这样的改变，于是，哈里斯在 2 月 4 日只收到了卡萨布兰卡指令。[23] 尽管上级建议用新指令替换 1942 年给轰炸机下发的指令，但是，很显然哈里斯仅仅把这个建议看作是一个意向。斯莱瑟后来在回忆录中指出，他起草的这份指令更像是一份政策性文件而不是严格意义上的作战指令。[24] 不过英、美两国空军都能够从这个指令中找到自己需要的东西。

一次联合作战？1943 年 1 月至 7 月

1942 年最后的几个月，"联合作战"变成了一个普遍使用的术语。早在 1942 年 8 月，联合计划参谋部就已经起草了一份关于英美联合发动轰炸的动议，而这个动议就是卡萨布兰卡指令出台的背景。[25] 美军空战计划司第 42 号指令的前言指出，轰炸是双方空军的“联合行动”，美军负责在白天出动摧毁需要精确轰炸的目标，英军发动夜间轰炸打击敌人的士气。这段文字还加了下划线，以强调其重要性。[26] 这一联合恰似一桩政治联姻。美国空军的计划基于摧毁德国的关键工业设施、经济目标以及消灭德国空军——就像德国空军攻击英国的做法一样。而轰炸机司令部则继续坚持在任何可能的时候，摧毁德国工业城市的中心地带。

就像其他政治联姻一样，英美双方也是同床异梦。在卡萨布兰卡会议之前就有人建议，轰炸机进攻应该只有一个指挥官。阿诺德希望有一名欧洲战场空军总司令，但是英国方面则希望英国和地中海的司令部要各自分开，阿诺德不得已等待了几乎一年的时间，才在英国方面的反对声中，任命斯帕茨担任美国战略和战术空军部队欧洲战区总司令。[27] 决定采纳日间和夜间轰炸结合的方式，凸显了需要两个独立机构的重要性，尽管已经任命波特尔负责协调整个轰炸作战，但是他既不能指挥第 8 航空队也不能指挥轰炸机司令部。这样就出现了一种令人尴尬的状况，一方面波特尔的权力范围不清不楚，另一方面英美轰炸机部队在合作上究竟达到什么程度同样不明不白。虽然埃克向波特尔提交过报告并请求过他的批准，而且在其他战场和军种需要使用第 8 航空队时寻求波特尔的庇护，但早在卡萨布兰卡会议之前，埃克就明确表示，第 8 航空队不应在任何意义上服从英国的指挥。1943 年 8 月下旬，埃克在给波特尔的信中写道：“每当阁下缺席的时候，我们总是觉得我们失去了守护神和最好的朋友。”[28] 驻英国的美国空军发现，华盛顿到这里的正式指挥链很难顺利运行；反过来，美国首都的空军官员往往对欧洲的情况了解不足，遥远的距离让他们兴趣全无。埃克需要仰仗波特尔为美军基地提供后勤给养和装备，而这位总参谋长对轰炸的熟悉，再加上他了解围绕轰炸战展开的争论，这些都让埃克受益良多。哈里斯却没有这些困难。他定期与波特尔和丘吉尔保持联系，就是为了保护自己在指挥上的优先权，尽可能减少来自各处的干扰。英美空军都在对方的总部派驻了联络官，有时还会为共同的目标相互协作，但是却没有共享指挥权的机制。在美国方面的任务介绍中，把轰炸作战描述为“联合任务，完全是互补的工作”，但在事实上，这更多是名义上的联合，而非事实上的联合。[29]

双方的分歧明确体现在战略优先目标这个问题上。卡萨布兰卡指令几乎并未要求轰炸机司令部进行什么调整，因为这几年来，司令部一直以严重削弱敌人为目标，攻击德国人的士气，摧毁他们的工业城市。哈里斯仍然顽强抵抗着“特定目标系统有其自身的战略价值”这种观点，同时也极度反对将轰炸机部队派去执行其他任务。轰炸机司令部致力于在德国城市中积累越来越多的破坏记录，希望能在某个不确定的地方用某种不确定的方式，让德国人发动战争的能力彻底崩溃。与美国空军指挥官不同的是，哈里斯仍然坚信，轰炸加上苏联方面的压力，将会在 1944 年带来最后胜利，而不需要进行代价高昂的登陆作战。[30]

卡萨布兰卡会议结束后的一次讨论中，哈里斯向美国方面总结了自己的战略成果和 1943 年的计划。哈里斯声称，埃森市“在轰炸之下已经认不出本来面目了”，城市停摆了两个月；柏林、纽伦堡、慕尼黑、科隆和威廉港遭到“严重破坏”，但还没有彻底摧毁；汉堡、杜伊斯堡（Duisburg）、斯图加特“有幸逃过一劫”。他的计划是到 9 月之前，每个月都要彻底摧毁一座城市，并给其他 3 座城市造成重大破坏。[31]

这就意味着会有 6 座城市遭遇埃森市的厄运，另有 18 座城市遭受重创。从去年的主要目标中随机选取一些城市作为目标，计划可能是这样的：

> 摧毁汉堡（就城市规模来说，排在第二位）、不来梅、杜伊斯堡、威廉港和基尔。
>
> 重创柏林、波鸿（Bochum）、卡塞尔（Cassell）、慕尼黑、纽伦堡、杜塞尔多夫、科隆、莱比锡（Leipsig）、汉诺威、斯图加特、盖尔森基兴（Gelsenkirchen）、不伦瑞克、埃姆登（Emden）、法兰克福、曼海姆、马格德堡（Magdeburg）、多特蒙德、埃森。

这是一个极其粗略的战略，对这个战略的介绍也很粗糙，并且严重夸大了轰炸机司令部对包括埃森市在内的各座城市的破坏效果。随机选择这些目标，不仅因为大部分德国城市都拥有自己的工业，而且根据研究和实验司第八处和经济战争部关于德国经济损失和轰炸对经济增长的潜在影响进行的估算，这种做法有一定的科学性。基于这些选择，波特尔在1942年11月向参谋长委员会提交了一个可怕的预测，轰炸机司令部将会在18个月里杀死90万德国人，重伤100万人，摧毁600万所房屋，让2500万人无家可归。[32] 经济战争部在所谓的“轰炸机贝德克尔旅游手册”（又一次使用了这本著名德国旅行手册的名字）中详细列出了德国重要的工业和经济目标。在名单中，每个目标都有相应的分值：“1+”代表对战争有重大意义的工业目标；“1”代表重点工业领域的重点工厂；“2”代表重点工业领域的次要性的工厂或者次要性工业领域的重点工厂；“3”代表重要性不高的工厂。[33] 这些分值和城市的人口规模进行综合计算，然后生成一张德国城市排名表，哈里斯把这张表保存在自己的司令部里。这份名单最后罗列了超过100座城市，每个城市都有“重要性分值”，第1名的柏林为545分，第104名的维滕贝格（Wittenberg）则仅有9分。哈里斯还会在已经遭到轰炸的城市名字上打叉。[34]

美军指挥官拒绝了空袭德国城市的建议，他们对于攻击敌人士气将会使削弱德国战争能力或引起广泛危机的观点深表怀疑。1943年2月，波特尔想尽力说服埃克，让他相信不间断的城市轰炸有相当大的战略价值，他说，“这种对德国城市打击造成的影响，比看上去的严重得多”，但是埃克始终对这种说辞没有什么兴趣。[35] 正如人们经常强调的那样，双方在战略理念上的分歧反映了两种截然不同的军事文化。相比英国的战略，美国人的战略更接近德国人的模式。第8航空队的军官对于英国的战略目标确实感到十分困惑。1943年3月，升任轰炸行动总监的西德尼·巴夫顿召开了一次会议，美国代表在会上要求轰炸机司令部解释其行动目的：“这是为了杀死德国人，为了迫使他们耗费工时，还是为了给某些设施造成实际上的破坏？”[36] 在一段尴尬的沉默后，巴夫顿回答说，轰炸是为了耗费德国人的工时，但这个战略在任何作战指令中都没有提到过。4月，埃克给斯帕茨转发了美军关于完成卡萨布兰卡指令的计划草案，文件在提及轰炸机司令部时，至少有 4 处使用了“集中精力攻击有关的地区和城市”这样的描述。[37] 在美国人设想的计划中，轰炸机司令部将会对第 8 航空队提供帮助，而不是反过来。

和哈里斯的观点不同，阿诺德和埃克希望在卡萨布兰卡指令的基础上制定一个更有意义的战略指令。美国计划背后的驱动力是这样一种信念，即无论空军在未来一年做什么，他们都应该为登陆欧洲做出贡献。空军作战任务介绍中规定的“严重削弱德国实力”指的是“将德国的实力削弱到盟军可以在欧洲大陆发动最后联合作战的程度”，这赋予了轰炸明确的战略目的。[38] 阿诺德要求作战分析委员会起草一份轰炸目标名单，具体要求是摧毁这些目标对轴心国的失败具有重要作用。该委员会于 1942 年 12 月在著名律师小伊莱休・鲁特（Elihu Root Jr.）的领导下于华盛顿成立，工作人员主要来自商业界和专业技术领域。委员会在 1943 年 3 月提交了报告，内容包括 19 个系统性工业目标的数据。[39] 阿诺德命令埃克和波特尔一起，确定轰炸目标的确切数量，并且确定摧毁这些目标需要出动的飞机数量，4 月初联合轰炸机作战计划制定完成。作战计划的终稿中，包括了 76 个重点目标，其中飞机制造厂位居榜首，潜艇制造厂位居次席，滚珠轴承制造厂名列第三。[40] 空军部的一位同僚把这个计划转给了巴夫顿，并在附言中写道“无聊透顶”，建议精简计划的内容，并增加亮点。该计划主要是由埃克和手下的参谋人员制定的，他们制定这个计划的指导思想是，先击败德国空军，再发动对重点目标的精确轰炸，这样轰炸机部队就不会出现不可接受的重大伤亡。而恰恰就是这一点，是美国和英国在轰炸战略上区别最明显的地方。事实证明，采用优先打击敌人部队的策略在战略上来说是有根据的，这也是 1940 年德国空军的做法。[41] 这一“中间目标”成了事实上的主要目标。

早在埃克的报告完成之前，空军部负责计划的部门就已经试图提醒波特尔，注意德国空军单引擎战斗机数量日渐增长带来的危险，这样，转变作战的优先目标得到了来自双方空军的支持。针对这个计划，哈里斯给埃克发去了一份充满溢美之词的回应，因为这个新计划显然是以美军作战为主的，对哈里斯本人希望达成的目标没有什么影响。[42] 这份报告随后被发往华盛顿，等待阿诺德的批准，4 月末，埃克返回了美国，因为他要在参谋长联席会议面前为自己的计划辩护，最终计划在 4 月 29 日得到批准。在某种意义上讲，这比卡萨布兰卡会议上的争论更加重要，因为这个计划需要华盛顿的政治许可，只有这样才能加快第 8 航空队轰炸机的配属工作。5 月，埃克从华盛顿的陆军航空兵总部得知，计划得到了总统罗斯福和丘吉尔的批准；联合参谋部在波特尔的强烈支持下于 5 月 18 日批准了这个计划。[43] 1943 年 6 月 10 日，代号为“直射行动”的新作战指令正式下达到哈里斯和埃克手中。这一计划与霸王行动之间有着紧密关系。联合参谋部要求英美轰炸机部队定期汇报联合轰炸作战的进展，以帮助他们判断进攻欧洲的时机什么时候成熟。波特尔要求联合情报委员会定期向他提供月度汇报，而埃克也向远在华盛顿的阿诺德许诺，每两周会提交一份作战分析以及每月的月度轰炸总结。9 月，联合参谋部确认联合轰炸作战是霸王行动的先决条件，具有最高的战略优先权。[44] 空中优势是成功进攻欧洲的关键，而轰炸就是夺取空中优势的工具。美国方面终于感到有了一套正确的空战策略。战争部副部长罗伯特·洛维特在 7 月写给埃克的信中指出，联合作战“应该具备像拳击比赛里著名的‘前手直拳、后手直拳’组合一样的决定性效果”。[45]

英美轰炸机部队在指挥和战略上原来就有各种差异，现在还要加上两支部队在攻击力量上的差距。在卡萨布兰卡会议之前的 3 年中，轰炸机司令部一直在缓慢进行扩编和现代化建设，在 1943 年春天，它比仍在艰难建设的第 8 航空队更能完成以前许诺的目标。建立一支高效的轰炸机部队与发展一支强大的陆军部队有着明显不同。轰炸机司令部由接受了长期的、成本高昂的高水平专业培训的志愿人员组成。部队使用的装备都很复杂，对工业生产能力的要求很高。在兼顾这两方面的同时，装备的损失率必须尽可能保持在可维持的最低限度。空战的特性要求大量装备精良的永久性基地、覆盖范围广泛的维修队伍、大量的库存备件。而对第 8 航空队而言，还需要跨大西洋的后勤保障运输。尽管空战不需要步兵的支援，但地面保障人员是参与空中一线作战机组成员的数倍之多。

轰炸机司令部直到1943年春天才开始真正成为一支强大的部队，因为到这个时候，从中型轰炸机到重型轰炸机的生产转换终于完成了。1943年3月，司令部计划组建49个重型轰炸机中队，而到了6月，英国皇家空军在全球部署的431个中队中，已经有60个重型轰炸机中队了。1942年9月，重型轰炸机中队占皇家空军全部中队的7%，到1943年夏天，这一数字已经提升到14%。[46]但是相比哈里斯需要的作战实力，这个数字还是小得多。1943年1月，轰炸机司令部仍然只有514架轰炸机和相匹配的机组人员具备执行作战任务的能力。直到1944年和1945年，哈里斯领导的司令部才达到重型轰炸机实力的最高点；飞行员的数量也是如此，1943年时飞行员的数量并不比1941年多了多少，不过他们驾驶的轰炸机的总载弹量是那时的4倍（轰炸机司令部实力增加情况，请参见表6.1）。对地勤专业技术人员的需求限制着轰炸机司令部的整体规模，在1943年初，司令部的作战人员包括机组成员2.3万人（包括正在受训的人和训练团的工作人员）和保障支援人员13.8万人，机组人员和保障人员比为1∶6。随着重型轰炸机数量和机组成员的增加，这个比例经常在变化。在战争结束时，机组成员总数达4.9万，地勤保障支援人员为17.4万人，作机组和保障人员比为1∶3.5。[47]到1944年，轰炸机司令部的所属人员中，女性占到了17%。

这一庞大的总人数，掩盖了人力方面存在的问题。到1943年，在熟练工人方面出现了短缺，主要是工业生产领域和驻扎海外的空军中队对这种人才的要求很多。这种短缺，包括缺少65%的飞机修理工（一级工），缺少的最重要的一类工人是有经验的技术人员，缺口达五分之二，其他领域的技术工人缺口也超过三分之一。[48]另外，机场建筑工人的短缺也是一直存在的问题，对轰炸机司令部和第8航空队来说都是如此。重型轰炸机需要规模更大的机场、更坚实的跑道和更大的机库。1943年1月，参加修建美国空军基地的建筑工人达3.2万人，另有4.2万名建筑工人为轰炸机司令部工作。因为对训练设施的要求也增加了，所以需要新建更多的空军基地。到1944年1月轰炸机司令部除了81座用来作战的机场外，还有47座专门用来进行训练的机场。[49]第8航空队对所需的机场数量进行了估算，按照计算，到 1943 年底，需要修建 61 座机场，但是，最终修建了 120 座机场，动用了相当于 100 万人月的工作量，铺设了 4600 万平方码（约合 3846 万平方米）的混凝土地面。由加拿大皇家空军组成的第 6 大队曾得到许诺，要给他们分配 15 座机场，但是最终只得到了 10 座机场。[50]

表 6.1　1939 年至 1945 年轰炸机司令部作战实力

年度	中队数量（含作战训练中队）			飞行员	空勤人员	地勤人员	英国空军妇女辅助队	机场
	轻型轰炸机	中型轰炸机	重型轰炸机					
1939（9月）	6	17	—	—	—	—	—	20
1940	6	17	—	1110	6702	49 685	2408	—
1941	9	32	3	2133	20 633	99 515	10 169	—
1942	9	33	15	1468	23 003	115 570	22 092	45
1943	10	16	36	2403	45 330	127 914	24 080	60
1944	5	0.5	60.5	3747	52 476	134 834	38 157	81
1945	10	0	73	3501	49 418	136 629	37 292	71

资料来源：Compiled from TNA, AIR 22/203, War Room Manual of Bomber Command Operations 1939 - 1945, chart 1; AIR 20/2025, RAF personnel, establishment and casualties; UEA, Zuckerman Archive, SZ/BBSU/3, Exercise Thunderbolt, Pr é cis no. 10, ‘Administrative Aspects of the Bomber Offensive’。

由于战争初期决定将大部分基础训练分散到海外，机场空间需求的压力得到了减轻。很少有人充分意识到，英国在战争期间的轰炸实际上是由整个英联邦共同进行的。在整个第二次世界大战期间，英国从未“孤军奋战”过。1939 年 12 月 17 日，英国与加拿大政府签署了一项协定，在加拿大的基地设立英联邦航空训练机构。在战争期间，根据该协定在加拿大设立了 73 所学校，另有 24 所由皇家空军管理的学校。通过这个协定，英国培训了 13.1 万名空勤人员，其中包括 49 808 名飞行员，29 963 名领航员。到 1944 年，每月有 3000 人完成培训。其中大部分（55%）的受训人员，进入加拿大皇家空军（加拿大部队在轰炸机司令部中的比例很高），英国皇家空军吸收了其中三分之一，剩下的人员都分配给澳大利亚和新西兰空军。[51] 根据所谓的“阿诺德计划”，英国皇家空军其他部队的空勤人员也被派往美国的培训学校。1941 年 4 月，美国陆军同意允许英国派人参加在美国南部进行的东南航空军训练计划，英国派出了 7885 名飞行员和 1200 名领航员参加了这一训练。这个训练计划和在加拿大的训练联系紧密，但是在美国训练的人员不合格比例较高，这主要是因为英军受训人员文化水平普遍较低，这项训练在 1942 年逐渐停止了。[52] 尽管参训人员都接受了各种不同的作战训练，但是最紧急的还是对轰炸机机组人员的需求，海外训练在其中起到了最大的作用。

这种训练是英联邦国家和欧洲各国人员大规模参与轰炸的前奏。轰炸机司令部当时有来自自由法国、荷兰、挪威、捷克和波兰的部队，而最多的派遣部队来自各个自治领，如加拿大、澳大利亚和新西兰。其中只有加拿大人足够组成单一国家人员的部队，这是因为加拿大与澳大利亚和新西兰的情况不同，没有受到轴心国进攻的直接威胁，因而可以安心地将部队派往国外。最初，英国对给各国人员单独组建飞行队并不热心，部分原因是复杂的训练模式让来自同一个国家的人在训练结束后难以集中在一起。人数有限的澳大利亚军人就面对这种问题，他们也在英国基地为轰炸做出贡献。此时已经组建完成了 3 个澳大利亚中队，但即便这 3 个中队也难以保证只补充澳大利亚人，而且他们的地勤人员中有三分之二是英国人。1943 年春，澳大利亚战时内阁提出了建立一个全部由澳大利亚人组成的轰炸机大队的建议，但是这个建议遭到了已经整合进英国皇家空军的澳大利亚机组人员的抵制，最后，澳大利亚内阁也不得不承认，由于太平洋战争和战时工业生产需要大量人手，根本不可能凑齐新大队所需的人员。[53] 而加拿大政府要求对在轰炸机司令部的部队实行“加拿大化”的压力取得了更大的成功。1943 年 1 月 1 日，在空军少将 G. E. 布鲁克斯（G. E. Brookes）的领导下，全部由加拿大人组成的第 6 轰炸机大队组建完成。这个大队的机场主要分布在约克郡的乡村地区，总部位于阿勒顿庄园，这个地方还因为建筑颜色昏暗，得到了一个“幽暗城堡”的外号。最后一共组建了 15 个加拿大中队，当然和澳大利亚中队的情况一样，这些中队的组成人员并非全部都是加拿大人。唯一例外是加拿大法语区人员组成的中队，这支组建于 1942 年秋的中队想尽一切办法，保证只有说法语的人员才能加入中队。[54]

相比之下，第 8 航空队几乎全是美国人自己努力的结果。这支先后由斯帕茨和埃克构建的部队的结构和轰炸机司令部截然不同，它还拥有自己的战斗机、训练和勤务司令部，在美国人看来，这几个部门是轰炸战必不可少的。1942 年底，埃克接替斯帕茨担任第 8 航空队司令以后，他任命第 2 轰炸机联队指挥官牛顿·朗费罗（Newton Longfellow）上校接任第 8 航空队的轰炸机司令部司令。这支轰炸机部队分为 3 个空军师，每师下辖数个作战联队，每个联队有自己的战术总部，每个联队包括了 3 个重型轰炸机大队或中队，在部队编制上，美国模仿了英国轰炸机部队的模式，只是使用词汇不同而已。1943 年初，这支部队规模仍然很小，部分原因是美军决定动用大量飞机和空勤人员在地中海战区组建第 12 航空队。在组建攻击部队的关键时刻，美军从埃克手中调走了大约 2.7 万人和 1072 架飞机，这样埃克手头暂时只剩下 2.7 万人和 248 架重型轰炸机。[55] 这次人员调动只给第 8 航空队留下了一个骨架。到 4 月，埃克仍然只有 250 架重型轰炸机，且其中只有一半的飞机可以立刻参加作战，这一状况反映出组建高效补给队伍的难处，也反映出 B–17 轰炸机需要进行大规模改进，以适应实际的作战环境。即使到了 1943 年 6 月份，重型轰炸机部队的飞机可用率也只有一半多一点。[56] 然而 1943 年下半年，第 8 航空队开始迅速扩编，与轰炸机司令部一样，它也在 1944 年末至 1945 年初达到了战斗力顶点（见表 6.2）。

美国部队在飞行基地和非作战勤务维修人员的依赖上，远远超过了英国皇家空军。在 1943 年上半年第 8 航空队面临的诸多问题中，从机组人员到备用零件的供应问题最为紧迫。对于轰炸机司令部来说，后勤工作简单直接。而对于第 8 航空队来说，除了重型飞机可以飞越北大西洋以外，其他所有的作战物资都必须由轮船运来，并储存在每个轰炸机基地中负责储存物资的大型勤务仓库中。为此，美军还专门组建了卡车运输系统，到 1943 年底，这个系统每月物资运力达到了 150 万吨 · 英里。7 个主要仓库总面积达 900 万平方英尺（约合 83.6 万平方米）。[57] 此时，美军最迫切需要的是服务保障人员。到春末夏初的时候，阿诺德委派陆军航空兵总监福利特 · 布拉德利（Follett Bradley）少将来到英国，帮助制定高效的工作计划，给第 8 航空队提供维持正常飞行所需的训练有素的人员。“布拉德利计划”要求第 8 航空队的勤务司令部需要拥有 19 万人，这样才能匹配现在的部队规模。但是在 1943 年，这个数字始终低于既定目标，部分原因是有 88% 的空军人员需要乘坐船只跨越大西洋，他们要与地中海战区的重要补给以及准备登陆法国的部队争夺运力。[58] 到 1943 年 6 月，已有 5 个轰炸机大队抵达英格兰，但他们没有地勤人员，也没有维护设备，不得不求助于拥有这些人员和设施的基地。[59] 勤务司令部还婉拒了英国提供的帮助，坚持美国人的飞机要由美国地勤人员保养，但是很多到达英国的飞机需要全面改装。1943 年夏天，当阿诺德抱怨第 8 航空队战备率过低时，埃克反驳说飞机应该在美国国内完成改装，而不应该依靠英格兰的改装中心，这些改装中心缺少迅速改装的技术。[60] 第 8 航空队花费了接近一年的时间，才让重型轰炸机的可用率和替换率达到了能保证半数以上飞机随时能够作战的水平。

缺少受过训练的军官和战前就在空军服役的人员，也让第 8 航空队

表 6.2　1943 年至 1945 年第 8 航空队的组建情况

日期	重型轰炸机		机组	军官	士兵	勤务司令部
	编内的	可出动的				
1943 年 1 月	225	80	85	4525	31 716	10 181
1943 年 7 月	800	375	315	11 966	89 685	20 236
1944 年 1 月	1630	842	1113	19 087	137 580	58 577*
1944 年 7 月	2688	2036	2007	31 586	168 055	
1945 年 1 月	2799	1750	2295	27 187	148 498	

* 1943 年 12 月的数据。

资料来源：AFHRA, 520.056 - 188, Statistical Summary Eighth Air Force Operations 1942 - 1945; CD A5835, Eighth Air Force, Growth, Development and Operations, December 1942 - December 1943, Personnel Status, Exhibit 1。

十分困扰。部分资深军官有一战时的作战经验，但大部分年轻军官没有在实战中开枪或投弹的经验。阿诺德也承认，在1941年只有1500名正规军官，而一年后他们就已经分散到世界各地了，“非常欠缺经验”。[61] 此时，关于实施远程轰炸作战的战术思考还处于初级阶段，主要依靠从英国和德国的作战经验中学习。在美国为空军服务的大量志愿人员并没有像英国皇家空军那样目睹过法国北部和英国南部的战争，也没有见过轰炸可能会取得什么战果。埃克称他们为“强壮的业余选手”，他们不缺乏热情和勇气，但并不是一支在和平时期受过严格训练的部队。[62] 在牛顿·朗费罗上任前，海伍德·汉塞尔（Haywood Hansell）准将暂时指挥第8航空队轰炸机司令部（他此时仍担任第1轰炸机联队的指挥官），1943年2月，他在给埃克提交的报告中指出，轰炸机部队还没有做好向德国发动大规模轰炸的准备。汉塞尔补充道，在此后的几个月，部队只能对德国目标进行简单轰炸，让损失率保持最低限度，同时训练新型目标定位设备的使用。这两种新型定位设备的代号分别是“双簧管”和“H2S”，都是从英国皇家空军那里接收的。[63] 尽管早期的轰炸遭受着高损失率，给空勤人员带来普遍性的作战疲劳，但是在外界要求第8航空队轰炸机司令部展示战果的压力下，也只能如此，就连埃克本人也难以限制轰炸规模。1月至4月间，每月的损失率平均约为7%，这个数字对这样小规模的部队来说太大了。[64] 轰炸机部队的缓慢扩编意味着从美国抵达的空勤人员可能会被拆散补充进现有机组。埃克告诉阿诺德，这一过程造成了“可以理解的明确士气损失”。[65]

第8航空队远离美国本土数千英里，有几千名初出茅庐的空勤人员，很难适应新的作战环境，而美国空军人员和为他们提供住宿和服务的英国居民之间的紧张关系，又使这个问题雪上加霜。而第8航空队和英国轰炸机司令部之间与生俱来的竞争关系，又影响了第8航空队和英国空军的关系，二者之间也出现了竞争关系，主要是这两支部队是唯一对德国本土发动攻势的部队。参与作战的人员很多（到1943年12月，第8航空队共有28.3万名军人和平民），而轰炸行动的不规则性，则使空勤人员长期生活在以平民为主的居民区中。一位习惯在日记中写下社会观察记录的妇女，指责美国人“吵闹、夸夸其谈、自吹自擂、自以为是”。民意调查显示，英国民众最不喜欢美国人的几点是“自吹自擂”“不成熟”和“物质主义”。[66] 英国民众对美国人固有的偏见或许可以解释这种反应，而美军中绝大部分都是远离家乡的年轻小伙，他们的行为和口音加剧了双方的矛盾。1942 年 12 月，第 8 航空队的指挥官接到警告，“肆无忌惮的言论”正在让英美之间的关系越来越尴尬，如果继续这样，将会暂停司令部的所有酒类供应。[67] 马歇尔将军在写给美军高级军官的信中指出，现在的美国军官们都鼓励“对英国人表现出明显的敌意和蔑视”，需要花费大力气开展活动，教育美军人员更为尊重他们的英国东道主。第 8 航空队的军法官在一份关于飞行员在英国行为举止的长篇报告中抱怨说，美国人对英国人的固有观念使他们在很大程度上对自己的东道主漠不关心，除非有能与其发生性行为的可能。一项特别勤务研究发现，只有 2% 的空军人员实际上造访过英国家庭。[68] 第 8 航空队建立了一个公共讲堂，由负责军官为英国听众讲解美国人的习俗和举止习惯。从 1943 年 4 月至 9 月间，平均每月举办 15 场讲座，总共举办了 241 场讲座。埃克曾开玩笑说，他的下属可能犯三种罪行——谋杀、强奸和“影响英美关系”——前两种罪行在某些情况下有得到赦免的可能，“但第三种罪行绝对不会被赦免”。[69]

英国方面的批评并不仅限于社会摩擦这样的热门问题。1943 年上半年，有证据表明，由于美国空军作战准备的时间一直在延长，且很多许诺都没有兑现，空军部和轰炸机司令部对美国方面越来越失望。哈里斯和波特尔都在敦促埃克在 1943 年春天的新一轮攻势中更充分地进行合作，虽然他们都知道轰炸机司令部花了 3 年时间才达到目前的规模和实力。英国对作为日间轰炸机的 B–17“空中堡垒”的质量也提出了抱怨，对于美军新式的 6 磅 M69 燃烧弹的作战效果也发生过争论。英国方面的测试显示，这种新式燃烧弹穿透力不强，引信不可靠，燃烧效果相对较低，尽管美国方面对实验结果表示反对，但皇家空军继续使用标准的 4 磅燃烧弹。[70] 虽然强烈反对英国人对 B–17 轰炸机的意见，但美国人通过对轰炸机使用状况的判断，也承认“空中堡垒”和 B–24“解放者”这两种当时的主力轰炸机正迅速接近其寿命的终点。[71] 事实上，对第 8 航空队最严厉的批评来自美国方面，而不是英国皇家空军。阿诺德自己的健康状况在1943年严重恶化，最终在1943年6月，他失去了对埃克的部队的耐心。阿诺德给埃克发电报，以已经派往英国的飞机数量为根据，称每一次轰炸行动，派出的轰炸机数量都“不是很令人满意”，并直截了当地告诉他要更换手下的指挥官和参谋，替换成能够以“高效的方式”组织轰炸的军官。[72]

在随后的简短通信中，埃克为自己的部队进行了辩护，并对阿诺德的干预表示不满。在他看来，阿诺德应该很清楚，在比较装备的飞机和作战的飞机之间数量的比例时，要将那些等待维修、改装和用于训练的飞机考虑在内。埃克是这样答复的:“我们谁都不能做到完美，至于原因，你我都知道。我们相互指责无济于事。”[73] 尽管如此，埃克还是同意对他的指挥体系进行重大调整，这或许是因为担心自己会丢掉这个职位。阿诺德认为朗费罗进攻意识不足，将他调回了华盛顿，他并没有选择朗费罗的前任汉塞尔接任轰炸机部队司令的职务（据埃克说，汉塞尔过于“紧张焦虑”），1943年7月1日，第8航空队轰炸机司令部司令的职务，交到了原任第3轰炸机联队的指挥官弗雷德里克·安德森（Frederick Anderson）准将手中，而汉塞尔自6月起就开始担任第1轰炸机联队的指挥官。第3轰炸机联队的新任指挥官是年轻的柯蒂斯·李梅（Curtis LeMay）上校，阿诺德和埃克对他都很钦佩，战后，他当上了战略空军司令部的司令。安德森于2月份抵达英国，3月15日带领部队执行了抵达英国后的第一次轰炸任务（他对行动的评价是“彻底的享受”），目标是鲁昂。在日记中，他期待着B-17轰炸机能够每天起飞的那一天，“让他们尽情享受，向德国投下炸弹”。他经常和机组人员一起飞行，也冒着和他们同样的风险。[74] 虽然安德森进入现役部队只有几个月的时间，但埃克认为他的性格适合在高层担任指挥工作，尽管他对自己的好友朗费罗去职感到遗憾。埃克告诉阿诺德:“我们轰炸机司令部司令的岗位像个杀手，它会让任何人在6个月里崩溃，除非他是个不同寻常的家伙。”[75] 轰炸机司令部发生危机期间，阿诺德最关心的不是轰炸机进攻本身的作战成果和优点，而是轰炸在多大程度上代表了空军独特的身份和独特的战略。对阿诺德来说，这意味着向美国公众清楚地表明，这次轰炸攻势正在产生结果，这将激发他们对“我们作战方式的信心”。[76]

1943 年英美轰炸机部队作战表现上的区别，比双方部队的特点和准备水平之间的对比更明显。在这一年，哈里斯发动了轰炸机部队的三次重要攻势，一次是 1943 年春末夏初对鲁尔-莱茵兰地区的轰炸，一次是 7 月份对汉堡的轰炸，还有一次是当年秋天对柏林的轰炸。对鲁尔-莱茵兰地区的轰炸，无论如何不能算是新的攻势，因为从 1940 年 5 月轰炸战开始时，这里就是英国轰炸的首选目标。而 1943 年春天的不同之处就是投入了大量重型轰炸机，特别是“兰开斯特”轰炸机。1943 年 3 月至 6 月，鲁尔轰炸进行期间，轰炸机司令部的平均作战实力为 794 架重型轰炸机，其中 578 架（73%）是能够投入作战的飞机。其平均每架轰炸机投弹 7000 磅，而 1943 年美国第 8 航空队轰炸机的平均载弹量是 4970 磅。[77] 此时，英军的探路者部队已经全部换装了“蚊”Mk IX 型飞机，飞机都装备着新式的电子导航设备：“双簧管”Mark IA 型和“H2S”。当时这两种设备都能够得到充足的供应，但是“H2S”在大规模城市轰炸中的表现令人很失望。英军对鲁尔区的轰炸总是受到云层、工业烟雾的影响和德国人诱饵目标的干扰。导航设备此时已经不再依靠视觉观察，这样将会大大提高主要瞄准点及其周围投弹的集中程度。按照新的目标标定训练，当地面目标可见时，需要使用明亮的白色信号弹，地面目标不可见时，使用红、绿和黄色空中信号弹指示目标。这些彩色的信号弹代号为“旺阿努伊”，而德国民众却称之为“圣诞树”。一旦飞机抵达目标上空，就可以使用 Mk XIV 型轰炸瞄准器，即使是飞机正在做躲避动作也没有关系。[78] 盟军还使用了代号“鹤嘴锄”的无线电对抗技术，干扰德国“芙蕾雅”雷达的探测，并用代号“金属箔”的电子对抗技术干扰德国地面控制人员的通信，其飞机上还装备了能够对德国夜间战斗机靠近和雷达探测做出预警的设备（代号“莫妮卡”和“布泽”），当然，结果和以前一样，这些设备同时使用的时候效果喜忧参半。[79] 通过这些技术和战术革新，轰炸机司令部此时对德国来说，已经是一个比以前更大的威胁。后来，哈里斯在发言中向当时在座的全体军人承认，对德国的轰炸是 1943 年 3 月正式开始的。[80]

第一次对鲁尔区的大规模空袭发生在 3 月 5 日至 6 日夜间，目标是埃森市。这次英军出动了442架轰炸机，投下1014吨炸弹，其中三分之二是燃烧弹。这次探路者部队发挥了作用，约有75%的炸弹落在了主要瞄准点埃森市中心方圆3英里范围内。这次轰炸的成功让哈里斯创造了一个动词，即将目标“埃森化”，但是对埃森的第二次轰炸并不成功，而3月26至27日夜对杜伊斯堡空袭，炸弹就过于分散，主要原因是9架探路者部队的飞机中，有5架因技术原因提前返航。在丘吉尔的建议下，轰炸机司令部还发动了对柏林的空袭，但是编队在途中出现迷航，最后只有10枚高爆炸弹击中了柏林，而在这之后发动的另一次空袭，则根本没有找到柏林。尽管轰炸鲁尔区是轰炸机司令部第一次集中连续轰炸一个目标，但司令部也对其他更远的城市发动了空袭，这些空袭分散了针对鲁尔-莱茵兰地区的轰炸力量，使得最终未能取得太多战果。根据记录，对慕尼黑和斯图加特的空袭中，有五分之一到七分之一的炸弹落到了瞄准点周围3英里范围内，这个投弹精确度和前一年相比，并没有太明显的进步。[81] 当3月份至6月份对鲁尔区轰炸结束的时候，轰炸机司令部已经对鲁尔-莱茵兰地区发动了28次空袭，另有18次空袭的目标是德国中部地区、意大利和法国。尽管各轰炸行动造成的破坏模式各不相同，但是针对鲁尔-莱茵兰地区的轰炸是第一次给德国城市地区造成严重破坏的轰炸行动。[82]

德国方面对此的反应，则是寻找方法来应对英国皇家空军作战能力的突然提高。希特勒此时正集中精力对付在苏联和北非的战争，但他对他眼中在防空方面出现的持续失误感到愤怒。希特勒的空军副官冯·贝洛曾回忆过，他和希特勒就防空火力不足、戈林的不称职表现和缺少先进的飞机设计进行过彻夜长谈，但根据他的说法，希特勒对于空军力量的问题仍然“束手无策”。[83] 为了控制在民众中出现的愈演愈烈的担忧和焦虑，戈培尔命令新闻媒体和宣传机构，停止使用“情绪”这个词来描述民众的心态，因为“情绪”是明显会发生波动的，他下令只能使用“士气高涨”进行报道。[84] 安全部门的情报显示，因为缺少有效的防御措施，遭到轰炸地区的居民表现出沮丧和不安，而关于鲁尔地区破坏程度和人员伤亡的夸大传言在没有遭到轰炸的地区流传，根本无法阻止。一份报告指出：“即使是理智的人也对这些谣言深信不疑。”[85]

尽管如此，德国针对夜间轰炸的防御能力，相比一年前还是增强了不少。约瑟夫·卡姆胡伯将军现在的夜间战斗机是去年的两倍，达400架，分为5个联队。在帝国西部战场，德国拥有大约500名日间战斗机飞行员，用来对抗盟军白天发动的进攻。卡姆胡伯防线的每一个防空区，现在都配备了足够的雷达，可以一次引导3架战斗机，并且也有办法将相关信息传递到邻近的防空区，但是固定防线实施防御这种僵化的方式，在对付大规模密集的重型轰炸机群时没有什么意义，因为在其进入德国境内以后，防守一方就会开始应接不暇。鉴于此，卡姆胡伯提议组建一个独立的中心机构，对整个夜间防空系统进行管控，同时将夜间战斗机的数量增加5倍。但是这个提议遭到了希特勒的否决，他认为应在内陆防御薄弱的地区增加高射炮和探照灯的数量。[86]因为这个决定，夜间战斗机部队的发展处于停滞状态，在鲁尔区的作战中，德军损失了282架夜间战斗机，而英军因为各种原因总共损失了600架轰炸机。要求提高防御系统灵活性的建议也遭到拒绝。有人提出了一种代号“家猪”的战术：使用地面雷达站引导夜间战斗机突入轰炸机群与其一起飞行，击落任何在射程内的轰炸机。但这种战术被认为会消耗卡姆胡伯防线的作战资源，因此遭到了否决。汉斯-约阿希姆·赫尔曼（Hans-Joachim Hermann）少校则提出另一种代号“野猪”的战术：用探照灯、照明弹和目标指示弹照亮夜空，然后让单引擎日间战斗机对轰炸机发动攻击。对于英军在春天发动的攻势来说，这种战术出现得太晚了，并且很难和现有的指挥系统相互融合。[87]卡姆胡伯坚持认为他的空中防线是对抗轰炸机部队的唯一方法，因此他与戈林和戈林的副手艾尔哈德·米尔希产生了冲突。11月，卡姆胡伯被解除职务，前往挪威指挥无足轻重的第5航空队。

在针对鲁尔区的轰炸作战期间，哈里斯不得不组织了一次他本人并不赞同的行动。从1940年开始，一位名叫巴恩斯·沃利斯（Barnes Wallis）的工程师就开始研究能够用来爆破堤坝的炸弹。1941年3月，空袭水坝委员会正式成立，委员会以道路研究所为基地，研究空袭水坝的可能性。1942年4月，沃利斯研究出一种圆柱形炸弹，炸弹代号“保养”，使用时，飞机从很低的高度投下炸弹，然后炸弹就会从水面上弹跳前进，最后到达坝墙。这种炸弹是一项真正的技术挑战，但成功说服了空军参谋部在2月批准使用这种炸弹对德国的默讷水库、索尔珀水库和埃德尔水库发动袭击。[88] 当相关报告传阅给哈里斯的时候，他在报告的下面潦草地写道："这简直就是胡说八道……没有丝毫可行性。"[89] 尽管如此，对于"弹跳炸弹"的实验还是进行了好几次，以确定使用这种炸弹进行作战是否可行。1943年3月21日，驾驶"兰开斯特"轰炸机的第617中队接到命令，开始接受严格的专门训练，目的是为了轰炸鲁尔河上的几座供水大坝，该中队隶属于盖伊·吉布森（Guy Gibson）指挥的飞行大队。哈里斯对此仍然一点也不信服。4月的一次会议上，会议记录是这样写的，哈里斯说："正如我始终认为的那样，这种武器简直荒唐可笑（原文如此），……现在还找了这些疯子来使用它们，如果可能，最好把这些炸弹锁起来吧。"[90] 当然，哈里斯的这种满怀疑虑的态度被众人忽视了。5月16日至17日夜，代号"惩罚行动"的作战开始了。这次英国派出了19架"兰开斯特"轰炸机，其中12架攻击3座水坝。结果默讷水坝和埃德尔水坝遭受重创，索尔珀水坝仅仅遭受了浅表性的破坏。水坝遭到破坏后，水库中三分之二的水从破口处倾泻而出，引发的洪水造成1294人丧生，其中包括493名外国工人。遭到爆破的堤坝，有2.5万至3万吨的混凝土遭到破坏，但是这两座水坝都在10月之前修复了，对工业供水造成的长期影响比预期的要小。[91] 后续的轰炸行动全部取消了，部分是因为这种轰炸行动的损失率过高的缘故。这次空袭后只有8架"兰开斯特"轰炸机返回了基地，113名空勤人员损失了56人。

早期对鲁尔的空袭，在哈里斯看来，远远算不上让人满意。飞机投弹落在瞄准点3英里内的概率变化很大。对目标指示弹的实验表明，在使用目标指示弹的11次突袭中，1次轰炸造成严重破坏，1次造成相当大的破坏，8次造成"分散性破坏"，还有一次完全没有给目标区造成破坏。大型空袭行动的侦察照片显示，目标为中心3英里范围内的炸弹命中率从80%到25%不等，其中大部分不到50%。[92] 哈里斯把轰炸机空勤人员称为"无能的弟兄"，他认为他们未能很好地完成对德国本土的空袭，他们猛烈的规避机动（对探照灯和防空火力的本能反应）可以算是罪魁祸首。1943年5月，哈里斯向各中队下发了一份关于“轰炸机规避飞行”的备忘录，取代了当时正在使用的作战指导，在备忘录中，向飞行员指明了在不同的情况下应该采取哪种规避动作。新下发的备忘录强调，大部分的规避动作都是“无效”的，因为防空炮火的火力网是在随意开火，并不精准（然而在这场战役中，防空炮火共摧毁了1496架飞机，因此这种说法很难说是正确的）。这份报告继续写道，规避动作增加了飞机相撞的可能性，导致轰炸机在危险区域滞留时间更长，并加重了飞机机体结构的负载。机组成员得到的建议是“飞机保持水平，直线飞行”，穿过目标区域，以增加投弹的集中度。[93] 无论是机组成员听从了这个建议，还是探路者部队和幸存飞行员积累了更多经验能减少飞机的损失并增加投弹的集中度，总之后续5月至7月对科隆、杜伊斯堡、伍珀塔尔-巴冕（Wuppertal-Barmen）发动的空袭成为迄今为止最致命的空袭行动，造成了有史以来最严重的破坏。

最后的这几次轰炸行动，给市中心造成了严重破坏，5月29至30日夜间，英军719架轰炸机对巴冕的轰炸引起了大火，这场大火吞没了城市五分之四的建成区，造成3400人丧生，这是迄今为止造成死亡人数最多的单次轰炸。伍珀塔尔-巴冕城的另一部分伍珀塔尔，在6月24至25日遭到了630架轰炸机的轰炸，城区94%的面积遭到摧毁或破坏，造成1800人丧生。在这场长达4个月的“密集轰炸”中，据估计共有22 200人丧生，在几乎是自1940年5月以来死亡人员的两倍。约有55 700座建筑遭到破坏，暂时不能使用。6月，希特勒抱怨道：“他们摧毁了鲁尔区。”但事实上，鲁尔区只有5%的建筑被毁。[94] 轰炸机司令部无从得知轰炸的确切效果，但是情报部门对夏季轰炸的战果进行了估计，这让哈里斯得以为城市轰炸作战辩护。对轰炸结果的估算并不容易，这一估算主要基于1941年和1942年轰炸造成英国城市房屋受损状况和损失的工时数。根据联合情报委员会的估计，遭到轰炸的城市中大约有9%的人口（422 500人）无家可归，38.5%的人（1 816 000人）家中房屋遭到损坏。委员会估计有68 750座房子遭到摧毁，这一数字相比单纯依靠侦察照片进行的估算更接近事实。就轰炸对经济的影响进行估算则更加困难。位于埃森的克虏伯工厂据估计在夏季损失了计划产量的四分之一到一半。而根据经济战争部的估算，对鲁尔-莱茵兰的轰炸，使德国总产量减少了10%到12%（包括200万到250万吨的钢产量），并严重打击了德国人的士气。[95] 两个月以后，研究和实验司第八处就轰炸对埃森市的影响进行了研究，参考德国贝德克尔空袭对英国工人影响的研究，研究组得出结论，如果德国工人对住房和生活设施的损失的反应和英国工人一样，那么埃森市就损失了等于50个城市工作日的产量。需要注意的是，所有这些对轰炸机司令部取得成就的估算都不是相互协调进行的，而且估算也不是连续性的。所以，这些研究也就不能证明轰炸是对英国战略资源的合理运用。[96]

美国第8航空队对英国夜间轰炸的看法，可以用一名美军高级指挥员的话来概括："这只是对德国的整体实力小小咬了一口。"[97] 3月对德国本土发动了3次小规模空袭，4月发动了一次（轰炸不来梅，损失了15%的飞机），5月对德国北部海岸发动6次空袭，6月又有3次，包括6月22日对鲁尔区许尔斯合成橡胶厂的空袭，该工厂在空袭中的损失达9%。[98] 此时英、美两国的空军处在不同的阶段中。1943年上半年，轰炸机司令部投下了6.3万吨炸弹，第8航空队仅投下了8400多吨。对于美军司令部来说，直射行动尚未开始，而与之成对比的是英国皇家空军的态度，正如皇家空军的计划主任在1943年3月指出的那样，英军希望轰炸"在今年产生决定性作用"。然而，由于美国不认为轰炸城市具有重大战略意义，这两支轰炸机部队不可能构成联合情报委员会在鲁尔区轰炸后所称的"一个有机整体"。鲁尔战役是第8航空队事实上缺席的一系列轰炸战之一。[99]

蛾摩拉行动：汉堡的毁灭

早在1941年11月，空军部下属的轰炸行动委员会通过对德国北部城市目标的研究得出结论，汉堡是最适合执行大规模燃烧弹空袭的城市。因为这座城市规模较大，难以达到"饱和点"。研究报告指出，如果选中汉堡作为燃烧弹攻击的城市，"轰炸的重心需要放在易北河北岸拥挤的城区和密集的住宅区”。为了清楚地了解汉堡的饱和点，轰炸行动委员会以伦敦市中心的地图为模型，把显示燃烧弹落点范围的照片制作成透明胶片覆盖在地图上，以此估算出空袭汉堡时炸弹的分布范围，以及轰炸中地面建筑将会多么脆弱。[100] 从 1941 年底到 1942 年春的整个冬季，英国投入了大量精力进行研究，如何以现有技术引发一场巨大的火灾。1942 年 2 月，在另一份关于选择烧毁一座德国城市的备忘录中，汉堡是排在第一的备选城市，其脆弱程度被定为“极其脆弱”。[101]

早在 1942 年 5 月，哈里斯在计划进行千机轰炸时就想利用这种脆弱性，但是因为天气状况不佳而放弃。哈里斯最终在 1943 年 5 月 27 日做出决定，汉堡将是鲁尔-莱茵兰地区下一次遭受轰炸的城市，假如哈里斯在 1942 年 5 月就下令轰炸汉堡的话，那汉堡显然不会遭受那么大破坏，也不会死那么多人。哈里斯的决定的结果就是发动了名为“蛾摩拉行动”的一系列轰炸行动，这次行动是欧洲战场上轰炸导致一座城市人员伤亡最重的一次，第二次世界大战中，也只有东京遭受燃烧弹轰炸以及广岛和长崎遭到原子弹袭击造成的伤亡超过了汉堡。1943 年 7 月 27 日至 28 日夜间，那场规模无法控制的火灾风暴给汉堡造成的巨大破坏，通常认为是当时异常的气象条件和德国民防失误引发的一场意外，而不是蓄意轰炸造成的结果。这个说法完全误解了城市轰炸战的目的，因为城市轰炸战从一开始预测的就是通过引起大规模火灾给目标城市造成尽可能大的破坏和人员损失。对汉堡的轰炸也不例外。这座城市被定为“极其脆弱”不是没有原因的，英国预计这里将引发一场大火。

如果想要理解轰炸机司令部为何能在汉堡制造如此规模的火灾，那么就要把这个问题放在空军部坚持通过长期作战和科学研究来分析火灾原理的大背景下看待。研究和实验司第八处在 1942 年夏天成立后，空军部给它的第一个任务，就是研究火势蔓延的原理和风速在引发大火时的作用。他们认为，如果风速和风向有利，城市大火就会像被鼓满了风的壁炉一样熊熊燃烧。研究和实验司的科学顾问写道：“一旦引发了一场大规模火灾，那么火灾生成的‘火灾风暴’就会确保火灾继续蔓延。”[102] 根据 J. D. 伯纳尔的建议，空军部在维尔特郡波顿唐实验站使用城区模型进行了风力实验，加上由英国皇家空军侦察照片分析处提供的夜间侦察照片，以此来确定加速火灾传播的因素。[103] 此外，也需要科学地确定燃烧弹对德国城区建筑，特别是对城区的联排建筑和公寓楼的破坏性有多大，同时还需要确定在一次空袭中盖过对方消防能力所需的炸弹数量和组合。到1943 年研究和实验司第八处提交关于“德国家庭建筑”的报告时，这项1942 年开始的对德国建筑结构的研究已基本完成。对德国各种建筑屋顶模型的测试，是在伦敦郊外哈蒙兹沃斯的公路研究实验室进行的。实验中用到的德国楼梯和台阶所用的材料，则是根据德国出版的一本名为《中产阶级住宅和房屋》的书确定的。[104] 在对德国建筑进行研究的过程中，研究人员就木质房梁的平均厚度和标准 4 磅燃烧弹的穿透力进行了激烈的争论，直到多位德国流亡建筑师加入团队后，才最终确定了建筑的细节。这些建筑师中就包括包豪斯建筑学派的创始人沃尔特·格罗皮乌斯（Walter Gropius）。通过对德国西北部和柏林典型建筑的屋顶建筑材料、托梁和楼层密度的研究，最终得出了“德国房屋十分易燃”的结论。[105]

最重要的问题是何种炸弹组合和用量能最好地引发一场地面防御部队无力控制的大火。在蛾摩拉行动之前的两年时间里，在考虑摧毁目标城市每平方英里所需的投弹数量时，燃烧弹和高爆弹的数量一直在增加。最初的研究表明，10 万到 20 万枚 4 磅燃烧弹将使地面一切火灾巡视人员和消防队疲于奔命，但这些炸弹必须大量地同时投下而不能小批量投掷。[106] 到 1942 年底，英国对燃烧技术有了更深的理解。正如空军部的一份报告指出的，它的目的是“用大火彻底摧毁城区”。这就需要一个纵火大队确定目标，引发明显的火焰，让后续部队向目标区以每平方英里 2.5 万枚燃烧弹的密度投弹，同时还需要投下高爆炸弹来震碎窗户、在街道上形成弹坑、恐吓民防和消防人员。为了引发大规模火灾，目标区域必须是市中心人口最密集的居民区，也就是在提供给轰炸机司令部目标区地图上被标注为 1 区和 2a 区的地方。根据轰炸行动委员会的说法，点燃那些“中世纪留下的盒状联排房屋”将会“带来丰厚的回报”。[107]

为了阻止敌人灭火，轰炸机携带的燃烧弹中，不只有常规燃烧弹，而且还有延时起爆燃烧弹，这种炸弹会给敌人的民防人员带来伤亡，从而阻止他们的灭火行动。这些延时炸弹的起爆时间是故意随机打乱的，有些是落地后3分钟，有小部分是落地后10分钟。[108] 1942年末，英国又研制了一种带有触发引信的反人员高爆弹，这种炸弹可以被任何物体引爆，甚至连灭火的水柱也不例外，它可以在毫无预警的情况下杀伤周围的人员。[109] 有人曾建议，应该在轰炸“那些第一次遭受燃烧弹空袭的城市”时使用高比例的延时起爆炸弹，因为这会对敌人的应急营救人员产生威慑。[110] 在使用传统的镁粉燃烧弹以外，还有观点认为应该使用同样经过严格的科学测试的更大的油基燃烧弹作为补充，这引起了不小的争论。结果选择了30磅的Mark II燃烧弹，这种燃烧弹的弹体内装有白磷和苯凝胶的混合物，其穿透力比4磅燃烧弹大得多，并能有效让火焰迅速大面积蔓延。[111] 在战争的最后3年，所有这些炸弹都得到大规模生产和大量的使用，其使用最多的一年是1943年（见表6.3）。

表6.3 1940年至1945年英国皇家空军燃烧弹使用情况

年度	4磅燃烧弹	4磅爆破弹	30磅燃烧弹	14号集束燃烧弹（内含106枚4磅燃烧弹）
1940	508 933	—	—	—
1941	2 082 669	—	758	—
1942	8 010 920	—	309 200	—
1943	25 898 290	1 469 853	1 728 949	—
1944	18 392 077	1 498 723	979 182	6 288 460
1945	6 761 544	690 523	—	3 764 670

资料来源：TNA, AIR 22/203, Bomber Command, War Room Manual of Operations 1939 – 1945, 54。

美国人对燃烧弹轰炸的发展有着浓厚的兴趣。传统观点认为，第8航空队主要使用高爆炸弹实施精确轰炸，而不使用轰炸机司令部引发火灾的战术，但是并没有证据能够证明这种说法。空军部下属的轰炸行动委员会和美国科学研究与发展办公室开展了密切合作，而后者专门对“燃烧弹轰炸的理论和实践”问题进行了研究，并向英国提供了附有图片说明的美国城市重大火灾的档案，这些火灾比欧洲城市发生得更普遍，也更具破坏性。档案中的照片与德国主要城市轰炸后的场景非常相似。[112] 1942 年 10 月，美国最著名的外国火灾专家鲍里斯·莱明（Boris Laiming）提交了一份报告，并于 12 月转交给了空军部。在报告中，莱明指出，在德国当时的条件下，引发大规模火灾的唯一方法是在风速合适和湿度较低的日子，在城市的狭长地带同时引发许多小型火灾。[113] 美国专家们在美国犹他州的美军化学战部队仓库，进行了烧毁不同建筑结构的试验，在新泽西的一处设施还进行了燃烧弹穿透仿制的德国屋顶的试验。[114] 部分美国专家也应邀来到英国。美国国家防火协会（的首席工程师霍雷肖·邦德（Horatio Bond），在 1942 年底到伦敦工作了 4 个月，就大规模火灾的破坏力提供了不少建议，几个月以后，国家防火协会的另一位高级工程师，詹姆斯·麦克尔罗伊（James McElroy）来到英国，并一直在研究和实验司第八处位于白金汉郡普林斯赖斯伯勒的总部工作到战争结束。他首先制作了德国城市的"火灾分区地图"，地图上指明了需要引发火灾的城市区域。然后，他为第 8 航空队作战研究处，制作了主要工业目标的脆弱点的地图，通过地图可以确定轰炸时燃烧弹和高爆弹的比例，以及飞机应该携带什么样的燃烧弹。[115]

英国实施的燃烧弹轰炸给美国空军留下了深刻印象。1943 年 4 月，阿诺德向他负责军需物资的副参谋长详细说明了第 8 航空队燃烧弹的主要用途：第一，当使用火灾能造成更大破坏时，用燃烧弹精准烧毁选定的工业目标；第二，通过在"城镇建筑密集的区域"引发火灾，为皇家空军夜间空袭同一座城镇起到信号指示的作用；第三，"当有必要时"烧毁建筑物密集的区域。[116] 美国空军主要使用的是 4 磅燃烧弹（美军将其改名为 M-50）、M-17 110 枚型集束燃烧弹、M-47 70 磅油基橡胶燃烧弹和 M-76 473 磅油基燃烧弹。1942 年美国就为燃烧弹的生产制定了详细的计划，当年就生产了 3900 万枚燃烧弹，1943 年的产量达 1.07 亿枚，这些炸弹全都分配给了美国各个军种，并根据《租借法案》交付给英国。[117] 经过对燃烧弹效果的深入研究，1942 年 9 月，第 8 航空队收到了一套关于燃烧弹使用的建议，这些使用建议和英国皇家空军的作战模式不同，主要体现在两点，一是美国人倾向于使用 473 磅油基燃烧弹，而不是 4 磅燃烧弹；二是美国人把天气情况当作一个重要的因素，按照美国人的说法，“强风仍然是最好的武器”。另外，投弹时炸弹落点需要足够密，“保证引起真正的大火”。[118] 在英国进行了广泛的试验，以验证不同重量油基燃烧弹的使用效果，最终在 4 月有大量的燃烧弹运抵美军基地，以供作战使用。1943 年 7 月，也就是执行蛾摩拉行动的那个月，这些燃烧弹第一次得到了大量的使用。到战争结束，第 8 航空队一共投下了 90 357 吨燃烧弹和集束燃烧弹，合计 2700 万枚 4 磅燃烧弹和 79.5 万枚重型燃烧弹。[119]

因此，将三分之二的燃烧弹投向汉堡易北河北侧的居民区以试图引发无法控制的大火，并不是一场意外。英国选择汉堡为轰炸目标的原因不难解释。空军部的轰炸目标委员会早在 1943 年 4 月就将汉堡列为“第一号目标”，主要原因是这座城市的造船业。[120] 从 1940 年开始，这座城市就遭到了反复轰炸，但通常都是规模较小的空袭，给这座德国第二大城市带来的破坏也不严重。从 1940 年至 1942 年，汉堡一共遭到 126 次小规模空袭，1943 年，在蛾摩拉行动之前的 10 次空袭，仅造成 100 人死亡，220 座建筑物被毁。[121] 在经济战争部的目标名单上，汉堡排名第四，排在柏林、杜伊斯堡和波鸿之后，这几座城市都在春末遭到了空袭。在经济战争部的《轰炸机贝德克尔导游手册》的名单中，汉堡被评为“1+”或“1”的工业目标有 21 个，25 个目标被定为“2”，大大超过了大部分其他城市。[122] 汉堡距离英国基地较近，城市在容易辨别的海岸线旁边，城区面积也较大，这使得它的处境极为危险。根据对德国已遭受燃烧弹空袭城市的调查，燃烧弹与高爆炸弹对汉堡造成的破坏的比例是 1∶13，这个比例明显高于除威廉港外的其他城市。[123] 至于哈里斯是否见过这些数字，现在还不清楚，但是他致力于发动一场大规模空袭的意见，完全符合新空袭模式的地理特点，同时也符合空军部的愿望。这种情况下，如果不对汉堡发动空袭才更难以解释。

然而这次空袭要得到支持并不容易，最后还要依靠丘吉尔的赞成票。争论的焦点是，是否需要使用代号“窗口”的简单技术手段，暂时性致盲德国人的雷达系统。这个战术就是在空中抛撒大量的铝箔条，箔条会在德国人的雷达上制造模糊的回波，这样敌人就无法侦测轰炸机编队的准确位置了。这项技术是 1941 年末，由在莫尔文（Malvern）的电信研究所中一位名叫罗伯特·科伯恩（Robert Cockburn）的科研人员发明的，经过初期试验以后，英国开始生产这种干扰用铝箔条，希望在 1942 年 5 月开始用这种技术干扰德国人的雷达。弗雷德里克·林德曼说服波特尔取消当时使用干扰箔条的命令，原因是一系列最新试验表明，如果德国人用这个技术进行报复，英国最新型的地面和机载雷达极易受到“窗口”的干扰。林德曼坚持在没有找到解决办法之前，这种技术暂时不能使用。德国人事实上也研发了类似的技术，名为“杜佩”，但是和英国皇家空军一样，德国人对这种技术的开发和利用同样犹豫不决。然而，到 1942 年末，英国为夜间战斗机研制的新型 AI 雷达、为地面导航研制的 GCI 雷达和美国新型机载 SCR–270 雷达都具备了抵抗“窗口”干扰的能力。美国的试验还表明，投放大量长度大约是德国“维尔茨堡”雷达波长的一半的窄箔条效果最好，这种雷达控制着德国的防空系统。“窗口”长 30 厘米，宽 1.5 厘米，一面是纸，一面是铝箔，2000 张干扰箔条一捆，使用时由轰炸机编队的飞机投下。[124]

英国防空系统的加强，加上德国西线轰炸机部队的虚弱，使得波特尔最终被说服批准使用“窗口”，但是这个决定又被参谋长联席会议否定，他们认为在 7 月初进攻西西里岛之前，不能使用这个技术，以防德国空军使用同样的技术，在西西里登陆战期间迷惑盟军的空中支援。因此，直到 7 月 15 日丘吉尔批准了蛾摩拉行动以后，“窗口”才得以投入使用。[125] 但是几天之后，丘吉尔也遇到了反对意见，这次是有人反对将汉堡作为轰炸目标。英国政府的科学顾问亨利·蒂泽德在写给丘吉尔和波特尔的信中强烈反对摧毁汉堡，原因是，当盟军在战后管理德国的时候，汉堡将是一座很有用的首都，并且汉堡人民“反俄、反普鲁士、反纳粹”，可能很快也会“反对战争”。丘吉尔将这封信转给了参谋长联席会议，但波特尔在此之前就已答复了蒂泽德，他解释说，汉堡是一个不能忽视的重要目标。他继续写道：“轰炸反纳粹人士是否比轰炸忠于纳粹的人能得到更符合我们的期望的结果，是一个没有定论的问题。”但他希望哈里斯搞清楚，轰炸是否能让汉堡人将反纳粹思想转变为具体行动。丘吉尔对此表示赞同。[126] 此时，蛾摩拉行动的第一次空袭已经发生了。

对汉堡的轰炸，与 1943 年 6 月末和 7 月初对科隆的大规模轰炸类似，持续了大概十多天的时间，从 7 月 24 日至 25 日夜英国皇家空军第一次轰炸开始，至 8 月 2 日至 3 日的最后一次轰炸止。[127] 第一次空袭出动了 728 架轰炸机，“窗口”也第一次投入使用。在距离目标 80 英里的时候，探路者部队和后面跟随的主攻部队将携带的箔条以一分钟一捆的速度抛了下去。这些干扰箔条的作用堪称完美，在敌人雷达显示屏上制造了无数个回波，这些虚假的目标信息，让德国的夜间战斗机陷入一片困惑中。德军探照灯胡乱地向天空照着，高射炮也漫无目标地进行着射击，希望能把轰炸机吓走。仅仅在一小时之内，英国皇家空军的轰炸机投下了 2284 吨炸弹，平均每平方千米投下了 1.7 万颗燃烧弹。[128] 根据德国统计办公室的统计，尽管只有不到 50% 的炸弹落在目标区 3 英里内，但是剩下的炸弹都落在了城市中心和城市西北部的居住区，轰炸造成 10 289 人死亡，这个数字是此前破坏最大空袭造成死亡人数的 3 倍。[129] 在此后的两天里，第 8 航空队在白天对德国西北部的目标进行了空袭。7 月 25 日，218 架轰炸机空袭了汉堡和基尔的造船厂，这次空袭中美军损失了 19 架飞机。7 月 26 日，96 架飞机空袭了汉诺威，另有 54 架飞机空袭了汉堡，这两次行动又损失了 18 架飞机。在这两天里，飞机损失率达到了 10%，这也从一个侧面说明，在卡萨布兰卡会议上关于日间轰炸危险性的警告并非无稽之谈。美军对汉堡的两次空袭，共造成 468 人丧生。[130]

英国皇家空军在 7 月 27 日至 28 日夜间的空袭行动，是前两年燃烧弹轰炸计划教科书般的范例。这次行动也得益于当时的气象条件。在 7 月 22 日的时候，汉堡曾经发生过一次降雨，但那一周剩下的几天都很干燥。因此，在月初还很高的湿度，出现了显著下降，到 7 月 25 日，湿度为 46%，而 7 月 27 日为 30%。轰炸之前的一周，气温也开始飙升，7 月 27 日夜间的温度是 32 摄氏度（90 华氏度）。此后两天一直是这种温度高、湿度低的天气。夏季的气象条件有利于一场大火的出现。[131] 轰炸行动中，探路者部队在汉堡市中心以东数英里的地方投下了目标指示弹，但是 729 架参与空袭的飞机却把 2326 吨炸弹集中投在了拥挤的工人居住区，主要是汉姆布鲁克、博格菲尔德、汉姆、比尔瓦德、霍亨费尔德和罗滕博格斯特。这次空袭持续了一个小时。约有 1200 吨燃烧弹集中投在了 2 平方英里的区域里，引发了无数的大火，这些火场迅速融合在一起，成为熊熊燃烧的火海。上次轰炸引起的供水短缺，加剧了灭火的难度。而此时，许多应急人员和车辆都远在城市的西侧，还在收拾第一次轰炸引发的火灾的残局，第一次轰炸还摧毁了汉堡的民防控制室。为灭火做出的种种努力都毫无用处。后续发生的场景，用汉堡市警察局局长的话说就是“一场火焰的飓风…… 人类一切的对抗措施都是徒劳的”。[132] 人们会认为产生了飓风，主要是因为大火的规模和热量，大火引起的火焰风吹着火焰穿过各处天然的防火隔离带。大火形成了一根由热空气和各种残骸组成的粗大气柱，迅速升高到城市两英里的高空。大火需要消耗大量的氧气，因此火焰把周围地区的冷空气都吸了过来，吸力强大到造成的大风达到了飓风的强度，吹倒了建筑，把树木连根拔起，甚至把人吸到烈焰中迅速焚化或变为干尸。就像是巨大的风箱一样，强风把火灾区域的温度提高到 800 摄氏度，摧毁了一切可燃物，只余下砖石。数千个地下室和地下防空洞中的氧气都被抽空，在里面避难的居民缓慢地死于一氧化碳中毒。[133] 在这一夜，据估计有 18 474 人丧生，汉堡市区有超过 12 平方英里的区域被烧成了白地。

这还不是汉堡的末日。哈里斯意图摧毁这座城市，他在 7 月 29 日至 30 日夜和 8 月 2 日至 3 日夜又发动了两次大规模空袭。第一次出动了 707 架轰炸机，投弹量超过了第一次火灾风暴之夜，但并没有再次引发热飓风。这次轰炸中，大型住宅区又遭到了一次重大火灾，导致大约 9666 人丧生。8 月实施的最后一次轰炸并不成功。一场大规模雷雨保护了汉堡。探路者部队没能用目标指示弹标记出汉堡的位置，最后大部分轰炸机携带的炸弹都投向了德国北部或北海中。最后一场轰炸造成 78 人死亡。根据 1943 年 12 月汉堡警察局的计算，蛾摩拉行动造成的人员死亡总数为 31 647 人，1944 年 5 月，这个数字又被修正为 38 975 人，这个结果和现在公认的 3.7 万人已经比较接近了。[134] 轰炸摧毁了汉堡 61% 的房屋和公寓楼，另有 580 座厂房和 2632 家商店遭到破坏或摧毁，约 90 万居民从城市中疏散。而英国皇家空军仅仅损失了 87 架飞机，占出动飞机总数的 2.5%，出现这样的局面，一部分原因是英国人使用了“窗口”干扰，另一部分原因是对汉堡防空系统的震慑作用。空袭后的情况报告指出，虽然浓烟遮蔽了大部分遭到破坏的地区，但是可以确定的是“居民区遭到的破坏十分严重”。[135]

轰炸对德国防空系统影响深远。汉堡遭到破坏的程度远超鲁尔区，这促使德国空军放弃了以卡姆胡伯防线为代表的依靠防空火力的固定战线作战原则，取而代之的是一支基于新作战形式的更强大的战斗机部队。甚至早在汉堡大火之前，戈林就曾向自己的参谋人员坦言，“我认为现在防空更具有决定性意义”，尽管他急于开始对英国的轰炸。汉堡的可怕遭遇，加速了德国向优先生产战斗机转变，并促使德国付出更大努力，去对抗盟国空军在夏季表现出的领先科技优势和无线电对抗手段。[136] 到1943年10月，戈林的副手艾尔哈德·米尔希制定了一个必须坚决执行的计划，每月生产超过3000架战斗机，同时，他还制定了更加冒险的计划，准备在1945年每月生产5000架战斗机，而这些都是以牺牲轰炸机生产为代价的。[137] 根据米尔希的计算，通过简化生产工艺、大幅减少飞机型号、放弃定期对飞机进行改进的习惯，计划里规定的飞机产量可以在不增加劳动力的情况下实现。[138] 在当年5月，米尔希已经接手了主管雷达和无线电研发的责任，并且立刻督促研发和生产加速进行。7月，在汉斯·普伦德（Hans Plendl）的领导下，组建了一个高频研究办公室，这个办公室吸收了约3000名科研人员，开始对鲁尔战役期间坠落在德国的各种设备进行研究，这些设备都是在坠毁的盟军轰炸机里找到的。[139]

在“窗口”取得成功之后，德国人为了尽可能迅速地增强战斗机部队的攻击力，开始重点研究不受“窗口”影响的雷达。在汉堡遭到最后一次轰炸后第二天，德国空军也批准组建部队，专门培训赫尔曼提出的“野猪”战术。7月30日，战斗机渗透轰炸机编队实施攻击的“家猪”战术得到了米尔希和胡贝特·魏泽的批准，后者当时担任德国国内防空总指挥。轰炸的另一个结果就是，1943年夏天，大量的飞机和高射炮从比以往更需要它们的前线调往其他地方。到8月底，驻守在德国境内的战斗机已经超过1000架，占德国战斗机作战实力的45.5%，此外另有224架战斗机部署在法国北部。同期，德国国内的重型高射炮也从蛾摩拉行动前的4800门，增加到8月底的6000门，其中包括更多的10.5厘米和12.8厘米口径高射炮。这一年，德国加强防空力量的最大障碍，就是缺少技术熟练的人员。因此，德国第一次征召了妇女和青少年担任“高射炮助手”，按照希特勒的命令，1943年8月，帝国劳工服务局管辖的250支男孩队伍在其参军服役前的一年就要开始接受训练，承担防空工作。[140]

在英国，空袭汉堡被当成一次巨大的胜利。空军部的情报局局长认为，这次行动证实了燃烧弹比高爆炸弹更具有优势：“靠大火彻底毁灭居住区是一个更好的想法。希望能继续下去！”[141] 罗伯特·洛维特在从华盛顿写给埃克的信中表示，战争部希望尽早看到汉堡遭到摧毁的侦察照片：“给汉堡的这次打击太棒了。”埃克在回信中说，轰炸起到了“重大效果”。[142] 对于哈里斯来说，蛾摩拉行动远远超出了他的预期。研究和实验司第八处对轰炸后工时损失和破坏面积的估算的结果，改变了轰炸机司令部战果寥寥的形象，并且让哈里斯得到了他正好需要的武器，可以用来宣扬使用轰炸就能够让德国彻底退出战争。如果希望在轰炸汉堡前为轰炸机司令部的战略进行辩护，那么现在的新证据让哈里斯的话更有说服力。8月12日，哈里斯给波特尔写了一封信，此时后者正和联合参谋部的人员在魁北克参加“四分仪”会议，在信中哈里斯指出，他自己认为轰炸战已经到了“最后摊牌的时刻”。哈里斯确信，只要再进行同样规模的集中轰炸，“今年我们就能击败德国”。[143]

蛾摩拉行动造成的结果当时只能用最粗略的方法进行估量，因为其具体造成了多大破坏连德国官方自己都不知道。主要估算方法是对“1”区和“2a”区遭到破坏的面积进行评估，这些区域是内城的居住区，主要是被燃烧弹摧毁的。对汉堡的空袭，使得德国城市的受害面积增加了一倍。到6月底，其内城区12.27%的地区遭到破坏，到9月底，这个数字增加到23.31%，即18 738英亩的区域中有9583英亩遭到破坏。[144] 轰炸机司令部负责情报工作的人员以这些材料为基础，提出了基于以下三种标准评估轰炸成果的方法：

投弹吨数与遭空袭城区英亩数的比值=轰炸程度

遭摧毁英亩数和投下每吨炸弹的比值=轰炸效率

遭摧毁英亩数和遭到轰炸的英亩数的比值=轰炸成功率

根据这个规则，成功率（即遭摧毁英亩数和遭到轰炸的英亩数的比值）的数值在1941年底是0.001，到1942年底是0.032，到1943年10月份这个数值是0.249。1943年德国城市中心区遭到摧毁的面积增加了24倍。[145] 这些数字并不能证明轰炸对德国的战争动员能力和士气造成了什么影响。经济战争部向空军部提出警告，指出难以判断德国的状况。根据经济战争部的估算，蛾摩拉行动，消耗了汉堡125万人月的工作量，相当于这座城市12%的年度生产能力。春末和整个夏季轰炸机司令部对汉堡轰炸造成的破坏累加起来，据估计应该超过德国潜在生产能力的3%。[146]

不久，能够获得的证据就表明，轰炸造成的破坏并没有最初希望的那么严重。汉堡港受到的破坏没有城区那么大，据经济战争部的估计，港口在8月底的时候，其吞吐量就达到正常吞吐量的70%。情报显示，第8航空队的重点目标布洛姆和福斯造船厂（Blohm&Voss），并没有遭到破坏，仍然在正常生产。[147] 到11月，汉堡的生产水平已经恢复到轰炸前的80%。在战争结束后俘获戈林时，美军在他乘坐的装满了财物的火车上，发现了一份汇报文稿，里面有上百张图表，显示轰炸后汉堡工业生产的恢复相当良好。[148] 唯一需要猜测的统计数字就是轰炸造成的死亡人数。这并不是轰炸机司令部使用的指标，轰炸机司令部使用的“轰炸程度”“轰炸效率”和“轰炸成功率”这几个指标，随着战事推进，变得越来越抽象。早在8月6日，英国媒体就获得了轰炸摧毁汉堡城市面积的数字，不过皇家空军发布的公报始终在强调摧毁的“重点是主要的工业区，码头和船坞”。[149] 来自瑞典的消息指出轰炸造成5.8万人丧生，后来英国报纸也在8月发布了这个数字。关于火灾风暴的消息是瑞士报纸《巴塞尔新闻》的一名记者泄露的，这个信息直到1943年11月才在伦敦反对轰炸的官员中传开，后来《新政治家》杂志也刊登了这个消息。至于声称在汉堡发现了2

万具尸体，且这些尸体焚化的程度远超火葬场的能力，这种说法遭到了曾见过相关材料的那些英国科学家的驳斥。他们声称火灾风暴的说法在科学上完全是胡说八道，“本质就是荒谬的”。[150]

德国上空的僵持

在蛾摩拉行动之后，英美双方的轰炸机部队都希望轰炸的成功率越来越高，并且都迫不及待地希望达成这个目标。人们也越来越相信，在卡萨布兰卡定下的目标，现在已很有可能实现。罗伯特·洛维特7月初写给埃克的信中提到，美国国内对战争前景十分乐观，认为“空军将在圣诞节前击败德国”。[151] 1943年8月初，埃克提交了一份关于联合进攻的报告，谈到要一个接一个地击溃德国的工业支柱，直到“德国的军事机器距离崩溃越来越近”。[152] 8月中旬，哈里斯给在魁北克参加联合参谋部会议的波特尔发了一份电报，称两军的共同努力应该足以“打垮德国”。[153] 波特尔本人也希望哈里斯使用与轰炸汉堡一样的强度去轰炸柏林，波特尔从魁北克发回的电报中说，“在目前的战争形势下，像汉堡这样规模的空袭对整个德国都将产生巨大的影响”。哈里斯解释说，这将需要4万吨炸弹和良好的天气，但柏林将会是他名单上的下一个目标。[154]

英美双方的轰炸机部队都在和时间赛跑。第8航空队需要显示自己已经达到直射行动当中及时削弱德国空军实力的要求，为1944年5月入侵法国做好准备。无论美国民众对轰炸战怀着怎样的期盼，埃克的指令是使用空军为地面作战部队铺平道路，并以此要求为标准，定期检查联合轰炸的进展情况。1943年8月在魁北克召开了“四分仪”会议，会议再次重申，击溃德国空军享有“最高战略优先权”。[155] 第8航空队得到指示，按照目标名单，加快轰炸重要德国目标。但是在航空队在欧洲的128次轰炸中，只有50次是针对德国目标进行的。[156] 在1943年最后几周和1944年最初几个月，阿诺德和斯帕茨反复交代埃克和1月接任其职务的詹姆斯·杜立特（James Doolittle）准将，直射行动“必须执行到极限程度”。1944年1月，参谋长联席会议的打算是在霸王行动的准备阶段，空军作战的重点需要放在摧毁德国战斗机部队的实力上，这一点和1940年德国人执行海狮行动之前，向德国空军提出的要求是一样的。[157]

哈里斯和轰炸机司令部此时却在参加另一场赛跑。哈里斯本人希望通过城市轰炸战结束这场战争，而不用发动代价高昂的全面地面作战。这就意味着在蛾摩拉行动之后，通过轰炸给德国城市居民和生活环境造成严重破坏，彻底粉碎德国的战争动员能力。1943年11月撰写的联合轰炸行动报告，显然也受到了哈里斯的影响，报告中对美国人的空袭仅仅轻描淡写进行了介绍，但是却重点汇报了对德国工业城市的精确轰炸，并且在报告中强调，这些空袭已经将德国的战争潜力削弱了10%，并且声称如果这个数字加倍，轰炸在此后的几个月里将“更加致命”。[158] 还是在这个月，为了实施“持续且强化”的轰炸，哈里斯还列出了一份德国各城市重点轰炸区域的名单（柏林是重点城市），每个城市后面还注明了“大部分摧毁”“严重破坏”“造成破坏”“未造成破坏”，另外，哈里斯还希望第8航空队能够很快加入轰炸德国首都的行动。[159] 哈里斯还在12月提交给波特尔和辛克莱的一份报告中，提到了摧毁城市的数量，声称继续给德国主要城市造成40%至50%的破坏，到1944年4月霸王行动开始之前，给德国造成的“破坏将会使其必然投降”。[160]

英美空军双方的目的并不一致，难以兼容，并且在当时的情况下都难以实现。从夏末到整个秋天，因为德国防空部队的实力得到加强，德国空军终于能够自由选择更高效的战术，英美双方空军在这期间发动的大型轰炸，都变成了越来越严重紧张的大规模空战。8月12日，133架B-17“空中堡垒”轰炸机空袭了鲁尔-莱茵兰地区的波鸿，行动中损失了23架飞机（占总数的17%）。8月17日，美军又发动了一次大规模空袭，选定这个日子是为了纪念第8航空队1942年8月17日第一次在欧洲实施空袭一周年。美军这次空袭的目的是发动一次壮观的打击。这次轰炸选择的目标是坐落在施韦因富特（Schweinfurt）的滚珠轴承厂和位于雷根斯堡（Regensburg）的梅塞施米特公司生产Me109战斗机的飞机制造厂。根据美军的计划，轰炸机部队按照轰炸目标分成了两部分，轰炸雷根斯堡的部队由柯蒂斯·李梅指挥，轰炸结束后，编队会飞往北非的空军基地。轰炸施韦因富特的部队由罗伯特·威廉姆斯（Robert Williams）准将指挥，在完成轰炸任务以后，编队需要返回英国的基地。这两座城市都是第8航空队进入德国领空实施轰炸以来，飞行距离最远的城市，并且这次行动也是参与飞机最多的轰炸任务，总共出动了376架B-17轰炸机，也从一个侧面反映出美军在飞机供应和飞行员培训上有了显著增加。这次轰炸的梅塞施米特工厂负责德国Me109战斗机18%的生产任务，而施韦因富特的滚珠轴承厂产量占全国供应量的45%。8月17日早上晚些时候轰炸机从基地起飞，在盟军护航战斗机离去后，在安特卫普和海峡上空遭到了德国战斗机的攻击。轰炸雷根斯堡的编队在接近中午的时候抵达目标上空，投下了298吨炸弹，造成400人死亡，暂时性对战斗机的生产造成20%的影响。在轰炸途中，有12架B-17轰炸机被击落，另有12架在飞向突尼斯途中于飞越阿尔卑斯山时失踪。而北非基地落后的维修设施导致更多的飞机无法起飞，在从北非返回英国漫长的返航途中也损失了部分飞机，最后，轰炸雷根斯堡的146架轰炸机中只有55架返回了英国基地。[161]

这次轰炸行动中，美军的第1轰炸机师面临着一场更大规模的战斗。当天下午，轰炸机编队在飞行中一直遭到战斗机不间断的攻击，时间长达3个小时，编队遭受了36架飞机的损失。大约在下午3点左右，编队在施韦因富特的工厂上空投下了424吨炸弹，造成141人死亡，彻底摧毁了两个车间，造成多人重伤。根据德国军备部的记录，轰炸导致滚珠轴承的生产量暂时下降了34%，不过德国仍有大量存货可以缓冲这一损失。[162]第8航空队仅仅轰炸了既定目标中的两个，就遭受了异常巨大的损失。轰炸轴承厂的飞机中，包括60架被击落的飞机在内，共有176架受损，另有30架还留在北非。包括轻微受损飞机在内，损失率为71%；如果只计算被击落的、重伤的和留在北非的轰炸机，则损失率是31%，以这个损失率而言，第8航空队已经不起再来几次这样的轰炸任务。德国战斗机因B-17轰炸机密集的火力而损失了28架，然而与所有的空中交火一样，美国飞行员声称击落的德国战斗机数量为惊人的288架。[163]9月份，阿诺德访问英国的时候，第8航空队又空袭了斯图加特，这次轰炸出动了388架轰炸机，损失了65架（占19%），却没给城市造成什么破坏。

此后第8航空队轰炸机司令部用了一个多月的时间恢复元气，从10月开始，又发动了一系列深入德国境内的轰炸行动。10月9日空袭海滨城市安克拉姆（Anklam）出动了106架轰炸机，损失了18架。但是最著名的一场战斗是10月14日空袭施韦因富特，这次出动的229架轰炸机中，损失了65架，损失率超过了28%。护航战斗机因为加装了副油箱，航程达到了350英里可以一直护送编队到亚琛，此后轰炸机编队就会遭受敌方战斗机火箭弹和航炮的攻击。空袭后，埃克在写给阿诺德的信中指出："这并不代表着灾难，但这确实表明空战已经到了高潮"。[164] 但是，轰炸途中没有战斗机护航确实是很危险的，因此在后来的4个月中，部队出动的轰炸机数量逐渐增多，但都是选择攻击飞行航程较短的城市。因此，基尔、不来梅、威廉港和埃姆登这几座城市因为飞行航程较短，在成为英国轰炸机司令部第一年轰炸的受害者后，又一次成为偶尔发动的大规模轰炸的承受者，需要指出的是，这期间美军轰炸的重点又一次转向了法国。这时，第8航空队，与几年前的德国空军和轰炸机司令部一样，开始思考夜间轰炸的可能性，当年9月份，航空队专门拨出90架B-17轰炸机，承担夜间飞行训练任务。[165] 在3个月的轰炸作战中，第8航空队在作战中损失了358架B-17轰炸机，并在10月创下了开战以来损失率最高的纪录。轰炸战到这个时候并没有停止，但是下一次深入德国本土的轰炸直到1944年2月20日，才在截然不同的情况下开始。[166]

尽管此时"双簧管"和"H2S"这两种目标定位设备已经投入使用，并且断断续续地发动成功的轰炸，但轰炸机司令部也已经开始遭受高损失率的折磨。此外，轰炸机司令部上半年实力的增强并没有维持下去：司令部所属具备作战能力的飞机在2月至6月间，增加了三分之二还多，但是在7月至12月，仅仅增加了四分之一。6月飞行员的数量是2415人，到12月则是2403人。[167] 8月17日至18日，哈里斯接到命令，对位于波罗的海沿岸的佩内明德的德国空军研究站发动更精确的轰炸。这次轰炸，哈里斯出动了560架飞机，向研究站和附属住宅投下以高爆炸弹为主的1800吨炸弹（还导致附近集中营中关押的500名波兰劳工死亡）。1943年实施的这几次"精确"轰炸，给德国的火箭研究计划造成了巨大损失，英军也有40架轰炸机被击落，损失率是6.7%。此后，哈里斯将轰炸的重心转向柏林。8月23日至24日夜，英国发动了对柏林的第一次轰炸，但是投下的炸弹没有落到市中心，主要落到了柏林南郊，造成854人死亡，摧毁、损坏了2600座建筑。这次轰炸机部队的损失率是7.9%，是轰炸作战开始以来历次轰炸行动中最高的一次。8月31日至9月1日夜，英军又发动了第二次针对柏林的空袭，这次损失了7.6%的飞机。而且因为“H2S”设备运行不稳定，炸弹全部落在了距离瞄准点30英里以外的地方。这次轰炸摧毁了柏林的85座房子，造成68人丧生。第三次空袭发生在9月3日至4日夜间，因为在前两次空袭中，斯特灵轰炸机中队和哈利法克斯轰炸机中队遭受了重大损失，所以，这次只出动了兰开斯特轰炸机中队。这次空袭行动中，不但“H2S”设备又一次错过了瞄准点，而且出动的兰开斯特轰炸机也损失了7%。直到11月，随着轰炸机司令部开始选择危险性更小的目标，第一次“柏林之战”才结束。[168] 10月22至23日夜，轰炸机司令部在名叫卡塞尔（Kassel）的小城又一次制造了火灾风暴，这一次，“H2S”设备终于能准确定位了。根据后期提交的轰炸报告，整座城区“事实上被彻底摧毁”。[169] 轰炸估计造成6000名当地居民丧生，从人口比例上来说，高于汉堡的死亡率。卡塞尔城区59%的面积被烈火烧光，轰炸还摧毁了6636座住宅。因为工人居住区遭到严重破坏，城市的武器生产受到了重大损失，但是和汉堡的情况类似，在2至3个月的恢复以后，生产又恢复到了轰炸前90%的水平。[170] 这次对卡塞尔的轰炸导致全城58%的建筑受损，超过了汉堡的51%，在此后很长一段时期都是遭轰炸机司令部空袭的城市中建筑受损比例最高的。[171] 但是，这次轰炸行动中，司令部损失了43架飞机，占出动部队的7.6%，这导致部队作战实力的持续减少。在整个1943年，轰炸机司令部一共损失了4026架飞机，其中战损2823架。[172]

面对秋季遭受的严重损失，英美空军对外虽然仍然保持着勇敢的面孔，但是双方都产生了一种紧迫感，并体会到前景的不确定性。卡萨布兰卡会议上提出的那些要求既是为政治服务，也是为盟军战略服务。1943年末，随着空军力量的天平从进攻方转为偏向防御方，出现了僵持状态，这让轰炸机部队有了相对失败的危险。虽然这两支部队都在宣传其成功让越来越多的德国战斗机转而执行保卫帝国的任务，但从某种意义上说，这是却一场得不偿失的胜利，因为轰炸机部队现在面临着不断升级的、可能无法承受的损失和破坏。9月，洛维特提醒埃克，如果德国没有在冬天崩溃，民众就会认为我们“‘全面出击’式的轰炸没有作用”。[173] 10月为波特尔准备的一份材料指出，如果不能展示战略轰炸的真正作用，将会“对战后的政策产生危险的影响”。[174] 英美双方部队都希望对方提供更多的帮助，以追求双方之间难得的共同目标。10月，波特尔告诉埃克和哈里斯，以消灭德国空军为前提，为持续的攻势做准备的直射行动，事实上已经失败了。“除非当前德国战斗机部队的建设得到遏制，”他接着说，“否则我们轰炸的整体效率和影响将下降到德国人能够承受的水平。”作战结果显示，到现在为止轰炸机司令部仅仅投入了2%的力量来袭击战斗机组装厂（仅仅是精确轰炸的附带作用），因此，此时哈里斯得到指示，向6座与战斗机生产有关的城市发动空袭。[175]

哈里斯对待这个要求和以前对待那些“万金油”目标一样，不加理会。7月，他被指示去轰炸施韦因富特，因为那里是德国军工生产最薄弱的一环。就在描述城市重要性段落旁边的空白处，哈里斯潦草地写下了“胡说！”，之后他并没有对这座城市发动夜间空袭。12月，哈里斯再次被要求派出轰炸机对施韦因富特实施夜间轰炸。他一口回绝了这个要求，声称自己手下的部队现在对于夜间轰炸小城市，根本没有任何把握，并且绝对不会在还有大城市需要摧毁的时候，浪费时间轰炸单一的目标，而且现在“只剩下4个月了！”[176] 空军部还对轰炸机司令部提出批评，指责他们为正在和德国空军作战的第8航空队提供的支援太少，哈里斯反驳说，自己不会帮美国人做他们自己应该做的事。哈里斯继续说，英美轰炸机部队现在不能被视为是互相补充的关系，因为他的司令部在1943年投下了13.4万吨炸弹，而美国人仅仅投下1.6万吨，并且大部分炸弹都扔在了不重要的目标上。[177] 当研究和实验司第八处通过调查指出，轰炸机司令部1943年的空袭在减少德国经济潜力方面起到的作用不超过9%（根据战后的研究，即便这个数字也过于乐观了），对于这个指控，哈里斯愤怒地回应道，在那些遭到他部队摧毁的城市中，这一比例肯定更高。不过空军部也提醒哈里斯，即便是这种程度的破坏，也仅仅有 11% 的德国人口受到影响，总之，哈里斯是一个难以反驳的家伙，即便是真正重要的战略问题上也是如此。[178] 哈里斯坚持实施区域轰炸，而非对目标精确轰炸，因此直射行动的目标变得更加难以实现，而且他试图打破的僵局也因此变得更加僵持不下。

就在英美双方就轰炸的优先目标争论不休的时候，轰炸战中最大规模的战斗正在德国领空上演。在所有的轰炸行动中，绝大多数轰炸机都成功地完成了自己的轰炸任务，从来没有轰炸机不能到达的地方。尽管投下的炸弹经常大范围分散在距离真正目标还有很大距离的地方，但是不论炸弹落在哪里，不论是城市还是乡村，只要是炸弹落下的地方，德国居民的生活都会遭到严重破坏。不过这些空战却与轰炸截然不同，这是一场包括高射炮、夜间和日间战斗机、探照灯、诱饵和拦阻气球在内的防空系统，和入侵战机之间的作战。在这个阶段，尽管部队得到更加先进的科技装备和武器的支援，但双方面临的问题还是和 1940 年轰炸战开始的时候一模一样：天气状况、轰炸准确性、进攻战术和防守战术的平衡、作战组织以及部队的士气。这些因素都深刻地影响着英美轰炸机司令部达成目标的能力。

在雷达导航和电子导航还处于初级阶段的时代，天气在空战中依然是最具随意性且最具干扰性的角色。最终的美国轰炸概述报告指出，在盟军轰炸机部队作战中，天气仍然是“主要的限制性因素”。对于主要依靠目视轰炸的第 8 航空队，有四分之一的作战时间受到天气的影响，还有 10% 起飞的轰炸机因为天气原因放弃任务。根据部队作战记录的统计，受到北欧多雨天气的影响，第 8 航空队的作战效率仅仅达到其作战潜力的 55%。其中低云和雾气是主要原因。[179] 1942 年末，根据美国陆军航空兵气象局局长的计算，在冬季，目标上空天气晴朗的日子平均每月只有 1 至 2 天，在 6 月达到全年最高值 7 天，一年中一共有 31 天这样的日子。没有大风、结冰或云量超过十分之三这些主要限制性因素的日子也仅仅只有 113 天，冬季为每个月 6 天，最多的 6 月有 12 天。[180] 基于 20 世纪 30 年代蓬勃发展的民间航空业的经验，空军的气象局研发了一种相当复杂的天气预报模式，能够定期提供气象信息、当前天气发展趋势预报和为特定的作战行动进行精确的天气预报。[181] 即便天气预报已经相当准确，但是天气状况仍然可能发生出人预料的快速变化。以第 305 轰炸机大队 1942 年至 1943 年的作战日志为例：11 月 23 日，洛里昂上空"遭到云层覆盖"；12 月 12 日，里尔（Lille）上空"云层覆盖了轰炸目标"；1 月 23 日，布雷斯特"云层覆盖，难以确定目标"；2 月 4 日，埃姆登"因为云层，没有投弹"；以及另外很多类似案例。[182]

轰炸机司令部受到的天气影响较小，因为区域轰炸可以在天气不太理想的情况下实施，但是英国方面的经历也显示，"平均良好的能见度"在夏季仅仅有 5 至 9 个晚上，而在冬季，只有 3 至 5 个晚上。[183] 一直到战争结束，哈里斯都在以天气问题为理由，解释为什么轰炸机部队还不能依靠精确轰炸系统实施空袭。[184] 随着电子导航技术的来临，轰炸机可以在云层和烟雾之上实施轰炸，然而在返回基地时如果突然遭遇浓雾，仍会经常发生事故。天气对飞行员提出了很高的要求，下面引用的关于蛾摩拉行动最后一次夜间轰炸的回忆，可以让我们一窥端倪：

> 我们设定航向，朝北方的目标飞去，不久进入一片雷暴云，给飞机带来了严重的积冰。我们能听到冰块从机身和螺旋桨上脱落的声音，然后因为积冰太重，飞机的4个螺旋桨全部失去了动力，此时我已经失去对飞机的控制……飞机在积冰的重量下开始下降，在此过程中我们被地面的防空炮火击中了……此时，积冰让飞机完全失控了……一次可怕的经历。

所幸在这次飞行中，飞行员和机组成员全员生还。[185]

在德国领空普遍性的恶劣气象条件带来的问题中，保持轰炸的精确性是最重要的。对第 8 航空队而言，晴朗的天气是坚持精确轰炸的必要条件。早期对法国的空袭显示，在理想情况下，轰炸的平均误差是 1000 码，但理想情况很少出现。1943 年 2 月的调查强调了轰炸精度不佳的问题，其他问题还包括天气、敌人的防空、机组成员配合不好和飞行员经验不足。调查发现，以中队（或大队）编队进行轰炸，大大降低了最后一个编队轰炸的精度；截至 1943 年 7 月，平均只有 13.6% 的炸弹落到瞄准点 1000 码以内的范围内，而最后一个轰炸机编队则仅有 5%。[186] 安德森要求手下的指挥官想尽一切办法把炸弹“投到目标的关键部位”。“显然，”他继续说道，“我们的轰炸作战还没有达到应该达到的标准。”[187] 云层、工厂排出的烟雾、德国人施放的伪装烟幕让这种结果变得不可避免。美国人进行轰炸时没有探路者部队，也没有电子导航设备。1943 年 3 月，埃克曾请求波特尔提供“双簧管”和“H2S”这两种装备，给美军编队的长机使用。但是，波特尔只提供了够 8 架飞机使用的装备和部分人员训练装备。到秋天，美军已经组建了 3 支探路者部队，一支部队装备了“H2S”，另外两支部队装备的是使用美国类似技术的设备，名为“H2X”。[188] 埃克发现，当目标被遮蔽时，使用新的引导系统进行轰炸的诱惑难以抗拒。1943 年 9 月，第 8 航空队进行了一次蓄意的仪表轰炸，目标是德国港口城市埃姆登。这次轰炸，炸弹主要落在了埃姆登和周围地区，但是也说明，现在美军也可以在天气恶劣的时候飞临目标上空，这一事实使得美军也开始进行区域轰炸。

这一轰炸范围的扩大，是因为从技术上讲，每月能实施精确轰炸的日子屈指可数。从 1943 年 9 月开始，美国轰炸机部队也接到命令，可以在云层上方轰炸敌人的城市，希望这样能够轰炸被云层遮蔽的目标。由于是舆论敏感的问题，对城市地区的空袭被定义为对工业中心的袭击，或者越来越多地定义为对“铁路编组站”的空袭，这和轰炸机司令部的做法一样。[189] 美国人发动的大部分空袭，和英国人区域轰炸之间的区别仅在于轰炸的意图。普通民众和他们的生活环境并没有被作为轰炸目标，但最终结果使这种区别仅仅存在于学术意义上。1943 至 1945 年，美军对德国目标实施的轰炸中有四分之三是使用“H2X”进行的“仪表轰炸”；1943 年 10 月至 12 月使用雷达辅助瞄准投下的炸弹中，只有 20% 的炸弹落在了瞄准点为中心 5 英里的范围内，这个结果和轰炸机司令部在 1941 至 1942 年间的投弹精度没什么两样。[190] 良好气象条件下，轰炸重要工业目标的精准度很高，精准度从1943年7月的36%的炸弹落到瞄准点2000英尺内，提高到当年12月的62%。当天气良好的时候，美国人的轰炸精确度就比较高，当能见度不好的时候，轰炸的时候就不太区分目标了。[191] 这样造成的结果和英国轰炸机司令部类似，那就是美国轰炸导致越来越多的德国平民丧生和房屋破坏，美国轰炸机为了执行仪表轰炸，携带了更多的燃烧弹。即使是在执行精确轰炸时，也会给目标附近的平民区造成破坏。美国陆军航空兵内部的雷达轰炸史比其公众形象更加真实："不论是视觉瞄准轰炸还是雷达辅助轰炸，都不能实现精确针对目标的轰炸；事实上，这两种轰炸都和区域轰炸一样，一定比例的炸弹会落在目标瞄准区一定距离之内，剩下的炸弹则落在目标瞄准区范围之外。"[192]

英国轰炸机司令部面对的问题却截然不同。其轰炸精准度低到无法接受，必须改进，在轰炸城市目标时让炸弹落点更加集中。借助"双簧管"和"H2S"的帮助，部队平均命中率得到了提升，但是如果气象条件恶化、探路者部队错过了瞄准点或者德军的诱饵吸引了部分轰炸机的注意力，那么投弹的集中度就会下降。1943年使用"双簧管"的各次行动中，将炸弹投在目标3英里范围内的轰炸机比例从7月对科隆轰炸的77%，到9月对波鸿轰炸的32%各不相同，但是因为天气恶劣，至少有一半的轰炸行动没有进行评估。事实证明，"双簧管"是这两种设备中更加优秀的一种，但是其工作距离最远只能到鲁尔-莱茵兰地区。"H2S"保持精度的范围更远一些：10月轰炸卡塞尔时，准确度为86%，而8月31日轰炸柏林时精确度仅为2.1%。使用"H2S"设备进行的23次空袭，平均准确率为32%，巴特报告提到的情况相比之前有了显著的进步，但是炸弹的集中程度仍然很低。[193] 第一次在不良气象条件下使用"H2S"的大规模仪表轰炸是在11月17日至18日夜间，目标是曼海姆-路德维希港，通过对这次行动的研究，证明参与轰炸的飞机中有60%的飞机将炸弹投在了这两座城市上。这些数字表明，英国皇家空军的轰炸机部队，终于掌握了能够减少作战力量浪费的技术和战术。能够达成这个结果，部分原因是1942年成立的轰炸发展部队，专门组织探路者部队的领航员进行了飞越英国城市的训练。这些模拟训练表明，投弹点和假定的瞄准点之间有很大的偏差，不过炸弹落在目标半径 3 英里以内的平均比例是 50%（在伦敦是半径 4 英里）。训练也显示“H2S”在部分城市目标上空工作良好，但是在城市格局不规则的城市上空或者山区环绕的城区上空，效果则很差，事实上轰炸德国的时候空军已经发现了这个缺点。经过轰炸机司令部的作战研究处的计算，这已经是在城市上空实施轰炸的最佳结果了。尽管从 1941 年开始轰炸机司令部的投弹精确度就在改进，但投下的炸弹距离瞄准点仍然有好几英里。[194]

气象和轰炸准确性突出了轰炸战中的一个问题，这个问题在讨论盟军能够或者不能出动什么部队时，很少获得应有的重视。在过去两年中，一周接一周的轰炸作战，其规模和复杂性都是史无前例的，使用了二战中最先进的装备。就空袭和空袭前的准备阶段而言，都需要传统作战因素的参与：战术、后勤、技术。每次进行计算都要把情报和作战研究报告列为计算要素，同时还要对气象条件进行密切监视。组织数百架飞机进行远距离协同轰炸，会遭遇各种危险；飞行员必须在避免事故的同时组成编队，并尽可能使轰炸机和护航战斗机的飞行在保证后者最大航程的前提下保持同步。除了飞行目标和抵达目标这样的指令外，飞行员还能收到有关作战、躲避、目标识别、高度和速度的精确指令。返航后，机组成员还要进行情况汇报，包括机组伤亡情况、估计的空袭结果。每一次轰炸都是一次独立的行动，但是对于指挥官和他们的机组成员来说，这场战役是一直在持续的，并且比这场四五年的战争中的其他形式的作战持续性更强。

轰炸机司令部的轰炸行动指令，说明其对轰炸计划细节的关注和对机组成员各种要求的重视。每次行动，四五个大队的轰炸机部队都会收到具体作战指令，包括了部队的规模、装载炸弹的构成、投弹目标的航线（或飞向诱饵目标的航线），5 个轰炸波次每次花费的时间，这些部队必须在 20 分钟之内完成投弹，使破坏达到最大化。指令中包含了“窗口”“鹤嘴锄”干扰机、雷达以及无线电的使用说明。另外，还要规定目标标定模式，一种模式是地面标定模式，即先投下照明弹，然后再投下红色或绿色目标指示弹。另一种是在目标上空投掷红色或绿色照明弹进行空中标定。轰炸编队长机和探路者部队的飞机，需要投下各自的目标指示弹，然后间隔 11 分钟以后，再次投下指示弹。而主力部队需要观察目标指示弹，如果可能就向指示弹标示的中心投弹，然后转向返航。整个攻击机群可以延伸达 20 英里长，6 英里宽，呈交错编队飞行，飞行高度最高的飞机比最低的飞机高 4000 英尺。机组人员不得不在英格兰上空低空飞行，然后爬升到 1.4 万英尺至 1.5 万英尺，然后提高速度，在 1.8 万英尺至 2 万英尺的高度投弹，接着从目标区下降至 1.2 万英尺，然后在德国上空爬升回 1.8 万英尺，到达欧洲海岸时，高度降低到 1.2 万英尺，然后以不低于 7000 英尺的高度飞过英格兰，返回基地。最后机组成员需要参加轰炸情况简报会，并进行个人行为评估。[195]

美国的第 8 航空队吸收了很多英国方面的经验，但是从美国人典型的作战准备方式和作战中可以看出，他们对轰炸任务的复杂性显然有更深刻的认识。他们选择目标的原则，使哈里斯获得的包括城市名单及其重点工业的简单信息相形见绌。目标选择牵涉若干方面，包括评估目标在战略上的重要性，计算敌人在经济上使用替代生产或分散产能的方式，对轰炸后造成的影响进行“缓冲”的能力，计算目标系统的“深度”（某种产品距离使用该产品前线部队之间的距离），判断目标的恢复能力，通过研究目标结构潜在的弱点和易损部位，评估其在空袭下的脆弱性和摧毁该目标所需的空军力量。[196] 相关材料的收集和分析是由位于伦敦的美国驻英国大使馆下属的敌方目标单位负责的，这个部门由理查德・多伊利・休斯（Richard D'Oyly Hughes）上校率领，他曾经是一名英国军官，在 20 世纪 30 年代初期获得了美国公民身份。他所属团队的经济学家参观了英国各处的工厂，了解到各类型工厂中最脆弱的部分各自是哪里，然后将这些知识用到对德国工厂侦察照片的研判上。晚上，这些学者会做一些没有意义的统计问题放松自己的神经，比如：“巴伐利亚州到底有多少只绵羊？”“从格但斯克（Gdansk）到直布罗陀海峡最经济的陆上交通路线是哪条？”[197] 他们的工作中最有效的一部分是对资本密集型目标破坏程度的估算，比如像炼油厂、合成油厂、合成橡胶厂。这些材料都被空军采纳，并投入作战。

第 8 航空队典型的作战流程，充分反映了他们和英国人在管理理念上的区别有多么明显。大部分美国空军军官在入伍之前，都有商业或者其他专业领域的背景，这使得他们较为熟悉现代管理实践中的典型词汇和分类。1943 年 7 月制定的正式作战程序就体现了这种文化：在预计天气适宜作战的前一天下午 4 点召开关键人员会议；查验目标资料文件夹，通知战斗机护航；计算所需炸弹种类、数量和所需轰炸机数量；通知指定的轰炸机中队；最后确认攻击轴向、会合点、出击航线、开始点（即靠近目标的可以投弹的开始处）、高度、瞄准点、集合点（就在目标区以外）和返航航线。由此产生的各种现场作战命令通过电报发送给相关的作战单位。[198] 然后，作战程序的第二步，在各个不同的轰炸机联队空军基地开始了，他们会组织战前简报，参加会议的有全体指挥官和机组人员，时间通常为两个半小时，内容涵盖了编队计划（总体计划）、大概的转向时间、太阳位置、动力设定、情报信息和气象预报。对于日间轰炸来说，制定详细的计划很有必要，因为编队需要用紧密队形飞行。第 8 航空队的飞行高度通常定在 2.5 万英尺，每个联队在抵达目标变成轰炸编队之前，为了使大队的火力最大化，联队分成 3 个交错的立方体编队飞行，覆盖 3000 英尺的高度。除了前面介绍的简报会，轰炸机的驾驶和副驾驶（了解 16 个项目）、领航员、投弹手（6 个项目）、机枪手和通信员（3 个项目）还需要参加为各自岗位组织的简报会。然后所有人员要进行对表。在行动当天上午 8 点整，需要根据当时的气象状况决定，行动正常进行还是暂时停止。指挥官有责任，根据战术手册“思考，并事无巨细地列出轰炸行动的具体细节。这项艰苦工作关系到部队的生死成败”。[199]

不管怎样，所有详细的计算、作战计划和突发事件都必须由花费大量资金培训的机组人员掌控、应对。当然，军事官僚们制定的理想作战计划和实战之间总是会有区别。各种不可预料的因素，尤其是敌军的规模和战斗力，往往会破坏那些精心设计的作战计划。考虑到装备的技术复杂性，每一次行动都将启动大量的新训机组，再加上多变的天气和复杂的飞行状况，轰炸行动取得了如此之大的成就可能会令人惊讶。几乎所有的机组成员都在 18 至 25 岁之间，其中大部分在 18 至 21 岁，甚至还有些重型轰炸机飞行员对自己的年龄撒了谎，他们实际仅有 17 岁。机组成员在训练中积累的经验，根本不足以让他们应对在德国领空进行日间或夜间作战时的情况。对于皇家空军轰炸机司令部的机组成员来说，飞行时需要穿上一层层的防护服在严寒中保暖，而疲劳带来的昏昏欲睡让机组成员用尽了自己的肾上腺素，需要服用化学药剂（通常是安非他明）；后来，空军于 1942 年决定每架飞机只配备一名驾驶员，机组人员不得不指望他们中间还有一名接受过足够基础飞行训练的人，能够在飞行员丧生或重伤的时候，把他们送到目标区域并返航。机组成员格外担心夜间战斗机、防空炮火的攻击，或者被探照灯锁定跟踪，因此，这种恐惧增加了轰炸机在夜间编队中相撞，或是被上方飞行的轰炸机投下的炸弹击中的可能。

相比之下，第 8 航空队的机组成员就有了一些优势：B–17“空中堡垒”在飞行时没有那么冷，而且机组成员有良好的保温服；每架轰炸机均配有驾驶员和副驾驶；机枪手更容易找到来袭的敌机，但 B–17 的机枪射程有限，这意味着战斗机可以用火箭弹或机炮在其射程外将其击毁。其他各种情况英美双方基本相同。作战的过程是令人恐惧的，许多机组成员在回忆作战的感受时都把恐惧作为最主要的感受，这一点也是可以理解的。一名老兵回忆说：“我一直都很害怕，但我更害怕让其他机组成员发现我在害怕。”经过长途颠簸飞行之后，空勤人员经常会生病。对他们来说，最重要的就是完成轰炸任务，返回基地。另一名空勤人员说：“你轰炸了目标，然后逃出了地狱跑回家里，这并没有什么吸引人的地方。”对于空勤人员来说，他们最关心的就是周围的成员。另外一名飞行员说：“我从不关心地上的人，我只关心在空中的这些人。”这或许是一种可以理解的道义问题。空勤人员所面临的持续性危险，战斗中对心理和身体的高度需求，有时身边会有大量死去或重伤的同伴，还要面对机枪卡壳或发动机停转等突发问题，所有这些让机组人员进入了一个暂时的噩梦般的世界，在这种情况下，人们唯一的希望就是他们的飞机和机组不是下一个遭受厄运的目标。在轰炸雷根斯堡的行动以后，一名抵达突尼斯的美军军官在汇报中指出，他的机组成员“理解了那些朝不保夕的人的心态”。他建议将每名空勤人员需要参加 30 次轰炸的规定，改为 25 次，以免机组成员因心理压力而崩溃。正如一名老兵说的：“生存下来才是我们要做的事。”[200]

轰炸行动的成功与否几乎全部取决于机组人员的素质和训练水平。但是他们遭受的压力，往往对他们的心理平衡提出了难以承受的要求。这种情况的出现不仅是因为作战带来的自然出现的压力，而且还是因为轰炸机机组人员所处的奇怪社会环境。虽然在作战的时候他们需要付出几个小时的紧张和努力，一旦回到基地，在下一次行动之前，空勤人员可能有几天甚至更长的空闲时间。在此期间，机组人员可以自由活动，前往当地城镇，和女孩约会，与妻子或伴侣团聚，享受各种形式的娱乐。到 1943 年 11 月，在第 8 航空队的各个基地，有 100 万人次观看了电影，观看舞台剧的也达到 15 万人次。[201] 这意味着轰炸机机组成员的情感模式和地面作战部队截然不同，他们存在一个放松和焦虑的循环。在轰炸作战最初几年，空勤人员生存率是很低的，基地的生活也是为了缓和伙伴丧生的悲痛，享受生存的愉悦，并为下次轰炸行动做好准备。人员的大量伤亡，并非仅仅是因为作战，日常飞行事故也是一个重要原因。1943 年至 1944 年间，轰炸机司令部死于事故的人员达 6000 余人，而第 8 航空队在 1943 年中，因为作战丧生者有 8800 人，另有 2000 人死于非战斗事故。[202] 相比人员重伤，死亡和被俘是更加普遍的现象，到 1943 年底，第 8 航空队重伤人数仅为 1315 人，大部分人员都伤在手部、颈部和头部。在美国人的统计记录中，那些完成了 30 次作战飞行，返回美国的机组成员，被称为“幸福战士”，他们的确是幸运的战士，仅占美国派往欧洲机组成员的不到五分之一。

轰炸会造成一种往往不易发现的精神损伤。毫无疑问，作战的压力和疲劳是重要的诱因。美国陆军航空兵心理健康机构对中队指挥官的调查发现，他们在评价新来的空勤人员时，对“判断力”和“情绪控制”这两个指标的重视程度远高于其实际技能。[203] 对飞行压力的心理反应部分取决于机组成员的个性，部分取决于其作战经历和面对危险的性质。在战争中，大多数机组人员活不到完成规定的 25 或 30 次行动。在那些幸存下来的人中，有一小部分人由于压力而成为病人，但几乎所有的人都遭受了一定程度因恐惧诱发的焦虑，据观察，随着作战飞行时间的延长，这种焦虑会变得更加严重。根据美国心理学家的报告，在那些继续坚持飞行的空勤人员中，出现了酗酒、躯体化障碍和长期抑郁等问题。[204] 在皇家空军轰炸机司令部，有一种将一切过度的心理焦虑都批判为“缺乏斗志”的趋势，这个耻辱性的标签是一种威慑，旨在避免出现任何示弱的迹象。哈里斯认为，在他手下的空勤人员中，只有四分之一是真正有用的，剩下的只是德国防空炮的靶子。[205] 另一方面，空军医务人员发现，尽管机组成员普遍担心自己心理崩溃就会表现出懦弱的样子，但很少有人真的有懦弱的表现。英国皇家空军和第 8 航空队都认识到，日常轰炸作战引起的神经官能症，和缺乏斗志没什么关系，反而和日常飞行中困难又危险的经历关系密切。第 8 航空队接到的命令是，让疲劳的空勤人员休息，轮换出勤，但是对于个人行为可能影响整个机组效率的人员实施隔离。美国人将这些病人，按照“飞行疲劳”和“缺乏斗志”进行了分类。对于前者，不会给予什么耻辱性的处罚，但是对于后者的处理是停飞、取消职务、不光彩地遣送回国。[206] 那些症状严重的病人，被送到特殊的医院接受麻醉疗法，其中大部分都能重返工作岗位，包括作战飞行。到 1944 年初，据统计，幸存的空勤人员中，有 3% 的飞行军官在完成 25 次作战任务之前就遭到了停飞处罚。[207]

在轰炸机司令部，如果部队指挥官对心理伤害这个概念有很大的偏见，那么对飞行疲劳者的处理可能会严厉得多。[208] 但是，英军也采用了和第 8 航空队类似的做法，也开始使用一套分类体系，皇家空军医务部门的神经精神科医生将有精神问题的人员分为能够诊断和治疗的患者和完全健康但胆小如鼠的“动摇者”。飞行压力被视为一种对“严酷战斗、迫降、跳伞和飞机被炮火击中后”可以理解的反应。那些最后得到神经科医生治疗的人，根据其神经易感性的表现（通常根据性格评估和家庭病史做出决定）和飞行压力的等级分成四类。那些神经易感性很明显或者压力极大的人，会被认为是病员，然后停飞，但没有处罚。那些神经易感性较轻但有明显飞行压力的人，以及神经易感性较轻也未遭受明显飞行压力的人，会被认为信心不足，而且需要判断其是否还有“缺乏斗志”的问题。不过，正如英国皇家空军的一位精神科医生所说：“想要判断一个人不能继续飞行，究竟是因为他的错误还是他的不幸，他实际上是缺乏信心还是勇气，以及是否是他的神经易感性或疾病导致他失控，都是很困难的事情。”[209]

这些决定对相关人员来说是至关重要的，因为那些被视为非疾病原因的人（约占提交评估者的25%）会被交由一个执行委员会处理，而他们会倾向于认为这种人是胆小的懦夫。然而，这些病历显示，机组成员经常遭受一系列创伤性战斗经历，而这足以挑战最坚强的人的精神稳定性：

> 飞行机械师，20次空袭作战经历，150作战飞行小时："他曾有4次身受重伤。最后一次时，他的飞机被一架夜间战斗机击中，左引擎起火，中上部的机枪手重伤，机尾机枪手死亡……那个机枪手的尸体一动不动地在火中燃烧……他不得不用斧子劈掉一部分正在燃烧的炮塔和枪手的部分衣服和身体，最后让气流把这些带走……飞机的无线电设备、液压设备和轮胎全部都坏了，他们不得不实施迫降……10天后，机械师依然处于紧张状态，双手颤抖，手心出汗。他感到头疼，难以放松，心情沮丧，心事重重，难以集中精力。他的食欲也很差……当我让他用一个词来总结当时的感觉时，他的回答是'恐惧'。"[210]

这一次，他被允许暂时参与非战斗执勤，而不是被当成胆小鬼。但其他很多时候医生可能会毫无理由地认为对方仅是胆小，结果可能会导致该空勤人员被撤职、停飞。1942年至1945年，英国皇家空军共有8402名飞行员接受了神经疾病检查，有1029人被定为“缺乏斗志”，其中34%是飞行员。根据战后最乐观的估计，轰炸机司令部的人员占了这些数字的三分之一，大约每月20人，只占经常承受作战飞行压力人员的一小部分。[211]大部分关于空军的医学报告显示，尽管伤亡率很高，但是部队的士气依然高涨。埃克本人也强调，给士气造成很大的影响并不是人员损失，而是他们认为自己参加的空袭没有什么效果。[212]然而，精神病医生发现对机组成员来说最重要的动力就是希望在一轮作战飞行结束时仍能活着。因为只有四分之一的人能在第一轮作战中幸存下来，而第二轮作战中只有十分之一的人幸存下来，所以尽管有压力，生存仍然是主要的动力。第8航空队的研究发现，大部分完成任务后回国的美军人员表现出“主观焦虑”

的症状："体重减轻、失眠、严重的疲劳感和工作效率下降。"[213]

这些人是在大规模空袭遭受的损失稳步增加的情况下，在白天或黑夜被派往德国的。整个 1943 年，轰炸机司令部有 15 678 人丧生或被俘，而第 8 航空队损失了 9497 人，几乎所有人都是在攻击德国目标时损失的。[214] 不断攀升的进攻成本再次让轰炸机部队的指挥官们对自己所做之事的战略价值产生了疑问。1941 年以后，人们基本上放弃了通过轰炸引发德国严重的社会或政治危机，从而重创敌人的战争实力的希望，但在如今陷入战术僵局的同时，人们却重燃了这种希望。尽管哈里斯认为区域轰炸主要是在经济上消耗敌人，但他从未完全排除轰炸可能引发政治红利的可能，甚至可能导致德国投降，而且如果继续加强他的作战力量，他很乐意推动促成这种可能的出现。例如，空军情报局对哈里斯的主张印象深刻，他当时声称，如果能摧毁德国一半的城区，即使盖世太保和党卫队决心"防止暴动"，也将导致其社会崩溃。[215] 几个月来，受德国在苏联前线和地中海战场的困难所鼓舞，英国的政治情报一直在暗示，"德国会崩溃吗？"这个问题可能将得到一个肯定的答案，而轰炸可以保证这一点。1943 年 9 月，联合情报委员会撰写了一份关于"德国崩溃的可能性"的报告，报告中对 1943 年秋天德国国内的形势和 1918 年秋天德国国内崩溃时的情况进行了比较。联合情报委员会认为，在遭到轰炸的城市里，人民的生活比 1918 年时还要困难，尽管处在残暴的独裁统治下，但群众因不满而发生革命的迹象却越来越明显。[216] 1943 年 11 月，英国政治战执委会发表了一份更为乐观的评估报告，认为在被轰炸的城市里出现了一个具有共产主义思想的"新无产阶级"，这可能会在冬天结束前在德国造成革命危机。1944 年 1 月份，丘吉尔收到了更多关于德国社会动荡的情报，情报中谈到"我们轰炸得越多，结果就会越令人满意"。丘吉尔用他标志性的红铅笔，在这句话下面画了一道红线。[217]

对丘吉尔来说，德国崩溃的可能重新唤起了他在 1940 年轰炸开始后对轰炸作战政治影响力的自信假设。尽管如此，1943 年秋、冬季的证据还是很不充分，这些证据在一定程度上是基于这样的想象：如果是英国遭到如同德国城市一样冰雹般落下炸弹的轰炸，那么英国城市将会发生什么。美国的政治情报机构，对于仅凭轰炸就能导致德国崩溃的观点一直不屑一顾。斯帕茨完全否认把敌方民众的战争意愿当作轰炸目标所包含的价值："在极权社会，只要管控机构仍然还在起作用，民众的斗志就无足轻重。"[218] 美国对德国工人阶级革命潜力的评估集中在，1918 年德国皇帝退位后"无产阶级夺权的消极因素"，以及德国左翼未能阻止希特勒掌权这两个方面。阿诺德要求一个"历史学家委员会"对德国崩溃的前景进行分析。这 9 位历史学家中，包括著名的贝纳多特·施密特（Bernadotte Schmitt）、爱德华·厄尔（Edward Earle）和路易斯·戈特沙尔克（Louis Gottschalk），他们都有撰写战争史和革命史的经验。他们得出的结论是，尽管德国人的士气在 1943 年有所衰弱，但因为纳粹管制的存在，"德国在不久的将来发生任何政治动荡恐怕都不太可能"。他们承认，从表面上看，现在德国的局势与 1918 年的最后几天有些相似，但他们的报告得出的结论是：坚持无条件投降，缺乏有效的让民众不满的方法，以及军事形势的不同，"使这种类比毫无意义"。[219] 所有对德国即将崩溃的观点持批评态度的人都指出，这个问题的关键在于极权主义国家要求服从的非凡能力。如果像情报中所说的那样，德国人民感到"沮丧、失望和困惑"，德国人民对国家政权的恐惧似乎比对进一步轰炸的恐惧更强烈。[220] 波特尔的副手，诺曼·波特姆利在 1944 年春的一次演讲中说，即使在公众士气极度低落的时候，一个无情而不计后果的政党制度，以及一群残忍的盖世太保刽子手和匪徒，也能在很长一段时间内避免政权的垮台。[221]

这些推测后来被证明大致是正确的。轰炸强化了德国民众对国家和纳粹党的依赖，而不是减轻了这种依赖。与德国的空中闪电战一样，盟军的轰炸在很大程度上让人们对生存问题产生了被动反应。1944 年 3 月，美国空军情报部在每月出版的新闻文摘中，翻译了一篇刊载在德国《柏林股票交易报》（*Berliner Börsen-Zeitung*）上的关于空袭的文章，这篇文章可以说是总结了这场空中消耗战令人沮丧的现实：

> 一场以空中作战为中心的战争，并不像人们曾经认为的那样是最短暂的战争，相反它是最长而且造成的破坏最没有意义的战争……特

别是在最大的恐怖逐渐消失或找到相应的应对方式以后。因此，认为单凭空中攻势就能迫使欧洲大陆投降，然后英国人和美国人就能伴着音乐进军的时代已经消失在遥远的远方。[222]

历史学家委员会根据对盟军战略和德国现存实力的评估得出结论，只有在苏联继续从东线施加压力，从英国和意大利继续发动轰炸，并且对德占欧洲发动一次大规模进攻的情况下，才能最后击败德国。报告继续写道："很明显，仅凭轰炸不可能在1944年春击败敌人。"[223]轰炸战的僵局只能通过军事手段才能得到扭转。杜立特将军1944年1月担任第8航空队司令后，在写给上级的信中指出："我们的第一个目标，就是尽可能早地粉碎德国战斗机的抵抗。"[224]

"德国空战"：1944年

1943年6月，美国战争部副部长，负责空军事务的罗伯特·洛维特为阿诺德写了一份长备忘录，在文中他分析了美军轰炸面临的问题，并提出了解决的建议。洛维特认为最重要的问题是"提供远程战斗机护航，帮助B-17轰炸机"。他建议为美军战斗机设计额外的内置油箱，在此之前可以暂时先为新的P-51"野马"战斗机增加两个机翼油箱。在结论中，洛维特写道："这是必须的。"[225]而直到1944年春天，P-51才开始飞抵德国上空，此时早已有其他进行了增程改装的战斗机在为空袭德国的轰炸机护航了。美军现在对远程战斗机的需要，和不列颠之战中德国空军的需求是一致的。在德国领空击败德国空军部队，或所谓的"德国之战"，完全取决于能否夺取制空权，而这取决于第8航空队能在多大程度上使用大规模战斗机部队消灭敌人的空军。战斗机对战斗机的战斗和针对性轰炸，不仅能扩大轰炸机的攻势，对确保盟军在西线行动的胜利也至关重要。现在第8航空队正在进行的作战（得到了从意大利起飞的第15航空队的支援）并没有什么空中战略攻势的意义，更多地是一种"大规模的战术空战"。

自二战以来，人们一直在讨论为什么美国花了这么长时间才开发出具有远程作战能力的战斗机。斯帕茨曾在1940年目睹了德国对英国的空袭，当时德军需要战斗机为日间轰炸机护航，这就证明了为什么需要远程战斗机。在美军1941年空战计划司第1号指令中，就强调要研发有和轰炸机相同航程的战斗机，并且指出这是“强制性的”。[226] 早在1942年2月，阿诺德就要求所有新研发的战斗机要设计副油箱。他还在1943年下令启动一项紧急计划，以确保在1944年初，轰炸机部队能够得到全程护航。[227] 美国并不缺少比英国的“喷火”（曾在1943年提供了有限的战斗机护航）航程更远的优秀战斗机。洛克希德公司生产的P-38“闪电”是一种不同凡响的双引擎、双尾撑战斗机，这种战前设计的战斗机，内置了为远程飞行设计的副油箱。不过，这种战斗机的研发遭遇了延迟，直到1942年夏天，飞机才进入部队服役，它在北非战场被作为低空战场支援飞机使用，但这个角色并不太适合它。在1943年末，第8航空队分配了两个P-38战斗机大队后，其护航范围立刻扩大到了莱比锡（Leipzig），但是飞机数量太少还不足以改变进攻态势，另外飞机发动机始终存在故障问题。第8航空队战斗机司令部在1943年的主力是共和飞机公司研制的P-47“雷电”战斗机，这是一种1940年使用普拉特和惠特尼公司R-2800发动机的高性能战斗/战斗轰炸机。其在1943年7月第一次安装可抛弃油箱时，该机携带两个副油箱，航程可以延长到德国边界，但是美军没有对P-47的改装下更多的功夫，使其能够进入德国境内。在埃克当时要面对的众多问题中，他把副油箱问题放在了比较次要的位置。然而，有了更大的油箱，P-47在1944年春天的航程就可以到达汉堡，在这之前，P-47的航程只能抵达低地国家一线。[228]

有一种飞机能切实改变德国上空空战的形势，那就是洛维特推荐的北美航空公司设计的P-51“野马”战斗机。这种飞机是在1940年为满足英国方面的需要设计的，1941年11月开始进入皇家空军服役（当时名为“阿帕奇”）。英国工程师给飞机装上了劳斯莱斯“梅林”发动机，使其性能出现革命性的改进，提升了其速度、爬升率和机动性。美国驻伦敦大使馆把这个信息传回了华盛顿，阿诺德立刻就注意到了这种飞机的潜力。到1942年11月，他已经订购了2200架P-51战斗机，这些飞机安装了在美国特许生产的“梅林”发动机。[229] 但是，因为P-51战斗机的生产原本是要满足英国的订单，阿诺德不得不又一次推翻了英美双方的协议。1943年秋天，和波特尔进行了一次激烈交锋后，阿诺德终于得偿所愿。[230] 1943年12月初，P-51进入部队服役，其副油箱使其航程可以深入德国领空475英里；到它最终在1944年春天大规模服役时，新设计的油箱使P-51不仅可以飞抵柏林，甚至还可以到达维也纳。大多数关于争夺制空权的报道中，都把德国战斗机防御体系的破坏归功于P-51，这就像对不列颠之战的记录一样，在那场战斗中，“喷火”总是比“飓风”更出风头。在“德意志之战”的头几个月里，机身坚固而不那么光鲜的P-47“雷电”战斗机才是主要承担作战任务的飞机。在1943年12月5日，P-51正式开始在法国开始作战时，前线有266架P-47，但是只有36架P-51。3个月以后，在第一次深入德国莱比锡的轰炸作战中，美军出动了688架P-47和73架P-51。到1944年3月底，也就是部分历史学家认为第8航空队开始获得空中优势的时候，“雷电”的数量仍然是“野马”的两倍。[231]

远程作战能力的缓慢发展，不只是受到技术进步的限制，而且还和第8航空队的指挥官有关。埃克总是对大型日间轰炸机编队的自卫能力充满信任。当时轰炸战中占据优势的战术想定就是“部队带来的安全”；换句话说，编队规模越大，安全性就越高。[232] 领导第8航空队战斗机司令部的弗兰克·亨特（Frank Hunter）准将，和埃克有同样的想法：轰炸机无须护航也可以进行轰炸作战。在夏天和秋天的大部分时候，当第8航空队轰炸机司令部的损失逐渐攀升的时候，弗兰克·亨特却命令自己的战斗机在法国北部和低地国家进行搜索作战，这种作战有时根本不会和德国飞机遭遇。当宣传P-47在为轰炸机提供护航更加有效的时候，其航程太短，提供的护航距离仍然有限，再加上为了配合轰炸机的速度，战斗机需要迂回飞行，这样航程就更短了。1943年8月，对施韦因富特实施第一次轰炸以后，阿诺德坚决地撤掉亨特的职务，由威廉·凯普纳（William Kepner）少将接替。新司令是一位充满热忱的战斗机指挥官，很受部下欢迎，他认为他的部队应深入德国领土，消灭德军战斗机部队。但是埃克反对战斗机司令部更换主官，而且对于使用战斗机而不是轰炸机去夺取直射行动要求的空中优势，也没有什么兴趣。在他看来，消灭敌人的战斗机是“第二位的工作”；尽可能准确地向空军的战略目标投下炸弹才是第一要务。[233]

阿诺德始终对第 8 航空队的表现感到不满意，因此决定在地中海战区加快组建第 15 航空队，这支部队可以从天气状况较好的南方出动攻击直射行动的目标。在没有事先通知埃克的情况下，阿诺德在 11 月 18 日与联合参谋部召开的会议上提出要重组美国空军，任命一名负责欧洲两个战区的战略空军司令，指挥第 8、第 15 和第 9 航空队，如果可能，还要指挥轰炸机司令部。12 月 4 日，联合参谋部同意了这个安排（除了轰炸机司令部的问题，因为波特尔拒绝移交指挥权），并且阿诺德还得到了罗斯福和丘吉尔的支持。[234] 阿诺德要求斯帕茨返回英国，于 1944 年 1 月 1 日开始担任战略空军的司令。斯帕茨去英国的时候，还带回了西北非战略空军司令詹姆斯・杜立特少将，他也是对轰炸机进行护航的坚定支持者。斯帕茨接手了埃克的总部，而杜立特则在“宽翼”指挥第 8 航空队，此前这里一直是安德森指挥的轰炸机司令部所在地，而安德森现在担任斯帕茨的作战部部长。阿诺德对埃克的感受毫不在意，用电报通知他离职的问题，而没有亲自传达这个通知，这和他在夏天的时候对待埃克的粗鲁态度是一致的。埃克断然回绝了这个命令，但是他的反对是无效的。1944 年 1 月 6 日，杜立特接手了第 8 航空队，而埃克则离开这支部队，去地中海战区担任战略空军司令。此时大量轰炸机、战斗机从生产线来到部队，埃克被迫放弃的作战能力逐渐增加了。[235]

任何关于在德国上空成功夺取空中优势的评估中，美军领导层的变化显然是核心问题。斯帕茨、杜立特和凯普纳都有相同的战略观，他们都认为通过轰炸对飞机生产和供应造成间接打击，必须与经过计算的空对空对战和盟军战斗机在德国本土扫射破坏给德军飞机造成的战损相结合，这十分重要。斯帕茨花了几周时间回顾了 1944 年 1 月的进攻，然后告诉杜立特，摧毁德国战斗机的实力和加快对德国飞机生产的攻击，是“击败德国的一个关键决定因素”。[236] 从一开始，杜立特就急于使用他手中 1000 多架轰炸机和 1200 多架战斗机的庞大部队，去摧毁德国空军。杜立特在评论斯帕茨完成轰炸机联合轰炸的计划时，批评了实施“经济”轰炸的想法，并主张将攻击空中和地面的敌方战斗机作为“首先考虑”的问题，就像他在地中海战区担任指挥官时一样。[237]

在杜立特上任前，凯普纳已经开始改变战斗机支援战术。关键是让战斗机护航部队与敌方战斗机交战，而不仅仅是保护轰炸机；事实上，这也是德国战斗机在不列颠之战中面临的两难选择，他们最后不得不近距离伴飞轰炸机编队，失去了作战的灵活性。从 1944 年 1 月起，美国战斗机部队接到的命令是“追击德国佬，直到消灭他”。[238] 根据新提出的“自由作战”战术，美军分配了部分战斗机，完全放弃为轰炸机护航的工作，去各处搜索德国部队。这些战斗机以松散的 4 机编队飞行，与轰炸机编队保持七八英里的距离，寻找作战机会。在返航途中，战斗机被鼓励实施低空飞行，扫射德军飞机场，或者攻击正在起飞或者返航的德军飞机。为了最大限度地延长战斗时间，美军建立了护航中继体系，轰炸机飞行的每一段，都会得到安排在特定航段的战斗机部队的保护。这样战斗机就可以直接飞向预定的会合点，而不用浪费宝贵的燃油伴随轰炸机缓慢飞行。护航过程中，P–47 战斗机负责开始和结束的航段，P–38 战斗机负责中间航段，航程最长的 P–51 战斗机负责靠近轰炸目标地区的护航。战术的成功改变，首先取决于战斗机和飞行员的供应量得到极大的增加，其次飞机保养水平也得到很大提升，最后是充分利用了英国皇家空军的“Y”无线电拦截技术，通过这个技术，美国战斗机就能够直接飞向德国战斗机正在形成编队的地点。[239] 其目的是不给德军喘息之机，并让其遭受难以承受的损失。

面对来自美国的威胁逐渐增强的趋势，德国空军并没有消极应对。德军防空部队的重组和战斗机产量的增加，都是戈林的副手艾尔哈德·米尔希在背后推动的结果，对于“后方比前线更重要”这个说法，他比他的主人理解得更透彻。[240] 优先考虑国土防空和战斗机生产，不仅包括对战术和技术的调整，而且在指挥和组织上也有重要改变。1943 年 8 月，因戈林持续缺席而实际承担指挥工作的空军参谋长汉斯·耶顺内克难以承受其统帅对其在轰炸战期间表现的持续批评和辱骂，他于 8 月 19 日开枪自杀。他给希特勒的空军副官留下两封信，批评戈林不称职的领导工作。但是，耶顺内克也并非完全没有过错，因为他本人始终强调空军力量在前线的重要性，而对国内防空关注不够。[241] 耶顺内克的参谋长职务，由金特・科滕接替，此人和戈林的关系更好，但是和耶顺内克不同的是，科滕对国内防空工作很执着，并且在这方面还得到了希特勒的支持。进入 11 月，卡姆胡伯遭到解职，他是重组国内防空的障碍之一。驻守在德国北部，负责德国西部和中部大部分地区战斗机防御的第 1 航空队，得到了扩编，并归属约瑟夫・“贝波”・施密德少将指挥，此人最出名的地方就是在不列颠之战期间提供了过于乐观的情报。他 1943 年 1 月还在指挥一个战斗机联队，到 1943 年底，施密德已经在指挥 11 个联队和 20 个战斗机大队了。胡贝特・魏泽担任的空军指挥中心主任这一职务，由前第 5 航空队司令，汉斯-于尔根・施通普夫接任，1 月 27 日，指挥中心重命名为帝国航空队，负责对盟军轰炸机防空作战的全面协调控制工作。[242] 随着高射炮部队和德国空中预警系统全部转隶到帝国航空队和各地的战斗机师的手里，组建单一的德国中央防空体系的过程，终于在 1944 年 2 月完成。这个体系与 1940 年英国战斗机司令部的中央控制模式类似。施通普夫在柏林的总部，可以使用第 1 航空队的雷达情报，可以向战斗部队通报情况，这样能保证得到集中的响应。为了达到这个目标，施密德架设了 148 条以上的电话线，直接联通战斗机场站和控制中心。[243]

德国空军对英国和美国空军的了解相当深入。大部分情报都来自于击落的盟军飞机和对被俘人员的审讯。1943 年最后几个月，轰炸机因为使用了德国人可以预测的战术，再加上在德国领土上的长时间飞行，使盟军每次轰炸任务的损失率不断上升。[244] 在电子战方面，盟军在汉堡上空使用“窗口”曾一度获得优势，但是在当年的年底，随着德国人迅速找到了用“维尔茨劳斯”和“纽伦堡”两种设备反制“窗口”的办法，形势又处于均衡状态。“维尔茨劳斯”和纽伦堡这两种设备可以让熟练的雷达操作员分辨出“窗口”和飞机造成的不同回波；到当年底，已经有 1500 台雷达完成了加装“维尔茨劳斯”的改装。德国德律风根的研究人员，也研发并紧急生产了一种新型对空雷达设备，代号“SN-2”，这种雷达可以在运行时对抗“窗口”的干扰。到 1943 年底，德军也可以使用一种代号“纳

克索斯 –Z”的导航装置跟踪盟军使用的“H2S”导航系统，这样德军夜间战斗机就可以跟踪英军的探路者部队，同时，该设备还可以通过盟军飞机的敌我识别系统，找到那些没有安装“H2S”设备的盟军轰炸机。这两个突破，进一步加大了轰炸机司令部的损失。1943 年 12 月 30 日第 8 航空队也开始使用“窗口”（在美国的代号是“干草”），而在同时，还开始使用代号“地毯”的针对德军“维尔茨堡”雷达的干扰设备，希望减少雷达导引防空炮火造成的损失。德国无线电工程师后来又找出了部分解决办法，给雷达安装名为“维斯马”的设备，可以让雷达改变频率，避开“地毯”的影响，不过到这个时候，双方的战术交锋已经使电子对抗没有那么重要了。[245]

普遍认为德军防空的关键是生产和人力。为了应对日间轰炸的威胁，高射炮的生产得到大幅度增加，1944 年初已经装备了 1508 个重型高射炮连（5325 门高射炮）、623 个轻型高射炮连（9359 门轻型高射炮）和 375 个探照灯连（5000 盏直径 200 厘米或 150 厘米的探照灯）。高射炮的产量在 1944 年达到高峰，为 8402 门重型高射炮，50 917 门轻型高射炮，但由于盟军轰炸作战的增加，炮管的损耗率比 1943 年高了一倍。[246] 1944 年还需要额外增加 25 万人，人员主要来自苏联战俘、墨索里尼的意大利社会共和国的意大利籍志愿者、空军伤员和年轻的德国志愿者。这大大降低了防空人员的整体素质。到 1944 年春天，约有 11.1 万名德国女性在为防空系统服务。为了厘清政府在雇佣女性问题上的混乱立场，宣传画用这样的标语提醒女性志愿者：“在士兵岗位上工作的妇女，仍然是妇女。”[247] 1944 年，高射炮连开始组成大型炮组，通常由 3 个高射炮连组成，这样可以让火力更加密集，但是这对技术不高、体力不强的人员提出了过高的要求。然而，在一年的时间里，高射炮逐渐取代战斗机，成为击落或击伤敌机的主要手段；主要的工业目标能得到不少于三个大型炮组防空炮火的保护。[248] 在 1943 年和 1944 年的作战中，盟军飞机被防空炮火击中已经成为普遍现象。1944 年 3 月 6 日，美国对柏林的空袭中，到达目标的 672 架轰炸机中有 48% 被防空炮火击伤。只是弹药供应不足，影响了防空炮火进一步的发挥。[249]

1943 年末，战斗机加速生产方面也遇到了问题，部分原因是飞机的生产仍然由空军部控制，而其他的战争经济部门都已经集中到阿尔贝特·施佩尔领导的装备和战争生产部的控制之下；另一部分原因是戈林在 1943 年冬季再次将资源用于轰炸机生产，准备重振德国的进攻性空中力量。当时的计划是在 1944 年生产超过 3 万架战斗机，1945 年生产 4.8 万架战斗机，这是由米尔希领导下的德国空军部的计划人员制定的。不过，这个计划也并不现实，尤其是燃料供应问题。然而德国上空危机，的确要求着生产如此数量的飞机。[250] 米尔希、施佩尔和技术办公室主任卡尔-奥托·索尔（Karl-Otto Saur）密切合作，减少了每个机型的不同型号，最后飞机的型号从 42 种减少到 5 种，并加快了将生产分散到各处的计划。但戈林重启轰炸机计划所带来的问题，促使米尔希出于政治和实际原因，把飞机生产的控制权转交给施佩尔，以加速姗姗来迟的整个生产结构合理化。[251] 2 月，他们两人达成了一项协议，应急成立一个“战斗机生产处”，由索尔担任主任，该机构在希特勒的首肯下，于 1944 年 3 月 1 日正式成立。这使得 1944 年生产的战斗机是 1943 年的 3 倍，德国期盼能以此阻挡盟军的轰炸机，让整个德国的飞机生产得以复苏、扩大。[252]

然而，到 1943 年年底，很明显，德国仅凭增加战斗机数量并不能解决全部问题。飞机的生产必须与损失相平衡，尽管德国日间和夜间战斗机在秋冬季取得了不小的战果，但战斗机部队的巨大损失使其在产量大幅增加的情况下仍很难扩大规模。尽管在 1943 年 9 月至 12 月间，生产了 3700 架日间战斗机和夜间战斗机，但是当施通普夫于 12 月接手空军指挥中心时，仅有 774 架日间战斗机和 381 架夜间战斗机，而且因为缺少零配件和技术精湛的地勤人员，仅有 60% 到 70% 的飞机是可以出动的。[253] 这种矛盾现象可以有很多解释。首先，战斗机不得不在恶劣天气中和进行仪表飞行的轰炸机作战。指挥官也不得不在比较危险的情况下派出战斗机（尽管通常不会遇到大雾或者密布的云层），因此战斗机的事故率急剧增加。战斗机驾驶舱玻璃积冰和起雾是最严重的威胁。1943 年 9 月至 12 月，德军战斗机部队因作战损失了 967 架战斗机（主要对手是美国的 P-47），但因各种事故损失了 1052 架飞机。[254] 第二个因素是飞行员的人数和质量。

德军航校此时也难以及时弥补高战损率带来的人员损失，因为航校也面临着向所有战场提供空勤人员的压力。由此造成的结果就是飞行员训练时间急剧缩短，而燃油使用上的精打细算更加剧了这个问题。德军新飞行员的训练时间从 1942 年的 210 小时，下降到 1944 年的 112 小时；操作训练从 50 小时缩短到 20 小时，分配到各中队的新机组成员，往往只在自己将在前线操作的机型上接受了几个小时的训练。从东线返回的飞行员发现自己难以适应和技术娴熟的对手进行近距离空战，而从空军其他部门或空运部门征召的飞行员，则根本不是那些在不携带炸弹的环境下接受专门战斗机训练的敌军飞行员的对手。[255] 最后结果就是，到 1944 年初，德国战斗机部队平均每月净增飞行员仅为 26 名。盟军轰炸机部队在秋季陷入僵局，让人产生了德军取胜的错觉。但事实上，此时的德国空军只是一面脆弱的盾牌。

由于德国日间战斗机部队坚持认为整支部队的目标是摧毁敌人的轰炸机，其技能下降和损失上升带来的影响被进一步放大了。这也是英国战斗机司令部在 1940 年面对的问题，当时英国需要在阻拦德军轰炸机与对抗入侵的德军战斗机之间做出选择。只要德军的战斗机在轰炸机没有战斗机护航时发动袭击，其战术就能有效发挥作用。而 1943 年末盟军开始的长途护航改变了战场的形势，德国空军过了许久才适应这种转变。戈林坚持认为，第一批在亚琛附近坠毁的美国远程战斗机一定是顺着盛行风飞过去的。[256] 德军战斗机部队装备的飞机主要分为装备有火箭弹和机炮、主要用来攻击盟军轰炸机的 Me110/Me410 歼击机，和在必要时负责与战斗机作战的多功能战斗机 Me109 和 Fw190。而一旦美军护航战斗机出现，德军速度较慢的双引擎歼击机，就成了坐以待毙的靶子。在防空方面，德军首先想到的是让防空部队向国土内部收缩，寄希望于美军护航战斗机飞不到那么远的地方。但是德军的重型歼击机现在必须由单引擎战斗机护航，这意味着这两种飞机不得不共同在劣势情况下作战。3 月的一次攻击作战中，一个联队的 43 架歼击机损失了 26 架，这使得歼击机不得不全面撤出战斗。但是德国的主流观点仍然是，他们的单引擎战斗机必须试图接近敌人轰炸机去造成破坏，而这样做，又使这些战斗机更容易成为攻击力日益增强的美国人的猎物。[257] 最后，美国第 8 航空队战斗机司令部的战术变得更加灵活，而德国空军的战术却日益呆板。

当斯帕茨发动夺取德国上空的制空权的作战时，德国人的这些弱点全都被残酷地暴露了出来。然而这场战役的最终胜利并非是理所应当的，这倒不是因为德军的抵抗，而是因为盟国之间关于战略的争论。此时，毫无疑问，摧毁德国空军是第一要务。但是斯帕茨不得不在进行盟军领导人 1943 年底决定的摧毁 V 系列武器发射和研究设施的“十字弓行动”的同时，完成为霸王行动铺路的直射行动，这将自 1944 年 2 月开始花费战略空军至少 3 个月的时间。[258] 对斯帕茨和其手下的指挥官来说，是继续按照直射行动的要求攻击德国本土目标，还是攻击德占欧洲的那些与反攻欧洲直接相关的目标，这两者之间的矛盾是十分尖锐的。应该选择什么目标优先进攻轰击，由此引发了旷日持久的争论。最后，在 1944 年 3 月 25 日，艾森豪威尔和盟军高级将领在欧洲召开的一次会议上这场争论终于得到了解决，当时与会的盟军高层都倾向于“运输计划”，即破坏德军在欧洲西北部的铁路运输。而斯帕茨在这些争论得到适当解决之前，就开始了对德国空军的攻击。1944 年 1 月至 5 月期间，驻扎在英国的第 8 和第 9 航空队向战略目标投下了 111 546 吨（75%）的炸弹，对战术目标使用的炸弹数量为 38 119 吨（25%）。[259] 斯帕茨的真正难题是如何说服哈里斯和他共同承担击败德国空军的任务。

哈里斯在 1944 年初决定不放弃对城市的攻击，同时更集中地轰炸德国空军的目标。当年 1 月，他的司令部接到直接命令，要求放弃不分青红皂白的区域轰炸（哈里斯在备忘录的边缘潦草地写着“从未如此”），转而空袭滚珠轴承工厂和战斗机工厂，以协助第 8 航空队实现日间在德国领空“自由部署”这一目标。[260] 轰炸机司令部情报部门提供的数据显示，在遭到轰炸的城市，德国人损失了三分之一以上的工时。1944 年 3 月初，哈里斯告诉空军部，如果他的部队停止城市轰炸，德国工业生产将迅速恢复，并使他的部队过去一年所做的一切努力化为乌有。[261] 时任空军大臣阿奇博尔德·辛克莱爵士向波特尔征求空军参谋部对哈里斯战略的意见时，波特尔坦率地答道，计算德国何时才会在轰炸下崩溃“只不过是浪费时间”；他接着说，空军参谋部更喜欢孤立并攻击德国社会结构中的薄弱环节，而哈里斯只是坚持“最大限度地攻击整个结构”。[262] 不过，波特尔也没有下什么功夫让哈里斯服从美国人的计划，去攻击属于德国空军的目标，后来，直到轰炸作战主任西德尼·巴夫顿直接就这个问题向哈里斯施加压力，哈里斯才下达了特殊命令去空袭施韦因富特，2月24日至25日夜，轰炸机司令部执行了这次轰炸。这次轰炸的目标标记总体上做得很差，对城市及滚珠轴承厂的破坏可以说是“象征性的”，只有22枚炸弹落在城内，其余炸弹都落在开阔的乡村地带。从这个意义上说，哈里斯担心他的部队无法有效地轰炸城市中的一个小型目标，并不是没有道理。[263]

轰炸机司令部其他的几次空袭，是为了支援美国人对莱比锡、奥格斯堡（Augsburg）和斯图加特的轰炸，在这几座城市有飞机制造厂和零件厂，但是对莱比锡的空袭漏掉了埃尔拉的飞机制造厂，为了这次空袭，损失了11%的作战力量，而对奥格斯堡的轰炸并未给当地的工业生产造成显著影响，却把建筑历史可以追溯到中世纪的市中心烧为白地。对斯图加特的轰炸则是在云层之上进行的，炸弹四处散落，不过有一枚炸弹恰好击中了博世永磁电动机厂。这期间，当斯帕茨攻击德国空军时，哈里斯则坚持继续对柏林进行轰炸，他的部队遭受了很大的损失，且取得的成果有限。研究和实验司第八处对1943年11月至1944年2月对德国首都的轰炸进行了评估，得出的结论显示，仅有5%的居民住宅和5%的工厂在大轰炸中遭到破坏。[264] 3月对柏林的空袭，每次的损失率都在5%至9%之间。3月24日至25日夜，英国对柏林的最后一次大规模空袭中，部队遭遇了强风，因此投下的炸弹散布到126个村庄和小镇中。这次空袭中，有72架飞机被击落，占出动部队的8.9%。4月，英国空军在转而支援霸王行动之前进行了最后一次城市轰炸，目标是纽伦堡，这次轰炸显示区域轰炸的影响仍然十分有限。这次出动的795架飞机中，损失了95架，损失率为11.9%，是战争开始以来最高的一次。空袭行动中，还有120架飞机错误地轰炸了施韦因富特，但是又错过了主城区，而剩下的轰炸机则把炸弹投在纽伦堡北部的乡村地区，造成69名村民死亡。哈里斯最后也承认，正如他对空军部说的那样，德国夜间防空的效率，可能很快会造成英军“损失率难以承受”的局面。[265] 在 1943 年 11 月至 1944 年 3 月间，轰炸机司令部损失了 1128 架飞机，却没有什么明显的战略收获。此时正在扩大的德军夜间战斗机部队，也遭受了重大损失，但是到春天的时候，德国人已经发现只要空战再继续下去，他们距离胜利就不远了。[266]

最终，是美军击败了德国空军。斯帕茨把这场战役分为三个部分：削弱德国飞机生产的“争论行动”；后续针对德国石油工业的行动，使德国空军失去其最宝贵的资源；最后，对德国战斗机及其组织结构发动对抗攻击。针对德国飞机工业的轰炸，后来被称为“大星期”，从 1944 年 1 月末到 2 月初因为天气原因，行动推迟了好几次。攻击主要是针对法国境内的目标和几个深入德国境内的目标进行的，云层和降雪使得德国战斗机没有起飞，但也增加了美军空勤人员出事故的概率。到 2 月 19 日，天气终于放晴，在此后直到 2 月 26 日的一周，第 8 航空队出动了 6200 架次飞机，空袭了德国的 18 座飞机制造厂和 2 座滚珠轴承厂。2 月 20 日，第一天的空袭中，轰炸机轰炸了 12 个不同的目标，分布在罗斯托克、不伦瑞克、莱比锡和其他几座更小的城市。这次出动的 880 架轰炸机中，只损失了 15 架，损失率仅为 1.7%，另外损失了 4 架战斗机。随着德国空军掌握了美军的轰炸模式。美军的损失也开始增加。第 8 航空队在这一周最终损失了 158 架飞机（护航飞机因某些原因疏忽大意了），第 15 航空队损失了 89 架飞机，他们从意大利起飞参加轰炸，全程都没有战斗机护航。美军派出的大量战斗机中，仅仅损失了 28 架，而德国空军在 2 月损失了三分之一的单引擎战斗机和近五分之一的战斗机飞行员。而与之成对比的是，P-51“野马”战斗机的数量在“大星期”结束的时候，比行动开始的时候还多了 90%。[267]

盟军很难估计德国飞机工业所遭受的损害，尤其是空中情报对德国在战争现阶段产量的估计大大低于现实。经济战争部在 1944 年上半年估计，德国战斗机产量大约是每月 655 架，而实际上这个数字是 1581 架，且在稳定增加。[268] 德国的航空发动机生产厂更加难以疏散，也更加脆弱，却没有遭到轰炸，战后戈林向他的审讯者指出了盟军的这个失误。[269] 盟军的轰炸加速了航空发动机生产的疏散，并促成了一项优先考虑飞机制造业的地下建设方案，这个计划暂定的9300万平方米的总面积中，飞机生产预计占4800万平方米。[270] 尽管轰炸在继续，但是德国飞机的产量却在迅速增加，这导致有人认为争论行动事实上是失败的。但是，统计数字显示，此后盟军断断续续的轰炸确实在相当大的程度上影响了德军飞机生产，使其实际产量大大低于预期产量。1944年1月至6月间，德国生产了9255架单引擎战斗机，而不是计划中的12 667架，减少了27%。1944年2月产量损失最严重，达到38.5%。[271] 当然，并非所有的产量减少都是轰炸造成的，因为到1944年还有许多其他因素影响了工业生产，但2月飞机生产的减少肯定是轰炸的影响。盟军在计算上存在的问题是，未能意识到德国迅速以战斗机生产为优先事务，以及其成功地对飞机生产进行了合理化重组。

斯帕茨还计划轰炸德国的炼油厂，特别是那些比飞机组装线的厂房更加脆弱的航空燃油加工厂，这些重资产工厂难以疏散或隐藏。有关德国燃油供应的情报与飞机生产正好相反，盟军一直在高估德国燃油的合成量和进口量。在1940年和1941年英国皇家空军的轰炸失败后，英国不愿再次发动针对石油的攻势，部分原因是英国人认为，德国拥有大量隐藏的燃油储备。然而，到1944年春天，盟军的情报显示，德国的燃油供应的脆弱性日益突出。1944年2月，斯帕茨组建了一个计划委员会，该机构由“敌方目标组”的部分人员构成，他们需要就其他能够加速德国空军崩溃的目标进行确定。3月5日，委员会将一份报告呈递给斯帕茨，报告中强调燃油是一个主要因素，紧跟在燃油之后的目标是橡胶和轰炸机生产。经济学家通过计算得出的结论表明，只要对当前德国燃油生产造成足够破坏，就能迫使德军动用剩下的燃油储备，而这是削弱敌人作战实力的最快的办法。[272] 斯帕茨欣然接受了这个观点，并利用这个新的燃油计划，来反对将他的作战资源分配到执行战术性的“运输计划”上，但是他的反对并没有效果。摧毁或瘫痪27个重点燃油目标的计划，作为一种削弱德军在前线军事机动性更可靠的方法，被提交到波特尔和艾森豪威尔那里，但是鉴于完成整个计划预计需要3个月，在波特尔看来，摧毁燃油加工厂是一个长期性的目标。因此，“运输计划”最终胜出了。

最后，斯帕茨成功地施展手段攻击了德国的石油目标。1944 年 4 月，第 15 航空队对罗马尼亚产油城市普洛耶什蒂发动了多次空袭，名义上是轰炸当地的“铁路编组站”。事实上，空袭正如最初打算的那样，击中了油田。5 月初，埃克批准了对罗马尼亚石油生产的进一步空袭。斯帕茨成功用德国空军对燃油的依赖性说服了艾森豪威尔，使燃油实际上也成为直射行动的目标。并且还得到艾森豪威尔的口头保证，在不轰炸法国目标的日子里，他可以攻击合成石油厂。[273] 5 月 12 日，斯帕茨终于派出了 886 架轰炸机，在 735 架战斗机的护航下，空袭了德国境内 6 座主要燃油加工厂。这次出动的部队损失了 46 架轰炸机（其中 32 架来自同一个轰炸机师，护航战斗机当时未能与该部队准确会合），但是美国战斗机这次击落 65 架敌机，自己仅损失了 7 架。截获的德军密码情报显示，第二天德军下令紧急动员能够动员的所有高射炮，包括那些还在保卫飞机制造厂的高射炮，去保卫合成燃油厂。5 月 28 日发动的第二次空袭的破坏性更大，暂时性摧毁了德国东部洛依纳（Leuna）和珀利茨（Pölitz）两地的燃油生产。事实证明，斯帕茨是对的：轰炸石油目标激起了德国战斗机部队凶猛的防御，而且事实很快证明，燃油供应的日益减少确实削弱了德军实力。3 月德国航空燃油产量为 18 万吨，但 6 月降至 5.4 万吨。第一波次的轰炸十分成功，6 月 4 日，也就是入侵法国的前两天，艾森豪威尔正式批准了对燃油目标发动攻势。[274]

一直以来，斯帕茨始终督促第 8 航空队对敌人的战斗机部队造成难以弥补的损失。当不发动轰炸机空袭时，凯普纳得到的命令是可以出动远程战斗机对德国领土进行全面扫荡，攻击德国空军基地，并寻找战斗机会。对于轰炸作战，斯帕茨选择轰炸远距离目标，这将迫使德国战斗机攻击轰炸机。3 月，他对柏林的飞机生产厂发动了多次大规模突袭，这与哈里斯自去年 11 月以来一直在进行的作战发生了短暂的重叠。这次空袭是直射行动的众多战斗中代价最为高昂的战斗之一。3 月 6 日，730 架轰炸机和 801 架战斗机飞向德国首都发动了第一次袭击。这次，在城市上空爆发了激烈的战斗，不仅投弹不准确，盟军还损失了 75 架轰炸机，不过盟军以 11 架护航战斗机的代价，击落了 43 架德国战斗机。整个 3 月和 4 月，空袭继续进行，于4月29日对柏林发动最后一次空袭，这次轰炸没有取得什么效果，行动中损失了63架轰炸机。德国空军对远程护航战斗机的出现做出了回应，进行了多达150架战斗机的大范围集结——也就是不列颠空战最后阶段出现的“大联队”——旨在杀出一条血路以突入轰炸机编队，或是在机会出现时，集中攻击没有护航的轰炸机。双方在这场战斗中的损失都是整个战争中最高的。4月，第8航空队损失了422架重型轰炸机，占总数的25%；德国战斗机部队同期损失了总兵力的43%。[275]

在德国上空的日间空战是空战史上最惨烈的场面。美军指挥官对他们的飞行员寄予厚望。他们之所以能够接受如此高的损失，是因为现在大量的飞机和机组人员像大潮一般从大西洋的另一边涌来。而对于德国的战斗机部队而言，高昂的损失使帝国航空队未曾拥有过500架以上的可用战斗机。因此，在战斗机对战斗机的空战中，美军战斗机的数量远超德国战斗机，而德军的集中编队轻易就被美军突破了。一名被俘的德国战斗机联队指挥官是这样说的：“我们人数众多，有30架、50架，有时甚至60架飞机，但每个飞行员都只是胡乱发起进攻。结果就是：他们都在混乱中被击落了。”[276]这名军官将1944年春天德国飞行员士气下降的原因，归于当时必须坚持攻击轰炸机的命令，因为飞行员们的本能是先与敌方战斗机作战来保护自己。一名幸存的德国飞行员，海因茨·诺克（Heinz Knocke）后来发表了一部生动的日记，描述了德军飞行员眼中的1944年春空战：

> 在随之而来的和“雷电”战斗机的缠斗中，我的尾翼上被打得满是弹孔，飞机的发动机和左翼也受了重伤。我唯一能做的就是摇摇晃晃地飞回基地……到达基地后，我立刻要求备用飞机进行起飞准备，这样我就可以起飞进行第三次战斗。不过这架飞机在低空扫射攻击时被击毁。我们有两名机械师受重伤。4号机组把他们的一架飞机交给我使用……当我们在吕讷堡灌木林（Lüneberg Heath）上空试图攻击一个“解放者”轰炸机编队的时候，我们遭到了大约40架“雷电”战斗机的突袭。在随后的缠斗中，我的两架僚机都被击落了。经过一阵直至地面的疯狂追逐战后，指挥官和我终于费尽力气逃了回来。

那天晚上诺克中队的飞行勤务室里，只坐着他和另一名幸存飞行员。[277] 士气的低落并不难解释，飞行员每天反复出动，生存率只有二分之一，还要经常遭受低空攻击，再加上补给不及时，而且他们几乎没有离开的机会。到诺曼底登陆时，有数百架战斗机被从德国派往西线，德国飞行员的作战完全变成了一种自杀，他们遭遇的困难将比春天时还要严重得多。

对于美国机组人员来说，情况也不像德国人所说的那么乐观。在春季攻势中，他们的士气也下降了，部分原因是部队损失惨重，部分原因是机组人员在恶劣天气时也要执行飞行任务。1944 年 3 月和 4 月，有 89 名轰炸机空勤人员被送到瑞士或瑞典的基地拘留。美军为了维持现有经验丰富的机组人员的数量，决定终止机组人员在执行 25 次任务之后可以返回美国的政策，这使得士气下降的情况更加恶化。[278] 德国审讯报告显示，坠机的美国机组人员对防空火力有深深的恐惧，并且特别不喜欢对德国机场进行低空攻击的命令，因为会遭遇轻型高射炮的火力，而且攻击方向上的狭窄山谷中，往往有用来拦截飞机的钢索。[279] 飞行员的另一个主要危险是开着受损飞机时，在机场以外的地点迫降。一架 B–24“解放者”轰炸机在布鲁塞尔上空被防空炮火击中，在受伤飞机爆炸前的最后一刻，机组成员在肯特上空跳伞。飞行员回忆道：“我扭伤了脚踝，还受了内伤。领航员撞到了一棵树，背部受了重伤……机械师因头部撞在岩石上而伤到了头皮。总之，我们非常幸运。”[280] 高伤亡率使美国机组人员难以判断他们是否在战斗中获胜。从 1944 年 1 月至 5 月底，第 8 航空队和第 15 航空队损失了 2605 架轰炸机。3 月至 5 月，美国战斗机部队在德国和法国上空损失了 1045 架飞机。

直到 5 月和 6 月，盟军轰炸机的损失从 4 月的峰值开始突然大幅下降时，成功的希望才逐渐显现出来。进入夏季，发动进攻的轰炸机实际被敌方战斗机击中的比例，从 3 月和 4 月的 3.7%，降至 7 月和 8 月的 0.4%。[281] 至于原因，可以从德国相应的统计数据中找到。在 1 月至 6 月间，德国飞机在各个战线上的损失相当于其当时兵力的 137%，在战斗中损失了 6259 架，事故造成的损失则有 3608 架，飞行事故主要是由于恶劣天气或飞行员操作失误引起的。尽管大部分时间是在德国领空作战，但德国空军仍然损失了2262名飞行员。大部分的损失发生在德国境内，或者在西线的法国和低地国家。1944年6月，损失总数为3534架飞机，仅略少于该月生产的各机型总和3626架。[282]对德国来说，这在物力和人力上是不可忍受的消耗循环：尽管战斗机产量在当年晚些时候达到了顶峰，但新生产的飞机仍被迅速毁灭的漩涡所吞没。战斗机飞行员在等待着3月完成首飞的Me262喷气式战斗机，希望这种飞机量产后能扭转局面。

由于空战的连续性、流动性和不连贯性，盟军在德国领空取得制空权的具体时间很难确定。一些历史学家将其追溯到1944年3月的第一次消耗性攻击，另一些则追溯到对石油设施的早期空袭。德国空军历史部门的负责人、汉斯-德特勒夫·冯·罗登（Hans-Detlef von Rohden）少将在战后的一份评估报告中说，盟军对德国的空中优势是在诺曼底登陆时实现的，他说："德国在争夺制空权的斗争中失败了。"[283]联合情报委员会1944年8月评估得出的结论指出，德国空军"不能在任何战线上对作战形势造成影响"，这个说法并不完全正确，却反映了美国和越来越多的英国飞机在德国上空的作战灵活性大大加强。[284]没有哪个日期能完全令人满意，但到了6月，当德国的后备部队被卷入法国上空的大战后，德国空军的消耗循环暂时性结束了。这是德国空军想要扭转的局面。1944年9月，一份参谋人员的报告回顾了不列颠空战的教训："我们必须努力实现英国在1940年取得的成就。"[285]"德国空战"提出了一个更大的问题：为什么1940年英国皇家空军以微弱优势取得了胜利，而德国却失败了？

对于这个问题，当然有许多可以比较的地方。德国空军拥有一支具备尖端技术的强大战斗机部队，特别是在Me109战斗机升级了更强大的戴姆勒-奔驰605A引擎之后；德国的飞机生产以紧急的战斗机方案为中心；德国空军始终拥有2000多名战斗机飞行员；德国还建立了以先进雷达为基础的复杂预警系统；其还通过1943年至1944年冬季的组织结构改革，组建了中央控制和通信系统，这与休·道丁在1940年使用的中心化的防空体系十分类似。德国空军对即将到来的空袭有很好的情报预警，并对敌人的战术弱点有透彻的了解。像英国的战斗机司令部一样，德国战斗机部队作战的飞行员是在保卫自己的家园，并准备为此承受巨大的损失。就像他们在不列颠空战中的对手一样，德国空军领导人相信 1944 年在空战中取得胜利是“最终取胜的最具决定性的先决条件”。[286]

然而，这种比较是肤浅的。1944 年时德国的战略处境与 1940 年英国的战略处境大不相同，此时德国在苏联和意大利的两条主要战线上作战，在德国占领的欧洲其他地区也面临着越来越强大的抵抗。德国的首要任务不仅是挫败盟军获取空中优势的企图，而且要努力在欧洲中部保留一个要塞化地区，以对抗各个战线上盟军压倒性的物力优势。就像 1940 年夏天的英国的危机一样，战略危机很好地解释了德国战斗机生产的紧急计划。1943 年最后几个月以及 1944 年秋季，尽管遭到持续性的轰炸，德国战斗机的产量达到战时最高水平。因此，德国战斗机产量与英美战斗机产量（几乎完全没有受到炸弹的威胁）之间的差距，并不像其经济方面的差距那样显著。1944 年 1 月至 6 月间，英美战斗机总产量为 11 817 架；同期，德国的产量为 9489 架。[287] 而且，双方都将战斗机分配到各处的前线。然而，第 8 航空队战斗机司令部拥有的战斗机数量是帝国航空队的两倍多，而且还得到了英国皇家空军战斗机司令部和第 9 战术航空队的额外支援。1944 年 5 月，帝国航空队拥有 437 架可以出动的战斗机，而美国第 8 航空队有 1174 架。出现这样的差别，部分原因在于已经提到的两种不同的训练体制，德国体制使得经验不足的新飞行员始终处于劣势。在飞机出勤率上也有很大的差别，一旦美国后勤系统开始高效运作，盟军飞机的出动率就会更高。在不断的空袭和人力短缺影响下，德国无论是飞机零部件的生产和分配，还是地勤机械师的供应都出现了下滑。1944 年，9000 多架德国飞机在抵达作战中队之前就被盟军的空袭在运输途中摧毁。

这些对比反映在装备的战备率和损失率上。在不列颠空战中，战斗机司令部的最高损失率在 1940 年 9 月达到最高，为 25%。1944 年 1 月，德国空军每月损失的战斗机数量占部队总数的 30%，到 5 月已超过 50%（见表 6.4）。此外，德国战斗机还需要寻找盟军轰炸机发动攻击，而不是和战斗机作战，这使得德军战斗机在发动进攻时更容易受到攻击。而且德国决定将大量战斗机集结在一起（类似于道格拉斯·巴德在不列颠空战中使用的“大联队”战术）；这意味着在飞往集结点的过程中会浪费时间，而且对于来自东线的飞行员来说，他们更习惯成对飞行或用松散的四机编队飞行，很难适应更大的编队。[288] 但是，英国皇家空军在1940年避免了这两种作战上的困境，他们用“喷火”战斗机对阵德军战斗机，而用“飓风”战斗机攻击德军轰炸机，同时道丁明智地抵制了“大联队”战术。双方之间的差距并不像通常宣称的那样，仅仅是经济资源的结果，而同样也源于指挥官最终的作战和战术选择。

表 6.4　德国空军和美国第8、9航空队战斗机数量比较

时间	德国空军		第8、9航空队	
	战机数量	损失率（%）	战机数量	损失率（%）
1944年1月	1590	30.3	2528	2.7
1944年2月	1767	33.8	2998	3.4
1944年3月	1714	56.4	3419	5.6
1944年4月	1700	43.0	3685	7.6
1944年5月	1720	50.4	3382	10.0
1944年6月	1560	48.3	3046	17.7

资料来源：Calculated Richard Davis, Carl A. Spaatz and Air War in Europe（Washington, DC: 1993）, App 9, 22 - 4; Horst Boog et al., Das Deutsche Reich und der Zweite Weltkrieg: Band 7: Das Deutsche Reich in der Defensive (Stuttgart: 2001), 105。

战后，德国空军指挥官们也在受审时立即指出，他们当时面临的主要是领导力的问题。这是一个更加难以评估的问题，空军指挥官们几乎不可能没有偏见。大多数指责都是针对空军总司令赫尔曼·戈林的。1943年末和1944年初例行会议的记录显示，他是一名经常发出愤怒咆哮但又充满挫折感的指挥官，打着冲动的手势，却每每接受陈腐的解决方案。尽管戈林能够在突然之间活跃起来，但他的下属则认为他是一个奇怪又可悲的滑稽人物。根据1944年10月对德国战俘的一段秘密录音，一名被俘的德国伞兵将军拿戈林寻开心，向自己的战友们讲述了他和戈林在卡琳宫会面时的场景：“那里站着一个人，我在想，他是尼禄二世还是中国的官老爷？（笑声）……还没走到距离他一半的距离，就能闻到从他肥胖的脸颊上散发出来的，混杂了东方和西方所有香料的香气……（全场无法抑制的大笑）。”[289] 然而，戈林却在责怪希特勒。1945 年 6 月，戈林告诉审讯者，当时他是这样说的：“空战中您有一位伟大的盟友，元首。”[290] 1942 年以后，特别是空军未能向斯大林格勒被围部队提供补给之后，如果没有希特勒的批准或干预，空军几乎下不了重大决定。但希特勒在空战方面有许多正确的举措，他没有阻止优先生产战斗机，他支持加强防空作战，授权将工业生产分散到地下，并强迫空军优先改进电子战能力。

撇开戈林不谈，管理层的其他问题来自空军的较低层。1944 年，协调一致的德国国土防空任务，落在了一个多年来习惯于在前线进行空战的组织手中。四分之三的战斗机部队向德国转移，轰炸机数量急剧减少，迫使各方面迅速适应陌生的空战环境。施通普夫、施密德和科滕对于“德国空战”这样的作战模式，经验并不丰富。而斯帕茨、凯普纳和杜立特在 1944 年的那场战争中有着丰富的经验，他们几乎没有受到阿诺德或罗斯福来自华盛顿的直接干预。虽然阿诺德也会怒气冲冲，但他很快就抓住了技术和组织问题的关键：P–51 战斗机的重要性，副油箱的绝对优先地位，后勤的关键作用。这使得他的管理方式比戈林在 1944 年或 1940 年的模式效率更高。[291] 不列颠空战和“德国空战”确有一个相同之处：德国空军并不承认他们已经输掉了这两场战役。尽管德国空军当时面临着深刻的危机，但在一份关于德国空军应如何效仿 1940 年的英国战斗机司令部的文件中，德军还对恢复有效的战斗机防御和重新开展轰炸作战，草拟了乐观的计划：“只有我们发动攻势，战争才能达成满意的结局。”[292]

释放飓风：1944 年 9 月至 1945 年 5 月

英美联合轰炸于 1944 年 9 月正式恢复，在此前的 3 个月里，盟军空军的主要任务一直是支援登陆法国和在西线打击德军的行动。1944 年 9 月 14 日，艾森豪威尔最终放弃了对战略空军的控制，但他仍可以在必要时要求其对陆战提供帮助。英美轰炸机部队的主官，都急于让部队回去执行他们眼中的首要任务。斯帕茨向阿诺德汇报了部队指挥结构恢复到诺曼底登陆之前的情况，并评论说："还要和德国佬打很多仗……我们必须集中精力消灭他们。"[293] 7月，哈里斯已经急不可耐地准备重启全面轰炸，因为他估计5个月不轰炸，德国就能完全恢复元气。8月，波特尔警告丘吉尔，必须通过"持续性消耗"的轰炸政策，来扼杀德国目前的复苏。[294]

1944年9月至1945年5月间，盟军发起了最大规模的轰炸战，这也是德国人在战争中伤亡最严重的轰炸。在德军投降前的8个月里，第8和第15航空队加上英国的轰炸机司令部，向不断削弱的德国防御体系发动攻势，投下了战争期间四分之三的炸弹；德国因轰炸丧生的人中，约有一半死于这个时期。正是这场最后的轰炸战的惊人威力，以及它对德国平民、城市基础设施和文化古迹造成的巨大伤害，引发了战后大多数对轰炸战略的批评。要理解为什么轰炸会发展到如此毁灭性的规模，就有必要还原1944年秋季西方盟国眼中的战略局势。

最明显的答案是，在法国的作战迅速取得胜利后，并没有令人信服的理由减轻对敌人的压力。人们都希望能在圣诞节前击败敌人。轰炸行动得到了国内民众的广泛支持。在英国进行的民意调查显示，支持轰炸德国平民的比例从1940年的不到一半上升到1944年的近三分之二，这反映了公众对迅速结束战争的渴望，以及人们对于作为盟军战略的核心支柱的轰炸越来越熟悉。[295] 1944年，英国广播公司播出的，由"斯特雷奇中队长"（左翼政治家约翰·斯特雷奇，时为巴夫顿领导的轰炸委员会的临时成员）主持的评论节目创下了收听人数纪录。[296] 考虑到丘吉尔和罗斯福对轰炸战的组织和供应给予的特殊承诺，他们两人几乎没有停止轰炸的理由，两位领导人现在急于加速结束战争，并对敌人仍未表现出斗志衰退的迹象感到沮丧。丘吉尔收到了一份政治情报汇总，这份情报证实德国人民缺乏推翻希特勒独裁统治所需的"精力、勇气或组织"，丘吉尔此时提出，他不想再看到有关德国士气的任何报告了。[297] 从军事角度看，轰炸现在是从地面上击败德国的联合攻势的一部分，虽然其目标距离法国东部前线很远，但联合参谋部仍预计，对目标的轰炸将加快军队的推进。1944年夏天取得空中优势后，盟军需要保持警惕，防备德国军力的恢复，因为优势总是相对的。人们担心，如果德国的战争动员能力得不到抑制，这场战争可能会持续到

1945 年，甚至可能陷入僵局。此外，多年以来人们一直担心，德国领导层或许能够在研发新型科技武器的竞赛中领先一步，从而扭转战争的局势。

促使盟军在战争的最后几个月继续猛烈轰炸德国的各种因素中，对德军用新式武器扭转战局的恐惧，成了让盟军轰炸机继续执行任务的主要动力。尽管其中的一些担忧在事后看来可能只是幻想，但 V 系列武器的发射和 Me262 喷气式战斗机 / 战斗机轰炸机的首次使用，刺激了盟军，使他们担心德国的军事形势可能会突然改善。Me262 是一种粗糙的战斗机，很容易大规模生产，但由于它的高航速，如果装备足够的数量，这种飞机能够对轰炸机编队构成严重的威胁。在战争末期，为数不多的几个装备 Me262 战斗机的部队，声称击落了盟军 300 架重型轰炸机。德国空军显然十分欢迎 Me262，认为这架飞机可以赢得战争。1944 年 9 月和 1945 年 1 月，德国空军情报部对战争形势进行了评估，提出了“最后胜利”的可能性，因为英美军事实力和作战热情自夏季以来明显下降，而且德国发展了一系列危险的新技术：“瀑布 ”地空导弹（V-4）、近炸引信、喷气式战斗机（Me262 和 Me163）、喷气轰炸机（阿拉多 Ar243）、火箭战斗机（亨克尔 He162）以及非目视探测、摧毁敌机的设备。[298] 这些发展有些为盟国所熟知，有些则只是猜测。斯帕茨和阿诺德关于德国战机威胁的信件往来，揭示了盟军对未来轰炸的担忧程度。斯帕茨希望美国喷气式战斗机洛克希德 P-80 能得到优先发展，并提议美国轰炸机可能会不得不改为进行夜间轰炸或浅渗透袭击，以将喷气式战斗机造成的损失控制在可接受的范围内。[299] 杜立特 1944 年 8 月对阿诺德说，他对德国的潜力并不感到“惊叹”，并建议利用对头攻击战术和更好的转向能力来应对喷气式飞机和火箭战斗机。但在 10 月他警告说，德军喷气式飞机和包括 30 毫米机炮在内的强大武器，很可能在盟军空袭德国时“击垮我们的防御”。[300] 英美空中侦察情报证实，正如哈里斯曾警告的那样，到秋季，德国单引擎战斗机部队将会比 1944 年的任何时候都强大。因此，支持继续猛烈轰炸德国工业和军事目标的理由就产生了。

最令人担心的是，德国高层可能会狗急跳墙，使用现代社会称之为“大规模杀伤性武器”的武器。1945 年 1 月，美国化学战委员会警告说，虽然德国高层还没有授权使用毒气，但他们面临的战略形势已经变得更糟了：“德国人现在是在自己的国土上背水一战，他们也许会出于保卫祖国的狂热，或出于纳粹领导人疯狂的绝望，而使用毒气。”[301] 这些恐惧由来已久。英国皇家空军在空中闪电战期间进行了充分的准备，以准备迎接德国的毒气战。当美国参战时，英美两国之间曾经就毒气战问题进行过协调。[302] 1943 年后期，这种忧虑又复活了。一名被俘的意大利外交官提供的情报显示，德国拥有大量毒气储备，但只会在“万不得已”的情况下使用。1941 年时，丘吉尔一直推动着英国增强其毒气战实力，当时他在相关报告中“毒气”“没有生产新的毒气”“德国人不会使用”等字眼下面画上了表示强调的着重线，表明他对这个问题的持续关注。[303] 1943 年 10 月，外国武器分析司向美国战争部提交了一份报告，其在结论中提出“德国已准备好随时发动毒气战所需的武器和化学试剂，可以在任何时候发动毒气战”，而且将使用各种新的毒剂和运载工具。事实确实如此：到 1944 年初，德军已经拥有数千吨化学武器，包括致命的沙林毒气和塔崩毒剂。[304] 12 月，美国参谋长联席会议收到了美国部队若在欧洲和太平洋战区发动空中毒气战所需毒气的全部细节，并于 1944 年启动了一项加速毒气弹生产的计划。1945 年 1 月，阿诺德的空军总部确认，空军“可以高效地用于发动毒气战”。[305]

英国毒气战准备工作的进度更靠前，而且它更有可能发动毒气战。1944 年 1 月，波特尔告诉丘吉尔，他在考虑用毒气攻击 V 系列火箭工厂，但犹豫不决，因为发动毒气战的后果“将会影响深远”。尽管如此，英国皇家空军还是对德国的毒气战保持警觉，只要发觉丝毫迹象，就会立刻启动详细的空中毒气攻击计划。也是在这个月，空军还通知战时内阁，如果德国使用毒气战，空军将立即开始每月使用芥子气发动 6 次区域轰炸，用光气进行 2 次区域轰炸。这些袭击分为轻微空袭、骚扰性空袭和大规模集中空袭 3 种，空袭时毒气弹、燃烧弹和高爆炸弹混合使用，并且这种空袭会“在人口最稠密的中心地区”反复定期实施。[306] 空军参谋部明白，如果德国军队在 1944 年 6 月对入侵的军队使用毒气，那么丘吉尔不仅会赞成对敌军使用毒气，而且还会对“德国的城市”使用毒气。当时已经拟定了一份合适的城市清单，以备必要时使用，名单中，轰炸机司令部负责攻击其中15座城市，第8航空队负责30座，另有15座城市由美军从意大利起飞的轰炸机负责。为了诺曼底登陆，轰炸机司令部计划出动1.1万架次，使用毒气弹和其他炸弹轰炸各种类型的军事和民用目标。[307] 诺曼底出现的僵局和V系列火箭开始投入使用，给丘吉尔带来了更大的压力，他进一步考虑使用毒气，以加快击败德军的进程。7月6日，丘吉尔写道："我想要进行一次冷血的计算，使用毒气会给我们带来怎样的回报……我们可以把毒气撒遍鲁尔区的城市。"[308] 但是参谋长联席会议仍然反对冒这个险，另外各种来源的情报都表明，德国没有使用毒气的计划（当然，1944年希特勒和其他德国领导人肯定讨论过这个问题）。[309] 尽管如此，到1945年初的时候，美军化学战部队在欧洲战区已经拥有了足够的毒气炸弹，数量相当于整个轰炸机部队载弹量的25%。几乎所有的毒气战计划都要求从空中发动。[310]

另一个更鲜为人知的史实，是1944年至1945年针对德国的生物战计划。这也是由于人们越来越担心，敌人会在孤注一掷的情况下发动细菌战，有可能是用某种形式的火箭将生物毒剂发射过来。1942年，罗斯福授权乔治·默克（George Merck）组建了战争研究委员会，并邀请了一些著名科学家组成顾问委员会，该机构对外使用ABC委员会这一名称为掩护。机构的首要任务是，研究出保护美国民众免受德国或日本细菌武器攻击的方法。1942年末，这项工作被美军化学部队接管，并在马里兰州弗雷德里克的德特里克堡建立了一个研究机构。与毒气战一样，1943年开始出现相关情报，表明德国正在计划使用生物毒剂，特别是"肉毒芽孢杆菌"（现在称为肉毒杆菌，是肉毒素中毒的原因），如果这种攻击从空中发动是无法侦测到的，在4至5个小时内感染者就能出现症状，并在大多数情况下会死于窒息。当时盟军的假设是，德国只有在担心受到"立即报复"的情况下才会犹豫是否使用生物武器，因此加速了生产致命病原体的计划。1944年1月的另一份报告警告说，装有细菌的火箭或炸弹可能即将投入使用，其后果是"毁灭性的"。这其中包括使用针对人类的炭疽孢子的可能性。[311] 美国政府在密西西比州、印第安纳州和犹他州建立了3座试验和生产工厂；工厂中有60名工人受到感染，但没有人死亡。[312] 1945年4月之前，盟军还没有获得足够的生物毒剂，因此有人提议使用毒气对敌人的细菌战进行报复。[313]

盟军会发动毒气或细菌战吗？这个问题从未得到过验证，因为希特勒反对使用生化武器，他更关心的是防御盟军可能发动的生化攻击。[314] 但是，英美计划的进展表明，对德国敌人的看法影响了继续进行猛烈轰炸的决定，这是为了防止德国人拥有更可怕的武器。最重要的因素是，对化学和生物武器的恐惧促使盟国考虑对敌方平民进行大规模报复，这将使两次世界大战之间有关毒气战和细菌战的幻想有可能变成现实。英国皇家空军参谋部认为，使用燃烧弹和高爆炸弹的空袭在战略上更有效，因为这样不仅消灭人的生命，还摧毁了财产和装备，但这些情况下对平民的蓄意伤害（以炸死、活活烧死或窒息的方式）如今已被视为顺理成章的事情。这就为在战争拖到1945年底的情况下，对德国目标使用核武器铺平了道路，这是一个很容易被人遗忘的事实。现在，人们可以在冷战的前几十年里为二次核反击所做的代价高昂的计划中，找到类似的共鸣，当时，预计有多达8000万苏联公民会在第二次核打击中伤亡。[315]

正是在这样的战略背景下，为了确保德国战败，才下了加强轰炸攻势的决定。然而，夏季转入地面作战以后，并没有解决1944年初出现在英美盟军间关于轰炸战略的争论。事实上，重新燃起的展示空军作战能力的热情，给了双方新的动力。决定将轰炸机部队交还空军指挥后的第一步，是改变总体指挥结构，以便更恰当地反映英美盟军轰炸机部队之间的力量对比。这在此时严重倾向于第8和第15航空队，这两支部队在欧洲战区拥有5000多架重型轰炸机，能够动用5000多架战斗机，包括到11月前原有的大约2000架P-51战斗机。1944年末，第8航空队组织的一次空袭中，出动了2074架轰炸机和923架战斗机。与之相对比，哈里斯可以派出的只是以“兰开斯特”轰炸机为主的大约1400架重型轰炸机，这只是他希望能拥有的兵力的一部分。[316] 斯帕茨宁愿与艾森豪威尔保持密切关系，也不愿回到波特尔的直接指挥之下。在英军参谋长联席会议的压力下，阿诺德同意放弃与盟国远征军最高统帅部的联系，但条件是由他本人而不是波特尔担任联合参谋部的代表，负责指挥美军在欧洲的战略和战术空军。为了安抚英国人，斯帕茨被正式任命为波特尔的副参谋长，与诺曼·波特姆利共事。实际操作上，斯帕茨可以自由地组织一场独立的战斗；他把安德森留在伦敦，把自己的办公地点设在艾森豪威尔的指挥部旁边的一个前进司令部，先是在巴黎，然后是兰斯。9月底，斯帕茨告诉阿诺德，他更希望将这两支部队分开。[317] 哈里斯也明白，这一变动将使他能更好地控制自己的部队；在轰炸机司令部担任多年的“高级经理”之后，他现在当上“初级合伙人”了，因此在他脑海中，他对战役策划的责任比以往任何时候都大。[318]

指挥结构的改变使得为战略空袭制定共同计划变得更不可能。1944年8月，英国空军部的轰炸行动委员会提出发动一次代号为“雷霆一击”的大规模空袭，让“鹿特丹的惨剧”在“柏林市中心重现”，摧毁德国人的斗志。按照该计划，部队将集中向柏林市中心2.5平方英里的区域投掷2000吨炸弹，“消灭一个有组织的政府存在的任何迹象”。轰炸给德国民众斗志造成的影响将会与1940年荷兰政府受到的震惊一样，1940年时，荷兰政府在鹿特丹遭到空袭后的第二天就投降了。[319] 不过这个作战提议暂时没有得到许可。联合参谋部希望等到德国人的士气明显处于最脆弱的时候，再发动空袭。于是，这两支轰炸机部队开始继续轰炸他们在诺曼底登陆前的目标，哈里斯轰炸城市地区，斯帕茨攻击石油和空军目标。9月，斯帕茨搜索了一系列可能对德国军事实力造成最大压力的目标。此时部署在德国边境的盟军发现，进攻德国明显并不像希望的那样简单，因此斯帕茨更倾向于采取一种策略，能让空军最大限度地帮上艾森豪威尔的忙。他的参谋人员制定了一项空袭计划，目标是鲁尔-莱茵兰、萨尔兰和德国西南部的主要军事工业和通信设施，目的是给军事和行政组织造成混乱并打击敌人士气。该计划分为两部分：“飓风一号”将在目视投弹困难的时候，针对德国西部一般性的目标实施空袭；“飓风二号”则是在气象良好的情况下，对石油设施、汽车运输站和通信设施进行精确空袭。该作战指令于10月13日同时向哈里斯和斯帕茨下达，但持续性的恶劣天气使得“飓风二号”无法实施，而“飓风一号”的作战目标又太过模糊，因此基本被忽略了。[320]

争取制定双方都同意的计划，并没有阻止盟军轰炸机部队对德国目标进行猛烈而经常性的轰炸，因为气象条件恶劣，几乎所有这些轰炸都是依靠仪表进行的。10月18日，为了确定更有价值的重点轰炸目标，英美同意设立一个联合战略目标委员会，委员会由巴夫顿和斯帕茨的参谋马克斯韦尔（Maxwell）上校共同担任主席。艾森豪威尔的副手、空军元帅亚瑟·特德（Arthur Tedder）应波特尔的邀请，参加目标的评估工作。特德严厉批评了这个被他称作“东拼西凑”的目标列表，他认为确定目标时没有遵循一致的规则，并建议将注意力集中在石油和运输上，因为这两个目标最有可能削弱德国的军事实力。特德在1943年至1944年间，一直是针对意大利和法国执行运输计划的坚定支持者。他还得到了索利·朱克曼的大力支持，朱克曼曾负责制定针对意大利的计划，此时，他是盟国远征军最高统帅部的顾问。[321] 特德的干预起到了决定性作用。10月底截获的德军电讯情报证实，对运输系统的空袭已经对德国的煤炭运输产生了严重影响。10月28日在盟军最高统帅部举行的一次会议上，商定把石油和交通目标作为优先轰炸目标。并于11月1日向斯帕茨和哈里斯发布了一项新的指示，即第2号战略指令。然而，正如卡萨布兰卡会议以来发布的大多数指令一样，新的指令是一种妥协。除了石油和运输之外，该指令允许在视觉投弹受到影响时空袭“重要工业区”，并允许对德国空军部队进行管制攻击，并在需要时直接为地面作战提供支援。[322] 对于轰炸的重点，实际上仍然存在分歧：斯帕茨、杜立特和巴夫顿更喜欢轰炸石油目标；特德和朱克曼赞成优先轰炸运输系统；哈里斯本人对朱克曼（被他称为“‘专家’索利·朱克曼先生”）和巴夫顿（被他称为“我曾经的机场指挥官”）有强烈的反感，他始终声称轰炸石油和运输目标成本过高、过于危险，这些都是无效的目标，而摧毁城市则更加容易实现。[323] 在1944年12月哈里斯与波特尔进行了一次相当著名的书信往来（哈里斯的信是由巴夫顿起草的），在信中，哈里斯否决了燃油计划，他的理由是，要完成轰炸燃油类目标需要耗费25万吨炸弹和几个月的努力才能实现。[324]

各方意见分歧的影响可能被夸大了。盟军的空中力量现在已经十分

1. 1940 年秋，一架坠毁在法国北部某机场的Ju88 中型轰炸机。空中闪电战期间，冬季糟糕的天气给德军造成了很多事故。

2. 不列颠之战期间，德军飞行员在业余时间组织体育锻炼。德军航医也建议飞行员去冬季运动水疗中心休3 周的假，以便从作战的疲劳中恢复过来。

3.“英国能挺过去。”英格兰中部某地的一家酒吧在轰炸后，坚持向救援队提供啤酒。类似这样的照片能帮助英国人维持在逆境中普遍的坚忍不拔形象。

4. 这张抓拍的照片中显示一幢位于曼彻斯特的丁斯盖特和圣玛丽盖特交界处的大楼，在轰炸中轰然倒塌。曼彻斯特在1940年遭到了大规模轰炸。

5. 1940年秋，一次日间轰炸后，伦敦的民防队员在瓦砾中搜寻幸存者。1940至1941年间，有4.3万人在轰炸中丧生。

6. 一位民防队员面带微笑，帮一位银行老板从伦敦城的废墟中抢救文件，这次轰炸发生在1940年12月29日。

7. 1943年1月，伦敦，为德军小规模轰炸中丧生的31名学生送葬的队列，空中闪击战以后，德军发动的这种小规模轰炸虽然不多，但是后果仍然致命。

8. 苏联，列宁格勒，1941 年9月围困开始后，伊万・帕夫洛夫医学院的医科生组成的应急民防急救队，在轰炸和炮击中工作。

9. 1942 年8月，遭到德军第4航空队空袭的斯大林格勒市民，在战火中逃生。据估计，大轰炸在一个月内造成4000 人丧生。

10．士兵正在往皇家空军的轰炸机上装运传单，这些传单，将投向欧洲的德国占领区和德国本土。二战期间的宣传战中，飞机共投下14亿张传单，高空气球投下了9500万张传单。

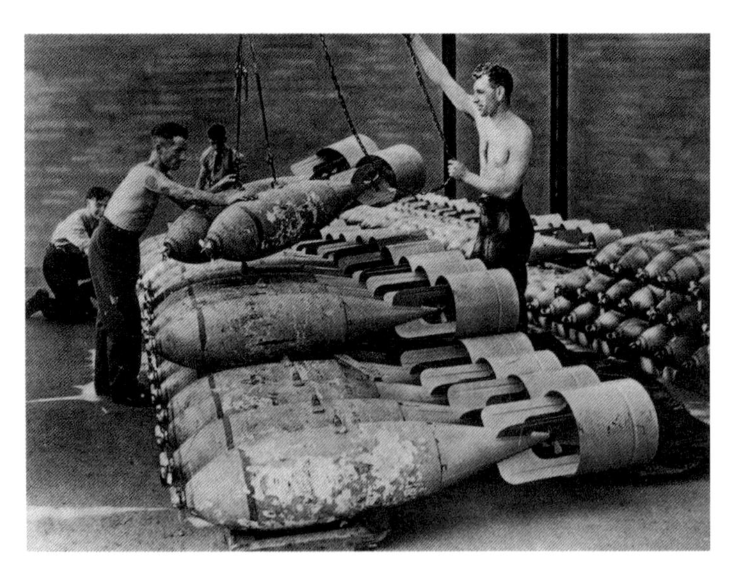

11．1940年10月，英国皇家空军弹药库，一排准备供应给轰炸机司令部所属飞机使用的500磅航弹。这些飞机将继续执行已经进行5个月之久的针对德国本土目标的夜间轰炸。

12. 联合轰炸作战委员会的工作照。照片中英美空军领导层在共进晚餐，照片摄于1943年。面朝相机从左到右分别是卡尔·斯帕茨、查尔斯·波特尔、弗雷德里克·安德森、伊拉·埃克（站立者）、亚瑟·哈里斯和詹姆斯·杜立德。在前排正中央的是特拉福德·利·马洛里。

13. 尽管英国皇家空军和美国第8航空队的关系比较紧张，但是为了缓和双方的关系，双方经常在皇家空军基地组织交流活动。图中一名美军空勤人员正在一枚炸弹上书写自己家乡的名字，这枚英国炸弹将会用来轰炸德国的目标。

14. 两名完成作战任务返回基地的皇家空军飞行员。对飞行员来说，压力显而易见，因为参与这种飞行的机组成员有近半数丧生。恐惧是幸存下来的人最常记得的情绪，而勇敢是他们的主要特征。

15. 轰炸机的机组成员要面对敌人战斗机、防空火力和不良气象带来的危险。图中一架隶属于美国陆军第8航空队的B-24“解放者”轰炸机在防空炮火的攻击下，已经受伤，正在挣扎着继续飞行。

16. “德意志之战”。美军战略轰炸部队的目标是摧毁德国的飞机制造业，和在空中击溃德军战斗机部队。图中两名德国官员正在审视位于卡塞尔的菲瑟勒飞机制造厂冒着浓烟的废墟。

17. 一张罕见的战斗机在德国上空遭到击坠的照片。图中德国战机在田野中坠毁，照片由追击的盟军飞机拍摄。到1944年5月，德军战斗机飞行员每月的损失率已经达到50%。

18. 1943 年 9 月，两名德国妇女从轰炸的废墟旁走过，旁边是民防队员和消防车。最终，有 900 万德国人从遭到轰炸的城市疏散。

19. 在德国的民防事业中，成年妇女和少女扮演了重要的角色。图为 1943 年 7 月，杜塞尔多夫遭到轰炸以后，一名德国女子联盟的年轻成员和民防队员并肩工作。

20. 美术家用绘画作品表现“兰开斯特”轰炸机低空飞过埃森的鲁尔城，摧毁当地工厂的情景。绘画的说明称低空飞行会“确保轰炸准确性”。但事实上，盟军都是从更高的安全高度针对整座城市进行空袭，而不是只针对工厂进行轰炸。

21. 照片中农舍的凄惨景象真实地反映了轰炸精确度差到什么程度。这次轰炸发生在1943年5月23日至24日夜，目标是鲁尔区的多特蒙德。战争中，德国农民也接到通知，需要在夜间熄灭灯火实施灯火管制，并准备民防救援装备。

22. 蛾摩拉行动，1943 年 7 月在针对汉堡为期一周的轰炸中，共造成当地 3.7 万人死亡，图为两头从马戏团征用的大象，正在帮助清除一辆被轰炸损毁的汽车。

23. 汉堡，集中营囚犯身着条纹囚服，正在清理轰炸后留下的残垣断壁。囚犯在执行紧急修理和清理建筑物残骸方面，起到了巨大的作用。截止 1944 年夏天，德国境内的集中营关押着约超过 50 万囚犯。

24. 戈培尔，国民教育和宣传部长。图为1943年10月22至23日卡塞尔遭到轰炸引发的火灾风暴袭击后，戈培尔以空袭紧急状态协调人的身份，访问卡塞尔。

25. 卡塞尔轰炸后恐怖的景象。被焚毁的尸体和残肢摆放在建筑物残骸旁。据估计，这座城市共有6000人死亡，人口死亡比例比1943年7月汉堡轰炸的死亡比例还高。

26. 马耳他首都瓦莱塔的残垣躲避中，孩子们正在排队从一个路边水井中取水。1941 年至 1942 年间，马耳他成为“地球上遭到轰炸最严重的地区”，但是这座城市在围困中幸存了下来。

27. 1943 年 7 月 19 日，罗马一座铁路编组站遭到美国空袭后的景象。尽管遭到了严重轰炸，但是铁路运输迅速得到了恢复，罗马在此后一年左右才被盟军占领。在火车站的墙上，仍能够清楚地看到意大利法西斯党的标志。

28. 工人们目睹菲亚特汽车公司的灵格托工厂在熊熊烈焰中燃烧。尽管意大利在1943年11月就已经投降，但盟军针对意大利北部德国占领区工厂和运输线的轰炸一直在继续。

29. 天主教徒会在教堂的墙上画“还愿”画，以“感谢当地的圣徒或圣母帮助民众在轰炸中生存下来”。照片展示的是都灵圣母大教堂墙壁上的“还愿”画，画面显示的日期是1945年4月28日，战争即将结束前的几天。

30. 因为盟军实施的是高空轰炸，精确度过低，因此在1943年至1944年间，法国民众对盟军对法国城市的轰炸持反对态度。照片是巴黎遭到高空轰炸的景象，也从一个侧面说明这种精度的轰炸根本不可能击中小目标。

31. 1944年9月法国港口城市勒阿弗尔遭到大规模轰炸，并造成了重大破坏，照片中该城的一座地标式建筑仍然屹立于残垣断壁之间，这是一座纪念一战牺牲者的纪念碑，纪念碑两侧的灯柱上装饰着二战盟国的国旗。

强大，技术上也更加先进，无论对哪里发动攻击，都可以在损失不大的情况下，逐渐造成纳粹德国战争能力的崩溃。11 月和 12 月，哈里斯将战略轰炸的部分力量转移到对鲁尔-莱茵兰合成炼油设施的轰炸上，并下令于 12 月 6 日至 7 日对深入德国领土的洛伊纳-梅泽堡（Leuna-Merseburg）发动了大规模空袭，这次出动的 475 架轰炸机仅损失了 5 架。轰炸机司令部对燃油工业的轰炸一直在增加，从 10 月占投弹总量的 6%，上升到 11 月的 24%。同一个月第 8 航空队投弹总量的 39% 是针对燃油工业目标的，第 15 航空队是 32%。尽管有理由担心德国方面会集中全力恢复燃油生产，但是从年初开始针对燃油工业轰炸的长期趋势来看，轰炸必定会给德国的燃油生产造成巨大损失，从而对德国军队的机动性和空军作战造成根本性影响（见表 6.5）。然而，哈里斯的大多数轰炸都是针对城市目标的夜间空袭，特别是迄今为止尚未成为空袭目标的小城市。在 10 月至 4 月间，按照命令停止区域轰炸以后，轰炸机司令部就开始对德国各地的城市发动猛烈空袭。一些城市拥有重要的铁路枢纽或编组站，有的拥有化工厂和炼油厂，但在大部分空袭中，大规模投弹主要还是摧毁了广阔的城区或继续让炸弹落在开阔的地面上。虽然在白天进行了几次突袭，哈里斯还是拒绝将他的部队改为执行日间轰炸任务，这也许是为了确保轰炸机司令部的独特贡献能一直保持到最后。

表 6.5 1944 年纳粹德国燃油生产和进口量（千吨）

时间	合成石油	炼油量	进口量	总量
1944 年 1 月	498	175	179	852
1944 年 2 月	478	160	200	838
1944 年 3 月	542	191	186	919
1944 年 4 月	501	157	104	762
1944 年 5 月	436	170	81	687
1944 年 6 月	298	129	40	467
1944 年 7 月	229	115	56	400
1944 年 8 月	184	134	11	329

（续表）

时间	合成石油	炼油量	进口量	总量
1944 年 9 月	152	113	11	276
1944 年 10 月	155	124	34	313
1944 年 11 月	185	105	37	327
1944 年 12 月	164	108	22	294

资料来源：Webster, Frankland, *Strategic Air Offensive*, vol 4, 516。

与之成对比的是，美国的轰炸虽然也是以燃油生产和交通运输为目标，但往往与区域轰炸没什么分别。美军对德国空军的攻击，以及抓住机会对交通运输网发动的攻击，大部分是由战斗机和战斗轰炸机完成的，此时这些飞机都已经可以在德国领空成群结队地飞行。重型轰炸机负责对主要工业目标和铁路运输目标实施空袭，但是在冬季大部分时间里都存在能见度不良的问题，因此，投下的炸弹又出现了偏离目标、分散在各处的情况。据统计，向炼油厂投下的每 100 颗炸弹，有 87 颗炸弹会完全偏离目标，只有 2 颗炸弹能够击中工厂的建筑和设备。[325] 1945 年 3 月召开的一次关于投弹精确性的会议证实，从 1944 年 9 月起，大部分轰炸都采用了仪表轰炸的方法，且大部分是在“总云量为 10，低云量为 10”的情况下投下的炸弹。从 1944 年 9 月到 12 月，只有 14% 的轰炸是在能见度优秀或良好的情况下进行的，另有 19% 的轰炸是在能见度较差的天气进行的，使用电子辅助设备，在能见度为零时的轰炸占 76%。在能见度为优的时候，有五分之四的炸弹能够落在瞄准点 1 英里范围内。但是在“总云量为 10，低云量为 10”的时候，这个比例仅为 5.6%。[326] 1944 年 10 月，第 8 航空队接到的建议是，在气象状况不佳时，轰炸任何依靠“H2X”设备能定位到的城镇，因为这些城镇肯定会有一些重要的军事目标。就像轰炸机司令部 3 年前收到的指令一样，这个指令的作用就是，导致对平民生活环境的破坏不断升级，并造成更多平民伤亡。[327]

在恶劣天气中对防守严密的目标进行轰炸作战不管有多少难处，还是有足够的炸弹击中了各处炼油厂和运输网络，并造成严重的破坏。9 月初，第 8 航空队开始正式执行运输计划，但是直到 10 月才开始对科隆、哈姆（Hamm）和杜伊斯堡的主要铁路枢纽和编组站发动大规模空袭。空袭偶然摧毁了科隆到米尔海姆的大桥，桥梁倒塌的残骸阻塞了莱茵河这条德国重要的水运航道。到 11 月，供应德国铁路的煤炭减少到只能维持 11 天使用，到 12 月 12 日减少到只够 5 天使用。德国南部和东部地区缺煤严重；火车头和车厢经常遭到战斗机和战斗轰炸机的扫射。在现有的 25 万台货运车厢中，到 11 月底几乎有一半已经无法使用。1944 年 9 月至 1945 年 1 月，铁路货运量下降了 46%。在鲁尔区，到 10 月末，可供日常使用的车厢数量只有 9 月的一半。为了躲避空袭，货运车厢全被后撤到远离德国西部的地方，但结果造成鲁尔地区的煤炭和焦炭供应受到影响，发电量被迫减少了三分之一。[328] 连接鲁尔区和德国中部的中部运河受到严重破坏，10 月和 11 月的大部分时间都无法使用。内河航道的煤炭运输量在 9 月为 220 万吨，但在 12 月仅为 42.2 万吨。[329] 希特勒下令部署 1000 门重型高射炮和 2000 门轻型高射炮，保卫重要的运输枢纽，但结果是使其他重要的兵工厂失去了防空能力。盟军的电报解密，使得其能够定期了解轰炸对德国运输计划的影响，并在战果的鼓舞下继续扩大轰炸。[330]

然而，不知何故，虽然铁路被毁、城市遭到轰炸、工厂遭到破坏，但是在这样一片混乱中，德国空军对于无处不在的敌人来说仍然是一种威胁。尽管经历了长期的消耗战，德军到 12 月仍有 2500 架可以作战的战斗机和夜间战斗机。此外，盟军部队在日间进行的多次空袭，遭受的损失又开始增加：10 月 7 日在对燃油目标的空袭中损失了 40 架轰炸机，11 月 2 日又损失了 40 架。但是，美国第 8 航空队作战日志中关于这些空袭的记录中，把大多数空袭的损失记录为可以忽略不计，在许多时候甚至根本没有损失。在 1944 年 9 月至战争结束期间，总损失率在 1% 至 2% 之间波动，那些增加的损失主要是由于高射炮造成的。盟军战斗机的损失率一直都不高（1944 年 9 月的损失率最高时也仅为出动架次总数的 1.9%）；在战争的最后 8 个月中，损失仅占所有出动架次的 1.37%。[331] 与此同时，德国空军仍陷于当年早些时候开始的消耗循环。事实证明，即使对经验丰富的飞行员来说，大规模编队作战也是危险的。盟军在 11 月 2 日的空袭中损失了40架轰炸机，德国战斗机部队则付出了120架飞机的代价。另外，航空燃油供应的崩溃起到了重要作用；德军飞行员的训练进一步减少，并对飞行时间和程序进行了严格的规定，以减少燃油消耗。日间和夜间战斗机中队都发现，他们有多余的飞行员，有可用的飞机，但由于燃油的限制，他们无法飞行。德军对Me262喷气式战斗机的渴望，也因为缓慢的研发速度和喷气涡轮持续性的技术问题而大打折扣。尽管1944年生产了564架喷气式战斗机，但第一个装备这种新型号战斗机的中队直到11月才开始承担作战任务。[332]

德国夜间战斗机受到了燃料短缺的严重影响。轰炸机司令部的损失从夏季的最高点，每次轰炸行动平均6%至7%的损失率直线下降。在战争的最后几个月，损失率下降到平均1.5%。1943年，一架“兰开斯特”轰炸机的平均寿命是出动作战22次，而到了1945年，这个数字变成了60次。[333]另外机组的经验越丰富，他们生存的概率就越大。而在另一方面，燃料短缺却给德军夜间战斗机部队带来了好几个方面的影响。德军战斗机此时已经装备了“SN3”和“FuG218”雷达扫描设备，可以用来定位盟军的轰炸机，但是飞行员需要进行完整的训练才能使用这种复杂的装备。为雷达系统供应电力的发电机也因为燃料短缺而停止运行，因此在1944年冬天的那几个月里，雷达站的电力供应一直是断断续续的，这同样减少了新型探测装备的训练时间。[334]此时德军的夜间战斗机，大部分换装为先进的容克Ju88G，安装有“SN2”和“纳克索斯”探测装备，以及用来侦测盟军轰炸机“莫妮卡”设备信号的“弗伦斯堡”探测器。1944年7月，一架德军夜间战斗机迷航，降落在轰炸机司令部在萨福克郡的伍德布里奇的一座机场，英国人因此得到了一台完好无损的“弗伦斯堡”探测器。经过深入的测试以后，科学家提出了简单的暂时对抗这种设备的办法，那就是盟军轰炸机关闭机尾的“莫妮卡”雷达和“H2S”设备，这样敌人的夜间战斗机就无法定位了。科学家还研制了“佩费克托”“烟斗架”和“塞拉特IV”三种设备，可以在德国战斗机靠近时提供预警，同时干扰德国人的雷达系统。[335]尽管新一轮的科学研究是德国开始的，但是随着德国基础设施的逐渐崩溃，德军并没有多少时间或机会从这些研究中获益。这场不断反复的电子设备拉锯战，最后以盟军的获胜告终。到 1945 年，德军的夜间战斗机部队已经完全是一支毫无用处的部队了。

1944 年 11 月，德国空军的危机达到了顶峰。戈林发现自己夹在两座大山之间，一边是希特勒对空军作战接连失败的严厉指责，另一边是盟军掌控制空权这个严酷的现实。他只能通过指责空勤人员缺乏勇气和忠诚，来发泄自己的挫败感。11 月 11 日，戈林与空军高层在柏林召开了一次特别讨论会，在会上他宣布德国空军作战遭遇了失败，并要求找到解决办法。据在场的一位人士说，会议变得“极为无聊，喋喋不休地谈论着纳粹党在德国空军内部的影响”，但什么问题也没解决。[336] 西方对德国空军力量复兴的忧虑几乎不能反映当时的现实。德国空军越来越依靠一些表面文章来表现自己。新组建的“暴风歼击机”部队是由技术娴熟的飞行员构成的，他们驾驶的飞机装备着新型 30 毫米机炮，作战时不顾盟军的护航战斗机，直接冲向轰炸机编队。尽管希特勒不赞成组建德国式的“神风特攻队”，但“暴风歼击机”有时也会使用自杀式的撞击战术。德国空军中将阿道夫·加兰认为，德国空军每天用 10 到 20 架飞机的小编队攻击战斗轰炸机和入侵的战斗机，已经难以组织对盟军轰炸机编队的袭击，为此，这位战斗机部队的将军筹措了后备战斗机和储备燃油，准备实施“猛烈打击”计划，对盟军大型轰炸机编队发动猛烈的突然袭击。到 11 月 12 日为止，他已经组织了 3700 架各种各样可用的战斗机，并指定其中大约 2500 架出动实施打击任务。作战目标是至少在一次袭击中，击落盟军 400 架轰炸机以阻止盟军进攻，为德国赢得生产现代化空军装备的时间。后来一名被俘的德军飞行员告诉美国人：“给敌人造成震惊，让他们停止对德国核心地带的入侵。”[337]

就在加兰和手下的指挥官们等待天气转晴的时候，德军接到命令向西移动，前往阿登地区参加“秋雾行动”，也就是广为人知的“突出部战役”。在 1 月初针对盟军机场的“地板行动”中，近 300 架德国战斗机被击落，导致这支预备队损失惨重。一周后，戈林因怀疑加兰涉嫌煽动飞行员抗命而解除了加兰的职务。在空军部经过紧张的对峙之后，一场兵变终于浮出水面，接任金特·科滕空军参谋长职务的卡尔·科勒，派出一个代表团面见戈林，要求改变命令，给战斗机部队重新装备 Me262 喷气式战斗机，并对战斗机部队的努力给予更大的尊重。而戈林则用军事法庭来威胁他们，但最终这些犯上行动的领头者仅仅只是被赶出了柏林。然而，希特勒最终承认，这种喷气式飞机应该被用作战斗机，而不是徒劳地当作战斗轰炸机使用。加兰被派去指挥第一个换装 Me262 战斗机的中队。4 月 26 日，也就是欧洲战事结束前 11 天，他在执行最后一次飞行任务时，遭到一架突然出现的“野马”战斗机攻击，飞机仪表盘被打坏，两台涡轮发动机全部受损。最后飞机带伤摇摇晃晃飞回到基地。当他到达基地时，机场正遭到美军“雷电”战斗机的轰炸和扫射。加兰趁乱降落后，立刻从他那架破烂的飞机中跳入一个弹坑。两周后，他已经在向逮捕他的美国人介绍让机场无法使用的最有效的方法了。[338]

到 1945 年 1 月，越来越多的破译德军密码通信证据表明，选择石油和运输网作为轰炸目标是明智的。突出部战役后，前线的稳定表明德军的战斗力已是强弩之末，然而对德国本土的进攻却注定要付出高昂的代价。盟军内部再次提出了使用“霹雳行动”造成德国突然崩溃的可能性。轰炸行动委员会为此致信盟军远征军最高统帅部，建议发动轰炸密度极高的空袭，目的是通过空袭引发“恐怖”，让空袭目标附近的每个人都意识到，逃脱死亡或重伤的可能性“极其渺茫”。[339] 这是整个冬天众多赞成惩罚性空袭的呼声之一，这种空袭的目的是让更广大范围内的人遭受轰炸。1944 年 10 月，盟军远征军最高统帅部联合情报委员会建议，在德国投降之前，可以动用多余的空军轰炸部队，对德国尚未遭到空袭的地方实施轰炸，目的是“为了让全体德国人民体会到战败的后果和空中轰炸的现实”。[340] 在战争最后 3 个月，盟军对正在崩溃的德国战争潜力和不知所措的平民进行了猛烈轰炸，战后很多人认为这种轰炸仅仅是一种惩罚，是没有必要的，在道德上也缺乏正当性。1945 年 1 月至 4 月间，美国空军投放的炸弹吨位是德国在对英国为期 10 个月的空中闪电战中使用的炸弹吨位的 4 倍多。对于英美空军来说，重要的事实就是现在可以在欧洲战争的关键时刻，证明空中力量的全部潜力，而他们更愿意把轰炸战的作用发挥到极致，希望空中攻势真的能导致德国发生政变。但指令中并没有将空袭视为惩罚性攻击，这些作战指令仍然认为，特别是在阿登地区的危机之后，德国的抵抗依然是足够强大的，需要进行无情的攻击。1945 年 1 月，罗伯特·洛维特在给阿诺德的信中指出，无论我们做了什么，德国现在还没有崩溃的迹象，德军在战斗中仍表现出惊人的“技巧和狂热”，这可能出现一场旷日持久而伤亡惨重的堑壕战，这难以满足太平洋战场对欧洲战场速战速决的要求。洛维特总结说，只有空中力量才能打破僵局。[341]

德国人在战争最后几个月里绝望抵抗的故事现在已经广为人知，但当时盟军得到的情报却不是那么清楚明了，充满了潜在的威胁。有关德国计划在德国南部或阿尔卑斯山脉修建“堡垒”的传言，被盟军信以为真。而苏联红军在东线是否有取得胜利的能力，在当时也难以确认。这些不确定因素有助于解释盟军为何决定轰炸德国萨克森城市德累斯顿，这次空袭发生在 2 月 13 日至 14 日夜间，引发了这场战争中的第三次火灾风暴，在几个小时内造成大约 2.5 万人死亡。战争中的其他空袭行动，甚至包括蛾摩拉行动，都没有引起如此多的批评性关注。后来，哈里斯常被指责对德累斯顿发动了一场缺乏战略需要并造成了不必要破坏的空袭，但具有讽刺意味的是，这次空袭的目的是由当时地面作战而非区域轰炸的情况决定的。德累斯顿的不幸就在于，这座城市不仅挡在苏联红军的推进路线上，而且还是虚无缥缈的德军转移至南方死守的计划中的必经之路。尽管该市在经济战争部的目标城市名单上排名第 22 位，关键目标评分 70 分，而哈里斯尚未对其发动大规模空袭，部分原因是距离太远，但几乎可以肯定的是，这座城市不包含与当前作战指令相关的重要工厂。[342] 到 1944 年秋，德累斯顿也经常列入向驻扎在意大利的第 15 航空队发出的目标清单中，除了德累斯顿，名单还包括德国南部和东部的其他目标，但此时它尚未遭到空袭。[343] 1944 年 11 月下旬，联合战略目标委员会开会时，列出了在必要时可能进行精确轰炸的城市，用“×”表示存在燃油相关目标，用“+”表示重要运输中心。德国西部所有 13 个城市都包含一个或两个标记；在德国东部选出的 11 个城市，有 7 个城市带有“+”，但德累斯顿、莱比锡、德绍（Dessau）和但泽（Danzig）4 个城市没有目标的标记。[344]

轰炸德累斯顿的决定的由来，一直因战后关于谁应该为所发生的事情负责的长期辩论而混乱不堪。然而，历史似乎对此已有了足够清晰的记载。轰炸德累斯顿的建议首次出现于1944年10月，波特尔在回应丘吉尔的要求时，列出了正在向前推进的苏联空军可能轰炸的“区域性目标”，在他建议轰炸的7座城市中，就有德累斯顿。[345] 在讨论轰炸德国东部城市时，总是会牵扯到苏军的进展，以及盟军通过展示空中力量协助苏军推进的可能性。1945年1月中旬，特德面见斯大林时，讨论了轰炸德国燃油相关目标作战的进展。斯大林对轰炸德国军用燃料供应造成的影响表现出极大的兴趣，接着，斯大林向特德展示了预计在5天后，即1月20日发动的奥得河战役的主要作战计划。[346] 这次会见从某种程度上促成了两种不同的回应。盟军联合情报委员会在1月25日的报告中关于轰炸的结论是，对柏林实施大规模轰炸将极大有助于苏联的进攻，但轰炸的优先考虑目标仍然是燃油相关目标。波特尔和空军参谋部评估了相关证据，但却并不信服轰炸柏林的作用，1月26日他们仍然倾向于攻击燃油和喷气式战斗机的相关目标。[347] 然而，就在同一天，丘吉尔问辛克莱爵士是否有任何帮助苏联进攻的计划，丘吉尔当时必定已经看过情报委员会的报告了。由于不满辛克莱爵士模棱两可的回应，他于1月26日写了一份手令，要求了解柏林“当然以及德国东部其他大城市”现在是不是已被视为有价值的目标。辛克莱在1月27日答复说，柏林、德累斯顿、莱比锡和开姆尼茨（Chemnitz）已在轰炸名单上，天气好转后就可能遭到空袭。[348] 第二天波特尔在写给丘吉尔的信中指出，燃油有关的目标仍然是轰炸战中的关键性优先目标，但他补充道：“正如您了解的那样，我们也希望，尽可能多地派出轰炸机空袭德国东部的城市，包括柏林，但燃油目标必须排在第一位。”[349] 两天后，在参加雅尔塔会议之前，波特尔和丘吉尔赶赴马耳他与美国人进行了会谈。

特德面见斯大林引起的第二个反应就是，盟军启动了真正的作战。1月27日，皇家空军副参谋长波特姆利把联合情报委员会的报告转发给哈里斯，要求哈里斯开始准备轰炸柏林和德累斯顿、莱比锡、开姆尼茨这3座萨克森城市。[350] 然后，他又为1月31日在马耳他召开的参谋长会议起草了一份报告，总结了轰炸这些城市的理由：

疏散区域：来自柏林以东的德国领土和德国占领区的难民，正在越过柏林、莱比锡、德累斯顿和德国东部其他城市，向德国西部移动。接收和重新分配难民等相关行政工作将十分巨大。德国当局行政管理和运输的压力必将急剧增加，因为德军增援部队还需要向东部前线部署。对这些行政和管理中心实施日间和夜间轰炸，很可能会对前线部队的部署造成延误，同样也会导致后方出现混乱状态……正因如此，下发的作战指令中，要求尽早对这些中心进行大规模空袭。[351]

这项动议后来转到特德手中，他现在正在艾森豪威尔位于巴黎的总部。在和斯帕茨和波特姆利进行商议以后，特德在1月31日起草了一份报告，报告中提到了需要动用英美盟军的轰炸机实施城市轰炸。斯帕茨认为现在正是发动霹雳行动的时候，希望对柏林发动能够造成大量伤亡的大规模轰炸，但他对轰炸范围更广的计划并未表示异议。[352]

对德累斯顿实施空袭的唯一障碍，是苏联代表团在雅尔塔会议上提出的。苏联方面要求在德国东部达成一项正式的"轰炸线"协议，这条"轰炸线"途经柏林、莱比锡和维也纳，西方盟国空军不要越过这条线发动轰炸，以防误伤苏联军队和装备。雅尔塔会议于2月7日得出了决议，双方同意使用"限制区"一词来描述双方目前可以轰炸的区域，从而使德累斯顿和其他城市不再受轰炸限制。有一种常见的说法认为，在雅尔塔会议上，苏联方面要求对柏林、莱比锡和德累斯顿发动空袭，但会议纪要中苏军参谋长阿列克谢·安东诺夫（Aleksei Antonov）大将的谈话记录显示，苏方只提到了轰炸柏林和莱比锡；波特尔似乎坚持要将德累斯顿包括在轰炸目标名单以内，因为这座城市已经在空军部推荐的轰炸名单上了。[353]尽管后来在冷战最高潮时，哈里斯声称轰炸德累斯顿"是铁幕另一边的要求"，但毫无疑问，轰炸德累斯顿一直是西方的计划。[354]2月7日，驻莫斯科的美国军事代表约翰·迪恩（John Deane）将军接到斯帕茨的通知，得知轰炸计划已经制定完成。5天后，苏联领导人也接到通知，盟军即将发动对德累斯顿的空袭。2月8日，盟军最高统帅部向轰炸机司令部和第8航空队下达了正式作战指令，要求在气象条件有利的时候，轰炸德国东部城市。

德累斯顿和德国东部的其他城市所面临的问题，不在于它们为何遭到攻击，而是空袭的方式和空袭的严重程度，毕竟，从卡西诺山到勒阿弗尔，都符合盟军主张的用空袭支援地面作战的政策。按照新指令，斯帕茨于 1945 年 2 月 3 日下令对柏林进行大规模日间空袭，这次出动了 1000 架 B-17“空中堡垒”和近 1000 架战斗机。尽管杜立特对故意瞄准平民区感到不满，但这一次，斯帕茨命令飞机按照雷霆行动中最初建议的路线轰炸了柏林市中心。斯帕茨在作战指令上潦草地写着“教训他们！”（不过很久以后，他回忆这次空袭时，认为这只是一次对军事目标的轰炸。）美国人的空袭造成的死亡人数很高，实际上是德国人的首都在空袭中死亡人数最高的一次。据估计，有 2890 人死亡，12 万人暂时无家可归。2 月 26 日，柏林又遭到了第二次猛烈轰炸，盟军动用了 1135 架轰炸机。[355] 2 月 6 日开姆尼茨也遭到 474 架美军轰炸机空袭，2 月 14 日至 15 日，轰炸机司令部发动了第二次空袭，出动了 499 架“兰开斯特”轰炸机，不过因为云层遮蔽了城市，大多数炸弹都偏离了目标；3 月 2 日第 8 航空队又发动了一次空袭。从这个角度看，很显然，对德累斯顿的轰炸是商定的对德国东部城市一系列轰炸的一部分。不仅是对德累斯顿的轰炸，盟军对所有这些城市的轰炸，都是在充分了解这些城市中挤满了来自更远的东部地区难民的情况下进行的，而且盟军也知道，这些城市遭到破坏，不仅可能造成人民生活混乱，而且还可能造成大量伤亡。

1945 年 2 月 13 日至 14 日对德累斯顿的空袭是由轰炸机司令部发动的，这次皇家空军出动了 796 架“兰开斯特”轰炸机，部队分成两个攻击波次，携带了 2646 吨炸弹（包括 1181 吨燃烧弹）。德军防空能力较弱有多方面的原因，第一个原因是高射炮大部分都部署到了东线，第二个原因是附近的夜间战斗机被盟军的佯攻所吸引。皇家空军的第一波轰炸并不是很有效，但后续的“兰开斯特”编队在天气晴好的情况下实施的轰炸，达到了极高的投弹集中度。燃烧弹引起的大量的小规模火灾迅速出现，当时低湿度、干燥、寒冷的天气，是引发又一场火灾风暴的理想条件。大火吞噬了城市 15 平方英里的土地，超过了汉堡遭到破坏的面积。德累斯顿的一个历史委员会近期的估计证实，德累斯顿警察局局长最初在1945年3月提出的大约2.5万人死亡的数字，是最准确的估算数字。在22万间房屋中，有7.5万间被毁。[356] 城市蔓延的火灾风暴就像汉堡发生的大火一样，使尸体变为干尸或化为灰烬，这让最后的统计工作难以进行。1945年之后，城市在缓慢的重建过程中，又挖掘出1858具遗骸。同所有区域轰炸一样，这次轰炸的目标是历史悠久的市中心，大火将其完全烧毁。第二天，第8航空队对德累斯顿的铁路编组站进行了第一次轰炸，但前一天晚上轰炸产生的烟雾遮蔽了目标，美军投下的700吨炸弹摧毁了德累斯顿更多的街道。当天下午，210架B-17轰炸机因为无法轰炸主要的燃油加工目标，又用461吨炸弹对该市进行了仪表轰炸。在不到24小时内，盟军向一个目标投掷了将近4000吨炸弹。

与战争最后几个月的其他主要空袭不同，德累斯顿大轰炸对盟国的意见产生了立竿见影的负面影响。袭击发生两天后，盟军最高统帅部的一名英国皇家空军军官负责主持新闻发布会，他在会上谈到了故意轰炸城市是为了引起恐慌并摧毁士气。美联社记者霍华德·考恩（Howard Cowan）就此撰写了一篇报道，并成功通过了盟军最高统帅部审查，到2月18日，美国媒体上充斥着盟军最终决定“采取蓄意恐怖轰炸”的新闻。阿诺德不得不发起了一场宣传攻势，向美国公众保证，德累斯顿和开姆尼茨一样，也是一个重要的交通枢纽，这座城市遭到空袭，完全符合美国的轰炸政策。[357] 当然，要想控制这场辩论是很难的。戈培尔向中立媒体发布消息称，德累斯顿有25万人死亡（在临时伤亡估计的数字上明智地增加了一个零）。在英国和美国，死亡人数的消息很快就为公众所知。伦敦的轰炸限制委员会立即公布了25万人的数字，不过这又引发了口诛笔伐，认为该委员会在充当德国人宣传的喉舌。英国空军部在下议院发表的声明中，驳斥了恐怖爆炸的指控，声称从空军高层到普通飞行员，没有人试图计算“他们能杀死多少妇女和儿童”。[358] 但这使得区域轰炸和仪表轰炸的真正性质开始受到公众的关注。

这也许可以解释1945年3月28日，丘吉尔给波特尔的著名的抗议轰炸政策的备忘录。在备忘录中，丘吉尔写道：“为了增加恐慌而进行轰炸，尽管有其他借口，但也应该重新审查。”他要求波特尔按照战略作战指令执行空袭，将轰炸重点放在燃油和运输上，而不是执行“纯粹的恐怖和肆意破坏行为”。波特姆利将这份文件的内容告诉哈里斯，他暗示丘吉尔可能担心德国建筑材料的短缺，但哈里斯却感到愤怒异常。哈里斯的答复是，城市轰炸在战略上一直是合理的，因为它将缩短战争，挽救盟军士兵的生命，然而这一主张很难与英国长达 5 年的轰炸相调和。波特尔劝说丘吉尔修改了写给参谋长联席会议的备忘录，丘吉尔确实这么做了，但是区域轰炸如今已时日不多了。丘吉尔没有表明他的动机，整个德累斯顿轰炸事件在他的第二次世界大战史中缺失了。德累斯顿轰炸事件引起的公众关注可能令丘吉尔感到担忧，因为他打算在未来几个月的某个时候举行大选；这也反映了他自 1940 年和 1941 年，第一次对轰炸表示失望以来，对轰炸的那种摇摆不定的态度；或者是当盟军踏入鲁尔区的城市废墟时，他终于明白了轰炸的后果（3 月 26 日他与蒙哥马利将军在莱茵河畔共进了午餐），并且他本人也受到轰炸的巨大影响，就像他当年漫步在被空中闪电战袭击后的英国城市中一样。哈里斯晚年却认为这段插曲不重要；他告诉自己的自传作者，1942 年至 1945 年间，丘吉尔对他的态度没有“以任何可见的方式”改变。但他们两人之间的分歧很大，且一直秘而不宣，直到 1961 年官方历史的出版，这个事实才得以曝光。[359]

不管丘吉尔有什么疑虑，英国皇家空军的城市轰炸仍在继续，这种轰炸显然带有惩罚性，而且规模明显超过必要的程度。就在德累斯顿袭击 10 天后，轰炸机司令部空袭了小镇普福尔茨海姆（Pforzheim）。这次定位工作做得很好，轰炸机从 8000 英尺投下炸弹（而不是 1.8 万英尺到 2 万英尺，这是针对有防御能力的目标的投弹高度）；随后引发的大火吞噬了城市 83% 的面积，这也是截至此时，二战中城市被破坏率最高的一次轰炸，据估计有 1.76 万人在这次空袭中丧生，尽管这次空袭的死亡人数在欧洲轰炸战中排名第三，但从未受到德累斯顿那样广泛的关注。3 月 2 日，就在科隆被美军占领的 4 天前，轰炸机司令部出动 700 多架“兰开斯特”轰炸机，再次对科隆发动了一场大规模轰炸，此前科隆在战争中已经遭到了 250 多次轰炸，几乎已经成为一片废墟。埃森在 3 月 11 日遭受了同样的命运，这次1000多架轰炸机在一片荒凉的土地上投下了4661吨炸弹，就在几个小时后，这座城市便落入了推进的盟军手中。3月24日，轰炸机司令部装腔作势地宣布，由于轰炸，“鲁尔战役已经结束，德国已经失败了”（之后激烈的地面战斗仍持续了数日）。[360] 3月16日至17日，盟军向中世纪小城维尔茨堡（Würzburg）投下了1127吨炸弹，炸死4000至5000人，摧毁了城市89%的地区，刷新了普福尔茨海姆的纪录。希尔德斯海姆（Hildesheim）在3月22日的轰炸中毁掉了一半（机组人员得到的消息是，市中心“更适合点燃大火”）。[361] 3月27日，小城帕德伯恩（Paderborn）被轰炸摧毁，4月10日至11日，普劳恩（Plauen）的一半毁于轰炸。即使是丘吉尔，也无法阻止最后阶段的区域轰炸。4月4日，也许是受到丘吉尔会议记录的鼓舞，波特尔通知参谋长委员会，为破坏工业区而发动的区域轰炸不会停止。4月14日至15日，哈里斯用毁灭性的空袭摧毁了波茨坦（Potsdam）以后，丘吉尔愤怒地写信给辛克莱：“去摧毁波茨坦到底有什么意义？”一天后，波特尔向首相保证，哈里斯已经接到命令，终止对工业区的轰炸。[362] 4月16日，自1942年2月以来发给哈里斯的作战指示中，第一次不再把工业区或敌人士气作为轰炸目标。[363]

1945年4月，美国空军停止了轰炸行动。从当年2月以来发动的空袭，大部分都是战术性质的，针对几乎任何可能被视为德国抵抗因素的目标。“号角行动”是针对一系列规模较小的运输目标的空袭，行动结果喜忧参半。4月5日以后，所有的空袭目标都被定义为战术目标，但美国针对日益缩小的德国控制区的轰炸达到了高潮，在19天的空袭中，美军的投弹量达46 628吨，几乎与德国在空中闪电战期间的投弹量相同。4月25日，第8航空队发动了最后一次空袭，目标是位于皮尔森（Pilsen）的斯柯达工厂。4月26日，第15航空队发动了战争中最后一次空袭，轰炸目标是奥地利城市克拉根福（Klagenfurt）。[364] 5月8日斯帕茨作为盟军欧洲高级空军指挥官参加了在柏林举行的投降仪式。然而，苏联代表团拒绝让他与征服柏林的朱可夫元帅以平等的身份签名，斯帕茨不得不在朱可夫的签名下方加上自己的名字，作为德国投降的见证。[365]

斯帕茨已经得知，第8航空队将会在他的指挥下，赶赴太平洋战场，协助完成最后击败日本的任务。盟军也希望英国轰炸机部队能够在击败日本的战斗中做出一定贡献，事实上英国皇家空军已经开始为轰炸日本城市进行作战准备，不过，那些城市大部分已经被第 8 航空队的前师级指挥官柯蒂斯·李梅发动一系列大规模燃烧弹轰炸烧成灰烬了。1945 年 5 月 25 日，也就是德国投降两周以后，研究和实验司第八处提交了一份关于“对日本实施精确轰炸”的报告，报告提出，既然任何容易起火燃烧的目标都已经烧光了，因此建议轰炸司令部可以使用 4000 磅高爆炸弹摧毁任何幸存的日本城区或工厂。根据以前对日本住房脆弱性的分析，可以计算出每一枚炸弹将会摧毁方圆 10 英亩范围内的建筑，而在德国，这个数字仅仅是 1.5 英亩。[366] 欧洲的空战彻底结束了，但是对日本的作战将会从这场惨痛的教训中获益。

审视废墟：1945 年

1944 年 8 月，斯帕茨曾要求他手下的各级指挥官加快德国战败和投降的速度，以便成立一个特别委员会，审查对欧洲的轰炸到底取得了多少成果，并将研究结论应用于对日本的战争。[367] 对轰炸行动进行认真科学研究的想法，始于 1944 年春，并得到了斯帕茨的强烈支持，他在 4 月找阿诺德和洛维特讨论了这个问题。阿诺德想要对“战略轰炸是否像我们想象的那样好？”这个问题进行独立评估，在洛维特的大力支持下，空军制定了一项计划，并于 9 月提交给总统。罗斯福批准了这个项目，并要求战争部部长亨利·史汀生为此专门设立一个新机构。阿诺德任命保诚人寿保险公司总裁富兰克林·多利埃（Franklin D’Olier），领导一个由专业经济学家、学者和分析师组成的委员会，11 月 3 日，史汀生正式下令成立了总部设在伦敦的美国战略轰炸调查委员会；战争末期，委员会在度假胜地巴特瑙海姆（Bad Nauheim）建立了一个前进基地，在德国其他城市也设有分支机构。委员会还得到允许，雇佣 300 名非军事人员，并从武装部队征召 850 名官兵，以从事调查工作。[368] 他们的任务是完成一份全面的报告，不仅要包括美国轰炸的结果，也要包括英国轰炸的结果。随着盟军不断进入德占区，这项调查在战争结束前就开始了。

1944 年春天，英国皇家空军也在计划进行一次调查。英国方面的设想是和美国合作，1944 年 8 月 10 日，参谋长联席会议授权空军部筹备成立一个盟国间的联合调查机构。尽管阿诺德坚决反对联合调查行动，但这并不能阻止美国战略轰炸调查委员会就英国轰炸行动做出详细评价。1944 年 12 月，辛克莱向丘吉尔提出由英国独立进行的调查计划时，丘吉尔当即就否决了这个如今被称为“英国轰炸调查”的设想，部分原因是据估计这项调查至少需要 18 个月才能提交报告，因此该调查对于对日作战毫无用处，另外一个原因是丘吉尔不愿意动用“如此规模的人力和脑力资源”。[369] 丘吉尔建议组建一个大约 20 至 30 人的小组，而不是空军部设想的人员庞大的调查组织。首相对此事的介入，导致官僚机构就此进行了长达数月之久的争论，问题的核心是谁应该参与这项调查，以及成本应该是多少，波特尔最终失去了耐心，放弃了组织这项任务的想法，抽调了盟国远征军最高统帅部现有的小规模轰炸分析队，作为英国轰炸调查队的核心。1945 年 6 月 13 日，在美国调查开始工作几个月后，这个新机构正式开始运作。[370] 这支队伍由空军准将克劳德·佩利和盟军远征军最高统帅部的轰炸目标顾问索利·朱克曼领导，并由隶属国内安全部（这个部门将在战后撤销）的研究和实验司第八处的工作人员协助工作。[371] 这二人都是交通轰炸的狂热支持者，他们的工作和后来的报告反映了他们在轰炸上的偏好。调查队的工作范围是审查轰炸对德国作战能力造成的影响、对德国防御体系破坏的效果以及轰炸破坏效果评估的准确性。[372] 受新单位规模和资源所限，英国轰炸调查队成为朱克曼为其交通轰炸方案辩护的工具，这与美国空军调查寻求的公正分析形成了鲜明对比。英国轰炸调查队的大部分工作都依赖于美方的研究和专业知识，这反映了两国空军力量对比的迅速转变。

这时，收集档案和统计数据，以及审讯德国高级别人员的工作立即开始了。到 5 月底，许多关键人物已受到审讯，其中就包括戈林，他的笔录显示出一种近乎孩子气的渴望，想要与战胜国分享他关于德国空军的知识。在接受审讯的德国空军飞行员、机械师和部长级工作人员中，关于战败，他们的初步结论几乎是一致的。英国情报机构 5 月 17 日发布了一份名为《德国战败的因素》的评估报告，其中包括对阿道夫·加兰的审问。加兰认为，对交通运输的轰炸最具决定性，其次是轰炸燃油相关目标，再次是针对德国空军的轰炸。[373] 6 月中旬，盟国远征军最高统帅部的美国空军情报总监乔治·麦克唐纳（George MacDonald）制作了一份完整的审讯摘录报告。这些审讯摘录表明，战俘心中关键目标的前三名是燃油设施（“德国领导层普遍认为，对合成燃油生产的袭击起到了决定性作用”）、运输（“导致德国战争能力的最终崩溃”）和德国空军（这是通过空袭飞机工厂和机场，以及在战斗中消耗其空军力量实现的）。[374] 戈林认为燃油供应的崩溃是最关键的因素——“没有燃料，没有人能发动战争”。而希特勒的装备和军械生产部部长阿尔贝特·施佩尔则把运输列为最重要的目标。戈林领导的空军部的副部长米尔希则将“合成燃油工厂”和铁路交通并列。[375] 关于区域轰炸的作用，德国方面大体上是否定的。麦克唐纳说，这种轰炸并没有“导致德国人民的崩溃”，它是“主要目标体系中最不重要的一个”。5 月 10 日，当戈林在第一次审讯中被问及精确轰炸和区域轰炸哪个对德国战败影响更大时，他回答说：“精确轰炸，因为它是决定性的。”遭到摧毁的城市，人员可以疏散，但被摧毁的工业很难被替代。[376] 5 月 24 日，当美国战略轰炸调查委员会与德国空军最后一任参谋长卡尔·科勒面谈时，科勒声称要不是有精确轰炸，“德国就会赢得战争”，当然这不完全是事实。科勒证实，燃油和交通设施对德国来说是最关键的目标。[377]

总的来看，盟军评估得出的结论和上述看法几乎相同。美国战略轰炸调查委员会就轰炸战的各个方面提交了 200 多份详细报告，但这份全面的报告反映了那些受审者的观点。调查委员会感兴趣的是，在西线战场上，空中力量起到了决定性作用，这主要归功于 1944 年春夏对德国取得的空中胜利，“这使得对（德国）经济进行毁灭性打击成为可能”。报告强调区域轰炸是相对失败的，“对德国生产影响甚微”，同时也专门指出轰炸燃油和运输设施是其中的关键。报告还指出 1944 年末对鲁尔区钢铁企业的轰炸也是一个关键因素，但报告选择了 1944 年末这一时期，而不是哈里斯 1943 年发动的“鲁尔战役”，这进一步暗示了美国的轰炸起到了决定性作用。有关城市轰炸的内容（在 109 页的报告中仅占 4 页）则将其对经济造成的影响减至最低。报告中引用的统计数据显示，由英国皇家空军主导的城市轰炸，仅使德国目标地区损失了约 2.7% 的经济潜力。据计算，1942 年的联合轰炸，让德国目标地区的潜在产能损失了 2.5%，1943 年是 9%，1944 年则是 17%（这些数字大致与英国声称的在德国空中闪电战中损失了 5% 产能的说法一致）。另外，到 1944 年，随着一吨吨的炸弹被投向以前被摧毁的地区，区域轰炸所得的回报日益递减，这再次暗示大部分的生产损失是由于美国对选定目标实施的轰炸造成的。[378]

或许更令人惊讶的事实是，在美国战略轰炸调查委员会调查完成近一年后，1946 年 6 月，英国轰炸调查队最终完成的主要报告的初稿，也得出了同样的结论。与负责这次进攻的高级指挥官的争论，导致报告的发表拖延了几个月，哈里斯没有参与争论，因为报告并没有征求他的意见。与大量分发的美国战略轰炸调查委员会的报告不同，英国轰炸调查队的最终版调查报告和附属报告仅仅在有限的范围内进行了发布。最终的报告对轰炸机司令部几乎所有阶段的活动都持批评态度，除了最后阶段针对燃油和运输目标的轰炸。这份报告是为了证明，德国在战争最后阶段出现的工业和军事危机，是由铁路和水上交通的崩溃造成的：“关于德国军事工业崩溃最重要、最主要的原因说得已经足够多了……那就是德国交通系统的崩溃。”[379] 这也与朱克曼个人的看法不谋而合。甚至报告根据给德国造成致命影响的燃油供应问题，还得出这样的结论，认为对交通运输的轰炸延迟了德国燃油供应的恢复。[380] 报告中关于对德国城市进行区域轰炸的评判，甚至比美国战略轰炸调查委员会做出的结论更加证据确凿。报告使用了研究和实验司第八处早些时候首创的研究方法，朱克曼的团队根据 21 座遭到大轰炸的工业城市的数据计算得出，1942 年的轰炸使德国军事工业生产的潜力减少了 0.5%，1943 年的前 6 个月减少了 3.2%，1943 年下半年减少了 6.9%，然后在整个 1944 年间，军工生产的潜力减少了大约 1%，轰炸带来的收益是递减的，而且区域轰炸只是影响军工生产的众多因素之一。这些数据低于美国战略轰炸调查委员会的估计（准确地说是猜测性的推断），因为其基于对一系列城市的深入研究，根据产量上升的趋势衡量了潜在的损失。研究的所有21座城市，其军工生产的扩张速度都快于对照组中14座未受轰炸的城市。[381]

尽管报告中的批评是比较过分的，朱克曼的态度也显得有些偏颇，但是，报告的结论不但和审讯中获得的证据符合，而且也符合空军部和皇家空军高层的意见，他们在战后两年内对轰炸机司令部的作战成果进行了单独分析，而不是将英美联合轰炸视为一个整体。西德尼·巴夫顿以前是大力提倡用燃烧弹轰炸德国城市的，但他在1945年1月发表了一篇长文，对区域轰炸提出了批评，在文章中，他承认1943年轰炸汉堡的失误表明他对城市遭到严重破坏所带来的经济或士气影响抱有错误的信心。[382]诺曼·波特姆利在战争的最后3年间一直担任波特尔的副手，后来还接任哈里斯的职务，担任轰炸机司令部的司令，他于1947年8月，为现任空军总参谋长特德组织的代号“雷霆演习”的研讨会提交了一份英国轰炸的评估报告。他总结认为，区域轰炸的影响“很大，但从未起到关键作用”，敌人的士气也从未“严重受损”，他将这一事实归咎于糟糕的情报。他接着写道，事实证明，对石油和交通的轰炸是最有效的，但前提是要取得空中优势。[383]1946年，英国皇家空军的一名军官就英国的调查进行了一次演讲，再次强调了对敌方空军石油和运输的打击，而他认为，1943年之前通过区域轰炸取得的成果“微乎其微”，此后德国人的抵抗和德国工业的储备能力使他们“能够应对区域轰炸”。[384]总之，德国方面和盟国对于区域轰炸的意见是一致的，只是一边的认识来自于自己的经历，一边的认识依靠的是广泛的调研，令人惊讶的是，自那以后轰炸的影响引发了如此多的争论。其最直接的目的——击败德国空军和削弱石油供应和运输能力——不太可能被进一步的研究推翻。

然而，这些统计数据需要一些解释，为什么在战争期间的大部分时间里，轰炸的总体影响远远低于预期。简单来说，正如政府的科学顾问亨利·蒂泽德在战后所说的那样，“你无法摧毁一个经济体”。[385]那些应征为美国在欧洲的战争政策提供建议的美国经济学家们，对轰炸某一地区或某一特定行业就会造成累积性破坏的观点持批判态度。流亡的匈牙利经济学家，美国战略轰炸调查委员会成员尼古拉斯·卡尔多（Nicholas Kaldor）认为，选择经济目标的关键因素是“缓冲性”“深度”和“脆弱性”。第一个因素是由现有的经济弹性决定的，即为轰炸造成的损失寻找额外或替代资源的能力；第二个因素是衡量某一特定产品或资源接近实际军事用途的程度，因为生产链越靠后，轰炸这种产品对战局的影响就越迟；第三个因素指的是，集中的、相对缺乏灵活性的行业中心能够多有效地被空袭摧毁。[386] 卡尔多和他的经济学家同事们认为，在战争期间的大部分时间里，德国有大量的资本、劳动力和原材料资源，可以用来维持战争生产。他的结论部分建立在一个目前已被历史学家普遍认为无效的假设之上，即希特勒直到 1944 年才下令进行全面动员。事实上，生产资源用于战争目的的配置程度从战争开始就很高，但大规模工业生产的许多规模效益直到 1942 年至 1943 年才生效，而对苏战争所花费的时间超乎预计，这使得战争生产计划在 1941 年至 1942 年的关键时刻被迫改变。[387]

然而，卡尔多关于德国经济存在缓冲余地的看法并不是错误的。军备产出指数显示，1941 年至 1944 年期间，尽管遭受了轰炸，德国的军工生产能力还是增长到了原来的 3 倍；某些单独的武器类别增长得更快，战斗机是原先的 13 倍，坦克是原先的 5 倍，重炮是原先的 4 倍。[388] 由于征服了欧洲大陆的大部分地区，德国获得了境外的大量资源。虽然占领也使德国付出了经济成本，但这意味着德国的战争预算增加了 1190 亿马克以上，占德国武装部队全部开支的四分之一；以及 790 万名劳工和战俘在德国参加强迫工作，估计在占领区还有 2000 万人按照命令为增强德国的军事实力工作。[389] 此外，德国的技术和组织方面的独创性使其能够找到替代产品或增强生产能力的方法，即使是像滚珠轴承这样的“瓶颈”行业也是如此，正如卡尔多所说，当盟军在 1944 年发动进攻的时候，那些目标已经“逃之夭夭”了。[390] 美国战略轰炸调查委员会的经济学家 J. K. 加尔布雷思（J. K. Galbraith）在一份早期评估报告中写道，德国经济“正在扩张而且具有弹性，它并未停滞，也并不脆弱”。[391]

对于盟军的大多数轰炸攻势来说，盟军对这些因素要么所知不多，要么并不理解，因此轰炸才相对无效。直到 1944 年，美国决定集中打击敌人的空中力量、石油和运输，而这恰好符合卡尔多的计算。作为对敌方空中力量攻击的一部分，对德国飞机组装工业的攻击是最不成功的，因为在分散生产的最后阶段存在着巨大的缓冲；然而，所有德国领导人都声称，对航空发动机生产的反复轰炸是至关重要的。另一方面，燃油和运输设施在遭受严重轰炸时缓冲能力很差，极易受到持续攻击，而且具有积极的“深度”因素，因为武装部队和工业界几乎每时每刻都需要这两种设施来维持作战能力和产出。对德国空军的打击确实是对燃油和运输的打击取得成功的先决条件，这是改变日间轰炸战术和斯帕茨优先尽可能压制德国空军的直接结果。1944 年末，当德国的燃油设施和空军作战都显现出有限复兴的威胁时，斯帕茨再次将重点转向燃油和对德军战斗机的打击。至于美国空军是否有比轰炸机司令部更加确定的战略和更加清晰的战略目标，这一点是难以争论的。通过对抗作战和寻找敌人的目标系统，以此瓦解敌人的军事实力是美国战时空中作战理论的核心。相比之下，英国皇家空军更认为空中力量是一种封锁手段，从不热衷于对德国空军的打击或对运输系统进行攻击，尽管这两种方式都曾在地中海战役中采用过。德国空军在德国领空的战败和德国运输系统的大规模混乱，主要还是美国的成就。

然而，尽管遭到批评，区域轰炸对德国的战争能力并非完全没有影响。大部分城市轰炸行动都有随机性和分散性的特点，这些轰炸除了造成大量平民伤亡和住宅破坏外，还消耗了德国的战争能力。1943 年，在总体战的趋势下，为了满足在轰炸中遭受损失的家庭的需要，德国不得不增加消费品的生产。夜间轰炸破坏了公共设施，摧毁了仓库，偶尔还会袭击工厂，因此德国必须拨出额外的人力资源来应付这些损失。这种成本是难以估量的，而且损失程度比空中闪电战给英国造成的损失严重得多。真正的问题是评估德国工业工人阶级遭受的损害，因为这是英军轰炸的主要目标。事实证明，刨除工人以外的死者（老年人、已婚妇女、儿童等）而只计算死亡工人的数量是不可能的，从汉堡的死亡统计数据中可以看出，这种估算存在局限性，在 1943 年的那一晚，有超过 1.8 万人死于轰炸引起的火灾风暴，但只有 280 人在远离主要受灾区的工厂区丧生。[392] 另外，工人并不一定总是轰炸的最主要受害者，而且即便是德国估算死于轰炸的35万人都是工人，这也仅仅占德国城市和农村劳动力的1.6%，他们中的一些人还死于美军的日间轰炸，而不是被英国皇家空军炸死的。

区域轰炸的另一个理由是它能导致德国缺勤率大幅增加，尽管空中闪电战期间英国工人缺勤的数据显示这几乎没有什么说服力。德国的记录显示，1944年由轰炸直接引起的缺勤小时数占轰炸高峰期损失的工作小时数的4.5%；另外10.8%的工作小时损失是由生病或休假造成的，当然这也可能是对轰炸的正常反应。由于轰炸而损失的小时数在轰炸专门针对的行业中更高（如造船业占7.9%，车辆生产占10.6%），但这其中大部分损失是白天精确轰炸造成的，而不是轰炸机司令部夜间轰炸的结果。[393] 关于另一个既定目标——德国民众的“士气”——将会在本书第7章中给予更详细的分析。

人们通常强调轰炸对经济的影响，部分原因是调查提供了非常完整的经济数据，但这忽视了另一个更重要的问题，那就是轰炸对德国军事实力的影响。尽管对于美国战略轰炸调查委员会所说的轰炸起到了决定性作用的观点应持谨慎态度，但轰炸的确在这方面的影响更为明显。用阿尔贝特·施佩尔的话来说，德国上空的空战是“最大的败仗”。[394] 但这场战争是空军与盟军的陆军和海军共同赢下的，没有哪个军种能够单独起到决定性作用。战争结束时，西德尼·巴夫顿评论说，1944年的轰炸战的全部目的是“削弱整台德国战争机器，使其在盟军最后一次进攻时无法成功抵抗”。[395] 波特尔（现在已经是亨格福德勋爵了）对英国轰炸调查队报告的主要批评之一，是其作者未能理解“自1941年起，如果不是在更早之前的话，英国轰炸的目标是削弱德国，保证登陆欧陆的行动能够成功”。[396] 这种论调的问题是需要找到一种方法，计算出轰炸到底在多大程度上影响了德国的战斗力。和英国遭遇的情况一样，关键因素是，一旦有必要将大量资源转移到对抗空袭的战斗中，德国就被迫因轰炸改变了战略。正如施佩尔评价的那样，到1943年，轰炸确实成了“第二条战线”，阻止了德国军方领导层像1939年到1941年的所有战役那样在前线高效地使用空军。德国在苏联战场、地中海战场和抵抗盟军登陆法国的失败，很大程度上归因于德国战斗机、高射炮、弹药和雷达设备都不得不留在国内。当然，这不一定是盟军的意图，盟军轰炸侧重于削弱德国国内的战争能力，但毫无疑问，这有助于盟军在战争的最后 3 年中在前线作战取得战果，并弥补了盟军作战经验或技能中可能存在的弱点。

有两种方法可以直接衡量轰炸对德国军事行动的影响。这种联合轰炸使德国的主动和被动防空实力付出沉重代价，从而扭曲了德国的军事战略。德军在战争早期取得胜利的关键因素之一，就是德军派出战斗机、战斗轰炸机和中型轰炸机支援地面作战。盟军的轰炸迫使德国领导层将飞机调回国内，同时大幅削减前线轰炸机和战斗轰炸机的生产比例，如下表所示（见表 6.6）。这快速限制了其战场上可用的进攻性空军力量。

1943 年初，59% 的德国战斗机在西线战场应对盟军的轰炸，1944 年 1 月，这个数字上升到 68%；到 1944 年 10 月上升到 81%。1944 年初，德军在苏联前线可用的作战飞机只比前一年多一点，而在地中海战场，飞机则减少了 40%，但用来保卫德国的作战飞机却增加了 82%。高射炮的分布情况也是如此：1944 年夏天，德国国内有 2172 个轻型和重型高射炮连，地中海战场仅有 443 个高射炮连，而整个东线也只有 301 个高射炮连。[397] 这种情况使德国军队在东线和地中海战场地面作战的关键时刻失去了来自空中的保护，而德军调动兵力保卫德国本土，创造了美国空军在“德国空战”中战胜德国空军所需要的条件，这或许是轰炸唯一的也是最重要的军事成就。

表 6.6　1943 年至 1944 年德国战斗机和轰炸机产量与实力

日期	战斗机产量（架）	轰炸机产量（架）	战斗机实力（架）	轰炸机实力（架）
1943 年 3 月	962	757	2028	1522
1943 年 6 月	1134	710	2403	1663
1943 年 9 月	1072	678	2220	1080
1943 年 12 月	1555*	522*	2172	1604
1944 年 3 月	1638	605	2261	1331

（续表）

日期	战斗机产量（架）	轰炸机产量（架）	战斗机实力（架）	轰炸机实力（架）
1944年6月	2449	703	2301	1089
1944年9月	3375	428	3002	929
1944年12月	2630	262	3516	528

* 1944年1月的数据。
资料来源：根据Webster, Frankland, *Strategic Air Offensive*, vol 4, 494－5, 501－2的数据计算。

相对于德国的战争能力而言，1943年至1944年间德国在各种形式的防空作战中投入的人力和物力都是相当巨大的。1940年，防空部队共吸收25.5万人，1944年达到顶峰时为88.9万人；1944年，重型和轻型高射炮分别为14 400门和4.2万门，每月需要生产4000门高射炮；防空部队消耗了全部弹药的五分之一、电子工业产量的一半和光学设备的三分之一。[398]德国民防人员约90万人（辅以1500万名国民空袭保护联盟成员）；随着时间推移，参与空袭后清理工作的人员数量一直有所波动，到1944年，总人数约为几十万人。面对巨大的损失，德国的民防和医疗设备必须得到维护，医院仍然必须修建和并得到维修，消防队伍也必须扩大。参与这些工作的人中适合当兵的并不多，但很多人都是潜在的军工工人。这并不意味着平民因此成为合法的轰炸目标，不过和英国发生的情况一样，轰炸会迫使德国对军事资源进行分配，而这将直接影响前线的作战潜力和战略选择模式。如果没有轰炸，德国将像美国一样自由地优化军事资源的使用，执行作战行动。因此，轰炸行动在军事上造成的后果比其在经济、心理或政治上造成的后果更重要。

这仍然回避了一个问题，那就是执行这样的轰炸对盟国意味着什么。美国战略轰炸调查委员会的成员J. K. 加尔布雷思后来在回忆录中写道，轰炸花费的工时、飞机和炸弹“给美国经济造成的损失远远超过德国”。[399]英美空军对这一指控都很敏感，并计算了国家有多少资源分配在轰炸作战中。英国计算出的结果是其占全部工时的7%，美国认为轰炸支出占战时全部支出的12%，这两个数字没有严重影响各自国家军事实力的构成，除非考虑到轰炸的浪费程度。[400] 此外，这也是主动选择的资源分配，不过德国的这种选择却不是自愿的，而是对于其他战略资源分配的补充。然而，在战斗中损失的人员和飞机成本是巨大的。英国皇家空军轰炸机司令部方面，有47 268人在战斗中丧生（或被俘后死亡），8195人在事故中丧生。据哈里斯称，估计有13.5万人参与了轰炸机司令部的作战飞行，损失率为41%。战争期间，英国皇家空军因各种原因死亡的总人数为101 223人，因此轰炸机司令部的死亡人数占英国皇家空军全部死者的54.7%。[401] 皇家空军中规模最大的非英籍部队是由加拿大人组成的，这支部队有9919人在为轰炸机司令部作战时牺牲。[402] 轰炸机司令部因为各种原因一共损失了16 454架轰炸机。[403] 在1942年至1945年间，美国重型轰炸机在对德作战中损失了10 152架，对德作战所有战场上总共有30 099人丧生。[404]

将盟军的损失与德国损失的飞机和人员进行比较，并不能说明最终的结果。相较于苏军900万人死亡、德军500万人死亡的结果，盟军付出的代价并不算高，这也反映出西方盟国优先考虑的是避免重蹈一战的覆辙，因为英美公众可能比德国和苏联的民众更难以容忍人员死亡数字的不断攀升。对英国和美国来说，使用轰炸而不是其他作战模式的政治优势就在于，它们希望限制国内人口损失，同时充分利用先进武器和大规模工业生产能力，给敌人的人口、经济和军事带来难以承受的损失。轰炸可以用来维持国内士气，并利用民主媒体随处可见的报道对敌人施加影响。毫无疑问，这场战役本可以用不同的方式进行，损失较低（对双方来说）且更加有效，但从历史记载中可以清楚地看出，为什么这些战略上的和技术上的机会被错过、忽视、误解，或经历了徒劳的尝试。当回顾过去的战争时，总是会找到更容易的解决办法。

第七章

总体战的逻辑

轰炸下的德国社会

1945 年 5 月欧洲战事结束后，许多曾参与指挥轰炸德国的人都想亲眼看看德国到底被破坏成什么样了。斯帕茨将军于 5 月 10 日乘飞机抵达巴伐利亚的奥格斯堡，会见刚刚被美国军队俘虏的赫尔曼·戈林。美国官方历史学家布鲁斯·霍珀（Bruce Hopper）当时也在座，他在奥格斯堡骑术学校的一间小办公室里录下了长达两小时的审讯过程。霍珀写道，这是“空战中荷马史诗般的首脑”历史性会面。周围到处都是一个伟大国家的国民经济和民众生活遭到破坏的证据，他认为，这注定要让这个国家倒退一个世纪。霍珀最后补充道：“这在历史上从未发生过。”[1]

美国空军其他高级军官也纷纷效仿。安德森将军乘飞机在盟军占领的德国西部上空飞行，在可能的地方着陆，卸下一辆吉普车，坐车走得更近一些，以便更好地观看那些废墟。他在记录这次行程的日记中写道：“乘吉普车在经历了战争的国土上穿行，看到的破坏景象令人震惊：美因茨，残垣断壁在阳光下反射着微光，达姆施塔特（Darmstadt）一片狼藉……法兰克福，大部分建筑物都没有屋顶了，看上去像是放大版的庞贝故城……路德维希港，景象令人可怕。”安德森乘飞机飞过鲁尔-莱茵兰工业区盆地时，他用来描述这一景象的语言被放大到了极致：“杜塞尔多夫，甚至连鬼城都算不上……所有的废墟都看起来一样……科隆那样难以形容。看到这些，正常人会有一种恐惧的感觉：（遭到轰炸的城市）

什么都没有，什么都没有留下。”5天后安德森乘飞机返回法国。他的日记中的记录的文字也明显轻松了：“终于逃离了诸神的黄昏，回到文明世界。”[2]西德尼·巴夫顿参观了汉堡，据他说“印象深刻”，当他看到人们住在摇摇欲坠的房子里时，他说：“我都不敢冒险进到这种房子里去。”[3]大约在同一时间，英国政府科学家、运输计划的拥护者索利·朱克曼同样访问了这几座鲁尔区的城市，他目睹了同样的破败景象：“如此严重的破坏，人们渴望生活在开阔的田野，远离我们的炸弹留下的痕迹。”他不时地看到妇女们在房屋前的人行道上打扫，那些房子不过是一堆堆相对整齐的瓦砾；在遭到破坏的埃森市，他注意到人们看上去十分整洁，没有明显的沮丧表情。对这种现象朱克曼感到有些困惑，因为这与他所期望的并不一致。几天后，他写道：“德国平民是如何在轰炸中坚持下来的，这是个谜。”[4]

一般来说，德国社会在炸弹袭击下的生存情况，相比英国社会在空中闪电战中是如何生存的，引起的关注少一些。然而，生活在大城市的德国居民不得不忍受长达4年多的日益猛烈的轰炸，去打一场在战争结束很久以前就已经注定失败的战争。尽管德国日益衰弱，但工业生产、食品供应和社会福利一直维持到战争的最后几周，此时盟军已经占领德国本土，而盟国的轰炸机则正在向已经变为废墟的城市发动反复的轰炸。这个国家和纳粹党忍受这种严酷的惩罚并应对其后果的能力，显示了其在制度上的一些显著优势和其严厉的本性。1945年以前，盟国经常提出的问题是“德国什么时候会崩溃”。对于历史学家来说，这个问题需要从另一个角度来看待。对于朱克曼来说，真正的问题是，被无情的轰炸和自杀式独裁夹在中间的德国平民，是如何适应城市逐渐毁灭带来的物质和心理压力的。

社区的自我保护

1935年纳粹德国的帝国空袭防护联盟发布了一张海报，海报上是面色严肃的戈林，下面是一条标语“防空勇士们的责任和荣誉与每一名前线士兵一样！”，德国从20世纪30年代开始建立的民防体系，相比英国的民防机构，从一开始就带有更多的军事化特点。为了可能爆发的轰炸战做准备，不只是提供足够的保护免受毒气和炸弹的袭击，而且还包括把防空措施视为某种形式的社会集体动员。民防是一项社会义务，符合德国独裁统治更广泛的主张，即在民主政治消失多年之后，创造一个重新武装起来的、心理上恢复活力的民族。到 1939 年时，有 1500 万德国人加入了空袭防护联盟，到 1942 年，这个数字达到 2200 万人，几乎是总人口的四分之一。[5]

德国的正式民防组织在构成上有意体现出明显的军事特点，因为这个组织是由德国空军建立和指挥的，而纳粹德国空军是 1935 年 3 月，纳粹政权无视《凡尔赛和约》重新组建的。防空局最初于 1933 年 9 月成立，由戈林管理，从 1933 年到 1935 年，防空局只是德国空军部下设的一个办公室。1935 年 3 月，成为新组建的空军体系的一部分，同年 7 月 4 日纳粹德国颁布了《防空法》，明确了新组织的职责。防空局由科特・克尼普夫（Kurt Knipfer）博士负责，他是一名空袭防护专家，曾在前普鲁士商务部工作过，虽然该局在空军部的组织结构和民防活动的性质发生了许多变化，但是直到 1945 年，克尼普夫一直是这个部门的领导。1939 年，该部门被置于空军第 13 检查团（负责空袭防护）领导之下，但克尼普夫想出办法让自己的部门免于受到空军在军事方面过多的干涉，当然，空军一直认为民防部门是其他空军部队都可以利用的，为战斗提供补充的被动性附属部门。1938 年，为了在地方一级执行防空任务，德国组建了 12 个地区性的区域防空司令部。区域防空司令部负责本地区所有主动和被动防空工作，包括空袭警报、紧急维修服务、医疗救援服务、防化洗消队、灯火管制、伪装和防火工作。[6]

在实际操作中，机构的组织问题却是相当复杂的。一直负责防空工作的内政部反对民防组织管理权的变更，并保留了公共卫生、民政管理和空袭后组织救援等其他一些职责，尽管这些职责没有明确指定由内政部负责，但内政部掌管这些领域直到战争结束。[7] 1936 年 6 月，党卫队领袖海因里希・希姆莱（Heinrich Himmler）被任命为德国警察总监后，提出了一些更加重要的要求。在地方一级，以前空袭防护的领导工作通常由市警察局长承担，另外再加上一个由当地各应急部门的负责人组成的委员会。在较小的城镇或农村，这个指挥岗位由当地市长或乡村官员担任，但在受到空袭威胁的城市，这个职务通常由“执法警察”承担。希姆莱声称，应该由警察而不是空军来管理消防队，提供医疗救助（与德国红十字会合作），组织毒气消除和协调紧急救援服务。希姆莱引起的这种职责上的混乱，直到 1938 年他本人和戈林的副手米尔希签署了一项相关协议，才暂时平息，协议规定由区域防空司令部负责总体上的主动和被动防空工作，而执法警察负责空袭之后的救援和福利救助。事实上，关于责任的争论一直持续到战争开始以后，因为希姆莱希望民防部门除了保卫民众以外，也要成为维护国内安全的工具。[8] 1942 年 7 月，紧急服务队改编为防空警察，以表明他们服务的是警察当局，而不是空军。这种二元性正是“第三帝国”时期纳粹党和党卫队试图渗透、控制或取代传统政府机构引发的机构竞争的特征。[9]

国家消防队的组建就是一个典型的例子。1933 年以前，消防队的管理是各城市或州自行负责的，各地区消防队的装备、消火栓、消防水龙接口都不兼容，并且消防工作依靠大量的志愿辅助人员来完成。1933 年，纳粹德国空军部制定了一项计划，督促生产商将消防设备各种接口等实现标准化。在当时德国最大的州普鲁士，消防和警察部门相比其他的州关系更加紧密，同时也认真遵守了工作和装备标准化的要求，所有这些工作都在 1935 年颁布的《防空法》中得到了体现。1936 年，内政部计划将空军部的这种做法推广到其他的州，以此来促进国家的标准化建设。但是，希姆莱作为警察总监，却希望消防队能够在他的掌控之下，并且准备用立法的方式组建国家消防队，这支队伍将由专业消防员和志愿者构成，按照警方的规定运作。1938 年 12 月 23 日，纳粹德国通过了《国家消防法》，根据这个法律，国内现有的消防队全部解散，而新组建的消防队则全部划归执法警察管理。消防队员此时也改名为消防警察，而志愿者也将成为辅警。[10] 到 1940 年，有了标准化可互换的消防装备，包括一种能用在所有水管上的轻合金水管接口，以及 3 种标准型水泵。[11] 最终，对消防队管辖权的争夺，并没有给消防队的发展造成负面影响，纳粹德国的消防队伍逐渐发展成一支更加高效的队伍，可以满足未来空战的需要。1941 年，英国在组建国家消防队的时候，也效仿了德国的方案。

德国民众基本上没有受到这些管辖权冲突的影响。与其他欧洲国家不同的地方是，空袭防护最重要的几个方面将由德国人民自己承担。空袭防护联盟很快就成为在空袭保护的各个方面进行教育、训练和监督社区的全国性机构。到 1937 年，该组织有 2300 个地方分支机构，40 万管理人员和 1100 万会员。到 1942 年至 1943 年，该组织已经有 150 万管理人员和 2200 万会员。他们一年只需支付 1 马克的会员费。作为回报，会员可以进入 3400 所空袭学校中任何一所学习，或参加当地组织的急救、自我保护和消防课程。[12] 对于未来可能成为基层防空队长的人来说，可以进入空袭保护学院。1937 年 5 月，根据法律规定，民众的民防角色被定义为“自我保护”。并且规定了三种不同的自助形式：“自我保护”（Selbstschutz），“扩大的自我保护”（Erweiterter Selbstschutz），以及“工作保护”（Werkluftschutz）。各个家庭需要在各自的房子或公寓楼中建立自己的“防空区”，负责建立防空室（地窖或如果可能的话使用地下室），并开通相邻的墙壁，提供高效逃生路线，准备一套能正常使用种类齐全的工具和空袭后提供救援的装备。法律规定房主还要准备绳子、消火栓、梯子、家庭急救箱、沙桶、蓄水池、斧头、铲子，以及为那些“助手”或防空守卫准备的臂章，以上这些花费通常由房主自行负担。[13] 其目的是确保每一个公民在自己的家中承担保护自己的责任；如果需要，他们还必须帮助保护附近的邻居。这是一种极端的去中心化形式，但同时也是“人民共同体”中的每一个成员共同保卫国家的承诺。自我保护只是在有限的意义上是自愿的，因为空袭防护联盟的官员会检查每个家庭，确保有执行灯火管制所需的物资、防火设备和安全防空避难室。民众不遵守民防条例可能会被罚款或监禁。

其他形式的自我保护涉及到家庭以外的场所。“扩大的自我保护”适用于所有晚上或周末无人居住的建筑，包括商业写字楼、仓库、博物馆、剧院和行政大楼。这种自我保护直到战争爆发后才成为必需的防护，并且还花费了一些时间来完成。但这种保护确保在燃烧弹轰炸时，空无一人的建筑不会轻易起火。1937年，在帝国工业集团的监督下，开始建立工作场所的防空制度。每个工厂都需要建设自己的防空队伍，这个队伍通常由一名负责应急组织的经理领导。工厂还必须提供自己的防空掩体，并组织防空瞭望队伍，每一个瞭望点都能通过电话与该市的警局控制中心联系。[14] 同样，其目的是通过高度的社会化投入，尽量减少民众的损害和伤亡，并减缓政府当局需要承担的大部分防空工作负担。按计划，如果一栋建筑或车间爆炸或者起火，首先负责应对的是当地的自我保护组织，如果情况难以控制，就需要通知当地官员，只有在事件极其严重时，才能在最后得到警察和政府应急机构的干预。尽管警察和空军都有责任保护一个地区不受轰炸袭击的影响，但这首先是居住和工作在那里的人自己的责任。

民众自我保护最关键的人物是空袭管制员。这个职务通常由志愿者担任，有男有女，他们通常是空袭防护联盟的成员或管理者，每个管制员负责几座公寓或一条街道。其职责是确保民众已准备好防空避难室、确定设备是最新的和可用的、检查灯火管制、检查阁楼和地窖的废物和垃圾已经清除、检查通气管道和逃生路线、确保空气供应充足且逃生路线充裕、监督人员在防空掩体内的行为、确保秩序。空袭管制员不能逮捕民众，但确实可以强迫当地民众协助处理轰炸相关事务，即便是轰炸仍在进行中。[15] 战前，许多空袭管制员将他们的角色与当地纳粹党的“街区长”的角色结合在一起，他们要负责检查每一栋房屋或公寓，以确保纳粹党的指示和宣传得到执行，并且民众在政治上没有明显的异议迹象。但是到二战爆发以后，为了确保民防工作得到充分展开和纳粹党对民众的有效监视，这两项职能又基本分开了。随着1939年的军事动员开始以后，德国不得不让女性空袭管制员代替男性管制员。在战争初期，经常出现招募妇女志愿者的呼吁；此时，空袭防护联盟中，至少有20万管理者是妇女。空袭管制员的选择主要是以优秀的领导力为条件，在一个“领导力为主”的思想占据统治地位的体制中，这成了一种强迫性要求。1942年初提出的典型性领导素质的定义中，列举了一系列令人敬畏的要求：“个人榜样，领导在最危险的地点的出现，具有超常的才能，坚定的意志，冷静，在最困难的情况下保持坚定和信心，值得信赖，从自身职责中获得满足……”[16] 在战争中，德国会定期发布通告，向人们展示英雄人物的故事，应该说这表现了以上要求的部分或全部。[17] 这就是纳粹德国本土前线的情况：普通人被号召去尽其所能表现出非凡的英雄主义行为。

然而，相比民防组织的规模和为了发动民众进行的宣传，在战争爆发之前纳粹德国实施的民防措施在广泛性上弱了很多。地理因素是造成这个现象的部分原因。尽管民防措施的目标是发动全体人民，但是当时“第三帝国”分为 3 种区域，不同的区域反映了空战可能发生的危险程度。一类地区包括纳粹德国主要的 94 座工业城市，这些城市的民防组织都得到加强。二类地区包含了重要性低一些的目标组成的防空区，一共 201 个。三类地区则包括小城镇和乡村，或者那些距离较远，超出敌人飞机航程的地区。[18] 根据规定，只有一类地区的民众才能在进行民防工作准备时，得到国家资金资助。1938 年底，戈林收到了来自纳粹德国城市协会的投诉，指出因为缺少资金，二类地区和三类地区难以修建公共防空洞或给民众提供消防设备。对于抱怨，空军部却不为所动，同时各地的区域防空司令部也收到通知，要求他们拒绝任何修建非紧急防空设施的请求。[19] 直到 1941 年 11 月，这个通知才撤销，开始为二类地区和三类地区内的特别开支提供资金。[20] 但是，防空设施和财政资助，仍然仅针对重要目标，在乡村地区几乎没有民防组织，不过这里的居民也需要遵守灯火管制规定。此时仅仅下发了 1200 万个防毒面具，原因是，当局认为大部分居民用不到这个东西。关于防空工作进展缓慢、发展不平衡的另一个原因在于，空军坚信即便敌机能渗透进帝国领空，也有足够集中的防空炮火来威慑敌机。在战争爆发前十几年前，纳粹德国就注意到自己暴露在敌对国家的包围中，因而担心这些国家都能够轰炸德国的腹地，但是，纳粹德国为国内民防工作所做的准备，在时间上晚于英国和法国，在规模上则更加有限。

公共防空洞数量不足和增强防空室安全性的改造建材不足，是最明显的两个问题。“防空室”的质量千差万别，有时是公寓楼下面的大地下室，有时只是一个小储藏室或一段走廊。德国的大部分工业区都是最近才建设完成的，其公共住房的规模大、集中度高，通常都有地下室或地窖。

老房子的情况则各不相同，不过有证据表明，在受到轰炸威胁的城市里，大部分人都能享受到当地提供的防空洞或类似的防护设施。官方还会定期发布关于理想“安全防空洞”的指导意见，要求必须能防毒气攻击、能防爆、标示标志清楚、没有障碍物、有照明和座位：“要为紧急情况做好一切准备！”[21] 1939 年夏天，据空军部计算，为 6000 万需要防空洞的民众提供足够的防空洞，需要为每人花费 50 帝国马克，总共 30 亿马克，这笔开支实在难以承受。[22] 理想和现实之间的鸿沟是很难打破的，地窖和地下室不得不在战争中慢慢改进。公共防空洞也存在同样的问题。例如，1939 年末，当局发现学校的防空洞建设远远落后于时间表，特别是在一类地区以外的地区问题更加突出。许多偏远地区的学校既没有地下室，也没有地窖可用，不得不使用水泥顶的坑道，或在有足够材料时，对地下室进行加固。[23]

因为没有统一的政策，各地准备防空洞的情况各不相同，但是，1939 年至 1940 年间，能够使用的防空洞数量远远低于实际需求数量。1939 年 9 月，汉堡仅有 88 座防空洞，一共可容纳 7000 人，到 1940 年 4 月，汉堡的防空洞已经增加到 549 座，仅能为 5.1 万人提供庇护，而此时汉堡的人口为 170 万人。防空洞的修建是以城市的 8 万座地下室为基础进行的，其中四分之三的地下室用支撑柱进行了加固，并采取措施增强其抗爆能力。[24] 德国西部小城明斯特（Münster），是一座很可能位于盟军轰炸机攻击路线上的城市，1940 年 4 月的时候，其公共防空洞仅够 4550 人使用，占全城居民的 3.3%。到 1940 年底，公共防空洞已经增加到可以容纳 2 万人，此外，私人的防空洞还能另外为 4 万人提供保护。[25] 大部分公共防空洞是为那些空袭发生时，正在大街上的人准备的。政府更希望的是，如果有可能，民众需要返回自己的家庭防空洞，履行“自我保护”职责。纳粹德国和欧洲其他国家在防空洞问题上最大的不同就是，法律强制要求民众在空袭发生时去防空洞避难，这个制度在战争最初的几年里，确实减少了人员伤亡。1935 年颁布的战时版的《空袭防护法》规定，在防空警报响起之后，必须按照法律规定就近寻找防空室或者堑壕，或者向就近的空袭管制员询问附近防空洞的位置。1940 年 7 月，在英国皇家空军最初几次轰炸以后，空袭防护联盟在定期发布的简报中提醒每一位成员，如果在轰炸时不进入防空洞就是违法："警方已经接到命令，逮捕违法者，并进行惩戒。"[26] 尽管这种情况只有寥寥数例，而且违反者也仅被施以象征性的罚款，但是防空洞的纪律仍被视为一个严肃问题。进入防空洞避难的人员，也需要遵守相关的规定，比如不得在防空洞内吸烟、饮酒，不得携带动物入内，导盲犬除外。为了保证当地的空袭管制员或领导"自我保护"工作的人员能够对自己负责的家庭实施监督，任何离家过夜的人都必须提交正式申请，并且上交所有上锁门扉的备用钥匙。进入夏季，轰炸正式开始以后，这些规定就变成了现成的条令，并具有法律效力，以此来管理谁能进入防空洞，谁不可以进入。[27]

关于灯火管制和疏散的规定也表明，德国当局对轰炸威胁的担忧程度不如宣战前的英国。从 20 世纪 30 年代中期起，德国就一直坚持为灯火管制做准备，当时在主要城市都举行了大规模的灯火管制演习，但效果参差不齐。关于灯火管制的法律于 1939 年 5 月 23 日颁布，并于 9 月 1 日，也就是德国进攻波兰那一天，发布了一项关于家庭灯火管制的附加命令。[28] 命令规定所有住户都有责任确保灯火管制有效；在办公楼或商业大厦，需要专门指定一人负责灯火管制，而在多层公寓楼，则须安排一人将大厅及楼梯井内的灯熄灭。在战争的最初几个月，执行灯火管制是比较灵活的。建筑工地和工厂的照明亮度比许可的亮度要高；街道照明有 60% 是燃气灯，燃气灯比电力照明更难开关，因此在许多城市，依然有着昏暗的灯光。当局针对灯火管制问题进行宣传并提供建议，帮助民众应对突然陷入黑暗的问题。1940 年 3 月，身为警察总监的希姆莱发布了详细的灯火管制指南，其中包括在不超过两人并行宽度的人行道上行走，以及避免过量饮酒："醉酒的行人不仅会让自己，还会让其他人陷入危险之中。"违反灯火管制规定通常需要接受 150 帝国马克的罚款，但后来当局可能会切断违规住户的电力供应，以提醒民众不要开灯。[29]

相比之下，德国政府并未出力支持进行疏散行动。1939 年 10 月，戈林宣布对于受到轰炸威胁的城区，政府将不会对疏散行动进行协助，但必要时可计划转移学龄儿童。对于自愿撤离行为，当局既未阻止，也未鼓励。正式疏散的命令取决于戈林本人的决定。[30] 最初德国战时的人口流动，是人员从面对法国前线的地区（红区）撤离，与轰炸威胁没有什么大的联系。直到 1940 年 10 月，战争开始一年多后，也就是英国开始轰炸 6 个月后，在希特勒的鼓动下，第一批满载儿童的火车才离开柏林。这些孩子是按照 1940 年 9 月下旬批准的疏散计划离开柏林的，这个计划是现有疏散计划的延伸，由希特勒青年团主席巴尔杜尔・冯・席拉赫（Baldur von Schirach）负责，目的是把城市儿童送到乡村休养，这种做法可以追溯到 19 世纪末。仅在 1938 年，就有 87.5 万儿童根据和平时期的计划下乡休养。现在，为了减少公众的恐慌，就声称需要把那些生活在经常受到空袭警报影响地区的儿童送到乡村长期休息，而不是在没有轰炸的地区永久生活。该方案首先在柏林和汉堡实施，几个月后又在鲁尔实施。这些孩子的年龄都在 10 岁至 14 岁之间，按计划他们纷纷前往青年旅社、夏令营和小型旅馆。为孩子们总共准备了 2500 个这样的住所，可以容纳 10 万人最长生活 6 个月，除非是低温严寒、思念亲人或者按照青年团严格的轮换计划，他们才能提前回家。[31]

德国空中的“静坐战”阶段比英国持续的时间更短。1940 年 5 月 10 日，第一批炸弹落在德国南部城市弗赖堡，炸死 57 人，其中包括 13 名儿童。德国媒体对盟军的屠杀表达了谴责，但该镇在德国发动攻势的首日也遭到 3 架德国飞机误炸，这 3 架飞机在轰炸法国城镇第戎（Dijon）的途中迷失了航向。弗赖堡后来被盟军轰炸了 25 次。[32] 第二天晚上，即 5 月 11 日夜，第一批英国炸弹落在莱茵兰；从那以后，整个夏天的几个月里，几乎每天晚上都会有一座德国城市遭到轰炸。由于空袭规模较小，投下的炸弹也比较分散，这些空袭的主要影响就是触发了德国西部的大部分地区的防空警报系统，迫使民众去防空洞避难。在威斯特伐利亚（Westphalia）的明斯特市，1940 年启动了 157 次空袭警报，总共持续 295 小时，除了有 7 小时的警报在日间外，其他的空袭警报都是在晚上启动的。[33] 然而，轰炸的开始并不意味着民众的心态也进入前线状态。轰炸在地理上受到限制，无论是乡村还是大城市都受到了零散的轰炸。德国的宣传立即开始谴责这些空袭是恐怖轰炸，但这也是德国空军的看法，他们认为，根据炸弹的随机模式，轰炸英国的目的是恐吓民众，而不是破坏战时经济。在战争的大部分时间里，这种思想主导了德国对盟军轰炸的看法。宣传机构淡化了英国皇家空军空袭的实际影响，而那些心生疑窦的外国记者很快就发现，在柏林或鲁尔市，几乎没有任何遭到破坏的迹象，靠着库存的木材，这些规模不大的破坏很快就被修复或遮盖起来了。[34]

纳粹德国并没有出现明显的“城市前线”，这个现象和德国致力于民防工作的大型组织以及“第三帝国”展示的“人民社会”形象极不相符。关于最初几次空袭的秘密报告表明，除了那些空袭警报未能及时启动的地方以外，人民都能保持冷静。[35]尽管有四五百万受过训练担任“自我保护”助手的平民，而且人们都反复不停地参加防空培训课程，但是空袭纪律最初执行得并不严格。1940 年 5 月，当局注意到，出于单纯的好奇心人们会待在街上或站在敞开的窗户或阳台上观看轰炸。空袭防护联盟在 5 月和 7 月连续发布警告，要求在探照灯点亮、高射炮开炮以后，民众必须去防空洞，更重要的是要确保没有光亮露出来，这是因为英国机组人员投弹时根本没有什么计划，只是把炸弹投向“任何有光亮的地方”。[36] 8 月底当轰炸区域扩展到柏林时，同样的行动模式变得更为明显，当局不得不发布更严厉的警告。9 月，空袭防护联盟主席路德维希·冯·施罗德（Ludwig von Schröder）中将宣布，任何人因为故意不寻找庇护而导致负伤，都不会得到任何形式的国家医疗救助。当局还发起了一场宣传活动，宣传在空袭时最安全的地方是防空洞，并特意强调在公开场合遇难的人数。但进入 1941 年后，随着轰炸规模变得更大、更加致命，人们对躲避空袭的抱怨也就逐渐消失了。[37] 1940 年夏秋两季的时候，德国民众对这场战争的看法与陷入困境的英国人不同；他们被历史性的胜利所鼓舞，并期待英国很快退出战争，轰炸似乎并未给他们带来同样的战斗感。

然而，盟军长期实施的轰炸迫使纳粹德国政府加快了计划，以向民众提供更好的保护和经常性的社会保障。由于空袭规模较小且频率不高，因此轰炸造成的破坏可以相对容易地恢复。政府起初承诺对因敌方空军给民众带来的伤害或损失进行赔偿，但当局可能没有意识到这种承诺在长期战争环境下意味着什么。1940 年 5 月中旬第一次空袭后，内政部提醒所有地方当局对轰炸伤害进行的赔偿，对因轰炸失去生活来源民众的赔偿，或个人财产损失的赔偿，都是由帝国财政直接负担的。[38] 民众收入的损失更是一个困难问题，因为这将意味着要向在防空洞中躲避的工人和工厂维修时在家休息的工人发工资。尽管英国人的轰炸是随机的，但从社会地理的角度来看，空袭的重点是工业和港口城市，因而大多数受害者可能是工人。1939 年 9 月 1 日颁布的空袭法律中承诺向因轰炸而影响工作的民众支付工资损失的 90%，但当时并没有预料到在没有轰炸的时候，空袭警报会持续那么长时间。当局提出的一种解决方案是改变报警系统，尽量减少工作中损失的时间，最后，当局对双重警报外加发布空袭结束信号的模式进行了修改，采用了一种分步骤的警报制度，按照新的警报系统，地方民防机构首先得到通知，然后当局会发送“可能发生空袭”的警报，然后是一般性空袭警报。工厂得到的要求是在一般性警报响起时，工人要继续坚持工作直到最后 6 分钟的警报响起，这样工人仍有时间进入防空洞避难。[39]

1940 年夏天，当局决定将 90% 的工资补偿改为工人有义务额外加班以弥补损失的工时，或协助修复和清理轰炸造成的破坏，以此确保工人按实际工作获得报酬。但正如战争爆发时对工资的其他限制一样，这一决定产生了许多不合理的现象，并引起了工人群体的不满。[40] 例如，对于领取月薪的人来说，工资损失 100% 会得到补偿，1941 年 2 月，劳工部同意，搬运工和辅助工作人员也有权在警报期间获得工资，但并不指望他们弥补非生产性工作损失的时间。相比之下，在家工作的人不能得到任何补偿，因为他们可以选择在任何时候工作。[41] 这些决定造成的结果就是，有些工人无所事事却得到了补偿，而另一些工人则被迫无偿加班。很明显，1941 年不断升级的空袭使工人的士气成为一个关键问题。10 月，劳工部、人员众多的劳工阵线联盟（代表 2600 万工人）、宣传部和纳粹党总部共同召开的会议得出结论，认为士气是更为重要的，并坚持要求劳工部设法改进对工人的补偿，并协助解决工人因为轰炸而增加的交通费或短期失业问题；尽管在此之前，劳工部的代表曾辩称，工人们坐在防空洞能够节省开支，因为那里没有什么可买的。[42] 由于企业可以自由地解释工人应该因中断工作而得到报酬，还是要增加工作才能得到收入，所以这个问题仍然没有得到解决。纳粹党通过当地的区经济办公室施加压力，确保法律的实施不以牺牲工人的收入为代价。到 1943 年底，纳粹政府已颁布了 19 项不同的法律，以试图应对因轰炸中断工作而引发的补偿问题。[43]

对德国工人和德国家庭补偿的担忧并没有延伸到德国犹太人身上。1940 年 12 月颁布的一项法令要求各地劳动部门确保不向犹太工人支付任何收入损失补偿，理由是这场战争“在很大程度上可以归咎于全世界犹太人的影响”。[44] 1941 年 7 月 23 日颁布的第二项命令规定，禁止德国犹太人或犹太企业按照《战争损害法令》提出任何损害赔偿要求。[45] 早在英国皇家空军轰炸开始的时候，当局就开始将那些因为轰炸而无家可归的人安置在属于犹太人的公寓里。在莱茵兰的索斯特市（Soest），1940 年的秋末就做出了这个决定，尽管当时内政部强调了这样做可能存在的法律问题，但在 1942 年春天的大轰炸期间，由“雅利安人”取代犹太人成为房主的政策已经完全确立下来。[46] 在科隆，犹太居民被迫搬到简陋的营房生活，而犹太人的房屋和公寓被重新分配。纳粹党总部 1942 年 4 月证实，如果英国继续进行轰炸，“我们将彻底执行这一措施，并清除所有犹太人的家园”。[47] 到这个时候，将德国犹太人转移到德国东部的集中营，并没收剩余犹太人住房和产业的准备工作已进行得很顺利。根据 1941 年 11 月颁布的规定，没收的犹太人家具和财产可以出售给城市轰炸的幸存者。从 1941 年 10 月至 1942 年 3 月间，有 6 万德国犹太人被送到东部，其中大部分人都死在那里，在接下来的 3 个月里，又有 5.5 万人被送到东部。[48]

轰炸还迫使政府加快速度，提供更有效的庇护所和保护。由于英国轰炸的准确性不高，许多炸弹落在开阔的田野或村庄，这是在计划空袭防护时没有预料到的结果。到 1940 年夏天，很明显，应急服务部门将不得不派出队伍，提供救援、拆弹和维修工作，“即使是在较小的、最小的居民点，甚至这些地区以外的地方”。[49] 村庄得到了当地警察的帮助，但当局希望农村居民组建“农村防空团体”，即使是在边远地区居住分散的农民也不例外。灯火管制在农村地区也得到了严格执行，不过，当局在德国西部乡村地区设立了许多假目标，因此村民也可能成为轰炸的受害者。[50]对于农民来说，根据《防空法》，他们可以得到兽医急救箱，有马、牛或猪等家畜10头的可以获得1个急救箱，20头家畜以上的有2个急救箱，拥有超过40头的可以得到3个急救箱。[51] 1940年和1941年空袭对城镇和农村住房的破坏相对较小，因为英国皇家空军还没有系统性地大规模使用燃烧弹，但当局敏锐地感觉到，修复重建是一项紧急优先事务。1940年9月14日，建筑工作全权代表弗里茨·托特（Fritz Todt），就修缮轰炸破坏的房屋发布了一项法令，规定只要维修可以快速完成，并能方便地从当地的建筑承包商那里征集到劳动力和材料，那么维修轰炸破坏的建筑就是战时紧急必需工程中的首要任务。阿尔贝特·施佩尔是托特的副手，负责指挥柏林的建筑工作，他在1940年12月做出承诺，所有轻微受损的房屋（窗户、屋顶等部位）将在36小时内得到修复，所有灰泥工程将在4天内完成。只要建筑物破坏不严重，这些承诺不难实现。[52]

改造的防空室和公共防空洞数量不足的问题，因轰炸的开始而彻底暴露出来。纳粹当局在汉堡执行一项紧急方案，使公共防空洞的数量从1940年4月的51 000座增加到一年后的233 207座；到1943年7月盟军发动蛾摩拉行动轰炸这座城市的时候，大约四分之三的地窖已被改造成防空洞。[53]在其他城市，也已有了通过加固天花板、支撑柱和逃生路线来加强防空洞的安全性的计划，但由于缺乏材料和人力，这项工作难以完成。在明斯特，从1940年秋季到1941年春季，大约有5000个地窖得到了改建，但1942年初的一项调查显示，仍然只有4.7%的居民的地窖在空袭时被认为是绝对安全的。[54] 1940年秋，柏林只有十分之一的人口拥有防空室，部分原因是人们认为柏林相对安全，不会受到远程轰炸的攻击，但事实并非如此。在1940年8月首都第一次遭到空袭之后，希特勒下令在柏林建造1000到2000个掩体，每个能容纳100人。他告诉防空部门："财产损失是可以承受的，但人员伤亡绝对不行。"当局要求每家每户都必须有自己的防空洞，如果可能的话，还要有照明、暖气和睡觉的地方，而所需的费用将由国家承担。[55] 10月10日，希特勒终于公布了一项"紧急计划"，并授权空军部执行这个大规模计划，确保城市居民能够有避难的防空室，企业、学校、博物馆、美术馆和政府各部委都拥有掩体和防空洞。[56] 在纳粹德国劳动力、水泥和钢铁已经受到严格限制的紧急状况下，这项建筑工程是难以完成的，工期从 1941 年年中，推迟到当年 12 月仍然没有完工。修建大型地堡的工程被缩减，改为对防弹壕和地窖进行加固。[57]

尽管如此，在受到轰炸威胁的主要城市，特别是在鲁尔-莱茵兰地区的城市，都在地上和地下建造了混凝土掩体。在科隆，从 1940 年到 1942 年至少修建了 58 座地上或地下掩体，其中 15 座集中在市中心。[58] 在 1941 年 11 月至 1943 年 11 月期间，约 76 个城市共修建了 2055 座掩体，其中 1215 座掩体是在 1942 年初完成的，但设备尚未齐全。材料短缺、各军备生产部门的竞争、大西洋堡垒工程（消耗的混凝土是掩体工程的两倍）、巨大的混凝土潜艇基地，所有这些意味着，在 1943 大规模空袭开始的时候，掩体计划大部分仍未完工。[59] 这些新修建的防空洞仅仅能为少部分人提供保护。一直延续到 1941 年夏天的第一波建设高潮中，修建了为 50 万人提供庇护的防空洞；第二次规模较小持续到 1943 年夏季的建设高潮，修建了供 74 万人使用的防空洞，这个数量仅占工程覆盖的 76 座城市总人口的 3.87%。此外，还有耗资 1160 万马克改建的地窖和“防空室”，不过其中很多几乎没有什么防空袭能力。对数以百万计的德国人来说，特别是在二类地区和三类地区城市的居民，暂时没有安全的防空洞，但是，这些城市将在战争的最后一年成为大规模轰炸的目标。[60]

在“紧急计划”实施前几周，希特勒还下令在柏林建造 6 座巨大的“防空塔”。这些建筑的非凡规模吸引着对巨型建筑抱有情怀的希特勒，就像当年重建首都的计划一样。防空塔设计坚固，外形模仿高耸的哥特式城堡，意在表达出冷酷的蔑视和怪诞的物质力量，它是功能和理念的结合体。“就像一头幻想中的巨兽，”一位目击者写道，“好像来自失落的世界，或另一个星球。”[61] 按计划，防空塔不仅会增强防空火力，而且能够为多达 2 万人提供庇护，另外，还可以储藏艺术品和博物馆藏品、驻守重要的防御部队、开设医院和设立盖世太保的机构。这些巨大的高耸塔楼俯瞰着柏林，外墙涂有绿色油漆，从天空中几乎不能分辨，是令人望而生畏的建筑。建筑防空塔耗费的人力和资源成本是相当惊人的，“柏林动物园”塔由近 20 万吨混凝土、石块和砾石修建而成。第一批防空塔工程于

1941年4月完工，第二批工程于1941年10月完工，第三批工程于1942年春完工。后来，希特勒又批准修建两座防空塔以保卫汉堡港；第一座于1942年10月完工，第二座于1943年7月盟军发动蛾摩拉行动之前完成。这两座防空塔可以容纳3万人。1943年和1944年，维也纳又建造了两对防空塔，它们不仅能保存该城的文化宝藏，还能容纳至少4万名居民。维也纳的防空塔本应成为某种纪念碑；从法国为其开采了覆盖外墙的装饰性大理石，但最后由于盟军在1944年6月发动了诺曼底登陆而无法运往维也纳。[62]

当局开始为民众提供有效保护和补偿是应对英国轰炸的反应，而不是预定计划的结果。到1941年，仍存在让英国放弃战争的希望，而民防计划仍被视为暂时性的事务；但对苏联的战争清楚地表明，希特勒已经放弃了迅速击败英国的打算，在德国腾出手来重新对付英国人之前，轰炸攻势有可能会加强。基于这一战略调整，德国政府和纳粹党就需要采取足够的措施，防止轰炸破坏国内的战争能力。1940年，仅有950人死于轰炸（这表明防空袭地窖提供了比当局预期更好的防护）。1941年，平民伤亡和财产损失水平开始稳步上升。在明斯特，1940年7月至12月期间的24次空袭，造成8人死亡，59人受伤；1941年7月仅有3次袭击，造成43人死亡，196人受伤。1940年汉堡遭到69次空袭，造成125人死亡，567人受伤；1940年，汉堡遭到69次空袭，有123人死亡，567人受伤；到1943年7月的蛾摩拉行动前，又遭到143次空袭，造成1431人死亡，4657人受伤，2.4万人暂时无家可归。[63] 1941年，整个德国遭到295次轰炸，约有5029人死亡，约1.2万人受伤。虽然这些统计数字与空中闪电战造成的伤亡人数相比很小，但对于更习惯于听到阵亡军人名单的人民来说，这是第一次严重的平民损失。[64]

1941年期间，英国皇家空军的轰炸模式也发生了变化。从春天开始，轰炸机携带燃烧弹的比例开始加大，并开始更高效地集中使用燃烧弹。对抗燃烧弹的训练一直是常规民防教育的一部分，但现在开始向民众分发小册子介绍英国各种燃烧弹，并说明如何扑灭这些燃烧弹引起的火灾，此外还包括佩戴防毒面具的建议。“自我保护”课程的安排也进行了改变，几乎所有的实际操作都是灭火和扑灭燃烧弹的训练。训练中心设有一个“防空训练室”，在这里，学员可以通过在受控的火场学习，来克服对真正火灾的恐惧。[65] 戈林把他自己的名字列入与燃烧弹斗争时要遵守的10项原则中，他的名字就出现在“燃烧弹必须立即处理！”和“每个人都在为自己的地产和财物而战！”这两条标语之下。[66] 为了防止火灾的迅速蔓延，当局尽力让房主们把阁楼上的所有杂物和存货搬走。希特勒青年团和其他纳粹党的组织按照命令挨家挨户清理所有不必要的物品和家具，而地方民防当局则接到指示，从可能遭到轰炸的仓库转移储存的粮食和其他食品。空袭管制员得到授权，去建立由两名或两名以上的居民组成的小组，甚至在空袭警报解除前，去各处检查起火点，并控制火势。根据空军部的命令，任何拒绝提供帮助的人都可能遭到最严厉的处罚，也就是在集中营里待上一段时间。任何房子都不能空置，必须有人看管。[67] 1941年3月，希特勒大本营向各地军方指挥官下达了一项命令，要求他们组建一支武装力量应急服务队，在必要时提供救援服务，比如发生大规模空袭后当地民防和警察部队不足以应对破坏规模的时候，或是火灾可能会破坏重要军事物资或建筑的时候。驻扎在国内的部队将在此后3年里，成为紧急援助力量的一个重要来源。[68]

在一个媒体受到中央控制、公众的焦虑情绪很可能招致严厉谴责的国家，很难评估逐渐增加的空袭对公众思想的影响。1941年春天，当局开始考虑实行更加正式的居民疏散计划，将居民从受空袭威胁最严重的地区撤离，不过他们更倾向于将人迁往同一座城市相对安全的郊区，或附近的农村地区。这个计划只面向妇女、儿童和老年人，不包括任何德国犹太人，因为当局不允许向他们提供任何官方协助。[69] 撤离仍然是自愿的，而且向民众推广时，当局把疏散视为一种福利措施，疏散工作由纳粹党的另一个庞大的下属组织，国家社会主义人民福利社独家管理，该组织有1500万成员，大多数是志愿者，主要是妇女。从柏林、汉堡和鲁尔区城市撤离的第一批符合规定的母亲和儿童，只占总数很小的一部分，大约是10%。[70] 1941年，帝国保安部的报告显示，民众对空袭的担忧开始下降，但对战争各方面的新闻更加感兴趣，尤其是对南斯拉夫和希腊作战胜利的新闻，以及之后 1941 年 6 月对苏作战的新闻，所有这一切都预示着战争可能会很快结束，这将使当局在防空方面做出的努力突然变得多余。然而，无论欧洲其他地方发生了什么，轰炸仍在继续。1941 年 7 月，冯·施罗德向空袭防护联盟所有官员递交了一份报告，称赞遭受轰炸的德国人民具有“坚决的勇气”和“抵抗的意志”。他接着说，当前目的就是通过向全世界展示德国人民的决心，打破英国人保持的所谓坚贞不屈的“传奇”。[71]

“重大灾难”：1942 年至 1943 年

1942 年 3 月，海滨城市吕贝克遭到空袭，这是第一次集中使用燃烧弹的大规模空袭，因此震动了德国的后方。炸弹从 2000 英尺高度投向由半木结构房屋组成的老城区中心，投下的 400 吨炸弹中有三分之二是燃烧弹。遭到轰炸后，周围地区立即谣言四起，说这里有 3000 人死亡，3 万人无家可归（在这次袭击中有 300 多人死亡，是迄今为止伤亡最严重的一次）；向柏林提交的报告指出，其他城市的防空纪律立即得到改善。[72] 在这次空袭之后，罗斯托克的港口也遭到了一系列破坏性的燃烧弹轰炸，这次轰炸成为纳粹德国的统计中第一次被列为“重大灾难”级别的轰炸。

4 月 23 日至 24 日对罗斯托克的第一次轰炸相对有限。当地的纳粹党区长向纳粹党总部报告说，居民很镇定，这次空袭完全在党和国家的控制之下。但接下来的连续 3 次空袭给当地造成了严重的混乱，摧毁了罗斯托克 1.2 万幢建筑中的四分之三。当地政府宣布进入紧急状态，并从周边地区调来军队和冲锋队。到第 3 天，已有 10 万人疏散或逃离到城市周围的乡村地区。谣言此时又开始传播，称瑞典突然对德国宣战，并要将轰炸罗斯托克作为第一个行动。[73] 第 4 天下午，防空警报发生了误报，当地人民惊慌失措，武装的党卫队员受命出动维持秩序。当天两名抢劫犯被捕，一名被判处死刑。宣传车在各处游走，呼吁居民保持冷静，并从该市仓库囤积的食品中调出巧克力和黄油（这两种食品几乎已经在市面上消失了）分发给民众。当局还向灾区分配了 15 座战地厨房，同时从“灾难储备仓库”拨出 100 吨食物，由应急补给队送往这座遭到轰炸的城市。[74] 到 5 月 2 日，居民开始返回住所，收集堆放在街道上的物品，同时，当局派来一批工匠，开始重新整修受损的建筑物，使其能够居住。据统计，轰炸造成的 165 名死者中有 6 名希特勒青年团成员、8 名当地纳粹党领导和 3 名冲锋队员。地方当局几乎没有发现“对党或国家抱有敌意”的证据。他们的目标是迅速恢复“每个地区的正常的日常生活秩序”。[75]

虽然罗斯托克当局认为，民防部门已经很好地应付了空袭造成的后果，但民防和空袭后的福利救助组织模式，却因为“重大灾难级空袭”发生了根本性的改变。这一变化背后的驱动力是纳粹党的领导层，因为他们明白，大轰炸造成的社会和心理变化，可能会对社会凝聚力和民众的参战意愿产生深刻影响。整个 1942 年，防空体系的天平严重偏向纳粹党，而不是空军部和警察。这其中的关键人物就是国民启蒙与宣传部部长约瑟夫・戈培尔。4 月末，希特勒同意让他担任特别委员，负责为地方当局无法应付的地区组织援助。如果某地需要援助，应由当地的纳粹党组织（而不是地区防空司令部或执法警察）立即通知戈培尔的部。戈培尔告诉纳粹党的大区领导，口号是“团结和计划”。[76] 选择戈培尔并没有明显的原因，而他的实际权力也并不明确，这是““第三帝国””的普遍现象，尽管戈培尔显然受益于能经常与希特勒直接接触。戈培尔的主要观点是，他关心监督和塑造公众舆论，而他掌管的地方宣传部门密切关注公众舆论。作为纳粹党的全国宣传主管，轰炸报告会定期送到戈培尔的办公室，这让他比其他大多数政界或军方领导人更了解国家的状况。此外，戈培尔本人还是柏林大区的区长；他的新职务在设计上就是为了保证纳粹党的地方领导层，在管理遭到轰炸社区方面发挥更充分的作用。他的这项任命表明了整项民防工作日益被“分割”给不同部门。

这种新格局的根源可以在战争早期找到端倪。鲁道夫・赫斯（Rudolf Hess）领导的纳粹党总部，有一个“动员部门”，负责为战争中纳粹党组织的作用起草指导方针。“国家社会主义人民福利社”则负责提供空袭后的福利救助和疏散工作，该组织成员佩戴绣有“Luftschutz-NSDAP”的绿色臂章，以表明他们独立于空军或警察。1940 年秋，赫斯的副手马丁・鲍曼（Martin Bormann）起草了一份列有9项民防活动的清单，这些活动都是在戈林的正式领导下进行的，但是纳粹党也在其中扮演了角色。清单中所列的措施包括管控防空洞内人员的行为举止，检查灯火管制情况，推荐种族纯正、党内历史清白的人作为空袭管制员的候选人，以及在必要的时候提供士气上的支持。[77]鉴于轰炸目前还不多，而且已经广泛组建了民防组织，这些条款最初只有象征性的意义。但是纳粹党的暗示是阴险而无情的。当戈培尔获得新权力时，纳粹党已经毫不掩饰地在为冲锋队和党卫队提供资助，而希特勒青年团则充当传令兵，国家社会主义人民福利社则负责人员疏散，并主持轰炸受害者的葬礼仪式。1939年9月1日设立的帝国防务委员这一职务，基本上是一个名义上的头衔，通常授予纳粹党的大区区长，这个职位在战争中成为党政干部在后方动员中发挥更大作用的工具。1942年11月16日，帝国防务委员和地区纳粹党领袖的职务正式合并，地方纳粹党组织因此成为负责后方工作的行政单位。慕尼黑大区区长后来回忆说，从1942年起，他的工作几乎完全是“防御敌人的空袭，动员民众的防空工作”。[78]

由于空军的作用明显逐渐局限在空中防御的军事应用方面，纳粹党的主张反而产生了使后方非军事化的效果。戈培尔是这一过程的直接受益者，而在鲁道夫·赫斯1941年5月驾驶飞机去苏格兰以后，开始担任纳粹党总部主任的鲍曼，则对希特勒的选择感到不满，利用一切机会扩大他在空袭后各项政策上的影响力。另一位竞争者是戈林，作为防空总指挥，他受到戈培尔新权力的挑战。1942年5月，戈培尔、戈林和代表警察和地方当局利益的内政部长威廉·弗里克（Wilhelm Frick）共同草拟了一份正式文件，确认了他们之间的新责任模式。“纯粹的防空”由空军和警察负责；所有的民事行政任务都是由帝国防务委员（通常是当地纳粹党大区区长）负责；在遭受轰炸的情况下，负责照顾民众和保护民众的士气是纳粹党的唯一责任。戈培尔作为新任紧急事务委员的职务得到确认，以应对现有体制无法应付的局面。[79]这些安排明确地表明，防空职责已向纳粹党转移，宣告了空军对防空工作垄断的瓦解。不过，这种责任划分也留下了许多灰色地带。1942年12月，戈林发布了一项指令，试图使这个组织结构更加清晰，指令规定：如果发生了超出帝国防务委员或防空领导所能应对范围的重大灾难级空袭，当地应向党总部、宣传部和内政部寻求帮助。但这种安排只是证实了当时令出多门的混乱状态。[80] 1943 年初，希特勒终于同意在宣传部设立部际防空委员会，由戈培尔担任名义上的负责人。这样做的最终目标是为所有紧急情况建立一个单一的国家信息交流机构，这个委员会没有新的权力，组织结构也不庞大，但有足够大的覆盖范围，能够在危机中随时随地提供所需的资源。[81]

事实证明，独裁政权中权力掮客之间关于权力的斗争，其破坏性比看起来的要小，因为来自中央的干预，主要局限于地方最重要和最具破坏性的轰炸上，在这些地方，纳粹党扮演的角色或政治领导力可以轻易得到有效的展示。大规模轰炸开始后，在地方一级则需要付出更大的努力，保证地方行政机构和党的机关已经做好准备，能高效地提供福利和紧急口粮，重新安置无家可归者，并补偿那些在轰炸中失去一切的人。这些行动的口号是“Einsatz”，这是一个用其他语言很难表达的词语，意思是果断和有目的性的行动。在吕贝克和罗斯托克遭到轰炸以后，当局鼓励城市在“Einsatzführer”（行动领导）的领导下，通过组织“Einsatzstab”（行动人员）来培养“行动心态”，“行动领导”来自当地业绩突出的防空领导。“行动人员”将由所有当地福利、食品、建筑、修理、运输和经济部门的代表组成，但“行动领导”是关键人物，拥有临时的紧急权力，可以从受袭地区内外获得帮助，并迅速坚定地将其用于救灾工作。[82] 为了加强民众的“自我保护”工作，还成立了由级别较低的“行动领导”管理的地方“自我保护小队”，这位行动领导的工作是以更加配合和积极的态度处理街道和小型社区的轰炸。1942 年 10 月，“行动计划”作为对“行动领导”的法律要求确定下来。1943 年 8 月，在“自我保护小队”工作，成为每个德国公民（不分男女）都要履行的法定义务。[83] 在实践中，虽然并非每个人都需要参加，但是参加的比例可能非常大。在人口 16 600 人的莱茵兰小城宾根（Bingen），有 4783 人登记为民防队员，这超过了全城人口的四分之一。[84]

1943 年 8 月在蛾摩拉行动后，希特勒发布了另一项法令，规定所有新近为应对空袭准备的紧急措施，其目标都是“尽快恢复正常生活”。[85] 尽管对 1943 年多次遭受猛烈轰炸的几个主要城市来说，这并不容易，但新的“行动文化”的目标是用这样或那样的方式，确保福利、补偿、住房重建、损坏修复和人员疏散等问题能够得到解决，使社会正常生活得以维持。柏林郊区申纳贝格空袭后的活动就是一个很好的例子，该地区在 1943 年 3 月 1 日至 2 日夜间遭到大规模轰炸，造成 1.1 万人暂时无家可归。无家可归者首先被安置在可容纳 2.5 万至 4 万人的 71 个应急休息中心内，这些休息中心是由咖啡馆、学校、餐馆和宿舍改建的。[86] 在应急休息中心，无家可归的居民可以得到食物、酒、香烟、代用食物配给卡，以及一笔用于购买最急需的替换衣物和居家用品的应急资金（以现金或代金券的形式）。那些不能投亲靠友的居民，政府会为他们找到替代性住房，这些住房主要是以前犹太人留下的，分配住房时，会优先考虑那些房屋被完全摧毁且有孩子的家庭。只有在特殊情况下才建议居民疏散，如果可能的话，居民会疏散到同一个城区或同一地区。在轰炸后两天内，超过 7000 人获得了重新安置的住房。抢救出来的货物都必须留在街道上，清楚地做好标记（防止盗窃），然后市政清洁卡车或军用车辆会来收集这些货物，并将它们存放在征用的仓库或商店中。破碎的窗户玻璃也很快得到清理，并送回玻璃制造商那里进行回收再利用。[87]

1941 年，内政部和管理工程师的托特组织颁布了一系列规定，明确了居民重新安置、房屋修理和赔偿的指导方针。[88] 柏林郊区的申纳贝格遭到轰炸后，一个由市长组织的特别小组立即着手解决住房问题。空袭后的第二天早晨，小组成员来到轰炸区域，将所有房屋按照毁坏情况分为 4 类：完全损坏、严重损坏、部分损坏和轻微损坏。对于第一类必须确保其对周围人员和财物不会造成危险，对于第二类如果可能的话必须修复，最后两类则必须恢复到可居住状态。内政部的指示要求，除了确保这些建筑能够居住之外，不要做更多的维修——用木板或破损的石板覆盖屋顶，以替换破碎的瓦片。[89] 柏林遭到空袭之后，300 名屋顶修理工、460 名玻璃工和 485 名砖瓦匠立刻开始了维修工作，他们首先对屋顶进行覆盖，让房间免遭风雨的侵袭，然后用木板或纸板临时遮蔽破损的门窗，而破损的墙面则涂上一层涂料，而不用墙纸覆盖。虽然有人对这一维修标准有所抱怨，但根据关于重建问题的官方报告，大多数居民都表现出了必要的决心，愿意回到已经不太舒适的家中居住。[90]盟军轰炸造成的大部分房屋轻度破损主要是窗户破碎和屋顶受损。1942 年和 1943 年对纽伦堡的 3 次轰炸摧毁了 175 万平方米的玻璃和 200 万平方米的屋顶；但是，在 19 184 座遭到轰炸的建筑物中，只有 662 座被完全摧毁，973 座严重受损，这就使得那些在轰炸中无家可归的人要和英国人一样，在房屋完成紧急修理后，又返回他们原来居住的地方。[91]据计算，到 1943 年 11 月，全德国有 32.4 万所住宅被毁或严重损坏，但仍有 318.4 万人回到原来的住所居住或得到重新安置。[92]

最复杂的程序是向那些失去部分或全部财产的人提供补偿物资，并计算居民有权得到的战争损害赔偿的额度。来自申纳贝格的证据表明，人们对这个问题的态度比其他任何问题都要认真，这也导致了很严重的摩擦。[93]这些程序很费时间，而相关条例使那些认为自己是受害者的人感到恼火。在应急中心，遭到轰炸的居民们无须正式书面申请，就可获得衣服、鞋子、肥皂和洗衣粉的兑换票。衣服包括套装或连衣裙、内衣、长袜、手帕和睡衣，以及一双结实的鞋子。1943 年 3 月，各地福利事务处共发放纺织品兑换券 10 432 张，鞋子兑换券 10 810 张，家具兑换券 750 张。1939 年 9 月在德国建立的配给系统十分复杂，家居用品、家具、煤炭、汽油、肥皂和烟草都需要配给卡，许多人的配给卡毁于轰炸之中，而如果要更换通常得排上几个小时的队。新的配给卡或兑换券只是代表兑换物资的权利，能否得到兑换取决于当地的物资供应情况。申纳贝格是幸运的，因为那里储存有大量二手商品和犹太人留下的财产，还有来自欧洲被占领地区或欧洲轴心国的商品，特别是法国和匈牙利的商品。1943 年春天，希特勒下令，应对轰炸破坏和损失所需的人力和物资，应优先从被占领地区调配。[94]当时柏林仍然有大量的小贸易商和制造商，他们可以供应其他需要的东西，1943 年 3 月用完的存货很快得到补充。[95]

经济赔偿的要求则更加令人担忧。申纳贝格地方机构发布的一份报告解释说，官员和索赔人的目标是不一样的，前者试图将必须赔付的金额限制在真正可核查的损失范围内，而对于受害者来说，他们的利益在于尽可能地提高索赔要求。当局已经向各家的户主分发了表格，让他们详细列出所有财产，以备空袭。[96]有些人在索赔单上填写的内容比较粗略，另一些人则详细列出了损失的物品，有时还包括损失物品的照片。在房主死亡的情况下，继承人需要亲自对他们希望继承的财产进行描述。官员们根据索赔人的信用程度，如对申请人社会阶层和可能收入的估算，以此来决定索赔人可能拥有的财产。在柏林，一名住在一套一居室公寓内的工具制造商为其143件家具索赔1.2万帝国马克，不过索赔办公室驳回了他的申请，仅支付了1500帝国马克。一名建筑工程师与他的妻子和4个孩子住在一套四居室的房子里，声称损失了5万帝国马克的财物，其中包括一张价值4800帝国马克的桌子（大约是半熟练工年薪的3倍）；在等待索赔办公室进一步核实之前，他只获得了6000帝国马克的补偿。被索赔搞得心烦意乱的索赔办公室人员，很少将索赔判定为有意捏造，但德国各地遭受轰炸的难民，当他们的财产无法进一步核实时，通常会夸大他们的损失。[97]涉及的案件总数和索赔金额，对于一个处在大战中的国家来说，需要花费相当大的行政和财政资源。到1943年春季，仅纽伦堡一地，就有27 977起索赔要求，涉及共计4480万帝国马克；其中用现金支付了880万帝国马克，又以实物支付了1400万帝国马克。[98]到1943年底，国家一级支付的赔款每月超过7亿帝国马克，索赔总额为317亿帝国马克，其中已经赔付了116亿帝国马克。[99]这个数额在最初承诺支付轰炸直接损失赔偿时，是无法想象的。

1943年7月和8月汉堡遭到的轰炸，是对不断发展的民防和应急体系的最大考验。到1943年7月为止的212次小型空袭（以及782次空袭警报）使汉堡在应对轰炸造成的后果方面，比大多数城市更有经验。[100]为应对轰炸的灾难性后果组建“行动人员”的主意也是汉堡首先提出的。到1943年7月，汉堡的公共防空洞可供37.8万人使用；阁楼已被清理干净，可能引起火灾的物品也已经安全地储存起来，1943年春天当局下令开始执行用化学品处理木材，使其阻燃的计划，即“化学品防火方案”，这项工作计划在夏季结束前完成。汉堡当时有多达9300名防空警察，以及覆盖全市范围的防火巡视系统，仅码头地区就有1.5万人参与防火工作。当局在这座城市已经组织了1.1万次关于如何扑灭燃烧弹火灾的演示活动。德国红十字会对大约7万人进行了急救训练。汉堡警察局局长当年晚些时候形容这座城市为“一个大型防空社区”。[101] 那一年的年初，英国对德国其他城市的猛烈轰炸，并没有任何迹象表明汉堡和蛾摩拉行动有什么关系。4月14日至15日夜间对斯图加特的轰炸造成118人死亡；5月28日至29日夜间对多特蒙德的大轰炸中有345人丧生；6月份对克雷菲尔德（Krefeld）的轰炸导致149人死亡。[102] 1941年汉堡遭遇了42次空袭，一共有626人丧生，1942年的15次空袭中有494人死亡，1943年的10次小型空袭中又有142人死亡。汉堡遭到轰炸的第一批报告提交到柏林的时候，几乎没有迹象表明这座城市会遭到蛾摩拉行动中的可怕大轰炸。[103]

汉堡并非毫无准备，但7月24日至25日、27日至28日和29日至30日的3次夜间轰炸彻底击垮了数千名训练有素的防空人员。在宣布进入紧急状态后，帝国防务专员，汉堡市纳粹党最高领导卡尔·考夫曼（Karl Kaufmann）呼吁远至德累斯顿的城市来援助汉堡。危机最严重的时候，有1.4万名消防员、1.2万名士兵和8000名紧急救援人员共同投入工作，尽管他们一度有限地控制了火场，但火势很快失控，大火前进道路上的一切都被烈焰吞噬。[104] 第二次空袭引发的火灾风暴，耗尽了被改造成“防空室”的各处地窖中的氧气，在地窖中避难的民众或因一氧化碳中毒而死，或被彻底烧成灰烬，事后医生不得不通过称量地板上留下的骨灰来估算地窖中当时有多少居民。还有一些死者的外表没有任何伤痕，那是因为他们的体温被加热到42摄氏度以上，导致身体的自我调节系统因“过热”而崩溃。[105] 当年底，据估计，德国城市85%的死亡是由火灾而不是高爆炸弹造成的。[106] 汉堡警察局长后来记录火灾过后他所面对的情景时说“言语难以描述这一切”，不过他在官方报告中的描述却非常生动：

> 数百具尸体布满了街道。有带着孩子的母亲、年轻人、老人、还在燃烧的、已经炭化的、完好无损的、浑身赤裸的，那些赤身露体的死者，脸色就像商店橱窗里的假人模特一样苍白，他们用各种姿

势躺在地上，有些显得安详、宁静，有些则拥挤在一起，死前的挣扎显现在脸上。[107]

到1943年11月底，根据收集的记录，官方确认有31 647人死亡，其中只有15 802人可以确定身份；另有2322人死在城外。不过，最终的死亡人数永远无法确定，但一般估计在3.4万（根据警方记录）至4万（二战结束前，德国广泛使用这个数字）之间。根据汉堡消防局的计算，从1940年到1945年，在汉堡发生的所有战时轰炸一共导致48 572人死亡。[108]

空袭过后，这座遭到破坏的城市笼罩在可怕的平静之中。这一周有100万人在没有组织的情况下匆忙逃离家园，躲藏到周围的乡村和小城镇中，31.5万间住宅和公寓被毁或严重受损，占全市的61%。在战争期间，汉堡有90.2万人失去了所有财产，其中包括小说家汉斯·诺萨克（Hans Nossack），他在轰炸开始前碰巧去了城外的避暑别墅。轰炸后，他看到一队队步行或乘卡车的难民从自己的面前经过，其中一些人还穿着睡衣："难民们不可思议地安静……他们蜷缩在卡车上，神情冷漠…但是没有人表现出悲伤，更没有人哭泣。"诺萨克后来这样写道。几天后，诺萨克回到了城市，他在这片残垣断壁中迷失了方向，城里一群群的老鼠和苍蝇"身体肥硕，根本不避人"。[109] 轰炸后，火灾风暴肆虐带来的热浪还没有完全散去。另一名目击者格雷特·比特纳（Gretl Büttner）写道，点缀着美丽白云的深蓝色天空与"无尽痛苦和可怕破坏的景象"之间的反差令人难以置信，反复无常的天气使这一对比更加明显。在一片没有残垣断壁的空地上，一具具尸体整齐地摆放着，她和其他数百人一起在这些尸体中搜寻，试图找到她的同伴。[110] 警察建立了记录卡索引系统，卡片分为4类：已查明身份和登记的死者、身份不明的尸体及其发现和埋葬的地点、抢救出的和属于尸体的财产以及发现但无人认领的物品。没有人认领的物品都作为旧货卖给了无家可归的人。有数百名孤儿或与父母失散的儿童，必须查明他们的身份并安置他们。汉堡轰炸后，部际委员会要求所有4岁以下儿童必须佩戴写有姓名、出生日期和住址的木制或硬纸板卡片。[111]

在火灾风暴发生后的最初几天，汉堡最迫切的需要是干净饮用水，并避免流行疾病，因为难民开始返回只剩下残垣断壁的街区，还有些居民会重新回到他们住宅的残骸里去。饮用水系统在轰炸中被毁，日常供水的水源受到污染。爆炸一结束，应急服务部门就调来了装满新鲜泉水的供水车清洁街道。这些供水车有的来自遥远的斯德丁（Stettin）、布雷斯劳（Breslau）、柏林和莱比锡，这些供水车大多是清洗和改装过的油罐车。卫生条件很差，人们得到警告，即使是来自供水车的水也需要煮沸后饮用。在最后一次空袭两天后，当地卫生研究所的实验室再次开始工作，监测主要泉水和已开放使用的井水的水质。避免了流行性疾病。[112] 城市的医疗条件仍然很不理想。汉堡市有 24 所医院被轰炸摧毁，原来的 2 万张病床现在只剩下 8000 张。当局设立了紧急医疗站，以便立即对病人进行治疗。许多尸体被撒上生石灰，埋在集体墓穴里，或是浇上汽油焚烧。[113] 城市受损最严重的地区已用墙围封闭起来，防止人们返回这种对健康有风险的地区；尸体已经转移的建筑物上都用油漆画一个绿色圆圈作为标记。[114] 大部分令人厌恶的工作是由集中营的囚犯进行的，因为当局并不太在意他们的生存状况。抢劫的人很少，因为处罚很重。到 8 月 5 日，第一批 7 人已经被判处死刑；在空袭后的 4 个月里，当局总共审判了 31 起案件，处决了 15 名抢劫犯。[115]

蛾摩拉行动代表了对德国社会和德国战争能力的深刻挑战，但它不是最终无法应对的挑战。赫尔曼·戈林于 8 月 6 日访问汉堡，受到了热烈欢迎，但当局的耳目也听到关于他在领导空军工作方面的广泛批评。在空袭之后，帝国保安部的报告提到了全国范围内的“异常震惊效应”，但报告也提到了，德国人仍然普遍相信德国有办法“以胜利结束这场战争”。[116] 阿尔贝特·施佩尔在回忆录中记下了他说过的那句著名的话：“再有 6 次汉堡这种规模的轰炸，德国就彻底完蛋了。”但他还记得希特勒的回答：“你会解决这个问题的。”[117] 空袭发生后，施佩尔得到希特勒的授权，设立了另一个应急机构，这个机构以由汉堡、柏林和斯图加特的“空袭破坏应对机构”为基础。在发生新的空袭时，该机构将能够调用机动工人纵队、救济物资和设备，以便尽快为工人提供所需的物资，并使受损的工业和公用事业重新运转。[118] 在蛾摩拉行动之后的一年中，当局为汉堡的工人建造了5万所紧急住房。虽然面积不大（30至40平方米），而且建筑简陋，但新住房聚集在工厂附近，并且有电价补贴，只需支付原价的五分之一。[119] 轰炸后，汉堡的家庭数量从50万减少到30万，从而减轻了当地生活设施和住房的压力，这使得剩余人口的90%在几个月内就被安置到正常住房中了。[120] 随着各项服务的恢复、配给制度的重新建立和房屋紧急修缮的完成，导致城市约2.4%人口死亡的轰炸行动引发的社会后果，逐渐被彻底消化了。

德国在其遭遇的最严重的空袭中，学到了很多重要的经验。虽然汉堡警察局局长得出结论认为，该市的民防系统基本上是健全的，但他在报告中还是增加了20页颇有用处的建议，这些建议是关于在空袭保护方面进行实用性和技术性改进的。他最急迫的建议是确保有足够的逃生路线，并且要保证所有使用防空洞的人都知道这些逃生路线，以防止在那些看起来很安全的防空洞中发生大规模死亡事件。1943年7月，空袭防护联盟的一份报告中记录了一位妇女在有限的时间内成功解救了在防空洞避难的同伴的经历，由此也反映了当时存在的问题：

> 地窖里一片黑暗。我们摔倒在一起。灯光全部熄灭了。如果我们事先把破拆用的斧子放在墙上的某个固定位置，我们就可以在可怕的警报响起后的几分钟内安全逃生。后来，过了一刻钟我们才在黑暗中找到那把斧头。地窖里的空气很快变得更糟了，我像着了魔一样用斧子猛劈着隔墙，想破开一个出口。我们之前从没在意过的那道墙现在成了要命的障碍。过了20分钟后，我才在墙上挖出了一个刚好够我们钻过去的洞。[121]

在汉堡遭到轰炸后的几个月里，空军部每月向各地警方发布的防空指导中一再强调，必须保证防空洞内没有障碍物，并且要有一个有明显标记的砂浆较薄的破拆点，可以临时劈开成为紧急逃生出口。更困难的问题是，人们认识到，在战争初期不断重复的口号“防空洞是最安全的地方”，现在已经不正确了。现在，空袭管制员和行动领导都被鼓励向其辖区宣传，一旦火灾有失控的危险，应该在适当的时候逃离防空洞。政府建议人们在火灾风暴中离开地窖时，穿一件浸湿水的外套和一个浸过水的头罩。据称，外套更难被大风从身上剥掉。[122]

有过汉堡灾难的经验后，当局优先考虑的是寻找更有效的方法来预防或对抗火灾风暴，尽管这很有挑战性。民防和消防队接到指示，一旦出现火灾，就立即开始灭火，甚至在轰炸期间也是如此，因为这样做的伤亡人数肯定低于火灾风暴发生时的伤亡人数。“火灾前半小时对火势的发展具有决定性的重要性，”空军部的灭火指导中写道，“在整条街道上被炸弹引发的火情都被扑灭的情况下，有可能阻止一场大型火灾的出现。”[123]如果发生火灾风暴，消防员得到的指示是集中扑灭建筑物尚未完全起火的边缘地区，以此来控制火势；与此同时，指令还要求他们在熊熊大火间寻找可以打开的通路，让一些被困的居民逃生。在汉堡，在大火带来的风暴经过的地区，即便是躲在防爆地面避难所中的人也很少能毫发未损地活下来。[124]所有负责自我保护工作的领导者，都有责任确保每幢大楼或公寓的住户在小火灾蔓延之前有足够的水灭火。储存的水越多越好；应该使用“所有可用的容器，不仅是铁桶、木桶、浴缸和储存雨水的大桶，脸盆、洗衣盆等也可以”，甚至可以用中央供暖系统中的水。[125]现在每个防空洞都必须有水和沙子。自我保护单位还必须指派小组在空袭期间外出寻找起火点，并立即予以扑救；空无一人的建筑物不再必须遵守灯火管制规定，这样就可以更容易地从没有遮蔽的窗户中发现火灾。空袭防护联盟向居民提出了一条建议：“火灾总是看起来比实际情况糟糕得多，并且火灾刚出现的时候是更容易扑灭的。”[126]

平民在扑灭火灾方面的效率显然因情况而异，这给住户带来了沉重的责任，他们首先想到的往往是自己的家庭和财产。科隆的一位记者在日记里记录了他的邻居们是如何应对 1942 年 5 月的那次千机空袭的：“燃烧弹从我们的房子周围滚落下来，一枚落在我的邻居弗瑟（Feuser）家的阳台上，但燃烧弹的火焰立即被另一位邻居布拉萨特（Brassart）扑灭了；另有一枚燃烧弹落在乌伦布鲁克（Uhlenbruck）家的车库前，直接被我这位煤炭商人邻居拿了起来；还有一枚落在格塞特（Gessert）家的车库旁边，但是立刻被户主扑灭了。”[127] 对正规消防队来说，猛烈的燃烧弹空袭给队伍带来了很大的压力，尤其是在消防队的人手已因定期选拔参军而严重不足的情况下。1943 年 9 月，纳粹德国任命了第二位国家消防总监，名叫汉斯·鲁普夫（Hans Rumpf），他的任务是在接下来的一年里视察 150 多个消防队，检查它们的设备和训练。消防系统此时越来越依赖志愿消防员，到 1944 年已经有大约 170 万人。在 1943 年的大规模燃烧弹轰炸之后，当地的志愿者组成了“应急消防队”，这样他们就可以立即从周边地区召集起来，帮助主要城市扑灭火灾，据估计当时一共组建了 700 支应急消防队，拥有 10 万名消防员。他们都被置于警察的管辖之下，那些属于党卫队的成员，也得到允许在制服上佩戴他们熟悉的银色如尼文标志。在消防队服役的德国人数量持续下降，因此，在 1943 年有必要开始招募波兰人、捷克人和乌克兰人等外国工人加入消防队。在汉堡，战争结束时，大约四分之一的正规消防队由乌克兰人组成。1943 年 4 月，一个更为激进的转变是号召女性自愿加入消防队，她们不仅要担任辅助角色，而且要成为正式的消防员。从 1943 年 10 月开始，他们就可能被强制招募。到 1944 年秋，据估计有 27.5 万名年龄在 18 岁至 40 岁之间的女消防员，参加了与盟军燃烧弹轰炸斗争的战斗。[128] 流行的说法认为德国妇女在战争期间除了保卫壁炉和家园外什么也不做，这显然被这种最为危险的工作证伪了。

汉堡遭到轰炸还标志着在战争的头两年里曾受到阻止或暂时纵容的大规模城市疏散正式开始了。1942 年和 1943 年期间，将儿童安置在乡村的活动逐渐减少了，1941 年 7 月时，被安置到有组织营地的儿童数量达到最多，有超过 16 万人，但到 1942 年 5 月，这一数字仅为 4 万，到 1944 年春季，仍然维持在这一水平。在转移数量最高的阶段，在所有符合条件的 10 至 14 岁青少年中，也仅有 2% 的人得到安置。大多数人只在希特勒青年团的营地待了几个月就回家了，因为那里的住宿条件不适合过冬；被送到农村的母亲和年幼的孩子在安置地生活了一段时间以后，都会选择和亲戚或者朋友一起生活，用亲友的照顾取代国家社会主义人民福利社的密切监督。纳粹党的各种组织总共从城市中收容了大约 200 万临时难民，但没有建立永久性的疏散制度。[129] 1942 年 7 月，地方当局被提醒，只有在有必要或是人口迁移对社会有益的情况下，才应将遭受严重炸弹破坏或未爆弹药威胁的地区的民众转移出去，而这必须得到戈林的批准，这种由公共基金承担的迁移被称为“重新安置”而非疏散。[130] 1943 年 2 月，希特勒终于同意处在危险地区的学校的所有班级都可以得到疏散，但他坚持认为，父母应该有选择是否让家庭成员分离的权利。正式撤离的学童人数仍然很少。1943 年 8 月，柏林 26 万名符合疏散标准的学童中，只有 3.2 万人得到有组织的疏散，另有 13.2 万儿童被安置在亲朋好友那里。[131]

直到 1943 年春天，鲁尔-莱茵兰地区遭到大规模轰炸后，才进行了成规模的疏散。4 月 19 日，内政部发布了一项关于有组织疏散的法令，要求将居民转移到同一城市的临时住所，或是内地乡村，那些与战争能力没有关系的人，则要转移到更遥远、更安全的地区。[132] 从遭受大轰炸的地区涌来了大量难民，这些难民的疏散都是自发的，但当时还没有针对不断增加的难民潮制定切实的计划。为了避免愈演愈烈的混乱，内政部最终在 1943 年 7 月公布了一份计划疏散的城市人口名单，以及各地区（基于纳粹党的大区）接收那些以老年人和小孩子为主的疏散人员的名额。正是汉堡遭到轰炸引发的危机震惊了德国人民，使他们更加认识到，疏散是一种必要措施。直到 1943 年 6 月，德国铁路管理部门估计，根据正式计划，被转移到更偏远地区的人口不超过 14 万至 15 万人；到 1943 年底，遵照官方计划，有超过 200 万人得到转移。[133] 由于蛾摩拉行动的进一步加剧，引发了民众的恐慌，因此导致汉堡紧急疏散 90 万人。到 1943 年 9 月底，54.5 万人已经在德国各地安置下来，超过四分之一的人居住在邻近的石勒苏益格-荷尔斯泰因（Schleswig Holstein）乡村地区，将近三分之一的人居住在德国南部的拜罗伊特（Bayreuth）镇附近。[134] 汉堡的火灾风暴，让人们普遍担心柏林将成为下一座经历这样灾难的城市。这也对柏林人的心态产生了影响，从最初不愿意疏散，到接受人员疏散，到 9 月中旬已经有 69.1 万柏林人从城市中疏散出去。总共有大约 110 万人离开了德国首都，占战前柏林人口的四分之一。

城市人口外迁引发了一系列问题，尤其是因为德国没有像英国那样对人口疏散进行系统规划，不得不在短时间内临时寻找和分配空余的住房（通常只是村舍里的一个房间）。小城镇居民和农村人口之间存在着明显的摩擦，因为他们还没有受到轰炸的实际影响，而城市人口由于社会背景不同，都习惯于各自不同的生活标准。1943 年 5 月，上西里西亚（Upper Silesia）寄给纳粹党总部的一份报告中指出了存在的一些问题：

> 这些同胞对客居地区的态度着实令人费解，必须指出，有些从来没有来过上西里西亚的妇女，一踏上这片土地就大喊："如果让我住到这样的鸟窝里，我宁愿回到城里的废墟中去。"另一名妇女也叫道："我很惊讶，这些恶心邋遢的妇女居然还能勾引男人。"来自德国西部的居民也对"希特勒万岁"这种问候方式颇有微词，他们认为在帝国原先的国土上可不是这样互相问好的。[135]

1943 年 8 月，戈培尔领导的部际委员会向全体大区区长发出倡议，要求他们与那些在新环境中生活的被疏散者的"精神抑郁"斗争，方法包括提供一间温暖的公共房间，房间里配备收音机、游戏、来自疏散城市的杂志和报纸，有时还要播放电影，使用的播放设备是从被炸毁的电影院中抢救出来的。[136]但回家的诱惑太大了，尽管地方当局下大力气在接收地执行配给卡强制登记制度，以确保铁路网不会因大量返回者而不堪重负，但是到 1943 年 11 月底，已经有 21.7 万柏林人返回柏林市。在一些地区，大城市疏散人员的配额必须与从小城镇和尚未受到轰炸威胁城市的疏散人员配额竞争。在德国南部的符腾堡（Württemberg），1944 年 2 月的 16.9 万名撤离者中，至少有 5.2 万人（甚至可能多达一半）为了安全离开了自己居住的城镇来到乡村。在其他地区，疏散者人数有可能让那些小一些的地区不堪重负，因为这些地区接收的疏散者与常住居民的人数不相上下。在某些情况下，因为盟军飞行员看不清自己在轰炸哪里，所以看似安全的农村也会遭到轰炸，这就使当地居民和疏散者一起成为难民。[137]

蛾摩拉行动后的疏散危机也暴露了德国在医疗服务方面的危急状态，当局正在努力应对日益萎缩的医疗服务以及医院、诊所遭到破坏的问题，还要面对因轰炸加剧而造成的伤亡人数突然增加，重伤员增多的问题。汉堡大火过后，许多医生和护士都随着疏散人员撤离了；那些被摧毁的诊所和医疗机构中的医生别无选择，只能离开遭到轰炸的城市寻找工作。当其他地方开始疏散行动时，医生们是陪同社区居民一起转移的人之一。到 8 月底，估计每天有 35 到 40 名医生离开柏林，其中一些人是随疏散人员一起走的，一些是陪着 1.15 万名卧床不起的病人转移到了更安全地区的医院。[138] 从鲁尔-莱茵兰的疏散行动进行得过快，因此医疗服务无法满足疏散社区居民需求，而且由于疏散人员大多数是儿童、老年人和妇女，其中还有不少孕妇，因此对医生、儿科护士和助产士的需求更为迫切。在接待疏散者的地区，由于部队没有意识到以后的轰炸会造成严重的后果，因此，他们从二类和三类地区带走了许多医生，这就使问题变得雪上加霜。[139] 帝国卫生部部长莱奥纳尔多·孔蒂（Leonardo Conti，T4“安乐死”计划的负责人之一）的目标是努力保持人口与医生人数的比例能让人接受，但到 1943 年 10 月，所有人口中的医生数量从战前的 8 万人下降到了 3.5 万人。其中大约 5500 人年龄太大，无法行医，3883 人在 1939 年至 1942 年间死亡，还有一些人在服兵役。平均每 2000 人或 2500 人中有一名医生这种理想状态是不可能实现的，在现有的医生中，许多人本身就深受超负荷工作、疲劳和疾病的困扰。对于疏散人员，孔蒂的目标是为每 1 万名疏散者配一位医生。[140]

猛烈的轰炸迫使当局必须找到解决办法，否则当前的医疗服务体系将面临崩溃的风险。1943 年和 1944 年期间，军事伤亡急剧上升，因此更有必要使民间的医疗制度规范化。因为救护车不足，当局开始征用卡车和面包车用作救护车，同时下功夫寻找合适的旅馆或招待所当作医院使用。当局还要求医生们每天晚上把他们的仪器和药品放在防弹的地下室，以避免遭到损坏，从被轰炸破坏的诊所抢救出来的设备则赠送或者出售给仍在执业的医生。[141] 大部分的救护车队是由德国红十字会管理的，红十字会要求各地分支机构在大城市设立应急管控员，其职责是召集应急医疗队，准备卡车、临时住所、床、担架、卫生材料和净水器，同时要有一两名医生和不超过 6 名护士。大多数轰炸幸存者一般只是轻伤，破碎的玻璃、烟雾、煤烟和建筑倒塌时的灰尘导致许多人的眼睛受伤。当局决定，这些能够行走的伤患，需要在急救中心而不是医院接受治疗，因为医院将用于治疗重伤员。那些没有生还希望的伤者将得不到手术的机会，资源将用于可能存活的人。[142] 医院床位是最缺少的东西，因为军方和民间伤员都在争夺床位。1941 年 8 月，希特勒授权在受轰炸威胁的地区由国家出资建造应急医院。[143] 由于该计划进展缓慢，1943 年 5 月，希特勒任命自己身边的一位医务工作人员卡尔·勃兰特（Karl Brandt）为卫生和健康问题委员长，负责组织更多的应急医疗床位，并进行分配。莱奥纳尔多·孔蒂立即表示自己反对这个任命，因为勃兰特的职权直接侵犯了他的职责，但新任命的目的是关注医院的病床，而不是一般医疗政策领域。接受任命后，勃兰特立即着手 19 座新医院用地和 5.4 万张病床的规划工作，但“勃兰特行动”打破了现有的规划，用孔蒂的话来说，就是造成了“一种永久性的混乱状态”。医院病床的分配仍然是临时性的。[144] 事实证明，在精神疾病领域并不需要额外的医疗投入。就像在英国一样，当局最初的假设是，轰炸一定会加重严重精神障碍的程度，特别是许多被轰炸者都是女性。然而，人们很快就发现，尽管恐惧和神经焦虑普遍存在，但并未导致明显的精神病状态。战争期间精神病人通常在家进行护理。直到战争结束后，暴露在轰炸威胁下引起的创伤才最终得以为人所知。[145]

随着疏散者而来的不仅是福利和医疗供应方面的问题，还有城市居民散布的谣言，此时他们突然发现自己成为接收区里人们关注的中心。这些谣言造成了许多影响：疏散者大肆宣扬自己遭到轰炸的恐怖景象，让当地人感到新鲜无比，也让他们自己得到了暂时性的重视；疏散者也成为那些平时没有机会批评当局的那批人的泄压阀；对于那些除了接受纳粹官方宣传以外什么消息都得不到的居民来说，疏散者又成为一种即时的信息来源和沟通渠道。控制和打击谣言的职责属于戈培尔的宣传部。就像在闪电战期间的英国一样，公布多少信息是一个艰难的决定，不仅是因为当局必须监控信息对公众的影响，而且还担心这些信息被敌人利用。根据纳粹党宣传部门的说法，1943 年春天对鲁尔-莱茵兰地区的猛烈空袭，直接导致的“最坏结果就是谣言泛滥”。[146] 在未遭到轰炸的地区，流言蜚语通常会强化民众的某种自私的“逃过一劫”的想法。如果一个地区在轰炸中没有遭到破坏，常见的谣言会把这一结果或者归功于英国人尚不可知的利益，或者解释为与覆盖该地区工业和城市烟雾浓度有关，又或者解释为该地区距离英国基地航程太远。其他谣言则把注意力集中在轰炸最有可能发生的时间上——周五、全国性节日、希特勒的生日、盟军传单上指定的日子。[147] 德国各地还流传着耸人听闻的故事，说的是人们陷在熔化的沥青里活活烧死，或被飘扬而下的白磷雨点燃，这些都是同这次火灾风暴斗争的人目睹的半真半假的场景。[148]

在其他情况下，谣言的形式则更为稳固。1942 年 9 月，在慕尼黑遭受了猛烈空袭之后，一些很有影响力的谣言开始四处传播，第一个谣言是，德国应对首先轰炸平民负责；第二个谣言，也是更重要的一个，认为轰炸是上帝对德国人“把犹太人驱赶到偏远地区，让他们陷入贫困”的惩罚。[149] 1943 年 7 月，关于盟军将轰炸火山带来世界末日的谣言开始到处流传。戈培尔认为，当看到空袭后死去的孩子们时，出现有关末日来临的流言是可以理解的，但即便如此，也要和流言斗争。[150] 一名儿童在避难所听到成年人谈论“结束”时，不确定这是意味着战争的“结束”，还是“世界的结束”。[151] 1943 年的夏天出现了一种极端的情绪。8 月，一位居住在巴伐利亚的人听到了一条从汉堡传来的消息，他在日记中这样写道：“难以想象……街道上沸腾的沥青吞噬了居民……导致 20 万人死亡。”他曾目睹一群汉堡难民试图挤进一列火车车厢，直到一位处于“半疯癫状态的妇女”手中破旧的手提箱掉到地上打开了，露出里面的衣服、一件玩具和一具干瘪、炭化的儿童尸体。他想，汉堡传来的可怕消息意味着旧世界的永久终结：“这一次，那些骑着黑色战马的骑手正是天启四骑士。”[152]

谣言问题与一个更深刻的问题息息相关，即如何保持公众对战争的支持，并避免更严重的社会或政治危机。直到 1943 年，当伤亡名单越来越长，对抗盟军轰炸的手段明显失效时，这些问题才被提上了议事日程。1943 年春天，在鲁尔-莱茵兰地区，就在当局努力解决无家可归和临时性失业问题时，第一次出现了社会危机的迹象。呈报到宣传部的消息则更加凸显出日益强烈的绝望感。1943 年 3 月 19 日至 20 日夜杜伊斯堡遭到空袭，使数以千计的人无家可归，还摧毁了该市的主要百货商店。全市只剩下两家正常运转的餐馆，为20万市民服务。当地居民抱怨说，在鲁尔河即将决堤的时候，当局没有兑现承诺，对英国城市进行报复。“我们看不到尽头。不能再这样下去了。谁知道将来会怎样？”[153]甚至戈培尔也受到第一次持续性轰炸的影响。3月13日，他在日记中写道：“空战是目前我们最大的担忧。事情不能再这样继续下去了。”[154]在纳粹党内，负责民众心理状态的人员被称为“引导者”，对他们来说，难点在于把影响公众情绪的各种因素区分开来，而轰炸只是各种因素之一。1943年2月，戈培尔在柏林向党内挑选出来的听众发表了关于总体战的著名演讲，旨在兵败斯大林格勒后重振民众的战争意愿。但演讲的影响有限，未能解决如何应对空袭对士气造成的严重后果，不过这篇讲话受到了军方的欢迎，军方希望平民了解战争的真实规模。[155]帝国保安部的报告显示，有些人将轰炸的加剧归罪于戈培尔的讲话，他的讲话似乎是在邀请敌人对德国人民发动无限制的战争。人们对柏林作为“总体战”思想源头的不满情绪，导致一首讽刺诗的出现，这首诗很快在德国西部广为流传：“亲爱的汤米，再飞远一点/我们这里都是矿工。/再飞远一点飞到柏林/他们都在喊‘是’。”[156]

从1943年春天开始，这个控制着德国舆论的政权一直在努力寻找一种方法，旨在让民众针对轰炸的反应，能够对德国的战争动员产生更积极的影响。当局暗示冲锋队员或纳粹党官员混进人群中，质疑谣言的内容；还有些谣言是宣传官员故意制造出来的，以对抗当地民众存在的沮丧或绝望情绪；国内情报机构反复建议官方公开驳斥谣言虚假的部分，并提供一些可信度更高的信息，从源头上对抗谣言。[157]对当局来说，难点是如何确定应该向公众提供多少确切的信息。最高统帅部批准的正式政策是，不对外公布伤亡人数和建筑物损坏的具体数字。1943年3月，官方就柏林遭到空袭的情况发布了一份简短但清楚的公报，这个做法立即赢得了公众广泛支持。[158]但是，直到莱茵兰的多处水坝遭到空袭以后，当局才不得不公布了准确的伤亡数字，以驳斥有1万人至3万人死亡的谣言。[159]纳粹官方不会屈服于公众压力，提供准确的数据，而是通过宣传，强调德国空军与盟军轰炸机部队斗争取得的成就，来缓解公众的焦虑。1943年6月，来自军方宣传部队的宣传分队开始在遭到轰炸的城市工作，为当地人宣讲成功的防空或对空作战的故事。此时，戈培尔早已在策划一场运动，让公众相信德国空军正在对敌人进行报复，并将在不久的将来使用新的、更强大的秘密武器进行报复。[160]

复仇的想法本身就有问题，因为复仇在宣传上要取得成功，仅依靠承诺是不够的。1943 年，德国空军对英国目标的攻势降至新低。戈培尔希望 1943 年初 V1 和 V2 火箭的成功试射，意味着大规模报复的迅速展开；然而武器进展方面的长时间拖延首先引起了民众对政府的怀疑，然后导致了民众的广泛批评。1943 年 4 月下旬，帝国保安部的报告指出，民众普遍渴望看到“官方经常提及的报复行动”，全年的每周情况汇报中都会提及关于复仇的呼声。到了 9 月，一则笑话在鲁尔和柏林流传开来：“英国人和美国人接到了最后通牒：如果他们拒绝立即停止空袭，德国将进行另一场复仇演说。”[161] 那时，关于一种新导弹的谣言正在流传，人们普遍希望当局能宣布使用这种导弹的最后期限。此时，戈培尔已经意识到复仇宣传是适得其反的，1943 年 7 月 6 日，他下令德国媒体停止使用“复仇”这样的词语，不过这仍被民众广泛使用。德国军方的宣传部门设立了一个委员会专门研究新武器的潜力，其结论是这些武器不能扭转战局，不应再用于宣传。[162] 相反，戈培尔用犹太人的问题来解释轰炸战，并以此作为鼓励德国抵抗的手段。在 1943 年 6 月 5 日的一次演讲中，戈培尔谴责了英国的轰炸及其背后的“犹太煽动者”。在蛾摩拉行动之后，纳粹党的宣传机构利用“犹太富豪是鼓动轰炸的谋杀犯”这种宣传鼓吹“灭绝犹太人”的思想，并呼吁民众努力捍卫日耳曼种族和文化。[163]

尽管对“全世界犹太人”开展斗争对反轰炸一线的民众来说意义不大，但德国民众对某些问题有强烈的感受。他们强烈要求在报纸上用铁十字来标记轰炸中死去的人，就像对待阵亡的军人一样。1941 年 12 月，宣传部批准了这一想法，但在 1942 年 1 月，希特勒（不希望以这种方式纪念女性）推翻了这一想法，而且这个建议还遭到了军方的反对，他们认为这将降低这一象征对阵亡将士的意义。[164] 用军语“阵亡”或“战伤”来描述轰炸中民众伤亡的企图，也遭到部队的否决，因为许多轰炸中的伤亡是民众不愿去防空洞避难引起的，其中包括在不来梅发生的一个著名案例，当时有 14 名参加聚会的宾客，因为打算在享用了食物和饮料后再去防空洞而死于轰炸。最终双方达成了妥协，允许在执行危险任务时死亡的任何性别的民防工作人员的死亡通知上标上铁十字。也可以用为祖国“捐躯”来描述他们，但是其他的轰炸受害者不能享受这个待遇，这个区别，由戈培尔在 1943 年 5 月出面证实。[165]

由于纳粹政权能够对任何公开或危险的抗议施加严厉惩罚，因此出现更严重的政治或社会异议的可能性十分有限；存在政治异议的地方，这些政治对抗是由意识形态的差异而不是轰炸造成的。尽管如此，人们对希特勒有稳定局势的能力的信心，正在与对未来日益悲观的现实主义情绪相互冲突。党卫队的帝国保安部在报告中推测（英国情报机构也有同样的推测），大量无家可归者和心怀不满的疏散者可能会是“内部崩溃”的原因，但据估计有三分之一的疏散者已经返回了家园。留下来的人主要是妇女和儿童，不大可能成为叛乱的煽动者，尽管出现了个别的抗议行动，但这些行动主要是抗议疏散者得到的待遇或扣发食品配给卡的行为。1943 年 10 月发生在鲁尔区的维滕（Witten）的抗议是最著名的事件，当时警方拒绝介入。[166] 在某些方面，轰炸实际上为民众的不满制造了一个解压阀。在不构成严重异议的情况下，谣言可以是对既定公共话语的一种暗中挑战。在各处的防空洞，躲避在里面的居民也可以为自己的苦难抱怨，或者讽刺纳粹政权，而不用担心遭到惩罚。比如，在柏林的一个防空洞里，民众总是故意称希特勒为“那个希特勒”而非“我们的元首”，以示不满。当地的空袭管制员不但对此视而不见，而且对于那些针对独裁政权更严厉的抱怨也不管不问。[167] 对于遭到轰炸的人来说，借机发泄不满也是可以容忍的。一个被好几位社会观察员引用的故事是这样的，故事的主人公是一名歇斯底里的女性被疏散者，她向警方挑战，要求以一些微不足道的罪名逮捕她，因为这将让她至少还有个栖身之所。在这个故事的各种版本中，警察都没对她采取任何措施。[168] 帝国保安部的报告指出，1943 年 8 月还有一个广为流传的谣言，说盟军承诺，如果德国更换政府，就会停止轰炸；这是一个大胆的谣言，甚至在偏远的因斯布鲁克（Innsbruck）和柯尼斯堡（Königsberg）都能听到。[169] 同样明显的是，轰炸所产生的焦虑和恐惧不仅影响到国内的民防前线，而且也影响到作战前线。审查人员截获了一些信件，这些信件详细描述了大轰炸的痛苦后果；毕竟休假的士兵可以亲眼看到这些景象。1943 年 9 月初，帝国保安部的一份报告描述了典型的前线反应："如果家里的一切都被炸得粉碎，我们回来后什么都没有留下，那么在前线保卫祖国还有什么意义呢？"[170] 当局努力确保轰炸的消息迅速传到士兵手中，以减轻他们的恐惧。被轰炸的城镇寄出的特别"炸弹明信片"将用快递送到部队。[171]

1943 年的猛烈轰炸，特别是汉堡被毁带来的震撼效果，实际上并没有引发严重的政治或社会危机，尽管这次轰炸引发了越来越多的公共批评和焦虑，以及偶尔的地方性抗议行为，这种程度尚在当局容忍范围之内。对于这个现象，并没有唯一的解释，因为不同的地区和城市，或者不同的社会群体和公共组织之间的反应有很大的不同，但是有一些因素发挥了作用。1942 年和 1943 年的轰炸仍然与地理位置有关，主要集中在德国西部的沿海城镇和工业区，不过据估计，英军投下的一半的炸弹落在开阔的田野。尽管其余大部分人也受到了定期警报、强制避难和一连串病态谣言的影响，但他们并未直接体验到轰炸的滋味。而对那些直接受轰炸影响的民众来说，他们最关心的是如何在这场灾难中生存下来，得到适当的福利保障、食物和住所，以及保护和重建他们的住宅。汉斯·诺萨克在他汉堡的伙伴中发现了一种对日常生活的极度专注："如果碰巧有一份报纸落到我们手中，我们甚至懒得去读战争公告……我们会立即翻到与我们直接相关内容的页面。我们之外发生的一切对我们来说根本不存在。"[172]

由于纳粹政权过分担心公众舆论的状况，空军、地方当局、纳粹党和警察都做着同样的努力，这就意味着，无论可能产生什么管辖权上的摩擦，问题都会查明并得到解决。当局组建了很多应急机动纵队，他们给遭到轰炸的城市带来食物、医疗服务或建筑队，这也就意味着遭受轰炸的城市不会缺少任何形式的有效援助。民防队伍活动的范围是很广泛的，1943 年当局动员了更多的妇女和青年，让很大一部分城市人口承担起责任。国家、纳粹党和社会的联合行动帮助德国社会应付了长期轰炸造成的严峻形势，并抑制了任何社会骚动出现的可能。在思考为什么没有民众暴乱时，诺萨克写道：“一切都很平静地进行着，而且当局很清楚地表明对秩序的关注，国家从这种秩序中获得了支撑。”[173] 直到后来的1944年至1945年间，当轰炸席卷整个德国时，对秩序的追求才遭到挑战。

经济奇迹

最近关于第二次世界大战期间德国经济的描述中，有一种越来越流行的观点认为，在1939年至1944年间，德国军事生产的不断扩大并无神奇之处。[174] 事实上，所有的战争经济体都是这样做的，德国人一开始比其他国家还更慢，然而在战争接近尾声时扩大得更快。区别在于，德国工业城市至少从1943年春天起就开始遭受大规模空袭，1944年德国承受的炸弹数量是空中闪电战期间德国投弹量的许多倍。1944年9月，希特勒向德国军工生产部门的负责人发表了讲话，介绍了在“空袭的破坏日益严重”的情况下，战争生产取得的成就，他接着说道，8月的军工生产达到了新高峰，这表明德国工业是可以信赖的，即使是仍在德国占领下的那些遭到破坏生产减少的地区也是如此，能够把一切集中在军工生产上，“以便进一步增加最重要的武器和装备的产量”。[175]

即便德国扩大生产的“奇迹”，可以用有效地利用资本和劳动力以及合理分配资源来进行合理的解释，但在轰炸下还能维持高水平的军工生产的能力并不能视为是理所当然的。如果轰炸最终限制了德国工业的生产，那么在二战的最后两年中，德国工业关键部门的表现确实具有某种“经济奇迹”的含义。最重要的是，这和盟军的想法正好相反，盟军方面认为只要轰炸继续下去，就会摧毁德国的军工生产，参见表7.1中的统计数据。无论德国战时经济在资源和组织上面临了怎样的问题（这不是此处的主题），让德国战时经济潜力在什么程度上免受轰炸影响，则是德国战争机器关注的中心问题，也是让德国军队在1945年仍然能够孤军奋战很长一段时间的原因。

战争爆发时，德国工业的地理分布模式与英国的情况有一些共同之

表 7.1　1940 年至 1944 年部分德国军工生产统计数据

武器种类	单位	1940 年	1941 年	1942 年	1943 年	1944 年
弹药	吨	865 000	540 000	1 270 000	2 558 000	3 350 000
装甲	吨	37 235	83 188	140 454	369 416	622 322
口径大于 7.5cm 的大炮	门	5964	8124	14 316	35 796	55 936
飞机	架	10 250	11 030	14 700	25 220	37 950
潜艇	吨	—	162 000	193 000	221 000	234 000

资料来源：IWM, S363, Saur papers, 'Auszug aus dem Leistungsbericht von Minister Speer, 27.1.1945'。

处。煤炭、钢铁、机械等老工业部门集中在鲁尔-莱茵兰地区和萨尔河流域，但在 20 世纪 30 年代，德国开始通过在未开发地区增设工厂来增加国内的生产，这种情况在不伦瑞克的萨尔茨吉特（Salzgitter）矿区尤为突出，另外，德国还控制了奥地利、苏台德区（Sudetenland）和波希米亚（Bohemia）/ 摩拉维亚（Moravia）的铁矿石、钢铁、煤炭和工业生产。然而，包括化学、电子、无线电、航空工业和汽车在内的现代工业部门都远离旧工业区，分布在巴伐利亚、符腾堡、柏林、萨克森和一些小工业城市。1933 年之后，新政权开始强调重整军事和经济，有意识地将工业从西部边境地区转移到更不容易遭到轰炸的德国中部、南部和东部地区。这一过程称为“去中心化”（Verballung）。1938 年至 1940 年，德国的领土扩张确保了扩大后的“大德意志”的工业产出平衡进一步向东方倾斜，创造了一个缓冲地带，以吸收对鲁尔-莱茵兰地区任何潜在破坏造成的损害。1939 年，鲁尔区为德国提供了四分之三的钢铁，但到了 1943 年，这一比例还不到三分之二。[176] 1937 年成立的规模巨大的“赫尔曼·戈林”帝国工业是一家大型国有控股企业，生产钢铁、煤炭和军火，不但控制着德国境内的 71 家公司，而且还控制着被德国占领的奥地利、捷克斯洛伐克和波兰的 241 家公司。直到 1944 年，德国的部分军工生产都因为地理上的分散和较远的空中航程而免遭轰炸。

德国工业和服务业易受轰炸的弱点是众所周知的，1937 年的自我保护法规定了“工作保护”。但就像一般的空袭防护一样，工厂系统是零敲碎打地引入这些规定的；那些远离轰炸威胁的工厂，在为员工执行严格的防空措施、提供防空洞或为机器和设备安装防轰炸设施上并不热心。1942年，当位于罗斯托克的亨克尔飞机制造厂在空袭中遭到破坏时，人们发现，该公司没有听从空军部的建议，修建防弹墙。[177] 在一类地区内的城市，实施有效的工作保护是强制性的。从1939年开始，对轰炸抵抗力较弱的公司，在当局的要求下将部分生产转移到不那么危险的地区，并且像英国一样，努力确保在至少3个不同的地点生产关键部件甚至整个产品（飞机、航空发动机、坦克等）。一些早期的分散是有效的——位于不来梅的威悉飞机制造厂将其Ju87“斯图卡”俯冲轰炸机三分之一的产量转移到了柏林；福克-沃尔夫飞机厂也位于不来梅，该厂于1940年和1941年疏散到更东部的3个独立地点；布洛姆和福斯大型飞机的生产从汉堡转移到德国南部的博登湖，同时在远离当前轰炸威胁的地区建立了新的生产厂。1938年至1939年，纳粹德国还在维也纳郊外的维也纳新城（Wiener Neustadt）新建立了梅塞施米特Me109战斗机制造厂（后来又在奥地利和波希米亚建立了另外5家装配厂）；在莱比锡埃尔拉的飞机制造厂建立了另一个生产中心。1944年之前，这些工厂都不易遭到轰炸。[178]

与英国的做法一样，为了增加轰炸机在夜间识别工业目标的难度，德国也制定了伪装和建立诱饵目标的计划。最大、最有效的伪装工厂设立在埃森，当局在城外复制了一座规模庞大的克虏伯工厂为诱饵，根据德国空军的估计，这座诱饵工厂吸引了四分之三的针对真正克虏伯工厂的轰炸。1941年，在斯图加特和卡尔斯鲁厄（Karlsruhe）城外的诱饵工厂，吸引了超过半数的轰炸。[179] 在柏林城区，当局采取了很多办法对政府部门所在的街区进行伪装，以避免轰炸的危险。纳粹当局在远离市中心的地方，修建了一座勃兰登堡门和诱饵政府大楼，而真正的突出地标则被伪装起来。铁丝网和绿色伪装网覆盖了柏林市中心东西轴线的道路，路边的灯柱也被绿色材料覆盖，看起来像树木。柏林西部的一座湖泊也覆盖着绿色的伪装网，而伪装网上面那一长条灰色的布料，则是模拟的公路。[180] 柏林城外，还修建了16座充当诱饵的工厂，在整个战争期间这些诱饵一直在吸引英国人的轰炸。当燃烧弹轰炸成为英国皇家空军的主要轰炸模式以后，德国空军在围墙围成的小空间内放火，模仿燃烧的建筑物。在战争的大部分时间里，这些方法也是非常有效的手段。为了加强工业烟雾对轰炸的影响，空军还使用了人工烟雾来遮蔽容易遭受轰炸目标。1943 年，当日间空袭正式开始时，这项计划得到了扩大，到战争结束时，纳粹德国已经有 100 个负责伪装烟雾的连，成员达 5 万人。[181]

在 1940 年至 1942 年间，德国经济面临的诸多问题中并不包括轰炸。遭到小规模的偶然性轰炸是可以得到补偿的，而工厂疏散和诱饵目标则更进一步降低了对经济目标进行精确轰炸的有限预期。德国经济从 1939 年起，发生了迅速而广泛的转变，把军工生产作为重中之重，而 1942 年，私人消费支出减少了四分之一（与此相比，英国减少了 14%）。为部队生产军用品的工人，占工人总数的百分比从 1939 年 5 月的 28%，提高到 1942 年 5 月的 70%。[182] 在战争的最初几年，德国的武器生产稳步提升，但是仍有一些困难。造成这些困难的原因，并不是像人们经常说的那样，是由于纳粹当局不愿意为战争进行大规模经济动员（事实上，早在 1941 年就已经出现了过度动员的问题），问题在于纳粹缺乏规划国家资源调配的能力、陆海空三军之间的相互竞争以及军方和军工企业之间令人担忧的关系，军方要求设计快速革新以适应战术不断变化，企业则寻求有利可图的方法，将分配的大量人力和机械资源转化为高效而不间断的流水作业。企业的生产能力受到糟糕的计划和潜在的资源瓶颈的拖累，但资源瓶颈的影响直到 1944 年末才出现，当时盟军的轰炸、新经济秩序的崩溃和对外贸易的破坏影响到了德国对关键原材料的获取。战争最初几年，德国的生产政策阻碍了军工生产的合理化。后来纳粹当局逐步引入了流程化生产体系，并在 1941 年至 1942 年间设立了专门的委员会监督每个生产分支，并于 1942 年 3 月成立了名为中央计划委员会的机构，负责组织协调资源分配，随着这个组织框架的建立，在战争早期对产能的大量投资终于可以在战争最后 3 年，使军备的供应快速增长。[183]

直到 1943 年和 1944 年初，英国皇家空军对鲁尔、汉堡和柏林的空袭，以及美国对飞机加工厂和滚珠轴承工厂的空袭，才使得轰炸成为德国工业不得不更充分考虑的问题之一。尽管对鲁尔的空袭导致钢铁供应暂时减少，但未能阻止德国军工产能上升的趋势，1943 年德国军工生产又创新高。1943 年，克虏伯在埃森的主要工厂仅损失了当年计划产量的 7.6%；奥古斯特-蒂森钢铁公司 1943 年的产量比前两年中的任何一年都要多。[184] 与此同时，1941 年至 1943 年期间，由赫尔曼·戈林帝国工业控制的德国中部和东欧占领区的新建工厂的钢铁产量增加了 87%，这弥补了鲁尔区钢铁产量的下降。帝国工业提供了德国五分之一的钢铁，四分之一的煤炭。[185] 正如之前第六章所指出的，轰炸仅使德国 1943 年的潜在工业产出减少了约 9%。这种损失必须与 1941 年至 1944 年期间军工生产扩大了 3 倍相对照，这种增长在各种主要武器中都很明显。1943 年大口径炮弹总产量比 1942 年增加 100%，坦克炮产量增加 60%，飞机产量增加 61%；1944 年，这些统计数字又一次被大大超过。轰炸造成了局部和暂时的混乱，但无法阻止德国工业逐渐适应压力并扩大生产。[186] 在战争的最后几年里，德国战时经济面临的中心问题不是轰炸，而是前线不断上升的损失率。在战争的头几年，人力和装备的损失都比较低；然而从东线的斯大林格勒战役，到北非轴心国军队的瓦解，再到大西洋战役的消耗日益增加，德国军队的伤亡急剧上升。当局提高产量的要求反映出部队损失在增加，以及部队对更快和更广泛地更换库存的需求。到 1944 年，陆军储备的坦克和自行火炮几乎是 1941 年的 4 倍；反坦克炮的库存是 1942 年的 5 倍；飞机供应数量，包括修复的和新生产的，从 1940 年的平均每月 1381 架，提高到 1944 年的 3609 架。[187] 1943 年和 1944 年德国发起加强生产合理性和集中性的持续运动，是为了满足军事上的需要，即在高损耗的情况下向包括防空在内的前线提供更多的武器。希特勒对损失的反应总是号召工业部门生产更多的产品；而德国实业家和规划者们的首要任务就是满足这些要求，无论轰炸造成了多大的影响。

显然，如果在没有轰炸的环境中进行生产，生产组织起来将会更容易，管理人员和工人的伤亡也会更小。轰炸抑制了战时新技术的发展，但并没有完全阻止这种发展。事实上，一些众所周知的产品（例如亨克尔 He177 重型轰炸机）在发展中遇到的问题其实是其自己造成的。事实证明，即兴发挥的做法取得了一些成绩，但这是以牺牲组织性和问题解决能力为代价的，这种方法并没有吸引美国或苏联的生产管理者。1943 年和 1944 年，随着轰炸的加剧，最初为德国工业生产提供的防空得到了扩展和巩固。第一步是在生产厂区提供更好的防空保证。在最有可能受到轰炸威胁的军工厂周围，当局划定了一片特殊防空区，并将高射炮集中布设在那里。当局还为工业企业组建了特别的"行动小组"，他们的职责和城市中的同类单位类似，被派往遭到轰炸的工厂，设法尽快帮助工厂恢复生产。1943 年 8 月，在汉堡遭到空袭之后，施佩尔得到授权，可以宣布哪些地区属于状态紧急的"受损地区"，这一类地区的生产活动将优先得到恢复。[188] 当局还鼓励工厂为其机器设立全面的防护设施，并加强对工人进行的简单空袭保护培训。对于遭到轰炸但仍能正常运转的工厂，当局通知他们不要给车间修建新的屋顶，而要在屋顶以下铺设黑色覆盖物，以伪装成空置的建筑；被大火毁坏的外墙也要保留原样，使厂房看起来像是废弃了。其他未受损的建筑的侧面也被涂成了受损的模样。[189] 所有易燃的材料都必须转移到更安全的储存地点，1943 年秋，根据经济部的报告，这项政策很有效。库存被转移到受轰炸威胁城市的郊区，由远离轰炸威胁的小公司储存。[190] 这样，即使在遭受严重破坏的城市，仍有可能将产量维持在略低于轰炸前的水平。例如，在工业生产破坏最严重的奥格斯堡，1943 年最后 5 个月的月平均产值为 96.4 万帝国马克，而在 1944 年长达 5 个月的大规模空袭期间，其月平均产值为 81.4 万帝国马克。哈根（Hagen）在 1943 年遭受了 4 次严重的轰炸，轰炸前的月平均产值为 520 万帝国马克，袭击后的月平均产值为 517 万帝国马克。大部分生产损失都是依靠削减消费品生产和集中战争必需品生产得到弥补的。[191]

第二个必要措施是确保被轰炸城市的工人得到足够的补助，以维持劳动生产率，将缺勤率减至最低。到 1943 年，这个问题变得更为复杂，因为德国引进了越来越多的外国强制劳工，女性在劳动大军中的比例也在不断上升，不过对于这两种工人，德国的男性监工可能会更无情地实施工作纪律。外国工人被视为事实上的囚犯；为了强调他们与德国熟练工人地位上的差别，他们被限制进入防空洞，只能在避弹壕中躲避轰炸。在一个受控制的经济体中，人们没有罢工的权利，对持不同政见者的惩罚也很重，但工人仍能通过降低工作效率或破坏生产来表达不满。为了确保德国劳动力的生产积极性而同时使用大棒和胡萝卜，仍符合雇主和国家的利益。当局会优先修理工人的住房或用临时营房代替他们的住房。在轰炸后从事维修工作的工人，会根据他们各自的技能，每小时额外得到 52% 至 65% 的奖金。[192] 无家可归的工人必须在两天内向雇主报告，这样才能达到领取补偿的条件，并获得短暂的安慰性假期。[193]

尽管工作时间很长，面临更大的危险，但工人可以领到其他奖励或奖金，其忠诚度得以维持。所有德国工人的加班时薪都提高了 25%，周日加班费增加 50%，节假日加班费增加 1 倍。政府鼓励企业为劳动妇女设立托儿所，为工人设立旅馆，并在中午提供一顿热饭。戴姆勒-奔驰公司将其在劳动力设施和奖金方面的“社会支出”从 1939 年的 160 万帝国马克增加到 1944 年的 210 万帝国马克；在战争的最后一年，公司在防空方面花费了 460 万帝国马克。[194] 1942 年 10 月，当局还为遭到空袭的城市，特别是德国西部的工业区，提供了额外的粮食配给：每人每周额外供应 50 克的肉类，并至少维持 4 周，并由当地的帝国防务委员酌情拨发额外的食用油和面包。在战争后期，加班的货币奖励逐渐减少，对于做出杰出贡献者，当局会颁发“施佩尔表彰”，这通常以实物形式发放：给男性奖励烟酒，而女性和青少年获得的奖励是保健品、蔬菜罐头和炼乳。但与此同时，德国工人受到更严格的纪律约束。在鲁尔市，德国劳工阵线组织了“劳工管理”小队，负责检查出勤率和工作时间，批准遭受轰炸的工人休假，并四处寻找擅离职守的工人，让他们返回工作岗位。当局曾考虑对劳动力进行军事化管理，让工人成为“后方的士兵”，虽然这个称呼经常出现在宣传中，但由于担心这样做会降低劳动生产率而不是提升效率，因而没有实施。[195] 1944 年夏天，政府命令年满 18 岁以上的男性工人每月必须为“自我保护”小队服务 10 次（妇女是 8 次），确保有足够的人来对抗火灾。尽管在战争中的大部分时间，工厂都比家里更安全。[196] 但是最终让工人继续工作的最大动力是他们需要固定工资，维持自己和家人的生活，另外他们也担心战败会导致一场大萧条，带来高失业率、工时缩短甚至让德国分裂。轰炸并没有促使他们放弃工作。[197]

对生产进行某种形式的疏散，是对轰炸逐渐升级的最常见反应。几年来，为了扩大产能，生产被分散到不同的单位。从 1943 年夏天开始，分散政策只提供替代性的生产场所，而不会额外提供生产场所。1943 年 6 月 28 日，希特勒颁布了一项法令，规定那些预定要接收分散生产的地区要预留出厂房和工人宿舍的空间。[198] 两周后，施佩尔的部门下令执行该命令，其中包括禁止未经批准的任何“私自疏散”行为，并禁止仅仅因为东部地区仍在常规空袭范围之外就将一切转移到东部地区。取而代之的是，施佩尔鼓励企业将生产分散到当地农村，这将能够保持劳动群体的完整性，并保持与当地服务业和零部件承包商的联系。[199] 空军部于 1942 年 10 月开始了一项疏散方案，下令要求将所有生产企业从最危险的地区撤离，并确保每一种产品至少在两三个不同的地方生产。有时，在两个不同地点生产相同零件的工厂会偶然同时遭到轰炸。例如，1942 年不来梅和奥斯纳布吕克（Osnabrück）分别遭到空袭，但是这两地的工厂都负责生产 Ju87 俯冲轰炸机的同一个零件。但总的来说，多地同时生产零件增加了对轰炸破坏的缓冲能力和灵活性。到 1942 年 11 月，斯德丁-柏林-慕尼黑一线以西的 290 家 100% 为空军生产装备的企业，大部分都已经做好了疏散计划。[200] 在接下来的几个月里，大量的飞机生产转移到了德国的保护国，以及斯洛伐克、波兰、西里西亚和萨克森，但在 1943 年 6 月希特勒颁布法令时，仍有很多与搬迁有关的事情需要完成。7 月，戈林作为四年计划的全权负责人，下令“战争必需的工厂必须全部从主要城市的核心区疏散出去”。[201]

尽管轰炸不断升级，但德国的工业生产仍在大幅增长，最能证明疏散政策成功的，莫过于被美国第 8 航空队视为潜在工业瓶颈的滚珠轴承业和飞机组装业。这两个行业的例子都表明，在一个高度工业化的国家，当工厂不得不疏散时，工业生产可以得到相当的缓冲。这一过程的潜在破坏性影响得到了缓解，因为希特勒本人在命令中规定，生产和设计要同时坚持进行简化和标准化，减少不同型号，寻找短缺的替代材料或部件，并停止生产不必要的产品，无论是民用品还是军用品。在轰炸的压力下，德国的生产系统变得更加灵活、更有应变能力，这是盟军空军没有预料到的。正是因为这个原因，对施韦因富特滚珠轴承生产的空袭未能达到应有的目的。空袭发生 4 天后，施佩尔奉希特勒之命飞往纽伦堡视察损失情况；翌日，1943 年 10 月 19 日，施佩尔领导的军备咨询委员会成员菲利普·凯斯勒（Philipp Kessler）被任命为恢复滚珠轴承生产的总指挥。凯斯勒本人并不喜欢这个沉重的头衔，在他的领导下建立了一个名为“滚珠轴承快速行动”的组织。施韦因富特的工厂的产量仅占可用滚珠轴承产量的 45%；遭到轰炸后，滚珠轴承的供应立即由其他生产商和拥有大量储备的承包商接管，这些储备轴承总共相当于两个月的产量。当局对轴承库存实施了认真的管理，到 1944 年 1 月，滚珠轴承的储备是 1943 年 1 月时的 3 倍。到 1944 年 1 月，施韦因富特轴承厂生产轴承用的机床已恢复到所需总数的 94%。由于生产分散，这些机床仅有一半在施韦因富特，其余的都分散在其他 20 家生产商手中。最终，德国整个滚珠轴承行业分散到了 49 家在各处的工厂中；在遭到大轰炸一年以后，施韦因富特的工厂仅留存了全国产量的 20%。由于设计上的改进，普遍依赖滚珠轴承的飞机和坦克的生产几乎没有受到任何影响。到滚珠轴承供应恢复到轰炸前的水平时，飞机产量已经增加了 58%，坦克的产量增加了 54%。[202]

飞机工业的疏散显示出另一种产能上的缓冲，即使在 1944 年的某些情况下，飞机组装或修理不得不临时在农场的谷仓中、树木掩蔽处或公路隧道中临时进行。继 1942 年至 1943 年有计划地对飞机生产进行疏散以后，第二次疏散发生在 1944 年 2 月盟军空袭“最严重的一周”之后。虽然这次空袭中生产遭受的损失很小，且很快就得到弥补，但德国战斗机参谋部却决定，进一步将所有飞机和航空发动机的生产向更远的地方疏散，以防轰炸进一步加剧。29 座大型飞机装配厂被分散为 729 个较小的生产单位，不过最后只使用了大约 300 个生产单位；航空发动机的生产从 51 座工厂（大部分已经疏散了一次）分散到 249 个新地点。到 1943 年底，当局已经为工厂疏散准备了大约 330 万平方米的场地，但是新的疏散方案又需要额外的 240 万平方米。[203] 这样做的结果是，每个主要生产商的生产地点分布都如同复杂的马赛克。承担 Me109 战斗机产量三分之一的莱比锡的埃尔拉工厂，被分散成 18 座工厂，包括 13 座零件工厂和 5 个主要装配点，虽然生产暂时得到了安全保障，但是生产线转移花费的 6 个月时间损失了 2800 架飞机的产量。1944 年春，在维也纳新城的 Me109 战斗机工厂也不得不对生产进行疏散，而且取得了喜忧参半的成果，因为在新工厂选址的地方，需要新建很多新设施，而且很多地方需要重建。但是，分散在各处的工厂没有一家的产量每月能够超过 150 架，这也就影响了整体的生产效率。尽管如此，公司在 1944 年还是比 1943 年多制造了 50% 的战斗机。相比之下，在 2 月的轰炸后，对哥达市的哥达机车厂承担的 Me110 战斗机生产的疏散工作则很成功，仅几周后就恢复了全面生产。[204] 整个疏散政策保证了在德国和德国占领区遭到盟军 100 万吨炸弹轰炸的情况下，飞机的产量在一年内达到将近 4 万架的峰值。轰炸或许可以阻止飞机产量的进一步提高，但无论有没有轰炸，飞机工业在生产更多飞机时都将面临原材料和劳动力供应的限制。

生产的疏散是有代价的，如果没有疏散，1943 年和 1944 年的总产量无疑会更高。地上工厂的成功转移确保了总产量能够继续上升。那些不得不接受重新分配的工人，或被迫转移到不同工厂的工人，到 1944 年底已将近 85 万，他们承受的社会和心理代价是相当巨大的。尽管德国的大量通用机床，使生产向碎片化过渡变得更容易，但管理和技术人员必须被分配到更多的小工厂，增加了个人的责任，稀释了公司的领导团队；许多间接为军事订单生产的工人根本没有接受过相关训练，而其他工人（通常是外国劳工或集中营劳工）则必须从一个营房转到另一个营房；较短的生产周期使大规模装配节约的时间和成本不再有优势；还必须大量供应工具和钻模。最重要的是，分散的生产给运输系统带来了压力，特别是由装备部负责分配的设备和零件，它们必须在正确的时间按规定数量运抵工厂。德国工业经过非凡的组织和努力，克服了疏散造成的障碍，成功地实现了生产最大化。正如一位经理所说，目标是“让不可能变为可能”。[205]

这种“不可能”表现在德国的生产高峰正出现在盟军轰炸的最高潮。在 1942 年和 1943 年期间，那些使军工生产继续扩大的因素，在 1944 年继续扩大生产方面发挥了关键作用。1944 年春，由于淘汰了旧型号的武器和装备，在生产上引入了标准型号，集中全力生产最需要的装备，因此，德国武器装备的产量达到了最高点。步兵轻武器从 14 种减至 5 种，反坦克武器从 12 种减至 1 种，高射炮从 10 种减至 2 种；车辆型号由 55 种减至 14 种。[206] 当局对所有非必要的或非军品生产再次进行了彻底的清理，以排除那些不必要的生产任务；仍在生产地毯的 117 家公司削减到 5 家；23 家共生产 300 种棱镜玻璃的公司减少到 7 家，且只生产 14 种棱镜；900 家机床公司减少到 369 家。在可能的情况下，将车间和劳力全都分配给直接承担军工生产的工厂。在机械工业领域，到 1944 年初已经有 415 700 名工人改变了生产任务，直接从事军用物资的生产。[207] 1944 年，当局将生产合理化的工作推到了极限，纳粹政权对合理化的定义是：尽可能多地用现有的机器、材料和劳动力生产军事装备。通过从被占领的欧洲吸纳资源、更严苛地利用集中营劳工以及设法使有孩子的妇女从事非全日制工作或在家工作，德国战争资源的主要限制因素——劳动力供应——得到了改善。为了应付轰炸造成的人口大规模流动，劳工事务全权负责人，图林根（Thuringia）大区区长弗里茨·绍克尔（Fritz Sauckel）于 1944 年 1 月 17 日发布一项命令，要求那些已撤离但尚未工作的人，到当地劳工处报到参加工作。第一次命令只组织了 6.5 万名志愿者，但随着撤离人数的增加，第二次和第三次“报到命令”（适用于有 7 岁以下孩子的妇女和 45 岁到 50 岁的妇女）有了更大的收获。到 1944 年 10 月，登记在册的有 160 万人，当局给其中 30.3 万人分配了工作，其中四分之三在分散在各处的工厂参加半日制工作。这些人几乎都是妇女，她们加入了已经参加半日制工作的 350 万女工的行列。到战争结束时，妇女占德国劳动力总数的 50% 以上。[208]

工业劳动力构成的变化对德国军工生产来说有利有弊。1942 年 7 月，外国工人有 160 万，占工人总数的 15%，1943 年 7 月，外国工人达 270 万，占全部工人的 22%，到 1944 年夏，达 320 万人，占 29%。他们的存在可能会带来语言、纪律和培训方面的问题，人们还担心他们无法像德国工人那样在轰炸的压力下应付自如。在戴姆勒-奔驰公司，工人由来自 31 个不同国家的人构成，甚至包括一名阿富汗人和一名秘鲁人。[209] 女性在劳动力人口中的比例逐渐升高，其中很多是来自东方的强迫劳工。女性就业引发了照顾家庭、身体疲惫和配给品短缺等问题，但如果没有这些妇女参加工作，经济就无法运转。当局还通过提供奖金、额外食品配给和适当的培训等方式，努力维持她们的生产积极性。到 1944 年 10 月，参加军工生产的工人有 620 万人，是工业领域就业人数的一半还多，其中妇女占 35%，外国工人和战俘占 37%。[210] 在整个 1944 年和 1945 年的头几个月里，这种多样化的劳动力组合遭到了持续不断的猛烈轰炸。

根据盟军轰炸规划者的假设，德国城市的破坏将造成日益严重的缺勤问题，这将对军备生产造成影响。然而，统计数据显示，1944 年轰炸造成的工时损失仅占很小一部分。根据经济部汇编的记录，1944 年 10 月，德国只有 2.5% 的工时损失是空袭造成的。工人缺勤原因主要是生病、休假、旷工或工作场所的政策，总共损失了 16% 的工作时间，这些损失并不是轰炸直接造成的。[211] 然而，总体数字却掩盖了不同工业部门和帝国不同地区之间的巨大差异。1944 年 3 月至 10 月间主要工业集团的缺勤率请参见表 7.2：在汉堡和慕尼黑等德国西部地区，缺勤率较高。然而在 1944 年，尽管因轰炸损失了工作时间，但是，经济部对 1.2 万家军工生产企业的调查显示，实际的工时总数，从当年 3 月的 9.76 亿个工时增加到 10 月的 10.63 亿个工时。[212] 一个可能的解释是，强制劳动外国人、战俘和集中营劳工占了更大的比例。在科隆的福特工厂，缺勤只是出现在德国工人中的问题。1944 年，据估计，当年平均有 25% 的德国劳动者缺勤，而来自东方的工人（俄罗斯、波兰、乌克兰）的缺勤率为 3%。有的德国工人则选择彻底再也不去上班——1944 年，这样的工人在福特工厂达到 1000 人，其中三分之二是女性——或者在轰炸后拖延很久才回来上班，其中有十分之一在轰炸后一两天返回工作，三分之二的人在两周后才回来上班。[213] 对德国战时经济来说，1944 年和 1945 年大规模剥削战俘劳工的好处在于，即使在猛烈轰炸的不利条件下，也可以强迫他们努力工作。

表 7.2 1944 年 3 月至 10 月德国工业部门工时和损失（百分比）

工业领域	实际工时	损失的工时	空袭损失工时	病假 / 旷工损失工时
钢铁工业	84.7	15.3	5.1	10.2
机械工业	83.3	16.7	6.2	10.5
汽车制造	77.0	23.0	10.6	12.4
飞机工业	85.6	14.4	4.6	9.8
船舶制造	82.2	17.8	7.9	9.9

资料来源：BA–B, R3102/10031, Statistical Office, 'Vermerk über die Auswirkung der Feindlichen Luftangriffe auf die Arbeiterstundenleistung der Industrie', 27 Jan 1945。

因为拥有大量被囚禁的劳工，从 1943 年夏天开始，纳粹当局开始考虑更为激进的解决方案，准备将最重要的军工生产转移到地下，要么是改建的矿井、洞穴和隧道，要么是专门新建的由厚达 7 米的混凝土覆盖着的地下设施。对这个计划的兴趣有多方面的原因。1943 年 7 月，希特勒要求新的 A4 火箭（后来的 V2 火箭）的生产环境应尽可能安全，不受轰炸影响，最好是在地下；地下掩体的建设工作由希姆莱负责，因为他可以将迅速增加的集中营囚犯转变为强制劳工。德国空军部已经要求经济部的采矿司编制一份清单，列出德国境内和附近德国占领区内所有可能的地点，以及可以提供的地下建筑面积，这样航空业就可以彻底避开空袭。[214] 可能的地点的清单有 22 页，15 页是德国的地点，另外 7 页是匈牙利、斯洛伐克、波希米亚 / 摩拉维亚和波兰的地点。这项计划在 1943 年取得的进展有限，但在 1944 年的春天，随着盟军加强了针对关键目标的轰炸，纳粹当局制定了一个全面而宏大的建设计划，地下建筑面积达 9300 万平方米，包括关于燃油和党卫队的单独修建项目，此外还有 A4 火箭。表 7.3 列出了地下工厂的数量，包括计划中的、已完成的和正在建设的。

表 7.3　1944 年 11 月地下工厂情况（平方米）

工业部门	计划中	已放弃	在建	完工
飞机机身	20 766 800	645 000	16 570 400	3 550 800
飞机零件	6 391 400	—	5 347 700	1 043 720
飞机引擎	20 992 700	1 345 000	15 871 000	3 776 800
坦克	2 109 000	—	1 818 400	290 500
机动车	2 808 360	—	2 711 500	96 800
V 系列武器	1 538 700	—	387 400	1 151 300
造船业	1 775 400	—	1 248 200	527 200
武器制造	2 173 500	—	2 119 720	53 800
机床	7 101 600	—	6 079 400	1 022 200
合计	65 657 460	1 990 000	52 153 720	11 513 120

资料来源：TNA, AIR 10/3873, BBSU, ‘German Experience in the Underground Transfer of War Industries’, 12。

1944 年，尽管党卫队管理着位于诺德豪森臭名昭著的米特堡-朵拉集中营，并驱使集中营苦役为附近的火箭工厂劳动，但转移到地下的计划实施起来仍比较难。到 1944 年末，只完成了 17%，到战争结束时，这些地下工厂也未全部投入使用。最初的方案中，仅限于将飞机生产转移到地下掩体，这样增产的飞机就可以击退盟军轰炸机，这样或许其他迁移计划就不必实施了。到 1944 年 5 月，飞机生产的大约 10% 是在地下进行的，到年底则更多。卡尔-奥托·索尔计划在匈牙利建立大型地下基地，首先是战斗机生产基地，然后是燃油基地，最后是生产武器、弹药和车辆的综合工厂，尽管这里现在已经在苏联红军的攻击范围之内。这个地下工程一直被认为是对资源的浪费，就连英国轰炸调查队都认为，这个计划“脱离现实”。[215] 的确，大部分在地下的疏散计划都是白费力气。1944 年 5 月，宝马航空发动机工厂开始向盐矿转移，计划在当年 12 月重新投产，但最后这座转移的工厂并没能投入使用。地下工程的通道很窄，地下走廊只有 10 米到 30 米宽，另外矿里的盐对工人和机器构成了威胁。许多地下设施都有通风不良、冷凝水和塌方的问题；工人的工作条件非常差，因此当局更倾向于使用关押在集中营的劳工，就宝马而言，在主厂区的1.7万名员工中，有1.3万名是强制性劳工。1944年8月位于沃尔夫斯堡（Wolfsburg）庞大的大众汽车厂区受命疏散到地下的时候，其1.7万名工人中只有15%是德国人。[216] 对于一个拒绝投降，且对自身状况过于乐观，认为能够战斗到1945年和1946年的政权来说，很难看出还有什么其他长期性解决方案。1944年5月，当盟军的轰炸最终指向燃油生产时，对于德国工业中脆弱的资本密集型行业所面临的威胁，唯一的有效解决方法，就是将其转移到防空洞，免受炸弹的袭击，不然就只能放弃抵抗。

1944年，盟军的轰炸达到了最危险的程度，开始以燃油和化工等重资产项目为主要目标，这些项目不像滚珠轴承厂或飞机制造厂那样容易转移或替代。在第一次轰炸之后，希特勒于1944年5月31日批准任命埃德蒙·盖伦伯格担任紧急事务管理者，他要全权负责紧急措施，任务是将燃料生产转移到地下或转移到暴露较少的地面设施内。该计划将建立98座分散的厂区，其中22座在地下，能够生产多达五分之四的航空燃油和88%的坦克用柴油。到战争结束时，已经完成了大约五分之三的准备工作，但只安装了少量的设备。最终，德国的燃料供应依赖于对现存工厂的迅速修复。[217] 设法修复损坏和提供替换零件而引发的问题，对于解释德国战时经济在战争最后几个月中因无情惩罚而崩溃的原因至关重要。甚至在1944年9月盟军针对运输系统的轰炸计划开始之前，运输系统的随机中断，就已经给修复受损的工厂、更换机器或供应重要部件和设备带来了困难。经济部在1944年发布的关于经济情况的每周报告中，重申了铁路中断和车辆损坏所造成的问题。[218] 施佩尔掌管的已被重新命名为战争生产部的部门中的官员们在战后的审讯中都强调，由于无法进行修理或无法提供零部件，生产遭到了破坏。[219] 由于决定将生产分散到离主要工厂很远的地方，使生产情况更加恶化。在亨舍尔飞机制造厂，为了维持生产正常进行，需要200名运输工负责随时从分包商那里收取零件或为分包商分配重要的材料。[220]

考虑到德国不惜一切代价地人为将资源集中于军工生产，劳动力长期承受着每周工作 60 至 70 个小时的工作压力，再加上欧洲供应基地的迅速收缩，即便没有轰炸的影响，德国战时经济的发展空间也是有限的。经济学家 J. K. 加尔布雷思在二战结束后受命对德国经济进行评估，他认为，无论是否遭到轰炸，德国的生产能力在 1944 年都正在接近“可能被称为普遍瓶颈”的状态。[221] 从 1944 年 9 月起，从德国紧张的经济状况遭受的轰炸规模看，德国战时经济已经达到了极限。向当局报告因空袭遭到损失的公司突然增加。7 月共有 421 家公司，其中 150 家公司全部或遭到严重破坏；9 月这个数字上升到 674 家，其中状况最差的有 253 家；1944 年 11 月，664 家公司中有 311 家遭到完全或重大破坏。[222] 德国经济在最后的 8 个月里继续运转，仰仗以前积累的库存来弥补钢、铁、铝、机床等基本材料供应的缓慢下降，以及煤炭供应造成的铁路和水路运输损失的累积影响。因此，战时火炮、装甲战车和战斗机的生产实际上在 1944 年的最后 3 个月达到了顶峰。[223] 此后，随着包围德国的陆军和空军收紧了套在德国脖子上的绞索，德国的生产开始迅速崩溃。

然而，德国领导层继续向正在崩溃的经济体系抛出一个又一个紧急解决方案。1944 年 8 月 1 日，当局设立了一个军备管理机构，负责 8 个优先生产计划，该部门将施佩尔和卡尔-奥托·索尔麾下的 25 个具有最高权力的部门的负责人集合在一起，他们负责在经济日益萎缩的情况下制造一切有可能的武器。1944 年 12 月，德国被划分为 7 个军备区，按计划，每个军备区都将成为一个繁荣的独立自治军事经济体。但是，德国的产量下降了一半以上。在战争的最后几个星期里，德国经济体系继续徘徊在幻想和现实之间。陆军制定了一个名为“暴风计划”的陆军武器精简计划，判断哪些武器对于继续作战和取得胜利来说是不必要的。[224] 3 月初，施佩尔设立了应急的运输管理部门，负责协调所有的交通运输问题。3 月 8 日，在他本人认为适合“自给自足经济”的地区，施佩尔最终设立了三名武器装备全权负责人。一位在海德堡，一位在布拉格，一位在莱茵-鲁尔区，就在它投降的几天前。[225]

轰炸只在战争的最后几个月里才真正对德国生产经济造成了严重影响，即便轰炸给德国经济的扩张加上了一个上限，德国的军工生产仍在继续增加，直到领土丧失、分散计划失败和修复周期崩溃引发的危机爆发。有效的工作保护、对劳动力的控制、隐瞒和欺骗、关键生产的分散以及坚持集中和合理化的政策相结合，成功地限制了空袭对工业造成的损害，尽管这对于工厂周围的城市景观和城市人口并没有什么帮助。1945 年 3 月 19 日，希特勒发布了他的“焦土”法令，下令摧毁德国剩余的工业、运输网络和食品供应。由于阿尔贝特·施佩尔的干预，该计划并未付诸实施，但如果实施，这个计划对工业经济和基础设施造成的破坏肯定要比轰炸严重得多。二战结束后，德国消防总监汉斯·鲁普夫指出，盟军在德国占领区拆除工厂和获取战争赔偿造成的破坏，远远高于轰炸。在德国工程能力中，被从空中摧毁的只占 20%，但有 70% 被盟军征用。[226]

“德国会崩溃吗?”：1944 年至 1945 年

1943 年 8 月，海因里希·希姆莱在保留原职的同时又兼任了内政部部长，他在 1944 年 2 月对外宣称：“不会放弃任何一座被轰炸的德国城市。”[227] 然而，1944 年德国城市地区所面临的形势却十分令人气馁。在战争的最后 17 个月里，盟军投下了整场战争中四分之三的炸弹，死于轰炸的人有三分之二丧生于这个时期。盟军 1944 年和 1945 年轰炸慕尼黑的投弹量，占轰炸这座城市总投弹量的 89%；在美因茨，因轰炸死亡的人中，93% 死于这两年。[228] 到 1945 年春天，不断缩水的德意志帝国的每一部分都被战争所波及。没日没夜的轰炸不会同时影响每一个地区，许多城镇只遭遇过一次轰炸，但轰炸造成的社会和文化冲击却已经开始主导数以百万计的德国人的日常生活，其中大多数是女性。柏林的一位年轻女生瓦尔特劳德·苏斯米尔奇（Waltraud Sussmilch）参与了强制性的民防培训和操场演示，要求她努力区分每一种炸弹不同的爆炸特征，当时她周围都是轰炸后的残垣断壁，后来，她在回忆录中回忆了那段奇异的战时时间：“炸弹属于我的生活。我每天都要面对炸弹。否则生活没法继续……我不再是一个孩子了。”[229]

希姆莱同时担任内政部部长和德国警察总监，他继续推进始于 20 世纪30年代的工作，将党卫队和警察系统的责任扩大到空袭防御和民防政策的所有领域。1944年期间，希姆莱继续削弱空军部在民防工作中的地位，在希特勒的坚持下，负责空袭防护的空军第13检查团突然于8月份撤销。空袭防护和空袭警报工作无条件地移交给党卫队和警察。1945年2月5日，也就是战争结束前几个星期，希姆莱还成功地取消了区域防空司令部对民防工作的所有责任，只剩下少数机动的"防空团"仍在空军管理之下。[230] 希姆莱的新角色给正常的民防工作带来了新的威胁。4月14日，他发布了一项法令，提出要对任何未能履行职责的民防人员实施严厉惩罚。虽然大多数市民表现出"模范性的自我牺牲精神"，但偷懒逃避工作的人和不负责任、品行不端的人将根据防空法的规定得到严厉的处理。反复出现疏忽者，恶意或蓄意违抗命令者，都会上法庭接受审判，在1944年，这意味着人们要面对一种由狭隘的意识形态和寻求报复思想指导下的司法体系。[231] 对于许多从事民防的人来说，无论是在消防部门工作的乌克兰人，还是专门清理城市废墟的集中营囚犯，党卫队实际上都是他们无法无天的主人。

面对希姆莱的野心，戈培尔发现自己已经很难维持自己的地位。1943年12月，由于对部际委员会权力过小感到失望，戈培尔说服希特勒任命他为帝国人民防空督察，南威斯特伐利亚大区区长阿尔贝特·霍夫曼（Albert Hoffmann）担任他的副手，他在部际委员会的同僚阿尔弗雷德·伯恩特（Alfred Berndt）担任办公室主任。戈培尔利用他的新职位审查了德国各地的民防，并坚持改进自我保护组织和公共服务。[232] 在这一阶段，地方负责处理盟军轰炸后续工作的责任，已完全移交给与戈培尔保持密切联系的帝国防务委员。1944年9月，当局正式指定帝国防务委员为保卫德意志帝国的关键协调人，在这一点上，纳粹党也承担了公众政治职能，引领德国人民为最后的磨难做好准备。这时戈培尔已经抛开了第13检查团，检查团除了报告事态发展外，根本没有介入任何行动。1944年7月25日，戈培尔被任命为帝国总体战全权负责人，这是另一项紧急任命，与他现在表面上负责的工作几乎没有关系。[233] 戈培尔的举措除了给当时的权力结构增添混乱之外，还有没有更大的作用，非常值得怀疑。1944年2

月，苏台德区的大区区长抱怨说，来自一个“越来越官僚”的体系的命令“混乱到令人震惊的程度”。8月，汉诺威东部的帝国防务委员指出，针对空袭问题，他接受了来自5个指挥体系的不同指令，这只带来了“一大堆纸”，而不是一条单一而清晰的行政流程。[234]

实际证据表明，应对空袭及其后续事务的真正责任仍然主要属于地方当局和数以百万计的平民志愿人员，他们尽其所能地同日益严峻的破坏和越来越低落的士气斗争。1943年8月，警方发布了一条命令，要求防空区内的每一位居民和旅客在空袭时都要参加自卫行动。每一条街道和每一座公寓楼都有自己的空袭管制员、自我保护队、家庭防火员、额外的帮手和通信员，这些人员全都接受自我保护区的地方领导的指挥。[235] 1944年1月，希特勒批准了采取进一步的措施，增加民众主动参加“自我保护”单位的积极性，尽管民众此时面临的危险越来越大。希特勒将民众的经历与前线士兵相比，前线士兵必须克服坦克近距离攻击带来的恐惧：“真正见识过并练习过扑灭燃烧弹火焰的民众，会在很大程度上失去对这种武器的恐惧。”[236] 比如，前文提到的那位受到轰炸影响的女学生，按照当局的要求学会扑灭盟军投下的各种燃烧弹的其中一种引起的火灾。（消防指导员问这位学生：“你相信自己能扑灭这种炸弹的火灾吗？”这位女生答道：“是的。”）[237] 5月，空袭防护联盟向负责防空的官员发布指令，要求他们对所属地区的每一座房子和公寓进行家访，向房主提供最新信息，确保每个居民都做好了提供帮助的物质准备，并努力增强社区应对未来艰巨任务的“精神决心”。[238]

1944年，随着对柏林和德国领土内部其他城市的轰炸越来越猛烈，当局的首要任务是，尽可能多地挽救德国城市的生活设施和仍居住在那里的人口。尽管盟军的飞机无情地减少了大城市中的可居住面积，但为了让留下的工人能有地方居住，修理或整修受损房屋的工作仍在努力进行中。施佩尔作为建筑工作全权负责人，于1943年9月15日和16日颁布了两项与修理轰炸受损房屋相关的法令。法令规定修复被轰炸损坏的房屋时，优先恢复工人的住房，以减少工作时间的损失。只有那些能够可以立即修复，并且便于修复的房屋才需要进行修理，任何维修工作都不允许超过3

个月。[239] 地方性的维修工作由帝国防务委员组织的建筑小组负责，再加上帝国集团手工业组织组建的技术工人机动队的帮助。这些配有机动车的维修队，要负责门窗、屋顶、商店窗户和房间内饰的维修。这种队伍最早于1943年10月开始运作，并于次年7月获得全额资助。他们每抵达一座遭到轰炸的城镇，就会把车停在没有受损的街道或广场上，立即开始重建工作。[240] 1943年被毁的住房数量估计为住房存量的5%，但在1944年期间，这一数字急剧增加，使修复工作难以跟上破坏的步伐。在轰炸最严重的城市，在一次袭击中轻微受损的房屋可能在下一次袭击中受到更严重的破坏。鲁尔区的城市波鸿在1944年春季的住宅破坏率为147%，杜塞尔多夫为130%，埃森为126%，造成这样的结果，是因为有些房子在修复后又被破坏了两三次甚至更多次数。[241] 1944年1月至10月间，被毁或严重损坏的住宅建筑有311 807座，而1943年前9个月为119 668座，使350万人暂时或在某些情况下永久性地无家可归。[242] 从1944年秋天起，当局就再也难以对住房损失得出准确的统计数字了。最后一次统计是在当年11月，数据显示该月损失了5.7万座建筑。[243]

城市人口的生存还依赖于煤气、电力和清洁饮用水等公共服务。到1944年夏天，供水问题变得非常严重，当局为不得不与消防队共用水源的人们准备了应急供水。在所有遭受空袭的城市，当地政府都被要求张贴告示，告诉民众在哪里可以找到有洁净供水的水龙头，并警告哪里的水不能直接饮用，必须煮沸后使用。[244] 内政部拟定了一份全国所有油罐车的清单，帮助分发干净的水；1944年8月，帝国水和能源总监发布了详细的指令，指导如何通过保护或建立对水源过滤、净化的水厂，来维持供水。[245] 1943年秋，柏林当地酿造商协会受命提供一份酿酒和生产矿泉水所用水源（泉水、溪流）的完整清单；到1944年6月，当局已查明了286个可用的水源。就在同一个月，内政部起草了一份可征用于供水的未使用瓶子的清单，其中包括35.7万个啤酒瓶和31.2万个可口可乐瓶。[246]

许多德国家庭所依赖的煤气供应，因为管网受到随机但累积的破坏，也面临着同样的供应问题。1943年，人们发现，即使在大规模的空袭中，供气的损失也可以控制在可控的范围内。事实上，网络的冗余容量远远超过了轰炸造成的损失。1943 年 9 月 3 日至 4 日，柏林遭到了猛烈的空袭，使一些地区的供气中断了几个小时，在另一些地区供气也仅仅中断了一天。在地方煤气厂受到破坏时，当局可以从网络的其他地方找到煤气供应；1944 年 12 月 3 日至 4 日对莱比锡的空袭之后，供气量为 25 万立方米的主煤气厂暂时停止运转，但当局设法通过管道进行长途供气，使煤气的供应恢复到所需的 90%。[247] 但在 1944 年，随着盟军空袭的扩大化，水、气管网遭到了广泛但又不可预测的破坏。到 1944 年 6 月，全国有 94 座煤气厂和水厂遭到重创；到了秋季，因为关键零件损坏后，难以获得替换用的零件，许多地方的煤气厂被迫停止供气。[248] 到 1945 年，数以百万计的家庭发现，煤气供应已不复存在，或仅能供应少量的煤气。1945 年 4 月，一名柏林妇女在日记中写道："煤气的火苗很微弱，看上去随时会熄灭。土豆已经煮了好几个小时了……我吃了一个半生不熟的。"[249]

德国城市在 1944 年和 1945 年遭到的破坏是广泛且无差别的。为此，戈培尔下令为所有遭到破坏的文化古迹和文化宝藏开列名单。教会定期送来教会财产损失的报告。[250] 表 7.4 列举了英美在德国主要城市投下的炸弹吨位（与之相比较，空中闪电战中，德国在伦敦投下的炸弹为 18 800 吨，轰炸程度仅次于伦敦的利物浦和伯肯黑德遭受的炸弹仅有 1957 吨）。个别城市的详细史料展示了最后几次空袭造成的累积性破坏的严重程度。慕尼黑在战争的头 3 年里毫发无损，但从 1942 年 9 月起，遭到了 30 次大规模空袭，损失了 10 600 座住宅；该市所有建筑中只有 2.5% 未受轰炸的波及。城市中大约 45% 的建筑遭到破坏，需要注意的是，平均数掩盖了破坏的广泛差异：慕尼黑中央旧城区的四分之三遭到摧毁，但工业区慕尼黑-阿拉克遭到破坏的面积只有 0.4%。文化和宗教建筑中，有 92 座被彻底摧毁，182 座遭到破坏，其中包括大教堂、老市政厅、地方议会、州立图书馆（损失了 50 万本藏书）、慕尼黑王宫、马克斯堡、国家大剧院等。在战争结束时，慕尼黑总共有 720 万立方米的碎石瓦砾需要清理。[251] 到战争结束时，不论大小，几乎所有的德国城镇都遭受了类似的破坏。莱茵河畔的小村庄宾格布鲁克（Bingerbrück）有 470 栋建筑，其中 327 座被轰炸摧毁或遭到严重破坏，只有 2 座建筑免遭任何影响。[252]

表 7.4　1940 年至 1945 年盟军在德国主要城市投弹量（吨）

城市	轰炸机司令部	美国陆军航空兵	总量
柏林	455 17	22 768	68 285
科隆	34 712	13 302	48 014
汉堡	22 583	15 736	38 319
埃森	36 420	432	36 852
杜伊斯堡	30 025	510	30 535
基尔	16 748	13 198	29 946
法兰克福	15 696	12 513	28 209
不来梅	12 844	12 669	25 513
曼海姆	18 114	7067	25 181
斯图加特	21 014	3905	24 919
多特蒙德	22 242	2541	24 783
纽伦堡	13 020	7381	20 401
慕尼黑	7858	10 993	18 851

资料来源：Olaf Groehler, *Bombenkrieg gegen Deutschland*（Berlin: 1990），432。

轰炸给德国城镇的基础设施和住宅区造成严重破坏，这使保护民众免遭伤亡和进行人员疏散越来越困难。为了减少那些和战争能力关系不大的民众的危险，疏散计划的覆盖范围迅速扩大。现在很明显，已没有什么地方是安全的，因此，需要疏散的人员数量已经大到了难以控制的程度。1944 年 1 月，希特勒告诉戈培尔，并不是每一个有资格疏散的人都可以离开，因为全国人口超过 5 万的城市中共有 3200 万人，其中有大约 800 万儿童、妇女和老人需要疏散。[253] 于是，在 2 月，希姆莱下达了疏散指导命令，主旨就是尽量压缩疏散人数，避免给接收地区带来太大的压力，而且事实上，有的接收区已经人满为患，这个命令的另一个目的是确保城市的各项工作和防空能够正常进行。当局鼓励居住在城市的人搬离市中心，因为火灾造成的伤亡主要集中在市中心。与皇家空军的做法相反，希姆莱命令地方当局将居民从街道狭窄密集的内城，疏散到人口不是那么密集的城市外围、郊外的住宅区或者是郊外的通勤区，这样做主要是为了确保疏散的居民距离自己居住的城市不要太远。[254]

在实际操作中，各种限制手段难以执行，而城区居民伤亡的稳步上升，又使官方的或者非官方的疏散行动逐渐加速。纳粹党各辖区不得不进行各种安排，以此来确定当地可以收容多少疏散的群众，以及能为他们提供怎样的交通，但是，疏散人员却在逐渐增多，1944 年 9 月是 560 万人，11 月 780 万人，到 1945 年初达到了 890 万人。这些人并非都是因为轰炸才进行疏散的。1945 年，疏散的总人数是 176 万，另有 241 万人居住在边境地区的居民因面临盟军的进攻，在当局的强制下进行了疏散，或自行逃离了家园，此外还有 84.1 万人随分散的工厂一起搬迁到其他地方。[255] 那些仍然住在遭空袭城市郊区或通勤区的人数却没有准确的数字。但是，在汉堡从遭到轰炸的市中心转移到城市其他地方的人口，大约是 50 万，导致未遭受轰炸地区的人口密度突然迅速攀升。[256] 1944 年下半年和 1945 年 1 月，德国的社会一直处于动荡之中，面临苏联进攻的德国人，从德国东部向德国西部转移；即将面对英美盟军进攻的民众，离开遭到轰炸的城市，向德国东部移动，也有部分人，又从德国东部迁回来。因为这种人员的流动，所以居住条件较差，食品和其他福利供应也出现了短缺，小偷小摸这种犯罪也变得越来越常见。虽然要经受轰炸带来的各种危险和暴力，但那些返回自己熟悉的地下室或者已遭破坏的房子里的人会告诉自己，在这里生活更舒适。一位疏散到林兹（Linz）的妇女这样写道："我汉堡地下室里的小家，比这里要好上千百倍。"[257]

对于那些留在城市里的人来说，与空袭和空袭的后续影响斗争，只是在战争最后一年需要面对的众多问题之一。健康状况不佳、难以领到配给品、长时间的劳作、显著降低的交通运力，这些问题与轰炸有关，但也源于当局在战争的最后一年迫使这个精疲力尽的民族维持军工生产和战争而提出的要求。而对于那些被强迫劳动的近 800 万外国劳工和战俘，以及 70 万集中营囚犯来说，他们别无选择，只能冒着轰炸和轰炸后的各种危险继续工作。在战争的最后一年，德国城市的社会地理情况发生了显著的变化。鲁尔-莱茵兰地区主要城市中的人口相比轰炸前，出现了显著的萎缩：1945 年 5 月，埃森、杜塞尔多夫和法兰克福的人口还不到战前的一半，而科隆的 77 万人只剩下 2 万。1939 年至 1945 年期间，慕尼黑的人口减少了 33.7万（占总人口的 41%），柏林的人口减少了 170 万（占 40%），汉堡的人口减少了 50 万（占 35%）。[258] 在留下来的人中，非德国人的比例不断上升，从其他工厂调来的德国工人的比例也在不断上升，但青年和中年男子的人数却在减少。这个群体在战争的最后 18 个月里伤亡是最惨重的。

至于死于轰炸的确切人数，直到战争结束也没有一个准确的数字，部分原因是在战争的最后几周，突然涌入了大量来自德国东部的难民，还有部分原因是死亡人数的统计是由空军部、内政部、经济部和纳粹党总部等好几个部门负责的，以及在战争的最后几周已经不可能准确记录死亡人数。在战争期间所收集的统计数字各不相同，因为一些统计区分平民伤亡、制服人员的伤亡、战俘和外国工人的伤亡数字，而另一些统计只列出了平民伤亡的数字。例如，1944 年 8 月，空军部的记录显示有 11 070 人死亡，经济部的记录则是 8562 人；因为第一种统计中包括所有死于轰炸的人，而第二种统计中仅包括平民。[259] 表 7.5 是 1944 年 11 月空军部防空管理部门的完整记录。

战后，美国进行的轰炸调查也采用这个资料，作为估算德国人伤亡的依据。根据防空管理部门的记录，1943 年轰炸造成 100 107 人死亡，1944 年为 146 300 人，1945 年 1 月为 13 553 人，受伤的总人数为 305 455 人。德国没有战争最后 3 个月的伤亡人数统计数字。根据 1944 年 11 月死亡人员中平民的比例，则可以推测在轰炸造成的一共 259 960 名死者中，德国平民约占 80%。[260] 也有档案记录显示，1940 年至 1942 年死于轰炸的总人数为 11 228 人，其中 6824 人死于 1942 年，1941 年约为 4000 人。[261] 根据这些档案记录可以估算出，从 1940 年 5 月至 1945 年 1 月，死亡人数是 271 188 人。当然，这个数字不包括因伤致死的人数，但肯定包括制服人员、战俘和外国劳工，并且这一数字在地理范围上包括整个“大德意志”地区，包括那些在 1938 年 3 月以后被德国吞并的土地。

表 7.5　1944 年 11 月轰炸造成的死亡和重伤人数（“大德意志”地区）

类别	死亡人数（人）	受伤人数（人）
军人	1118	1680
警察 / 防空人员	129	161
平民	14 590	22 145
战俘	371	372
外国劳工	1232	1677

资料来源：BA-B, R3102/10031, Air Ministry, LS-Arbeitsstab, ‘Übersicht über Luftangriffe und Bombenabwürfe’, Nov 1944。

但是，这些数字与战后计算出的大得多的死亡数字并不相符。造成这种差异的主要原因是，战争最后 4 个月死于轰炸的人数主要基于推算。1956 年，汉斯·施佩林（Hans Sperling）在德国官方统计杂志《经济与统计》上发表了一篇关于他本人分析的轰炸遇难者数据的详细报告。根据他的研究，战争期间，德国境内死亡的平民总数达到 57 万人。加上 2.3 万名穿制服的死者，和大约 3.2 万名战俘和外国劳工，因此，他推算的死亡总人数达 62.5 万人，今天在讨论德国境内死于盟军轰炸的人数时，这是一个经常得到引用的数字。[262] 施佩林的数字是根据战争最后 4 个月死亡的德国平民和外国工人人数的推测，特别是向西方逃难遇到轰炸的难民人数推测得来的。他估计，1945 年 1 月至二战结束期间，共有 11.1 万人死亡，其中包括德累斯顿大幅夸大的死亡 6 万人的数字。这就意味着，在最后一轮轰炸中，德国总共约有 30 万人丧生，不过这个统计数据并没有确凿的证据。1990 年，民主德国历史学家奥拉夫·格勒（Olaf Groehler）发表了修正后的数据。虽然格勒承认他自己的一些计算，特别是对 1945 年的死亡人数更多地是出于推测，但是他也指出，各种的死亡人数总和以及战时扩大的德国领土上的死亡人数，应该是一个更小的数字，大约在 42 万。[263]

事实上，也存在得出更合理的总数的方法。假设 1945 年 1 月有 27.1 万人死亡是事实，如果总数不准确（有档案数据显示总数可能少一些），那么根据最后5个月大规模轰炸死亡人员的数据（1944年9月到1945年1月死亡人数的数据是存在的），就可以推测战争最后3个月死亡人员的数量级。依据现有数据，最后5个月，每月平均死亡人数为18 777人，如果照此计算，整个战争期间的死于轰炸的总人数为32.8万人，不过这并不包括德累斯顿过高的伤亡人数，最新的研究证实，德累斯顿的死亡人数约为2.5万人。加上德累斯顿的数据，死亡人员总数约为35.3万人，即战争最后几个月的死亡人数为8.2万人。经过认真研究得出尚不太完整的数据表明，1945年2月至5月，英国皇家空军轰炸造成的死亡人数至少为5.7万人。[264] 鉴于美国空军轰炸的目标并非完全针对城市，因此美国空军轰炸造成的死亡人数会少一些，那么8.2万人这个数字在统计上来看是完全符合实际的。在没有明确的统计证据支撑的情况下，35.3万人死亡的数据可以说是与现存证据大致相符的。这个数字略高于20世纪50年代研究得出的数字的一半，当时公布的死亡人数是62.5万人。

参考轰炸在其他地方造成的死亡情况，较少的35.3万人这个数字依然表明当时的非自然死亡率异常地高，而且在1943年夏天之前德国的伤亡水平一直较低。显而易见的解释是，盟军使用600架或700架重型轰炸机的反复空袭，最终将超出地方民防部门控制人员伤亡的能力。对于只遭受过一次袭击的较小城市，如普福尔茨海姆（Pforzheim）或希尔德斯海姆（Hildesheim），情况当然是如此，但对于汉堡这样的大城市，情况也是如此，尽管当地能够有效应对强度较小的空袭，但当地的防空能力却无法应对这场轰炸带来的火灾风暴。事实上，伤亡人数不断上升还有其他原因。向民众提供防空洞从来就不是一个理想的解决方案，但是在1943年和1944年，德国当局再也没有足够的资源支撑全面的防空洞建设计划。二类和三类地区的城镇因防空洞不足，而成为轰炸的受害者。改建而成的防空洞防空效果好坏参半，但在已经遭到大轰炸的地区，那些严重破坏的建筑物下面的地窖或地下室提供的保护，远远不及那些没有遭到轰炸的建筑物下面的防空洞。尽管医疗人员作出了相当大的努力，但在1944年和1945年，医疗资源仍在逐渐减少，人们死于感染或失血过多的危险越来越高。最后，流动人口面临的风险更大，尤其是在盟军飞机开始对车辆和火车进行扫射以后，而且疏散人员认为自己所在的地区是安全的，不会遭到轰炸，但他们却不知道，这些地区有可能会遭受盟军的随意轰炸。由于至少有900万人被安置在远离自己家园的地方，在安置地，他们可以躲在防空室，并在可以使用的防空洞内启动了防空值班制度，不过，遭受伤亡的风险仍然增加了。尽管仍然还在遭到轰炸，但仍留在柏林的人已经有了可以避难的防空洞。一位柏林居民在日记中写道："我们终于到了防空洞，躲在一扇重达100磅的铁门后面，这道门的边缘还用橡胶进行了密封，这道门是用两根金属杆锁闭的……待在防空洞里的人们相信，这里是最安全的。没有什么比未知的防空洞更让人陌生的了。"[265]

对这一波破坏，人们的反应从来就不是一致的。过去一年的战争中，普通人有许多各种各样的压力需要应对，而应对方法又具有历史复杂性，通过应对这些压力，人们能够区分哪些是轰炸带来的担忧，哪些是对失败的忧虑，哪些是对苏军到来的担心，哪些是对国家安全机构的恐惧和不断增加的军事损失的焦虑。公众的意见千差万别，反复无常。帝国保安部于1943年末和1944年初的报告显示，民众对轰炸的态度在相信德国能通过报复行动结束空中恐怖与悲观地认为情况会继续恶化之间反复摇摆。例如，1944年4月，国内情报部门发现人们除了对生存充满了焦虑恐惧、对战争能否顺利结束感到怀疑外，还希望命运会再帮德国一把，因为"人们根本无法相信一切都是徒劳的"。[266]在这一年的大部分时间里，东线的战争状况是令人不安的主要原因；但从1944年6月开始，盟军从西线发动的入侵暂时掩盖了东线的问题。德国民众重新开始关注轰炸，是从夏季德国动用V系列武器作战开始的，但人们对于新武器能够立刻扭转空战局面的不切实际的希望落空了，6月下旬，情报部门的报告指出，人们怀疑任何武器都无法终止盟军的轰炸。当年7月，当德国在白俄罗斯、意大利和法国的每条战线都出现崩溃时，"悲观的观点"在各地盛行。据当局判断，这并不意味着人们"抵抗的意愿"已经消失，只是因为人们普遍怀疑抵抗是否还有什么用处。[267]

德国民众在这段时期遭遇了许多刺激，轰炸的经历在其中只起到了一部分作用。纳粹党越来越相信，德国人民都被捆绑在一个"命运共同体”中，在这个“命运共同体”中，最后的斗争将用最极端的方式考验他们的民族。帝国保安部也发现在民众中存在“胜利或死亡”的心态，这种心态可以用官方关于最后斗争的宣传来解释，但是情报部门在战争最后一年提供的大部分国内状况情报表明，普通德国人感到自己陷入了两难的境地，一方面害怕自己放弃斗争会遭到独裁政权的报复，另一方面也害怕失败后的结局，特别是落到苏联红军的手中。情报部门的报告中几乎没有证据能够表明，轰炸本身就增强了城市居民的决心，让他们能坚持更长时间或者更努力地战斗。轰炸是一种令人士气低落、精疲力尽的体验："紧张焦虑”“恐惧”“担忧”“求生”等字眼频频出现在有关民众对空袭反应的报告中。[268] 常规性空袭警报，通常会迫使平民在舒适度极差和不通风的空间中躲避数百个小时。美国战后关于士气的调查发现，38% 的受访者经历过“极度恐惧、精神崩溃”，31% 的受访者体验过“暂时性或不算严重的恐惧”。一位妇女生动地描述了她的遭遇："我看到人们被落下的砖块砸死，听到那些被大火烧死的人发出的惨叫。我把我最好的朋友从熊熊燃烧的大楼里拖出来，她死在我的怀里。我看到其他人简直完全疯了。”[269] 这些经历无疑正是调查需要寻找的。然而，人们在回答是什么原因导致战争失败时，只有 15% 的人认为是空袭造成的，而有 48% 的人认为是军事作战的失败。[270]

轰炸起到的作用只是增加了人民对国家机器和负责福利的纳粹党的依赖，进一步减少了更严重的异议思想存在的空间。生存取决于是否挑战体制。在轰炸最猛烈的时期，纳粹党和国家机器通过驻扎在帝国各处的部队越来越多的协助，维持了物资的供应、食物和水的分发、有计划的人员疏散和安置，尽管运输困难和获得欧洲食品供应的机会减少意味着生活水平在整个 1944 年持续下降。[271] 毕竟，对于大多数市民来说，官方的供应是他们获取物资的唯一来源。随着战争接近尾声，黑市交易和抢劫变得越来越严重，对德国人民来说，当局的恐怖行径变得越来越蛮不讲理；宪兵会对当场抓住的嫌疑人执行枪决或绞刑。但即便是在苏军抵达柏林之前的最后几天，饥饿的幸存者也能到任何仍在运转的官方机构领取分发的食物。事实证明，在这个阶段重建“正常生活”是不可能的，就像在战争初期尝试的那样（在空中闪电战期间，这也是英国的目标），但日常生活并没有完全崩溃。1945 年 1 月，一位居民在日记中写道，遭到轰炸的居民并没有表现出团结的决心，而是越来越冷漠和消沉："我们所有的行动都如同挂着铅块一样沉重。"[272]

轰炸带来的更令人吃惊的结果是，民众对实施轰炸的人并没有持续性的仇恨。1944 年 2 月，一份关于民众对敌人态度的长篇报告显示，偶尔有证据表明民众将愤怒指向英国机组人员，但结论是民众"并没有谈到对英国人民的仇恨"。而对苏联民众则有"一种陌生、不可理解的心态"，对其感到恐惧而非仇恨。更加矛盾的是，民众普遍性的敌意几乎全留给了意大利人，因为意大利在 1943 年向盟国投降背叛了德国。[273] 然而，遭到轰炸的民众对于在德国领空跳伞后被俘的盟军飞行员，实施了自发性的暴力行为。据估计，遭德国人"私刑谋杀"的受害者人数在 225 至 350 人之间，只占盟国空军战俘总数的一小部分。第一次有记录的私刑谋杀，发生在 1943 年 7 月 25 日的蛾摩拉行动期间，当时有两名美国空军飞行员遭到杀害。1944 年，希特勒表示支持对那些袭击平民、火车或医院的飞行员进行报复，这种来自上层的要求，让越来越多的人决定私自报复。私刑的高峰出现在 1945 年 3 月，共造成 37 人死亡。[274]

出现这种暴力事件不难解释。纳粹官方宣传一直把盟军的轰炸称为"恐怖轰炸"，把机组人员称为歹徒或空中海盗。"复仇"一词已成为轰炸战期间的公众词汇的一部分。作为对希特勒在 1942 年秋天讲话中观点的回应，1944 年 5 月 27 日，戈培尔在纳粹党的报纸上发表了一篇广为流传的文章，号召民众"以眼还眼，以牙还牙"，要让盟军飞行员接受德国人的"个人正义"。[275] 许多私刑案件与纳粹党员、冲锋队员或警察有关，他们认为自己不会遭到惩罚。自发的民众暴力事件比较少见，不过这些事件也可以用战争最后几年遭到的破坏和人员伤亡来加以解释。考虑到德国司法日益肆无忌惮，暴力事件并未变得更加普遍或许才更值得惊讶。戈培尔的文章发表后，有报道称，公众担心杀害被俘的盟军机组人员，也会导致被俘的德国空军飞行员遭到报复。制服人员不赞成屠杀跳伞后幸存的盟军飞行员，这些幸存者通常是在士兵或警察的干预下才被从愤怒的人群中救出来的。在遭受猛烈轰炸之后，对肇事者的暴力行为似乎常常排在对幸存者的宽慰和对他人的关切之后。汉斯·诺萨克在蛾摩拉摩拉行动后的汉堡注意到“没有人用复仇的念头来安慰自己”；诺萨克接着写道，敌人最多不过是“一种试图消灭我们的不可知力量的工具”。[276]

不管怎样，德国民众在日常生活条件急剧恶化、环境变得越来越不正常的情况下还是生存了下来。在战争过程中建立和改进的民防体系最后证明具有足够的灵活性，可以继续执行抵抗轰炸和应对空袭后果的工作。留下的数百张的照片可以体现当时的“自我保护”，在这些照片中，平民们组成人链传递水桶或清理瓦砾，志愿消防员和救援人员奋力控制火势。1944 年 7 月，斯图加特遭到大规模空袭，一名女孩回忆起父亲是如何拯救了他们的家：“只有我家的那一排房子还没有垮塌，仍在废墟中矗立，因为我的父亲担心，房子被毁后我们会被随便安置在什么地方。我父亲认为：‘如果我不能拯救我的家，我的生活就将一无所有。’所以在空袭过程中，他一直站在高处，这样就可以直接把燃烧弹扔到街上。”[277] 瓦尔特劳德·苏斯米尔奇发现自己和其他同学在一起，组成了一条长长的人链，将装满水或沙子的水桶亲手递给下一个人，或在上课期间为那些因轰炸需要疏散的人收拾行囊，或者去看望伤者。[278] 在 1944 年全年，当局继续出版和下发关于消防和自我保护训练的建议；坚持实行灯火管制，并向 1944 年底以前几乎没有遭到空袭、不熟悉应对空袭危机模式的地区提供防空袭指导。

直到战争的最后几天，空袭防护工作仍在发挥作用。空军的两个防空团是机动部队，其任务是向遭到空袭的地区提供直接的支援，即使两者距离相对较远也要参与支援工作，这两个团的记录显示，部队仍然在继续作出积极的努力，对抗或减轻每天无情轰炸造成的影响。驻扎在柏林的第 3 团几乎每天都在执行救援任务，为了应付 1944 年 8 月 5 日至 6 日对马格德堡的轰炸，他们行进了 190 千米。一个连的士兵清理了遭到破坏的克虏伯-格鲁森工厂。它成功地扑灭了起火燃烧的煤仓，抢救了机器，扑灭了威胁储备物资的大火，挽救了装满军用物资的防空洞。第二个连在熊熊燃烧的城市工作，扑灭了 5 处炸弹引起的小火灾、6 处屋顶火灾、一座

11 层楼发生的火灾、14 处“大型火源”（阻止其继续蔓延）、6 处燃烧的物资储备以及 5 处更大规模的火灾。它还处理了 63 起民防急救病例，救治了 402 名受伤平民，并用救护车转移了其中 138 人，在废墟下挖出了 38 人，其中 33 人仍然活着。[279] 两周后，第 3 团派了 3 个连的兵力赶赴斯德丁，轰炸给当地造成了毁灭性的破坏。他们营救了 501 人，挖出 53 具尸体，扑灭了 127 起小型房屋火灾、29 处“大型火源”和 12 起工商业火灾，并阻止了 18 起火灾进一步蔓延。斯德丁狭窄的街道使得救援设备很难进入火灾中心，过了 3 个小时后，才在消防水龙的掩护下开辟了一条通道，让救援人员进入防空洞。他们在防空洞入口附近发现 50 具尸体，这些丧生的民众曾试图通过自己的努力从大火中逃生，他们的尸体“完全炭化了”。在 1945 年轰炸战的最后几周，第 7 团报告了一系列令人筋疲力尽的行动，从救援 2 月 20 日至 21 日的纽伦堡火灾开始，第 7 团在纽伦堡扑灭了 119 场小火灾和 60 场大火，并从瓦砾中挖掘出 36 具遗体，此后，7 团接到命令，在 2 月 27 日至 3 月 21 日之间，参加了 17 次空袭的后续救援工作。[280] 随着德国战线的收缩，军队中可以有更多的技术部队部署到各地，以保护各地幸存的城区，与剩下的民防人员并肩作战。

萨克森的首府德累斯顿，是 1945 年需要紧急援助的众多城市之一，2 月 13 日至 14 日晚轰炸引起的火灾风暴摧毁了这座城市。在 1944 年 10 月 7 日和 1945 年 1 月 16 日德累斯顿已经经历了两次美国人发动的日间空袭，造成 591 人死亡。地方当局并没有修建足够的防空洞。目睹了轰炸的居民回忆说，轰炸发生的那天晚上，警报没有响。语言学家维克多·克莱普勒（Victor Klemperer），是一名德裔犹太人，他与一名非犹太人结婚，并在德累斯顿轰炸中幸存了下来，根据克莱普勒的回忆，在 2 月那次空袭之前的一天是“完美的春日”。[281] 由于一种奇怪的历史巧合，克莱普勒是德累斯顿为数不多的幸存的犹太人之一。就在轰炸前一天，克莱普勒接到通知，要求他在 72 小时后回来报到，然后当局会把他们送走，参加“室外劳动”。当大轰炸在午夜时分开始时，克莱普勒立刻跑向犹太人专用的防空洞，但当防空洞变得太热时，他又冒着大火和轰炸，想办法跑到易北河里，他被火灾风暴的烈风吹得摇摇欲坠，上升的热气柱凝结而成的黑色雨滴让他滑了好几跤。第二天早上，他和妻子一起加入了逃难的大军。他的妻子能够得救，只是因为有人把她从犹太人防空洞，拉到了他们公寓下面的雅利安人专用的防空洞：

> 道路上的许多建筑物仍在燃烧。路上随处散布着尸体，有时候，尸体很小，就像一捆衣服一样大。一个人的头盖骨被扯掉了，头部剩下的部分就像是一个深红色的碗。我还看见一条胳膊就那样搁在地上，手苍白而纤细，就像理发店橱窗里的蜡制模型……人群在这些废墟之间川流不息，在易北河上来来往往，这些沉默而不安的队伍，就这样经过一具具尸体和损毁的车辆。[282]

能幸存下来克莱普勒是幸运的。那天早上，当美国飞机返回来再次轰炸这座城市的废墟时，急救人员正在对他进行治疗。到了晚上，当局送来了食物，接着是水。第二天早上，难民们被转移到附近的克洛切（Klotsche）和迈森（Meissen），那里的地方当局准备了很多热汤。克莱普勒摘下了所有犹太人都必须佩戴的那颗黄色六角星，在战争中幸存下来。

克莱普勒的故事提醒人们，在战争的最后几周，这个遭到轰炸的国家仍在坚持致命的种族主义，不过事实也表明，即使戴着这颗黄色的六角星，他也能得到医疗救助、食物和紧急住宿。处理德累斯顿的轰炸成为当局的最重大、最紧急的事务。2月14日上午，工兵部队将军埃里希·汉佩（Erich Hampe）受命从柏林赶到德累斯顿，监督幸存的铁路桥和铁路通信的恢复工作。他发现德累斯顿被烧毁的废墟上空无一人，只看到一只从德累斯顿动物园逃出来的羊驼。在短短两天内，铁路已经紧急修复完成，伤者可以转移到附近城市的医院。[283] 城市共有2212人受重伤，13 718人轻伤，但死亡人数要高得多。到3月中旬，警察局长报告说，死亡人数已达18 375人，但估计最终死亡人数可能是2.5万人，这是德累斯顿市长2004年设立的历史委员会讨论认定的死亡人数上限。尸体被收集起来，然后进行集体火葬，当局要求对那些还没有完全被焚化的尸体进行了火葬，以避免出现传染病。[284] 德累斯顿22万所住宅中有7.5万所被完全摧毁，

1.85 万所受到严重破坏；有 1800 万立方米的碎石瓦砾需要清理。德累斯顿以前有 60 万人口，还收容了数量不详的东部难民。到 2 月底，这座城市只剩下 36.9 万居民。3 月 2 日 406 架 B–17，4 月 17 日 580 架 B –17 又对德累斯顿进行了两次猛烈轰炸，造成 453 人死亡。[285]

在战争的这个阶段，轰炸带来的恐惧完全可以和苏军的到来相提并论，对德累斯顿的轰炸为苏联军队的进攻起到了一定作用。维克多・克莱普勒在他的日记里提到，当天在紧急住房里感到安全以后，他便与周围的人分享自己对轰炸的恐惧，也听到人们对苏联人的深深的恐惧。同时，注意到装着难民的长长的车队正向西部移动，而德国军队正向相反的方向行进。另一名幸存者，在火灾风暴发生两周后写道："我们为什么还活着？只能等着俄国人的到来。"[286] 其他日记显示，越来越多的人对苏联占领的想法感到恐惧，期间还掺杂着苏联士兵粗暴行径的可怕谣言，这使得人们更愿意思考轰炸的恐惧，因为人们对轰炸的规模和影响更为熟悉。1945 年 2 月，一位目击者写道："越来越多的逃亡者正在越过奥得河。死者暂时被埋在雪中。俄国人来了！相比之下，拿破仑从莫斯科的撤退都肯定只能算是儿戏。"[287] 柏林女学生瓦尔特劳德・苏斯米尔奇，被战争最后几周从东部涌入柏林的难民潮所带来的故事所吸引和震惊。[288] 在战争结束前的最后一个星期，柏林人都住在他们的防空洞里，不过这是为了躲避苏军的炮击，因为柏林和德国大部分地区一样，轰炸已经停止，以防止轰炸机误炸盟军部队。这位女学生发现，她所在的防空洞里的居民仍然感到焦虑不安，就像在等待一场轰炸。他们中的一些人猜测，俄国人可能不像德国宣传中描绘的那么坏。她在日记中写道，一位在防空洞中宿营的德国东部难民"用断断续续的句子大喊，她找不出合适的词语。她挥舞着手臂，尖叫着：'他们会知道的。'然后又一次陷入沉默"。[289]

战争中的最后一个空袭目标，是一座小镇，尽管这座小镇的名声并不好，但是在战争中还从来没有遭到过轰炸。这座小镇就是贝希特斯加登（Berchtesgaden），希特勒在巴伐利亚的总部和度假别墅的所在地。1945 年 4 月 25 日，这座希特勒在巴伐利亚州的大本营遭到了英国皇家空军十分精确的轰炸，轰炸结束后，原本美丽的阿尔卑斯森林和纳粹党高官的现代化度假别墅消失了，取而代之的是一片“棕色、黑色混乱不堪的残垣断壁”。但这座小镇本身并没有遭到袭击，当地人将这一结果视为奇迹，一名年轻的目击者后来写道，天空中出现的十字架显然证明了这就是奇迹。对此她也感到很困惑：“既然整个欧洲都成了灰烬，上帝为什么还要保护贝希特斯加登呢？”这位目击者的邻居们则希望希特勒能够来此，为他戏剧化的一生做最后一战。[290] 但此时希特勒在柏林被废墟环绕的新总理府大楼中，已经被切断了与外界的联系。尽管对首都的轰炸已经结束，但仍有成千上万的柏林人涌入防空塔，躲避周围正在进行的战斗。瓦尔特劳德·苏斯米尔奇和她的家人曾在一座防空塔里避难，但当塔里开始进水时，他们不得不撤离。即使经过几年的轰炸之后，这座城市破败的景象仍让她感到不可思议。第 8 航空队轰炸机司令部的前指挥官安德森将军，在那年夏天晚些时候到访了这座被炸毁的城市。和安德森将军心里想的一样，苏斯米尔奇认为那些被炸毁的房屋、燃烧的屋顶和破碎的窗户看起来就像她学校历史课本上描述的庞贝城的景象。[291]

轰炸使德国对组织大后方的工作提出了特别的要求，这个要求和第一次世界大战时组织大后方工作的要求截然不同。不管民众是出于自愿还是不自愿，纳粹独裁政权依靠的是保持民众对这项工作的高度参与性，加入那些本应把新的“人民共同体”结合在一起的组织和机构。任何人在解释德国社会为何能够承受如此规模的轰炸破坏和伤亡时，必须将数以百万计的普通德国人的个人意愿考虑在内，不管是因为政权的胁迫，还是社会抗议活动的空间遭到压缩，民众除了要应付战时工作和生存的压力，他们还参与自我保护计划、民防工作、急救机构和补给品的供应，没有这些工作，就无法对抗轰炸造成的后果。最终，轰炸的影响并不如盟国希望的那样能够在人民和政权之间制造裂痕，相反，轰炸让民众更加依赖政府和纳粹党，并让他们带着高度的纪律性积极参加那些为平民设计的民防组织。遭到轰炸这种经历确实给民众带来了广泛的焦虑、冷漠、社会冲突和有限的政治批评，但这一切最终并未破坏德国的稳定局面，因为独裁政权有能力肆无忌惮地利用种族政策为自己谋取利益（重新分配犹太人的公寓和家具，利用集中营囚犯和外籍劳工清理废墟等），同时确保最低限度的社会供给，利用灵活的宣传、政府的行政能力和有针对性的威胁，以防止任何类似崩溃的事情发生。

第八章

意大利

轰炸和言语的战争

第二次世界大战期间，意大利遭受轰炸的时间只比德国少一个月。然而，意大利大部分城市遭到轰炸的故事，在 1945 年并没有引起世界更广泛的关注，从那以后，在绝大多数有关二战的文献中，意大利遭受轰炸的问题一直处于边缘地位。死于轰炸的意大利人与死于空中闪电战的英国人一样多；事实上，向罗马投下的炸弹总量，比投向英国所有城市的炸弹加起来还要多。另外，1945 年英国的一个委员会对意大利文化古迹情况进行调查时，关于轰炸破坏的调查内容就占了两卷。当时，该委员会成立的目的是为子孙后代保存几个月前盟军飞机还在忙着轰炸的“艺术财富”。[1]

意大利在轰炸战中的角色比任何其他欧洲国家都要复杂。从 1940 年 6 月 10 日贝尼托·墨索里尼向英国和法国宣战起，意大利空军在至少 3 年中一直在积极发动轰炸：在 1940 年 6 月法国申请停战前短暂攻击了法国境内的目标，从 1940 年晚秋开始对英国发动轰炸，以及对整个地中海地区和北非的空袭，直到意军最终在 1943 年 5 月于北非战败。其中一些空中作战行动是与德国空军以较为松散的合作方式进行的。在此期间，意大利领土还会遭到英国皇家空军的轰炸，这些英军飞机主要来自英国本土的基地以及马耳他和北非的空军基地。1943 年 9 月 8 日，在意大利提出停战要求之后，意大利不再是轴心国的一员，并且很快成为联合国的战时盟国，德国的敌国，而当时，德国部队占领了意大利领土的三分之二。在接下来的两年里，驻扎在非德国占领区为数不多的意大利飞行员和飞机，按照盟军命令对驻扎在巴尔干半岛和伊奥尼亚群岛（Ionian Islands）的德军实施攻击。1943 年 9 月，意大利空军发动了第一次袭击，目标是科孚岛（Corfu）和凯法洛尼亚岛（Kefallonia）。[2] 同时。在意大利中部和北部的德国占领区，墨索里尼成立了一个新政府，并接受德国的保护，这个政权当时被称作意大利社会共和国，这个共和国还有一支小规模军队，意大利社会共和国空军使用德国飞机与盟军作战。[3] 自从德军占领意大利北部和中部以来，这些地方一直是盟军轰炸的目标，直到二战的最后几天。意大利南部的解放区偶尔也会遭到德国人的空袭。大部分意大利人先是作为敌国人口遭到盟军轰炸，之后身为等待盟军解放的人继续遭到轰炸。意大利人在战争中唯一不变的经历，就是面对来自空中的威胁。

告别杜黑：意大利的轰炸战

意大利法西斯政权从一开始就坚信，增强空军实力是法西斯力量、技术力量和军事力量的成功体现。勇敢的飞行员成为法西斯“新人”的象征，将人类的奋斗精神推向了极限。法西斯主义与意大利未来主义者都对现代技术和无与伦比的速度非常着迷，而未来主义的创始人菲利波·马里内蒂（Filippo Marinetti）更是其中的代表。20 世纪 20 年代末和 30 年代初，意大利飞机经常赢得施耐德竞速奖；1933 年，意大利空军部部长伊塔诺·巴尔博（Italo Balbo）曾带领一队水上飞机飞越大西洋，向纽约和芝加哥飞去，这一壮举在当时广为人知。墨索里尼在 1922 年首次担任总理，到 1926 年已经变成事实上的独裁者，他用新法西斯主义国家价值观塑造了意大利航空业的身份认同。早在 1921 年，墨索里尼曾满怀热情地去上飞行课，不过他后来并未通过资格考试。在墨索里尼掌权以后，他经常被拍到坐在飞机的开放式驾驶舱里，虽然他总是坐在副驾驶的座位上。20 世纪 30 年代中期，他又开始飞行，到 1937 年 1 月，据称，他得到了军方飞行员执照。[4] 墨索里尼勇敢无畏的飞行家的形象，强化了他意大利超人的神话，他绝不允许任何事来玷污这个形象。很显然墨索里尼喜欢飞行。1942 年，航空部门受命总结了 1938 年 12 月以来墨索里尼的所有飞行记录，最后的统计结果是在这期间他在意大利国内、国外一共乘飞机进行了 117 次飞行，其中一些是飞往利比亚和苏联，大部分是意大利城市间的短途飞行。[5] 不过，墨索里尼对飞行的热忱中也掺杂着残酷的讽刺。1941 年 8 月，他的儿子布鲁诺（Bruno）在试飞意大利新型四引擎轰炸机比亚乔 P.108 时不幸遇难，布鲁诺参加了空军，曾在埃塞俄比亚和西班牙承担飞行任务。这种飞机是现代意大利飞机设计中众多存在开发缺陷的飞机之一。

动员意大利航空业为政权的政治和文化野心服务，扭曲了意大利空军的发展，意大利空军发现自己一边面对着墨索里尼有关空军的夸张言论，另一边则面对着意大利有限的经济和军事潜力。任命朱里奥·杜黑担任墨索里尼政府的首任空军部部长，就是意大利空军处在进退两难的困境中最好的例子。虽然杜黑在位的时间不长，但他关于大规模轰炸的理论著作，以及著作中提到的通过突然向敌人城市发动暴力、毁灭性的打击，以迅速、决定性地结束战争的思想，却符合法西斯主义作为一场充满激情、姿态华丽的政治运动的形象。墨索里尼曾向部队做出承诺，要发动“进程迅速的战争”，也就是意大利版的闪电战。[6] 他喜欢通过发动出其不意的空袭给敌方民众造成恐惧的想法，而且在西班牙内战期间，他下达这种命令时，几乎没有任何顾忌。在墨索里尼从罗马直接下令轰炸巴塞罗那的“人口中心”的命令之后，1938 年 3 月 16 日至 18 日，意大利空军空袭了巴塞罗那。1938 年，后来担任意大利空军参谋长的弗朗切斯科·普里科洛（Francesco Pricolo）将军写道：“空军机群最有效的武器就是恐惧。”[7] 和杜黑一样，普里科洛也被空军确保胜利的“决定性力量”所吸引。[8] 1939 年秋，当意大利空军对德国迅速击败波兰的作战进行评估时，他们将其描述为“杜黑的基本理念”的一个经典案例，即首先获得制空权，然后利用压倒性的空军力量，通过瓦解士气来消灭波兰的抵抗。德国 1940 年至 1941 年冬天对英国的轰炸，再次被用来强调这样一种观点：只有轰炸才能克服让战争陷入僵局的风险，就像 1915 年至 1918 年意大利对奥地利的艰苦堑壕战那样。1941 年 2 月，布鲁诺·蒙塔纳里（Bruno Montanari）中校这样写道："轰炸始终是航空兵的基本专长。"[9]

然而，意大利在空军战术思想和作战能力的发展上，却几乎没有反映出杜黑的思想。建立一支以在几天之内粉碎敌人的作战意志为目标的大型轰炸机部队，与陆军和海军的作战需求完全不匹配，他们需要的是在地中海沿岸或意大利帝国在北非和东非的势力范围作战时，能够得到空军的支援。年轻的空军军官阿梅迪奥·梅科齐（Amedeo Mecozzi）是杜黑的批评者中最有影响力的一位，他认为掌握制空权只是一种局部和暂时的现象。他主张使用先进的攻击机，发挥战斗机和战斗轰炸机的作用，对陆军和海军的作战提供密切的支援，并主张直接针对敌军部队的行动有着压倒一切的重要性。通过意大利飞机在西班牙作战和德国在波兰的胜利，他得出了不同的结论，认为这两场战役都证实了飞机能在战场上发挥关键作用，不必去攻击敌人的城市。[10] 尽管在意大利空军中还留存有"杜黑主义"的文化，但是在埃塞俄比亚和西班牙的实际作战经验却验证了梅科齐的论点；另外意大利地面作战部队也希望得到空军的密切支援，并且希望由意大利的战斗机和轰炸机来分担这个责任。一名飞行员回忆在西班牙的作战时得出这样的结论，那就是对飞机战略性使用的时机是很少的，而对地支援作战却成为飞机的"主要任务"，并且很有可能在未来继续下去。甚至连普里科洛将军在目睹了德军的胜利之后，也被迫承认"三个军种之间越来越密切和合作"的必要性。与杜黑不一样，普里科洛承认再也没有人会去考虑空军是否具有"假设中的独立性"的问题了。[11]

墨索里尼急于建成一个新的意大利帝国并使其在欧洲事务中扮演主要角色的野心，是影响意大利空军发展的根本性因素。和欧洲其他大国不同，在 1939 年 9 月份战争爆发前，意大利军队已经连续进行了 4 年的战争。首先是从 1935 年 10 月到 1936 年 5 月在埃塞俄比亚作战，然后是从 1936 年 7 月到 1939 年 3 月在西班牙作战，当时墨索里尼决定派出远征军帮助内战中的佛朗哥。墨索里尼的这个承诺，对意大利相对薄弱的经济和有限的自然资源来说，代价是很高昂的。此外，这些作战也让意大利陷入了大量生产公认的落后飞机的循环，这耽误了研发新一代大马力单翼战斗机和轰炸机的计划，与此同时，其他国家的空军正在采用一系列更先进的设计。不过由于意大利空军总是和弱小的难以匹敌意大利空军攻势的对手作战，因此，空军领导层还能用持续性胜利带来的错觉安慰自己。1940 年，普里科洛指出 4 年的战争是"胜利的"，而且还根据自己"在战争中的亲身经历"，认为意大利空军在面对任何潜在敌人时都能保持优势。[12] 不过，事实却是完全不同的。首先，意大利的这场"世界大战之前的战争"，从开始到结束仍然处在双翼机的时代。1933 年墨索里尼接替巴尔博成为空军大臣时，继承了巴尔博时代的空战王牌文化和特技飞行文化，把飞行员的战争观放在了特殊位置。当时意大利飞行员都很喜欢菲亚特公司的 Cr.32 双翼飞机（Cr.42 双翼机于 1942 年替换了这种飞机），因为这种飞机的操纵性十分优良，并且易于驾驶，再加上当时没有安装无线电，飞机敞开式的驾驶舱可以让飞行员之间互相发信号或者打手势。但是，因为马力有限，载弹量偏低，这种双翼轻型轰炸机最后还是被萨沃亚-马尔凯蒂公司的 Sm.79 和 Sm.81 这两种单翼轰炸机取代了，这两种轰炸机在西班牙和其他几种数量不多的飞机一起服役。[13]

尽管如此，埃塞俄比亚和西班牙的战斗经验使意大利空军相信，空军在技术上已经足够先进，能够应付当前的空战。在埃塞俄比亚，约有 450 架飞机参战，其中 80 架被击落或在事故中损失，有 100 名机组人员丧生。虽然意大利空军得到命令，可以用轰炸的方法恐吓当地人民，但大部分使用高爆炸弹或毒气弹的袭击都是战术性的，目标是交通线或者集结的埃塞俄比亚部队。1935 年 12 月，国际社会对红十字会设施遭到破坏表示强烈抗议，此后意大利空军暂停了对城镇的空袭，而在 1936 年，军方要求空军紧密配合，摧毁埃塞俄比亚日益增强的防御力量，这使得空军无论如何都要将重点放在对前线的轰炸上。据估计，针对埃塞俄比亚的防御部队，意大利投下了 1890 吨炸弹，而在埃塞俄比亚投降后长达一年的扫荡行动中，又投下了 1813 吨炸弹。埃塞俄比亚没有有效的防空能力。[14] 战争结束两个月后，墨索里尼命令意大利部队对西班牙进行干预，站在叛乱的国民军一边，与西班牙第二共和国作战。空军派出了一支由战斗机和轻型轰炸机组成的远征军。在 3 年的干预作战期间，意大利一共部署了 197

架轰炸机，执行了782次轰炸任务。和埃塞俄比亚一样，大多数轰炸是为了支援地面作战（几架Sm.79轰炸机参加了对格尔尼卡的轰炸）。[15] 但墨索里尼仍热切希望空军能够验证“杜黑主义”，1938年驻扎在巴利阿里群岛（Balearic Islands）的轰炸机部队（即所谓“巴利阿里群岛的猎鹰”）开始对巴塞罗那和南部沿海仍然在共和国手中的城镇实施系统性攻击。目标不仅包括燃油和航运，而且还包括民众的士气。这支部队轰炸机的数量很少超过30架以上，能让人记住的就是，这支部队在1938年3月16日至18日对巴塞罗那进行了为期3天的轰炸。在那次轰炸中，轰炸机投下44吨炸弹，炸毁了80座建筑物，造成的平民死亡人数，据不同的估计，在550至1043人之间。巴塞罗那在内战中遭受了57次轰炸，但其他一些城市也经常遭到意大利和德国轰炸机的轰炸：瓦伦西亚（Valencia）69次，萨贡托（Sagunto）47次，卡斯特利翁·德拉普拉纳（Castellón de la Plana）39次，塔拉戈纳（Tarragona）29次。在3年的内战中，轰炸造成大约2600人死亡，5798人受伤。[16]

意大利空军在西班牙作战期间损失相对较小，1939年5月，当空军军团返回意大利时，其包括飞机在内的所有航空设备都已经落伍了。即便是在与苏联提供的少数性能较差的单翼机的战斗中，意大利双翼战斗机也证明了自己的价值（尽管战斗机部队损失了41%，主要是非战斗原因）。轰炸机几乎没有遇到什么抵抗，1938年初，巴塞罗那的防空仅依靠两个防空连的8门高射炮和几挺高射机枪。西班牙内战的最终结果是佛朗哥的国民军取得了胜利，而这个胜利在以后的宣传中，被当作意大利在空军作战方面是先进国家的证据。正如一位评论人士所说，它“拥有建设一个超级空中强国所需的所有要素”，并拥有一个愿意实现这一目标的政府。[17] 在这种情况下，胜利是进步的敌人。1940年，当墨索里尼开始认真考虑加入他的德国轴心国盟友，与英法开战时，幻想与现实之间的差距比3年之前更大了。在意大利空军与西方国家进行的空军现代化的竞争中，限制意大利空军的因素非常之多，最重要的一点是意大利在使用空军方面缺乏统一的原则。海军和陆军认为飞机应主要用于在即将来临的战争中向他们提供帮助。意大利几乎完全没有独立的防空体系。轰炸机部队数量众多，但空军在建设支援地面作战的强击空军和坚持杜黑思想建立战略空军之间仍然存在分歧。最后，空军采取了战术攻击和远程作战相结合的模式，支援部队的一般性作战，而不是追求独立的空军战略这个更雄心勃勃的目标。

意大利空军的战备情况还有很多的地方需要改进。在1940年6月10日意大利宣战前夕，尽管空军声称总共拥有1569架轰炸机，但只有783架可以使用。[18] 其中大多数是Sm.79、Sm.81和菲亚特公司的Br.20等轻中型轰炸机。他们的表现好坏参半：速度平均每小时250至280英里，载弹量为2250磅，航程为大约1100英里，其航程与当时英国和德国的中型轰炸机几乎相当，但轰炸机载弹量仅有“威灵顿”轰炸机的四分之一，或者是Ju88的一半。[19] 意大利的飞机普遍没有装备无线电，没有供夜间轰炸使用的现代化导航设备，更没有成熟的轰炸瞄准器，而轰炸机的自卫武器只是三四挺轻机枪，而他们的对手可能是速度更快、武备精良的战斗机。意大利从20世纪30年代中期就开始研发雷达，在某些方面还领先于其他国家，但由于空军最高司令部的敌意和冷漠，雷达在引进部队的过程中一直停滞不前，直到1942年至1943年雷达成为必不可少的装备时，情况才有所改观。意大利的空军基地条件也不好，某些基地仍然在使用草皮跑道而不是混凝土跑道。[20] 当然，意大利的飞机工业能够设计生产更先进的飞机，但是选择新一代飞机来取代在西班牙作战使用的老式飞机，却让新式飞机变成了技术革新机构的牺牲品。伊塔诺·巴尔博在担任空军部部长期间，将空军内部负责发展和试验的部门和负责采购和生产的部门分离成两个相互独立的部门。虽然在20世纪30年代和40年代初生产了大量试验样机，但生产样机的最后决定是由空军参谋部、担任空军部部长的巴尔博自己和墨索里尼共同决定的。1937年，意大利开始研制一种更重的四引擎轰炸机，但由于是由缺乏相关技术背景的人员进行飞机的选择，因此意大利空军最终选定的是比亚乔公司的P.108轰炸机，而不是其他性能更好的飞机。事实证明，无论是这款轰炸机，还是Sm.79的后继机型三引擎的Sm.84轰炸机，在飞行中都很危险，性能也不比老式飞机好多少。而20世纪30年代后期研发的坎特Z.1007，则成为意大利最先进的中型轰炸机，不过这种飞机容易出现发动机问题和木质结构劣化问题，且动力较弱，武器不足，在携带 2500 磅炸弹时航程仅有 625 英里。[21] 意大利缺乏燃料、钢铁、煤炭和机械的情况，严重限制了意大利战争经济的规模，更加剧了其空军现代化之路的混乱状况。1940 年意大利生产了 3257 架各型飞机，1942 年仅为 2821 架，是英国空军产量的十分之一。[22]

毫无疑问，墨索里尼让意大利卷入世界大战的决定，完全无视了意大利军队和工业所面临的实际经济和军事状况。就在其刚于 6 月 10 日宣战后，意大利飞机就轰炸了法国南部的目标；6 月 11 日，空军对马耳他的英国空军和海军基地进行了第一次空袭。法国很快要求停战，这样就让墨索里尼成为促成德国胜利的初级合伙人。6 月 26 日，他表示愿意派出 10 个师和 30 个中队的飞机帮助德军对付英国，协助德国后续的任何入侵行动。希特勒和戈林拒绝了这一提议，理由是意大利军队最好集中在地中海，而不是分散在欧洲各地。意大利空军将领也发出警告，反对把部队派往气候条件与地中海完全不同的地区，且意大利飞机的性能与英国皇家空军差距较大，这是很危险的。[23] 墨索里尼坚持这样做，是因为他认为意大利参与直接攻击英国本土具有很高的宣传价值，到 8 月中旬，德国方面终于接受了这一提议，目的是向全世界表明，在这场被德国外长约阿希姆·冯·里宾特洛甫称为“生死攸关的问题”的斗争中，存在着一种共同的轴心纽带。但意大利空军没有派出承诺的大规模空军机群，而是派出了由两个轰炸机大队、一个战斗机大队和一个侦察机中队组成的意大利空军兵团，一共 180 架飞机，其中 66 架是轰炸机。[24] 1940 年 9 月下旬，在放弃海狮行动几个星期后，这支部队最终被派往北方，由于恶劣的天气，其在前往位于比利时的于瑟尔（Ursel）基地的途中损失了 7 架飞机。意大利空军于 1940 年 10 月 24 日对英格兰东部沿海城镇进行了第一次轰炸，意大利对英国的最后一次轰炸是 1941 年 1 月 2 日。天气对部队来说是一个持续性的问题，而维持飞机飞行的技术手段严重不足。在这种情况下，意大利飞行员若还能最终找到攻击目标，那是绝对应该得到褒奖的。意大利轰炸机对哈里奇（Harwich）、伊普斯维奇（Ipswich）、大雅茅斯和肯特郡的拉姆斯盖特港发动了 24 次轰炸，投掷了 64 吨炸弹，共出动了 104 架次飞机，意大利损失了 22 架轰炸机和 14 架战斗机，损失率为三分之一。当年 2 月，这支部队被调往别处，以应对北非和地中海战争的迫切需要。[25]

意大利对空中闪电战的贡献微不足道，但意大利在宣传中充分利用了这次作战经历。尽管空袭英国首都的飞机中一架意大利飞机都没有，但意大利方面还是制作了一幅海报，海报中一个意大利人正比画着大拇指朝下的罗马时期的传统手势，而在他脚下是熊熊燃烧的伦敦城。[26] 在一张照片中，于瑟尔机场的一名空勤在将炸弹装上飞机之前，在炸弹上写下了标语——“送给亲爱的艾登”“送给丘吉尔”“送给白金汉宫”。[27] 官方把意大利空军的贡献传回国内，以此来宣传自己的贡献和德国的一样，同时也是为了展示两支部队之间理想的“同志关系”。梅科齐在 1940 年秋天撰写了一篇文章，把文章标题定为《法西斯双翼主导战争》。[28] 意大利空军的想象对国内民众来说就是一种军事幻想。但是，德国军队却把意大利空军军团当作一个怪胎，德军会定期把作战的详细报告送到意大利空军部，这或许是为了给意大利无能的伤口撒盐，并展示现代空军的真正能力。[29] 意大利空军从艰苦的作战中吸取了一些显而易见的教训。很明显，在 1940 年的空军作战行动中，即使是德国空军也遭受了重大损失，需要改用夜间轰炸，而意大利空军对夜间轰炸的准备十分不足。据报道，白天意大利战斗机在为轰炸机护航时，派出的飞机是正常所需护航飞机的三四倍，这是意大利空军在地中海进行空袭时采取的做法。对于德国声称港口或城市已被摧毁的结论，意大利观察员多持怀疑态度，因为他们明白，在大部分时间里，云层和烟雾让轰炸后的空中侦察的效率大打折扣。[30] 最重要的是，意大利指挥官已经发现，现代轰炸作战已经超出意大利空军的实际能力。1941 年 5 月，安德烈亚·佐蒂（Andrea Zotti）上校在回顾了意大利空军的作战经历后，悲观地得出这样的结论：轰炸只有在面对弱小得多的敌人时才会起作用。[31]

意大利在地中海的敌人肯定比英国皇家空军和英国大城市的防空司令部的实力弱得多。墨索里尼给意大利空军施加了很大的压力，希望空军能展示出轰炸对于意大利在地中海沿岸建立霸权的贡献。因此意大利空军针对巴勒斯坦、塞浦路斯、直布罗陀、英国在埃及沿岸的基地、马耳他等目标发动了一系列远程轰炸。在意大利战争的第一年，大约 30% 的空军作战是由轰炸机承担的。[32] 1940 年 9 月 9 日从意大利占领的佐泽卡尼索斯群岛（Dodecanese Islands）基地出发的飞机对特拉维夫（Tel Aviv）发动了空袭。这次空袭造成 137 人死亡，350 人受伤，但一般来说，意大利空军空袭的规模通常很小，造成的损失也不大。巴勒斯坦港口没有防空部队，因此死亡人数是所有意大利空袭行动中最多的。1941 年 6 月，意大利空军派出叙利亚基地的飞机再次空袭了特拉维夫，造成 13 人死亡。[33] 意大利发动的空袭中，大部分行动是以海法（Haifa）这座港口城市为目标的。这座港口城市遭到了 30 次空袭，意大利空军投下了 61 吨炸弹。不过，意大利空军的大多数空袭规模都很有限。比如，意大利空军曾出动 4 架轰炸机，对波斯湾的港口巴林（Bahrain）发动了一次空袭；执行远程轰炸任务，包括轰炸英国的各次行动的轰炸机数量平均是 3.4 架。[34] 官方确定的轰炸目标是港口、海军基地、铁路运输线和炼油厂（仅这一项就占了所有行动的三分之一），但轰炸也摧毁了住宅和公共建筑。意大利空军远程空袭的情况请参见表 8.1。

表 8.1　1940 年 6 月至 1942 年 9 月意大利空军远程轰炸情况

轰炸地区	轰炸次数	出动架次	投弹量（吨）
英国	24	104	55.1
直布罗陀	11	17	23.4
埃及（亚历山大）	63	162	113.7
巴勒斯坦	32	110	66.9
巴林	1	4	2.1
塞浦路斯	34	125	75.8

资料来源：IWM, Italian Series（Air Force）, Box 25, ‘Relazione Statistica sull’attivit à Operativa dell’Aeronautica’, 13 - 16。

此外，意大利空军还对货运船队港口内的商船、海军舰艇和北非的敌方目标发动了空袭，不过这些空袭，更多可以视为支援意大利部队 1940 年 10 月开始在希腊发动的地面作战而进行的战术空袭，同样，在与英国为敌期间，空军也为意大利部队在利比亚的作战提供了支援。

即使是在地中海有限的空袭，也让意大利的资源变得捉襟见肘。原本，空军计划每年培训 900 名飞行员，但是从 1940 年至 1943 年期间，实际仅培训了 1920 人。到 1942 年秋，已损失了 2293 名飞行员（阵亡、负伤或被俘），轰炸机机组人员和领航员的损失则是 4422 人。意大利大约损失了 3511 架飞机，37% 是由于事故造成的；其中有 997 架轰炸机，不是在执行远程任务时，就是在希腊和北非的战斗中损失的。[35] 1942 年秋天，轰炸机部队只有 427 架可以投入作战的飞机，仅仅是战争开始时的一半，也仅相当于盟军可用飞机数量的一小部分。轰炸机部队仍然缺乏高质量的飞机、用于训练的充足燃料、高效的机载武器和攻击部队之间的无线电通信能力。意大利人并不欢迎德国人在战术方面提出的建议，因此对这些战术吸收得很慢。意大利空军直到 1941 年底，才组建了作战训练队。[36] 意大利飞行员在长期作战中损失惨重，造成很大的压力。1941 年 8 月，驻扎在西西里岛的第 30 大队的指挥官抱怨说，他的机组人员 14 个月没有得到休息了，在这 14 个月里，他们有时不得不每天飞行 8 至 10 个小时。许多飞行员因体力衰竭或精神崩溃而无法飞行；而其余的人完全是依靠强大的意志力才没有精神崩溃。[37] 由于意大利在非洲和地中海的战争在 1941 年才达到危机点，因此他们的努力的效果显然是有限的。1941 年 8 月，某主要空军期刊的一篇文章承认，轰炸作战的问题，比战前认识到的要严重得多：“通过实战经验总结的高效投弹破坏方式，受到了炸弹分散问题的制约。”让轰炸机飞行员驾驶飞机，跟随在中队长飞机后面“模仿”投弹的方式，放大了“投下的炸弹中只有极少部分炸弹”才能击中目标这一问题，使其在统计上的可能性大大增加。[38] 杜黑的遗产在严酷的作战现实中逐渐消失了。

马耳他：“地球上遭到轰炸最多的地方”

意大利空战能力，尤其是轰炸能力的局限，在两年多来对马耳他这座小岛进行的战略作战中得到了最清楚的证明。马耳他距离西西里岛南端只有 58 英里，一旦意大利宣战，马耳他作为英国海上基地和空军基地的战略地位就使其处境岌岌可危。这座岛屿长 13 英里，宽 7 英里，最北端还有一座名叫戈佐（Gozo）的岛屿；到 1940 年，该岛似乎已经不太可能抵御外敌入侵，特别是在 1941 年初，德国将注意力转向地中海之后。马耳他反而成了“地球上遭到轰炸最多的地方”，从 1940 年至 1944 年 8 月，直到德国发动了最后一次小规模空袭为止，马耳他共遭到 3302 次空袭。[39] 在这种持续的空中打击下，英国守备部队和岛上 26 万居民都没有放弃抵抗，这一结果违背了战前所有关于大规模轰炸和居民心理脆弱性之间的假设。

自 1814 年《巴黎条约》签订以来，马耳他一直是英国的直辖殖民地。岛上居民主要是马耳他人，但也有相当数量的意大利裔。意大利语在马耳他的精英阶层、法庭和行政部门中使用。正是这种联系吸引了墨索里尼，他认为马耳他是一个受压迫的“意大利化”民族的前哨，应该将他们从英国统治下解放出来，享受意大利法西斯主义带来的并不光彩的好处。20 世纪 30 年代，恩里科·米齐（Enrico Mizzi）领导的一个马耳他民族主义政党鼓吹马耳他自治，并向墨索里尼的罗马当局寻求支持。1932 年至 1934 年间，英国殖民当局禁止马耳他小学、行政当局和法院使用意大利语，并宣布英语和马耳他语为该岛的官方语言。[40] 马耳他当局充分了解意大利的潜在威胁；意大利的民族统一主义给英国当局带来了挑战，并预示着如果战争爆发，可能会出现“第五纵队”的问题。从 1934 年起，马耳他地方当局开始镇压意大利人和法西斯分子在该岛的活动，同时还针对意大利可能发动空袭准备了一份民防计划。

1934 年 12 月在马耳他总督大卫·坎贝尔（David Campbell）的主持下，空袭预防委员会召开了第一次会议。[41] 会议决定建立所谓的被动防御体系，但是进展缓慢，主要是人们缺乏紧迫的危机感，另外来自伦敦的资金也出现了短缺。马耳他首都瓦莱塔（Valletta）有 7 万马耳他人在此工作、生活，在首都的大港防空建设上，政府投入了相当大的精力。当局组织了毒气净化和急救训练，并开始组建英属马耳他被动防御预备队。但是，当 1939 年 9 月战争爆发时，马耳他的防空总监抱怨被动防守队充其量不过是一支“萌芽期中的队伍”。当局组建了 14 个被动防御中心，但只有 3 个被动防御中心配备了相关设备，大约五分之一的志愿者没有接受过任何训练，而且许多男性队员很快就加入了军队。[42] 到 1940 年时，大部分空袭主管是女性。该岛在积极防御方面准备也不充分。1940 年 6 月 10 日，当意大利宣战时，防空组织只有 3 架隶属于海军的格洛斯特“角斗士”双翼战斗机（3 架飞机的名字分别是“信仰”“希望”和“仁爱”），除此之外，还有 32 门重型高射炮和 8 门轻型高射炮，再加上 24 架探照灯。这些防空武器都部署在港口和正在建设的英国皇家空军的 3 个基地周围。这 3 个基地分别位于卢加（Luqa）、哈尔法（Hal Far）、塔奇利（Ta 'Qali）。[43] 当地的空袭警报仍然协调不周，警报（或马耳他人说的“syrens”）是最近的新发明，当地人还并不完全了解。1940 年夏天，英国舰队在地中海的出现，掩盖了马耳他脆弱的防御，在德国军队到来之前，英国舰队一直是意大利军事行动的主要威慑力量。

意大利对马耳他的攻势于 6 月 11 日上午 7 时，即宣战后的一天，就正式开始了。马耳他在前一天晚上就开始实行灯火管制，但意大利的空袭大多发生在白天。墨索里尼夸口说在几个小时内，最多 3 个星期，马耳他就会变成意大利的一部分。虽然占领该岛符合意大利关于马耳他是被窃取的“意大利领土”的宣传，但也有重要的战略考虑。马耳他横亘在意大利通往北非意大利军队的主要补给线上，当时意大利军队正准备入侵埃及，占领苏伊士运河。该岛又是英国轰炸机前往非洲作战的基地，也是英国潜艇出动破坏意大利商船海运的基地。对于意大利来说，这里是空军部所谓的用来对抗英国穿越地中海长途运输的“空中跳板”。[44] 意大利最高统帅部认为，马耳他不会因为轰炸就轻易投降或被意大利部队占领，所以意大利主要的但也是有限的目标，就是摧毁马耳他破坏意大利运输链的能力。1940 年的轰炸攻势持续不断，但规模有限，岛上居民和驻军很快就放弃了匆忙进入防空洞避难的做法。1942 年 10 月，意大利空军的战役报告中指出，部队一共对马耳他发动了 3 次大规模空中攻势，但不包括 1940 年的轰炸。在战役开始的几个月里，空军派出了少量轰炸机，在更多战斗机的护送下，对主要港口和 3 个空军基地内部和周围的军事目标进行攻击。意大利的记录显示，在战争的头 10 个月，空军对马耳他发动了 103 次轰炸，但攻击部队的平均规模只有 5 架飞机。[45] 根据马耳他的英国当局统计，意大利发动的空袭远多于这个数字，但很可能是把来自不同基地的意大利飞机在不同时间抵达该岛上空发动的空袭列为了单独的袭击。轰炸对军事目标的破坏很小，人们很快就注意到，由于地面防空和战斗机防御——“角斗士”们很快就得到了“飓风”战斗机中队的支援——意大利轰炸机经常无法把攻势坚持到底。在众多的空袭报告中，空袭没造成人员伤亡和财产损失。空袭时间很少超过 20 至 30 分钟。出动飞机数量少，作战谨慎，这就意味着意大利空军的损失也很低。在前 10 个月里，意大利只损失了 25 架战斗机和轰炸机，作战效果也相应地很不明显。[46]

英国的参谋长联席会议起初认为，据守马耳他的成本将会大于守住这座岛屿带来的优势。但丘吉尔十分热衷于这个想法：守住一座岛屿，在需要的时候成为地中海上的基地，就像法国 1940 年 6 月战败后做过的那样。[47] 1940 年和 1941 年岛上的空军和防空力量都得到了加强，不过意大利空军在增强军力方面所作的努力却很有限，这就意味着对于意大利部队来说，增援行动只是一种必要行动而不是紧急行动。1940 年 10 月 28 日，意大利入侵希腊，英国皇家空军受此影响，考虑把马耳他视为轰炸机飞往埃及的中转站，以便开始对意大利港口发动反攻。一支由 8 架“威灵顿”轰炸机组成的轰炸机编队在前往埃及的途中被派往马耳他。编队接到的命令是轰炸那不勒斯和罗马，但是后来意大利首都已从轰炸名单中删除，代之以意大利南部的布林迪西（Brindisi）和塔兰托（Taranto）的港口，如果可能，还需要轰炸阿尔巴尼亚的港口，因为意大利部队和物资从这里下船。[48] 这次空袭是由不多的几架轰炸机执行的，其效果不比意大利的空袭强多少。装载着炸弹的“威灵顿”轰炸机从卢加基地的短跑道上起飞相当困难（导致两架携带炸弹的轰炸机坠毁），马耳他当局接到了立刻延长跑道的紧急命令。11 月和 12 月，英国皇家空军在马耳他的指挥官接到上级命令，让轰炸机执行向意大利城镇抛撒传单的任务，只要这些传单的内容“比炸弹更有效”。[49] 抛撒传单的任务从 11 月底开始，传单上通常写着“再见，地中海”“墨索里尼永远是正确的吗？”等内容。到 1 月，新传单上写的是“这是战争！炸弹，死亡，毁灭”，并威胁投下更多的炸弹，直到推翻墨索里尼的统治。[50]尽管这个威胁要很久之后才能兑现，但是就在这之前几个星期，波特尔就指示说，即使意大利飞机仍在攻击军事目标，英国轰炸机如果无法找到主要目标，就应该针对“意大利的人口中心”进行轰炸。[51]

马耳他的居民很快适应了反复出现的小规模轰炸带来的压力。轰炸开始时，当局立即采取措施，将妇女和儿童从主要城镇疏散出去。由于马耳他面积很小，疏散就意味着转移到几英里以外岛屿北部或西部的村庄或小镇上去，因为那里没有什么吸引敌人的目标。这些地区的房屋必须接受检查，还有空余房间的家庭必须强制性接收疏散者居住（不过总督府、马耳他大主教宫和修道院被排除在外）。[52]政策要求尽量使疏散的家庭成员待在一起，以避免影响士气，虽然疏散在法律上不是强制性的。成千上万的民众乘坐公交车或者步行，加入了离开主要港口和空军基地的短途旅行。他们尽可能多地携带着自己的财物，根本无视仅仅携带便于携带、必备物品的要求。岛上的英国家庭都被疏散到名叫纳沙尔的小镇，被安置在马耳他一座宫殿改建成的大宿舍里，在三层架床上过夜。[53]岩石上开凿的洞穴、隧道和地窖是马耳他为数不多的自然优势，这些地方立刻就变成了民众的防空洞。早在 1937 年，英国内政部就进行了试验，测试岛上多深的岩石可以抵抗炸弹的爆炸，根据试验得出的结论，内政部建议的深度是 60 英尺，但是大多数情况下，洞穴的深度达不到这个数字，而且炸弹击中洞穴上层的岩石，冲击波就会传下来，隧道侧面和顶部的岩石就会出现坍塌。[54]战争爆发后的前几个晚上，有些居民是在既不舒服又不卫生的住处度过的。瓦莱塔城外的一条废弃铁路隧道里面，居住着好几百来自城里的疏散者。他们就在垫子上或者帆布躺椅上过夜。圣母玛利亚或耶稣圣心像被匆忙地贴在隧道的墙壁上，旁边的小标语牌上印着马耳他语“赞美上帝”的字样。[55]因为轰炸一直持续，政府决定将岩石防空洞转化为永久居住地，并提供必要的装备和设施，但是意大利空军偏爱日间轰炸（从 1940 年到 1942 年左右的轰炸中，日间轰炸与夜间轰炸次数比是 3∶1），于是岛上的许多人忽视了轰炸的威胁，晚上就睡在自己的床上。[56]

在最初几天的焦虑之后，民众的信心日益增强，这与当局担心马耳他人民无法应付空袭形成了鲜明对比。当局给民众制定的条例，反映出英国人仍把马耳他人视为被殖民的民族。岛上的意大利民族主义者遭到拘押，当局还在岛上实行了严格的宵禁和新闻审查制度。为了密切监测民众的情绪，当局在各个地区都任命了地区专员和区域保护官，他们接到的命令是严格监视整个地区。[57] 有人建议在遭到轰炸的村庄设置路障，以防止慌乱的居民离开村庄，将士气低落传染给其他人。虽然这个建议没有得到进一步执行，但当局还是在岛屿各处设立了路障和检查站，密切监视民众的行动。当年 7 月制定的规定中有一条是这样的，除非空袭警报响起，否则在宵禁开始以后，空袭主管在室外活动也将遭到逮捕。曾有一名 18 岁的“被动防御队员”在宵禁后骑自行车在村庄间穿行时被抓，随后被逮捕、罚款，并从志愿部队中除名。[58] 当局还启动了一场对抗谣言的运动，部分原因是在战争开始两天以后，出现了一个毫无意义的流言，说意大利政府放弃了进攻马耳他。政府新闻办公室于 6 月 14 日发出指示，警告谣言的潜在影响，并要求民众“劝阻胡言乱语者”。为了落实这一建议，新任总督威廉·多比（William Dobbie）爵士通过广播宣布，将加强立法，并惩罚第一批罪犯。[59]

事实上，在轰炸发生的头几个月里，民众的反应显然是冷静的。有的人在观看轰炸时丧生，有的人不顾警告站在防空洞入口处观望，但轰炸造成的伤亡和破坏都比较有限，还没有达到扰乱正常生活的程度。相比防空洞里的硬板床，人们更喜欢自己熟悉的卧室。几周后，一名英国军人的妻子塔玛拉·马克斯（Tamara Marks）离开了纳沙尔的疏散点，回到了遭到空袭的首都里距离大海约 50 码的家中，然后，她开始游泳、读书。“一个人在礁石旁边游泳，”她接着写道，“脱衣服很容易；只要脱掉连衣裙，露出里面穿着的游泳衣就好了。”仅仅几个星期后，她和她的同伴们就把空袭当作一种恼人的麻烦，而不是一种威胁。[60] 人们普遍认为，意大利飞行员飞得很高，很少进行空战，并且投弹量很小。意大利空军的作战报告也反映了这一现实：恶劣的天气、未能与战斗机护航部队会合、高射炮迫使飞机提升飞行高度、投下的炸弹数量很少，这些都是意大利方面空战报告的典型特征。[61] 但是，1941 年 1 月 16 日所有这一切改变了，当时德国空军对英国的“光辉”号航空母舰发动了第一次大空袭，后者遭到穿过地中海西部飞来的俯冲轰炸机的反复轰炸，然后一瘸一拐地驶入大港。[62] Ju87 和 Ju88 俯冲轰炸机的反复空袭没能击沉这艘航母，但是也第一次展示了大轰炸可以对港口的周边和建筑造成什么程度的破坏。第二天，塔玛拉·马克斯专门去观看了遭到轰炸的地区，她脚步颠簸地走过堆积如山的瓦砾，碎石中满是“衣服、鞋子和帽子的碎片，景象凄惨”，还看到早些时候被带到城市出售羊奶的那几只山羊的尸体。她想，战争“真的正式开始了”。过了几周，她最好的朋友在一场空袭中遇难，唯一能辨认出的东西只剩下她的手提包。[63]

德国空军的加入标志着意大利方面军事实力发生了根本性变化。1940 年 7 月，意大利开始加入两个轴心国所谓的“平行战争”并为希特勒在军事方面提供协助以后，意大利领导层不得不接受德军的增援，以避免在希腊和利比亚遭遇彻底失败。虽然意大利部队希望他们对德国的依赖是相互援助的一种表现，但很难掩盖所谓的“次要战争”的开始。[64] 德国空军的规模更大且组织更加完善，足以在大多数德国飞机对不列颠群岛发动进攻的同时，对马耳他也进行一次空中闪电战。而部署在比利时的意大利飞机数量有限，只能向德国提供象征性的援助，1940 年 11 月底，希特勒决定将地中海变成“英国舰队的坟墓”，此后，大批先进的德国飞机被派往西西里岛和意大利南部的基地。[65] 由反航运专家汉斯·盖斯勒（Hans Geisler）将军指挥的第 10 航空军于 1941 年 1 月带着约 350 架飞机抵达西西里岛的 8 个基地，这些飞机包括 Ju88 轰炸机、He111 轰炸机、Me110 重型战斗机、Ju87 俯冲轰炸机和 Me109 战斗机。[66] 在意大利缺乏有效防空的情况下，德国部队自备防空武器，包括散布在卡塔尼亚（Catania）、巴勒莫（Palermo）、特拉帕尼（Trapani）和雷焦卡拉布里亚（Reggio Calabria）之间的 20 个炮兵阵地。意大利人将这支部队命名为德国航空军团，试图在名称上将其与派往比利时的意大利空军并列，但这支部队的表现远远超过了远在北方的意大利空军的贡献。[67] 尽管为了确保通往北非的海路安全，马耳他遭到了猛烈的轰炸，但在当时还不是德国的主要目标。1941 年 2 月，一支由陆军元帅埃尔温·隆美尔指挥的德国陆军被派往北非，防止意大利部队在利比亚崩溃。第 10 航空军受命攻击英国海军舰艇和商船，在 3 个月的密集攻击中，德国飞机击沉的舰船吨位是意大利空军的 3 倍。在 1 月至 4 月间，空军对马耳他进行了 53 次空袭，出动的飞机架次比意大利多近 50%，每次出动的平均兵力几乎达到意大利方面的 3 倍。[68]

尽管德国的进攻很猛烈，马耳他还是挺过了第一波次猛烈的进攻。不久德国飞机被派往支援利比亚的作战，接着是 4 月和 5 月南斯拉夫的作战，然后又是希腊和克里特岛的作战，这些行动调用了德军大量空中部队。1941 年 3 月，德国海军总司令、海军元帅埃里希·雷德尔请求希特勒批准部队执行一次占领马耳他的空降行动，但希特勒对此犹豫不决。[69] 意大利空军发现，占领马耳他实际上是一项比看起来要难得多的任务，意大利空军部的官方报告说："进攻结束，我们发现马耳他的敌军几乎完好无损。"[70] 1941 年 5 月以后，第 10 航空军放弃西西里岛，转而在地中海东部建立基地，留下意大利空军和海军部队阻止马耳他袭扰意大利至北非的补给线。在夏季和秋季伴随岛上不断增加的战斗机数量和不断提升的防空能力，意大利继续发动和以前一样的小规模连续性空袭。到 1941 年 9 月，马耳他岛已经有 120 架可用的飞机，还有数艘潜艇和鱼雷快艇。此时，轴心国未能占领马耳他引发的后果已变得十分明显：到秋季，向北非轴心国军队运送物资已经出现危机；马耳他的部队在 5 个月内击沉或损坏的船只吨位达 20.4 万吨。[71] 雷德尔告诉希特勒，问题主要是意大利人在"作战和战术上的无能"。[72] 1941 年 10 月 2 日，戈林告诉普里科洛，德国空军将再次向西西里岛派遣飞机，希特勒在月底向墨索里尼保证，德国空军将确保让马耳他守军永远失去作战能力。凯塞林指挥的德国第 2 航空队从苏联前线挥师南下，控制了整个地中海；航空队下辖的第 2 航空军共有大约 400 架飞机，包括 190 架轰炸机，由布鲁诺·勒尔策（Bruno Loerzer）将军指挥，这支部队受命前往西西里岛和意大利南部驻守。[73] 从 1941 年末和 1942 年初，第 2 航空军分多个批次抵达，当时苏联前线的恶劣气象条件限制了德军飞机的飞行。部队接到的命令是保卫意大利的运输队，攻击马耳他的港口和机场，摧毁任何企图突破该岛包围的商船。[74] 1941 年 12 月 18 日，德国开始对马耳他发动空中攻势，且进攻的力量和强度不断增加，到 3 月变成了“马耳他空中闪电战”。

马耳他的防空系统不足以应对新一轮攻势，到 1942 年早春德军的攻势达到了高潮，空军日夜不停地发动空袭，除了攻击规模，德军的进攻从强度上和作战形式上都与不列颠之战时完全一致。关于德国空军的进攻统计数据请参见表 8.2。相比之下，意大利飞机只对马耳他进行了 22 次小型空袭，一共出动飞机 135 架次。[75] 敌人的炸弹大部分投向了 3 个机场和少数难以隐藏或疏散的飞机。[76] 马耳他岛遭受轰炸最严重的月份是 1942 年 4 月，当时空军少将休・劳埃德（Hugh Lloyd）指挥的约 80 架战斗机和岛屿关键地点周围部署的 230 门高射炮组成的防守部队，不时就会遭到敌人 200 多架轰炸机和战斗机的攻击。到 4 月 14 日，哈尔法和塔奇利的空军基地已无法使用。4 月 21 日，卢加的主要基地已遭到彻底破坏。码头的大部分区域遭受了严重破坏，已经无法修复。[77] 4 月初的时候，凯塞林有足够的信心向上级报告德军已经在该岛上空取得了空中优势，而这个局面是他的部队在英格兰南部无法实现的。（当然德国空军估计当时马耳他的英国皇家空军损失了 239 架飞机是对事实的严重歪曲，英军当时真正的损失是 36 架飞机，另有 44 架飞机受伤。）[78] 德军的下一步计划是利用这一空中优势对该岛发动侵略，永久消除马耳他在夏季复苏的任何可能性。空中优势只有在能够维持下去的情况下才有价值，但到春天结束的时候，德国计划在苏联前线重新发起新一轮攻势，这意味着许多用于轰炸马耳他的飞机将不得不返回东部。这使德军占领马耳他变得更加紧迫。

表 8.2　1942 年 1 月至 4 月德国空军在马耳他作战统计

日期	出动架次	投弹量（吨）	德军损失（架）	估算的敌军损失
1942 年 1 月	1659	609	11	40
1942 年 2 月	2132	623	19	43
1942 年 3 月	4882	1750	37	59
1942 年 4 月	7557	4623	8	97
合计	16 230	7605	75	239

资料来源：IWM, Italian Series, Box 14, E2545, Ministero dell’Aeronautica, Servizio informazioni, Bollettino Periodico, 20 May 1942。

墨索里尼赞成对马耳他采取突袭——“出人意料，结果令人震惊”——在水面部队的支援下，突然发动伞降突袭，占领马耳他。[79] 这个建议是在3月提交给希特勒的，虽然不愿意在其他战区进行伞降作战，但希特勒最后同意批准部队进行准备工作，德国也命令3个伞兵团进行作战准备训练，为意大利规模较小的空降部队提供援助。德国将这次行动命名为“赫拉克勒斯行动”；意大利的计划名为“必要条件C.3”，这是在20世纪30年代已经测试过的作战计划的升级版。[80] 作战目标是在夜间用空降部队对该岛西南部发动突然袭击，然后用陆军部队和装甲部队进行两栖登陆。同时，空军将继续进行猛烈轰炸，使用延迟引爆炸弹和假毒气炸弹迫使守军使用防毒面具，并进一步摧毁守军的“士气”。[81] 最初的计划是在5月底发动入侵，但是因为意大利方面准备不足，再加上隆美尔的部队向埃及的迅速推进导致该计划进一步推迟。4月30日，希特勒和墨索里尼在贝希特斯加登会晤，讨论南方战争的未来。根据意大利外交大臣加利亚佐·齐亚诺的记录，希特勒“在不停地发言，一刻不停”，而平时习惯了高谈阔论的墨索里尼，显然并不习惯这种让自己完全沉默的折磨。在他的独白结束时，希特勒表示，只要隆美尔在埃及成功击败英国之后发动这次入侵，德国就会全力支持入侵马耳他。因为进攻将在夏天发动，所以初步确定的日期是7月中旬。[82] 但到了6月，希特勒考虑到苏德前线的作战仍在继续，难以决定是否要执行这次作战，“尤其是要不要和意大利军队并肩作战”，因为德国领导层对意大利军队的价值十分怀疑。[83]

有充足的理由认为，希特勒并不像他的次等盟友墨索里尼那样热衷于攻占马耳他。显然，在初夏的时候，仅通过轰炸作战就已经让马耳他岛丧失了作为英国空军和潜艇部队基地的功能，德国最高统帅部现在更关心的是在苏联南部的战役以及隆美尔即将占领苏伊士运河地区的前景。德国方面越来越确信，在1942年夏天，盟军在这两个战区都可能会遭遇决定性的失败，因此暂时把马耳他置于次要地位。即便是如此规模的两栖作战也存在相当大的风险。从战争一开始，意大利的海军参谋部，就一直倾向于夸大马耳他的防守能力，意大利海军认为，针对这样一个“世界上防御力量密度最高”的地区，“毫无疑问，是部队能够发动的难度最大的作战之一”。海军认为，对于一支尚未发动过登陆作战的部队来说，反舰岸炮、滩涂障碍和布满机枪火力网的田野将是一项艰巨的挑战。[84] 为了利用有利的潮汐，这次行动最迟必须在 8 月开始。尽管遭到了密集的破坏性轰炸，但到了 5 月，当首批“喷火”战斗机中队抵达马耳他而德国飞机开始返回苏联战场时，显而易见，马耳他的抵抗无论是在物质上还是士气上，都没有被轰炸击垮。经过两个月的持续作战，到 5 月底，凯塞林只剩下 83 架可用的飞机。1942 年 8 月，马耳他已经拥有 165 架喷火式战斗机，对这样一个弹丸之地来说，拥有密度如此之高的强大空军力量是相当了不起的。因此，驻守该地的英国皇家空军现在与凯塞林交战时，可以采取更加具有进攻性的姿态。当时驻守马耳他的英国皇家空军由空军少将基思·帕克（Keith Park）指挥，他也是不列颠之战的胜利者之一。[85] 德国第 2 航空军司令和意大利空军新任总司令里诺·富日耶（Rino Fougier）将军都不赞成冒险入侵。他们没有其他办法，唯一的选择是只能继续用轰炸的方式摧毁该岛的抵抗，而所有的力量都集中在阻止马耳他获得维持岛屿防御所必需的海运物资上。[86] 10 月，德军预料到将会在埃及的阿拉曼进行一场决定性战役，为了减少马耳他对轴心国运输线的威胁，因此德军决定再次对马耳他岛发动一场决定性的空中攻势，但此时可用的作战资源有限，特别是意大利空军实力的萎缩，最终只是发动了一场没有起到决定性作用，且比较有限的攻势。在 10 月的第一周，114 架轴心国飞机被击落，“喷火”战斗机也被击落了 27 架。到 11 月，轴心国对马耳他的攻势逐渐弱化为长期性的骚扰性攻击。二战期间，英国皇家空军在马耳他的所有行动中共损失了 707 架飞机和 2301 名机组成员。[87]

马耳他“空中闪电战”中最引人注目的方面就是民众的承受力，在两年多的空中封锁期间，当地守军和英国殖民当局几乎每天都要应对轰炸的袭扰，1942 年的春天长达两个月的猛烈轰炸期间尤其如此，即便如此，当地也没有出现社会危机或投降的表现。1942 年 4 月，戈培尔在日记中写道：“马耳他人没有任何发出欢笑的理由，目前，他们是世界上受空袭折磨最严重的一群人。”[88] 1940 年当局担心民众可能在轰炸下变得惊慌失措，但很快这种担忧就消失了，取而代之的是下定决心，积极努力把马耳他变成一座真正的堡垒，让这里能够承受长期的空中围困。尽管可以进行人员疏散，但是主要目标与内陆村庄之间的距离非常近，岛上几乎所有地区都曾在某一段时间遭到轰炸。据观察，到 1942 年，大部分炸弹落在了在早些时候的空袭中已被摧毁的建筑物上。田野和道路布满了弹坑和未爆炸的炸弹（包括不稳定的反人员炸弹），事实上全岛到处都可以找到敌人投下的炸弹。1940 年 9 月和 1941 年 5 月当局发出警告，禁止人们移动或摆弄这些还没有爆炸的炸弹，但平民伤亡依然时有发生，其中一些伤亡是青少年用锤子敲打炸弹引发爆炸造成的。[89]

对马耳他人来说，最重要的两个因素是防空洞和食物。到 1942 年初，向居民提供公共或私人防空洞的覆盖范围终于扩大到马耳他和戈佐岛的全体居民。马耳他政府为 14.9 万人建造或翻新了防空洞，当局为此雇用了 2000 名矿工和石匠。[90] 每个防空洞都必须提供床铺和盥洗设备，在可能的情况下，开凿单独的小隔间，以便疏散家庭将私人财产、家具和无处不在的圣母玛利亚神龛放进去。政府还设立了一个“千人储存”计划，确保每 1000 名避难者都有专门的食物、煤油和饮用水储备，以备不时之需。[91] 有时候在 24 小时内空袭多达 8 次，在这种情况下为了维持这种物资供应标准当局有许多问题需要解决。1942 年 1 月，政府成立了一个特别委员会，调查公众对防空洞供应的问题。响应政府的要求，共有 95 人递交了投诉，并着重指出防空洞过度拥挤、光线不足及渗水等问题。委员会发现防空洞还存在铺位不足、卫生条件差的问题，并建议定期检查，建立进入防空洞的门票检查制度，加强地下防空洞和应急物资储存点之间的联系。在某些情况下，防空洞需要一名防空洞管理员来监督内部事务，因此，政府下功夫招募更多的志愿者来帮助组织和控制，现在，对大多数马耳他人来说，生活已经不再那么舒服了。[92]

最关键的因素是食物和淡水的供应。马耳他的农业实现了集约化经营，但缺乏许多基本的食物。传统的马耳他饮食主要包括通心粉、意大利面和涂有橄榄油和番茄酱的面包，鱼和羊肉是高碳水食物的补充。糖在这里非常珍贵。在战争的头几年，食物配给制度只在有限的范围内执行，部分原因是为了避免与民众出现任何可能的矛盾，部分原因是配给似乎没有必要。在战争最初的几周，岛上还发生了囤积物资的行为，岛民们组织起了自己的黑市，依靠传统的家庭或亲属网络（用马耳他语）作掩护，不让当局知道。政府在建立食物储备或定量配给方面进展缓慢，不过当局还是任命了一名兔子养殖主任，因为用厨余垃圾和其他废物就可以很容易地养活兔子，而且岛上有很多兔子。1941 年 2 月，马耳他贵族巴尔巴罗（Barbaro）侯爵被任命为食品分配官，从 1941 年 4 月开始实行食品定量配给，但直到 1942 年春季空中闪电战达到顶峰之前，面包和制造面包用的预制生面团一直没有实行定量配给，而茶叶、黄油和奶酪仍然不在定量配给范围之内。[93] 对于因战争而失业的岛民，或无法获得粮食的老人和年轻人，政府实行了代金券或食物救济的福利计划。1941 年，政府建立了一系列胜利厨房，食堂的食谱千篇一律，但是价格低廉，主要提供汤、意大利面和炖羊肉，目的是确保每个需要吃饭的人都能吃上一顿午餐，尽管营养有限。[94]

1942 年春天，当最猛烈的轰炸开始时，粮食需求变得更加迫切；夏季的补给船队的危机使马耳他面临着普遍性饥荒的危险。6 月，一个由英国食品专家组成的代表团抵达马耳他，他们到访的目的是研究如何确保马耳他人的生存。他们报告说粮食的紧张情况被夸大了："军队和街上的行人都没有表现出明显的食物短缺的迹象。"他们发现岛上黑市猖獗，并督促当局加强管制。专家们的最终报告建议岛上暂停粮食酿酒、屠宰牲畜、在减少洋葱种植的同时扩大番茄种植，并在可能的情况下杀死居家宠物。报告总结说："当地应该尽可能长期饲养兔子。"[95] 当地收紧了一系列食物的配给，每天配给一个标准的 10.5 盎司 * 的面包，每两周配给 14 盎司糖，15 盎司的脂肪和食用油，外加一罐 12 盎司的肉罐头，同时对于收到投诉较多的"胜利厨房"，努力改善这些食堂提供的食物。1942 年 6 月，岛上储备了 7319 吨的面粉，783 吨食用油，1287 吨肉罐头，1021 吨糖和 129 吨茶叶，但岛上的食物和配给委员发现，只有面粉和小麦真正存在供应不足的可能。当局对黑市囤积行为的调查力度进一步加大，并出台了新的惩

* 1 盎司约等于 28.35 克。

罚措施（监禁一个月，没收所有货物）。[96] 岛上的淡水储备从1941年秋季的980万加仑增加到了1700万加仑，而政府的目标是，岛上需要储备至少相当于10个月消耗量的粮食储备。[97] 1942年夏天的运输线保卫战，使得运抵该岛的食物勉强能够满足岛上的需求，这使马耳他岛挺过了围困。

在长达几个月的轰炸中，由于岛上向全体马耳他人提供了足够的防空洞、福利设施和粮食供应，马耳他的士气同英国和德国一样得到了维持。马耳他人对意大利人也有明显的敌意，意大利人声称马耳他是意大利的前哨站，但这并未阻止意大利人一再轰炸马耳他。1940年6月11日第一次空袭之后，根据目击者的叙述，愤怒的马耳他人咒骂墨索里尼，并向空中挥舞拳头，“天空因神明遭到亵渎而变色”。当地的镇议会甚至将传统的意大利语街道名改为英语。[98] 马耳他并不缺少担任高射炮射手的志愿者，有1700人加入了马耳他自卫军的志愿人员行列。[99] 天主教徒们则依靠着他们深厚的宗教信仰，笃信基督教的总督威廉·多比爵士于1940年4月抵达马耳他，他和当地的教徒拥有着同样的感情。从战争初期开始，牧师们就开始举行露天弥撒（在露天举行活动是为了避免教堂遭到突然轰炸造成危险），并在防空洞主持仪式。一名“喷火”战斗机飞行员在抵达位于中世纪古城姆迪纳（Mdina，马耳他的旧首府）的基地时，他的马耳他司机告诉飞行员，这是一个神圣的地方：“天父不会让这里遭到德国人轰炸的。”[100] 当地人无视空袭的样子，给居住在此的英国人留下了深刻印象，空袭警报响起时他们仍旧待在电影院里，轰炸开始时也拒绝了官方要他们进防空洞躲避的要求。和战争期间欧洲的大多数轰炸一样，空袭引发了居民一系列我行我素的做法，但轰炸是无情的，无处可逃。将近3万幢建筑物遭到摧毁或破坏，但只有5200幢永久无法居住。[101] 前面提到的那位“喷火”战斗机飞行员后来写道，马耳他人民以令人羡慕的坚忍和相当的勇气承受住了轰炸，这种勇气必须目睹，而不是凭空想象，因为遭到轰炸时“令人十分不安，会让人出现幽闭恐惧症”。[102] 关于马耳他人民生活前景的正式报告也强调了民众承受轰炸冲击的能力（“勇敢地经受住了他们的严峻考验”），尽管这一说法符合殖民当局的意思，但没有理由怀疑它描述了某种现实。[103] 但是，马耳他是一个殖民地。审查、拘留、强制征召男性劳工、定期检查和控制都被纳入统治体系，而英国军队、官员和居民构成了统治马耳他居民的精英阶层，限制了当地抗议或后退的机会。这些精英似乎从来没有认真考虑过投降。

在轰炸的同时，入侵马耳他岛的威胁在岛屿上空盘桓了 3 年之久。甚至到了 1942 年 10 月的时候，意大利空军的结论是，尽管在轰炸时想尽一切办法消灭岛上防御，甚至在 1942 年的春天用强化的空中闪电战取得了“具体成果”，但与北非的意大利军队保持运输畅通的唯一办法还是“占领这座岛屿”。[104] 英国当局直到 1943 年才认识到这个问题，英国方面认为这个威胁比空袭对士气的破坏性更大。1942 年初，伦敦陆军部曾试图说服马耳他的英军指挥官，在敌人入侵时采取无情的焦土政策，作战计划包括摧毁一切物资、装备、油料、煤炭和港口设施。但是，驻马耳他部队的指挥官拒绝了这个建议，在他们看来，这样做等于承认失败。1942 年 6 月，马耳他国防委员会做出最后决定，“100% 的焦土”是不可能的，因为平民仍然需要食物和其他补给；如果民众目睹了这种“肆意破坏”，他们的士气可能会一落千丈。[105] 反侵略的工作在当地准备得十分充分。在收到“火山”（敌人即将进攻）和“旋风”（敌人的全面进攻已经开始）的代号时，英国当局计划尽快击退意大利或德国占领该岛的任何企图。当需要把那些不必参与防御作战的民众安置在地下的时候，现有的防空洞就变成了防御入侵的避难所。而当空袭警报发出连续不断的汽笛声时，就是入侵的信号。[106] 不过敌人的入侵一直没有发生，1942 年 11 月 20 日，从亚历山大港赶来的船队抵达马耳他，围困得到解除。1943 年 2 月，当局的审查放松了（尽管在空袭发生 4 个月后才允许提及空袭）。1943 年 11 月，灯火管制的执行也得到了放松。[107] 轴心国这次失败性的进攻，造成马耳他岛 1486 人死亡，约 4000 人受伤，岛屿的城市和港口地区遭到大规模破坏，但是也再次证实，持续的大规模轰炸，即使是面对不算强大的军事防御和有组织的民防计划，仍然存在明显的战略性限制。

“火车大延误”：1940 年至 1943 年的盟军轰炸

早在墨索里尼抓住法国即将崩溃的时机加入轴心国之前，意大利希望利用盟国与德国之间的战争，在地中海开辟新战场的意图就已经很明显了。这种战略意图，为英国皇家空军在考虑是否需要轰炸或何时可以轰炸敌方城市目标时，提供了额外的机会。在 4 月的最后一个星期，驻法国的英国空军司令空军中将阿瑟·巴雷特写信给空军部，提出轰炸机部队可以从法国南部的基地出发，轰炸意大利北部的工业城市。[108] 战时内阁 1940 年 6 月 1 日就如何应对与意大利的交战状态进行讨论以后，巴雷特接到命令，开始为驻扎在法国南部的英国轰炸机部队制定物资供应和维护计划。根据英国的计划，一旦发生战争，意大利将在“毫无预警”的情况下遭到英国的攻击。[109] 到意大利于 6 月 10 日宣战时，所谓的“黑线鳕鱼部队”已在法国南部的两个机场建立了基地，储备了燃料和补给。6月 11 日，12 架“威灵顿”轰炸机抵达基地，但法国军方反对针对意大利进行任何形式的轰炸，并将卡车停在跑道上阻止飞机起飞，法方担心轰炸意大利，可能会刺激意大利对法国城市发动报复性轰炸。经过盟军内部多日的争吵以后，6月 15 日至 16 日夜间，一支由 8 架飞机组成的编队出发去轰炸热那亚（Genoa）的港口，但只有一架飞机找到了目标；第二天晚上，派出的 9 架轰炸机中，有 6 架成功锁定并轰炸了目标城市米兰（Milan）。在法国宣布投降后，部队接到撤离的命令，“黑线鳕鱼部队”的 950 名人员于 6 月 18 日乘船从马赛撤退，留下他们所有的物资和装备。[110] 仅在 6 月 23 日和 24 日法国和意大利停战前夕，法国飞机才攻击了西西里岛的意大利目标，造成 45 人死亡，这不过是一种毫无意义的挑衅姿态。[111]

英国政府决定轰炸意大利，引起了一场以这样或那样的形式持续了 5 年不间断的作战，但这个决定并没有给英国方面带来轰炸合法性或有可能遭到报复的担忧，这和 4 周前，也就是 5 月中旬英国决定开始轰炸德国时是不一样的。从一开始，人们就认为法西斯统治下的意大利人的士气，可能比希特勒统治下的德国社会更脆弱。因此，当局认为轰炸是正确的决定，预计轰炸会带来迅速而重大的政治后果，而不是缓慢的经济消耗。1940 年 6 月和 8 月，轰炸机司令部从英国基地出发对意大利北部发动了第一波 3 次空袭，总共 17 架轰炸机。据报道，这些轰炸给意大利人的士气造成了“令人震惊的”影响。[112] 英国皇家空军领导层接到的情报显示，意大利是轴心国军事实力中的“阿喀琉斯之踵”，这主要是因为意大利资源匮乏，民众对不得不参加墨索里尼的战争感到不满。[113] 由于用现有的飞机从英国基地或埃及基地出发，难以到达意大利，因此还难以发动大规模轰炸。但由于认为意大利在政治上是脆弱的，因此，英国发起了一场传单大战，试图说服意大利民众放弃战斗。从马耳他基地起飞的少量飞机可以空投传单，也可以从英国出发远距离空投传单。1940 年 11 月在马耳他起草的第一批传单中有一份有号召意大利人起义的内容：“只要一听到伟大的信号，你们所有人就应该都到广场上去——用你们能找到的任何东西武装起来，锄头、镐、猎枪，甚至棍棒。”这篇文章呼吁意大利人创建一个文明、民主的意大利，并准备好发出“反革命（用大写黑体字母印刷）”的呼吁。[114] 很多宣传战把要求意大利进行政治抵抗的呼吁同轰炸的威胁联系起来。1941 年 1 月印制的一份传单要求意大利人选择“墨索里尼还是炸弹？”，10 万份这样的传单被从卢加机场起飞的飞机送往意大利南部的城市。1941 年 4 月，一份题为《罗马处于危险之中》的新传单威胁说，如果墨索里尼下令轰炸雅典或开罗，意大利首都将会遭到轰炸。[115]

政治上的主动行动没有任何结果，而轰炸实际上是小规模和间歇性的，用波特尔的话说，这种轰炸是“小皮鞭”，而不是“大棒”。[116] 轰炸机司令部在 1940 年和 1941 年一共发动了 24 次小规模空袭（其中 1941 年只发动了 4 次空袭）；而从马耳他发动的空袭达到 95 次，大多数时候出动的飞机都不多，很少有超过 10 架飞机的编队，轰炸都是在轰炸机赶往中东基地的途中完成的。[117] 例如，1940 年 11 月，6 架“威灵顿”轰炸机空袭了那不勒斯，根据飞行员的汇报，当地的灯火管制执行得很糟糕，也没有探照灯或飞机，另外地面防空炮火也没有准头。11 月 13 日至 14 日，10 架“威灵顿”轰炸机从 5000 英尺的高度对塔兰托进行了空袭，因为这里没有探照灯、战斗机或密集的拦阻气球，地面防空炮火也不准确。意大利各地的灯火管制执行得都不严格，在空中可以看到火车开着大灯在城市间奔驰。[118] 在 1941 年有一段时期，英国曾考虑加强对意大利的轰炸，但是地中海战区的重点是阻止轴心国在北非取得胜利，保持海上通道的畅通，这些重点目标吸引了英国皇家空军在地中海战区的力量。1941 年 10 月，英国外交部建议，在确定意大利的士气将会崩溃以后，可以发动一场猛烈的轰炸，这将会起到“致命一击”的作用，但波特尔坚称，在利比亚的作战是当务之急。[119] 1942 年 1 月，外交部再次建议对凯塞林位于罗马附近弗拉斯卡蒂（Frascati）的指挥部发动突然袭击，但空军部再次表示反对，他们更倾向于轰炸北非的目标。[120] 1942 年的前 9 个月，轰炸机司令部仅对意大利发动了一次空袭，这次空袭发生在 4 月，目标是位于利古里亚（Ligurian）海岸的萨沃纳（Savona）。尽管轴心国还在发动轰炸，但是驻扎在马耳他岛的皇家空军部队，还是派出飞机进行了 34 次小规模的空袭，目标是萨沃纳的空军基地和港口。从 1940 年末到 1942 年深秋的大部分时间里，意大利大部分地区除了遭到骚扰性轰炸带来的破坏外，什么也没发生。[121]

1942 年 10 月下旬，战况对意大利人来说突然发生了戏剧性的变化。当时的战况，盟军在北非的阿拉曼占上风，接着在 11 月入侵了非洲西北部。战局预示着意大利即将战败，就像丘吉尔在 12 月初所说的那样，即“应该把矛头指向意大利”。[122] 波特尔向首相保证，意大利将成为“头号轰炸目标”，主要港口和工业城市将遭受同德国相同数量炸弹的空袭。[123] 1942 年的最后两个月里，热那亚遭受了 6 次区域轰炸，都灵（Turin）遭到 7 次轰炸，米兰遭受了 1 次日间空袭。轰炸米兰的 88 架“兰开斯特”轰炸机几乎没有遇到什么抵抗，在米兰上空降低到 2500 英尺的高度才开始投弹，不过空袭后的报告显示，这次投放的燃烧弹太少，不足以引发对德轰炸时常见的那种大规模火灾。研究和实验司第八处为空军部提供的详细研究表明，相比德国，意大利建筑不易发生横向火灾或纵向火灾，这是因为意大利建筑广泛使用普通石材和大理石，地板也多为石制，再加上墙壁的厚度和质量，宽阔的庭院和街道，这些都不利于引发火灾。研究和实验司第八处建议向现代多层公寓大楼投掷高爆炸弹，这些大楼比 19 世纪以前的传统建筑更脆弱，如果能凭运气把炸弹投到封闭的院子里，那么炸弹爆炸的影响将会最大化。[124] 不过空军部仍相信，燃烧弹给意大利城市造成的破坏比高爆炸弹严重得多，只要燃烧弹足够准确地投向 1 区和 2 区这种最拥挤的市中心，另外，为了阻碍消防队的工作，投下的炸弹除了燃烧弹外还要包括一定比例的爆炸燃烧弹。[125]

1942 年 10 月发动的空中攻势，暴露出意大利军队、法西斯政党和民防组织并没做好保护民众、经济和维持战争的军事资源的准备，不管是主动的还是被动的。意大利空军也几乎没有投入任何精力来建设一个可以与英国或德国的防空系统相匹敌的防空网络。经过 3 年的战争，空军参谋长里诺·富日耶被迫承认意大利“实际上没有有效的防空”。[126] 意大利大多数战斗机被用来支援地面部队，1943 年以前的大多数袭击是在夜间进行的，但意军夜间战斗机几乎不具备什么作战能力。到 1942 年 9 月，意大利夜间战斗机的作战飞行时间仅为 380 小时，而日间战斗机的飞行时间为 158 100 小时。[127] 探照灯、高射炮和雷达的数量有限，而且这些装备也没有纳入识别和对抗来袭敌机的国家通信系统（即使是光天化日之下对米兰的空袭，也只是在炸弹已经落下之后，当地才发出空袭警报）。意大利的防空系统主要依靠 20 毫米口径的轻型高射炮，这种高射炮无法打击在高空飞行的轰炸机；当局组建 300 个 90 毫米口径高射炮阵地的计划从未完成。[128] 战斗机本应在白天提供保护，但是即便英军飞机在日间来袭，能起飞提供防空的飞机也不多，防空炮火本应在夜间提供防空支援，但由于高射炮属于陆军管理，因此地方负责协调指挥的指挥部对高射炮并没有指挥权。[129] 意大利的航空燃料和现代化飞机也存在严重的短缺，而空军直到 1942 年底，都还没有开始使用空对地无线电通信系统。当时面临美国空军日间轰炸的意大利南部战斗机部队的报告显示，在大多数情况下，紧急起飞的战斗机都来不及拦截美军的轰炸机，即便进行了拦截，其飞行速度也追不上美军轰炸机。1943 年 1 月，使用不同飞机混编的部队都遇到了协调和维护方面的问题，比如，某个中队被迫一次只派出一架或两架战斗机，而另一个飞行大队被迫同时使用 6 种不同类型的战斗机，其中有些是双翼飞机，有些是单翼机，其中 1 架是德国飞机，另外还有 8 架法国飞机。[130]

1942 年下半年英军发动了第一次大规模空袭之后，意大利方面开始想办法让有限的防御资源，最大限度地发挥效力。意大利当局决定，应仔细研究德国的防空系统，看看是否有可以被意大利防空系统吸收的经验；1943 年 6 月，德国防空司令约瑟夫 · 卡姆胡伯来到意大利，与意大利方面讨论如何利用意大利和德国的部队和雷达，建立一个协同的防空系统。到当年夏天，意大利只完成了一个雷达站的建设，其余的雷达站需要 6 个星期至两个月才能完成。[131] 一些意大利飞行员被派往德国接受夜间战斗机飞行训练，但他们回国后发现很难适应意大利空军基地截然不同的条件。[132] 墨索里尼政权于 7 月垮台时，尚未就建立一个综合统一的防空系统达成共识。由于意大利的军事实力从 1942 年下半年开始出现明显下降，驻扎在半岛上的德国军队开始更多地依靠自己的防空力量。到 1943 年为止，已有 300 个高射炮连转移到了意大利，但德国军队拒绝按照双方达成的协议，让意大利军队操作这些高射炮。到 1943 年 6 月，德国空军在意大利海岸线模仿国内卡姆胡伯防线的模式，建立了 33 个连续的矩形防空区。防空区内设立了夜间战斗机基地和雷达。两个月后，德国已经部署了 10 支夜间战斗机部队，负责保卫都灵、米兰、热那亚和意大利北部远至布雷西亚（Brescia）和威尼斯的其他城市。[133] 这种情况可能会导致摩擦。1943 年 2 月，在米兰，德国高射炮向 4 架意大利战斗机开火，迫使后者放弃作战。当驻守在此的意大利指挥官就此向德国人抗议时，德国防空部队却告诉他，对他们来说，意大利战斗机飞行员要风险自负。[134]

最早从 1941 年起，意大利空军领导人就指望德国为意大利航空业提供飞机、航空发动机和先进机床，但德国人的供应从来没有满足意大利的需求。在整个战争过程中，德国一共向意大利提供了 706 架飞机，其中约 448 架是在意大利作为轴心国盟友时期交付的。这个数字只是德国飞机中很小的一部分，包括 15 种不同型号质量各异的飞机。其中约 300 架是 Me109 战斗机，但这种飞机大部分是在 1943 年和 1944 年提供给新成立的民族共和国空军的；德国人还提供了 155 架 Ju87“斯图卡”俯冲轰炸机，其余还有少量用于空降作战或轰炸作战的飞机。意大利空军只得到了 14

架夜间战斗机，用于对抗夜间轰炸。[135] 意大利还必须依靠德国提供的雷达设备。在1942年，意大利得到了5套“芙蕾雅”雷达和10套“维尔茨堡”雷达，这只占意大利方面需求的一小部分。1943年的夏天意大利开始组建新的防空系统，但是，意大利国土防空团此时仍然依靠装备有听音设备的瞭望部队侦察来袭飞机，按照计划，意大利的防空团需要沿着矩形防空区的德国雷达的搜索范围，使用雷达进行对空搜索。意大利部队为了保卫主要的城市如米兰、那不勒斯、罗马，就需要等待德国德律风根公司供应的雷达，但该公司在雷达供应上一直十分迟缓。[136] 德国不愿提供更多的援助也是有所考虑的。1941年夏天，当意大利空军要求德国提供机器以帮助他们的飞机工业实现现代化时，德国空军部答复说，援助分为3类：德国工业的必需设备；德占欧洲工业必需的机械，且是直接为德国订单服务的行业或中立方提供重要原材料的行业；以及无关紧要的订单，包括给意大利人的援助。德国方面认为，如果他们帮助意大利，就相当于为战后的商业活动制造潜在竞争对手。[137]

意大利的防空遭遇失败，同样，意大利在民防准备工作、相关福利和救援服务方面表现也很差。根据1934年3月5日的一项法律，意大利各地的省长应代表国家，负责地方的一切民防事务，而不是由法西斯政党负责。1938年战争部第一次发布了关于民防工作各方面的全面指导，包括疏散、防空洞、防毒气准备和消防工作。[138] 1939年，为了避免混淆军事和民事责任，战争部明确规定，各省的行政长官需要在内政部的领导下，组织人民的防空工作，这个工作不是地方驻军指挥官的职责。但是，战争部下属的防空保护司在战争开始以后继续向各地下发相关的指导性文件，这就导致这两个部门经常就管辖权问题发生争执。省级防空检查机构负责监督各个地方政府的民防工作，但在20世纪30年代，地方政府在这方面的工作行动比较迟缓且杂乱无章。原因之一是，可用的资金非常有限，大约是分配给主动防空资金的十分之一。[139] 鉴于这些限制，国家必须决定优先次序。当局认为主要的工业和军事目标应该受到保护，但在总体战爆发的情况下，可能有必要保护“根据居民人数的比例确定的全部的人口中心”。[140] 由于既没有资金也没有材料和设备，因此难以向民众提供普遍的民防装备，地方当局不得不把资源集中在最有可能成为空袭目标的地区。例如，1939 年意大利全国只生产了 200 万副防毒面具，但是全国人口是 4500 万，这些防毒面具中的大部分，都被分配到罗马、米兰、都灵、热那亚和那不勒斯，剩下的少部分防毒面具，才被分配到其他 11 个城市。防空洞的修建工作直到 1939 年才刚刚开始，当时的公共防空洞仅够 7.2 万人使用，另有够 19 万人使用的家庭防空洞。[141] 直到宣战的那一天，即 1940 年 6 月 10 日，战争部才下发根据民防工作优先等级排列的城市名单和包括灯火管制规定在内的其他通知。按照通知，“P 类地区”包括 28 个主要港口和工业中心，将“以最大的强度和速度”采取民防措施；“M 类地区”包括 23 个较小的城市，这些城市可以“以较慢的节奏和较低的强度”实施民防规定；“S 类地区”则包括剩下的 41 座城市（其中一些城市，如格罗塞托在未来的轰炸中被完全摧毁），当局可以在“可能的范围内”自由采取措施。[142]

与德国和苏联不同，意大利未能动员群众开展大规模自发性的民防工作。相反，1934 年 8 月在战争部的指导下，意大利组建了相对低调的国家防空保护联盟，该组织的职责包括帮助教育平民如何遵守民防规定，如何准备灯火管制，如何将地窖或地下室改建为临时性防空洞，另外还包括培训志愿者参加轰炸后的救援和福利保障工作。到 1937 年，国家防空保护联盟只招募了 15 万名志愿人员，而与之相比，德国有 1100 万名志愿人员，而且该组织还经常面临缺乏资金的问题。[143] 按规定，国家防空保护联盟的组织者必须是法西斯党的党员，而街区或住宅的空袭管理员负责在他们邻近的建筑物内组织民防工作，这些管理员也由法西斯党直接从国家防空保护联盟成员中指派。管理员大多数是 45 岁以上的男子（所有较年轻的男子都是军队的预备役人员）、妇女或青少年；大多数情况下，他们只接受过有限的训练，1940 年以前的许多民防演习表明，警察、民防工作人员和军事防空当局的职责之间一直存在着混淆的地方。[144] 毫无疑问，意大利在加入第二次世界大战时，没有足够的资源来保护平民，而且其民防组织的职责也不明确，另外还缺少训练有素的民防人员。1940 年 6 月 10 日至 11 日夜间，英国皇家空军的行动让这些不足暴露无遗，当时英国皇家空军的9架轰炸机飞抵都灵上空，另有2架飞临热那亚，尽管在优先区域实施灯火管制的指令已经发布过多次，而且多年来定期实施灯火管制训练，但皇家空军的飞机还是发现这两座城市灯火通明。虽然当局在5月下达了要求遵守灯火管制规定的详细命令，但在遭到空袭的初期，当局经常收到灯火管制执行不完善的指责，这种现象在空军基地和罗马的政府大楼尤其突出。1940年10月，当首都附近的钱皮诺空军基地被要求解释其夜间为何窗户还会透出明亮灯光时，基地司令官的回答是他们找不到足够大的窗帘。[145]

第一次空袭在军事上是微不足道的，但却立即在对战争现实毫无准备的人民中引起了危机感。6月18日，热那亚省长向罗马内政部抱怨说，空袭和警报（3次空袭和17架飞机）“造成火车严重延误”。[146] 当局立即意识到，警报会导致生产长时间停止，因为工人们会争相躲到工厂的防空洞里，或者因为恐慌消失好几个小时，导致机器无人值守，甚至引发电力和天然气供应中断。致力于战争订单生产的工厂都接到了严格的指示，要求对待工人“像对待士兵一样，他们有义务在敌人的炮火面前待在工作岗位上”。[147] 虽然工厂工人最终没有军事化，但国家防空保护联盟的工作人员发现他们在1940年8月的时候，变成了“得到军事动员的平民”，他们需要维持纪律，并防止成员在面对轰炸真正威胁的时候放弃民防责任。根据1940年11月1日的一项法律，空袭管理员变成了公职人员，以此强调他们在为社会服务方面的作用。[148] 除意大利南部主要港口和北非轴心国军队使用的西西里岛以外，对于意大利的大部分地区来说，轰炸几乎立即就停止了，不再是严重的威胁。整个1941年和1942年的前9个月以来几乎没有遭到空袭，因此加快有效的民防准备的压力大大降低。防空洞的供应仍然不足（战争部告诉省长，要让平民使用工厂和公共建筑中的防空洞，因为家庭防空洞显然是不够的），而工厂的基本保护（包括防爆墙和沙袋）取决于可用的资金和业主的安全意识。在组织保护意大利庞大的艺术和建筑遗迹方面也面临着同样的问题。从1934年开始，当局都会定期出版相关保护法规和指令，但是直到1939年6月教育部才颁布关于保护具有艺术或历史价值物品的相关法律。[149] 法律规定的条款在开始的时候并没有得到执行，到了1940年6月6日，也就是意大利宣战前几天，各地负责艺术遗产保护的主管接到命令，要求他们开始打包和转移任何可以转移的艺术品，并在主要的教堂和建筑物顶上放置沙袋构筑保护层。意大利建立了大约100多个储藏点，数以百计的古迹也得到了最低限度的保护，足以应付弹片或周围爆炸的炸弹，但是对于直接命中的炸弹却无能为力。[150]

随着1942年秋季盟军进攻的开始，这一切都改变了。与德国遭受空袭时的表现相比，意大利应对轰炸的准备工作并不充分，轰炸也就对意大利人造成了更大的物质和心理影响。都灵遭到的轰炸，特别是轰炸机司令部在11月20日至21日和28日至29日夜间对工业区和市中心的猛烈轰炸，给城市造成了范围较大的随机性破坏。超过100家企业表示受到了一些损失，但部分工厂遭到了彻底破坏。一家雷达制造厂及其90%的机械遭到“完全摧毁”；一家为航空发动机生产永磁电机的公司几乎被一颗炸弹彻底摧毁；意大利航空公司的大型飞机修理厂被烧毁，只剩下一条仍然坚持运转的生产线。11月13日至14日和15日至16日夜间热那亚遭到空袭后当局的报告中，列出了铁路、电力线路和隧道的损坏情况，其中的破坏大部分可以修复，但马可尼无线电工厂的生产“完全瘫痪”，不得不转移到附近的一个城镇。[151] 意大利的生产早已经受到材料和设备严重短缺的困扰，而轰炸带来的则是直接的威胁。11月15日，战争部向政府所有各部分发了一份警告，指出军事工业现在必须疏散，疏散到工业可以继续运转而不会受到空袭威胁的地区。

几天后，最高统帅部同意了一份从主要工业地区进行全面疏散的计划。各个公司需要使用附近的隧道或地下设施，以防止工作模式受到太大的干扰或造成工人的流失；如果不具备这个条件，当局建议各公司将生产下放到当地较小的公司；在极端情况下，需要将公司彻底转移到另一个区域，接收地不必要的工厂可以关闭，原工厂的工人和生产车间由疏散到此的公司使用。[152] 对于不易迁移的企业，例如钢铁厂，当局努力为其配备更多的高射炮连和烟雾发生器，并且制定了伪装方案。1942年12月，成立了一个由国防相关部门和公司管理部的代表组成的特别委员会，该委员会每周都会公布一个公司名单，名单中的公司就需要按照命令对生产进行疏散。大多数公司都疏散到了附近的城镇或村庄，一些公司搬进了洞穴或人造洞穴。疏散行动本身也引发了一些问题：用于运输的卡车数量不足、铁路线路运力不足、协助转移工作的熟练工人短缺、与财政部就被炸毁企业的补贴和赔偿问题存在争执等。[153] 1943 年，意大利的军工生产继续减少，主要是因为公司一方面需要设法弥补疏散造成的生产缺口，一方面还要应对工业区持续遭到猛烈轰炸的问题。对于选择留在原地的企业，如阿尔法·罗密欧汽车厂，到 1943 年夏天也被迫转移到圣罗科洞窟，这个洞窟由一系列洞穴构成，尽管洞窟里面的空气污浊，湿度较高，但是当局希望员工在这里的生产效率比经常受到防空警报影响时能提高一些。[154]

正如英国人所希望的那样，轰炸给意大利人在心理和生理上造成的影响要大得多。自 1940 年末遭到小规模空袭行动以来，意大利一直没有遭到大规模轰炸战的威胁，因此，在国内既没有民防工作的基础设施，也没有形成应对突然出现的大规模空袭的心态。因为大部分轰炸都是区域轰炸，因此造成的破坏大部分都在居民区。在 11 月的空袭中，都灵约有 3230 栋住宅和 46 所学校遭到摧毁或严重破坏。到 1942 年 12 月，大约有 40 万人逃离了都灵。都灵的地方长官报告说，士气低落的人们表现出“沮丧、紧张、易怒、惊恐”的症状，不仅是因为轰炸，而且因为“战争长时间持续带来的疲惫感”。[155] 需要疏散的人员想办法逃到周围的乡村或更远的省份。艾里斯·奥里戈（Iris Origo）是一位英裔美国女性，嫁给了意大利的某位侯爵，她在日记里记录了全家从热那亚抵达托斯卡纳后的所见所闻（此前她在地道里生活了好几个星期），她在日记中写道：“没有亮光，没有足够的水，生活在严寒中。”她对投下投弹的那些人产生了“自然而然的憎恨”，但对导致自己遭到轰炸的法西斯体制的无能和管理无方也深感愤怒。[156] 在应对空袭后果或者对抗空袭方面不做任何准备，被认为是墨索里尼政权的一大败象。据一份报告称，留在都灵的工人在轰炸后表现出“可以理解的焦虑”，然后就平静下来；但他们仍处于持续的焦虑状态中，主要是因为白天可以看到盟军飞机在城市上空不受任何干扰地盘旋。根据米兰北部瓦雷兹（Varese）的另一份报告，由于意大利防空部队对两架盟军飞机随意在该地区进行空中拍照的行为没有任何有效的防御措施，当地居民感到了“困惑和恐慌”。[157] 11 月和 12 月的空袭中，空投的传单列出了未来可能遭受轰炸的主要城市（包括已经被轰炸的城市），并呼吁民众趁着伤亡人数仍然“非常少”，尽快“撤离这些城市”。也许是为了把这些信息传达后方民众，英军投下的贴纸上还印着意大利语单词“Merda!”（糟糕！）。[158]

1942 年之前，疏散并不是一个简单的选择。在 30 年代，在缺少防空洞或防毒面具的情况下，从主要城市疏散人口被视为减少伤亡的一种方式。1939 年当局向各省长下发了一项计划，通过鼓励居民尽可能自愿撤离，并坚持强制疏散儿童、老人和病人（以及囚犯，疏散这类人比较令人费解），使城市人口减半。那些留下来的人通常是因为他们的工作性质或责任而不得不这样做。1940 年 6 月，该计划事实上已经放弃。自愿疏散是不受控制的，很快省长就不得不下令，坚持要求人们回家。在没有持续性的大规模轰炸的情况下，城市人口一般都保持在原来的水平。[159] 1942 年 10 月的第一波空袭在一夜之间改变了局势。11 月，当局制定了新的疏散条例，分发给各地所有的省长。此外，条例中又一次出现了强制疏散类别，并为新出现的人员类别“夜间疏散者”进行了规定，这些人是白天在城里工作晚上回到城市郊区或农村的家中生活。12 月 2 日，墨索里尼公开表示支持新一轮的疏散行动，认为这是对社区的“责任”。[160] 虽然许多法西斯党工作人员（主要是未成年人和妇女）帮助提供了食物和住所，但是 11 月和 12 月基本上没有组织大规模疏散行动。因为意大利城市居民大部分都有生活在城市附近乡村地区的家人或朋友（都灵的居民有 40% 属于这种情况），所以疏散引发的社会问题比预想的要缓和得多，但过度拥挤的问题，难以为“夜间疏散者”提供交通的问题以及食物短缺问题，很快就暴露出来。1943 年 3 月，省长们的抗议导致了政策的逆转，当局开始鼓励疏散者冒着遭到轰炸的危险返回家园。但当局的呼吁收效甚微。都灵一半的人口在夜间仍然远离城市，其中 55% 待在内陆地区，还有 45% 跑到了其他省份。1943 年夏天，出现了第二次大规模的疏散，范围涉及三分之二的城市人口，许多新来的疏散者不得不睡在卫生条件不断恶化的森林和田野里，很多人不得不忍饥挨饿。[161]

轰炸给意大利带来的危机比英国和德国经历的任何危机都要严重。随着相关的情报传到盟军手里，通过轰炸让意大利退出战争的想法突然显得不是那么异想天开了。1942 年末，辛克莱对丘吉尔说，轰炸战时工业和交通可能会严重打击法西斯的士气，但对罗马进行一次引人注目的终极空袭"可能会推翻法西斯政权"。[162] 1943 年 4 月，一份从里斯本提交给美国战略情报局的情报称，意大利大使"预计会在一个月内变节"。几周后传来的第二份情报指出，教宗庇护十二世（Pius Ⅻ）对轰炸感到不满，希望将军们夺取政权，让意大利加入盟军一方。[163] 因此，1943 年的前几个月里，对意大利的政治攻势愈演愈烈。1942 年 12 月开始参战的美国第 9 航空队，其所属飞机从北非基地出发，在发动轰炸意大利城市的作战过程中，还穿插了大量的传单投放工作，在当年头 8 个月里投放了 6400 万份传单。根据心理战部门的说法，他们的目的是"强化意大利人反对墨索里尼、德国和战争的情绪"。心理战部声称，空军力量和宣传之间有着特殊的联系。[164] 传单上解释说，只要意大利支持德国，盟军轰炸就是必要的。1942 年末，空投传单上的文章《我们为什么轰炸你们》向意大利人民提议，要求他们"拒绝为希特勒和墨索里尼而战"，同时也警告他们，如果不这样做，无辜的人将会遭受痛苦。[165] 宣传战并非没有遭到对抗。意大利当局指责盟军故意投下爆炸铅笔谋害意大利儿童。意大利《人民日报》的文章写道："一方面是虚伪的谎言，另一方面是卑鄙的死亡陷阱。"[166] 法西斯媒体发布了自己的传单，指责美国人使用黑人飞行员，称这些飞行员为"最劣等的人……新的野蛮人部落"。[167] 1943 年 7 月，意大利内政部向墨索里尼提交了几份盟军散发的传单，并向这位独裁者保证，阅读传单的意大利人能保持冷静，不受其影响。据称，盟军的宣传"对公共秩序没有任何影响"。[168]

盟军最难判断的就是轰炸罗马的正确时机。轰炸意大利首都的想法可以追溯到战争开始的时候，但由于政治、文化和宗教原因一再被推迟。1940 年秋，当轰炸机驻扎在马耳他时，轰炸意大利首都的可能性是难以抗拒的。1940年10月28日，意大利入侵希腊后，英国空军部立即下令轰炸罗马作为报复，但第二天这项指令即被取消。丘吉尔很乐意下令轰炸罗马（“让他们好好享受一下”），但只能在时机合适的时候。[169] 1941年春，空军部告诉中东的皇家空军总部，如果意大利飞机轰炸雅典或开罗市中心，可以立即发动对罗马的轰炸，无须得到进一步授权。1941年9月，终于有一架意大利飞机向开罗郊区阿巴西亚（Abbassia）的陆军仓库投下了炸弹，英国皇家空军的中东司令部决定立即发动对罗马的轰炸，摧毁墨索里尼位于威尼斯宫的官邸和中央火车站，但是战时内阁否决了这个决定，因为内阁担心轰炸会导致埃及首府遭受报复性轰炸。[170] 波特尔在给英国外交部的信中写道：“选择轰炸罗马的正确时机，显然是一个微妙的问题。”[171]

关于轰炸罗马的争论最终建立在其特殊的象征性地位上。罗马是天主教世界的中心，是中立的梵蒂冈城的所在地，梵蒂冈的中立必须得到尊重，否则就有可能遭到全世界天主教社区的谴责。多年来，英国公立学校的孩子们（包括那些已经毕业，现在在指挥英国皇家空军的绅士们），都被灌输古罗马帝国是大英帝国的榜样，而罗马是古罗马帝国的心脏。罗马也是欧洲文化的重要中心，从古典时代到巴洛克鼎盛时期的艺术瑰宝都能在这里找到。1942年12月，辛克莱向丘吉尔抱怨道：“自由主义观点认为罗马是欧洲文明的圣地之一。这种观点让轰炸作战有些棘手……”[172] 波特尔告诉辛克莱，即便是在轰炸机司令部的工作人员中，也有很多人很不情愿对罗马、佛罗伦萨和威尼斯发动轰炸。辛克莱虽然自己也是一名自由主义政治家，但是他没有文化上的顾虑，在关于轰炸罗马的备忘录上，他潦草地写道：“我们不能用详细的规定限制我们的飞行员。”但是，他也注意到，轰炸给“教堂、艺术品、枢机主教和教士”造成的破坏和伤亡会带来政治风险，除非能在某个时候发动突然袭击，让轰炸产生的政治红利掩盖其不利的一面。[173] 外交大臣安东尼·艾登强烈反对轰炸罗马，除非万不得已；他拒绝了阿瑟·哈里斯提出的几项利用代号为“水坝破坏者”的617中队轰炸墨索里尼的官邸威尼斯宫或托洛尼亚私人别墅的提议，理由是这些空袭不太可能杀死他，而且更有可能让这位独裁者支持率下降的局面得到扭转。[174]

关于是否轰炸罗马或何时轰炸罗马的长时间犹豫终于在 1943 年 6 月结束了，因为 5 月 13 日，盟军在北非取得了最后胜利，准备进攻西西里。为了防止德军增援，艾森豪威尔在阿尔及尔的总部倾向于轰炸利托里奥（Littorio）和圣洛伦佐（San Lorenzo）的两个重要的铁路编组站，其中第二个目标附近还有一座古老的同名大教堂。6 月 10日丘吉尔写信给罗斯福，问他是否批准发动空袭，一周后罗斯福总统回答说他“完全同意”，只要机组人员严格遵守指令，不要将炸弹扔到梵蒂冈或教宗在罗马的财产之上。[175] 但是，这个答复并没有使政治上的争论就此结束。几天后，参谋长联席会议上，再次讨论了轰炸可能破坏罗马的建筑遗迹和教堂的问题。美国陆军参谋长马歇尔将军支持此次突袭，理由是，在圣保罗大教堂、威斯敏斯特大教堂和马耳他的教堂遭到轰炸之后，美国“对罗马遭到轰炸不会感到不安”，就此，美军参谋长联席会议向艾森豪威尔表示同意发动轰炸。[176] 7 月初，坎特伯雷大主教威廉·坦普写信给辛克莱，要求他保证罗马古迹和中世纪建筑以及佛罗伦萨和威尼斯不会受到轰炸。空军部告诉辛克莱，盟军士兵的生命不应该因为神圣的建筑而处于危险之中。——“我们是不是把文物古迹排在了未来的希望之前？”——在空袭编组站行动前两天，辛克莱对坦普尔大主教说，即使军事目标在古老又漂亮的建筑附近，盟军仍然无法避免轰炸这些目标。[177]

7 月 3 日和 18 日，盟军对罗马空投了警告；19 日，来自西北非的战略空军部队的 150 架 B–17 和 B–24 轰炸机，在美国第 9 航空队的 240 架 B–26 轰炸机的陪伴下，对圣洛伦佐和利托里奥铁路编组站，以及钱皮诺的两个空军基地投下了约 1000 吨炸弹。由于当时轰炸机的投弹高度在 1.9 万至 2.4 万英尺之间，轰炸对目标周围的区域造成了广泛的破坏。据观察，只有 80 枚炸弹击中了利托里奥的目标地区，轰炸后的分析表明，圣洛伦佐大教堂和周围 27 条街道的范围受到严重破坏。[178] 第二天，教宗坐着他的黑色奔驰车穿过罗马，这是他在战争期间第一次离开梵蒂冈城。民众以歇斯底里的热情欢迎他，而随从们则在人群中分发钞票。据应急服务部门的报告，盟军的轰炸造成 700 多人死亡，其中死者集中在罗马最不法西斯化的圣洛伦佐周边的工人住宅区，但后来当局估计死亡人数在1700人至2000人之间。[179] 国王维托里奥·埃马努埃莱三世（Victor Emanuel Ⅲ）视察了轰炸后的废墟，但是居民都阴沉着脸指责他发动战争。国王一位助手写道："人们沉默不语，充满敌意，我们经过之处都是泪水和冰冷的沉默。"[180]

罗马的象征性地位意味着这次空袭将会引发大规模的报道。联合参谋部向艾森豪威尔发出指示，要求他在轰炸后立即发表一份公报，以证明盟军只对军事目标进行了轰炸，以避免因侵犯"基督教圣地"而遭受指责。[181] 根据战略情报局的一份报告，意大利北部城市对于罗马的法西斯分子"终于得到了应得的报应"表示热烈欢迎，已经遭轰炸的民众显然对那些使他们遭受苦难的人也尝到了轰炸的滋味感到满意。[182] 罗马教宗曾多次呼吁将罗马变成一个"不设防城市"，并利用这次轰炸为契机，在随后的几个月里发动了一场声势浩大的外交攻势，试图确保城市免遭进一步空袭。最重要的后果是墨索里尼独裁统治的命运，因为罗马也象征着法西斯政权的核心。在罗马遭到轰炸的那天，墨索里尼正在意大利东北部的费尔特雷（Feltre）与希特勒会面。"一位面色苍白、神情激动的官员"打断了两人的谈话，宣布了轰炸的消息，然后墨索里尼匆匆赶回了首都。爆炸发生后的几天里，政治气氛日益紧张。7月24日晚上，法西斯大会召开了一次会议，按计划，墨索里尼在会上就意大利的军事实力状况进行了报告。墨索里尼后来写道，那天下午，局势非常严重，"罗马变得死气沉沉"。[183] 在会上，墨索里尼承认他目前是意大利最令人讨厌的人，但坚持为自己所做的事辩护。7月25日早晨，发生了一场宫廷政变；法西斯分子中的高层、军队指挥官和国王放弃了对墨索里尼的支持，墨索里尼的统治至此突然结束。美国的心理战部门得出了一个显而易见的推测性推论：7月19日罗马遭到轰炸，意味着到7月25日的"政府垮台"。[184]

墨索里尼政权的垮台真的是由轰炸引起的吗？1943年突然加强的轰炸刺激了已经厌倦战争的国民，他们害怕战争的后果，因而抛弃了统治国家20年之久的法西斯主义，盼望和平的到来，这是一个能够很好地说明轰炸的政治效果的案例。1942年冬天到1943年的轰炸，在规模上是空前的，1942 年的投弹量只有 1592 吨，但到了 1943 年，投弹量达到 110 474 吨，这是英国在空中闪电战期间遭受投弹量的两倍。[185] 在轰炸初期，损失不算严重，但是后来损失逐渐攀升，1943 年 3 月，12.2 万栋建筑遭到破坏。[186] 到这个时候，大部分轰炸是由美国空军完成的，但是美国空军飞行高度较高，轰炸精度较差。例如，24 架 B–17 轰炸机奉命轰炸格罗塞托（Grosseto）的一个空军基地，但却给目标附近的小镇造成严重的破坏，大部分炸弹都投到了居民区中，造成 134 人死亡。当轰炸东海岸位于福贾（Foggia）附近的空军基地时，轰炸却摧毁了福贾镇，引发了一场非同寻常的危机。5 月 31 日当地空袭之后，大约 40% 的人口逃离这个地方，商店和工厂空无一人，各种服务陷入混乱。省长向上级报告说，他的城市完全是一片荒凉的景象，“充斥着尚未收殓的腐尸散发出来的臭气”。[187] 因为盟军即将入侵西西里，因此西西里南部的港口遭到猛烈轰炸：巴勒莫遭到 43 次空袭，墨西拿（Messina）32 次，卡塔尼亚 45 次。那不勒斯在整个战争中反复遭到轰炸，起初是盟军从马耳他发动的小规模空袭，但 1942 年 12 月 4 日，遭受了第一次大规模轰炸后又陆续多次遭到轰炸，到 1943 年春天，那不勒斯有 7.2 万座建筑受损或遭到摧毁。那不勒斯人把这次轰炸当作是盟军针对意大利后方发动的一场新战争。一名居民写道：“我的战争开始于 12 月 4 日。”另一个人回忆轰炸时说，空袭“在记忆中无限生长……引擎巨大的轰鸣声似乎进入了房间，进入了大脑，进入了身体的每一根纤维……每个人都听天由命地等着死亡”。[188] 在那不勒斯和意大利其他地方，空袭暴露出该政权未能提供足够的防空洞，未能组织有效的空袭后救助活动，未能培训足够的民防人员，也未能对盟军的进攻实行有效的防御。反政府的抗议活动最早可以追溯到 1941 年的第一次突袭，当时民众是为了抗议食物供应不足、排长队和牺牲的不平等；可以说，早在 1943 年 7 月 19 日盟军发动对罗马的空袭之前，民众对这个失败国家的支持就已开始下降了。[189]

民众对这个政权的幻想一步步破灭，与政府在应对新轰炸的后果方面出现的普遍性失误有关。1943 年春天，在都灵的菲亚特工厂，3 月 5 日到 8 日之间爆发了工人自发性的罢工，抗议未能为所有被轰炸的工人提供赔偿，而仅是赔偿了那些往返于工厂与农村家庭的“夜间疏散者”。伴随着对物价上涨和食品分配工作不善的抗议，罢工运动蔓延到其他工厂，最终蔓延到热那亚和米兰，直到4月才逐渐平息。在热那亚，因缺乏防空洞而举行的抗议活动在第一次袭击之后就已经开始了，当时一群群愤怒的妇女试图冲进属于富人的防空洞。[190] 1943年，来自各省省长的一连串报告到达罗马，报告指出人民的士气日益低落而敌对情绪却日益明显，其中只有一部分是由于轰炸造成的，但在很大程度上与意大利效率低下的战争准备有关。1943年5月一份来自热那亚的报告指出，由于食品短缺、意大利军队完全丧失战斗力，再加上轰炸造成的物资和士气受损，“公众士气非常低落”。来自都灵的报告称，工人们再也看不到为一个失败的体系工作的任何意义，反而表现出“冷漠和漠不关心”。1943年5月，来自多次遭到轰炸的巴勒莫的报告中说，几乎所有的民间活动都陷于瘫痪，人民受到轰炸的威胁，街道上空无一人。就连来自罗马的报告也表明，尚未遭到轰炸的民众表现出“失去信任，感到绝望”，等待着某种形式的政治动荡：“对胜利的信心好像几乎完全丧失……感到过去和现在的努力毫无用处的思想相当普遍。”[191] 艾里斯·奥里戈在托斯卡纳听着周围正在进行的讨论，她抱怨说，一切都是“说呀，说呀，说呀，却没有实际行动”，这反映出这个不再愿意继续参加战争却无法找到结束战争方法的民族，存在着一种“愚蠢的、宿命论式的冷漠”。[192] 普通意大利人则求助于宗教或迷信，以帮助他们应对陷入无情轰炸和失败国家之间的两难境地。里窝那（Livorno），直到1943年5月下旬还没有遭到轰炸，当地居民认为这是因为盟军为了保护蒙特内罗（Montenero）的圣母像（尽管也有传言说该市没有遭到轰炸，是因为有一名丘吉尔的情人在这里）。在撒丁岛（Sardinia），人们为反对轰炸而祈祷：“万福玛利亚，承蒙恩典，让警报不再响起，飞机不再到来……耶稣、约瑟、玛利亚，让英国人迷失方向吧。”[193]

轰炸罗马既没有让墨索里尼政权当场垮台，也不是其垮台的诱因，而是这个政权崩溃前最后的剧痛。对一个饱受病痛折磨的病人来说，要确定他确切的死亡原因并不容易。此外，独裁者的垮台既没有给意大利人民带来和平，也没有结束轰炸。事实上，证实这一观点的更好论据是，轰炸使墨索里尼的继任者彼得罗·巴多格里奥元帅（Pietro Badoglio）更快地做出了与国王一道寻求停战的决定，他最初决定继续战争，而到了9月初他已希望让意大利退出战争。起初，盟军不确定如何应对墨索里尼倒台的消息，轰炸也暂时中止。但7月31日，在四天的暂停之后，波特尔告诉地中海空军司令亚瑟·特德空军元帅再次轰炸那不勒斯和罗马，以迫使巴多格里奥政府提出“和平条件”。[194] 英国广播公司的阿尔及尔广播电台向意大利听众广播说，轰炸将于8月1日再次开始。此外，空军还散发了300万份传单，指出放弃德国人比遭受更多的“铁和火”要好；8月中旬盟军另外又投下了600万份传单，强调只要罗马政府继续作战，轰炸就会继续。[195]

巴多格里奥政权在7月底提出要求，要使罗马成为一座不设防的城市，这个要求让当时的局势变得混乱起来。美国暂时停止了轰炸，对其影响进行研究。8月2日马歇尔总结了美国战争部关于不设防城市的定义：所有意大利和德国部队从罗马撤出，撤走所有政府机构，停止城内所有军工生产，城内公路和铁路不得用于军事目的。但一天后，伦敦的战时内阁提出，只要意大利境内的战争还在继续，就拒绝任何让罗马取得“不设防城市”地位的条件，即使美国严格的条件得到满足也不行。8月13日，艾森豪威尔接到通知，轰炸可以再次开始，罗马再次遭到了轰炸，这是后续51次空袭中的第一次。教宗又一次视察了遭到轰炸的地区，人群高喊“和平万岁！”[196] 轰炸从罗马蔓延到意大利中部的其他城市。8月31日，144架飞机空袭了比萨（Pisa），该市居民区遭到大范围破坏，953人死亡。福贾再次遭到空袭，城市里的居民几乎全部撤离。8月27日，佩斯卡拉（Pescara）遭到空袭，导致1600人死亡。美国方面的情报报告指出，只要轰炸重新开始，意大利就会发生大规模骚乱和反法西斯示威活动。[197] 9月3日，巴多格里奥不顾德国占领军的威胁，向现实低头，签署了停战协定。9月8日，对外宣布了意大利投降的消息，但对大多数意大利人来说，支持德国的战争只是在一夜之间变成了在德国控制下的战争。

“必须轰炸”：解放意大利

从 1943 年 9 月到战争结束，盟军针对意大利的轰炸并没有预先制定计划。意大利作战意志的突然崩溃，让驻扎在整个半岛的规模庞大的德国部队做出了直接和激烈的反应。意大利军队被解除武装，人员遭到拘留，这些意大利军人大部分被当成劳工送往北方的“大德意志”。意大利和法国一样，成为一个被占领的国家，不同的是，在墨索里尼被德国特种部队戏剧性地从监狱中解救出来之后，又建立了一个新的墨索里尼政权——意大利社会共和国（这个共和国又被称为萨罗共和国，因为其政府在加尔达湖上一个名为萨罗的小镇）。这实际上是一个傀儡政府，完全听命于德国在南方的总司令陆军元帅凯塞林，不过，有一部分意大利飞行员和士兵仍然忠于法西斯，愿意与德国军队并肩作战。德国领导人不太关心重建法西斯国家的想法，因为他们的首要任务是阻止盟军到达中欧，但对于意大利人来说，不得人心且受到民众普遍鄙视的法西斯政权仍旧存在，直到 1945 年 4 月下旬意大利游击队处死墨索里尼，这个政权才垮台。

对盟国来说，意大利既带来了问题，也带来了机遇。1943 年 9 月，在征服西西里岛并在半岛的最南端进行了试探性登陆之后，盟军的首要任务就变成了击败德国军队，如果要迅速达成这一目标，盟军就需要解放意大利，并准备从南部进攻德国。如果不能轻易击败德军（就像后来的发展那样），那么盟军就会调动空军支援地面作战，并在必要时轰炸更远的目标。然而，即使盟国空军在意大利本土有限的存在，也为空军从地中海突袭德国目标创造了机会，而从英国基地出发很难飞到这些目标区域。为了轰炸这些不同的目标，盟军需要对混乱的各空军司令部进行重组，这些司令部是随着地中海和北非空军（包括英国空军和美国空军）的扩张而组建的。1943 年初，西北非洲战略空军和联合战术轰炸机部队一起空袭了在意大利的目标，联合战术轰炸机部队是由英国皇家空军的部分飞机和美国的第 12、第 9 航空队共同组成的。特德元帅麾下的其他皇家空军单位组成了地中海战区空军，这支部队主要在沙漠地区作战，但 1943 年 5 月在突尼斯击败轴心国后，开始承担轰炸意大利的任务。1943 年秋，这些部队合并为地中海战区盟军空军，包括英国和美国空军。其中英国皇家空军的规模比较有限；这里的美国空军被扩充为承担远程轰炸作战任务的第15航空队，这支部队首先由杜立特将军（直到他取代在英国指挥第8航空队的伊拉·埃克为止）领导，然后由内森·特文宁（Nathan Twining）少将指挥。约翰·坎农（John Cannon）少将指挥的第12航空队开始执行包括轰炸在内的战术任务，以取代被派去支援1944年6月发动的诺曼底登陆的第9航空队。地中海战区盟军空军的总指挥权于1943年12月10日授予了伊拉·埃克，他于1月上任，副手是英国空军中将约翰·斯莱瑟。1944年1月4日，地中海盟军空军中的美国部队，全部划归在斯帕茨的指挥之下，他被任命为美国的欧洲战略和战术空军总司令，但在实际操作中，只有第15航空队向斯帕茨负责，而战术空军则向地中海最高司令部的艾森豪威尔负责，从1944年1月起，开始向梅特兰·威尔逊（Maitland Wilson）将军负责。第15航空队组建于1943年11月1日，总部位于被毁的福贾镇附近。航空队下辖的中队分布在十几座轰炸机基地中，执行轰炸奥地利、德国南部和巴尔干半岛和意大利的任务。英国皇家空军战略部队主要由“威灵顿”中型轰炸机组成，基地在布林迪西。[198]

事实上，很难对战略轰炸和战术轰炸作出明确的区分，因为有时需要战略部队来支援地面作战或摧毁德军后方的运输。在剩下的时间里，他们将负责空袭德国的目标。例如，1943年12月，在美国经济战司为“直射行动”列出的48个战略目标中，只有7个在意大利，其中有两个（都是滚珠轴承工厂）列入优先任务名单。[199] 1943年11月，地中海盟军空军的作战部部长劳里斯·诺斯塔德（Lauris Norstad）准将命令战术空军集中支援地面战争，并轰炸从罗马附近的奇维塔韦基亚（Civita Vecchia）到东海岸安科纳（Ancona）的运输线。而此时的第15航空队构成了战略空军部队的主要力量，他们将使用B–26“劫掠者”中型轰炸机，必要时出动B–17和B–24轰炸机，轰炸这条交通线以北的所有运输线。[200] 随着地面战斗形势的变化，战线也在发生着改变，但是直到1945年3月1日，战术空军才开始承担对德国占领下的整个意大利北部进行轰炸的任务。[201] 对于轰炸目标周围的民众来说，战术空袭和战略空袭之间通常没有什么区别，不过，在空军的作战记录中，这种区别却很明显。1944 年前 5 个月，盟军总共向意大利目标投下了 12.4 万吨炸弹，其中 7.87 万吨是在战略轰炸中投下的，其余的则是在战术轰炸中投下的。[202]

在战争的最后 20 个月里，大部分空袭都是由美国空军承担的。表 8.3 列出了盟国空军空袭的统计详情，美国的空袭总体上比英国皇家空军的规模要大，因为英国在布林迪西只保留了少量“威灵顿”轰炸机用于执行战略轰炸任务。到 1945 年春季，战役结束时，美国驻扎在地中海地区的大约 4300 架作战飞机中，有 1900 多架是重型轰炸机。1943 年，重型轰炸机共出动了 18 518 架次，1944 年出动 90 383 架次，不过其中一些轰炸目标是德国或巴尔干半岛的目标。从 1943 年起至二战结束，驻扎在地中海地区的美国重型轰炸机向意大利目标投了 11.2 万吨炸弹，向“大德意志”帝国和德国占领的中欧投下了 14.3 万吨炸弹；战术轰炸机部队又向意大利的目标投下了 16.3 万吨炸弹，最后一共向意大利投下了 276 312 吨炸弹。[203]

表 8.3　1940 年至 1945 年英、美空军对意大利空袭情况

年份	轰炸机司令部	英国皇家空军地中海战区空军	美国第 9 航空队	美国第 12 航空队	美国第 15 航空队
1940	20	15	—	—	—
1941	4	92	—	—	—
1942	15	40	5	—	—
1943	13	136	92	145	27
1944	—	76	—	73	164
1945	—	22	—	12	42
合计	52	381*	97	230	233

* 381 次空袭中，有 135 次是从马耳他基地发动的小规模空袭。
资料来源：Calculated from Marco Gioannini, Giulio Massobrio, *Bombardate l'Italia*（Milan: 2007）, website appendix。

对于机组成员来说，轰炸机在意大利飞行时危险性远远小于在德国飞行，不过天气仍然是一个持续性的威胁，哈里斯声称 1 月在地中海只有 8% 的日子可以执行任务，7 月则仅有 5% 的日子可以进行作战（相比在英国的基地，飞行日分别减少了 51% 和 21%)。[204] 1942 年末，意大利空军只有 44 架可用的夜间战斗机，其中大多数是双翼飞机，无法有效进行拦截。[205] 到 1943 年秋，意大利高射炮和战斗机的抵抗消失了，取而代之的是集中在主要目标周围的大量德军高射炮。但轴心国在非洲战败、西西里岛被占领后，盟军已经获得了压倒性的空中优势，这意味着德国空军已经难以组织战斗机进行有效的阻击，因此盟军的轰炸可能获得比在德国领空高得多的精度。1943 年夏天，轰炸机使用“H2S”雷达，轰炸精度可以达到让 70% 至 87% 的炸弹落到以目标为中心 3 英里的范围内，而同期对柏林的大多数空袭精度仅能达到 30%；这是一个从任何角度衡量都不算精确的结果，不过投弹还是比以前更加集中了，因此更具破坏性。[206] 到 1943 年底，只有 470 架德国飞机分散驻扎在撒丁岛、意大利大陆和爱琴海之间。德军因为维修方面存在问题，意味着出勤率不会太高，由于要抽调飞机保卫帝国本土，因此德军飞机在数量上一直处于劣势，并且飞机数量在持续减少，且无法逆转。到 1944 年夏天，德军在地中海战区只有 370 架可用的飞机，其中大多数是由德国和意大利飞行员驾驶的单引擎战斗机。[207] 1944 年和 1945 年，美国轰炸机的损失主要是由于防空炮火或事故造成的，在损失的 1829 架飞机中，只有 626 架是被敌方战斗机击落的。[208] 难怪约瑟夫·海勒在其关于美国空军在意大利作战的小说《第二十二条军规》(*Catch 22*) 中的男主角，会害怕“该死的高射炮肮脏的黑色弹幕……爆炸、轰隆巨响，以及飞机周围浓密的烟雾”。[209]

尽管敌人防空的威胁较小，但要轰炸什么目标却不是一个容易回答的问题，部分原因是 1943 年 9 月德国占领意大利后，盟军很难获得有关意大利工业和运输的详细情报，还有部分原因是轰炸时该如何处理意大利的历史遗迹一直没有定论。英美方面的分歧不仅在于该轰炸什么，而且还在于不该轰炸什么。与英国的态度不同，华盛顿认识到，保护意大利文化免遭不必要的破坏在政治上是可取的，这样可以减少针对盟军野蛮行径的指责。因此，1943 年 8 月 20 日，罗斯福批准成立美国保护和抢救欧洲艺术和历史遗迹委员会。美国学术协会专门成立了一个学术工作组，负责向历史遗迹委员会提供建议。工作组根据意大利的《贝德克尔导游手册》绘制了 160 幅详细的意大利城市地图，大多数文化遗迹都清晰地标记在地图上。这些材料被提交到地中海盟军空军，并列入在组织轰炸行动时向军官通报情况使用的材料汇编。[210] 1944 年 4 月，所有驻守意大利的盟国空军都收到了一份清单，清单中列出了 3 类城市目标。第一类包括罗马、佛罗伦萨、威尼斯和托尔切洛岛（Torcello），对于这一类目标只有在最高司令部的具体指示下才能实施轰炸；第二类是 19 座历史古城，包括拉韦纳（Ravenna）、阿西西（Assisi）、帕维亚（Pavia）、帕尔马（Parma）和蒙特普尔恰诺（Montepulciano），这些城市被初步认定在军事上并不重要，但在军事需要的情况下可以进行轰炸；第三类由 24 座城市组成，其中大多数都有建筑非常显眼的市中心，如布雷西亚、锡耶纳（Siena）、比萨、博洛尼亚（Bologna）和维泰博（Viterbo），这些城市被认为包含或靠近军事目标，盟军可以自由对这些城市进行轰炸，"任何相应的损失都可以接受"。[211] 如果第二类和第三类的任何城市在被敌人占领且处于作战范围内，则轰炸不受任何限制。机组人员允许在白天轰炸这些目标（没有被云层遮盖的时候），或在夜间轰炸目标（如果照明弹让军事目标显得足够清晰）。这些规则给予飞行员个人很大的自由决定权，实际上，由于高空轰炸的不准确性，意大利战场和其他地方一样，对文化古迹的保护只在作战限制更宽松的时候才得到遵守。

即使是第一类城市，在军情需要时也会遭到轰炸。艾森豪威尔向驻意大利的盟军指出："没有什么能对抗军事必要性的要求。"[212] 1944 年 2 月，作为切断德国运输的一部分，地中海盟军空军总部决定轰炸佛罗伦萨的铁路中心。英国空军元帅约翰·斯莱瑟告诉空军部，这次行动只派出最有经验的机组人员。他说，佛罗伦萨著名的大教堂离目标至少有一英里远，"如果有任何真正著名的建筑遭到轰炸，那它的运气实在是太糟糕了"。3 月 1 日，盟军就轰炸佛罗伦萨征求了丘吉尔的意见；他在信笺中潦草地写下"当然是用炸弹"，第二天参谋长联席会议批准了空袭行动。[213] 这次机组人员运气不错，大教堂完好无损。不过机组成员也接到指示，要求他们不要把规定理解成"限制自己的作战"，要知道城市遭到某种程度的破坏是不可避免的，这也正好解释了，在这次轰炸中两所医院遭到的破坏，和

215 名佛罗伦萨人的丧生。[214] 1944 年 4 月 20 日，威尼斯第一次遭到轰炸，显然这是违反指示的。后来的调查显示，有 54 架美国轰炸机发现他们的既定目标的里雅斯特（Trieste）被云层覆盖，于是违抗命令，从 2.4 万英尺的高度轰炸了威尼斯港，将其作为临时目标。他们这次的运气依然很好，历史悠久的威尼斯市中心并没有因此遭到破坏。[215]

但是，在避免梵蒂冈遭到轰炸的时候，情况却并非如此。尽管罗马教宗、巴多格里奥政府（现位于意大利南部的盟军占领区）甚至墨索里尼新成立的萨罗政权都在不断做出努力，让盟军同意首都为不设防的城市，但盟军轰炸仍在继续。考虑到美国天主教徒是国内最大的少数教派，罗斯福更倾向于讨论罗马成为不设防城市的可能性，但丘吉尔担心，如果罗马成为一个不设防的城市，这将阻碍盟军在半岛西部追击德国人的军事斗争。联合参谋部在 9 月下旬讨论了这个问题，但最终结果仍然陷于僵局。[216] 11 月 5 日，4 枚炸弹落在梵蒂冈，给梵蒂冈政府所在地总督宫造成了严重破坏。英国驻梵蒂冈教廷大使弗朗西斯·达西·奥斯本（Francis D'Arcy Osborne）爵士的第一反应，是将轰炸归咎德国，当然，这完全是宣传上的冒险，几天后的调查表明，轰炸是由一架与其他飞机失联的美国轰炸机错误地投下炸弹造成的。[217] 罗斯福再次试图激发英国对罗马非军事化的兴趣，但英国人仍然坚持认为，这将对盟军的地面作战行动带来太多的限制。12 月 7 日，罗斯福终于承认，进一步商讨此事是"不明智的"。[218] 于是，罗马继续遭到轰炸，从 1943 年 7 月的第一次轰炸到 1944 年 6 月盟军占领这座城市，一年中有 7000 多名罗马人丧生。对梵蒂冈的意外空袭表明，即使做了最大的努力，在夜间、恶劣天气或人为失误的情况下，也难以避免对意大利文化遗迹造成大规模的破坏。

然而，1944 年 2 月 15 日，这场最具争议的空袭会发生在一座 14 世纪的本笃会修道院并非偶然，这座修道院坐落在山顶上，俯瞰着小镇卡西诺（Cassino）。这座建筑占据了利里山谷的主要位置，盟军正试图沿着所谓的"古斯塔夫防线"突破德国的防御工事。这条线从那不勒斯北部海岸一直延伸到意大利亚得里亚海海岸的奥尔托纳（Ortona）。1943 年 11 月 4 日，艾森豪威尔写信给盟军第 15 集团军，指出卡西诺修道院是受保护的建筑；教宗要求德国及其盟国尊重其神圣地位。1944 年 1 月威尔逊接替艾森豪威尔担任最高指挥官后，盟军仍然坚持一条原则，那就是历史建筑只有在“绝对必要”的情况下才会遭到轰炸，不过这个原则并没有阻止 2 月 11 日对教宗领地冈铎尔弗城堡的轰炸，这场轰炸摧毁了那里的女修道院，造成 27 名修女死亡。[219] 在卡西诺，所有试图驱逐德国军队从山顶或小镇撤退的尝试均告失败，因此，地面作战部队因进展缓慢和高伤亡率而提出空中支援的要求就不难理解了。当时还有普遍传言说（但没有确凿的证据）修道院已经被德国军队占领了。2 月 11 日，第 4 印度师计划发动攻击，要求空军对山顶及其周围地区，包括修道院进行“猛烈轰炸”；2 月 12 日，该师指挥官弗朗西斯·图克（Francis Tuker）少将坚持认为，不管修道院是否被德国人占领，都应该摧毁它，因为一旦德国人选择利用这座修道院，它就会成为一个坚固的据点。[220] 轰炸修道院的决定本应由最高一级的联合参谋部作出，并得到斯帕茨的同意。但事实上，最后陆军总司令哈罗德·亚历山大（Harold Alexander）将军决定了发动轰炸，并得到威尔逊的赞同。伊拉·埃克奉命于 2 月 15 日使用战略和战术部队发动空袭。轰炸前一天，他乘一架轻型飞机飞越了修道院上空，后来为了证明这次空袭是合理的，他称他当时可以看到修道院里到处都是士兵、无线电天线和机枪掩体，当然这与他当时看到的东西大相径庭。[221] 第二天，一波又一波的重型和中型轰炸机向修道院投下了 351 吨炸弹，炸死了在修道院各处避难的 230 名意大利平民。

地面作战部队对这次轰炸表示欢迎，他们看到轰炸机飞来时欢呼雀跃，但这些空袭（包括随后两天“小鹰”和“野马”战斗轰炸机发动的攻击）带来了负面后果。巨大的修道院墙壁完好无损，有些地方的墙壁高达 30 英尺，使得这座被摧毁的建筑成为德国军队的理想防御阵地。德国军队占领了修道院废墟，把它视为一座山顶堡垒，击退了印度部队和新西兰部队的进攻。盟军轰炸机部队的传统性问题也在轰炸中暴露出来，盟军投下的炸弹摧毁了距修道院 3 英里外的盟军第 8 集团军指挥官奥利弗·利斯（Oliver Leese）将军的指挥部，以及 12 英里外的法国军指挥部。[222] 关于这次破坏的公开报道，大部分是充满敌意的，迫使参谋长委员会调查是谁下令进行这次爆炸，以及为什么要这样做。3月9日，威尔逊回复说，修道院无疑是“德国主要防御阵地的一部分”，必须摧毁才能确保胜利。[223] 约翰·斯莱瑟，此时担任伊拉·埃克的副手，后来在他的回忆录里指出，没人相信德国人会不把修道院视为据守的要塞，“所以修道院必须摧毁”，但是对于轰炸效果他还是提出了批评，因为轰炸后盟军又花费了3个月时间才攻下完全被德军占领的山顶。[224] 1949年，英国陆军部对轰炸情况的调查终于证实，除了有一项未经证实的证言声称从窗口瞥见了一架望远镜外，没有任何显示德国占领修道院的证据，无法证明空袭的正当性。目击者的证词是从轰炸期间躲在修道院的意大利妇女那里收集来的。报告说，即使考虑到拉丁裔女性易激动的倾向，她们的证词也对所发生的事情给出了一个可信但“平淡无奇”的解释。大约有2000名卡西诺镇居民根据德国人的建议，在修道院后面的圣朱塞佩教堂躲避轰炸；2月3日，在疏散群众的愤怒抗议之后，僧侣们让民众进入修道院，其中一些人在轰炸中受伤。除了两名照料意大利伤员的德国医务人员外，没有看到德国士兵和装备。轰炸过后，平民们向他们能够躲避的地方逃去。在空袭发生后不到两周，有4名妇女逃到盟军防线，接受了调查，描述了修道院的情况。[225]

要求战略轰炸机直接支援地面作战的次数不多，卡西诺山轰炸就是其中为数不多的几次。几天后，轰炸机还摧毁了卡西诺镇剩余的部分。但是这两次作战都没给陆军带来帮助。1944年4月16日斯莱瑟写信给波特尔抱怨大规模轰炸是怎样给陆军帮倒忙的：“我们让道路上满是房屋的残垣断壁，阻碍了己方的机动，地面的弹坑成了坦克前进的障碍……我们在卡西诺做的事，反而让自己人增加了伤亡。”[226] 1944年和1945年的大多数轰炸都是在远离前线的地方进行的，目的是阻碍德国在意大利全境的运输，摧毁直接听命于德国的意大利工业。针对运输线的作战更为重要。意大利的地理形势对盟军既有不利的一面也有有利的一面。这个狭长的半岛上的多山地形，使得公路和铁路主要分布在意大利东西海岸的狭窄通道上。这些通道对于盟军来说，是切断交通的作战目标。另一方面，盟军也被限制在沿海丘陵地带，那里有无数的天然屏障，有利于守军。冬天，泥泞、大雨和大雪减慢了部队在地面前进的速度，而恶劣的天气又限制了对交通运输的空袭，让敌人得以补充物资和派遣增援。

系统性地打击运输系统的计划起源于索利·朱克曼对西西里岛轰炸的仓促调查，他的众多工作之一是在1942年给英国联合作战部担任科学顾问。1943年1月，他被派往地中海战区，调查隆美尔是如何在盟军有着地面和空中的巨大优势的情况下，成功穿过利比亚逃跑的。1943年7月，朱克曼还在担任顾问，他被要求为入侵西西里岛进行评估，为此，他建议进攻西西里岛和意大利南部铁路网的“节点”，特别是铁路修理所、仓库和调车场。他的建议得到了采纳，根据对西西里和意大利南部的轰炸结果的调查，他最终的报告显示，这场战役取得了“显著的成功”。[227] 1944年初，地中海盟军空军讨论了将朱克曼的轰炸模式应用于意大利中部和北部铁路系统的可能性，以切断凯塞林的物资供应链。朱克曼的轰炸模式倾向由于空袭铁路中心，而不是桥梁和高架桥，因为朱克曼认为这些桥需要精确攻击，难以摧毁，但美国的计划制定者青睐用战斗轰炸机和中型轰炸机对桥梁进行精确攻击的模式。最后，在针对运输系统的轰炸中，铁路中心和桥梁都成了攻击目标。

2月18日，伊拉·埃克发布了一项关于针对运输系统作战的指示，详细说明了战略空军负责轰炸北部的铁路编组站，战术空军部队负责轰炸南部的铁路枢纽。[228] 第15航空队的目标是帕多瓦（Padua）、维罗纳（Verona）、博尔扎诺（Bolzano）、都灵、热那亚和米兰的主要铁路编组站，次要目标是特雷维索（Treviso）、威尼斯梅斯特雷（Venice Mestre）、维琴察（Vicenza）和亚历山德里亚（Alessandria）。战术空军被派去空袭意大利中部的铁路设施，那里距离和德军交战的前线至少100英里，以最大限度地增加敌人道路运输的压力。[229] 这次行动代号为“绞杀行动”，以表明作战目的。从3月15日持续到5月11日，盟军动用了所有可用的飞机执行了这次行动。重型轰炸机投下10 649吨炸弹，战术空军共投下22 454吨炸弹，盟军损失了365架飞机，主要是战斗轰炸机，大部分损失是防空炮火造成的。[230] 所有投下的炸弹中，三分之二都被投在了运输线上。当年4月，空军发动了第二次战役，时间上与盟军地面进攻同时进行，目的是将德军逼退到罗马以北的地区。这次行动代号为“皇冠”，作战一直持续到6月22日，当时罗马已经落入盟军手中，德国军队正迅速向佛罗伦萨以北的新“哥特防线”撤退。这一次盟军共投下了51 500吨炸弹，第15航空队投下了1.9万吨炸弹，损失了108架轰炸机，只占所有出动架次的0.4%。在投下的所有炸弹中，有四分之三落在了交通运输目标上。[231] 不过这次作战的结果依然是喜忧参半的。事实证明，摧毁桥梁和高架桥比空袭编组站更为有效，即使后者遭受了大规模破坏，火车仍然可以通行。地中海盟军空军分析处出具了一份令人失望的作战报告，指出敌人在意大利北部的铁路中心迅速得到了修复，铁路重新开放运行。报告总结说，“这些空袭并未在很大程度上阻碍军事交通”，也没有导致“国内经济彻底崩溃”。[232] 战争结束后，1945年8月凯塞林在接受审讯时证实，针对运输系统的轰炸并没有取得很大的成功。毁坏的桥梁很快被浮桥取代，并想办法伪装起来；德军还采取紧急措施恢复公路和铁路运输。凯塞林总结说，完全以切断补给为中心的空中战略不太可能奏效。[233]

战略轰炸的第二组目标是德国军队占领的意大利北部和中部地区尚存的工业区。获得意大利投降的确凿消息之后，1943年9月13日，德国装备和战争生产部部长阿尔贝特·施佩尔就被任命为意大利战争生产全权负责人，汉斯·雷尔斯（Hans Leyers）为他的副手。[234] 德国决定利用意大利工业主要有以下几个原因：第一，能够向战场上的德国部队提供成品或修理过的武器；第二，向德国提供更多的设备、资源和原材料；第三，为部分德国生产能力不足的零部件、发动机或零部件组装充当大型的转包基地。德国设立了若干委员会来监督意大利工业向生产德国订单的过渡，但优先事项是利用意大利飞机工业。有4家公司为福克斯–沃尔夫、亨克尔、梅塞施米特和容克公司生产零部件，而阿尔法·罗密欧、菲亚特和伊索塔·弗拉斯基尼这几家公司则负责生产戴姆勒奔驰DB605和容克Jumo 213飞机发动机。意大利生产商发现不用把机器和劳动力转移到德国，生产仍然可以继续下去，因此他们也愿意和德国占领者合作；尽管工人们普遍对德国人和墨索里尼的新共和国怀有敌意，但他们别无选择，要么工作，要么失业或被驱逐出境。[235] 在某些情况下，德国的干预刺激了意大利工业的现代化，并提高了意大利的工业的生产能力，要知道意大利的工业生产一直没有适应战争的需要。但生产的恢复在材料、运输和机械供应方面仍然面临许多障碍。然而，生产一旦开始，意大利的主要工业地区就再次成为盟军战略空军的目标。盟军在1944年的春天和夏天发动了大规模空袭，共有420座工厂遭到轰炸，主要集中在负责军工、工程和钢铁生产的工厂，此外还有位于的里雅斯特、阜姆（Fiume）和马格拉（Marghera）的意大利燃油储备。[236] 工厂的建筑遭到了普遍性的破坏，但是每次空袭都会造成意大利平民的死亡，其中包括对工人进行低空扫射造成的伤亡。1944年10月20日对米兰的空袭是最严重的一次，当时部分轰炸机投弹时将炸弹错误地投到了住宅区上，造成614人死亡，其中包括弗朗切斯科·克里斯皮学校的184名学生和19名教师。这次空袭的死亡人数是对这座城市其他17次轰炸死亡人数总数的3倍。[237]

轰炸的重新开始促使德国当局继续执行在1942年到1943年冬天匆忙开始的、随着停战而暂停的疏散方案。对于德国人来说，疏散工作可以充分利用意大利北部的大量公路隧道和洞穴。1945年的头几个月，Me262涡轮喷气战斗机零部件的生产工作，就是在博尔扎诺周围的隧道中进行的；菲亚特工厂将生产转移到加尔达湖（Lake Garda）沿岸里瓦（Riva）和加尔尼亚诺（Gargnano）之间的一段隧道，1300名工人继续在那里工作，一直坚持到1945年4月；卡普罗尼公司在阿迪杰河（River Adige）和加尔达湖之间的一个水工隧道中为V系列武器和Me262战斗机生产零部件。在选定的28个进行地下疏散的地点中，只有10个地点真正进入了生产阶段。[238] 从1945年初开始，盟军再次对意大利北部铁路中心和桥梁发动了针对交通运输的攻击，削弱了德国当局疯狂地从萎缩的意大利工业经济中攫取资源的能力，直到最后发动进攻迫使德国人越过波河河谷向阿尔卑斯山撤退。最后，到当年2月，地中海盟军空军的目标委员会在意大利北部很难找到尚未遭到轰炸的目标或值得轰炸的目标。然而，直到二战的最后几天，空袭仍在继续。就像对德国的轰炸一样，盟军空军在战争结束时拥有大量过剩的作战能力，而这些作战能力没有合适的目标。[239]

轰炸给意大利经济造成的损失是难以计算的，另外炮击和前线的空袭也造成了类似的破坏。据估计，由于缺勤和时常的空袭警报，德国方面在意大利北部提高战争生产的努力受到了影响，产量下降了约30%。因为大多数工厂企业并不是轰炸的目标，所以意大利工业总产能的损失大约是10%，但是与战争相关行业的损失要大得多，海军生产损失了50%，冶金行业损失了21%，机械工程损失了12%。[240] 相比之下，纺织行业的产能只减少了0.5%，电力行业减少了4%，化工行业减少了6%。对住房的破坏，虽然在某些城市很严重，但估计只占住房总量的6%。意大利的运输系统是轰炸的主要目标，全国五分之二的铁路网被毁，一半的火车遭到摧毁，据估计意大利卡车也损失了90%。为期5年的战争，让1945年时意大利的国民收入减少到1938年的一半。[241] 这些后果没有给德国占领者造成太大的影响，但大部分意大利民众，在战争结束之前，都经历了普遍性的住房和财产损失，遭受了失业和食物短缺的折磨。

意大利人民在战争的最后两年中，夹在德国占领者、新的法西斯政权和缓慢推进的盟国之间，就像生活在广阔而危险的战场上一样，前景暗淡。因为空军部队是盟军可以轻易投射到德国占领区的军事力量，轰炸造成的伤亡大多数发生在停战后的时期。盟国也认识到大多数尚未获得解放的意大利人所面临的困境，但他们也希望这些民众能够通过抵抗或破坏的方法从内部破坏德国的占领。1943年9月，美国战略情报局在报告意大利的情况时，建议发动宣传攻势，让意大利人意识到，“盟军已经为他们发动了真正的人民解放战争”，并鼓励他们想办法让德国人的生活更悲惨。[242] 盟军也认识到，轰炸在政治上可能是适得其反，并没有让解放提前到来。1944年3月，英国驻梵蒂冈大使达西·奥斯本曾警告英国外交部，轰炸行动“将缓慢但必定地让意大利的舆论转向反对我们”，因为平民伤亡和军事行动的结果明显不相称。达西·奥斯本接着说，意大利人已经开始认为“盎格鲁-撒克逊人的解放”比德国人的占领还要邪恶。[243] 5月，艾登十分关切地要求辛克莱确保轰炸是在对“友好人民”采取严格预防措施的情况下进行的，轰炸削弱了“友好人民”抵抗德国人的斗志，而非加强他们的斗志，他们很可能怀有“对我们的解放方法的痛苦记忆”。[244] 然而，对这两个盟国来说，首要任务都是打败德国，而不是为了避免损害意大利人的情绪，而阻止军事行动。1944年5月，当有关松尼诺村遭到轰炸并造成包括30名儿童在内的45人丧生的消息传到伦敦时，丘吉尔抱怨说，空军不应该像对待敌人一样对待战时盟国的人民。辛克莱回答说，不应该由他告诉驻扎在地中海的空军如何进行作战；空军副参谋长，埃维尔（Evill）空军元帅告诉丘吉尔，意大利人继续住在轰炸目标附近是他们的错。[245] 在整个战争中，击败德国的政治必要性远远超过了关于战场上被扣为人质的人民的任何政治考量。

毫无疑问，长期的轰炸确实影响了意大利人对他们即将获得解放的支持。艾里斯·奥里戈在1944年夏天的日记中写道，“那种认为任何代价的和平都将受到意大利人欢迎的空洞假设”让意大利民众普遍对英国宣传机构非常反感。[246] 科拉多·迪·蓬佩奥（Corrado di Pompeo）是罗马的一名政府官员，1944年2月，他在日记中写道，“当美国飞机从头顶飞过时”，起初他的内心很高兴，但在经常遭到空袭，看到血迹斑斑的尸体后，他改变了主意：“美国人什么都不懂；他们只知道如何摧毁和杀死手无寸铁的人。”[247] 尽管如此，希望民众针对萨罗共和国当局或德军发动普遍性起义是不现实的，而且在整个战争期间，德国人以残酷的报复对付暴力抵抗行为。[248] 在这种情况下，在处理占领区人民的真正困境时，谣言和迷信作为一种机制变得越来越重要。最引人注目的是一个广为人知的传说，阿普利亚区的修士（现在已是天主教圣人）皮奥神父为了保护他居住的地区，自己飘升到和轰炸机一样的高度，然后盯着飞行员的眼睛，直到飞机返回基地，而没有投下携带的炸弹。[249] 在许多情况下，民众向城市的主保圣人或圣母发出呼吁，祈求他们保护建筑物和家庭不受轰炸破坏。天主教会也鼓励人们对现状感到慰藉和顺从。1943年8月15日，教宗造访了罗马在轰炸中受损的圣乔瓦尼地区，他要求民众，“遵循美德、信仰上帝”。[250] 托斯卡纳的牧师们在记叙1944年的轰炸时，谈到了“耶稣受难的各各他山”或是“得荣耀的时候到了”，以及“我们的试炼”，因为他们准备好了自己和自己的会众来承受空袭的残酷。[251] 到1945年，萨罗共和国的统治在意大利北部崩溃，在许多面临轰炸所带来的持续困难的普通意大利人的日常生活中，教会起着越来越重要的作用。

就生存而言，更重要的是民防设施的扩大和居民大规模从城市逃离。

对于那些留在城市的人来说，空袭警报几乎每天都在响起。例如，在博洛尼亚，从1943年7月至1945年4月共遭到了94次空袭，造成约2481人死亡，另有2000人受伤，轰炸摧毁了博洛尼亚13%的建筑物。1942年有一次空袭警报持续了1小时29分钟；1943年警报持续时间加起来有115小时，1944年空袭警报持续时间一共有285小时，1945年空袭警报持续时间一共是77小时。[252] 同许多其他城市一样，随着定期轰炸的开始，博洛尼亚政府提供的防空洞迅速增加。1943年10月，在该地区60多万的人口中，防空洞仅够2.6万人使用，到1945年春天，据估计该地区已经有84座防空洞、15条避弹壕和25条地道一共可以容纳10万人。[253] 在米兰市，到1942年10月，战壕、学校的防空洞和公共防空洞可以容纳17.7万人。当局已经计划了另外修建179座防空洞将能够容纳3.8万人，而8000座家庭防空洞也在进行加固，争取达到合格防空洞的标准。[254] 由于从1943年起，大多数空袭都是在白天进行的，因此在市中心地区为白天工作的人员提供足够的临时防空洞也是很重要的。在许多情况下，这些防空洞几乎没有起到防护炸弹爆炸的作用，而且通风不良、人满为患。还有两起轰炸因防空洞内过度拥挤导致伤亡惨重，其中一起发生在热那亚的格拉奇隧道，造成354人死亡，另一起发生在那不勒斯的圣雅纳略门（Porta San Gennaro），造成286人死亡。人们普遍不信任防空洞，随着轰炸的开始，数百万意大利人要么逃往附近的农村，要么在住所的地窖或地下室里避难。[255] 1943年5月，巴勒莫（Palermo）的市长报告说，所有遭到炸弹轰炸的公共防空洞都倒塌了，使人民对“剩下的避难所失去了信心”。罗马的防空督察报告了1943年7月和8月的空袭，发现街头没有张贴任何指示防空洞位置的标志，当局也没有家庭防空洞的清单，因此不可能知道在哪些地方有埋着人的倒塌的防空洞。[256]

作为对城市中日益增加的危险的正常反应，民众开始从所有受到威胁的城市和城镇进行大规模无条件撤离，同时德国占领当局坚持民众需要从主要作战地区和意大利沿海地区强制性撤离。[257] 和德国的做法一样，意大利法西斯党将疏散作为一种试图把难民更紧密地捆绑在福利和救助系统上的方式，但民众经常自发组织的大规模的疏散很难得到控制，而且常常是紧随官方组织的疏散之后的反向疏散，也就是人们从条件较差的乡村收容地返回城市，因为他们意识到只要附近有铁路，轰炸就可能在任何时候发生。大多数疏散者在附近的村庄和小镇找到了临时住所。在都灵，由于16.5万人放弃了该市，附近城镇的人口增长了150%。[258] 到1944年5月来自北部省份的疏散人员已达到64.6万人，其中42.6万人来自主要工业城市如米兰、都灵和热那亚。[259] 1944年的春天，疏散者和难民总数估计达到了228万，分散在意大利51个独立的省份。[260] 当局并不信任大批的疏散者，并把他们视为是社会抗议的潜在来源，对他们实施了密切监视。但对大多数人来说，主要问题是找到足够的食物来维持生活。到1944年，意大利已经成为一个流动性很强的社会，人们在寻找更安全的地区，要么被迫离开军事区，要么试图回到被解放的南方。[261]

但即使在意大利南部，人们的安全也没有保障，因为德国飞机偶尔会轰炸南部城镇，包括对已经遭到严重轰炸的那不勒斯港发动了6次空袭。1943年12月2日晚，35架德国飞机对巴里（Bari）拥挤的码头进行了一次小规模突袭，造成了大范围的破坏，当地居民所不知道的是，这次轰炸造成燃油和剧毒液态芥子气泄露并互相混合。在空袭后发布的公报中，英国当局对毒气的存在只字未提，但从水中救出并送到医院救治的伤员中毒的症状已经很明显，很多人都奄奄一息，而医院医护人员接到的通知却是，这些伤员受伤的原因都是天然气烧伤。[262] 意大利人不知道盟军在意大利拥有大量随时可以使用的化学武器。由于墨索里尼在意大利对埃塞俄比亚的战争中使用了毒气，因此盟军认为敌人在意大利战场孤注一掷的情况下也有可能使用毒气，但盟国在意大利拥有的化学武器足以使意大利在非洲的行动相形见绌。到1945年，美军在地中海战区拥有超过1000万磅芥子气和300万磅其他毒气，这些毒气主要由空军使用，空军此时储备了11万颗毒气弹。[263] 空军受命储存足够的毒气弹，要能够维持长达45天的毒气战，毒气弹轰炸的目标是敌人的港口和军事设施。地中海战术空军部队事先早已接到命令，一旦在意大利的德军或意军发动毒气战，他们就可以对前线目标不受限制地使用毒气弹，并且要对远离“人口密集地区”的军事目标发动毒气弹轰炸，也就是说，那些人口没那么密集的居民区就可能遭受毒气袭击。盟军在福贾地区储存了大量的毒气，这艘停泊在巴里港的船上的毒气显然是要运往意大利南部的。[264]

在整个意大利半岛，对受到轰炸普遍威胁的文化遗迹进行防空保护，变得比以前更加紧迫了。1942 年 11 月，意大利教育大臣朱塞佩·博塔伊（Giuseppe Bottai）下令加强保护文化建筑和教堂的工作，但事实证明，要提供足够的物资保护这些建筑抵抗炸弹的直接威胁或大规模火灾的影响是不可能的。那不勒斯圣基亚拉教堂外面加盖的保护层反而导致内部的温度变得更高，加剧了破坏的程度。[265] 罗马试图宣称自己是一个“不设防的城市”之后，其他城市也纷纷效仿，以免其历史中心和藏书、藏画遭到破坏。遭到 40 次轰炸的帕多瓦在 1945 年 2 月 1 日终于提出成为不设防城市的请求，但此时破坏已经发生了。随着作战前线的推进，意大利方面认定储存在乡间仓库中的艺术和藏书会受到空战和撤退德军的威胁，当局于 1943 年 10 月下令将这些藏品全部集合到城市中，由当地艺术品管理人将他们储存在地下设施里，尽可能地保证藏品的安全。[266] 最终，文化财富能否保存完全听天由命，取决于炸弹的落点，或保护它们的管理员的情报，或当地德国官员对艺术保护组织的态度。在都灵，大约有 13 座教堂受到保护，但只有 6 座相对完好无损。米兰的圣玛利亚感恩堂被炸弹直接命中，其中达·芬奇的壁画《最后的晚餐》却奇迹般地保存了下来，该壁画所在的餐厅的其他部分全部被炸毁。[267] 波提切利的《春》也在战火中得以幸存，当时两名记者来到佛罗伦萨郊外一座尚处在德军坦克威胁下的别墅，准备采访那里的印度士兵，他们发现这幅画就躺在地板上，周围坐满了正在喝茶的军人。[268] 许多人付出了艰辛努力，让很多珍贵文物得到了保护，但是也有许多宝贵的文化遗产遭到了摧毁或者丢失了。

盟军希望通过轰炸行动让意大利人起来抵抗德国的剥削、劫掠和野蛮行径，但这个想法就像之前盟军企图通过轰炸罗马来推翻墨索里尼一样暧昧不清。对抗德国占领者当然不需要用轰炸来刺激。事实上在有些情况下，轰炸反而破坏了组织抵抗运动的前景，得罪了盟军的潜在支持者。不过，意大利北部的罢工运动却并非如此，这次罢工与 1943 年秋季开始的多次猛烈空袭有关。1943 年 11 月，菲亚特工厂的罢工者称，轰炸是让他们冒着德国干预和法西斯暴行的风险发动罢工的原因之一。反抗的风险是巨大的。一名德国代表到都灵镇压民众抗议，他下令处决了抗议领袖，并把1000名抗议者抓去德国当劳工。[269] 1944年夏天，针对疏散计划的抗议活动进一步扩大，导致大量工人罢工，以至到了德国占领当局无法应付的程度。1944年12月，一场罢工使米兰的工厂彻底瘫痪。在这些参加罢工的工人中，有一些人冒着危险参与了配合轰炸的破坏行动，而许多拒绝被迁到德国工作的工人则消失在山区，加入了游击队。游击队从1944年起就与盟军保持着密切的联系，盟军利用了这一渠道来解释盟军轰炸中存在的问题，不准确的高空投弹造成了大量误伤，这疏远了潜在的反抗者，特别是许多遭到空袭的地区都是工人和反法西斯人士的居住区。[270] 意大利游击队在1944年末的抗议提到了许多盟军的战术轰炸让民众“悲惨的境况”雪上加霜的例子，这些轰炸既没有炸到德国人，也没有针对明显的军事目标。情报显示盟军的这种做法有明显的风险：民众可能倒向共产主义的苏联，而非现在正屠杀他们的西方国家。达西·奥斯本在梵蒂冈发表的一份报告中指出，许多意大利人将西方盟军与苏联红军毫不客气地进行了对比，认为后者是“唯一一支通过公平的军事手段取得战果的军队”，而不像英美军队那样，“通过谋杀和破坏性轰炸来弥补自己的军事劣势”。[271] 从这个角度来说，轰炸意大利的社会和政治影响要比轰炸英国和德国大得多，而且并不符合盟军宣传所要传达的“解放”形象。共产主义在战后的意大利城市继续蓬勃发展，轰炸期间城市中房屋倒塌、粮食短缺和大量失业的情况，让意大利政府在战后和平时期取得的成就也蒙上了阴影。

意大利轰炸战中的人员的伤亡是难以计算的，因为西西里岛和意大利半岛经历了为期两年的残酷战争，这场战争缓慢地蔓延到了意大利全境。炮火、火箭弹和战斗机都造成了人员、建筑和艺术品的损失，还有一些损失是由盟军和轴心国双方海军在意大利沿岸造成的。例如，在停战之前，西西里岛有8549人死亡，这些人死于各种形式的军事行动。而在罗马丧生的7000人则几乎完全是由于轰炸造成的。[272] 根据战后统计数据，明确因战争造成的死亡人数是59 796人，“情况不明”“定义模糊”和“死于多种战争行为”的人数是27 762人，其中一些人几乎可以肯定是轰炸的受害者。[273] 重伤的总数没有记录。那些有伤者名单的城市中的受伤人数与死亡人数大致相同，例如博洛尼亚，其伤者有 2000 人。受伤人数，无论严重或轻微，都不太可能少于 6 万左右的这个死亡人数。在死者中，约有 3.2 万人是男性，2.7 万人是女性，这是因为许多女性都疏散到了乡下，以及男性必须服从德国的命令继续在城市工作，或协助空袭后的救援和清理工作。事实上，考虑到英国遭受空袭时的投弹量是意大利的 6 倍，因此民众的伤亡程度并不很严重，另一个原因是，1943 年到 1945 年间，许多战术空袭的目标是农村或小城镇而不是大城市。盟军方面的意见是，墨索里尼给意大利带来了伤害，因为 1940 年的时候，意大利和德国肩并肩对英国发动空袭，一份英国宣传单写道："他坚持参与对英国的轰炸……所以种风者收获风暴。" 在 1943 年 7 月的另一份传单中，英国政治战执行局部门提醒意大利人："轰炸平民是公开的法西斯理论。" [274] 在这场言语和炸弹的战争中，杜黑主义可以说是自食其果。

第九章

轰炸朋友和轰炸敌人

德国的新秩序

1944年初，美国第8航空队出版了一份发行量很大的宣传手册，书名是《目标：德国》。这本书自称讲述了美国轰炸德国第一年的事迹，声称美军“给纳粹战争机器带来了浩劫和破坏”。书内附有一幅欧洲地图，显示了美军的轰炸目标：其中德国有19个目标，但法国、比利时和荷兰有45个目标。在第一年的大部分时间里，处于“学徒期”的美军都是走穿越英吉利海峡的近路，轰炸为德国效力的军事经济设施。在这本插图丰富的书中，大多数照片都反映的是对法国和低地国家的轰炸。对德国本土的第一次空袭是1943年1月下旬，但轰炸其他更容易接近的欧洲目标，仍然被视为是让机组人员在战斗中磨炼技术的有效方法。[1]

对德国和意大利以外的欧洲目标的轰炸，实际上比直接针对这两国的轰炸情况更复杂，规模也更大。美国和英国轰炸机部队投下炸弹吨位中的近30%，都落在了被德军占领的西欧和北欧，包括法国、比利时、荷兰、挪威和丹麦。而东欧和巴尔干半岛被德军占领的土地和附属国又承受了6.7%的投弹量。[2] 盟国超过三分之一的投弹量，都投在了德国推行“新秩序”的欧洲土地上，使第二次世界大战中的轰炸战成为全欧洲共同的经历。这些轰炸背后的目的，及其对陷入德国扩张漩涡的人民造成的后果，很少像轰炸德国那样进行过系统性的记录，但这些轰炸却造成至少7万至7.5万人丧生，其中大部分是同情盟军事业的平民。这些死者大部分都在西欧，主要是法国，这里也是盟军轰炸的重点。这些地区靠近盟军基地，并且1944年时，为盟军入侵德意志帝国的西部领土提供了跳板。后期的大部分轰炸在战术上是松散的，是为地面部队实现直接的军事目的服务的；但其中大部分都是远程、大规模轰炸，旨在蚕食德占领土上为德国进行的军工生产，同时也为了达成更广泛的政治目标。根据1941年成立的英国政治战执行局的说法，轰炸德国占领地区既能“打击士气”，也能“鼓舞士气”。通敌者和德国人会因为轰炸而士气低落；对于那些不与敌人合作的人来说，轰炸将鼓舞他们获得解放的信心。[3] 以现在的眼光来看，为了获得自由而遭受轰炸似乎是自相矛盾的，但在1940年至1945年期间，这一政策带来了蔓延整个欧洲大陆的轰炸中的一大部分。

扰乱“新秩序”

1939年至1941年春季，德国的快速胜利使欧洲大陆大部分地区处于德国的控制之下。中立国被迫屈服于这种被打破的力量平衡，而与德国结盟的国家——斯洛伐克、匈牙利、罗马尼亚、克罗地亚、保加利亚——则是强大的德国核心的卫星国。在柏林，德国国运的突然转变带来了大量关于欧洲新秩序的计划和项目，这种新秩序将保证德国在政治和经济上的永久霸权。被征服的国家被迫参与这个大规模计划，被迫为德国的军事经济提供经济资源、财政和劳动力，并注定成为扩大后的德意志帝国保卫其边界的战场。直到战争结束，在荷兰、意大利、匈牙利和捷克斯洛伐克领土上的德军，仍在和保卫德国本土的部队一起战斗。

在这种情况下，英国以及后来加入的美国，不得不在德国军队分散战略的地区或其附属国与敌人交战。在西方国家发动大规模的地面入侵之前，空中力量一直被认为是攻击欧洲轴心国军事资源和破坏德国新秩序建立的长期战争经济的主要手段。由于飞机航程限制再加上长时间飞越重兵把守的领土比较危险，在战争的头几年里，空军只能攻击西欧和北欧的目标。东欧和东南欧从1943年末才开始定期遭到空袭，针对这些目标的空袭，主要是由驻意大利南部的美国第15航空队承担的。另一种方法是依靠当地的抵抗组织进行破坏，在对德国实行欧洲新秩序的地区发动轰炸的时期，盟国试图鼓励占领区的人民参与到自己的解放斗争中去，即便他们自己经常遭到空袭。在整场战争期间，这让盟军遇到了难以决定的问题，即要对潜在友方平民社区附近的轰炸目标进行何种程度的打击，这些平民被迫（有时自愿）为德国战争机器工作。相对轰炸那些因德国军事胜利而成为人质的平民遇到的道德困境，轰炸德国工业城市对道德约束的破坏带来的问题要小得多了。

自从英国被驱逐出欧洲大陆、法国战败后，有关轰炸朋友和敌人的辩论就开始了。1940 年 7 月，英国战时内阁同意，可以对德国军队占领的法国北部和西部地区的任何军事目标发动轰炸（不包括新成立的维希政府控制的地区）。[4] 而问题在于到底什么才是军事目标，因为人们已经假定，在德国，军事目标意味着工业、公用事业和工人士气，以及明显与军事有关的目标。8 月 17 日，空军情报机构提供了一份清单，列出了德国占领区欧洲边缘部分可以实施空袭的“外围目标”。这些边缘地区包括挪威、丹麦、荷兰、比利时和法国国境线内 30 英里以内的目标。符合条件的目标，在斯堪的纳维亚有 25 个目标，主要包括燃油设施和空军基地（但包括挪威的克里斯蒂安松，这个港口已被德国飞机轰炸过并遭到严重破坏）；在低地国家，包括从发电厂到钢铁厂共 61 个目标；在法国，从敦刻尔克到波尔多（Bordeaux）的海岸有 31 个目标，包括勒阿弗尔的一座飞机发动机工厂，南特（Nantes）的一座发电站和一座位于里尔的铁路编组站，不过这座编组站与海岸的距离稍微超过了 30 英里。[5] 在整个秋季，空军处理了其他的目标资料，并提供了详细的目标地图。在 30 英里区内，法国的目标增加到 58 个：包括 9 座燃油生产设施、8 座化工厂、11 座飞机制造厂、7 座高炉和钢厂、11 家造船公司和另外十几个较小的目标。英军通过给这些目标进行星级评定的方法来表示这些目标的重要性。三颗星为最高优先级目标，到 1941 年春天，符合条件的目标有 77 个。[6] 1941 年 5 月英国皇家空军获得批准，可以对在白天能够轻易到达，且没有过度风险的“深入敌后的目标”发动空袭。[7] 这些早期的空袭没有引发什么良心上的不安。然而在决定要在何种情况下袭击何种目标的过程中，情况很快升级了。

起初在边缘附近发动的许多空袭都是战术轰炸行动，目的是防止德国入侵，并打击能够为德国海空封锁提供支援的目标。不仅是轰炸机司令部在执行这种轰炸任务，海岸司令部的飞机也在执行这种任务；1941年，在德国入侵的威胁减轻以后，战斗机司令部还派出战斗机对沿海目标发动了大规模扫荡行动，即所谓的“马戏团行动”，目的是吸引德国空军参战，破坏德国空军的组织。然而，起初对经济和军事目标的战略轰炸作用仍然十分有限，部分原因是担心其政治影响，部分原因是在白天向驻守在欧洲西北部的德国空军发动攻击具有一定的军事风险（对非德国目标的夜间轰炸尚未得到批准）。遭到轰炸的居民反应不一。有证据表明，占领区人民确实希望英国皇家空军轰炸他们的军事和工业目标。1940年8月，荷兰要求轰炸位于阿姆斯特丹的福克飞机制造厂和位于汉布雷格（Hembrug）的一家军火工厂（“正在全力生产军火，请求你们轰炸”）。[8] 1941年7月，一封法国人的长信转交到英国外交部，信中称，在法国的德国占领区里，很多人希望英国皇家空军轰炸在为德国工作的工厂：“轰炸不仅能够造成相当大的财产损失，更重要的是，能对亲英派居民将来的士气产生深远影响。”[9] 外交部还收到不少来自比利时的信件，这些来信都是经由里斯本转达的。信中说，未能轰炸为德国服务的工厂，是因为英国的“堕落”。比利时抵抗组织的报纸《人民报》发表了一篇报道，称曾经组织工人就轰炸进行了一次非正式的投票，这些工人都来自遭到德国人剥削的工厂。文章写道：“没有任何反对的声音……他们都希望摧毁为敌人生产的工厂。”[10]

在这一乐观证据之外，早期实施边缘轰炸的目标区的居民经常表示抗议，以及流亡伦敦的政府（荷兰、比利时、挪威）和戴高乐将军领导的“战斗法国”都对此表示关切。1940年，荷兰流亡政府要求保证轰炸不会伤害荷兰平民或平民财产。[11] 法国方面的反对是对1940年至1941年间经常发生的小规模空袭的回应，根据法国方面的说法，1940年英军发动了210次空袭，1941年439次，共造成1650人丧生，2311人受伤。[12] 1941年5月，海滨城市迪耶普（Dieppe）、布雷斯特、洛里昂和波尔多的市长们通过美国驻维希公使馆抗议英国对居民区的猛烈轰炸。英国外交大臣安东尼·艾登要求空军部尽一切努力将平民伤亡和财产损失降到最低，不过空袭仍然会继续。情报表明，法国人民仍然相信英国皇家空军只对军事目标实施轰炸，是德国人轰炸了住宅区，目的是激起民众对英国的仇恨。[13] 8月，维希政府正式通过驻马德里的英国大使馆，向英国政府提出外交抗议，抗议英国方面的轰炸不准确，随后在9月再次抗议英国持续轰炸英吉利海峡的勒阿弗尔港，声称在一年中，英国飞机对这座小镇发动了55次轰炸（事实上，这里只是英国皇家空军的一般性目标），轰炸投下的炸弹在当地的各处住宅区都能看到，最后轰炸导致205人丧生。勒阿弗尔市议会承认该港口在德国和英国之间的战争中处于“前线”，但也指出“法国和英国之间并不处于交战状态”。[14] 空军部拒绝就法国的抗议做出回应，而是告诉外交部，如果在不同的天气条件下进行轰炸，再加上德国人一看到轰炸机就制造烟幕的习惯，那么轰炸要想达到理想的精确性是不可能的。轰炸委员会怀疑，这些抗议活动是德国精心策划的阴谋的一部分，目的是迫使英国皇家空军减少对法国目标的空袭。[15]

自1941年末以来，若干原因导致对非德国目标的轰炸规模不断扩大。首先，随着战争形势的变化，欧洲德占区内有两种设施成为英军迫切需要轰炸的目标，分别是为德国潜艇服务和为空中封锁服务的基地。主要轰炸目标是位于法国西部的港口，以及在英吉利海峡对岸法国北部和低地国家的机场和基地。不久英国人发现，德国人正在利用占领区的武器生产、飞机制造和造船公司为自己服务，要么直接接管这些公司，要么通过合作协定让这些公司为己所用。[16] 经济战争部认为这些工厂是必要的空袭目标，不仅因为它们比德国境内的大多数目标更容易接近，而且还因为摧毁这些目标可能会降低占领区人民为增强德国军事实力而工作的意愿。1941年6月23日，战时内阁批准轰炸德占法国领土内的全部工厂，但只允许在白天轰炸，以确保更高的准确性，不过出于政治原因，英国皇家空军没有轰炸包括巴黎在内的内陆目标。从1941年1月开始，皇家空军开始针对布雷斯特的德国航运系统发动小规模空袭，但是第一次对布雷斯特和洛里昂的大型空袭，包括在这种情况下的夜间空袭，直到春末才开始，不过这些空袭仍然是断断续续的，效果不大。后来，到1941年10月，战时内阁建议发动持续的轰炸行动，减少德军对大西洋海上通道的威胁，不过皇家空军并没有达成这个作战目标。[17] 在这一次内阁会议上，丘吉尔还同意空袭法国北部的货运火车，因为英国人认为这些火车是为德国军队运送补给或弹药的。在被占领的欧洲，发动轰炸的军事需要一步一步地推动英国皇家空军越过1940年设立的相关限制。

政治因素是导致轰炸逐渐扩大的第二个因素。在1941年间，时局已经变得很明显，这场战争将是一场旷日持久的冲突，政治战在作战中占据了更大的部分。1940年，工党政治家休·道尔顿领导下的经济战部制定了一项间接战略，以轰炸、封锁、宣传和颠覆为手段，破坏德国对欧洲占领区的控制，经济战部是这一战略的核心。1941年夏，信息大臣布伦丹·布雷肯（Brendan Bracken）提议设立一个单独的组织，即由外交部、信息部和经济部联合管理的政治战执行局，负责协调针对欧洲占领区的政治宣传。这个机构于当年夏末，在罗伯特·布鲁斯·洛克哈特（Robert Bruce Lockhart）的领导下正式成立，由记者里奇·考尔德（Ritchie Calder）担任策划和宣传主任。[18] 1941年6月，联合计划参谋部表示，“只有在轰炸创造出合适的条件的情况下”，敌人在欧洲的武装抵抗才会失败。[19] 考尔德开始到处游说关于制定轰炸政策的问题，他建议制定的轰炸政策，不仅要考虑军事和经济因素，还要考虑政治因素。与占领区人民接触时，当地人民对轰炸的热切盼望给他留下了很深的印象。挪威人希望感受到他们仍然是这场战争的一部分。考尔德认为轰炸将“证明英国对挪威的兴趣”；空军情报部证实，挪威人对没有遭到轰炸感到“不解和困惑”。[20] 考尔德在给外交部的一份关于“英国皇家空军和鼓舞士气”的备忘录中建议进行轰炸，这是为了向占领区人民表明，即使英国不能发动登陆，德国占领军也不会免于轰炸。另一方面，他继续说：“如果缺少英国组织的军事行动，会给人留下我们已经‘放弃’占领区的印象。”考尔德认为，通过他称之为“宣传性空袭”的轰炸行动，可以对抗占领区人民的“萎靡和绝望”情绪，并使被占领区人民自发组织的武装力量振作起来。[21]

政治战的武器是传单而不是炸弹。在整个战争期间，政治战和情报机构相信空投宣传品的行动是值得的，数以百万计的传单、宣传册和新闻简报全被空投到敌国和盟国的目标人群当中。机组人员似乎不太相信这样做的价值，政治战执行局努力让他们相信传单——或人们所说的“五分硬币”——是盟军武器库中另一种同样有效的装备。一份培训手册这样写道：“它们（传单等宣传品）不是针对人们身体的武器，而是针对他们思想的武器。”[22] 起草、翻译、印刷和分发这些材料的任务非常艰巨。英国皇家空军传单抛撒的统计数据见表 9.1；据统计，盟军战时总共抛撒了 14 亿张传单。

表 9.1　1939 年至 1945 年英国向各地区空投传单情况（万份）

年度	1939	1940	1941	1942	1943	1944	1945
德国	3109.5	4317.9	2924.3	12 553.6	24 025.9	17 627.2	6372.6
法国	—	2104.5	2587	15 199.9	28 217.3	16 333	—
比利时	—	23.2	21	517.5	188.8	329.4	—
荷兰	—	5.1	46.3	225	626	29.4	96
丹麦	—	—	79.7	54.6	85.6	241.9	117.5
挪威	—	3.2	70	149.7	132	22.2	678.2
波兰	—	142.1	—	—	—	—	—
意大利	—	89.1	16.4	372.6	1382.8	—	—
捷克斯洛伐克	—	225	5.9	—	134.4	—	—
其他	—	70.2	—	66.5	29.5	—	—
合计	3109.5	6980.3	5750.6	29 139.4	54 822.3	34583.1	7264.3

资料来源：Source: Calculated from TNA, FO 898/457, ‘Annual Dissemination of Leaflets by Aircraft and Balloon 1939 - 1945’。

每一件空投宣传品都必须根据当时的政治和军事情况加以讨论，并进行相应的文字调整。同时还必须考虑到，对于许多冒着危险捡起传单并认真阅读的人来说，这是他们从更广泛的渠道了解战争进程的唯一途径。盟军的情报表明，占领区的人民一直在要求得到更多的传单，因此，盟军对传单的效果很有信心。据报道，在比利时，儿童出售他们捡来的传单挣零用钱；法国农民得出结论，如果英国皇家空军可以浪费时间投放传单，那它“一定非常强大”。[23] 关于传单的实际效果仍然只有猜测。在德国和意大利，捡起传单就是犯罪。

毫无疑问，政治战执行局过分夸大了宣传加上有限轰炸可能产生的政治影响。1940 年或 1941 年时，当局热切地抓住每一条有利信息，认为德国将出现迫在眉睫的社会危机，这次也是一样。违反空袭防御措施的情况得到特别的强调。据报道，在 1941 年夏天，17 名荷兰人因在一次空袭时站在街头高唱《谁怕大坏狼？》而遭到罚款。来自丹麦的消息说，1941 年，当局对违反灯火管制提起了 20 672 次诉讼。[24] 英国政治战执行局认为，工人是最有可能向占领者发起挑战的，因为根据工人阶级的特点，他们应该是反法西斯的。1942 年初，英国广播公司欧洲部接到指令，要求广播员“毫无保留地相信，占领区的工人会毫不犹豫地支持我们的轰炸政策，并将尽其所能帮助我们”。[25] 轰炸应表明解放就在不远的未来，并激发民众对德国敌人的仇恨。而传单宣传的目的则是反映这一双管齐下的观点。1941 年春天，投向比利时的传单被分为好几类：“希望（占 45%）”“仇恨（占 40%）”“自利（10%）”和“自尊（5%）”。针对荷兰的宣传中，位居榜首，占 35% 的传单中，传递着“盟军一定会胜利”的消息。在传单空投之间的空档期，当局建议空军继续进行间歇性轰炸，让占领区人民保持这种希望。在 1941 年时，这种做法是有效的。1941 年 10 月一名逃到英国的比利时妇女声称，这种空袭是“英国做过的最好的宣传”。[26] 然而随后数年英国都无所作为，这不但削弱了欧洲占领区人民的信心，而且也浇灭了英国政治战勇士们的希望。

到 1941 年底，军事和政治考虑结合在一起，促使英国皇家空军决定对占领区采取更有力、差别更小的轰炸策略。1941 年 11 月，在一次战时内阁会议上，空军部长要求允许对整个欧洲占领区的工业目标进行夜间突袭，包括在巴黎布洛涅-比扬古（Boulogne-Billancourt）的大型雷诺工厂。丘吉尔则主张，在轰炸的政治结果未得到正确评估前，应该推迟做出任何决定。但根据英国皇家空军 1942 年初的陈述，相比那些被轰炸忽视的地区民众的士气，遭到轰炸的占领区人民的士气反而要高得多。丘吉尔最终同意对欧洲的目标进行普遍轰炸，内阁也在 1942 年 2 月 5 日的会议上确认了轰炸政策的改变。[27] 对于这种改变，英国皇家空军几乎不需要什么提示。1941 年 11 月，空军部已经讨论过在欧洲占领区使用燃烧弹轰炸工业目标，以达到最大的破坏效果，并“让所有忠于盟军事业的男人和女人感到高兴”。[28] 1942 年 4 月，轰炸机司令部奉命轰炸法国、低地国家和丹麦的目标（“狠狠地打击这些目标”），当地人民一定会要求适当的防空袭保护，从而分散德国的防空力量。[29] 政治战执行局与英国皇家空军达成了协议，保证政治因素在筹划轰炸目标时要起到一定的作用。政治宣传和轰炸政策之间形成了一种约定俗成的关系，并在整个战争期间一直是轰炸德国控制下所有地区的一个中心因素。[30]

法国：以轰炸得自由

关于是否轰炸位于巴黎的目标而引发的长期争论，终于在 1942 年 2 月的一项决议中得到了解决，该决议允许对欧洲各地的重要工业目标发动袭击。对雷诺工厂的空袭成为经济消耗和鼓舞士气双重战略的试金石。3 月 3 日至 4 日晚，轰炸机司令部共出动 235 架轰炸机执行这个任务，这也是迄今为止单次空袭出动飞机数量最多的一次。在没有防空火力干扰的情况下，222 架飞机从 2000 英尺到 4000 英尺的高度俯冲轰炸，向工厂和周围工人的住宅投掷了 419 吨炸弹。工厂的大部分区域被毁，但厂房里的机器没有损坏，只损失了一架飞机。因为空袭警报没有启动，所以当地居民伤亡很多：法国民防部门首次报告有 513 人死亡，1500 多人受伤，最终巴黎当局确认的死亡人数是 391 人，另有 558 人重伤，这个数字是英国皇家空军截至当时单次对德夜间轰炸造成最大伤亡的两倍多。据估计有 300 座建筑物被毁，另有 160 座受到严重破坏。[31]

这些工厂遭到轰炸，不仅是为了破坏该工厂为德国生产汽车的潜力，也是为了试探法国舆论对轰炸战升级的反应。英国事先向“占领区的法国人民”散发传单，解释说，任何为德国人工作的工厂都将遭到轰炸，并鼓励工人到农村找工作，或为了获得更好的保护而发动罢工；英国广播公司的广播节目警告法国人远离为德国人生产的企业。[32] 政治战执行局希望在空袭发生后尽快查明法国工人的反应，“因为在轰炸中丧生的是工人，是那些故意怠工和破坏生产的工人”。[33] 虽然法国当局精心策划了详尽的公共葬礼活动，但英国方面很快就收到了消息，这些信息表明民众的反应并不像表现出的强烈抗议那样不利。罗斯福派驻法国新首都维希的特使威廉·莱希（William Leahy）在一份报告中解释说，在德国的支持下，法国当局发起的宣传活动收效甚微，无论是在巴黎还是在法国其他地方，几乎没有存在反英情绪的迹象。艾登一直担心轰炸的政治影响，他对这次“精心实施的打击”带来的结果感到很满意，他认为这次空袭引起了受害者的“钦佩和尊重”。他本人现在愿意支持进一步的空袭。[34] 在巴黎当地，轰炸行动受到许多人的欢迎，他们认为这象征着解放可能更近了一步。一位目击者写道，没有人感到愤怒。大多数人都极力掩饰自己的喜悦。维希政府和德国当局没有发出警报，没有采取有效措施执行灯火管制，也没有提供足够的防空洞，因此当局受到的指责要多得多。[35] 此外，谣言也迅速在巴黎以外的地区流传，谣传说德国人故意把工人锁在工厂里，或禁止工人进入避难所。还有传说称，因轰炸受伤的巴黎人躺在那里奄奄一息的时候，还在高呼“英国万岁！”。[36] 不过，空袭本身效果有限。6月，伦敦接到的报告称，轰炸仅仅损坏了工厂10%的机床，而雷诺工厂的产能保持在空袭前产能的75%至100%之间。[37]

1942年至1944年间，轰炸机司令部和第8航空队对法国目标发动猛烈轰炸时，希望能将地面伤亡人数控制在最低限度，这样既能避免因为伤亡而让法国人民疏远盟军，又能够同时对德国西部的军事设施造成严重破坏。对法国人来说不幸的是，重型轰炸机被盟军视为完成各种不同战略意图的必要武器，而这些战略意图并不是理想主义的。[38] 从1942年起，轰炸机被用来轰炸几乎坚不可摧的潜艇基地和港口周边的地区，盟军试图以此清除德国潜艇在法国西海岸的存在；1943年至1944年间，轰炸机开始轰炸难以定位和破坏的小型V系列武器阵地；在诺曼底登陆之前的几个月里，“运输计划”同样要求动用所有盟军轰炸机部队（包括在意大利的第15航空队）打击小型的铁路目标，其中许多目标位于城市地区；最后，1944年夏天，在法国全境作战期间，地面部队经常呼叫重型轰炸机实施空中支援，对德军驻守的法国城镇发动战争中最具毁灭性的空袭。这使得法国民众不再那么支持轰炸他们附近的敌人了。[39] 虽然反德情绪没有因空袭逆转，但法国民众普遍认为可以找到一种破坏性更小的战略来达到同样的目的。

反潜行动暴露了许多矛盾，这些矛盾困扰着加强轰炸法国的决定。当轰炸机司令部受命轰炸法国西海岸的德国海军目标时，命令中要求只能在能见度良好的情况下轰炸码头区域。哈里斯于 1942 年 4 月写信给波特尔，提出针对布雷斯特、洛里昂、圣纳泽尔（St.Nazaire）、拉罗谢尔（La Rochelle）和波尔多发动“真正的闪电战”，认为这是破坏德国的潜艇战和让法国劳动力感到恐惧的最好的方法。[40] 波特尔明确拒绝了这个建议，因为这与政府的政策相悖。1942 年 10 月，轰炸机司令部收到了政府发布的作战指导方针，作战方针要求空军必须明白，只有在天气晴朗的情况下才能够轰炸可识别的目标，而且要在保证不会造成大量平民伤亡的前提下才能发动轰炸。[41] 但是，当 1942 年晚些时候大西洋战役达到高潮时，反潜艇委员会在海军部的压力下，最终同意，允许空军发动区域轰炸摧毁德国潜艇驻扎的城镇。1943 年 1 月 11 日，战时内阁批准了这一决定。尽管哈里斯现在不希望将轰炸德国的兵力分出一部分去执行别的任务，但从另一方面看，他希望对法国港口发动“真正的闪电战”这一愿望现在可以实现了。[42] 哈里斯在他的回忆录中把轰炸法国的插曲描述为整个轰炸机作战中“最令人愤怒的片段之一”，并且明显是“滥用空军力量”。[43] 他责怪海军部要为作战优先权的改变负责，毫无疑问，这种变化背后的驱动力来自当时的海军参谋长海军上将达德利·庞德（Dudley Pound），在当时的情况下，他能够说服丘吉尔和艾登为了保证英国海上交通的生存，而放弃平民遭到轰炸的顾虑。

自 1940 年以来，这些潜艇驻守的港口已经遭受了 20 多次空袭，促使德国人采取一切措施来保护潜艇作战。[44] 1942 年夏天，英国发动了一场从天而降的宣传战，目标是从敦刻尔克到圣纳泽尔的沿海城镇，英国在警告居民撤离的传单中写道：“我们必须对潜艇进行一场殊死的战斗。”[45] 然而大部分疏散直到空袭真正发动时才开始。最猛烈的袭击发生在洛里昂，1 月和 2 月，轰炸机司令部对这座城市发动了 9 次大规模空袭，投下了

4286 吨炸弹（包括 2500 吨燃烧弹），目的是烧毁这个城镇。在一次空袭中，英国轰炸机装载了 1000 吨炸弹，这个投弹量和几个月前德国空军针对斯大林格勒发动重点空袭的投弹量相当。[46] 轰炸后，法国方面的报告把轰炸描述为英国皇家空军新的"焦土"战略；在皇家空军轰炸过后，除了潜艇基地没有被雨点般落下的炸弹摧毁以外，城中没有一幢完好无损的建筑，成了一座"死城"。在该城市半径 30 英里的范围内，数千座乡村建筑被毁，农场被焚。[47] 轰炸发生后，政治战执行局发表了一份毫不妥协的声明，称无辜的人必然要和有罪的人一起受苦："让平民陷入苦难的行动和频繁的轰炸必须加强。"[48] 虽然庞德早些时候坚持认为，轰炸机司令部的轰炸，能够显著减少德国潜艇针对重点目标的出勤率，但海军情报部的作战效果评估对轰炸机司令部的"大棒"战略却并不以为然，因为这种战略并没有给德国潜艇作战造成什么影响。[49] 1943 年春天，空军开始使用飞机在海上攻击潜艇，而不是去轰炸钢筋混凝土的潜艇基地，通过使用这个方法，潜艇的威胁终于得到了化解。在英军研发出两种巨型炸弹——"高脚柜"和"大满贯"——之后，这些潜艇基地才变成了脆弱的目标。这两枚炸弹都是出自巴恩斯·沃利斯的创意，这位工程师还设计了攻击鲁尔区水坝的特制炸弹。但是直到 1944 年 8 月 5 日对布雷斯特实施空袭时，5 吨重的"高脚柜"炸弹才第一次得到使用，第二天轰炸洛里昂时也投下了这种炸弹，而 10 吨重的"大满贯"炸弹直到战争的最后几周才生产出来。[50]

轰炸机司令部和第 8 航空队共同发动了针对潜艇的轰炸，昼夜不停的轰炸没有给当地剩下的居民任何喘息的机会，居民大多数人已经在地方当局命令下进行了疏散或是明智地自行撤离了。日间轰炸时投弹高度很高，当时机组人员还在对这种模式进行摸索。1943 年间从高空投下的大量炸弹和地面不断上升的伤亡率，让法国人的态度突然出现了转变。1943 年 4 月，一名访问英国的法国抵抗运动人士警告东道主说，法国人民对美国的高空轰炸怀有深深的敌意，这种做法可能会不可挽回地破坏"整个法兰西民族对盟军的友好感情"。[51] 民众的这种意见转变，与 1942 年 11 月德国占领法国南部之后，盟军决定将轰炸扩大到法国全境的决定是同时发生的。12月21日，外交部通知空军部，现在对法国南部城市发动空袭在法律上已经是允许的，12月29日，英国广播公司向居住在法国南部的民众用广播进行了警告，内容和年初时向法国北部居民一样，让他们远离军事和工业目标。[52] 此前1942年10月，向轰炸机司令部发布的作战指导方针适用于法国全境，但第8航空队并不受这个作战指针的限制。1943年4月4日当位于布洛涅-比扬古的雷诺工厂再次遭到85架B-17“空中堡垒”的轰炸时，轰炸造成的结果与前一年相比截然不同。不到一半的炸弹落到了工业园区，但其余的散落在范围广大的居民区。一枚炸弹穿透了塞夫尔桥的地铁站然后爆炸，死亡人员中，有80具尸体确认了身份，身份不明的遗体被装入26具棺材。[53] 轰炸时，轰炸机编队几乎没有遭遇防空火力或战斗机拦截，只损失了4架轰炸机。防空警报在炸弹开始下落前一分钟才响起，这使得午饭后大街上的行人没有什么机会去寻找防空洞。据民防部门统计，有403人死亡，600人在轰炸中受伤；轰炸摧毁了118座建筑，480座严重受损。[54] 几天后，法国大使勒内·马西格里（René Massigli，他代表在伦敦的法国临时政府）与艾登会面，抱怨美国轰炸造成的平民伤亡给法国带来的“愤怒情绪”。他说，在布列塔尼，对于轰炸，人们的反应是大喊“英国皇家空军万岁！”，但同时也会大喊“打倒美国空军”。[55]

当年夏天，两国空军的空袭行动都得到了遏制。第8航空队得到的命令是只能对潜艇基地进行空袭，并探索一种可以减少法国平民死亡的作战模式。对于英国方面要求限制美国空军的行动的决定，阿诺德表示反对，并拟制了一份目标清单，指出，在事先向目标附近的民众做出预警之后，就可以轰炸这些目标。艾登告诉马西格里，美国空军只会轰炸某些选定的目标，并且轰炸时会小心谨慎行事。但是，到秋天的时候伊拉·埃克却热切希望将直射行动的轰炸目标扩大到法国境内的飞机制造厂。[56] 直到1942年11月前，法国航空工业都位于德军占领区之外，因此免于遭到轰炸，这些工厂在1942年为德国生产了668架飞机，1943年达1285架，这些飞机中很多是教练机，这样德国工厂就可以集中精力生产作战飞机。德国制造商还利用法国的生产能力来进行他们自己的试验，毕竟这些工厂远离受到轰炸威胁的德国。[57] 结果，法国人的工厂变成了美军轰炸行动的优先目标，甚至不惜付出造成平民伤亡的代价。1943年9月3日和15日，第8航空队针对巴黎工厂的空袭，使平民伤亡的范围再次延伸到挤满工人、消费者的住宅区，共造成377名平民死亡。[58] 9月16日和23日，法国西部港口城市南特遭到空袭，伤亡人数是法国遭到轰炸以来最高的一次。这次轰炸的目标包括一艘德国军舰、一家法国机车厂和一家飞机制造厂，其中这家飞机制造厂遭受了重大损失。9月16日，131架B-17轰炸机携带385吨炸弹发动了对南特的空袭；9月23日，美军又派出117架B-17轰炸机空袭了这座城市，在恶劣天气中有45架轰炸机于当天早晨飞抵目标区，投下134吨炸弹，随后当天晚上，美军又出动30架轰炸机发动了一次不太准确的轰炸。[59] 在第一次袭击中，炸弹再次覆盖到城市的大部分地区，摧毁了400栋建筑，并给另外600栋建筑造成严重破坏。民防当局统计有1110人死亡，800人重伤。虽然当地紧急事务部门用尽全力去应对轰炸造成的破坏，但南特在9月23日遭到两次轰炸中，不仅上次轰炸留下的残垣断壁再次遭到轰炸，美军投下的炸弹还蔓延到附近面积达500多公顷的土地上。但是，由于市中心大部分地区已经被遗弃，第二次空袭仅造成172人死亡，不过仍有300栋建筑被彻底摧毁。这一次，人们完全陷入恐慌，10万人逃离了这座城市。空袭南特的模式和空袭德国任何一座城市的模式完全相同，区别在于轰炸法国境内的目标时，空军损失比较小，9月16日的空袭，美军一共损失7架飞机，一周后的空袭则连一架飞机也没有损失。[60]

1943年秋季的空袭在法国激起了人们的愤怒和不解。这一年轰炸造成的总死亡人数达到7458人，几乎是1942年的3倍。1944年初，盟军收到了一份法国的民意调查报告，报告强调准确性不高的持续性高空轰炸给法国人民造成了严重的破坏性影响，民众已经“在轰炸的苦难中筋疲力尽，遭受了各种苦难和分离，在等待解放的漫长期待中失去了信心”。[61] 根据与德国的停战协定，法国空军已经缩编成一支仅剩下骨架的部队。盟军对巴黎和蒙吕松（Montluçon）的邓禄普工厂发动的空袭（由轰炸机司令部承担轰炸任务），让法国空军感到困惑万分，他们认为，在分散轰炸的模式背后一定有他们还搞不明白的次要目的。[62] 由于法国空军无法独自开展轰炸作战，因此 1943 年和 1944 年间，法国空军花了许多时间观察盟军的做法，以便了解轰炸需要的技术和战术，以及轰炸对城市、工业建筑和民众士气的影响。[63] 关于空袭的报告特别强调了轰炸行动是浪费资源，因为有四分之三的炸弹通常没有投到目标区域，关于轰炸圣艾蒂安（St Étienne）的报告指出："轰炸获得的结果，和使用的方法没有关系，而这种轰炸就像其他轰炸一样，就是一种对资源的浪费，而且也没有计算由此造成的不必要的人员损失。"[64] 不过，空军算出了保证轰炸精确度的投弹模式，以此来证明，为了让炸弹分散落在目标区空军下了多么大的功夫。在对里尔的空袭中，炸弹落在一个 8 千米长 4 千米宽的矩形区域内；对鲁昂的轰炸炸弹落在 8 千米长 3 千米宽的矩形区域内；1944 年，对康布雷（Cambrai）的一座火车站的空袭中，炸弹覆盖了 3 千米长 1.5 千米宽的区域。每次空袭造成的影响各不相同，但研究表明，许多空袭的覆盖范围在 200 公顷到 400 公顷之间，这就正好解释了生命和财产损失不断增减的原因。法国空军印象最深的是美国 P-47"雷电"和霍克 1-B"台风"进行的低空俯冲轰炸和火箭攻击，这种攻击方式在达成作战目标的同时保证了良好的作战经济性，这一点和 1939 年前法国的战略偏好是一致的。[65]

法国政府和人民对轰炸战并非没有进行准备。与英国一样，早在 1923 年，法国政府就开始计划对空袭采取被动防御措施。1935 年 4 月通过了一项关于强制性建立被动防卫组织的法律，按照法律地方政府必须组织民防机构。1938 年 7 月，政府在国防部任命了一名被动防御主管，负责平民生命和财产的保护，协调各省组建的被动防御委员会之间的工作。[66] 法国民防要面对的问题是，1940 年夏天法国突然战败并遭到德国占领。在德国占领区，民防是对抗英国空中作战的必要保障；在德国没有占领的地区，继续加快民防工作反倒没有那么明显的紧迫性。1941 年，维希政府在南部城市里昂设立了被动防御委员会，由路易斯·塞兰特（Louis Sérant）将军领导相关工作，不过，当时这个机构遇到了资金和人员短缺的问题。1939 年被动防御的总支出超过 10 亿法郎，但到 1941 年已降至 2.5 亿法郎。[67] 无论是在法国的德国占领区还是非占领区，工作难点都是同德国占领者达成令人满意的工作关系。占领区的积极防空力量掌握在胡戈·施佩勒元帅的第3航空队手中。在德军转向对苏联的战争之后，留在法国的战斗机和高射炮数量很少，不足以应付盟军的轰炸。德国防空的优先目标是保护最重要的军事设施，包括潜艇洞库和空军基地。空袭警报只能根据德国的命令才能启动，不过法国瞭望员可以提供信息，让德国军官决定是否值得启动警报。在占领区，德军开始执行灯火管制。德国还从本土派来了承担防空救援工作的机动应急队伍，与法国剩余的被动防御组织一道协助进行灭火和救援工作。不过德国人发现法国人的态度有时很懒散。比如，1942年4月，德国消防队员在敦刻尔克扑灭了一场大火，他们对缺乏纪律性，“站在角落里抽烟”的法国同事感到无比震惊。[68]

1940年在法国东南部建立占领区的意大利人和巴黎的德国空军司令部之间经常出现摩擦，而二者与非占领区的关系则是出现摩擦的根源。意大利停战委员会坚持要求维希政府在毗邻意大利占领区的整个地区实行灯火管制，以避免这些灯光成为英国轰炸机确定意大利目标的导航标志，但即使法国空军同意了这一点，灯火管制也很难执行。[69] 1941年11月位于威斯巴登（Wiesbaden）的德国停战委员会经常抱怨英国飞机飞过非占领区，而地面根本就不执行灯火管制：“德国占领区严格执行了灯火管制，整个占领区一片漆黑，而非占领区的灯火管制只是间歇性的，这种明暗对比清楚地向敌人标明了两个地区的边界。”[70] 因此，德国空军要求在离占领区100英里的警戒线范围内，每天晚上都要全面实行灯火管制，并在发现飞机时对整个法国非占领区实行有效的灯火管制。法国官员认为这一请求是“不合时宜的”，并拖延了数月，直到1942年8月，法国维希政府才最终接受在边境地区执行灯火管制。[71] 几周后，德国方面在一次空中检查中发现，许多房屋并没有采取灯火管制措施；可以看到汽车开着大灯行驶；在里昂，只有在高射炮开始射击后才启动灯火管制。[72] 长时间的拖延，表明法国军方领导人在遵守德国的要求方面普遍不太情愿。不遵守灯火管制也是表达不合作意愿的简单方法。自由法国的电台广播鼓励居民整夜开着灯，帮助英国皇家空军确定德国人的目标。后来，当整个法国被德军占领时，德国人开始彻底执行灯火管制，不过即使如此，德国军方仍在抱怨灯火管制执行不力。

德军于1942年11月10日占领法国南部时，正值盟军在加强轰炸。由于盟军的轰炸越来越严重，法国当局认识到，如果不能与德国占领军充分合作，人民将面临不必要的危险。然而，矛盾仍然存在。1943年，当德国第3航空队要求法国高射炮部队在法国北部布置炮兵阵地时，法国官员则更希望将高炮部队部署在法国中部，以便于进行作战训练，而不是向盟军飞机开火。[73] 1943年2月，驻巴黎的德军司令部坚持要建立一个覆盖德国占领区的统一的防空系统，并与分散在占领区内的德国防空部队密切配合。德国方面希望法国的防空机构要在法国全境发挥作用，因此在德国的要求下，维希政权建立了防空秘书处，委任了国家“被动防空”主管。[74] 法国新组建的防空体系下属的高射炮阵地由陆军掌管，这点与德国的情况有所不同。驻法国的德国空军司令部坚持要求高炮部队归属法国空军控制，陆军不得不屈从了德国的要求。[75] 1943年2月，新组建的空袭警报系统——公共防空安全系统开始启用，这个系统由法国空军管理下的法国人员操作，采用雷达和目视观察相结合的方法进行对空警戒。在法国南部，该部队有3800名官兵；在北部德国占领区，德国空军仍然使用自己的防空警报系统，但主要的防空中心都派驻有维希政府官员和军官，帮助协调全国的防空工作。[76] 不过新系统也遇到了在北部地区的同样的问题，即在收到法国瞭望员向德国人提供的情报时，只有德国人才能决定是否启动防空警报，在没有德国官员的较偏远地区除外。[77] 这依然导致有时飞机已经在目标上空了，在炸弹落下前几分钟防空警报才会启动。

德国空军坚持建立的被动防御系统在维希法国已经以框架的形式存在，由地方的省长和市长负责组织工作。在法国南部地区，这个系统还没有经过适当的测试，但需要迅速扩大。此时，由皮埃尔·赖伐尔（Pierre Laval）总理领导的维希政府，建立了一个“部际战争防护委员会”，这个委员会和1943年2月由约瑟夫·戈培尔在德国成立的那个委员会没有什么不同，主要职责是监督在遭到轰炸的城市维持经济和人民生存所需政策的执行情况。[78] 被动防御委员会是新组建的防空部的一个下属部门，不过这个机构在德国当局和法国政府的部际战争防护委员会之间处于一种尴尬的地位。新机构的一个职责就是提供机动支援队伍，应对轰炸的威胁，特别是在法国北部已经出现的燃烧弹轰炸。因此，该机构在阿维尼翁（Avignon）、里昂、普罗旺斯地区艾克斯（Aix-en-Provence）和蒙彼利埃（Montpellier）设立了紧急消防和救援营，一旦当地民防部门无法应对，在德国同意的情况下，就会召集他们参加救援任务。[79] 但还存在人员短缺的问题——此时只有 1500 人在负责整个法国南部地区的救援——并且缺少必要的设备，因为这些设备是由法国工厂供应的，而工厂要优先满足德国的订单。当救援部队被派往法国北部协助进行空袭援救工作时，人力和设备的短缺问题就变得更加明显了，而法国南部的居民则抱怨他们没有得到足够的保护。[80] 总的来说，法国城市获得的保护比英国或德国城市少得多，德国当局的主要兴趣是保护德国军事设施和为德国订单生产的工厂，法国防空机构和德国当局的紧张关系，无疑让普通民众在盟军并不准确的轰炸之下变得更加脆弱。

然而，在许多情况下，德国空军会与法国民防和紧急事务部门合作。1943 年 1 月，驻扎在法国西北部洛里昂的德国第 34 防空团接到命令，不仅要为德国人员驻扎的港口地区灭火，而且要扑灭被密集的燃烧弹击中的居民区的火灾。当地民防机构也向其他城镇的 7 支消防队寻求援助。拯救洛里昂的失败并不是因为法国和德国的紧急救援人员没有尽力，而是因为这次空袭过于严重。[81] 当年晚些时候，法国和德国在南特也进行了合作，共同对抗空袭造成的破坏，他们不仅挽救了德国人需要的港口，而且也拯救了这座城市的街道。[82] 这一次和上次一样，也是因为轰炸规模过大，让民防部门难以应对近在咫尺的危机。但是在大轰炸后的第二天，也就是 1943 年 9 月 17 日，参加救援工作的 800 名法国和德国的人员，得到了当地矿工和国民青年运动派出的救援队的援助，他们一起开辟道路，稳固受损房屋、搜寻被埋在废墟下的幸存者。最终，1500 名紧急救援人员和志愿者努力恢复了部分生活秩序。他们首先遇到了设备不足的问题（只有 4 台机械挖掘机和 50 辆卡车可用），之后又在 9 月 23 日再次遭到了空袭。第二天，只剩下 400 名救援人员还在处理救援工作，因为其他许多工人已经和他们的家人逃离了被毁的房屋。最终，救援人员的数字翻了一番，但法国当局注意到其中许多是德国工人，他们表现出更强的纪律性，因为他们在这座城市并没有亲戚朋友。[83]

南特的灾难凸显了有序疏散的问题，这是对轰炸威胁加剧的一种解决方案。人员疏散原先一直是法国政府优先考虑的应对之策，当局曾认为这是能真正有效地拯救城市居民的方法，但 1940 年德国进攻期间进行的大规模疏散导致了灾难性的后果，此后当局优先考虑的是设法阻止大规模疏散并尽量让家庭人员集中在一起。在南特，德国占领者在决定疏散方式方面再次发挥了核心作用。洛里昂遭到轰炸后，数千名工人和他们的家人消失在周围的农村，德国驻巴黎的最高司令部决定，脆弱的沿海城镇应该有计划地进行人员疏散，像德国一样，优先疏散儿童、母亲和老人。比如，在瑟堡的 5 万居民中，德国人要求从中撤出 3 万人，在迪耶普和勒阿弗尔，德国人要求疏散占总人口四分之一的居民。[84] 尽管许多居民不愿离开，但最终还是开始进行撤离。在瑟堡，超过三分之一的疏散人员后来在 1943 年的夏、冬两季返回，而德国指挥官则接到各方的游说，要求允许妻子和年幼的孩子返回，与被德国人视为不可或缺的男性工人一起生活。然而，到 1944 年盟军的入侵很可能发生的时候，德国占领军坚持要求北部沿海地区的居民尽可能全部撤离，以避免陷入交战区。1944 年 6 月，当美军抵达瑟堡时，那里只剩下 5000 人。[85] 德国人坚持在法国南部海岸采取类似的措施，因为盟军有可能在那里发动突然入侵。由于南部城市现在也受到猛烈轰炸的威胁，法国政府认为撤离沿海地区是减少伤亡的有效手段。1944 年 1 月的初步计划是转移 48.5 万人，他们乘坐的车辆和住宿必须在内陆农村地区解决，而这些地区对外部疏散人口的到来毫无准备。面对着轰炸和盟军迫在眉睫的登陆，法国政府被迫制定了协调一致的计划，以比 1940 年时更成功地转移战时难民。[86]

1942 年时，临时性的疏散就已经开始了，到 1944 年初已有 20 多万儿童从最容易受到轰炸的城市撤离。1941 年 12 月，遭到盟军轰炸的布雷斯特市和南部城市里昂之间达成了一项合作计划，根据这个计划，布雷斯特市因轰炸无家可归的难民，将被安置在里昂，由市议会和接收他们的民众提供生活设施和资助。由于父母不愿和孩子们分开，再加上孩子们也不愿撤离，因此参加这次疏散的孩子还不到 100 个。[87] 1942 年，其他遭到轰炸城镇则自行将居民疏散到其他相对安全的城市，有的也收到了其他城市收容疏散群众的邀请。其中，勒阿弗尔得到了阿尔及尔提供的援助。但是遭到轰炸的城市获得的援助大部分是为无家可归人员提供的资金、服装、图书，而不能给他们提供新家。大部分疏散到外地的法国人都搬到了附近村庄的家人或朋友那里，法国负责制定疏散计划的人员不顾德国的反对，坚持认为，从符合实际和政治需要的角度来看，把疏散人员安置在当地比把他们安置在遥远的法国中部地区更有意义。1943 年初，洛里昂、圣纳泽尔和布雷斯特遭到猛烈轰炸，成千上万的人涌向周围的乡村。[88] 1944 年 2 月 4 日，赖伐尔在冬季遭受严重轰炸之后，当局预计军事威胁会升级，于是，就疏散政策发布了全面指导方针。该方针的指导原则是，必须保证有秩序地转移人口，需要征得那些需要转移人口的同意，并保证转移是“自愿但有组织”的。当地政府同意使用海报、无线电广播和公开会议等方法对居民进行说服工作。优先考虑的是“国家的人力资本”，放在第一位的是儿童，他们承载着战后法国人口的未来。[89] 母亲、儿童和孕妇是疏散的主要人群，不过老年人和残疾人也包括在内；留下来的人被分为“不可或缺的人”（行政人员和官员）、“必要的人”（劳工和白领工人、医生、社会福利工作者）和“有用的人”（帮助维持必要活动的人）。然而，各个家庭对撤离仍然不热心，他们担心离开家园后会遭到抢劫，也不喜欢失去独立性，更不喜欢依靠目的地提供的福利。最终，大约 120 万人以难民、疏散人员或因轰炸无家可归人员的身份从家园撤离，其中大多数人撤离是为了应对生存下去的迫切需要。[90]

人们有时会说，面对轰炸，法国人没有表现出英国以及后来德国所表现出的那种“空中闪电战精神”。在很多方面，事实恰恰相反。法国人面临着一个无法避免的困境，这使得他们很难搞清楚如何应对空袭，这个困境就是：法国人希望轰炸他们的盟军获胜，还希望那些为他们提供保护的德国人失败。由于法国人并没有参战，因此代表着对抗野蛮敌人的国内“前线”意识，不可能像英国和德国那样可以被用来发动民众。轰炸不是攻击法国人士气的一部分，平民也不应该成为目标；除了盟军入侵期间对法国北部的轰炸外，法国人几乎没有经常性的或大面积的轰炸经历。然而，法国的城镇却被夹在两股危险力量之间，一边是德国占领者和维希政府，另一边是盟军空军（包括 B-24“解放者”轰炸机）。法国人通过救援盟军的空乘人员，或者破坏那些没有遭到轰炸的目标来对抗德国人，这意味着法国人要冒着被发现、拷打和处决的风险，而在英国的闪电战中，没有人会遇到这样的危险。较轻的违规行为——故意拒绝遵守灯火管制规定，或从民防队伍中缺勤——都会被德国占领军理解为一种抵抗行为，而不仅仅是一种疏忽行为。当疏散人员未经批准返回时，当地的德军指挥官会没收他们的食品配给卡，或威胁将他们遣送劳改营。暴露在轰炸之下的法国人面临双重危险，既有空袭造成的破坏和死亡，也有占领者的残酷统治。

战争期间，交战双方在政治上都利用了法国的这一困境。像在德国一样，德国的宣传机构把盟军的空军描绘成恐怖分子。法国媒体受到鼓励，把注意力集中在空袭的野蛮和不分青红皂白的性质上。维希政府也认同这一观点，而且很可能确实相信这一点。法国新闻（France-Actualités）制作播放的有关轰炸法国目标的电影新闻短片，被冠以“对平民的战争”“受伤的法国”“各各他山的景象仍在继续”等标题，而在每次大规模空袭之后，当局都会精心安排官方葬礼，场面盛大，并会发表谴责屠杀无辜平民的演讲。[91] 由于维希政权在城市人口的重要阶层中普遍不受欢迎，因此当局希望借用轰炸来表现对遭受损失民众的关心，并希望在国家和人民之间建立联系。因轰炸而无家可归的居民，有权享受数额固定的国家资助；国家也会为轰炸中丧生的民众支付丧葬费；疏散距离在 15 英里以内的，政府会全额支付疏散费用；对于那些因轰炸而致残的人，丧偶的人或孤儿，政府还会提供养老金和赡养费。[92] 此外，轰炸受害者有权从两个志愿福利机构获得援助，这两个机构分别是于 1940 年重建，贝当元帅担任主席的国家救济会，和工人紧急救助委员会，这个组织由通敌卖国的雷内·麦斯纳尔（Rene Mesnard），在 1942 年巴黎布洛涅-比扬古的雷诺工厂遭到空袭后成立。这两个组织都依赖国家的拨款和社会志愿者的捐款运转，而且都响应维希政权的宣传，谴责盟军的轰炸，并强调援助受害者的努力是团结全国人民的一种手段。工人紧急救助委员会直接从德国当局那里获得资金，但实际上获得的资金却很少分配给遭到轰炸的难民，大部分资金都落到了运营该机构的官员手中。[93] 这个委员会还参与了将犹太人的公寓和家具重新分配给轰炸受害者的工作，这些公寓和家具都是在德国人的监督下没收的。1942 年 4 月，委员会收到第一批犹太人的家具，直到 1944 年，该机构接收了大量没收的犹太人的家具，其中一部分家具分配给了轰炸的难民，但很大一部分直接从法国运到了德国和低地国家，分发给轰炸的受害者，在整个德国占领期间，一共从法国运出了 735 列货运列车的家具。[94]

另一方面，盟军需要向法国人民做出解释，轰炸是最终解放法国的关键。这一解释在战争初期发挥了良好作用，当时人们认为英国皇家空军的空袭预示着盟军早日进攻的可能，但经过多年的等待，伤亡人数不断上升之后，这种解释就不那么有效了。盟军还试图将轰炸作战和对法国抵抗运动的直接支援结合起来，但与此同时，他们要避免发动可能影响抵抗运动在民众中的威信的轰炸，迫使法国民众不情愿地去支持维希政府。法国人民都广泛收听英国广播公司的节目，这些广播鼓励法国人民把抵抗和轰炸看作同一枚硬币的两面。[95] 传单战的目的是向即将遭到轰炸的地区发出明确的警告，并为轰炸德国目标或为德国人服务的企业做出合理解释。在这期间，盟军投下了数以百万计的宣传性文章和新闻评论，在 1943 年至 1944 年达到高潮。英国皇家空军在 1942 年投放了 1.55 亿份传单，1943 年投放了 2.94 亿份，其中绝大多数传单是飞机空投的，还有些传单是随风放飞的气球投放的。[96] 美国空军第 8 航空队在 1942 年晚些时候才开始投放传单，当时他们刚刚评估了美国空袭的初步效果，以确定应该用传单传递什么样的政治信息。1943 年，美国成立了一个由 12 架 B-17 和 B-24 轰炸机组成的特别部队，负责在德国占领区和德国本土抛撒传单。[97] 1944 年 2 月，美国人投下了 4100 万件宣传品，包括一篇名为《战争中的美国》的法语传单，这份传单主要解释了这场战争的缘由和轰炸法国目标的必要性。1944 年春天，在对法国铁路实施轰炸的“运输计划”开始前夕，传单的数量大幅增加到 3 月的 1.3 亿份，在诺曼底登陆之前，每月投下的传单都超过 1 亿份。盟军的传单攻势十分猛烈，驻法国的德国当局不得不组织了传单清洁分队，赶在当地居民捡到传单之前，用带尖头的棍子把传单全都收集起来。[98]

对于传单和广播的影响，盟军难以进行评估，因为几乎所有维希政府的公共媒体都把轰炸视为不折不扣的犯罪。盟军情报部门收到一连串的信息，这些信息显示，轰炸是由其“恐怖性质”决定的。1943 年 9 月巴黎遭到轰炸之后，一份名为《小巴黎人》的报纸声称“西方的野蛮人是完全适合东方野蛮人的盟友”。[99]《圣艾蒂安纪念报》也提出了这样的疑问：“这种破坏性的虐待行为还有完吗？这种在文明的面具掩盖下日益增长的野蛮行径，足以让人震惊。”盟军认识到，法国的反应没有那么简单，但越来越多的证据表明，即使是在亲盟军的圈子里，轰炸行动好坏参半的结果也引发了人们的焦虑和敌意，同时原来人们认为的轰炸德国目标既合法又必要的思想也遭到影响。[100] 从 1944 年 3 月 7 日对土伦（Toulon）的两次袭击的反应中可以明显看出这种模棱两可的现象。第一次空袭造成约 900 名德国士兵死亡或受伤，并获得了广泛赞扬；四天后的第二次空袭没有击中目标，但是造成 110 名法国平民丧生，引发了法国人普遍性的抱怨。在第二次空袭中，被击落的美国轰炸机的机组成员中有一名是黑人，这又引发了有关美国飞行员素质和能力的种族主义言论。[101] 法国抵抗组织提供的情报显示，美国的轰炸是民众不满的主要原因，因为美国对被轰炸居民的态度显然是“漫不经心”的。一份报告写道，美国人把轰炸当成了一种体育运动，并以此为乐。[102] 1944 年 5 月，法国天主教的枢机主教们向英国和美国的主教团发出呼吁，要求他们去游说本国空军，让空军在轰炸军事目标时更加小心，避免殃及“妇女和儿童的简陋住所”。威斯敏斯特大主教对此的答复是，他的政府已尽一切努力保证将伤亡人数控制在最低限度。[103]

然而，轰炸行动也引起了广泛的抵制或者说不服从。持抵制心态的人认为，在盟军轰炸中丧生的人在某种意义上不是受害者，而是为解放和拯救国家而战的战士。[104] 那些为帮助盟军飞行员逃跑而运作地下逃生网络的人，如果被德国人抓住，冒的风险和战斗人员是一样的。1941 年 7 月 14 日，当局颁布的一项法令规定，帮助盟军飞行员逃跑有可能被判处死刑，即便如此，据估计仍有2000至3000名英国和美国空勤人员被偷偷送出法国，重返战场。在猛烈轰炸后，例如1943年在洛里昂，一些盟军飞行员向德国人投降，但盟军情报人员发现，在许多情况下，抵抗组织将猛烈轰炸导致的令人遗憾的后果和把盟军机组人员视为解放者这两件事区别对待。[105] 抵抗运动也认为，虽然轰炸很少能紧密地和抵抗组织的破坏行动结合在一起，但是对于积极对抗占领军的各种斗争方式来说，轰炸是有效补充。不过抵抗组织坚持认为，破坏行动往往是比轰炸更有效的方式。[106] 由于盟军的轰炸行动，法国民众中也出现了许多程度较轻的抵制或不合作的表现。尽管德国竭力阻挠，但在行动中遇难的盟军机组人员的葬礼还是吸引了大批人参加；坟墓边摆放着花圈，缎带上写着献给“我们的英雄”“我们的盟友”或“我们的解放者”，不过最后花圈都被德国占领军没收或者破坏。在德国占领期间，共发生753起民众示威，其中一些是维希政府策划的，目的是抗议轰炸，但数百起示威是针对食物短缺或住房不足的。[107] 1943年，来自各省的警察报告发现，尽管发生了轰炸，或者因为遭到了轰炸，法国人民还是在公开谈论他们对盟军入侵的希望，以及对占领的恐惧。一份来自法国西北部夏朗德省（Charente）的报告写道：“没有人再会相信德国人还会获胜。”[108]

德国占领军发现，在组织防空系统的法国官员和军人中经常有在政治上持异议观点的表现。1943年夏天，法国方面在组建防空部队上动作迟缓，因此遭到德国空军的斥责，将问题归咎于参与工作的法国官员中存在共济会成员的关系网。法国防空人员被要求签署一份不泄露军事机密的“义务声明”。因为据称法国的防空部队和紧急救援部门都对戴高乐和“自由法国”表现出同情，因此这两个部门一直处在德国保安部的监控之下。[109] 1943年8月，15名防空部队的士兵擅离职守并隐藏起来，再也没有被找到；在接下来的一个月里，另外15名来自空军安全学校的男生开着两辆汽车和一辆卡车潜逃到中央高原，加入了抵抗组织的游击队。1943年11月，当局发现一群公共防空安全系统的士兵在收听英国播出的法语广播；当局还在他们公共休息室的墙上发现了一张海报，上面写着“戴高乐主义万岁！苏联万岁！戴高乐万岁！”。[110] 德国空军情报部发现，到 1943 年秋季时，盟军在地中海的胜利已经改变了法国人的态度，他们急切地盼望着盟军入侵的那一刻，并庆祝德军的每一次失败。8 月份发的一份报告总结说："盼望英美军队登陆法国，现在成了每天都在谈论的话题。"[111]

盟军解放法国的计划在 1943 年秋确实取得了很大的进展，但从盟军的角度来看，这一计划必然会造成大量人员伤亡，并可能在最后一刻牺牲掉法国人民对盟军事业的同情。丘吉尔仍一直处于焦虑中，1944 年 4 月他告诉战时内阁，战前的轰炸可能对法国和西方盟国之间的关系造成"不可弥补的破坏"。[112] 主要问题是派出包括驻扎在意大利的第 15 航空队在内的重型轰炸机部队，在入侵之前轰炸法国交通系统，在 6 月盟军入侵时，当登陆部队在诺曼底海滩的桥头堡巩固阵地时，为登陆部队提供支援，并于盟军入侵后的一个月，在法国南部为地面部队提供支援。此外，盟国还决定在"十字弓行动"中，使用轰炸机部队空袭法国北部的德国 V 系列武器基地。哈里斯和斯帕茨都不热衷于以这种方式使用轰炸机部队，因为这不是轰炸的目的，而他们的轰炸机也不是设计用来对付小型战术目标的。1944 年 1 月，在下令加强对 V 系列武器基地的空袭后，哈里斯拒绝动用轰炸机司令部的轰炸机去轰炸十字弓行动的目标，因为他认为这是"不合理的作战行动"。[113] 对于轰炸机应该支援地面进攻的作战思想，哈里斯同样持消极态度。哈里斯认为，将轰炸机用于支援地面作战将"毫无效果"，会导致入侵部队的"直接灾难"。[114] 斯帕茨也不赞成艾森豪威尔的意见，他认为让重型轰炸机部队支援盟军入侵，是对重型轰炸机部队"极其浪费的使用"，他更加倾向于将大规模战术空军部队，配属到空军中将特拉福德·利-马洛里（Trafford Leigh-Mallory）指挥的盟军远征军空军，这支部队的战斗轰炸机和轻型轰炸机就是为攻击小型目标设计的，并且能对战场需求做出迅速而灵活的反应。[115] 哈里斯和斯帕茨指挥的这两支轰炸机部队，都希望能够集中精力执行对德国的直射行动，因为这是控制德国对盟军入侵的反应的一种更具战略价值的方法。1944 年 4 月下旬，阿诺德告诉斯帕茨，已经决定把轰炸重点放在法国铁路系统上，直射行动应该"被压缩到最低限度"。[116] 亚瑟·特德和他的科学顾问索利·朱克曼提出执行“运输计划”的建议已经经过了讨论。1944年1月，朱克曼发表了一篇论文，题目是《通过打击铁路运输拖延和破坏敌军的运动》，这篇论文成为盟军入侵法国相关作战计划的基础。3月25日，经过一场长时间的激烈辩论，艾森豪威尔最终也同意在他的直接指挥下，使用轰炸机部队，在入侵前和入侵期间攻击法国铁路系统和其他战略目标。[117]

这一决定仍然没能解决可能对平民造成一定伤亡的政治焦虑。波特尔在3月25日的会议后通知丘吉尔，由于决定空袭法国铁路网的76个关键点，必然会有非常严重的伤亡。轰炸机司令部表示，伤亡人数预计在8万至16万之间，这在一定程度上证实了哈里斯的观点，即重型轰炸机是错误的武器。[118]朱克曼根据战争早期英国目标遭到的破坏计算出来一个比较折中的伤亡人数，预计将有1.2万人死亡，6000人重伤。4月5日，在和国防委员会讨论时，丘吉尔谴责这一策略“是一种可能导致大量无助法国人死亡的屠夫行为”，尽管他对此持保留意见，而艾登和总参谋长艾伦·布鲁克上将则表示完全反对，这次轰炸最终还是得到了批准，不过也要求在轰炸后几周要对法国人的伤亡水平进行认真监控，并在轰炸前向法国民众发出警告，要求他们撤离危险地带。[119]到4月中旬，前9次空袭造成死亡的人数估计为1103人，远低于朱克曼先前的估算。国防委员会收到了法国人愤怒的报告（“在英美人看来，欧洲人的身份足以让他们的名字从幸存者名单上抹去”），丘吉尔犹豫着是否该完全赞同这场轰炸战。[120]朱克曼和国内安全部的研究和实验司第八处继续每天检查作战报告，截至4月底，现有证据表明，伤亡人数比预期少了约50%。[121]直到罗斯福坚持认为，如果霸王行动要取得成功，就不应该对军事行动进行限制之后，丘吉尔终于在5月11日完全同意了执行这场轰炸战。[122]在诺曼底登陆前的4个星期里，法国铁路系统遭到了猛烈的轰炸，铁路枢纽周围的房屋也没能幸免。

朱克曼的计算实际上大大低估了法国人的伤亡，因为运输目标只是盟国空军在入侵前几周轰炸目标的一部分。法国民防官员统计，3月有712人死亡，4月有5144人死亡，5月有9893人死亡，6月估计有9517人死亡。由于很难在危险的战区获取准确的死亡人数统计，因此，在这4

个月里总共有 25 266 人死亡这个数字也并不全面；另外，并非所有的伤亡都是因为对铁路目标的空袭造成的，还包括对桥梁、军事设施和德国军队的空袭。[123] 不过，这些数字也从一个侧面说明，为了削弱德国陆军和空军反制诺曼底登陆的军事实力，盟军使用轰炸战术造成了多么大的人员伤亡。这次轰炸战之所以会造成较大的伤亡，主要是因为炸弹广泛散布在相对较小的目标区，且盟军使用了吨位较大的炸弹。盟军一共向运输目标投下了 63 636 吨炸弹，超过了德国空军对英国发动闪电战时投下的全部炸弹吨位。据法国防空部队统计，1944 年 1 月至 3 月，盟军投下了 7.1 万枚高爆炸弹，而从 4 月至 6 月，炸弹数量是 29.1 万枚。[124] 4 月 11 日对圣皮耶尔德科尔铁路中心的空袭覆盖了整个铁路中心所在的小镇。4 月 10 日对里尔空袭时炸弹覆盖面积达 32 平方千米；4 月 18 日空袭努瓦西勒塞克（Noisy-le-sec）时，覆盖面积达 30 平方千米；一天后，轰炸鲁昂时，覆盖面积是 24 平方千米。[125] 截至当年 5 月，法国当局统计一共遭到了 1284 次轰炸，炸弹落在 793 个不同的地点，其中 630 次落在北部海岸和巴黎东北部地区。本来可能能够增加轰炸精确性的夜间轰炸，只占全部轰炸的 8%，许多白天实施的空袭，投弹高度在 3000 米至 4000 米。在某些情况下，人员的重大伤亡是被动防御委员会所说的“鲁莽行为”造成的——人们站在窗前观看爆炸，也有的人站在街上或花园里观看轰炸。在 5 月 26 日对尼斯的袭击中，有 438 人丧生，其中三分之二在街道上丧生，另外三分之一的人死在自己的房子里。人们使用的防空洞，大部分是战壕或地窖改建的，这些防空洞在盟军空袭中颇有一些坎坷的遭遇，有的被炸弹直接命中也能保持完好，而另一些防空洞则被炸塌，导致大部分避难者丧生。就像 5 月 30 日鲁昂遭到空袭时发生的惨剧那样。[126]

部分最严重的人员伤亡发生在以前的非占领区。这些目标遭到从意大利基地出发的美国第 15 航空队飞机的空袭。对相关机组成员来说，为了减少对平民生命、财产的损失而对铁路目标实施了精确轰炸，这种做法与在德国南部执行直射行动时进行的远程空袭完全不同，而对于第 15 航空队来说，自从 1943 年 11 月部队成立以来，一直在执行直射行动的轰炸任务。1944 年 5 月 26 日对圣埃蒂安的空袭和第二天对马赛的空袭造成了平民的重大伤亡。在圣艾蒂安，防空警报及时响起；150 架 B-17 轰炸机从约 1.3 万英尺的高空发起攻击，一半的炸弹落在了铁路线附近的区域。但对于不习惯这种空中空袭的人来说，合适的避难所太少了，这次空袭造成 1084 人死亡。轰炸对铁路交通的影响也比较有限。铁路线仍然保持运行，而轰炸造成的破坏，在 4 天内就得到修复。5 月 27 日盟军在约 2 万英尺的高空对马赛实施了轰炸，目标是圣夏尔（St-Charles）和布兰加德（Blancarde）的车站，这两个车站都位于该市住宅区的核心地带，盟军投下的炸弹散布在城里 10 个街区，摧毁了 500 栋建筑物，造成 1752 人死亡。被动防御委员会再次注意到，第一次遭受空袭的民众表现出“漫不经心”的态度，明显缺乏有效的民防训练。遭到轰炸的车站并不重要（其中一个是铁轨的终点），但空袭给民众的士气造成了危机，让民众对实施空袭的空军部队产生了强烈的敌意。[127] 袭击的规模和造成的破坏引起了驻伦敦的法国抵抗组织和法国当局代表的抗议。5 月初，法国外交委员会警告英国外交部，空袭正在对法国舆论造成破坏性的影响；6 月初，抵抗组织大会通过马西格里提交了一份决议，呼吁轰炸机部队改变战术，并开展积极的宣传活动，“驱散”受害者心中“日益增长的不满情绪”。[128] 美国战略情报局从马德里提交的报告中，转达了抵抗组织的意见，即法国人现在认为他们的处境并不比“德国的纳粹分子”好多少。[129] 但是，获得这些消息，并没有对盟军的轰炸行动产生多大影响。而且到了 6 月，随着盟军在诺曼底登陆日冲上海滩，部队在诺曼底乡村地带展开，轰炸达到了高潮。

“运输计划”的结果在当时和计划完成之后，一直是激烈争论的话题。据法国方面的调查显示，6 月初的铁路交通运力下降约为 1944 年 1 月的一半，在法国北部和西部的关键地区，铁路运力下降到原来的 15% 和 10%。1944 年 1 月和 6 月之间，轰炸给铁路线造成了 2234 处破坏，但是，破坏情况和英国、德国和苏联的类似，都是相对容易修复的损坏。[130] 抵抗组织的破坏行动也给铁路运输造成了很大损失，抵抗组织认为为了达到相同的目标，破坏行动相比轰炸是更有效的方法，而且这个方法给法国人民特别是铁路工人造成的损失更小，他们被视为抵抗运动的关键人员。[131] 1 月至 7 月间，轰炸和空中扫射摧毁或重伤了 2536 台法国的火车头，抵抗组织破坏了 1605 台火车头。但是根据法国国家铁路公司的数据，破坏造成的损失达 7 万节车厢，而空袭造成的损失是 5.5 万节车厢。[132] 在 4 月至 6 月的 3 个月中，铁路网络遭到了 1020 次轰炸，而抵抗组织发动了 1713 起破坏行动。[133] 造成铁路运输延误的两个最重要的原因之一是对铁路桥的轰炸，另一个原因是对铁路修理站的轰炸，这样会造成遭空袭或破坏车辆的维修工作积压。对这些目标的破坏，很多是由战术空军使用战斗轰炸机和轻型轰炸机完成的，事实证明，它们在切断关键地区获得德军快速增援方面发挥了决定性作用。大多数遭到空袭的铁路中心，可以在平均 7 天内恢复运营，但桥梁需要 10 到 16 天。[134] 德国当局为使铁路系统继续运作付出了艰苦的努力，并在运输轰炸的大部分时间获得了成功。通过暂停几乎所有的民用铁路运输，再加上持续恶劣天气对轰炸的阻碍，在 6 月之前保持军事交通畅通是可能的（当时仍可部署 535 列满载部队的列车），但从 7 月开始，这一数字开始缓慢下降。在截至 3 月中旬的一个月里，德国的总运力为 3 亿吨千米，其后三个月中每一个月为 4 亿吨千米，但在 7 月时为 1.5 亿吨千米，到那时，由于运输的损失，德国有效防御能力已经大打折扣。[135] 然而，从法国的观点来看，争论的焦点并不是德国的作战力量是否受到影响，而是使用重型轰炸机，是否无法避免给平民生命和建筑物造成高昂的代价。法国当局发现，重型轰炸机发动的大型空袭中，有一半至五分之四的炸弹都落到了目标区之外；从这个意义上说，哈里斯和斯帕茨坚持认为的“大规模重型轰炸机编队无法精确摧毁目标，也不是控制法国方面损失的正确方法”的观点是正确的。

上述结论在英、美两支轰炸机部队尝试摧毁 V 系列武器的发射场而不是其制造厂的作战中得到了更好的体现。在位于梅德梅纳姆（Medmenham）的中央分析处确定了第一批 V-1 的存放掩体后，盟军轰炸机部队于 1943 年 11 月发动了针对法国的 V 系列武器的制造工厂和仓库的第一次空袭。针对 V 系列武器实施打击的行动代号为十字弓行动，但其中的轰炸行动被称为“犯规行动”。这次轰炸战期间，从 1943 年 12 月初到 1944 年 9 月中旬，盟军的总投弹量大幅度超过了运输计划期间的投弹量，据统计最终投弹量为 11.8 万吨，其中 8.6 万吨是在 1944 年 6 月 12 日至 9 月 12 日期间为诺曼底登陆做准备，向那些明显小于铁路编组站和高架桥的目标投下的。1943 年到 1944 年的那个冬季实施的第一次轰炸，据信将 V 系列武器投入作战的时间推后了 6 个月。但是在第一次轰炸之后，德国人放弃了“滑跃式”发射设施（这个名字是根据发射装置的外形确定的），因为德国人认为这种发射装置隐蔽性较差，又过于脆弱，但德国人还是摆出一副在发射装置附近工作的样子，以此吸引盟军的轰炸机。[136] 最后，大多数原来设置的发射场都被盟军查明并用轰炸摧毁，但是新改建的发射场却难以发现，也不容易遭到轰炸。德国的攻势之所以受阻，主要是因为存在技术问题，难以生产足够多的 V-1 导弹提早发动攻势。[137] 从 1944 年 6 月中旬第一枚 V-1 导弹击中伦敦起，英、美轰炸机部队都接到了一项新的命令，即尝试去消灭这种威胁。从 1943 年 12 月到 1944 年 5 月，为执行十字弓行动盟军动用了 12% 的轰炸作战力量，在 1944 年 6 月和 8 月间，为了这个行动，盟军投入了轰炸机部队作战力量的 33%。[138] 这表明轰炸机部队从原本执行支援地面作战的部队中抽调了相当大的资源去执行十字弓行动，而轰炸机如果继续去执行支援任务，则不得不去轰炸对炸弹攻击免疫的目标。1944 年 4 月，研究和实验司第八处向空军部进行了解释，指出由 20 英尺厚的混凝土保护的小型目标是相对脆弱的。[139] 7 月，辛克莱要求波特尔降低十字弓行动目标的优先级，因为“摧毁它们很难，而且容易修复”。还是在 7 月份，美国第 8 航空队的 B-17 轰炸机对 10 个目标发动了空袭，但是一枚炸弹也没有投到其中的 8 个目标上，只是向剩下的两个目标投下了 4 枚炸弹。[140] 尽管丘吉尔一直希望轰炸机司令部能够设法削弱 V 系列武器的攻击，但空军部在 7 月才认识到，任何形式的破坏能起的作用都可能是暂时的。根据空军情报部 7 月的报告，美军占领了瑟堡的几座 V-1 导弹基地后，美军发现尽管这些基地遭到了大规模轰炸，但这些基地的设计使其几乎不受轰炸破坏的影响，而且一旦偶然被炸弹直接命中，很容易得到修复。[141] 盟军的轰炸一直持续到 9 月，此时向前推进的部队已经占领了大部分导弹基地，但是英美空军同时认识到，使用重型轰炸机对战术目标进行轰炸是有局限性的。

使用重型轰炸机为艾森豪威尔在法国的地面作战提供支援也体现了

同样的局限性。近3个月来，法国北部变成了战场。就像1940年德国对法国的进攻，或者1941年对苏联的进攻一样，盟国陆军和空军在向前推进的道路上，很难避免不给村镇、城市和平民造成严重的损失。在战争持续时间最长、最激烈的诺曼底北部，有1.4万名法国平民丧生，57%死于轰炸。猛烈的空袭从6月6日，进攻第一天一早就开始了，在此之前，盟军在黎明时向地面撒下了传单向民众示警，督促诺曼底人“到田野里去！一分钟也不要耽误！”。6月6日，卡昂市（Caen）大约有600人死于美国人的空袭，第二天又有200人在遍布废墟的城市中丧生；6月7日，轰炸机司令部派出1000多架轰炸机对包括维尔（Vire）、圣洛（St Lô）、利雪（Lisieux）和库唐斯（Coutances）在内的6座小城镇发动了空袭，空袭几乎完全摧毁了这几个目标的城区。在战役的头两天，3000名法国平民丧生。[142] 几天后，为了阻止德国坦克的调动，盟军轰炸了奥登河畔奥纳伊村（Aunay-sur-Odon），轰炸结果是让这个村子从地图上彻底消失。袭击发生后拍摄的侦察照片显示，村里只剩下一座教堂的尖顶，其他地方全部被夷为平地。据法国当局统计，6月法国共遭到了2307次轰炸，其中1016次轰炸在北部沿海省份，多数轰炸针对的是铁路目标。7月空袭次数有所减少，共1195次；8月空袭次数更少，共1121次。[143] 大多数空袭是战术性的，由盟军远征军空军实施，但有时也要求派出重型轰炸机，由他们带来压倒一切的火力。对卡昂的两次空袭，一次在7月7日，另一次在7月18日，是霸王行动中最猛烈的轰炸。7月7日的空袭，盟军出动了467架轰炸机，向该镇北郊投掷了2276吨炸弹。在那里，德国守军寥寥无几，这次空袭在通往卡昂的道路上留下了一大片月球陨石坑般的景象，后来英国和加拿大部队不得不对道路进行清理，才能继续前进。[144] 7月18日，942架轰炸机在该市及其东部郊区投下了6800吨的炸弹；这次轰炸对德国守军没有造成什么大的影响，因为德国人早已经撤退到城市的南部防线。轰炸对当地居住的1.2万居民的影响同样也不大，因为居民已经转移到城外弗勒里（Fleury）的山洞里，在里面勉强度日。但空袭再次留下了大片的残垣断壁，又一次迟滞了地面部队的推进。当盟军进攻结束时，在轰炸和炮击的双重打击下，当地还能住人的房子只能容纳8000人了，而此时当地的居民有 6 万人。[145]

轰炸机司令部现在可以使用的打击力量与地面威胁的性质完全不成比例，总的来说，这对加快作战进程几乎没有任何帮助。特拉福德·利-马洛里将军手中的几千架战斗机和战斗轰炸机，足够保证在战场上取得空中优势，为盟军提供了空中保护伞。不过，有时候，轰炸机部队也会给盟军的地面部队造成误伤。7 月 24 日，在美军发动进攻布列塔尼代号为“眼镜蛇行动”的作战前夜，第 8 航空队的数百架轰炸机奉命空袭德军前沿的防御工事，这些工事正好位于奥马尔·布拉德利（Omar Bradley）将军所属部队的前方。切斯特·汉森（Chester Hanson）上尉在布拉德利的作战日志中写道：“第一批炸弹落下时，发出了隆隆声，地面上下起伏，投下的炸弹发出的恐怖轰鸣就像令人战栗的雷声，这种声音和大炮发出的声音截然不同。”紧接着，救护车冲向前线，从遭到轰炸的美军部队中救起死伤者，这次轰炸共造成 25 人死亡，131 人受伤。遇难者中包括莱斯利·麦克奈尔（Lesley McNair）中将，他被炸得血肉模糊的遗体被爆炸抛到 60 英尺以外，最后只能通过衣领上的三颗星才辨认出他的身份。[146] 第二天更多的盟军炸弹落在了美军身上，死亡人数达到 101 人。为此，艾森豪威尔决定不再使用重型轰炸机为地面作战提供支援，不过，他仍然使用轰炸机攻击那些他认为具有战略意义的目标。但 1944 年 11 月，布拉德利再次呼叫重型轰炸机帮助地面部队突破德国在亚琛的防御。[147] 这一次空袭，盟军采取了严密的预防措施，以确保 2400 架美国和英国轰炸机不会误伤自己人。地面部队在前线设立了从空中可见的大型指示板作为标记，以此清楚地指示部队所在的位置；地面部队还使用移动设备垂直向天空发射雷达信号，轰炸机的机载雷达可以接收、分辨这些信号；部队还在美国战线前方 1500 英尺的地方，在高空设置了带有特殊鲜红色标记的拦阻气球，高射炮向轰炸机下方 2000 英尺的空中发射彩色照明弹。尽管采取了最周密的预防措施，还是有两批炸弹落在美军身上，不过只造成一人死亡。[148] 最后，轰炸过后，亚琛变成了一片不毛之地。

在法国作战时，运用重型轰炸机在方法和目的上的区别，在两座滨海小城的命运中清楚无误地展现出来，这两座城市都被盟军轰炸机司令部摧毁了。这两座城市的德国守军相当顽固，即便整个法国都已经得到解放，他们仍然拒绝投降。自 1940 年以来，英吉利海峡的港口城市勒阿弗尔遭到了 153 次小规模的袭击，因此当地居民对轰炸并不陌生。当艾森豪威尔的军队迅速向东进军德国时，这座城市作为盟军补给的潜在港口凸显了重要的战略意义，但此时，这座城市被埃伯哈德·怀尔德穆特（Eberhard Wildermuth）上校指挥的 1.1 万多名德国士兵守卫着。勒阿弗尔守卫森严，怀尔德穆特接到的命令是尽可能地拖延时间，让港口晚一些落到盟军手中，因此他拒绝了 9 月 3 日盟军发出的要求他投降的命令。轰炸机司令部随后接到命令，对这座城市进行为期一周的轰炸，然后才能发动地面进攻，最终占领这座港口城市。在这次作战中，盟军投下的炸弹达到了惊人的 9631 吨，轰炸摧毁了该镇 82% 的地区，造成至少 1536 名法国平民死亡。不过，德国指挥官仍然拒绝投降。因此盟军发动了一场快速的突袭，在短时间内就占领了港口和整个要塞。盟军远征军最高统帅部在战斗结束后进行的分析表明，轰炸并没有对最终的地面进攻提供多大帮助，甚至就连哈里斯本人也承认这一点。[149] 怀尔德穆特上校后来坦承，炮兵是盟军在地面作战取得迅速成功的真正原因，而轰炸只炸死了一小部分德国士兵。

第二座港口是吉伦特河口的鲁瓦扬（Royan），当周边地区都被解放时，驻守此地的德国守军仍然拒绝投降。德国军队的存在让盟军难以利用邻近的波尔多港，1944 年 12 月，盟军最高统帅部在当地美军指挥官的要求下对这座城市发动猛烈轰炸，希望能够迫使驻军放弃战斗。1945 年 1 月 4 日至 5 日晚，347 架“兰开斯特”轰炸机投下了 1576 吨炸弹，其中包括 285 枚 4000 磅的“重磅炸弹”；轰炸摧毁了这座小城约 85% 的地区，490 名法国平民（和 47 名德国士兵）丧生。由于通信不畅，哈里斯没有接到准确通知，事实上地面部队是要求对城外的军事目标实施空袭，而不是轰炸这座城市。而法国当局坚持说，城里的平民已经疏散了，但事实并非如此。[150] 然而，这次轰炸毫无结果，德国指挥官仍然拒绝投降。后来，4 月 14 日和 15 日第 8 航空队再次轰炸了这座城市，又投下 5555 吨炸弹，摧毁了城里每一座还没有倒塌的建筑物。这两次空袭是针对法国境内目标发动的最大规模的空袭行动。3 天后，德国人投降了。一位法国记者说“他不相信谁还能够在城里找到一片草叶”。[151]

在战争期间，轰炸使法国人的生命和财产付出了高昂的代价，这主要是因为对于那些使用战术空军可以更准确实施攻击的小型目标，盟军却派出了重型轰炸机向目标施加了压倒一切的力量。正是这种不成比例的做法，在法国方面的盟国支持者中引发了很多批评，虽然如此，但他们仍然希望德国目标遭到轰炸。1943 年 12 月的一份情报汇总写道，绝大多数抵抗组织成员，都对轰炸不准确十分反感。[152] 事实上，大规模重型轰炸机编队在高空水平飞行时投弹造成的破坏，和轰炸德国目标时造成的破坏没有太大不同。下表（表 9.2）显示了轰炸法国造成的影响。这里引用的官方数字低于战后文献中经常引用的总死亡人数为 6.7 万人这个数据，被动防御委员会认为最初的统计数字是下限数字。虽然 1945 年不同机构公布的数据差别不大，但是另一个更有普遍性的问题是，对死亡原因进行分类，比如是死于轰炸、战术空袭还是战场上的炮击。死亡人数在 5.3 万至 5.4 万之间，不太可能再有其他任何更精确的数字了。[153] 1940 年的数据包括德国 5 月和 6 月入侵期间空军造成的所有死亡和破坏。

表 9.2　1940 年至 1945 年法国遭轰炸损失统计表

年度	死亡人数（人）	受伤人数（人）	摧毁的建筑（座）	损坏的建筑（座）
1940	3543	2649	25 471	53 465
1941	1357	1670	3265	9740
1942	2579	5822	2000	9300
1943	7446	13 779	12 050	23 300
1944	37 128	49 007	42 230	86 498
1945	1548	692	300	800
合计	53 601	73 619	85 316	183 103

资料来源：BN, Bulletin d’Information de la Défense Passive, May 1945, 4。

面对伦敦经常表达的政治焦虑，为什么盟军在法国使用轰炸机部队时却如此明显地无视平民伤亡？轰炸机部队的指挥官们自己也不满意上级要求他们去做的工作。斯帕茨认为战术空军足以提供有效的地面支援。在给艾森豪威尔的备忘录中，他指出，如果将战略轰炸机用于入侵，将不会获得足够的战略回报："与付出的努力相比，使用战略轰炸机所获得的优势将非常小。"[154] 8月，第8航空队司令杜立特告诉艾森豪威尔和斯帕茨，派出训练不足的战略轰炸机，依据匆忙制定的作战计划去支援地面作战，必然会出现错误；而且他也承认，"在支援地面作战方面，战斗机比轰炸机更出色"。[155] 盟军坚持使用战略部队有许多解释。对于欧洲盟军最高司令部和联合参谋部来说，轰炸有明显的优势：在开辟第二战场的要求多年未能得到满足之后，发动轰炸将加速盟军入侵的步伐；轰炸将会促进战争早一些结束，因为民主国家的人民希望敌对行动应尽早结束；轰炸将使盟军在法国的胜利更加稳固，风险更小；最后，代价高昂的战略轰炸还没有使盟军获得联合轰炸作战许诺的那些红利，此时在法国发动轰炸将至少能让盟国挽回一点面子。另外，轰炸机部队的指挥官们也要承担部分责任。他们反复强调甚至是强硬地表示，战略轰炸对缩短战争进程具有决定性的作用，指挥官们还要求地面部队在一场被认为军事实力起决定性作用的战役中运用他们的主张。最后，在作战和政治考量之间的平衡上，最终必然会偏向预期的军事效果。1943年开始对法国的目标发动大型轰炸前，埃克问波特尔，如何克服因法国遭受损失而出现的政治上的反对意见，波特尔回答说，政府"从来不会因为民众的生命损失而退缩，而平民的牺牲可以视为是深思熟虑的、得到认可的作战计划带来的不可避免的损失"。[156]

东欧：除了奥斯威辛，全部都要轰炸

1941年1月，英国皇家空军第一次受命轰炸波兰的奥斯威辛集中营。当时，这里还是一座关押着2万名战俘的集中营，还没有变成灭绝欧洲犹太人的奥斯威辛-比克瑙集中营，从1942年春至二战结束期间，这座集中营屠杀了100多万欧洲犹太人。根据流亡伦敦的波兰陆军总部的西科尔斯基（Sikorski）将军的说法，提出轰炸要求的是集中营的囚犯，他们欢迎盟军发动轰炸，因为这样可以让他们趁乱集体逃跑。当时担任轰炸机司令部总司令的理查德·皮尔斯空军元帅的答复是，不可能发动空袭。皮尔斯解释说，在天气晴朗的夜晚，每一架轰炸机都必须负责对抗德国工业。德国战时经济很可能在1941年经历一场危机。针对奥斯威辛等目标的“零星空袭”不可能太准确，除了造成关押的囚犯死亡，不会有什么作用。[157]

1944年7月，英国皇家空军第二次接到轰炸奥斯威辛集中营的要求，当时奥斯威辛已不再是战俘营，而是欧洲屠杀犹太人的中心。该集中营包括三个主要区域：一座是位于奥斯威辛-比克瑙的灭绝营；一座是强迫劳改营，刚入营的囚犯中，适合劳动的那部分人都关押在这里；还有一座劳动营位于附近的莫诺维茨（Monowitz），化工巨头法本公司（IG Farben）正在这里修建一座工厂，生产合成橡胶和其他与战争有关的化工产品。7月7日，和犹太复兴机构主席哈伊姆·魏茨曼（Chaim Weizmann）进行会谈之后，艾登写信给辛克莱，询问是否有可能轰炸集中营或通往集中营的铁路。虽然丘吉尔本人也热衷于达成这一作战目标，但辛克莱和皮尔斯一样，对此却并不同情。他对艾登说，事实证明，即使在轰炸机部队全面出动的情况下，切断法国的铁路交通也很困难；更不要说要在波兰境内找到并切断一条铁路线，轰炸机部队对此是无能为力的。辛克莱本人还对轰炸集中营或向囚犯空投武器是否“真的会帮助受害者”表示怀疑。他认为美国空军在处理这个问题时可能处于更有利的位置，并承诺将与驻欧洲的美国空军总司令斯帕茨讨论这一问题。[158]斯帕茨对轰炸是持支持态度的，但他表示，如果没有关于集中营的空中侦察照片，部队也无法发动空袭。空军已经收集了很多奥斯威辛附近的莫诺维茨工厂和其他战争经济目标的大量空中侦察资料，尽管一些照片显示了集中营的部分区域，但灭绝营并不是任何一次侦察行动的目标。[159]其实，斯帕茨并不了解的是，1944年夏天，华盛顿的战争部已经被游说过几次，要求对铁路线或毒气室进行轰炸，但都认为作战是“不可行的”。8月14日，战争部助理部长约翰·麦克洛伊（John McCloy）拒绝了这一请求（11月遇到游说的时候，他再次拒绝了这个请求）。[160]两周后，外交部通知辛克莱，由于匈牙利犹太人被驱逐到奥斯威辛-比克瑙的行动似乎已经停止，因此没有必要再考虑轰炸这个目标。1944 年 9 月 1 日，斯帕茨也接到命令，不必继续考虑轰炸这个目标的问题。[161]

关于轰炸比克瑙的灭绝营和铁路线是否可行的问题，学术界有很多争论。[162] 毫无疑问，如果它是盟军的首要目标，那么肯定会遭到轰炸。而在那个时候，盟军正在考虑就犹太复兴机构的请求发动轰炸的问题，美国第 15 航空队针对莫诺维茨的法本化工厂发动了一系列空袭。奥斯威辛集中营的囚犯每天都被押送到这家工厂工作。从 1943 年 12 月起，在计划对德国在欧洲东部的燃油和化工设施发动轰炸时，奥斯威辛集中营被地中海盟军空军定为轰炸目标。[163] 1944 年 8 月 20 日的第一次空袭，准确地轰炸了莫诺维茨，第二次轰炸是 9 月 13 日，此时德国已经增强了这个地区的防空，因此轰炸效果不好。第三和第四次空袭分别在 12 月 18 日和 26 日，对工厂造成了更多的破坏，但随着苏联红军逐渐接近莫诺维茨，盟军于 1945 年 1 月最终放弃了对这里的轰炸。轰炸造成的破坏并不严重，甲醇的产量（由众多车间中的一个负责生产）只减少了 12%。然而，空袭行动表明，对奥斯威辛的轰炸行动确实可行；尽管德国加强了防空措施，但盟军只损失了 6 架飞机。[164]

对莫诺维茨的空袭是在第二次请求盟国实施“政治性”轰炸的背景下实施的。1944 年 8 月 1 日，波兰本土军队发动武装起义，对抗华沙的德国驻军。在伦敦的波兰军方请求英国皇家空军提供援助，从低空向华沙的起义军空投军用物资。丘吉尔再次热切地要求空军采取行动。[165] 此时，在苏联的坚持下，在乌克兰基地进行的名为狂暴行动的穿梭轰炸已经暂停，因此，第 8 航空队被排除在执行空投补给任务的名单之外。斯莱瑟是地中海盟军空军司令，伊拉·埃克的副手，鉴于飞行距离过长和可能的高伤亡率，他和波特尔都认为这种空投行动是“不可行的”，但是来自波兰人的压力和苏联红军即将占领华沙的现实，提供了足够的理由，迫使他们决定派部队执行有限的空投行动。[166] 驻扎在意大利南部布林迪西（比英国基地更接近华沙）的皇家空军 205 大队，奉命开始夜间行动。部队在 8 月 4 日至 5 日夜间已经执行了一次非正式任务，向波兰游击队空投武器，但只有6架飞机抵达目标，其中4架被击落。8月8日，莫斯科接到通知，向波兰的空投行动即将开始，这几乎可以视为认可了苏联方面的决定，即在9月中旬波兰人的抵抗结束之前，不允许执行穿梭轰炸行动。[167] 8月8日至9日晚，三个机组的波兰空勤人员顺利飞抵华沙，没有人员伤亡；空投行动一共执行了19次，其中规模最大的一次是8月14日至15日，盟军派出的27架飞机中有12架找到了华沙，但是也损失了8架飞机。最后，在出动的195架次飞机中，损失了35架轰炸机（占19%），但是仍然据守城市部分地区的救国军还是收到了大量空投弹药和武器装备。[168] 在这种情况下，这次行动的作战环境类似于假定的对奥斯威辛-比克瑙的攻击。1944年夏末，盟军的不同反应或许可以从军事层面做出最好的解释，因为波兰人当时正在与德军这个盟军共同的敌人作战。而呼吁救援集中营的平民受难者，不管他们是难民还是种族灭绝的牺牲品，无论这一呼吁带来的道德压力如何，这种作战都被认为不在盟军的作战任务之内。政治战执行局拒绝了犹太人在1943年12月提出的，针对罗马尼亚发生的犹太人屠杀事件采取行动的呼吁，不过考虑到接到来自犹太人组织接二连三的警告或请求，盟军还是乐于在1944年3月对布加勒斯特实施轰炸，促成罗马尼亚军队提前投降，帮助正在接近的苏联红军。[169] 最后，对在1944年8月已经到了令人毛骨悚然地步的种族灭绝行为，轰炸奥斯威辛集中营是否会对此产生任何影响还是一个需要推测的问题。

关于轰炸东欧的可能性以及在何种作战条件下进行轰炸的争论，突出了盟国空军在直面飞行距离和地理环境挑战时所面临的截然不同的情况。至少在战争的前半部分，从英国皇家空军可能在中东或北非的任何基地，都很难飞抵东欧和东南欧的目标。由于从沙漠机场起飞，飞机需要穿越荒凉的地区，而部队对这些地区测绘和侦察不足，因此，部队的导航问题被放大了。而中东炎热、尘土飞扬，距离英国复杂的维护、后勤系统有数千英里，在这里维持重型轰炸机的飞行，则是一项不可能完成的西西弗斯式的任务。然而，如果从英国的基地出发，大多数飞机将无法到达遥远的目标；在“兰开斯特”轰炸机和“蚊”战斗轰炸机出现后，部队仍花费了一些时间，才能够对柏林这样的城市发动大规模空袭，而且在大部分作战飞行中，轰炸机都要穿越防空严密的低地国家和德国领土。1943年秋季，自从在意大利建立了基地之后，盟军才有可能对巴尔干国家、奥地利、匈牙利和波兰发动大规模空袭。

为了切断德国和意大利重要的燃料供应，英国皇家空军分别在1940年和1941年，进行了认真准备，计划对苏联高加索地区的油田进行轰炸，这两次作战准备工作清楚无误地表明，要轰炸那些远离欧洲战场的目标是多么困难。这次空袭计划，首先是由法国最高统帅部在1940年提出的，计划中对苏联燃油设施的攻击，不仅是为了破坏与轴心国的贸易，而且还要在俄罗斯南部的穆斯林民族中给苏联制造一场可能的政治性危机。对于法国军方领导人来说，轰炸苏联比轰炸德国更加令人高兴。[170] 英方同意这个计划，为了在叙利亚和伊拉克的基地部署48架“布伦海姆”轻型轰炸机，英国在1940年4月起草了一份详细计划，除了这48架英国轰炸机以外，还有法国从美国购买的65架格伦马丁公司的轰炸机，作为英国的支援力量。英国皇家空军的计划制定人员，对于苏联空军和防空力量并没有给予更多的重视，和法国的想法一样，他们也认为为期三个月对巴统（Batum）、巴库和格罗兹尼的轰炸，迟早会“导致苏联军事潜力的彻底崩溃”，并给德国带来灾难性影响。[171] 当时张伯伦内阁认为这场战役风险太大，5月10日德国空袭法国以后，法国方面放弃了空袭苏联的打算。不过英国皇家空军仍然处于准备状态，计划在三个月内摧毁苏联的石油工业，英国方面假设轰炸的平均误差为75码，那么这次轰炸作战的结果将与1939年和1940年进行的轰炸试验完全不同。[172] 1941年6月这个轰炸计划再次进入人们的视野，英国已经预料到德国可能会对苏联发动进攻。英国驻开罗大使馆和参谋长委员会强烈建议派出两个中队的“威灵顿”轰炸机和“布伦海姆”轰炸机针对苏联的采油设施发动一个月的大轰炸，这样做不仅能切断德国人的油料供应，还能“提醒苏联方面答应德国要求的后果”。[173] 轰炸计划于1941年8月制定完成，但由于作战和战略上的实际情况，这次在作战方法上显然不能达到预期军事和政治目的的战役，并没有发生。1942年6月11日，13架B-24“解放者”轰炸机从埃及法伊德（Fayid）空军基地起飞对德国在罗马尼亚的采油设施供应发动了突然袭击，这次作战被中东的英国皇家空军司令部描述为一场惨败。这些单独地、相互独立进行作战的轰炸机，没有一架抵达轰炸目标——普洛耶什蒂的油田，只是在认为应该投弹的地方投下炸弹，3 架返航的轰炸机降落在安卡拉机场，2 架降落在叙利亚的阿勒颇（Aleppo），1 架降落在摩苏尔（Mosul），另外 2 架降落在其他沙漠机场，只有 4 架轰炸机抵达了预定的着陆点，伊拉克的哈巴尼亚（Habbaniya）空军基地。不幸的第 13 架轰炸机则彻底失踪了。[174]

到 1943 年夏天，这些情况已经发生了很大的变化。1943 年 5 月盟军在北非的胜利为入侵和占领开辟了道路，盟军首先抢占了西西里，然后是意大利大陆南部省份。以阿尔及尔为基地的地中海战区最高司令部，先是接受艾森豪威尔的指挥，后来英国将军亨利·梅特兰·威尔逊接任了司令的职务，这时盟军终于开始考虑对巴尔干地区和中欧更遥远的目标发动全面的空袭，包括政治宣传和轰炸。北非空军改编为地中海战区盟军空军；美国第 9 航空队（11 月被第 15 航空队取代）驻扎在意大利南部的福贾，而规模较小的皇家空军 205 大队则驻扎在布林迪西。这场政治战与政治战执行局和英国皇家空军在西欧和德国的行动相仿。这次的政治战是根据对两个因素的估算，来加强政治压力的，这两个因素包括东欧德国占领区或卫星国的人民对传单宣传的反应，和对偶尔的轰炸的反应。在地中海，美国心理战部与政治战执行局官员合作，共同监督绝大部分盟军宣传材料、用品的生产和分配；政治战在意大利战役中的作用已经介绍过了。位于巴里的美国心理战中心印刷了大量传单，其中超过 15 亿份传单，通过空投或者发射宣传弹的方式飞向敌人的阵地，这些数量庞大的传单针对的是阿尔巴尼亚、希腊、匈牙利、保加利亚、罗马尼亚、捷克斯洛伐克和南斯拉夫的塞尔维亚、克罗地亚和斯洛文尼亚。[175]

对政治战美国表现出与英国同样的自信和热情。第 8 航空队参谋长助理写道："历史很可能表明，没有任何一个因素比这更有助于提升和维持被占领国家的士气。"对于英美联合进行的传单宣传战的综合效果，他说："这肯定会缩短战争。"[176] 美军还出版了一本斯帕茨签署的小册子，向美国机组人员解释空中宣传的价值（他们和英国皇家空军的空勤人员一样，更喜欢扔炸弹而不是撒传单），这份资料声称，英国皇家空军的数百万份传单给遭受压迫的人民带来了“真相、希望和安慰”，并让他们保持实施破坏和抵抗的意愿。斯帕茨继续说：“在德国占领区，反抗的精神正在被煽动起来，工厂的生产肯定会受到影响，就像遭到了空袭一样”。[177] 盟军还开发了一项先进的技术，确保传单能在大范围内飘散开来。一架轰炸机一次可携带多达 200 万份传单。轰炸机的炸弹舱内安装了两个金属筒，每个金属筒装有 60 捆传单，每捆 16 000 份，每一捆都用一根固定在气压计上的绳子捆扎着。从飞机上释放出来后，随着空气压力的变化，气压控制的传单释放机关会启动，松开捆扎传单的绳子，将一张张的传单分散到广阔的区域。该系统也并非万无一失：有时捆绑的传单会过早打开，将传单抛撒到错误的地点；有时，包裹打不开，于是整捆包裹（每捆重约 55 磅）将会落到目标人群中，带来危险。[178]

美国的心理战部和英国政治战执行局都明白，对于东欧来说，宣传内容必须仔细调整，以适应个别国家的情况，其中一些是德国的卫星国，另一些是侵略和占领的受害者。对于卫星国来说，宣传必须提出放弃与德国结盟，做出帮助盟国的选择。1944 年 5 月在匈牙利、保加利亚、罗马尼亚和芬兰使用的传单《做出决定》就考虑到了这一点。另一方面，对被占领的捷克斯洛伐克不得不提出不同的诉求。情报来源显示，捷克人感觉被盟军抛弃了，就像 1938 年 9 月在慕尼黑时一样。数据显示，捷克斯洛伐克确实只收到了针对其他地区传单的一小部分。[179] 最重要的是，不论是威胁还是希望，政治倡议必须与轰炸的可能性或可行性结合起来。捷克消息人士证实，工人正在等待爆炸的开始，如果炸弹没有摧毁任何东西，他们就会对其进行破坏。对卫星国来说，和保加利亚的情况一样，轰炸被视为把战争带回这些遥远的、曾经和战争无缘的国家的一种手段。1944 年夏天，西方盟国还不得不考虑到苏联红军的大举进攻，此时红军已准备好进攻中欧和东南欧。例如，政治战执行局对布加勒斯特轰炸的评估指出，轰炸可能会加剧罗马尼亚的“萧条”，但不太可能导致罗马尼亚人在战争中倒戈，因为罗马尼亚军队正困兽犹斗一般拼命将苏军拒之于国门之外。对匈牙利的空袭被认为是更有用的，因为这会提醒匈牙利政府和人民，为了保持和德国的关系，他们不得不做得更多。[180] 即使是针对这些卫星国发动轰炸，政治战军官也会建议只轰炸那些明显的军事目标，以避免疏远那些即将从德国统治中解放出来的人民。捷克方面的内线明确向盟国表示，捷克作为盟国，捷克人民不应遭受区域轰炸，这将引发“严重不满”。[181] 南斯拉夫游击队欢迎对德国目标的精确轰炸，但不欢迎对主要城市发动空袭。宣传战中，对盟军针对军事目标的轰炸精度给予了很高评价，但这一宣传偶尔也会因为翻译的原因让人感到沮丧。1943 年末，发往轴心国成员保加利亚的传单将“城区破坏者”（一种旨在摧毁工厂或军事设施的重磅炸弹）翻译成了保加利亚语“房屋破坏者”。[182]

这些政治任务与针对东欧的军事规划尽可能地结合在一起，尽管在这个问题上准确地实现承诺和在西方时一样困难。对西方盟国来说，东欧地区一旦进入有效轰炸范围，就只有一个主要目标。罗马尼亚普洛耶什蒂周边的产油区每年的总产量是 500 万至 600 万吨石油，但是仅向德国和意大利就提供了约 300 万吨石油。对德国来说，罗马尼亚 1943 年的原油出口占德国所有石油产品的三分之一。[183] 由于石油设施是联合轰炸作战的一个主要目标，因此中断罗马尼亚的对外石油供应被列为高度优先的目标。1942 年春天，英国皇家空军已经开始探索空袭普洛耶什蒂以帮助苏联的可能，但是因为飞机航程的限制，依靠当时的空军实力根本不能实施这种作战。联合参谋部 1943 年 1 月在卡萨布兰卡会议上要求立即轰炸油田，但当丘吉尔要求波特尔考虑发动空袭时，他得到的答复是这种作战风险太大，不仅因为部队为了完成任务需要飞越土耳其领空，而且还因为这将是以一项沉重而损失惨重的任务，当前北非战场空军的实力还不能完成这个任务。[184] 尽管丘吉尔如同他对艾登说的那样，愿意“对土耳其施加重大压力”以改变其对皇家空军的中立政策，但最后空袭普洛耶什蒂是由美国空军实施的，当时他们在美国参谋长联席会议的压力下不得不迅速采取行动切断轴心国的石油供应。[185] 英国对第一次突袭的贡献是提供了该地区的详细地图和炼油厂的大比例模型。波特尔原本还想给美国人派去 3 名技术娴熟的“兰开斯特”轰炸机飞行员，因为他不相信美国飞行员有能力完成航程 1850 英里的导航工作。美国人在 1943 年 8 月 1 日发动突袭时，仅派出了新组建的第 9 航空队所属 B–24 轰炸机编队。[186]

美国最初将行动代号定为“政治家”，后来，在 5 月份改为“肥皂泡”。丘吉尔并不喜欢这个新代号——按照他的说法“代号配不上那些敢于面对危险的人”——最终在罗斯福的同意下，行动代号重新命名为“潮汐行动”。[187] 这次行动需要大量的准备工作。计划原定于 1943 年 6 月 23 日开始，但推迟了，不仅因为要优先考虑 1943 年 7 月入侵西西里岛时的空中支援问题，而且还因为情报研究和机组人员培训的时间比预期长得多。对参与空袭的美国空军来说，这是一次令人望而却步的任务。这次空袭将从班加西的空军基地出发，当一位英国顾问抵达基地的时候，他发现机组人员的士气“低落到了极限”，他们告诉这位顾问，为了加强破坏效果，将采用低空轰炸的方法，但是他们对低空轰炸毫无经验可言，而且，他们以前也没有这样长距离的作战飞行的经验；飞行员们必须飞越的那些国家完全是没听说过的奇怪地方，据他们所知，那里还“住着食人部落”。严格训练和对轰炸作战价值的理解，这两个因素能够帮助空勤人员克服最严重的忧虑，但这些都不能掩盖一个事实，那就是普洛耶什蒂是欧洲防空最严密的地区之一。[188] 美国方面关于当地德国防空的情报相对缺乏，因为这次空袭的主要目标远离主要战场。事后发现，德军在这里部署的高射炮不是 100 门，而是 200 多门；这里的战斗机部队也不是仅仅装个样子，而是部署了 200 多架作战飞机，主要是 Me109、Me110 和 Ju88，以及部署在攻击线上的罗马尼亚和保加利亚空军部队。保卫普洛耶什蒂的总指挥是阿尔弗雷德・格尔斯滕贝格（Alfred Gerstenberg）中将，他也是罗马尼亚的非官方的德国“保护者”。长期以来，他一直期待着盟军的进攻，并为此定期组织防空系统演习，同时在巴尔干地区建立了一条雷达站线和瞭望员组成的防线。德军的化学烟雾营已经准备好施放烟雾隐藏目标，同时在石油开采区的西北部和东部建造了两个假基地，以分散攻击者的注意力。[189] 这里布置的防空力量和德国国内防空力量一样强大。对于美国机组人员来说，则意味着这次行动可能比他们在西欧执行的任何一次轰炸都更像是自杀式空袭。

1943 年 8 月 1 日清晨，空袭正式开始了。在乌萨・恩特（Uzal Ent）

准将指挥下，175 架飞机按照既定航向朝着西北方的普洛耶什蒂飞去，飞行路线是预先确定好的，以帮助飞机避开高射炮和拦阻气球。在罗马尼亚上空，负责领航的军官让飞机在错误的导航点转向东飞行，把部分飞机带到了布加勒斯特附近，而此处的德军防空部队已经处于高度戒备状态。发现错误后，这支部队改变航向，向北朝向普洛耶什蒂飞行，然后与敌人的防空炮火和战斗机遭遇了。有少部分飞机从低空飞进油田区域，在 500 英尺的高度轰炸指定目标，但大多数飞机在恩特的命令下，匆忙轰炸了任何可以轰炸的目标，然后逃走。美军放弃了计划中的返回路线，因为有的飞机被防空炮火击伤，而且还受到德国战斗机骚扰，美军轰炸机匆忙向南飞行。最后，只有 88 架轰炸机返回了班加西的基地；11 架飞机在塞浦路斯降落，8 架在西西里降落，4 架在马耳他降落，8 架被扣留在土耳其的基地，还有 2 架轰炸机坠海。美军一共损失了 54 架飞机，许多轰炸机在面对地面密集防御进行低空攻击时表现出了非凡的勇气。几乎所有返回的飞机都带着伤。两周后，这次任务幸存的飞机被派去执行另一次远程空袭任务，轰炸奥地利维也纳新城的飞机制造厂，但这一次空袭，地面的防空很微弱，美军只损失了两架飞机。[190]

对普洛耶什蒂的空袭没能达成摧毁炼油设施的目标，但是给炼油厂造成了严重破坏，3 座大型炼油厂的生产大幅度减少，另外还摧毁了两座炼油厂。然而，闲置产能和快速的修复，迅速缓解了空袭对德国原油供应造成的影响。轰炸还给当地居民带来了影响，他们因轰炸纷纷涌向周围的农村地区，但居民的伤亡相对较低，只有一架轰炸机坠毁时撞上了监狱，造成在押的 84 名妇女死亡。轰炸机部队损失 40% 是美军无法承受的，再加上盟国空军在意大利和德国南部还有其他紧急优先任务。[191] 因此，油田得到了 8 个月的喘息时间，在此期间油田的产量再次恢复到空袭前的水平。1943 年 11 月，斯帕茨、埃克、特德和杜立特在直布罗陀召开了一次关于轰炸战略的会议，会议的主要议题是协调英国和意大利对德国目标的轰炸。大家一致认为，巴尔干各国首都可能成为鼓舞士气的好目标，不久之后索非亚就遭到轰炸，但东南欧的石油设施此时已经不是首要轰炸目标了。[192] 1944 年 3 月 17 日阿诺德再次通知斯帕茨，联合参谋部希望在天气状况合适的时候，重启针对普洛耶什蒂的轰炸，但此时战略形势已经发生改变，苏联军队正在向东南欧挺进，轰炸布加勒斯特周围的交通获得了更高的优先权，因此轰炸石油设施的计划再次推迟。[193] 后来，斯帕茨在和波特尔关于诺曼底登陆前最佳轰炸策略的争论中败北，不得不接受“运输计划”，此后对石油目标的轰炸再次开始。为了暗中轰炸石油目标，他让伊拉·埃克派出飞机不仅要轰炸布加勒斯特周围的运输目标，而且还要再次轰炸罗马尼亚的油田。

这个决定的结果就是，从 1944 年 4 月 5 日至 8 月 19 日，在南森·特维宁少将的指挥下，盟军对普洛耶什蒂发动了 24 次毁灭性的空袭。其中 20 次空袭是由第 15 航空队实施的，4 次夜间轰炸是由英国皇家空军 205 大队承担的。他们一共投下了 13 863 吨炸弹，其中英国人的投弹量是 557 吨，剩下的炸弹全是由美国飞机投下的。自第一次空袭以后，德国和罗马尼亚的防空也得到加强。除了布置了 34 个重型高射炮阵地、16 个轻型防空炮阵地和 7 个探照灯阵地外，还部署了 200 至 250 架飞机。[194] 到轰炸结束时，德军已经部署了 278 门重型高射炮和 280 门轻型高射炮，其中包括新型的大口径 10.5 厘米和 12.8 厘米高射炮，另外还有 1900 具烟雾发生器。普洛耶什蒂油田被德国人定为一处“要塞”，格尔斯滕贝格被德国最高统帅部任命为“罗马尼亚油田区的德国司令官”。[195] 但是这一次美国轰炸机采用的是高空飞行，并有大量 P-38 和 P-51 远程战斗机护航。结果，这场战斗与 1943 年 8 月的那次空袭相比，完全呈现出一边倒的态势。轴心国空军在 4 月 5 日第一次空袭中出动 182 架次，这次空袭盟军出动的 200 架轰炸机中损失了 13 架。但到 7 月，针对盟军当月的 5 次空袭，轴心国空军的出动降至平均 53 架次。在 8 月 19 日的最后一次空袭中，轴心国空军没有派出战斗机作战。[196] 美军总共损失了 230 架轰炸机，其中许多是被防空炮火击落的。不过，盟军对炼油厂的破坏已经十分彻底，50 万吨燃油被毁，更多的燃油则因为英国皇家空军 205 大队成功的夜间水上布雷行动沉入了多瑙河。英国皇家空军大约布设了 1400 枚水雷，多瑙河上的运输量减少了三分之二，不过，在河面上 100 至 200 英尺的高度实施危险的布雷行动，参战英国皇家空军因此损失了 15% 的兵力。[197]

在苏联进入罗马尼亚前夕，为了表明最后的姿态，格尔斯滕贝格集中了任何能动用的德军，加上油田的防空师，向布加勒斯特发动突袭（此时年轻的国王米哈伊已经推翻了安东内斯库［Antonescu］政府），妄图将首都置于德军控制之下。为了支持格尔斯滕贝格，德国空军于8月24日对布加勒斯特市中心发动猛烈空袭，摧毁了王宫周围的部分政府行政中心。据德国大使说，民众感到十分震惊，对德国从盟友突然转变为敌人感到困惑。但是德军的企图被罗马尼亚军队击败了，然后苏联驻军取代了德国军队。[198] 1944年9月，莫斯科当局准许埃克访问罗马尼亚，此前苏军已于8月30日占领罗马尼亚。伊拉·埃克注意到普洛耶什蒂的实际状况比他看到的任何侦察照片中的情况都要糟。提供给埃克的资料显示，普洛耶什蒂的炼油能力已减少了90%。到8月19日最后一次轰炸后，德国剩下的运送能力估计只能运输罗马尼亚产能的2%至4%。埃克发现自己受到了热情的接待，苏联红军指挥官对高空轰炸的效果感到惊讶。埃克向华盛顿报告说，罗马尼亚人民“把我们当作解放者”。[199]

轰炸的政治目的不管是为了恐吓巴尔干半岛的卫星国使其投降，还是为了提高捷克和南斯拉夫人的士气，盟军在整个东欧的轰炸模式在很大程度上是受盟国的军事利益支配的，那就是削弱德国对前进的苏联红军的军事抵抗。1944年夏天对运输和石油目标的轰炸，与预先商定的从英国基地出发轰炸德国的重点目标是一致的，并将捷克斯洛伐克、波兰和巴尔干半岛的更多地区引入地中海盟军空军的重点目标名单。1944年4月，人们开始意识到苏联在冬季的几个月里取得了相当大成功，于是盟军做出了轰炸该地区德国运输系统的战略承诺。[200] 1944年4月底，地中海盟军空军起草了一份调查报告，目的是看一看“在向苏联军队提供直接援助方面”盟军能做些什么，调查指出首先可以切断德军的补给线，然后可以在苏联红军向前挺进的时候，干扰德军的后撤行动。[201] 当年5月，波特尔命令斯帕茨，把轰炸罗马尼亚和匈牙利的运输系统作为首要任务，并在破坏德军人员和装备输送能力的时候，把整个欧洲的交通系统当作一个整体来对待。[202] 因为布加勒斯特的铁路编组站被列为优先级目标，所以在一次轰炸行动中，盟军一次性摧毁了布加勒斯特附近的18座铁路编组站，罗马尼亚当局后来告诉伊拉·埃克，第15航空队发动的这次空袭造成1.2万人死亡，其中6000名难民正好坐在停在铁轨上的列车里，他们以为空袭警报只是一场演习。这次空袭确实规模很大，摧毁了该市的部分居民区，但官方数据显示，只有231人死亡，1567栋建筑被毁或遭到破坏。[203] 从1944年6月起，燃油终于被列为首要目标，捷克斯洛伐克和波兰的相关燃油设施也被列入整个地区的潜在目标。[204] 在轰炸计划方面，政治上的考虑最终起到了一定作用。盟军规定，对德国、奥地利和匈牙利境内广义上认定的任何军事目标，包括“临时目标”，可以采用目视轰炸或仪表轰炸。而在捷克和波兰领土上，在机组人员轰炸指定的军事目标时，只能使用目视轰炸，在特殊情况下才能使用仪表轰炸，但不允许有任何针对“临时目标”的轰炸，以使盟国人民的伤亡减至最小。[205]

当时最迫切的工作是需要筹划出一种策略，确保美国和英国的飞机不会意外轰炸或扫射到正在推进的苏军战线。1944年4月，苏联方面同意的轰炸界限是从欧洲东南部罗马尼亚海岸的康斯坦察（Constanza），经过布加勒斯特、普洛耶什蒂直到布达佩斯一线。其中只有后三个地点可以称为盟军的轰炸目标，美国飞行员也接到提醒，要求他们熟悉苏联飞机的轮廓和标志。[206] 尽管为了尽量减少任何误会，地中海盟军空军在巴尔干地区的苏联陆军集团军群总部派驻了非正式代表，苏联部队仍然继续通过驻莫斯科的盟国使团通知盟国方面苏军前线的变化情况。在前进的红军部队前方40英里的区域被认为是英、美轰炸机行动的界限，但关于这条线到底在哪里的信息，却必须在苏联首都经过烦琐的过程才能获得。当西方盟国的空军从东、西两个方向集结时，无意中轰炸苏军部队的危险增加了。1944年11月7日，在南斯拉夫境内27架P-38“闪电”战斗机在苏联前线后方50英里处扫射并轰炸了苏联纵队，炸死了纵队指挥和其他5人。苏军派去保护这支纵队的9架苏联战斗机中有3架被美军击落。[207] 斯大林的最高统帅部就此提出了强烈抗议，建议划定一条轰炸分界线，从波罗的海沿岸的什切青（Stettin）向南经过维也纳一直延伸到南斯拉夫的萨格勒布（Zagreb）和萨拉热窝（Sarajevo），这条线把许多指定的石油和运输目标排除在西方盟国空军的轰炸之外。联合参谋部拒绝接受多瑙河以北的轰炸线，但表示愿意与前进的苏联军队建立适当的联络组织，以避免发生进一步的灾难。在莫斯科拒绝在地面上就任何问题进行妥协后，斯帕茨和埃克制定了他们自己的炸弹分界线，然后他们把新方案转达给莫斯科方面，并在几周后决定了德累斯顿的命运。[208] 苏联想要减少对东欧的轰炸并不是因为不感兴趣，而是因为战争进行到这个阶段，莫斯科方面更关心的是完整地夺取资源、设备和工厂，而不是眼睁睁看着盟军的战略空军在这些目标落入苏联势力范围前不久摧毁他们。战后，共产党阵营的正式宣传是这样说的：帝国主义资本家的代理人不顾红军向前推进发动轰炸，就是为了削弱未来社会主义国家的经济。

与德国西部地区和奥地利的情况不同，对轰炸给东欧的工业和基础设施造成的破坏情况，美国或英国情报团队不可能进行系统性调查，同样，针对德国的卫星国和占领区人民的宣传战效果如何，西方盟国也不可能核实。1944 年 11 月，一支美军使团抵达索非亚，但苏联红军司令部对这次访问并不配合。事实上，伊拉・埃克 1944 年 9 月对普洛耶什蒂的访问，是西方盟国空军领导对轰炸破坏情况进行的距离最近的评估。根据埃克的判断，盟军的空袭是“轰炸对工业破坏的最好范例”，并且他的结论还得到德国方面燃油供应数据的支持。[209] 到战争结束时，盟国之间的关系已经开始降温，斯大林不愿意让西方情报官员进入苏联控制下的欧洲轰炸区。1945 年 7 月，美国战略轰炸调查委员会的部分人员抵达柏林，此时这里一片混乱，不过调查人员还是找到了施佩尔的首席经济学家罗尔夫・瓦根富尔（Rolf Wagenfuhr），他当时在为苏联占领军工作。后来，一支美国人组成的队伍冲进他在苏联控制下东柏林的家，把他从床上拖起来，绑上一架飞机，送到美国管理区，瓦根富尔在那里就德国方面的统计数据进行了为期两周的说明，然后又被送回苏联管理区。调查人员还发现了一把德国空军部文件保险柜的钥匙，并在保险柜里获得了更多的信息；美国人还派出队伍小心地进入苏联管理区，获得了更多的德国文件。[210] 但所有这些都无法替代对捷克斯洛伐克、波兰和巴尔干国家轰炸目标的地面侦察。至于轰炸是否带来了政治红利，让轴心国人民中断与德国的关系，尚有待猜测。在保加利亚、罗马尼亚和斯洛伐克，政治舞台完全被迅速到来的苏联红军掌控。[211] 总之，这绝不是在遥远东方投下炸弹和传单时西方国家所希望的政治结果。

鹿特丹再次遭到轰炸

欧洲北部边缘在德国新秩序覆盖下的小国，如比利时、荷兰、丹麦和挪威，他们的命运与法国和东欧完全不同。对于法国和东欧，在欧洲战事结束前，盟军取代了德国占领军。比利时在 1944 年 11 月获得全部解放，但在此之前，盟军对比利时发动了猛烈轰炸，德国方面也使用 V 系列武器对这个国家发动攻击，给比利时带来了范围很大的破坏和伤亡。荷兰、丹麦和挪威直到战争结束一直处于德国的占领之下。就在解放前几周，1945 年 3 月 3 日，英国轰炸机空袭了海牙（Hague）的一处居民区，造成 500 多人死亡。[212] 在战争期间，荷兰、比利时和挪威的抵抗组织把轰炸德国目标的热切愿望传递给盟国，但战火造成的平民生命和生计损失而引发了的日益上升的怨恨，使这种热情逐渐冷却下来。

挪威、荷兰和比利时的政治状况也有很大的区别。上述每一个国家在伦敦都有流亡政府，还有小型的国家机构。与其他遭到轰炸的国家不同，流亡政府可以直接向英国政府表明他们对轰炸政策的看法，表明他们对轰炸或反对或赞成的态度。这种做法给英国皇家空军以及后来的美国空军带来了相当大的压力，他们要确保轰炸在作战计划中明确划定目标区域范围。英、美还必须对平民目标的破坏和平民的伤亡做出解释或道歉，这与空袭欧洲大多数其他目标是不一样的。当原本要投向德国的炸弹意外地落在荷兰或比利时的城市时，情况更是如此。在整个战争期间，这两个国家都位于通往德国目标的航线上。1940 年 7 月 26 日，荷兰的格罗宁根镇（Groningen）遭到误炸，造成 2 人死亡；1941 年 9 月 26 日至 27 日晚，因为德国的埃姆登港被大雾笼罩，格罗宁根再次遭到盟军误炸，并造成 6 人死亡。[213] 1942 年 2 月，马斯特里赫特（Maastricht）被误认为亚琛而遭到轰炸，这次误炸引发了荷兰人的抗议，他们认为，这是因为英国皇家空军派出的是正在受训的飞行学员，让他们去轰炸更近的、更容易的目标，这个做法加大了发生意外的可能性。而针对荷兰的蓄意轰炸则造成了更大的伤亡。1941 年 10 月和 1942 年 1 月针对鹿特丹的目标的轰炸行动中，造成 177 名荷兰人丧生；1942 年 10 月格林（Geelen）遭到空袭，一两个月后，埃因霍温（Eindhoven）的飞利浦电子工厂遭到空袭，造成 221 人死亡。[214] 虽然英国外交部认为荷兰对战争持积极观点，即“战争就是战争”，艾登仍然热衷于制定恰当的作战指针，并要求空军机组成员遵守。[215] 1942 年 10 月轰炸法国的德国占领区时的指导方针，和用于比利时和荷兰目标的指导方针几乎是一样的，区别就在于空袭荷兰、比利时火车的时间限制在晚上 11 点钟到早上 4 点之间，而不是整个黑暗的夜间都可以实施轰炸。指针还规定，轰炸前需要对军事目标加以确认，如果有可能出现导致平民伤亡的“重大失误”，轰炸行动就应该终止。[216]

对低地国家军事和工业目标的系统性轰炸到 1943 年才正式开始，当时第 8 航空队派出重型和中型轰炸机去空袭近距离目标，这样轰炸机就能够获得战斗机护航，部队中的新手就可以在适应轰炸作战的同时而不用面对直接的风险，事实上这种做法在 1941 年轰炸开始时遭到了荷兰方面的谴责。1941 年轰炸开始时，美军的这种模式导致了一场灾难。1943 年 3 月 31 日，针对鹿特丹的日间轰炸造成约 400 人死亡；原本计划空袭安特卫普附近德国 ERLA 飞机制造厂，美军却摧毁了莫策尔（Mortsel），造成 926 名比利时人丧生，其中包括 4 所学校的 209 名儿童。对莫策尔的轰炸是战争期间低地国家在一次空袭中伤亡最惨重的一次。事发前盟军没有散发警告传单，镇子上正好挤满了人。除死者外，另有 1342 人受伤，其中 587 人伤势严重，轰炸还造成 3424 所房屋被毁或受损。轰炸造成 ERLA 工厂 222 名工人死亡。[217] 虽然飞机制造厂遭到严重破坏，但是炸弹却散布在一大片居民区中。第 8 航空队空袭后的评估显示，在 383 枚炸弹中，只有 78 枚落在距离目标 2000 英尺以内的地方。[218] 对该镇的居民来说，空袭让他们认识到了空战的恐怖。一位目击者回忆说，“我听到了学生们垂死的尖叫声。我也听到绝望的父母在废墟中寻找他们心爱的孩子时发出的悲恸的哭声……我看到了大火、一堆堆的废墟和人们因悲痛而绞在一起的双手”。[219] 几天后，一位外交部官员写信给政治战执行局，称这次空袭是

"灾难性的"；他抱怨说，第8航空队的"糟糕投弹"严重损害了盟国空军在这个国家的声誉，此前这个国家一直欢迎我们轰炸德国目标。[220]

美国人糟糕的轰炸记录很快引发了更严重的危机。空军部首先要求伊拉·埃克在选择可能造成平民伤亡的轰炸中心区时要格外小心，同时还要求埃克暂停针对德国占领区的轰炸，等待上级允许可以轰炸哪些具体目标。尽管华盛顿方面提出抗议，但两支空军还是共同形成了一份名单，而且还要求埃克和哈里斯不要使用新手去轰炸位于大城市的目标。英、美商定的20个目标中只有一个位于荷兰，另有5个位于比利时。轰炸机司令部同意只派出可靠的、经验丰富的机组人员执行任务，但埃克坚持美国轰炸机部队有权继续使用新手。[221] 其实，就在这份新名单刚刚达成一致的时候，为联合轰炸作战而制定的直射行动扭转了这一结果，因为"直射行动"计划中有部分内容把欧洲德国占领区内人口密集的地区列为轰炸目标。埃克立刻征求上级的意见，他现在是否可以随心所欲地轰炸喜欢的目标，但这个问题只能提交到最高层才能得到解决。艾登担心比利时和荷兰的平民伤亡会严重影响到当地居民的"士气和精神"，他要求使用广播和传单通知即将遭到轰炸的平民，不过前提是英国与荷兰和比利时在伦敦的流亡政府需要达成协议。[222] 传单警告当地平民，在任何组装飞机、机车、潜艇和车辆的工厂工作都是很危险的，在生产上述产品零件的工厂工作同样危险。1943年6月25日，比利时流亡政府同意，一旦发出警告，就允许盟军轰炸新的目标；荷兰流亡政府在7月15日也采取了同样的行动，但明确表示他们只容忍轰炸行动以"尽量减少平民危险"的方式进行。[223]

盟军高空轰炸的习惯，再一次打破了以更谨慎的态度进行轰炸的承诺，因为高空轰炸即使在目视的情况下也不能保证有足够精度轰炸目标。在获得荷兰政府批准后仅两天，第8航空队就开始使用B-17"空中堡垒"对荷兰的目标进行空袭。选定的目标是阿姆斯特丹的福克飞机制造厂，该工厂在1940年第一次遭到空袭，不过当时英国皇家空军发动的那次空袭收效甚微。[224] 美国人在7月17日发动的轰炸造成185人死亡，但工厂却逃过一劫。一枚炸弹击中了圣丽塔教堂，当时教堂里挤满了500多学生，他们是在空袭警报响起后唱着"圣母玛利亚"来这里躲避危险的。轰炸造成 11 人当场在教堂丧生，另有 29 人在医生的候诊室中去世。这次轰炸一共摧毁了大约 130 座建筑。[225] 荷兰流亡政府立即提出抗议，并要求埃克解释将如何避免重蹈覆辙。第 8 航空队暂时用双引擎格伦马丁 B–26“劫掠者”中型轰炸机代替 B–17 轰炸机，改从低空攻击荷兰和比利时的目标。美军第二次空袭的目标是位于荷兰艾默依登（Ijmuiden）的一座发电站，但出动的 11 架 B–26 轰炸机全部被击落。[226] 在随后的几个月里，B–26 轰炸机受命提高飞行高度，但是地面上的伤亡人数再次上升。1943 年 9 月 4 日对根特（Ghent）的轰炸造成 111 人死亡，9 月 7 日使用 B–17 轰炸机对布鲁塞尔的轰炸造成 327 人死亡。[227] 10 月 10 日，美国再次出动 B–17 轰炸机空袭了恩斯赫德（Enschede），造成 150 人死亡。轰炸给德国军事实力造成的破坏是有限的。福克工厂已经彻底将工厂疏散完毕，整个工厂分布在阿姆斯特丹周围 43 处地点。[228] 对荷兰工人和生产商来说，同比利时和法国的情况一样，拒绝为德国军队工作的风险是工人和机器都可能会被转移到德国本土。到 1944 年，已有 4 万多名荷兰工人从鹿特丹被调往德国工作；在战争期间，鹿特丹共有 748 人因盟军的反复空袭丧生，这更促使德国占领者做出将工人转移到德国工厂的决定，因为在德国有更加有效的防空措施和迫使工人服从的手段。[229]

由于荷兰和比利时的公司对德国飞机和潜艇生产以及机械和钢铁供应作出了贡献，因此，盟军将这两个国家纳入“盲点行动”。尽管有数百家小公司生产零部件，但比利时不生产完整的飞机，然而，1943 年和 1944 年荷兰分别制造了 414 架和 442 架飞机，同时，对于德国潜艇工业和小型海军舰艇制造来说，荷兰造船商是重要的额外产能来源。[230] 到 1943 年底，约有 7.5 万名比利时工人和 10.9 万名荷兰工人在为德国的军火合同工作。[231] 因此，将生产转移到占领区，使德国人为这些工厂提供有限的防空有了充分的理由。与法国一样，驻扎在低地国家的高射炮和战斗机部队构成了环绕欧洲防空堡垒的一部分。到 1944 年，德军欧洲防空系统在荷兰驻扎有 10 个中队的夜间战斗机，以及 74 座雷达和电子战基地。[232] 德国还在低地国家派驻了消防警察团，以补充当地民防机构力量的不足，荷兰的民防机构最早是在 1936 年 4 月由当地的城区、街道和住宅区的人员组建的。由于许多盟军飞机在低地国家坠毁，民众对空袭的态度很复杂，在许多情况下，幸存的机组人员得到了当地民众的帮助，或者得益于地下逃生网的活动，得以返回盟国。当地新闻普遍会对造成大量平民伤亡的空袭加以谴责，尽管在任何占领区，新闻媒体都会受到德国人的控制，也会受到德国发布的关于恐怖轰炸的公报影响。比如，《哈吉什报》上一篇标题为《这就是谋杀》的文章，就以“这难道不是恐怖主义吗？”结尾。1942 年 1 月 29 日鹿特丹遭到空袭后，另一篇文章的标题是《英国空中海盗的血腥行径！》。[233] 然而，英国从比利时和荷兰得到的情报表明，公众对轰炸的支持度随着袭击的准确与否而起伏不定，就像在法国一样。然而，情况已不同于轰炸战初期，当时民众没有表现出对轰炸的公开对抗迹象。1943 年 11 月提交给政治战执行局的一份报告指出，人民“是脆弱的、被动的”。[234]

最密集的轰炸发生在 1944 年，当时盟军正准备诺曼底登陆，并准备对 V-1 和 V-2 导弹基地发动代号为十字弓行动的空袭。盟军发动的大多数空袭是针对铁路和空中目标的小型战术空袭，由中型轰炸机和战斗轰炸机承担这种作战。但随着比利时和荷兰不自觉地成为欧洲西北部广阔的空中战场的一部分以后，这两地遭到破坏和人员伤亡的速度加快了。两国人民头上收到雨点般落下的大量炸弹和传单，而传单是为了向民众解释炸弹对解放能产生什么效果。1944 年 4 月和 5 月，第 8 航空队出动 1111 架次飞机对德国在这两国的空军基地进行空袭，5 月出动 759 架次对铁路编组站进行轰炸，在此过程中只损失了 20 架飞机。[235] 在战争中，重型轰炸机为盟军发动实施的准备性轰炸，造成伤亡是最严重的。在比利时，3 月 26 日，在科特赖克（Kortrijk）有 252 人死于轰炸，4 月 10 日根特又有 428 人丧生。比利时的伤亡高峰出现在 5 月 10 日至 12 日之间，期间有 1500 多人死亡，其中对鲁汶（Leuven）的空袭伤亡达到最高点，有 246 人丧生。霸王行动的准备工作一共在比利时造成 2180 名平民死亡。[236] 1944 年春末荷兰遭到的轰炸没有那么猛烈，但是在 2 月 22 日，一群 B-24 轰炸机因为任务取消从德国返航时，对奈梅亨（Nijmegen）市中心发动了战争中最猛烈的一次空袭。当时机组人员的目标是城镇边缘的一个铁路编组站，他们仍然认为自己还在德国领空。但是，领航飞机的投弹手误判了速度，在拥挤的市中心投下了炸弹，接着轰炸机编队的其他飞机也投下了炸弹。轰炸造成800人死亡，因为当地发出了警报解除的信号，人们都重新出现在大街上，谁知几分钟后，炸弹开始落下。轰炸还摧毁或破坏了约1270幢建筑。这一次，荷兰政府没有充分意识到空袭的后果，也没有提出抗议。[237] 在接下来的3个月里，盟军向比利时投下了超过5000万张传单，向荷兰投下了5500万张传单，盟军用这些传单向当地民众说明他们即将得到解放，也有部分传单是为了轰炸奈梅亨市表示歉意，并且很遗憾地承认，在现代空战这种情况下，“有时会对我们的朋友带来伤害和悲痛”。[238]

盟军对德国新秩序地区收紧绞索期间，很少有人关注斯堪的纳维亚半岛的状况。和低地国家一样，丹麦也处在轰炸德国的航线上，因此偶尔的导航失误，使丹麦无意中成为目标，此外，这里还成为盟军飞机坠毁或迫降的地区。直到1941年底，对德国海军目标和机场的空袭大多是由英国皇家空军海岸司令部的飞机承担的，此后轰炸机司令部的“布伦海姆”轰炸机和“蚊”轰炸机专门负责执行轰炸陆地目标的任务，而沿海司令部则集中于轰炸海上目标。德国占领军与丹麦民防组织合作，对空搜索、监视进入丹麦领空的盟军飞机。1941年，为了更好地对抗英国皇家空军的空袭，卡姆胡伯防线延伸到丹麦领空以后，德国人还在军事设施周围布置了大量轻型高射炮，德国夜间战斗机中队也开始在丹麦机场驻扎。[239] 盟军几乎没有对丹麦发动过战略空袭。大多数投向丹麦的炸弹都是在任务取消后从空中抛弃的或者是因为导航错误投下的，根据丹麦民防部门的计算，盟军一共投下了3269枚高爆弹和22 298枚燃烧弹。盟军唯一的一次针对工业目标有计划的空袭发生在1943年1月27日，当时8架“蚊”战斗轰炸机袭击了哥本哈根的布尔迈斯特和韦恩柴油机厂。这次空袭，造成了一些破坏，并引发了一家制糖厂的火灾。此次空袭是在政治战执行局的压力下发动的，因为根据政治战执行局的要求，对每一个德军占领的国家，盟军都要至少对该国的一座工厂发动空袭，以阻止当地人和占领军的合作，并增强该国人民的士气。对丹麦的这次空袭被证明是成功的：地面几乎没有人员伤亡。在这次袭击之后，丹麦人开始穿和皇家空军制服颜色一样的衣服，以表示对远方盟友的支持。第 8 航空队的唯一一次突袭是 1944 年 8 月 27 日对日德兰半岛西海岸的埃斯比约机场的轰炸，该机场是在对柏林轰炸失败后作为“临时目标”遭到的轰炸。在整个战争过程中，盟军的空中作战一共造成 307 名丹麦人死亡，788 人受伤。[240]

对挪威的轰炸也与海空作战密切相关，但挪威不同于丹麦，因为在整个占领期间，德国人一直在利用挪威重要的工业和原材料资源，其中特别是铝的生产和为德国核武器研究生产重水。这两个目标都遭到了第 8 航空队的空袭，在 1943 年 7 月 24 日哈略铝厂首先遭到空袭，11 月 16 日挪威海德鲁（Norsk Hydro）工厂也遭到空袭。[241] 斯帕茨对结果很满意，认为“这对挪威人来说是振奋人心的”。挪威政府非但没有感到鼓舞，反而抱怨说，挪威海德鲁的毁坏，激起了挪威民众的“困惑和沮丧”，他们甚至开始考虑粮食减产的问题，因为该厂提供了斯堪的纳维亚半岛所需的大部分化肥。几个月前，德国人的小型重水工厂被挪威的抵抗组织成功破坏了。挪威外交部长特里格夫·利（Trygve Lie）要求盟国就轰炸目标的选择达成一致，以避免进一步的灾难。经过近一年的讨论，盟军才拟定了一份一致同意的轰炸目标名单。特里格夫·利抱怨说，英国空军元帅们自己就是法律。[242] 后来，英国空军部提出 7 个他们想要轰炸的目标时，挪威最高统帅部答复说，有些目标是错误的，有些目标已经停止运作，还有一些在战争结束时对挪威的经济至关重要。[243] 在挪威人的建议下，盟军拟订了第二份清单，并于 1944 年 11 月 2 日获得挪威方面的首肯。但就在 4 天前，轰炸机司令部曾试图在恶劣天气下轰炸卑尔根（Bergen）的潜艇基地。但是却错误地轰炸了卑尔根市中心，造成 52 名平民死亡，并烧毁了欧洲最古老的剧院。挪威政府再次警告英国外交部，没有明显军事价值的空袭只会疏远潜在的友好人民。虽然卑尔根在商定的轰炸名单上，但 47 架“兰开斯特”轰炸机违背了指示，在城市完全被云层覆盖的时候对卑尔根发动了轰炸。[244]

由于比利时和荷兰自 1944 年秋季以来成为地面战斗的焦点，因此对挪威和丹麦来说仍然处在德军占领之下所付出的代价远远低于比利时和荷兰付出的代价。正如法国的情况一样，在决定攻击目标时，作战需求很快取代了政治考量。1944 年 9 月，盟军占领比利时领土，比利时被夹在交战双方之间。从德国西部的基地部署的 V 系列武器，被德国人用来对付安特卫普及其周边地区的盟军，同时德国人也把一些火箭发射到巴黎。10 月 7 日，第一枚 V–2 型火箭在安特卫普郊区的布拉斯查特（Brasschaat）落下，10 月 21 日，又遭到第一枚 V–1 飞行炸弹的攻击。最后一枚 V–1 飞行炸弹攻击是 1945 年 3 月 28 日发动的。德国人向比利时的目标一共大约发射了 1.2 万枚 V–1 飞行炸弹和 1600 枚 V–2 火箭。[245] 安特卫普港因此遭受了重大损失。最严重的袭击发生在 12 月 16 日，一枚 V–2 火箭击中雷克斯电影院，造成 271 名比利时人和大约 300 名士兵死亡。[246] 1944 年晚些时候，应蒙哥马利第 21 集团军群的请求，一支英国民防机动纵队被派往比利时，包括食堂、救护车和消防队；3 名英国救援指导被派往布鲁塞尔、安特卫普和埃因霍温，培训士兵在火箭袭击如何进行紧急救援工作。[247] 1944 年 11 月，美军 C. H. 阿姆斯特朗（C. H. Armstrong）准将被任命为反飞行炸弹司令部的司令指挥“安特卫普 X”作战，高炮部队在城市周围的环形地用高射炮设置了三排防线，专门用来击落来袭的飞行炸弹。1944 年 12 月，英国皇家空军战斗机司令部成立了“欧洲大陆十字弓行动前锋部队”，增派战斗机拦截飞行炸弹，增强地面防空炮火的防御效果。到 2 月，几乎四分之三的 V–1 火箭在袭击城市之前被摧毁，在整个战役中盟军一共摧毁了 7412 枚 V–1。安特卫普的码头区域只遭到 73 枚 V–1 的攻击，而在城区也只遭到了 101 枚 V–1 的袭击。盟军通过该港口的物资运输受到德军飞行炸弹的影响程度，在官方报告中被描述为“微不足道”。[248] 然而，面对 V–2 火箭，盟军没有办法防御；比利时人再次因为他们自己所处的地理位置成为攻击的目标，并遭受了重大伤亡。在最后一波次空袭中，比利时总共有 6500 人死亡，22 500 人受伤，几乎与英国遭受 V 系列武器攻击造成的伤亡人数相当。德国方面的最后一次空袭大大增加了比利时在战争期间空袭造成的总伤亡人数。据估计，共有 1.8 万名比利时人遇难，其中三分之一是德国的袭击造成的。[249]

因为荷兰被德国人视为发射 V–1、V–2 导弹的基地，所以一直到战争快要结束的时候，盟军轰炸的威胁始终笼罩在荷兰人民头上。1944 年 9

月的阿纳姆（Arnhem）战役期间，第 8 航空队和轰炸机司令部针对德国军事目标发动了进一步的猛烈空袭。从荷兰发射的 V-2 型火箭对伦敦的持续攻击，终于促使英国人决定，一定要设法通过轰炸来消灭这种德国导弹的威胁，尽管这些德国导弹发射基地距离居民区并不远。1945 年 3 月 3 日，英国皇家空军第 2 战术空军部队所属的轰炸机从比利时基地起飞，轰炸了位于海牙北部一个大公园内的 V-2 导弹基地。当时天气很差，多云，刮大风，而且负责作战简报的军官把地图上的坐标标错了，部队得到的轰炸目标距离预定目标还有一英里多。这次行动出动的 60 架 B-25 米切尔轰炸机和 A-20“浩劫”攻击机，向荷兰首都的一处居民区投掷了 67 吨炸弹，估计造成 520 人死亡，1.2 万人无家可归。一名目击者写道，多达 5 万名难民逃离了住宅区，其中一些人还穿着睡衣：“大人和孩子在长长的队伍中哭泣……有些人躺在废墟下全身上下都是白色灰尘。还有一些人因为受伤在流血，而那些伤处只进行了简单的包扎，或者根本没有进行包扎……出现在眼前的难民越来越多。”[250] 在战争期间，估计总共有 8000 到 1 万名荷兰人死于轰炸，其中大约十分之一死于德军的空袭。[251]

盟军轰炸时，距离战争结束已经为期不远，因此，这次轰炸激起了流亡伦敦的荷兰流亡政府愤怒的抗议和丘吉尔的强烈批评。当月晚些时候，广播电台专门发表了道歉声明，承诺对这次轰炸进行全面调查，但此后荷兰流亡政府并没有收到任何反馈消息。1945 年 6 月，荷兰方面再次要求英国就轰炸作出解释。[252] 空军部在 6 月底知会外交部，内部调查发现轰炸坐标的标注出现了错误，并已将对此负责的军官送上军事法庭。然而，军方几乎没有什么悔悟的表示。空军部称，那次轰炸行动非常困难：“不幸灾难的严重程度在一定程度上必须归咎于战争的不幸。”[253] 6 个月后，一位荷兰妇女写信给国王乔治六世，要求国王就 3 月 3 日空袭中自己失去的住房和财产进行赔偿。这封信总结了被解放的人民对通过轰炸获得自由的矛盾心理：

> 我斗胆给陛下写信，首先是为了对您、英国政府和英国人民所做的一切表示感谢，感谢你们把我们从那些可怕的德国侵略者手中解救

> 出来。其次，是向您求助。3月3日我的房子（家）和里面所有的财产和物品遭到了轰炸，什么都没有抢救出来……现在已经将近10个月，我坐在这里和3月3日遭到空袭后一样贫穷和孤独……现在请求陛下的帮助，显得我很无耻，但我知道您是正直和诚实的，最重要的是，您绝对不会让一位寡妇生活在牵挂（原文如此）和痛苦中，毕竟，英国皇家空军仍有一笔债务需要偿还。[254]

为了确认对这种“战争危险”无法采取任何行动，英国外交部专门联系了空军部。空军部回答说不应该做任何事情：“如果我们开始为这种损失买单，那我们的责任就没有尽头了。”[255]

在所有针对欧洲新秩序地区的轰炸行动中，理应在政治收获和军事需要之间谋求某种平衡，因为将要遭到轰炸的人民是盟友或潜在盟友。战争前两年中轰炸作战时的谨小慎微，反映出为政治上的克制而表现出的一种平衡。在某些情况下，轰炸被视为“名片”，以提醒德国统治下的人民不要和占领军合作，或鼓励人们对最后解放抱有信心。在某些情况下，当地的抵抗组织要求盟军轰炸，是因为他们接受了空军关于轰炸的准确性和威力的说法。然而，从1942年春天直到战争结束时，这种平衡慢慢地向军事需要倾斜，而欧洲各地的抵抗者对轰炸可能实现的目标也不再抱有幻想。1943年6月，辛克莱要求艾登重新考虑这样一条行动原则，即造成非德国平民伤亡是在轰炸时保持克制的充分理由。艾登有政治家的本能，认为杀害盟国平民是错误的做法，但他对辛克莱的回答象征着轰炸优先顺序的转变：“如果新的轰炸计划在战略上是必要的，我当然不会阻挠。”[256]美国空军总体上受到政治考虑的影响较少，部分原因是美国国务院远在千里之外，部分原因是美国人在欧洲战场上是局外人，对自己面临的政治现实了解较少。随着战争蔓延到整个欧洲，轰炸变得越来越普遍，通常是不分青红皂白的。到1944年，盟军指挥官越来越倾向于“随意轰炸”，只要哪里有问题需要解决，就会发动轰炸。这给德国新秩序统治下的人民带来了具有危险性的矛盾：即离胜利和解放越近，轰炸就越致命；因为随着轰炸的加剧，德国的防空力量在德意志帝国的周边部署得越来越少，使当地人民更充分地暴露在严酷的轰炸之下。德军占领国有自己的民防组织，但总的来说，他们的资源不如英国或德国充足。如果轰炸军事目标像盟军宣称的那样准确（有时也可以做到准确），资源问题就不那么重要了。布雷斯特、勒阿弗尔、卡昂、莫策尔、海牙、布加勒斯特和其他十几个城市的情况，都暴露出盟军声称的所谓精确轰炸有多么空洞。轰炸是一种笨拙的武器，盟军对此一清二楚，但当炸弹落在德国境外时，轰炸的这一特征就变得更加明显，也显得更加令人难堪。

第三部分

“最严重的失算”？

第十章

轰炸的得与失

在回忆受邀筹备美国战略轰炸调查委员会的工作时，J. K. 加尔布雷思说，当时他和同事看到德国的经济状况时，感到十分惊讶，因为德国的经济并没有像全世界希望的那样，遭受重大损失。相反，德国方面的原始资料显示，虽然盟军的轰炸规模越来越大，破坏力越来越强，但在军事投入的压力下，德国方面的产量却一直在增加。经济学家们被迫得出这样的结论，正如加尔布雷思后来在一篇文章中写的那样："战略轰炸没能赢得战争。"哪怕是对轰炸最正面的评价，也承认轰炸最多只是为地面部队铺平了道路。加尔布雷思在回忆录中写道："我们将会看到，我们遭遇了战争期间最严重的失算。"[1]

不管加尔布雷思的判断有多少可取之处，第二次世界大战的轰炸都是相对失败的。1939 年以前，人们普遍认为轰炸战是短暂而激烈的，而且可能是决定性的。德国、英国和美国在西线发动的大规模空战都是旷日持久、造成大量人员和装备损失的消耗战，没有明确的终点，作战目标和实际战果之间有很大的差距。德国空军在苏联或意大利空军在地中海发动的空战规模较小，动用资源有限而且作战效果不佳。几乎没有人预料到，轰炸战是战争模式改变的一种独特表现形式，更适合当时的大众政治和时代科学，在当时这种新的战争模式中，整个社会都动员起来，利用尖端科技进行作战。一位美国飞行员在战后这样写道："空军力量的出现引发了总体战。在空军出现之前，摧毁另一个国家全部作战力量的机会，几乎只限于消灭对方的部队。”[2] 这就是为什么轰炸战的历史不仅和战略计划及作战实际有关，而且还和遭到轰炸的民众做出的反应有关，而这些民众的适应能力，又延长了战争的时间，加剧了轰炸强度，同时，也使两次大战期间出现的“总体战”隐喻成为残酷的现实。

所有的轰炸攻势都有一些共同的特点。首先，尽管未来的空战都体现了各种作战思想，但当时的轰炸战都是“偶然”性的战役。二战中的三次重大轰炸战都没有事先预料到，也没有事先准备过。德国对英国的轰炸是在 1940 年夏天，德国战胜西方盟国，并在不列颠之战中未能遏制英国皇家空军的防御力量之后，偶然发生的。1939 年之前，英国确实认真思考轰炸德国的问题，但这种思考仅限于轰炸德国的技术必要性和需要的科学技术上，还有就是 1940 年法兰西战役期间，意外得到允许去轰炸德国时，英国方面对于这种轰炸是否是一个值得争取的战略目标进行的反思。战争结束时，人们对轰炸行动的弊端有了更深刻的认识，在这种气氛下，约翰·斯莱瑟为轰炸机司令部的作战记录进行了辩护，称战前没有人知道轰炸战真正意味着什么：

> 我们显然严重低估了建立我们空军力量所需的时间。但是……1939年，我们发动了第一次空战。那次空战不像以往任何无论规模大小的空战，在那次空战中，飞机发挥了各种各样的作用，因此我们没有任何可以借鉴的经验，我们甚至没有机会在和平时期对这种作战进行全面的演习。现在回顾我们在1939年时对空战潜力的极度无知，让我惊讶的不是我们犯了很多错误，而是我们犯的错误还不够多。[3]

尽管美国空军领导们在 30 年代花了一些时间思考未来的空中战争可能会带来什么样的结果，但是美国在欧洲的作战也同样完全出乎意料。1939 年，没有一个美国人会想到，四年后美国会轰炸德国和意大利。当战争突然之间成为可能时，美国方面在 1941 年夏末匆忙地制定了相关计划，但从基础开始打造一支空中作战力量的现状，意味着美国方面花费了多年时间才意识到轰炸战的潜力。冷战时期对战争的准备与此截然不同，因为冷战时有明确的敌人，还有可以在几分钟内动员并部署的致命科技。

这些作战的偶然性在很大程度上回答了为什么取得的战果十分有限。因为人们对大规模轰炸给敌人的经济或战争意愿究竟产生什么影响知之甚少，所以，每一次重点攻势都把战略弄得一团糟。1942 年，英国科学家帕特里克·布莱克特写道，轰炸结果在很大程度上“只是一种猜测”。[4] 敌我双方都缺乏关于轰炸结果的确凿情报。这就使轰炸和轰炸的目的在任何情况下都难以恰当联系起来。德国的轰炸目标并不明确，有时候是试图获得对英国皇家空军的空中优势，有时为入侵英国做准备，有时为了对英国海上贸易进行封锁。还有的时候是为了削弱英国工业上的战争潜力，有时甚至是为了引发影响敌人士气的危机，而德国人对这场危机的预期目标自己都不明确。1946 年，在纽伦堡接受审讯时，戈林承认，由于希特勒的决策风格，他从来不知道“会发生什么，或者会留下什么”。他继续说道，结果就是“我从来不能把精力集中在任何一个特定的计划上，这是一个确定无疑的劣势”。[5] 德国空军最后一任参谋长卡尔·科勒，在闪电战期间一直担任施佩勒的作战部长，他将空中闪电战的失败归咎于这样一个事实，即“对英国目标的实际攻击方式从来都是不一致的，而且还在不同的目标类别之间变化不定”。[6] 英国方面的攻势也因为未能明确界定其目标和应付众多不同的任务而受挫。战争期间发布的许多作战指令表明，轰炸机司令部在战争期间被当成了救火队，每次有紧急情况都会召唤轰炸机部队。在同一份战后评估中，斯莱瑟承认，“关于我们（空军）如何提议赢得战争，我们从来没有形成一种一致的政策”，幸亏在轰炸战术上取得“各种各样的进展”。[7] 同样，美国的轰炸作战只是简单地根据战区和战略目标进行了区分。直到 1944 年，美军以建立和保持空中优势为目标的战略才取得了决定性的战果。

当然，在战争期间，由于服务自身利益的推动，空军的看法更为积极。在欧洲所有的空军指挥官都希望能够证明，空军力量从一开始就具有独特的品质，需要为自己的利益而加以利用，而不是听命于陆军或海军。由于空军消耗了部队直接预算的 40% 左右，并招募了训练有素和人力成本高昂的人员，因此他们承受着相当大的压力，空军必须证明这些人员物有所值。1944 年，在得知一架兰开斯特轰炸机在第一次出动给德国人造成的工时损失就超过了英国人制造这架飞机的工时后，波特尔感到十分高兴。（报告称，“轰炸机所有后续出动都将是有利可图的”。）[8] 尽管没有明确的证据表明轰炸机的作战效果，但轰炸机的攻击却坚持了下来，因为空军领导人希望空中力量能与陆军和海军的成就相抗衡，甚至取而代之。因此，哈里斯在 1945 年 3 月声称，早在蒙哥马利的第 21 集团军群到达之前，轰炸机司令部就赢得了“鲁尔之战”的胜利。卡尔·科勒，在囚禁期间，盟军要求他评价空军部队取得的成就，科勒从飞行员的角度做出了回答：“尽管陆军和海军进行了各种英勇的斗争，但今天如果有人否认空军在欧洲和太平洋战场起到了决定性作用，那么此人非坏即蠢。”[9] 大多数赞成将独立轰炸作为一种战略的飞行员认为，只要陆军或海军让他们继续执行这项任务，就能取得更大的成就。轰炸机司令部的副司令，空军中将桑德比称诺曼底登陆是“一场不必要的‘驾船远征’”，他认为对城镇进行战略轰炸比支援盟军入侵欧洲更能迅速赢得战争。[10] 萦绕在轰炸战周围的混乱战略，在很大程度上是因为陆军和海军（和相当多的空军指挥官）把空军在地面和海面上执行的支援作战看作是战争中的关键因素，而其他空军领导人认为，他们的形象和未来在军事政治上的影响，取决于执行明确的独立性空中战略。对轰炸战略的热情程度反映了陆、海、空之间不同军种文化的区别，同时也反映了这三个军种之间的政治平衡。

空军希望利用先进的技术来粉饰自己的战时形象，这些技术使空军力量有别于地面力量，并对工业和科学研究提出了难以逆转的巨大需求。轰炸机是大型的复杂工程，一旦投入战斗，就需要大量的技术投入和大型维修设备。美国 B-29“超级堡垒”轰炸机的研发成本超过了曼哈顿工程。导航和瞄准技术需要先进的科学做支撑，也需要迅速发展的科学情报机构。作战研究变得越来越复杂，以科学为基础，努力寻找最佳的方法，使轰炸机的有效载荷精确地命中目标或确定的地区。1945 年 2 月，英国空战分析科发布了一份报告，题为《关于最大化目标破坏预期的问题》，报告指出，若将投下的炸弹用“n”表示，系数表示为“H”，则公式可以写为 $H=2\pi\zeta^{x}(1-qn)\rho\alpha\rho$。[11] 不过哈里斯本人建议，作战研究部门提交给他和其他官员的报告，如果可能最好用他们能够理解的语言来撰写，不过他也对研究部门提供的轰炸仰仗的科学技术表示感谢。[12]

然而，尽管存在科学上的先进性，第二次世界大战中的远程轰炸仍是一种粗糙的战略。这种战略就是携带大量爆炸性和燃烧性化学武器，从A点飞到B点，并把携带的炸弹从相当高的地方扔到下面的地面上，而且准确性还很差。大炮仍然比短程俯冲轰炸精确得多，破坏力也大得多。（唯一的例外是高射炮，这种武器在战争期间消耗了数百万枚炮弹，即使应用了改进过的雷达进行引导，大多数炮弹都没能让飞机失去作战能力。）没有所谓的“智能”武器，战略轰炸是对资源的浪费，因为大多数炸弹都没有击中预定目标，即使目标有市中心那么大。在默认情况下，炸弹的重量或烧毁的土地面积这两个指标，变成了衡量轰炸所取得成果的唯一切实可行的方法。盟国空军对“载弹量”的痴迷，表明在很大程度上炸弹重量或轰炸规模已经成为轰炸的推动力，而真正的关键可变因素显然应该是对特定目标轰炸的准确性和有效的破坏。尽管德国研制的制导炸弹和地对空导弹尚不完善，但事实证明，这将是未来的发展方向。[13] 相比之下，在第100万吨炸弹被投下后，美国空军在1944年秋季宣称，平均每分钟就有3吨炸弹落在轴心国目标上。[14] 直到1945年4月，此时执行日间轰炸已经完全没有困难，英国空军部仍然不切实际地声称，鉴于轰炸精度还受到天气和准确度不高的导航影响，区域轰炸必须保持“最强的持续性和破坏力”，发动更大规模的空袭可能会缩短这场战争的时间。[15] 西方盟国没有使用更智能化的武器，而是把重点放在核武器发展的前沿研究上，而这种武器除了带来更大范围的破坏和更严重的人员伤亡外，并没有别的可取之处。这种需要动用先进技术才能实现直截了当结果的战略悖论，集中体现在1945年3月开始的盟军对日本城市的燃烧弹轰炸和8月用原子弹对广岛和长崎的空袭。

战略轰炸带来的好处体现在三个方面：扰乱和破坏敌方战时经济；让遭受轰炸的敌方人民士气逐渐低落；达成与当前战争局势有关的具体政治目标。第一个战略目标是所有三次主要轰炸作战的共同目标，1943年德国空军在苏联时，轰炸苏联工业也是为了达成这个目的，试图以此减轻地面部队面临的压力。事实上，以往的任何轰炸作战都没有体现出，经济目标可能是一种潜在的富有成效的目标。现代工业是规模巨大、难以移动的目标，但是却拥有相当大的灵活性、强大的缓冲能力和能够吸收暂时性破坏甚至严重性破坏的劳动力，英国和德国工业领域遭受轰炸的情况已经清楚地表明了这一点，几乎可以肯定，如果德国空军能够对苏联工业发动大规模空袭，结果也会是一样的。人们普遍认为，解决办法是设法隔离、保护某些脆弱的，并可能对剩余工业结构造成乘数效应的工业领域。1939年10月，英国经济学家约翰·朱克斯（John Jewkes）为经济战部撰写了一篇论文，探讨这种做法的可能性。他写道："每一个经济体系都有一系列'薄弱环节'或'瓶颈'。如果能发现并摧毁它们，整个经济系统可能就会失去平衡，造成部分崩溃。"他将电力供应、运输、化学品和合成材料确定为主要目标，因为在这种情况下，炸弹的破坏作用将"在敌人的工业体系中造成最大的不平衡"。[16]

三国空军都在试图找出什么目标会导致这种级别的破坏，但这种评估不仅取决于能够对什么目标发动作战（这一点在战争大部分时间中限制了目标的选择），而且还要评估选择的目标可能会对完整统一的经济结构造成影响，并试图反复攻击这些目标。德国空军选择了贸易和食品封锁，以及英国的飞机发动机工业作为这种目标。而后者，则是一个拥有强大"缓冲"能力的典型例子，而贸易则是一个不确定的目标。科勒在战后解释说，德国的观点是猛烈攻击伦敦，因为德国人认为伦敦的码头处理了英国很大一部分海运的货物："对伦敦码头区的破坏将给其他港口带来无法克服的负担。"[17] 对英国港口的轰炸确实造成了大量人员伤亡，但对英国贸易和物资储备的影响非常有限，这些货物可以转移到其他沿海城镇，也可以在遭到轰炸的码头上以更简易的方式卸货和储存。事实上，德军的潜艇战和远程海上空袭却带来了更多的战果。英国方面的轰炸首先集中在德国的"鲁尔区"，这是另一种没有确定形态的目标，其次，英国人还选择了燃油和运输作为目标，但是因为轰炸机航程和轰炸精度问题，再加上有可能破坏工人的住房、生活设施、造成伤亡而放弃了这些目标，英国的这个做法还基于这样一种假设，即：在人员死亡和破坏达到某种程度后，工业体系将自动停止运转。1942年11月，头衔为彻韦尔勋爵的弗雷德里克·林德曼，告诉丘吉尔，他认为到1944年底德国1/3的城市人口将会无家可归，主要城市的每一所房子都会损坏或遭到摧毁，但是他却没有下功夫将这些严肃的统计数字和德国的战时经济继续发挥作用的能力联系起来，也没有评估对德国部队的实际影响力，事实上，在战争期间，根本就没有对上述二者进行过这样的评估。[18]德国和英国都在坚持轰炸攻势，因为过于乐观的情报显示，敌人的经济受到的损害比实际情况要严重得多。对经济损失进行准确的评估几乎是不可能的。

美国将轰炸视为经济战，也是唯一认真考虑过对德国战时经济可能的瓶颈进行描述和量化的国家，并邀请具备资格的经济学家和商界人士参与制定轰炸计划。但即便如此，人们还是花了很长时间才意识到，具有“缓冲”能力的行业远没有看上去那么脆弱。作为主要经济目标的德国飞机工业领域，在数周内就对针对威胁进行了调整，并在随后几个月将产量提高了50%。正如一位经济学家在1945年指出的那样，[19]这里的危险在于，把注意力集中在脆弱的目标上，“使得整个空中打击的成功变得更加冒险——就像赌徒为了赢大钱而承担巨大的失败风险一样”。如果对脆弱目标的计算不足，“攻击的结果可能不是高得不成比例，而是低得不成比例”。在两类符合经济标准的目标被选中之前，[20]美国对德国和意大利的大部分空中轰炸都是如此。燃油是一种提炼出的产品，因此很难找到替换性产品或“缓冲”，而运输是一种普遍的目标系统，会对各种军事和经济活动产生立即和直接的影响。在战争的最后9个月，盟军日间轰炸选择的目标，都是那些会对德国的军事实力产生直接而明显的影响的目标。那时这些目标经常受到猛烈的轰炸，因为对轰炸引起的任何危机的自然反应就是想方设法减少其重要影响。战争结束后，索利·朱克曼专门和德国的凯塞林陆军元帅就朱克曼自己参与制定的关于意大利的“运输计划”交换了意见，凯塞林声称，由于采取了反击措施，对运输系统的轰炸效果“并没有盟军想象的那么成功”。[21]朱克曼特别希望证明运输系统作为轰炸目标的价值，1974年阿尔贝特·施佩尔从监狱里释放后，朱克曼亲自去拜访了他，希望得到施佩尔关于轰炸运输目标的看法，但施佩尔也证实轰炸运输系统是没有帮助的，关键是盟军没有轰炸化学品工厂和飞机发动机工厂。[22]

对战时经济发动的 3 场轰炸取得的效果远远低于预期，也远远低于有限的情报建议的效果。在产量迅速上升的趋势下，英国战时经济估计减少了 5%。1943 年，德国经济估计损失了其潜在军备产出的 3% 至 5%，1944 年这个数字为 11%，但与之相对比的是产量大幅增长。德国对苏联目标的轰炸几乎不影响苏联战时生产的明显扩张，甚至有更好的理由相信，哪怕德军发动更为协调的轰炸都不会对苏联经济产生什么影响，因为苏联的经济早已经对临时性的生产任务和混乱的管理习以为常了，而且这并没有影响苏联的产量稳步提升。当轰炸确实对德国的经济表现造成了可见的影响的时候，需要注意的是，其实还有许多其他因素在抑制德国经济的进一步扩张，尤其是盟军此时已经陈兵“大德意志”的东部和西部边境，并且已经占领了欧洲南部和东南部大部分地区。只有在意大利，轰炸才对降低经济表现有一定的作用，但是意大利的战时经济受到一系列问题的困扰，这些问题是集中在其经济运行体系内部，而不仅仅是，或主要是由轰炸造成的。

人们普遍希望轰炸带来的第二个好处就是轰炸给民众造成的影响。战前各方预计轰炸平民将会对社会造成潜在的不可承受的影响，这一结果让人联想起社会崩溃的骇人场面。特别是人们预计城市将成为无政府状态的混乱之地。这也是一种潜在的战略收益，然而，对此并没有太多的实际证据，也没有合理的推测。20 世纪 30 年代中期，一位英国科学家认为，只要向德国工人空投传单，威胁要轰炸德国的工人就足够了，因为德国工人会举行大规模罢工和破坏活动，又或者“遭谋杀和折磨的工人”的亲属会采取政治上的极端行动。[23] 实际上，战时的轰炸攻势是以经济战为目标开始的，在经济战中，对人的道德方面造成任何影响对另一方来说都可能被视为一种额外的奖励。德国对英国的轰炸中，炸弹落在（主要是）工人居住区显然会产生深远的影响，而如何监测“士气”并应对其可能恶化的问题则让英国当局大伤脑筋。尽管轰炸给民众造成了严重的焦虑和异常高的伤亡，英国社会还是承受住了轰炸的影响，继续工作，哀悼逝者，适应了暂时性的社会危机，在任何意义上都没有发生崩溃现象。1941年，丘吉尔在给波特尔的一封信中全面评论了理想和现实之间的差距：

> 战前，我们被他们（空军参谋部）描绘的空袭将造成破坏的画面误导了。这种空袭破坏的画面太夸张，压制了国内政界人士对战前政策的责任……又是空军参谋部，在战争开始以后，孜孜不倦地教导我们相信，如果敌人占领了低地国家，更不用提占领法国，由于敌人的空袭，我们将难以维持自己的立场。然而，由于不太注意这些意见，我们已经找到了继续坚持下去的良好方法。[24]

波特尔在回信中解释说，空军参谋部只是谨慎行事而已。

相比之下，英国皇家空军很快就放弃了传统的经济战，转而有意攻击德国平民劳动力和他们生活的城市，而且在整个战争期间一直如此。这不仅因为夜间轰炸非常不准确，而且还因为城市或部分城区被认为是有效的经济目标。从长远来看，造成工人伤亡、摧毁他们的住宅和生活设施、降低他们的工作意愿，是为了在大量工厂而不是少数工厂减少德国的军工生产。正如理查德·皮尔斯爵士说过的，在人民战争中，“人民本身”成了一个合法的攻击目标。这意味着那些在工业城市生活和工作的人，会受到无差别的轰炸。这场针对民众的战争还带来了一种可能性，即更广泛意义上的“士气”可能会瓦解，德国的独裁统治可能会遭到本国民众的挑战。尽管城市破坏和损失不断升级，远远超过闪电战造成的破坏和损失，但上述事情并没有发生过。斯莱瑟在1947年这样写道：“我认为他们的忍耐力，是战争中最伟大的奇迹。”[25] 当时，人们都认为英国人承受不了同等程度的轰炸破坏，但这一判断证明英国坚持这种战略是合理的，尽管没有确凿的证据证明坚持这种战略的效果。彻韦尔勋爵，即弗雷德里克·林德曼为他支持的“驱逐”和杀害德国人的观点进行辩护时提出，对德国轰炸赫尔和伯明翰的研究表明，即使是这种规模的空袭蔓延到整个国家，“也将是灾难性的”。[26] 斯莱瑟回忆说，当利物浦遭到轰炸后，人们认为这会对士气产生“毁灭性的影响”。[27] 虽然1941年和1942年国内安全部对包括伯明翰和赫尔两座城市在内的英国遭受轰炸情况的研究表明，人们的“士气”经受住了空中闪电战的考验，但这些关于脆弱的社会忍耐力的猜测都被投射到德国的城市居民身上。战后，这些城市迅速重建了自己的生活环境，恢复了社会功能。[28]

美国空军并不认为士气在其政治意义或经济意义上是一种有价值的目标，1944 年美军还建议轰炸机采用从云层上轰炸德国城市这样一种可能造成平民严重伤亡和房屋破坏的轰炸方式。美国战略情报局提供的有关民众情绪的报告中，对轰炸造成的社会和政治影响给出了相互矛盾的评估。1943 年 8 月，来自斯德哥尔摩情报站的一份可靠消息称，德国工人“不满意，不愿意工作”，因此德国的后方此时“岌岌可危”。但一个月后，同一个情报站的一份情报援引了一名消息人士的话说，德国发生剧变的可能性很小，“当地人认为丘吉尔、斯大林和他们现在的元首没有什么区别”。[29] 伯尔尼站 1943 年 11 月的一份情报显示，轰炸给德国造成了 1000 万名难民，他们中的许多人“对布尔什维克的意识形态表达了强烈的同情”，而这个情报站 12 月份的第二个报告则给出了完全相反的信息，声称轰炸甚至有可能短暂性提高德国人的士气，“因为民众因为得到德国当局的拯救而表现出感激之情”。[30] 美国空军一般认为这些情报太不可靠，不能看作是做出战略投入的依据，但英国情报机构在这段时期内则继续坚持，轰炸必定会造成严重的社会、经济甚至政治后果。战后，在轰炸战的大部分时间担任皇家空军副参谋长的诺曼·波特姆利指出，情报是这场战役最严重的失误：“在战争之前和整个战争期间，收集、评估敌人经济、工业和社会情报的机制很不健全。”斯莱瑟则说得更直白：“这个机制烂透了。”[31]

但是，事实上，“士气”作为一种目标未能满足那些试图破坏它的人的期望，并且当时人们对士气的理解还不够。尽管平民伤亡人数达到前所未有的水平——超过 60 万平民死亡——但没有一个欧洲国家在轰炸的影响下出现社会崩溃。战争意愿取决于各种各样的变数，它随着时间而波动，随着环境的变化而变化；每一个参战政权都会认真检测战争意愿，并在可能的情况下做出调整，以确保士气上的暂时性危机不会对社会或政治造成更大的损害。遭受轰炸的经历令人意志消沉和感到恐惧，不仅是平民，战场上的士兵也是如此。恐惧是一种原始但理性的反应，尽管有证据表明，随着反复轰炸，人们的心理反应会变得不那么敏感，就像步兵适应了炮火的猛烈轰炸一样。轰炸也会引发暂时性的普遍恐慌。在克莱德班克、赫尔、罗斯托克、都灵、斯大林格勒、索非亚和其他许多城市，轰炸可能会引发居民突然而混乱的逃离，就像战争之前文学作品中城市居民脆弱的难民形象一样。但在几乎所有的居民逃离事件中，人们最终都重返工作岗位，必要时他们会在城外找到住处，并试图恢复空袭前的正常状态。即使在斯大林格勒，1943 年春天，居民们也会回到熟悉的废墟中，住进地窖和防空洞里，尽管当局直到战后才决定开始重建居民区。[32]

有一些因素在一定程度上阻止了这些暂时性的恐慌产生更深远的影响。轰炸造成的后果是，让人民越来越依赖国家或地方当局。如果国家或党有足够的能力和反应能力（有时是冷酷无情的），就有可能在当局和人民之间形成一种契约，当局代表人民组织社会福利工作、灾区重建和人员疏散，作为回报，民众会继续工作、参与民防事务、自愿参加社会福利救助工作、保持社会稳定。但是在缺乏这种能力的情况下，轰炸就可能造成严重的后果，比如意大利在战争的大部分时间里就是这样。意大利的公共和私人的危机应对机制都崩溃了，破坏了人民对政权的忠诚，促使人们普遍依赖传统的家庭关系网和宗教信仰来解决问题，而不是求助于失败的政权和腐败无能的政党。意大利在许多方面也存在例外，尤其是官方未能动员相当比例的城市军民进行自卫。在英国、德国和苏联来自受到轰炸威胁的城市或遭到轰炸城市的志愿者，在与轰炸的影响斗争和保护自己的财产和居住区中发挥了重要作用，法国的志愿者在这方面发挥的作用相对来说小一些。在德国和苏联，来自国家社会主义运动或共产党的压力，促使人民加入群众性的民防组织，德国民防网络的核心是由平民组成的“自卫”队，而在苏联，这个组织被称为“自卫”组，这些组织的训练水平都很高，可以在空袭救援中担任领导工作，他们甚至可以在轰炸发生的同时在防空洞外面开展救援工作。在英国，民防系统更多地依赖于真正的自愿性，但并不需要志愿者的参与。因为参加了民防组织，欧洲各地数以百万计的居民和工人发现自己穿上了制服，不过通常情况下，他们只戴着臂章和钢盔，执行从急救到大型救援等一系列民防工作。如果城市居民没有参与他们自己的防空工作，轰炸的后果会严重得多。

事后看来，欧洲平民大规模地参与危险和没有保护的行动，比如在不断受到伤亡威胁的同时，处理空前的物质破坏和损坏严重的尸体，对于这种现象，用集体的社会责任和国家的影响来解释，是远远不够的。20世纪30年代，对未来战争的描述和界定，在塑造民众对大后方人员动员的反应方面发挥了重要作用。总体战，或者按照英国人的说法是全面战争，此时已经是占主流的说法，因为对这种战争的描述，给欧洲人提供了一个完全新颖的看待未来战争的方法，在这种战争中，处于战争中一个国家全部的社会资源、物质资源和心理资源都必须为了国防而进行动员，甚至于成为可能的攻击和破坏目标。人们的理解中，在俄罗斯、奥地利以及德国的军事实力最终崩溃以后，大后方对第一次世界大战的最终结果可能起到了决定性作用。到20世纪30年代，民众普遍认为，多亏了炸弹、毒气甚至细菌战，才有了把遥远的大后方变成战场的方法；整个30年代的重整军备期间，人们预计未来战争将再次成为那种大规模军团作战，就像1914年至1918年间的战争一样，而这种战争将需要动用国内工业和农业资源，因此，这种战争使国内的大后方成为决定生存的关键因素，同时也是发动进攻的关键因素。到战争爆发的时候，民防组织方面已经进行了准备，因此大后方立刻变成了普通百姓进行自卫的潜在前线。而平民根本没有认识到这种不合理的地方，相反开始接受，认为这是战争在现代科学和大众民主时代发展的必然结果。英国红十字会在1940年改变自己的角色，不再在战场上帮助生病和受伤的士兵，这样它也可以满足“受伤的甚至精神上遭受折磨的难民”的需求，这些难民是“现代战争造成的结果”。[33]

人们对战争的看法正在发生变化，认为战争是由人民集体发动的，目标也是为了人民，并且这种看法不仅限于集体主义盛行的德国和苏联。法西斯主义对西方文明未来构成的明显威胁的本质，使英国的战争动员变成了一场集体的“人民战争”（英国在1940年首次开始广泛使用这个词语）。当时的许多日记和信件显示，平民认为轰炸战迫使他们做出的牺牲，让他们获得了事实上加入一场战争的机会，并且这场战争的参加者不再局限于士兵。通过为社会工作的方式参加这场战争，让所有民众都获得了一种战时身份，以及展示与军事活动有关的勇气、战友情谊和纪律的机会。令人惊讶的是，这些在大后方的工作，有相当大的一部分要归功于妇女，她们在应对轰炸方面发挥了重要作用，因为男青年和中年男子都离开城市参军去了。每个欧洲国家的妇女都穿起了民防制服。他们也在很大程度上成为轰炸的目标，也大量地积极参与为应对轰炸破坏而发动的大规模救助活动、食品供应、人员疏散和急救工作。女性也在挽救家庭住房和家庭成员安全方面承担相当大的责任。1943 年 7 月的火灾风暴过后，当汉斯·诺萨克路过汉堡被毁的公寓时，被周围被毁家庭景象所震撼。“男人们对此发表的言论全都是谎言，”诺萨克写道，“除了女性用她们独特的语言之处，没人能描述这个景象。”[34]

对于男女民防队员来说，民防工作的本质特征向他们展示了社会集体努力的范围有多大，如：整个战争期间，甚至在偏远的农村，家家户户都必须遵守灯火管制；每条街道和街区的房屋都要接受当地防空官员的监管，并向官员汇报；这种官员在德国是“空袭管制员”，在苏联是“房屋委员会”，在英国是“空袭主管”；在所有遭到轰炸的城市，火灾警戒都成了一项义务。不遵守规定或拒绝参加民防工作的人（总有一小部分这样的人）被看作是背离集体主义的局外人。这种人可能会（事实上通常会）因为不重视集体防空工作而遭到惩罚。抢劫犯会被枪毙或入狱；在苏联，地方防空总局的官员如果擅离职守会受到军事法庭审判；违反灯火管制将要依法接受罚款，或更严重的惩罚；在英国，拒绝承担消防灭火职责的和平主义者会被送进监狱。1942 年，马耳他岛全体居民获得了代表平民英勇行为最高级奖励的乔治十字勋章，这体现了期望平民组成具有集体主义精神的民防前线的理想。民防在大后方和作战前线二者之间建立了一种不同于第一次世界大战的关系，在这种新的关系中，两者都在检验着自己的忍耐力的极限，两者都在维持军事实力方面发挥了部分作用。

轰炸在社会上引发的那些急需解决的事务中，也包括个人应对轰炸引发的后果时产生的各种各样的心理反应。其中一些心理反应还受到当局的利用，官方可以利用轰炸来维持对战争的投入或煽动对敌人的仇恨。所有遭到轰炸的大国在宣传上都开足马力集中表现敌人野蛮的本性，同时含蓄地表明己方文明、正派的特质。野蛮这一主题似乎与轰炸造成的城市毁灭和文化遗迹的损失相匹配，并且能产生深刻的历史共鸣。使用“野蛮人”一词，有助于强调受到威胁的民众和异族人或外来人之间的区别：在意大利，美国飞行员在宣传中以黑人的形象出现；在德国，有流言说是犹太人在背后促成了盟军的轰炸；在英国，使用“德国佬”一词时用处则更多，既给所有的德国人，不论他是不是希特勒的支持者，都扣上了残暴的帽子，又说明德国人从定义上来说就是野蛮人。战争期间，英国皇家空军的轰炸也遭到多次批评，议会议员理查德·斯托克斯（Richard Stokes）在一次演讲中抱怨说，英国皇家空军可能“比德国佬还要野蛮”。但是，空军部下属的公关部在战争期间一直进行着坚持不懈的说服工作，比如，他们将英国文明规范的轰炸与敌人愚蠢的恐怖主义行径进行对比。[35]

然而，大多数遭到轰炸国家的实际情况表明，对敌人所作所为的持续仇恨并不容易受到宣传的鼓动，也难以成为民众共有的态度，这一现象在很少或没有遭到轰炸的地方更为普遍。那些遭受大轰炸的人有太多其他重要问题需要关注——比如寻找福利救助和住所，担心自己的家庭和财产——使公众没有心思为报仇而大声疾呼。他们寻找更直接的方法来应对轰炸给心理和社会造成的影响：有时通过宗教信仰寻求安慰，有时从谣言中获得解脱，或（更罕见地）让自己沉浸在文学或者艺术作品中。在大多数情况下，公众的批评是针对当局而不是敌人的。1944 年 11 月用窃听器录制的一段俘虏谈话中，一名被俘的德国士兵告诉他的同伴，他最近在柏林度假时看到了什么：“我注意到人们在大规模空袭后的表现。如果你在那里，你就会听到他们大喊‘打倒希特勒！他是德意志民族的罪人！’，还会看见群众用粉笔把这些标语写在墙上。”[36]

然而，在大多数情况下，对当局的抗议都是比较微弱的或根本不存在。在德国和苏联，始终对当局表示异议可能会带来致命的后果。在英国，对当局的批评和评论在一定程度上是允许的，尽管信息审查和控制也很普遍，针对英国在闪电战期间的作战进行批评是会受到孤立的，是不受欢迎的。只有在意大利，随着轰炸的加剧，国家迫使民众服从和分散民众抗议的能力反而是逐渐削弱的。城市因为民防工作而加强了对城市人口的管制，并且各种规章制度也得到严格执行，如果有人违反一定会面临一定风险，在这种情况下，那些想利用轰炸来引发社会抗议的人就没有多少政治空间。大多数政权似乎都允许民众在一定程度上公开表达抱怨和厌恶之情，作为空袭期间和空袭之后人们释放压力的安全阀，公众也知道应该将自己的言行控制到什么程度，但仅此而已。社会上也曾因为工人离岗时间过长发生过一些非政治性的抗议，还出现过长期缺勤或疏散后拒绝返回工作岗位的情况，但证据显示，这种情况并不普遍，因为工人通常需要工作才能生存，或者可能被政府强制返回工作岗位。1944 年 8 月，在另一名被俘士兵的窃听录音中，这名士兵说："德国有两个选择，一是战争，这样每个人都有工作，二是和平与失业。"[37] 英国工人在空中闪电战期间返回工作场所继续工作的比例表明，即使面临进一步的危险，工作和薪酬也是工人考虑的关键因素。在遭到轰炸的人民当中，他们最不欢迎的就是能够让他们明显察觉到的在牺牲上的不平等。鲁尔区的工人们希望盟军轰炸柏林，而不要惩罚不应该惩罚的人；1943 年，意大利北部的每座城市都在等待着罗马最终遭到轰炸的消息；在伦敦，码头地区遭受轰炸的不幸的居民希望炸弹会落到受到偏爱的伦敦西区；在遭受轰炸和炮击的列宁格勒，饥饿的民众最无法忍受的事情就是，人们都知道党的领导人仍然吃得很好。所有这些形式的社会摩擦都没有对作战意愿造成严重挑战，对战争失败的恐惧和对敌人的妖魔化才是维持作战意愿的关键。战后美国战略轰炸调查委员会对德国士气的调查和盖洛普机构战时在英国的民意调查都显示，在人们最担心的问题中，轰炸的排位是靠后的，而对封锁、入侵和占领、最终失败或国家灭亡的恐惧这些问题，在民众最担心的问题中占据主要地位。

轰炸战略的第三个组成部分是将其用于特定的政治目的，而不是试图鼓励敌方的人民起来反抗政府。在许多情况下，轰炸被用来榨取政治红利或履行政治承诺。正如本书开篇就提到的对保加利亚的轰炸，就是一个明显的例子。1943 年至 1944 年轰炸罗马尼亚，也是希望通过空袭造成的影响和威胁，让罗马尼亚脱离轴心国集团。秘密情报显示，1943 年 8 月对普洛耶什蒂的轰炸给敌人造成“十分显著的心理影响”。空袭的时候，飞行员还向地面的人群打招呼招手。那些被迫从受伤的飞机中跳伞，降落到罗马尼亚领土上的飞行员，都随身带着用罗马尼亚语印刷的材料，介绍他们是美国人或苏联人，此外，飞行员还随身带了一些巴尔干地区国家使用的现金和几包骆驼牌香烟，在必要的时候可以分给当地人。[38] 在战争初期，是轰炸被当作一种最重要的政治姿态的时期，当时英国政府把英国皇家空军的轰炸当作一种手段，希望以此赢得占领区人民和美国的支持，让他们相信，英国有能力进行反击。来自法国方面的秘密情报还敦促英国皇家空军空袭那些为德国人生产产品的目标，也是为了利用轰炸的政治影响。1941 年，一位对此持支持态度的法国人写道：“这些轰炸将会对法国的未来产生深远影响，因为轰炸将向法国人民证明，英国还在那里，这个国家还是强大而坚强的，这个国家还占据着天空。”[39] 在伦敦，人们认为轰炸会鼓励占领区的人民，即便轰炸的直接经济影响是非常有限的。1940 年夏天，英国航空大臣在会议上说：“至少荷兰人（像挪威人一样）喜欢遭到我们的轰炸。”[40]

利用轰炸达成政治目标最重要的尝试，发生在 1942 年和 1943 年西方盟国与苏联之间的争论之后，当时双方就在欧洲建立“第二战场”发生了多次争论。由于没有履行 1942 年在法国北部发动进攻的承诺，甚至在 1943 年都不一定能组织进攻，丘吉尔把轰炸机轰炸攻势当作一种姿态，以减轻西方混乱的战略对苏联领导层尤其是斯大林的影响。1942 年 8 月 12 日，丘吉尔和斯大林在莫斯科进行的那次著名会晤上，首相首先告诉斯大林，当年在法国北部海岸开辟第二战场是不可能的（会议记录显示斯大林听到这个消息以后显得有些犹豫，继而更加忧郁，最后表现得坐立不安），然后，首相表示，爆炸将会继续下去，并且轰炸的规模会扩大。在此之后的会议记录是值得一读的：

> 斯大林赞成轰炸的重大意义……不仅需要轰炸德国的工业目标，而且还要轰炸德国人。这是摧毁德国士气的唯一方法。

首相认为……至于平民百姓，我们把他们看作是敌方目标。我们不会宽恕他们，也不会给他们任何怜悯。

斯大林说这是唯一可行的办法。

首相说我们希望用轰炸摧毁20座德国城市，我们已经摧毁了科隆、吕贝克、杜塞尔多夫等几座城市。我们的飞机越来越多，炸弹越来越大……随着战事的进展，如果需要，我们希望摧毁差不多每座德国城市的居民区。（这些话在会议上起到了振奋人心的作用，在这之后，会议的气氛逐渐变得越来越热情友好了。）[41]

这种情况下，就像其他大多数情况一样，炸弹被用于达成政治目的或收买盟国的合作，但是，实际效果是令人怀疑的。正如人们认为的那样，轰炸作为“第二战场”并没有让斯大林满意，因为第二天，斯大林就转给丘吉尔一张简短的便条，明确表示英国未能将部分德军吸引到西线，“在道德上给广大苏联人民的公众舆论造成了影响，因为苏联人民都在预期着第二战场的建立”。[42] 轰炸保加利亚和罗马尼亚的影响，完全被正在逼近的苏联红军所掩盖，而轰炸欧洲占领区的时间越长，当地民众因此产生的不满就越严重。

如果说轰炸在政治、道德和经济上造成的影响范围较大但效果不明，那么轰炸则直接和间接地对军事战略和作战带来了重大影响。轰炸攻势在欧洲上空开辟了一个战场，在这个战场上，日益成熟的地面防空系统与日间和夜间战斗机组成的屏障，试图阻止轰炸的发生。对轰炸机部队来说，至关重要的是建立空中优势，没有这个条件，越来越高的损失率就会让轰炸作战难以为继。为了制空权发生的战斗，代价是相当巨大的，并在整个战争期间持续下去。这些战斗有自己的方式，不考虑破坏敌人的经济和士气，只是应用越来越先进的科学技术、情报和生产能力，消耗了越来越多的军事资源。在战前除了杜黑以外，没有人能充分认识到轰炸战的战场是什么样子，杜黑把空中优势作为他的空军理论的核心，但轰炸战的战场很快就变成了主要的军事舞台。不列颠之战和随后的空中闪电战，是建立在赢得英国南部空中优势，使德国入侵成为可能的基础上的，然后才是遏制英国空军力量的复兴，并迫使英国在战争剩余的时间里保持大量的防空部队。德国对苏联的轰炸或其他轴心国对马耳他的轰炸，形成了一种战场，在这个战场上轰炸机和枪炮、战斗机、空中预警系统之间相互作战，此外还有大批身穿制服的男女受命与轰炸机交战。德军在每一个战场上的失败，都给敌人提供了战略喘息的时间，并凸显出防空与空中攻势之间的平衡，在多大程度上朝着有利于防御一方的方向发展。

正如施佩尔所说，最伟大的战斗是在德国和欧洲的德国占领区上空争夺制空权的战斗。英国和美国空军都没有预料到这种作战是多么困难。当盟军轰炸开始时，英国皇家空军没有有效的对抗地面防空的战略，部队在防空炮火的攻击下出现了损失，而且在夜间战斗机的威胁下，轰炸机可能不得不停止作战，在这种情况下，英国皇家空军制定了一个没有什么章法的反制防空战略。在美国空军的计划中，德国空军只能算是“间接目标”，但随着德国空军 1943 年和 1944 年间在规模和作战效率上的攀升，美军发现，德国空军已经变成了主要目标，击败德国空军不仅会为更加高效的轰炸作战铺平道路，而且将会给德军的前线作战造成严重的间接影响，包括德军对霸王行动的防御。1944 年 1 月，斯帕茨在写给杜立特的信中写道，取得空中优势是“击败德国的关键性决定因素”。[43] 虽然有些轰炸的目的是打击德国的飞机制造业，但空中优势不是依靠轰炸这种目标夺取的，夺取空中优势是依靠远程战斗机部队参战和技战术方面的革新，成功压制德国空军（针对 V 系列武器的作战）的是那些在不列颠之战时还没有使用的战法。直到战争结束时，美国空军在德国上空的作战中，有很大一部分力量专门用来攻击德国空军的基础设施，以此来维持对德国空军力量的压制。为了对抗美军的攻势，德国将很大一部分战斗机调回国内，并建立了密集的地面防空网络，征召了一百多万名成年男女和未成年男孩，用他们来维持已经紊乱的战略，同时还导致德军在苏联、意大利和法国前线战斗机和轰炸机的严重短缺。正是这种在军事行动上的混乱，抑制了英国在 1940 年至 1942 年间采取更有力的作战的能力，事实上这种混乱也在 1943 年至 1945 年间压制了德国方面的军事实力。轰炸那些具有工业缓冲能力的城市和工厂，其效果远不如争夺制空权的战斗，也赶不上轰炸战对敌我双方生产和科学资源的巨大号召力。这表明，尽管人们对新形式的总体战抱有过高的期望，但军队之间的战斗仍然是决定战争胜负的最终因素，就像在第一次世界大战中那样。

这是一个自相矛盾的结果。一场本应从空中对双方的经济和社会发起的战争，最终却变成了敌对空军之间的大规模军事对决，更像是战场上的战术轰炸行动，只是规模更大，时间也更长而已。实际上，有时战略部队也需要承担战术任务，比如帮助地面部队突破防守，或加速战役的进程，不过结果通常是喜忧参半的。对华沙、明斯克、斯大林格勒和卡西诺山的轰炸，其破坏性不亚于战略部队独立对任何远程目标的轰炸，但其目的却是为了满足作战前线或前线附近的直接战斗需要。在这些情况下，轰炸作战的表现和使用轰炸摧毁城市或工业目标一样生硬，因为轰炸往往会造成非常严重的破坏，却不一定能达成既定作战目标。布雷斯特和洛里昂这两座城市的毁灭，并没有阻止德国潜艇继续作战；对卡昂市发动的大轰炸，迫使盟军在布满残垣断壁的街道上穿行，迟滞了部队的推进；轰炸斯大林格勒则为这座城市创造了理想的游击战环境，并有效阻止了德国军队在 1942 年 9 月占领这座城市的目标。在布拉德利将军的要求下，亚琛的毁灭并没有实质性地加快美军向德国推进的步伐。在眼镜蛇行动开始时，美军部队出现伤亡以后，艾森豪威尔告诉布拉德利，他认为重型轰炸机不适合用来支援地面部队作战，在他看来，这是“炮兵的工作”。[44] 1944 年 8 月杜立特向斯帕茨抱怨，第 8 航空队轰炸机司令部不适合执行地面支援作战，“由于我们设备的复杂性，普通机组成员相对较短的作战寿命，再加上某些战术轰炸的作战理念和战略轰炸截然相反”。杜立特强调美军经常在友军炮火中遭受损失，指出，战斗机和战斗轰炸机比重型轰炸机更适合作为战场上的支援武器。[45] 这就是为什么苏联军方领导在 1945 年初想在东欧建立一条坚固的轰炸分界线，以防止美国或英国的轰炸机空袭他们自己的部队。苏联空军在整个战争中都秉承这样这一种观点，即以轻型轰炸机、战斗机和战斗轰炸机为代表的高质量的前线航空兵，是当时有限的主流技术之下，空军能够提供的最有效的力量，显而易见这是一个明智的战略判断。

战争期间，轰炸的显著缺点并没有阻止轰炸逐渐升级到无差别破坏的程度。轰炸升级问题，是对轰炸机攻势在更广泛道德意义上进行判断的关键。战争环境、部队不断发展的技术水平、政治考量的压力等每一种情况，都能够解释为什么当局逐渐放松了对平民造成损失的任何限制。但升级也有道德方面的因素。[46] 每一次重要的轰炸机作战都违反了不对平民和平民环境造成蓄意和不相称的破坏这种既定的交战规则。四年后，德军的轰炸从试图摧毁英国皇家空军战斗机司令部的基础设施，转向使用 V-2 火箭作战；1939 年秋，英国宣布对城市进行可能造成平民伤亡的轰炸是非法行为，但轰炸机司令部在 1945 年却摧毁了德累斯顿；美国空军公开承诺对目标实施精确轰炸，但最终却批准在云层和烟雾上对城市进行不瞄准轰炸。在每个轰炸战例中，机组人员最初都得到通知，如果军事或工业目标看不清，就把炸弹带回来，但这种做法很快就不再是标准做法，转而允许飞行员找到第二个“临时目标”。

最初，没有清楚地意识到可能会超过限制，轰炸升级也没有发生。希特勒坚持只有他才能下令发动报复性的“恐怖”袭击，这表明德国人明白什么是合法的战争行为，什么是不合法的战争行为（尽管这几乎没有阻止他对苏联发起针对“犹太布尔什维克主义”的斗争）。在美国，空军为确保公众接受精确轰炸这一更高的道德要求，做出了相当大的努力。当德累斯顿遭轰炸摧毁在新闻中曝光以后，阿诺德和斯帕茨立刻开始商议保护空军形象的问题。[47] 在英国，虽然皇家空军是唯一有意针对平民发动攻击的空军，但当局还是尽一切努力坚持宣称是德国人实施的恐怖行径，而英国皇家空军只打击军事目标，甚至在轰炸前对机组成员进行任务简介时，公布的内容都经过专门编排，以掩盖真实的作战目的。这种观点在英国皇家空军的宣传中根深蒂固，以至于后来在战争中军官们开始相信这种宣传一定是真实的。在德国发动第一次 V-1、V-2 攻击后，英国空军部负责计划的部门表示，既然德国现在故意对平民采取了“恐怖策略”，那么就是进行同样报复的时候了。空军部的情报总监却认为“过去我们已经使用了极其野蛮的方式，现在再次表明我们会用野蛮的方式作战”并没有什么意义。不过，对这一说法的回应在很大程度上说明了英国立场的两面性。空军上将道格拉斯·科利尔（Douglas Colyer）曾经这样写道："无论德国人对我们所谓的'恐怖袭击'有何看法，我们至今都坚信，我们的袭击是针对明确的军事目标的。"[48]对这一问题进行辩论，完全取决于军事目标的定义，而这种定义实际上已变得毫无意义。到战争结束时，美国空军所使用的军事目标定义仅仅是指"任何目标其继续存在都将有助于敌人发动作战"，因此美军在选择可能的目标时有很大的灵活性，而平民的伤亡则不可避免。[49]

非军事目标不是合法的作战目标，如果哪支空军违反了这个规则，是很容易遭到谴责的。不论是德国、英国或美国空军，明知轰炸可能会在一定范围内造成大量平民伤亡和财产损失的情况下，仍然蓄意发动轰炸，都违反了现代战争中所有公认的准则，对于上述这些问题，法律立场几乎是不容置疑的。[50]法律问题在当时是很容易理解的。1945 年夏天，获胜的盟国起初打算在起诉德国主要战犯的时候，再加上轰炸城市这一条罪状。但在英国外交部的建议下，这一特别指控被悄悄撤回，因为德国方面的辩护律师显然会毫不费力地将盟军的轰炸归为同样性质的行为。[51]唯一因轰炸而受审的德国空军人员是亚历山大·勒尔，他因参与 1941 年轰炸贝尔格莱德而遭到南斯拉夫当局审判并处决。假如轰炸平民没有被视为法律问题，那么各大国就不会在 4 年后的 1949 年《日内瓦公约》中，承认"关于保护在战争中的平民"这样的条款，该条款要求在发生冲突时对儿童、母亲、老人和任何没有直接参与战争的平民提供保护；或者在 1977 年同意拟订附加议定书，以便在国际法中更广泛地保护平民、非军事人员和民用目标，这些人不应该成为军事行动蓄意攻击的目标，也不应该成为平民区意外轰炸和炮击的受害者。[52]

真正的问题是要了解轰炸不断升级的暴力进程，在当时是如何被证明是正当的；换句话说，对于那些不会轻易认定为合法的轰炸行动，下令发动轰炸的人又是怎样在道德上接受这个事实的。这是一个复杂得多的问题，答案取决于一些与战争形式有关的道德假设。最简单的答案是，双方都认为自己在针对对方的侵犯做出对等反应。在英国，轰炸德国总是可以获得战时的道德正当性，理由是德国空军首先开始发动了针对平民目标的行动，如果不是从格尔尼卡或华沙开始这样做，那么肯定会在1940年秋季轰炸英国的城市。德国军队已经“种下了风”，必将因此收获猛烈的报复性轰炸的“风暴”，这一观点贯穿了二战期间以及此后大部分关于轰炸的公共辩护。以牙还牙的道德有一种原始的《圣经》意义，即使是那些仅仅几年前还在为在世界上废除轰炸机而奔走的人，也能普遍接受。事实上，这种偏好反映在英国皇家空军的许多重要军事行动代号上，这些行动都以与《圣经》有关的词汇命名。另一方面，德国轰炸英国城市被认为是对1940年5月以来英国飞机轰炸的报复。许多与1940年、1942年和1943年的德国轰炸以及1944年的V–1、V–2空袭有关的辩护，都是建立在复仇的基础上的。轰炸助长了一种恶性循环，在这种恶性循环中，遭到轰炸可以被当作轰炸敌人合法化的道德工具。由于德国飞机从未威胁过美国的城市，美国公众不得不借助二手的道德借口。空中闪电战期间，英国向美国提供的宣传成果之一，就是没有就轰炸轴心国城市在伦理道德或其他方面展开任何令人痛苦的辩论。

把轰炸看作是罪有应得的惩罚的背后，隐藏着对民族灭绝和政治屈服这种更深层次的恐惧，这些被认为是发动总体战的条件。坚持认为第二次世界大战是为最高利益而战的观点是很有必要的，因为这就说明在全国范围内发动大规模的动员是合理的，而且许多欧洲人已将其接受为历史现实。交战双方的官方声音充分利用了“全面战争”或“人民战争”的说法，但这些说法在欧洲人民中引起的共鸣反映了一种普遍的看法，即敌人有多危险，采取措施的需求就多么紧急，尽管在法律上或是在道义上受到质疑，仍然需要采取措施捍卫民主精神或捍卫自由的未来，或者捍卫德国民族和文化的未来。无论是对抗法西斯主义还是所谓的犹太世界阴谋的战斗，参加这些战斗的人民肯定没有充分理解或接受这些战斗中包含的世界末日的含义，但是对每一个参战人员来说，这种规模的战争必定是事关生死的，而这一点也消除了人们对战争的怀疑，即战争中的交战方式是否遵守了战争法中的自由主义的概念和战争正义。不断升级的轰炸规模和破坏性反映了交战方式的绝对性质，以及由此引发的道德相对主义。终止那些给地面平民造成巨大损失的轰炸是一件困难的事情。1941年夏天，当对英国的轰炸行动结束后，接下来的几年里，那些监视德国公众舆论的人强调了德国公众因这种大规模轰炸无法重演感到的挫败感。当有证据表明英国或美国的轰炸规模太小而效果不佳时，公众提出要求，希望空军发动更多的更猛烈的轰炸，并以此向空军施加压力，要求空军做出回应。从当时的观点来看，不惜一切代价打败敌人是道义上的义务，压倒了旨在确保战争法在这种情况下不会受到太大损害的任何道义或法律限制。例如，英格兰圣公会中许多人对轰炸行动持支持态度，是基于一种伦理判断，即基督徒的更高道德义务是确保国家生存，而不是担心实现这一目标的手段。在战争中，道德上的权宜之计并不新鲜，在这场特殊的战争中，更高的道德始终是民族生存的诉求，这一点也不令人感到意外。

希望总体战成为民族斗争的激进表现形式，这种观点进一步促进当局做出发动轰炸攻势的决定，在第二次世界大战中各种作战形式之中，唯有轰炸可以对非战斗人员产生巨大的、直接的影响。无论好坏在总体战已经成为一种表达方式的时代里，轰炸这种蓄意发动的暴力行动所引发的道义上的愤怒是比较有限的，英国法律专家约翰·斯佩特（John Spaight）曾经写道："如果有能力轰炸，凭什么生产致命武器的工厂可以免于遭到轰炸？"[53] 1941年，伦敦圣保罗大教堂的教长拒绝在反对轰炸的请愿书上签名，他认为轰炸促进了更加民主的现实，他为自己辩护说："我认为平民在夜间轰炸下遭受的苦难不一定是这场战争中最糟糕的事……而且我不认为我们的平民有权利大声疾呼，或试图逃避自己需要承受的那一份普遍性的苦难"。[54] 认为现在的前线不再是常规战争前线的观点在各处都得到了体现，从英国在战时宣传"要承受苦难"，到苏联为挖掘反坦克壕而大规模动员城镇居民，再到德国招募学童操作高射炮等，不一而足。认为整体战意味着是社会之间进行战争的观点，对如何发动战争有着深刻的影响。1941年，轰炸机司令部的司令在对一群商人发表的讲话中是这样说的："只有当一个民族的取胜意愿被打破时，这个民族才会被打败。那么怎么做到这一步呢？只有把我们的攻势带进德国。除了轰炸机，还有什么能够把攻势带到德国呢？"[55] 就这样通过这样的三段论，当局就可以证明轰炸是国家打击敌方平民目标的一种正当手段。

就轰炸的得失来看，无论目前对轰炸的道德或效力做出什么样的判断，当时存在大量的军事和道德方面的论据，用来解释为什么对轰炸做出如此多的投入。这些空战造成的损失巨大，一共有 50 多万平民死于轰炸，欧洲很多城市的文化古迹被大火和轰炸摧毁，如果想要弄清楚为什么欧洲各参战部队在 5 年多的时间里沉溺于大规模空战，那么就需要理解前面提到的那些论据，还要理解这些轰炸在道德上是如何成为合理行为的。然而关于轰炸的历史记录证实，在整个轰炸战期间，轰炸声称要达成的目标，和轰炸实际造成的物质和军事方面的破坏存在很大的差距，同样，为轰炸提出的道德和法律要求，和蓄意发动轰炸放任平民可能死亡的现实之间的差距是一样大的。参战各方在战略轰炸上投入的资源，或许可以有其他的用武之地：比如各国能够获得更多的战术空军部队、进一步加强海空协同作战、生产更多的坦克，或者，最重要的是能够集中精力研发更先进的空战科技（比如远程战斗机或者制导武器），这些都可能会让 3 个参战国的轰炸战效率更高。战略轰炸在执行主要任务方面是不够的，而且由于对平民轰炸的蓄意升级，使其在道义上受到了损害。这种无意中造成的军事方面的影响是其最重要的后果。1945 年后，战略轰炸作为一种战时的战略选择在欧洲消失了。现有武器的巨大变化、地缘政治现实的转变和战后伦理意识的结合，使 1939 年至 1945 年的轰炸战争成为现代欧洲历史上的一种独特现象，在此之前不可能发生，此后也不会重现。

后　记

经验和教训的得与失

战后世界的轰炸

1945 年以后，人们对轰炸战的理解完全集中在核武器的使用上，核武器只在太平洋战争作战末期才得到使用。在导弹时代之前，远程洲际轰炸机的设计目标就是作为一种毁灭性力量，对敌人进行第一次或第二次核打击。但这并不排除使用常规轰炸（如朝鲜战争和越南战争中），但核武器的出现，也迫使盟国空军开始从轰炸战取得的成果和着眼于未来战争的角度，思考第二次世界大战中的教训。

英国皇家空军和美国陆军航空队这两支空军部队在一件事上看法是一致的：如果第三次世界大战爆发，那将是另一场比上一次大战规模更大的总体战。英国皇家空军元帅，战后担任英国皇家空军参谋长的特德爵士，1947 年春天应邀在剑桥大学利斯-诺尔斯（Lees-Knowles）讲座上发言，他对听众说，在未来“战争将不可避免地成为总体战和全球化的战争”。[1] 美国战争部计划和作战司司长，二战时曾担任过空军部队领导的劳里斯·诺斯塔德少将，1946 年 10 月，向杜鲁门总统简要介绍战后美国军队的情况时，在结束的时候，他又重复了自己已经说过几次的话：“我们必须为下一场战争做好准备，那实际上会是一场总体战。”[2] 在 1947 年春，曾在战争期间负责五角大楼工程的布里恩·萨默维尔（Brehon Somervell）将军，给美国大型企业联合会做了一次讲座，讲座从下一次战争比上次要严重得多这样一个前提开始：“任何人都不要怀疑，第三次世界大战将是一场破坏性和强度从未见过的总体战。”[3]人们也需要了解，未来的这场战争不应该像第二次世界大战那样作战。特德也告诉他的听众，作战部队“必须抛弃陈旧的思想做派和过时的传统”；为了未来的安全，“我们必须着眼过去及其教训，并继续向前看，而不是回到过去”。向总统做了军队情况介绍后不久，诺斯塔德在位于华盛顿特区的国家战争学院发表演讲时说，“在下一场战争中，紧紧抓住那些在上次战争中为安全做出贡献的东西不放”，是一种极其危险的行为。[4]

然而，仍有重要的教训需要吸取。1947 年 8 月，特德组织英国皇家空军进行了一场大规模的军事演习，代号为“霹雳”，演习的目的是研究未来战争中轰炸机联合攻击需要吸取的教训。高级军官、政府的科学顾问和政界人士都收到邀请，观摩了这次演习，不过波特尔和哈里斯——轰炸机联合攻击这种作战模式的建立者，却没有参加观摩。参加观摩的还有 5 名美国空军高级军官，包括“德意志之战”的胜利者，威廉·凯普纳将军。有关演习的研讨会于 8 月 11 日在索尔兹伯里（Salisbury）附近老塞勒姆（Old Sarum）的空军支援学院开幕，会议为期 5 天。[5]虽然对轰炸机的攻势进行了一些辩护，但大会的总体基调是批评性的。研讨会承认轰炸作战没有搞垮敌人的经济，没能严重挫伤敌人的士气；在战争期间，轰炸机司令部的建设速度过慢，还有一个问题是轰炸机部队没有充分发掘和利用先进的科学技术。[6]这次演习提供了一个机会，让人们思考包括原子弹在内的全新武器的出现带来的变化，并研究空军如何利用这些武器。研究结果认为，未来空战的景象与杜黑将军在一战之后出版的《制空权》中关于空战的战略幻想并无太大的区别，这部著作最终是在 1942 年被翻译成英文的。

与杜黑的观点相同，会议确定的重点是在战争爆发时需要做好充分准备，使用任何可以动用的手段对敌人发动无情而又迅速的打击，并且将敌方的平民定为重点攻击目标，这样就能够以几天为单位，而不是几年为单位彻底摧毁敌人抵抗的意志。特德在剑桥作讲座时指出，当战争开始时，关键的一点就是立即做好发动攻击的准备，不应该像 1939 年之后轰炸机司令部一样，如同“成长中的歌利亚”（轰炸机司令部在战争爆发后花了数年时间才组建完成），而应该成为“成熟的大卫，随时准备迅速果断地采取行动”。[7] 这就意味着要选择能够实施突然性的、毁灭性打击的武器。在演习中，有人提出了使用原子武器的可能性，而英国当时还没有这种武器；政府方面的科学家亨利·蒂泽德认为，500 枚原子弹可以迅速结束任何战争。哈里斯的继任者、轰炸机司令部司令，诺曼·波特姆利发表了一篇关于生物战的论文，文中指出，对于总体战来说，生物战是一种更有效的手段，因为生物战只杀死人，而不是像燃烧弹或原子弹爆炸那样摧毁城市。由集束炸弹或火箭携带的生物制剂，作为针对平民的战略武器，将比毒气具有更大的杀伤力，而且可能比核武器更早研制成功。[8] 无论是核战争还是生物战，空军力量都将带来在 1945 年前未能有效发挥的迅速而具有决定性的打击作用。

在美国军方领导层得出的结论中，杜黑的思想表现得更为明显。向美国大型企业联合会发表的演讲中，萨默维尔对第三次世界大战的描述，和 20 世纪 30 年代那些关于未来战争危言耸听的描述一样可怕：

第三次世界大战将会是怎样的战争？是否会像巴克·罗杰斯（Buck Rogers）与原子弹爆炸那样无处不在？还是各种各样的细菌像愤怒的冬雨一样从天而降？又或者火箭以无与伦比的精度飞行数千英里击中隐藏在落基山最偏远的山洞里的目标？或者我方或敌方一半或三分之二的人口被彻底从地球上抹去，又或者民众因暴露于放射性物质而受伤在地上爬行，又或者因为可怕的不治之症身体变得残缺不全……未来的战争是否会因为一方或者交战双方人员全部死亡，文明全部灭亡，而让这种战争迅速结束？只有上帝知道。[9]

萨默维尔的发言反映了战后普遍存在的观点，即尽管二战带来了种种教训，但未来战争造成的破坏将比二战空袭给世界带来的破坏要严重得多，不过未来的战争持续时间不会很长，将很快结束。1947 年 1 月，艾伯特·魏德迈（Albert Wedemeyer）将军在美国国家战争学院发表了一场关于“战略”的演讲，魏德迈是 1941 年美国胜利计划的主要编写者，在演讲中他对听众说，下一场战争会动用具有超破坏性的原子武器和细菌武器，将迅速呈现出“人类灭绝战争”的特征。由于在 20 世纪 30 年代末，美国面对轴心国的侵略，没能及时武装自己，因此当面对另一个威胁时，魏德迈对美国人典型的“漠不关心和冷淡”态度提出了警告。[10]

在西方眼中，苏联取代了希特勒“第三帝国”的位置，它具备拥有大量大规模杀伤性武器的能力，并且能使用这些武器对美国本土发动突然性的先发制人的打击，而这是纳粹德国做不到的。诺斯塔德告诉杜鲁门，苏联是唯一的潜在敌人，针对共产主义的战争是“我们计划的基础”。[11] 和英国皇家空军一样，美国人的思路集中在于和平时期建立压倒性的打击力量上，以对抗苏联的威胁，并且能够动用所有武器，包括细菌武器、化学武器和核武器，确保在斗争中取得胜利。阿诺德在 1945 年给总统的最后一份报告中强调未来需要具备核打击能力，只有这样才能“立即发动具有压倒性力量的进攻”，很明显，美国空军在 1941 年时是不具备这个能力的。[12] 对于美国制定规划的官员来说，这就意味着需要保留能够立刻发动空中进攻的战略空军，因此，美国于 1948 年成立了战略空军司令部，并选调第 8 航空队前飞行联队指挥官，柯蒂斯・李梅将军担任司令部的司令。李梅对这项任命表示欢迎，他对战时发动的轰炸毫不后悔。李梅在 1965 年这样写道：“敌人的城市在轰炸中变为齑粉，这是他们咎由自取，是他们应得的惩罚。”[13] 1945 年后，英国皇家空军的轰炸机部队就没那么幸运了。轰炸机司令部几乎被彻底解散，下属的空中打击部队到 1946 年缩减到了 10 个中队。[14] 到 20 世纪 50 年代，英国再也没有能力在未来空战中扮演主角了。英国也没有为战后的空军部队研发高效的重型轰炸机，不得不在 1950 年从美国借用了 70 架 B –29 轰炸机。

第二次世界大战毁灭城市的战略，在各国拥有核武器以后成为可能。虽然核武库的目的是威慑侵略者，但英国和美国都为威慑失败制定了计划。到 20 世纪 60 年代初，美国空军已经具备使用导弹或飞机摧毁苏联大多数城市的能力，并能够在第一次或第二次打击中杀死超过 8000 万苏联居民。[15] 英国方面则根据自己的核武器，制定了相对有限的计划。英国方面只确定要摧毁 55 座苏联城市。为了对核战略进行调查，1960 年英国成立了一个专门委员会，该委员会得到的指示是，只需要考虑核武器对民众造成的影响，“选择这些目标城市的目的就是，向尽可能多的苏联人施加最大的威胁”。空军部对于从轰炸德国的作战中吸取经验教训特别感兴趣，希望以此能够决定“摧毁”一座城市到底需要施加什么程度的破坏。据计算，汉堡在战争期间遭到了相当于5000吨的炸弹的轰炸，这激励了人们的信心，即现在拥有的百万吨级的炸弹，能够用一次攻击就使一座城市瘫痪。[16] 从第二次世界大战的轰炸行动中得到的主要教训是，如果第三次世界大战成为现实，就必须给敌人造成更大规模的、无差别的破坏。

二战中轰炸战的经验，对确定冷战期间“互相摧毁”和“互相威慑”的对峙形势，起到了一定作用。正是在冷战的阴影下，欧洲国家开始重建被轰炸摧毁的城镇，开始计算文化古迹遭受的损失。尽管始终面临着核武器的威胁，但这些重建方案都是宏伟庞大且充满了乐观主义精神的。[17] 从这个意义上说，战后重建就像从自然灾害——火山爆发或大地震中恢复一样，因为人们知道，另一场地质变化可能会一下子毁掉重建的城市。重建工作最初是在经济危机和围绕建筑废墟所有权法律纠纷的背景下开始的，在大多数情况下，那些大胆的计划被束之高阁，人们转而寻求成本更低或更可行的解决方案。[18] 德国制定了最具雄心的重建计划，当时德国主要城市中有一半以上的城区被毁。大约39座城市至少有100万立方米的建筑废墟需要清理，但在柏林，这个数字达到了5500万立方米，汉堡3500万立方米，科隆2400万立方米。[19] 多年来数百万德国人一直居住在地窖和棚屋里才能在这些废墟中勉强度日，他们缺乏食物和物资，孩子们也没有学上。1947年，访问吕贝克的英国和平者代表团看到，当地每个人每周的食物配给是这样的：2磅面包、半升脱脂牛奶、半条鲱鱼、1盎司黄油和4盎司白糖。他们注意到生活在港口区的4000人，每天只能从公共厨房里得到一碗稀汤。汉堡给居民分配的住房只有每人5.6平方米的居住面积；此外，当地还遭遇了供水不足，电力供应不稳定的问题。代表团遇到的每一位女性都表达了强烈的愤懑之情，她们表示“反对一切形式的军国主义或战争”。[20]

无论是在德国还是在欧洲的其他地方，没有一座遭到猛烈轰炸、人口减少的城市被人民抛弃。法国为了纪念轰炸，决定将英吉利海峡的港口圣马洛（St Malo）遭轰炸摧毁的半岛地区保留原样，并在内陆地区重建这座城市，但人们的传统还是战胜了这个决定，圣马洛还是在原址得到重建。意大利的卡西诺镇是唯一因为轰炸而易地而建的城镇。当局宣布将卡西诺山上的废墟定为国家纪念碑，并决定在距离旧城一英里以外更加平缓的土地上修建规模更大的新城。除了布里斯托尔和基尔之外，大部分城市遭到破坏的市中心都得到了恢复，这两座城市因为市中心遭到的破坏过于严重，重建时将新的市中心定在了地理上更方便的地区。[21] 德国的重建速度比其他地方慢，虽然德国城市遭到了非常严重的破坏，但各座城市都在原址得到了重建。德国人将这个结果归咎于强烈的归属感，早在 1945 年初，一名德国高级军官向他的战俘同伴们解释说，哪怕是对一片遭到轰炸毁灭的土地，这种强烈的归属感依然存在。

如果有一种东西可以脱离躯体和物质，只以精神或意志的形式存在，那么这一定就是德国城市的生命。这些城市依靠自己情感上的魅力维系着自身的存在。科隆已经经过了一次又一次的疏散，但是居民们仍然想方设法回到已经成为一片废墟的城市中去，仅仅因为那里是曾经被称为“家”的地方。过往的关联远比战争的需要强大得多，以至于疏散者因为需要撤离而感到愤懑不堪，在危险远没有结束之前，就匆匆赶了回来。[22]

尽管如此，德国城市轰炸后在布局上进行了重新规划，人口地理分布也发生了变化。到 1950 年，人口超过 10 万的城市一共拥有的人口，占西德人口的 27%，而 1939 年这一比例为三分之一；而人口不足 2 万人的居民区从 53% 同期增加到 59%。汉堡是遭受破坏和人口减少最严重的城市之一，到 1950 年人口几乎恢复到战前水平，但在城市范围内却经历了大规模人口迁移。1939 年，汉堡中心区有 85 万居民，到 1950 年，只有 46.7 万人；而郊区人口从 84.8 万增加到 100 多万。[23]

人口易地安置在战后重建中是很典型的现象，因为旧城环境的破坏为建造宽敞、更加便利的现代化住宅提供了机会。在城市规划者眼中，更加宽阔的道路和开阔的区域是对缺乏便利设施的老式城市结构的理想改进。英国科学家朱利安·赫胥黎（Julian Huxley）写道：“空中闪电战给城市规划人员带来了意外收获。现在是对我们的城市进行真正规划的最佳时机。”[24] 不过在实际执行中，地方当局和建筑师就重建费用和什么是值得修建的、哪些应临时建设等问题发生了持续性的争论，以至于让许多计划停留在设计板上。1952 年，“民众观察”的创始人之一查尔斯·马吉（Charles Madge）对英国的 100 座城市进行了调查，发现在计划建设的 59 所幼儿园中，只建成了 1 所；计划中的 50 所社区中心，只有 4 所建设完成；规划的 33 所健康中心，连一座也没有修建。[25] 美国社会学家利奥·格雷布勒（Leo Grebler）在 1954 年对西欧 4 个国家的 28 座城市进行了调查，发现总体而言，西欧城市的重建力度不大，在持续性建设方面承受着巨大的压力。他还发现，即使是那些遭到严重轰炸的城市，实际损失也比想象中轻微得多，完全不是人们脑海中的那种街道和房屋尽毁的破坏程度。普利茅斯是英国遭受轰炸最严重的城市之一，只有 9% 的住房遭到摧毁。在伦敦，同样比例的炸弹破坏区域成为新建筑的工地，而让首都 91% 的地区保持了原样。对于欧洲各地的市政当局（因为需要恢复地方税收）来说，对他们更有诱惑力的是尽可能充分利用幸存的建筑，并围绕它们进行重建，而不是做进一步的拆除。[26] 在德国，由于被驱逐出东欧的德国人抵达盟军在德国西部的占领区，无家可归的难民问题变得十分严峻。这种强制性迁移，促使当局在现有地基上建造廉价的标准住房的同时，加速重建和修复现有建筑。到 1961 年，已经有 310 万所房屋得到修复或重建。[27] 利奥·格雷布勒没有发现任何证据能够表明，城市规划或者房屋建设受到了核弹威胁的影响。他把这个发现的原因，部分归咎于面对核武器威胁出现的“挥霍现有财富，不考虑未来的失败主义”情绪，但主要原因是人们为了弥补战争期间暂时做出的牺牲，而甘愿承担巨大的风险。[28]

遭到轰炸的人民如何认识轰炸战造成的生命损失和 1945 年以后欧洲的实际重建工作密切相关。在 1945 年以后，轰炸给民众造成的心理影响是难以估量的，当局对那些经历过轰炸的民众产生的心理创伤几乎没进行过什么分析。战后对士兵因为战争压力造成的心理伤害进行了大量的研究，与之相比，很少有人研究战争对平民造成的长期影响。对于轰炸的回忆，是公众集体意识对遇难者（而非幸存者）的哀思，但是这种集体意识远没有民众对战争损失的记忆那样普遍。这些公众记忆中的大部分都与宗教建筑有关，这象征着全面战争旋涡对欧洲基督教价值观的伤害。英国考文垂大教堂的一部分仍然保持着废墟的样子，作为当地和国家的纪念碑；德国德累斯顿圣母教堂的废墟作为对战争中火灾风暴的控诉，一直矗立在那里，直到21世纪初，作为战后和解的象征，教堂才得到重建。[29] 汉堡的圣尼古拉教堂和柏林市中心的威廉皇帝纪念教堂也被遗弃在废墟中，以提醒德国人民战争给大后方带来的巨大代价。德国悼念轰炸遇难者的过程充满了明显的模糊性。多年来，由于难以将德国人视为这场野蛮的欧洲战争的受害者而非集体作恶者，人们的记忆一直受到压制或抑制。2002年，约尔格·弗里德里希（Jörg Friedrich）的畅销书《火焰》（*Der Brand*）的出版，开启了一场新的辩论浪潮：普通民众轰炸战受害者身份，可以在多大程度上，与希特勒政权犯下的持续的集体罪行相调和。[30] 在德国以外，长期缺乏对轰炸受害者的集体悼念。在英国，仍然没有集体纪念碑来纪念空中闪电战的受害者，而且各地的纪念碑也相对较少。人们头脑中固有的关于参战人员的观念，让他们忽视了总体战中平民和士兵一样有可能成为受害者。[31]

这种模棱两可的现象还延伸到1945年后人们对那些实施轰炸的人的回忆中。美国空军在剑桥城外的马丁利（Madingley）建立了一座大型纪念墓园，埋葬了数千名美国机组人员。但是在1945年之后的几十年里，为轰炸机司令部修建集体墓地的要求却一直遭到拒绝。1992年，在伦敦市斯特兰德地区的英国皇家空军教堂外为哈里斯竖立塑像一事，还引发了广泛的批评，导致了群众的抗议和游行。直到2012年，有关方面才在伦敦的格林公园为轰炸机司令部在战争中英勇牺牲的人员修建了一座纪念堂，但是，这又引发了新一轮的争论，核心问题是那些给平民生活造成破坏的人员是否应该像英国历史中不列颠之战里为数不多的英雄那样得到人民同样的铭记。不过，在纪念轰炸机部队和遭到轰炸的平民之间出现这种紧张关系，并不是唯一的个例。在保加利亚陆军上尉西蒙·彼得罗夫偶然发明了现代轰炸作战之后一个世纪的2010年10月，美国决定在保加利亚首都索非亚的美国大使馆竖立一座简朴的纪念碑，纪念战争期间在保加利亚领空丧生或轰炸保加利亚时丧生的150名美国飞行员。美国的这个决定引起了保加利亚各政党的广泛抗议，他们认为这是对造成大量保加利亚人死亡的残暴政策的纪念，是不可接受的。2010 年 12 月 18 日举行的一场游行示威中，人们的标语上写着“向耻辱纪念碑说不!”脸书上的一个抗议群组甚至主张“拆除这座纪念轰炸索非亚的美军飞行员纪念碑”。[32] 然而，这座纪念碑仍然矗立着。这座纪念碑履行着向那些为欧洲解放贡献了生命的军人致敬的传统职能，但也时刻提醒着人们，解放的代价不仅是 1350 名保加利亚人的死亡，而且还有 50 多万欧洲其他国家平民的死亡。

注　释

缩略语

AA	Anti-Aircraft
AAF	American Air Force
ACS	Archivio Centrale dello Stato (Rome)
ACTS	Air Corps Tactical School
ADAP	Akten zur Deutschen auswärtigen Politik (Documents on German Foreign Policy)
AEAF	Allied Expeditionary Air Force
AFB	Air Force Base
AFHRA	Air Force Historical Research Agency (Maxwell AFB, AL)
AHB	Air Historical Branch, Northolt (UK)
AI	Air Intelligence (UK)
ARP	Air Raid Precautions
BA-B	Bundesarchiv-Berlin
BA-MA	Bundesarchiv-Militärarchiv, Freiburg
BBSU	British Bombing Survey Unit
BC	Bomber Command
BIOS	British Intelligence Objectives Sub-Committee
BN	Bibliothèque Nationale (Paris)
BUFT	Bufton papers
CamUL	Cambridge University Library
CAS	Chief of the Air Staff (UK)
CC	Coastal Command
CCAC	Churchill College Archive Centre, Cambridge, UK
CCO	Christ Church, Oxford
CCS	Combined Chiefs of Staff
CD	Civil Defence
C-in-C	Commander-in-Chief
CIOS	Combined Intelligence Objectives Sub-Committee
CLSC	Camden Local Studies Centre, London
Cmd.	Command Paper (Fourth series, 1918–56)
CoS	Chiefs of Staff

DBOps	Director of Bombing Operations (UK)
DCAS	Deputy Chief of the Air Staff (UK)
DDBOps	Deputy Director of Bombing Operations (UK)
DRZW	Das Deutsche Reich und der Zweite Weltkrieg
DVA	Deutsche Verlags-Anstalt (Stuttgart)
EDS	Enemy Document Section
FCNA	Fuehrer Conferences on Naval Affairs
FDRL	Franklin D. Roosevelt Library, Hyde Park, NY
FHL	Friends House, London
FIAT	Field Intelligence Agencies Technical
GCI	Ground Control Interception (radar, British)
GL	Generalluftzeugmeister (Air Force Quartermaster-General)
HHC	Hull History Centre, Hull, UK
HMSO	His/Her Majesty’s Stationery Office
HQ	Headquarters
IAC	Italian Armistice Commission
IWM	Imperial War Museum, London
JCS	Joint Chiefs of Staff
JIC	Joint Intelligence Committee (UK)
JPS	Joint Planning Staff
JSM	Joint Staff Mission (Washington DC)
KTB/OKW	Kriegstagebuch/Oberkommando der Wehrmacht (War Diary, OKW)
LC	Library of Congress, Washington DC
LCC	London County Council
LMA	London Metropolitan Archives
LSE	London School of Economics
MAAF	Mediterranean Allied Air Forces
MAP	Ministry of Aircraft Production
MD	Milch documents
MdAe	Ministero dell’Aeronautica
MEW	Ministry of Economic Warfare
MH	Ministry of Health (UK)
MHS	Ministry of Home Security (UK)
MO-A	Mass Observation Archive
MoI	Ministry of Information (UK)
MP	Metropolitan Police (UK)
MPVO	mestnaia protivovozdushnaia oborona (Main Directorate of Local Air Defence)
NAAF	Northwest African Air Forces
NAM	National Archive of Malta, Rabat
NARA	National Archives and Records Administration, College Park, MD
NC	Nuffield College, Oxford
NFPA	National Fire Protection Association
NID	Naval Intelligence Division (UK)
NIOD	Netherlands War Document Centre, Amsterdam

NSDAP	Nationalsozialistische Deutsche Arbeiterpartei (National Socialist German Workers' Party)
NSV	Nationalsozialistische Volkswohlfahrt (National Socialist People's Welfare)
OEMU	Oxford Extra-Mural Unit
OKW	Oberkommando der Wehrmacht (High Command of the German Armed Forces)
ORS	Operational Research Section
OSS	Office of Strategic Services (US)
OT	Organisation Todt
OTU	Operational Training Unit
PArch	Parliamentary Archives, London
P/w	Prisoner-of-war
PWB	Psychological Warfare Branch (USA)
PWE	Political Warfare Executive
RAFM	RAF Museum, Hendon
RCAF	Royal Canadian Air Force
REDept	Research & Experiments Department, Ministry of Home Security
RG	Record Group
RGAE	Russian State Archive of the Economy, Moscow
RGVA	Russian State Military Archive, Moscow
RI	Reichsgruppe Industrie
RLB	Reichsluftschutzbund (Reich Air Protection League)
RLM	Reich Air Ministry
RVK	Reichsverteidigungskommissar (Reich Defence Commissar)
SAP	Securité Aérienne Publique
SGDA	Secrétariat Générale de la Défense Aérienne
SHAA	Service Historique de l'Armée de l'Air, Vincennes, Paris
SHAEF	Supreme Headquarters Allied Expeditionary Force
SIPEG	Service Interministériel de Protection Contre les Événements de Guerre (Interministerial Protection Service against the Events of War)
TNA	The National Archives, Kew, London
TsAMO	Central Archive of the Ministry of Defence of the Russian Federation, Podolsk
TWA	Tyne and Wear Archive, Discovery Museum, Newcastle-upon-Tyne
UEA	University of East Anglia
USAAF	United States Army Air Forces
USAFA	United States Air Force Academy, Colorado Springs
USMA	United States Military Academy
USSBS	United States Strategic Bombing Survey
USSTAF	United States Strategic and Tactical Air Forces
VCAS	Vice-Chief of the Air Staff (UK)
WMRC	Warwick Modern Records Centre
WVS	Women's Voluntary Services for Air Raid Precautions (UK)
YCA	York City Archives

序 章 轰炸保加利亚

1. AFHRA, 519.12535, Fifteenth Air Force Operations (Bulgaria), Nov 1943–July 1944; Wesley F. Craven, James L. Cate, *The Army Air Forces in World War II: Vol 2* (Chicago: 1949), 584; Marshall L. Miller, *Bulgaria during the Second World War* (Stanford: 1975), 166; Rumen Rumenin, *Letyashti Kreposti Nad Bulgariya (Kyustendil: 2009)*, 94–5, 204.
2. BA-MA, RL2/8, German Air Ministry, aircraft deliveries to neutrals and allies, May 1943–Feb 1944.
3. Martin van Creveld, *Hitler's Strategy 1940–1941: The Balkan Clue* (Cambridge: 1973), 109–13, for a full account of the negotiations.
4. Miller, *Bulgaria*, 48–55, 62–8.
5. Richard J. Crampton, *Bulgaria* (Oxford: 2007), 272, 275–6.
6. TNA, PREM 3/79/1, *minutes of CoS meeting*, 19 Oct 1943.
7. From a leaflet reproduced in Rumenin, *Letyashti Kreposti*, 335.
8. NARA, RG 165, Box 11, Report by the JCS, '*The Bombing of Sofia*', enclosure B.
9. Ibid., Ambassador Kelley, Ankara, to State Dept., 18 Oct 1943.
10. TNA, PREM 3/79/1, CCS to Eisenhower, 24 Oct 1943.
11. Ibid., telegram Eden to Churchill, 23 Oct 1943; Eden to Churchill, 29 Oct 1943.
12. Frederick B. Chary, *The Bulgarian Jews and the Final Solution 1940–1944* (Pittsburgh: 1972), 129–32; Miller, Bulgaria, 102–6.
13. TNA, PREM 3/79/1, Churchill to Eden and Deputy Prime Minister Attlee, 25 Dec 1943.
14. *Akten zur Deutschen auswärtigen Politik*, Ser E, Band VII, Ambassador Beckerle to von Ribbentrop, 23 Jan 1944, 349–50.
15. TNA, PREM 3/66/10, War Cabinet JIC Report, 'Effects of Allied Bombing of Balkans and Balkan Situation', 29 Jan 1944, 1–2; FDRL, Roosevelt papers, Map Room Files, Box 136, HQ MAAF to War Department, 10 Jan 1944; Rumenin, *Letyashti Kreposti*, 107–9.
16. Miller, *Bulgaria*, 167–8; Walter Warlimont, *Inside Hitler's Headquarters 1939–1945* (London: 1964), 399. 瓦利蒙特在保加利亚讨论“格特鲁德计划”，假如土耳其加入盟国一方，这个计划就会成为占领土耳其欧洲部分的备用作战计划。
17. Crampton, *Bulgaria*, 273–4.
18. TNA, PREM 3/79/1, Roosevelt to Churchill, 9 Feb 1944.
19. FDRL, Map Room files, CoS to Eisenhower's HQ, 9 Mar 1944; TNA, PREM 3/79/1, CoS, 'Air Operations against Bulgaria', 27 Jan 1944; Churchill to General Wilson, 27 Jan 1944.
20. RAFM, Bottomley papers, AC 71/2/29, Note by the Air Staff for War Cabinet Inter-Service Committee on Chemical Warfare, 23 Jan 1944, Annex 1.
21. TNA, PREM 3/79/1, Churchill to Roosevelt, 11 Feb 1944 and 12 Feb 1944.
22. Ibid., Roosevelt to Churchill, 12 Feb 1944.
23. Ibid., Lord Killearn (Cairo) to the Foreign Office, 24 Feb 1944; Lord Killearn to the Foreign Office, 24 Feb 1944, encl. report from Mr Howard, 1–3; Crampton, *Bulgaria*, 275–6.

24. TNA, PREM 3/79/1, Eden to Churchill, 3 Mar 1944, 1–3, 8.
25. Ibid., Portal to Churchill, 10 Mar 1944.
26. Rumenin, *Letyashti Kreposti,* 125; AFHRA, 519.12535, Fifteenth Air Force Operations (Bulgaria), Nov 1943–July 1944.
27. Miller, *Bulgaria*, 168–80.
28. FDRL, Map Room files, Box 136, CoS to Wilson and General Carl Spaatz, 25 Mar 1944; TNA, PREM 3/66/10, Portal to Wilson and Spaatz, 28 Mar 1944; Portal to Wilson and Spaatz, 11 Apr 1944.
29. TNA, PREM 3/66/10, Joint Staff Mission, Washington, DC, 21 July 1944, 1–2; CoS memorandum, 25 July 1944.
30. TNA, PREM 3/79/5, War Cabinet minute by Anthony Eden, 'Bulgaria', 17 Mar 1945.
31. Percy Schramm (ed), *Kriegstagebuch des OKW: Eine Dokumentation: 1943, Band 3, Teilband 2* (Augsburg: 2007), 1,089.
32. Michael M. Boll (ed), *The American Military Mission in the Allied Control Commission for Bulgaria 1944–1947* (New York: 1985), 38–42.
33. Peter Donnelly (ed), *Mrs. Milburn's Diaries: An Englishwoman's Day-to-Day Reflections 1939–1945* (London: 1979), 100, entry for 14 June 1941.
34. TNA, PREM 3/79/1, note by Churchill on telegram Tedder (MAAF) to Churchill, 29 Dec 1943; note by Churchill on letter from Lord Killearn to the Foreign Office, 9 Mar 1944.
35. TNA, PREM 3/66/10, JSM Report, 21 July 1944, 1.
36. TsAMO f.500, 0.725168d.319, Luftwaffe Generalstab, 'Luftwehrgeographische Beschreibung von Grossbritannien 1938', edn of 6 Mar 1940.
37. Haywood Hansell, *The Air Plan that Defeated Hitler* (Atlanta: 1972), 81–3.
38. TNA, PREM 3/79/1, telegram from British CoS to JSM, Washington, DC, 20 Oct 1943.
39. CamUL, Baldwin papers, vol 1, Londonderry to Baldwin, 17 July 1934.
40. Vera Brittain, *England's Hour* (London: 2005), xiv (first publ. 1941).
41. TNA, AIR 40/288 Air Intelligence (Liaison), 'The Blitz', 14 Aug 1941, App A, 'Morale', 1.
42. On this see Peter Gray, 'The Gloves Will Have to Come Off: A Reappraisal of the Legitimacy of the RAF Bomber Offensive against Germany', *Air Power Review*, 13 (2010), 9–40.
43. 现在有大量的作品讨论这些问题。See, e.g., Anthony Grayling, Among the Dead Cities: *Was the Allied Bombing of Civilians in World War II a Necessity or a Crime?* (London: 2005); Jörg Friedrich, *Der Brand: Deutschland im Bombenkrieg 1940–1945* (Munich: 2002); Nicholson Baker, *Human Smoke: The Beginnings of World War II and the End of Civilization* (New York: 2008); Stephen A. Garrett, *Ethics and Airpower in World War II: The British Bombing of German Cities* (New York: 1993); Beau Grosscup, *Strategic Terror: The Politics and Ethics of Aerial Bombardment* (London: 2006); Igor Primoratz (ed), *Terror from the Sky: The Bombing of German Cities in World War II* (Oxford: 2010).
44. LC, Eaker papers, Box I.30, Intelligence section, MAAF, 'What is Germany

Saying?' [n.d. but early 1945].

45. See the excellent essays in Yuki Tanaka, Marilyn Young (eds), *Bombing Civilians: A Twentieth-Century History* (New York: 2009).

第一章 1940 年前的轰炸战：虚构的与真实的

1. Lewis Mumford, *The Culture of Cities* (New York: 1938), 274–5, 292.
2. H. G. Wells, *The War in the Air* (London: 1908), 207, 349. Susan Grayzel, ' "A Promise of Terror to Come" : Air Power and the Destruction of Cities in British Imagination and Experience, 1908–39', in Stefan Goebel, Derek Keene (eds), *Cities into Battlefields: Metropolitan Scenarios, Experiences and Commemorations of Total War* (Farnham: 2011), 48–51.
3. Kirk Willis, 'The Origins of British Nuclear Culture, 1895–1939', *Journal of British Studies*, 34 (1995), 70–71.
4. Wells, *War in the Air*, 349.
5. Douglas H. Robinson, *The Zeppelin in Combat: A History of the German Naval Airship Division* (London: 1962), 345–51; Joseph Morris, *The German Air Raids on Great Britain, 1914–1918* (London: 1925), 265–72; Colin Dobinson, *AA Command: Britain's Anti-Aircraft Defences of World War II* (London: 2001), 21–2.
6. Raymond H. Fredette, *The Sky on Fire: The First Battle of Britain, 1917–1918, and the Birth of the Royal Air Force* (Washington, DC: 1991), 14–40, 160–72. Frank Morison (pseud. of Albert Henry Ross), *War on Great Cities: A Study of the Facts* (London: 1938), 180.
7. Dobinson, *AA Command*, 32.
8. Ian Patterson, *Guernica and Total War* (London: 2007), 87–8.
9. Grayzel, ' "A Promise of Terror to Come" ', 51–2.
10. See John Sweetman, 'The Smuts Report of 1917: Merely Political Window Dressing?', *Journal of Strategic Studies*, 4 (1981), 152–6, 164–6; Matthew Cooper, 'A House Divided: Policy, Rivalry and Administration in Britain's Military Air Command', *Journal of Strategic Studies*, 3 (1980), 178–201.
11. TNA, AIR 1/462, Lord Tiverton to Air Board, 3 Sept 1917; AIR 1/463, memorandum for the Supreme War Council, 'Bombing Operations', Jan 1918.
12. CCAC, Lord Weir papers, WEIR 1/2, Sir Henry Norman to Lord Weir (Air Minister), 25 Mar 1918.
13. Edward Westermann, *Flak: German Anti-Aircraft Defenses, 1914–1945* (Lawrence, KS: 2001), 18–27.
14. Air Ministry, Cmd. 100, 'Synopsis of British Air Effort during the War', Apr 1919, 5–6.
15. TNA, AIR 9/8, chief of the air staff, 'Review of the Air Situation and Strategy for the Information of the Imperial War Cabinet', 27 June 1918; AIR 1/460, War Office D. F.O., '*Strategic Bombing Objectives in Order of Importance*' [n.d. but autumn 1917]; Frederick Sykes, *From Many Angles: An Auto-Biography* (London: 1943), 224–30.

16. Peter Nath, *Luftkriegsoperationen gegen die Stadt Offenburg im Ersten und Zweiten Weltkrieg* (Offenburg: 1990), 585–92.
17. Alan Morris, *First of the Many: The Story of Independent Force, RAF* (London: 1968), App A; Air Ministry, Cmd. 100, 6 'Synopsis of British Air Effort' United States Bombing Survey: Narrative Summary, in M. Maurer (ed), *The U.S. Air Service in World War I: Vol 4* (Washington, DC: 1978), 500–502.
18. TNA, AIR 8/179, interview with Lord Trenchard on the Independent Force, 11 Apr 1934; AIR 1/460, Lt. General Groves, 'I.F. R.A.F. Policy', 11 Sept 1918; Sykes, From *Many Angles*, 555–8.
19. TNA, AIR 1/2104, British Bombing Commission Report; AIR 9/6, 'The Operation of the Independent Air Force', 12; United States Bombing Survey in Maurer, *U.S. Air Service: Vol 4*, 495–503.
20. TNA, AIR 9/8, War Office staff exercise, address by the chief of the air staff, 3. See too Tami Davis Biddle, *Rhetoric and Reality in Air Warfare: The Evolution of British and American Ideas about Strategic Bombing, 1914–1945* (Princeton, NJ: 2002), 78–80.
21. Giulio Douhet, *The Command of the Air*, trans. Dino Ferrari (Washington, DC: 1983), 181. Reprinted from 1942.
22. Ibid., 187.
23. Goldsworthy Lowes Dickinson, *War: Its Nature, Cause and Cure* (London: 1923), 12–13.
24. Neville Jones, *The Beginnings of Strategic Air Power: A History of the British Bomber Force 1923–1929* (London: 1987), 37–40.
25. Cited in Roxanne Panchasi, *Future Tense: The Culture of Anticipation in France between the Wars* (Ithaca, NY: 2009), 94–6.
26. 'The War of 19–', reproduced in Douhet, *The Command of the Air*, 392–3.
27. Morison, *War on Great Cities*, 183, 194, 203.
28. Tom Wintringham, *The Coming World War* (London: 1935), 38–9.
29. See e.g. Josef Konvitz, 'Représentations urbaines et bombardements stratégiques, 1914–1945', *Annales* (1989), 825–8; Stefan Goebel, Derek Keene, 'Towards a Metropolitan History of Total War: An Introduction', in Goebel and Keene, *Cities into Battlefields*, 6–11, 22–3.
30. H. Montgomery Hyde, G. R. Falkiner Nuttall, *Air Defence and the Civil Population* (London: 1937), 52–3.
31. CamUL, Needham papers, K31, review of *The Protection of the Public from Aerial Attack*, 20 Feb 1937.
32. Cited in Patterson, *Guernica and Total War*, 110.
33. Eric Lehmann, *Le ali del potere: La propaganda aeronautica nell'Italia fascista* (Turin: 2010); Scott W. Palmer, *Dictatorship of the Air: Aviation Culture and the Fate of Modern Russia* (Cambridge: 2006); Peter Fritzsche, *A Nation of Flyers: German Aviation and the Popular Imagination* (Cambridge, MA: 1992), ch 5.
34. Cited in Jones, *Beginnings of Strategic Air Power*, 41, House of Lords speech, 11 July 1928.
35. CCAC, Noel-Baker papers, 8/19, notes for a lecture, 6 Feb 1934.
36. E. Stengel, 'Air-Raid Phobia', *The British Journal of Medical Psychology*,

20 (1944–6), 135–43; P. E. Vernon, 'Psychological Effects of Air-Raids', *The Journal of Abnormal and Social Psychology*, 36 (1941), 457–61.

37. Brett Holman, 'The Air Panic of 1935: British Press Opinion between Disarmament and Rearmament', *Journal of Contemporary History*, 46 (2011), 288–307; Martin Hugh-Jones, 'Wickham Steed and German Biological Warfare Research', *Intelligence and National Security*, 7 (1992), 387–90.
38. CamUL, Needham papers, G57, rough notes 'Can Sci[ence] Save Civilisation?'
39. New Fabian Research Bureau, *The Road to War, Being an Analysis of the National Government's Foreign Policy* (London: 1937), 177–8.
40. Gerald Lee, ' "I See Dead People" : Air-Raid Phobia and Britain's Behaviour in the Munich Crisis', *Security Studies*, 13 (2003/4), 230–72.
41. Joel Hayward, 'Air Power, Ethics, and Civilian Immunity during the First World War and its Aftermath', *Global War Studies*, 7 (2010), 107–8.
42. Ibid., 127–8. See too Heinz Hanke, *Luftkrieg und Zivilbevölkerung* (Frankfurt am Main: 1991), 71–7.
43. J. Wheeler-Bennett (ed), *Documents on International Affairs: 1932* (Oxford: 1933), 217–27, 'Memorandum by the French Delegation, 14 November 1932'; Philip Meilinger, 'Clipping the Bomber's Wings: The Geneva Disarmament Conference and the Royal Air Force 1932–1934', *War in History*, 6 (1999), 311–21; Thomas Davies, 'France and the World Disarmament Conference of 1932–1934', *Diplomacy & Statecraft*, 15 (2004), 772–3; Waqar Zaidi, ' "Aviation Will Either Destroy or Save Our Civilization" : Proposals for the International Control of Aviation, 1920–45', *Journal of Contemporary History*, 46 (2011), 155–9.
44. Hanke, *Luftkrieg und Zivilbevölkerung*, 90.
45. *Documents on International Affairs: 1933* (Oxford: 1934), 173–7, 'British Draft Disarmament Convention, 16 March 1933: Article 34'. Carolyn Kitching, *Britain and the Geneva Disarmament Conference: A Study in International History* (Basingstoke: 2003), 59–60, 124–5; Dick Richardson, Carolyn Kitching, 'Britain and the World Disarmament Conference', in Peter Catterall, C. J. Morris (eds), *Britain and the Threat to Stability in Europe 1918–1945* (Leicester: 1993), 38–41, 47–9.
46. Davies, 'France and World Disarmament', 771–2; Hanke, *Luftkrieg und Zivilbevölkerung*, 93–8.
47. Philip Noel-Baker, 'International Air Police Force', in Storm Jameson (ed), *Challenge to Death* (London: 1934), 206–9, 231; CCAC, Noel-Baker papers, 4/497, 'Proposals for the Abolition of National Air Forces', 1 Nov 1934; Brett Holman, 'World Police for World Peace: British Internationalism and the Threat of the Knock-Out Blow from the Air, 1919–1945', *War in History*, 17 (2010), 319–21; Michael Pugh, 'An International Police Force: Lord Davies and the British Debate in the 1930s', *International Relations*, 9 (1988), 335–51;
48. *Documents on German Foreign Policy: Series C: Vol 5* (London: 1966), 355–63, 'Peace Plan of the German Government of March 31 1936'; *Documents on British Foreign Policy: Second Series: Vol VXI* (London: 1977), 262–4, Eden to Sir Eric Phipps (Paris), 2 Apr 1936; 268–70, Eden to Phipps, 2 Apr 1936.

49. *Documents on German Foreign Policy: Series C: Vol 5* 369–72, memorandum of the German Delegation to London, 2 Apr 1936.
50. Hanke, *Luftkrieg und Zivilbevölkerung*, 100–101.
51. 'How Nearly Twelve Million Voted', *Headway*, 17 (1935), 131. Martin Ceadel, 'The First British Referendum: The Peace Ballot 1934–35', *English Historical Review*, 95 (1980), 818–21, 828–9; Richard Overy, *The Morbid Age: Britain and the Crisis of Civilization between the Wars* (London: 2009), 229–35.
52. Nicholas Rankin, *Telegram from Guernica: The Extraordinary Life of George Steer, War Correspondent* (London: 2003), 53.
53. Angelo Del Boca, *I gas di Mussolini* (Rome: 1996), 76–7, 139–41, 148.
54. See Klaus Maier, *Guernica 26.4.1937: Die deutsche Intervention in Spanien und der 'Fall Guernica'* (Freiburg: 1975), 55–8.
55. Paul Preston, *We Saw Spain Die: Foreign Correspondents in the Spanish Civil War* (London: 2008), 263–4, 275–6.
56. CamUL, Needham papers, K102, Communist Party of Great Britain, 'The Decisive Hour', 2; Patterson, *Guernica and Total War*, 69.
57. Robert Stradling, *Your Children Will be Next: Bombing and Propaganda in the Spanish Civil War, 1936–1939* (Cardiff: 2008), 219.
58. Rankin, *Telegram from Guernica*, 128–9; CamUL, For Intellectual Freedom papers, A4, FIL statement, 31 Mar 1938.
59. Parliamentary Debates, *Hansard*, Ser 5, vol 270, col 632, 10 Nov 1932.
60. Susan Grayzel, *At Home and Under Fire: Air Raids and Culture in Britain from the Great War to the Blitz* (Cambridge: 2012), 124–5, 130–31.
61. Alfredo Savelli, *Offesa aerea: mezzi di difesa e protezione* (Milan: 1936), 85–104.
62. Richard Overy, 'Apocalyptic Fears: Bombing and Popular Anxiety in Inter-War Britain', S-NODI: *pubblici e private nella storia contemporanea*, 2 (Spring 2008), 20–21.
63. Claudia Baldoli, Andrew Knapp, *Forgotten Blitzes: France and Italy under Allied Air Attack, 1940–1945* (London: 2012), 62–3.
64. Julia Torrie, *'For Their Own Good': Civilian Evacuations in Germany and France, 1939–1945* (New York: 2010), 25–7. On the social body see Panchasi, *Future Tense*, 100–107.
65. Torrie, *'For Their Own Good'*, 27–30; Bernd Lemke, *Luftschutz in Grossbritannien und Deutschland 1923 bis 1939* (Munich: 2005), 327–9.
66. Baldoli and Knapp, *Forgotten Blitzes*, 63–4; Terence O'Brien, *Civil Defence* (London: 1955), 329–30; RGVA, f.37878, o.1, d. 722, 'Anti-Chemical Defence during the War', 3 July 1945.
67. Lara Feigel, *The Love-Charm of Bombs* (London: 2013), 36.
68. Lemke, *Luftschutz*, 329–30.
69. 'Anti Air-Raid-Drill', *The War Resister*, Feb 1934, 6–8; FHL, No More War Movement papers, MSS 579/2, National Committee meeting, 1 June 1935; LSE, National Peace Council papers, 16/9, J. D. Bernal, 'Air Raid Precautions', *Peace*, Jan 1938, 152–3.
70. Joseph Meisel, 'Air Raid Shelter Policy and its Critics before the Second World War', *Twentieth Century British History*, 5 (1994), 307–12.

71. WMRC, Gollancz papers, 157/3/M, Towndrow to Victor Gollancz, October 1938.
72. Montgomery Hyde, *Air Defence and the Civil Population*, 216–24.
73. M. Cluet, *L'Architecture du IIIe Reich: Origines intellectuelles et visées idéologiques* (Bern: 1987), 201–4; C. W. Glover, *Civil Defence* (London: 1938), 692–3.
74. Glover, *Civil Defence*, 690, 694.
75. Helmut Klotz, *Militärische Lehren des Burgerkrieges in Spanien* (1937), 52.
76. NARA, RG 165/888.96, memorandum by Gen. Embick, War Plans Divisions, 6 Dec 1935, 3.
77. J. Truelle, 'La production aéronautique militaire française jusqu'en Juin 1940', *Revue d'histoire de la Deuxième Guerre Mondiale*, 19 (1969), 97; Pierre Cot, *Triumph of Treason* (Chicago, IL: 1944), 282–6, 330–35.
78. TNA, AIR 9/77, Draft Air Staff requirement, Specification B19/38.
79. Ferruccio Botti, 'Amadeo Mecozzi', *in Actes du colloque international, 'Précurseurs et prophètes de l'aviation militaire'* (Paris: 1992), 134–9; James Corum, 'Airpower Thought in Continental Europe between the Wars', in Philip Meilinger (ed), *The Paths to Heaven: The Evolution of Airpower Theory* (Maxwell AFB, AL: 1997), 160–61.
80. 'Rougeron's Aviation de Bombardement: Part II', *Royal Air Force Quarterly*, 10 (1939), 39–44; on French First World War experience see P. Bernard, 'A propos de la stratégie aérienne pendant la Première Guerre Mondiale: Mythes et realités', *Revue d'Histoire Moderne et Contemporaine*, 16 (1969), 357–61.
81. Cot, Triumph of Treason, 274–5; Robert Young, 'The Strategic Dream: French Air Doctrine in the Inter-War Period, 1919–1939', *Journal of Contemporary History*, 9 (1974), 58–9, 66–7; P. le Goyet, 'Evolution de la doctrine d'emploi de l'aviation française entre 1919 et 1939', *Revue d'Histoire de la Deuxième Guerre Mondiale*, 19 (1969), 22–3. Robin Higham, *Two Roads to War: The French and British Air Arms from Versailles to Dunkirk* (Annapolis, MD: 2012), 136–7.
82. K. R. Whiting, 'Soviet Aviation and Air Power under Stalin, 1928–1941', in Robin Higham, Jacob Kipp (eds), *Soviet Aviation and Air Power: A Historical View* (London: 1978), 50–63; J. T. Greenwood and Von Hardesty, 'Soviet Air Forces in World War II', in Paul Murphy (ed), The Soviet Air Forces (Jefferson, NC: 1984), 35–9; Alexander Boyd, *The Soviet Air Force since 1918* (London: 1977), 56–8.
83. James Corum, 'From Biplanes to Blitzkrieg: The Development of German Air Doctrine between the Wars', *War in History*, 3 (1996), 87–9.
84. Ibid., 97; Westermann, Flak, 40–46.
85. 'Beitrag zur Wehrmachtstudie, 18 Nov 1935', in Karl-Heinz Völker, Dokumente und *Dokumentarfotos zur Geschichte der Deutschen Luftwaffe* (Stuttgart: 1968), 445–6; E. M. Emme, 'Technical Change and Western Military Thought, 1914–45', *Military Affairs*, 24 (1960), 15.
86. 'Luftwaffendienstschrift "Luftkriegführung" ', in Völker, *Dokumente und Dokumentarfotos*, 479–82.

87. Westermann, Flak, 54–5, 58–9.
88. Corum, 'From Biplanes to Blitzkrieg', 97–8; a different view in Klaus Maier, 'Total War and German Air Doctrine before the Second World War', in Wilhelm Deist (ed), *The German Military in the Age of Total War* (Oxford: 1985), 214–15.
89. Robert F. Futrell, *Ideas, Concepts, Doctrine: A History of Basic Thinking in the United States Air Force* (Maxwell AFB, AL: 1971), 28.
90. NARA, RG 165/888, Maj. Gen. Hugh Drum, 'Information on Aviation and Department of National Defense', 1 May 1934, 3.
91. M. Maurer, *Aviation in the U.S. Army, 1919–1939* (Washington, DC: 1987), 325–9; Alfred Goldberg (ed), *A History of the United States Air Force, 1907–1957* (Princeton, NJ: 1957), 40–41.
92. NARA, RG 18/223, Box 4, memorandum for the CoS, 4 Apr 1932, 9.
93. NARA, RG 18/229, Patrick papers, Fort Leavenworth lecture, March 27 1924, 1–2, 7–8.
94. Ibid., lecture to the Air War College, 'Air Tactics', Nov 1923, 1, 14–15; LC, Mitchell papers, Box 27, 'Aviation in the Next War' and 'Give America Airplanes'; William Mitchell, *Winged Defense* (New York: 1925), 4–6, 214–16.
95. USAFA, Hansell papers, Ser III, Box 1, Folder 1, 'Fairchild lecture', 1 Dec 1964, 8; USAFA, McDonald papers, Ser V, Box 8, Folder 8, 'Development of the U.S. Air Forces' Philosophy of Air Warfare prior to our Entry into World War II' [n.d.], 15–16.
96. LC, Andrews papers, Box 11, Maj. Harold George, 'An Inquiry into the Subject War', 17.
97. Konvitz, 'Représentations urbaines', 834–5. Gian Gentile, How Effective is Strategic Bombing? Lessons Learned from World War II to Kosovo (New York: 2000), 16–18; Biddle, Rhetoric and Reality, 161–4.
98. LC, Andrews papers, Box 11, Carl Spaatz, 'Comments on Doctrine of the Army Air Corps', 5 Jan 1935; R. W. Krauskopf, 'The Army and the Strategic Bomber 1930–1939: Part I', *Military Affairs*, 22 (1958/9), 94.
99. NARA, RG 94/452.1, General Oscar Westover to General Marlin Craig, 4 Dec 1936; Henry Arnold to Adjutant-General, 11 Sept 1936; Air Corps Materiel Division to the chief of the air corps, 14 Apr 1937; General Embick for the chief of staff, 'Changes in Fiscal Year 1938 Airplane Program', 16 May 1938.
100. NARA, RG 94/452.1, memorandum for the chief of staff (Gen. George Marshall), 21 Sept 1939; RG 94/580, Gen. George Strong to the chief of staff, 10 May 1940; memorandum, 'Army's Second Aviation Objective', 28 Feb 1941; R. W. Krauskopf, 'The Army and the Strategic Bomber 1930–1939: Part II', *Military Affairs*, 22 (1958/9), 211–14. On Roosevelt see Jeffery Underwood, *The Wings of Democracy: The Influence of Air Power on the Roosevelt Administration 1933–1941* (College Station, TX: 1991), 135–7.
101. TNA, AIR 9/8, Notes on a possible 'Locarno War', 2 May 1929.1
102. Ibid., CoS Paper 156, 'Note by the First Sea Lord', 21 May 1928; CAS, 'Note upon the memorandum of the Chief of the Naval Staff' [n.d. but May 1928]; 'Notes for Address by CAS to the Imperial Defence College on the War Aims of

an Air Force', 9 Oct 1928, 1.

103. RAFM, Saundby papers, AC72/12, Box 3, lecture, 'The Use of Air Power in 1939/45' [n.d.], 2–3; TNA, AIR 9/39, lecture by Air Vice-Marshal A. S. Barratt, 'Air Policy and Strategy', 23 Mar 1936.
104. TNA, AIR 9/8, Address by the CAS, 9 Oct 1928, 5.
105. Richard Overy, 'Allied Bombing and the Destruction of German Cities', in Roger Chickering, Stig Förster, Bernd Greiner (eds), *A World at Total War: Global Conflict and the Politics of Destruction, 1937–1945* (Cambridge: 2005), 278–84.
106. NARA, RG 18/223, Box 1, RAF *War Manual*, Pt I, May 1935, 57.
107. See e.g. Priya Satia, 'The Defense of Inhumanity: Air Control and the British Idea of Arabia', *American Historical Review*, 111 (2006), 25–38. A more favourable interpretation in Sebastian Ritchie, *The RAF, Small Wars and Insurgencies in the Middle East, 1919–1939* (Northolt: 2011), esp. 78–83.
108. John Slessor, *The Central Blue: Recollections and Reflections* (London: 1956), 65–6.
109. H. G. Wilmott, 'Air Control in Ovamboland', *Journal of the Royal United Services Institution*, 83 (1938), 823–9.
110. CCO, Portal papers, Folder 2/File 2, Portal to Churchill, 25 Sept 1941, encl. 'The Moral Effect of Bombing', 1; see too Charles Portal, 'Air Force Co-operation in Policing the Empire', *Journal of the Royal United Services Institution*, 82 (1937), 343–57.
111. Jones, *Beginnings of Strategic Air Power*, 107–8.
112. Ibid., 123.
113. Ibid., 118–21.
114. TNA, AIR 9/92, First Meeting of the Bombing Policy Sub-Committee, 22 Mar 1938, 1–2, 6–9.
115. Ibid., Note on A.T.S. bombing trial results [n.d.].
116. Ibid., minutes of meeting, Deputy Director of Plans, 23 Mar 1939.
117. TNA, AIR 14/225, Ludlow-Hewitt to Under-Secretary of State, Air Ministry, 30 Aug 1938. See too Charles Webster, Noble Frankland, *The Strategic Air Offensive Against Germany*, 4 vols (London: 1961), vol 1, 100.
118. TNA, AIR 9/8, Air Staff memorandum, 15 Jan 1936, 2–3, 5; AIR 9/77, Operational Requirements Committee, minutes of meeting, 11 Aug 1938, 4.
119. TNA, AIR 9/8, note from Harris to deputy chief of the air staff, 24 Sept 1936.
120. USAFA, McDonald papers, Ser V, Box 8, Folder 8, 'Development of the U.S. Air Forces Philosophy of Air Warfare', 3, 15. Michael Sherry, *The Rise of American Air Power: The Creation of Armageddon* (New Haven, CT: 1987), 53–6.
121. NARA, RG 18/223, Box 4, memorandum for the chief of staff, 4 Apr 1932; Arnold to the chief of the air corps, 'Cumulative Production of Airplanes of Mobilization Planning', 24 Mar 1931. On Britain see Sebastian Ritchie, *Industry and Air Power: The Expansion of British Aircraft Production, 1935–1941* (London: 1997); George Peden, *Arms, Economics and British Strategy: From Dreadnoughts to Hydrogen Bombs* (Cambridge: 2007), 137–40, 158–61. This is

the thrust of David Edgerton, *Britain's War Machine: Weapons, Resources and Experts in the Second World War* (London: 2011), esp. ch 1.

122. Oliver Stewart, 'The Doctrine of Strategical Bombing', *Journal of the Royal United Services Institution*, 81 (1936), 97–8.
123. TNA, AIR 9/39, 'Air Policy and Strategy', 23 Mar 1936, 5–6.
124. USAFA, McDonald papers, Ser V, Box 8, Folder 8, 'Development …', 13–15.
125. William Shirer, *Berlin Diary: The Journal of a Foreign Correspondent 1934–1941* (London: 1941), 160.
126. Edward Stebbing, *Diary of a Decade: 1939–1950* (Lewes: 1998), 3–4.

第一部分 德军的轰炸战

第二章 第一次空中战略进攻：1940 年 9 月至 1941 年 6 月

1. Grigore Gafencu, *The Last Days of Europe: A Diplomatic Journey in 1939* (London: 1947), 65–6.
2. William Shirer, *Berlin Diary: The Journal of a Foreign Correspondent 1934–1941* (London: 1941), 388–9, entry for 4/5 Sept 1940; Max Domarus, *Hitler: Reden und Proklamationen. Band II: Erster Halbband* (Munich: 1965), 1,580.
3. Heinz(ed) Boberach, *Meldungen aus dem Reich: Die geheimen Lageberichte des Sicherheitsdienstes der SS 1938–1945*, 17 vols (Herrsching: 1984), vol 5, 1,549, Report 9 Sept 1940.
4. See the discussion in Horst Boog, 'Strategischer Luftkrieg in Europa 1943–1944', in Horst Boog, Gerhard Krebs, Detlef Vogel, *Das Deutsche Reich und der Zweite Weltkrieg, Band 7: Das Deutsche Reich in der Defensive* (Stuttgart: 2001), 323–7.
5. Karl-Heinz Völker, *Dokumente und Dokumentarfotos zur Geschichte der Deutschen Luftwaffe* (Stuttgart: 1968), 469–71, doc 200, 'Luftkriegführung', Mar 1940. For the best account see James Corum, *The Luftwaffe: Creating the Operational Air War, 1918–1940* (Lawrence, KS: 1997).
6. TsAMO, f.500, o.12452, d.11, Luftwaffe Generalstab, 'Merkblatt für den Einsatz der Fliegertruppe zur unmittelbaren Unterstützung des Heeres', 1 July 1939, 1–8.
7. TsAMO, f.500, o.12452, d.13, Luftwaffe Führungsstab, 'Bestimmungen für die Verständigung zwischen Truppenteilen am Boden und fliegenden Verbände', 6 Apr 1940.
8. M. Bernard Davy, *Air Power and Civilization* (London: 1941), 129–30.
9. TsAMO, f.500, o.12452, d.386, Luftflotte 4 Report, 'Angriff auf Warschau', 16 Sept 1939.
10. Ibid., operational orders, Luftflotte 4, 23 Sept 1939; AHB, Translations: Second World War, vol 9, VII/132, 'German Bombing of Warsaw and Rotterdam', 1–2.
11. TsAMO, f.500, o.12452, d.386, Foreign Office to von Richthofen, 24 Sept 1939; Heeresgruppe Nord to von Richthofen, 25 Sept 1939.

12. TsAMO, f.500, o.12452, d.386, Luftflotte 4 operational orders 24 Sept 1939; operational orders 25 Sept 1939; telephone message 27 Sept 1939. See too Boog et al., DRZW: Band 7, 323–4.
13. AHB Translations, vol 9, VII/132, 'German Bombing of Warsaw and Rotterdam', 1.
14. Andrew Klukowski, Helen Klukowski (eds), *Diary from the Years of Occupation: Zygmunt Klukowski* (Urbana, IL: 1993), 6, 9–10.
15. Chaim Kaplan, *Scroll of Agony: The Warsaw Diary of Chaim A. Kaplan* (London: 1966), 11, 18.
16. TNA, FO 371/23105, Kennard to Foreign Office, 3 Sept 1939.
17. AHB Translations, vol 2, VII/33, German Air Force General Staff, 'The Luftwaffe in Poland', 11 July 1944, 7.
18. Ibid., 2.
19. Kaplan, *Scroll of Agony*, 17–19.
20. James Corum, *Wolfram von Richthofen: Master of the German Air War* (Lawrence, KS: 2008), 173–4. For a figure of 40,000 dead, Halik Kochanski, *The Eagle Unbowed: Poland and the Poles in the Second World War* (London: 2012), 82.
21. FDRL, President's Personal Files 554, Biddle to Roosevelt, 10 Nov 1939.
22. Nicola Della Volpe, *Difesa del territorio e protezione antiaerea, 1915–1943: storia, documenti, immagini* (Rome: 1986), 215, minutes of the 17th Meeting of the Supreme Commission for the Defence, Feb 1940.
23. AHB Translations, vol 9, VII/132, 'German Bombing of Warsaw and Rotterdam', 2.
24. Leo Polak, 'De hel van Rotterdam', KIJK, 6 (2010), 22; Hans van der Pauw, *Rotterdam in de Tweede Wereldoorlog* (Rotterdam: 2006), 848–52; A. Korthals Altes, *Luchtgevaar: Luchtaanvallen op Nederland 1940–1945* (Amsterdam: 1984), 45–54. 估算的死亡数字在 800 至 980 之间，但是有些数字包含在早期轰炸中死亡的人数和因为炮击死亡的人数。Altes 采用了更少的死亡数字 600 人（54）。
25. Albert Kesselring, *The Memoirs of Field-Marshal Kesselring* (London: 2007), 56–8.
26. RAFM, Saundby papers, Box 3, RAF Staff College lectures, Pt 9, 'Operations 1939–1942', Mar 1944, 13.
27. Gérard Chauvy, *Le drame de l'armée française du Front populaire à Vichy* (Paris: 2010), 544–5.
28. Ibid., 27; Air Ministry, *The Rise and Fall of the German Air Force, 1933–1945* (London: 1983), 70–2.
29. Hanna Diamond, *Fleeing Hitler: France 1940* (Oxford: 2007), 45–9. 在这里我也要感谢 Martin Alexander 允许我参照其未出版的文章 'Retreat, Resistance, Resignation: French Responses to Invasion in 1940'。
30. BA-MA, RL2 III/707b, 'Einsatzbereitschaft Luftwaffe und Verluste: Stand 29 Juni 1940'; AHB Translations, vol 7, VII/107, Luftwaffe Strength and Serviceability Tables, Aug 1938–Apr 1945.
31. Nicolaus von Below, *At Hitler's Side: The Memoirs of Hitler's Luftwaffe*

Adjutant, 1937–1945 (London: 2001), 63.

32. IWM, EDS collection, OKW, Aktennotiz, 12 June 1940; von Below, *At Hitler's Side*, 63–4. See too Henrik Eberle, Matthias Uhl (eds), *The Hitler Book: The Secret Dossier Prepared for Stalin* (London: 2005), 65. 据这份卷宗记载，希特勒在 6 月 24 日同约德尔、凯特尔和马丁·鲍曼共进晚餐时声称："西欧的问题现在已经解决了。现在我们剩下的工作就是对付苏联。"
33. *Fuehrer Conferences on Naval Affairs, 1939–1945* (London: 1990) hereafter *FCNA*, 110–11, Conference with the Führer, 20 June 1940; Hans-Adolf Jacobsen (ed), *Generaloberst Halder: Kriegstagebuch* (Stuttgart: 1963), 3 vols, II, 3, entry for 1 July 1940.
34. AHB Translations, vol 2, VII/26, 'The Course of the Air War Against England', 22 Nov 1939; VII/30, Col. Schmid, 'Proposal for the Conduct of Air Warfare against Britain', 22 Nov 1939, 2–4.
35. Walther Hubatsch (ed), *Hitlers Weisungen für die Kriegführung* (Munich: 1965), 46–9, Weisung Nr. 9.
36. Galeazzo Ciano, *Diario 1937–1943*, ed. Renzo De Felice (Milan: 1990), 451, entry for 7 July 1940; *FCNA*, 112–13, 'The War Against England', 7 July 1940.
37. Hubatsch, *Hitlers Weisungen*, 71–2, Directive no. 16.
38. von Below, *At Hitler's Side*, 68; Shirer, *Berlin Diary,* 356–7. The speech in Domarus, *Reden: Band II, erster Halbband*, 1,558："再次提出让英国人思考的呼吁。"
39. AHB Translations, vol 1, VII/21, 'First Deliberations Regarding a Landing in England', 12 July 1940; Operations Staff memorandum, 13 Aug 1940："领袖墨索里尼会知道，我们和德国人是在一起作战的，而不是在平行的战线上作战。" See too Walter Warlimont, *Inside Hitler's Headquarters, 1939–45* (London: 1964), 109–10; Basil Collier, *The Defence of the United Kingdom* (London: 1957), 499–50, App xxviii. For Hitler's agreement see Percy Schramm (ed), *Kriegstagebuch des OKW* (hereafter KTB/OKW): *Band 1, Teilband 1, 1940–1941* (Bonn: 2005), 23–4, entry for 12 Aug 1940
40. von Below, *At Hitler's Side*, 63–4："他希望英国会终止在西线的战争，因为即将和苏联发生的战争是不可避免的，而他不希望出现前后都是敌人的局面。"
41. *FCNA*, 122–5, 'Conference on July 31 1940'; Jürgen Förster, 'Hitler Turns East – German War Policy in 1940 and 1941', in Bernd Wegner (ed), *From Peace to War: Germany, Soviet Russia and the World, 1939–1941* (Oxford: 1997), 117–24.
42. BA-MA, RL2–IV/27, Otto Bechtle, 'Der Einsatz der Luftwaffe gegen England, 1940–1943', 2 Apr 1944, 1.
43. BA-MA, RL8/1, Generalkommando I Fliegerkorps, 'Gedanken über die Führung des Luftkrieges gegen England', 24 July 1940, 1.
44. TsAMO, f.500, o.12452, d.56, *Orientierungsheft Grossbritannien*, 1 June 1939, Anlage 19, 23.
45. Ibid., f.500, o.725168, d.319, *Luftwehrgeographische Beschreibung von Grossbritannien*, 7 Feb 1940, 99.
46. BA-MA, RL8/1, Kriegstagebuch, I Fliegerkorps, 15 July 1940.
47. TNA, AIR 16/432, Home Security Intelligence Summary, 31 July 1940.

48. TNA, MEPO 2/6335, Metropolitan Police reports, Balham HQ, 2 and 9 Sept 1940.
49. TsAMO, f.500, o.12452, d.14, Luftwaffe Führungsstab, 'Bemerkungen zum Einsatz der Luftwaffe', Nr. 8, 26 July 1940, 1–3.
50. AHB Translations, vol 1, VII/21, 'First Deliberations', 12 July 1940, 2–3.
51. BA-MA, RL8/1, I Fliegerkorps, 'Gedanken über die Führung des Luftkrieges gegen England', 24 July 1940, 1.
52. Ibid., 2; TNA, AIR 40/2444, Bechtle lecture, 2 Feb 1944, 2–4.
53. Boberach, *Meldungen aus dem Reich*, vol 5, 1,424, Report 29 July 1940; 1,441, Report 5 Aug 1940.
54. TNA, AIR 20/8693, Testimony of Hermann Göring taken at Nuremberg, 6 Apr 1946 (interviewed by Hilary St George Saunders), 2, 14.
55. von Below, *At Hitler's Side*, 70; AHB Translations, vol 1, VII/21, OKW to Göring, 30 July 1940.
56. Hubatsch, *Hitlers Weisungen*, 75–6; AHB Translations, vol 1, VII/21, OKW (Keitel), 'Operation Sea Lion', 1 Aug 1940.
57. Boberach, *Meldungen aus dem Reich*, vol 5, 1,449, Report 8 Aug 1940; 1,461–2, Report 12 Aug 1940; Shirer, *Berlin Diary*, 366.
58. TNA, AIR 40/2444, Bechtle lecture, 7; Gerwin Strobl, *The Germanic Isle: Nazi Perceptions of Britain* (Cambridge: 2000), 100–101, 164–5, 182–3.
59. AHB Translations, vol 7, VII/107, Quartermaster Strength and Serviceability Tables.
60. Alfred Price, *The Luftwaffe Data Book* (London: 1997), 32–8.
61. On Göring, Richard Overy, *Goering: Hitler's Iron Knight* (3rd edn, London: 2012); Stefan Martens, *Hermann Göring: Erster Paladin des Führers und Zweiter Mann im Reich* (Paderborn: 1985); Alfred Kube, *Pour le Mérite und Hakenkreuz: Hermann Göring im Dritten Reich* (Munich: 1986).
62. Ernest Evans, 'Göring – beinahe Führer: Teil I', *Interavia*, 1 (Aug 1946), 17.
63. BA-B, RL3/246, letter from Heinrich Koppenberg (chairman of Junkers) to Göring, 11 Aug 1939; RL3/247, 'Besprechungsniederschrift 12/13 Jan 1939, Nachbau Ju88'. See too Lutz Budrass, *Flugzeugindustrie und Luftrüstung in Deutschland 1918–1945* (Düsseldorf: 1998), 622–4.
64. Details from Manfred Griehl, *Junkers Ju88: Star of the Luftwaffe* (London: 1990), ch 3; William Green, *Warplanes of the Third Reich* (London: 1970), 448ff.
65. Willy Ley, *Bombs and Bombing* (New York: 1941), 28–31, 40–43; on bomb loads see TsAMO, f.500, o.12452, d.14, 'Bemerkungen zum Einsatz der Luftwaffe', 26 July 1940, 2.
66. Alfred Price, *Instruments of Darkness: The History of Electronic Warfare, 1939–1945* (London: 2005), 21–47.
67. Details in Kenneth Wakefield, *The First Pathfinders: The Operational History of Kampfgruppe 100, 1939–1941* (London: 1981), 28–34.
68. TNA, AIR 20/335, RAF Wireless Intelligence Service, Periodical Summary 15, 7 June 1941.
69. TNA, PREM 3/29 (3), 'Summarised Order of Battle', 9 Aug 1940. Collier, *The*

Defence of the United Kingdom，这本书给出的数字是 8 月 8 日有 57 个中队。

70. Colin Dobinson, *AA Command: Britain's Anti-Aircraft Defences of the Second World War* (London: 2001), 234–5, 512, 528–9; Alexander Rose, 'Radar and Air Defence in the 1930s', *Twentieth Century British History*, 9 (1998), 240–45.
71. AHB, 'Battle of Britain: Despatch by Air Chief Marshal Sir Hugh Dowding, 20 Aug 1941', 8.
72. Colin Dobinson, *Building Radar: Forging Britain's Early-Warning Chain, 1935–1945* (London: 2010), 302–5, 318; AHB, 'Battle of Britain Despatch', 9–10.
73. TsAMO, f.500, o.725168, d.110, Operations Staff, 'Die britische Fliegertruppe: 1.1.1941', 5–6，这份文件就是这种误解的一个例子。人们认为飞机是由地面的无线电引导的。See Sebastian Cox, 'A Comparative Analysis of RAF and Luftwaffe Intelligence in the Battle of Britain', *Intelligence and National Security*, 5 (1990), 426–7, 435–7.
74. TNA, AIR 8/463, Air Ministry minute, 8 July 1940; Air Staff minute, 'Present and Future Strength of the German Air Force', [n.d.]; German figures in AHB Translations, vol 7, VII/107, Quartermaster Strength and Serviceability Tables; Air Fleet strengths from Collier, *Defence of the United Kingdom*, 452, App xi. On aircraft ranges see AIR 20/313, Air Ministry memorandum, 'Extension of the Air Defence of Great Britain Necessitated by the Defeat of France', 5 July 1940.
75. BA-MA, RL2 IV/33, Luftwaffe Staff, 'Angriffe auf England: Materialsammlung, 1940–41'.
76. HHC, TYP Pt I, Damage to Property 1939–1945, reports for 1940.
77. BA-MA, RL2 IV/30, Maj. Leythehauser lecture, 'Einsatzarten und ihre Durchführung im Englandkrieg', 14 Feb 1944, 1–2; on mining RL2 IV/33, 'Angriffe auf England'.
78. TsAMO, f.500, o.725168, d.527, Luftwaffe Kriegsberichte-Kompanie, 'Bomben auf Flugplätze vor London, 18 Aug 1940', 3.
79. Ibid., account by Hellmut Schwatle, 18 Aug 1940, 2; Anton Dietz, 'Erlebnisbericht: Grossangriff auf London', 5.
80. AHB Translations, vol 2, VII/26, 'Course of the Air War', 2. BA-MA, RL2 IV/27, Bechtle lecture, 2 Apr 1944, 3; Klaus Maier, 'Luftschlacht um England', in Maier et al., *DRZW: Band 2: Die Errichtung der Hegemonie auf dem europäischen Kontinent* (Stuttgart: 1979), 384–5.
81. *KTB/OKW: Band 1, Teilband 1*, 59–60, entry for 3 Sept 1940.
82. Ibid., 50, 55, 62, entries for 29 Aug, 30 Aug, 4 Sept 1940.
83. TNA, AIR 16/432, Home Security intelligence summaries, night raids 18–19, 19–20, 22–23, 24–25, 25–26, 28–29 Aug.
84. AHB Translations, vol 2, VII/26, 'Course of the Air War', 3.
85. Shirer, *Berlin Diary*, 380–81, entry for 26 Aug 1940.
86. Elke Fröhlich (ed), *Die Tagebücher von Joseph Goebbels: Sämtliche Fragmente*, 4 vols (Munich: 1987), vol 4, 296, entry for 27 Aug 1940; *KTB/OKW: Band 1, Teilband 1*, 50, entry for 29 Aug 1940.
87. Shirer, *Berlin Diary*, 391.
88. NC, Cherwell papers, F260, RAF Operational Statistics, 'Night Bomber Sorties,

1 Aug 1940–7 Nov 1940'.
89. BA-MA, RL 41/2, RLB, Luftschutz-Bericht, 22 May 1940, 3.
90. Ibid., Luftschutz-Bericht, 31 July 1940, 2; Luftschutz-Bericht, 11 Sept 1940, 2.
91. Boberach, Meldungen aus dem Reich, vol 5, 1,525, 2 Sept 1940.
92. von Below, *At Hitler's Side*, 71.
93. Hugh Trevor-Roper, *Hitler's Table Talk 1941–1944* (London: 1973), 697. "是英国首先开始发动的空中攻击，"希特勒强调，"德国出于道德上的顾虑一直保持克制态度，但这对英国来说却毫无意义。"
94. AHB Translations, vol 2, VII/30, 'Proposal for the Conduct of Air Warfare against Britain', 22 Nov 1939, 3; vol 1, VII/10, 'The Course of the Air War over Central and Western Europe', 1944, 1.
95. *KTB/OKW: Band 1, Teilband 1,* 27, entry for 13 Aug 1940.
96. AHB Translations, vol 2, VII/30, 'Proposal for the Conduct of Air Warfare against Britain', 22 Nov 1939, 4.
97. BA-MA, RL2 IV/30, Maj. Leythehauser lecture, 14 Feb 1944, 1.
98. TsAMO, f.500, o.725168, d.14, 'Bemerkungen zum Einsatz der Luftwaffe', 3 Sept 1940, 4.
99. von Below, *At Hitler's Side*, 73; Maier, 'Luftschlacht', 390–91. TsAMO, f.500, o.725168, d.14, 'Bemerkungen zum Einsatz der Luftwaffe', 3 Sept 1940, 29 Sept 1940, 14 Oct 1940, 11 Jan 1941. 关于希特勒否决发动恐怖轰炸，而倾向于攻击"战争必要"目标的文件，参见 *KTB/OKW: Band 1, Teilband 1*, 76，1940 年 9 月 14 日的记录。
100. BA-MA, RL8/1, I Fliegerkorps, 'Befehl zum Angriff auf Hafenanlagen in Loge', 6 Sept 1940.
101. TsAMO, f.500, o.725168, d.527, 'Bemerkungen zum Einsatz der Luftwaffe', 21 Sept 1940. 不愿意执行飞行任务是因为参加飞行造成的现象，这种现象出现在那些以前没有心理问题的飞行员中。
102. Ibid., f.500, o.725168, d.527, KBK-Tagesbericht, Kriegserlebnis, 7 Sept 1940, 'Ein Feueurgürtel lodert um London', 1, 'Unternehmen: Vergeltung', 1.
103. Fröhlich, *Die Tagebücher von Joseph Goebbels,* 309, 316.
104. *KTB/OKW: Band 1, Teilband 1*, 76, entry for 14 Aug 1940.
105. von Below, *At Hitler's Side*, 70–71, 73; Adolf Galland, *The First and the Last* (London: 1955), 45.
106. On German estimates see *KTB/OKW: Band 1, Teilband 1,* 60, 67, 86. 不仅认为战斗机司令部还剩下 300 架飞机这一点是错误的，声称其战斗机中队的数量从 12 至 15 个中队减少到 5 至 7 个中队也是错误的。
107. von Below, *At Hitler's Side*, 71.
108. Maier, 'Luftschlacht', 390–91.
109. Fröhlich, *Die Tagebücher von Joseph Goebbels*, 410, entry for 24 Nov 1940.
110. NARA, RG 332, Box 115, interrogation of Wilhelm Keitel [n.d.], 11–12.
111. TsAMO, f.500, o.725168, d.527, Jagdgeschwader 3, Erfahrungsbericht, 12 Nov 1940, 'Bombenwerfen der Jäger'.
112. Sönke Neitzel, *Der Einsatz der deutschen Luftwaffe* über *dem Atlantik und der Nordsee 1939–1945* (Bonn: 1995), 55–6.
113. Ibid., 85. See too K. Poolman, *Focke-Wulf Condor: Scourge of the Atlantic*

(London: 1978), chs 10–11. On the shipping campaign see BA-MA RL2 IV/48, Luftwaffe Generalstab Studie, 'Zusammenarbeit Marine-Luftwaffe im Seekrieg gegen England', 28 Feb 1944, 2–7. 'All possibilities offered by the bombing war must be placed unreservedly in the service of the campaign against tonnage.'

114. Calculated from Neitzel, *Einsatz über dem Atlantik*, 68.
115. Ibid., 70, 73.
116. Calculated from BA-MA, RL2 IV/27, Bechtle lecture, Anlage, 'Grossangriffe bei Nacht gegen Lebenszentren Englands, 12.8.1940–26.6.1941'.
117. NARA, RG 332 Box 115, Keitel interrogation, 12. "从美国运来了大量机动车和装备，因此把这场战争继续下去就要攻击这些港口。"
118. TsAMO, f.500, o.725168, d.110, Luftwaffe Operations Staff, 'Die britische Fliegertruppe', 14 Jan 1941, 10–11.
119. Ibid., f.500, o.725168, d.527, 'Taktische Feindnachrichten Nr. 11', 9 Nov 1940.
120. BA-MA, RL2 IV/33, 'Luftkrieg gegen England: Weisungen und Befehle', 7 Nov 1940.
121. TsAMO, f.500, o.725168, d.527, 'Taktische Feindnachrichten Nr 15', II Fliegerkorps, 1 Dec 1940, 1–2. On morale see IWM, Italian Series (Air Force), Box 14, 2547, OKL Ic Report, 'Wirkung deutscher Luftangriffe auf England', 1.
122. Calculated from TNA, HO 191/11, MHS, 'Statement of Civilian Casualties to 31 May 1945', 31 July 1945.
123. TsAMO, f.500, o.725168, d.527, 'Taktische Feindnachrichten Nr 11', 3.
124. TNA, HO 186/669, Meteorological Office, 'The Frequency with which aimed Bombing can be carried out during daytime', Aug 1937; 'Note on possible use of smoke for camouflage', 1 June 1938.
125. TNA, WO 208/3506, Air Intelligence (k), Report 341, 'Report on Four He111's of K. Gr. 100', 22 June 1941; TsAMO, f.500, o.725168, d.15, London map, target areas for Fliegerkorps 3 and 4, July 1940; 725168/17, London map, target areas for *Fliegerkorps* 1 and 2, July 1940. The full target intelligence maps can be seen in the IWM Archive at Duxford. 例如 1939 年 10 月准备的名为 'Zielstammkarte: Ort: Manchester-Clifton-Junction' 的目标材料，包括两张地图和两张大照片，在这些材料上都用红色的文字清楚地标明了特定目标的位置。
126. TsAMO, f.500, o.725168, d.14, 'Bemerkungen zum Einsatz der Luftwaffe', 11 Jan 1941, 2–4.
127. TNA, AIR 40/288, A.I.9, 'The Blitz', 14 Aug 1941, 1, 5.
128. On training see TNA, AIR 20/335, RAF Wireless Intelligence Periodical Summary, 16 Sept 1940, assessing material on German navigation training courses. On the beams, R. V. Jones, *Most Secret War: British Scientific Intelligence 1939–1945* (London: 1978), 96–110.
129. On this and declining use of beams see TNA, AIR 41/17, AHB Narrative, 'The Air Defence of Great Britain: vol III, June 1940–December 1941', 113–14.
130. TNA, PREM 3/22/4, Sinclair to Churchill, 22 July 1941; Sinclair to Churchill, 13 Nov 1941.
131. TNA, AIR 41/46, 'No 80 Wing, RAF: Historical Report 1940–1945', 20–22.
132. TsAMO, f.500, o.725168, d.14, 'Bemerkungen zum Einsatz der Luftwaffe', 14

Nov 1940, 7–8.

133. Ibid., 'Bemerkungen zum Einsatz der Luftwaffe', 11 Jan 1941, 3; 8 May 1941, 3–4.
134. TNA, PREM 3/22/4b, 'Radio Countermeasures', Periodical Report 8, 25 Oct 1940. On the history of Trent Park see AIR 40/1177, ADI (K), 'Intelligence from Interrogation', 31 Dec 1945.
135. TNA, WO 208/3506, 'X-Gerät' interrogations, Special Extract 46.
136. Ibid., Special Extract 54, 11 Oct 1940 on London; Special Extract 52, 8 Oct 1940.
137. AHB Translations, vol 5, VII/92, German Aircraft Losses Jan–Dec 1941; vol 7, VII/107, Luftwaffe Strength and Serviceability Tables. Kesselring remark from NC, Cherwell papers, G27, Sholto Douglas to Lindemann, 17 Dec 1940, reporting a POW interrogation.
138. IWM, Milch documents, MD 62/5177, 'Monatliche Ausbringungszahlen 1941'; BAB RL3/162, Lieferplan Nr. 18, 1 July 1940. See too Budrass, *Flugzeugindustrie*, 705.
139. BAB, RL3/350, GL Amt to Jeschonnek, 7 Mar 1941.
140. TsAMO, f.500, o.725168, d.527, Fliegerkorpsarzt, Fliegerkorps II, 'Frontfliegerfahrungsberichte', 29 Nov 1940, 1–5.
141. Ibid., f.500, o.725168, d.527, 'Bericht eines Amerikaners am 23.10', 7 Nov 1940; Luftflottenkommando 2, Operations Staff Report, 28 Nov 1940.
142. Ibid., f.500, o.725168, d.527, 'Tagesbefehl: Reichsmarschall Göring', 23 Nov 1940.
143. TNA, AIR 16/380, notes of a conference at the Air Ministry, 18 Oct 1940.
144. PArch, Beaverbrook papers, BBK/D/328, Note, 'Balloon Barrages – Lethal Devices', 28 Aug 1940.
145. Anthony Cooper, *Anti-Aircraft Command 1939–1945: The Other Forgotten Army* (Fleet Hargate, Lincs.: 2004), 68; Frederick Pile, *Ack-Ack: Britain's Defence against Air Attack during the Second World War* (London: 1949), 144–5.
146. TNA, AIR 41/17, 'Air Defence of Great Britain: Volume III', 113; Dobinson, *AA Command*, 279–81.
147. TNA, PREM 3/22/1, Note for Churchill from the Night Air Defence Committee, 25 June 1941; Cooper, *Anti-Aircraft Command*, 74–5.
148. Pile, *Ack-Ack*, 172–3.
149. TNA, PREM 3/22/4B, Portal to Churchill, 5 Nov 1940; HO 186/391, Civil Defence Committee memorandum, 5 Aug 1940.
150. Donald Brown, *Somerset Against Hitler: Secret Operations in the Mendips 1939–1945* (Newbury: 1999), 173–7.
151. TNA, AIR 41/46, No 80 Wing, Historical Report, 25–6.
152. TNA, HO 186/391, Camouflage Committee meeting, 20 June 1940; HO 191/1, Camouflage Advisory Panel, minutes of meeting 21 Oct 1939.
153. HHC, TSCD/41, Air Raids Committee minutes, 9 Sept 1939; Works Committee, 'Camouflage of Concrete Roads', 19 Mar 1941.
154. TNA, AIR 16/113, D. Pye to Dowding, 24 Apr 1939; B. Dickens, 'Note on a visit to RAF Bawdsey, 17 May 1940'; AIR 20/2419, Sir Henry Tizard, 'Technical Aids to Night Fighting', 8 May 1941, 7.

155. TNA, PREM 3/22/1, Lindemann to Churchill, 2 Oct 1940; 'Report of Meeting on Night Air Defence', 7 Oct 1940, 3; AIR 20/2419, Douglas note, 8 Oct 1940; AIR 16/524, 'Progress Report of AO C-in-C Fighter Command 10 May–18/19 June 1941', 4.
156. NC, Cherwell papers, G174/5, D. R. Pye to Lindemann, 18 Nov 1939; G175, memorandum by the First Sea Lord, 'Coal Dust for Camouflaged Coastline', 9 Aug 1941; MHS, REDept, 'Note on the Screening of Water by Coal Dust Filters', 17 Apr 1941.
157. TNA, AIR 16/387, Air Ministry to Dowding, 14 Sept 1940; Air Council recommendations, 17 Sept 1940.
158. TNA, AIR 16/387, Dowding to Harold Balfour, Parliamentary Under-Secretary for Air, 27 Sept 1940; minutes of meeting, 1 Oct 1940; Dowding to Churchill, 8 Oct 1940.
159. TNA, AIR 16/380, Dowding to all Fighter Command Groups, 9 Oct 1940; Director of Home Operations to Dowding, 18 Oct 1940; Dowding to Director of Home Operations, 4 Nov 1940.
160. TNA, PREM 4/3/6, Irene Ward to Bracken, encl. memorandum, 'A weak link in the nation's defences', 3.
161. PArch, Beaverbrook papers, BBK/D/32, Dowding to Sinclair, 14 Oct 1940; Dowding to Sinclair, 9 Oct 1940.
162. Sebastian Ritchie, 'A Political Intrigue Against the Chief of the Air Staff: The Downfall of Air Chief Marshal Sir Cyril Newall', *War & Society*, 16 (1998), 83–104.
163. TNA, PREM 3/22/1, Salmond to Churchill, 5 Oct 1940.
164. TNA, AIR 16/622, Douglas to Portal, 6 Dec 1940; Portal to Douglas, 8 Dec 1940; Douglas to Balfour, 14 Dec 1940; Douglas to group headquarters, Fighter Command, 30 Jan 1941.
165. TNA, PREM 3/22/3, Sinclair to Churchill, 15 Nov 1940; Sinclair to Churchill, 13 July 1941; AIR 41/17, 'Air Defence of Great Britain: Volume III', App 8.
166. Details on GCI radar in Dobinson, *Building Radar*, 367–73.
167. TsAMO, f.500, o.725168, d.107, 'Bemerkungen zum Einsatz der Luftwaffe', 7 Mar 1941, 2.
168. Ibid., 'Bemerkungen zum Einsatz der Luftwaffe', 4 July 1941, 1–2.
169. TNA, AIR 8/463, 'Present and Future Strength of the German Air Force' [n.d. but Oct 1940]; AHB Translations, vol 7, VII/107, Luftwaffe Strength and Serviceability Tables.
170. NC, Cherwell papers, G25, 'Comparative strengths of the German and British air forces', 7 Dec 1940, 1.
171. Ibid., F125, Lindemann to Churchill, 4 Jan 1941.
172. TNA, AIR 8/463, Portal to Churchill, 18 Feb 1941 and 20 Mar 1941.
173. TNA, PREM 3/88/3, Churchill to Gen. Ismay, 26 Dec 1940.
174. PArch, Beaverbrook papers, BBK/D/32, Sinclair to Beaverbrook, 1 Sept 1940; Beaverbrook to Sinclair, 3 Oct 1940; Sinclair to Beaverbrook, 22 Oct 1940; minute for Churchill, 19 Apr 1941.
175. BA-MA, RL2 IV/33, Angriff auf England: Materialsammlung, 'Durchführung –

Erfolg: April 1941'.

176. *FCNA*, 179, Directive No 23, 'Basic Principles of the Prosecution of the War against British War Economy'; Boog et al, *DRZW: Band 7*, 327.
177. TsAMO, f.500, o.725168, d.112, Operations Staff, 'Unterlagen für Luftangriffe auf britische Häfen und Anlagen der Rüstungsindustrie', 25 Jan 1941.
178. Ibid., f.500, o.725168, d.110, Operations Staff, Report on British targets, 27 Jan 1941, 2.
179. John Duggan, *Neutral Ireland and the Third Reich* (Dublin: 1985), 138–41; Clair Wills, *That Neutral Island: A History of Ireland during the Second World War* (London: 2007), 208–9, 212.
180. von Below, *At Hitler's Side*, 93–4; BA-MA, RL2 IV/33, 'Durchführung – Erfolg: April 1941'; on Italian opera see Harry Flannery, *Assignment to Berlin* (London: 1942), 163–4.
181. BA-MA, RL2 IV/27, Bechtle lecture, 2 Apr 1944, 5–6; Collier, *Defence of the United Kingdom*, 503–5, App xxx.
182. BA-MA, RL2 IV/33, 'Durchführung – Erfolg: April 1941'; losses calculated from AHB Translations, vol 5, VII/92, German Aircraft Losses (West) Jan–Dec 1941.
183. BA-MA, RL2 IV/28, 'Weisung für die Luftkriegführung gegen England, 16.3.1941'.
184. BA-MA, RL2 IV/27, Bechtle lecture, 6–8; RL2 IV/28, 'Weisung 3.7.1941' and 'Weisung 30.7.1941'; RL2 IV/33, 'Durchführung – Erfolg: Juni 1941'.
185. von Below, *At Hitler's Side*, 79. 偶然在希特勒同弗兰茨·哈尔德和瓦尔特·冯·布劳希奇的交谈中听到的。
186. TNA, AIR 20/8693, Testimony of Hermann Göring, 6 Apr 1946, 13.
187. *FCNA*, 177–8, Conference with Führer, 4 Feb 1941.
188. Hubatsch, *Hitlers Weisungen*, 119; on the naval war see Neitzel, *Der Einsatz der deutschen Luftwaffe*, 50–51.
189. von Below, *At Hitler's Side*, 84, 103; quotation in Eberle, Uhl (eds), *The Hitler Book*, 69, from a reported conversation in March 1941. See too Warlimont, *Inside Hitler's Headquarters*, 133–4: "只要东线的战役一结束，就要立即全力恢复'围攻'。"
190. FDRL, President's Secretary's Files, Box 34, 'Great Britain Military Situation', reports to the president, Sept–Dec 1940.
191. Martin van Creveld, *Hitler's Strategy 1940–1941: The Balkan Clue* (Cambridge: 1973), 27–30; von Below, *At Hitler's Side*, 77; Warlimont, *Inside Hitler's Headquarters*, 127–30.
192. Ivan Maisky, *Memoirs of a Soviet Ambassador* (London: 1967), 104, 109–10: "希特勒的计划更加认真，"苏联驻英国大使迈斯基写道，"他想要征服英国。" For the Soviet view, Pavel Sevostyanov, *Before the Nazi Invasion: Soviet Diplomacy in September 1939–June 1941* (Moscow: 1984), 137–43.
193. AHB Translations, vol 2, VII/28, 'A Survey of German Air Operations 1939–1944', 21 Sept 1944, 4–5.
194. Fröhlich, *Die Tagebücher von Joseph Goebbels*, vol 4, 720, entry for 28 June 1941.

195. TsAMO, f.500, o.725168, d.527, 'Bericht eines Amerikaners am 23.10', 7 Nov 1940.
196. Ibid., 7 Nov 1940, 3.
197. Michael Postan, *British War Production* (London: 1957), 484–5; Maier, 'Luftschlacht', 402–4.
198. NC, Cherwell papers, G181, 'Bombing of London in September, October and November'.
199. Royal Society, London, Blackett papers, PB/4/4, 'Operational Research: Recollections of Problems Studied, 1940–1945', 100; 'Effects of Bombing Policy', paper for the JIC, Apr 1942; casualty figures from TNA, HO 191/11, 'Statement of Civilian Casualties in the United Kingdom', 31 July 1945.
200. TNA, AIR 40/288, Air Intelligence, 'The Blitz', 14 Aug 1941, App A, Table 1, 'Effects of Blitz'.
201. NARA, RG 107, Box 138, MHS Report, 'German Bombing of Britain', 31 May 1942, 3–5.
202. TNA, AIR 41/17, 'Air Defence of Great Britain: Volume III', App 1, 'Summary of Damage to Key Points 1940 and 1941', 2–4.
203. Ibid., App A, 'Morale', 1.
204. Cooper, *Anti-Aircraft Command*, 74–5.
205. Calculated from Terence O'Brien, *Civil Defence* (London: 1955), 690, App x.
206. TNA, HO 187/1156, 'Manpower in the National Fire Service: Historical Survey'.
207. Gavin Bailey, 'Aircraft for Survival: Anglo-American Aircraft Diplomacy 1938–42', PhD thesis, Dundee University 2010, 162–8; on British fighter strength, TNA, AIR 20/313, Note, 9 Jan 1941.
208. BA-MA, RL2 IV/30, Maj. Leythehauser lecture, 14 Feb 1944, 5–6, 19–20.
209. BA-B, RL3/157, 'Plan Elch: 13.8.1941'; RL3/146, 'Göring-Flugzeug-Lieferplan', 15 Sept 1941; IWM, FD 5450/45, 'Expanded Air Armament Programme', 6 July 1941. See too Budrass, *Flugzeugindustrie*, 715–21. 关于飞机生产的特别命令可以追溯到 1941 年 6 月 22 日，也就是巴巴罗萨行动开始的那一天。
210. Richard Overy, 'From "Uralbomber" to "Amerikabomber" : The Luftwaffe and Strategic Bombing', *The Journal of Strategic Studies*, 1 (1978), 169–70. For the Azores see *FCNA*, 199, Conference with the Führer, 22 May 1941; James Duffy, *Target America: Hitler's Plan to Attack the United States* (Guilford, CT: 2006), 51–5, 126–9.
211. TNA, PREM 3/22/3, Churchill to Sinclair, 20 Aug 1941; AIR 2/5245, Douglas to Balfour, 13 Aug 1941.
212. BA-MA, RL2 IV/28, Luftflotte 3, 'Gefechtskalender Juli–Dez 1941'.
213. BA-MA, RL2 IV/149, 'Gedanken zum Einsatz der Luftwaffe im Luftkriege über See', 23 Jan 1944, 23–4.
214. Dobinson, *Building Radar*, 483–5.
215. TNA, PREM 3/22/1, 'Night Air Defence: Progress Report', 12 Nov 1941, 2–4.
216. Ibid., Progress report from C-in-C, Anti-Aircraft Command, 20 Apr 1942; Progress report by C-in-C, Fighter Command, for Night Defence Committee, 16 Mar 1943.

217. BA-MA, RL36/52, 'Bericht über Reise zu Luftflotte 3 von 11–12.3.1943', 13 Mar 1943.
218. Willi Boelcke(ed), *The Secret Conferences of Dr Goebbels: The Nazi Propaganda War 1939–43* (London: 1967), 233–4.
219. IWM, Milch papers, vol 62, conference at Carinhall, 6 Mar 1942.
220. On Paris see AHB Translations, vol 4, VII/79, 'Conference with Reichsmarschall Goering', 6 Mar 1942, 1. Hitler's order in Collier, *Defence of the United Kingdom*, 512, App xxxvi. See too IWM, Milch papers, vol 62/5208, 'Besprechungsnotiz: 16.5.1942'.
221. AHB Translations, vol 4, VII/79, 'Conference with Reichsmarschall Goering', 16 May 1942, 8; on Weston-super-Mare see vol 2, VII/26, 'A Survey of German Air Operations 1939–1944', 21 Sept 1944, 9. Karl Baedeker, *Great Britain* (Leipzig: 1927), 133.
222. Raid details in Collier, *Defence of the United Kingdom*, 513–16, App xxxvii and xxxviii.
223. Boog, 'Strategischer Luftkrieg', 332ff, for discussion of the background to the renewed offensive.
224. BA-MA, RL36/52, 'Kommando der Eprobungs-Stellen, Besprechung in Rechlin', 13 Mar 1943; 'Aktenvermerk über Besprechung über verstärkten England-Einsatz', 27 Mar 1943.
225. IWM, Milch documents, MD 53/732, telegram from Göring to Milch, 12 Oct 1943; MD 63/6290-308, 'Besprechung beim Reichsmarschall', 9 Oct 1943.
226. BA-MA, RL2 IV/48, 'Zusammenarbeit Marine-Luftwaffe im Seekrieg gegen England', 28 Feb 1944; 'Unterlagen für Lagebesprechung beim Führer', 19 July 1943.
227. AHB Translations, vol 2, VII/37, 'General Kessler to General Jeschonnek', 5 Sept 1943.
228. Boog, 'Strategischer Luftkrieg', 372–7.
229. IWM, Milch documents, 63/5877, 'Besprechung beim Reichsmarschall', Nov 1943.
230. TNA, HO 191/11, 'Chronological Record of Air Attacks on Great Britain and Northern Ireland', 28 Sept 1945.
231. TNA, PREM 3/18/2, Air Ministry, 'Enemy Night Activity, 22/23 February 1944'; PREM 3/22/1, Progress report from C-in-C, Fighter Command, 1/9/43–22/2/44.
232. Boog, 'Strategischer Luftkrieg', 380–85; G. Kirwin, 'Allied Bombing and Nazi Domestic Propaganda', *European History Quarterly*, 15 (1985), 344–5, 355–6.
233. Boog, 'Strategischer Luftkrieg', 385–418. See too Michael Neufeld, 'The Guided Missile and the Third Reich: Peenemünde and the Forging of a Technological Revolution', in Monika Renneberg, Mark Walker (eds), *Science, Technology and National Socialism* (Cambridge: 1994), 62–6; Duffy, Target America, 66–73, 78–83.
234. Figures from Collier, *Defence of the United Kingdom*, 523–26; see too Boog, 'Strategischer Luftkrieg', 397, 402.
235. BA-MA, RL36/52, 'Niederschrift über die Besprechung in Berchtesgaden am 29.5.1944', 1–2.

236. Ibid., 'Jägerstab [Fighter Staff] Besprechung beim Herrn Reichsmarschall', 2 July 1944; 'Besprechung beim Herrn Reichsmarschall', 14 July 1944.
237. TNA, PREM 3/18/2, Churchill to Sinclair and Herbert Morrison, 8 June 1943; Sinclair to Churchill, 10 June 1943, enclosing 'Notes on the Protection of Dams and Reservoirs in the United Kingdom'.
238. FDRL, Map Room files, Box 49, message for US Navy Intelligence from Stockholm, 6 Oct 1944; telegram from US military attaché, Madrid, 6 Sept 1944.
239. Ibid., PREM 3/18/2, Portal to Churchill, 22 Mar 1945; War Cabinet paper, 'Protection of London against Low-Flying Attacks', 29 Mar 1945; Hollis to Churchill, 5 Apr 1945, enclosing CoS memorandum, 'Likelihood and Possible Form of a Last Desperate Throw by the German Naval and Air Forces'.
240. Geoffrey Brooks, *Hitler's Nuclear Weapons* (London: 1992), 112, 122–4, 128–30；同时参见 Rainer Karlsch, *Hitlers Bombe: Die geheime Geschichte der deutschen Kernwaffenversuche* (Munich: 2005), 189–92，记录了研制远程导弹攻击盟国城市的计划，以及 228–237，记述了 1945 年 3 月纳粹德国关于进行核试验的争论。关于纳粹德国核武器研究失败的内容参见 Rolf-Dieter Müller, 'Albert Speer und die Rüstungspolitik 1942–1945', in Bernhard Kroener, Rolf-Dieter Müller, Hans Umbreit, *DRZW: Band 5/2: Organisation und Mobilisierung des Deutschen Machtbereichs, 1942–1944/45* (Stuttgart: 1999), 738–43。
241. Louis Lochner, *The Goebbels Diaries* (London: 1948), 139, entry from 27 Apr 1942.
242. NARA, RG 332 Box 115, Keitel interrogation, 22.
243. Evans, 'Göring – beinahe Führer', 5.
244. UEA, Zuckerman Archive, SZ/BBSU/75/1, Interrogation Detachment, US Air Headquarters, Enemy Intelligence Summary, Hermann Göring, 1 June 1945.

第三章 坚持？英国社会和空中闪电战

1. Bodleian Library, Oxford, Ponsonby papers, C682, J. H. A. to Ruth Fry, 16 Sept 1940.
2. TNA, ED 136/111, 'Planning of Evacuation', Jan 1939, 2.
3. TNA, MH 79/178, Home Office, 'Pamphlet on Shelter from Air Attacks', 1939, 3.
4. TNA, PREM 3/27, draft article, 'The War in East London', 28 Sept 1940, 1.
5. TNA, HO 186/927, Regional Commissioner, South-West region to all town clerks, 20 Dec 1940.
6. On citizen warriors see Sonya Rose, *Which People's War? National Identity and Citizenship in Wartime Britain 1939–1945* (Oxford: 2003), ch 5.
7. TNA, PREM 3/28/5, Note for the prime minister, 'Working after the Siren', 10 Sept 1940.
8. Foreword to Stephen Spender, *Citizens in War – and After* (London: 1945), 5.
9. Terence O'Brien, *Civil Defence* (London: 1955), chs iii, v; Bernd Lemke, *Luftschutz in Grossbritannien und Deutschland 1923 bis 1939* (Munich:

2005), 342–62. See too UEA, *Zuckerman Archive*, OEMU/56/3, memorandum, 'Regional Machinery, Policy, Personnel'.
10. For one example see E. Doreen Idle, *War over West Ham: A Study of Community Adjustment* (London: 1943), 59–63.
11. TNA, PREM 3/27, note by Edward Bridges for Churchill, 'London Regional Commissioners'; HHC, TSCD/1, Note on Civil Defence Regions, 24 Sept 1941.
12. TNA, HO 45/19762, Order in Council, 4 Sept 1939; Cabinet paper, 'Powers of Regional Commissioners', 21 Mar 1939.
13. HHC, TSCD/1, City of Coventry, 'Air Raid Precautions: Outline Scheme of Organisation', Apr 1937; City of Manchester, memorandum, 'Air Raid Precautions', 21 Oct 1936; City of Leeds, 'Local Scheme of Air Raid Precautions', 23 Sept 1936; City of Newcastle-upon-Tyne, 'Report of Special Committee as to Air Raid Precautions, 1 July 1937'.
14. CLSC, JN20/16/C, minutes of Hampstead Civil Defence Committee, 5 Oct 1939.
15. YCA, Acc 89/1a, ARP Emergency Committee, minutes of meetings, 10 Oct, 17 Oct, 27 Oct, 10 Nov 1939.
16. CLSC, JN20/16/C, minutes of Civil Defence Committee, 26 Sept, 25 Oct 1939.
17. Calculated from TNA, HO 186/602, Statistics on Civil Defence Personnel, Summary of all Services, 30 June 1940, 14 Nov 1940.
18. Shane Ewen, 'Preparing the British Fire Service for War: Local Government, Nationalisation and Evolutionary Reform, 1935–41', *Contemporary British History*, 20 (2006), 216–19.
19. TNA, HO 187/1156, 'Manpower in the National Fire Service', historical survey.
20. Henry Green, *Caught* (London: 1943), 16.
21. LMA, LCC/CL/CD/1/252, memorandum by Deputy Chief Officer, London Fire Brigade, 5 June 1940; LCC to London Ambulance Service, 22 July 1940; Clerk of the LCC, memorandum, 'Civil Defence Services: Employment of Conscientious Objectors', 13 Mar 1941. More generally see Denis Hayes, *Challenge of Conscience: The Story of the Conscientious Objectors of 1939–1949* (London: 1949), 182–4; Rachel Barker, *Conscience, Government and War* (London: 1982), 51, 61–5; Rose, *Which People's War?*, 170–79.
22. Charles Graves, *Women in Green: The Story of the W.V.S.* (London: 1948), 14–20; O'Brien, *Civil Defence*, 128–9.
23. HHC, TYW/1/W5, Synopsis of lecture courses in ARP, WVS June 1940; WVS to chief warden, 4 Nov 1941, 'Emergency Cookery Demonstration'.
24. HHC, TYW/1/W6, League of Good Neighbours circular, 'The Housewives' Service'; 'Help Rendered during Air Raids by Women Wardens and League of Good Neighbours', 8 Jan 1942.
25. YCA, Acc 89/2, Notes of meeting with the chief warden, 24 Apr 1940.
26. HHC, TYW/1/W6, 'Duties of Women Wardens' [n.d.]; *The Manchester Guardian*, 6 Sept 1940, 'Hull's Wardens and Shelters'.
27. TWA, MD-NC/276/3, 'Further Report on the Staffing of Dormitory Shelters', 19 Apr 1941; Newcastle Emergency Committee minutes, 3 Aug 1944; O'Brien, *Civil Defence*, 586–7. 1940 年男性的工资是 3 英镑 10 先令，而女性的工资是 2 英镑 7 先令；到 1944 年男性工资为 4 英镑 6 便士，女性为 2 英镑 16 先令

6便士。

28. Calculated from O'Brien, *Civil Defence*, 690, App x.
29. John Strachey, Post D: *Some Experiences of an Air-Raid Warden* (London: 1941), 66–7.
30. O'Brien, *Civil Defence*, 678; Graves, Women in Green, 139.
31. HHC, TYW/1/A58-1, Circular to wardens from chief warden, 4 July 1940.
32. YCA, Acc 89/1a, Emergency Committee minutes, 15 Apr 1940; ARP Officer to chief warden, 19 Oct 1939.
33. CLSC, JN20/16/C, minutes of Hampstead Civil Defence Committee, 20 Sept 1939.
34. TNA, HO 207/386, London CD Region, 'Instructors Course for Officers', June 1941, 3.
35. TWA, MD-NC/276/5, Newcastle ARP Committee minutes, 12 Apr 1943; O'Brien, *Civil Defence*, 587–8.
36. HHC, TSCD/1, Borough Engineer, Stoke Newington to City Engineer, Hull, 2 Mar 1938, 'Progress Report No 1', 2.
37. HHC, TYW/1/T5, 'Demonstration of Bombs and Their Effects', 13 July 1939; 'Proceedings at Bomb Demonstrations'.
38. TWA, MD-NC/94/15, ARP Special Committee minutes, 2 July 1936.
39. TNA, ED 136/111, Ministry of Health, 'Report on Evacuation Rehearsal', 28 Aug 1939; 'Report on Visit to London Schools', 26 Aug 1939.
40. HHC, TSCD/1, *Leicester Evening Mail*, 25 and 28 Jan 1938; *News Chronicle*, 1 Apr 1939; Manchester Chief Constable, 'Instructions in Connection with Night Exercises 1 April 1939'.
41. YCA, Acc 89/1a, minutes of Emergency Committee, 17 Nov 1939; TNA, HO 186/2944, London Region Operational Circulars, Nov 1939–Aug 1940.
42. Green, *Caught*, 93–4, 178.
43. TNA, INF 1/264, Home Intelligence, summary of daily reports, 28 Mar 1940; HO 186/2201, Factory Department, Ministry of Labour, circular for all factory premises, Apr 1941.
44. TNA, ED 136/111, 'Planning of Evacuation', Jan 1939; Ruth Inglis, *The Children's War: Evacuation 1939–1945* (London: 1989), 1.
45. Richard Titmuss, *Problems of Social Policy* (London: 1950), 171–6; Inglis, Children's War, 25–6.
46. TNA, HO 191/28, ARP Department, MHS, 'Statistics of Shelter Provision', 23 Apr 1940.
47. Dietmar Süss, 'Wartime Societies and Shelter Politics in National Socialist Germany and Britain', in Claudia Baldoli, Andrew Knapp, Richard Overy (eds), *Bombing, States and Peoples in Western Europe 1940–1945* (London: 2011), 31–3.
48. George H. Gallup, *The Gallup International Public Opinion Polls: Great Britain 1937–1975*, 2 vols (New York: 1976), 34–5.
49. UEA, Zuckerman Archive, OEMU/59/13, draft 'Shelter habits', Table B, Table C.
50. HHC, Memorandum from borough engineer, Hull, 'Domestic Surface Shelters', 17 May 1939; TWA, CB-GA/13/1, Gateshead Emergency Committee minutes, 5

Apr 1939; minutes, 18 Sept 1941.
51. Idle, *War over West Ham*, 108–9.
52. HHC, TSA/CD/100, ARP domestic shelters canvass sheet; note for City Engineer, 5 July 1940.
53. YCA, Acc 89/1a, Emergency Committee minutes, 16 Jan, 20 Feb, 27 Feb 1940.
54. HHC, TSCD/1, Rate Estimates 1939–40, 24 Jan 1939; TWA, MD-NC/276/5, 'Report of the City Treasurer', 19 June 1944.
55. TNA, PREM 3/27, Note by Minister without Portfolio (Maurice Hankey) for Churchill, 26 Sept 1940; Anderson to Churchill, 6 Sept 1940.
56. O'Brien, *Civil Defence*, 224–6.
57. TNA, HO 186/2066, letter from Anglo-Iranian Oil to ARP Controller, Glamorgan, 24 July 1940; Chief Constable of Liverpool, Police duty form, 20 Aug 1940.
58. O'Brien, *Civil Defence*, 363–5; NC, Lindemann papers, G99, draft memorandum, 'Air-Raid Alarms'.
59. Marc Wiggam, 'The Blackout and the Idea of Community in Britain and Germany', in Baldoli, Knapp, Overy (eds), *Bombing, States and Peoples in Western Europe 1940–1945*, 43–53.
60. TNA, HO 186/720, MHS memorandum, 'Lighting (Restrictions) Order', 9 Jan 1940; Metropolitan Police Commissioner to Home Office, Mar 1941.
61. Peter Donnelly (ed), *Mrs. Milburn's Diaries: An Englishwoman's Day-to-Day Reflections 1939–1945* (London: 1979), 17, entry for 7 Sept 1939.
62. TNA, MH 76/555, Ministry of Health, 'Proposed Shelter Bye-laws', 31 Oct 1940.
63. TNA, INF 1/254, Home Morale Emergency Committee Report, 4 June 1940.
64. CLSC, JN20/16/C, Hampstead Civil Defence Committee, 'Review of ARP Services', 18 Nov 1939.
65. TWA, DX 875/4, 'A Farewell Message from the Regional Commissioner Sir Arthur Lambert', Apr 1945, 4.
66. HHC, TYW/1/A58-1, Circular to Hull wardens from the chief warden, 4 July 1940.
67. *North Devon at War: The Home Front, Part II* (Barnstaple: 1996), 4, 7, 35.
68. A. B. C. Kempe, *Midst Bands and Bombs* (Maidstone: 1946), 120–29.
69. Philip Graystone, *The Blitz on Hull (1940–45)* (Hull: 1991), 9–11.
70. H. Twyford, *It Came to Our Door: Plymouth in the World War* (Plymouth: 1945), 98–9.
71. TWA, DX 875/4, 'Farewell Message from the Regional Commissioner', 12.
72. UEA, Zuckerman Archive, OEMU/59/13, draft report, 'Evacuation' [n.d.], 1.
73. TNA, MH 76/555, memorandum by Minister of Health, 14 Dec 1940; London figures from O'Brien, *Civil Defence*, 396–7.
74. TNA, INF 1/264, report for 9 Sept 1940. See Titmuss, Social Policy, 355ff, and Wilbur Zelinski, Leszek Kolinski, *The Emergency Evacuation of Cities* (Savage, MD: 1991), 86–7, 95–6.
75. TNA, HO 186/606, report from Sir George Gater, 31 Mar 1941.
76. On East End, TNA, INF 1/264, Home Intelligence report, 6 Sept 1940; on

Plymouth and Southampton, TNA, HO 186/606, Gater report, 1; Note of an Interdepartmental Committee, 5 May 1941. On Liverpool, 'Bombers Over Merseyside: The Authoritative Record of the Blitz 1940–41', *Liverpool Daily Post and Echo*, 1943, 16. On Clydebank, TNA, AIR 40/288, Air Intelligence, 'The Blitz', 14 Aug 1941, Folder 3; I. M. MacPhail, *The Clydebank Blitz* (West Dunbartonshire Libraries and Museums, 1974), 48–9.

77. TNA, HO 186/1861, Town Clerk Hull to Regional Evacuation Officer, 31 July 1941; Regional Commissioner to Harold Scott (MHS), 11 Aug 1941; 'Report on the Trekking Situation in Hull' [n.d.]; minute for the Regional Commissioner on Hull trekkers, 21 July 1943.
78. MacPhail, *Clydebank Blitz*, 64; UEA, Zuckerman Archive, OEMU/50/2, REDept, 'The Effects of Air Raids on the Port of Liverpool', 22 Mar 1943; 'Effects on Labour in Clydebank of the Clydeside Raids of March 1941'.
79. TNA, MH 76/491, London CD Region, 'Air Raid Shelters: Progress Report', May 1941.
80. On Newcastle, TWA, Newcastle City Council, minutes of meetings, 9 Nov 1940, 8 Jan 1941. On London, TNA, MH 76/491, London CD Region, Shelter Census, 5 May 1941.
81. TWA, DX 52/6, *Tynemouth Evening News*, 13 Oct 1944: 'Official Figures of Tynemouth's Air Attacks'; Pat Jalland, *Death in War and Peace: Loss and Grief in England 1914–1970* (Oxford: 2010), 126.
82. MO-A, TC 23, File 5/B, 'Air Raid Alarm', 15 Aug 1940; 'Air Raids', 8 Sept 1940 (both in London).
83. UEA, Zuckerman Archive, OEMU/56/3, Zuckerman to Stradling, 'Memorandum on Attitudes to Shelters', 11 Nov 1941.
84. F. Tennyson Jesse, H. M. Harwood, *While London Burns* (London: 1942), 72, letter 30 Aug 1940.
85. Strachey, Post D, 117–26.
86. Donnelly (ed), *Mrs. Milburn's Diaries*, 54; Virginia Cowles, *Looking for Trouble* (London: 1941), 439, 443.
87. Vera Brittain, *England's Hour: An Autobiography, 1939–1941*, 115, 142, 188.
88. Idle, *War over West Ham*, 110–11; John Gregg, *The Shelter of the Tubes* (London: 2001), 18; Phillip Piratin, *Our Flag Stays Red* (London: 1948), 73–4.
89. NC, Cherwell papers, F396, Harrod to Lindemann, 30 Sept 1940.
90. TWA, MD-NC/276/3, ARP Emergency Committee, 'Provision of Deep Shelters', 9 Oct 1940; HO 207/664, Islington town clerk to London Regional HQ, 6 Nov 1940; Ministry Home Security to town clerk, 25 Nov 1940; Idle, *War over West Ham*, 70–71. See too Geoffrey Field, *Blood, Sweat and Toil: Remaking the British Working Class, 1939–1945* (Oxford: 2011), 39–41.
91. Joseph Meisel, 'Air Raid Shelter Policy and its Critics before the Second World War', *Twentieth Century British History*, 5 (1994), 310–11.
92. TNA, INF 1/319, 'A Call to the People: National Committee of the People's Vigilance Movement' [Sept 1940]; Andrew Thorpe, *Parties at War: Political Organization in Second World War Britain* (Oxford: 2009), 129, 201; Dietmar Süss, *Tod aus der Luft: Kriegsgesellschaft und Luftkrieg in Deutschland und*

England (Munich: 2011), 324–5.

93. HHC, Edgar Young papers, DYO 2/31, People's Convention papers, 'Speakers' Notes: No. 1'; 'Memorandum on the tasks of the People's Convention', 26 Sept 1941. By the end of 1941 there were only 1,650 supporters countrywide. See too Thorpe, *Parties at War*, 159–60, 198–9.
94. TNA, MEPO 2/6354, Note for Metropolitan Police Commissioner, 27 Sept 1940; MHS to MP Commissioner, 30 Sept 1940.
95. TNA, PREM 3/27, Churchill to Anderson, 21 Sept 1940; Anderson to Churchill, 23 Sept 1940; Gregg, *Shelter of the Tubes*, 20–24.
96. TNA, HO 207/363, 'Note on Condition of Tube at S. Kensington', Oct 1940.
97. TNA, PREM 3/27, MacDonald to Churchill, 7 Oct 1940; Churchill to MacDonald, 9 Oct 1940. See too Juliet Gardiner, *The Blitz: The British under Attack* (London: 2010), 72–5.
98. TNA, PREM 3/27, Kingsley Martin draft, 'The War in East London', 1–4; Clementine Churchill note, 'Shelters visited in Bermondsey'; Churchill to MacDonald, 10 Dec 1940.
99. UEA, Zuckerman Archive, OEMU/56/4, Zuckerman to Sir Leonard Parsons (Min of Health), 30 Sept 1940; 'Notes on a discussion, Birmingham', 9 Nov 1940. Solly Zuckerman, *From Apes to Warlords: The Autobiography of Solly Zuckerman 1904–1946* (London: 1978), 133–8.
100. TNA, DSIR 4/366, summary of Building Research Laboratory work for Service Departments, 27 Mar 1939; List of Enquiries, Aug 1940–Nov 1941.
101. TNA, PREM 3/27, Edward Evans to Churchill, 24 Oct 1940; Ellen Wilkinson to David Robertson (MP for Streatham), 31 Oct 1940.
102. Idle, *War over West Ham*, 64, 99–100.
103. TNA, HO 186/608, report of the Regional Commissioner South, 14 Dec 1940, 1–2.
104. TNA, HO 186/608, 'Brief Visit to Southampton, December 3 1940', Ministry of Food to Sir George Gater, 5 Dec 1940.
105. Bernard Donoughue, G. W. Jones, *Herbert Morrison: Portrait of a Politician* (London: 2001), 284–7; Herbert Morrison, *An Autobiography of Lord Morrison of Lambeth* (London: 1960), 182–3.
106. TNA, HO 205/240, 'Air Raid Shelter Health: Report by Horder Committee', 18 Sept 1940; Lord Horder to Morrison, memorandum, 'Air Raid Shelters', 23 Oct 1940.
107. TNA, MH 76/555, 'Model Shelter Byelaws', 28 Sept 1940; Harold Scott (MHS) to all London Region Officers, 19 Dec 1940.
108. TNA, HO 207/386, London Civil Defence Region: Instructors' Course for Officers Responsible for Shelters, June 1941, 3; United Synagogue Welfare Department to London Homelessness Commissioner, 'Air Raid Victims – Special Jewish Facilities', March 1941.
109. TNA, HO 186/927, 'Departmental Reports on Preparations for Heavy Air Attacks Next Winter', Aug 1941, 7–9; Morrison to Churchill, 19 Nov 1940.
110. Donoughue, Jones, *Herbert Morrison*, 290; TNA, HO 186/927, 'Departmental Reports', 8.
111. TNA, MH 76/491, London Civil Defence Region Report, 'Public Shelters', 31

Jan 1941; 'Progress Report for May 1941', App v.

112. TNA, PREM 3/27, memorandum from Morrison to Churchill, 'Responsibility for Shelter Administration', 23 Dec 1940; MacDonald to Churchill, 31 Dec 1940.
113. TNA, HO 207/363, 'Report on Comfort and Amenities in Shelters', 4 Dec 1940, 4–5.
114. TNA, HO 207/386, memorandum by M. A. Creswick Atkinson (Welfare Director), 'Plan for Welfare in Shelters', 5 Feb 1941; letter from J. Mooney to Creswick Atkinson, 4 July 1941; memorandum, 'Welfare in Public Shelters' [n.d. but Aug 1941]; Central Film Library, list of 16mm films for shelter controllers.
115. TNA, HO 207/386, LCC Education Officer to Creswick Atkinson, 25 Feb 1941.
116. TNA, MH 76/410, MH minute, 'Face Masks', 20 Feb 1941; Regional Officer, MH, Cambridge, 'Hygiene in Public Air Raid Shelters', 8 Mar 1941; MH circular, 'Medical Aid Posts in Air-Raid Shelters', 23 June 1941; TWA, MD-NC/276/3, Newcastle Council, 'Preliminary Report as to Provision and Organisation of Dormitory Shelters', 7 Feb 1941.
117. TWA, Newcastle City Council: Reports, speeches, notes 1940–41, report of the town clerk, 10 Nov 1941; TNA, HO 186/927, 'Departmental Reports', 33–4.
118. Gardiner, *The Blitz*, 129–30.
119. HHC, 'Coventry Conference', notes for the Hull Emergency Committee, 17 Dec 1940.
120. HHC, TSCD/4, 'Town Clerk's Report on the City's Air Raid Welfare Services during raids of 7/8 and 8/9 May 1941', June 1941, 1–10, 29–39.
121. See e.g. the civil defence preparations at the Team Valley Trading Estate on Tyneside: TWA, 1395/61, ARP file 1941–4.
122. LC, Doolittle papers, Box 18, James Doolittle, 'Report on Visit to England from September 7 to October 15 1941', 32–3.
123. UEA, Zuckerman Archive, OEMU/50/2, REDept, 'The Sheffield Gas Supply and Steel Industry'; TNA, PREM 3/28/4, Beaverbrook to Churchill, 9 Sept 1940, enclosing Ministry of Supply, Iron and Steel Control, 'Loss of Production due to Air Raid Warnings and Air Raids'.
124. TNA, PREM 3/28/5, Beaverbrook to Churchill, 30 Aug 1940; Beaverbrook to Edward Bridges, 1 Sept 1940; Anderson to Churchill, 3 Sept 1940.
125. LC, Doolittle papers, Box 18, 'Report on Visit', 31.
126. TNA, PREM 3/28/4, Bevin to Churchill, 1 Nov 1940, enclosing 'Air Watching at the Rogerstone Works'.
127. Helen Jones, *British Civilians in the Front Line: Air Raids, Productivity and Wartime Culture, 1939–45* (Manchester: 2006), 40–41, 47–50, 104; David Thoms, *War, Industry and Society: The Midlands 1939–1945* (London: 1989), 119–21.
128. TNA, HO 186/927, 'Departmental Reports', 30–32, 38; TWA, MD-NC/94/18, Newcastle Air-Raid Damage Emergency Repairs Committee, minutes 4 May 1944; Thoms, *War, Industry, Society*, 120.
129. TNA, AVIA 15/2330, MAP, 'Evacuation of Factories: Outline of Scheme', 25 June 1940; Ministry of Labour, 'Report on Labour Evacuation', 20 June 1940.

In general see W. Hornby, *Factories and Plant* (London: 1958), 203–8.

130. PArch, Beaverbrook papers, BBK/D/328, Note from MAP to the Air Ministry, 24 Oct 1940, memorandum on 'Dispersal'.
131. LC, Doolittle papers, Box 18, 'Report on Visit', 30–32; TNA, AVIA 15/3746, Bristol Aeroplane Co, 'Aero Engine Department Dispersal Scheme', 31 Aug 1940; MAP to Bristol Aeroplane, 30 Sept 1940; Bristol Aeroplane to Director Engine Production, MAP, 15 Aug 1940.
132. TNA, HO 186/927, 'Departmental Reports', 29–30.
133. TNA, PREM 3/18/2, minute for Churchill, 'Report on Damage at Woolwich with Action Proposed', 13 Sept 1940; PArch, Beaverbrook papers, BBK/D/329, Beaverbrook to Portal, 24 Feb 1941.
134. TNA, PREM 3/18/2, Beaverbrook to Churchill, 14 Dec 1940; PArch, Beaverbrook papers, BBK/D/24b, Sir Ernest Simon to Beaverbrook, 'Report on Lancashire Blitz Raids, December 20/24', 25 Dec 1940, 1, 3; UEA, Zuckerman Archive, OEMU/57/3, draft report by Zuckerman and J. D. Bernal, 'Birmingham', 10 Jan 1942, 3–4; Thoms, *War, Industry and Society*, 106–12.
135. PArch, Beaverbrook papers, BBK/D/24b, 'Report on Lancashire Blitz'; NARA, RG107 Box 138, MHS memorandum, 'German Bombing of Britain 1941: Industrial Damage Report'; TNA, AIR 40/288, AI9 report, 'The Blitz', 14 Aug 1941, 2. Figures on steel and aircraft from *Statistical Digest of the War* (London: 1951), 105, 152–3.
136. TNA, MAF 83/194, file on ARP in West Africa and Malaya.
137. UEA, Zuckerman Archive, OEMU/50/2, REDept, 'The Effects of Air Raids on the Port of Liverpool', 1, 6–12; NARA, RG107 Box 138, 'German Bombing of Britain', 1.
138. TNA, PREM 3/18/2, War Cabinet, Air Raid Damage and Shelter Report, 11–18 Dec; 'Statistical Summary of Air Raid Losses of Food and Animal Feeds', 23 Dec 1940.
139. TNA, AIR 41/17, 'RAF Narrative: The Air Defence of Great Britain June 1940–December 1941', App 1, 4–5.
140. HHC, TSCD/4, 'Town Clerk's Report on the City's Welfare Services', June 1941; TWA, MD-NC/PH/1/1, 'Medical Officer of Health Annual Report', 1941, 34.
141. TNA, HO 186/927, 'Departmental Reports', 33. For stock figures see R. J. Hammond, *Food: Volume III: Studies in Administration and Control* (London: 1962), 804. 战前面粉平均储存量在 31.4 万吨，但是到 1940 年底，储存量是 69.5 万吨，到 1941 年底，储存量是 85.7 万吨。
142. Jesse, Harwood, *While London Burns*, 118; Strachey, Post D, 48.
143. UEA, Zuckerman Archive, OEMU/57/3, preliminary draft report, 'Birmingham', 10 Jan 1942; NC, Cherwell papers, G192, 'City of Birmingham: Effects of Air Raids on Dwelling House Property', 12 Feb 1942, 3; TWA, DX 15/1, Gateshead Emergency Services Manual, MH circular, 24 Sept 1940.
144. TNA, PREM 3/18/1, Minister of Health to Churchill, 8 Jan 1941; MH, 'Houses Repaired by Local Authorities in Heavily Raided Towns', 5 June 1941.
145. TWA, Gateshead Emergency Services Manual, 'Mutual Assistance in Clearing

Debris'.

146. HHC, TSCD/4, Hull City Engineer, 'The Manchester Blitz', 31 Dec 1940; TNA, AIR 40/288, Air Intelligence, 'The Blitz', Folder 3, 'Report on Coventry', 14 Aug 1941.
147. TNA, AIR 40/288, 2–4; Donnelly (ed), *Mrs. Milburn's Diaries*, 69, entry for 20 Nov 1940.
148. TWA, Gateshead Emergency Services manual, MHS circulars, 204/1940, 'Salvage of Property and Clearing of Debris'; 74/1941, 'General Organisation of Recovery of Goods and Property'.
149. MO-A, TC 15/1/A, 'Demolition in London, 1941', 15–16, 58–9.
150. Todd Gray, *Looting in Wartime Britain* (Exeter: 2009), 185–9.
151. MO-A, TC 15/1/A, 'War Damage: Emergency Repairs and Supplies of Materials'.
152. HHC, TYP Part I, Hull City Corporation, Damage to Property 1939–45; TNA, PREM 3/18/1, Churchill to Lord Reith (Minister of Works), 9 Dec 1940; Reith to Churchill, 3 Jan 1941.
153. TNA, PREM 3/18/1, Minister of Health to Churchill, 'Houses Repaired by Local Authorities, November 1941'; Minister of Production (Oliver Lyttleton) to Churchill, 22 Aug 1942.
154. TNA, AIR 20/4768, Note for Director of Bombing Operations, Air Ministry, 6 Apr 1942.
155. Alymer Firebrace, 'Britain's Wartime Fire Service', in Horatio Bond (ed), *Fire and the Air War* (Boston, MA: 1946), 23–5, 33; Ewen, 'Preparing the British Fire Service', 221.
156. Green, *Caught*, 179, 183.
157. Firebrace, 'Britain's Wartime Fire Service', 23.
158. Ewen, 'Preparing the British Fire Service', 221; TNA, AIR 40/288, Air Intelligence, 'Report on Coventry', 14 Aug 1941.
159. TNA, AIR 40/288, 34–7, 49.
160. Michael Brown, *Put That Light Out! Britain's Civil Defence Services at War 1939–1945* (Stroud: 1999), 102–3.
161. MO-A, TC23 Box 11, 'Seven Months' Experience of Industrial Firewatching', 30 Sept 1941.
162. TNA, HO 186/608, memorandum by Lt. Col. G. Symonds (MHS Fire Adviser), 4 Dec 1940.
163. PArch, Beaverbrook papers BBK/D/24b, Sir Ernest Simon to Beaverbrook, 4 Dec 1940, 'Fire Prevention'; 'Report on Lancashire Blitz Raids, December 20/24 1940', 25 Dec 1940; report by J. R. Scott, 'Air Attacks on Manchester', 24 Dec 1940; HHC, TSCD/4, Hull City Engineer, 'Manchester Blitz', 31 Dec 1940.
164. Donoughue, Jones, *Herbert Morrison*, 292–3.
165. Friends House Archive, London (FHA), COR 5/9, Note 'Firewatching Cases' [n.d. but Apr 1941]; Stuart Morris to Herbert Morrison, 1 Apr 1942. Hayes, *Challenge of Conscience*, 191–2.
166. FHA, Temp Mss. 914, 914/BM/1, minutes of Central Board meeting, 26 Feb

1941; 'Firewatching Cases' [n.d. but Apr 1941]; Stuart Morris to Herbert Morrison, 1 Apr 1942.

167. TWA, MD-NC/276/4, Fire Prevention Department, 'The Guard Organisation: Progress Report', 15 Dec 1941; 'Fire Guard Organisation', 27 Apr 1943.
168. Firebrace, 'Britain's Wartime Fire Service', 28–9; idem, 'The Reorganization of the British Fire Service', in Bond, *Fire and the Air War*, 48–50; Ewen, 'Preparing the British Fire Service', 214, 223–4.
169. CCAC, Hodsoll papers, memorandum by Hodsoll, 'Consolidated Lessons of Raiding in Great Britain' [n.d. but 1945], 2.
170. UEA, Zuckerman Archive, OEMU/56/5, Zuckerman to Ministry of Pensions, 28 Aug 1941; Aubrey Lewis (Mill Hill Hospital) to Stradling, 5 Nov 1941; Russell Fraser (Mill Hill Hospital) to Zuckerman, 23 Nov 1941.
171. UEA, Zuckerman Archive, OEMU/57/5, Hull Survey, Tables Ia–VIIf.
172. Ibid., OEMU/56/5, Aubrey Lewis to Zuckerman, 23 June 1942, 1.
173. Ibid., OEMU/57/3, Draft report, 'Hull' [n.d.], 6; Zuckerman, *From Apes to Warlords*, 142–3, 405, App 2, 'Quantitative Study of Total Effects of Air Raids', 8 Apr 1942.
174. Thoms, *War, Industry and Society*, 126–9.
175. Süss, 'Wartime Societies and Shelter Politics', 34–5; Edgar Jones, Robin Woolven, Simon Wessely, 'Civilian Morale during the Second World War: Responses to Air Raids Re-Examined', *Social History of Medicine*, 17 (2004), 463–79.
176. Field, *Blood, Sweat and Toil*, 43.
177. UEA, Zuckerman Archive, OEMU/57/5, draft report, 'Disturbances in the mental stability of the working population of Hull', App II, Case Histories.
178. Ibid., App II, Case 1 and Case 37.
179. Gallup, *The Gallup International Polls*, 43. 1941 年 8 月举行了战争问题的第二次民意调查，这次有 9% 的人支持轰炸，但是有 17% 的人支持建立第二战场。
180. TNA, INF 1/254, Home Morale Committee, 'First Interim Report, 22 May 1940', 2; Harold Nicolson to Duff Cooper (Minister of Information), 5 June 1940, 'Report of Home Morale Policy Committee', 2.
181. TNA, INF 1/849, Policy Committee minutes, 8 July 1940, 23 July 1940; INF 1/264, Morale: Summary of Daily Reports, 20 July 1940.
182. TNA, HO 186/886, H. Rhodes (MoI) to S. Leslie (MHS), 29 Nov 1940; managing director, *Liverpool Post and Echo*, to Morrison, 4 Dec 1940; draft memorandum, 'Publication of Casualties'; Duff Cooper to Morrison, 7 Jan 1941.
183. TNA, HO 186/886, Churchill to Morrison, 7 Mar 1941.
184. Cowles, *Looking for Trouble*, 445.
185. Brittain, *England's Hour*, 141–2.
186. TNA, MEPO 2/6335, Croydon MP Station, 'Air Raid – Notes', 21 Aug 1940; Tooting MP Station, Aug 1940; East Ham MP Station, 'Air Raid Warning', 24 June 1940. On the class dimension of reaction to the raids see Süss, *Tod aus der Luft*, 332–3.
187. TNA, INF/264, Daily Morale Summary, 17 June 1940; INF/292 Pt 1, Weekly

Home Intelligence Report, 30 Sept–9 Oct, 1; 4–11 Nov, 2.

188. TNA, HO 186/608, MHS memorandum, 'Lessons of Intensive Air Attack: Working of ARP Services' [n.d. but Jan 1941], 14; Gen. Gordon Finlayson, C-in-C Western Command to all Regional Commissioners, 'Notes for Guidance of all Area Commands', 26 Nov 1940.
189. TNA, INF 6/328, *London Can Take It!,* 14 Oct 1940; MoI, *London Can Take It!*, film commentary.
190. Cinema figures from UEA, Zuckerman Archive, OEMU/59/36, 'Cinema Attendances', 9 Aug 1945. Details on the film from Mark Connelly, *We Can Take It! Britain and the Memory of the Second World War* (Harlow: 2004),132–3.
191. TNA, HO 186/1220, MoI Publications Division to S. C. Leslie (author of the booklet), 12 Jan 1943; Robert Fraser (MoI) to Leslie, 29 Jan 1943.
192. Cowles, *Looking for Trouble*, 446.
193. TNA, INF/174a, Director of Broadcasting Division, MoI, to Controller-General, BBC, 26 Feb 1941; Mary Adams (Home Intelligence) to Kenneth Clark, 28 Feb 1941, encl. 'Script of Broadcast on Swansea Blitz'; 'A Cardiffian Woman' to Churchill, 5 Mar 1941.
194. Edward Stebbing, *Diary of a Decade, 1939–1950* (Lewes: Book Guild, 1998), 68, 80.
195. TNA, INF 1/292, Weekly Home Intelligence Report, 30 Sept–9 Oct, 1; Report, 18–24 Dec, 1; INF 1/849, Policy Committee minutes, 3 Apr 1941, 1; INF 1/249, Home Planning Committee, minutes 26 Dec, 30 Dec 1940.
196. Angus Calder, *The Myth of the Blitz* (London: 1991); Rose, *Which People's War*; and more controversially Samuel Hylton, *Britain's Darkest Hour: The Hidden History of the Blitz* (Stroud: 2001).
197. James Doherty, Post 381: *The Memoirs of a Belfast Air Raid Warden* (Belfast: 1989), 92.
198. Firebrace, 'Britain's Wartime Fire Service', 26.
199. Barbara Nixon, Raiders Overhead: *A Diary of the London Blitz* (London: 1980), 25–7.
200. TNA, INF 1/292 Pt I, Weekly Morale Report, 30 Sept–9 Oct, 1; AIR 40/288, Air Intelligence, 'The Blitz', 14 Aug 1941, App A, 'Morale', 2.
201. Jesse, *While London Burns*, 81–2.
202. UEA, Zuckerman Archive, OEMU/57/5, Hull Survey, Table IIb. Fear as an expression of anticipatory silence followed by terrifying sound is explored in Peter Adey, 'Holding Still: The Private Life of an Air Raid', *M/C Journal*, 12 (2009), 3–5.
203. Royal Society, London, Blackett papers, PB/4/4, 'Notes on effects of bombing on civilian population', 15 Aug 1941; 'confusion, depression and possible loss of morale', in TNA, HO 186/608, 'Notes for the Guidance of Area Commands', 26 Nov 1940; AIR 40/288, Air Intelligence, 'The Blitz', 3, 'damage beyond a certain point produces depression and defeatism'.
204. Nigel Nicolson (ed), *Harold Nicolson: Diaries and Letters 1939–1945* (London: 1967), 126, entry for 8 Nov 1940.
205. A Warden (anon.), *From Dusk to Dawn* (London: 1941), 71–2.

206. TNA, HO 186/608, Midlands Regional Commissioner to MHS, 5 Dec 1940; TWA, MB-WB/27/1, Whitley and Monkseaton Urban District Council, 'After the Raid', 28 Jan 1942, 6.
207. Cited in Robert Hewison, *Under Siege: Literary Life in London 1939–1945* (London: 1977), 40.
208. A Warden (anon.), *From Dusk to Dawn*, 23; Sara Wasson, *Urban Gothic of the Second World War: Dark London* (Basingstoke: 2010), 145.
209. Wasson, *Urban Gothic*, 33; Hewison, Under Siege, 44–52.
210. Brett Holman, ' "Bomb Back, and Bomb Hard" : Debating Reprisals during the Blitz', *Australian Journal of Politics and History*, 58 (2012), 403–5.
211. LSE Archive, Peace Pledge Union papers, Coll. Misc. 825, PPU Information Service, no 22, 6 Nov 1940, 2.
212. FHA, Foley papers, Mss. 448, Box 2, file 4, press review 23 Aug 1941, letter to *Daily Mail* from Lady Hilda Wittenham.
213. Stebbing, *Diary of a Decade*, 51; Donnelly (ed), *Mrs. Milburn's Diaries*, 77. TNA, INF/266, Reginald L. to Duff Cooper, 4 Dec 1940; MoI, internal memorandum, 5 Dec 1940.
214. MO-A, TC 23, File 12/A, 'Report on Reprisals from the RAF', 6 Dec 1940. On the policy of avoiding 'reprisal' see Süss, *Tod aus der Luft*, 105–6.
215. FHA, Foley papers, Mss. 448, Box 3, file 2, Note on British Institute of Public Opinion.
216. Ibid., Mss. 448, Box 2, file 2, 'The Bombing Restrictions Committee: Its Origin, Purpose and Publications', Nov 1944; LSE, Peace Pledge Union Papers, Coll. Misc. 825, PPU Information Service, no 24, 7 Jan 1941, 'The Case against Reprisals'.
217. TNA, AIR 40/288, 'The Blitz', App A, 'Morale', 1.
218. MO-A, TC15/1/A, 'Demolition in London 1941', 23–4, 40–45, 47. Air marshal story in Newcastle University Special Collections, Twentieth-Century Pamphlets, Box 7, Tom Harrisson, 'Mass Observation', *World Review*, Aug 1940, 66.
219. Gallup, *Gallup International Polls*, 37, 43. A good example of a diary is Helen Millgate (ed), *Mr. Brown's War: A Diary of the Second World War* (Stroud: 1999), 63–75. Also Jesse, Harwood, *While London Burns*, where news of bombing in letters to their American friends ebbs away after October.
220. TWA, DX 52/1, minute book, Percy Crescent and Cockburn Terrace Fire-Fighting Scheme, North Shields, meetings of 2 Feb, 4 Feb, 6 Feb, 12 Feb 1941; Fire-Watching Rotas, 1941, 1943, 1944.
221. HHC, TSCD/4, 'Coventry Conference for ARP Controllers', 17 Dec 1940, 2.
222. TNA, HO 186/608, 'Notes for the Guidance of Area Commands', 26 Nov 1940.
223. Ibid., AIR 40/288, 'The Blitz', App A, 'Morale', 1.
224. Ibid., 1; TWA, MD-NC/276/3, Office of Northern Regional Commissioner memorandum, 'Air Raid Damage', 13 Mar 1941.
225. TNA, HO 186/927, Regional Commissioner, South-West region, to all town clerks, 'Intensive Air Attacks – Co-ordination of Services', 20 Dec 1940.
226. Brittain, *England's Hour*, 123.

227. Donnelly, *Mrs. Milburn's Diaries*, 80–81, entry for 14 Jan 1941.
228. UEA, Zuckerman Archive, OEMU/56/3, Report on Interview with Head Shelter Wardens of Lewisham Borough, Oct 1941, 3–4.
229. Cited in Jalland, *Death in War and Peace*, 134–5.
230. Julie Rugg, 'Managing "Civilian Deaths Due to War Operations" : Yorkshire Experiences During World War II', *Twentieth Century British History*, 15 (2004), 164–8.
231. Cowles, *Looking for Trouble*, 439.
232. TNA, AIR 40/288, 'The Blitz', 7–8; UEA, Zuckerman Archive, OEMU/57/3, draft report, 'Birmingham', 10 Jan 1942; Report prepared by Zuckerman and J. D. Bernal, 'A Quantitative Study of the Total Effect of Air Raids', 2 Apr 1942, 8.
233. TNA, HO 186/608, minutes of meeting, 3 Dec 1940.
234. MO-A, TC23 Box 11, File 11E, opinion poll, 2 Aug 1941; File 11/K, Warden posts general report, 13 June 1941.
235. TWA, CB.SU/3/1, Sunderland ARP Committee, report on damage, 1 May 1942, 5 June 1942, 11 Oct 1942, 16 Oct 1942, 14 Mar 1943, 22 Mar 1943, 16 May 1943, 24 May 1943.
236. TNA, HO 186/927, MHS, 'Departmental Reports on Preparations for Heavy Attacks', Aug 1941, 22–3.
237. O'Brien, *Civil Defence*, 548–58, 690.
238. TNA, HO 186/2315, LCC, 'Note on Crash Raids' [n.d. but Oct 1942], 3.
239. TNA, PREM 3/27, Morrison and Bevin to Churchill, 9 Oct 1941; MH 76/491, London Civil Defence Region, Progress report on air-raid shelters, Dec 1941.
240. HHC, TSA/CD/87, memorandum, Hull City Engineer, 22 Nov 1941; TSCD/41, meeting of Emergency Works Committee, 8 Apr 1942.
241. HHC, TSA/CD/87, Ministry of Food, instructions to town clerks, 9 Aug 1941; TNA, HO 186/2347, City of Leicester: Emergency Feeding Scheme, July 1943.
242. TNA, HO 199/140, Home Security Office, Bristol, report on bombing in Weston-super-Mare, 29 June 1942; Report re. Weston-super-Mare, 30 June 1942; MHS Report on the South-Western Region for the month of June 1942.
243. TNA, HO 186/2315, Town Clerk Norwich to Eastern Regional Commissioner, 3 June 1942, 'Memorandum in Connection with the Recent Raids on Norwich', 1–4.
244. UEA, Zuckerman Archive, OEMU 50/2/4, REDept, 'Effects on Labour of Air Raids', 19 Oct 1942, 1–5.
245. TNA, HO 186/2315, Notes of meeting at Home Office, 'Crash Raids', 20 Oct 1942; 'Mass Raids: an appreciation of Civil Defence under altered conditions of enemy action', 9 Oct 1942.
246. TNA, HO/2315, County Borough of East Ham, 'Civil Defence Services: Modification in Tactical Dispositions in Case of Crash Raids', 6 July 1943; Hodsoll (MHS) to Sir Edward Warner, 5 Nov 1943, 'Crash Raiding'; draft report for Regional Commissioners, 'Reporting of Damage Caused by Intensive Raids' [n.d. but Dec 1943].
247. TWA, MD-NC/276/5, Newcastle Fire Prevention Department, 'Fire Guard Organisation', 27 Apr 1943; Emergency Committee meeting minutes, 20 Sept

1943.
248. HHC, TYW/1/A23, Hull ARP controller to chief warden, 25 Feb 1944; TYW/1/T2, Home Security circular, 'Refresher Courses at Home Security Schools'.
249. TWA, DX 1306/1, Tynemouth civil defence Musical and Dramatic Society minute book, 1943–4.
250. Doherty, *Post 381*, 121–3.
251. TNA, MH 79/500, MH minute, 'Shelters – L.P.T.B. Tube Stations', 2 Mar 1944; London Transport Board report, 'Tube Shelters', 29 Feb 1944; O'Brien, *Civil Defence*, 546–7.
252. TNA, MH 79/500, MH minute, 'Provision of Shelters – London Region', 25 Feb 1944; London Transport Board report, 'Tube Shelters', 29 Feb 1944; 'Air Raid Shelter Provision', March 1944; London Tube Shelter Population, Feb to Oct 1944.
253. TNA, HO 186/2944, London Civil Defence Region, 'Reporting the First Flare by Civil Defence', Mar 1944.
254. Stebbing, *Diary of a Decade*, 243–52（只有三天的日记；一次空袭的飞机就从他家上空飞过，他在日记中写道，自己感到太懒惰也太寒冷，因而不想从自己的床上下来）; Millgate (ed), *Mr. Brown's War*, 205（二月只有一篇日记记录了空袭）。
255. TNA, HO 186/2271, Note of a meeting at the Home Office, 7 July 1943; 'Long Range Rocket: London Region Appreciation', 16 July 1943.
256. TNA, HO 186/2271, War Cabinet minutes, 3 Feb 1944; Churchill to Morrison, 13 Feb 1944.
257. TNA, HO 186/2944, 'London Regional Narrative: History of Operations in London Region', 1945, 28; O'Brien, *Civil Defence*, 652–3.
258. Hewison, *Under Siege: Literary Life in London 1939–1945*, 168; Stebbing, Diary of a Decade, 262–3.
259. UEA, Zuckerman Archive, OEMU/59/13/1, Regional Information Office, 'Flying Bomb Attack on London', 12 July 1944, 1.
260. Ibid., OEMU/59/13/3, MoI, 'Effect of the Flying Bomb on Industrial Workers', 1–2.
261. Ibid., OEMU/59/13, British Institute of Public Opinion, survey third week of Aug 1944; 'Effects of Rockets and Flying Bombs' [n.d.]; MO-A, TC 23 File 12/E, observer report, London, 30 June 1944.
262. Titmuss, *Social Policy*, 426–7.
263. CCAC, Hodsoll papers, HDSL 5/4, 'Review of Civil Defence 1944', 2–7.
264. TNA, HO 186/2299, 'Lessons from Recent Raids: Flying Bomb' [n.d.], 1.
265. UEA, Zuckerman Archive, OEMU/59/9, MHS REDept, 'Casualty Rate of Flying Bombs at Night', 4 July 1944; 'Flying Bombs: Casualties in London Region', 20 Dec 1944.
266. TNA, MH 79/500, London Tube Shelter Population, Feb–Oct 1944; HO 191/11, 'Statement of Civilian Casualties', 31 July 1945.
267. MO-A, TC 23 File 12/G, some notes on reaction to V2, March 1945.
268. UEA, Zuckerman Archive, OEMU/59/13, draft 'Shelter Habits', Table A, Table B. 有 29% 的人在私人防空洞躲避火箭袭击，没有人使用公共防空洞，无论

他们有没有自己的私人防空洞。

269. TNA, MH 79/500, London Tube Shelter Population, Feb–Oct 1945; Titmuss, *Social Policy*, 428–9.
270. HHC, TYP Pt I, War Damage Returns, Hull, 1939–45; TNA, HO 186/2944, London Region Narrative, 1945, 28. Total casualties in TNA, HO 191/11, 'Statement of Civilian Casualties in the United Kingdom', 31 July 1945.
271. MO-A, TC 23 File 12/H, 'The Lifting of the Blackout', 28 Sept 1944; 'A Note on Relaxation of the Blackout', 17 Sept 1944; Wiggam, 'The Blackout and the Idea of Community', 54–5.
272. TWA, MD-NC/276/5, Emergency Committee minutes, 31 July 1944; TSCD/41, 'Report of City Engineer to Emergency Committee', 22 Sept 1944. On reducing civil defence numbers see HHC, TYW/1/A23, Regional Commissioners to ARP Controllers, 14 Apr 1944; Hull ARP Controller to chief warden, 16 Aug 1944; minute ARP Controller, Hull, 28 Sept 1944; Home Office, North-Eastern region to Hull town clerk, 11 July 1947, 'Collection and Disposal of Steel Shelter Material'; Home Office to town clerk, 6 Dec 1947. On London TNA, MEPO 2/6463, Sir Ernest Gowers to MP Commissioner Sir Philip Game, 16 July 1942; MP Commissioner to Westminster town clerk, 'Shelters: Improper Use', 13 Sept 1945.
273. HHC, TYW/1/A-58, Home Office, Leeds to Hull town clerk, 14 June 1945.
274. TNA, HO 207/226, Daily Tube Shelter Returns, 30 Jan, 9 Apr 1945; memorandum, 'How the Tube Shelter Occupancy Figures Read for the Last Few Nights', 8 May 1945.
275. Royal Society, London Blackett papers, PB/4/4, Note on effects of bombing on civilian population, 15 Aug 1941, 3.

第四章 不为人知的章节：对苏联城市的轰炸

1. PArch, Balfour papers, BAL/1, Moscow Diary 1941, entries for 27–28 Sept, 2 Oct 1941.
2. Alexander Werth, *Moscow '41* (London: 1944), 86, 93–5.
3. Walter Citrine, *In Russia Now* (London: 1942), 55–6.
4. RGVA, f.37878, o.1, d.297, Report on air attacks against Moscow between 21 July and 22 Aug 1941; Horst Boog et al., *DRZW: Band 4: Der Angriff auf die Sowjetunion* (Stuttgart: 1983), 692.
5. RGVA, f.37878, o.1, d.443, report of MPVO HQ, air attacks on the territory of the Soviet Union, Jan-June 1942, 15–36.
6. Richard Suchenwirth, *Command and Leadership in the German Air Force: USAF Historical Studies, no. 174* (New York: 1969), 254, citing an intelligence briefing by Gen. Josef Schmid.
7. Walther Hubatsch (ed), *Hitlers Weisungen für die Kriegführung* (Munich: 1965), 100, Directive no. 21, 'Case Barbarossa', 18 Dec 1940.
8. LC, Spaatz papers, Box 134, Interrogation of Reich Marshal Hermann Goering, 10 May 1945, 10; UEA, Zuckerman Archive, SZ/BBSU/75/1, USAAF HQ,

Air P/W Interrogation Detachment, Enemy Intelligence Summaries, Hermann Goering, 1 June 1945, 8.
9. James Corum, *Wolfram von Richthofen: Master of the German Air War* (Lawrence, KS: 2008), 272–3.
10. Andrew Brookes, *Air War Over Russia* (Hersham, Surrey: 2003), 67, citing Pravda for 6 Feb 1939.
11. Leonid Kerber, *Stalin's Aviation Gulag: A Memoir of Andrei Tupolev and the Purge Era, ed Von Hardesty* (Washington, DC: 1996), 5–13.
12. *Protivovozdushnaia oborona strany* (1914–1995) (Moscow: 1998), 88–92.
13. Brookes, *Air War Over Russia*, 31, 63.
14. *Protivovozdushnaia oborona strany*, 92–104.
15. Lt. Gen. Beregovoi, 'Voiska VNOS PVO Strany v pervom periode voiny', *Voenno-istoricheskiy zhurnal*, 7 (1975), 13–21; Gen. P. Batitsky, '*Voiska protivovozduzhnoi oborony strany*', *Voenno-istoricheskiy zhurnal*, 8 (1967), 20–22.
16. RGVA, f.37878, o.1, d.297, MPVO HQ, Operational Report, June 1941-Feb 1942, 1–9.
17. F. Kagan, 'The Evacuation of Soviet Industry in the Wake of "Barbarossa" : A Key to Soviet Victory', *Journal of Slavic Military Studies*, 8 (1995), 396–8, 406; G. A. Kumanev, 'The Soviet Economy and the 1941 Evacuation', in Joseph L. Wieczynski (ed), *Operation Barbarossa: The German Attack on the Soviet Union*, June 22, 1941 (Salt Lake City, UT: 1993), 189, 191–3.
18. RGAE, f.29, o.1, d.1792/1961, 2; Brookes, *Air War Over Russia*, 63–4.
19. Olaf Groehler, *Bombenkrieg gegen Deutschland* (Berlin: 1990), 160–61; Rolf-Dieter Müller, *Der Bombenkrieg 1939–1945* (Berlin: 2004), 100.
20. Harry Flannery, *Assignment to Berlin* (London: 1942), 271–2.
21. Groehler, *Bombenkrieg gegen Deutschland*, 164–5.
22. Hubatsch (ed), *Hitlers Weisungen*, 164, Directive no. 33, 19 July 1941.
23. Ibid., 173, Directive no. 34a, 12 Aug 1941. See too Walter Warlimont, *Inside Hitler's Headquarters 1939–45* (London: 1964), 186–8.
24. Henrik Eberle, Matthias Uhl (eds), *The Hitler Book: The Secret Dossier Prepared for Stalin* (London: 2005), 77.
25. RGVA, f.37878, o.1, d.297, MPVO HQ, Operational Report, June 1941-Feb 1942, 10–14.
26. Von Hardesty, Ilya Grinberg, *Red Phoenix Rising: The Soviet Air Force in World War II* (Lawrence, KS: 2012), 57–9, 68; Brookes, *Air War Over Russia*, 70.
27. TsAMO, f.500, o.957971, d.425, Luftwaffe Operations Staff, Foreign Air Forces East, 'SU-Grossgerät zur Flugabwehr', 8 Mar 1944, 4–6.
28. Boog et al., *DRZW: Band 4*, 692–3.
29. RGVA, f.37878, o.1, d.297, MPUO HQ, Operational Report, June 1941-Feb 1942, 98.
30. Corum, *Wolfram von Richthofen*, 272–4; David Glantz, *The Siege of Leningrad 1941–1944: 900 Days of Terror* (London: 2004), 47. 列宁格勒虽然在这种严酷考验中坚持了下来，但是却经受了两年多的围困。
31. Glantz, *Siege of Leningrad*, 72–3; Harrison Salisbury, *The 900 Days: The Siege of Leningrad* (London: 1969), 297–8. Figures for German and Soviet aircraft

from Ray Wagner (ed), *The Soviet Air Force in World War II: The Official History* (Newton Abbot: 1973), 48–52. 这些数字一直存在很大的波动，因此只能看作是参考性的指标。

32. Cited in Anna Reid, Leningrad: *Tragedy of a City under Siege 1941–1944* (London: 2011), 139.
33. RGVA, f.37878, o.1, d.443, MPVO HQ, Operational Report no. 2, Dec 1941 and Jan 1942, 1–3; Report no. 3, Feb 1942, 1; Report no. 5, Mar 1942; Report no. 9, Apr 1942; Report no. 50, June 1942, 1–2.
34. Ibid., f.37878, o.1, d.297, MPVO HQ, Operations of the German Air Force over the territory of the USSR, 22 June 1941–22 July 1941.
35. Ibid., f.37878, o.1, d.189, Reports on the enemy's air raids over the territory of the USSR, 17 July 1941-Feb 1942, MPVO HQ, 1–3, 5–6; F.37878, 0.1, d.443, Report no. 9, Apr 1942.
36. Ibid., f.37878, o.1, d.189, 9–11, Report from Lt. Penkov, Ivanovo region, to Major Sosulin, MPVO HQ, 13 Dec 1941; 54–7, Report for Col. Baskov, Operational Dept., MPVO, from Lt. Col. Starchenko, Rostov MPVO-NKVD.
37. Ibid., 39–53, telegrams to MPVO HQ from Yaroslav region.
38. P. Batitsky, 'Voiska protivovozduzhnoi' 20–22.
39. RGVA, f.37878, o.1, d.445, Total number of hits on railroads from July-Dec 1941 to Jan-June 1942, 2; Summary of the enemy's air raids on USSR's railway facilities from 1 Jan to 1 July 1942, Report by Gen. Kovalev, Head of War Communications, 10–12, 15.
40. TsAMO, f.500, 0.801858, d.218, German Air Force operations staff, 'Bemerkungen zum Einsatz der Luftwaffe, Nr. 19', 5 Nov 1941, 10–12; 'Bemerkungen Nr. 20', 22 Jan 1942, 8–9.
41. RGVA, f.37878, 0.1, d.445, Report by Gen. Kovalev, 6–7, 8, 12–13, 22, 25.
42. Ibid., f.37878, o.1, d.443, MPVO HQ, Report no. 24, June 1942; Report no. 50, July 1942; f.37878, o.1, d.444, 'Enemy aviation targeting railways and railway stations of the Soviet Union in May-July 1942', 2–4.
43. Ibid., f.37878, o.1, d.444, MPVO HQ, Report no. 68, 19 Aug 1942.
44. Boris Voyetekhov, *The Last Days of Sevastopol* (London: 1943), 68–9, 71, 78–9.
45. Joel Hayward, *Stopped at Stalingrad: The Luftwaffe and Hitler's Defeat in the East 1942–1943* (Lawrence, KS: 1998), 100–101, 110–17; Corum, Wolfram von Richthofen, 293–8.
46. Brookes, *Air War Over Russia*, 90.
47. RGVA, f.37878, o.1, d.438, 124, Stalingrad MPVO summative report of activities of enemy aviation in Aug 1942.
48. TsAMO, f.500, o.725109, d.1080, Operational Staff, German Air Force, 'Sowjetunion: Einzelbildunterlagen von Werken der Flugrüstungsindustrie, der Kraftwagen und Kampfwagenherstellung', 1 Feb 1942; o.725168, d.386, 'Übersicht der Archivunterlagen: Band 1: Rüstungsindustrie'.
49. RGVA, f.37878, o.1, d.438, 125, Summative report, Aug 1942. 同时参见 Hardesty, Grinberg, *Red Phoenix*, 125，Yeremenko将军生动地描述了储油设施燃烧造成的破坏，就像鹿特丹当时发生的一样，破坏主要是由燃油设施起火造成的。
50. Hayward, *Stopped at Stalingrad*, 188–9.

51. A. H. Birse, *Memoirs of an Interpreter* (London: 1967), 148–9.
52. RGVA, f.37878, o.1, d.444, MPVO HQ, Lt. Gen. Osokin, Military dispatches on the consequences of enemy air raids on the territory of the Soviet Union in Aug 1942, 17 Sept 1942; f.37878, o.1, d.438, 125, Summative report, Aug 1942. 数字并不全面，因为有些人在试图游到河的东岸的时候溺水身亡了。
53. Ibid., report for Sept 1942, 15 Oct 1942; report for Nov 1942, 1 Dec 1942.
54. Williamson Murray, *Luftwaffe: Strategy for Defeat 1933–1945* (London: 1985), 141–4.
55. LC, Spaatz papers, Box 134, Interrogation of Reich Marshal Hermann Goering, 10 May 1945, 10.
56. TsAMO, f.500, o.801858, d.218, German Air Force operations staff, 'Bemerkungen zum Einsatz der Luftwaffe, Nr. 19', 5 Nov 1941, 11–12.
57. Scott Palmer, *Dictatorship of the Air: Aviation Culture and the Fate of Modern Russia* (Cambridge: 2006), 115–21.
58. RGVA, f.37878, o.1, d.722, Lt. Col. Nechaev, MPVO HQ, 'The state of the MPVO in People's Commissariats of transport and industry at the time of the MPVO system transfer to the NKVD', 24 Aug 1945.
59. Ibid., 52, 57; Maj. Bychkov, MPVO HQ, 'Organisational Structure of the MPVO during the War', 12 July 1945.
60. RGVA, f.37878, 0.1, d.189, Report on state of preparedness of the city of Kursk for Air Defence [n.d.].
61. Ibid., f.37878, o.1, d.722, Col. M. Linin, Chief of Anti-Chemical Defence, MPVO, 'Anti-Chemical Defence during the War', 3 July 1945; Maj. Bychkov, MPVO HQ, 'Organisational Structure of the MPVO', 12 July 1945.
62. Lennart Samuelson, *Tankograd: The Formation of a Soviet Company Town: Cheliabinsk 1900–1950s* (Basingstoke: 2011), 219.
63. Ibid., 65–72; on Stalingrad, RGVA, f.37878, o.1, d.189, Lt. Ageev (MPVO, Stalingrad station), 'Operational review of the activities of MPVO headquarters and agencies in the Stalingrad region until 14 Jan 1942'.
64. RGVA, f.37878, o.1, d.701, MPVO HQ, Lt. Gen. Osokin, 'Report on the Activities of the GU MPVO/NKVD over the Period of the War to December 1 1944', 6 Jan 1945; f.37878, 0.1, d.722, 'Organisational Structure of the MPVO', 74–81.
65. RGVA, f.37878, o.1, d.722, 10, 'Financial systems of the MPVO' [n.d.].
66. Ibid., f.37878, o.1, d.701, 'Report on the Activities of GU MPVO/NKVD over the Period of the War', 6 Jan 1945; f.37878, 0.1, d.722, 'Anti-Chemical Defence during the War', 3 July 1945; 'The State of the MPVO in People's Commissariats', 24 Aug 1945.
67. Rodric Braithwaite, *Moscow 1941: A City and its People at War (London: 2006)*, 189–90.
68. RGVA, f.37878, o.1, d.701, 'Report on the Activities of the GU MPVO/NKVD over the Period of the War', 6 Jan 1945; f.37878, o.1, d.722, 3, 'Growth of the Collective Defence in the Cities'; 17–20, 'Prospects: Protection of the People from Air Raids in the Future', Apr 1945; 'Anti-Chemical Defence during the War', 3 July 1945. For a good description of basement shelters and the

construction programme in Leningrad see Evgenii Moniushko, *From Leningrad to Hungary: Notes of a Red Army Soldier, 1941–1946* (London: 2005), 7–9.

69. Henry Cassidy, *Moscow Dateline, 1941–1943* (London: 1943), 68; Braithwaite, Moscow 1941, 190–91.
70. Braithwaite, *Moscow 1941*, 187–90.
71. PArch, Balfour papers, BAL/1, Moscow Diary, entry for 27 Sept 1941; Cassidy, *Moscow Dateline*, 66; Moniushko, *From Leningrad to Hungary*, 19–20.
72. Werth, *Moscow* '41, 112–13.
73. Air Ministry, *The Rise and Fall of the German Air Force, 1933–1945* (London: 1983), 168.
74. RGVA, f.37878, o.1, d.443, MPVO HQ, Report no. 2, 'on the consequences of air-raids of the enemy aviation between December 1941 and January 1942', Feb 1942; Report no. 9, 'on the consequences of air raids of enemy aviation in April 1942', May 1942.
75. Ibid., f.37878, o.1, d.443, 1st dept., MPVO HQ, Col. Baksov, 'Report on the activity of divisions and groups of the MPVO from the start of the war until February 1942', [n.d.].
76. Citrine, *In Russia Now*, 59–60; John Barber, 'The Moscow Crisis of October 1941', in Julian Cooper, Maureen Perrie, E. A. Rees (eds), *Soviet History 1917–1953: Essays in Honour of R. W. Davies* (London: 1995), 201–18; M. M. Gorinov, 'Muscovites' Moods, 22 June 1941 to May 1942', in Robert Thurston, Bernd Bonwetsch (eds), *The People's War: Responses to World War II in the Soviet Union* (Chicago, IL: 2000), 123–4.
77. RGVA, f.37878, o.1, d.443, 'Report on the enemy aviation and the work of divisions and groups of the MPVO from the start of the war until February 1942'; Salisbury, *The 900 Days*, 297.
78. Reid, Leningrad, 143; Salisbury, *The 900 Days*, 291, 298. On alarms see Moniushko, *From Leningrad to Hungary*, 30.
79. Svetlana Magaieva, Albert Pleysier, *Surviving the Blockade of Leningrad* (Lanham, MD: 2006), 39, 42.
80. RGVA, f.37878, o.1, d.443, Report no. 5, 10 Apr 1942; Report no. 9, May 1942; Moniushko, *From Leningrad to Moscow*, 17.
81. Magaieva, Pleysier, *Surviving the Blockade*, 66.
82. Moniushko, *From Leningrad to Hungary*, 18–19.
83. RGVA, f.37878, o.1, d.443, Report no. 9, May 1942.
84. Ibid., f.37878, o.1, d.438, 21–3, MPVO, Summative report on the enemy's air raids over the city of Stalingrad in Apr 1942; 77–82, Summative report, July 1942.
85. Ibid., 124–5, Summative report, Aug 1942.
86. Ibid., 126–7.
87. Ibid., f.37878, o.1, d.722, 'Prospects: Protection of the People from air Raids', April 1945; 'Anti-Chemical Defence during the War', 3 July 1945; 'The state of the MPVO in People's Commissariats of transport and industry', 24 Aug 1945.
88. Ibid., f.37878, o.1, d.537, Reports on military messages received by the MPVO HQ on the activity of enemy aviation on the territory of the USSR during

Jan 1945; Reports between 16 and 20 Feb 1945; Report on operational and organizational questions from 1 Mar 1943 until 1 Mar 1944; Lt. Gen. Soskin, 'Analysis of the Consequences of the Air Raids and the Activity of the MPVO in 1944', 30 Apr 1945.

89. RGVA, f.37878, 0.1, d.722, 'The state of the MPVO in People's Commissariats of transport and industry', 24 Aug 1945.
90. Ibid., f.37878, o.1, d.701, 'Report on the Activities of the GU, MPVO/NKVD over the Period of the War' 6 Jan 1945.
91. Alexander Werth, *Leningrad* (London: 1944), 163.
92. RGVA, f.37878, o.1, d.537, Lt. Gen. Osokin, 'Conclusions on the activity of enemy aviation conducting intelligence works and air raids, 1 January until 31 December 1944', 30 Apr 1945; f.37878, o.1, d.723, 'The activity of the MPVO during the Great Patriotic War', 18 Sept 1945.
93. Werth, *Leningrad*, 162.
94. Ibid., 72.
95. Magaieva, Pleysier, *Surviving the Blockade*, 42.
96. Richard Bidlack, 'The Political Mood in Leningrad during the First Year of the Soviet-German War', *The Russian Review*, 59 (2000), 101–2, 106.
97. RGVA, f.37878, o.1, d.722, 'Participation of the MPVO in the reconstruction of the national economy', 21–4.
98. Ernst Heinkel, *He 1000* (London: 1956), 232.
99. IWM, MD, vol LI, 479, Jeschonnek to Milch, 28 Oct 1942.
100. BA-MA, RL3/16, GL Office, 'Auszug aus der Führerbesprechung', 3/4/5 Jan 1943.
101. Andreas Nielsen, *The German Air Force General Staff* (New York: 1959), 155. Gerhard Förster, *Totaler Krieg und Blitzkrieg* (Berlin: 1967), 150.
102. LC, Spaatz papers, Box 134, Interrogation of Gen. Koller, 25 Sept 1945, 1–2.
103. For details see Richard Overy, 'From "Uralbomber" to "Amerikabomber" : The Luftwaffe and Strategic Bombing', *Journal of Strategic Studies*, 1 (1978), 166–7.
104. Heinkel, *He 1000*, 230.
105. NARA, Microfilm T321, Roll 10, frames 6778–9, Luftwaffe-Führungsstab, 'Kurze Studie: Kampf gegen die russische Rüstungsindustrie', 9 Nov 1943.
106. IWM, MD, vol XV, GL conference, 19 June 1942, in which the head of air force development complained about Heinkel's 'egoistic company interests'; BA-MA, RL3/16, Lucht (Technical Office) to Milch, 9 Sept 1942, 'Festigkeit der He177'; Heinkel to Air Ministry, 12 Sept 1942. See too Lutz Budrass, *Flugzeugindustrie und Luftrüstung in Deutschland 1918–1945* (Düsseldorf: 1998), 847–58, on the competitive situation in the industry in 1942–3.
107. BA-MA, RL3/16, Kommando der Erprobungsstelle to Göring, 13 Aug 1942; IWM, MD, vol XV, GL conference, 19 June 1942.
108. Heinkel, *He 1000*, 233.
109. Horst Boog, 'Strategischer Luftkrieg in Europa 1943–1944', in Boog et al., *DRZW: Band 7: Das Deutsche Reich in der Defensive* (Stuttgart: 2001), 348–9.
110. Ibid., 350–51, 355; Albert Speer, *Inside the Third Reich* (London: 1970), 280–83.

111. NARA, Microfilm T321, Roll 10, frames 6780–82, 'Kurze Studie', 9 Nov 1943.
112. TsAMO, f.500, o.801858, d.218, Operational Staff, 'Taktische Bemerkungen', July 1943, 11.
113. Boog, 'Strategischer Luftkrieg', 354, 357–62.
114. NARA, Microfilm T321, Roll 10, frame 6765, losses, establishment and output, bomber units, Jan 1943-Mar 1944; Frames 6754–6, Luftwaffe Führungsstab, 'Studie über die Flugzeuglage der Kampfverbände', 5 May 1944.
115. RGVA, f.37878, o.1, d.537, 136, 'Comparative table of air raids, bombs and losses, Jan-May 1943 and Jan-May 1944'; 169, MPVO, 'Analysis of the consequences of the air raids and the activity of the MPVO in 1944: Table of material losses of the Soviet Union in 1944'.
116. LC, Spaatz papers, Box 134, USSBS Interview no. 8, 5–6.
117. RGAE, f.29, o.1, d.1792/1961, Production of aircraft and engines 1939–1945. There were 43,648 fighter aircraft, 28,947 dive-bombers and 11,397 bombers.
118. Groehler, *Bombenkrieg gegen Deutschland*, 166–70.
119. Carl van Dyke, *The Soviet Invasion of Finland 1939–40* (London: 1997), 55–6.
120. Alexsandr Medved, Dmitri Hazonov, 'Hyökkäyset Helsinkiin helmikuussa 1944', *Sotahistoriallinen Aikakauskirja*, 18 (1999), 134–75. On the Soviet claims see Groehler, *Bombenkrieg gegen Deutschland*, 170.
121. Birse, *Memoirs of an Interpreter*, 128–9. Bolshevik revolution. 苏联谈判人员把西方盟国计划在高加索发动的作战比作是 1918 年至 1919 年西方国家军事干涉布尔什维克革命一样的行动。
122. Mark J. Conversino, *Fighting with the Soviets: The Failure of Operation Frantic 1944–1945* (Lawrence, KS: 1997), 26-30.
123. LC, Doolittle papers, Box 19, Col. Old to Doolittle, 6 July 1944, 4.
124. Conversino, *Fighting with the Soviets*, 88–90.
125. RGAE, f.29, o.1, d.1792/1961, Production of aircraft and engines: Bombers. The figures were 1939: 2; 1940: 10; 1941: 23; 1942: 22; 1943: 29; 1944: 5.
126. Kerber, *Stalin's Aviation Gulag*, 255–60.
127. RGVA, f.37878, o.1, d.722, 17–19, 'Prospects: Protection of the People from Air Raids', April 1945.

第二部分 "最伟大的战斗"：盟军轰炸欧洲

第五章 魔法师的学徒：1939 年至 1942 年的轰炸机司令部

1. Heinz M. Hanke, *Luftkrieg und Zivilbevölkerung* (Frankfurt am Main: 1991), 187–90. Charles Webster, Noble Frankland, *The Strategic Air Offensive Against Germany*, 4 vols (London: 1961), vol 1, 134–5, give the wrong dates for the German pledge and the Anglo-French declaration.
2. FDRL, President's Secretary's Files, Box 47, Ambassador Potocki to Cordell Hull, 1 Sept 1939.

3. TNA, AIR 9/202, first meeting, Committee on the Humanisation of Aerial Warfare, 8 July 1938; Air Staff memorandum, 'The Restriction of Air Warfare', 25 Feb 1938. Uri Bialer, 'Humanization of Air Warfare in British Foreign Policy on the Eve of the Second World War', *Journal of Contemporary History*, 13 (1978), 79–96.
4. TNA, AIR 14/249, 'Air Ministry Instructions and Notes on the Rules to be Observed by the Royal Air Force in War', 17 Aug 1939, 5–7; AIR 41/5, 'International Law of the Air 1939–1945', supplement to 'Air Power and War Rights' by the former Air Ministry legal adviser J. M. Spaight, 7; Joel Hayward, 'Air Power, Ethics, and Civilian Immunity during the First World War and its Aftermath', Global War Studies, 7 (2010), 127–9; Peter Gray, 'The Gloves Will Have to Come Off: A Reappraisal of the Legitimacy of the RAF Bomber Offensive against Germany', *Air Power Review*, 13 (2010), 15–16.
5. TNA, AIR 9/105, Anglo-French staff conversations, 'Preparation of Joint Plan', 19 Apr 1939; 'The Employment of British Bombers in the Event of German Invasion of the Low Countries', 21 Apr 1939.
6. TNA, AIR 14/249, Air Ministry to Bomber Command, 22 Aug 1939; AIR 75/8, Newall to Ludlow-Hewitt, 23 Aug 1939. Gray, 'The Gloves Will Have to Come Off', 22–3.
7. TNA, AIR 75/8, Newall to Gen. Gort, 24 Aug 1939; War Cabinet Annex, 'Air Policy', 13 Oct 1939; AIR 14/446, Air Ministry minute, 30 Aug 1939.
8. TNA, FO 371/23093, Sir Hugh Kennard (Warsaw) to Foreign Office, 11 Sept and 12 Sept 1939.
9. Ibid., AIR 75/8, 'Air Policy: Brief for the Secretary of State for Supreme War Council', 15 Nov 1939, 5–8.
10. Martin Middlebrook, Chris Everitt, *The Bomber Command War Diaries: An Operational Reference Book 1939–1945* (Leicester: 2000), 42, 702–3.
11. FDRL, President's Secretary's Files, Box 32, Chamberlain to Roosevelt, 25 Aug 1939; Roosevelt to Chamberlain, 31 Aug 1939.
12. TNA, AIR 9/131, 'The Employment of the Air Striking Force on the Outbreak of War' [n.d. but Aug 1939], 10. W. A. Jacobs, 'The British Strategic Air Offensive against Germany in World War II', in R. Cargill Hall (ed), *Case Studies in Strategic Bombardment* (Washington, DC: 1998), 109–10.
13. Richard Overy, 'Air Power, Armies and the War in the West, 1940', 32nd Harmon Memorial Lecture (Colorado Springs, CO: 1989), 8–12.
14. Webster, Frankland, *Strategic Air Offensive*, vol 4, 99–102, App 6; Tami Davis Biddle, *Rhetoric and Reality in Air Warfare: The Evolution of British and American Ideas about Strategic Bombing, 1914–1945* (Princeton, NJ: 2002), 178–80.
15. TNA, AIR 9/89, Air (Targets) Intelligence: Country: Germany, 21 Jan 1938.
16. Owen Thetford, *Aircraft of the Royal Air Force since 1918* (London: 1988), 138–41, 273–6.
17. Ibid., 30–34, 313–16, 554–61.
18. Armaments Design Establishment, Ministry of Supply, 'The Development of British Incendiary Bombs during the Period of the 1939–1945 World War', Dec

1946; TNA, AIR 9/92, Air Ministry, 'Bomb Stocks as at 26 April 1939'. On the poor quality of bombs see NC, Cherwell papers, G189, Cherwell to Ministry of Supply, 28 Jan 1942, memorandum, 'Bomb Production'; F255, War Cabinet paper, 'The Possibility of Improving Efficiency of Blast Bombs', 6 Oct 1943.

19. TNA, AIR 14/88, Air Ministry to Ludlow-Hewitt, 27 Oct 1939; AIR 41/5, 'International Law of the Air', 1.
20. TNA, AIR 75/5, Slessor to Newall, 29 Mar 1940; Richard Overy, *Bomber Command, 1939–1945* (London: 1997), 32–3.
21. TNA, AIR 9/102, Draft Plan W.A.5(d), 13 Jan 1940; CamUL, Templewood papers, XII, File 2, interviews with officers from Wellington and Whitley squadrons, 29 Apr 1940.
22. TNA, AIR 41/5, 'International Law of the Air', 12–13.
23. TNA, AIR 14/194, Record of a conference with the Air Staff, 28 Apr 1940, 3.
24. Martin Gilbert (ed), *The Churchill War Papers: Vol II: Never Surrender, May 1940-December 1940* (London: 1994), 17–18, 24–6, 38–43, War Cabinet minutes, 12 May, 13 May, 15 May 1940. Randall Hansen, *Fire and Fury: The Allied Bombing of Germany 1942–1945* (New York: 2009), 20, who also dates the Rotterdam attack incorrectly.
25. Christopher Harmon, *'Are We Beasts?': Churchill and the Moral Question of World War II 'Area Bombing'* (Newport, RI: 1991), 8–10.
26. Martin Gilbert, *Finest Hour: Winston S. Churchill 1939–1941* (London: 1983), 329–30, 334, 342–7; Gilbert (ed), *Churchill War Papers: Vol II*, 17–18, 25, 38–41, War Cabinet minutes: Confidential Annex, 13 May 1940; War Cabinet minutes: Confidential Annex, 15 May 1940.
27. TNA, AIR 14/194, CAS minute, 19 May 1940; DCAS to C-in-C Bomber Command, 30 May 1940.
28. TNA, AIR 14/249, Air Ministry to all Commands, 4 June 1940; AIR 41/5, 'International Law of the Air', 13.
29. TNA, AIR 14/249, Bottomley (Bomber Command SASO) to all Group HQ, 14 June 1940.
30. UEA, Zuckerman Archive, SZ/BBSU/56, Portal to Douglas (DCAS), 16 July 1940; TNA, AIR 14/249, Bomber Command War Orders, proposed amendment, 14 July 1940.
31. Biddle, *Rhetoric and Reality*, 188–9.
32. TNA, AIR 14/249, telegram from Air Ministry to Bomber Command HQ, 10 Sept 1940; AIR 41/5, 'International Law of the Air', 13. Gray, 'The Gloves Will Have to Come Off', 25–6.
33. Richard Overy, 'Allied Bombing and the Destruction of German Cities', in Roger Chickering, Stig Förster, Bernd Greiner (eds), *A World at Total War: Global Conflict and the Politics of Destruction* (Cambridge: 2005), 280–84; Hayward, 'Air Power, Ethics', 124–5.
34. TNA, AIR 75/8, War Cabinet Annex, 'Air Policy', 14 Oct 1939.
35. TNA, AIR 9/79, Air Ministry (Plans), 'Note on the Relative Merit of Oil and Power as Objectives for Air Attack', 16 Oct 1939; AIR 75/8, 'Draft Bombing Plans', 14 Nov 1939.

36. RAFM, Douglas papers, MFC 78/23/2, Trenchard to Portal, 2 May 1940; TNA, 75/8, Portal to Newall, 8 May 1940.
37. TNA, 75/8, 'Draft Bombing Plans', 14 Nov 1939, 3.
38. TNA AIR 14/194, Slessor (Director of Plans) to Air Marshal A. Evill, 22 Oct 1939; 'Note on the Question of Relaxing Bombardment Instructions', 7 Sept 1939.
39. TNA, PREM 3/193/6A, FO Report, 30 May 1940; Halifax to Churchill, 2 June 1940, encl. Report, 'Morale in Germany'.
40. TNA, AIR 75/8, Air Ministry (Plans), 'Plans for Attack of Italian War Industry', 2 June 1940; AIR 20/283, Air Ministry (Bomber Operations), 'Notes on Bomb Attacks', 20 Aug 1940.
41. Martin Hugh-Jones, 'Wickham Steed and German Biological Warfare Research', *Intelligence and National Security*, 7 (1992), 387–90, 393–7; Ulf Schmidt, 'Justifying Chemical Warfare: The Origins and Ethics of Britain's Chemical Warfare Programme, 1915–1939', in Jo Fox, David Welch (eds), *Justifying War: Propaganda, Politics and the Modern Age* (Basingstoke: 2012), 148–50.
42. TNA, AIR 14/206, TC 2, 'Notes on German Air Operations in Poland', 19 Oct 1939.
43. TNA, AIR 41/5, 'International Law of the Air', 9–10.
44. TNA, AIR 14/194, Bomber Command, 'Note on the Question of Relaxing the Bombardment Instructions', 7 Sept 1939; AIR 14/381, Plan W.1, memorandum for C-in-C, Bomber Command, Apr 1938, 1.
45. Harold Balfour, *Wings over Westminster* (London: 1973), 120.
46. TNA, FO 898/311, MEW memorandum, 'Bombing of Open Towns', 19 Apr 1940.
47. CCO, Denis Richards Archive, File IV/Folder A, Salmond to Trenchard, 11 May 1940.
48. Gilbert, *Churchill War Papers: Vol II*, 41, War Cabinet minutes: Confidential Annex, 15 May 1940.
49. Gilbert, *Finest Hour*, 81.
50. Robinson Library, University of Newcastle, Trevelyan papers, draft article, 'Nazism and Civilisation', Mar 1943.
51. National Library of Wales, Jevons papers, I/IV/85, Noel-Baker to H. Stanley Jevons, 6 Nov 1940; Noel-Baker, 'Reprisals? No', *Daily Herald*, 2 Oct 1940. Brett Holman, ' "Bomb Back, and Bomb Hard" : Debating Reprisals during the Blitz', *Australian Journal of Politics and History*, 58 (2012), 395–9.
52. LSE, Women's International League of Peace and Freedom papers, 1/16, Executive minutes, 3 July 1940; WILPF 2009/05/04, 'Report of Deputation of Pacifist Clergy to the Archbishops of Canterbury and York, 11 June 1940', 2.
53. CamUL, Templewood papers, XII, File 2, transcript of broadcast talk, 27 Apr 1940.
54. Gilbert, *Churchill War Papers: Vol II*, 42–3, War Cabinet minutes: Confidential Annex, 15 May 1940.
55. CCO, Portal papers, Folder 1, Portal to Churchill, 27 Oct 1940.
56. TNA, AIR 9/424, Slessor (DCAS) to Director of Plans, 17 Aug and 24 Aug

1942. 最终作战指令（联合作战参谋部英-美轰炸策略）于 8 月 31 日制定完成，使用的词是“工业中心”而不是工业人口。

57. RAFM, Harris papers, H47, Harris to the Under-Secretary of State, Air Ministry, 25 Oct 1943; A. W. Street (Air Ministry) to Harris, 15 Dec 1943. 在 Hansen 所著的 *Fire and Fury* 一书的 159 页至 166 页中对这个新闻进行了更详细的讨论。
58. Webster, Frankland, *Strategic Air Offensive*, vol 4, 111–24. On forests and game see TNA, AIR 40/1814, MEW note, 'German Forests', 7 Aug 1940.
59. TNA, AIR 20/283, Air Ministry War Room, 'Tonnage of Bombs Dropped 24 June to 27 Aug 1940'. 目标是油料、燃料、电力、化学、炸药、航空工业、机场、铝材、造船、码头和通信系统。
60. TNA, AIR 9/150, Bomber Command war room, details of raids and tonnages on German port targets to May 1941.
61. Ibid., Bomber Command war room, 'Effort Expended by Bomber Command, May to October 1940'; war room to Air Ministry (Plans), details of all sorties, 11 Oct 1940. The 1944 figures in Webster, Frankland, Strategic Air Offensive, vol 4, 445–6.
62. UEA, Zuckerman Archive, SZ/BBSU/56, Douglas to Newall, 9 July 1940; Portal to Douglas, 16 July 1940.
63. CCO, Portal papers, Walter Monkton (MoI) to Portal, 8 Nov 1940.
64. Edward Westermann, *Flak: German Anti-Aircraft Defenses, 1914–1945* (Lawrence, KS: 2001), 90.
65. TNA, PREM 3/11/1, Churchill note for Newall, 28 July 1940; Newall to Churchill, 19 July 1940, 'Note on Attack of German Forests'; AIR 20/5813, 'Forestry Report on Incendiary Tests with Different Types of Bombs', 10 July 1941; 'Report on a Trial of "Razzle" in Standing Crops', 16 Aug 1940.
66. Westermann, *Flak*, 97, 102–3.
67. UEA, Zuckerman Archive, SZ/BBSU/2, précis of a lecture by Wing-Commander G. Carey Foster.
68. CCO, Denis Richards Archive, File VIII, Folder A, interview transcripts with Sir Ian Jacob and Sir Robert Cochrane.
69. Harmon, '*Are We Beasts?*', 10–14.
70. Winston S. Churchill, *The Second World War: Vol II* (London: Cassell, 1957), 567; Biddle, *Rhetoric and Reality*, 186–7, for Churchill's views on bombing as a 'way of winning the war'.
71. E.g. Jörg Friedrich, *The Fire: The Bombing of Germany 1940–1945* (New York: 2006), 62; Douglas Lackey, 'Four Types of Mass Murderer: Stalin, Hitler, Churchill, Truman', in Igor Primoratz (ed), *Terror from the Sky: The Bombing of German Cities in World War II* (Oxford: 2010), 134–5, 144–54; Eric Markusen, David Kopf, 'Was It Genocidal?', in ibid., 160–71.
72. David Reynolds, *In Command of History: Churchill Fighting and Writing the Second World War* (London: 2004), 320–22.
73. CamUL, Boyle papers, Add 9429/2c, conversation with Harris, 18 July 1979. Harris also showed the letter to Churchill's biographer, Martin Gilbert. See Gilbert, *Churchill War Papers: Vol II*, 492–3.
74. TNA, AIR 2/7211, 'Note on the Lessons to be Learned from German Mistakes',

19 Sept 1940, 3.

75. CCAC, BUFT DBOps, 'Review of the Present Strategical Air Offensive', 5 Apr 1941, 5, and App C, 'The Blitz Attack by Night'.
76. TNA, AIR 9/132, RE8 Report, 'Consideration of the Types of Bombs for Specific Objectives Based on Experience of German Bombing in this Country', 26 Sept 1940, 2–3.
77. UEA, Zuckerman Archive, OEMU/50/7, 'Notes on the Work of R.E.8', 18 Nov 1942; TNA, HO 191/203, A. R. Astbury, 'History of the Research and Experiments Department, Ministry of Home Security, 1939–1945', 21–3.
78. TNA, DSIR 4/366, Building Research Laboratory, List of Enquiries Aug 1940-Nov 1941.
79. For an excellent account see Randall Wakelam, *The Science of Bombing: Operational Research in RAF Bomber Command* (Toronto: 2009), 24–33.
80. Hugh Berrington, 'When Does Personality Make a Difference? Lord Cherwell and the Area Bombing of Germany', *International Political Science Review*, 10 (1989), 18–21.
81. NC, Cherwell papers, F398, Statistical Section, Harrod papers, 'Bombs and Deaths', 30 Sept 1940; G181, 'Air Raid Casualties' [n.d. but Sept 1940]; 'House Damage in Air Raids', 27 Sept 1940; 'Bombing of London in September, October and November 1940'; G183, 'Notes of a Conversation with Professor Zuckerman', 26 March 1941 (attached two charts of Hanover and Frankfurt with zones of population density).
82. TNA, AIR 9/132, minute by Plans Dept, Air Ministry, 6 Jan 1941; AIR 20/2264, AWAS Report, 'The Bomb Censuses of Liverpool, Birmingham and London', 29 Oct 1940; AWAS Report, 'Bomb Census of Liverpool, Birmingham, London, Coventry, Manchester, Leeds and Special Attacks', Apr 1941.
83. CCAC, BUFT 3/26, draft directive [n.d. but June 1941].
84. TNA, AIR 40/1814, memorandum by O. Lawrence (MEW), 9 May 1941.
85. See Richard Overy, 'The "Weak Link" : Bomber Command and the German Working Class 1940–1945', *Labour History Review*, 77 (2012), 22–5.
86. CCAC, BUFT 3/48, 'The Role of the Long-Range Bomber Force'; 'Review of the Present Strategical Air Offensive', 5 Apr 1941, App C, 2.
87. Ibid., 3/13, Notes on Plan ZZ, 19 Nov 1941, App VI, 'Attack on an Area of 150 Square Miles'.
88. TNA, AIR 2/7211, bombing policy memorandum, 19 Nov 1940; AIR 20/25, Air Intelligence to Baker, 23 May 1941.
89. TNA, AIR 20/25, memorandum on bombing policy by Baker, 7 May 1941.
90. RAFM, Peirse papers, AC 71/13/61–2, Notes of a speech by Richard Peirse to the Thirty Club in London, 25 Nov 1941, 3.
91. TNA, AIR 20/4768, memorandum, 23 Sept 1941, 'The Value of Incendiary Weapons in Attacks on Area Targets', 2.
92. CCAC, BUFT DBOps to the director, 6 June 1941.
93. TNA, AIR 40/1351, AI 3c (Air Liaison), 'Air Attack by Fire', 17 Oct 1941.
94. CCAC, BUFT 3/26, report from BOPs 1 (Sq. Leader Morley), 18 Oct 1941.
95. Hugh Melinsky, *Forming the Pathfinders: The Career of Air Vice-Marshal*

Sydney Bufton (Stroud: 2010), 59.

96. Webster, Frankland, *Strategic Air Offensive*, vol 1, 157–64.
97. TNA, AIR 9/150, Air Ministry War Room, Bomber Command sorties May-Oct 1940, Nov 1940-Apr 1941; DBOps to DCAS, 11 Sept 1941.
98. CCO, Portal papers, Folder 9, Peirse to Balfour, 27 Nov 1940; Portal to Peirse, 30 Nov 1940.
99. TNA, Air 14/291, meeting at Air Ministry, 10 Dec 1940; HQ no 7 Group to C-in-C, Bomber Command, 4 Jan 1941.
100. CCO, Portal papers, Folder 1/File 1, Churchill to Portal, 1 Nov 1940; Churchill to Portal, 30 Dec 1940.
101. Ibid., Folder 9/File 1940, Peirse to Churchill, 24 Dec 1940; Peirse to Portal [n.d. but Dec 1940]; File 1941, Peirse to Churchill, 1 Jan 1941.
102. John Colville, *The Fringes of Power: Downing Street Diaries 1939–1945* (London: 2004), 241, diary entry for 2 Nov 1940.
103. CCO, Portal Papers, Folder 1/File 1, Portal to Churchill, 7 Dec 1940; Folder 9/File 1940, Portal to Peirse, 5 Dec 1940; Peirse to Churchill, 24 Dec 1940. Details of raid in Middlebrook, Everitt, *Bomber Command War Diaries*, 111, and TNA, AIR 14/2670, Night bomb raid sheets, Dec 1940, 'Results of Night Operations, 16/17 December 1940'.
104. Webster, Frankland, *Strategic Air Offensive*, vol 1, 159–60.
105. CCO, Portal papers, Folder 9/File 2, Peirse to Portal, 28 Feb 1941.
106. UEA, Zuckerman Archive, SZ/BBSU/56, 'Bombing Policy'.
107. Ibid., draft directive, 9 July 1941; Webster, Frankland, *Strategic Air Offensive*, vol 4, 135–7.
108. CCO, Portal papers, Folder 9/File 1940, Peirse to Portal [n.d.].
109. RAFM, Peirse papers, AC 71/13/60, speech to the Thirty Club, 25 Nov 1941, 11.
110. TNA, 41/41, RAF Narrative, 'The RAF in the Bombing Offensive against Germany: Vol III', 87.
111. TNA, PREM 3/193/6A, Minister of Information to Churchill, 1 Jan 1941, 'Conditions in Germany, December 1940', 2.
112. CCAC, Bufton papers, BUFT 3/11, 'Report on the Interrogation of American Legation and Consular Officials in Lisbon, 24–31 July 1941', 4.
113. TNA, AIR 20/4768, Air Staff memorandum, 23 Sept 1941.
114. FO Historical Branch, 'Churchill and Stalin: Documents Collated for the Anglo-Russian Seminar, 8 March 2002', doc 9, Broadcast by Mr Churchill, 22 June 1941, 1, 3.
115. Ibid., doc 11, Telegram from Churchill to Stalin, 7 July 1941.
116. Bradley Smith, *Sharing Secrets with Stalin: How the Allies Traded Intelligence 1941–1945* (Lawrence, KS: 1996), 11.
117. Colville, *The Fringes of Power*, 363, entry for 21 July 1941.
118. RAFM, Bottomley papers, AC 71/2/29, Peck to Bottomley, 6 Apr 1944, enclosing 'Address to Thirty Club, 8 Mar 1944', 1–2.
119. Middlebrook, Everitt, *Bomber Command War Diaries*, 166–7.
120. BA-MA, RL2-IV/28, Luftflotte 3, Gefechtskalender, 'Durchführung und Erfolg Juli 1941'.

121. CCO, Portal papers, Folder 2/File 1, Churchill to Portal, 7 July 1941. On the German response see Percy Schramm(ed), *Kriegstagebuch des OKW: Eine Documentation, 1940–1941, Band 1, Teilband 2* (Augsburg: 2007), 417–20.
122. TNA, PREM 3/13/2, Churchill to Lindemann, 7 July 1941; Churchill to Sinclair and Portal, 12 July 1941.
123. RAFM, Bottomley papers, AC 71/2/115, 'Operational Photography in Bomber Command Sept 1939-April 1945', June 1945, 14–29. Robert S. Ehlers, *Targeting the Third Reich: Air Intelligence and the Allied Bombing Campaigns* (Lawrence, KS: 2009), 96–7.
124. CCO, Portal papers, Folder 9/File 2, Portal to Cherwell, 29 July 1941; Cherwell to Portal, 30 July 1941.
125. Webster, Frankland, *Strategic Air Offensive*, vol 4, 205, 'Report by Mr. Butt to Bomber Command on his Examination of Night Photographs, 18 August 1941'; Melinsky, *Forming the Pathfinders*, 43–4.
126. CCO, Portal papers, Folder 2/File 1, Churchill to Portal, 15 Sept 1941.
127. Ibid., Cherwell to Churchill, 3 Sept 1941; Portal to Churchill, 'Notes on Lord Cherwell's Paper', 11 Sept 1941.
128. RAFM, Bottomley papers, AC 71/2/115, 'Operational Photography', 26.
129. Interview with Robert Kee in Overy, *Bomber Command*, 75.
130. TNA, AIR 41/41, RAF Narrative, vol III, 42. Wakelam, The Science of Bombing, 42–6.
131. Overy, *Bomber Command* 74, interview with Wilkie Wanless; TNA, AIR 9/150, Peirse to Balfour, 7 Sept 1941; AIR 20/1979, *Bomber Command*, aircraft strengths and casualties. Between Sept 1939 and Feb 1941, 93,341 non-operational sorties were flown by day, only 3,157 by night.
132. TNA, AIR 9/150, BOps to DBOps, 27 Nov 1941; AIR 20/283, Baker (DBOps) to Portal, 28 July 1941.
133. Webster, Frankland, *Strategic Air Offensive*, vol 4, 455; TNA, AIR 9/150, DBOps to Deputy Chief of Air Staff, 11 Sept 1941.
134. Thetford, *Aircraft of the Royal Air Force*, 317–22, 488–91; Brereton Greenhous, Stephen Harris, William Johnston, William Rawling, *The Crucible of War 1939–1945: The Official History of the Royal Canadian Air Force, Vol III* (Toronto: 1994), 604–6.
135. Ibid., 605.
136. Sebastian Cox (ed), *The Strategic Air War Against Germany, 1939–1945: The Official Report of the British Bombing Survey Unit* (London: 1998), 37.
137. PArch, Beaverbrook papers, BBK/D/329, Air Ministry to MAP, 4 May 1941. On bombs see John A. MacBean, Arthur S. Hogben, *Bombs Gone: The Development and Use of British Air-Dropped Weapons from 1912 to the Present Day* (Wellingborough: 1990), 66–8; Roy Irons, *The Relentless Offensive: War and Bomber Command 1939–1945* (Barnsley: 2009), 190–91, 205–6.
138. TNA, AIR 20/5813, minute, vice chief of staff, 3 Nov 1941; '4lb Incendiary Bomb', BOps 2b, 2 Jan 1942.
139. NC, Cherwell papers, F222, minute for Churchill from Cherwell, May 1941; G182, H. W. Robinson to Cherwell, 27 Oct 1941; Chart, 'Bombs Dropped on

Germany July-Dec 1941'; G189, Cherwell to Ministry of Supply, 28 Jan 1942; PArch, Beaverbrook papers, BBK/D/330, Air Marshal Courtney to Beaverbrook, 27 May 1941. Details on bombs from Irons, *The Relentless Offensive*, 203–5.

140. Cox (ed), *The Strategic Air War*, 36.
141. PArch, Balfour papers, BAL/3, 'Dunkirk Days-Battle of Britain' (Balfour was Under-Secretary of State at the Air Ministry). 参见 CamUL, Boyle papers, Add 9429/2C, Boyle to Harris, 22 July 1979, 在这份文件中，比弗布鲁克仍然被视为是“从骨子里就反对轰炸德国的人”。
142. PArch, Beaverbrook papers, BBK/D/329, Portal to Moore-Brabazon, 10 May 1941, 3.
143. Gavin Bailey, 'Aircraft for Survival: Anglo-American Aircraft Supply Diplomacy, 1938–1942' (unpublished PhD thesis, University of Dundee: 2010), 183–91.
144. LC, Arnold papers, Reel 199, handwritten notes, Placentia Bay meeting, 11 Aug 1941.
145. Webster, Frankland, *Strategic Air Offensive*, vol 4, 4–6; Melinsky, *Forming the Pathfinders*, 56–7, 59; Alfred Price, *Instruments of Darkness: The History of Electronic Warfare, 1939–1945* (London: 2005), 97–9.
146. BA-MA, RL2 IV/101, Vorstudien zur Luftkriegsgeschichte: Reichsluftverteidigung: Teil B: Flakabwehr [n.d. 1944], 12–13, 15.
147. RAFM, Saundby papers, AC 72/12 Box 7, 'War in the Ether: Europe 1939–1945', Signals Branch, HQ Bomber Command, Oct 1945, 6.
148. BA-MA, RL2 IV/101, 'Flakabwehr', 15–17.
149. Werner Held, Holger Nauroth, *Die deutsche Nachtjagd* (Stuttgart: 1992), 115–17.
150. BA-MA, RL2 IV/101, 'Flakabwehr', 18–19, 23; Bill Gunston, *Night Fighters: A Development and Combat History* (Cambridge: 1976), 86–9; Price, *Instruments of Darkness*, 55–9.
151. Westermann, *Flak*, 123–4.
152. TNA, AIR 20/283, minute by DBOps (Baker), 10 Nov 1941.
153. Melinsky, *Forming the Pathfinders*, 66–7; Middlebrook, Everitt, *Bomber Command War Diaries*, 210.
154. CCO, Portal papers, Folder 2/File 2, Churchill to Portal, 27 Sept 1941; Portal to Churchill, 25 Sept 1941, enclosing 'Development and Employment of the Heavy Bomber Force', 22 Sept 1941.
155. Ibid., Portal to Churchill, 2 Oct 1941; Churchill to Portal, 7 Oct 1941.
156. TNA, AIR 41/41, RAF Narrative, vol III, 111; Middlebrook, Everitt, *Bomber Command War Diaries*, 217–18; Greenhous et al., *Crucible of War*, 559–60.
157. Mark Connelly, *Reaching for the Stars: A New History of Bomber Command in World War II* (London: 2001), 60–2; Webster, Frankland, *Strategic Air Offensive*, vol 1, 254–6; Anthony Furse, *Wilfred Freeman, The Genius Behind Allied Survival and Air Supremacy 1939–1945* (Staplehurst, Kent: 2000), 199–200.
158. CCAC, BUFT 3/12, 'Report of a Visit to Groups and Stations by Wing-Commander Morley, 10 Dec 1941'.
159. Royal Society, London, Blackett papers, PB/4/4, 'Note on the Use of the Bomber Force', 3.

160. Webster, Frankland, *Strategic Air Offensive*, vol 1, 328–9.
161. CCAC, BUFT 3/12, minute for DBOps from Bufton, 27 Feb 1942.
162. PArch, Beaverbrook papers, BBK/D/330, telegram from Harris to Portal and Sinclair, 18 Sept 1941; RAFM, Harris to Freeman, 15 Sept 1941, 5.
163. Ibid., 2–3.
164. PArch, Beaverbrook papers, BBK/D/330, telegram from Harris to Portal, 8 Dec 1941.
165. Henry Probert, *Bomber Harris: His Life and Times* (London: 2006), 122–3.
166. Warren Kimball (ed), *Churchill & Roosevelt: The Complete Correspondence: Vol I: Alliance Emerging* (London: 1984), 296, memorandum, Churchill to Roosevelt, Pt I, 'The Atlantic Front'.
167. LC, Arnold papers, Reel 199, Proceedings of the American-British Joint Chiefs of Staff Conferences, 24 Dec 1941, 2.
168. Ibid., Annex 1, American-British Strategy, 2, 5.
169. Kimball (ed), *Churchill & Roosevelt Correspondence: Vol I*, 314–23, Churchill to Roosevelt, 7 (?) Jan 1942.
170. USAFA, Colorado Springs (USAFC), Hansell papers, Series III, Box 1, Folder 2, 'Can We Be Bombed?' [n.d. but late 1939], 22–3.
171. NARA, RG94.580, memorandum from the chief of air staff, 10 May 1940; LC, Andrews papers, Box 11, memorandum for the Executive by Carl Spaatz, 5 Jan 1935, 'Comments on Doctrines of the Army Air Corps', 1.
172. Haywood Hansell, *The Air Plan that Defeated Hitler* (Atlanta, GA: 1972), 53–63, 92–3.
173. Douglas Lackey, 'The Bombing Campaign of the USAAF', in Igor Primoratz (ed), *Terror from the Sky: The Bombing of German Cities in World War II* (Oxford: 2010), 41–5; Ronald Schaffer, 'American Military Ethics in World War II: The Bombing of German Civilians', *The Journal of American History*, 67 (1980), 320–22; Conrad Crane, 'Evolution of U.S. Strategic Bombing of Urban Areas', *Historian*, 50 (1987), 16–17, 21–4.
174. On Roosevelt see Jeffery Underwood, *The Wings of Democracy: The Influence of Air Power on the Roosevelt Administration 1933–1941* (College Station: 1991), chs 7–8.
175. TNA, FO 371/23093, Dept of State communiqué from Ambassador Anthony Biddle, 13 Sept 1939; FDRL, President's personal files, 554, Biddle to Roosevelt, 10 Nov 1939.
176. Michael Sherry, *The Rise of American Air Power: The Creation of Armageddon* (New Haven, CT: 1987), 97–8.
177. NARA, RG 107, Lovett papers, Box 138, memorandum for Lovett, 'Blackout Alarms', 24 Dec 1941; Lovett to Donald Douglas (President, Douglas Aircraft Company), 27 Jan 1942; Office of Civilian Defense to all Regional Directors, 22 Dec 1941.
178. Ibid., Engineer Board, US Army, 'Traffic Control during Blackouts', 5 Oct 1942; Joseph McNarney (Deputy Army CoS) to Vice Chief of Naval Operations, 5 June 1942.
179. Ibid., Box 139, Federal Works Agency, 'Air Raid Protection Code for Federal

Buildings', Aug 1942, 13–20, 21–5.
180. Ibid., Box 139, *Civilian Front*, vol 11, 15 May 1943, 7; HQ Army Service Forces, Periodic Report to Lovett, 2.
181. Ibid., Box 139, James Landis, 'We're Not Safe from Air Raids', *Civilian Front*, 15 May 1943.
182. James Parton, *'Air Force Spoken Here': General Ira Eaker and the Command of the Air* (Bethesda, MD: 1986), 128–34, 149. Eight Air Force activation in Maxwell AFB, Eighth Air Force, 520.056, Statistical Summary 8th Air Force Operations, 1.
183. TNA, AIR 14/792, Eaker to Harris, 30 July 1942; Bottomley to Portal, 8 Feb 1942; Baker to Bottomley, 2 Feb 1942.
184. Richard G. Davis, *Carl A. Spaatz and the Air War in Europe* (Washington, DC: 1993), 67–71.
185. Ibid., 48–53.
186. LC, Arnold papers, Reel 89, Harold George (Asst CoS) to Arnold, 25 Feb 1942.
187. John W. Huston (ed), *American Airpower Comes of Age: General Henry H. 'Hap' Arnold's World War II Diaries*, 2 vols (Maxwell, AL: 2002), vol 1, 282–4, 310.
188. Ibid., vol 1, 304, entry for 30 May 1942.
189. Based on Probert, *Bomber Harris*, chs 2, 4–5.
190. 'Rabbits' in CCO, Portal papers, Folder 9/File 3, Harris to Portal, 2 Mar 1942; 'weaker sisters', RAFM, Harris papers, H51, Harris to Peck (Air Ministry), 1 May 1942; 'Fifth Columnists', CCO, Portal papers, Folder 9/File 3, Harris to Portal, 5 Mar 1942; 'impertinent', RAFM, Harris papers, H9, Harris to Bottomley, 13 Jan 1945.
191. UEA, Zuckerman Archive, SZ/BBSU/3, Air Commodore Pelly to Zuckerman, 8 Jan 1947.
192. RAFM, Harris papers, H53, Harris to Baker (DBOps), 11 Apr 1942.
193. CamUL, Boyle papers, Add 9429/2c, Boyle to Harris, 24 Aug 1979.
194. RAFM, Harris papers, H9, Harris to Bottomley, 29 Mar 1945.
195. Webster, Frankland, *Strategic Air Offensive*, vol 4, 143–8.
196. TNA, AIR 20/4768, memorandum from BOps, 25 Feb 1942.
197. NC, Cherwell papers, G192, note for Cherwell, 23 Feb 1942, on German towns; CCAC, BUFT 3/15, memorandum from Morley (BOps 1), 'The Employment of H.E. Bombs in Incendiary Attack', 18 Nov 1942, 1–2.
198. NC, Cherwell papers, F254, War Cabinet, 'Estimates of Bombing Effect', 9 Apr 1942; F226, minute for Churchill from Cherwell, 30 Mar 1942; TNA, AIR 9/183, Comments on Cherwell paper, 17 Apr 1942.
199. CCO, Portal papers, Folder 9/File 3, Harris to Portal, 5 Mar 1942.
200. RAFM, Harris papers, H47, Harris to Bottomley, 9 Apr 1942.
201. Olaf Groehler, *Bombenkrieg gegen Deutschland* (Berlin: 1990), 98.
202. BA-B, R1501/823, directive from Interior Minister, 6 May 1942, 1. Details of raids from Middlebrook, Everitt, *Bomber Command War Diaries*, 246–52, 259–61; Groehler, *Bombenkrieg*, 50–54.
203. RAFM, Harris papers, H53, Baker to Harris, 21 Mar 1942; Baker to Harris, 9 Apr 1942; TNA, AIR 20/4768, note from Bufton for Baker, 6 Apr 1942; Harris

to Baker, 11 Apr 1942.

204. CCAC, BUFT 3/12. Bufton to Harris, 8 May 1942; TNA, AIR 14/1779, chart of attacks on Essen, Duisburg and Düsseldorf.

205. TNA, PREM/3/11/4, Cherwell to Churchill, 30 Mar 1942; Sinclair to Churchill, 6 Apr 1942; Hollis (CoS) to Churchill, 10 Apr 1942; AIR 9/187, CoS, 13 Apr 1942.

206. Webster, Frankland, *Strategic Air Offensive*, vol 4, 231–8, 'Report by Mr Justice Singleton, 20 May 1942'; TNA, PREM 3/11/4, Singleton to Churchill, 20 May 1942.

207. Ibid., PREM 3/11/4, Cherwell to Churchill, 28 May 1942.

208. CCO, Portal papers, Folder 9/File 3, Cherwell to Portal, 27 Feb 1942; Harris to Portal, 2 Mar 1942; Melinsky, *Forming the Pathfinders*, 68–9.

209. CCAC, BUFT 3/12, 'Tactical Direction of the Bomber Force', 16 May 1942, 1.

210. Ibid., 3/12, Bufton to all squadron and station commanders, Mar 1942; H. Graham to Morley (BOps 1), 1 Apr 1942.

211. Melinsky, *Forming the Pathfinders*, 72–8; Furse, *Wilfred Freeman*, 205–8; Middlebrook, Everitt, *Bomber Command War Diaries*, 297–8, 301.

212. CCAC, BUFT 3/12, minute by the assistant CoS (operations), 2 Aug 1942.

213. TNA, AIR 14/276, Portal to Harris, 19 May 1942; Harris to Coastal Command, Flying Training and Army Co-Operation, 20 May 1942; Harris to Philip Joubert de la Ferté (CC), 23 May 1942; Bomber Command Operational Order, no 147, 23 May 1942.

214. BA-B, NS 18/1058, report, Leiter IV, Party Chancellery, 31 May 1942; Groehler, *Bombenkrieg*, 65–6.

215. Ibid., 66–7.

216. Details from Middlebrook, Everitt, *Bomber Command War Diaries*, 274, 280–81; Groehler, *Bombenkrieg*, 69.

217. Greenhous et al., *Crucible of War*, 621–2.

218. CCO, Portal papers, Folder 3/File 3, Smuts to Churchill, 30 June 1942; draft telegram Churchill to Smuts, 4 July 1942, rejecting the proposal.

219. RAFM, Harris papers, H11, memorandum for the prime minister, 17 June 1942 (revised 20 Aug); TNA, PREM 3/19, Harris to Churchill, 17 June 1942.

220. RAFM, Harris papers, H63, App A, 'Approximate Allocation of Air Resources, June 15 1942'; TNA, PREM 3/19, Churchill minute to Harris, 6 July 1942; Air Ministry to Cabinet Office, 12 Aug 1942; CCO, Portal papers, Folder 9/File 3, Harris to Portal, 20 Aug 1942. 在组建的 42 个中队中，哈里斯认为其中 6 个中队被借出了，6 个中队正在重建，4 个中队的作战能力有限（波兰中队“几乎没有用处”），还有 5 个中队还不能作战。

221. Parton, '*Air Force Spoken Here*', 166–7.

222. LC, Spaatz papers, Box 76, Eaker to Spaatz, 27 Aug 1942, 'Accuracy of Bombardment', 2, 4.

223. FDRL, Map Room Files, Box 12, telegram from Harriman to Roosevelt, 14 Aug 1942.

224. TNA, AIR 8/435, Churchill to Sinclair and Portal, 17 Aug 1942; Portal to Churchill, 20 Aug 1942; Harris to Portal, 29 Aug 1942.

225. TNA, PREM 3/19, Harris to Churchill, 4 Sept 1942; Churchill to Harris, 13 Sept 1942; 'better than doing nothing' in CCO, Portal papers, Folder 3/File 1, Churchill to Sinclair, 13 Mar 1943.
226. TNA, PREM 3/19, Amery to Churchill, 1 Sept 1942.
227. CCAC, BUFT 3/12, L. A. C. Cunningham to Morley (BOps 1), 14 Oct 1942.
228. Royal Society, London, Blackett papers, PB/4/4, minutes of CoS discussion, 18 Nov 1942.
229. CCO, Portal papers, Folder 9/File 3, Harris to Portal, 24 Sept 1942. On the arguments over the size of the Canadian component see Greenhous et al., *Crucible of War*, 599–600.
230. TNA, AIR 14/792, Harris to Balfour, 12 Nov 1942; Bottomley to Harris, 28 Nov 1942.
231. CCO, Portal papers, Folder 9/File 3, Harris to Portal, 21 Oct 1942.
232. TNA, AIR 14/1779, Air Vice Marshal Saundby to Tizard, 2 Dec 1942.
233. CCAC, BUFT 3/15, minute for Baker from Bufton, 2 Nov 1942.
234. TNA, AIR 22/203, War Room Manual of Bomber Command Operations 1939–1945, Chart 4, Chart 9.
235. UEA, Zuckerman Archive, OEMU/50/2, REDept, 'The 1000-Bomber Raid on Cologne', 3 Nov 1942.
236. BA-B, NS18/1063, Partei-Kanzlei, Abt. PG, 'Angaben über die Verluste durch Fliegerangriffen', 2 Oct 1942; R3102/10031, Statistisches Reichsamt, 'Die Tätigkeit der feindlichen Luftwaffe über dem Reichsgebiet', 10 Jan 1945; United States Strategic Bombing Survey, 'Overall Report, European War, 30 Sept 1945, 74, 81.
237. TNA, AIR 9/424, note from Churchill for the CoS Committee, 18 Nov 1942.
238. Ibid., War Cabinet, JPS, 'Anglo-US Bombing Policy', 18 Aug 1942.
239. LC, Spaatz papers, Box 66, Directive from Roosevelt to Marshall, 24 Aug 1942; Arnold to Harry Hopkins, 3 Sept 1942, memorandum, 'Plans for Operations against the Enemy', 2.
240. Davis, *Carl A. Spaatz*, 113–16.
241. TNA, AIR 40/1814, MEW to Sinclair, 2 May 1942；同时参见 Balfour, *Wings over Westminster*, 103，他写到在空军部里军人和文职人员之间的隔阂导致“行政工作和决策不顺畅且缓慢”。
242. CCAC, BUFT 3/12, memorandum by Wing Cdr. A. Morley, 'The Tactical Direction of the Bomber Force', 20 May 1942, 2.
243. Ibid., 3/15, memorandum for DBOps from Bufton, 6 Sept 1942.

第六章 联合轰炸：德国 1943 年至 1945 年

1. TNA, AIR 75/11, Slessor papers, pencil notes, 'Conduct of the War in 1943'.
2. Ibid., AIR 75/11, draft by Slessor, 'The Bomber Offensive from the United Kingdom: Note by the British Chiefs of Staff', 20 Jan 1943; draft, 'Casablanca Directive', 21 Jan 1943; John Slessor, *The Central Blue: Recollections and Reflections* (London: 1956), 445–6.

3. LC, Arnold papers, Reel 200, Arnold to Gen. Wedemeyer, 30 Dec 1942.
4. RAFM, Harris papers, H28, Arthur Sulzberger, *The New York Times*, to Harris, 21 Sept 1942; Harris to Francis Drake, 1 Jan 1943; Robert Lovett to Harris, 24 Nov 1942; Harris to Lovett, 24 Dec 1942; H51, Richard Peck (Air Ministry) to Harris, 22 Dec 1942; Telegram from air attaché, Washington, DC, to Air Ministry, 11 Jan 1943.
5. UEA, Zuckerman Archive, SZ/BBSU/29, Air Commodore Pelly to Zuckerman, 14 Jan 1946.
6. TNA, PREM 3/14/2, cypher telegram, Churchill to the Air Ministry, 17 Aug 1942; Portal to Churchill, 20 Aug 1942; Stalin to Churchill, 19 Jan 1943. For Harris's views AIR 8/435, Portal and Sinclair to Churchill, 18 Aug 1942; Harris to Portal, 29 Aug 1942.
7. Ibid., AIR 8/435, Stalin to Churchill, 3 Mar 1943; CCO, Portal papers, Folder 3/File 3, Churchill to Portal, 10 Sept 1942; Churchill to Stalin, 11 Sept 1942.
8. Ibid., Portal papers, Folder 3/File 3, Churchill, 'Note on Air Policy', 22 Oct 1942; Folder 3/File 4, Churchill to Portal, 26 Oct 1942; Portal to Churchill, 7 Nov 1942; LC, Eaker papers, Box I.20, Spaatz to Eaker, 9 Dec 1942; Eaker to Spaatz, 29 Jan 1943.
9. LC, Arnold papers, Reel 200, Arnold to Gen. Stratemeyer, 26 Feb 1943.
10. Slessor, *Central Blue*, 438–9; TNA, AIR 75/11, draft, 'Future Strategy', 25 Sept 1942; draft for the CoS, 'Anglo-American Bomber Offensive against Italy and Germany in 1943'.
11. LC, Spaatz papers, Box 66, Arnold to Harry Hopkins, 3 Sept 1942, encl. memorandum, 'Plans for Operations against the Enemy'.
12. Ibid., Box 66, AWPD-42, 'Requirements of Air Ascendancy', 6–7.
13. FDRL, Map Room papers, Box 165, Folder 6, JCS minutes of meetings, 13 Jan and 14 Jan 1943; LC, Arnold papers, Reel 200, JCS, minutes of meetings, 14 Jan 1943, 11–12.
14. CCO, Portal papers, Folder 3/File 4, Churchill to Harry Hopkins, 14 Oct 1942; 'Note on Air Policy', 22 Oct 1942; Churchill to Portal, Sinclair and Harris, 26 Oct 1942.
15. TNA, PREM 3/19, Churchill to Harris, 18 Sept 1942; AIR 9/424, Air Staff minute, 10 Oct 1942.
16. CCO, Portal papers, Folder 3/File 4, Sinclair to Churchill, 23 Oct 1942; Portal to Churchill, 28 Oct 1942; Portal to Churchill, 7 Nov 1942; Tami Davis Biddle, 'British and American Approaches to Strategic Bombing: Their Origins and Implementation in the World War II Bomber Offensive', in John Gooch (ed), *Airpower: Theory and Practice* (London: 1995), 119–20.
17. LC, Spaatz papers, Box 97, 'Casablanca Notes', 15 Jan 1943; John W. Huston (ed), *American Airpower Comes of Age: General Henry H. 'Hap' Arnold's World War II Diaries*, 2 vols (Maxwell, AL: 2002), vol 1, 462; AFHRA, CD A5835, 'Eighth Air Force: Growth, Development and Operations', Air Force Plans, exhibit 3, 'The Case for Day Bombing'; James Parton, *'Air Force Spoken Here': General Ira Eaker and the Command of the Air* (Bethesda, MD: 1986), 217–20; Tami Davis Biddle, *Rhetoric and Reality in Air Warfare: The Evolution*

of British and American Ideas about Strategic Bombing, 1914–1945 (Princeton, NJ: 2002), 214–15.

18. LC, Spaatz papers, Box 97, 'Casablanca Notes', 17 and 19 Jan 1943; FDRL, Map Room Files, Box 165, Folder 7, ANFA Meeting minutes, 18 Jan 1943.
19. Parton, '*Air Force Spoken Here*', 221.The sentence ran 'It keeps German defenses alerted around the clock, 24 hours of the day.'
20. LC, Spaatz papers, Box 97, 'Casablanca Notes', 18 and 20 Jan 1943; Henry H. Arnold, *Global Mission* (New York: 1949), 395–7; Parton, '*Air Force Spoken Here*', 221–2.
21. TNA, AIR 8/1076, Churchill to Attlee, 21 Jan 1943.
22. Charles Webster, Noble Frankland, *The Strategic Air Offensive Against Germany*, 4 vols (London: 1961), vol 4, 153–4, 'Combined Chiefs of Staff Directive for the Bomber Offensive from the United Kingdom'.
23. LC, Spaatz papers, Box 97, 'Casablanca Notes', 25 Jan to 31 Jan 1943; TNA, AIR 8/425, Bottomley to Harris, 4 Feb 1943.
24. Slessor, *Central Blue*, 448.
25. TNA, AIR 9/424, Note by Director of Plans, 24 Aug 1942; Joint Planning Staff, 'Anglo-U.S. Bombing Policy', 18 Aug 1942.
26. LC, Spaatz papers, Box 66, Report on AWPD-42, 19 Sept 1942.
27. CCO, Portal papers, Folder 4/File 1, Arnold to Portal, 10 Dec 1942; Portal to Churchill, 20 Dec 1942.
28. LC, Eaker papers, Box I.20, Eaker to Portal, 30 Aug 1943.
29. Ibid., Spaatz papers, Box 67, 'Status of the Combined Bomber Offensive from U.K.', 7 Aug 1943, 1.
30. TNA, AIR 14/739A, Harris to Eaker, 15 Apr 1943.
31. Ibid., Harris to Portal, 9 Apr 1943, encl. 'The United States Contribution to the Bomber Offensive in 1943', 2.
32. Ibid., War Cabinet, CoS, 'An Estimate of the Effects of an Anglo-American Bomber Offensive against Germany', 3 Nov 1942.
33. TNA, FO 837/1315, 'Bombers' Baedeker: Guide to the Economic Importance of German Towns and Cities', Jan 1943 edition.
34. RAFM, Harris papers, Misc. Box A, Folder 4, 'One Hundred Towns of Leading Economic Importance to the German War Effort'.
35. LC, Eaker papers, Box I.20, Portal to Eaker, 28 Feb 1943.
36. TNA, AIR 14/1779, minutes of meeting in the Air Ministry, 1 Mar 1943, 2.
37. LC, Spaatz papers, Box 67, Eaker to Spaatz, 13 Apr 1943, encl. Air War Plans memorandum, 'The Combined Bomber Offensive from the United Kingdom'.
38. Ibid., Box 67, 'Status of Combined Bomber Offensive', 7 Aug 1943, 1.
39. Ibid., Box 67, memorandum from Arnold to Spaatz, 'Report of the Committee of Operations Analysts with Respect to Economic Targets within the Western Axis', 8 Mar 1943.
40. LC, Eaker papers, Box I.20, Eaker to Portal, 2 Apr 1943; TNA, AIR 8/1103, Arnold to Portal, 24 Mar 1943; Portal to Eaker, 9 Apr 1943; Parton, '*Air Force Spoken Here*', 250–53.
41. CCAC, BUFT, 3/42, Bufton to Portal, 8 Apr 1943; 'The Bombing Offensive

from the U. K.', and covering note from RAF liaison at Eaker's HQ; Stephen McFarland, Wesley Newton, *To Command the Sky: The Battle for Air Supremacy over Germany, 1942–1944* (Washington, DC: 1991), 92–4.

42. TNA, AIR 8/1103, Harris to Eaker, 15 Apr 1943. Air Ministry views on German fighters, AIR 9/423, memorandum, Director of Plans, 22 Mar 1943.
43. LC, Eaker papers, Box I.16, Col. C. Cabell to Eaker, 27 May 1943; Box I.20, Eaker to Portal, 1 June 1943.
44. Ibid., Eaker papers, Box I.16, Kuter to Eaker, 6 July 1943; Eaker to Kuter, 22 July 1943; TNA, AIR 8/1103, CCS meeting, 4 June 1943; minute, Bottomley to Portal, 10 June 1943. Webster, Frankland, *Strategic Air Offensive*, vol 4, 160; Bottomley to Harris, 3 Sept 1943.
45. LC, Eaker papers, Box I.19, Lovett to Eaker, 28 July 1943.
46. CCO, Portal papers, Folder 3/File 4, Portal to Churchill, 9 Nov 1942.
47. TNA, AIR 20/2025, Air Ministry statistics, RAF personnel, establishment and casualties, 1939–45.
48. RAFM, Harris papers, H67, 'Establishment and Strength of Ancillary Staff, 31 July 1943'.
49. UEA, Zuckerman Archive, SZ/BBSU/3, Exercise Thunderbolt, précis no. 10, 'Administrative Aspects of the Bomber Offensive'; SZ/BBSU/2, minute for Zuckerman from Claude Pelly, 21 June 1946; LC, Eaker papers, Box I.20, Harris to Balfour, 12 Jan 1943, on the transition from grass to concrete runways.
50. Ibid., Eaker to Harris, 4 Jan 1943; Box I.21, Eighth Air Force memorandum, 'Supply and Maintenance' [n.d.]; 'Report of Lt. General Ira Eaker on USAAF Activities in the United Kingdom', 31 Dec 1943, 3. Brereton Greenhouse, Stephen Harris, William Johnston and William Rawling, *The Crucible of War 1939–1945: The Official History of the Royal Canadian Air Force*, vol III (Toronto: 1994), 616, 631, 636.
51. PArch, Balfour papers, BAL/4, RCAF Station, Trenton, 'The British Commonwealth Air Training Plan 1939–1945', Ottawa 1949, 3–8.
52. Gilbert Guinn, *The Arnold Scheme: British Pilots, the American South and the Allies' Daring Plan* (Charleston, SC: 2007), 484, 541.
53. John Herington, *Air War Against Germany and Italy 1939–1945* (Canberra: 1954), 450–51, 452, 454, 547–51.
54. Greenhous et al., *Crucible of War*, 616, 627–9, 634–5.
55. LC, Eaker papers, Box I.21, 'Report of Lt. General Ira Eaker', 1; Donald Miller, *Eighth Air Force: The American Bomber Crews in Britain* (London: 2007), 71–2.
56. AFHRA, Disc A5835, 'Eighth Air Force: Growth, Development and Operations 1 December 1942–31 December 1943', Air Force Supply and Maintenance, chart of Serviceability B-17s, B-24s.
57. LC, Eaker papers, Box I.20, Eighth Air Force, 'Supply and Maintenance' [n.d]; 'Report of Lt. General Ira Eaker', 7.
58. LC, Arnold papers, Reel 89, Spaatz to Arnold, 28 May 1943, encl. 'Organization of the Eighth Air Force' by Follett Bradley; 'The Bradley Plan for the United Kingdom' [n.d.], charts i, iv; Summary of Personnel Requirements for the VIII

Air Force Service Command; Gen. Barney Giles to Eaker, 26 Aug 1943; Parton, '*Air Force Spoken Here*', 289.

59. LC, Eaker papers, Box I.19, Lovett to Arnold, 19 June 1943.
60. Ibid., Box I.17, Arnold to Eaker, 10 June 1943; Eaker to Arnold, 12 June 1943.
61. Ibid., Box I.17, Arnold to Gen. Devers, 29 June 1943.
62. Ibid., Box I.16, Eaker to Col. Edgar Sorensen, Washington, DC, 11 Jan 1943.
63. LC, Spaatz papers, Box 143, Hansell to Eaker and Longfellow, 26 Feb 1943, 4–5.
64. AFHRA, 520.056–188, Eighth Air Force Statistical Summary, Aircraft Loss Rate. 第8航空队飞机损失率数据统计概要。1月损失率为7.5%，2月为8.1%，3月为3.2%，4月为7.8%。
65. LC, Eaker papers, Box I.16, Brig. Gen. J. Bevans (Assistant Chief of Staff, Personnel) to Eaker, 1 May 1943; Eaker to Arnold, 22 June 1943.
66. Miller, *Eighth Air Force*, 221.
67. LC, Spaatz papers, Box 70, Brig. Gen. C. Chauncey to all Eighth Air Force commanders, 18 Dec 1942.
68. Ibid., HQ Eighth Air Force, Provost Marshal's 'Report on Conduct of Troops with Regard to the British', 1, 3–4.
69. Ibid., Eighth Air Force, 'Anglo-American Relations', 20 Sept 1943.
70. NC, Cherwell papers, G195, letter from MAP to War Cabinet, 12 Dec 1942; R. Ewell (Office of Scientific Research and Development) to Cherwell, 12 Dec 1942.
71. LC, Eaker papers, Box I.19，1943年6月19日，洛维特写给阿诺德的信中提到“B–17轰炸机和B–24轰炸机仍然是有用的型号，但是到年底它们的作战效能将会严重削弱”。
72. Ibid., Box I.17, Telegram from Arnold to Eaker, 10 June 1943.
73. Ibid., Telegram from Eaker to Arnold, 12 June 1943.
74. LC, Spaatz papers, Box 316, Gen. Anderson's Diary, 1943–5, entries for 22 Feb, 15 Mar, 1 May, 29 May.
75. LC, Eaker papers, Box I.17, Eaker to Arnold, 29 June 1943. Parton, '*Air Force Spoken Here*', 271–8, for a full account of the acrimonious exchange.
76. LC, Eaker papers, Box I.17, Arnold to Eaker, 29 June 1943.
77. TNA, AIR 20/283, Bomber Command Operations, Feb-Nov 1943, 2 Jan 1944.
78. Greenhous et al., *Crucible of War*, 658–60; Randall Wakelam, *The Science of Bombing: Operational Research in RAF Bomber Command* (Toronto: 2009), 119–21, 139.
79. RAFM, Saundby papers, AC 72/12, Box 7, Signals Branch, HQ Bomber Command, 'War in the Ether: Europe 1939–1945', Oct 1945, 14–16. 在超过1500码的距离上“布泽”不能侦测敌人的空中拦截雷达信号，而“莫妮卡”和“布泽”同时使用时会相互干扰。
80. RAFM, Harris papers, H55, speech to the 21st Army Group HQ, 14 May 1945; TNA, AIR 20/283, Bomber Command Operations; CCO, Portal papers, Folder 5, 'Comparison of Bombing Effort during the Year 1943', 10 Feb 1944.
81. Greenhous et al., *Crucible of War*, 657–67, for a lucid account of the Ruhr operations.
82. Ralf Blank, 'The Battle of the Ruhr, 1943: Aerial Warfare against an Industrial

Region', *Labour History Review*, 77 (2012), 35–48.

83. Nikolaus von Below, *At Hitler's Side: The Memoirs of Hitler's Luftwaffe Adjutant 1937–1945* (London: 2001), 169–70.
84. Willi Boelcke (ed), *The Secret Conferences of Dr Goebbels, 1939–1943* (London: 1967), 388–9.
85. Heinz Boberach (ed), *Meldungen aus dem Reich: Die geheimen Lageberichte des Sicherheitsdienstes der SS 1938–1945*, 17 vols (Herrsching: 1984), vol xiii, 4,983, 5,021, reports for 22 Mar, 29 Mar 1943.
86. Edward Westermann, *Flak: German Anti-Aircraft Defenses, 1914–1945* (Lawrence, KS: 2001), 200–202.
87. Ibid., 201–2; Greenhous et al., *Crucible of War*, 662–3.
88. John A. MacBean, Arthur S. Hogben, *Bombs Gone: The Development and Use of British Air-Dropped Weapons from 1912 to the Present Day* (Wellingborough: 1990), 158–61.
89. TNA, AIR 14/840, minute for the C-in-C by Saundby, 14 Feb 1943.
90. Ibid., Harris minute, 15 Apr 1943.
91. MacBean, Hogben, Bombs Gone, 164–9; Martin Middlebrook, Chris Everitt *The Bomber Command War Diaries* (Leicester: 2000), 386–8; Olaf Groehler, *Bombenkrieg gegen Deutschland* (Berlin: 1990), 154–6.
92. UEA, Zuckerman Archive, SZ/AEAF/14, Bomber Command, ORS, 'The Operational Use of Oboe Mark 1A, December 1942-June 1943', 3–4.
93. TNA, AIR 20/283, HQ Bomber Command, ORS Report, 27 May 1943; original evasion instructions in AIR 14/206, Tactical Committee paper 31, revised Feb 1943.
94. TNA, AIR 48/29, USSBS Civilian Defense Division: Final Report, 26 Oct 1945, 3; Hitler's comment in von Below, *At Hitler's Side*, 172.
95. TNA, AIR 8/1109, JIC, 'Effects of Bombing Offensive on German War Effort', 22 July 1943.
96. TNA, AIR 20/476, Air Ministry DoI, 'Effects of Air Raids on Labour and Production', 16 Aug 1943, 1–2; O. Lawrence (MEW) to Morley (BOps 1), 6 Sept 1943; note from Lawrence to Bufton, 24 Oct 1943.
97. CCAC, BUFT 3/42, Gen. Frank Andrews (US Supreme Commander in United Kingdom) to Gen. Marshall and Gen. Arnold, 3 Apr 1943.
98. Roger A. Freeman, *The Mighty Eighth War Diary* (London: 1981), 42–73.
99. TNA, AIR 8/1109, JIC, '*Effects of Bombing Offensive*', 1; AIR 9/423, Director of Plans minute, 15 Mar 1943.
100. CCAC, BUFT 3/24, BOps 1 to Group Captain Barnett, 1 Nov 1941; Draft App B [n.d. but late Oct 1941].
101. TNA, AIR 20/4768, BOps memorandum, 25 Feb 1942.
102. UEA, Zuckerman Archive, SZ/OEMU/50/7, 'Note for Advisers' Meeting', 12 Aug 1942.
103. Ibid., 9th Meeting of RE8 Advisory Group, 16 Sept 1942; 10th Meeting of RE8 Advisory Group, 24 Sept 1942; 15th Meeting of RE8 Advisory Group, 29 Oct 1942.
104. Ibid., OEMU/50/8, RE8 Report, 'German Domestic Architecture', 7 Apr 1943,

1–2.

105. CCAC, BUFT 3/26, Minutes of meeting at the Ministry of Works, 9 Oct 1941; R. Ewell (Petroleum Warfare Section) to D. A. C. Dewdney, 22 Dec 1942.
106. CCAC, BUFT 3/24, BOps 1, draft report, 'Incendiary Attack', 8 Nov 1941; BOps 1 to Peirse [n.d. but Nov 1941]; Report for DDBOps, 'Types and Weights of German Incendiary Bombs', 11 Oct 1941.
107. Ibid., BUFT 3/26, DBOps, note on an article in *Die Sirene*, 2 Oct 1942 (德国民防期刊中的这篇文章讲解了如何灭火，甚至还讲解了如何在有反人员炸弹的情况下灭火).
108. Ibid., BUFT 3/26, DBOps to Director of Research, Air Ministry [n.d. but late Oct 1942]. 约有 40% 的燃烧弹有 3 分钟的延迟引爆时间，5% 的燃烧弹有 6 至 10 分钟的延迟引爆时间。
109. Ibid, BUFT, 3/27, BOPs 1, 'Present and Future Incendiary Technique as Applied to Area Attack', 13 Oct 1942, 1, 2–4.
110. LC, Spaatz papers, Box 80, Bufton memorandum, 'Incendiary Attack of German Cities', Jan 1943, 3.
111. Armaments Design Establishment, Ministry of Supply, 'The Development of British Incendiary Bombs during the Period of the 1939–1945 World War', Dec 1946, 34–7.
112. CCAC, BUFT 3/28, NFPA, 'Conflagrations in America since 1914', Boston, 1942; NFPA, 'National Defense Fires', Mar 1942.
113. CCAC, BUFT 3/26, R. Ewell to Wing Commander A. Morley (BOPs 1), 3 Dec 1942, encl. Laiming to R. Russell (Standard Oil Development Co.), 29 Oct 1942, 3.
114. UEA, Zuckerman Archive, SZ/OEMU/50/8, RE8 Report, 'German Domestic Architecture', 1; LC, Arnold papers, Reel 199, Maj. Gen. O. Echols to Arnold, 28 Apr 1943.
115. James McElroy, 'The Work of the Fire Protection Engineers in Planning Fire Attacks', in *Fire and the Air War: A Symposium of Expert Observations* (Boston, MA: 1946), 122–30.
116. LC, Arnold papers, Reel 199, Arnold to Maj. Gen. Echols, 26 Apr 1943.
117. NARA, RG 107, Lovett papers, Box 9, Joint Magnesium Committee Report, 1 June 1942, 2, 12.
118. LC, Spaatz papers, Box 76, HQ Eighth Air Force, A-5 Division memorandum, 'Theory and Tactics of Incendiary Bombing', including Table II, 'Incendiary Bombing Data for German Cities'.
119. AFHRA, 520.805, Eighth Air Force Chemical Section History, 1–4; Report for May 1945, 2.
120. TNA, AIR 40/1271, Target Committee, Report of 87th Meeting, 9 Apr 1943.
121. TNA, AIR 48/33, USSBS, Hamburg Field Report no. 1, 2. There were 78 in 1940, 38 in 1941, 10 in 1942. On 1943 see BA-B, R3102/10046, 'Zerstörung von Wohnraum in deutschen Städten, 1942–43'.
122. TNA, FO 837/1315, 'Bomber's Baedeker', Jan 1943, 131–7.
123. TNA, AIR 14/1779, Report for Dickens and Tizard from RE8, 'Apparent Relative Effectiveness of I.B. and H.E. Attack against German Towns', 7 Jan

1943.

124. RAFM, Saundby papers, AC 72/12, Box 7, 'War in the Ether: Europe 1939–1945', Oct 1945, 33–6.

125. Details in Alfred Price, *Instruments of Darkness: The History of Electronic Warfare, 1939–1945* (London: 2005), 124–33, 153–4.

126. TNA, PREM 3/11/8, Tizard memorandum for Churchill, 22 July 1943; Churchill to Ismay, 23 July 1943; Portal to Sinclair, 24 July 1943; Churchill, note for Ismay, 30 July 1943.

127. For an excellent account of the operations see Keith Lowe, *Inferno: The Devastation of Hamburg 1943* (London: 2007), Pt 2.

128. Westermann, Flak, 213–14.

129. Groehler, Bombenkrieg, 112.

130. Ibid., 112–13; Westermann, Flak, 214–15; Freeman, *The Mighty Eighth*, 78–9.

131. Horatio Bond, 'The Fire Attacks on German Cities', in *Fire and the Air War*, 95–7; Hans Brunswig, *Feuersturm* über *Hamburg: Die Luftangriffe auf Hamburg im 2. Weltkrieg und ihre Folgen* (Stuttgart: 1985), 269–71.

132. TNA, AIR 20/7287, Home Office, Jan 1946, 'Secret Report by the Police President of Hamburg on the Heavy Raids on Hamburg, 1 Dec 1943', 21–2; Groehler, *Bombenkrieg*, 113–14. 即使躲进汉堡市内的河道内也有致命危险，因为里面的水已经烫得接近沸腾。

133. Civil Defense Liaison Office, *Fire Effects of Bombing Attacks*, prepared for the National Security Resources Board, Nov 1950, 8–9; Horatio Bond, 'Fire Casualties of the German Attacks', in *Fire and the Air War*, 113–18.

134. Groehler, *Bombenkrieg*, 119; TNA, AIR 20/7287, 'Secret Report of the Police President of Hamburg', 17; Brunswig, *Feuersturm* über *Hamburg*, 278–9; Ursula Büttner, ' "Gomorrha" und die Folgen', in Hamburg Forschungsstelle für Zeitgeschichte, *Hamburg im 'Dritten Reich'* (Göttingen: 2005), 618, 764.

135. TNA, AIR 40/425, Immediate Interpretation Report, 27 July 1943.

136. IWM, MD, vol 63, 'Besprechung beim Reichsmarschall, 13 July 1943.

137. BA-MA, RL3/213, Flugzeug-Programme, Studie 1013, 16 Dec 1943.

138. IWM, MD, vol 63, 'Niederschrift der Besprechung des Reichsmarschall mit Industrierat', 14 Oct 1943.

139. Ibid., vol 52, minute on radar, 7 May 1943; Göring decree, 'Verantwortlichkeit und Durchführung des Funkmess- und Funknavigationsprogramms', 2 May 1943; Price, *Instruments of Darkness*, 136–9, 150.

140. BA-MA, R22 IV/101, Vorstudien zur Luftkriegsgeschichte, Heft 8: Reichsluftverteidigung: Teil B, Flakabwehr, 28–30; Westermann, Flak, 216–19. See Ludger Tewes, *Jugend im Krieg: von Luftwaffenhelfern und Soldaten 1939–1945* (Essen: 1989), 37–50.

141. TNA, AIR 20/4761, DoI to Bufton, 21 Aug 1943.

142. LC, Eaker papers, Box I.19, Lovett to Eaker, 28 July 1943; Eaker to Lovett, 9 Aug 1943.

143. TNA, AIR 8/1109, Harris to Portal, 12 Aug 1943.

144. TNA, AIR 14/1779, Bomber Command, ORS, Survey of Damage to Cities, 29 Nov 1943.

145. TNA, AIR 14/739A, HQ Bomber Command, Intelligence Staff, 'Progress of RAF Bomber Offensive Against Germany', 30 Nov 1943, 1–2.
146. TNA, AIR 20/4761, O. Lawrence (MEW) to Morley, 6 Sept 1943; Lawrence to Bufton, 24 Oct 1943.
147. TNA, FO 837/26, 'Note from Economic Intelligence', 17 Sept 1943; 'Notes on Economic Intelligence', MEW meeting, 1 Oct 1943.
148. LC, Spaatz papers, Box 203, J. K. Galbraith, 'Preliminary Appraisal of Achievement of Strategic Bombing of Germany' [n.d.], 6.
149. FHA, Foley papers, MSS 448 3/2, *Daily Telegraph article*, 6 Aug 1943.
150. Ibid., Thomas Foley to Kingsley Martin (editor *New Statesman*), 3 Nov 1943; 'What Happened in Hamburg', leaflet reprint of article in *Baseler Nachrichten*; 2/2, Corder Catchpool (Bombing Restriction Committee) to Foley, 8 Jan 1943; Bombing Restriction Committee leaflet, 'Bomb, Burn and Ruthlessly Destroy' [n.d. but late 1943], 2.
151. LC, Eaker papers, Box I.19, Lovett to Eaker, 1 July 1943.
152. LC, Spaatz papers, Box 67, 'Status of Combined Bomber Offensive from U.K.', 8 Aug 1943, 4.
153. TNA, AIR 8/1109, Telegram Harris to Portal, 12 Aug 1943.
154. TNA, AIR 8/435, Telegram Portal to VCAS, 19 Aug 1943; VCAS to Portal, 21 Aug 1943.
155. LC, Spaatz papers, Box 67, USSTAF DoI, 'An Evaluation of the Effects of the Bomber Offensive on "Overlord" and "Dragoon" ', 5 Sept 1944, 1.
156. TNA, AIR 14/783, Portal to Harris, 7 Oct 1943, encl. 'Effort (Planned and Effected) USAF 8th Bomber Command'.
157. TNA, AIR 14/739A, 'Conduct of the Strategic Bomber Offensive before Preparatory Stage of "Overlord" ', 17 Jan 1944; LC, Spaatz papers, Box 143, Arnold to Spaatz, 24 Apr 1944.
158. TNA, AIR 8/1167, 'Report by Chief of Air Staff and Commanding General US Eighth Air Force', 7 Nov 1943, 3–4.
159. LC, Eaker papers, Box I.20, HQ Bomber Command, 'Outline of Future Intentions for the Continuation and Intensification of the Bomber Offensive', 4 Nov 1943.
160. TNA, AIR 8/425, Harris to Portal and Sinclair, 7 Dec 1943.
161. Details in Groehler, *Bombenkrieg*, 131–3; Freeman, *The Mighty Eighth*, 89–91.
162. Groehler, *Bombenkrieg*, 133–4; Friedhelm Golücke, *Schweinfurt und der strategische Luftkrieg 1943* (Paderborn: 1980), 356–7.
163. Ibid., 134; Richard G. Davis, *Bombing the European Axis Powers: A Historical Digest of the Combined Bomber Offensive, 1939–1945* (Maxwell AFB, AL: 2006), 158–61; Parton, '*Air Force Spoken Here*', 300–02.
164. Parton, '*Air Force Spoken Here*', 316.
165. Freeman, *The Mighty Eighth*, 119; Davis, *Bombing the European Axis Powers*, 176, 182–4.
166. AFHRA, 520.056-188, Statistical Summary, Eighth Air Force Operations, 'Aircraft Loss Rate on Combat Missions'.
167. TNA, AIR 20/283, Bomber Command operational statistics, Feb–Nov 1943, 1

Jan 1944; AIR 20/2025, Strength of Air Force Personnel, Operational Squadrons, 1940–1945.

168. Details from Middlebrook, Everitt, *Bomber Command War Diaries*, 422–8.
169. TNA, AIR 40/345, Air Intelligence 3c, Raid Assessment Summary, 31 Oct 1943.
170. Groehler, *Bombenkrieg*, 144–7.
171. TNA, AIR 20/4761, RE8 report, 'The Economic Effects of Attacks in Force on German Targets, March–December 1943', Table 2.
172. TNA, AIR 22/203, Bomber Command War Room, Total Wastage 1939–1945.
173. LC, Eaker papers, Box I.19, Lovett to Eaker, 19 Sept 1943.
174. TNA, AIR 8/1103, paper prepared for the Chief of Air Staff, 11 Oct 1943, 4.
175. TNA, AIR 14/783, Portal to Harris, 7 Oct 1943, encl. Air Staff memorandum, 'Extent to which the Eighth U.S.A.A.F. and Bomber Command have been able to implement the G.A.F. Plan', 1.
176. RAFM, Harris papers, H47, Bottomley to Harris, 'Special Brief for Schweinfurt Operation', 25 July 1943; Harris to Bottomley, 20 Dec 1943, 3.
177. TNA, AIR 14/739A, Harris to Bottomley, 28 Dec 1943.
178. TNA, AIR 8/425, Bottomley to Harris, 23 Dec 1943; AIR 20/4761, 'Bomber Command's Comments on R.E.8's Paper', 13 Mar 1944.
179. TNA, AIR 48/65, USSBS, Military Analysis Division, Report no. 2, 'Weather Factors in Combat Bombardment Operations in the European Theater', 3 Nov 1945, 1–3, 15, 23.
180. LC, Spaatz papers, Box 143, Col. D. Zimmerman (Director of Weather) to Hansell, 7 Sept 1942, 2.
181. Ibid., Box 173, Report by AAF Scientific Advisory Group, 'War and Weather', May 1946, 4–6.
182. LC, LeMay papers, Box 8, 305th Bomb Group: Summary of Events, 1 Nov 1942 to 31 Dec 1943.
183. CCAC, BUFT 3/50, 'Area Attack Employing "Gee" ' [n.d. but early 1942], 1.
184. Ibid., 3/51, Harris to Portal, 12 Dec 1944.
185. Transcript of interview with Maurice Chick, Nov 1995, 49–50.
186. LC, Spaatz papers, Box 76, Col. William Garland to Anderson, 28 Feb 1943; Anderson to all Wing Commanders, 11 Sept 1943, encl. ORS Report, 'Effect of Spacing between Combat Wings on Bombing Accuracy', 11 Sept 1943, 2.
187. LC, Spaatz papers, Box 76, Anderson to LeMay, 8 Sept 1943.
188. LC, Eaker papers, Box I.20, Eaker to Portal, 15 Mar 1943; Eaker to Gen. Larry Kuter, 20 Sept 1943.
189. Davis, *Bombing the European Axis Powers*, 176–8; Freeman, *The Mighty Eighth*, 118–19; W. Hays Park, ' "Precision" and "Area" Bombing: Who Did Which, and When?', *Journal of Strategic Studies*, 18 (1995), 149–57.
190. LC, Spaatz papers, Box 80, Hugh Odishaw (MIT), 'Radar Bombing in the Eighth Air Force', July 1946, 88–9.
191. Ibid., Eighth Air Force ORS to Doolittle, 13 June 1944, encl. 'Bombing Accuracy'; Hays Park, ' "Precision" and "Area" Bombing', 154–6.
192. LC, Spaatz papers, Box 80, Odishaw, 'Radar Bombing in the Eighth Air Force', 106.

193. TNA, AIR 20/283, Bomber Command Operations, Feb 1943 to Nov 1943.
194. UEA, Zuckerman Archive, SZ/AEAF/14, Bomber Command ORS, 'The Operational Use of Oboe Mark IA: December 1942–June 1943'; 'The H2S Blind-Bombing Attack on Ludwigshafen, 17/18 November 1943', 18 Dec 1943; ORS, 'Accuracy of H2S as a Blind-Bombing Device', 16 Dec 1943. See too Wakelam, *The Science of Bombing*, 119–21, 158.
195. TNA, AIR 48/67, USSBS Military Analysis Division Report no. 4, 3 Nov 1945, 3–4 and Exhibit B, 'Sample Field Order from Bomber Command'.
196. LC, Eaker papers, Box I.21, 'Target Selection Principles Developed by the Eighth Air Force' [n.d. but late 1943?], 1–5.
197. Mark Guglielmo, 'The Contribution of Economists to Military Intelligence During World War II', *Journal of Economic History*, 68 (2008), 132–4; Barry Katz, *Foreign Intelligence: Research and Analysis in the Office of Strategic Services, 1942–1945* (Cambridge, MA: 1989), 114–18; Walter W. Rostow, *Pre-Invasion Bombing Strategy: General Eisenhower's Decision of March 25, 1944* (Aldershot: 1981), 16–21.
198. LC, Spaatz papers, Box 143, Col. R. Garrison (Adjutant General's office), 'Procedure Followed in Planning an Operation', 9 July 1943, 1–8, and Annex I, 'Procedure in Planning an Operation: Duties and Responsibilities', 1–5.
199. LC, LeMay papers, Box 4, HQ 1st Bombardment Wing, 'Operational Procedure', 12 Oct 1942; HQ 1st Bombardment Wing, 'Tactics and Techniques of Bombardment' [n.d.].
200. Freeman, *The Mighty Eighth*, 93–4, report by Lt. Col. Beirne Lay; other quotations from interviews with Harold Nash, 3 Nov 1995, 20; Peter Hinchcliffe, 24 Oct 1995, 15; Barney D'Ath-Weston, 22.
201. AFHRA, Disc A5385, 'Growth, Development and Operations': Motion Picture Attendance, 1 Dec 1942–30 Nov 1943; Stage Show Attendance.
202. Ibid., Eighth Air Force: Combat Crew Casualties; Mark Wells, *Courage and Air Warfare: The Allied Aircrew Experience in the Second World War* (London: 1995), 31–2.
203. NARA, RG 107, Lovett papers, Box 9, Office of the Air Surgeon, Psychological Branch, 'Report on Survey of Aircrew Personnel in the Eighth, Ninth, and Fifteenth Air Forces', Apr 1944, 35.
204. FDRL, President's Secretary's Files, Box 82, memorandum from Roosevelt to Gen. Watson, encl. report from Lt. Col. John Murray on psychiatry in the Army Air Force, 4 Jan 1944, 3–4. See too Miller, *Eighth Air Force*, 128–34.
205. Wells, *Courage and Air Warfare*, 51.
206. LC, Eaker papers, Box I.16, Col. C. Cabell (HQ AAF) to Eaker, 27 May 1943.
207. NARA, RG 107, Box 9, 'Report on Survey of Aircrew Personnel', 82–5, 88; Wells, *Courage and Air Warfare*, 174.
208. Edgar Jones, ' "LMF" : The Use of Psychiatric Stigma in the Royal Air Force during the Second World War', *The Journal of Military History*, 70 (2006), 440–41, 443–4.
209. TNA, AIR 49/357, E. C. Jewesbury, 'Work and Problems of an RAF Neuropsychiatric Centre', July 1943, 10–11.

210. Ibid., 16–17.
211. Wells, *Courage and Air Warfare*, 204–5; Jones, ' "LMF" ', 452.
212. LC, Eaker papers, Box I.19, Eaker to Col. George Brownwell (War Dept., Washington, DC), 28 Nov 1943.
213. NARA, RG 107, Box 9, 'Report on Survey of Aircrew Personnel', 58, 86.
214. CCO, Portal papers, Folder 5, 'Comparison of Bombing Effort During the Year 1943', 10 Feb 1944.
215. TNA, AIR/739, A. F. Inglis (AI) to Harris, 13 Dec 1943; Harris to Bottomley, 28 Dec 1943.
216. TNA, PREM 3/193/6A, JIC Report, 'Probabilities of a German Collapse', 9 Sept 1943, encl. 'Annex: Similarities between Germany's Situation in August 1918 and August 1943', 6.
217. TNA, AIR 8/1167, JIC Report, 'Effects of Bombing Offensive on German War Effort', 12 Nov 1943, Annex by PWE and AI, 'Allied Air Attacks and German Morale', 1, 3, 6–8; PREM 3/193/6A, Desmond Morton to Churchill, 21 Jan 1944.
218. LC, Spaatz papers, Box 67, 'Plan for the Completion of the Combined Bomber Offensive', 5 Mar 1944, Annex, 'Prospect for Ending War by Air Attack against German Morale', 1.
219. LC, Arnold papers, Reel 193, 'Germany's War Potential: An Appraisal by the Committee of Historians for the Commanding General of the Army Air Forces', Dec 1943, 1, 2, 20–23.
220. FDRL, Map Room Files, Box 73, OSS Bulletin, 11 Mar 1944, 1. For a general discussion of American opinion see Richard Overy, ' "The Weak Link?" : The Perception of the German Working Class by RAF Bomber Command, 1940–1945', *Labour History Review*, 77 (2012), 20–21; Katz, *Foreign Intelligence*, 63–70.
221. RAFM, Bottomley papers, AC 71/2/53, Lecture on Bombing, Spring 1944, 7.
222. USAFA, MacDonald papers, Box 8, Folder 8, 'Extracts from News Digest, 30 March 1944', Internal Conditions, 'The Air Offensive', 1.
223. LC, Arnold papers, Reel 193, 'Germany's War Potential', 2.
224. LC, Doolittle papers, Box 19, Doolittle to all Eighth Air Force Commanders, 19 Jan 1944, 1.
225. LC, Eaker papers, Box I.19, Lovett to Arnold, 19 Jun 1943, 2.
226. USAFA, Hansell papers, Ser III, Box 1, Folder 2, 'Salient Features of Various Plans: AWPD-1', 3.
227. Stephen McFarland, Wesley Newton, *To Command the Sky: The Battle for Air Superiority over Germany, 1942–1944* (Washington, DC: 1991), 103–4.
228. Details from John F. Guilmartin, 'The Aircraft that Decided World War II: Aeronautical Engineering and Grand Strategy, 1933–1945', 44th Harmon Memorial Lecture (Colorado Springs, CO: 2001), 16–18, 20–23; Richard G. Davis, Carl A. *Spaatz and the Air War in Europe* (Washington, DC: 1993), 361–4.
229. FDRL, President's Secretary's Files, Box 82, Roosevelt to Arnold, 10 Nov 1942; Arnold to Roosevelt, 12 Nov 1942.
230. McFarland, Newton, *To Command the Sky*, 138–40.

231. Freeman, *The Mighty Eighth*, 148, 183–4, 202–3, 206–7.
232. AFHRA, Disc A5835, Eighth Air Force Tactical Development, 1942–1945, 1; McFarland, Newton, *To Command the Sky*, 106, 112.
233. Ibid., 114–15, 145; Davis, Carl A. Spaatz, 302; Parton, '*Air Force Spoken Here*', 273–6, 288.
234. David R. Mets, *Master of Airpower: General Carl A. Spaatz* (Novato, CA: 1998), 179–80.
235. Parton, '*Air Force Spoken Here*', 336–9; Mets, *Master of Airpower*, 180–81.
236. LC, Spaatz papers, Box 84, Spaatz to Doolittle, 26 Jan 1944; Box 143, Spaatz to Doolittle, 28 Jan 1944.
237. LC, Doolittle papers, Box 19, Doolittle to Spaatz, 11 Mar 1944; Davis, *Carl A. Spaatz*, 299–300.
238. AFHRA, Disc A1722, Army Air Forces Evaluation Board, Eighth Air Force, 'Tactical Development August 1942–May 1945', 50.
239. Ibid., 50–55; Davis, *Carl A. Spaatz*, 358–63; McFarland, Newton, *To Command the Sky*, 141, 164–6.
240. IWM, MD, vol 61/5139, minutes of GL meeting, 28 Aug 1943.
241. Von Below, *At Hitler's Side*, 176–7.
242. McFarland, Newton, *To Command the Sky*, 118–20; Air Ministry, *The Rise and Fall of the German Air Force 1933–1945* (London: 1983), 239, 297–8.
243. Lt. Gen. Josef Schmid, 'German Dayfighting in the Defense of the Reich 15 Sept 1943 to the End of the War', in David Isby (ed), *Fighting the Bombers: The Luftwaffe's Struggle against the Allied Bomber Offensive* (London: 2003), 133–40; Josef Schmid, 'German Nightfighting from June 1943 to May 1945', in ibid., 88–9, 95–7; Westermann, Flak, 235–6.
244. On German intelligence appreciation of Allied operations see TsAMO, f.500, o.957971, d.450, Führungsstab 1c, 'Einzelnachrichten des 1c Dienstes West der Luftwaffe', 29 Apr 1944; f.500, o.957971, d.448, 'Einzelnachrichten des 1c Dienstes West: Britische Nachteinsatz', 6 May 1944; f.500, o.957971, d.433, 'Einzelnachrichten des 1c Dienstes West', 16 June 1944.
245. Price, *Instruments of Darkness*, 175–8, 184–6, 195–6, 205–6. On 'Carpet' and countermeasures see RAFM, Saundby papers, AC 72/12, Box 7, 'War in the Ether', 45–6.
246. Westermann, Flak, 234–5.
247. Ibid., 238–41.
248. BA-MA, RL2 IV/101, Vorstudien zur Luftkriegsgeschichte, Heft 8, 32–3; Air Ministry, *Rise and Fall of the German Air Force*, 283–5.
249. Westermann, Flak, 247–9.
250. BA-B, RL3/237, GL C-Amt, Studie 1036; Lutz Budrass, *Flugzeugindustrie und Luftrüstung in Deutschland 1918–1945* (Düsseldorf: 1998), 868–9; Horst Boog, 'Strategischer Luftkrieg in Europa 1943–1944', in Horst Boog et al., *Das Deutsche Reich und der Zweite Weltkrieg: Band 7: Das Deutsche Reich in der Defensive* (Stuttgart: 2001), 309–11.
251. IWM, EDS AL/1746, Karl-Otto Saur interrogation, 10 Aug 1945, 6.
252. IWM, MD, vol 56, 2701-13, memorandum by Milch, 'Der Jägerstab'.

253. Calculated from Budrass, *Flugzeugindustrie und Luftrüstung*, 836. Serviceability rates in Webster, Frankland, *Strategic Air Offensive*, vol 4, 501.
254. McFarland, Newton, *To Command the Sky*, 135; Schmid, 'German Dayfighting', 147.
255. AFHRA, Disc A5835, Tactical Development, 99. Elementary training declined from 100 hours in 1942 to 70 in 1943 and 52 in 1944; Fighter School hours declined from 60 to 40; OTU hours were 50 in 1942, 16–18 in 1943, 20 in 1944.
256. Schmid, 'German Dayfighting', 140–42.
257. Adolf Galland, *The First and the Last* (London: 1955), 189, 200–01.
258. LC, Spaatz papers, Box 143, Anderson to Spaatz, 28 Feb 1944, 2.
259. LC, Spaatz papers, Box 94, statistics on total tonnage dropped by USAAF and RAF, Jan 1944 to May 1944.
260. TNA, AIR 14/739A, 'Conduct of Strategic Bomber Offensive before Preparatory Stage of "Overlord" ', 17 Jan 1944, 4–5.
261. Ibid., HQ Bomber Command, Air Intelligence, 'Progress of RAF Bomber Offensive against German Industry', 19 Feb 1944; Harris to Balfour, 2 Mar 1944.
262. CCO, Denis Richards Archive, File IV/Folder B, Portal to Sinclair, 29 Jan 1944.
263. W. A. Jacobs, 'The British Strategic Air Offensive against Germany in World War, II', in R. Cargill Hall (ed), *Case Studies in Strategic Bombardment* (Washington, DC: 1998), 139–40.
264. TNA, FO 935/126, REDept, 'Preliminary Attack Assessment, Berlin', 23 Mar 1944, 1, 3.
265. Webster, Frankland, *Strategic Air Offensive*, vol 2, 193.
266. Williamson Murray, *Luftwaffe: Strategy for Defeat 1933–1945* (London: 1985), 198–9.
267. Stephen McFarland, Wesley Newton, 'The American Strategic Air Offensive against Germany in World War II', in R. Cargill Hall (ed), *Case Studies in Strategic Bombardment* (Washington, DC: 1998), 214–16; Davis, Carl A. Spaatz, 322–6.
268. UEA, Zuckerman Archive, SZ/BBSU/101, 'Analysis of M.E.W. Estimates of German War Production' [n.d.], 10.
269. LC Spaatz papers, Box 68, HQ USSTAF, 'The Allied Air Offensive against Germany and Principal Criticisms by the Enemy Leaders', June 1945, Table C, Interrogation of Hermann Göring, 1 June 1945.
270. TNA, AIR 10/3873, BBSU, 'German Experience in the Underground Transfer of War Industries', 12.
271. Budrass, *Flugzeugindustrie und Luftrüstung*, 868; Boog, 'Strategischer Luftkrieg' 101–3.
272. LC, Spaatz papers, Box 67, Committee of Experts, 'Plan for the Completion of the Combined Bomber Offensive', 5 Mar 1944, 2–4; Katz, *Foreign Intelligence*, 19–20; F. H. Hinsley et al., *British Intelligence in the Second World War* (London: 1988), vol 3, pt ii, 497–9.
273. Rostow, *Pre-Invasion Bombing Strategy*, 53–5.
274. Davis, *Carl A. Spaatz*, 398–400; Rostow, *Pre-Invasion Bombing Strategy*, 68.

275. Davis, *Carl A. Spaatz*, 370–79; Murray, *Luftwaffe*, 215.
276. LC, Eaker papers, Box I.35, 'Decline of the GAF: Report from Captured Personnel', forwarded to Military Intelligence Division, 15 Mar 1945, 6.
277. Heinz Knocke, *I Flew for the Führer* (London: 1953), 148–9.
278. Davis, *Carl A. Spaatz*, 379–81.
279. TsAMO, f.500, o.957971, d.448, 'Einzelnachrichten des 1c Dienstes West der Luftwaffe', 6 May 1944, 12.
280. Ian McLachlan, Russell Zorn, *Eighth Air Force Bomber Stories* (Yeovil: 1991), 110–11.
281. AFHRA, Disc A1722, Eighth Air Force, 'Tactical Development August 1942–May 1945', 99.
282. Boog, 'Strategischer Luftkrieg', 110; Webster, Frankland, *Strategic Air Offensive*, vol 4, 495; 'Nightfighter Direction: Interrogation of Major G. S. Sandmann', in Isby (ed), *Fighting the Bombers*, 211.
283. Von Rohden, 'Reich Air Defense', in Isby (ed), *Fighting the Bombers*, 38.
284. USAFA, MacDonald papers, Ser V, Box 12, Folder 1, JIC Report, 'German Strategy and Capacity to Resist', 14 Aug 1944, 1.
285. AHB, Translations, vol 1, VII/7, 8th Abteilung report, 22 Sept 1944, 'A Forecast of Air Developments in 1945', 1.
286. IWM, MD, vol 53, 706–11, Report by Chief of German Air Force Operations Staff (Karl Koller), 'Erforderliche Mindeststärke der fliegenden Verbände der deutschen Luftwaffe zur Behauptung des mitteleuropäischen Raumes', 19 May 1944.
287. Calculated from Webster, Frankland, *Strategic Air Offensive*, vol 4, 497.
288. LC, Eaker papers, Box I.35, 'Decline of the G.A.F.', 6："在东线和南线，我们的飞机从来没有 50 架、60 架或 100 架一起飞行，也没有执行过主要作战。在俄罗斯，他们用'双机'或者'四机'编队飞行……我们的战斗机部队不得不用自己不熟悉的方式组织战斗。"
289. Sönke Neitzel, T*apping Hitler's Generals: Transcripts of Secret Conversations, 1942–1945* (Barnsley: 2007), 114–15, recording of Gen. Bernhard Ramcke, 16 Oct 1944.
290. LC, Spaatz papers, Box 134, US Military Intelligence Service, HQ Air P/w, Interrogation of Hermann Göring, 1 Jun 1945, 2.
291. Dik Daso, *Hap Arnold and the Evolution of American Airpower* (Washington, DC: 2000), esp 152–68; on the problems of adjusting to defensive warfare see Boog, 'Strategischer Luftkrieg', 249–58.
292. AHB, Translations, VII/ VII, 'A Forecast of Air Developments in 1945', 2–3.
293. LC, Spaatz papers, Box 143, Spaatz to Arnold, 30 Sept 1944.
294. TNA, AIR 14/739A, Harris to Coryton (Air Ministry), 19 July 1944; CCO, Portal papers, Folder 5, Portal to Churchill, 5 Aug 1944.
295. Mark Connelly, 'The British People, the Press and the Strategic Air Campaign against Germany, 1939–1945', *Contemporary British History*, 16 (2002), 54–5.
296. Hugh Thomas, *John Strachey* (London: 1973), 219.
297. TNA, PREM 3/193/6A, JIC Report, 'German Strategy and Capacity to Resist', 16 Oct 1944.

298. AHB, Translations, VII/VII, 'A Forecast of Air Developments'; VII/IX, 'War Appreciation No. 17', 15 Jan 1945, 8.
299. LC, Spaatz papers, Box 143, Spaatz to Arnold, 22 July 1944; Spaatz to Arnold, 3 Sept 1944. See too JIC warnings in Hinsley et al., *British Intelligence in the Second World War*, vol 3, pt ii, 595–9.
300. LC, Doolittle papers, Box 18, Doolittle to Arnold, 2 Aug 1944; Box 19, Doolittle to Spaatz, 18 Oct 1944.
301. NARA, RG 107, Lovett papers, Box 139, Memorandum for Lovett from HQ Army Service Forces, encl. 'Periodic Report of Readiness for Chemical Warfare, 1 January 1945', 2.
302. Robert Harris, Jeremy Paxman, *A Higher Form of Killing: The Secret Story of Gas and Germ Warfare* (London: 1982), 110–16.
303. TNA, PREM 3/193/6A, HQ AF, Algiers to the War Office, 30 Oct 1943 (initialled by Churchill, 1 Nov 1943).
304. NARA, RG 218, Box 3, 'Analysis of Foreign Weapons Division', report for the Commanding General, Army Service Forces, 26 Oct 1943, forwarded to Arnold. On German plans the best account is Rolf-Dieter Müller, 'Albert Speer und die Rüstungspolitik im Totalen Krieg 1942–45', in Bernhard Kroener, Rolf-Dieter Müller, *Hans Umbreit, DRZW: Band 5/2: Organisation und Mobilisierung des Deutschen Machtbereichs 1942–1944/45* (Stuttgart: 1999), 713–16.
305. NARA, RG 218, Box 19, memorandum for the Gas Warfare Subcommittee, HQ USAAF, 21 Jan 1944, 3; Maj. Gen. William Porter (Chief, Chemical Warfare Service) to JCS, 'Present Status of Development of Toxic Gases', 6 Dec 1943.
306. RAFM, Bottomley papers, AC 71/2/29, War Cabinet Inter-Service Committee on Chemical Warfare, Note by the Air Staff, 23 Jan 1944, 2–3, and Annex 1, 'Appreciation on Strategic Gas Effort', 5.
307. Ibid., AC 71/2/75, Memorandum by Norman Bottomley, 'Possibility of the Use of Gas by the Germans to Counter "Overlord" ', 1–3.
308. CCAC, Churchill papers, CHAR D.217/4, Churchill to Ismay for the CoS, 6 July 1944; Hinsley et al., *British Intelligence in the Second World War*, vol 3, pt ii, 576–80.
309. Müller, 'Albert Speer und die Rütungspolitik', 714–15.
310. CCAC, BUFT 3/51, 'Plan for Retaliatory Gas Attack on Germany'; NARA, RG 107, Box 139, HQ Army Service Forces memorandum, 'Co-Ordinated Anglo-American Chemical Warfare Procurement and Supply Program', 10 Mar 1945, 2–3.
311. NARA, RG 218, Box 1, Report for the JCS, 6 Jan 1944, 1.
312. Details in RAFM, Bottomley papers, B2320, Inter-Service Sub-Committee on Biological Warfare, 22 Dec 1945, App A, 'Biological Warfare: Report to the Secretary of War', 1–5; NARA, RG 218, Box 1, JCS paper, 20 Dec 1943, 'Implications of Recent Intelligence Regarding Alleged German Secret Weapons'.
313. NARA, RG 218, Box 1, 'Defensive Measures against Bacteriological Warfare', 25 May 1944; Memorandum for Col. Newsome from General Staff, Operations Division, 10 Apr 1944 (shown to Gen. Marshall and forwarded to Field Marshal

John Dill).

314. Müller, 'Albert Speer und die Rüstungspolitik', 720–26.
315. See e.g. USAFA, Hansell papers, Ser III, Box 1, Folder 1, 'Fairchild Lecture', 1 Dec 1964, 18–24.
316. Figures from Davis, Carl A. Spaatz, App 8; Mets, *Master of Airpower*, 251; Henry Probert, *Bomber Harris: His Life and Times* (London: 2006), 305–6.
317. LC, Spaatz papers, Box 143, Spaatz to Arnold, 30 Sept 1944.
318. Mets, *Master of Airpower*, 258–9; Davis, Carl A. Spaatz, 488–90.
319. CCAC, BUFT 3/43, memorandum by Sq. Ldr. John Strachey (BOps), 13 Aug 1944; Draft operation, 'Thunderclap', 15 Aug 1944; Bufton memorandum, 2 Aug 1944, 'Operation Thunderclap'.
320. Directives in Webster, Frankland, *Strategic Air Offensive*, vol 4, 174–6; directive from Bottomley to Harris, 13 Oct 1944. See too Davis, *Carl A. Spaatz*, 494–5.
321. Solly Zuckerman, *From Apes to Warlords: The Autobiography of Solly Zuckerman, 1904–1946* (London: 1978), 301–4; Hugh Melinsky, *Forming the Pathfinders: The Career of Air Vice-Marshal Sydney Bufton* (Stroud: 2010), 130–33.
322. Webster, Frankland, *Strategic Air Offensive*, vol 4, 177–9, '1st November 1944: Directive No. 2 for the Strategic Air Forces in Europe'.
323. 'Expert' in CCAC, BUFT 3/51, Harris to Portal, 12 Dec 1944; Melinsky, *Forming the Pathfinders*, 135. See too CamUL, Andrew Boyle papers, Add 9429/1B, Harris to Boyle, 13 June 1979: "我认为，他（巴夫顿）是空军部的低级军官认为自己能够管理司令部的典型例子。"
324. CCAC, BUFT 3/51, Harris to Portal, 12 Dec 1944. See the full discussion of the correspondence in Melinsky, *Forming the Pathfinders*, 133–5; Probert, *Bomber Harris*, 309–11.
325. USSBS, 'Oil Division: Final Report', Washington, DC, 25 Aug 1945, fig 7.
326. LC, Spaatz papers, Box 76, 'Conference on Bombing Accuracy', HQ USSTAF, 22–23 Mar 1945; Box 80, Hugh Odishaw, 'Radar Bombing in the Eighth Air Force', 94. See too Davis, Carl A. Spaatz, 503–8.
327. Davis, *Carl A. Spaatz*, 508.
328. AHB, Translations, VII/23, GAF Air Historical Branch, 'Some Effects of the Allied Air Offensive on German Economic Life', 7 Dec 1944, 1–2; Davis, Carl A. Spaatz, 510–12. The best account is Alfred Mierzejewski, *The Collapse of the German War Economy: Allied Air Power and the German National Railway* (Chapel Hill, NC: 1988), 191, Table A3.
329. Mierzejewski, *Collapse of the German War Economy*, 193, Table A5.
330. AHB, Translations, VII/38, Speer to Field Marshal Keitel, 'Report on the Effects of Allied Air Activity against the Ruhr', 7 Nov 1944.
331. AFHRA, 520.056-188, Statistical Summary Eighth Air Force Operations: Aircraft Loss Rates on Combat Operations.
332. Fighter losses in Murray, *Luftwaffe*, 364; jet production in Boog, 'Strategischer Luftkrieg', 307–8.
333. CCAC, BUFT 3/51, Bufton to Bottomley, 9 June 1945; RAFM, Saundby papers,

AC 72/12, Box 7, 'War in the Ether', App B, 'Bomber Command Loss Rate on German Targets'.
334. Schmid, 'German Nightfighting', in Isby (ed), *Fighting the Bombers*, 105–6.
335. Details in RAFM, Saundby papers, AC 72/12, Box 7, 'War in the Ether', Oct 1945, 53–8 and App F; Saundby (HQ Bomber Command) to all group commanders, 13 Oct 1944 on keeping radar silence. See too Bill Gunston, *Night Fighters: A Development and Combat History* (Cambridge: 1976), 125–7; Werner Held, Holger Nauroth, *Die deutsche Nachtjagd* (Stuttgart: 1992), 222–30.
336. Von Below, *At Hitler's Side*, 220–21.
337. LC, Eaker papers, Box I.35, 'Decline of the G.A.F.', 12.
338. Galland, *First and Last*, 246–9, 251–2, 283–5; LC, Spaatz papers, Box 68, Memorandum by George MacDonald (G-2, HQ USSTAF), 'The Allied Air Offensive against Germany and Principal Criticisms by Enemy Leaders', Table F, interrogation of Gen. Galland, 16 May 1945.
339. CCAC, BUFT 3/51, Morley (BOps 2) to SHAEF A-3, 21 Jan 1945.
340. USAFA, MacDonald papers, Ser V, Box 12, Folder 1, JIC SHAEF, 'Bombing Policy in Germany', 6 Oct 1944.
341. NARA, RG 107, Box 28, Lovett to Arnold, 9 Jan 1945, 2–3.
342. RAFM, Harris papers, Misc. Box A, Folder 4, 'One Hundred Towns of Leading Economic Importance'.
343. AFHRA, Disc MAAF 233, Air Ministry to HQ 15th Air Force, 14 Oct 1944，增加到目标名单中的除了德累斯顿，还有埃贝尔斯瓦尔德、普劳恩、延巴赫、上格拉芬多夫。
344. CCAC, BUFT 3/51, Combined Strategic Targets Committee, 'Target Priorities for Attack of Industrial Areas', 27 Nov 1944.
345. CCO, Portal papers, Folder 5, Portal to Churchill, 4 Oct 1944.
346. Ibid., Folder 6, Report by A. H. Birse (Churchill's interpreter) 'Notes on Air Chief Marshal Sir A. Tedder's Meeting with Marshal Stalin', 15 Jan 1945.
347. Probert, *Bomber Harris*, 318; UEA, Zuckerman Archive, SZ/BBSU/58, Note by the Air Staff, 'Strategic Bombing in Relation to the Present Russian Offensive', 25 Jan 1945; Hinsley et al., *British Intelligence in the Second World War*, vol 3, pt ii, 611.
348. Ian Hunter (ed), *Winston & Archie: The Collected Correspondence of Winston Churchill and Archibald Sinclair 1915–1960* (London: 2005), 410–11, Sinclair to Churchill, 26 Jan 1945; Churchill to Sinclair, 26 Jan 1945; Sinclair to Churchill, 27 Jan 1945.
349. CCO, Portal papers, Folder 6, Portal to Churchill, 28 Jan 1945.
350. Webster, Frankland, *Strategic Air Offensive*, vol 4, 301, Bottomley to Harris, 27 Jan 1945; Sebastian Cox, 'The Dresden Raids: Why and How', in Paul Addison, Jeremy Crang (eds), *Firestorm: The Bombing of Dresden, 1945* (London: 2006), 22–5; Hinsley et al., *British Intelligence in the Second World War*, vol 3, pt ii, 611.
351. CCAC, BUFT 3/51, 'Strategic Bombing in Reaction to the Present Russian Offensive', note by the Air Staff for CoS Meeting, 31 Jan 1945, 1.
352. Davis, *Carl A. Spaatz*, 546–8.

353. S. M. Plokhy, Yalta: *The Price of Peace* (New York: 2010), 213–14; AFHRA, K239.046-38, Joseph Angell, 'Historical Analysis of the 14–15 February Bombings of Dresden' [n.d. but 1953], 12.
354. RAFM, Harris papers, H136, 'Notes on Bomber Command' [n.d. but 1961 or 1962], 7.
355. Freeman, *The Mighty Eighth*, 432; Davis, Carl A. Spaatz, 551–3; Groehler, Bombenkrieg, 388–9, 398–400; Richard Overy, 'The Post-War Debate', in Addison, Crang (eds), *Firestorm*, 129–30.
356. Götz Bergander, *Dresden im Luftkrieg: Vorgeschichte – Zerstörung – Folgen* (Munich: 1985), 256–7; Groehler, *Bombenkrieg*, 412; Matthias Gretzschel, 'Dresden im Dritten Reich', in *Hamburg und Dresden im Dritten Reich: Bombenkrieg and Kriegsende. Sieben Beiträge* (Hamburg: 2000), 97.
357. Tami Davis Biddle, 'Wartime Reactions', in Addison, Crang (eds), *Firestorm*, 107–10.
358. Ibid., 113.
359. CamUL, Boyle papers, Add 9429/1B, Harris to Boyle, 13 June 1979.
360. CCAC, BUFT 3/51, HQ Bomber Command, 'Bomber Command's "Battle of the Ruhr" ', 24 Mar 1945.
361. Greenhous et al., *Crucible of War*, 862.
362. CCO, Portal papers, Folder 6, Portal to Churchill, 20 Apr 1945; Hunter, *Winston & Archie*, 414, Churchill to Sinclair, 19 Apr 1945.
363. Webster, Frankland, *Strategic Air Offensive*, vol 4, 183–4, Strategic Directive no. 4, 16 Apr 1945.
364. Davis, *Carl A. Spaatz*, 582–4.
365. Mets, *Master of Airpower*, 283–4.
366. TNA, HO 196/30, RE8 Report, 25 May 1945.
367. LC, Spaatz papers, Box 143, Spaatz to commanding generals, 8th, 9th and 15th Air Forces, 24 Aug 1944.
368. Arnold, *Global Mission*, 490–91; USSBS, 'Over-all Report (European War)', Washington, DC, 30 Sept 1945, vol 2, ix; Gordon Daniels (ed), *A Guide to the Reports of the United States Strategic Bombing Survey* (London: 1981), xix–xxii; Gian Gentile, *How Effective is Strategic Bombing? Lessons Learned from World War II to Kosovo* (New York: 2000), 33–54.
369. NC, Cherwell papers, F247, Churchill to Sinclair, 3 Jan 1945; on the problems surrounding the survey see Sebastian Cox (ed), *The Strategic Air War Against Germany, 1939–1945: The Official Report of the British Bombing Survey Unit* (London: 1998), xvii–xix.
370. UEA, Zuckerman Archive, SZ/BBSU/1, BBSU Advisory Committee, minutes of 1st meeting, 6 June 1945; Note for Air Ministry and SHAEF, 13 June 1945; Cox (ed), *The Strategic Air War Against Germany*, xx–xxi.
371. TNA, AIR 14/1779, Minutes of meeting, 27 Feb 1945, on the future of the RE8 Department. The personnel were absorbed into the Air Ministry establishment on 1 March 1945.
372. CCAC, BUFT 3/51, 'Proposals for the Establishment of a British Strategic Bombing Unit', 30 May 1945, 1–3.

373. CCAC, BUFT 3/65, ADI (K) Report, 'Factors in Germany's Defeat', 17 May 1945.
374. LC, Spaatz papers, Box 68, HQ USSTAF, 'The Allied Air Offensive against Germany and Principal Criticisms by Enemy Leaders', 4–5, 6.
375. Ibid., Table D, Ninth Air Force interrogation of Hermann Göring, 1 June 1945; interrogation of Milch, 23 May 1945; Table E, SHAEF interrogation of Speer, 3 June 1945; Gentile, *How Effective is Strategic Bombing?,* 69.
376. Gentile, *How Effective is Strategic Bombing?*, 7; LC, Spaatz papers, Box 134, 'Interrogation of Reich Marshal Hermann Goering', 10 May 1945, 5.
377. LC, Spaatz papers, Box 134, USSBS Interrogation no. 8, Lt. Gen. Karl Koller, 23–24 May 1945, 6–7.
378. USSBS, Over-all Report (European Theatre), 25–6, 37–8, 73–4; Gentile, *How Effective is Strategic Bombing?*, 55–6. For a convincing case on the diminishing returns from bombing, see the recent economic analysis by Jurgen Brauer, Hubert van Tuyll, *Castles, Battles & Bombs: How Economics Explains Military History* (Chicago, IL: 2008), 211–13, 217–19, 235–6.
379. Cox (ed), *The Strategic Air War Against Germany*, 129–34.
380. Ibid., 154.
381. Ibid., 94–7.
382. CCAC, BUFT 3/51, Bufton to Portal, 3 Jan 1945. 这份报告由波特尔转给了哈里斯，但是删除了与汉堡市相关的内容。
383. UEA, Zuckerman Archive, SZ/BBSU/3, Exercise Thunderbolt, précis no. 8, 'The Course of the Combined Bomber Offensive from January 1943 to April 1944', 2; précis no. 18, 'The Course of the Combined Strategic Bomber Offensive from 14 April 1944 to the End of the European War', 3–4.
384. Ibid., Zuckerman Archive, SZ/BBSU/2, précis of lecture by Wing Commander G. A. Carey Foster, 'On the Effects of Strategic Bombing on Germany's Capacity to Make War'.
385. Ibid., Zuckerman Archive, SZ/BBSU/3, Zuckerman, rough notes on Exercise Thunderbolt, 13–16 Aug 1947.
386. Ibid., Zuckerman Archive, SZ/BBSU/103, Nicholas Kaldor typescript, 'The Nature of Strategic Bombing', 4–6; Kaldor typescript, 'Capacity of German Industry', 2–5.
387. Nicholas Kaldor, 'The German War Economy', *Review of Economic Statistics*, 13 (1946), 20ff; see Richard Overy, 'Mobilization for Total War in Germany 1939–1941', *English Historical Review*, 103 (1988), 613–39, and more recently Adam Tooze, 'No Room for Miracles: German Industrial Output in World War II Reassessed', *Geschichte und Gesellschaft*, 31 (2005), 439–64.
388. Webster, Frankland, *Strategic Air Offensive*, vol 4, 469–70, 494, App 49 (iii), 49 (xxii).
389. Richard Overy, 'The Economy of the German "New Order" ', in Johannes ten Cate, Gerhard Otto, Richard Overy (eds), *Die 'Neuordnung' Europas: NS-Wirtschaftspolitik in den besetzten Gebieten* (Berlin: 1997), 14–26; on financial contributions, Willi Boelcke, *Die Kosten von Hitlers Krieg* (Paderborn: 1985), 98, 110. On labour Ulrich Herbert (ed), *Europa und der 'Reichseinsatz'*.

Ausländische Zivilarbeiter, Kriegsgefangene und KZ-Häftlinge in Deutschland 1938–1945 (Essen: 1991), 7–8. The totals were: POWs 1,930,087; forced labourers, 5,976,673. On booty policy and its results, Götz Aly, *Hitlers Volksstaat: Raub, Rassenkrieg und Nationaler Sozialismus* (Frankfurt am Main: 2005), 59ff.

390. UEA, Zuckerman Archive, SZ/BBSU/103, 'Nature of Strategic Bombing', 6–7.
391. LC, Spaatz papers, J. K. Galbraith, 'Preliminary Appraisal of Achievement of Strategic Bombing of Germany', 2.
392. TNA, AIR 48/33, USSBS, Civilian Defense Report no. 4, Hamburg Field Report, vol 1, 83.
393. Details from BA-B, R3102/10031, Reichsministerium für Rüstung- und Kriegswirtschaft, 'Vorläufige Zusammenstellung des Arbeiterstundenausfalls durch Feindeinwirkung', Tables 1 and 4, 4 Jan 1945.
394. Albert Speer, *Spandau: The Secret Diaries* (London: 1976), 360, entry for 12 Apr 1959: 'No-one has yet seen that this was the greatest lost battle on the German side.'
395. CCAC, BUFT 3/51, note by Bufton, 'Part Played by the RAF in the Crossing of the Rhine – 24 March 1945'.
396. UEA, Zuckerman Archive, SZ/BBSU/3, Portal to Tedder, 10 Sept 1947.
397. Air Ministry, *Rise and Fall of the German Air Force*, 274, 302. Boog, 'Strategischer Luftkrieg', 287.
398. Cox (ed), *The Strategic Air War Against Germany*, 97; Air Ministry, Rise and Fall of the German Air Force, 274, 298; Golücke, *Schweinfurt und der strategische Luftkrieg*, 153–9; IWM, MD, vol 53, 877, German Flak Office to Milch, 12 Aug 1943.
399. John K. Galbraith, *A Life in Our Times: Memoirs* (London: 1981), 240.
400. UEA, Zuckerman Archive, SZ/BBSU/2, Carey Lecture, 8; TNA, AIR 10/3866, Report of the British Bombing Survey Unit, 38; NARA, RG 107, Box 138, Statistical Control Division, 'An Estimate of Costs of AAF Strategic Air Forces Fighting Germany', 12 Apr 1945. 由于最后数字的统计仅截至 1944 年 12 月 31 日，因此有可能最后的数字为 12% 到 13%。
401. TNA, AIR 20/2025, Casualties of RAF, Dominion and Allied Personnel at RAF Posting Disposal, 31 May 1947.
402. Greenhous et al., *Crucible of War*, 864.
403. TNA, AIR 22/203, War Room Manual of Bomber Command Operations 1939–1945, 9.
404. Davis, *Carl A. Spaatz*, App 4, App 9.

第七章　总体战的逻辑：轰炸下的德国社会

1. LC, Spaatz papers, Box 134, 'Interrogation of Hermann Goering, Augsburg, 10 May 1945'; Hopper to Spaatz, 12 May 1945.
2. Spaatz papers, Box 203, 'Jeeping the Targets in a Country that Was', 17–22 Apr 1945, 1, 19.

3. CCAC, BUFT 3/51, Bufton to Brig. Gen. F. Maxwell, 17 May 1945.
4. UEA, Zuckerman Archive, SZ/BBSU/1, 'Notes on the "pocket" ', 28 Apr 1945, 4–5, 7, 10.
5. Bernd Lemke, *Luftschutz in Grossbritannien und Deutschland 1923 bis 1939* (Munich: 2005), 255.
6. BA-B, R 1501/1513, RLM, 'Grundsätze für die Führung des Luftschutzes', Feb 1942, 5.
7. BA-B, NS 18/1333, Göring, Goebbels and Wilhelm Frick (Interior Minister) to all Reichsverteidigungskommissare, 7 May 1942, 'Aufgabenverteilung bei Luftschutzmassnahmen'.
8. Lemke, *Luftschutz*, 258–61.
9. Jörn Brinkhus, 'Ziviler Luftschutz im "Dritten Reich" – Wandel seiner Spitzenorganisation', in Dietmar Süss (ed), *Deutschland im Luftkrieg: Geschichte und Erinnerung* (Munich: 2007), 27–30.
10. Andreas Linhardt, *Feuerwehr im Luftschutz 1926–1945: Die Umstruktierung des öffentlichen Feuerlöschwesens in Deutschland unter Gesichtspunkten des zivilen Luftschutzes* (Brunswick: 2002), 37–8, 85–7, 114–20, 134–9, 204–5.
11. BIOS Report no. 18, 'Fire Fighting Equipment and Methods in Germany during the Period 1939–1945' (London: 1949), 7–9.
12. Lemke, *Luftschutz*, 254–6.
13. BA-B, R1501/823, Luftschutzgesetz, 7 Durchführungsverordnung, 31 Aug 1943, 519–20.
14. TNA, AIR 48/29, USSBS, 'Civilian Defense Division: Final Report, 26 Oct 1945', 117–26.
15. BA-MA, RL 41/3, RLB, Luftschutz-Berichte, 21 May 1941, 1. Leitsätze für Luftschutz-Warte.
16. BA-B, R1501/1513, RLM, 'Grundsätze für die Führung des Luftschutzes', Feb 1942, 6.
17. BA-MA, RL41/7, RLB, Rundschreiben, 2 Oct 1942, 'Führungsaufgaben'; 16 Oct 1942, 'Besonderer Einsatz von Amtsträgerinnen bei Terrorangriffen'.
18. Linhardt, *Feuerwehr im Luftschutz*, 108–9.
19. BA-B, R1501/1516, Deutsche Gemeindetag to Göring, 3 Nov 1938; Interior Ministry to all Reich provinces, 21 Apr 1939.
20. Ibid., Air Ministry to all Regional Air Commands, Nov 1941.
21. BA-MA, RL41/2, RLB, Luftschutz-Berichte, 8 May 1940, 2 and 10 July 1940, 1.
22. Lemke, Luftschutz, 328–9.
23. BA-B, R1510/1515, Interior Ministry to Landesregierungen, Oberpräsidenten, 6 Jan 1940, 17 May 1940, 26 Sept 1940.
24. TNA, AIR 20/7287, Home Office, 'Secret Report by the Police President of Hamburg', 1 Dec 1943, 3–4.
25. Wilfried Beer, *Kriegsalltag an der Heimatfront: Allierten Luftkrieg und deutsche Gegenmassnahmen zur Abwehr und Schadensbegrenzung dargestellt für den Raum Münster* (Bremen: 1990), 108–10.
26. BA-MA, RL 41/2, RLB, Luftschutz-Berichte, vol 6, 10 July 1940; BA-B, R1501/823, Luftschutzgesetz: Zehnte Durchführungsverordnung: Luftschutzmässiges

Verhalten.

27. BA-MA, RL 41/6 RLB-Präsidium, material for the press, 10 Aug 1943, 1. On shelter rules see Dietmar Süss, 'Wartime Societies and Shelter Politics in National Socialist Germany and Britain', in Claudia Baldoli, Andrew Knapp, Richard Overy (eds), *Bombing, States and Peoples in Western Europe 1940–1945* (London: 2011), 29–31.
28. TNA, AIR 48/29, USSBS, 'Civilian Defense Division: Final Report', 141–7; Marc Wiggam, 'The Blackout and the Idea of Community in Britain and Germany', in Baldoli, Knapp, Overy (eds), *Bombing, States and Peoples*, 50–51.
29. BA-MA, RL 41/2, RLB, Luftschutz-Berichte, 6 and 14 Feb 1940, 12 Mar 1940; 9 and 8 Jan 1943.
30. BA-B, R1501/1515, Interior Ministry to all Reichsverteidigungskommissare, 27 Oct 1939.
31. Wilbur Zelinski, Leszek Kosinski, *The Emergency Evacuation of Cities* (Savage, MD: 1991), 160–64; on Hitler see BA-B, R1501/1515, Interior Ministry minute, 8 Oct 1940. On the programme of child evacuation see Gerhard Kock, *'Der Führer sorgt für unsere Kinder ...' Die Kinderlandverschickung im Zweiten Weltkrieg* (Paderborn: 1997), 69, 122, 351; Julia Torrie, *'For Their Own Good': Civilian Evacuations in Germany and France, 1939–1945* (New York: 2010), 52–3. On the experience of Cologne see Martin Rüther, 'Die Erweiterte Kinderlandverschickung in Köln, Bonn und Umgebung', in idem (ed), *'Zu Hause könnten sie es nicht schöner haben!': Kinderlandverschickung aus Köln und Umgebung 1941–1945* (Cologne: 2000), 69–71, 75.
32. Anton Hoch, 'Der Luftangriff auf Freiburg 1940', *Vierteljahreshefte für Zeitgeschichte*, 4 (1956), 115–44.
33. Beer, *Kriegsalltag ... für den Raum Münster*, 107.
34. William Shirer, *Berlin Diary: The Journal of a Foreign Correspondent, 1934–1941* (London: 1941), 273–4, 364; Harry Flannery, *Assignment to Berlin* (London: 1942), 40–41.
35. Heinz Boberach (ed), *Meldungen aus dem Reich: Die geheimen Lageberichte des Sicherheitsdienstes der SS 1938–1945*, 17 vols (Herrsching: 1984), vol 4, 1,140–1, Special Report, 16 May 1940; 1,152, Special Report, 20 May 1940.
36. BA-MA, RL 41/2, RLB, Luftschutz-Berichte, 6 and 22 May 1940, 10 July 1940.
37. Ibid., 11 Sept 1940, 6 Nov 1940.
38. BA-B, R1501/823, Interior Ministry to all Statthalter, Reichsverteidigungs-Kommissare, Oberpräsidenten, 16 May 1940.
39. TNA, AIR 48/29, USSBS, 'Civilian Defense Division: Final Report', 33–6.
40. Wolfgang Werner, *'Bleib übrig': Deutsche Arbeiter in der nationalsozialistischen Kriegswirtschaft* (Düsseldorf: 1983), 34–41.
41. BA-B, R1501/1071, Labour Ministry, 'Änderung über Erstattung von Lohnausfällen', 22 Oct 1940; Ministry of Labour to all Provincial Labour Offices, 8 Feb 1941; Ministry of Labour Decree, 19 Nov 1941.
42. BA-B, NS 18/1060, Propaganda Ministry to Party Chancellery, 9 Oct 1941; 'Bericht wegen Lohnausfall bei Luftalarm und Fliegerschäden', 23 Oct 1941, 1–3.
43. BA-B, R1501/1071, General Plenipotentiary for Labour to all Gau Labour

Offices, 15 Nov 1943; Reichsministerialblatt, vol 72, 18 Feb 1944, 'Erlass über Massnahmen des Arbeitsrechts und Arbeitseinsatzes bei Fliegeralarm und Fliegerschäden'.

44. BA-MA, RL 41/3, RLB, Luftschutz-Berichte, 7 and 26 Mar 1941, 1–2.
45. Ibid., 27 Aug 1941, 3–4.
46. BA-B, R1501/823, Interior Ministry to the Gemeindetag, 2 Oct 1940.
47. BA-B, NS 18/1333, Party Chancellery to Tiessler (Propaganda Ministry), 27 Apr 1942.
48. Martin Dean, *Robbing the Jews: The Confiscation of Jewish Property in the Holocaust, 1933–1945* (Cambridge: 2008), 223–4, 239.
49. BA-MA, RL 41/2, RLB, Luftschutz-Berichte, 6 and 31 July 1940, 2.
50. Jill Stephenson, 'Bombing and Rural Society in Württemberg', *Labour History Review*, 77 (2012), 98–100; Edward Westermann, 'Hitting the Mark, but Missing the Target: Luftwaffe Deception Operations, 1939–1945', *War in History*, 10 (2003), 208–13; BA-MA, RL 41/7, RLB, Rundschreiben, 11 Jan 1943.
51. BA-B, R1501/823, '7th Durchführungsverordnung (Beschaffung von Selbstschutzgerät)', 31 Aug 1943.
52. BA-MA, RL 41/2, RLB, Luftschutz-Berichte, 6 and 25 Sept 1940, 4 Dec 1940.
53. TNA, AIR 20/7287, 'Secret Report by the Police President of Hamburg, 1 Dec 1943', 2; Ursula Büttner, ' "Gomorrha" und die Folgen', in Hamburg Forschungsstelle für Zeitgeschichte, *Hamburg im 'Dritten Reich'* (Göttingen: 2005), 616.
54. Beer, *Kriegsalltag ... für den Raum Münster*, 123–5.
55. TsAMO, f.500, o.12452, d.139, minutes of meeting in the Air Ministry, 17 Oct 1940, 2–3.
56. Michael Foedrowitz, *Bunkerwelten: Luftschutzanlagen in Norddeutschland* (Berlin: 1998), 9–12; Ralf Blank, 'Kriegsalltag und Luftkrieg an der "Heimatfront" ', in Jörg Echternkamp, *Das Deutsche Reich und der Zweite Weltkrieg* (Stuttgart: 2004), 395–6.
57. BA-MA, RL 41/3, Luftschutz-Berichte, 7 and 19 Nov 1941, 2.
58. Hans Hesse, Elke Purpus, 'Vom Luftschutzraum zum Denkmalschutz – Bunker in Köln', in Inge Marszolek, Marc Buggeln (eds), *Bunker: Kriegsort, Zuflucht, Errinerungensraum* (Frankfurt am Main: 2008), 66–8.
59. Blank, 'Kriegsalltag und Luftkrieg', 396–7; Olaf Groehler, *Bombenkrieg gegen Deutschland* (Berlin: 1990), 245–7.
60. Groehler, *Bombenkrieg gegen Deutschland*, 245–6; Richard Evans, *The Third Reich at War* (London: 2008), 454–5.
61. Howard Smith, *Last Train from Berlin* (London: 1942), 116; Dietmar Süss, 'Wartime Societies and Shelter Politics in National Socialist Germany and Britain', in Baldoli, Knapp, Overy (eds), *Bombing, States and Peoples*, 25–6; Blank, 'Kriegsalltag und Luftkrieg', 403–5. See too Roger Moorhouse, *Berlin at War: Life and Death in Hitler's Capital 1939–1945* (London: 2010), 310–11.
62. Details in Michael Foedrowitz, *Flak-Towers* (Berlin: 2008), 3–4, 11–13, 17–18.
63. Büttner, ' "Gomorrha" ', 614–15; Beer, *Kriegsalltag ... für den Raum Münster*, 19–21.

64. Figures calculated from BA-B, NS18/1063, Partei-Kanzlei, 'Angaben über die Verluste nach Fliegerangriffen', 2 Oct 1942.
65. BA-MA, RL 41/7, RLB, Landesgruppe Hesse-Rheinland, Rundschreiben, 2 Oct 1942; Merkblatt über Aussehen, Wirkung und Bekämpfung Brandabwurfmitteln.
66. BA-MA, RL3 41/3, Luftschutz-Berichte, 7 and 23 Apr 1941, 2–3.
67. TsAMO, f.500, 0.393761c, d.34, RLM, Arbeitsstab-Luftschutz, 'Anordnung auf Grund der letzten Erfahrungen aus Luftangriffen', 19 Feb 1941, 1–3, 4–5; 0.12452, d.139, minutes of meeting in the Air Ministry, 10 Oct 1940, 7.
68. Ibid., OKW, 'Weisungen für den Einsatz der Luftschutzkräfte und die Verwendung der Wehrmacht', 7 Mar 1941.
69. BA-B, R1501/823, Interior Ministry to all Reichsverteidigungs-Kommissare, Reichsstatthalter, 2 May 1941. See Torrie, *'For Their Own Good'*, 129–30.
70. Groehler, *Bombenkrieg gegen Deutschland*, 264–6. On the NSV see Armin Nolzen, " 'Sozialismus der Tat?" Die Nationalsozialistische Volkswohlfahrt (NSV) und der allierte Luftkrieg gegen das Deutsche Reich', in Süss (ed), *Deutschland im Luftkrieg*, 58–9.
71. BA-MA, RL 41/3, Luftschutz-Berichte, 16 July 1941.
72. BA-B, NS 18/1058, action report to NSDAP Rechsleitung, 'Angriff auf Lübeck', 6 Apr 1942.
73. Ibid., Gauleiter Hildebrandt to Party Reichsleitung, 26 Apr 1942; Gauleitung Mecklenburg to Goebbels, Bormann, 27 Apr 1942 (1).
74. Ibid., Gauleitung Mecklenburg to Goebbels, Bormann, 27 Apr 1942 (2); 28 Apr 1942; 29 Apr 1942.
75. Ibid., Gauleiter Hildebrandt to Führer HQ, 2 May 1942.
76. BA-B, NS 18/1333, Goebbels to all Gauleiter, Reichsstatthalter, Reichsverteidigungskommissare, 28 Apr 1942; see too Dietmar Süss, 'Steuerung durch Information? Joseph Goebbels als "Kommissar der Heimatfront" und die Reichsinspektion für den zivilen Luftschutz', in Rüdiger Hachtmann, Winfried Süss (eds), *Hitlers Kommissare: Sondergewalten in der nationalsozialistischen Diktatur* (Göttingen: 2006), 185–7; Brinkhus, 'Ziviler Luftschutz', in Süss (ed), *Deutschland im Luftkrieg*, 34–5.
77. Nolzen, " 'Sozialismus der Tat?' " , 60–62.
78. Cited in Eleanor Hancock, *The National Socialist Leadership and Total War, 1941–5* (New York: 1991), 103.
79. BA-B, NS 18/1333, Circular to all Reich Defence Commissars, 'Aufgabenverteilung bei Luftschutzmassnahmen', 7 May 1942; note for Goebbels, 7 May 1942.
80. BA-B, R1501/3791, Arbeitsstab L5 (Air Ministry), 'Abgrenzung von Befehlsbefugnissen', 17 Dec 1942; Göring Directive, 17 Dec 1942, 3.
81. Süss, 'Steuerung durch Information?', 188–91; Brinkhus, 'Ziviler Luftschutz', 34–6.
82. BA-B, R1501/823, RVK Hamburg, 'Richtlinien für die Tätigkeit eines Einsatzstabes bei katastrophen Luftangriffen', 9 Apr 1942; Interior Ministry to all Reich authorities, 6 May 1942.
83. BA-B, R3101/31135, 'Polizeiliche Anordnung über die Luftschutzdienstpflicht', 27 Aug 1943; BA-MA, RL 41/7, RLB, Rundschreiben, 2 Oct 1942, based on a

Göring Decree, 12 Aug 1942.

84. Dieter Busch, *Der Luftkrieg im Raum Mainz während des Zweiten Weltkrieges 1939–1945* (Mainz: 1988), 67.
85. BA-B, R13/XVII/21, draft Führer Decree, Aug 1943; Armaments Ministry, 'Durchführungsanordnung zum Führererlass', 23 Aug 1943.
86. BA-B, R1501/938, Verwaltungsbezirk Schöneberg, 'Übersicht über die Sammelunterkünfte für Obdachlose', Aug 1942.
87. Ibid., Interior Ministry memorandum, 'Besprechung im Rathaus Schöneberg', 9 Apr 1943, 1–3.
88. BA-B, R1501/823, Interior Ministry, 6 May 1942, 'Planmässige Vorbereitung der Hilfsmassnahmen', 2–4.
89. BA-B, R1501/904, Interior Ministry, 'Richtlinien für die Durchführung von Bauarbeiten zur Beseitigung von Fliegerschäden', 12 Apr 1943.
90. BA-B, R1501/938, memorandum on activity of Baugruppe Pfeil, 9 Mar 1943.
91. BA-B, R1501/949, Stadt der Reichsparteistadt Nürnberg, 'Übersicht über die Fliegerschäden aus dem Luftangriffen vom 28/29.8.1942 bis 8/9.3 1943', 3 May 1943.
92. Ibid., Finance Ministry, Justice Ministry, minutes of meeting, 'Ausgaben für Kriegssachschäden', 17 Feb 1944, 1.
93. Stephan Glienke, 'The Allied Air War and German Society', in Baldoli, Knapp, Overy (eds), *Bombing, States and Peoples*, 186–8.
94. BA-B, NS 18/1062, Party Chancellery, 'Vorlage: Material und Arbeitskräfte für die Beseitigung von Fliegerschäden' [n.d.].
95. BA-B, R1501/938, ration cards for bomb victims, Berlin, Mar 1943; report from Wirtschaftsamt Schöneberg, 9 Apr 1943, 1–6.
96. RAFM, Harris papers, H51, Summary of the Foreign Press, 29 Aug 1942, *Die Weltwoche*, 12 June 1942.
97. BA-B, R1501/938, memorandum from Bezirksamt Schöneberg on the work of the Quartieramt (accommodation office), 9 Apr 1943, 1–2, 3–4.
98. BA-B, R1501/949, Stadt der Reichsparteitage Nürnberg, 3 May 1943.
99. Ibid., minutes of meeting, 'Ausgaben für Kriegssachschäden', 17 Feb 1944, 2.
100. TNA, AIR 48/33, USSBS, Civilian Defense Report no. 4: Hamburg Field Report, vol 1, 2, 30.
101. TNA, AIR 20/7287, 'Secret Report of the Police President of Hamburg on the Heavy Raids on Hamburg July/August 1943', 1 Dec 1943, 2–12; AIR 48/33, USSBS, Hamburg Field Report, vol 1, 45.
102. BA-B, NS 18/573, Luftkriegsmeldedienst, Luftangriffe, 14–17 May 1943, 22–23 June 1943; NS 18/1060, Luftangriffe auf deutsche Reichsgebiet, 27–28 May 1943.
103. *Hamburg und Dresden im Dritten Reich: Bombenkrieg und Kriegsende: Sieben Beiträge* (Hamburg: 2000), 31–3; BA-B. NS 18/1060, Luftkriegsmeldedienst, Luftangriffe auf deutsche Reichsgebiet, 29–30 July 1943.
104. Büttner, ' "Gomorrha" und die Folgen', 47, 69.
105. TNA, AIR 20/7287, 'Secret Report by the Police President of Hamburg', 22; BA-B, R1501/3791, report from Reich Health Leader (Leonardo Conti),

'Ärztliche Erfahrungen im Luftschutz', 27 Mar 1944.

106. BA-B, R1501/949, memorandum by Goebbels, 'Reichsinspektion zur Durchführung ziviler Luftkriegsmassnahmen', 28 Jan 1944, 3.
107. TNA, AIR 20/7287, 'Secret Report by the Police President of Hamburg', 23.
108. TNA, AIR 48/33, Hamburg Field Report, vol 1, 36. The fire service also calculated injury to a further 46,252; AIR 20/7287, 'Secret Report by the Police President of Hamburg', 17, 75.
109. Hans Nossack, *The End: Hamburg 1943* (Chicago, IL: 2004) 17–18, 44 (originally published in Germany in 1948 as *Der* Untergang).
110. Gretl Büttner, 'Zwischen Leben und Tod', in Volker Hage (ed), *Hamburg 1943: Literarische Zeugnisse zum Feuersturm* (Frankfurt am Main: 2003), 30–31.
111. BA-B, R1501/3791, Conti to the ILA, 5 Aug 1943; Dr Illig (Hamburg) to Conti, 5 Aug 1943; City Medical Council (Hanover) to Conti, 13 Aug 1943.
112. BA-B, R1501/37723, Luftschutz-Chemiker, Hamburg to Interior Ministry, 5 Nov 1943, encl. report, 'Trinkwasser-Notversorgung'.
113. BA-B, R1501/3791, RVK, Hamburg to Conti, 17 Aug 1943, 2–3; minute by Dr Cropp, Interior Ministry, 3 Aug 1943.
114. TNA, AIR 48/29, USSBS, Civilian Defense Division: Final Report, 72.
115. Hans Brunswig, *Feuersturm über Hamburg: Die Luftangriffe auf Hamburg im 2. Weltkrieg und ihre Folgen* (Stuttgart: 1985), 300–301.
116. Boberach (ed), *Meldungen aus dem Reich*, vol 14, 5,562–3, report for 2 Aug 1943. Göring visit in Brunswig, *Feuersturm*, 296.
117. Albert Speer, *Inside the Third Reich* (London: 1970), 284.
118. BA-B, R13/XVII/21, Armaments Ministry, 'Durchführungsanordnung zum Führererlass', 23 Aug 1943.
119. BA-B, R1501/949, 'Bericht über die Dienstreise des Reichsrichter Dr Danckelmann nach Hamburg, 20 bis 22 Juni 1944', 3–5.
120. Fred Iklé, *The Social Impact of Bomb Destruction* (Norman, OK: 1958), 67–8.
121. BA-MA, RL 41/7, RLB, Rundschreiben, July 1943.
122. TsAMO, f.500, o.393761c, d.34, Arbeitsstab-LS, Erfahrungsbericht no. 18, 6 Oct 1943, 4; no. 22, 20 Jan 1944, 1; no. 23, 5 Mar 1944, 4.
123. Ibid., Erfahrungsbericht no. 20, 4 Dec 1943, 1.
124. TNA, AIR 20/7287, 'Secret Report by the Police President', 1 Dec 1943, 87–90.
125. BA-MA, RL41/6, RLB, Presse-Material, 2 Nov 1943; TsAMO, f.500, o.393761c, d.34, Arbeitsstab-LS, Erfahrungsbericht Nr. 18, 7.
126. Ibid., f.500, o.393761c, d.34, Erfahrungsbericht Nr. 17, 23 Sept 1943, 9; BA-MA, RL41/6, RLB, Presse-Material, 10 Aug 1943, 1; 2 Nov 1943, 1.
127. Heinz Pettenberg, *Starke Verbände im Anflug auf Köln*, ed. Hella Reuter-Pettenberg (Cologne: 1981), 90–91, entry for 31 May 1942.
128. Details from Linhardt, Feuerwehr im Luftschutz, 171–2, 173, 178, 180–82; Hans Rumpf, *The Bombing of Germany* (London: 1957), 186–7.
129. Kock, '*Der Führer sorgt für unsere Kinder*', 139–43; Katja Klee, *Im 'Luftschutzkeller des Reiches': Evakuierte in Bayern, 1939–1945* (Munich: 1999), 165–7.
130. BA-B, R1501/823, Interior Ministry to all local authorities, 27 July 1942.

131. BA-B, R1501/1515, Interior Ministry to provincial governments, 2 Feb 1943; Kock, '*Der Führer sorgt für unsere Kinder*', 141.
132. Groehler, *Bombenkrieg gegen Deutschland*, 266–7.
133. BA-B, R1501/3791, State Secretary Ganzenmüller, Transport Ministry, 'Transport Questions in Evacuation of Air War Regions', June 1943, 1; Groehler, *Bombenkrieg gegen Deutschland*, 282; Klee, *Im 'Luftschutzkeller des Reiches*', 171.
134. BA-B, R3102/10044, Statistical Office, 'Stand der Umquartierung aus luftgefährdeten Gebieten', 15 Sept 1943.
135. BA-B, NS 18/1062, minute for Tiessler, Party Chancellery, 'Attitude of the Evacuees in the Reception Areas', 11 May 1943.
136. BA-B, NS 18/1333, Propaganda Ministry, Inter-Ministerial Committee to all Gauleiter, 19 Aug 1943, 1, 4.
137. Jill Stephenson, *Hitler's Home Front: Württemberg under the Nazis* (London: 2006), 299–301, 306–11; Glienke, 'Allied Air War and German Society', 196–8; Torrie, '*For Their Own Good*', 100–106. On tensions between evacuees and local populations see Nicholas Stargardt, *Witnesses of War: Children's Lives under the Nazis* (London: 2005), 256–9.
138. BA-B, R1501/3791, Mayor of Berlin to Reichsgesundheitsführer, Conti, 21 Aug 1943; RVK, Hamburg to Conti, 17 Aug 1943, 'Verteilung von Ärzten'.
139. Ibid., NSDAP, Hauptamt für Volkswohlfahrt to Conti, 13 July 1943.
140. BA-B, R1501/3809, Conti papers, 'Gedanken zur artzlichen Planwirtschaft', 12 Oct 1943; R1501/3791, Meeting of the Inter-Ministerial Committee, 21 July 1943; Reich Health Leader to Oberpräsident Münster, 30 July 1943.
141. BA-B, R1501/3791, memorandum to Reich Health Leader, 29 June 1943; Generalreferent für Luftkriegsschäden to Speer, 29 June 1943; RVK, Westfalen-Nord to Conti, 22 July 1943.
142. Ibid., President, German Red Cross, to all provincial offices, 2 July 1943; Conti to all RVK, 'Gesundheitliche Versorgung der Zivilbevölkerung bei Luftgrossangriffen', 5 July 1943.
143. BA-B, NS 18/1062, Karl Brandt, Führer HQ, circular report, 8 Oct 1941. Hitler's decision was taken on 24 August.
144. BA-BV, R1501/3809, Brandt to the Interior Ministry (Conti), Bormann and Hans Lammers, 21 June 1943; Brandt to Lammers, 30 June 1943; Brandt memorandum, 'Aufstellung der im Rahmen des Führerauftrages durch zuführenden Massnahmen'.
145. Süss, 'Wartime Societies and Shelter Politics', 36–8; Dietmar Süss, *Tod aus der Luft: Kriegsgesellschaft und Luftkrieg in Deutschland und England* (Munich: 2011), 368–72. See too Peter Heinl, 'Invisible Psychological Ruins: Unconscious Long-Term War Trauma', workshop paper, Reading University, 13 Mar 2009. Heinl 通过展示一群上年纪的德国人年少时被轰炸的经历，解释了这些德国人存在严重精神和心理问题的原因。
146. BA-B, NS 18/1063, Notice for Tiessler, 17 Mar 1943.
147. Boberach (ed), *Meldungen aus dem Reich*, vol 13, 4,983, 22 Mar 1943.
148. BA-MA, RL 41/7, RLB, measures to be taken as a result of recent air raids, Sept

1943.

149. BA-B, NS 18/1333, Propaganda Ministry, 'Vorlage für den Herrn Minister', 28 Sept 1942. See too Nicholas Stargardt, *Witnesses of War: Children's Lives Under the Nazis* (London: 2005), 253–4.
150. BA-B, NS 18/1333, 'Vorlage für den Herrn Minister, 3 Juli 1943, Vermeidung von Gerüchten über die Bombardierung von Vulkanen'.
151. Waltraud Süssmilch, *Im Bunker: Eine Überlebende berichtet vom Bombenkrieg in Berlin* (Berlin: 2004), 7.
152. Friedrich Reck-Malleczewen, *Diary of a Man in Despair* (London: 1995), 188–9.
153. BA-B, NS 18/1058, conference with Goebbels, 20 May 1943, report by Mayor Ellgering; Michael Balfour, *Propaganda in War, 1939–1945* (London: 1979), 341.
154. Elke Fröhlich (ed), *Die Tagebücher von Joseph Goebbels: Teil II, Band 7: Januar–März 1943* (Munich: 1993), 540.
155. Ralf Reuth, *Goebbels: The Life of Joseph Goebbels. The Mephistophelean Genius of Nazi Propaganda* (London: 1993), 315–16; Eleanor Hancock, The National Socialist Leadership and Total War, 1941–5 (New York: 1991), 69–73; Daniel Uziel, *The Propaganda Warriors: The Wehrmacht and the Consolidation of the German Home Front* (Bern: 2008), 303–4.
156. Boberach (ed), *Meldungen aus dem Reich*, vol 13, 5,217, 6 May 1943.
157. Uziel, *Propaganda Warriors*, 318–19; BA-B, NS 18/1333, Propaganda Ministry, 'Vorlage für den Herrn Minister', 28 Sept 1942; Bormann, Party Chancellery, 'Führungshinweis Nr. 7', 4 Nov 1943.
158. BA-B, NS 18/1063, NSDAP Propagandaleitung notice, 17 Mar 1943.
159. Ralf Blank, 'The Battle of the Ruhr, 1943: Aerial Warfare against an Industrial Region', *Labour History Review*, 77 (2012), 45.
160. Uziel, *Propaganda Warriors*, 316–17; Balfour, *Propaganda in War*, 343–4.
161. Boberach (ed), *Meldungen aus dem Reich*, vol 13, 5,187, 29 Apr 1943; vol 14, 5,699, 2 Sept 1943.
162. Uziel, *Propaganda Warriors*, 319–21; Blank, 'The Battle of the Ruhr', 45–6.
163. Cited in Jeffrey Herf, *The Jewish Enemy: Nazi Propaganda during World War II and the Holocaust* (Cambridge, MA: 2006), 215–16, 230; see too Balfour, *Propaganda in War*, 343–4.
164. BA-B, NS 18/1063, Propaganda-Kompanie Rundspruch, 13 Mar 1942, 'Todesanzeigen für Opfer bei Fliegerangriffen'; Reichspropagandamt Weser-Ems to Hans Fritzsche, Propaganda Ministry, 23 Feb 1942.
165. Ibid., OKW to Reichspropagandaleitung, 18 May 1942; Goebbels notice, 7 May 1943. Nicole Kramer, ' "Kämpfende Mutter" und "gefallene Heldinnen" – Frauen im Luftschutz', in Süss (ed), *Deutschland im Luftkrieg*, 94–6.
166. Boberach (ed), Meldungen aus dem Reich, vol 14, 5,698, 2 Sept 1943. For a full account of the Witten incident see Torrie, '*For Their Own Good*', 97–105.
167. Süssmilch, *Im Bunker*, 41–2.
168. Nossack, *The End*, 33; Rumpf, *The Bombing of Germany*, 202.
169. Boberach (ed.), *Meldungen aus dem Reich*, vol 14, 5,620, 16 Aug 1943.
170. Boberach (ed), *Meldungen aus dem Reich*, vol 14, 5,716, 6 Sept 1943; see too

Glienke, 'Allied Air War', 191–2.

171. Hester Vaizey, *Surviving Hitler's War: Family Life in Germany, 1939–48* (Basingstoke: 2010), 65.
172. Nossack, *The End*, 31–2.
173. Ibid., 32.
174. Adam Tooze, 'No Room for Miracles: German Industrial Output in World War II Reassessed', *Geschichte und Gesellschaft, 31* (2005), 439–64; Lutz Budrass, Jonas Scherner, Jochen Streb, 'Fixed-Price Contracts, Learning, and Outsourcing: Explaining the Continuous Growth of Output and Labour Productivity in the German Aircraft Industry during the Second World War', *Economic History Review*, 2nd Ser, 63 (2010), 107–36.
175. IWM, S363, Saur papers, Kartei des Technischen Amtes, 17, speech by the Führer, 23 Sept 1944.
176. BA-B, R7/2249, Bezirksgruppe Nordwest, Wirtschaftsgruppe Eisenschaffende Industrie, 'Zusammenhänge und Lage der nordwestlichen Eisenindustrie', 17 Aug 1945.
177. IWM, MD, vol 13, minutes of GL meeting, 27 Apr 1942.
178. Ibid., MD, vol 56, letter from Technical Office to Milch, 22 Oct 1942, 'Verlegung luftgefährdeter Betriebe'.
179. Edward Westermann, 'Hitting the Mark, but Missing the Target: Luftwaffe Deception Operations, 1939–1945', *War in History*, 10 (2003), 213–14; Werner Wolf, *Luftangriffe auf die deutsche Industrie 1942–1945* (Munich: 1985), 129–30.
180. Smith, *Last Train from Berlin*, 117–18.
181. Westermann, 'Hitting the Mark', 214–16.
182. Richard Overy, 'Guns or Butter? Living Standards, Finance and Labour in Germany, 1939–1942', in idem, *War and Economy in the Third Reich* (Oxford: 1994), 278, 293–5.
183. Rolf-Dieter Müller, 'Das Scheitern der wirtschaftlichen "Blitzkriegsstrategie" ', in Horst Boog et al., *DRZW: Band 4: Der Angriff auf die Sowjetunion* (Stuttgart: 1983), 936–49, 1,022–9; Rolf-Dieter Müller, 'Albert Speer und die Rüstungspolitik 1942–1945' in *DRZW: Band 5/2: Organisation und Mobilisierung des deutschen Machtbereichs* (Stuttgart: 1999), 275–317.
184. CIOS Report, Item 21, Metallurgy, 'German Iron and Steel Industry: Ruhr and Salzgitter Areas', June 1945, 11, 17; USSBS Report 69, *Fr. Krupp AG: Friedrich Alfred Hütte. Heavy Industry Plant Report No. 2* (Washington, DC: 12 Sept 1945), 1.
185. USSBS, Special Paper 3, *The Effects of Strategic Bombing upon the Operations of the Hermann Göring Works during World War II* (Washington, DC: 1946), 60; Control Office for Germany and Austria, 'German Industrial Complexes: The Hermann Göring Complex', June 1946, 42.
186. Müller, 'Albert Speer und die Rüstungspolitik', 620, 630–31, 632, 642. The argument developed by Adam Tooze, *Wages of Destruction: The Making and Breaking of the Nazi Economy* (London: 2006), 598–600, 轰炸使武器生产规模的扩大完全停止，但是鉴于 1943 年 3 月至 1944 年夏天期间军事生产的大幅

增加，因此轰炸的效果仍然不能令人信服。

187. IWM, Box S368, Report 54, Interrogation of Albert Speer, 13 July 1945, 3–4, 7–8. Air supply figures calculated from BA-MA, RL3/38, GL-Office, 'Überblick über den Rüstungsstand der Luftwaffe: 1 Januar 1945'; RL3/36, GL-Technical Office Report, 'Über die Gründe der erhöhten Lieferungen im Rahmen des Luftwaffenprogrammes von März bis Juni 1944'. On the overall effect of losses see Müller, 'Albert Speer und die Rüstungspolitik', 648–58.
188. BA-B, R13/XVII/21, draft Führer Decree, Aug 1943, on the repair of 'Damage Regions'; Ministry of Armaments and Munitions, 'Durchführungsanordnung zum Führererlass', 23 Aug 1943.
189. TsAMO, f.500, o.393761c, d.34, LS-Arbeitsstab [luftschutz–Air Protection], Erfahrungsbericht, 15 Nov 1943, 12.
190. BA-B, R3101/31135, Economics Ministry to all Reich authorities, 1 Oct 1943.
191. Wolf, *Luftangriffe auf die deutsche Industrie*, 69–74.
192. BA-B, R1501/1071, Four Year Plan, Price Commissar Decree, 4 Sept 1942.
193. Ibid., Plenipotentiary for Labour Supply (Fritz Sauckel) to Reich Trustees of Labour, 9 July 1943.
194. IWM, Box S368, Report 85, Interrogation of Dr Theodor Hupfauer (Ministry of War Production, Chief of Labour Supply), 10 Sept 1945, 3; Hans Pohl, Wilhelm Treue, *Die Daimler-Benz AG in den Jahren 1933 bis 1945* (Wiesbaden: 1986), 173–4, 179.
195. IWM, Box S368, Report 85, Hupfauer interrogation, 8, 14.
196. TsAMO, f.500, o.393761c, d.34, LS-Arbeitsstab, Erfahrungsberichte, 1 July 1944, 1–2.
197. 参见 the intelligence report from interrogation of the former Italian consul general in Frankfurt, TNA, PREM 3/193/6A, HQ Algiers to War Office, 30 Oct 1943："工人们感到特别沮丧，因为他们知道，如果战争失败，就会失去现在拥有的良好生活。在 LC, Spaatz papers, Box 203, Propaganda Research Section, 1942 年 1 月 29 日的文件 'Morale in Hamburg' 中指出，根据来自比利时的消息，通过与汉堡市工人的交谈，能够确定汉堡的人有三个主要担忧之处，一是担心失业和饥荒；二是担心盟军的报复；三是担心肢解德国。"
198. Martin Moll (ed), *'Führer-Erlasse' 1939–1945* (Stuttgart: 1997), 345, decree of 28 June 1943.
199. BA-B, R3101/31170, Führer Decree, 'über Sicherstellung vom Raumen zur Aufnahme von Rüstungsfertigungen aus luftgefährdeten Gebieten'; Armaments Ministry order, 'Betriebsverlagerung und Verlagerung von Lager', 14 July 1943.
200. IWM, MD, vol 56, Air Ministry Technical Office to Milch, 22 Oct 1942; report from Planning Office for Milch, 14 Oct 1942.
201. Ibid., Planning Office to Milch on dispersal policy, 17 Nov 1942; BA-MA, RL36/52, report on conferences of 22, 23, 26, 28, 29 and 30 July, 'über die Massnahmen zur Verstärkung der Luftverteidigung'.
202. Details from Friedhelm Golücke, *Schweinfurt und der strategische Luftkrieg 1943* (Paderborn: 1980), 351–3, 357–8, 363–4, 368–70, 372, 378–80.
203. BA-B, RL3/36, GL-Technical Office Report, 'Über die Gründe'.
204. Details in USSBS, Report 7, 'Erla Maschinenwerke GmbH, Leipzig', 1–2, 6;

Report 9, 'Gothaer Waggonfabrik AG, Gotha', 1–2, 13; Report 14, 'Wiener-Neustädter Flugzeugwerke', 1–2, 9–12.

205. IWM, MD, vol 51, Main Committee Iron Production (Dr Helmut Rohland) to all industry heads, 27 Mar 1944, 2.
206. IWM, EDS MI 14/133, Army High Command, 'Studie über Rüstung', 25 Jan 1944.
207. IWM, EDS AL/1746, interrogation of Karl-Otto Saur, 10 Aug 1945; Box S368, Report 90, 'Rationalisation in the Components Industry', 34; Dietrich Eichholtz, *Geschichte der deutschen Kriegswirtschaft*, 4 vols (Munich: 1999), vol 2, 316–17.
208. BA-B, R3101/11921, Economics Ministry, Weekly Reports on Economic Conditions, 7 Feb 1944, 1; 27 May 1944, 1; 28 Sept 1944, 1; 21 Oct 1944, 7. See too Bernhard Kroener, ' "Menschenbewirtschaftung" , Bevölkerungsverteilung und personelle Rüstung in der zweiten Kriegshälfte (1942–1944)', in Kroener, Müller, Umbreit, *DRZW: Band 5/2*, 931–4.
209. BA-B, R3101/11921, Economics Ministry Weekly Report, 14 Feb 1944, 1; IWM, Box S366, FIAT Report, 'Statistical Material on the German Manpower Position during the War Period', 31 July 1945. On Daimler-Benz, see Pohl, Treue, *Die Daimler-Benz AG*, 145.
210. BA-B, R3101/11921, Economics Ministry Weekly Report, 18 Dec 1944, 7. See too Cornelia Rauh-Kühne, 'Hitlers Hehler? Unternehmerprofite und Zwangsarbeiterlöhne', *Historische Zeitschrift*, 275 (2002), 40–41.
211. BA-B, R3101/11921, Economics Ministry Weekly Report, 18 Dec 1944, 7. 各种原因造成的工时损失如下：空袭 2.5%，疾病 5.7%，缺席 3.0%，缺勤 1.3%，工作场所的问题 3.5%。
212. BA-B, R3102/10031, Statistical Office, 'Vermerk über die Auswirkung der feindlichen Luftangriffe auf die Arbeiterstundenleistung der Industrie', 27 Jan 1945, 2.
213. IWM, Box S126, BBSU, 'MS notes on Ford Cologne'.
214. TNA, AIR 10/3873, BBSU, 'German Experience in the Underground Transfer of War Industries', App 1, 'Survey of Natural Underground Facilities in Greater Germany', 1 July 1943; BA-B, R3101/31170, Mining Office, Bavaria to Mines Department, Economics Ministry, 29 July 1943; Dortmund Mining Office to Mines Department, 7 Aug 1943. 对于地下计划的完美概述可以参照 Paul Clemence 2008 年撰写的博士论文 'German Underground Factories of the Second World War: An Essential Folly' 的第 2 和第 3 章，这是埃克塞特大学尚未公开发表的博士论文。
215. TNA, AIR 10/3873, BBSU, 'German Experience', 5.
216. CIOS Report XXX-80, 'Bavarian Motor Works: A Production Survey' (1946), 44–5, 50–51; Hans Mommsen, Manfried Grieger, *Das Volkswagenwerk und seine Arbeiter im Dritten Reich* (Düsseldorf: 1997), 844–5, 879, 1,027; Rauh-Kühne, 'Hitlers Hehler?', 44–5.
217. TNA, AIR 10/3873, BBSU, 'German Experience', 10, 14–15.
218. BA-B, R3101/11921, Economics Ministry weekly reports, 12 Feb 1944, 1; 11 Mar 1944, 1; 28 July 1944, 1; 23 Sept 1944, 1.

219. IWM, Box S368, FIAT Report 67, 'Causes in the Decline of German Industrial Production', 13 Dec 1945, 5, interrogation of Wilhelm Schaaf, 13, Saur interrogation.
220. Ibid., Box S368, Report 52, Interrogation of S. Stieler von Heydekampf, 6 Oct 1945, 10.
221. LC, Spaatz papers, Box 203, J. K. Galbraith, 'Preliminary Appraisal of Achievement of Strategic Bombing of Germany', 2.
222. BA-B, R3102/10031, Statistical Office, 'Statistik der Luftkriegsschäden-betroffene Industriebetriebe: November 1944'; Statistical Office, 'Die Tätigkeit der feindlichen Luftwaffe über den Reichsgebiete im September 1944'.
223. IWM, Box S368, FIAT Report 67, interrogation of Karl-Otto Saur, 12.
224. IWM, EDS MI 14/133, OKH, General-Quartermaster Planning Office, 'Sturm-Programm', 9 Jan 1945, 1–6.
225. IWM, Box S369, SHAEF-G2, interrogation of Albert Speer, 7 June 1945, 3; Box S368, FIAT Report 83, 5 Apr 1946, App 1, 'Speer's Outside Organization'; on the autarkic zones, BA-B, R12 I/9, Reichsgruppe Industrie to all Economic Groups, 5 Mar 1945, 'Verkehrsnot: Bildung eines Verkehrsstabes'; RI to Economic Groups, 8 Mar 1945, 'Einsatz von Rüstungsbevoll-mächtigten'.
226. Rumpf, *The Bombing of Germany*, 130–31.
227. BA-B, R1501/949, Himmler to all Reich authorities, 21 Feb 1944.
228. Irmtraud Permooser, *Der Luftkrieg über München, 1942–1945: Bomben auf die Hauptstadt der Bewegung* (Oberhachung: 1996), 359; Busch, *Der Luftkrieg im Raum Mainz*, 367.
229. Süssmilch, *Im Bunker*, 55.
230. Linhardt, *Feuerwehr im Luftschutz*, 172–4; Brinkhus, 'Ziviler Luftschutz', 38–9. On the 'Air Protection Regiments' (*Luftschutz-Regimenten*) see e.g. RL13/4, Einsatz LS-Regiment 7, Luftgau VII, 26 Feb–25 Mar 1945.
231. BA-MA, RL 41/7, RLB, Hesse-Rheinland, Rundschreiben, 9 June 1944.
232. BA-B, R1501/1513, Interior Ministry to RVK, Gauleiter, Reichsstatthalter, 6 Jan 1944, encl. 'Erlass des Führers über die Errichtung einer Reichsinspektion der zivilen Luftkriegsmassnahmen', 21 Dec 1943.
233. BA-B, R1501/949, Himmler to all RVK, 10 Sept 1944, 'Vorbereitungen für die Verteidigung des Reiches'. On Goebbels' new office, Süss, 'Steuerung durch Information', 202–4; Reuth, *Goebbels*, 324–7.
234. BA-B, R1501/1513, Gauleitung Sudetenland to NSDAP-Leitung, 3 Feb 1944; Report from Reich Defence Commissar Hannover-Ost, Aug 1944.
235. BA-B, R3101/31135, Polizeiliche Anordnung über die Luftschutzdienstpflicht im Selbstschutz, 27 Aug 1943.
236. BA-B, R1501/949, Propaganda Ministry (Berndt) to the Inter-Ministerial Committee, 29 Jan 1944, encl. memorandum from Goebbels, 2.
237. Süssmilch, *Im Bunker*, 54–5.
238. BA-MA, RL 41/7, RLB, Hesse-Rheinland, Rundschreiben, 6 May 1944.
239. BA-B, R1501/906, Speer to all OT-Einsatzgruppenleiter and RVK Baubeauftragten, 28 Sept 1944, 2.
240. BA-B, R3101/11922, Reichsgruppe Handwerk memorandum, 9 June 1943;

Reichsgruppe Handwerk to Transport Ministry, 23 Aug 1943; Reichsgruppe Handwerk to Economics Ministry, 22 May 1944; Finance Ministry to Economics Ministry, 15 July 1944.

241. BA-B, R3102/10031, Otto Ohlendorf (Economics Ministry) to Reich Statistical Office, 9 Mar 1944.
242. Ibid., Economics Ministry note, 'Fliegerschäden in Monat Oktober 1944'; 'Fliegerschäden Januar/Dezember 1943'.
243. Ibid., Air Ministry, LS-Arbeitsstab, 'Übersicht über Luftangriffe und Bombenabwürfe im Heimatkriegsgebiet', Nov 1944.
244. BA-B, R1501/3723, Interior Ministry to all Reich authorities, 24 June 1944.
245. Ibid., Interior Ministry (Murray), 'Für die Trinkwasserversorgung bereitgestellte Tankfahrzeuge', June 1944; Generalinspektor für Wasser- und Energie, memorandum for Wirtschaftsgruppe Wasser, 'Luftschutz an Wasserversorgungsanlagen', 7 Aug 1944.
246. Ibid., Eastern German Brewing Association to Interior Ministry, 13 Sept 1943; 'Brunnenvorhaben in Gross-Berlin', 30 June 1944; Interior Ministry memorandum, 30 June 1944.
247. BA-B, R13/XVII/21, Wirtschaftsgruppe Gas- und Wasserversorgung, Angriff auf Leipzig, 6 Dec 1943; Luftangriffsmeldung, 4 Sept 1943; on gas capacity see 'Durchschnittliche Tagesleistung der 950 Erzeugerwerke von Stadtgas, Julibis November 1943'，这篇文章显示每天储备煤气量大约是每天煤气损失量的两倍。
248. Ibid., R13/XVII/49, 'Fliegergeschädigte Werke, Stand 1.6.1944'; Generalinspektor für Wasser und Energie to Wirtschaftsgruppe, 22 Nov 1944; Generalinspektor to Niederrheinische Licht- und Kraftwerke AG, 1 Nov 1944, approving the permanent closure of the Mönchen-Gladbach gasholder.
249. Anon., *A Woman in Berlin* (London: 2005), 19.
250. BA-B, R3102/10031, list of damaged cultural and artistic treasures, 15 May 1944; Stadtsynodalverband, Berlin, 'Fliegerschäden an kirchlichen Gebäude 28 April bis 1 Juni 1944'.
251. Permooser, *Der Luftkrieg* über *München*, 372–5.
252. Busch, *Der Luftkrieg* im Raum Mainz, 361.
253. BA-B, R1501/949, Goebbels memorandum, 28 Jan 1944, 3.
254. Ibid., Himmler to all Reich authorities, 21 Feb 1944.
255. BA-B, R3102/10044, NSDAP, Reichsleitung, Hauptamt für Volkswohlfahft, Stand der Umquartierung, 11 Jan 1945. See too Groehler, *Bombenkrieg gegen Deutschland, 281–2; Zelinski, Kosinski, Emergency Evacuation of Cities*, 167–8, 171–3; Klee, *Im 'Luftschutzkeller des Reiches'*, 150–51, 172–3.
256. Iklé, *Social Impact of Bomb Destruction*, 66–7.
257. Boberach (ed), *Meldungen aus dem Reich*, vol 14, 5,645, 19 Aug 1943.
258. Groehler, *Bombenkrieg gegen Deutschland*, 447.
259. BA-B, R3102/10031, Economics Ministry, 'Fliegerschäden in Monat August 1944'; 'Fliegerschäden in Monat Oktober 1944'; Reich Statistical Office, 'Die Tätigkeit der feindlichen Luftwaffe über dem Reichsgebiet, Oktober 1944', 10 Jan 1945, 9.

260. TNA, AIR 48/29, USSBS, Civilian Defense Division: Final Report, 3 (using LS-Arbeitsstab figures for Greater Germany). These figures can also be found in BA-B, R3102/1003, Arbeitsstab, monthly reports.
261. BA-B, NS18/1063, Partei Kanzlei, Abt. PG, 'Angaben über die Verluste nach Fliegerangriffen', 2 Oct 1942; *Groehler, Bombenkrieg gegen Deutschland*, 316–20.
262. Hans Sperling, 'Deutsche Bevölkerungsbilanz des 2.Weltkrieges', *Wirtschaft und Statistik*, 8 (1956), 498–9.
263. Groehler, *Bombenkrieg gegen Deutschland*, 320; Blank, 'Kriegsalltag und Luftkrieg', 459–60.
264. Calculated from Martin Middlebrook and Chris Everitt, *The Bomber Command War Diaries* (Leicester: 2000), 657–701.
265. Anon., *Woman in Berlin*, 22–3.
266. Boberach (ed), *Meldungen aus dem Reich*, vol 16, 6,466, 6 Apr 1944.
267. Ibid., vol 17, 6,618, 29 June 1944; 6,646, 14 July 1944; 6,697–8, 8 Aug 1944.
268. Ibid., vol 16, 6,298, 3 Feb 1944; 6,414, Mar 1944; vol 17, 6,509–10, 4 May 1944; 6,565, 1 June 1944; Neil Gregor, 'A *Schicksalsgemeinschaft*? Allied Bombing, Civilian Morale, and Social Dissolution in Nuremberg, 1942–1945', *The Historical Journal*, 43 (2000), 1,051–70.
269. USSBS, Report 64b, 'Effects of Bombing on German Morale', 19–20.
270. Ibid., 16. The percentages were: military reverses, 48%; Allied superiority, 24%; air raids, 15%; war shortages, 2%; miscellaneous, 11%.
271. Dietmar Süss, 'Nationalsozialistische Deutungen des Luftkrieges', in idem, *Deutschland im Luftkrieg*, 104–8. On living standards see Gernot Wiese, 'Die Versorgungslage in Deutschland', in Michael Salewski, Guntram Schulze-Wegener (eds), *Kriegsjahr 1944: Im Grossen und im Kleinen* (Stuttgart: 1995), 340–46.
272. Hans Schlange-Schoeningen, *The Morning After* (London: 1948), 229, entry for 1 Jan 1945.
273. Boberach (ed), *Meldungen aus dem Reich,* vol 16, 6,302–4, 7 Feb 1944, 'Gefühlsmässige Einstellung der Bevölkerung gegenüber den Feinden'.
274. Barbara Grimm, 'Lynchmorde an allierten Fliegern im Zweiten Weltkrieg', in Süss (ed), *Deutschland im Luftkrieg*, 75–6; Neville Wylie, 'Muted Applause? British Prisoners of War as Observers and Victims of the Allied Bombing Campaign over Germany', in Baldoli, Knapp, Overy (eds), *Bombing, States and Peoples*, 266–7; Blank, 'Kriegsalltag und Luftkrieg', 449–50.
275. Boberach (ed), *Meldungen aus dem Reich*, vol 17, 6,566, 1 June 1944; Hugh Trevor-Roper (ed), *Hitler's Table Talk, 1941–1944* (London: 1973), 696, entry for 6 Sept 1942; Grimm, 'Lynchmorde', 79–80.
276. Nossack, The End, 34; criticism of Goebbels in Boberach (ed), *Meldungen aus dem Reich*, vol 17, 6,566.
277. Marlene Hiller, 'Stuttgarter erzählen vom Luftkrieg', in idem (ed), *Stuttgart im Zweiten Weltkrieg* (Gerlingen: 1989), 425.
278. Süssmilch, *Im Bunker*, 10, 14–15.
279. BA-MA, RL 13/2, Luftschutz-Regiment 3 to Luftgaukommando III,

Einsatzbericht, 9 Aug 1944.

280. BA-MA, RL 13/4, LS-Regiment 7, Luftgau VII, Erfahrungsbericht 26 Feb–25 Mar 1945; LS-Regiment, Abteilung 22 to LS-Regimentstab, 25 Feb 1945, 'Einsatzbericht: Nürnberg von 20 bis 23 Februar 1945'.
281. Matthias Gretzschel, *Als Dresden im Feuersturm versank* (Hamburg: 2004), 148–9; Victor Klemperer, *To the Bitter End: The Diaries of Victor Klemperer 1942–1945* (London: 1999), 387. The fullest account of the raid is Frederick Taylor, *Dresden: Tuesday 13 February 1945* (London: 2004).
282. Klemperer, *To the Bitter End*, 393, entry for 22–24 Feb 1945.
283. Erich Hampe, *... als alles in Scherben fiel* (Osnabrück: 1979), 119–21.
284. Oliver Reinhard, Matthias Neutzner, Wolfgang Hesse, *Das rote Leuchten: Dresden und der Bombenkrieg* (Dresden: 2005), 101–2.
285. Gretzschel, *Als Dresden im Feuersturm versank*, 149; idem, 'Dresden im Dritten Reich', in *Hamburg und Dresden im Dritten Reich*, 97–8.
286. Klemperer, *To the Bitter End*, 398, entry for 19 Feb 1945; Matthias Neutzner, ' "Wozu leben wir nun noch? Um zu warten, bis die Russen kommen?" Die Dresdner Bevölkerung vom 13/14 Februar bis zum 17 April 1945', in *Hamburg und Dresden im Dritten Reich*, 100.
287. Schlange-Schoeningen, *The Morning After*, 232–3.
288. Süssmilch, *Im Bunker*, 21–2.
289. Anon., *Woman in Berlin*, 48.
290. Irmgard Hunt, *On Hitler's Mountain: My Nazi Childhood* (London: 2005), 220, 222–3, 225.
291. Süssmilch, *Im Bunker*, 221–2.

第八章　意大利：轰炸和言语的战争

1. British Committee on the Preservation and Restitution of Works of Art, *Works of Art in Italy: Losses and Survival in the War: Part I – South of Bologna* (London: 1945); *Part II – North of Bologna* (London: 1946).
2. IWM, London, Italian Series (Air Force), Box 22, E2566, Italian Air Staff study, 'Contributo italiano allo sforzo bellico: Attività della RA dall' 8 settembre 1943 all' 8 maggio 1945', 15–16.
3. Gregory Alegi, 'Qualità del materiale bellico e dottrina d'impiego italiana nella seconda guerra mondiale: il caso della Regia Aeronautica', *Storia contemporanea*, 18 (1987), 1,213.
4. Eric Lehman, *Le ali del potere: La propaganda aeronautica nell'Italia fascista* (Turin: 2010), 78–81, 88–90.
5. IWM, London, Italian Series (Air Force), Box 23/E3003, Ministero dell'Aeronautica, 'Raccolta straci dei voli della Eccel. Il Capo del Governo, Benito Mussolini' (n.d. but late 1942). He undertook 38 flights in 1939, 29 in 1940, 15 in 1941 and 35 in the first nine months of 1942.
6. Valentino Pivetti, 'La potenza dell'arma aerea e la guerra di rapido corso', *Rivista Aeronautica*, 15 (Mar 1939), 491–2.

7. Lucio Ceva, *Spagna 1936–1939: Politica e guerra civile* (Milan: 2010), 333–4.
8. Francesco Pricolo, 'L'aviazione italiana nell'anno XVIII', *Rivista Aeronautica*, 16 (Feb 1940), 186.
9. Vincenzo Lioy, 'Bilancio di guerra aerea', *Rivista Aeronautica*, 16 (Apr 1940), 1–2; Bruno Montanari, 'I inseguamenti della guerra' *Rivista Aeronautica*, 17 (Feb 1941), 251–3. On the idea of moral collapse, Anacheto Bronzuoli, 'Guerre passate e guerra futura', *Rivista Aeronautica*, 15 (Dec 1939), 399–400.
10. Ferruccio Botti, 'Amedeo Mecozzi', in *Actes du colloque international 'Précurseurs et prophètes de l'aviation militaire'* (Paris: 1992), 133–6, 139–40.
11. Piero Incerpi, 'Attacco al suolo nell'azione a "catena" ', *Rivista Aeronautica*, 15 (Feb 1939), 263, 269; Pricolo, 'L'aviazione italiana', 187.
12. Ibid., 185.
13. Ceva, Spagna 1936–1939, 314–15, 318–19, 330; Joseph Maiolo, *Cry Havoc: How the Arms Race Drove the World to War, 1931–1941* (New York: 2006), 218–19.
14. Giorgio Rochat, *Guerre italiane in Libia e in Etiopia: studi militari 1921–1939* (Paese: 1991), 123, 128, 132–5.
15. Ceva, *Spagna 1936–1939*, 315, 330, 336–40.
16. Ibid., 316, 333–4, 336. 死亡人数来自于西班牙共和国国防部的同期记录。
17. Pivetti, 'La potenza dell'arma aerea: Parte 2', *Rivista Aeronautica*, 15 (Apr 1939), 36.
18. IWM, Italian Series, Box 25, Superaereo, Ufficio statistica operative, 'Relazione statistica sull'attività operativa dell'aeronautica dall'inizio delle ostilità al 30 settembre 1942', 3, figure for 1 June 1940; the figure of 1,332 is given for 10 June 1940 in G. Bignozzi, B. Catalanotto, *Storia degli Aerei d'Italia* (Rome: 1962), 121. Total air strength on paper was 3,214.
19. Lucio Ceva, Andrea Curami, 'Luftstreitkräfte und Luftfahrtindustrie in Italien, 1936–1943', in Horst Boog (ed), *Luftkriegführung im Zweiten Weltkrieg* (Bonn: 1993), 115–16.
20. See MacGregor Knox, *Hitler's Italian Allies: Royal Armed Forces, Fascist Regime and the War of 1940–1943* (Cambridge: 2000), 62, 64, 141, 164; Ceva, Curami, 'Luftstreitkräfte', 115. On radar see Luigi Castioni, 'I radar industriali italiani. Ricerche, ricordi, considerazioni per una loro storia', *Storia contemporanea*, 18 (1987), 1,223–4, 1,249.
21. Alegi, 'Qualità del materiale bellico', 1,200–201; Ceva, Curami, 'Luftstreitkräfte', 116–18; Knox, *Hitler's Italian Allies*, 64; Maiolo, Cry Havoc, 219.
22. Vera Zamagni, 'Italy: How to Lose the War and Win the Peace', in Mark Harrison (ed), *The Economics of World War II* (Cambridge: 1998), 182–5, 196; Alessandro Massignani, 'L'industria bellica italiana e la Germania nella seconda guerra mondiale', *Italia Contemporanea*, 190 (1993), 192–95.
23. Andrea Natalini, *I rapporti tra aeronautica italiana e tedesca durante la seconda guerra mondiale* (Cosenza: 2004), 21–5.
24. Ibid., 27–31.
25. IWM, Italian Series, Box 25, 'Relazione statistica sull'attività operativa', 12;

Box 14, E2547, Corpo Aereo Italiano, report on operations October 1940. 也对科尔切斯特（Colchester）和奥福德角（Orford Ness）发动了小规模空袭。

26. Peter Haining, *The Chianti Raiders: The Extraordinary Story of the Italian Air Force in the Battle of Britain* (London: 2005), 114.
27. Natalini, *I rapporti tra aeronautica italiana e tedesca*, 42.
28. Claudia Baldoli, Andrew Knapp, *Forgotten Blitzes: France and Italy under Allied Air Attack, 1940–1945* (London: 2012), 123; Amedeo Mecozzi, 'L'ala fascista domina la guerra', *Rivista Aeronautica*, 16 (Dec 1940), 497–507.
29. IWM, Italian Series, Box 14, E2545, Ministero dell'Aeronautica, Servizio Informazioni Aeronautiche, circulars on the experience of war gathered by German aviation, 5 Nov 1940; 'Esperienze di guerra e notizie varie sulla Gran Bretagna', 31 Mar 1941.
30. IWM, Italian Series, Box 14, E2547, Col Luigi Overta (Corpo Aereo Italiano), 'Cenni sull'impiego del bombardamento dell'aeronautica del Reich', 29 Mar 1941.
31. Andrea Zotti, 'La teoretica e l'esperienza', *Rivista Aeronautica*, 17 (May 1941), 214–16, 220.
32. IWM, Italian Series, Box 11, E2541, Stato maggiore dell'aeronautica, 'Ore di volo belliche, 10 giugno 1940 al 30 giugno 1941'.
33. *The Jerusalem Post*, 25 Sept 2012, 'How Italy Bombed Tel Aviv in World War II'.
34. Calculated from the statistics in IWM, Box 25, 'Relazione statistica sull'attività operativa', 13, 16.
35. Ibid., 54, 56a, 56b; Knox, *Hitler's Italian Allies*, 163.
36. Alegi, 'Qualità del materiale bellico', 1,201–2, 1,209, 1,213. On training units see IWM, Italian Series, Box 19, E2560, Stato maggiore dell'aeronautica, 'Costituzione dei "Gruppi Complementari" presso i reparti', 12 Aug 1941.
37. IWM, Italian Series, Box 19, E2560, report from Commander 30th Stormo to Commander of Air Forces in Sicily (n.d. but Aug 1941), 1–2.
38. 'Appunti per il potenziamento dell'arma aerea', *Rivista Aeronautica*, 17 (Aug 1941), 301. On the lead role of the group commander see 'La posizione del comandante nella formazione bombardiera', *Rivista Aeronautica*, 16 (June 1940), 411.
39. NAM, Box 24/4, Air Raid Report Book, 1942–4. 最后一次空袭发生于 1944 年 8 月 16 日。
40. Claudia Baldoli, 'The "Northern Dominator" and the Mare Nostrum: Fascist Italy's "Cultural War" in Malta', *Modern Italy*, 13 (2008), 8–14.
41. NAM, Box 1/1, minutes of meeting of ARP Committee, 14 Dec 1934; Note, 'Passive Defence of Malta', 11 Jan 1935; Note by the Lt. Gov., 27 Mar 1935, 'Programme for Development of Passive Defence Measures, Malta'.
42. NAM, Box 1/1, minute, C. H. Sampson, ARP officer, Sept 1939. On decontamination, 'Estimate of Personnel Requiring Instruction in Anti-Gas School'.
43. Michael Budden, 'Defending the Indefensible? The Air Defence of Malta, 1936–1940', *War in History*, 6 (1999), 462–3.

44. IWM, Italian Series, Box 22, E2567, Stato maggiore della R. Aeronautica, 'La situazione della base di Malta da giugno 1940 all'ottobre 1942', 31 Oct 1942, 1–2.
45. Ibid., 2–3; Box 11, E2541, 'Azioni offensive su Malta dall' 11-6-40 al 19-4-41'.
46. Ibid., 'Velivoli perduti in Azioni su Malta dall'11-6-40 al 19-4-41'; NAM, Box 23/1, HQ ARP Malta, 'List of Raids and Raiders 1940–1942'; TNA, AIR 23/5707, Report from HQ RAF Malta to Air Ministry, 23 July 1940.
47. Budden, 'Defending the Indefensible?', 460–64; Douglas Austin, *Malta and British Strategic Policy, 1925–1943* (London: 2004), 82–4, 91–6; Robert Mallett, *The Italian Navy and Fascist Expansionism, 1935–1940* (London: 1998), 193–5. 意大利情报机构严重高估了马耳他的防御力量，认为马耳他在 1940 年 6 月时至少有 105 架飞机，而事实上几乎两年以后马耳他才拥有这个数量的飞机。
48. TNA, AIR 2/7397, Air Ministry to C-in-C, Bomber Command, 28 Oct and 29 Oct 1940; HQ RAF Malta to Air Ministry, 4 Nov 1940; Air Ministry, Plans to DCAS, 3 Nov 1940.
49. TNA, AIR 23/7375, Air Ministry propaganda department to RAF commander, Malta, 4 Dec 1940.
50. Ibid., Air Ministry to RAF commander, Malta, 18 Jan 1941.
51. TNA, AIR 2/7397, HQ RAF Malta to Air Ministry, 9 Nov 1940; Portal to deputy chief of staff (Harris), 10 Nov 1940.
52. NAM, Box 16/1, Note on Evacuation; Census of Population, Northern Region, 20 Aug 1942; Regional Protection Office, Western Region, Census, 19 Aug 1942; Local Government Office, 'Evacuation Scheme'.
53. Frederick Galea, *Women of Malta: True Wartime Stories of Christina Ratcliffe and Tamara Marks* (Rabat: 2006), 30–35; NAM, Box 16/1, 'Evacuation of Marsaskala: General Instructions', 19 July 1940.
54. TNA, HO 192/59, REDept to the War Office, 19 Oct 1942; R & E Report, 'Effects of Bombs on Tunnel Shelters', 21 Aug 1942.
55. Galea, *Women of Malta*, 45–6, testimony of Christina Ratcliffe.
56. IWM, Italian Series, Box 25, 'Relazione statistica sull'attività operativa', 7. 日间轰炸时间为 30 825 小时，夜间轰炸时间为 9659 小时。On shelter policy see Austin, Malta and British Strategic Policy, 87–8.
57. NAM, Box 14/14, List of Regional Protection Officers, Deputy Regional Protection Officers in Malta and Gozo; Box 21/6, transcript, 'Broadcast by His Excellency the Officer Administering the Government', 27 June 1940, 3–4.
58. NAM, Box 21/6, memorandum from Lt. Gov.'s office, 18 June 1940; Box 21/7, ARP Department, Malta, 'Curfew', 2 July 1940; ARP Officer, Malta to Adjutant of police 'specials', 27 Nov 1940; ARP officer to police superintendent, Msida centre, 12 Nov 1940.
59. NAM, Box 21/6, Information Office, Valletta, to all secretaries of clubs, schoolmasters and schoolmistresses, 14 June 1940; 'Broadcast by His Excellency', 27 June 1940, 3.
60. Galea, *Women of Malta*, 53, 59–60, testimony of Tamara Marks.
61. See reports Sept–Oct 1941 in IWM, Italian Series, Box 10, E2532, operational

reports, 29 Gruppo (Bombardamento), 30 Sept, 15 Oct, 17 Oct, 18 Oct, 30 Oct 1941.

62. James Holland, *Fortress Malta: An Island under Siege 1940–1943* (London: 2003), 87–91.
63. Galea, Women of Malta, 86, testimony of Tamara Marks.
64. Giorgio Rochat, *Le guerre italiane 1935–1943: Dall'impero d'Etiopia alla disfatta* (Turin: 2005), 333ff.
65. Natalini, *I rapporti tra aeronautica italiana e tedesca*, 61–2.
66. Bernd Stegemann, 'The Italo-German Conduct of the War in the Mediterranean and North Africa', in Gerhard Schreiber, Bernd Stegemann, Detlef Vogel, *Germany and the Second World War: Vol. III: The Mediterranean, South-East Europe, and North Africa 1939–1941* (Oxford: 1995), 654.
67. IWM, Italian Series, Box 14, E2545, X Corps, Ufficio di collegamento per la R. Aeronautica, 'Dislocazione reparti di volo del corpo aereo tedesco', 15 Apr 1941; Air Ministry, *The Rise and Fall of the German Air Force, 1933–1945* (London: 1983), 126–7.
68. Rochat, *Le guerre italiene*, 345; IWM, Italian Series, Box 11, E2541, 'Azioni offensive su Malta dall' 11-6-40 al 19-4-41'.
69. *Fuehrer Conferences on Naval Affairs 1939–1945* (London: 1990), 185, 'Report by the C-in-C Navy to the Fuehrer, March 18 1941'.
70. IWM, Italian Series, Box 22, E2567, 'La situazione della base aero-navale di Malta dall'inizio delle operazioni ad oggi', 31 Oct 1942, 4.
71. For an excellent account of the naval war off Malta see Austin, *Malta and British Strategic Policy*, 127–35. See too Mariano Gabriele, 'L'offensiva su Malta (1941)', in R. Rainero, A. Biagini (eds), *Italia in guerra: il secondo anno, 1941* (Rome: 1992), 444–5.
72. *Fuehrer Conferences on Naval Affairs*, 240, 'Report by the C-in-C Navy to the Fuehrer at Wolfschanze, 13 November 1941'.
73. Natalini, *I rapporti tra aeronautica italiana e tedesca*, 80–83, 86–7; Air Ministry, *Rise and Fall of the German Air Force*, 131–3.
74. IWM, Italian Series, Box 23, E3003, Fliegerführer Sizilien: Einsatzbefehle, 17 and 18 Dec 1941, 1 Jan 1942; HQ II Fliegerkorps, 'Befehl zur Bekämpfung von Blockadebrechern für Malta', 13 Jan 1942.
75. Natalini, *I rapporti tra aeronautica italiana e tedesca*, 89.
76. Hugh Lloyd, *Briefed to Attack: Malta's Part in the African Victory* (London: 1949), 131–4.
77. TNA, AIR 23/5721, HQ RAF Malta, 'Attacks on Malta February–October 1942'. The raids on 5 April involved 208 aircraft, those on 7 April involved 228. See too Budden, 'Defending the Indefensible?', 464–5; Ashley Jackson, *The British Empire and the Second World War* (London: 2000), 132.
78. TNA, AIR 23/5721, HQ RAF Malta, 'Casualties in Combat off Malta', Oct 1942. 包括了从 1942 年 2 月至 10 月的统计数据。
79. Renzo De Felice (ed), *Galeazzo Ciano: Diario 1937–1943* (Milan: 1990), 621, entry for 26 May 1942.
80. Mariano Gabriele, 'L'operazione "C.3" (1942)', in R. Rainero, A. Biagini (eds),

Italia in guerra: Il terzo anno, 1942 (Rome: 1993), 409ff.

81. IWM, Italian Series, Box 22, E2568, Ministero dell'Aeronautica, 'Esigenza "C.3" per l'occupazione dell'isola di Malta', 3–4, 12.
82. Ciano, *Diario*, 614–15, entry for 29–30 Apr; *Fuehrer Conferences on Naval Affairs*, 277–8, telegram from Rome to OKW, 12 Apr 1942, and letter from Lt. Comm. Wolf Junge, 1 May 1942.
83. Ibid., 285, Report on a Conference between the C-in-C Navy and the Fuehrer, 15 June 1942.
84. IWM, Italian Series, Box 22, E2568, 'Esigenza "C.3" per l'occupazione', 25–7; see too Ciano, *Diario*, 619, entry for 12 May 1942 on the tides, and 619–20, entry for 13 May on Italian perception of Maltese defences.
85. TNA, AIR 23/5681, HQ RAF Malta, 'Note on Fighter Strength', 7 Oct 1942.
86. Air Ministry, *Rise and Fall of the German Air Force*, 135–7; Knox, *Hitler's Italian Allies*, 99–100.
87. IWM, Italian Series, Box 22, E2568, 'Esigenza "C.3" per l'occupazione', 7–8; Budden, 'Defending the Indefensible?', 465–6; Austin, *Malta and British Strategic Policy*, 186–8. RAF losses in Tony Spooner, Supreme Gallantry: *Malta's Role in the Allied Victory, 1939–1945* (London: 1996), 7–8.
88. Elke Fröhlich (ed), *Die Tagebücher von Joseph Goebbels Sämltiche Fragmente*, 4 vols (Munich: 1987), vol 2, pt 4, 58.
89. NAM, Air Raid Report Book, 1942–4. 人员受伤原因见 1942 年 7 月 6 日的记录（用锤子敲击子弹），1942 年 7 月 9 日（玩弄火箭），1942 年 7 月 13 日（玩弄燃烧弹），1942 年 7 月 28 日（儿童因玩弄反人员炸弹时受伤）。On the prohibitions, Box 14/2, ARP, HQ minute, 19 June 1943.
90. NAM, Box 14/14, memorandum, Supervisor of Shelter Construction, Nov 1942; Select Committee for Shelters to the President of the Council of Government, 3 Feb 1942, report on shelter provision, 3.
91. NAM, Box 25/6, Regional Protection Officer, Western Region, 'Emergency Feeding Plan', July 1943, 1–2; Lt. Gov.'s office to all RPOs, 13 Apr 1943.
92. NAM, Box 29/2, 'Report from Select Committee on Shelters to the President of Council of Government', 3 Feb 1942; Notes on Shelter Report, 'following approved' (n.d.).
93. NAM, ARP, Box 19/3, 'Report on the Food Situation in Malta', for the Lt. Gov., 22 June 1942, 2–4; on rabbits, ARP, Box 21/6, memorandum for the Lt. Gov., 18 June 1940. See too Austin, *Malta and British Strategic Policy*, 88–9.
94. Galea, *Women of Malta*, 115–16.
95. NAM, ARP, Box 19/3/A, Report on the Food Situation, 22 June 1942, 1, 4.
96. NAM, ARP, Box 19/3/B, minutes of second meeting of the Food and Distribution Board, 13 July 1942; Food Control Committee Report, 6 June 1942; Box 19/3/A, Report on the Food Situation, App 2, 'Stock Table June 1 1942', App 5, 'Civilian Ration Scales'.
97. TNA, AIR 23/5715, minutes of coordinating committee of the Malta Defence Committee, 28 Sept 1942; minutes of Malta Defence Committee, 18 Nov 1942.
98. Galea, *Women of Malta*, 43–4, 87.
99. Austin, *Malta and British Strategic Policy*, 89.

100. Laddie Lucas, *Malta: The Thorn in Rommel's Side* (London: 1993), 32.
101. Spooner, *Supreme Gallantry*, 11.
102. Ibid., 65–6.
103. NAM, ARP, Box 19/3/A, Report on the Food Situation, 22 June 1942, 5.
104. IWM, Italian Series, Box 22, E2567, 'La situazione della base aero-navale di Malta', 31 Oct 1942, 9.
105. TNA, AIR 23/5683, circular to Governor of Malta, 'Scorched Earth', 29 Jan 1942; 'Memorandum of the Application by the Army of the Scorched Earth Policy', Troop Commander, Malta, 15 Apr 1942; Malta Defence Committee, 'Scorched Earth Policy', June 1942, 1–2.
106. NAM, ARP, Box 25/6, Lt. Gov.'s office, 'Civil Organisation in the Event of an Enemy Landing or Attempted Landing', 7 May 1943, 2–4.
107. TNA, AIR 23/5715, Defence Committee, Malta, minutes of meeting, 27 Feb 1943; NAM, ARP, Box 14/2, ARP Department to all Superintendents, 6 Nov 1943.
108. TNA, AIR 2/7197, HQ British Air Force in France to the Air Ministry, 26 Apr 1940. See too Baldoli, Knapp, *Forgotten Blitzes*, 19–20.
109. TNA, AIR 75/8, Slessor papers, 'Operation Haddock: Plan for Attack of Italian War Industry', 2 June 1940.
110. TNA, AIR 35/325, Report for the Air Ministry, 'Haddock Force – Historical Diary', 20 June 1940, 2–9; Denis Richards, *Royal Air Force 1939–1945: Vol 1: The Fight at Odds* (London: 1974), 145–7.
111. Stephen Harvey, 'The Italian War Effort and the Strategic Bombing of Italy', *History*, 70 (1985), 38.
112. TNA, AIR 20/283, Air Ministry, Notes on bomb attacks, 20 Aug 1940.
113. CCO, Portal papers, Folder 9, Walter Monckton (MoI) to Portal, 8 Nov 1940.
114. TNA, AIR 23/7375, Air Intelligence, HQ RAF, Malta, to Malta Information Office, 28 Nov 1940.
115. TNA, AIR 23/7375, Air Ministry to C-in-C, Malta, 18 Jan 1941; HQ RAF Mediterranean to Luqa airbase, 13 Feb 1941; War Office, Deputy Director Military Intelligence to C-in-C, Malta, 21 Apr 1941.
116. TNA, AIR 2/7397, Air Ministry to HQ Middle East, 5 Sept 1941.
117. TNA, AIR 23/5752, Wellington Operations from Malta; Marco Gioannini, Giulio Massobrio, *Bombardate l'Italia. Storia della guerra di distruzione aerea 1940–1945* (Milan: 2007), online appendix.
118. TNA, AIR 2/7397, HQ RAF Med to Bomber Command HQ, 1 Nov 1940; HQ Malta to HQ Middle East, 14 Nov 1940; HQ Malta to HQ Middle East, 23 Nov 1940.
119. TNA, AIR 8/436, Cadogan (FO) to Portal, 21 Oct 1941; Portal to Cadogan, 26 Oct 1941.
120. TNA, AIR 2/7397, Cadogan to Freeman (DCAS), 8 Jan 1942; Freeman to Cadogan, 9 Jan 1942.
121. TNA, AIR 2/7397，报告中，1941 年 10 月和 11 月的 16 次空袭，有 6 次被认定为骚扰空袭，因为这几次来袭的飞机均不超过 7 架。On British policy see Baldoli, Knapp, Forgotten Blitzes, 20–21, 25.

122. TNA, AIR 8/435, minute by Churchill for Portal and Sinclair, 3 Dec 1942.
123. TNA, AIR 19/215, Portal to Churchill, 29 Nov 1942; Portal to Churchill 1 Dec 1942.
124. UEA, Zuckerman Archive, SZ/OEMU/50, Ministry of Home Security, RE8, 'Note on Italian Construction and its Vulnerability to I.B. and H.E. Bombs', 30 Dec 1942; RE8, 'Note on Italian Domestic Architecture', 4 Nov 1943, 1. On the Milan raid, CCAC, BUFT 3/26, Memorandum BOps, 15 Nov 1942, 'Milan: Daylight Raid 24 October 1942'.
125. CCAC, BUFT 3/26, BOps to Director of Tactics, 31 May 1943.
126. Knox, *Hitler's Italian Allies*, 101.
127. IWM, Italian Series, Box 25, 'Relazione statistica sull'attività operativa', 8.
128. Paolo Formiconi, 'La protezione e la difesa contraerea del regime fascista: evoluzione istituzionale', in Nicola Labanca (ed), *I bombardamenti aerei sull'Italia* (Bologna: 2012), 123–5.
129. IWM, Italian Series, Box 1, E2476, Ufficio operazioni aeronautica, memorandum for the commanding general, 5 Mar 1943, 1–2.
130. IWM, Italian Series, Box 2, E2485, Relazioni critiche mensili dei reparti intercettori, Dec 1942, Jan and May 1943. On radios see Box 3, E2489, Superaereo to department of air armament, 'Riunione del 28 novembre 1942; tipo di onda per la caccia notturna', 1 Dec 1942.
131. IWM, Italian Series, Box 3, E2489, Liaison officer of XII Fliegerkorps, 'Protocollo della riunione, 9 June 1943'; Box 1, E2476, Comando Supremo to Superaereo, Superesercito, Supermarina, 13 Mar 1943 'Difesa contra-aerea'; Comando supremo, memorandum for Gen. Addetto, 10 Mar 1943.
132. IWM, Italian Series, Box 2, E2485, Relazioni critiche mensili dei reparti intercettori, Maggio 1943, 1–2.
133. IWM, Italian Series, Box 3, E2489, maps of 'Nuovo progetto di schieramento di caccia notturna', 9 June 1943, July 1943, 15 Aug 1943; Castioni, 'I radar industriali italiani', 1,250–51, 1,254.
134. IWM, Italian Series, Box 1/E2470, Anti-aircraft CoS to Gen. Presso, 20 Feb 1943; Gen. von Pohl to Italian Army Staff (Air Defence), 15 Mar 1943.
135. Natalini, *I rapporti tra aeronautica italiana e tedesca*, 157–61. Night-fighters in IWM, Italian Series, Box 3, E2489, Ministero dell'Aeronautica, 'Appunto per il Duce', May 1943, 4.
136. Natalini, *I rapporti tra aeronautica italiana e tedesca*, 162–4; IWM, Italian Series, Box 3, E2489, Ministero dell'Aeronautica, 'Appunto per il Duce', May 1943.
137. IWM, Italian Series, Box 10/E2528, Italian Embassy, Berlin to the Minister for Air, 25 July 1941; Italian Embassy to Minister for Air, 23 July 1941, encl. 'Collaborazione industriale aeronautica fra Italia e Germania'.
138. Nicola della Volpe, *Difesa del territorio e protezione antiaerea (1915–1943)* (Rome: 1986), 194–203, doc 17, 'Istruzione sulla protezione antiaerea'.
139. ACS, MdAe, Busta 82, Ministry of War to all ministries, 18 Feb 1939; *Volpe, Difesa del territorio*, 36. Active air defence was allocated 252 million lire in 1938–9 but civil defence only 20.8 million.

140. ACS, MdAe, Busta 82, Gen. Valle to Mussolini, 23 Apr 1939, encl. Air Staff memorandum, 18 Apr 1939.
141. Volpe, *Difesa del territorio*, 209–10, doc 18, Army Council meeting, 8 May 1939.
142. ACS, MdAe, Busta 82, Ministry of War to all prefects and regional military authorities, 10 June 1940.
143. Baldoli, Knapp, *Forgotten Blitzes*, 54; Volpe, *Difesa del territorio*, 46–8.
144. Baldoli, Knapp, *Forgotten Blitzes*, 71–3.
145. ACS, MdAe, Busta 82, War Ministry to all ministries and prefects, 29 May 1940; Interior Ministry to Air Ministry, 2 Oct 1940; Comando della 3 Zona Aerea to Air Ministry, 11 Nov 1940; note from secretary to the Duce to the Air Ministry, 16 Nov 1940.
146. TNA, AIR 20/5384, Genoa prefect to Interior Ministry, 18 June 1940.
147. ACS, MdAe, Busta 82, Commissariat for War Production to the War Ministry, 24 June 1940.
148. Franco Manaresi, 'La protezione antiaerea', in Cristina Bersani, Valeria Monaco (eds), *Delenda Bononia: immagini dei bombardamenti 1943–1945* (Bologna: 1995), 29–30.
149. Carlotta Coccoli, 'I "fortilizi inespugnabili della civiltà italiana" : La protezione antiaerea del patrimonio monumentale italiano durante la seconda guerra mondiale', *Scienza e Beni Culturali*, 26 (2010), 410–12.
150. Marta Nezzo, 'The Defence of Works of Art in Italy during the Second World War', in Baldoli, Knapp, Overy (eds), *Bombing, States and Peoples*, 104–6.
151. ACS, MdAe, Busta 56, Telecommunications inspectorate report for Air Ministry, 'Danni di guerra a stabilimenti ausiliari', 9 Feb 1943; Director General of Construction, Air Ministry, 15 Jan 1943; TNA, AIR 20/5387, Italian Ministry of Public Works, 'Damage Caused by Air Raids on Piemonte – October and November 1942'; report from Prefect in Genoa on air raids of 13–14 and 15–16 and 18 Nov 1942 (both translations from Italian originals).
152. ACS, MdAe, Busta 46, Ministry of War to all ministries, 15 Nov 1942; memorandum for the Comando Supremo, 19 Nov 1942, 1–2.
153. ACS, MdAe, Busta 46, Air Ministry memorandum for Mussolini, 10 Dec 1942, 'Dislocamento dell'industrie aeronautiche'; Air Ministry, 'Appunti per il Duce', 15 Dec 1942; Office of Air Ministry Inspectorate, minutes of meeting with Ministry of Corporations, 14 Dec 1942.
154. ACS, MdAe, Busta 56, memorandum, 'Ripresa produzione officine Alfa Romeo, Pomigliano', 14 June 1943.
155. Cited in Leonardo Paggi, *Il 'popolo dei morti': la repubblica italiana nata della guerra (1940–1946)* (Bologna: 2009), 108–9.
156. Iris Origo, War in Val d'Orcia: *An Italian War Diary 1943–1944* (London: 2003), 28–9, entry for 30 Jan 1943.
157. ACS, MdAe, Busta 55, Air Ministry minute, 18 July 1943; Busta 46, memorandum by Col. Galante, 30 Nov 1942.
158. ACS, Ministero dell'Interno, Busta 21, Police HQ Genoa to Ministry, 14 Nov 1942; Prefect of Turin to Ministry, 19 Dec 1942; sticker samples, 'Merda!'.

159. Elena Cortesi, 'Evacuation in Italy during the Second World War: Evolution and Management', in Baldoli, Knapp, Overy, *Bombing, States and Peoples*, 60–62.
160. Paggi, *Il 'popolo dei morti'*, 107, 110–11; Cortesi, 'Evacuation in Italy', 62–3.
161. Paggi, *Il 'popolo dei morti'*, 110–12; Manuela Lanari, Stefano Musso, 'Un dramma mal calcolato: sfollamento e istituzioni nella provincia di Torino', in Bruno Maida (ed), *Guerra e società nella provincia di Torino* (Turin: 2007), 14, 24–6, 28–9.
162. TNA, AIR 19/215, Sinclair to Churchill, 4 Dec 1942.
163. FDRL, Map Room Files, Box 72, OSS Bulletin, 7 Apr 1943; OSS Report, 19 Apr 1943 (from Bern).
164. TNA, FO 898/175, 'Report on Colonel Thornhill's Mission on Political Warfare in General Eisenhower's Command', 16 Nov 1943, App 10 and App 14.
165. ACS, Ministero dell'Interno, Busta 21, Office of Carabinieri, Genoa, to Ministry of Interior, 16 Nov 1942.
166. TNA, FO 898/175, Allied Force HQ, Algiers, PWB memorandum, 'Combat Propaganda – Leaflet Distribution', 15 June 1943.
167. Cesare de Simone, *Venti angeli sopra Roma: I bombardamenti aerei sulla Città Eterna* (Milan: 1993), 266. On Fascist propaganda see Claudia Baldoli, Marco Fincardi, 'Italian Society under Anglo-American Bombs: Propaganda, Experience and Legend, 1940–1945', *The Historical Journal*, 52 (2009), 1,032–4, 1,037.
168. ACS, Ministero dell'Interno, Busta 21, Appunto per il Duce, 7 July 1943.
169. TNA, AIR 2/7397, Air Ministry to C-in-C Bomber Command, 28 Oct 1940; Air Ministry to C-in-C Bomber Command, 29 Oct 1940; Sinclair to Churchill, 24 Feb 1941; Churchill to Sinclair, 28 Feb 1941.
170. TNA, AIR 8/436, HQ RAF Middle East to Air Ministry, 4 Sept 1941; Sir Miles Lampson (ambassador in Cairo) to the Foreign Office, 17 Sept 1941; AIR 2/7397, Air Ministry to HQ RAF Middle East, 27 Mar 1941; Air Ministry to HQ RAF Middle East, 5 Sept 1941.
171. TNA, AIR 8/436, Portal to Cadogan (Permanent Secretary, Foreign Office), 26 Oct 1941.
172. TNA, AIR 19/215, Note for Sinclair, 'Bombing of Targets in Rome', Dec 1942; Sinclair to Churchill, 4 Dec 1942, 1–2.
173. TNA, AIR 19/215, marginalia on 'Bombing Targets in Rome', Dec 1942; Sinclair to Churchill, 4 Dec 1942; Sinclair to Portal, 11 Dec 1942; Foreign Office to British Embassy, Bern, 17 Dec 1942.
174. CCO, Portal papers, Folder 4/File 2, Eden to Churchill, 14 July 1943; TNA, AIR 19/215, Portal to Sinclair, 3 Dec 1942; Portal to Churchill, 13 July 1943.
175. Warren Kimball (ed), *Churchill & Roosevelt: The Complete Correspondence*, 4 vols (London: 1984), vol 2, 234–5, Churchill to Roosevelt, 10 June 1943; 250–51, Roosevelt to Churchill, 14 June 1943.
176. TNA, AIR 19/215, RAF Delegation, Washington to Air Ministry, 26 June 1943.
177. Ibid., Archbishop Temple to Sinclair, 9 July 1943; Note by the assistant chief of the air staff (ACAS) (Information), 'Air Attacks on Objectives in Rome', 4 July 1943; Minute by ACAS, 15 July 1943; Sinclair to Temple, 17 July 1943.

178. LC, Eaker papers, Box I.36, North-West African Strategic Air Forces (NWASAF), Report and Evaluation, Rome, 19 July 1943: Rome Railroad Yards, Mission Report.
179. Claudia Baldoli, 'Bombing the Eternal City', *History Today* (May 2012), 11; Simone, *Venti angeli sopra Roma*, 262–4.
180. Marco Fincardi, 'Gli italiani e l'attesa di un bombardamento della capitale (1940–1943)', in Labanca (ed), *I bombardamenti aerei sull'Italia*, 239.
181. FDRL, Map Room Files, Box 33, CCS to Eisenhower, 25 June 1943; Eisenhower to War Dept., Washington, DC, 18 July 1943.
182. FDRL, Map Room Files, Box 72, OSS Bulletin, 30 July 1943; Fincardi, 'Gli italiani e l'attesa di un bombardamento della capitale', 233–4, 242–3.
183. Raymond Klibansky (ed), *Mussolini's Memoirs 1942–1943* (London: 2000), 51–55.
184. TNA, FO 898/175, Report of Col. Thornhill's Mission, 16 Nov 1943, App 14.
185. LC, Spaatz papers, Box 94, Total tonnage dropped Aug 1942–May 1944.
186. TNA, AIR 20/5387, Ministry of Public Works, Statistics on Bomb Damage, 10 June 1940–31 Mar 1943. 这个名单不包括米兰、热那亚和巴勒莫损失的建筑。
187. Paggi, *Il 'popolo dei morti'*, 114–17.
188. Cited in Gloria Chianese, *'Quando uscimmo dai rifugi': Il Mezzogiorno tra guerra e dopoguerra (1943–46)* (Rome: 2004), 35–6. On Naples see Gabriella Gribaudi, *Guerra totale: Tra bombe alleate e violenza naziste: Napoli e il fronte meridionale 1940–44* (Turin: 2005), ch 3.
189. See Gabriella Gribaudi, 'Tra discorsi pubblici e memorie private. Alcune riflessioni sui bombardamenti e sulla loro legittimazione', in Labanca (ed), *I bombardamenti aerei*, 315–18; Marco Gioannini, 'Bombardare l'Italia. Le strategie alleate e le vittime civili' in idem, 92–3.
190. Claudia Baldoli, 'Spring 1943: The Fiat Strikes and the Collapse of the Italian Home Front', *History Workshop Journal*, 72 (2011), 183–6.
191. TNA, AIR 20/5383, Report from the Comune of Rome, May 1943; province of Genoa, 'Situation during the Month of May 1943'; province of Turin, 'Situation during the Month of May 1943'; province of Palermo, 'Report for the Month May 1943'.
192. Origo, *War in Val d'Orcia*, 35, 39–40, entry for 1 Apr 1943.
193. Paggi, *Il 'popolo dei morti'*, 119; the prayer in Origo, *War in Val d'Orcia*, 36. 关于意大利在应对轰炸时宗教作用的最好的记载请参见 Claudia Baldoli 撰写的论文 'Religion and Bombing in Italy'，这篇文章收录在 Baldoli, Knapp, Overy 合编的 *Bombing, States and Peoples* 这本书的 136 页至 153 页。
194. TNA, AIR 19/215, VCAS (Air Marshal Evill) to Sinclair, 31 July 1943; CCO, Portal papers, Folder 3/File 3, Portal to Tedder, 30 July 1943.
195. TNA, FO 898/496, leaflet, 'Fuori i tedeschi – oppure ferro e fuoco', 29 July 1943; leaflet, 'Il governo', 14 Aug 1943.
196. FDRL, Map Room Files, Box 33, CCS to Eisenhower (n.d.); message for the President from Gen. Marshall, 2 Aug 1943; Churchill to Roosevelt, 3 Aug 1943; memorandum for the President from Admiral Leahy, 16 Aug 1943; CCS to Eisenhower, 15 Aug 1943; Simone, *Venti angel sopra Roma*, 301.

197. FDRL, Map Room Files, Box 72, OSS Bulletin, 3 Aug 1943; Report, 17 Aug 1943, 'Italy: Badoglio's Position vis-à-vis the Germans'. Details of raids in Chianese, '*Quando uscimmo dai rifugi*', 31; Gioannini, Massobrio, *Bombardate l'Italia*, 360–61, 365–6.
198. The best guide to the complex web of command and the thicket of acronyms is Wesley F. Craven, James L. Cate, *The Army Air Forces in World War II: Vol III, Europe: Argument to V-E Day* (Chicago, IL: 1951), 326–35.
199. AFHRA, Disc MAAF 233, American Embassy (Economic Warfare Division) to NAAF, 16 Dec 1943, 2, 4–5.
200. Ibid., HQ NAAF (Norstad) to commanding general NAAF, 14 Nov 1943.
201. Ibid., Cabell to Eaker, Bombing Directive, 1 Mar 1945.
202. LC, Spaatz papers, Box 94, Total tonnage AAF-RAF, Jan–May 1944.
203. Richard G. Davis, *Carl A. Spaatz and the Air War in Europe* (Washington, DC: 1993), App 10 and App 18.
204. TNA, AIR 8/777, Harris to Portal, 13 Nov 1942.
205. Harvey, 'The Italian War Effort', 41.
206. TNA, AIR 20/283, Statistics on Bombing, Feb–Nov 1943.
207. Air Ministry, *Rise and Fall of the German Air Force*, 219, 258–60, 265–6.
208. Davis, *Carl A. Spaatz*, App 24.
209. Joseph Heller, *Catch 22* (London: 1994), 55.
210. Ronald Schaffer, *Wings of Judgment: American Bombing in World War II* (New York: 1985), 47–8; Solly Zuckerman, *From Apes to Warlords: The Autobiography of Solly Zuckerman, 1904–1946* (London: 1978), 211.
211. TNA, AIR 19/215, HQ MAAF (Eaker) to Air Ministry, 7 Apr 1944.
212. Schaffer, *Wings of Judgment*, 49–50.
213. TNA, AIR 19/215, Slessor to Air Ministry, 29 Feb 1944; Ismay to Churchill, 1 Mar 1944; conclusions of CoS meeting, 2 Mar 1944.
214. AFHRA, Disc MAAF 233, Norstad to Allied Tactical Air Forces, Bombing Directive: Florence Marshalling Yards, 2 Mar 1944.
215. TNA, AIR 19/215, Slessor to Sinclair, 7 May 1944.
216. FDRL, Map Room Files, Box 33, Marshall to Eisenhower, 27 Sept 1943; JCS to Eisenhower, 2 Nov 1943; TNA, AIR 8/438, FO to JSM, Washington, DC, 23 Sept 1943; CCS memorandum, 'Rome Open City', 24 Sept 1943; Osborne (Ambassador Holy See) to Foreign Office, 14 Oct 1943.
217. TNA, AIR 19/215, Osborne to Foreign Office (War Cabinet distribution), 6 Nov 1943; Resident Minister Algiers (Harold Macmillan) to Foreign Office, 8 Nov 1943.
218. FDRL, Map Room Files, Box 33, JCS memorandum for the President, 4 Dec 1943; memorandum for the President from Admiral Leahy, 5 Dec 1943; Roosevelt to Cordell Hull, 7 Dec 1943.
219. TNA, WO 204/12508, Maj. F. Jones, 'Report on the Events Leading to the Bombing of the Abbey of Monte Cassino on 15 February 1944', 14 Oct 1949, 7–13.
220. Ibid., 20–23.
221. James Parton, '*Air Force Spoken Here*': *General Ira Eaker and the Command of*

the Air (Bethesda, MD: 1986), 363–4.
222. Peter Caddick-Adams, *Monte Cassino: Ten Armies in Hell* (London: 2012), 145–6.
223. TNA, AIR 8/777, Wilson to the CoS, 9 Mar 1944.
224. John Slessor, *The Central Blue: Recollections and Reflections* (London: 1956), 576–7.
225. TNA, WO 204/12508, 'Report on the Events', 31–3; App 3, Doc 26A, HQ Fifth Army memorandum, 'Monte Cassino Abbey', 28 Feb 1944.
226. Slessor, *Central Blue*, 574, reproducing his memorandum for Portal, 16 Apr 1944.
227. Zuckerman, *Apes to Warlords*, 198, 210–11.
228. Slessor, *Central Blue*, 566–8.
229. AFHRA, Disc MAAF 233, MAAF Bombing Directive, 18 Feb 1944.
230. TNA, AIR 20/2050, Summary of MAAF Effort, Operation 'Strangle', 15 Mar–11 May 1944.
231. Ibid., Summary of MAAF Effort: Operation 'Diadem', 12 May–22 June; Parton, '*Air Force Spoken Here*', 383–4.
232. AFHRA, Disc MAAF 230, memorandum by Lt. Col. W. Ballard, Analysis Section, MAAF, 28 Sept 1944, 2.
233. UEA, Zuckerman Archive, SZ/BBSU/1/49, Interview with Kesselring, 23 Aug 1945, 3.
234. Paolo Ferrari, 'Un arma versatile. I bombardamenti strategici anglo-americani e l'industria italiana', in idem (ed), *L'aeronautica italiana: una storia del Novecento* (Milan: 2004), 401–2; Massignani, '*L'industria bellica italiana*', 195; Natalini, *I rapporti tra aeronautica italiana e tedesca*, 165–6.
235. Lutz Klinkhammer, *L'occupazione tedesca in Italia, 1943–1945* (Turin: 1996), 78–84; Natalini, *I rapporti tra aeronautica italiana e tedesca*, 166–7.
236. Andrea Villa, *Guerra aerea sull'Italia (1943–1945)* (Milan: 2010), 217–18.
237. Achille Rastelli, *Bombe sulla città: Gli attacchi aerei alleati: le vittime civili a Milano* (Milan: 2000), 145–7, 184. 在其他 17 次空袭中统计有 197 人死亡显然是一个并不全面的数字，但是有迹象表明，在战争的这个阶段，在这样一个有着广泛的轰炸经历的城市，大多数空袭规模相对较小。
238. Villa, *Guerra aerea*, 219–20; Natalini, *I rapporti tra aeronautica italiana e tedesca*, 167.
239. AFHRA, Disc MAAF 230, MAAF, Target Committee, minutes of meeting, 23 Feb 1945, 4.
240. Villa, *Guerra aerea*, 226–7. For other estimates see Zamagni, 'Italy: How to Lose the War', 207–12.
241. Ferrari, 'Un arma versatile', 397–9. Housing loss in Zamagni, 'Italy: How to Lose the War', 212，文中显示因为在 1938 年和 1941 年修建了额外的住房，因此 1945 年的住房数量和 1938 年是差不多的。
242. FDRL, Map Room Files, Box 72, OSS Bulletin, 'The Situation in Italy', Bern station, 27 Sept 1943.
243. TNA, AIR 8/777, D'Arcy Osborne to the Foreign Office, 22 Mar 1944.
244. TNA, AIR 19/215, Eden to Sinclair, 15 May 1944.

245. Ibid., Sinclair to Eden, 17 May 1944; CCO, Portal papers, Folder 5, Evill to Churchill, 6 May 1944.
246. Origo, *War in Val d'Orcia*, 71–2, entry for 1 Aug 1944.
247. Corrado Di Pompeo, *Più della fame e più dei bombardamenti: Diario dell'occupazione di Roma* (Bologna: 2009), 107, 112, entries for 25 Feb and 25 Mar 1944.
248. For a full account see Klinkhammer, *L'occupazione tedesca*, 318–66.
249. Baldoli, 'Religion and Bombing in Italy', 146–7.
250. Simone, *Venti angeli sopra Roma*, 301.
251. Anna Scattigno, 'Il clero in Toscana durante il passaggio del fronte. Diari e cronache parrocchiali', in Labanca (ed), *I bombardamenti aerei*, 253–8.
252. Franco Manaresi, 'I bombardamenti aerei di Bologna', in Bersani, Monaco (eds), *Delenda Bononia*, 47–8; Manaresi, 'La protezione antiaerea', in idem, 40.
253. Ibid., 34–5.
254. ACS, Ministero dell'Interno, Busta 106, memorandum for the Milan Prefect, 4 Mar 1943, 'Ricoveri pubblici'.
255. Baldoli, Knapp, *Forgotten Blitzes*, 188–9.
256. TNA, AIR 20/5387, Province of Palermo, Report for the month, May 1943; Inspector of Air Raid Protection, Rome, 'Report concerning Air Attack on Rome 13 August 1943', 13–14.
257. Cortesi, 'Evacuation in Italy', 65–6.
258. Lanari, Musso, 'Un dramma mal calcolato', 28–9.
259. Calculated from Mauro Maggiorani, 'Uscire dalla città: lo sfollamento', in Brunella Dalla Casa, Alberto Preti (eds), *Bologna in Guerra, 1940–1945* (Milan: 1995), 376.
260. Cortesi, 'Evacuation in Italy', 70–71.
261. Baldoli, Knapp, *Forgotten Blitzes*, 144–9.
262. The only full account is George Southern, *Poisonous Inferno: World War II Tragedy at Bari Harbour* (Shrewsbury: 2002).
263. NARA, RG107, Box 139, HQ Army Service Forces for Lovett, 'United States Chemical Warfare Committee: Periodic Report of Readiness for Chemical Warfare as of January 1 1945', 114–15.
264. AFHRA, Disc MAAF 230, Brig. Gen. Cabell (Operations) to Eaker, 'Employment of Chemical Weapons by the Allied Air Forces', 12 Aug 1944; Operational Memorandum, 'Chemical Warfare – Policy for Offensive Action', 11 Aug 1944.
265. Coccoli, 'I "fortilizi inespugnabili della civiltà italiana" ', 414; Marta Nezzo, 'La protezione delle città d'arte', in Labanca (ed), *I bombardamenti aerei*, 202.
266. Nezzo, 'La protezione della città d'arte', 205–6; Nezzo, 'The Defence of Works of Art', 112–13.
267. Coccoli, 'I "fortilizi inespugnabili della civiltà italiana" , 415; Nezzo, 'La protezione della città d'arte', 202–3.
268. Lynn Nicholas, *The Rape of Europa: The Fate of Europe's Treasures in the Third Reich and the Second World War* (London: 1994), 260.
269. Baldoli, Knapp, *Forgotten Blitzes*, 228–9.

270. Ibid., 236–8.
271. TNA, AIR 8/777, Osborne to the Foreign Office, 22 Mar 1944; Baldoli, Knapp, *Forgotten Blitzes*, 238–9.
272. Chianese, '*Quando uscimmo dai rifugi*', 41, for figure on Sicily.
273. ISTAT, *Morti e disperse per cause belliche negli anni 1940–45* (Rome: 1957), Table 2.8. For a discussion of the problems of assessing wartime casualties see Baldoli, Knapp, *Forgotten Blitzes*, App, 260–62.
274. ACS, Ministero dell'Interno, Busta 22, Railway Commissariat, Palermo to Interior Ministry, 1 Apr 1943; TNA, FO 898/496, PWE, 'Foglio volante', 5 July 1943.

第九章 轰炸朋友和轰炸敌人：德国的新秩序

1. *Target: Germany. The U.S Army Air Forces' Official Story of the VIII Bomber Command's First Year over Europe* (London: 1944).
2. USSBS, 'Over-All Report (European Theatre)', Washington, DC, 30 Sept 1945, 2. The figures are France 21.8%, Other 7.5%, Austria, Hungary, Balkans 6.7%.
3. TNA, FO 898/313, memorandum by Ritchie Calder, PWE, 'Bombing (military, economic and morale objectives)', 1–5.
4. TNA, AIR 19/217, War Cabinet, 24 July 1940, memorandum by the Air Minister, 'Bombardment Policy in France'.
5. TNA, AIR 20/5831, AI to Air Ministry (Plans), 17 Aug 1940, encl. 'Fringe Targets: Norway, Denmark, Holland, Belgium and France'.
6. TNA, AIR 20/5831, AI to Air Ministry (Plans)，1940 年 8 月 20 日，法国境内的目标范围为敦刻尔克至波尔多海岸 30 英里以内的地区；1941 年 2 月 13 日，法国境内的目标范围为德国占领区所属海岸 30 英里以内的地区；1941 年 2 月 6 日，比利时的目标范围是国内从北到南的边境地区（其中有 3 个目标被评为三星级）；挪威的目标范围是国内从北到南的工业外围目标（其中 7 个目标被评为三星级）。
7. Ibid., Air Marshal Leigh-Mallory to AI (AI9), 1 July 1941.
8. Ibid., 'Information received from Lt. Commander Molenburg', 7 Aug 1940.
9. TNA, FO 371/28541, British Embassy, Bern to French Department (FO), 31 July 1941.
10. TNA, FO 898/312, Mr. Harman (FO) to Air Commodore Groves (PWE), 14 Feb 1942; Mr. Harman to Brigadier Brookes (PWE), 18 Feb 1942; PWE, 'Extrait du journal clandestin belge "Le Peuple" du mois d'avril 1942'.
11. Joris van Esch, 'Restrained Policy and Careless Execution: Allied Strategic Bombing on the Netherlands in the Second World War', School of Advanced Military Studies, Fort Leavenworth, KS (2011), 18–19.
12. TNA, AIR 40/1720, Report from Military Intelligence Division, G2, MAAF, 30 May 1944, on 'Centre de documentation des services speciaux', Annex 1, 'Comparative Table of Bombing in France since 1940' (based on Bulletin de Securité Militaire, Direction Technique des Services Speciaux, 21 May 1944).
13. TNA, FO 371/28541, French department, FO, to W. Mackenzie (Air Ministry),

15 May 1941; FO to Mackenzie, 31 May 1941; W. Law (MoL) to FO, 7 May 1941.

14. TNA, AIR 2/7503, Samuel Hoare (British ambassador to Spain) to the FO, 27 Sept 1941, encl. 'Note verbale' from Le Havre Municipal Council; FO 371/28541, Hoare to FO, 19 Aug 1941, encl. 'Note verbale' from the French Embassy in Madrid. See too Claudia Baldoli, Andrew Knapp, *Forgotten Blitzes: France and Italy under Allied Air Attack, 1940–1945* (London: 2012), 35.
15. TNA, FO 371/28541, Air Vice Marshal Medhurst to Mack (FO), 17 Oct 1941; AIR 2/7503, Minute by DBOps for FO, 25 Oct 1941.
16. For a full account of German exploitation in 1940–41 see Hein Klemann, Sergei Kudryashov, *Occupied Economies: An Economic History of Nazi-Occupied Europe, 1939–1945* (London: 2012), 75–88.
17. TNA, FO 371/28541, War Cabinet paper, 'Air Policy – Attack on Factories in Occupied France', 6 Nov 1941; AIR 19/217, War Cabinet conclusions, 20 Oct 1941. On RAF restrictions on bombing Paris, CCO, Portal papers, Folder 2/File 1, Portal to Churchill, 7 Sept 1941.
18. Michael Stenton, *Radio London and Resistance in Occupied Europe: British Political Warfare 1939–1943* (Oxford: 2000), 13, 88; Ben Pimlott, *Hugh Dalton* (London: 1985), 331–5, 343.
19. Stenton, *Radio London and Resistance*, 100.
20. CCO, Portal papers, Folder 9/File 3, AI, 'Air Activity over Norway', 24 Apr 1942.
21. TNA, FO 898/313, Ritchie Calder, 'Notes for Morale Bombing', 18 Aug 1941; Calder to Reginald Leeper, 'RAF and Morale-Making in Occupied Countries', 25 Aug 1941, 1–2; Calder memorandum, 'Bombing (military, economic and morale objectives)', Mar 1942, 1, 4–5.
22. TNA, FO 898/437, PWE memorandum, 'Why Drop Nickels?', Sept 1943, 1.
23. Ibid., 4.
24. TNA, FO 898/319, PWE Report, 14 Apr 1942.
25. TNA, FO 898/319, Directive for BBC European Service, 'Plan for Propaganda (Occupied Countries) to Accompany RAF Attacks', Mar 1942.
26. TNA, FO 898/234, T. G. Harman to Leeper (PWE), 'Plan for Propaganda to Belgium', 26 Feb 1941; Report on an interview with mademoiselle Depuich [Oct 1941], 2; 'Plan of Propaganda to Holland', 6.
27. TNA, AIR 19/217, paper from the Air Ministry (Plans) for the War Cabinet, 11 Nov 1941; Director of Plans (Air Ministry) to Churchill, 8 Jan 1942; Norman Bottomley to Acting C-in-C, Bomber Command, 5 Feb 1942; FO 371/28541, War Cabinet, 6 Nov 1941; FO 371/31999, Attlee to Churchill, 8 Jan 1942.
28. TNA, AIR 20/4768, Directorate of Bombing, 'Incendiary Attacks in Occupied Countries', 13 Nov 1941.
29. RAFM, Harris papers, H47, Bottomley to Harris, 'Psychological Aspects of Bombing Policy', 14 Apr 1942.
30. TNA, FO 898/313, PWE, 'Progress Report No. 1', Mar 1942.
31. TNA, AIR 19/217, Baker to Bottomley, 4 Mar 1942; casualty figures from Matt Perry, 'Bombing Billancourt: Labour Agency and the Limitations of the Public

Opinion Model of Wartime France', *Labour History Review*, 77 (2012), 49, and Service Historique de l'Armeé de l'Air (SHAA), Vincennes, Paris, 3D/48/ Dossier 2, Direction de Défense Passive, Bulletin de Renseignements, 30 Mar 1942.

32. SHAA, 3D/112/Dossier 3, propagande anglo-saxonne, 'Aux populations de la France occupée'; TNA, FO 898/319, P. C. Groves (PWE) to the BBC, 6 Feb 1942.
33. Ibid., memorandum by I. Black (PWE), 'The Bombardment of Paris Factories', 5 Mar 1942.
34. Ibid., US Embassy London to Sinclair, encl. message from Admiral Leahy, 13 Mar 1942; Eden to Sinclair, 16 Mar 1942.
35. Perry, 'Bombing Billancourt', 61–2.
36. TNA, FO 898/319, PWE Report, 'The Bombing of French Factories', 10 Apr 1942; PWE Report, 'Evidence of Effect of RAF Bombing on Morale in Enemy-Occupied Territories', 14 Apr 1942, 3.
37. TNA, AIR 19/217, Sir Samuel Hoare (Madrid) to FO, 9 June 1942; US Embassy Berne to Secretary of State, 22 June 1942.
38. Lindsey Dodd, Andew Knapp, ' "How Many Frenchmen Did You Kill?" : British Bombing Policy Towards France (1940–1945)', *French History*, 22 (2008), 474–80.
39. Simon Kitson, 'Criminals or Liberators? French Public Opinion and the Allied Bombings of France, 1940–1945', in Claudia Baldoli, Andrew Knapp, Richard Overy (eds), *Bombing, States and Peoples in Western Europe, 1940–1945* (London: 2011), 279–84.
40. TNA, AIR 8/428, Harris to Portal, 7 Apr 1942: 'Real Blitzes as Opposed to Dock Bombing'.
41. TNA, AIR 9/187, Slessor to all air commands, 'Bombardment Policy', 29 Oct 1942.
42. TNA, AIR 19/217, Bottomley to Harris, 14 Jan 1943; Baldoli, Knapp, *Forgotten Blitzes*, 25–6; Dodd, Knapp, ' "How Many Frenchmen Did You Kill?" ', 479–80.
43. Arthur T. Harris, *Bomber Offensive* (London: 1947), 136–7.
44. TNA, ADM 199/2467, Naval Intelligence Division (NID) to Assistant Chief of Naval Staff, 'U/Boat Bases – West Coast of France', 13 Jan 1943; HQ Eighth Bomber Command to NID, 18 Feb 1943.
45. TNA, FO 898/319, PWE minute, 'Campaign to the French Coastal Populations', 1 June 1942; Peck to Baker, enclosing leaflet, 'Aux ouvriers français des ports de l'ouest', June 1942.
46. TNA, ADM 199/2467, NID Report, 'The Bombing of the U-Boat Bases', 11 Mar 1943; NID, 'Factual Statement on the Lorient Base and on Bombing Attacks'.
47. SHAA, 3D/322/Dossier 1, Air Force Report, 'Bombardement de l'Arsenal et de la ville de Lorient, Janvier–Mars 1943', 6–7, 9.
48. TNA, FO 898/319, PWE, draft statement on the bombing of Lorient; Air Ministry (VCAS) to PWE, 23 Feb 1943.
49. TNA, ADM 199/2467, NID note, 'Lorient'; AIR 19/218, Bottomley to Harris, 6 Apr 1943. See too Charles Webster, Noble Frankland, *The Strategic Air*

Offensive Against Germany, 4 vols (London: 1961), vol 2, 96–7.

50. Stephen Flower, *Barnes Wallis' Bombs: Tallboy, Dambuster and Grand Slam* (Stroud: 2002), 124–5, 189–90, 192–5, 412.
51. TNA, ADM 199/2467, NID, French division, 'France: Reaction to the Paris and Anvers Raids', 18 Apr 1943.
52. TNA, FO 371/36038, Air Ministry to FO, 30 Dec 1942; Political Intelligence Dept, FO, 'Avis no. 7', BBC French Service, 29 Dec 1942.
53. Eddy Florentin, *Quand les Alliés bombardaient la France 1940–1945* (Paris: 2008), 159–61.
54. SHAA, 3D/322/Dossier 1, 'Bombardement du centre industriel de Boulogne-Billancourt, 4 Avril 1943', BN, Défense Passive, Bulletin de Renseignements, Mar–May 1943, table V.
55. TNA, FO 371/36038, minute by William Strang (FO), 16 Apr 1943; AIR 19/218, Massigli to Eden, 16 Apr 1943.
56. TNA, AIR 19/218, telegram JSM, Washington, DC, to Air Ministry, 28 Apr 1943; Sinclair to Eden, 9 May 1943; Air Vice Marshal Evill to Eaker, 10 May 1943; Sinclair to Eden, 5 June 1943.
57. Richard Overy, 'The Luftwaffe and the European Economy 1939–1945', *Militärgeschichtliche Mitteilungen*, 55 (1979), 58–60.
58. Florentin, *Quand les Alliés bombardaient la France*, 238–43.
59. Roger Freeman, *The Mighty Eighth War Diary* (London: 1981), 112, 115.
60. BN, Bulletin de Renseignements, Oct 1943, 8–11.
61. TNA, AIR 40/1720, MAAF Military Intelligence Division Report from Centre de Documentation des Services Spéciaux, 7, 18.
62. SHAA, 3D/322/Dossier 1, 'Bombardement de l'usine Dunlop, 16 septembre, 1943', 1.
63. Ibid., Armée de l'Air, 'Bombardements aériens en territoire français: Avant propos: 1944' [May 1944], 1–3.
64. Ibid., 'Bombardement de St. Étienne, 26 Mai 1944', 7–8.
65. BN, Bulletin d'Information de la Défense Passive, May 1944, 7–8; SHAA, 3D/322/Dossier 1, 'Bombardement de la gare d'Avignon, 27 Mai, 25 Juin 1944', 4.
66. Baldoli, Knapp, *Forgotten Blitzes*, 51–3, 55.
67. Ibid., 92–3, 99.
68. BA-MA, RL13/21, Luftschutz-Abteilung 15, Allgemeiner Erfahrungsbericht, 30 Apr 1942.
69. SHAA, 3D/44/Dossier 2, Admiral Duplat to General Pintor (President of Italian Armistice Commission), 17 Nov 1940; IAC to French delegation, 1 Apr 1941; IAC to French delegation, 23 Sept 1941.
70. Ibid., German Armistice Commission (Air Force) to French delegation, 27 Nov 1941.
71. Ibid., Note for the French delegation at Wiesbaden, 3 Feb 1942; note from Direction des Services de l'Armistice to French delegation, 3 June 1942; Secrétariat à l'Aviation, 'Obscurissement de la zone non occupée', 6 Aug 1942.
72. Ibid., memorandum of the German Armistice Commission to the French

delegation, 27 Nov 1941, 1.

73. BA-MA, RL7/141, Intelligence Report, Air Fleet 3, 'Aufbau der französischen Heimatluftverteidigung', 1 May 1943; Intelligence Report, Air Fleet 3, 1 Aug 1943.
74. SHAA, 3D/44/Dossier 1, SGDA, CoS to the Interior Ministry, 5 June 1943, encl. memorandum from Air Fleet 3, 16 Feb 1943; Direction de la Défense Aérienne to SGDA, Bureau C, 24 June 1943.
75. BA-MA, RL7/141, Intelligence Report, Air Fleet 3, 1 May 1943; SGDA to Secrétariat Générale à la Défense Terrestre, 27 Apr 1943.
76. SHAA, 3D/279/Dossier 2, Commandant de Groupe de SAP, Lyon, 20 Feb 1943; Dossier 1, Defence Secretary to Minister of Industrial Production, 'Service d'alerte', 1 Oct 1943; SGDA, Bureau A, 'Recapitulation des effectifs des formations de SAP', 13 Sept 1943; SGDA to Director of Air Services, Northern Zone, 20 Sept 1943. 法国南方的重点防空管制中心分别位于里昂、蒙彼利埃、马赛、利摩日和图卢兹；北方的管制中心分别位于巴黎、图尔、第戎、波尔多和兰斯。
77. SHAA, 3D/43/Dossier 1, Plenipotentiary Air Fleet 3 to SGDA, 20 Aug 1943; 3D/44/Dossier 1, Plenipotentiary Air Fleet 3 to SGDA, 4 July 1943.
78. Baldoli, Knapp, *Forgotten Blitzes*, 92–3.
79. SHAA, 3D/44/Dossier 1, SGDA to Air Fleet 3, 20 Mar 1944; 'Formations et effectifs réels, Défense Passive', 15 Jan 1944; Ministry of Interior, 'Instruction: Service de protection', 26 Apr 1944.
80. BA-MA, RL7/141, Plenipotentiary of Air Fleet 3, 'Tätigkeitsbericht 1.2–15.3.1944', 19 Mar 1944; SHAA, 3D/44/Dossier 1, SGDA to Plenipotentiary Air Fleet 3, 20 Mar 1944.
81. BA-MA, RL13/24, Kriegstagebuch [War Diary] of LS-Abt. 34, entries for 15, 16 and 29–30 Jan 1943; SHAA, 3D/322/Dossier 1, 'Bombardement de l'Arsenal et de la ville de Lorient', May 1944, 4–5, 8.
82. Michael Schmiedel, 'Les Allemands et la défense passive en France: le cas de Nantes', in Michèle Battesti, Patrick Facon (eds), *Les bombardements alliés sur la France durant la Seconde Guerre Mondiale: Stratégies, bilans matériels et humains* (Vincennes: 2009), 53–5.
83. BN, Bulletin de Renseignements, Oct 1943, 'L'Oeuvre accomplice par le Service Municipal de la ville de Nantes'.
84. Julia Torrie, *'For Their Own Good': Civilian Evacuations in Germany and France, 1939–1945* (New York: 2010), 115–17.
85. Ibid., 125–7.
86. SHAA, 3D/44/Dossier 1, SIPEG to Directorate of Passive Defence, 26 Jan 1944; Pierre Laval to all ministries, 4 Feb 1944, 1.
87. Michael Schmiedel, 'Orchestrated Solidarity: The Allied Air War in France and the Development of Local and State-Organised Solidarity Movements', in Baldoli, Knapp, Overy (eds), *Bombing, States and Peoples*, 207–11.
88. Schmiedel, 'Orchestrated Solidarity', 211–13; Torrie, *'For Their Own Good'*, 153–4; Baldoli, Knapp, Forgotten Blitzes, 150–51.
89. SHAA, 3D/44/ Dossier 1, Laval to all ministers, 4 Feb 1944, 1–2, 5; SIPEG to

Directorate of Passive Defence, 26 Jan 1944.

90. Ibid., Laval to all ministers, 2–3; Torrie, '*For Their Own Good*', 159; Baldoli, Knapp, Forgotten Blitzes, 153–4.
91. Olivier Dumoulin, 'A Comparative Approach to Newsreels and Bombing in the Second World War: Britain, France and Germany', in Baldoli, Knapp, Overy (eds), *Bombing, States and Peoples*, 302–3; Baldoli, Knapp, *Forgotten Blitzes*, 118–19.
92. Lindsey Dodd, ' "Relieving Sorrow and Misfortune" ? State, Charity, Ideology and Aid in Bombed-out France, 1940–1944', in Baldoli, Knapp, Overy (eds), *Bombing, States and Peoples*, 83–5.
93. Ibid., 80–81, 86–7.
94. Torrie, '*For Their Own Good*', 135–7.
95. Stenton, *Radio London and Resistance*, 110.
96. TNA, FO 898/457, PWE, 'Annual Dissemination of Leaflets by Aircraft and Balloon 1939–1945'.
97. LC, Spaatz papers, Box 157, memorandum, CoS of Eighth Air Force, 11 Aug 1942; USAAF Adjutant-General to commander of Eighth Air Force, 25 Sept 1943.
98. Ibid., Box 157, Frank Kaufman, Chief (Leaflet Section) PWB to Robert Bruce Lockhart (PWE), 22 Apr 1944, 'Leaflet Production and Dissemination Program between now and D-Day'; Political Warfare Division (SHAEF), 'The Leaflet Propaganda Front', 19 June 1944, 3.
99. Philippe Boiry, *Paris sous les bombes: Auteuil septembre 1943* (Paris: 2000), 37–8.
100. TNA, AIR 40/1720, MAAF Intelligence Division Report, 30 May 1944, 1, 8. See too Kitson, 'Criminals or Liberators?', 285–8.
101. TNA, AIR 40/1720, MAAF Intelligence Division Report, 30 May 1944, 13–15.
102. TNA, FO 371/41984, minute for Churchill from Desmond Morton, 9 May 1944; Direction Technique des Services Spéciaux, 'Les bombardements alliés et leurs repercussions sur le moral français', 25 Apr 1944.
103. Ibid., 'France: Cardinals' Message to British and U.S. Episcopates', 14 May 1944; Archbishop of Westminster to French Cardinals, 20 May 1944.
104. Patrick Facon, 'Les bombardements Alliés sur la France durant la Seconde Guerre Mondiale: Enjeux, thématiques et problématiques', in Battesti, Facon (eds), *Les bombardements alliés*, 13–14.
105. Baldoli, Knapp, *Forgotten Blitzes*, 211–13.
106. TNA, AIR 40/1720, MAAF, Military Intelligence Division Report, 30 May 1944, 17–18.
107. Baldoli, Knapp, Forgotten Blitzes, 210–11; Torrie, '*For Their Own Good*', 113.
108. Jean-Marie Pontaut, Éric Pelletier, *Chronique d'une France occupée: Les rapports confidentiels de la gendarmerie 1940–1945* (Neuilly-sur-Seine: 2008), 444, 'Rapport du commandant de gendarmerie de la Charente', July 1943.
109. BA-MA, RL7/141, Intelligence Report, Air Fleet 3, 1 Aug 1943, 2; minute, 14 July 1943, 'Überwachung der einzustehenden französischen Eisenbahnflakbatterien'; Intelligence Report, Air Fleet 3, 2 Sept 1943.

110. BA-MA, RL7/141, Intelligence Report, Air Fleet 3, 1 Oct 1943; SHAA, 3D/43/Dossier 1, Sec. Gen. of Air Defence to Col. von Merhart, 18 Sept 1943; Plenipotentiary of the German Air Force, Paris, to Col. Cornillon (Liaison Service), 18 Nov 1943.
111. BA-MA, RL7/141, Intelligence Report, Air Fleet 3, 1 Aug 1943, 2.
112. UEA, Zuckerman Archive, SZ/AEAF/7, War Cabinet Defence Committee, 5 Apr 1944, 1.
113. TNA, AIR 40/1882, Bottomley to Portal, 18 Jan 1944; Bufton to Harris, 14 Jan 1944.
114. TNA, AIR 37/752, Harris memorandum for Leigh-Mallory, 'The Employment of the Night Bomber Force in Connection with the Invasion of the Continent', 13 Jan 1944.
115. LC, Spaatz papers, Box 143, Spaatz to Eisenhower [n.d. but Apr 1944].
116. Ibid., Arnold to Spaatz, 24 Apr 1944; see too Anderson to Spaatz, 28 Feb 1944, 3, 'there be complete accord ⋯ as to the continuation of POINTBLANK'.
117. Walter W. Rostow, *Pre-Invasion Bombing Strategy: General Eisenhower's Decision of March 25, 1944* (Aldershot: 1981), 13–14, 88–98; Solly Zuckerman, *From Apes to Warlords: The Autobiography of Solly Zuckerman 1904–1946* (London: 1978), 220–24, 231–45.
118. Lord Arthur Tedder, *With Prejudice: The War Memoirs of Marshal of the Royal Air Force Lord Tedder* (London: 1966), 520–25.
119. CCO, Portal papers, Folder 5, Portal to Churchill, 29 Mar 1944; UEA, Zuckerman Archive, SZ/AEAF/7, Defence Committee minutes, 5 Apr 1944; Defence Committee minutes, 13 Apr 1944.
120. CCO, Portal papers, Folder 5, Portal to Churchill, 13 Apr 1944; UEA, Zuckerman Archive, SZ/AEAF/7, Defence Committee, Note by the Secretary, 'Bombing Policy'; Zuckerman memorandum, 'Estimates of Civilian Casualties', 6 Apr 1944.
121. Ibid., 'Number of Fatal Casualties' [n.d. but Apr 1944]; 'Casualties among French Civilians Resulting from Rail Centre Attacks'.
122. Warren Kimball (ed), *Churchill & Roosevelt: The Complete Correspondence: Vol III, Alliance Declining* (London: 1984), 122–3, Churchill to Roosevelt, 7 May 1944, and 127, Roosevelt to Churchill, 11 May 1944; Tedder, *With Prejudice*, 531–2.
123. BN, Bulletin de Renseignements, Apr 1944, 16; Bulletin d'Information de la Défense Passive, Aug 1944, 18.
124. SHAA, 3D/322/Dossier 1, 'Tableau des projectiles explosifs lancés de janvier 1942 à aôut 1944'.
125. BN, Bulletin d'Information de la Défense Passive, May 1944, 7–8.
126. Details from BN, Bulletin d'Information de la Défense Passive, June 1944, 1–3, 6–7, 10–11, 13.
127. SHAA, 3D/322/Dossier 1, 'Bombardement de St. Étienne, 26 mai 1944', 4, 7–8; 'Bombardement de Marseille, 27 mai 1944', 1, 4–6; BN, Bulletin d'Information de la Défense Passive, 'Bombardement de Saint-Étienne, 26 mai 1944', 2–4; 'Bombardement de Marseille, 27 mai 1944', 2–5; statistics on human losses

from Georges Ribeill, Yves Machefert-Tassin, *Une Saison en Enfer: Les bombardements des Alliés sur les rails français (1942–1945)* (Migennes: 2004), 142–3.

128. TNA, FO 371/41984, memorandum from the French Commissariat for Foreign Affairs, 'Allied Bombardment of Metropolitan France', 5 May 1944; AIR 19/218, telegram for the War Cabinet from the British chargé d'affaires in Algiers, 8 June 1944. 关于法国抵抗组织更详细的讨论，请参见 Baldoli 和 Knapp 撰写的 *Forgotten Blitzes* 的 233 页至 235 页。
129. FDRL, Map Room Files, Box 73, Deputy Director OSS to the White House, 17 May 1944, encl. OSS Bulletin from Madrid.
130. Baldoli, Knapp, *Forgotten Blitzes*, 29.
131. FDRL, Map Room Files, Box 72, OSS Bulletin, 8 Feb 1944.
132. CCAC, BUFT 3/51, SHAEF Report, 'The Effect of the Overlord Plan to Disrupt Enemy Rail Communications', 1–2.
133. Georges Ribeill, 'Aux prises avec les voies ferrées: bombarder ou saboter? Un dilemme revisité', in Battesti, Facon (eds), *Les bombardements alliés*, 162.
134. TNA, AIR 37/719, Solly Zuckerman, 'Times for Re-Establishment of Traffic through Bombed Rail Centres and Junctions and across Bridges', 11 Aug 1944, 2, and App 9, 11; Ribeill, Machefert-Tassin, *Une Saison en Enfer*, 138–9.
135. Ibid., 153–5, 204; TNA, AIR 37/719, Railway Research Service, London, 'German Military Movements in France and Belgium August 1944', 13 Oct 1944, App B.
136. Steve Darlow, *Sledgehammers for Tintacks: Bomber Command Combats the V-1 Menace 1943–1944* (London: 2002), 195–7.
137. Joachim Ludewig, *Rückzug: The German Retreat from France, 1944* (Lexington, KT: 2012), 23–4.
138. Maud Jarry, 'Le bombardement des sites V en France', in Battesti, Facon (eds), *Les bombardements alliés*, 39–43.
139. TNA, AIR 40/1882, Report from Dewdney (RE8) to Bufton, 15 Apr 1944 'Crossbow – Large Sites'.
140. TNA, AIR 19/218, Sinclair to Portal, 9 July 1944.
141. TNA, AIR 40/1882, Air Marshal Colyer to Director of Intelligence, 2 July 1944; AI Report, 'Examination of "Crossbow" Sites in the Cherbourg Peninsula', 6 July 1944.
142. Jean Quellien, 'Les bombardements pendant la campagne de Normandie', in Battesti, Facon (eds), *Les bombardements alliés*, 61–8.
143. BN, Bulletin de Renseignements, June, July and August 1944; Quellien, 'Les bombardements', 70–71.
144. TNA, AIR 37/761, AEAF HQ, 'Observations of RAF Bomber Command's Attack on Caen July 7 1944', 14 July 1944, 3–5.
145. William Hitchcock, *The Bitter Road to Freedom: A New History of the Liberation of Europe* (New York: 2008), 32–3, 34, 44.
146. USMA, Bradley papers, War Diary, vol 3, entry for 24 July 1944; LC, Spaatz papers, Box 84, USSTAF HQ, 'Report of Investigation of Tactical Bombing, 25 July 1944', 14 Aug 1944, 3–4.

147. USMA, Bradley papers, War Diary, vol 3, entry for 25 July 1944. 据记录，艾森豪威尔曾经说过：“我并不认为它们（战略轰炸机）能够用来支援地面部队。”
148. USMA, Bradley papers, memorandum by Bradley, ‘Combined Air and Ground Operations West of St. Lô on Tuesday 25 July 1944’; Bradley memorandum for the record, 19 Nov 1944.
149. Andrew Knapp, ‘The Destruction and Liberation of Le Havre in Modern Memory’, *War in History*, 14 (2007), 477–82.
150. TNA, AIR 8/842, minute by Portal, 7 Jan 1945; Bottomley to Portal, 9 Jan 1945; Bottomley to Portal, 25 Jan 1945; *Florentin, Quand les Alliés bombardaient la France*, 596–7.
151. Ibid., 597–8.
152. TNA, AIR 40/1720, MAAF Intelligence Division Report, 30 May 1944, 14.
153. Baldoli 和 Knapp 撰写的 *Forgotten Blitzes* 给出的死亡总数是 54631 人；Florentin 撰写的 *Quand les Alliés bombardaient la France*，第 600 至 601 页中给出了官方数字 67 078 人，这个数字貌似是从确认的法国有 13.3 万人死亡，且一半死于轰炸这个数字中推算出来的。Danièle Voldman 认为死亡人数至少是 7 万人，但是并没有分析是如何得出这个数字的。参见 Voldman 撰写的论文 ‘Les populations civiles, enjeux du bombardement des villes (1914–1945)’，这篇文章收录在 Stéphane Audoin-Rouzeau, Annette Becker, Christian Ingrao, Henry Rousso 编写的 *La violence de guerre 1914–1945* (Paris: 2002) 一书的 161 页至 162 页。
154. LC, Spaatz papers, Box 143, Notes by Spaatz for Eisenhower, Apr 1944.
155. LC, Doolittle papers, Doolittle to Spaatz, 10 Aug 1944; Doolittle to Eisenhower, 5 Aug 1944.
156. TNA, AIR 19/218, Portal to Eaker, 3 June 1943.
157. CCO, Portal papers, Folder 9/File 2, Stefan Zamoyski to Peirse, 4 Jan 1941, encl. letter from Polish Army HQ, 30 Dec 1940; Peirse to Sikorski, 15 Jan 1941; Tami Davis Biddle, *Rhetoric and Reality in Air Warfare: The Evolution of British and American Ideas about Strategic Bombing, 1914–1945* (Princeton, NJ: 2002), 191–2.
158. TNA, AIR 19/218, Eden to Sinclair, 7 July 1944; Sinclair to Eden, 15 July 1944; Sinclair to Vice CoS (RAF), 26 July 1944; Richard Levy, ‘The Bombing of Auschwitz Revisited: A Critical Analysis’, *Holocaust and Genocide Studies*, 10 (1996), 268–9, 272–3. See too Michael Neufeld, Michael Berenbaum (eds), *The Bombing of Auschwitz: Should the Allies have Attempted it?* (New York: 2000), 263–4, 266–7, for the full correspondence.
159. TNA, AIR 19/218, Bottomley to ACAS (Intelligence), 2 Aug 1944; V. Cavendish-Bentinck (JIC) to Bottomley, 13 Aug 1944. See too Stuart Erdheim, ‘Could the Allies Have Bombed Auschwitz-Birkenau?’, *Holocaust and Genocide Studies*, 11 (1997), 131–7.
160. David Wyman, *The Abandonment of the Jews: America and the Holocaust 1941–1945* (New York: 1984), 290–91, 295; Levy, ‘The Bombing of Auschwitz Revisited’, 277–8. The McCloy letters of 14 August and 18 November 1944 are reproduced in Neufeld, Berenbaum (eds), *The Bombing of Auschwitz*, 274, 279–80.

161. TNA, AIR 19/218, Richard Law (FO) to Sinclair, 1 Sept 1944; Air Ministry to Spaatz, 1 Sept 1944.
162. Neufeld, Berenbaum (eds), The Bombing of Auschwitz, has 15 papers arguing the case for or against.
163. AFHRA, Disc MAAF 233, Economic Warfare Division to Maj. Ballard, NAAF, 'Strategic Target Priority List', 16 Dec 1943. OŚwięim was number 14 out of 15 priority targets.
164. Joseph White, 'Target Auschwitz: Historical and Hypothetical German Responses to Allied Attack', *Holocaust and Genocide Studies*, 16 (2002), 58–9; Randall Rice, 'Bombing Auschwitz: US 15th Air Force and the Military Aspects of a Possible Attack', *War in History*, 6 (1999), 205–30.
165. Norman Davies, Rising '44: *The Battle for Warsaw* (London: 2003), 310–11.
166. TNA, AIR 8/1169, Portal to Slessor, 5 Aug 1944; Slessor to Portal, 6 Aug 1944; Slessor to Portal, 9 Aug 1944.
167. Ibid., AMSSO to British Mission, Moscow, 8 Aug 1944; Slessor to Portal, 16 Aug 1944. See too Halik Kochanski, *The Eagle Unbowed: Poland and the Poles in the Second World War* (London: 2012), 419.
168. TNA, AIR 8/1169, Despatches from MAAF on Dropping Operations to Warsaw [n.d.]; Davies, *Rising* '44, 311; Kochanski, *Eagle Unbowed*, 408–11. 成功空投的物资包括 450 万发子弹，1.4 万枚手雷，250 挺反坦克枪和 1000 把司登冲锋枪。
169. TNA, FO 898/151, PWE, 'Rumanian Policy', 2 Dec 1943; PWE minute, 'Air Attack on Bucharest', 20 Mar 1944.
170. C. O. Richardson, 'French Plans for Allied Attacks on the Caucasus Oil Fields January–April 1940', *French Historical Studies*, 8 (1973), 136–42; Ronald Cooke, Roy Nesbit, *Target: Hitler's Oil. Allied Attacks on German Oil Supplies 1939–45* (London: 1985), 25–8, 37–8.
171. TNA, AIR 9/138, Air Ministry (Plans) for the CAS, 'Appreciation on the Attack of the Russian Oil Industry', 2 Apr 1940, 1–2; memorandum by Air Ministry (Plans), 'Russian Oil Industry in the Caucasus', 30 May 1940.
172. Ibid., 'Memorandum on the Russian Petroleum Industry in the Caucasus', App E, 'Calculation of Effort'; Cooke, Nesbit, *Target: Hitler's Oil*, 49–51.
173. TNA, 9/138, letter from E. A. Berthoud (British Embassy, Cairo) to HQ RAF Middle East, 13 June 1941; Air Ministry (Plans) to HQ RAF Middle East, 13 June 1941; Air Ministry to British C-in-C (India) [n.d. but June 1941].
174. TNA, PREM 3/374/6, HQ RAF Middle East to Air Marshal Evill, 14 June 1942.
175. TNA, FO 898/176, PWB, Allied Forces HQ, 'Psychological Warfare in the Mediterranean Theater', 31 Aug 1945, 4–5, 15.
176. LC, Spaatz papers, Box 157, Col. Earl Thomson to Director of Intelligence, USSTAF Europe, 1 Feb 1944.
177. Ibid., Box 157, Carl Spaatz article for *Air Force Star*, 'Leaflets: An Important Weapon of Total War', 5.
178. Ibid., Box 157, Lt. Col. Lindsey Braxton to Spaatz [n.d. but Feb 1944]; Thomson to Director of Intelligence, USSTAF, 1 Feb 1944. 整包传单掉落的例子参见 TNA, FO 898/437, H. Knatchbull-Hugesson (British Embassy, Ankara)

to Ministry of Information, 18 Jan 1944, on Bulgarian leaflets。

179. TNA, FO 898/176, 'Psychological Warfare in the Mediterranean Theater', 31 Aug 1945, 14; FO 898/318, Dr Vojacek to PWE, 19 Feb 1943; Dr Vojacek to PWE, 11 Jan 1943.
180. TNA, FO 898/318, memorandum by Elizabeth Barker (PWE), 'Probable Effects of Intensified Large-Scale Bombing of Densely Populated Areas in South-Eastern Europe', 26 Jan 1944; PWE memorandum, 'The Bombing of Romania, Austria, Czechoslovakia and Jugoslavia' [n.d.].
181. TNA, FO 898/318, PWE Regional Director (Czechoslovakia) to Calder, 25 Jan 1944.
182. TNA, FO 898/437, Wing Commander Burt-Andrews to Elizabeth Barker, 10 Dec 1943; FO 898/318, Barker memorandum, 26 Jan 1944, 2.
183. Charles Webster, Noble Frankland, T*he Strategic Air Offensive Against Germany, 1939–1945*, 4 vols (London: 1961), vol 4, 508–9, 518.
184. TNA, AIR 20/3238, HQ RAF Middle East to Air Ministry, 26 Apr 1942; Air Ministry memorandum, 'Tactical Appreciation on the Interruption of Axis Supplies of Oil from Romania', 21 Dec 1942; Churchill to Portal, 28 Feb 1943; Portal to Churchill, 9 Mar 1943.
185. TNA, PREM 3/374/6, Churchill to Eden, 10 Mar 1943; Ismay to Churchill, 18 May 1943; Eisenhower to CCS, 25 May 1943.
186. TNA, AIR 20/3238, Air Ministry to Mediterranean Air Command, 31 May 1943; Portal to Tedder, 2 June 1943.
187. TNA, AIR 20/3238, Eisenhower to CCS, 25 May 1943; PREM 3/374/6, minute by Ismay, 19 June 1943; Ismay to Churchill, 23 June 1943.
188. TNA, AIR 20/3238, Lt. Col. W. Forster to E. Berthoud (Cairo Embassy), 3 Aug 1943.
189. Cooke, Nesbit, *Target: Hitler's Oil*, 86–7.
190. TNA, AIR 20/3238, HQ RAF Middle East to Air Ministry, 3 Aug 1943; Report, 'Bombing of Roumanian Oilfields', 9 Aug 1943. For details of both raids see Wesley F. Craven, James L. Cate, *The Army Air Forces in World War II: Europe: Torch to Pointblank* (Chicago, IL: 1949), 481–4; Cooke, Nesbit, *Target: Hitler's Oil,* 89–96.
191. TNA, AIR 20/3238, H. Knatchbull-Hugesson to the Foreign Office, 8 Aug 1943.
192. AFHRA, Disc MAAF/233, HQ MAAF, 'Notes on Strategic Bombardment Conference, Gibraltar, 8–10 November 1943', 11 Nov 1943, 2; Richard G. Davis, *Bombing the European Axis Powers: A Historical Digest of the Combined Bomber Offensive, 1939–1945* (Maxwell AFB, AL: 2006), 322–4.
193. FDRL, Map Room Files, Box 136, Arnold to Spaatz, 17 Mar 1944; CoS to Wilson and Spaatz, 22 Mar 1944; AFHRA, Disc MAAF/233, Air Ministry to Eaker, 11 Apr 1944.
194. *Akten zur Deutschen auswärtigen Politik: Serie E, Band VIII: 1 Mai 1944 bis 8 Mai 1945* (Göttingen: 1979), 99–100, Joachim von Ribbentrop to Bucharest Embassy, 6 June 1944.
195. *ADAP: Serie E, Band VIII*, 114, OKW to Ambassador Ritter, 7 June 1944 (appointment from 4 June 1944).

196. TNA, AIR 23/7776, Fifteenth Air Force, 'The Air Battle of Ploesti', Mar 1945, 2, 6, 61–8, 81.
197. Cooke, Nesbit, *Target: Hitler's Oil*, 105–6; AFRHA, Disc MAAF/233, HQ MAAF, Operation Order for Mining the Danube, 25 Apr 1944.
198. *ADAP: Serie E, Band VIII*, 383–4, Budapest Embassy to the German Foreign Office, 30 Aug 1944; Karl-Heinz Frieser (ed), *DRZW: Band 8: Die Ostfront 1943/44* (Stuttgart: 2007), 782–800.
199. NARA, RG 107, Lovett papers, Box 28, Eaker to Robert Lovett, 18 Sept 1944; FDRL, President's Secretary's Files, Box 82, Arnold to Roosevelt, 22 Sept 1944.
200. TNA, WO 204/1068, Air Ministry to Air Force HQ, Algiers, 4 Apr 1944.
201. AFHRA, MAAF/233, HQ MAAF, Intelligence Section, 'The Balkan Situation – Possibilities of Air Attack', 24 Apr 1944, 13.
202. Ibid., Portal to Spaatz and Wilson, 30 May 1944.
203. NARA, RG 107, Box 28, Eaker to Lovett, 18 Sept 1944, 2–3; Davis, Bombing the European Axis Powers, 323.
204. AFHRA, Disc MAAF/233, HQ MAAF, Intelligence Section, 'Priority List of Strategic Targets in MAAF Area', 31 July 1944.
205. Ibid., HQ MAAF, Operational Instruction 111, 21 Mar 1945, 1–2.
206. Ibid., HQ MAAF, cypher message to all air staff, 24 Apr 1944. See too John Deane, *The Strange Alliance: The Story of American Efforts at Wartime Co-operation with Russia* (London: 1947), 128–9.
207. TNA, AIR 20/3229, HQ MAAF to Air Ministry, 9 Nov 1944; JSM Washington to AMSSO (Moscow), 19 Nov 1944; Deane, *The Strange Alliance*, 132–4.
208. TNA, AIR, 20/3229 Spaatz to Arnold, 29 Nov 1944; US Joint Chiefs to John Deane, Military Mission, Moscow; Joint Planning Staff memorandum, 'Co-ordination of Allied Operations', 23 Jan 1945.
209. FDRL, President's Secretary's Files, Box 82, Arnold to Roosevelt, 17 Sept 1944, 2.
210. Gordon Daniels (ed), *A Guide to the Reports of the United States Strategic Bombing Survey* (London: 1981), xxii; Wagenführ story in John K. Galbraith, *A Life in Our Times: Memoirs* (London: 1981), 235–6.
211. See e.g. Maria Bucur, *Heroes and Victims: Remembering War in Twentieth-Century Romania* (Bloomington, IN: 2009), 198–9, 212–13.
212. A. Korthals Altes, *Luchtgevaar: Luchtaanvallen op Nederland 1940–1945* (Amsterdam: 1984), 332.
213. http://www.groningerarchieven.nl 'Groningers gedood door Engelse-bommen'.
214. Altes, *Luchtgevaar*, 332.
215. TNA, FO 898/312, Foreign Office to Brigadier Brooks (PWE), 14 Feb 1942.
216. TNA, AIR 9/187, Slessor (ACAS) to all air commands, 29 Oct 1942, 'Bombardment Policy', 3.
217. Pieter Serrien, *Tranen over Mortsel: De laatste getuigen over het zwaarste bombardement ooit in België* (Antwerp: 2008), 12–19. See too the report in TNA, ADM 199/2467, NID, minute on bombing of Antwerp, 20 Apr 1943.
218. TNA, AIR 40/399, HQ VIII Bomber Command, ORS Report on 5 Apr 1943 operations, 18 May 1943.
219. Serrien, *Tranen over Mortsel*, 41, from an anonymous letter on the bombing.

220. TNA, FO 898/312, Foreign Office to Director of Political Warfare (Operations), 9 Apr 1943.
221. TNA, AIR 19/218, Sinclair to Portal, 30 Apr 1943; Sinclair to Portal, 3 May 1943; Air Marshal Evill to Eaker, 10 May 1943, encl. App A, 'Targets in Occupied Countries Recommended for Attack by the Eighth Air Force'; Air Ministry to Harris, 21 May 1943.
222. TNA, AIR 19/218, Portal to Eaker, 3 June 1943; Sinclair to Eden, 5 June 1943; Eden to Sinclair, 11 June 1943.
223. Ibid., draft leaflet, 'An Urgent Warning to the Belgian People', 16 June 1943; Bottomley to Harris and Eaker, 25 June and 15 July 1943; E. Micheils van Verduyren (Netherlands FO) to Sir Nevile Bland (British ambassador), 23 June 1943.
224. Joris van Esch, 'Restrained Policy and Careless Execution: Allied Strategic Bombing on The Netherlands in the Second World War', US School of Advanced Military Studies, Fort Leavenworth, KS (2011), 35–6.
225. Altes, *Luchtgevaar*, 167–9.
226. LC, Eaker papers, Box I/20, Eaker to Portal, 28 Jul 1943; TNA, AIR 19/218, Portal to Eaker, 25 Jul 1943.
227. Pieter Serrien, 'Bombardementen in België tijdens WOII', in http://pieterserrien.wordpress.com/2010/10/11.
228. Esch, 'Restrained Policy and Careless Execution', 37–8.
229. B. A. Sijes, *De Razzia van Rotterdam 10–11 November 1944* (Gravenhage: 1951), 27–9.
230. On aircraft see Overy, 'The Luftwaffe and the European Economy', 58–60.
231. NARA, T901, Roll 2018, Reichsgruppe Industrie, 'Anlagen zu den Ergebnissen der Industrieberichterstattung: Belgien, Oktober 1943'; ibid., 'Niederlande, November 1943'.
232. Altes, *Luchtgevaar*, 334–6.
233. Netherlands Institute of War Documentation, Amsterdam, File 222, *Haagische Courant*, 30 May 1944; *Het Nieuws van den Dag*, 30 Jan 1942.
234. TNA, FO 898/234, Stockholm Despatch to PWE, 25 Nov 1943.（文章内容基于一位访问瑞典的荷兰游客。）
235. AFHRA, US Strategic Air Forces in Europe, 519.12535, 'Heavy Bombers: Targets in Low Countries'.
236. Serrien, 'Bombardementen in België', 2–3.
237. Esch, 'Restrained Policy and Careless Execution', 39–44; Altes, *Luchtgevaar*, 189–98, 203–2. 这 800 人中，包括列为失踪的人员、伤重不治的人员和一些德国人。
238. LC, Spaatz papers, Box 157, PWB chief, Leaflet Section, to Bruce Lockhart (PWE), 22 Apr 1944; Esch, 'Restrained Policy and Careless Execution', 43–4.
239. Henrik Kristensen, Claus Kofoed, Frank Weber, *Vestallierede luftangreb i Danmark under 2. Verdenskrig*, 2 vols (Aarhus: 1988), vol 2, 731–2.
240. Ibid., 742–3, 745–7, 748.
241. LC, Spaatz papers, Box 67, 'Status of Combined Bomber Offensive: First Phase, April 1–August 31 [1943]'.

242. TNA, AIR 2/8002, memorandum by the Norwegian Minister of Foreign Affairs, 1 Dec 1943; Laurence Collier (FO) to Eden, 26 Nov 1943.
243. Ibid., Air Ministry, 'Priority Targets in Norway' [n.d. but Apr 1944]; Norwegian High Command, 'Comments on Priority Targets in Norway', 31 May 1944.
244. Ibid., Norwegian Embassy to Air Ministry, 2 Nov 1944; Norwegian Embassy to Collier, 13 Dec 1944; Maurice Dean (Air Ministry) to Foreign Office, 11 Jan 1945; on the raid, Martin Middlebrook, Chris Everitt, *The Bomber Command War Diaries* (Leicester: 2000), 609.
245. AFHRA, Disc MAAF/233, HQ MAAF, Intelligence Section, 'V-Weapons', 27 Mar 1945; Altes, *Luchtgevaar*, 302–3; TNA, AIR 37/999, SHAEF Air Defense Division, 'An Account of the Continental Crossbow Operation 1944–1945', 1, 13.
246. Serrien, 'Bombardementen in België', 3.
247. CCAC, Hodsoll papers, HDSL 5/4, Sir John Hodsoll, 'Review of Civil Defence 1944', 1, 13; TNA, AIR 37/999, 'Continental Crossbow', 24.
248. TNA, AIR 37/999, SHAEF, 'Continental Crossbow', 7–9, 19–20, 23.
249. Serrien, 'Bombardementen in België', 1, 3–4.
250. Altes, *Luchtgevaar*, 293; Esch, 'Restrained Policy and Careless Execution', 45–7.
251. Altes, *Luchtgevaar*, 324; Esch, 'Restrained Policy and Careless Execution', 5. 8000人死亡这个数字是由位于阿姆斯特丹的 Netherlands Institute of War Documentation 推算的。这个数字并不确切，主要是因为难以区分有多少人死于轰炸，有多少人死于炮击或者是飞机低空扫射。
252. TNA, AIR 2/7894, Arthur Street (Air Ministry) to Orme Sargent (FO), 'Draft Broadcast to the Dutch People', 21 Mar 1945; E. Michiels van Verduynen (Dutch ambassador) to Eden, 15 June 1945.
253. Ibid., Street to Alexander Cadogan (FO), 30 June 1945.
254. Ibid., Mary C. van Pesch-Wittop Koning to King George VI, 20 Dec 1945.
255. Ibid., A. Rumbold (FO) to M. Low (Air Ministry), 4 Mar 1946; Low to Rumbold, 18 Mar 1946.
256. TNA, AIR 19/218, Sinclair to Eden, 5 June 1943; Eden to Sinclair, 11 June 1943.

第三部分 “最严重的失算”？

第十章 轰炸的得与失

1. John K. Galbraith, *A Life in Our Times: A Memoir* (London: 1981), 219, 240.
2. LC, Spaatz papers, Box 84, Brig. Gen. John Samford to USAAF Director of Information, 20 Sept 1946.
3. UEA, Zuckerman Archive, SZ/BBSU/29, ACAS (Ops) to Zuckerman, 'Comments by Sir John Slessor', 14 Jan 1947, 1–2.
4. Royal Society, London, Blackett papers, PB/4/4, 'Note on the Use of the

Bomber Force' [spring 1942], 1.

5. TNA, AIR 20/8693, Testimony of Hermann Wilhelm Göring at Nürnberg, 6 Apr 1945, interrogation by Hilary St George Saunders (a later official historian of the RAF).
6. LC, Spaatz papers, Box 134, USSBS Interview no. 8, Lt. Gen. Karl Koller, 23–24 May 1945, 3.
7. UEA, Zuckerman Archive, SZ/BBSU/29, 'Comments by Sir John Slessor', 3.
8. TNA, AIR 14/739A, Portal to Harris, 4 Mar 1944; HQ Bomber Command, Air Intelligence Section, 'Progress of RAF Bomber Offensive Against German Industry', 19 Feb 1944, 4.
9. LC, Spaatz papers, Box 134, Excerpt from the Interrogation of General Koller, 25 Sept 1945, 3.
10. UEA, Zuckerman Archive, SZ/BBSU/28, minute for Air Commodore Pelly, 3 Jan 1946.
11. TNA, AIR 14/1779, Air Warfare Analysis Section paper, Feb 1945, 1.
12. CamUL, Andrew Boyle papers, Add 9429/2c, Conversation with Harris, 18 July 1979.
13. Michael Neufeld, 'The Guided Missile and the Third Reich: Peenemünde and the Forging of a Technological Revolution', in Monika Renneberg, Mark Walker (eds), *Science, Technology and National Socialism* (Cambridge: 1994), 64–6.
14. NARA, RG 107/138, Statistical Control Division, 'One Million Tons of Bombs', 30 Sept 1944.
15. UEA, Zuckerman Archive, SZ/BBSU/58, Bottomley (DCAS) to Portal, 3 Apr 1945, 'Area Bombing', 1.
16. Royal Society, London, Blackett papers, PB/4/2, John Jewkes to Blackett, 3 Oct 1939, encl. 'A Note on Economic Intelligence Service in Connection with Air Warfare', 2, 4.
17. LC, Spaatz papers, Box 134, USSBS Interview no. 8, 2.
18. NC, Cherwell papers, G195, Cherwell to Churchill, 6 Nov 1942.
19. UEA, Zuckerman Archive, SZ/BBSU/103, Nicholas Kaldor, 'The Nature of Strategic Bombing' [n.d. but 1945].
20. Ibid., 4.
21. Ibid., SZ/BBSU/1, Interview with Kesselring, 23 Aug 1945, 3.
22. Ibid., SZ/BBSU/90, Transcript of conversation between Lord Zuckerman and Albert Speer, Heidelberg, 28–29 Aug 1974, 4, 6; Notes of a meeting with Albert Speer, 28–29 Aug 1974, 4–6.
23. Royal Society, London, Blackett papers, PB/4/2, Note by P. S. Blackett, 18 July 1936, 2.
24. CCO, Portal papers, Folder 2/File 2, Churchill to Portal, 7 Oct 1941, 2.
25. UEA, Zuckerman Archive, SZ/BBSU/29, 'Comments by Sir John Slessor', 2.
26. NC, Cherwell papers, G193, Cherwell to Tizard, 22 Apr 1942; G192, 'City of Birmingham: Effects of Air Raids on Dwelling House Property', 12 Feb 1942.
27. UEA, Zuckerman Archive, SZ/BBSU/29, 'Comments by Sir John Slessor', 2.
28. Steven Brakman, Harry Garretsen, Marc Schramm 撰写的论文 'The Strategic Bombing of German Cities during World War II and its Impact on City Growth',

被收录在*Journal of Economic Geography*, 2004年第4期，第201页至218页，文章的结论认为从德意志联邦共和国获得的证据表明“大规模暂时性的冲击至多只有暂时性的作用”。

29. FDRL, Map Room Files, Box 72, OSS Report 49, ‘Germany: Air Bombardment and Morale’, 11 Aug 1943; Report 60, 17 Sept 1943.
30. Ibid., OSS Report 76, Bern station, ‘Germany: Problems of the Bombed-Out Refugees’, 15 Nov 1943; Report 89, Bern station, ‘Germany’, 21 Dec 1943.
31. UEA, Zuckerman Archive, SZ/BBSU/29, Bottomley to Air Marshal William Dickson, 8 Feb 1947, 7 Feb 1947; ‘Comments by Sir John Slessor’, 2.
32. John Deane, *The Strange Alliance: The Story of American Efforts at Wartime Co-operation with Russia* (London: 1947), 37. Deane 在 1943 年底访问了斯大林格勒，据他说，他被安置在这座城市唯一一座没有倒塌的建筑里。
33. British Red Cross Society Archive, London, J/WO/1/2/2, War Organisation, Second Annual Report, 2.
34. Hans Nossack, *The End: Hamburg 1943* (Chicago, IL: 2004), 41.
35. LSE, Fellowship of Reconciliation papers, Box 16, letter from R. R. Stokes to the Sunday Dispatch, 29 Dec 1943.
36. LC, Eaker papers, Box I.30, MAAF Intelligence Section, ‘What is the German Saying?’, item (c), 11 Nov 1944.
37. Ibid., item (i), lieutenant, German Air Force Artillery, 4 Aug 1944.
38. FDRL, Map Room Files, Box 72, OSS Report 50, Bern station, 12 Aug 1943.
39. TNA, FO 371/28541, British Embassy, Bern, to the Foreign Office (French desk), 31 July 1941, encl. memorandum on bombing French industry.
40. TNA, AIR 19/217, War Cabinet memorandum, ‘Bombardment Policy in France’, 24 July 1940.
41. Foreign & Commonwealth Office, *Churchill and Stalin: Documents from the British Archives* (London: 2002), doc 29, Conversation between Mr Churchill and Marshal Stalin, 12 Aug 1942, 4.
42. Ibid., doc 30, Aide-Mémoire by Mr Stalin to Mr Churchill and Mr Harriman.
43. LC, Spaatz papers, Box 84, Spaatz to Doolittle, 26 Jan 1944.
44. USMA, Bradley papers, War Diary, vol 3, 25 July 1944.
45. LC, Doolittle papers, Box 18, Doolittle to Spaatz, 10 Aug 1944, 2.
46. See the study by Frederick Sallagar, *The Road to Total War* (New York: 1969), esp. ch 11, ‘Pressures for Escalation’.
47. Conrad C. Crane, ‘Evolution of U.S. Strategic Bombing of Urban Areas’, *Historian*, 50 (1987), 23–5, 31–2.
48. TNA, AIR 40/1882, DoI memorandum, ‘Crossbow Retaliations’, 3 July 1944; Colyer to DoI, 2 July 1944.
49. AFHRC, Disc MAAF 233, Director of Operations, Mediterranean Allied Air Forces, ‘Bombardment Policy’, 21 Mar 1945, 1.
50. 关于这一点仍有许多争论，主要是由于不实的论点即 1923 年制定的《海牙空战行为规则》从未得到批准，或是设防城镇缺乏“不设防城镇”的豁免权这些说法造成的。1907 年起草的《海牙现行战争规则公约》明确规定，现行战争规则将故意破坏平民生命和财产的战争行为定义为非法行为。See Timothy McCormack, Helen Durham, ‘Aerial Bombardment of Civilians: The

Current International Legal Framework', in Yuki Tanaka, Marilyn Young (eds), *Bombing Civilians: A Twentieth-Century History* (New York: 2009), 218–19, 228–30; Igor Primoratz, 'Can the Bombing be Morally Justified?', in idem (ed), *Terror from the Sky: The Bombing of German Cities in World War II* (Oxford: 2010), 113–30; Anthony Grayling, *Among the Dead Cities: Was the Allied Bombing of Civilians in World War II a Necessity or a Crime?* (London: 2005), 271–81. 有必要思考这一问题：假如蒙哥马利的部队 1945 年来到汉堡市的时候，用机枪杀害了 3.7 万名当地平民，这是合法的吗？盟军部队不应随意杀害平民，除非他们是间谍或者零星的抵抗者。

51. Richard Overy, 'The Nuremberg Trials: International Law in the Making', in Philippe Sands (ed), *From Nuremberg to The Hague: The Future of International Criminal Justice* (Cambridge: 2003), 10–11.
52. *Geneva Conventions of August 12, 1949, for the Protection of War Victims* (Washington, DC: 1949), 164–9; Adam Roberts, R. Guelff (eds), *Documents on the Laws of War*, 3rd edn (Oxford: 2000), 419–21; M. Bothe, K. J. Partsch, W. A. Solf (eds), *New Rules for Victims of Armed Conflicts: Commentary on the Two 1977 Protocols Additional to the Geneva Convention of 1949* (The Hague: 1982), 274–80, 292–318; International Committee of the Red Cross, *Protocols Additional to the Geneva Convention of 12 August 1949* (Geneva: 1977), 34–9.
53. FHA, Foley papers, Mss 448, Box 1/5, J. M. Spaight, 'Bombing Policy', 12 Sept 1941.
54. Ibid., Box 1/1, Rev. Canon F. Cockin to Thomas Foley, 1 Oct 1941.
55. RAFM, Peirse papers, AC 71/13/61–2, speech to the Thirty Club, 25 Nov 1941, 11.

后 记 经验和教训的得与失：战后世界的轰炸

1. Lord Tedder, 'Air Power in War: The Lees Knowles Lectures', Air Ministry pamphlet 235, Sept 1947, 13.
2. USMA, Lincoln papers, Box 5, File 5/2, Presentation to the President by Maj. Gen. Lauris Norstad, 29 Oct 1946, 'Postwar Military Establishment', 11. Also 5, 'future war' will be 'truly total', and 6, 'We must prepare for total war.'
3. USMA, Lincoln papers, Box 5, File 5/3, 'Industrial Mobilization', lecture to the General Session of the National Industrial Conference Board, 28 May 1947.
4. Tedder, 'Air Power and War', 12–13; USMA, Lincoln papers, Box 5, File 5/2, address by Lauris Norstad, National War College, 'U.S. Vital Strategic Interests', 22 Nov 1946, 2 (emphasis in both originals).
5. RAFM, Bottomley papers, AC 71/2/97, Director of Command and Staff Training to Bottomley, 23 Apr 1947; TNA, AIR 20/6361, Air Ministry Exercise Thunderbolt, vol I, Aug 1947, foreword by Lord Tedder; UEA, Zuckerman Archive, SZ/BBSU/3/75, Exercise Thunderbolt, Joining Instructions, Pt II.
6. UEA, Zuckerman Archive, SZ/BBSU/3/75, Exercise Thunderbolt: Precis Folder, 10–17 Aug 1947; on the economy, TNA, AIR 20/6361, Air Ministry Exercise Thunderbolt, Presentation and Report, vol II, item 20: 'neither the day nor the night offensive succeeded in their strategic task of destroying the enemy's

economy'.

7. Tedder, 'Air Power and War', 13, See too TNA, AIR 20/6361, Exercise Thunderbolt, vol II, item 20, 130.
8. RAFM, Bottomley papers, B2318, 'Thunderbolt Exercise: Note on the Potentialities of Biological Warfare', 13 Aug 1947; Note by Bottomley [n.d. but Aug 1947].
9. USMA, Lincoln papers, Box 5, 5/2, Somervell address, 'Industrial Mobilization', 7.
10. Ibid., Box 5, 5/2, Draft address by Gen. Wedemeyer to the National War College on 'Strategy', 15 Jan 1947, 4, 16, 21.
11. Ibid., Box 5, 5/2, Norstad, 'Presentation Given to the President', 27 Oct 1946, 1, 6.
12. Ibid., Box 5, 5/3, Maj. Gen. O. Weyland, Air Force-Civilian Seminar, Maxwell AFB, 20 May 1947.
13. Warren Kozak, *LeMay: The Life and Wars of General Curtis LeMay* (Washington, DC: 2009), 277–81.
14. TNA, AIR 8/799, Air Ministry (Plans), memorandum for the Defence Committee, 16 Oct 1946, 1.
15. D. A. Rosenberg, 'American Atomic Strategy and the Hydrogen Bomb Decision', *Journal of American History*, 66 (1979), 68.
16. TNA, DEFE 10/390, Joint Inter-Service Group for Study of All-Out Warfare (JIGSAW) papers, minutes of meeting 23 Feb 1960, 1–2; meeting 2 June 1960, 1; meeting 4 Aug 1960, 2.
17. Kenneth Hewitt, 'Place Annihilation: Area Bombing and the Fate of Urban Places', *Annals of the Association of American Geographers*, 73 (1983), 278–81.
18. On Britain see Nick Tiratsoo, 'The Reconstruction of Blitzed British Cities 1945–55: Myths and Reality', *Contemporary British History*, 14 (2000), 27–44; Stephen Essex, Mark Brayshay, 'Boldness Diminished? The Post-War Battle to Replan a Bomb-Damaged Provincial City', *Urban History*, 35 (2008), 437–61.
19. Jeffry Diefendorf, *In the Wake of War: The Reconstruction of German Cities after World War II* (New York: 1993), 14–15.
20. LSE archive, Women's International League of Peace and Freedom papers, 2009/52/3, Mary Phillips (Women's International League), 'Germany Today: Report on Visit to British Zone May 9 to 27 1947', 2–3, 5.
21. Leo Grebler, 'Continuity in the Rebuilding of Bombed Cities in Western Europe', *American Journal of Sociology*, 61 (1956), 465–6.
22. LC, Eaker papers, Box I.30, MAAF Intelligence Section, 'What is the German Saying?', recording 'G'.
23. Fred Iklé, *The Social Impact of Bomb Destruction* (Norman, OK: 1958), 213–15, 218–20.
24. Cited in Tiratsoo, 'The Reconstruction of Blitzed British Cities', 28.
25. Ibid., 36.
26. Grebler, 'Continuity in Rebuilding', 467–8.
27. Steven Brackman, Harry Garretsen, Marc Schramm, 'The Strategic Bombing of German Cities during World War II and its Impact on City Growth', *Journal of Economic Geography*, 4 (2004), 205, 212.

28. Grebler, ‘Continuity in Rebuilding’, 467.
29. Nicola Lambourne, ‘The Reconstruction of the City’s Historic Monuments’, in Paul Addison, Jeremy Crang (eds), *Firestorm: The Bombing of Dresden, 1945* (London: 2006), 151–2, 156–60.
30. Andreas Huyssen, ‘Air War Legacies: From Dresden to Baghdad’, in Bill Niven (ed), *Germans as Victims* (Basingstoke: 2006), 184–9; Peter Schneider, ‘Deutsche als Opfer? Über ein Tabu der Nachkriegsgeneration’, in Lothar Kettenacker (ed), *Ein Volk von Opfern? Die neue Debatte um den Bombenkrieg 1940–1945* (Berlin: 2003), 158–65.
31. Mark Connelly, Stefan Goebel, ‘Zwischen Erinnerungspolitik und Erinnerungskonsum: Der Luftkrieg in Grossbritannien’, in Jörg Arnold, Dietmar Süss, Malte Thiessen (eds), *Luftkrieg: Erinnerungen in Deutschland und Europa* (Göttingen: 2009), 55–60, 65.
32 感谢 Dobrinka Parusheva 教授向我提供关于保加利亚抗议的讯息。

致谢

这本书在很大程度上要归功于艺术人文研究理事会和利华休姆信托基金会，这两个机构 2007 年 10 月第一次为“轰炸西欧国家和人民”这一研究课题提供资助，当时我在埃克塞特大学协助指导了这个课题。2010 年至 2011 年这两家机构又资助了一整年的学术研究经费，让我能够完成本书绝大多数档案收集整理工作，并开始写作。在这里，我要感谢埃克塞特大学，批准我专门拿出几个学期的时间进行这个课题的研究。此外，我还要感谢艺术人文研究理事会负责该课题的团队给予的帮助和支持，他们是 Claudia Baldoli、Vanessa Chambers、Lindsey Dodd、Stephan Glienke、Andy Knapp 和 Marc Wiggam。我希望这部研究成果，能够向他们证明，我们多次在一起组织的集思广益、热火朝天的讨论没有白费。最后我还要感谢 Claire Keyte，感谢她在运作这个艺术人文研究理事会的课题和后续事务时，提供的慷慨帮助。

在这本书的准备和写作过程中，我获得了很多人的帮助，也得到了很多建议和批评。我要特别感激帮助我寻找或翻译档案材料的那些人。Matthias Uhl 博士花费了很多时间从存放在莫斯科的德国和苏联档案中帮我搜寻、整理资料。因此，我非常感谢他和他那些无名的助手。俄语材料是由 Olesya Khromeychuk 和 Elena Minina 翻译成英文的，我也要向她们致以我深深的谢意。我还要感谢索非亚的 Dobrinka Parusheva 教授和 Vladislava Ibberson 教授的帮助，让我能够获得保加利亚轰炸情况的相关材料，并且 Vladislava Ibberson 教授还将这些材料翻译成英语。在赫尔辛基工作的 Anu Heiskanen 博士向我提供了有关苏联轰炸芬兰的材料，而 Joris van Esch 少校在美国军事学院期间给我提供了鹿特丹轰炸的材料。Pieter Serrien 向我毫不保留地提供了轰炸比利时的资料。我还要一如既往地感谢我所访问过的许多档案馆向我提供的帮助，不过，令人惊讶的是，马里兰州大学公园市（College Park）的美国国家档案馆，仍然是研究人员的噩梦。

在撰写这本书的过程中，我还得到了很多人的这样或者那样的帮助，比如向我提供了材料、信息或者建议。特别要感谢下面几位：Martin Alexander、Monika Baar、Maria Bucur、Nicholas Chapman、Sebastian Cox、Jeremy Crang、Juliet Gardiner、Jim Goodchild、Hein Klemann、Sergei Kudryashov、James Mark、Phillips O'Brien、Anna Reid、Matthias Reiss、Laura Rowe、Nick Terry、Martin Thomas 和 Richard Toye。这里，也一并向我在埃克塞特大学的学生们致谢，感谢他们在过去五年学习我讲授的关于轰炸史的课程，使我这门课的教学成为一种享受。他们也经常激发我从不同的角度思考问题，或者重新研究那些被认为是理所当然的事实。我希望他们能在本书找到我们相互交流的内容。最后，对于本书中仍然存在的错误，我是唯一应该受到责备的人。

最后，我要感谢我的出版代理 Gill Coleridge 和她的助理 Cara Jones 的热情支持。在这里我一如既往地感谢企鹅出版社的团队——Simon Winder、Richard Duguid、Penny Vogler——以及本书的编辑 Richard Mason，感谢他们最后对我的手稿进行了润色和修改。

参考文献

1. 档案资料

英　国

Air Historical Branch, Northolt, Middlesex
AHB narratives
German document translations, vols I–XII
Bodleian Library, Oxford
Gilbert Murray papers
Arthur Ponsonby papers
Richard Stokes papers
Camden Local Studies Centre
Hampstead Metropolitan Borough Civil Defence papers
Holborn Borough records
St Pancras Borough records
Christ Church, Oxford
Portal papers
Denis Richards Archive
Churchill College Archive Centre, Cambridge
Sidney Bufton papers
Chartwell Archive
Malcolm Christie papers
Winston S. Churchill papers
A. V. Hill papers

John Hodsoll papers
Hull History Centre
Civil Defence papers
Edgar Young papers
Imperial War Museum, London
Enemy Document Section papers
Italian Series (Air Force), Boxes 1–25
Erhard Milch documents
Speer Collection, German private firms
Speer Collection, Hamburg and Flensburg series
London Metropolitan Archive, Clerkenwell
Air Raid Precautions: London Region
Civil Defence papers
London School of Economics
Hugh Dalton papers
Fellowship of Reconciliation papers
National Peace Council
Peace Pledge Union papers
Women's International League of Peace and Freedom
The National Archives, Kew, London
Admiralty
Air Ministry
Defence Ministry
Foreign Office (Ministry of Economic Warfare, Political Warfare Executive)
Home Office
Metropolitan Police
Ministry of Aircraft Production
Ministry of Health
Ministry of Home Security
Ministry of Information
Ministry of Supply
Prime Minister's papers
John Slessor papers
War Office
National Library of Wales, Aberystwyth
H. Stanley Jevons papers
Nuffield College, Oxford
Lord Cherwell papers
Parliamentary Archive, Westminster
Harold Balfour papers
Beaverbrook papers
RAF Museum, Hendon, London
Norman Bottomley papers
Sholto Douglas papers
Arthur Travers Harris papers

Trafford Leigh-Mallory papers
Richard Peirse papers
Robert Saundby papers
Arthur Tedder papers
Royal Society, London
Patrick Blackett papers
Tyne and Wear Archive, Discovery Museum, Newcastle
Civil Defence records (Gateshead, Newcastle, Sunderland, Whitley Bay)
University of East Anglia, Special Collections
Solly Zuckerman Archive
University Library, Cambridge
Baldwin papers
Anthony Boyle papers, interviews with Arthur Harris
Needham papers
Templewood papers
York City Archive
Civil Defence records

法 国

Château de Vincennes, Archives de la Défense
Archives du secrétariat d'état à l'aviation
Archives du secrétariat général à la défense aérienne, 1940–1944

德 国

Bundesarchiv-Berlin
NS-Partei-Kanzlei
Organisation Todt
Reichsarbeitsministerium
Reichskanzlei
Reichsministerium des Innern
Reichsministerium für Bewaffnung und Munition
Reichspropagandaleitung-NSDAP
Reichswirtschaftsministerium
Statistisches Reichsamt
Wirtschaftsgruppe Gas- und Wasserversorgung
Bundesarchiv-Militärarchiv
Dienststellen für technische Erprobungen der Luftwaffe
Generalluftzeugmeister
Göring-Akten
Kriegswissenschaftliche Abteilung
Luftflotte 3
Luftschutztruppe
Reichsluftschutzbund

Reichsminister der Luftfahrt
Wirtschaft- und Rüstungsstab papers

意大利

Archivio Centrale dello Stato, Rome
Ministero dell'Aeronautica
Ministero dell'Interno

马耳他

National Archives of Malta
ARP papers, 1934–1945

俄 国

Central Archive of the Ministry of Defence of the Russian Federation (TsAMO), Podolsk
Generalstab der Luftwaffe, Luftwaffe Führungsstab papers
Luftflotte 4 papers
II Fliegerkorps
Russian State Archive of the Economy, Moscow
People's Commissariat for the Aircraft Industry
Russian State Military Archive, Moscow
MPVO Headquarters papers
MPVO Leningrad station reports
MPVO Staff Moscow, 1940–1960
MPVO Stalingrad station reports

美 国

Air Force Historical Research Agency, Maxwell AFB, Alabama
Eighth Air Force archive
Mediterranean Allied Air Forces archives
Franklin D. Roosevelt Library, Hyde Park, New York
Morgenthau papers
Franklin D. Roosevelt archive
Library of Congress, Washington, DC
Frank Andrews papers
Henry H. Arnold papers
James Doolittle papers
Ira C. Eaker papers
Curtis LeMay papers
Carl Spaatz papers
National Archives II, College Park, Maryland

RG 18 Army Air Forces
RG 94 Office of the Adjutant-General
RG 107 Robert Lovett papers
RG 165 War Department General Staff
RG 208 Office of War Information
RG 218 Joint Chiefs of Staff
RG 243 USSBS documents
United States Air Force Academy, Colorado Springs
Haywood Hansell papers
Larry Kuter papers
George MacDonald papers
United States Military Academy, West Point
Omar Bradley papers
Benjamin A. Dickson papers
George A. Lincoln papers

2. 已发布的文件和报告

Akten zur Deutschen auswärtigen Politik: 1918–1945, 62 vols (Baden-Baden: Vandenhoeck and Ruprecht, 1950–95)

Boberach, Heinz (ed), *Meldungen aus dem Reich: Die geheimen Lageberichte des Sicherheitsdienstes der SS 1938–1945*, 17 vols (Herrsching: Pawlak Verlag, 1984)

Boelcke, Willi (ed), *The Secret Conferences of Dr Goebbels, 1939–1943* (London: Weidenfeld & Nicolson, 1967)

Colville, John, *The Fringes of Power: Downing Street Diaries 1939–1945* (London: Weidenfeld & Nicolson, 2004)

Cox, Sebastian (ed), *The Strategic Air War Against Germany, 1939–1945: The Official Report of the British Bombing Survey Unit* (London: Frank Cass, 1998)

Daniels, Gordon (ed), *A Guide to the Reports of the United States Strategic Bombing Survey* (London: Royal Historical Society, 1981)

Di Pompeo, Corrado, *Più della fame e più dei bombardamenti: Diario dell'occupazione di Roma* (Bologna: Il Mulino, 2009)

Domarus, Max (ed), *Hitler: Reden und Proklomationen*, 3 vols (Munich: Süddeutscher Verlag, 1965)

Donnelly, Peter (ed), *Mrs. Milburn's Diaries: An Englishwoman's Day-to-Day Reflections 1939–1945* (London: Harrap, 1979)

Eberle, Henrik and Uhl, Matthias (eds), *The Hitler Book: The Secret Dossier Prepared for Stalin* (London: John Murray, 2005)

Foreign & Commonwealth Office, *Churchill and Stalin: Documents from the British Archives* (London: F&CO, 2002)

Fröhlich, Elke (ed), *Die Tagebücher von Joseph Goebbels: Sämtliche Fragmente*, 4 vols (Munich: K. G. Saur, 1987)

Fuehrer Conferences on Naval Affairs, 1939–1945 (London: Greenhill Books, 1990)

Gallup, George (ed), *The Gallup International Public Opinion Polls: Great Britain 1937–1975*, 2 vols (New York: Random House, 1976)

Gilbert, Martin (ed), *The Churchill War Papers: Volume II: Never Surrender, May 1940–December 1940* (London: Heinemann, 1994)

Hubatsch, Walther (ed), *Hitlers Weisungen für die Kriegführung* (Munich: Deutscher Taschenbuch Verlag, 1965)

Hunter, Ian (ed), *Winston & Archie: The Collected Correspondence of Winston Churchill and Archibald Sinclair 1915–1960* (London: Politico's, 2005)

Huston, John W. (ed), *American Air Power Comes of Age: General Henry H. 'Hap' Arnold's World War II Diaries*, 2 vols (Maxwell, AL: Air University Press, 2002)

International Committee of the Red Cross, *Protocols Additional to the Geneva Convention of 12 August 1949* (Geneva: ICRC, 1977)

Isby, David (ed), *Fighting the Bombers: The Luftwaffe's Struggle Against the Allied Bomber Offensive* (London: Greenhill Books, 2003)

Kimball, Warren (ed), *Churchill & Roosevelt: The Complete Correspondence*, 4 vols (London: Collins, 1984)

Klemperer, Victor, *To the Bitter End: The Diaries of Victor Klemperer 1942–1945* (London: Weidenfeld & Nicolson, 1999)

Maurer, M. (ed), *The US Air Service in World War I*, 4 vols (Washington, DC: Office of Air Force History, 1978)

Millgate, Helen (ed), *Mr. Brown's War: A Diary of the Second World War* (Stroud: Sutton Publishing, 1999)

Moll, Martin (ed), *'Führer-Erlasse' 1939–1945* (Stuttgart: Franz Steiner Verlag, 1997)

Neitzel, Sönke, *Tapping Hitler's Generals: Transcripts of Secret Conversations, 1942–1945* (Barnsley: Frontline Books, 2007)

Nicolson, Nigel (ed), *Harold Nicolson: Diaries and Letters, 1939–1945* (London: Collins, 1967)

Origo, Iris, *War in Val d'Orcia: An Italian War Diary 1943–1944* (London: Allison & Busby, 2003)

Pontaut, Jean-Marie and Pelletier, Éric (eds), *Chronique d'une France occupée: Les rapports confidentiels de la gendarmerie 1940–1945* (Neuilly-sur-Seine: Michel Lafon, 2008)

Roberts, Adam and Guelff, R. (eds), *Documents on the Laws of War*, 3rd edn (Oxford: Oxford University Press, 2000)

Savelli, Alfredo, *Offesa aerea: mezzi di difesa e protezione* (Milan: Gontrano Martucci, 1936)

Schlange-Schoeningen, Hans, *The Morning After* (London: Gollancz, 1948)

Schramm, Percy (ed), *Kriegstagebuch des OKW: Eine Dokumentation*, 7 vols (Augsburg: Weltbild, 2007)

Speer, Albert, *Spandau: The Secret Diaries* (London: Collins, 1976)

Target: Germany. The U.S. Army Air Forces' Official Story of the VIII Bomber Command's First Year over Europe (London: HMSO, 1944)

Trevor-Roper, Hugh (ed), *Hitler's Table Talk 1941–1944* (London: Weidenfeld & Nicolson, 1973)

Völker, Karl-Heinz, *Dokumente und Dokumentarfotos zur Geschichte der Deutschen Luftwaffe* (Stuttgart: DVA, 1968)

3. 官方历史

Air Ministry, *The Rise and Fall of the German Air Force, 1933–1945* (London: Arms and Armour Press, 1983)

British Committee on the Preservation and Restitution of Works of Art, *Works of Art in Italy: Losses and Survival in the War: Part I – South of Bologna* (London: HMSO, 1945); *Part II – North of Bologna* (London: HMSO, 1946)

Collier, Basil, *The Defence of the United Kingdom* (London: HMSO, 1957)

Craven, Wesley F. and Cate, James L., *The Army Air Forces in World War II*, 7 vols (Chicago, IL: Chicago University Press, 1948–58)

Della Volpe, Nicola, *Difesa del territorio e protezione antiaerea, 1915–1943: storia, documenti, immagini* (Rome: Ufficio storico SME, 1986)

Greenhous, Brereton, Harris, Stephen, Johnston, William and Rawling, William, *The Crucible of War 1939–1945: The Official History of the Royal Canadian Air Force,* vol III (Toronto: Toronto University Press/Department of National Defence, 1994)

Hammond, R. J., *Food: Volume III: Studies in Administration and Control* (London: HMSO, 1962)

Herington, John, *Air War against Germany and Italy 1939–1945* (Canberra: Australian War Memorial, 1954)

Herington, John, *Air Power over Europe 1944–1945* (Canberra: Australian War Memorial, 1963)

Hinsley, F. H. et al., *British Intelligence in the Second World War*, 4 vols (London: HMSO, 1979–90)

Hornby, W., *Factories and Plant* (London: HMSO, 1958)

Maurer, M., *Aviation in the U.S. Army, 1919–1939*, 4 vols (Washington, DC: Office of Air Force History, 1987)

O'Brien, Terence, *Civil Defence* (London: HMSO, 1955)

Postan, Michael, *British War Production* (London: HMSO, 1957)

Richards, Denis, *Royal Air Force 1939–1945*, 3 vols (London: HMSO, 1974)

Ritchie, Sebastian, *The RAF, Small Wars and Insurgencies in the Middle East, 1919–1939* (Northolt: Air Historical Branch, 2011)

Statistical Digest of the War (London: HMSO, 1951)

Titmuss, Richard, *Problems of Social Policy* (London: HMSO, 1950)

Wagner, Ray (ed), *The Soviet Air Force in World War II: The Official History* (Newton Abbot: David and Charles, 1973)

Webster, Charles and Frankland, Noble, *The Strategic Air Offensive against Germany*, 4 vols (London: HMSO, 1961)

4. 当代出版物和回忆录

Anon., *A Woman in Berlin* (London: Virago Press, 2005)
Arnold, Henry H., *Global Mission* (New York: Harper & Row, 1949)
A Warden (anon.), *From Dusk to Dawn* (London: Constable, 1941)
Balfour, Harold, *Wings over Westminster* (London: Hutchinson, 1973)
Below, Nicolaus von, *At Hitler's Side: The Memoirs of Hitler's Luftwaffe Adjutant, 1937–1945* (London: Greenhill Books, 2001)
Birse, A. H., *Memoirs of an Interpreter* (London: Michael Joseph, 1967)
Bond, Horatio (ed), *Fire and the Air War* (Boston, MA: National Fire Protection Association, 1946)
Brittain, Vera, *England's Hour* (London: Continuum, 2005)
Churchill, Winston S., *The Second World War*, 6 vols (London: Cassell, 1948–54)
Ciano, Galeazzo, *Diario 1937–1943*, ed. De Felice, Renzo (Milan: RCS, 1990)
Citrine, Walter, *In Moscow Now* (London: Robert Hale, 1942)
Cot, Pierre, *Triumph of Treason* (Chicago, IL: Ziff-Davis, 1944)
Cowles, Virginia, *Looking for Trouble* (London: Hamish Hamilton, 1941)
Davy, M. Bernard, *Air Power and Civilisation* (London: George Allen & Unwin, 1941)
Deane, John, *The Strange Alliance: The Story of American Efforts at Wartime Co-operation with Russia* (London: John Murray, 1947)
Docherty, James, *Post 381: The Memoirs of a Belfast Air-Raid Warden* (Belfast: The Friar's Bush Press, 1989)
Douglas, Sholto, *Years of Command* (London: Collins, 1966)
Douhet, Giulio, *The Command of the Air*, trans. Dino Ferrari (Washington, DC: Office of Air Force History, 1983)
Flannery, Harry, *Assignment to Berlin* (London: Michael Joseph, 1942)
Gafencu, Grigore, *The Last Days of Europe: A Diplomatic Journey in 1939* (London: Frederick Muller, 1947)
Galbraith, John K., *A Life in Our Times: Memoirs* (London: Andre Deutsch, 1981)
Galland, Adolf, *The First and the Last* (London: Methuen, 1955)
Glover, C. W., *Civil Defence* (London: Chapman & Hall, 1938)
Goldsworthy, Lowes Dickinson, *War: Its Nature, Causes and Cure* (London: George Allen & Unwin, 1923)
Graves, Charles, *Women in Green: The Story of the W.V.S.* (London: Heinemann, 1948)
Green, Henry, *Caught* (London: Hogarth Press, 1943)
Hampe, Erich, *... als alles in Scherben fiel* (Osnabrück: Biblio Verlag, 1979)
Hansell, Haywood, *The Air Plan that Defeated Hitler* (Atlanta, GA: Higgins McArthur, 1972)
Harris, Arthur T., *Bomber Offensive* (London: Collins, 1947)
Harrisson, Tom, *Living Through the Blitz* (London: Collins, 1976)
Hayes, Denis, *Challenge of Conscience: The Story of the Conscientious Objectors of 1939–1949* (London: George Allen & Unwin, 1949)
Heinkel, Ernst, *He 1000* (London: Hutchinson, 1956)

Heller, Joseph, *Catch 22* (London: Vintage, 1994)

Hunt, Irmgard, *On Hitler's Mountain: My Nazi Childhood* (London: Atlantic Books, 2005)

Hyde, H. Montgomery and Nuttall, G. R. Falkiner, *Air Defence and the Civil Population* (London: The Cresset Press, 1937)

Idle, E. Doreen, *War over West Ham: A Study of Community Adjustment* (London: Faber & Faber, 1943)

Iklé, Frederick, 'The Effect of War Destruction upon the Ecology of Cities', *Social Forces*, 29 (1950–51), 383–91

Jameson, Storm (ed), *Challenge to Death* (London: Constable, 1934)

Jesse, F. Tennyson and Harwood, H. M., *While London Burns* (London: Constable, 1942)

Jones, R. V., *Most Secret War: British Scientific Intelligence 1939–1945* (London: Hamish Hamilton, 1978)

Kaplan, Chaim, *Scroll of Agony: The Warsaw Diary of Chaim A. Kaplan* (London: Hamish Hamilton, 1966)

Kempe, A. B. C., *Midst Bands and Bombs* (Maidstone: 'Kent Messenger', 1946)

Kesselring, Albert, *The Memoirs of Field-Marshal Kesselring* (London: Greenhill Books, 2007)

Klibansky, Raymond (ed), *Mussolini's Memoirs 1942–1943* (London: Phoenix Press, 2000)

Klotz, Helmut, *Militärische Lehren des Burgerkrieges in Spanien* (self-published, 1937)

Klukowski, Andrew and Klukowski, Helen (eds), *Diary from the Years of Occupation: Zygmunt Klukowski* (Urbana, IL: Illinois University Press, 1993)

Knocke, Heinz, *I Flew for the Führer* (London: Evans Brothers, 1953)

Ley, Willy, *Bombs and Bombing* (New York: Modern Age Books, 1941)

Lloyd, Hugh, *Briefed to Attack: Malta's Part in the African Victory* (London: Hodder & Stoughton, 1949)

Lucas, Laddie, *Malta: The Thorn in Rommel's Side* (London: Penguin, 1993)

Magaieva, Svetlana and Pleysier, Albert, *Surviving the Blockade of Leningrad* (Lanham, MD: University Press of America, 2006)

Maisky, Ivan, *Memoirs of a Soviet Ambassador* (London: Hutchinson, 1967)

Mitchell, William, *Winged Defense* (New York: G. P. Putnam & Sons, 1925)

Moniushko, Evgenii, *From Leningrad to Hungary: Notes of a Red Army Soldier, 1941–1946* (London: Frank Cass, 2005)

Morison, Frank [Ross, Albert Henry], *War on Great Cities: A Study of the Facts* (London: Faber & Faber, 1938)

Morris, Joseph, *The German Air Raids on Great Britain, 1914–1918* (London: Samson, Low, Marston & Co, 1925)

Morrison, Herbert, *An Autobiography of Lord Morrison of Lambeth* (London: Odhams Press, 1960)

Mumford, Lewis, *The Culture of Cities* (New York: Harcourt Brace, 1938)

New Fabian Research Bureau, *The Road to War, Being an Analysis of the National Government's Foreign Policy* (London: Victor Gollancz, 1937)

Nixon, Barbara, *Raiders Overhead: A Diary of the London Blitz* (London: Scolar Press, 1980)

Nossack, Hans, *The End: Hamburg 1943* (Chicago, IL: Chicago University Press, 2004)

Pile, Frederick, *Ack-Ack: Britain's Defence Against Air Attack During the Second World War* (London: George Harrap, 1949)

Piratin, Philip, *Our Flag Stays Red* (London: Thames Publications, 1948)

Portal, Charles, 'Air Force Co-Operation in Policing the Empire', *Journal of the Royal United Services Institution*, 82 (1937), 343–57

Reck-Malleczewen, Friedrich, *Diary of a Man in Despair* (London: Audiogrove, 1995)

Rostow, Walter W., *Pre-Invasion Bombing Strategy: General Eisenhower's Decision of March 25, 1944* (Aldershot, Hants: Gower, 1981)

Rumpf, Hans, *The Bombing of Germany* (London: White Lion Publishers, 1957)

Schneider, Helga, *The Bonfire of Berlin: A Lost Childhood in Wartime Germany* (London: Vintage Books, 2005)

Shirer, William, *Berlin Diary: The Journal of a Foreign Correspondent 1934–1941* (London: Hamish Hamilton, 1941)

Slessor, John, *The Central Blue: Recollections and Reflections* (London: Cassell, 1956)

Smith, Howard, *Last Train from Berlin* (London: The Cresset Press, 1942)

Southern, George, *Poisonous Inferno: World War II Tragedy at Bari Harbour* (Shrewsbury: Airlife, 2002)

Speer, Albert, *Inside the Third Reich* (London: Weidenfeld & Nicolson, 1970)

Spender, Stephen, *Citizens in War – And After* (London: George Harrap, 1945)

Sperling, Hans, 'Deutsche Bevölkerungsbilanz des 2. Weltkrieges', *Wirtschaft und Statistik*, 8 (1956), 493–500

Stebbing, Edward, *Diary of a Decade: 1939–1950* (Lewes: Book Guild, 1998)

Steer, George, *The Tree of Gernika: A Field Study of Modern War* (London: Hodder and Stoughton, 1938)

Stein, Anja vom, *Unser Köln: Erinnerungen 1910–1960* (Erfurt: Sutton Verlag, 1999)

Stengel, E., 'Air-Raid Phobia', *The British Journal of Medical Psychology*, 20 (1944–46), 135–43

Stewart, Oliver, 'The Doctrine of Strategical Bombing', *Journal of the Royal United Services Institution*, 81 (1936), 97–101

Strachey, John, *Post D: Some Experiences of an Air-Raid Warden* (London: Gollancz, 1941)

Süssmilch, Waltraud, *Im Bunker: Eine Überlebende berichtet vom Bombenkrieg in Berlin* (Berlin: Ullstein, 2004)

Sykes, Frederick, *From Many Angles: An Autobiography* (London: Harrap, 1943)

Tedder, Lord Arthur, *With Prejudice: The War Memoirs of Marshal of the Royal Air Force Lord Tedder* (London: Cassell, 1966)

Twyford, H. P., *It Came to Our Door: Plymouth in the World War* (Plymouth: Underhill, 1945)

Vernon, P. E., 'Psychological Effects of Air-Raids', *The Journal of Abnormal and*

Social Psychology, 36 (1941), 457–76
Voyetekhov, Boris, *The Last Days of Sevastopol* (London: Cassell, 1943)
Warlimont, Walter, *Inside Hitler's Headquarters 1939–1945* (London: Weidenfeld & Nicolson, 1964)
Wells, H. G., *The War in the Air* (London: George Bell, 1908)
Werth, Alexander, *Leningrad* (London: Hamish Hamilton, 1944)
Werth, Alexander, *Moscow '41* (London: Hamish Hamilton, 1944)
Wilmott, H. G., 'Air Control in Ovamboland', *Journal of the Royal United Services Institution*, 83 (1938), 823–9
Wintringham, Tom, *The Coming World War* (London: Lawrence Wishart, 1935)
Zuckerman, Solly, *From Apes to Warlords: The Autobiography of Solly Zuckerman, 1904–1946* (London: Hamish Hamilton, 1978)

5. 1950 年以后的出版物

Addison, Paul and Crang, Jeremy (eds), *Firestorm: The Bombing of Dresden, 1945* (London: Pimlico, 2006)
Alegi, Gregory, 'Qualità del materiale bellico e dottrina d'impiego italiana nella seconda guerra mondiale: il caso della Regia Aeronautica', *Storia contemporanea*, 18 (1987), 197–219
Altes, A. Korthals, *Luchtgevaar: Luchtaanvallen op Nederland 1940–1945* (Amsterdam: Sijthoff, 1984)
Aly, Götz, *Hitlers Volksstaat: Raub, Rassenkrieg und Nationaler Sozialismus* (Frankfurt am Main: S. Fischer Verlag, 2005)
Austin, Douglas, *Malta and British Strategic Policy, 1925–1943* (London: Frank Cass, 2004)
Baker, Nicholson, *Human Smoke: The Beginnings of World War II and the End of Civilization* (New York: Simon & Schuster, 2008)
Baldoli, Claudia, 'Bombing the Eternal City', *History Today* (May 2012), 11–15
Baldoli, Claudia, 'The "Northern Dominator" and the Mare Nostrum: Fascist Italy's "Cultural War" in Malta', *Modern Italy*, 13 (2008), 5–20
Baldoli, Claudia, 'Spring 1943: The Fiat Strikes and the Collapse of the Italian Home Front', *History Workshop Journal*, 72 (2011), 181–9
Baldoli, Claudia and Fincardi, Marco, 'Italian Society under Anglo-American Bombs: Propaganda, Experience and Legend, 1940–1945', *The Historical Journal*, 52 (2009), 1,017–38
Baldoli, Claudia and Knapp, Andrew, *Forgotten Blitzes: France and Italy under Allied Air Attack, 1940–1945* (London: Continuum, 2012)
Baldoli, Claudia, Knapp, Andrew and Overy, Richard (eds), *Bombing, States and Peoples in Western Europe, 1940–1945* (London: Continuum, 2011)
Balfour, Michael, *Propaganda in War, 1939–1945* (London: Routledge, 1979)
Barber, John, 'The Moscow Crisis of October 1941', in Cooper, Julian, Perrie, Maureen and Rees, E. A. (eds), *Soviet History 1917–1953: Essays in Honour of R.*

W. Davies (London: Macmillan, 1995), 201–18
Barker, Rachel, *Conscience, Government and War* (London: Routledge, 1982)
Battesti, Michèle and Facon, Patrick (eds), *Les bembardements alliés sur la France durant la Seconde Guerre Mondiale: stratégies, bilans Matériaux et humains* (Vincennes: Centre d'études d'histoire de la défense)
Beck, Earl, *Under the Bombs: The German Home Front, 1942–1945* (Lexington, KS: Kentucky University Press, 1986)
Beer, Wilfried, *Kriegsalltag an der Heimatfront: Allierten Luftkrieg und deutsche Gegenmassnahmen zur Abwehr und Schadensbegrenzung dargestellt für den Raum Münster* (Bremen: H. M. Hauschild, 1990)
Beevor, Antony, *Stalingrad: The Fateful Siege 1942–1943* (London: Viking, 1998)
Bell, Amy, 'Landscapes of Fear: Wartime London 1939–1945', *Journal of British Studies*, 48 (2009), 153–75
Bell, Amy, *London Was Ours: Diaries and Memoirs of the London Blitz* (London: I. B. Tauris, 2008)
Bellamy, Christopher, *Absolute War: Soviet Russia in the Second World War* (London: Macmillan, 2007)
Bergander, Götz, *Dresden im Luftkrieg: Vorgeschichte – Zerstörung – Folgen* (Munich: Heyne Verlag, 1985)
Bernard, P., 'A propos de la stratégie aérienne pendant la Première Guerre Mondiale: Mythes et realités', *Revue d'Histoire Moderne et Contemporaine*, 16 (1969), 350–75
Berrington, Hugh, 'When Does Personality Make a Difference? Lord Cherwell and the Area Bombing of Germany', *International Political Science Review*, 10 (1989), 9–34
Best, Geoffrey, *Humanity in Warfare: The Modern History of the International Law of Armed Conflicts* (London: Routledge, 1980)
Bialer, Uri, 'Humanization in Air Warfare in British Foreign Policy on the Eve of the Second World War', *Journal of Contemporary History*, 13 (1978), 79–96
Biddle, Tami Davis, 'British and American Approaches to Strategic Bombing: Their Origin and Implementation in the World War II Bomber Offensive', in Gooch, John (ed), *Airpower: Theory and Practice* (London: Frank Cass, 1995), 91–120
Biddle, Tami Davis, *Rhetoric and Reality in Air Warfare: The Evolution of British and American Ideas about Strategic Bombing 1914–1945* (Princeton, NJ: Princeton University Press, 2002)
Biddle, Tami Davis, 'Wartime Reactions', in Addison and Crang (eds), *Firestorm*, 96–122
Bidlack, Richard, 'The Political Mood in Leningrad during the First Year of the Soviet-German War', *The Russian Review*, 59 (2000), 96–113
Blank, Ralf, 'The Battle of the Ruhr, 1943: Aerial Warfare against an Industrial Region', *Labour History Review*, 77 (2012), 35–48
Blank, Ralf, 'Kriegsalltag und Luftkrieg an der "Heimatfront" ', in Echternkamp, Jörg (ed), *Das Deutsche Reich und der Zweite Weltkrieg: Band 9, erster Halbband: Die deutsche Kriegsgesellschaft* (Stuttgart: DVA, 2004), 357–464
Boelcke, Willi, *Die Kosten von Hitlers Krieg* (Paderborn: Schöningh, 1985)

Boiry, Philippe, *Paris sous les bombes: Auteuil septembre 1943* (Paris: L'Harmattan, 2000)

Boog, Horst, 'Strategischer Luftkrieg in Europa 1943–1944', in Boog, Horst, Krebs, Gerhard and Vogel, Detlef, *Das Deutsche Reich und der Zweite Weltkrieg: Band 7: Das Deutsche Reich in der Defensive* (Stuttgart: DVA, 2001)

Boog, Horst (ed), *The Conduct of the Air War in the Second World War: An International Comparison* (Oxford: Berg, 1992)

Boog, Horst et al., *Das Deutsche Reich und der Zweite Weltkrieg: Band 4: Der Angriff auf die Sowjetunion* (Stuttgart: DVA, 1983)

Bothe, M., Partsch, K. J. and Solf, W. A. (eds), *New Rules for Victims of Armed Conflicts: Commentary on the Two 1977 Protocols Additional to the Geneva Convention of 1949* (The Hague: Martinus Nijhoff, 1982)

Botti, Ferruccio, 'Amedeo Mecozzi', in *Actes du colloque international 'Précurseurs et prophètes de l'aviation militaire'* (Paris: Service historique de l'armée de l'air, 1992), 134–9

Bourke, Joanna, *Fear: A Cultural History* (London: Virago, 2005)

Boyd, Alexander, *The Soviet Air Force since 1918* (London: Macdonald and Jane's, 1977)

Braithwaite, Rodric, *Moscow 1941: A City and its People at War* (London: Profile Books, 2006)

Brakman, Steven, Garretsen, Harry and Schramm, Marc, 'The Strategic Bombing of German Cities during World War II and its Impact on City Growth', *Journal of Economic Geography*, 4 (2004), 201–18

Brauer, Jurgen and Tuyll, Hubert van, *Castles, Battles & Bombs: How Economics Explains Military History* (Chicago, IL: Chicago University Press, 2008)

Brinkhus, Jörn, 'Ziviler Luftschutz im "Dritten Reich" – Wandel seiner Spitzenorganisation', in Süss, Dietmar (ed), *Deutschland im Luftkrieg: Geschichte und Erinnerung* (Munich: Oldenbourg Verlag, 2007), 27–40

Brookes, Andrew, *Air War over Russia* (Horsham: Ian Allen, 2003)

Brooks, Geoffrey, *Hitler's Nuclear Weapons* (London: Leo Cooper, 1992)

Brown, Donald, *Somerset Against Hitler: Secret Operations in the Mendips 1939–1945* (Newbury: Countryside Books, 1999)

Brown, Michael, *Put That Light Out! Britain's Civil Defence Services at War 1939–1945* (Stroud: Sutton Publishing, 1999)

Brunswig, Hans, *Feuersturm über Hamburg: Die Luftangriffe auf Hamburg im 2. Weltkrieg und ihre Folgen* (Stuttgart: Motorbuch Verlag, 1985)

Buckley, John, *Air Power in the Age of Total War* (London: UCL Press, 1999)

Bucur, Maria, *Heroes and Victims: Remembering War in Twentieth-Century Romania* (Bloomington, IN: Indiana University Press, 2009)

Budden, Michael, 'Defending the Indefensible? The Air Defence of Malta, 1936–40', *War in History*, 6 (1999), 447–67

Budiansky, Stephen, *Air Power* (New York: Viking, 2004)

Budrass, Lutz, *Flugzeugindustrie und Luftrüstung in Deutschland 1918–1945* (Düsseldorf: Droste Verlag, 1998)

Budrass, Lutz, Scherner, Jonas and Streb, Jochen, 'Fixed-Price Contracts, Learning, and Outsourcing: Explaining the Continuous Growth of Output and Labour Productivity in the German Aircraft Industry during the Second World War', *Economic History Review*, 2nd Ser., 63 (2010), 107–36

Burleigh, Michael, *Moral Combat: A History of World War II* (London: Harper Collins, 2010)

Busch, Dieter, *Der Luftkrieg im Raum Mainz während des Zweiten Weltkrieges 1939–1945* (Mainz: Hase & Koehler, 1988)

Büttner, Gretl, 'Zwischen Leben und Tod', in Hage, Volker (ed), *Hamburg 1943: Literarische Zeugnisse zum Feuersturm* (Frankfurt am Main: Fischer Verlag, 2003), 21–35

Büttner, Ursula, ' "Gomorrha" und die Folgen', in Hamburg Forschungsstelle für Zeitgeschichte, *Hamburg im 'Dritten Reich'* (Göttingen: Wallstein Verlag, 2005), 613–32

Caddick-Adams, Peter, *Monte Cassino: Ten Armies in Hell* (London: Preface Publishing, 2012)

Calder, Angus, *The Myth of the Blitz* (London: Jonathan Cape, 1991)

Castioni, Luigi, 'I radar industriali italiani. Ricerche, ricordi, considerazioni per una loro storia', *Storia contemporanea*, 18 (1987), 1,221–65

Cate, Johannes ten, Otto, Gerhard and Overy, Richard (eds), *Die 'Neuordnung' Europas: NS-Wirtschaftspolitik in den besetzten Gebieten* (Berlin: Metropol Verlag, 1997)

Ceadel, Martin, 'The First British Referendum: The Peace Ballot 1934–35', *English Historical Review*, 95 (1980), 810–39

Ceva, Lucio, *Spagna 1936–1939: Politica e guerra civile* (Milan: Franco Angeli, 2010)

Ceva, Lucio and Curami, Andrea, 'Luftstreitkräfte und Luftfahrtindustrie in Italien, 1936–1943', in Boog, Horst (ed), *Luftkriegführung im Zweiten Weltkrieg* (Bonn: E. S. Mittler, 1993), 113–36

Chary, Frederick, *The Bulgarian Jews and the Final Solution 1940–1944* (Pittsburgh, NJ: University of Pittsburgh Press, 1972)

Chauvy, Gérard, *Le drame de l'armée française du front populaire à Vichy* (Paris: Pygmalion, 2010)

Chianese, Gloria, *'Quando uscimmo dai rifugi': Il Mezzogiorno tra guerra e dopoguerra (1943–46)* (Rome: Carocci editore, 2004)

Clodfelter, Mark, *Beneficial Bombing: The Progressive Foundations of American Air Power, 1917–1945* (Lincoln, NE: Nebraska University Press, 2010)

Cluet, M., *L'Architecture du IIIe Reich: Origines intellectuelles et visées idéologiques* (Bern: Peter Lang, 1987)

Coccoli, Carlotta, 'I "fortilizi inespugnabili della civiltà italiana": La protezione antiaerea del patrimonio monumentale italiano durante la seconda guerra mondiale', *Scienza e Beni Culturali*, 26 (2010), 409–18

Connelly, Mark, 'The British People, the Press and the Strategic Air Campaign against Germany, 1939–1945', *Contemporary British History*, 16 (2002), 39–58

Connelly, Mark, *Reaching for the Stars: A New History of Bomber Command in World War II* (London: I. B. Tauris, 2001)

Connelly, Mark, *We Can Take It! Britain and the Memory of the Second World War* (Harlow: Longman, 2004)
Connelly, Mark and Goebel, Stefan, 'Zwischen Erinnerungspolitik und Erinnerungskonsum: Der Luftkrieg in Grossbritannien', in Arnold, Jörg, Süss, Dietmar and Thiessen, Malte (eds), *Luftkrieg: Erinnerungen in Deutschland und Europa* (Göttingen: Wallstein Verlag, 2009), 50–65
Conversino, Mark, *Fighting with the Soviets: The Failure of Operation Frantic 1944–1945* (Lawrence, KS: University Press of Kansas, 1997)
Cooke, Ronald and Nesbit, Roy, *Target: Hitler's Oil. Allied Attacks on German Oil Supplies 1939–1945* (London: William Kimber, 1985)
Cooper, Anthony, *Anti-Aircraft Command 1939–1945: The Other Forgotten Army* (Fleet Hargate, Lincs.: Arcturus Press, 2004)
Cooper, Matthew, 'A House Divided: Policy, Rivalry and Administration in Britain's Military Air Command', *Journal of Strategic Studies*, 3 (1980), 178–201
Cortesi, Elena, 'Evacuation in Italy during the Second World War: Evolution and Management', in Baldoli, Knapp and Overy (eds), *Bombing, States and Peoples*, 59–74
Cortesi, Elena, 'Il "primo sfollamento" (maggio 1940–ottobre 1942)', in Labanca, Nicola (ed), *I bombardamenti aerei sull'Italia* (Bologna: Il Mulino, 2012), 177–94
Corum, James, 'Airpower Thought in Continental Europe between the Wars', in Philip Meilinger (ed), *The Paths to Heaven: The Evolution of Airpower Theory* (Maxwell AFB, AL: Air University Press, 1997), 151–81
Corum, James, 'From Biplanes to Blitzkrieg: The Development of German Air Force Doctrine between the Wars', *War in History*, 3 (1996), 85–101
Corum, James, *The Luftwaffe: Creating the Operational Air War, 1918–1940* (Lawrence, KS: University Press of Kansas, 1997)
Corum, James, *Wolfram von Richthofen: Master of the German Air War* (Lawrence, KS: University Press of Kansas, 2008)
Cox, Sebastian, 'A Comparative Analysis of RAF and Luftwaffe Intelligence in the Battle of Britain', *Intelligence and National Security*, 5 (1990), 425–43
Cox, Sebastian, 'The Dresden Raids: Why and How', in Addison and Crang (eds), *Firestorm*, 18–61
Crampton, Richard, *Bulgaria* (Oxford: Oxford University Press, 2007)
Crane, Conrad C., *Bombs, Cities and Civilians: American Airpower Strategy in World War II* (Lawrence, KS: University Press of Kansas, 1993)
Crane, Conrad C., 'Evolution of U.S. Strategic Bombing of Urban Areas', *Historian*, 50 (1987), 14–39
Creveld, Martin van, *The Age of Airpower* (New York: Public Affairs, 2011)
Creveld, Martin van, *Hitler's Strategy 1940–41: The Balkan Clue* (Cambridge: Cambridge University Press, 1973)
Curami, Andrea, Ferrari, Paolo and Rastelli, Achille, *Alle origini della Breda Meccanica Bresciana* (Brescia: Fondazione Negri, 2009)
Darlow, Steve, *Sledgehammers for Tintacks: Bomber Command Combats the V-1 Menace 1943–1944* (London: Grub Street, 2002)
Daso, Dick, *Hap Arnold and the Evolution of American Airpower* (Washington, DC:

Smithsonian Institution, 2000)
Davies, Norman, *Rising '44: The Battle for Warsaw* (London: Macmillan, 2003)
Davies, Thomas, 'France and the World Disarmament Conference of 1932–1934', *Diplomacy & Statecraft*, 15 (2004), 765–80
Davis, Richard G., *Bombing the European Axis Powers: A Historical Digest of the Combined Bomber Offensive, 1939–1945* (Maxwell AFB, AL: Air University Press, 2006)
Davis, Richard G., *Carl A. Spaatz and the Air War in Europe* (Washington, DC: Office of Air Force History, 1993)
Dean, Martin, *Robbing the Jews: The Confiscation of Jewish Property in the Holocaust, 1933–1945* (Cambridge: Cambridge University Press, 2008)
De Simone, Cesare, *Venti angeli sopra Roma: I bombardamenti aerei sulla Città Eterna* (Milan: Mursia, 1993)
Del Boca, Angelo, *I gas di Mussolini* (Rome: Editori Riuniti, 1996)
Diamond, Hannah, *Fleeing Hitler: France 1940* (Oxford: Oxford University Press, 2007)
Diefendorf, Jeffry, *In the Wake of War: The Reconstruction of German Cities after World War II* (New York: Oxford University Press, 1993)
Dobinson, Colin, *AA Command: Britain's Anti-Aircraft Defences in World War II* (London: Methuen, 2001)
Dobinson, Colin, *Building Radar: Forging Britain's Early-Warning Chain, 1935–45* (London: Methuen, 2010)
Dodd, Lindsey, ' "Relieving Sorrow and Misfortune"? State, Charity, Ideology and Aid in Bombed-out France, 1940–1944', in Baldoli, Knapp and Overy (eds), *Bombing, States and Peoples*, 75–98
Dodd, Lindsey, and Knapp, Andrew, ' "How Many Frenchmen Did You Kill?": British Bombing Policy Towards France (1940–1945)', *French History*, 22 (2008), 469–92
Donoughue, Bernard and Jones, G. W., *Herbert Morrison: Portrait of a Politician* (London: Phoenix Press, 2001)
Duffy, James, *Target America: Hitler's Plan to Attack the United States* (Guilford, CT: Lyons Press, 2006)
Duggan, John, *Neutral Ireland and the Third Reich* (Dublin: Gill & Macmillan, 1985)
Dumoulin, Olivier, 'A Comparative Approach to Newsreels and Bombing in the Second World War: Britain, France and Germany', in Baldoli, Knapp and Overy (eds), *Bombing, States and Peoples*, 298–314
Dunning, Christopher, *Courage Alone: The Italian Air Force 1940–1943* (Manchester: Hikoki Publications, 2010)
Dunning, Christopher, *Regia Aeronautica: The Italian Air Force 1923–1945* (Hersham: Ian Allan, 2009)
Dyke, Carl van, *The Soviet Invasion of Finland 1939–1940* (London: Frank Cass, 1997)
Edgerton, David, *Britain's War Machine: Weapons, Resources and Experts in the Second World War* (London: Allen Lane, 2011)
Ehlers, Robert S., 'Bombers, "Butchers", and Britain's Bête Noire: Reappraising RAF

Bomber Command's Role in World War II', *Air Power Review*, 14 (2011), 5–18
Ehlers, Robert S., *Targeting the Reich: Air Intelligence and the Allied Bombing Campaigns* (Lawrence, KS: University Press of Kansas, 2009)
Eichholtz, Dietrich, *Geschichte der deutschen Kriegswirtschaft*, 4 vols (Munich: K. G. Saur, 1999)
Emme, E. M., 'Technical Change and Western Military Thought', *Military Affairs*, 24 (1960), 6–19
Erdheim, Stuart, 'Could the Allies Have Bombed Auschwitz-Birkenau?', *Holocaust and Genocide Studies*, 11 (1997), 129–70
Esch, Joris van, 'Restrained Policy and Careless Execution: Allied Strategic Bombing on the Netherlands in the Second World War' (Fort Leavenworth, KS: School of Advanced Military Studies)
Essex, Stephen and Brayshay, Mark, 'Boldness Diminished? The Post-War Battle to Replan a Bomb-Damaged Provincial City', *Urban History*, 35 (2008), 437–61
Evans, Richard, *The Third Reich at War* (London: Allen Lane, 2008)
Ewen, Shane, 'Preparing the British Fire Service for War: Local Government, Nationalisation and Evolutionary Reform, 1935–41', *Contemporary British History*, 20 (2006), 209–31
Farr, Martin, 'The Labour Party and Strategic Bombing in the Second World War', *Labour History Review*, 77 (2012), 133–54
Fedorowich, Kent, 'Axis Prisoners of War as Sources for British Military Intelligence, 1939–42', *Intelligence and National Security*, 14 (1999), 156–78
Feigel, Lara, *The Love-Charm of Bombs* (London: Bloomsbury, 2013)
Ferrari, Paolo, 'Un arma versatile. I bombardamenti strategici anglo-americani e l'industria italiana', in idem (ed), *L'aeronautica italiana: una storia del Novecento* (Milan: Franco Angeli, 2004), 391–432
Field, Geoffrey, *Blood, Sweat and Toil: Remaking the British Working Class, 1939–1945* (Oxford: Oxford University Press, 2011)
Field, Geoffrey, 'Nights Underground in Darkest London: The Blitz, 1940–41', *International Labor and Working-Class History*, 62 (2002), 11–49
Fincardi, Marco, 'Gli italiani e l'attesa di un bombardamento della capitale (1940–1943)', in Labanca (ed), *I bombardamenti aerei*, 213–46
Florentin, Eddy, *Quand les Alliés bombardaient la France,*1940–1945 (Paris: Perrin, 2008)
Flower, Stephen, *Barnes Wallis' Bombs: Tallboy, Dambuster and Grand Slam* (Stroud: Tempus, 2002)
Foedrowitz, Michael, *Bunkerwelten: Luftschutzanlagen in Norddeutschland* (Berlin: Links Verlag, 1998)
Foedrowitz, Michael, *Flak-Towers* (Berlin: Berlin Underworlds' Association, 2008)
Formiconi, Paolo, 'La protezione e la difesa contraerea del regime fascista: evoluzione istituzionale', in Labanca (ed), *I bombardamenti aerei*, 117–30
Förster, Gerhard, *Totaler Krieg und Blitzkrieg* (Berlin: Deutscher Militärverlag, 1967)
Förster, Jürgen, 'Hitler Turns East – German War Policy in 1940 and 1941', in Wegner, Bernd (ed), *From Peace to War: Germany, Soviet Russia and the World, 1939–1941* (Oxford: Berg, 1997)

Fredette, Raymond, *The Sky on Fire: The First Battle of Britain, 1917–1918, and the Birth of the Royal Air Force* (Washington, DC: Smithsonian Institution, 1991)

Freedman, Ariela, 'Zeppelin Fictions and the British Home Front', *Journal of Modern Literature*, 27 (2004), 47–62

Freeman, Roger, *The Mighty Eighth War Diary* (London: Jane's, 1981)

Friedrich, Jörg, *The Fire: The Bombing of Germany 1940–1945* (New York: Columbia University Press)

Frieser, Karl-Heinz (ed), *Das Deutsche Reich und der Zweite Weltkrieg: Band 8: Die Ostfront 1943/44* (Stuttgart: DVA, 2007)

Fritzsche, Peter, *A Nation of Flyers: German Aviation and the Popular Imagination* (Cambridge, MA: Harvard University Press, 1992)

Furse, Anthony, *Wilfred Freeman: The Genius Behind Allied Survival and Air Supremacy 1939 to 1945* (Staplehurst, Kent: Spellmount, 2000)

Futrell, Robert, *Ideas, Concepts, Doctrine: A History of Basic Thinking in the United States Air Force* (Maxwell AFB, AL: Air University Press, 1971)

Gabriele, Mariano, 'L'offensiva su Malta (1941)', in Rainero, R. and Biagini, A. (eds), *Italia in guerra: il secondo anno, 1941* (Rome: Commissione Italiana di Storia Militare, 1992), 435–50

Gabriele, Mariano, 'L'operazione "C.3" ', in Rainero, R. and Biagini, A. (eds), *Italia in guerra: il terzo anno, 1942* (Rome: Commissione Italiana di Storia Militare, 1993), 409–34

Galea, Frederick, *Women of Malta: True Wartime Stories of Christina Ratcliffe and Tamara Marks* (Rabat: Wise Owl Publications, 2006)

Gardiner, Juliet, *The Blitz: The British under Attack* (London: HarperCollins, 2010)

Garrett, Stephen A., *Ethics and Airpower in World War II: The British Bombing of German Cities* (New York: St Martin's Press, 1993)

Gentile, Gian, *How Effective is Strategic Bombing? Lessons Learned from World War II to Kosovo* (New York: New York University Press, 2000)

Gilbert, Martin, *Finest Hour: Winston S. Churchill 1939–1941* (London: Heinemann, 1983)

Gioannini, Marco and Massobrio, Giulio, *Bombardate Italia. Storia della guerra di destruzione aerea 1940–1945* (Milan: Rizzoli, 2007)

Glantz, David, *The Siege of Leningrad 1941–1944* (London: Orion Books, 2004)

Glienke, Stephan, 'The Allied Air War and German Society', in Baldoli, Knapp and Overy (eds), *Bombing, States and Peoples*, 184–205

Goldberg, Arthur (ed), *A History of the United States Air Force, 1907–1957* (Princeton, NJ: Princeton University Press, 1957)

Golücke, Friedhelm, *Schweinfurt und der strategische Luftkrieg 1943* (Paderborn: Friedrich Schöningh, 1980)

Gorinov, M. M., 'Muscovites' Moods, 22 June 1941 to May 1942', in Thurston, Robert and Bonwetsch, Bernd (eds), *The People's War: Responses to World War II in the Soviet Union* (Chicago, IL: Illinois University Press, 2000), 108–36

Goyet, P. le, 'Evolution de la doctrine d'emploi de l'aviation française entre 1919 et 1939', *Revue d'histoire de la Deuxième Guerre Mondiale*, 19 (1969), 3–41

Gray, Peter, 'The Gloves Will Have to Come Off: A Reappraisal of the Legitimacy of

the RAF Bomber Offensive against Germany', *Air Power Review*, 13 (2010), 9–40
Gray, Todd, *Looting in Wartime Britain* (Exeter: The Mint Press, 2009)
Grayling, Anthony, *Among the Dead Cities: Was the Allied Bombing of Civilians in World War II a Necessity or a Crime?* (London: Bloomsbury, 2005)
Graystone, Philip, *The Blitz on Hull (1940–45)* (Hull: Lampeda Press, 1991)
Grayzel, Susan, *At Home and Under Fire: Air Raids and Culture in Britain from the Great War to the Blitz* (Cambridge: Cambridge University Press, 2012)
Grayzel, Susan, ' "A Promise of Terror to Come": Air Power and the Destruction of Cities in British Imagination and Experience, 1908–39', in Goebel, Stefan and Keene, Derek (eds), *Cities into Battlefields: Metropolitan Scenarios, Experiences and Commemorations of Total War* (Farnham: Ashgate, 2011), 47–62
Grebler, Leo, 'Continuity in the Rebuilding of Bombed Cities in Western Europe', *American Journal of Sociology*, 61 (1956), 463–9
Green, William, *Warplanes of the Third Reich* (London: Macdonald, 1970)
Greenwood, J. T. and Hardesty, Von, 'Soviet Air Forces in World War II', in Paul Murphy (ed), *The Soviet Air Forces* (Jefferson, NC: McFarland & Co., 1984), 29–69
Gregg, John, *The Shelter of the Tubes* (London: Capital Transport, 2001)
Gregor, Neil, 'A *Schicksalsgemeinschaft*? Allied Bombing, Civilian Morale, and Social Dissolution in Nuremberg, 1942–1945', *The Historical Journal*, 43 (2000), 1,051–70
Gretzschel, Matthias, *Als Dresden im Feursturm versank* (Hamburg: Eller & Richter, 2004)
Gribaudi, Gabriella, *Guerra Totale: Tra bombe alleate e violenze naziste: Napoli e il fronte meridionale 1940–44* (Turin: Bollati Boringhieri, 2005)
Gribaudi, Gabriella, 'Tra discorsi pubblici e memorie private. Alcune riflessioni sui bombardamenti e sulla loro legittimazione', in Labanca (ed), *I bombardamenti aerei*, 305–24
Griehl, Manfred, *Junkers Ju88: Star of the Luftwaffe* (London: Arms and Armour, 1990)
Grimm, Barbara, 'Lynchmorde an allierten Fliegern im Zweiten Weltkrieg', in Süss (ed), *Deutschland im Luftkrieg*, 71–84
Groehler, Olaf, *Bombenkrieg gegen Deutschland* (Berlin: Akademie Verlag 1990)
Groehler, Olaf, *Geschichte des Luftkriegs* (Berlin: Militärverlag der DDR, 1981)
Grosscup, Beau, *Strategic Terror: The Politics and Ethics of Aerial Bombardment* (London: Zed Books, 2006)
Guglielmo, Mark, 'The Contribution of Economists to Military Intelligence During World War II', *Journal of Economic History*, 68 (2008), 109–50
Guinn, Gilbert, *The Arnold Scheme: British Pilots, the American South and the Allies' Daring Plan* (Charleston, NC: History Press, 2007)
Gunston, Bill, *Night Fighters: A Development and Combat History* (Cambridge: Patrick Stephens, 1976)
Haining, Peter, *The Chianti Raiders: The Extraordinary Story of the Italian Air Force in the Battle of Britain* (London: Robson Books, 2005)
Hall, R. Cargill (ed), *Case Studies in Strategic Bombardment* (Washington, DC: Office

of Air Force History, 1998)
Hamburg und Dresden im Dritten Reich: Bombenkrieg und Kriegsende (Hamburg: Landeszentrale für politische Bildung, 2000)
Hancock, Eleanor, *The National Socialist Leadership and Total War, 1941–5* (New York: St Martin's Press, 1991)
Hanke, Heinz M., *Luftkrieg und Zivilbevölkerung* (Frankfurt am Main: Peter Lang, 1991)
Hansen, Randall, *Fire and Fury: The Allied Bombing of Germany 1942–1945* (New York: NAL Caliber, 2009)
Hardesty, Von and Grinberg, Ilya, *Red Phoenix Rising: The Soviet Air Force in World War II* (Lawrence, KS: University Press of Kansas, 2012)
Harmon, Christopher C., *'Are We Beasts?' Churchill and the Moral Question of World War II Area Bombing* (Newport, RI: 1991)
Harris, Robert and Paxman, Jeremy, *A Higher Form of Killing: The Secret Story of Gas and Germ Warfare* (London: Chatto & Windus, 1982)
Harvey, Stephen, 'The Italian War Effort and the Strategic Bombing of Italy', *History*, 70 (1985), 32–45
Hayward, Joel, 'Air Power, Ethics, and Civilian Immunity during the First World War and its Aftermath', *Global War Studies*, 7 (2010), 102–30
Hayward, Joel, *Stopped at Stalingrad: The Luftwaffe and Hitler's Defeat in the East 1942–1943* (Lawrence, KS: University Press of Kansas, 1998)
Held, Werner and Nauroth, Holger, *Die deutsche Nachtjagd* (Stuttgart: Motorbuch Verlag, 1992)
Herbert, Ulrich (ed), *Europa und der 'Reichseinsatz': Ausländische Zivilarbeiter, Kriegsgefangene und KZ-Häftlinge in Deutschland 1938–1945* (Essen: Klartext, 1991)
Herf, Jeffrey, *The Jewish Enemy: Nazi Propaganda during World War II and the Holocaust* (Cambridge, MA: Harvard University Press, 2006)
Hesse, Hans and Purpus, Elke, 'Vom Luftschutzraum zum Denkmalschutz – Bunker in Köln', in Marszolek, Inge and Buggeln, Marc (eds), *Bunker: Kriegsort, Zuflucht, Erinnerungsraum* (Frankfurt am Main: Campus Verlag, 2008), 61–74
Hewison, Robert, *Under Siege: Literary Life in London 1939–1945* (London: Weidenfeld & Nicolson, 1977)
Hewitt, Kenneth, 'Place Annihilation: Area Bombing and the Fate of Urban Places', *Annals of the Association of American Geographers*, 73 (1983), 257–84
Higham, Robin, *Two Roads to War: The French and British Air Arms from Versailles to Dunkirk* (Annapolis, MD: Naval Institute Press, 2012)
Hiller, Marlene, 'Stuttgarter erzählen vom Luftkrieg', in idem (ed), *Stuttgart im Zweiten Weltkrieg* (Gerlingen: Bleicher Verlag, 1989), 417–40
Hirschleifer, Jack, 'Some Thoughts on the Social Structure after a Bombing Disaster', *World Politics*, 8 (1955–6), 206–27
Hitchcock, William, *The Bitter Road to Freedom: A New History of the Liberation of Europe* (New York: Free Press, 2008)
Hoch, Anton, 'Der Luftangriff auf Freiburg 1940', *Vierteljahreshefte für Zeitgeschichte*, 4 (1956), 115–44

Holland, James, *Fortress Malta: An Island under Siege, 1940–1943* (London: Orion, 2003)

Holman, Brett, 'The Air Panic of 1935: British Press Opinion between Disarmament and Rearmament', *Journal of Contemporary History*, 46 (2011), 288–307

Holman, Brett, ' "Bomb Back, and Bomb Hard": Debating Reprisals during the Blitz', *Australian Journal of Politics and History*, 58 (2012), 394–407

Holman, Brett, 'World Police for World Peace: British Internationalism and the Threat of the Knock-Out Blow from the Air', *War in History*, 17 (2010), 313–32

Hopkins, G. E., 'Bombing and the American Conscience During World War II', *Historian*, 28 (1966), 451–73

Hugh-Jones, Martin, 'Wickham Steed and German Biological Warfare Research', *Intelligence and National Security*, 7 (1992), 379–402

Huyssen, Andreas, 'Air War Legacies: From Dresden to Baghdad', in Bill Niven (ed), *Germans as Victims* (Basingstoke: Palgrave, 2006), 181–93

Hylton, Samuel, *Britain's Darkest Hour: The Hidden History of the Blitz* (Stroud: Sutton Publishing, 2001)

Iklé, Fred, *The Social Impact of Bomb Destruction* (Norman, OK: Oklahoma University Press, 1958)

Inglis, Ruth, *The Children's War: Evacuation 1939–1945* (London: Collins, 1989)

Irons, Roy, *The Relentless Offensive: War and Bomber Command 1939–1945* (Barnsley: Pen and Sword, 2009)

Jackson, Ashley, *The British Empire and the Second World War* (London: Hambledon, 2000)

Jacobs, W. A., 'The British Strategic Air Offensive against Germany in World War II', in Hall (ed), *Case Studies in Strategic Bombardment*, 91–182

Jalland, Pat, *Death in War and Peace: Loss and Grief in England 1914–70* (Oxford: Oxford University Press, 2010)

Jarry, Maud, 'Le bombardement des sites V en France', in Battesti and Facon (eds), *Les bombardements alliés*, 39–48

Johnson, David E., *Fast Tanks and Heavy Bombers: Innovation in the U.S. Army 1917–1945* (Ithaca, NY: Cornell University Press, 1998)

Jones, Edgar, ' "LMF": The Use of Psychiatric Stigma in the Royal Air Force during the Second World War', *Journal of Military History*, 70 (2006), 439–58

Jones, Edgar, Woolven, Robin and Wessely, Simon, 'Civilian Morale during the Second World War: Responses to Air-Raids Re-Examined', *Social History of Medicine*, 17 (2004), 463–79

Jones, Helen, *British Civilians in the Front Line: Air Raids, Productivity and Wartime Culture, 1939–1945* (Manchester: Manchester University Press, 2006)

Jones, Helen, 'Civil Defence in Britain, 1938–1945: Friendship during Wartime and the Formation of a Work-Based Identity', *Labour History Review*, 77 (2012), 113–32

Jones, Kevin, 'From the Horse's Mouth: *Luftwaffe* POWs as Sources for Air Ministry Intelligence during the Battle of Britain', *Intelligence and National Security*, 15 (2000), 60–80

Jones, Neville, *The Beginnings of Strategic Air Power: A History of the British*

Bomber Force 1923–1929 (London: Frank Cass, 1987)
Kagan, F., 'The Evacuation of Soviet Industry in the Wake of "Barbarossa": A Key to Soviet Victory', *Journal of Slavic Military Studies*, 8 (1995), 387–414
Kaldor, Nicholas, 'The German War Economy', *Review of Economic Statistics*, 13 (1946)
Karlsch, Rainer, *Hitlers Bombe: Die geheime Geschichte der deutschen Kernwaffenversuche* (Munich: DVA, 2005)
Katz, Barry, *Foreign Intelligence: Research and Analysis in the Office of Strategic Services, 1942–1945* (Cambridge, MA: Harvard University Press, 1989)
Kerber, Leonid, *Stalin's Aviation Gulag: A Memoir of Andrei Tupolev and the Purge Era*, ed. Von Hardesty (Washington, DC: Smithsonian Institution, 1996)
Kettenacker, Lothar (ed), *Ein Volk von Opfern? Die neue Debatte um den Bombenkrieg 1940–1945* (Berlin: Rohwolt, 2003)
Kirwin, G., 'Allied Bombing and Nazi Domestic Propaganda', *European History Quarterly*, 15 (1985), 341–62
Kitching, Carolyn, *Britain and the Geneva Disarmament Conference: A Study in International History* (Basingstoke: Palgrave, 2003)
Kitson, Simon, 'Criminals or Liberators? French Public Opinion and the Allied Bombings of France, 1940–1945', in Baldoli, Knapp and Overy (eds), *Bombing, States and Peoples*, 279–97
Klee, Katja, *Im 'Luftschutzkeller des Reiches': Evakuierte in Bayern, 1939–1945* (Munich: Oldenbourg Verlag, 1999)
Klemann, Hein with Kudryashov, Sergei, *Occupied Economies: An Economic History of Nazi-Occupied Europe, 1939–1945* (London: Berg, 2012)
Klinkhammer, Lutz, *L'occupazione tedesca in Italia, 1943–1945* (Turin: Bollati Boringhieri, 1996)
Knapp, Andrew, 'The Destruction and Liberation of Le Havre in Modern Memory', *War in History*, 14 (2007), 477–98
Knell, Hermann, *To Destroy a City: Strategic Bombing and its Human Consequences in World War II* (Cambridge, MA: Da Capo Press, 2003)
Knox, MacGregor, *Hitler's Italian Allies: Royal Armed Forces, Fascist Regime and the War of 1940–1943* (Cambridge: Cambridge University Press, 2000)
Koch, Gerhard, *'Der Führer sorgt für unsere Kinder ...': Die Kinderlandverschickung im Zweiten Weltkrieg* (Paderborn: Ferdinand Schöningh, 1997)
Kochanski, Halik, *The Eagle Unbowed: Poland and the Poles in the Second World War* (London: Allen Lane, 2012)
Konvitz, Josef, 'Représentations urbaines et bombardements stratégiques, 1914–1945', *Annales* (1989), 823–47
Kozak, Warren, *LeMay: The Life and Wars of General Curtis LeMay* (Washington, DC: Regnery Publishing, 2009)
Krauskopf, R. W., 'The Army and the Strategic Bomber 1930–1931', Parts I and II, *Military Affairs*, 2 (1958–9), 84–94, 209–15
Kreis, John F. (ed), *Piercing the Fog: Intelligence and Army Air Forces Operations in World War II* (Washington, DC: Air Force History Program, 1996)
Kristensen, Henrik, Kofoed, Claus and Weber, Frank, *Vestallierede luftangre i*

Danmark under 2. Verdenskrig, 2 vols (Aarhus: Aarhus Universitetsforlag, 1988)

Kroener, Bernhard, ' "Menschenbewirtschaftung", Bevölkerungsverteilung und pesonelle Rüstung in der zweiten Kriegshälfte (1942–1944)', in Kroener, Bernhard, Müller, Rolf-Dieter and Umbreit, Hans, *Das Deutsche Reich und der Zweite Weltkrieg: Band 5/2: Organisation und Mobilisierung des Deutschen Machtbereichs 1942–1944/45* (Stuttgart: DVA, 1999), 777–995

Kube, Alfred, *Pour le Mérite und Hakenzreuz: Hermann Göring im Dritten Reich* (Munich: Oldenbourg, 1986)

Kumanev, G. A., 'The Soviet Economy and the 1941 Evacuation', in Wieczynski, Joseph (ed), *Operation Barbarossa: The German Attack on the Soviet Union, June 22, 1941* (Salt Lake City, UT: Charles Schlacks, 1993), 168–81

Labanca, Nicola (ed), *I bombardamenti aerei sull'Italia* (Bologna: Il Mulino, 2012)

Lackey, Douglas, 'Four Types of Mass Murderer: Stalin, Hitler, Churchill, Truman', in Primoratz (ed), *Terror from the Sky*, 134–54

Lambourne, Nicola, 'The Reconstruction of the City's Historic Monuments', in Addison and Crang, *Firestorm*, 143–60

Lambourne, Nicola, *War Damage in Western Europe: The Destruction of Historic Monuments During the Second World War* (Edinburgh: Edinburgh University Press, 2001)

Lanari, Manuela and Musso, Stefano, 'Un dramma mal calcolato: sfollamento e istituzioni nella provincia di Torino', in Maida, Bruno (ed), *Guerra e società nella provincia di Torino* (Turin: Blu Edizioni, 2007), 1–68

Lee, Gerald, ' "I See Dead People": Air-Raid Phobia and Britain's Behaviour in the Munich Crisis', *Security Studies*, 13 (2003–4), 230–72

Lehman, Eric, *Le ali del potere: La propaganda aeronautica nell'Italia fascista* (Turin: Utet, 2010)

Lemke, Bernd, *Luftschutz in Grossbritannien und Deutschland 1923 bis 1939* (Munich: Oldenbourg Verlag, 2005)

Levy, Richard, 'The Bombing of Auschwitz Revisited: A Critical Analysis', *Holocaust and Genocide Studies*, 10 (1996), 267–98

Linhardt, Andreas, *Feuerwehr im Luftschutz 1926–1945: Die Umstruktierung des öffentlichen Feuerlöschwesens in Deutschland unter Gesichtspunkten des zivilen Luftschutzes* (Brunswick: VFDB, 2002)

Lowe, Keith, *Inferno: The Devastation of Hamburg, 1943* (London: Viking, 2007)

Ludewig, Joachim, *Rückzug: The German Retreat from France, 1944* (Lexington, KT: Kentucky University Press, 2012)

MacBean, John A. and Hogben, Arthur S., *Bombs Gone: The Development and Use of British Air-Dropped Weapons from 1912 to the Present Day* (Wellinborough: Patrick Stephens, 1990)

McCormack, Timothy and Durham, Helen, 'Aerial Bombardment of Civilians: The Current International Legal Framework', in Tanaka and Young (eds), *Bombing Civilians*, 215–39

McFarland, Stephen and Newton, Wesley, 'The American Strategic Offensive Against Germany in World War II', in Hall (ed), *Case Studies in Strategic Bombardment*, 183–252

McFarland, Stephen and Newton, Wesley, *To Command the Sky: The Battle for Air Supremacy over Germany, 1942–1944* (Washington, DC: Smithsonian Institution, 1991)

MacPhail, I. M., *The Clydebank Blitz* (West Dunbartonshire Libraries and Museums, 1974)

Maggiorani, Mauro, 'Uscire dalla città: lo sfollamento', in Dalla Casa, Brunella and Preti, Alberto (eds), *Bologna in Guerra 1940–1945* (Milan: Franco Angeli, 1995), 361–93

Maier, Klaus, *Guernica 26.4.1937: Die deutsche Intervention in Spanien und der 'Fall Guernica'* (Freiburg: Verlag Rombach, 1975)

Maier, Klaus, 'Luftschlacht um England', in Maier, Klaus et al. (eds), *Das Deutsche Reich und der Zweite Weltkrieg: Band 2: Die Errichtung der Hegemonie auf dem europäischen Kontinent* (Stuttgart: DVA, 1979)

Maier, Klaus, 'Total War and German Air Doctrine before the Second World War', in Deist, Wilhelm (ed), *The German Military in the Age of Total War* (Oxford: Berg, 1985), 210–19

Maiolo, Joseph, *Cry Havoc: How the Arms Race Drove the World to War, 1931–1941* (New York: Basic Books, 2006)

Mallett, Robert, *The Italian Navy and Fascist Expansionism, 1935–1940* (London: Frank Cass, 1998)

Manaresi, Franco, 'I bombardamenti di Bologna', in Bersani, Cristina and Monaco, Valeria (eds), *Delenda Bononia: immagini dei bombardamenti 1943–1945* (Bologna: Patron Editori, 1995), 47–55

Manaresi, Franco, 'La protezione antiaerea', in Bersani and Monaco (eds), *Delenda Bononia*, 29–45

Markusen, Eric and Kopf, David, 'Was it Genocidal?', in Primoratz (ed), *Terror from the Sky*, 160–71

Martens, Stefan, *Hermann Göring: Erster Paladin des Führers und Zweiter Mann im Reich* (Paderborn: Schöningh, 1985)

Meilinger, Philip, 'Clipping the Bomber's Wings: The Geneva Disarmament Conference and the Royal Air Force 1932–1934', *War in History*, 6 (1999), 306–30

Meisel, Joseph, 'Air Raid Shelter Policy and its Critics before the Second World War', *Twentieth Century British History*, 5 (1994), 300–19

Melinsky, Hugh, *Forming the Pathfinders: The Career of Air Vice-Marshal Sydney Bufton* (Stroud: The History Press, 2010)

Mets, David R., *Master of Airpower: General Carl A. Spaatz* (Novato, CA: Presidio, 1998)

Middlebrook, Martin and Everitt, Chris, *The Bomber Command War Diaries* (Leicester: Midland Publishing, 2000)

Mierzejewski, Alfred, *The Collapse of the German War Economy: Allied Air Power and the German National Railway* (Chapel Hill, NC: North Carolina University Press, 1988)

Miller, Donald, *Eighth Air Force: The American Bomber Crews in Britain* (London: Aurum Press, 2007)

Miller, Marshall, *Bulgaria During the Second World War* (Stanford, CA: Stanford University Press, 1975)

Mommsen, Hans and Grieger, Manfried, *Das Volkswagenwerk und seine Arbieter im Dritten Reich* (Düsseldorf: Econ, 1997)

Moorhouse, Roger, *Berlin at War: Life and Death in Hitler's Capital 1939–45* (London: Bodley Head, 2010)

Morris, Alan, *First of the Many: The Story of Independent Force*, RAF (London: Jarrolds, 1968)

Müller, Rolf-Dieter, 'Albert Speer und die Rüstungspolitik im Totalen Krieg 1942–1945', in Kroener, Müller and Umbreit, *Das Deutsche Reich und der Zweite Weltkrieg*

Müller, Rolf-Dieter, *Der Bombenkrieg 1939–1945* (Berlin: Ch. Links Verlag, 2004)

Müller, Rolf-Dieter, 'Das Scheitern der wirtschaftlichen "Blitzkriegsstrategie" ', in Boog, Horst et al., *Das Deutsche Reich und der Zweite Weltkrieg: Band 4: Der Angriff auf die Sowietunion* (Stuttgart: DVA, 1983), 936–1,029

Murray, Williamson, *Luftwaffe: Strategy for Defeat 1933–1945* (London: George Allen & Unwin, 1985)

Natalini, Andrea, *I rapporti tra aeronautica italiana e tedesca durante la seconda guerra mondiale* (Cosenza: Edizioni Lionelle Giordano, 2004)

Nath, Peter, *Luftkriegsoperationen gegen die Stadt Offenburg im Ersten und Zweiten Weltkrieg* (Offenburg: Historisches Verein für Mittelbaden, 1990)

Neitzel, Sönke, *Der Einsatz der deutschen Luftwaffe über dem Atlantik und der Nordsee 1939–1945* (Bonn: Bernard & Graefe, 1995)

Neufeld, Michael, 'The Guided Missile and the Third Reich: Peenemünde and the Forging of a Technological Revolution', in Renneberg, Monika and Walker, Mark (eds), *Science, Technology and National Socialism* (Cambridge: Cambridge University Press, 1994), 51–71

Neufeld, Michael and Berenbaum, Michael (eds), *The Bombing of Auschwitz: Should the Allies Have Attempted It?* (New York: St Martin's Press/United States Holocaust Memorial Museum, 2000)

Nezzo, Marta, 'The Defence of Works of Art in Italy during the Second World War', in Baldoli, Knapp and Overy (eds), *Bombing, States and Peoples*, 101–20

Nezzo, Marta, 'La protezione delle città d'arte', in Labanca (ed), *I bombardamenti aerei*, 195–212

Nicholas, Lynn, *The Rape of Europa: The Fate of Europe's Treasures in the Third Reich and the Second World War* (London: Macmillan, 1994)

Nielsen, Andreas, *The German Air Force General Staff* (New York: Arno Press, 1959)

O'Neill, Gilda, *Our Street: East End Life in the Second World War* (London: Viking, 2003)

Oram, Alison, ' "Bombs don't discriminate!" Women's Political Activism in the Second World War', in Gledhill, Christine and Swanson, Gillian (eds), *Nationalising Femininity: Culture, Sexuality and British Cinema in the Second World War* (Manchester: Manchester University Press, 1996), 55–69

Overy, Richard, 'Allied Bombing and the Destruction of German Cities', in Chickering, Roger, Förster, Stig and Greiner, Bernd (eds), *A World at Total War:*

Global Conflict and the Politics of Destruction (Cambridge: Cambridge University Press, 2005), 277–95

Overy, Richard, 'Apocalyptic Fears: Bombing and Popular Anxiety in Inter-War Britain', *S-NODI: pubblici e private nella storia contemporanea*, 2 (Spring 2008), 7–30

Overy, Richard, *The Battle of Britain* (London: Penguin, 2010)

Overy, Richard, *Bomber Command 1939–1945* (London: HarperCollins, 1997)

Overy, Richard, 'From "Uralbomber" to "Amerikabomber": The Luftwaffe and Strategic Bombing', *Journal of Strategic Studies*, 1 (1978), 154–78

Overy, Richard, *Goering: Hitler's Iron Knight*, 3rd edn (London: I. B. Tauris, 2012)

Overy, Richard, *Interrogations: The Nazi Elite in Allied Hands* (London: Allen Lane, 2001)

Overy, Richard, 'The Luftwaffe and the European Economy 1939–1945', *Militärgeshichtliche Mitteilungen*, 55 (1979), 55–78

Overy, Richard, 'Mobilisation for Total War in Germany 1939–1941', *English Historical Review*, 103 (1988), 613–39

Overy, Richard, *The Morbid Age: Britain and the Crisis of Civilisation between the Wars* (London: Allen Lane, 2009)

Overy, Richard, *War and Economy in the Third Reich* (Oxford: Oxford University Press, 1994)

Overy, Richard, 'The "Weak Link": Bomber Command and the German Working Class 1940–1945', *Labour History Review*, 77 (2012), 11–34

Paggi, Leonardo, *Il 'popolo dei morti': la repubblica italiana nata della guerra (1940–1946)* (Bologna: Il Mulino, 2009)

Palmer, Scott, *Dictatorship of the Air: Aviation Culture and the Fate of Modern Russia* (Cambridge: Cambridge University Press, 2006)

Panchasi, Roxanne, *Future Tense: The Culture of Anticipation in France between the Wars* (Ithaca, NY: Cornell University Press, 2009)

Pape, Robert A., *Bombing to Win: Air Power and Coercion in War* (Ithaca, NY: Cornell University Press, 1996)

Park, W. Hays, ' "Precision" and "Area" Bombing: Who Did Which, and When?', *Journal of Strategic Studies*, 18 (1995), 145–74

Parton, James, *'Air Force Spoken Here': General Ira Eaker and the Command of the Air* (Bethesda, MD: Adler & Adler, 1986)

Patterson, Ian, *Guernica and Total War* (London: Profile Books, 2007)

Pauw, Hans van der, *Rotterdam in de Tweede Wereldoorlog* (Rotterdam: Uitgevereij Boom, 2006)

Peden, George, *Arms, Economics and British Strategy: From Dreadnoughts to Hydrogen Bombs* (Cambridge: Cambridge University Press, 2007)

Permooser, Irmtraud, *Der Luftkrieg über München 1942–1945: Bomben auf die Hauptstadt der Bewegung* (Oberhachung: Aviatic Verlag, 1996)

Perry, Matt, 'Bombing Billancourt: Labour Agency and the Limitations of the Public Opinion Model of Wartime France', *Labour History Review*, 77 (2012), 49–74

Pettenberg, Heinz, *Starke Verbände im Anflug auf Köln*, ed. Reuter-Pettenberg, Hella (Cologne: J. P. Bachem Verlag, 1981)

Pimlott, Ben, *Hugh Dalton* (London: Macmillan, 1985)
Plokhy, S. M., *Yalta: The Price of Peace* (New York: Penguin, 2010)
Pohl, Hans and Treue, Wilhelm, *Die Daimler-Benz AG in den Jahren 1933 bis 1945* (Wiesbaden: Franz Steiner Verlag, 1986)
Poolman, K., *Focke-Wulf Condor: Scourge of the Atlantic* (London: Macdonald & Jane's, 1978)
Preston, Paul, *We Saw Spain Die: Foreign Correspondents in the Spanish Civil War* (London: Constable, 2008)
Price, Alfred, *Instruments of Darkness: The History of Electronic Warfare 1939–1945* (London: Greenhill Books, 2005)
Price, Alfred, *The Luftwaffe Data Book* (London: Greenhill Books, 1997)
Primoratz, Igor (ed), *Terror from the Sky: The Bombing of German Cities in World War II* (Oxford: Berghahn Books, 2010)
Probert, Henry, *Bomber Harris: His Life and Times* (London: Greenhill Books, 2006)
Pugh, Michael, 'An International Police Force: Lord Davies and the British Debate in the 1930s', *International Relations*, 9 (1988), 335–51
Quellien, Jean, 'Les bombardements pendant la campagne de Normandie', in Battesti and Facon (eds), *Les bombardements alliés*, 59–76
Rankin, Nicholas, *Telegram from Guernica: The Extraordinary Life of George Steer, War Correspondent* (London: Faber & Faber, 2003)
Rastelli, Achille, *Bombe sulla città: Gli attacchi aerei alleati: le vittime civili a Milano* (Milan: Mursia, 2000)
Rauh-Kühne, Cornelia, 'Hitlers Hehler? Unternehmerprofite und Zwangsarbeiterlöhne', *Historische Zeitschrift*, 275 (2002), 1–55
Ray, John, *The Night Blitz, 1940–1941* (London: Arms and Armour, 1996)
Reid, Anna, *Leningrad: Tragedy of a City under Siege 1941–1944* (London: Bloomsbury, 2011)
Reinhard, Oliver, Neutzner, Matthias and Hesse, Wolfgang, *Das rote Leuchten: Dresden und der Bombenkrieg* (Dresden: Sächsische Zeitung, 2005)
Reuth, Ralf, *Goebbels: The Life of Joseph Goebbels. The Mephistophelean Genius of Nazi Propaganda* (London: Constable, 1993)
Reynolds, David, *In Command of History: Churchill Fighting and Writing the Second World War* (London: Allen Lane, 2004)
Ribeill, Georges, 'Aux prises avec les voies ferrées: bombarder ou saboter? Un dilemme revisité', in Battesti and Facon (eds), *Les bombardements alliés*, 135–62
Ribeill, Georges and Machefert-Tassin, Yves, *Une Saison en Enfer: Les bombardements des Alliés sur les rails français (1942–1945)* (Migennes: 2004)
Rice, Randall, 'Bombing Auschwitz: US 15th Air Force and the Military Aspects of a Possible Attack', *War in History*, 6 (1999), 205–30
Richards, Denis, *Portal of Hungerford* (London: Heinemann, 1978)
Richardson, C. O., 'French Plans for Allied Attacks on the Caucasus Oil Fields January–April 1940', *French Historical Studies*, 8 (1973), 130–53
Richardson, Dick and Kitching, Carolyn, 'Britain and the World Disarmament Conference', in Catterall, Peter and Morris, C. J. (eds), *Britain and the Threat to Stability in Europe 1918–1945* (Leicester: Leicester University Press, 1993),

35–56

Ritchie, Sebastian, *Industry and Air Power: The Expansion of British Aircraft Production, 1935–1941* (London: Frank Cass, 1997)

Ritchie, Sebastian, 'A Political Intrigue Against the Chief of the Air Staff: The Downfall of Air Chief Marshal Sir Cyril Newall', *War & Society*, 16 (1998), 83–104

Robinson, Douglas, *The Zeppelin in Combat: A History of the German Naval Airship Division* (London: G. T. Foulis, 1962)

Roberts, Geoffrey, *Victory at Stalingrad* (Harlow: Longman, 2002)

Rochat, Giorgio, *Le guerre italiane 1935–1943: Dall'impero d'Etiopia alla disfatta* (Turin: Einaudi, 2005)

Rochat, Giorgio, *Guerre italiane in Libia e in Etiopia: studi militari 1921–1939* (Paese: Pagus Edizioni, 1991)

Rose, Alexander, 'Radar and Air Defence in the 1930s', *Twentieth Century British History*, 9 (1998), 219–45

Rose, Sonya, *Which People's War? National Identity and Citizenship in Wartime Britain, 1939–1945* (Oxford: Oxford University Press, 2003)

Rugg, Julie, 'Managing "Civilian Deaths due to War Operations": Yorkshire Experiences During World War II', *Twentieth Century British History*, 15 (2004), 152–73

Rumenin, Rumen, *Letyashti Kreposti Nad Bulgariya* (Kyustendil: Ivan Sapunjiev, 2009)

Rüther, Martin, *Köln 31. Mai 1942: Der 1000-Bomber-Angriff* (Cologne: Janus, 1992)

Rüther, Martin (ed), *'Zu Hause könnten sie es nicht schöner haben!': Kinderlandverschickung aus Köln und Umgebung 1941–1945* (Cologne: Emons Verlag, 2000)

Saint-Amour, Paul, 'Air War Prophecy and Interwar Modernism', *Comparative Literature Studies*, 42 (2005), 130–61

Salisbury, Harrison, *The 900 Days: The Siege of Leningrad* (London: Macmillan, 1969)

Sallagar, Frederick, *The Road to Total War* (New York: Van Nostrand Reinhold, 1969)

Samuelson, Lennart, *Tankograd: The Formation of a Soviet Company Town: Cheliabinsk 1900–1950s* (Basingstoke: Palgrave, 2011)

Satia, Priya, 'The Defense of Inhumanity: Air Control and the British Idea of Arabia', *American Historical Review*, 111 (2006), 16–51

Saward, Dudley, *'Bomber Harris': The Authorised Biography* (London: Cassell, 1984)

Scattigno, Anna, 'Il clero in Toscana durante il passaggio del fronte. Diari e cronache parrocchiali', in Labanca (ed), *I bombardamenti aerei*, 247–80

Schaffer, Ronald, 'American Military Ethics in World War II: The Bombing of German Civilians', *The Journal of American History*, 67 (1980), 318–34

Schaffer, Ronald, *Wings of Judgment: American Bombing in World War II* (New York: Oxford University Press, 1985)

Schmidt, Ulf, 'Justifying Chemical Warfare: The Origins and Ethics of Britain's Chemical Warfare Programme, 1915–1939', in Fox, Jo and Welch, David (eds), *Justifying War: Propaganda, Politics and the Modern Age* (Basingstoke: Palgrave,

2012), 129–58
Schmiedel, Michael, 'Les Allemands et la défense passive en France: le cas de Nantes', in Battesti and Facon (eds), *Les bombardements alliés*, 49–56
Schmiedel, Michael, 'Orchestrated Solidarity: The Allied Air War in France and the Development of Local and State-Organised Solidarity Movements', in Baldoli, Knapp and Overy (eds), *Bombing, States and Peoples*, 206–18
Segrè, Claudio, 'Giulio Douhet: Strategist, Theorist, Prophet?', *Journal of Strategic Studies*, 15 (1992), 351–66
Serrien, Pieter, *Tranen over Mortsel: De laatste getuigen over het zwaarste bombardement ooit in België* (Antwerp: Standaard Uitgeverij, 2008)
Sevostyanov, Pavel, *Before the Nazi Invasion: Soviet Diplomacy in September 1939–June 1941* (Moscow: Progress Publishers, 1984)
Sherry, Michael, *The Rise of American Air Power: The Creation of Armageddon* (New Haven, CT: Yale University Press, 1987)
Sijes, B. A., *De Razzia van Rotterdam 10–11 November 1944* (Gravenhage: Martinus Nijhoff, 1951)
Silveri, Umberto and Carli, Maddalena, *Bombardare Roma: Gli Alleati e la "città aperta"(1940–1944)* (Bologna: Il Mulion, 2007)
Smith, Bradley, *Sharing Secrets with Stalin: How the Allies Traded Intelligence, 1941–1945* (Lawrence, KS: University Press of Kansas, 1996)
Spooner, Tony, *Supreme Gallantry: Malta's Role in the Allied Victory, 1939–1945* (London: John Murray, 1996)
Stansky, Peter, *The First Day of the Blitz* (New Haven, CT: Yale University Press, 2007)
Stansky, Peter, 'Henry Moore and the Blitz', in Bean, J. M. (ed), *The Political Culture of Modern Britain: Studies in Memory of Stephen Koss* (London: Hamish Hamilton, 1987), 228–42
Stargardt, Nicholas, *Witnesses of War: Children's Lives under the Nazis* (London: Jonathan Cape, 2005)
Stegemann, Bernd, 'The Italo-German Conduct of the War in the Mediterranean and North Africa', in Schreiber, Gerhard, Stegemann, Bernd and Vogel, Detlef, *Germany and the Second World War: Volume III: The Mediterranean, South-East Europe and North Africa 1939–1941* (Oxford: Oxford University Press, 1995), 641–754
Steiner, Zara, *The Lights that Failed: European International History 1919–1933* (Oxford: Oxford University Press, 2005)
Stenton, Michael, *Radio London and Resistance in Occupied Europe: British Political Warfare 1939–1943* (Oxford: Oxford University Press, 2000)
Stephenson, Jill, 'Bombing and Rural Society in Württemberg', *Labour History Review*, 77 (2012), 93–112
Stephenson, Jill, *Hitler's Home Front: Württemberg under the Nazis* (London: Continuum, 2006)
Stonebridge, Lyndsey, 'Anxiety at a Time of Crisis', *History Workshop Journal*, 45 (1998), 171–98
Stradling, Robert, *Your children will be next: Bombing and Propaganda in the Spanish*

Civil War, 1936–1939 (Cardiff: University of Wales Press, 2008)

Strobl, Gerwin, *The Germanic Isle: Nazi Perceptions of Britain* (Cambridge: Cambridge University Press, 2000)

Suchenwirth, Richard, *Command and Leadership in the German Air Force: USAF Historical Studies, No. 174* (New York: Arno Press/Air University, 1969)

Süss, Dietmar, 'Steuerung durch Information? Joseph Goebbels als "Kommissar der Heimatfront" und die Reichsinspektion für den zivilen Luftschutz', in Hachtmann, Rüdiger and Süss, Winfried (eds), *Hitlers Kommissare: Sondergewalten in der nationalsozialistischen Diktatur* (Göttingen: Wallstein Verlag, 2006), 183–206

Süss, Dietmar, *Tod aus der Luft: Kriegsgesellschaft und Luftkrieg in Deutschland und England* (Munich: Siedler Verlag, 2011)

Süss, Dietmar, 'Wartime Societies and Shelter Politics in National Socialist Germany and Britain', in Baldoli, Knapp and Overy (eds), *Bombing, States and Peoples*, 23–42

Sweetman, John, 'The Smuts Report of 1917: Merely Political Window Dressing?', *Journal of Strategic Studies*, 4 (1981), 152–74

Tanaka, Yuki and Young, Marilyn (eds), *Bombing Civilians: A Twentieth-Century History* (New York: The New Press, 2009)

Taylor, Frederick, *Dresden: Tuesday 13 February 1945* (London: Bloomsbury, 2004)

Tewes, Ludger, *Jugend im Krieg: von Luftwaffenhelfern und Soldaten 1939–1945* (Essen: Reimar Hobbing, 1989)

Thetford, Owen, *Aircraft of the Royal Air Force since 1918* (London: Guild Publishing, 1988)

Thomas, Hugh, *John Strachey* (London: Eyre Methuen, 1973)

Thoms, David, *War, Industry and Society: The Midlands 1939–1945* (London: Routledge, 1989)

Thorpe, Andrew, *Parties at War: Political Organization in Second World War Britain* (Oxford: Oxford University Press, 2009)

Tiratsoo, Nick, 'The Reconstruction of Blitzed British Cities 1945–55: Myths and Reality', *Contemporary British History*, 14 (2000), 27–44

Tooze, Adam, 'No Room for Miracles: German Industrial Output in World War II Reassessed', *Geschichte und Gesellschaft*, 31 (2005), 439–64

Tooze, Adam, *Wages of Destruction: The Making and Breaking of the Nazi Economy* (London: Allen Lane, 2006)

Torrie, Julia, *'For Their Own Good': Civilian Evacuation in Germany and France, 1939–1945* (New York: Berghahn Books, 2010)

Truelle, J., 'La production aéronautique militaire française jusqu'en Juin 1940', *Revue d'histoire de la Deuxième Guerre Mondiale*, 19 (1969), 75–110

Underwood, Jeffery, *The Wings of Democracy: The Influence of Air Power on the Roosevelt Administration 1933–1941* (College Station: Texas A & M University Press, 1991)

Uziel, Daniel, *The Propaganda Warriors: The Wehrmacht and the Consolidation of the German Home Front* (Bern: Peter Lang, 2008)

Vaizey, Hester, *Surviving Hitler's War: Family Life in Germany, 1939–48* (Basingstoke: Palgrave, 2010)

Verhoeyen, Etienne, *La Belgique occupée: De l'an 40 à la libération* (Brussels: De Boeck, 1994)

Villa, Andrea, *Guerra aerea sull'Italia (1943–1945)* (Milan: Angelo Guerini, 2010)

Voldman, Danièle, 'Les populations civiles, enjeux du bombardement des villes (1914–1945)', in Audoin-Rouzeau, Stéphane, Becker, Annette, Ingrao, Christian and Rousso, Henri (eds), *La violence de guerre 1914–1945* (Paris: Éditions complexes, 2002), 151–74

Wakefield, Kenneth, *The First Pathfinders: The Operational History of Kampfgruppe 100* (London: William Kimber, 1981)

Wakelam, Randall, *The Science of Bombing: Operational Research in RAF Bomber Command* (Toronto: Toronto University Press, 2009)

Wark, Wesley, 'British Intelligence on the German Air Force and Aircraft Industry, 1933–1939', *The Historical Journal*, 25 (1982), 627–48

Wasson, Sara, *Urban Gothic of the Second World War: Dark London* (Basingstoke: Palgrave, 2010)

Wells, Mark, *Courage and Air Warfare: The Allied Aircrew Experience in the Second World War* (London: Frank Cass, 1995)

Werner, Wolfgang, *'Bleib übrig': Deutsche Arbeiter in der nationalsozialistischen Kriegswirtschaft* (Düsseldorf: Schwann, 1983)

Westermann, Edward, *Flak: German Anti-Aircraft Defenses, 1914–1945* (Lawrence, KS: University Press of Kansas, 2001)

Westermann, Edward, 'Hitting the Mark but Missing the Target: Luftwaffe Deception Operations, 1939–1945', *War in History*, 10 (2003), 206–21

White, Joseph, 'Target Auschwitz: Historical and Hypothetical German Responses to Allied Attack', *Holocaust and Genocide Studies*, 16 (2002), 54–76

Whiting, K. R., 'Soviet Aviation and Air Power under Stalin', in Higham, Robin and Kipp, Jacob (eds), *Soviet Aviation and Air Power: A Historical View* (London: Brasseys, 1978), 50–63

Wiese, Gernot, 'Die Versorgungslage in Deutschland', in Salewski, Michael and Schulze-Wegener, Guntram (eds), *Kriegsjahr 1944: Im Grossen und im Kleinen* (Stuttgart: Franz Steiner Verlag, 1995), 340–46

Wiggam, Marc, 'The Blackout and the Idea of Community in Britain and Germany', in Baldoli, Knapp and Overy (eds), *Bombing, States and Peoples*, 43–58

Willis, Kirk, 'The Origins of British Nuclear Culture, 1895–1939', *Journal of British Studies*, 34 (1995), 59–89

Wills, Clair, *That Neutral Island: A History of Ireland During the Second World War* (London: Faber & Faber, 2007)

Wolf, Werner, *Luftangriffe auf die deutsche Industrie 1942–1945* (Munich: Universitas, 1985)

Wylie, Neville, 'Muted Applause? British Prisoners of War as Observers and Victims of the Allied Bombing Campaign over Germany', in Baldoli, Knapp and Overy (eds), *Bombing, States and Peoples*, 256–78

Wyman, David, *The Abandonment of the Jews: America and the Holocaust* 1941–1945 (New York: Pantheon Books, 1984)

Young, Robert, 'The Strategic Dream: French Air Doctrine in the Inter-War Period,

1919–1939', *Journal of Contemporary History*, 9 (1974), 56–76

Zaidi, Waqar, ' "Aviation Will Either Destroy or Save Our Civilization": Proposals for the International Control of Aviation, 1920–45', *Journal of Contemporary History*, 46 (2011), 150–78

Zamagni, Vera, 'Italy: How to Lose the War and Win the Peace', in Harrison, Mark (ed), *The Economics of World War II* (Cambridge: Cambridge University Press, 1998), 177–223

Zelinski, Wilbur and Kolinski, Leszek, *The Emergency Evacuation of Cities* (Savage, MD: Rowman & Littlefield, 1991)

出版后记

人类历史上，科学技术的发展也推动着战争形态的改变，第二次世界大战中出现的大规模轰炸就是最好的例子。航空技术的出现和进步，使得人类不仅可以从空中打击敌方的军事力量，而且可以让机群越过敌人的边境和防线，直接摧毁其城市和工业，以达到破坏工业生产、打击民众士气的目的，迫使敌国投降。但无论是德军对英国的“空中闪电战”，还是盟军对德国的大规模轰炸，都未能如预期中那样让战争迅速结束，而是转为了旷日持久的消耗战，民众在这种高科技带来的浩劫中备受煎熬，成为战争的牺牲品。

英国二战史权威学者理查德·奥弗里用了多年时间，来研究这场人类历史上空前的轰炸战，力图在前人研究的基础上，完整、客观、严谨地还原这场战争的全貌，并探讨它在政治、社会、文化上给人类带来的影响。在战火重燃的今天，我们重新回首 20 世纪的这场悲剧，是为了不让悲剧再度上演。

本书中的诸多数据来源于作者多年来走访欧洲各地档案馆搜集的材料，这些在战时匆匆留下的记录自然不可能做到完全精确，作者本人在经过多方对照后选出了他认为较为准确可信的数字，供读者参考。由于编辑水平有限，书中难免存在一些错误，望广大读者不吝批评指正。

图书在版编目（CIP）数据

轰炸战：欧洲，1939—1945 / (英) 理查德・奥弗里著；刘亚飞译. -- 北京：九州出版社, 2023.1

ISBN 978-7-5225-1543-4

Ⅰ. ①轰… Ⅱ. ①理… ②刘… Ⅲ. ①第二次世界大战—战争史—欧洲 Ⅳ. ①K152

中国版本图书馆CIP数据核字(2022)第227113号

THE BOMBING WAR: EUROPE, 1939-1945
by Richard Overy

First published 2013
First published in Great Britain in the English language by Penguin Books Ltd.
Published under licence from Penguin Books Ltd.

著作权合同登记号：01-2023-0187
审图号：GS（2022）4418

轰炸战：欧洲，1939—1945

作　者	［英］理查德・奥弗里　著　刘亚飞　译
责任编辑	陈丹青
出版发行	九州出版社
地　址	北京市西城区阜外大街甲35号（100037）
发行电话	（010）68992190/3/5/6
网　址	www.jiuzhoupress.com
印　刷	天津联城印刷有限公司
开　本	655 毫米 × 1000 毫米　16 开
印　张	51.5
字　数	765 千字
版　次	2023 年 6 月第 1 版
印　次	2023 年 6 月第 1 次印刷
书　号	ISBN 978-7-5225-1543-4
定　价	158.00元